젠더 스터디

젠더 스터디 : 주요 개념과 쟁점

1판1쇄 | 2024년 4월 8일

엮은이 | 캐서린 R. 스팀슨, 길버트 허트
지은이 | 캐럴 스미스-로젠버그, 케이트 크레헌, 로런 벌랜트, 아나 샴파이오, 칼라 프리먼, 엘리자베스 스완슨
골드버그, 래윈 코널, 제인 맨스브리지, 재닛 카스틴, 데버라 캐머런, 웬디 도니거, 앤 파우스토-스털링,
루스 A. 밀러, 웬디 브라운, 조앤 W. 스콧, 마이클 워너, 호텐스 스필러스, 주디스 버틀러, 리자이나 M.
슈워츠, 데이비드 M. 핼퍼린, 샐리 L. 키치
감수 | 윤조원, 박미선
옮긴이 | 김보명, 박미선, 우효경, 윤수련, 윤조원, 이경란, 이진화, 이현재, 정인경, 조혜영, 황주영

펴낸이 | 안중철, 정민용
편집 | 윤상훈, 이진실, 최미정

펴낸곳 | 후마니타스(주)
등록 | 2002년 2월 19일 제2002-000481호
주소 | 서울특별시 마포구 신촌로14안길 17, 2층 (04057)
전화 | 편집_02.739.9929/9930 영업_02.722.9960 팩스_0505.333.9960

블로그 | blog.naver.com/humabook
엑스, 페이스북, 인스타그램 | @humanitasbook
이메일 | humanitasbooks@gmail.com

인쇄 | 천일문화사_031.955.8083 제본 | 일진제책사_031.908.1407

값 42,000원

ISBN 978-89-6437-447-4 93300

젠더 스터디

주요 개념과 쟁점

캐서린 R. 스팀슨·길버트 허트
엮음

윤조원·박미선
감수

김보명·박미선·우효경·윤수련·윤조원·이경란·이진화·이현재·정인경·조혜영·황주영
옮김

후마니타스

차례

서론 캐서린 R. 스팀슨·길버트 허트 / 박미선 옮김 **7**

1장 **신체들** 캐럴 스미스-로젠버그 / 황주영 옮김 **35**

2장 **문화** 케이트 크레헌 / 조혜영 옮김 **65**

3장 **욕망** 로런 벌랜트 / 윤조원 옮김 **99**

4장 **민족성** 아나 샴파이오 / 우효경 옮김 **141**

5장 **지구화** 칼라 프리먼 / 윤수련 옮김 **167**

6장 **인권** 엘리자베스 스완슨 골드버그 / 정인경 옮김 **201**

7장 **정체성** 래윈 코널 / 김보명 옮김 **223**

8장 **정의** 제인 맨스브리지 / 정인경 옮김 **253**

9장 **친족** 재닛 카스틴 / 이경란 옮김 **291**

10장 **언어** 데버라 캐머런 / 조혜영 옮김 **323**

11장 **사랑** 로런 벌랜트 / 윤조원 옮김 **349**

12장 **신화** 웬디 도니거 / 황주영 옮김 **379**

13장 **자연** 앤 파우스토-스털링 / 김보명 옮김 **413**

14장 **포스트휴먼** 루스 A. 밀러 / 이경란 옮김 **449**

15장 **권력** 웬디 브라운·조앤 W. 스콧 / 김보명 옮김 **471**

16장 **공과 사** 마이클 워너 / 이진화 옮김 **503**

17장 **인종** 호텐스 스필러스 / 윤수련 옮김 **553**

18장 **규제** 주디스 버틀러 / 이현재 옮김 **579**

19장 **종교** 리자이나 M. 슈워츠 / 황주영 옮김 **603**

20장 **섹스·섹슈얼리티·성적 분류** 데이비드 M. 핼퍼린 / 윤조원 옮김 **633**

21장 **유토피아** 샐리 L. 키치 / 이경란 옮김 **681**

찾아보기 **736**

일러두기

- 본문에서 대괄호([ ])로 묶은 내용은 옮긴이가 추가했다. 옮긴이의 각주는 '[옮긴이]'라 표시했고, 그 외의 것은 원문의 주석이다.
- 원문에 이탤릭체로 표기된 내용은 드러냄표로 처리했다.
- 단행본, 정기간행물은 겹낫표(『 』), 시, 희곡, 단편소설, 기고문, 논문, 기사 제목은 홑낫표(「 」), 노래, 영화, 방송 프로그램, 법령, 웹사이트 등은 홑화살괄호(〈 〉)로 표기했다.
- 외국어 고유명사의 표기는 국립국어원 외래어표기법을 따랐으나 일부 굳어진 표현은 그대로 사용했다.
- 본문에서 인용된 문헌 가운데 국역본이 있는 경우 해당 쪽수를 병기했다. 번역은 국역본을 참조하되, 옮긴이의 판단에 따라 부분적으로나 전반적으로 새롭게 옮겼다.

서론
Introduction

지은이
캐서린 R. 스팀슨 Catharine R. Stimpson
길버트 허트 Gilbert Herdt

옮긴이
박미선
한신대학교 영미문화학과 교수. 현대 미국 문학과 페미니즘 이론을 가르치고 연구한다. 저서로『페미니즘: 차이와 사이』(공저), 역서로『시스터 아웃사이더』(공역),『흑인 페미니즘 사상』(공역) 등이 있다.

❄

16세기 말, 젊은 바스크인 여성 카탈리나는 고향 산세바스티안[스페인의 항구도시]에 있는 수녀원에서 최종 서원을 하기 직전에 수녀원 자매들 가운데 한 사람과 말다툼을 했다. 혈기왕성하고 독립심 강한 카탈리나는 수녀원을 나와 밤나무 숲에 몸을 숨겼다. 거기서 그는 드레스 상의와 치마를 남자 옷으로 개조한 후 숲을 빠져나왔다. 머리까지 자른 후 그는 마을을 떠나 남자로서 모험과 곤경이 가득한 삶을 시작했다. 1603년, 그는 아메리카 대륙의 스페인 식민지 가운데 하나인 페루에 도착했다. 여기서 그는 밀을 사들여 밀가루를 만들어 파는 일을 했다. 그러던 중 어느 일요일, 그가 쓴 회고록에 따르면, "딱히 할 일이 없던" 그는 어떤 상인과 카드 게임을 했다. 게임이 끝나고 집에 가려 하는데 상인이 검을 꺼내 들었다. 카탈리나도 "칼을 뽑았고 우리는 싸우기 시작했다 — 몇 번 칼이 부딪히고 얼마 지나지 않아 내가 그를 베었고 그는 쓰러졌다"(de Erauso 1996, 40). 결국 우리의 억센 싸움꾼은 자신의 성과 젠더와 관련한 비밀을 젊은 주교에게 털어놓는다. 그 후 그는 페루와 유럽에서 완벽한 숫처녀로 재등장한다.

카탈리나 — 수녀 중위 — 의 이야기[1]는 그 자체로 신나고 매혹적이다. 이는 또한 젠더 유동성에 대한 이야기이며, 기꺼이 복장 도착자가 되어 남자 옷을 입고 남자로서 살아간 여성에 대한 이야기이기도 하다. 이 책에는 바로 이런 역사적 인물 카탈리나와 우리의 현재 삶에서 젠더가 차지하는 중요성을 동시에 사유할 수 있게 해주는 아이디어들을 모아 놓았다.

---

1 [옮긴이] 당시 여성이 남장을 하는 것은 신이 정한 성별을 거역하는 중죄로 다뤄졌다. 하지만 카탈리나는 그런 운명을 모면하고 남장자로서 성공적인 삶을 살았던 인물이다. 1592년 군인의 딸로 태어난 그는 수녀원에서 뛰쳐나온 후 남장을 하고 여러 직업을 전전하다 군인이 되었는데, 전쟁에서 세운 공으로 중위까지 진급했다. 난봉꾼이기도 했던 그는 페루에서 도박을 하다 치른 결투에서 상대방을 죽이게 됐지만 자신도 치명상을 입는다. 자신이 죽을 것이라 짐작한 에라우소는 주교에게 여자라는 사실을 밝히고 수녀원에 들어가 치료를 받았다. 이 소문이 아메리카 대륙 전체로 번지자 대주교는 그에게 스페인으로 돌아갈 것을 명했다. 스페인으로 돌아간 그는 재판을 받기는커녕 오히려 유명인 대접을 받았는데, 그는 이를 기회로 자서전까지 출간했으며, 교황은 그에게 남장을 할 권리까지 인정한다.

서론에 해당하는 이 글에는 세 가지 목적이 있다. 첫 번째는 젠더라는 단어의 의미가 어떻게 변화해 왔는지 살펴보는 것이다. 두 번째는 성차sexual difference의 조직화로서 젠더에 대한 우리 시대 연구의 진화 과정을 간략하게나마 설명하는 것이다. 페미니즘은 비판적인[결정적인](이 책에서 이는 중요하고 진지하며 의문을 제기하고 도전적이라는 뜻이다) 관점의 형성에 도움을 줌으로써 이 같은 탐구에 영향을 미쳤다. 젠더에 대한 연구는 급속히 늘어나고 있다. 사회과학인용지수SSCI 데이터베이스에 들어가 '젠더'를 검색해 보라. 1900년에서 2002년 사이는 4만 7392건인 데 비해 2002년부터 2012년 11월까지는 9만 1054건으로 지난 10년간의 연구가 이전 한 세기 동안 수행된 연구의 거의 두 배에 달한다.

이 글의 세 번째 목적은 이 책의 가장 두드러진 특징을 설명하는 것이다. 이 책은 젠더 연구의 키워드, 결정적인 용어에 대해 성찰해 보는 [당시를 기준으로] 미출간 글들을 모은 책이다. 각각의 글들은 미국을 비롯한 여러 곳들에서 젠더 실천들이 젠더 연구만큼이나 논쟁적인 시절에 쓴 것이다. 이 책의 저자들 가운데 몇몇은 여성학과 젠더 연구 분야의 개척자들이며, 모두가 획기적인 혁신을 몰고 온 인물들이다. 우리는 이들이 이 책을 위해 기꺼이 글을 기고해 준 것에 자부심을 느끼며, 저자들의 독자성과 노고에 감사한다. 이들이 제시한 아이디어들과 연구 방법들은 매우 다양하지만 모두가 비판적 젠더 연구가 문화와 사회를 이해하는 데 핵심적이라는 점을 잘 보여 주고 있다. 탈식민주의 페미니즘 비평의 창시자인 스피박의 말대로, [나의] "연구 방법으로서 젠더는 특별한 사례로서만 고려되어야 하는 무언가가 아니라 비평 일반에 사용하는 도구이다"(Spivak 2003, 74[국역본, 162쪽]). 우리가 주로 미국에 초점을 맞추고 있고, 미국에서 이루어지는 연구를 일차적 발판으로 삼고 있기는 하지만, 이 책에 실린 글들은 넓은 범위를 아우른다. 모쪼록 이 책이 문화의 경계를 가로질러 공명하며 이론적 가치를 지닐 수 있기를 희망한다.

'젠더'라는 단어의 의미 변화

꽤 최근까지, 젠더에 관심을 둔 사람들 가운데 상당수가 젠더를 문법과 연결한 언어 연구자들이었다. 그러나 1960년대 이후로 젠더는 사회와 문화가 성차를 조직하고 정의하는 복잡한 방식을 지칭하는 말로 훨씬 더 흔히 쓰이게 되었다. 이런 의미에서 젠더 체계는 인간의 삶을 규율하며 우리 삶 구석구석에 스며들어 있다. 예를 들어, 그것은 법정, 수술실, 야구장, 포커 클럽, 미용실, 부엌, 교실과 보육원 등 어디나 있으며, 카탈리나의 사례처럼 수녀원과 식민지에도 젠더 체계가 있었다. 인간 사회가 다양한 만큼이나 그 사회가 구축해 놓은 젠더 체계들 역시 다양하기 때문에, 우리는 획일적인 '젠더'가 아니라 다양한 '젠더들'에 대해 말해야 한다. 젠더가 정확히 어떻게 작동하는가는 문화마다, 역사적 시기마다 다르지만, 젠더가 작동하지 않는 경우는 거의 없다. 또 젠더는 별개로 작동하는 게 아니다. 그것은 다른 사회구조들 그리고 정체성의 원천들과 연결되어 있다.

당연히 영어 단어 젠더에는 역사가 있다. 이 단어는 더 오래된 프랑스어 gendre에서 왔고, 이는 라틴어 genus에서 파생되었다. 라틴어 genus의 그리스어 어원은 genos이다. genus와 genos 둘 다 한 종족, 한 계통 또는 한 가문을 가리킨다. 이 두 단어의 동사형은 — 각각 라틴어 gigno, 그리스어 gignomai인데 — '낳다'라는 뜻이다. 라틴어의 두 번째 동사형인 generare는 '남자가 자식을 보다, 아버지가 되다'라는 뜻이다.

젠더의 그리스어·라틴어 어원을 합쳐 보면, 이 어원들은 세 가지 거창하고 복잡한 인간 활동을 함축한다. 첫째, 사람들을 별개의 계층들, 즉 이런저런 집단으로 분류한 다음 각 집단을 구분해 표식하고 그 집단에 특징을 부여하는 일반적 속성. 둘째, 이 같은 속성의 일차적 도구인 언어를 사용해, 성적 분류 체계를 만들고 유지하는 것. 여기서 이런 분류 체계는 집단을 구분하고 특징짓는 방식이다. 셋째, 한 가족이나 집단을 재생산하는, 즉 다음 세대를 탄생시키는 것을 목적으로 삼는 특정한 섹슈얼리티를 실천하는 것. 각각의 활동은 자연과 문화의 상호작용을 드러내는데, 이들의 상호작용은 너무나도 복잡한 나머지 무엇이 자연이고 무엇이 문화인지를 엄격하게 수량화해 측정하는 것은 어리석은 일이다.

영어에서 젠더의 진화는 이 같은 함의들을 확장한다. 1970년대 초 젠더 연구가 힘을 얻음에 따라, 1971년판 『옥스퍼드 영어 사전』에는 당시까지 젠더의 어원이 요약된 형태로 실렸다. 여기에 실린 젠더의 다양한 의미들 가운데 하나는 (오늘날 거의 사용하지 않는 것이긴 한데) 분류학적 의미로 한 종류, 범주, 계층을 의미한다. [예를 들면] 윌리엄 셰익스피어의 작품 『햄릿』에서 클로디어스 왕은 의붓아들이자 조카인 햄릿을 죽일 음모를 꾸미는데, 햄릿이 평민 계층 대다수에게 인기가 있다는 것, "일반 백성general gender이 그를 몹시 사랑한다는 점"(IV.vii.18)이 자신의 계획에 방해가 된다고 느낀다.

우리가 여전히 사용하고 있는 젠더의 전통적 의미들도 있다. 그중 하나는 젠더를 성sex의 동의어로 사용하는 것으로, 이 같은 혼합과 혼란에 대해서는 나중에 다시 설명하겠다. 또한 젠더는 후손을 낳는 것이든, 도구, 악취, 느낌, 생각, 상황을 발생시키는 것이든 새로운 무언가를 세상에 들여옴을 의미한다. 다른 뜻을 하나 더 들자면, 젠더는 언어 문법을 조직하는 한 가지 방법이다. (벵갈어 같은) 어떤 언어들에는 젠더가 전혀 없다. 다른 언어들은 영어와 같이 젠더를 약간 사용한다. 비록 영어에 그he는 남성을 가리키고, 그녀she는 여성을 가리키고, 그것it은 성이 없는 물체나 대상을 가리키는 등 젠더를 표시하는 대명사가 있기는 하지만 말이다. (이에 대한 반발로, 일부 페미니스트들과 트랜스젠더들은 젠더 중립적인 대명사의 사용을 실험했다. 예를 들어, he와 she를 통칭해 ze를, him과 her를 통칭해 hir를 쓰자는 것이다.) 고전 그리스어와 라틴어를 포함해 다른 언어들은 여전히 젠더와 문법을 강하게 결속해 단어에 남성·여성·중성 표시를 한다. 한 언어의 법칙과 사회 세계 사이에는 흔히 상관관계가 없다. 프랑스어에서 삼촌은 남성이고 숙모가 여성인 것은 당연하게 여겨지지만, 왜 실filament은 남성이고 바늘aguille은 여성이어야 하는가? 젠더 부여는 언어마다 일관적이지 않다. 한 단어가 어떤 언어에서는 남성형이지만 다른 언어에서는 여성형일 수 있고 또 다른 언어에서는 중성인 경우도 있다. 예를 들어, 법은 프랑스어와 스페인어에서는 여성명사이고 독일어에서는 중성명사이다.

1950년대와 1960년대에 미국의 연구자 존 머니는 "생식샘과 …… 외부 생식기 형태가 일치하지 않는" 유아들을 관찰한 일련의 글에서, 언어학에서 나온 젠더라는 용어를 차용해 의학 및 심리학 문헌에 사용했다(Money 1968, 210; Person 1999, 2). 생식기에 대한 해석에 기초해 이 유아들에게 젠더 역할이 지정되고 '새겨진' 것이다. 이런 젠더 지정은 유아가 모국어를 배울 즈음 확고하게 수립되며 육아 방식에 영향을 미쳤다.

머니의 연구는 수많은 논란을 일으켰지만, 그는 성차의 복합적 조직화와 정의를 젠더의 한 가지 의미로 정립하는 데 커다란 영향을 미쳤다. 역사학자 조앤 W. 스콧은 성차의 조직화는 여러 요소들로 구성된다고 탁월하면서도 가장 영향력 있게 논의한 바 있다. 성차를 조직하는 요소들 가운데 하나는 문화적으로 사용되는 여성성과 남성성의 상징 집합이다. 이 상징들에 틀을 부여하는 것은 그 상징에 대한 해석을 설정하고 안내하는 규범적 개념들이다. 서로 분리 불가능한 이 상징들과 개념들(인류학자들이 '문화적 이데올로기'라고 부르는 것)은 친족 관계의 배치kinship arrangement(가족과 가구), 노동시장, 그리고 젠더를 하나의 조직체로서 체현하고 지속시키는 폭넓은 사회제도들과 결합한다. 이 모든 것들 사이의 역동적 상호작용이 우리의 주관적 젠더 정체성, 젠더화된 자아 감각을 형성하며, 이 자아 감각은 우리가 살아가는 세계에 대한 우리의 반응을 형성한다.

한 가지 예를 들어 보자. 가톨릭교회는 남성에게만 성직을 허용하며 여성에게는 금지한다. 이런 규칙은 전통과 얽혀 있고 교회의 지배 구조, 신학, 교회법과도 얽혀 있으며, 사제직이라는 소명을 독특하게 고양된 남성성의 기호로 여기는 사고방식과도 얽혀 있다. (여성은) 성직자가 될 수 없다고 선포하는 신앙을 지닌 곳에 태어난 여성은 종교적 삶을 살아가는 데 일정한 한계가 있음을 경험하게 된다. 그녀는 이 한계들을 찬양하거나, 아무런 의문 없이 받아들이거나, 이 한계들을 공개적으로 반대하거나, 은밀히 전복하거나, 성직자의 복장을 입고 성직자로 위장하거나, 예컨대 신비주의자나 수녀 같은 대안적 역할을 찾아낼 수도 있으리라. 그러나 무엇을 하든 그녀는 합법적으로 미사를 집전하는 '진짜' 사제 서품을 받은 성직자가 되는 경험을 할 수 없다.

사회적으로 그리고 심리적으로, 한 개인의 "젠더 동일시"는 포괄적인 정체성이 형성되는 용광로 같은 과정이다(Lopata and Thorne 1978). 다른 여러 구조들, 과정들, 작용들도 그렇다. 그 결과, 정체성들은 다층적이고 유동적이며 변화의 흐름 속에 있다. 흑인 작가이자 공연예술가인 애나 디비어 스미스는 흑인 사진 예술가이자 공연예술가인 라일 애슈턴 해리스에 대해 쓴 글에서 이렇게 묻는다. "이제는 정체성을 별무리constellation로 볼 수 있지요? / 우리 각자 자기 내부에 수많은 조각들을 지니고 있으니까요. / 그리고 이 파편들이 / 신경증은 아니겠지요?"(Smith 2002, 1부). 탈식민주의 페미니스트 작가인 미나 알렉산더는 다른 은유를 사용하긴 하지만 그녀도 이와 유사한 정체성 개념을 제시한다. 출생지인 인도, 수단, 영국, 그리고 미국을 이주하며 살아온 자신의 삶을 회고한 책『단층선들』에서 그녀는 이렇게 쓴다.

삶이라는 눈부시게 밝은 뒤엉킨 타래 속에는 너무 많은 올이 모두 함께 뒤섞여 있다. 나는 뒤엉킨 타래를 풀어 한 올 한 올 뽑아낼 수 없다. 그렇게 한다면 삶의 핵심을 잃게 된다. 내가 할 일은 한 올 한 올 모두를 함께 떠올리고 불러내서 재현하는 것이다. 이것이 나의 종족성이 요구하는 것이고, 현재형으로 잘나가는 미국이 나에게 시키는 바이다. …… 이 삶에 진입할 때 나는 내 과거의 어떤 부분들을 계속 간직할 수 있을까?(Alexander 2003, 198).

정체성을 "별무리"나 "눈부시게 밝은 뒤엉킨 타래 속 …… 올" 등으로 표현한 것은 은유를 사용한 것이다. 남성성과 여성성 자체를, 자아가 내면화할 수 있는, 은유적 표현으로 사용하는 문화적 전통은 젠더 실천들의 복잡성을 증가시킨다. 남자들은 이러이러한 것을 대표하고 이러이러한 것과 연관되며, 여자들은 저러저러한 것을 대표하고 저러저러한 것과 연관된다. 젠더 연구를 예리하게 하기 어려운 한 가지 이유는 젠더가 용어이자 범주로, 성차에 기반한 역사적으로 가변적인 사회조직이자, 은유로 기능하기 때문이다. 양극화된 사유와 은유적 사유를 연결하는 이항 대립은 문화 대 자연의 도식으로 설정된다. 여기서 남성은 문화를 대표하는 것으로, 여성은 자연을 대표하는 것으로 여겨진다. 밝음은 남성으로, 어둠은 여성으로, 정신은 남성으로, 몸은 여성으로 재현되는 식이다. 문화, 밝음, 정신은 한쪽 극단에 무리 지어 남성화되고, 자연, 어둠, 몸은 반대쪽 극단에 무리 지어 여성화된다. 이렇게 한 다음 이 모든 것은 참이 되고, 사실적이되며, 자연스럽다고 여겨진다.

스콧을 비롯해 여러 연구자들이 지적한 대로, 젠더는 권력과 정치에 대한 은유이기도 하다. 남편에게 반항하는 아내는 원래 그 자체로 가족 질서와 사회질서를 위협하는 존재이지만, 순종적이지 않고 반항적인 이 배우자는 위험스러울 만큼 순종적이지 않고 반항적인 계급을 나타내기도 한다. 우리가 사용하는 정치적인 수사들 역시 집단이나 국가를 은유적으로 젠더화해 이 은유들이현실을 보여 준다고 가정한다. 예를 들어, 미국은 종종 스스로를 힘차고 적절한남성적 활력을 지닌 나라로 자부하는 반면, 정치적 적들을 허약한 여성적 나라들이라거나 불쾌하리만치 남성적 활력이 넘치고 미개한 야만인들이라고 비난한다. 그렇지만 미국은 또한 은유 사용의 융통성을 발휘하면서 스스로를 엉클샘이자 불굴의 여성성을 지닌 자유의 여신으로 상상하면서 흡족해한다.

젠더에 대한 비판적 연구는 이 책에서 탐구할 다양한 핵심적인 통찰들을 낳았다. 가장 의미심장한 통찰 가운데 하나는 생물학적 범주인 성과 사회적 범주이자 구성물인 젠더를 구분할 필요가 있으며, 사회적 구성물인 젠더가 생물학적 범주들에 대한 우리의 믿음에 영향을 미친다고 본 통찰이다. 프랑스 작가 시몬 드 보부아르가 여성학의 기반이 된 책『제2의 성』(프랑스에서 1949년 출판, 영어번역본은 1953년에 출판됨)에서 말한 대로, "사람은 여성으로 태어나는 것이 아니라 여성이 되도록 만들어진다"(de Beauvoir 1953, 301[국역본, 389쪽]). 영어 사용자들은 여자female, 남자male라는 단어를 생물학적 분류에 사용하고 여성적feminine, 남성적masculine이라는 단어는 젠더 분류에 사용한다. 이 단어들 위로 남성men과 여성women도 흘러 다니는데, 이 단어들은 때로 성을 의미하고 때로 젠더를 의미하며 때로 둘 다를 의미하기도 한다. 정신과 의사이자『성과 젠더』의 저자인 로버트 스톨러는 1960년대에 여자나 남자로서의 자아감인 "핵심 젠더 정체성"과 스스로를 여성적 자아나 남성적 자아로 보는 자아감인 "젠더 정체성"을 구분해야 한다고 제안했다.

간단히 말해, 젠더는 성을 의미하는 게 아니라, 성들 사이의 사회적·성적 관계들 및 이 관계들 내부에서 각 성에 속한 이들에게 부여되는 자리를 의미한다. 남성들이 '자기' 여자를 통제하고 지배해야 한다는 명령을 내리는 것은 성이 아니라 젠더다. 강간이 허용될 수도 있다고 판결하는 것도 성이 아니라 젠더다. 종종 사람들은 남성들과 여성들의 차이가 대체로 '생물학'적 차이, 좀 더 구체적으로는 유전학적·해부학적 구성물들 사이의 차이 때문이라고 본다. 불행하게도, 여자의 생물학적 특성과 남자의 생물학적 특성을 탐구한 '연구들'은 역사적으로 살펴봤을 때 오류로, 그것도 종종 우스꽝스러운 오류로 가득 차있었다. 이 같은 결함에도 불구하고, 생물학은 규범적인 젠더 배치들을 자연 속에 뿌리박음으로써 이를 재생산하고 정당화하는 데 이용되어 왔다.

확실히 대부분의 여자는 XX 성염색체를, 대부분의 남자는 XY를 지닌다. 그렇지만 성 유전학은 엄격한 이항 대립으로 환원되지 않는다. 모든 인간이 XX거나 XY인 것은 아니다. 예를 들어, 한 개의 성염색체가 없는 사람들에게는, 제3의 염색체 유형인 XO가 존재한다. 의미심장하게도, 상당히 많은 문화가 여자도 남자도 아닌 인물 혹은 신화적 유형을 창조해 왔다. 이 인물이나 신화적 유형들은 이런 존재를 인식했거나 발명했던 문화들마다 다른 구체적 의미를 지닌다. 이런 이들로 트랜스젠더, 젠더 퀴어, 두 영혼Two Spirit, 그리고 그리스어로 남자 Andro와 여자Gyne라는 단어를 그대로 결합한 단어인 양성인Androgyne이 있다. 우리 시대에 통용되는 관용적 표현으로 '젠더 벤딩'이라는 말도 있다. 1993년에 북미인터섹스협회는 인터섹스로 지정된 사람들에 대한 치료와 처우를 변화시키겠다는 목적으로 정치 활동을 시작했다. 여기서 인터섹스란 "태어날 때 [남자나 여자로 지정하기] 모호하거나 흔치 않은 성기의 존재(자웅동체와 유사 자웅동체로도 분류되는 상태)를 광범위하게 기술하는 의학 용어"로 규정된다(Rosario 2004, 282).

또한 확실히 여자들females은 생물학적인 재생산 능력을 지닌다. 남자들도 그렇다. 그렇지만, 인류학자 캐럴 밴스가 주의를 준 대로, 우리는 '재생산'을 젠더와 섹슈얼리티의 '핵심'으로 간주하는 것을 경계해야 한다. 우리는 우리가 지닌 재생산 능력 이상의 존재이다. 비록 그런 재생산 능력이 우리에게 기쁨을 주긴 하지만 말이다. 재생산도 사회적 구성물이며, 그 의미는 생식과 출산의 의미를 넘어 멀리 나아간다. 재생산의 의미는 광범위하게 상이한 인간의 경험들을 포함한다. 뉴기니의 삼비아족 사이에서 청소년 남자들이 소년 아동들에게 정액을 뿌리는(그 지역의 성적 문화에 따라 소년들에게 남성성을 '탄생시키고', '자라게 하는') 제의라든가, 남아프리카의 칼라하리 지역의 !쿵족 여성들이 연상의 남자들과 일련의 '시험 결혼'을 거쳐 성인기에 이르게 되는 과정도 재생산의 의미에 포함된다. 오늘날 부유한 서구에서 임신 능력과 출산을 촉진하기 위해 첨단 의료 기술을 사용하는 것 역시 재생산에 포함된다.

앞서 제시한 예들이 시사하듯, 성차의 조직화는 문화마다 매우 다양하다. 카탈리나의 이야기가 보여 준 대로, 체계들 내부의 경계들은 허술하거나 유동적이다. 마저리 가버는 카탈리나와 문화상의 범주 위기를 생생하게 설명한다. 범주 위기란 "명확한 구분의 실패, 경계선이 침투 가능해지는 현상, 즉 명확하게 구분되는 하나의 범주에서 다른 범주로 경계 횡단이 허용되는 것"이다(de Erauso 1996, 서문, xiv). 젠더 체계도 변화하는데, 그 변화는 젠더 체계 내부에서 일어나기도 하고 시간의 흐름에 따라 일어나기도 한다. 삶이(그 혼란과 우연성으로), 그리고 사람들이(나름의 욕망과 희망과 욕구와 결정으로) 젠더 체계를 방해하고 그 안에 침입해 무너뜨리기도 한다. 왜 젠더 체계가 부분적으로 또는 전적으로 변화하는지에 대한 보편적인 이유는 없다. 오히려 여러 가지 다층적 이유들, 그 역사적 환경과 맥락을 살펴봐야 한다. 자기에게 부과된 젠더 역할이 맞지 않는다고 느낀 사람들이 있어 왔다. 남자 제임스 험프리 모리스로 태어난 작가 잰 모리스[2]는 그녀의 삶에서 가장 중요한 순간을 이렇게 말한다. "세 살인가 네 살 때 나는 내가 잘못된 신체에 태어났다는 것을, 내가 진짜로 여자여야 함을 깨달았다. 나는 이 순간을 똑똑히 기억한다. 이것이 내 삶에 대한 가장 최초의 기억이다"(Morris 2002, 3). 이런 개인들은 자기혐오로만 이어지는 '젠더 위화감[불쾌감]'gender dysphoria을 경험하는 대신 사람들의 삶에 대해 질문하고 변화를 일구는 쪽으로 나아갔다. 역사적 발전들과 사건들은 젠더 체계를 긴장시켜 엄청난 압력에 처하게 한다. 예를 들어, 미국에서는 노예제도, 인종차별주의, 계급 구조 때문에 특정 시기를

---

2 [옮긴이] 웨일스 출신의 여행 작가 겸 역사가다. 46세였던 1972년 성전환 수술을 받고 여자가 되었다.

지배했던 젠더 체계의 범주들이 흑인 남성과 백인 남성, 흑인 여성과 백인 여성 사이에 변경 불가능하다고 생각되는 차이들을 확립했다. 이 차이들은 흑인들의 존엄을 떨어뜨리고 비인간화하는 반면, 백인들을 고귀한 존재로 승격했다. 일부 백인 여성들은 '제대로 된 여성들'이자 '숙녀'가 될 수 있었지만, 그 어떤 흑인 여성도 그렇게 될 수는 없었다. 이것은 악랄한 의미 부여였기에 흑인들은 이에 저항했다. 제2차 세계대전이라는 대재앙이 젠더와 인종 개념을, 그리고 이 둘의 연결을 깨뜨리는 데 기여했다. 그리고 [젠더와 인종이 맞물려 작동하는] 이런 체계들이 저지른 해악을 드러내는 정치적·사회적 운동들이 일어났고, 이 일은 계속되고 있다.

젠더 체계들의 놀라운 다양성과 가변성은 이를 설명하기 위해 여러 문화들이 제시하고 있는 기원 신화에서도 분명하게 드러난다. 세 가지만 꼽아 비교해 보자면, 신화에서 나온 것 가운데 첫 번째는, 플라톤의 가장 유명한 대화에 나오는 한 부분이다. 『향연』(기원전 384년경)은 섹슈얼리티의 다양성을 드러내는 매혹적인 이야기를 한 그리스 극작가 아리스토파네스를 특별히 다룬다. 아리스토파네스가 주장한 바에 따르면, 세상에는 원래 세 개의 성, 즉 남성, 여성, 그리고 남녀가 결합된 성이 행복하게 살았다.[3] 불행하게도 그들은 신들을 공격했다. 그들이 받은 벌은 각각 둘로 쪼개지는 것이었다. 태양신 아폴로가 이들의 상처를 치유해 준 후, 반쪽짜리인 이들 각각은 다른 절반을 찾기 시작했다. 남성을 잃어버린 사람은 남성을, 여성을 잃어버린 사람은 여성을, 남녀 결합이었다가 쪼개진 반쪽은 다른 성을 찾아다닌다는 것이다.

두 번째 신화는 인간의 기원에 대한 훨씬 더 영향력 있는 이야기로, 유대-그리스도교 전통에서 나온 것이다. 구약성서의 첫 번째 책인 「창세기」는 성들의 창조에 관한 두 개의 서사를 제시한다. 첫 번째 이야기에서는 신이 자기 이미지를 따라 남성과 여성을 창조한다. 두 번째 이야기에서 신은 흙으로 아담을 빚는

---

3 〔옮긴이〕 아리스토파네스에 따르면, 원래 인간은 두 사람씩 등이 붙어 있었다. 예컨대, 남성은 남성 둘이, 여성은 여성 둘이, 남녀추니는 남자와 여자가 등을 맞대고 붙어 있었다. 신들에게 도전한 인간은 각각 둘로 쪼개졌고, 이후 남성은 자신의 잃어버린 다른 한쪽인 남성을, 여성은 다른 여성을, 남녀추니는 서로의 이성을 찾아다니게 되었다. 플라톤, 『향연』, 강철웅 옮김, 아카넷, 2020, 79-87쪽 참조.

다. 그런 다음 아담이 혼자이지 않도록 동물, 새, 언어를 만들어 주고, 아담의 갈비뼈를 취해 여성인 이브를 만들어 준다. 이브가 신에게 순종하지 않고 아담도 똑같이 행하도록 유혹하자, 신은 아담과 이브를 에덴동산에서 내쫓고 그들에게 자신이 부여한 젠더 역할에 따라 살게 하는 벌을 내린다. 즉, 아담은 들에서 노동하며 수고하고, 이브는 출산의 수고를 감당하며 아담에게 복종하게 된 것이다.

이와 대조적으로 세 번째 설명은 신화나 종교에서 온 것이 아니라 현대 진화론적 사회과학에서 나온 것이다. 『제1의 성』에서 인류학자 헬렌 피셔는 사회적 영향력이 행사하는 힘을 인정하면서도, 선사시대부터 확립된 성과 젠더 차이들은 우리의 뇌, 호르몬, 유전자에 내장되어 고정된다고 주장한다. "남성과 여성은 우리 선조들이 수천 년 전 아프리카의 대초원에서 익힌 성향과 기질을 지금도 어머니의 자궁에서 나올 때 가지고 태어난다. 남성과 여성은 똑같지 않다. 남성과 여성은 몇 가지 서로 다른 재능을 가지고 태어난다. 남성과 여성은 서로 명백히 구분되는 과거 이력들의 살아 있는 아카이브이다"(Fisher 1999, xvi[국역본, 11쪽]). 여기에 덧붙여 피셔는 19세기와 20세기 페미니스트들과 마르크스주의자들의 추론에서 나온 사유를 되풀이하는 네 단계 역사 이론을 제시한다. 선사시대에 남성과 여성은 "대략 평등"했다고 피셔는 추정한다. 그 후 농업혁명기에 남성이 경제적으로 일차적인 역할을 맡으면서 국가와 가족에 군림하는 권력을 갖게 되었다. 여성은 제2의 성이 되었다. 그다음 산업혁명기에 여성은 유급 노동력에 합류했고 다시 경제적으로 힘을 갖게 되었다. 21세기에 접어든 지금, "여성적인 마인드"와 "독특하게 여성적인 속성들"(말 잘하는 언어를 다루는 재능, "네트워킹과 협상을 잘하는 재능")이 "비즈니스나 성, 가정생활"에 극적일 정도로 영향력을 미치게 될 것이다(Fisher 1999, xvi, xvii[국역본, 12쪽]). 우리가 선사시대를 지나 피셔가 예언한 시대에 진입하면, 이제 이브는 징치해야 할 죄인이 아니라 찬양받아야 할 구원자가 된다.

젠더 체계의 이런 다양성과 가변성 그리고 기원 신화들에도 불구하고, 이른바 젠더 전통주의자 집단은 성들 간에는 기원 신화 속에서 정당화될 수 있는 본질적 차이가 있다고 생각하려 한다. 그 신화의 출처가 전설이건 종교건 학문적 추론이건 간에 상관없이 말이다. 오늘날 미국에서 동성혼同性婚 반대에 가장 큰 목소리를 내고 있는 집단이 바로 젠더 전통주의자들인데, 그들은 결혼이란 "한 남성과 한 여성"이 하는 것이고, 남성과 여성이 각각 무엇인지는 누구나 잘 알며, 문명 자체가 바로 이런 신성불가침의 결합에 의존해 있다고 단호히 주장한다. 젠더 전통주의자들은 세 가지 상호 연관된 작전을 펼치는데, 이 전략들은 젠더에 대한 문화적[상대주의적] 논리를 의심스러운 것으로 만든다. 첫 번째는 대조되는 차이점들을 극대화하는 것이다. 전통주의자들에게 젠더는 성차를 고정하고 유지하는 것이다. 만일 젠더 구조에서 차이점들이 최소화된다면, 젠더 구조들은 줄어들고 쪼그라들 것이다. 두 번째 전략은 성차를 관계의 패턴으로 조직화하는 것이다. 남성이 이렇다면, 여성은 저렇게 함으로써 남성을 보완해야만 한다는 식이다. 이렇게 되면 젠더 체계는 복잡한 상호 의존 상태들로 이루어진다. 그런 패턴들 가운데 흔한 한 가지는 앞서 언급했듯이 양극화 또는 이항 대립의 유형이다. 남성이 합리적이라면 여성은 비합리적이라는 식의 유형 말이다. 은유를 사용하자면, 남자들이 화성 출신이라면 여자들은 금성 출신이라는 식이다. 이런 양극성은 다른 양극성에 연결되어 하나의 세계관을 형성한다. 젠더 전통주의자들의 세 번째 작전은 젠더 구조가 보편적인 것으로 보이도록 이런 차이의 유형들을 일반화하는 것이다. 이렇게 되면 남성과 여성에 대한 설명과/또는 연구는 원형과 고정관념에 대한 것이 된다. 1968년판 『국제 사회과학 백과사전』에 수록된 한 항목은 이런 사유를 잘 보여 준다.

> 한 집단으로서 남자들은 속도 및 총체적 신체 활동들의 통합력, 공간 파악 능력, 기술적 이해력, 수학적 추론에서 뛰어나다. 여자들은 손재주, 지각 속도와 정확성, 기억, 산수 계산, 언어 구사력, 그리고 언어기술과 관련된 여러 직무에 뛰어나다. 남자와 여자 사이에 발견되는 주요한 인성의 차이들 가운데에서, 남자들은 공격성, 성취욕구, 감정적 안정성이 더 크고 여자들은 사교성이 더 강하다(Anastasi 1968, 205에서 재인용).

20세기 말 미국의 젠더 체계들은, 아마도 그 변화가 고르게 진행되지는 않았더라도 급속하게 변화하고 있었다. 1999년 영화 〈소년은 울지 않는다〉(킴벌리 피어스 감독, 피어스 비에넌과 앤디 비에넨 각본)는 당시의 역사적 순간에 등장한 젠더에 관한 의미심장한 서사로, 젠더를 둘러싼 다양성과 가변성 및 이 둘에 대한 저항을 결합했다. (1998년 다큐멘터리 〈브랜든 티나 이야기〉에도 영감을 주었던) 실화에 바탕을 둔 〈소년은 울지 않는다〉는 남성이 되기를 열망한 여성의 이야기를 들려준다. 여자로 태어난 주인공에게 부모는 티나[티나 브랜든]라는 여자 이름을 지어 주고 여자로 키운다. 그녀는 여성임에서 완전히는 벗어나지 못한다. 그녀는 생리를 한다. 가슴이 커지자 그녀는 가슴에 붕대를 둘러 숨겨야 한다. 비록 그녀가 돈도 사회적 지위도 없고, 교육도 받지 못한 채 미국의 한복판에서 무일푼으로 궁핍한 상태에 있기는 하지만, 그녀는 개인적 변화의 꿈을 실행하며 스스로 브랜든 티나로 이름을 바꾸고 남성인 것처럼 행동한다. 이렇게 그녀는 젠더 정체성과 태어나면서 부여받은 이름을 뒤바꾼다. 하지만 이 소년 역시 미국의 한복판에서 궁핍한 신세가 된다. 그 역시 돈도 교육도 사회적 지위도 없다. 그러나 브랜든은 예쁘장하고 로맨틱하고 (은근히 허세를 부릴 줄도 아는) 젊은 남자다. 그는 여자 친구에게 미래에 대한 꿈을 심어 줄 뿐만 아니라 다른 그 어떤 '남자'도 제공하지 못하는 낯선 다정함을 베풀기도 한다.

슬프게도, 어떤 정체성을 주장한다는 것이 곧 실현 가능한 삶을 구축한다는 것과 같지는 않다. 브랜든이 여성인 티나로부터 완전히 벗어날 수 없다면, 그는 티나의 불미스럽고 불행한 삶의 역정으로부터도 완전히 벗어날 수 없다. 몇 주 만에 그의 꿈은 힘겹게 사그라진다. 가면이 벗겨지고 여성임이 드러나자, 그는 두 명의 동네 폭력배에게 강간당하고 결국 살해당한다. 소년들은 울지 않을지 모르겠지만, 그의 여자 친구는 울고 관객도 운다. 〈소년은 울지 않는다〉는 사랑, 폭력, 황폐화된 미국인의 삶을 다룬다. 또한 그것은 지역에서 작동하는 젠더 규칙들에 순응하려 들지 않는 사람들의 젠더와 운명에 대한 참혹한 이야기다. 브랜든의 여자 친구를 제외한 다른 사람들에게 그의 젠더 선택은 좋게 본다 해도 이해할 수 없는 것이었고 나쁘게 본다면 용인할 수 없는 것이었다. 브랜든의 젠더 선택을 가장 심하게 관용하지 못한 두 사람, 그를 강간하고 살해하는 이 두 사람은 젊은 남성들이고, 브랜든이 남성으로서 한때나마 시시한 남성 연대를 이루며 같은 시대를 살던 이들이었다. 이 두 남자는 브랜든이 되어 여성성의 규범들을 배신한 '티나'에게도 벌을 주었고, 한때 티나였기에 남성성의 규범을 배신한 '브랜든'에게도 벌을 준 것이다. 그들이 보기에, 이런 젠더 구분이 활개를 치는 지역 특유의 이성애 문화에 저항하는 사람들은 파괴되어 마땅한 괴물인 것이다.

그러나 이 영화의 모든 것을 아우르는 도덕적 서사는 이 순응주의자들이 살인자가 되기 전에 이미 실패한, 만취한 무지렁이, 별 볼일 없는 잡범이었다고 묘사한다. 비록 비관적이긴 하지만 〈소년은 울지 않는다〉는 젠더 규범에 순응하지 않는 사람들이 위협받지 않고 살아갈 수 있는, 심지어 번영하며 잘 살 수 있는 다른 세상을 상상할 만한 비전도 제시한다. 이 영화는 억압 앞에서 인간이 지닌 회복 탄력성과 용기를 보여 준다. 이런 비전을 제시하는 이 영화는 젠더를 연구하는 많은 이들이 시도하는 웅장한 기획과도 공유하는 요소가 하나 있다. 즉, 다르다는 것의 경험과 통찰을 조명하는 것, 공간과 시간을 가로질러 이런 차이들을 추적하는 것, 그리고 '다른' 욕망들이 '정상적' 언어로 인정되고 포용되기 전에 나타나곤 하는 망설임이 뜻하는 바를 밝히는 것 말이다.

우리 시대 젠더 연구의 발전

19세기 중반부터 20세기 초까지 서구에서는 서로 연결된 세 가지 발전이 일어났다. 첫째, 주체성과 정체성에 대한, 곧 사람이라는 것이 무엇을 의미하는지에 대한 현대적 관념들이 등장했다. 이 관념들은 젠더와 섹슈얼리티에 대한 관념들과 결합했다. 둘째, 사람들은 '이성애자'나 '동성애자'로 범주화되었다. 실제로, 이 용어들은 19세기에 처음 나타났다. 게다가 동성 간 또는 동성애 실천들은 일련의 구체적 행위, 섹스를 하는 방식이라기보다 존재 방식인 정체성을 나타내는 기호들로 간주되기 시작했다. 셋째, 여성들의 역할과 지위에서 거대한 변화들이 나타났다. 이런 변화는 여성운동에서, 그리고 젠더 관계에 대한 여성운동의 통렬한 분석에서 가장 강력하게 표출되었고 지지를 받았다. 20세기에 대부분의 나라에서 성취된 여성 참정권, 투표권은 (미국에서는 유색 여성들에 대한 차별로 인해 심하게 훼손되긴 했지만) 이런 거대한 변화 가운데 하나일 뿐이다.

역사학자 폴 로빈슨은 이런 변화를 "성의 근대화"라 부른다. 근대화는 성 연구의 전문화를 초래한 동시에, 성 연구의 전문화로 말미암아 활성화되기도 했다. 성 연구의 개척자들은 종종 "성 연구에 열성적이었던 사람들"sexual enthusiasts이었는데, 그들은 근대성에 걸맞은 성 개혁을 통해 진보를 창출하려 했다. 이런 이들 중에는 리하르트 폰 크라프트-에빙, 지그문트 프로이트, 헨리 해블록 엘리스, 마그누스 히르슈펠트가 있다. 미국에서 20세기에 이런 연구는 여러 가지 경로로 (종종 서로 겹치기는 했지만) 뻗어 나갔다. 초기에 지배적인 세력은 유럽에서 수입된 정신분석학으로 정신분석학은 심리 성적 발달에 대해 탐구하며 섹슈얼리티와 젠더 분화의 발생을 설명하는 새로운 어휘를 제시했다.

한편, 정신분석학에 반발하며 성과학의 영향을 받은 경험주의적 연구들도 출현했다. 즉, 이 같은 연구들은 인간과 동물의 성적 행동, "동성애든 이성애든지 간에 성기 자극 및 짝짓기와 직접적으로 관련된 모든 반응"에 초점을 맞추었다(Phoenix 1968, 194). 이 같은 접근법 가운데 가장 유명한 연구는 인간의 다양한 성적 행동을 집계한 것으로, 9000여 건 이상의 인터뷰를 바탕으로 동물학자 앨프리드 킨제이(1894~1956)와 그의 동료들이 수행한 연구가 있다. 킨제이와 그 동료들은 이를 바탕으로 『인간 남성의 성적 행동』(1948)과 『인간 여성의 성적 행동』(1953)을 각각 출판했다. 킨제이는 비록 가부장적이고 정량적 연구자이긴 했지만, 미국 사회의 성적 주변인들과 약자들에게 많은 연민을 느꼈던 사람이기도 하다. 그는 섹슈얼리티를 규제하는 법률 현황, 불법적 행위들과 관련된 죄책감이 만성적으로 끼치는 영향과 효과, 킨제이 그 자신이 일반적 의미에서 "정상적이고 자연적인" 범위의 인간 경험의 일부라고 믿었던 행위들, 나아가 어떤 사회에서는 받아들여지지만 다른 사회에서는 규범으로부터 벗어난 "일탈 행위"로 간주되어 처벌받는 행위 등에 대해 설명했다. 킨제이는 성적 태도에서 계급 간 차이가 있음을 발견하고서, 미국의 상층계급과 중간계급은 성적 행위들을 도덕적 범주로 조직하는 경향이 있는 반면, 하층계급들은 성적 행위들을 "자연스러운" 행위나 "부자연스러운" 행위로 나누어 부르는 경향이 있다고 제시했다. 이런 점에서 킨제이는 과학자인 동시에 사회과학자라 할 수 있다. 당시 성과 젠더는 어느 정도 사회과학의 관심사이기도 했는데, 킨제이와 거의 동시대인이라고 할 수 있는 인류학자 마거릿 미드(1901~78)의 연구가 가장 유명하다. 미드는 문화적 믿음과 규범에 대해 매우 유명한 책들을 썼는데, 이 책들에서 그녀는 젠더 역할은 가변적이고 유연하다고 논의한다. 사회과학에서 다른 연구자들은 지능과 행동에서 나타나는 성차를 연구했다. 예를 들어, 성 역할이라는 개념, 그리고 성 역할을 수행하면서 생겨나는 "선호들 및 행동 패턴들"의 발달에 대해 탐구했다(Tyler 1968, 208).

　　젠더를 성차의 조직화로 보는 오늘날의 젠더 연구는 1960년대 이후 빠르게 성장했다. 이 같은 연구의 목적은 젠더를 분석 범주로 사용하는 것, 성차가 조직되는 방식을 가시화하고 그 복잡성을 탐구하는 것, 그리고 우리가 그 안에서 살아가는 젠더 체계들의 변화에 대해 혹은 심지어 그것의 변혁에 대해 사유하는 것이다. 이런 작업은 기존의 분과 학문 내에서 그리고 새롭게 등장한 학제 간 연구에서 계속 진행되었다. 학제 간 연구는 사회와 학계를 지배하는 구조들과 규범들에 의해, 비록 경멸을 받은 것은 아니었더라도, 주변화되었다고 느꼈던 집단의 경험을 중심으로 생겨났다. 흑인 연구가 선구자였고, 그다음으로 페미니즘 연구라 종종 불렸던 여성학이 등장했고, 그 뒤를 이어 아시아계 미국인 연구, 치카노 연구, 라티노/라티나 연구, 아메리카 선주민 연구, [미국을 넘어] 이보다 더 넓은 전 지구적 차원을 다루는 탈식민 연구, 전 지구적 연구가 출현했고, 가장 최근에 장애학, 동물학이 등장했다. 이들 각각의 연구 분야들은 기존의 분과 학문에서 취할 것은 취하고 추가할 것은 추가하면서, 각각 젠더 연구, 아마도 가장 광범위하게는 여성학에 영향을 미쳤다. 젠더 연구를 수행한 이들은 세대, 연구 분야, 방법론, 소속 기관, 가용 자원 등에서 매우 다양하긴 했지만, 그들은 몇 가지 이론적 틀의 유효성에 관한 합의에 도달했다. 매우 간단히 말하자면, 여성들이 보편적 특징을 공유한다고 주장한 '본질주의자들'과, 사회가 여성들의 특징을 구축하고 결정한다고 주장한 '구성주의자들' 사이에서 열띤 논쟁이 벌어졌다. 이 논쟁의 승자는 구성주의자들이었다. 비록 이 논쟁이 질질 끌며 계속되고 있긴 하지만 말이다. 예컨대, 버넌 A. 로사리오는 이렇게 회고한다. "1980년대에 게이 연구와 레즈비언 연구에서 우리 모두를 짜증나게 했던 본질주의 대 구성주의 전쟁은" 1990년대 초 즈음 "따분한 것이 되었다." 그렇지만 그가 인정한 대로, "생물학이라는 유령이 곧 되돌아와 우리를 괴롭혔다"(Rosario 2004, 280, 281).

1960, 70년대에 여성학은 여성들과 남성들 사이의 차이 문제를 세 가지 방식으로 탐구했는데, 페미니즘은 이 세 가지 방식 모두에 지적 에너지와 통찰력, 도덕적·정치적 틀을 제공해 주었다. 첫 번째 방식은 여성에 대한 남성 지배의 결과이자 위계적인 가부장적 구조의 결과이며, 남근 중심주의의 결과인 남성과 여성 사이의 유해한 차이들을 드러내고 변화시키려 했다. 남성들의 영역과 여성들의 영역이 대략적으로 동등한 몇몇 사회들이 존재할 수도 있을 것이다. [그러나] 남성들이 여성들에게, 특히 자신의 가족인 여성들에게, 그리고 자신과 같은 계급의 여성들에게 권력을 행사하고 종종 난폭하게 권력을 휘두르는 사회들이 훨씬 더 많다. 여성들에게 경제적·사회적 권력이 없는 사회들이 지닌 한 가지 얄궂은 특성은 그런 사회일수록 여성들의 성적 권력을 강조하고, 그 결과 여성들이 남성들을 유혹하는 위험한 본성을 가졌다고 강조한다는 점이다. 형식상 권력의 결손에 덧붙여 여성들은 스스로 힘을 기를 수 있는 도구와 방법에 접근하지 못하도록 통제된다. 젠더 격차는 소득, 글을 읽고 쓰는 능력과 교육에 대한 접근권, 공적·사적 직책의 보유, 문화적 권위에서도 존재한다. 매우 권위 있는 글 「페미니즘의 권력 개념들」에서 메리 호크스워스는 이렇게 지적한다. "페미니즘의 권력 이론가들은 끈질기게 지속되는 젠더와 인종상의 권력 비대칭을 억압 체계로 이해해야 한다고 제안한다. 가족, 학교, 일터, 교회, 사원, 이슬람 사원, 유태인 교회당, 공식적인 통치 기관 등에서 작동하는 권력 불균형은 서로 긴밀히 관련되어 있다"(Hawkesworth 2011, 3).

이런 결함[비대칭]으로 말미암아 여성학과 젠더 연구는 거짓된 보편주의와 자민족 중심적 편향에 의해, 또한 젠더를 고려하지 못하는 맹목에 의해 자주 훼손된다. 이슬람권 여성 연구와 젠더 연구의 창시자인 레일라 아메드는 "[그간] 페미니즘이라면 무엇이든지 한 번도 공감하지 않더니 젠더 연구가 우세해지자 이제 와서 이 행렬에 올라타 '이슬람과 월경' 같은 제목으로 이런저런 중세 텍스트들을 다루는 학위논문들을 대거 지도"하는 교수들을 냉소적으로 언급한다.

이어서 아메드는 그렇지만 "이런 학위논문들은 '월경에 관한 중세 남성들의 믿음에 대한 연구'와 같은 식으로 제목을 붙여야 더 적절할 것이다"(Ahmed 2000, 129)라고 지적한다.

　남성과 여성 사이의 차이를 분석하는 두 번째 접근법은, 남성 지배에도 불구하고, 여성들이 그간 그리고 현재에도 계속해서 수행하는 일들을 밝히는 작업이다. [여성들만의 독특한] 도덕적 사유 방식을 연구한 캐럴 길리건의 『다른 목소리로』(1981)의 출판이 이런 작업에 추동력을 제공했다. 왜냐하면 여성들은 문화를 창조해 왔고, 제도를 건설해 왔으며, 혹독한 상황에서도 가족을 기르며 생존 방법을 고안해 왔기 때문이다. 이런 성취에 대한 이해를 바탕으로 유색인종 여성들이 개척한 세 번째 방식은 여성학 분야에서 뒤늦게야 인정받았다. 이 방식은 다양성, 여성들 사이의 차이, 즉 인종, 계급, 종교, 섹슈얼리티, 국적, 그리고 시민권 신분상의 차이에 대해 질문했다. 이 접근법은 인종 및 종족 연구를 젠더 연구와 연결한다. 여성들 사이의 차이를 명확하게 파악하는 것은 젠더 구조들과 젠더 위계를 둘러싼 질문들을 더욱 정교화한다. 왜냐하면 한 여성이 자기 가족이나 계급, 인종에 속하는 남성들의 지배하에 있을지라도 다른 계급이나 인종에 속한 남성들과 여성들을 자신의 지배하에 둘 수 있기 때문이다.

　여성학이 여성에게 초점을 맞추고 여성들 사이의 모든 차이를 점점 더 많이 고려하고 있기는 하지만, 남성을 연구하지 않은 채 여성만 연구하는 것은 점점 더 어려워졌다. 1970년대 후반, 여성학의 발전은 남성학의 발전을 추동했다. 남성학은 남성들의 삶과 남성성 및 다양한 남성성들의 구성에 대해 면밀히 살폈다. 이를 연구하는 분명한 움직임은 하나의 젠더 체계에서 여성들과 남성들 사이의 개념적·법적·사회정치적·문화적 관계들을 드러내는 것이었다. 1975년에 게일 루빈은 "성/젠더 체계"에 대한 글을 썼다. 1981년에 마이러 젤런은 페미니스트 비평가들이 남성 전통과 여성 전통, 남성이 이룬 혁신과 여성이 이룬 혁신을 비교하는 "급진적 비교 연구자"가 되어야 한다고 촉구했다. 발레리 스미스는 젠더 이론과 흑인 비평을 연결해, 흑인 남성들과 흑인 여성들이 노예 서사를 어떻게 읽어 내는지 보여 주었다. 이런 개별적 목소리들과 여성학 그리고 남성학은 젠더 연구를 하나의 학문 분야로 만드는 초석으로 함께 작용했다. 1978년 이후 젠더 연구에 영향을 미친 것은 성적 규범과 실천에 대한 역사적 탐구였는데, 이런 탐구는 미셸 푸코의 연구 및 그의 권력 담론 분석과 긴밀한 관련이 있다. 그러나 여성학을 연구하는 많은 이들이 젠더 연구의 발흥이 연구의 핵심 초점인 여성을 제거하고, 심층적이고 지속적인 사회 변화의 주체로서 여성의 삶을 지워 버릴 것을 우려했다. [페미니스트 학술지]『기호들: 문화와 사회 속의 여성들』1987년 여름호는 "안과 밖: 여성과 젠더, 그리고 이론"Within and Without: Women, Gender, and Theory이라는 주제를 다뤘다. 편집자 서문에 실린 첫 문장은 연구 영역들 사이의 긴장을 다음과 같이 성찰한다.

> 이 쟁점과 더불어, 우리는 그 안에 내포된 암묵적 질문과 마주한다. 여성학은 젠더 연구로 대체되어야 하는가? 여성들과 대문자 여성에 초점을 맞춘 여성학은 [여성이라는 특정] "젠더에 얽매여 있"으며, 따라서 여성을 연구 주제로 선택하고, 그 주제로부터 또 그 주제를 위해 개념과 이론을 만들어 내는 것은 여전히 편파적인가? 아니면, 여성들에 대한 연구는, 대문자 여성이 남근 중심적 현실에 도전함에 따라 특정 여성들의 삶 내부와 외부로부터 제기되는 비판의 가능성을 허용하기 때문에, 젠더를 초월하는 최선의, 심지어 유일한 방법인가? 이번 호에는 이 두 가지 입장을 지지하는 글들을 실었다. 이는 마땅히 그럴 수밖에 없었다. 왜냐하면 이 질문들은 전혀 해결되지 않았고, 심지어 아직 예리하게 다듬어지지도 않았기 때문이다 (*Signs* 1987, 619).

이와 동시에, 여성학이 차이를 점점 더 진지하게 다루게 됨에 따라, 레즈비언들이 자기 나름의 제도적 토대를 원할 만큼 레즈비언 차이가 두드러지게 부각되었다. 레즈비언들은 젠더와 젠더 위계에 대한 페미니즘의 연구를 가져와 레즈비언 연구를 만들어 냈고, 낙인찍힌 섹슈얼리티의 짐을 함께 지고 있던 게이 남성들과 함께 레즈비언과 게이 연구를 만들어 냈다. 이것 역시, 진화하며 새로운 형태의 변이를 만들어 냈다. 1984년에 게일 루빈은 이정표가 된 두 번째 글「성을 사유하기: 섹슈얼리티 정치의 급진적 이론화를 위한 노트」를 발표했다. 이 글에서 루빈은 "젠더"라는 용어는 "섹슈얼리티"를 적합하게 포괄할 수 없다고 주장했다. 그는 또한 레즈비언들에게, 그녀들도 "퀴어이자 도착자로서 억압받고" 있으며 그녀들도 "게이 남성, 사도마조히스트, 복장 도착자, 창녀들이 지닌 사회학적 특질을 많은 부분 공유해 왔고, 그들이 받는 똑같은 사회적 처벌로 인해 고통받고 있음"을 깨달아야 한다고 촉구했다(Rubin 1993, 33[국역본, 350, 351쪽]). 이런 사유는 섹슈얼리티 연구 혹은 젠더와 섹슈얼리티 연구에서 새로운 학문 프로그램을 형성하는 데 기여했다.

1990년대 중반 즈음, 레즈비언과 게이 연구는 레즈비언·게이·양성애·트랜스젠더LGBT(지금은 흔히 레즈비언·게이·양성애·트랜스젠더·퀴어LGBTQ) 연구로 확장되어 나아갔다. 부분적으로 이런 확장은 레즈비언과 게이 연구가 섹슈얼리티에 초점을 맞추었기 때문이다. LGBT 연구는 20세기 말에 사회적으로나 문화적으로 어느 정도 인간에게 가능해진 세 가지 기회를 반영하는 것이자, 그것을 탐구하는 것이었다. 첫째, 트랜스섹슈얼인 사람들의 가능성. 트랜스섹슈얼은 1950년대에 발전하기 시작한 의료적 수단을 통해, 자기 몸을 다른 성의 몸으로 변형한 사람들이다. 둘째, 양성애자인 사람들의 가능성. 양성애자들은 남성과 여성을 둘 다 적극적으로 욕망한다. 셋째, 트랜스젠더인 사람들의 가능성. 트랜스젠더인 사람들은 자기가 다른 젠더라고 느끼고 다른 젠더 정체성을 선택하거나, 여러 가지 젠더 정체성들 사이를 오간다. 1990년대 중반에 '트랜스젠더'라는 단어는 트랜스섹슈얼, 드랙퀸이나 드랙킹, 트랜스젠더인 사람들, 그리고 지금은 종종 '젠더 퀴어'라 불리는 심리적 상태에서 살아가면서 젠더 경계들을 희미하게 하며 넘나드는 모든 이들을 포함하는 포괄적 용어가 되었다.

'퀴어'는 사회 변화와 몇몇 학문적 활동이 서로 침투 가능한 것임을 드러내면서, 일상적으로 사용하는 표현이 되었고, [성소수자들의] 활발한 하위문화를 지칭하는 이름이 되었으며, 하나의 학문 분야인 퀴어 연구를 뜻하게 되었다. 페미니즘 이론과 여성학이 역사적으로 프로이트와 정신분석학을 불신했다면, 퀴어 연구 그리고 퀴어 연구와 중첩되는 젠더 연구의 몇몇 연구자들은 섹슈얼리티를 유동적 장으로 해석하고 리비도를 여러 가치가 혼합된 다가치적인 것이자 다양한 에너지들의 장으로 해석한 프로이트에 눈길을 돌렸다. 퀴어 연구와 젠더 연구의 창시자 가운데 한 명인 이브 코소프스키 세지윅은, 살짝 의구심을 품으면서도, 다음과 같이 지적한다. "프로이트는 성적 욕망의 변화무쌍해 보이는 유동성과 …… 모든 인간존재가 잠재적으로 지닌 양성애성을 …… 보편화할 수 있는 지도에 …… 정신분석적 구조와 신뢰성을 제공했다"(Sedgwick 1990, 156). 퀴어 연구는 또한 오늘날 전 지구적 비극이 된 에이즈AIDS가 몰고 온 끔찍한 충격을 이해할 필요가 있음을 직시하도록 하는 데도 기여했다. 미국에서 퀴어 연구는 정부를 동원해 에이즈 관련 정부 정책들을 바꾸도록 촉구했다. 퀴어 연구가 탐구했던 새로운 사회적 복잡성들 가운데에는, 게이 남성 친구들을 보살펴 주었던 레즈비언들이 마주했던 복잡성이 있었다. 이 새로운 에이즈 운동은 그간 널리 활동해 온 다른 종류의 이론적·사회적 운동에도 마침내 자양분과 에너지를 공급하게 되었다. 탈냉전 이후 풍경의 특징이기도 한 이 운동은 공적 영역과 사적 영역의 관계를 재정의하고, 성적 시민권에 대한 정의를 확장하며, 모든 젠더에 속한 이들과 성소수자들의 인권을 주장했다.

이런 창조적 작업들과 횡단들, 변이들로 말미암아, 젠더에 대한 학문적 연구는 개별 분과 학문 분야 내부에서뿐만 아니라 학제 간 연구를 통해서도 수행되고 있다. 우리는 여기서 다음을 강조하고 싶다. 지적으로 포괄적이기를 지향하는 이 책에 글을 쓴 저자들은 다양한 분과 학문, 프로그램, 학파에 속한 젠더 연구자들이다. 젠더 연구 및 젠더와 관련된 주제들에 대한 연구의 기원들과 지점들의 다양성이 젠더 연구의 일차적 특징들 가운데 두 개를 만들어 내는 데 기여했다. 첫째, 젠더 연구는 논쟁과 다툼으로 가득 찬, 지적·학문적으로 혼합된 계보를 지닌다. 둘째, 이런 다양한 견해들로 활발해진 젠더 연구는 계속 발전 중이다. 우리는 젠더 연구에서 중요한 핵심 용어들은 시간이 흐름에 따라 변화하리라는 점을 다행히 뚜렷하게 알고 있다. 예를 들어, 젠더와 지구화 사이의 연관성을 분석하는 데 필요한 용어들은 앞으로 더욱 중요해질 것이다.

그런가 하면, 널리 합의된 몇 가지 사안도 있다. 그중 하나는 방법론적인 것이다. 젠더 연구가 헛된 보편주의, 지나친 일반화, 다양한 종류의 편향, 그리고 지금 우리가 알고 있는 지역의 젠더 구조들이 과거에나 미래에나 우리가 알 수 있는 전부라고 여기는 가정에 빠져들 때, 젠더 연구는 실패할 것이다. 왜냐하면 단어, 사회조직, 은유로서 젠더는 역사에 따라 그리고 문화에 따라 달라지기 때문이다. 이 같은 합의와 양립하는 또 하나의 합의는 젠더는 어떤 문화든 상관없이 남성들과 여성들을 통제하는 무역사적인 것, 태고의 시원적인 것, 안정적인 것, 주어진 구조가 아니라는 점이다. 확실히, 신경과학과 유전학이 성 차이sex dif-ferences에 대한 다양한 연구물을 제시하고 있지만, 젠더는 남성들과 여성들을 획일적으로 제조해 내는 전권을 지닌, 전능한, 영리하게 제작된, 기계적 조작의 결과가 아니다. 비록 일부 젠더 전통주의자들이 젠더가 이런 것이라고 강변하면서 특정 젠더 구조를 정당화하지만 말이다. 반대로, 젠더는 젠더의 여러 가지 의미에서, 주로 구성되고 협상되며, 주디스 버틀러가 제시한 유명한 용어를 사용하자면, 젠더는 결국 무역사적인 것, 태고의 시원적인 것, 안정적인 것, 주어진 것처럼 보일 때까지, 반복적으로 다시 "수행된다." 짧게 말해, 젠더를 이렇게 보는 이론과 양립하는 또 다른 이론을 사용하자면 우리는 젠더를 "한다"do(West and Zimmerman 1987).

이 책의 핵심 특징

이 책에 실린 글들은 연구 문헌 검토가 아니라 젠더 연구에서 활용하는 중요한 몇 가지 어휘에 대한 설명이자 해석이며 논쟁적 연구이다. 각각의 글은 해당 분야의 분석 작업에 깊이 기반하고 있다. 이 책에 함께 묶인 이 글들은 일군의 불변의 정의를 제시하는 것이 아니라, 명확하면서도 지적으로 시사하는 바가 많은 일련의 계기들을 설명한다. 젠더 연구만큼 혼종적이고 유동적이고 경합적인 분야라면, 그 분야가 사용하는 언어 자체가 비판의 대상이 될 것이며 시간이 감에 따라 변화도 불가피할 것이다. 이 책에 실린 주요 — 중요한, 진지한, 질문을 던지는, 도발적인 — 용어들은 해당 분야의 발전을 보여 주는 표식이자 후속 연구와 의미 탐구를 촉진한다. 이 핵심 용어들은 질문과 조사의 압력에 언제든 개방될 수 있다.

이 책에서는 핵심 용어들을 '신체들'부터 '유토피아'까지 [원어의] 알파벳순으로 제시한다. 그렇지만 독자들은 이 책에 실린 핵심 용어들이 서로 확장하고 연결되며 서로 겹치는 연구 범위를 나타내는 것이라고 생각해야 한다. 예를 들어 '신체들'(1장)은 '섹스·섹슈얼리티·성적 분류'(20장)와 동떨어진 것이 아니며 '욕망'(3장)은 '정체성'(7장)과 동떨어진 것일 수 없다. (지그문트 프로이트, 미셸 푸코, 자크 데리다, 주디스 버틀러 등) 어떤 이름들은 반복해 등장한다. 마찬가지로, (예컨대, 인종적 차이를 비롯한 차이들, 젠더와 권력의 관계, 새로운 재생산 기술의 사용과 영향 등) 몇몇 주제들 역시 그렇다. 이런 반복은 젠더 연구에 지속적으로 미친 이 사상가들의 영향력과 이 주제들이 젠더 연구에 가져온 결과와 중요성을 보여 준다.

서로 연결된 연구 범위들 가운데 첫 번째는 신체와 관련된다. 어떤 이들에겐 신체가 젠더를 최초로 경험하는 지점이다. 그다음 연구 범위는 심리학과 주체성을 다루면서 정체성, 욕망, 환상, 사랑에 대해 질문한다. 그다음은 문화와 언어, 문화적으로 실행되고 규율되는 젠더 역할, 문화적으로 기입되는 성적·젠더 구분, 차이·신화·종교라는 개념들, 그리고 젠더를 둘러싼 (너무나 자주 결함을 지닌) 유토피아적 꿈에 대한 것이다. 그다음 연구 범위는 사회적·정치적으로 지배되는 젠더 배치들에 대한 것으로, 친족, 가족, 종족[민족], 인종과 젠더의 관계, 공적 영역과 사적 영역 사이에 만연한 이분법, 정의, 그리고 권력 자체에 초점을 맞춘다. 이런 연구들은 또한 지구화에 대한 질문 그리고 제2차 세계대전 이후 전 지구적 이상이 된 인권에 대한 질문으로 이어진다. 나머지 하나의 연구 범위는 자연 그리고 자연과 문화의 상호 관계에 초점을 맞춘다.

마지막으로, 14장은 '포스트휴먼'을 다룬다. 포스트휴먼이라는 용어는 제2차 세계대전 이후 조사이어 매이시 재단에서 개최한 일련의 학술 대회에서 나온 말이다. 이 학술 대회의 목적은 "물질, 의미, 정보, 인지와 관련해 특정한 특권을 지닌 어떤 입장이든 그 입장으로부터 인간적인 것과 호모사피엔스를 제거하는 생물학적·기계적 의사소통 과정들을 설명하는 새로운 이론적 모델을 탐색하는 것"이었다(Tirosh-Samuelson 2012, 2). 포스트휴머니즘은 포스터모더니즘과 서로 겹치는 부분이 많은데, 포스트모더니즘처럼 포스트휴머니즘도 인간임의 의미를 둘러싼 사유가 여러 세기에 걸쳐 남긴 유산을 근본적으로 회의해야 한다고 우리에게 요청한다. 공상과학소설처럼 포스트휴머니즘은 "인간과 자연, 인간과 기계 사이의 경계들이 무너진 새로운 형식의 인간 존재뿐만 아니라 인간 생물학의 한계들이 기계에 의해 초월되고 대체되는 이상적 상황에 대한 처방"을 설명한다(Tirosh-Samuelson 2012, 1).

　이 서론은 젠더 경계를 넘어선 젊은 바스크 여성에 대한 서사로 시작했다. 우리는 이제, 젠더 경계의 횡단 및 와해가 예전에 고정된 것이라 여겨진 다른 경계들의 횡단 및 와해와 분리 불가능한 것인지를 질문하면서 이 글을 맺으려 한다. 질문은 우리의 생각과 마음을 움직인다. 우리는 젠더 연구가, 사람들이 여성으로, 남성으로, 혹은 양쪽 다로 존재한다는 의미를 규정하는 체계를 생성하고 변화시키는 가운데서 남녀의 온전한 경험을 포착해 그려 내려는 노력이라고 확신한다. 어떤 이들은 21세기는 젠더 혁명이 벌어지는 무대가 될 것이라 예측한다. (용어, 체계, 은유로서) 젠더는 혁명적 변화의 도약들과 한계치들에 관여하기에는 너무 견고하고 다양하지만, 시간이 흐름에 따라 여성들과 남성들은 평등, 행복, 정의를 더 많이 다루며 나아갈 것이다. 변화가 필요한 체계인 젠더가 사랑하고 꿈꾸고 해석하는 우리의 능력을 저해하지 않으면서 역사에 이토록 문젯거리가 되지 않는 날이 서서히 올 수도 있을 것이다. 모쪼록 이 책이 21세기 독자들에게 젠더 연구를 심화하고 젠더 체계의 역사적 해악들을 개선하고 창조적이고 인간적인 에너지를 발생시키는 유용한 도구를 제공하기를 바란다.

참고 문헌

Abelove, Henry, Michele Aina Barale, and David M. Halperin, eds. 1993. *The Lesbian and Gay Studies Reader*. New York: Routledge.

Ahmed, Leila. 2000. *A Border Passage: From Cairo to America: A Woman's Journey*. New York: Penguin.

Alexander, Meena. 2003. *Fault Lines: A Memoir*. Rev. and expanded ed. New York: Feminist Press at the City University of New York.

Anastasi, Anne. 1968. "Sex Differences." In Sills 1968, 7: 200-207.

Butler, Judith. 1990. *Gender Trouble: Feminism and the Subversion of Identity*. New York: Routledge [주디스 버틀러, 『젠더 트러블: 페미니즘과 정체성의 전복』, 조현준 옮김, 문학동네, 2008].

de Beauvoir, Simone. 1953. *The Second Sex*. Trans. H. M. Parshley. New York: Knopf [시몬 드 보부아르, 『제2의 성』, 이정순 옮김, 을유문화사, 2021].

de Erauso, Catalina. 1996. *Lieutenant Nun: Memoir of a Basque Transvestite in the New World*. Trans. Michelle Stepto and Gabriel Stepto. Boston: Beacon.

Fisher, Helen. 1999. *The First Sex: The Natural Talents of Women and How They Are Changing the World*. New York: Random House [헬렌 피셔, 『제1의 성』, 정명진 옮김, 생각의나무, 2005].

Hawkesworth, Mary. 2011. "Feminist Conceptions of Power." In *Encyclopedia of Power*, ed. Keith M. Dowding, 1-13. Sage Publications.

Lopata, Helene Z., and Barrie Thorne. 1978. "On the Term 'Sex Roles'." *Signs* 3(3) (Spring): 718-721.

Money, John. 1968. "Sexual Deviation: Psychological Aspects." In Sills 1968, 14: 209-215.

Morris, Jan. 2002. *Conundrum*. New York: New York Review Books.

Person, Ethel Spector. 1999. *The Sexual Century*. New Haven, CT: Yale University Press.

Phoenix, Charles H. 1968. "Animal Sexual Behavior." In Sills 1968, 14: 194-201.

Rosario, Vernon A. 2004. "The Biology of Gender and the Construction of Sex?" *GLQ: A Journal of Lesbian and Gay Studies* 10(2): 280-287.

Rubin, Gayle S. 1975. "The Traffic in Women: On the 'Political Economy' of Sex." In *Toward an Anthropology of Women*, ed. Rayna R. Reiter. New York: Monthly Review Press [게일 루빈, 「여성 거래: 성의 '정치경제'에 관한 노트」, 『일탈: 게일 루빈 선집』, 신혜수·임옥희·조혜영 옮김, 현실문화, 2015].

_____. 1993. "Thinking Sex: Notes for a Radical Theory of the Politics of Sexuality"(1984). In Abelove, Barale, and Halperin 1993 [게일 루빈, 「성을 사유하기: 급진적 섹슈얼리티 정치 이론을 위한 노트」, 『일탈: 게일 루빈 선집』, 신혜수·임옥희·조혜영 옮김, 현실문화, 2015].

Scott, Joan W. 1988. "Gender: A Useful Category of Historical Analysis." In *Gender and the Politics of History*. New York: Columbia University Press [조앤 W. 스콧, 「젠더: 역사 분석의 유용한 범주」, 『젠더와 역사의 정치』, 정지영·마정윤·박차민정·정지수·최금영 옮김, 후마니타스, 2023].

Sedgwick, Eve Kosofsky. 1990. "Epistemology of the Closet." In Abelove, Barale, and Halperin 1993.

Signs. 1987. Editorial. *Signs* 12(4) (Summer): 619, 620.

Sills, David A. ed. 1968. *International Encyclopedia of the Social Sciences*. New York: Macmillan Company/Free Press.

Smith, Anna Deavere. 2002. "Essay." *Lyle Ashton Harris*. New York: Gregory R. Miller Company/CRG Gallery.

Spivak, Gayatri Chakravorty. 1999. "History." In *A Critique of Postcolonial Reason: Toward a History of the Vanishing Present*. Cambridge, MA: Harvard University Press [가야트리 스피박, 「3. 역사」, 『포스트식민이성 비판』, 태혜숙·박미선 옮김, 갈무리, 2005].

_____. 2003. *Death of a Discipline*. New York: Columbia University Press [가야트리 스피박, 『경계선 넘기: 새로운 문학 연구의 모색』, 문화이론연구회 옮김, 인간사랑, 2008].

Stanton, Domna. 1992. "Introduction: The Subject of Sexuality." In *Discourses of Sexuality*, ed. Domna C. Stanton, 1-46. Ann Arbor: University of Michigan Press.

Tirosh-Samuelson, Hava. 2012. "Transhumanism as a Secularist Faith." *Zygon* 47(4): 1-25.

Tyler, Leona E. 1968. "Sex Differences." In Sills 1968, 7: 207-213.

West, Candace and Don H. Zimmerman. 1987. "Doing Gender." *Gender and Society* 1(2): 125-151.

캐서린 R. 스팀슨·길버트 허트

1장

신체들

Bodies

지은이

캐럴 스미스-로젠버그 Carroll Smith-Rosenberg

옮긴이

황주영

지구지역행동네트워크/페미니즘학교 팀장. 뤼스 이리가레의 페미니즘 철학과 에코
페미니즘을 주로 연구한다. 서울시립대학교와 경희대학교에서 강의하고, 여성환경
연대 에코페미니즘 연구센터 '달과 나무'의 연구위원이다. 저서로 『뤼스 이리가레』,
『현대 페미니즘의 테제들』(공저), 『교차성×페미니즘』(공저), 역서로 이리가레의 주
저인 『반사경: 타자인 여성에 대하여』(공역)가 있다.

❋

신체들은 역사 속에서 ─ 즉, 특수한 시점에, 특정한 물질적·경제적·인구학적 배경 안에서, 다른 시간성을 지닌 신체들과의 관계 속에서, 지식 체계들 및 권력의 장들과의 관계 속에서 ─ 차지하는 시·공간의 문화적 힘들과 상호작용하면서 그 형태를 갖추게 되고 움직이며 경험되고 의미를 지니게 된다.

신체들은 변혁적인 위기들과 일상적인 리듬들을 표시하면서 역사를 채운다. 수백만에 이르는 신체들이 스페인의 '서인도제도 정복' 과정에서 강간당하고 살해당했으며, 수백만 이상의 신체들이 북아메리카와 남아메리카의 설탕, 커피, 담배 농장에 그렇게 끌려왔다 죽은 사람들을 대체하기 위해 아프리카에서 끌려왔다. 나치의 수용소들에 장작더미처럼 쌓인 신체들은 지식의 구조와 권력의 배치에서 나타난 전 세계적인 변화의 전조였다. 최근에는 강간당하고 살해된 여성들의 신체가 인도의 분할, 유고슬라비아의 해체, 르완다와 다르푸르에서의 종족 갈등을 상징했다. 좀 더 일상적인 수준에서 보자면, 신체 이미지들은 산업 혁명을 우리에게 실제적인 것으로 만든다. 가령 영국 탄광에서 수레를 끌고 있는 반쯤 발가벗은 여성의 몸, 아동 노동자들의 구부정하고 창백한 몸, 아서 먼비[1]가 촬영한 사진 속에서(Munby 2000) 부르주아의 대리석 계단을 문지르고 있는 영국 노동계급 여성들의 꾀죄죄한 몸이 그런 것들이다. 오늘날 유니세프와 국경없는의사회가 기부를 요청하며 우리에게 보여 주는, 영양실조에 시달리는 아이들의 신체는 북반구와 남반구 사이에 존재하는 현재의 격차를 체현한다. 물론 이 과장되고 왜곡된 신체들은 복잡하고 다층적인 계급과 지역을 보여 주는 그림의 일부에 불과하다. 우리에게 이런 것들을 현실로 만들어 주는 렌즈 뒤편에는 관찰과 '앎'에 열중하는 부르주아 개혁가의 말쑥한 신체, 산업화와 제국주의 덕에 가능해진 편의 시설과 사치품에 익숙한 신체들이 있다.

---

1 [옮긴이] 아서 먼비(1828~1910)는 영국의 일기 작가이자, 사진작가, 변호사로 빅토리아시대 하층 여성 계급의 모습을 기록하고 사진을 찍어 보관했다.

하지만 훨씬 더 많은 신체들이 역사의 지면을 빼곡히 채우고 있다. 바로 저항하고 항의하는 신체들이다. 생도맹그[지금의 아이티]와 자메이카 마룬[탈출한 흑인 노예들의 공동체] 전사들의 신체들, 운디드 니에서 [1890년 대학살을 당한] 아메리카 선주민의 신체들, 강제 양분 공급을 거부하는 여성 참정권 운동가들의 신체들, 셀마로 행진하는 또는 월스트리트를 '점령한' 흑인과 백인의 신체들, 폭력적인 보복에도 굴하지 않고 액트업²에 집결한 동성애자들의 신체들 등이 그러하다. 그리고 계속해서 또 다른 신체들, 은유적이고 담론적인 신체들 — 사회체들과 정치체들, 지식, 법, 이데올로기의 신체들 — 이 역사 속으로 유입된다.

내밀한 연관들이 이 신체들을 서로 결합한다. 개인의 신체적 경험은 그 경험에 의미를 부여하는 몸의 언어에 의존한다. 이는 언어와 담론이 특정한 시간과 장소에 놓인 체현된 발화자들 사이의 소통을 통해 의미를 획득하는 것과 마찬가지다. 이데올로기적 허구들, 은유적인 추상들, 정치체들, 특히 민족[국가와 같은] 정치체들은 현실적인 생물학적 신체들에 특별히 의존한다. 왜냐하면, 그것들은 특정한 시간과 공간에 뿌리내리고 있는 문자 그대로의 신체들이 그것들을 자신의 진정한 자아로 포용할 때에만 살아 있게 되기 때문이다. 그러나 이런 일이 일어나게 하려면, 즉 정치체가 자신이 갖지 못했던 통전성integrity을 획득하려면, 정치체는 육체성의 수사학과 언어라는 망토로 자신을 은폐해야만 하며, 생물학적 신체의 성격들, 그것의 내적 응집력, 그리고 '자연스러움'을 획득해야만 한다. 이런 아주 다양한 방식으로, 육체적 신체와 정치적 신체, 권력이 부여된 신체와 권력을 빼앗긴 신체, 여성의 신체와 남성의 신체, 흑인의 신체와 백인의 신체, 갈색 피부의 신체와 붉은 피부의 신체는 구성적 상호 의존과 상호작용이라는, 탈중심적이고 변화무쌍한 춤사위 속에서 함께 맞물리게 된다.

페미니스트 학자들은 이 같은 상호작용과 상호 의존의 복잡한 유형들을 오랫동안 탐구해 왔다. 메리 더글러스와 조앤 W. 스콧처럼 입장이 서로 다른 학자들도 우리 자신, 우리 정체성, 우리 신체를 경험하는 '자연적인' 또는 시간이 지

---

2 [옮긴이] 액트업은 에이즈 환자들을 위한 조직으로서, 에이즈에 대한 정부의 관심을 촉구하는 시위를 벌였다.

나도 변하지 않는 방법은 없다고 공히 주장한다. 그들은 정체성들이나 신체 모두 사회적·담론적으로 형성된다고 본다. "사회적 몸은 물리적 몸이 인식되는 방식을 제약한다"고 말하면서, 더글러스는 이렇게 주장한다.

> 그것[생물학적 신체-인용자]이 움직이거나 정지할 때 취하는 형태는 여러 방법으로 사회적 압력을 표현한다. 옷 입고 먹고 몸 관리를 받을 때 몸에 쏟아지는 관심, 수면과 운동이 몸에 얼마나 필요한지에 대한 이론들, 몸이 겪는 단계에 대한 이론들, 몸이 감내하는 고통들 …… 몸이 인식되는 모든 문화적 범주들은 …… 사회를 드러내는 범주들과 긴밀히 상호 관련되어야 한다. …… 모든 종류의 행위는 학습의 흔적을 간직하고 있다(Douglas 1970, 93[국역본, 149, 150쪽]).

그러나 사회적 신체들과 생물학적 신체들 사이의 복잡한 상호작용은 그렇게 쉽게 포착되지 않는다. 인간의 정신에 의해 문화적 구성물로 변형됨으로써, 생물학적 신체는 탈바꿈하여, 갈등 상황에 있고 리비도가 집중된 사회적 긴장들을 표현하기 위해 사회체의 구성원들이 이용할 수 있는 정동적 수사의 저장고가 된다. 섹슈얼리티 이론들, 정화 의례들, 오염 공포, 신체 부위에 대한 가치 평가와 비하, 이 모든 것은 상징 언어로 읽힐 수 있는데, 이런 상징 언어 안에서 물리적 신체는 사회적 불안들과 충돌들에 대해 말하는 데 이용된다. 사회적·정치적·생물학적 신체들은 분리를 거부하면서 융합한다.

서로 다른 계급들, 종족들[민족들], 세대들, 직업 종사자들 그리고 젠더들이 사용하는 사회적 방언이 빚어내는 불협화음은 모든 이질적 사회의 특징이며, 불협화음은 서로 다른 사회적 발화자들의 의식 내부에서 각기 다르게 재생산된다(Bakhtin 1981, 259-422). 권력은 이런 담론들을 채색한다. 경제적·정치적으로 지배적인 언어는 더 주변부에 놓인 사회적 담론들의 타당성을 부인하기 위해 투쟁한다. 사회적 변혁의 시기에, 사회 형태들이 파열되어 벌어질 때, 사회적 방언은 주요 도시의 한가운데서 그리고 이 도시의 식민화된 주변부에서 권력을 가진 이들과 권력이 없는 이들 양쪽 모두의 편에서 급증한다. 서로 뒤섞이고 충돌하면서, 이 다양한 담론들은 지배 담론에 도전한다. 그런 시기에, 이데올로기적 갈등은 담론을 분열시킨다. 또한 그런 시기에 섹슈얼리티와 물리적 신체는 특히 많은 의미를 떠올리게 하는 정치적 상징물로 출현한다. 인간 섹슈얼리티에서 가장 무질서하다고 여겨지는 측면들은 사회적 원자화, 위계의 타도, 변화의 통제 불가능성을 나타내기 위해 원용된다. 이런 담론 장 내부에서, 변화를 두려워하는 이들은 사회적으로 무질서한 것을 정치체 내부에서 일어난 성적으로 비정상적이고 위험한 감염으로 정의한다. 이와 같은 방식으로, 변화를 두려워하는 이들은 그들이 사회 부적응자라고 명명했던 이들의 신체에 사회 통제를 향한 그들 자신의 욕망을 투사한다.

몇 가지 사례를 살펴보는 게 좋을 것이다. 미국 남북전쟁 이후, 새로운 인종적·정치적 질서를 수립하려던 북부의 급진주의자들을 비롯해, 흑백을 막론하는 노숙인과 행려인 수천 명이 빚어내던 격변의 시기에, 남부 백인들은 이런 변화를 두려워하며 자신들이 통제할 수 없는 이 모든 사회적 분열을 상징할 환유적 형상을 구상했다. 그 형상이란 야만적인 흑인 남성 강간범이었다. 그에 대한 상상적 구성물을 통해 방출된 혐오감과 욕망, 투사와 치환은 제임스 볼드윈의 [1965년 단편소설]「그 남자를 만나러 가는 길」에 생생하게 묘사되어 있다(Baldwin 1995, 227-249). 이 인물(그리고 '그'가 대표했던 말 그대로의 신체들)에 격분하면서도 두려워하는 이들은 그들의 통제를 벗어난 세계에 항의했다. 오늘날 아메리카의 백인 중산층 구성원들은 세계가 그들의 상식에서 벗어난다고 다시 느끼고 있다. 그래서 현재의 공포를 형상화하기 위해 다른 신체들을 동원한다. 도심의 흑인 청소년, 레즈비언과 게이, 임신 중지 수술을 받는 여성, 무슬림 테러리스트들이 이에 해당한다. 두려움의 초상인 이 신체들은 단순한 은유에 불과한 존재가 결코 아니다. 그들은 물신[페티시]인 동시에 지각 능력이 있는 신체들이다. 은유를 만들어 낸 자들에 의해, 이 신체들의 살은 말 그대로 흉터를 지니게 됐고, 그들의 성기는 말 그대로 훼손되었으며, 그들의 생명은 말 그대로 파괴되었다.

대화란 본성상 주고받는 것이다. 자신의 고유한 섹슈얼리티를 사회적 저항의 상징으로 도전적으로 전시함으로써, 주변부에 있는 자들과 상처 입은 자들은 또한 성적 무질서와 사회적 무질서를 융합한다. 사회적 혼란, 담론의 불화, 전쟁 중인 신체들은 어우러지며 서로를 강화한다. 상징적 신체의 절단은 정치체의 ─ 그리고 관습적인 의미의 ─ 절단을 말한다.

그러나 물리적 신체의 자리를 담론 장 내부에 둘 때, 우리는 이 신체를 향해 눈사태처럼 쏟아지는 말과 이데올로기, 은유에 이 신체가 매몰되지 않도록 주의해야 한다. 물리적 신체는 자신의 고유한 유기적 통전성을 소유하고 있다. 일레인 스캐리에 따르면, 신체적 경험은 때로 담론을 초월하며, 고통을 재현하는 언어의 표현력 너머로 어떻게 고통이 폭발하는지를 알려 준다(Scarry 1985). 상징 인류학자들과 포스트구조주의 이론가들은 언어가 욕망을 구성한다고 주장하는 반면, 많은 페미니스트들은 여전히 욕망이 그것을 명명하지 않은 담론들 내부에서 나타날 수도 있다고 주장한다. 신체와 욕망의 이데올로기적·담론적 성격에 아무리 초점을 맞춘다고 해도, 물리적 신체는 페미니스트 담론에서 사라지기를 거부한다는 것이다. 예컨대 페미니스트 철학자인 로시 브라이도티는 페미니즘이 육체적인 것을 심문하는 방식을 검토하는 한편, 여성이 자신의 물리적 신체들과 다시 소통할 필요가 있다고 강조한다. 이는 "가로지르며 이동해 가는 유물론적 페미니즘의 주체성 이론"을 맞아들이기 위한 것이다. "주체성의 신체적 뿌리를 재고"하자고 주장하면서, 브라이도티는 다음과 같이 말한다.

> 대부분의 페미니스트에게 주체성을 재정의하기 위한 출발점은 새로운 형태의 유물론, 즉 발화 주체의 체현된, 그러므로 성적으로 차별화된 구조를 강조함으로써 육체적 물질성이라는 개념을 전개하는 유물론이다(Braidotti 1994, 2-4)[국역본, 28-30쪽].

우리 자신이 소용돌이 속에 사로잡혀 있어서 그런 사회적 신체들의 일부로서만 바라보고 느낀다면, 기존의 담론들 속에서만 말할 수 있다면, 시간 속에 체현된 우리는 어떻게 이 현기증 나는 신체들의 상호작용을 지도로 그릴 수 있을까? 우리는 어떻게 우리 자신의 위치를 설정해, 우리에게 형상과 의미를 주는 역동적인 과정들을 도표화할 때 취할 수 있는 관점을 시간 속에서 획득할 수 있을까?

신체들과 권력

미셸 푸코는 신체의 상호작용에 대한 탁월한 지도학자다. 그는 정치적인 것과 사회적인 것이 생물학적인 것과 성적인 것을 구성하는 방식을 공들여 추적했다. 페미니즘이 푸코의 작업을 진지하게 비판하기는 했지만, 그는 페미니즘의 사유에 크게 기여했다. 그의 작업은 생물학적 신체와 성적 주체가 근대국가와 근대과학, 근대적 권력 체계, 그리고 통치술의 출현에 핵심적으로 연루되어 있는 정치적 구성물임을 보여 주는 지도를 제공했다. 이 과정에서 그는 우리 모두가 그런 지식/권력 체계의 물리적 주체이자, 그 체계들에 물리적으로 종속된 존재들임을 폭로했다.

　물리적 신체와 신체의 건강, 섹슈얼리티와 욕망은 메리 더글러스에서와 마찬가지로 푸코에서도 더는 자연적인 것이 아니다. 더글러스와 마찬가지로 푸코는 신체의 담론적 구성에 초점을 맞춘다. 더글러스처럼, 그는 신체의 구축(질병의 담론적 재현, 정의, 치료 및 재생산을 해야 하는 사람과 재생산을 해서는 안 되는 사람이 누구인지 등)이 사회구조들의 핵심 요소를 형성하는 방식에 관심을 기울였다. 푸코는 성애화된 신체, 범죄시되는 신체, 병에 걸린 신체가 특정한 시대적·물질적 배경의 산물로만 이해될 수 있다고 주장한다. 푸코는 인과관계의 보편적 양상들이 신체의 정치적 구성이나 권력의 배치에 관해 알려 주는 것이 거의 없다고 주장한다. 그보다 우리는 권력, 지식, 담론이 역사적으로 특수한 조건들을 발전시키고 직조하는 과정들, 권력, 지식 담론이 생산되는 물리적 토대, 그것들이 생물학적이고 성적인 신체, 정체성, 주체를 생산하는 다양한 방식에 초점을 맞춰야 한다. 우리는 어째서 특정한 지식, 텍스트, 제도, 실천의 덩어리[집합체]들이 시간의 특정한 순간들에 나타나는지 물어야 하며, 근대성의 물리적 신체들과 심리정치적 주체들을 생산하기 위해 그것들이 어떻게 서로 일치하고 중첩되고 상호작용하며 증가하는지 추적해야 한다.

　하지만 푸코와 더글러스의 분석에는 유사성만큼 차이도 있다. 더글러스는 1960년대 구조주의 패러다임에서 작업하면서 사회 체계와 상징체계 간의 조화로운 상호작용에 초점을 맞춘다. 푸코는 1970년대와 1980년대 지적·성적·정치적 격량의 시기에 글을 쓰면서, 사회적 갈등과 통제를 둘러싼 쟁점들, 정치체의 불안정한 측면들, 권력 자체의 증식하는 다형적 성격에 초점을 맞춘다.

푸코에 따르면, 권력과 신체의 관계는 18세기에 근본적으로 변화했는데, 이때 통치의 초점은 영토에 대한 군주의 권력을 안전하게 지키는 데서 인구에 대한 감시 기술로 전환되었다. 사람들의 '관계, 연결고리, 중첩'을 감시하고 통제하는 것은 통치의 목표가 되었고, 통치는 곧바로 생명에 대한 권력이라는 형태를 취하게 되었다(Foucault 1991, 92[국역본, 140쪽]). 푸코는 "권력은 그 자신에게 생명 관리의 기능을 수여했다"고 주장한다. 그리고 "권력은 자신의 지배력을 바로 생명 위에 수립했다." 이런 새로운 의미에서 권력은 두 가지 상호적인 형태를 취했다. 하나는 "인체의 해부 정치"를 생산하면서 경제와 훈육에 관한 담론 및 실천을 중심으로 돌아간다. 다른 것은 "인구의 생명 정치"를 생산하는 정치적·의료적 담론들과 실천들을 중심으로 돌아간다. 전자는 "기계로서의 신체에 집중했다. 즉, 이 신체의 훈육, 신체 능력의 최대화 …… 효율적이고 경제적인 통제 체제로의 신체 통합" 등에 집중하는 것이다(Foucault 1978, 138, 139[국역본, 158쪽]). 인구에 대한 생명 정치는 다른 한편으로는 재생산과 관련해 신체의 조직화에 초점을 맞춘다. 이는 국가 및 다수의 공적·사적 제도와 집단이 국민의 건강, 결혼, 출생률 경향과 사망률을 연구하고 그런 문제들에 관여할 것을 요구한다. 이런 것들은 생물학적 신체들을 사회문제로 만들고 이 문제들의 통제를 급증하는 지식과 권력의 원천이 되게 한다. 건강, 출생률, 사망률은 자연적 과정이 아니라 "미세한 감시, 끝없는 통제, 지극히 세심한 공간 구획, 한없는 의료 검사와 심리검사 …… 통계적 추정", 간단히 말해 "신체와 관련된 완전한 미시 권력"을 위한 계기들이 되었다(Foucault 1978, 145, 146[국역본, 166쪽]). 푸코는 프랑스인의 신체들에 대한 그리고 그 신체들을 통한 권력의 작동을 그려냈는데, 이를 노예의 주인이 자기 노예의 신체에 대해 가졌던 비슷한 권력과 관련지어 생각해 보는 것은 흥미로운 일이다. 푸코가 주목하지는 않았지만, 이 같은 유사성은 프랑스가 결정적인 역할을 했던 18세기 대서양 주변 세계에서 분명 매우 뚜렷하게 나타났다.

물론 프랑스의 여러 제도들과 기관들이 신체의 이 같은 상이한 측면들을 연구하고 관리하기 위해 발전하기 시작했다. 병원, 전문화된 의료 및 과학 학술 단체들과 학회지들, 경찰서와 감옥, 박애주의 단체들과 국가 복지 기관들, 인구 조사 부서, 사회학과와 인류학과가 이에 속한다. 통계자료들이 쌓였고 널리 전파됐다. 사례연구들이 축적되고 분석되어 정책이 되었고, 정책들은 더 많은 연구, 더 많은 지식을 축적하는 더 많은 기관들의 양산으로 이어졌다. 전문 범죄학자, 전문의, 성과학자, 우생학자와 같은 전문가 계급이 성장했다. 이들은 모두 지식 생산자 — 또한 권력 행사자 — 가 되었다. 권력은 이 같은 지식 체계들을 낳았고, 사회적 신체, 곧 정치체 내 모든 지점들을 관통하는 거대한 모세혈관 같은 이런 지식 체계들을 통해 공급되었다. 왜냐하면 지식 체계들은 그것들이 '앎의 대상'인 신체들에 대한, 그리고 마찬가지로 '앎의 주체'인 신체들에 대한 권력을 생산하기 때문이다. 푸코에게, 지식 체계들은 다각적인데, 그것들은 인식된 신체와 더불어 인식하는 신체를 올가미에 걸려들게 한다. 궁극적으로는 모든 것들이 더욱 촘촘하고 더욱 광범위한 앎의 체계에 걸려들어, 마침내 그들의 자기 인식, 신체, 욕망이 계속 증식하고 더욱 다형적인 정치체의 '앎을 향한 의지'의 일부가 되었다. 다종다양한 형태를 띠는 권력은 상호 연결되고 분리 불가능하며 연속적인 것이 되었다(Foucault 1991, 91[국역본, 139쪽]).

이런 새로운 지식과 관리 메커니즘들은 전체 인구를 성적으로 포화시켰다. 여성의 신체 — 그들의 건강, 정신, 재생산 체계 — 는 질병과 성도착의 장소가 되었다. 유년기도 유사하게 성애화되었다. 성적 순수의 시대였던 유년기는 부모들과 내과 의사들 그리고 교사들이 적극적으로 감시할 필요가 있는, 도착적 성 본능이 만연하는 장소가 되었다. 부모 자신도 성적으로 수상쩍은 인물들이었다. 건강하고 생산적인 다음 세대의 노동자-시민을 재생산하라는 생명 정치의 요구를 받으면서도, 부모는 반복적으로 그들의 사회적 책임을 배반하며, 도착적이고 비생산적인 성적 행위를 벌이고, 자신의 출산율을 제한하고 임신 중지를 하는 조짐을 보였다. 19세기 중반, 가족은 도착적 섹슈얼리티의 진정한 공장으로 출현했다. 가족은 "여러 섹슈얼리티들이 배치된 결정체"이며, 히스테리와 성병, 신경증, 불임과 불감증, 근친상간과 혼외 성관계의 원천으로 나타난 것이다(Foucault 1978, 111[국역본, 129쪽]). 결혼을 안 한다 해도 그것은 아무런 탈출구도 되지 못했다. 급증하는 성 담론은 이성애 거부를 생리학적·심리적 병리로 만들어 비혼자 역시 옭아맸다. 이런 방식으로, '제도화된' 근대 주체는 그 또는 그녀의 섹슈얼리티 그 자체가 되었다. 섹슈얼리티가 의인화되어 주체가 된 것이었다. 그리고 이 모든 것은 특정한 시대와 공간에 뿌리박고 있었다. 푸코에게 영원한 것과 보편적인 것은 존재하지 않았던 것이다.

다양한 신체들, 의미를 표출하는 신체들

그러나 푸코가 성애화된 담론들과 지식 체계들의 다형적이고 탈중심화된 성격을 강조함에도 불구하고, 결국 우리에게 단 하나의 지배적인 담론, 단 하나의 "섹스에 대한 획일적 진리"를 — 그것은 바로 권력의 중개자들이 창시한 것이다 — 제시한다. 그가 논의하는 복수의 육체적·성적 신체들은 하나의 지식 체계, 하나의 권력 체계의 조각난 파편들이다. 푸코는 주변부인과 권력을 박탈당한 자들이 다양한 성 담론이 형성되는 과정에서 수행하는 역할에 대해 탐구하지 않았으며, 또한 그들의 담론을 다양성의 사례로 또는 행위자성과 저항의 장소로 읽지 않았다. 페미니즘, 인종, 탈식민주의 연구자들은 위의 두 가지를 모두 해냈으며, 급증하는 성 담론 속에서 사회적 다양성의 증거를 찾아다니고, 주변부와 권력을 박탈당한 자들의 목소리에 귀를 기울이고, 피억압자의 행위들로부터 시작해 권력에 대한 피억압자의 이론을 거꾸로 도출해 냈다(Dubois 2006).

영국과 미국의 상징 인류학자들이 발전시킨 이론은 이런 시도에 도움을 주었다. 그들은 1960, 70년대에 한 사회 안에서 분기한 집단들이 생물학적 신체와 성적 신체를 사회적 긴장과 충돌의 상징적·은유적 표현으로 사용했던 방식들에 대해 탐구했다. 우리는 이미 두 가지 다른 신체를 비유적으로 사용하는 메리 더글러스의 논의를 고찰했다. 더글러스는 물리적 신체가 그것을 창출했던 사회적 힘들의 상징적 재현으로 변형될 수 있다고 주장한다. 마찬가지로 상징 인류학자 빅터 터너도 상상이 은유와 신화를 통해 물질적·사회적 신체들을 연결하는 방식들에 매료되었다. 터너는 모든 상징들이 양극성을 갖는다고 주장한다. 한쪽 극단에는 감각적이고 조야한, 시간과 무관한 물리적 신체가 있다. 다른 쪽 극단에는, 시대적으로 특수한 사회구조와 관계, 갈등, 불안 등이 있다. 사회체의 상이한 지점들에 위치하는 개인과 여러 사회집단은 그들의 사회적 경험들과 관심들을 표현하는 정동적 어휘들을 형성하기 위해 물리적 신체의 육체성에 의지한다. 터너에 따르면, 물리적 신체는 특정한 발화자들이 특정한 시대에 자신의 사회적 경험들을 표현하고 강화하고 항의하기 위해 사용하는 문화적 특수성을 띠는 구성물로 이해되어야만 그 의미를 충분히 발현하게 된다(Turner 1974).

터너는 계속해서 이렇게 주장한다. 이질성을 지닌 사회들, 특히 급속한 사회변혁 과정에 있는 사회들은 물리적 신체와 섹슈얼리티가 사회적 논쟁이나 불-편dis-ease의 지점들을 표시하는 다수의 분기하는 상징체계를 생산한다. 상이한 사회적·경제적 집단들은 경제적·인구학적 변화를 달리 경험하며, 그들의 세계를 변형하는 변화들에 대응할 힘의 수준도 상이하다. 이런 집단들은 서로 다른 성적 담론, 이미지, 판타지를 창출하고, 서로 토론을 벌이고 비난하며, 완벽한 미래를 그리기도 하고 타락한 미래를 그리기도 한다. 이 모든 것은 생생한 물리적·성적 이미지 속에서 이루어진다. 거대하고 끊임없는 사회변혁의 소용돌이에 휩싸인 이들 가운데 적어도 몇몇은 그런 변화를 새로우면서 정돈된 상징적 우주 안으로 포착하고 압축해 넣으려는 시도로 대응한다. 사회의 조직에 근본적으로 균열이 생길 때, 신체와 가족의 이미지가 부상하게 된다. 왜냐하면 세계가 통제 불가 상태가 되어 버리면, 개인의 마지막 직관적인 자원은 바로 그/녀 자신의 신체이며 그중에서도 특히 성적 충동들이기 때문이다. 적어도 많은 사람들은 그것이야말로 그들이 통제할 수 있고 통제해야 하는 것이라고 느낀다. 같은 사회 안의 다른 이들은 변화를 받아들이고 무질서 속에서 기뻐한다. 그들은 그들이 해방적이고 권력을 부여해 주는 것으로 경험하는 사회적 무질서를 남성 오르가즘의 폭발적 힘으로 상징화한다. 사회적 권력이나 자기표현을 위해 싸우고 있는 또 다른 이들은 자신의 사회적·정치적 경쟁 상대들을 성적으로 폭력적이고 위험한, 즉 통제되어야 하는 성적 주체들로 재현한다. 이 담론들은 상호작용하며 사회적으로 지배적인 사람들의 담론, 푸코가 말하는, 증식하는 성적 지식 체계로 권력을 가지게 된 사람들의 담론을 거부한다.

19세기 전반기에 미국은 유동적 상태에 있는 세계였다. 정치·사회·경제의 혁명들은 생산양식, 제도의 배치, 인구 집단의 양상들을 변화시켰다. 시간과 공간에 대한 기대는 일변했고, 가족, 젠더, 세대 관계의 기능과 구조 그리고 내적 역학도 마찬가지였다. 어떤 미국인들은 비정상적인 것을 기술하고 적법한 것을 정의함으로써 육체적인 것 — 특히 성적인 것 — 을 범주화하는 데 집착했는데, 이는 성과 무관한 세계의 혼돈에 질서를 부여하려는 노력으로 읽을 수 있다. 다른 미국인들은 근본적으로 다른 성 담론들을 발전시켰다. 그것들은 특히 빅토리아시대 미국의 공식적 제도들과 전통적 담론들에 의해 관습적으로 억눌려 온 담론들이었다. 여성, 이전에 노예였던 이들, 새로운 산업 경제의 주변부에 놓인 젊은 남성들, 그리고 주변부 직업에 종사하는 나이 많은 남성들과 종교적 급진주의자들은 성적인 이미지를 사용해 사회 변화와 갈등에 대한 자신들의 경험을 표현했다(Smith-Rosenberg 1985, 79-89).

19세기 성 담론의 방대한 대열 가운데 네 가지만 뽑아서, 상징 분석이 푸코가 주장한 성애화된 권력 체계를 좀 더 구체적으로 설명하고 사회체의 복잡한 구조에 대한 우리의 이해에 깊이를 더하며, 다양성을 조명하고, 앤드루 잭슨 대통령 집권기 미국을 특징짓는 젠더 갈등과 세대 갈등의 지도를 그려 볼 수 있는 방법을 탐구해 보도록 하자. 이 담론들 중 셋은 성적 멜로드라마의 형태를 띤다. 네 번째 것은 코믹한 도치와 풍자의 형식을 취한다. 넷 다 청소년기의 성적 욕망들과 위험들에 초점을 맞췄다. 멜로드라마들은 청소년을 연약하고 상처받기 쉬우며, 성적 적대자들과 위험에 둘러싸인 인물로 표현했다. 풍자적인 성적 코미디에서만 청소년이 성적으로 권한을 부여받았으며, 사회적으로 자율적이고, 따라서 즐거운 모습으로 나타났다. 이와 동시에 우리는 이 발화자들, 이 담론들이 배제된 자들의 신체와 담론에 의해 틀이 짜인 세계 내부에 존재했다는 것을 기억해야 한다. 배제된 자들은 바로, 가차 없이 이 대륙의 주변부로 내몰린 아메리카 선주민들, 모든 정치적·사회적·경제적 권리들을 박탈당하고 노예가 된 이들, [미국-멕시코 전쟁에서] 땅을 빼앗겨 결국 노예제도 확장의 발판을 제공하게 된 패전한 멕시코인들이다.

    1830년대 초 젊은 남성의 자위에 대한 공포가 부르주아 남성 개혁가들을 사로잡기 시작했다(Smith-Rosenberg 1980, 51-70). 의학적·교육적 책자들 속에서 그들은 취약한 남성 청소년이 문제적 인물로 등장하는 성적 멜로드라마를 구축했다. 사춘기와 함께 강력한 성적 충동이 자위를 하고 성 노동 여성을 찾아가고 일찍 결혼하고 아버지와 가족에게 반기를 들도록 그를 유혹하는 것이다. 성적 위험, 생리적 위반과 사회적 위반들이 융합되었다. 젊은 남자가 가족 바깥에서 살고, 정교한 음식 금기[예컨대, '돼지고기를 먹지 않는다' 같은]를 어기고, 새로운 상업 중심지와 연관된 습관에 젖으면, 그의 아랫도리와 본능은 통제 불가능해질 것이고, 신체의 위계질서를 망가뜨리고 질병, 정신이상 그리고 죽음으로 이어지는 단계를 밟아 나가게 된다. 다른 한편, 만일 청년이 시골의 가부장적 가족 안에서 순종적인 아들로 남거나 자기 스승의 가정에서 성실한 도제로 남는다면, 또 늦게 결혼해 자신의 성 활동을 결혼 관계 안에서 빈번하지 않은 생식 활동에 제한한다면, 건강과 질서가 군림할 생리학적·사회적 새천년으로 간단없이 뻗어 가는 아버지들과 아들들의 영원한 연쇄에서 하나의 건강한 고리가 됨으로써 보상받게 될 것이었다.

    두 번째로, 눈에 띄게 다른 — 똑같이 허구적이라 하더라도 — 젊은 남성이 잭슨 대통령 시기의 남성적 상상력을 가로질러 카리스마 넘치는 모습으로 춤을 추었다. 변화를 기쁨에 차서 포용하며 그 변화에 '진보'라는 세례명을 내리는, 개척지 변경의 이 자율적인 젊은 남성은 동부 개혁가들의 유약하고 의존적인 아들들을 풍자하는 이미지였다. 야성적이고 거친 모습을 하고 동물 가죽으로 된 옷을 입었으며, 야생의 냉혹한 자연과 매일같이 겨루는 데이비 크로켓[3]과 그와 함께 배를 타고 다니는 무리들, 덫 사냥꾼들, 오지의 무단 점유자들이 아버지들과 싸우고 도제 자리를 박차고 나와 교육에 저항해 반란을 일으키고 탈출해 신화적이고 남근적인 강과 소총의 세계로 들어갔다(Smith-Rosenberg 1982, 325-350). 거기서 그들은 잔뜩 취하도록 마시고, 자위를 하며, 오입질을 하고, 동성

---

3 [옮긴이] 데이비(데이비드) 크로켓(1786~1836)은 미국의 국민적 영웅으로 군인이자 정치가였다. 사냥의 명수이자 수많은 무용담의 주인공으로 알려져 있다. 텍사스 독립을 지지해 1836년 텍사스 혁명에 참여했다가 알라모 전투에서 멕시코 대통령에게 붙잡혀 처형됐다.

애를 실험했다. 여성들은 『크로켓 연감』에 나타나 있듯이, 무뢰한인 남성들과 크게 다르지 않았다. 흥미롭게도 이 연감은 규범적인 젠더 양극성을 존중하지도 다시 기입해 놓지도 않았다.

남성들만이 잭슨 시대에 펼쳐진 성 담론의 무대를 독차지한 것은 아니었다. 잭슨 시대 여성들, 즉 야성적인 개척지의 여성들도 아니고 대범한 유흥가의 소녀도 아닌, 독실한 부르주아 여성들은 매달 생생하고 야한 이야기들을, 여성들이 편집하고 폭넓게 구독했던 잡지인 『도덕 개혁과 가족 수호의 옹호자』(이하 『옹호자』)에 게재했다(Smith-Rosenberg 1971, 562-584)(때로 미국 우체국은 이 잡지가 포르노 같다고 비난하면서 이 잡지의 배송을 거부했다).

남성들의 이야기가 서로 달랐던 것만큼 여성들의 멜로드라마는 남성의 이야기와는 근본적으로 달랐다. 야성적인 남자 청소년도 유약한 남자 청소년도 여성들의 이야기엔 등장하지 않았다. 자위는 여성들과 관계없었다. 오히려 그들은 어린 소녀들에 대한 유혹과 착취 문제에 매달렸다. 20년 동안 잡지 『옹호자』는 도시의 가난한 젊은 여성들에 관한 두 가지 이야기를 전했다. 첫 번째 이야기는 세탁부나 가사 노동자로, 피땀을 쥐어짜는 의복 산업에서 노동을 할 수밖에 없었던 여성들이 저임금으로 인해 성매매와 구걸로 내몰린 경제 서사였다. 두 번째는 농촌 지역의 순수하고 취약한 딸들에 관한 멜로드라마였는데, 그들은 교활한 도시 남성들에게 유혹을 당해 도시로 이주해 성매매를 하다가 미쳐 버리고 결국 죽게 된다. 이 이야기에서 시골은 어머니들과 딸들의 사랑으로 가득한, 상업화 이전의 에덴동산이었다. 반대로 도시는 남성의 전유물이었다. 증권거래소와 남성용 클럽, 호텔과 극장, 도박장과 성매매 집결지가 거리에 줄지어 있었다. 점잖은 부인에게 금기시된 도시는 위험과 무절제, 방탕의 장소였다.

그러나 『옹호자』의 독실한 독자들은 도시로 들어가는 데 망설임이 없었다. 방황하는 딸들의 영적 어머니를 자처하면서, 그들은 남성 특권과 권력의 요새인 성매매 집결지와 극장으로 들어갔고, 공공 인쇄물을 찍어냈으며, 개혁을 부르짖으며 연단에 섰다. 부르주아 여성들이 조용히 집에 머물러야 했을 때도, 이 여성들은 교도서를 개혁하고 성적 합의의 기준 연령을 상향하도록 국가의 입법 기관에 로비를 벌어면서 공적 역할과 정치적 역할에 대한 자신의 권리를 주장했다. 이런 여러 방법으로 그들은 가정에 대한 성적 통제권을 위해, 그리고 그들이 사는 도시에 대한 사회적 통제권을 위해 부르주아 남성들과 공공연히 싸웠다.

그러나 유혹과 착취의 이야기가 부르주아 여성들만의 것은 아니었다. 아프리카계 미국 여성들은 『옹호자』의 구성 방식을 그들 자신의 경험을 말하기 위해 전유했다. 그들은 노예제도가 산업화보다 훨씬 더 악랄하게 젊은 여성들을 성적으로 착취했노라고 주장했다. 『노예 소녀의 삶에 벌어진 일들』[국역본으로는 『린다 브렌트 이야기: 어느 흑인 노예 소녀의 자서전』으로 소개되어 있다]에서 해리엇 제이컵스는 자신의 노예 생활에서 가장 공포스러웠던 측면이었다고 말한 일에 대해 고통스러울 만큼 상세하게 묘사했다. 제이컵스는 "노예 소녀는 음탕하고 공포스러운 분위기에서 사육된다. 이들 인생에 가르침이라곤 주인과 주인 아들들의 상스러운 욕설과 채찍질이 전부다. …… 저항은 불가능하다." 노예 소녀가 유일한 피해자는 아니었다. 제이컵스에 따르면 "노예 소유자의 아들들은 …… 백인 소년이라 하더라도 …… 그들을 둘러싼 곳이면 어디에나 있는 부정한 영향을 받아 …… 타락하게 되었다." 제이컵스가 덧붙이길, "주인의 백인 딸들도 마찬가지로 …… 빠져나가지 못했다"(Jacobs 2000, 51[국역본, 82, 83쪽]). 제이컵스의 글에서 나타난 남부는 매음굴, 정치체의 곪은 곳, 즉 흑백을 막론하고 여성을 위험하게 만드는 장소가 되었다.

제이컵스의 이야기를 예외로 하면, 이런 성적 시나리오들은 상상으로 써낸 이야기들이다.[4] 그들의 이야기는 권력과 거리가 멀었다. 그 이야기들은 다른 이들의 섹슈얼리티에 대한 통제를 행사하지 않았다. 하지만 이 이야기들은, 냉혹한 변화에 너무 시달렸던 남녀 모두에게 사회적 두려움과 분노를 표현할 수 있게 해주었고 그들이 사는 세상을 벗어나거나 바꾸는 꿈을 꿀 수 있게 해주었다. 그 지면들에서, 섹스는 — 특히 혼인 관계와 이성애 바깥의 섹스는 — 전통 사

---

4 학자들은 제이컵스가 자신의 젊은 시절의 성적 경험들에 대해 진술한 것들 중 몇 가지의 정확성을 의심한다. 그들은 중대한 생략들과 침묵들을 지적하는 한편, 그녀의 이야기의 전반적인 개요에 대해서는 의혹을 품지 않지만, 그녀가 비판적인 백인 청자에게 세부적인 내용을 모두 내보이지 않기로 결심한 게 아닌가 의심하는 것이다.

회질서의 붕괴, 즉 변화 자체의 추진력을 상징했다. 잭슨 시대의 어떤 사람들은 전통에 대한 반역을 매우 기뻐하며 이 변화를 포용했다. 크로켓이라는 사람으로 상징되는 서부 변경의 무법성과 폭력은 특히 새로운 도시들의 뿌리 없는 젊은 남성들에게 매력적으로 보였다. 그 측량되지 않은 야생은 새로운 산업 도시들과 경제에서 그들이 겪은 경험들을 반영했다. 거기서는 젊은 남성들 역시 전통 구조 바깥에서 지도 없이 헤맸기 때문이다. 허세, 자유와 성적 권력이라는 환상들은 자신이 이해할 수도 없고 통제할 수도 없는 세계에서 항해 중인 남성들이 권력 — 그리고 주권성 — 에 대한 대리 만족을 느낄 수 있게 해주었다. 그들은 자신이 살고 있는 세계를 지배할 수 있다고 잠깐이나마 느낄 수 있었다.

이 동일한 성적 허세와 폭력에 대해 성과 의료에 관한 남성 개혁가들은 우려를 표했다. 그들은 성적 환상들을 통해 질서정연한 가부장제적 세계를 재건하려 애썼다. 육체적 혼란 — 즉, '아랫도리'가 상업과 신도시들과 관련된 쾌락들에 자극받아, 뇌, 머리, 심장과 같은 상위 기관들에 대한 지배권을 획득할 때 — 은 공경의 정치학, 가부장제적 권위, 부르주아의 통제하에 있는 도시 노동계급 등과 같은 기존의 위계질서가 파편화됨을 상징했다. 혹독한 경제적·사회적 변화를 막을 권력도 없고, 젊은 남성들의 사회적·성적 행동을 통제할 권력도 없는 상태로, 자위에 관한 팸플릿의 저자들은 성에 관한 경종과 훈계를 통해, 통제할 수 없는 것 — 즉, 사회적 유대를 잃고 변화 자체의 과정으로 인해 휩쓸리는 젊은 남성들 — 을 통제하고 있다는 느낌을 가지려 했다.

여성들의 성적 멜로드라마들은 남성의 상징체계와 근본적으로 달랐다. 그것은 여성들이 자신의 사회적 경험들을 표현하기 위해 기존 담론들을 전유하고 변형하는 방법을 배울 기회를 우리에게 제공했다. 이 과정에서 우리는 또한 담론적·이데올로기적 전유가 치러야 하는 대가가 무엇인지를 검토할 수 있다.

『옹호자』의 멜로드라마 한가운데에 '진정한 여성'이라는 신화가 놓여 있다. 이 신화는 본래 남성들이 여성을 고분고분한 아내, 독실한 아이 양육자로 만들기 위해 고안되었는데, 『옹호자』의 지면에 등장했을 때는 여성의 선천적인 순수성과 경건함의 단언이 남성의 선천적인 성적 타락을 확언하는 것으로 재가공됐다. 진정한 여성이라는 신화는 이제 부르주아 여성들을 제약하는 것이 아니라,

가내 지배와 공적 영역에의 참여를 위해 부르주아 남성들과 대결할 수 있도록 그 여성들에게 힘을 북돋아 주었다. 그러나 이는 억압적이고 무성적인 주체성을 신봉하는 개인적 대가를 치를 때만 가능한 일이었다. 이 여성들은 적극적인 섹슈얼리티를 버리는 대신 사회적 권위와 정치적 행위자성을 얻은 것이다.[5]

이들의 복잡한 상징체계 내부에서, 성매매(즉, 상업적 섹스)는 상업 경제 자체의 위험들을 상징했다. 남성들의 억누를 수 없는 섹슈얼리티는 새로운 경제 안에서 남성 권력을 특징지었다. 힘없는 성매매 여성은 새로운 임노동 체계에 의해 착취당하는 노동계급 여성들을 대표했다. 나아가 성매매 여성은 새로운 자본주의경제 안에서 여성들의 무력함을 대표했다. 중산층 여성들은 아버지 또는 남편의 사망이나 파산이 노동계급 여성들이 살면서 겪는 냉혹한 현실에 자신들 역시 노출시킬 것임을 알고 있었다. 어머니/딸 은유가 강조해서 보여 준 것은, 미국에서 발흥 중인 경제적·사회적 배치들이 모든 여성, 즉 중산층과 노동계급에 속한 모든 여성의 힘을 빼앗고 억압한다는 점을 여성들이 알고 있다는 점 — 젠더가 분할된 계급을 넘어 여성들을 하나로 묶어 주었던 것이다 — 이었다. 그러나 어머니들과 딸들은 자매가 아니며 동등하지 않다. 따라서 이 은유는 부상 중인 계급 관계에 관한 독특한 여성적 시각을 제시한다. 그것은 노동계급 여성들과 중산층 여성들 사이의 내밀한 관계이다. 그 관계 안에서 부르주아 여성들은 남성에 대해서나 남성적으로 구축된 경제에 대해서가 아니라, 자신의 가정부, 양재사, 세탁부, 박애의 손길을 통해 교화하고 싶은 대상 등 노동계급 여성들에 대해 권력을 행사했다. 독실한 어머니들로서, 그들은 노동계급 여성들에게 무엇이 최선인지 알고 있었으며, 노동계급 여성들을 자신들의 생각대로 구성했다.

해리엇 제이컵스가 『옹호자』의 사회적 순수성 시나리오를 전유할 때 제이컵스는 담론적 전유와 번역에 대한 우리의 그림에 한층 더 복잡한 층위를 덧붙

---

5 18세기 후반 유혹 소설들은 이런 19세기 중반의 이야기들과 반대로, 일탈적 섹슈얼리티를 동원해 사용했다. 이는 공적 목소리와 자유에 대한 권리, 행복 추구를 향한 젊은 여성들의 욕망과 함께, 여성들의 권력을 신장하는 대안적 역할을 제안하기 위한 것이었다. 가령 다음을 참조. Hannah Webster Foster, *The Coquette*(1797), 캐럴 스미스-로젠버그(Smith-Rosenberg 1987, 9–27).

인다. 노예 소유자들의 성적 타락과 착취에 대한 비난은 제이컵스가 행한 가장 강력한 노예제 비판이었다. 이 비판들은 제이컵스가 중산층 백인 여성들의 주목과 공감을 끌어내는 데 일조했다. 게다가 백인 여성들의 사회적 순수성이라는 수사는 제이컵스에게 정치적 작가, 그녀의 동족[즉, 흑인]을 위한 대변인, 그리고 선구적 노예해방론자라는 권위를 주었다. 그러나 사회적 순수성은 양날의 검이었다. 제이컵스에게 힘을 부여함으로써, 사회적 순수성은 또한 그녀에게 타락한 딸이라는 명찰을 달아 주었고, 제이컵스로 하여금 가정에서의 정숙한 예의범절을 내세울 수 없게 했다. 나아가 그것은 백인 중산층 여성들을 무성적인 성적 페르소나에 결박했듯이 제이컵스 역시 거기에 묶어 놓았다(Hartman 1997, 102-112).

이것은 우리에게 다시 섹스와 권력을 연결하는 푸코를 돌아보게 한다. 그는 섹슈얼리티를 "거대한 표면 연결망"으로 표상한다. 이 네트워크 안에서 "담론의 선동, 인식의 형성, 통제와 저항의 확대가 [지식과 권력의 몇몇 중요한 전략에 따라] 서로 연쇄되어 있다"(Foucault 1978, 105, 106[국역본, 122, 123쪽]). 하지만 페미니스트 학자로서, 우리가 푸코를 참조할 때는 성 담론이 다양한 집단들 — 남성들뿐만 아니라 여성들, 주인들뿐만 아니라 노예들, 권위를 행사하는 자들뿐만 아니라 어리고 주변화된 사람들 — 에게 자신의 세계에 항의하고 또한 질서를 수립하는 방법을 제공해 주는 방식을 먼저 탐구한 다음일 뿐이다. 성 담론들은 우리에게 권력의 생산과 확산에 관해 많은 것을 일러 준다. 성 담론은 사회적 다양성, 갈등, 그리고 인간의 상상계에 관해서는 심지어 더 많은 것을 알려 준다.

정치체들

페미니스트 학자들이 푸코를 비판하는 이유는 그가 19세기 성 담론을 사회적 복잡성과 충돌, 그리고 무엇보다도 여성 및 다른 주변부 집단들의 감정적 삶의 지도로 독해하지 못했기 때문이다. 하지만 페미니스트들이 제시한 두 번째 비판, 어떤 면에서는 더욱 의미심장한 비판은, 시간 속에 놓인 신체를 푸코가 다룬 방식에 대한 것이다. 푸코가 시간과 공간을 신체의 토대로 삼는 것을 강조했음에도, 푸코의 신체들은 르네상스 시대부터 현재까지 근대성의 세계의 형태를 결정하는 인종적·식민적 범주들 바깥에 존재한다. 페미니스트 학자들, 인종 연구자들, 탈식민주의 이론가들은 사회체와 지식 체계에 대한 어떤 분석도 근대의 이질적 사회들을 특징짓는 성애화된 신체들의 복수성과 다양성에 초점을 맞춰야 한다고 주장한다. 만일 지식과 권력이 혼합되어 정치체를 증식하고 관통하면서 물리적이고 성적인 신체들을 통과한다면, 그것은 계급과 피식민지 인구 집단이라는 신분colonial status에 의해 항상 매개되는 젠더와 인종의 특수한 구성들을 통해 이루어진다. 우리는 인종, 젠더, 계급에 관해 함께 말하지 않고는 근대의 권력 체계나 지식 체계에 관해 말할 수 없다. 문화 역사학자인 이블린 브룩스 히긴보텀은 「아프리카계 미국인 여성들의 역사와 인종의 메타언어」라는 선구적 논문에서 이 점을 강하게 주장한다(Higginbotham 1992). 법역사학자 메리 프랜시스 베리도 마찬가지다. 재건 시대[미국 남북전쟁 직후부터 1877년까지]부터 현재까지 미국에서 내려진 수천 건의 항소심 판결을 탐구하면서, 베리는 젠더, 인종, 계급이 다형적이고 상호작용하는 범주로서 상호 관계 속에서만 의미를 띤다는 것을 보여 준다. 젠더, 인종, 계급은 서로 함께 작용하면서 근대성의 지식/권력 관계망 — 그리고 '정의'에 대한 우리의 이해와 배치 — 에 정보를 부여하고 그것을 재형성하기 때문이다(Berry 1999).

르네상스 시대와 근대 초기를 연구하는 페미니스트 학자들은 인종, 젠더, 피식민지 인구 집단이라는 신분이 근대성의 생산, 그리고 특히 근대성의 섹슈얼리티와 주체성을 생산하는 데 핵심적이라는 점을 최초로 강조한 이들에 속했다. 문학 비평가 발레리 트라우브는 제국주의 세계에 대한 근대 초기의 지도 제작이 무역과 정복의 항로를 기입했고 동시에 유럽을 백인 가부장제적 이성애의 고향으로 재현했으며, 아프리카를 관습을 거스르는 성적 실천들의 장소로 나타냈다고 주장한다(Traub 2000). 문학 비평가인 킴 홀과 근대 초기 역사가인 제니퍼 모건은 유럽이 다른 이들을 유색인으로 채색해 타자를 만들어 냄으로써 자신을 구성했던 방식을 추적했다. 유럽이 아프리카인들과 아메리카인들을 재현한 바에 따르면, 그들은 성애화된 나체의 여성들로서, 남성인 유럽의 침투를 환영했다. 또한 유럽은 육체적 차이들을 통해, 유럽인들의 육체적·문화적 우월성을 재확인했다(Hall 1995; Morgan 1997). 400년 동안 이 같은 신체적 차이들은 정복, 식민화 그리고 노예화의 정당성을 승인하는 데 사용되었다.

시간 속의 신체들은 유럽의 식민지 지배의 출현과 정당화, 또는 부르주아 계급 구조의 출현에만 핵심적인 것은 아니었다. 신체들은 또한 페미니스트 정치 이론가인 캐럴 페이트먼이 근대 시기의 엄청난 정치적 허구라고 부른, 사회계약의 심장부에도 놓여 있다. 유럽의 탐험가들과 지도학자들이 아프리카와 아메리카의 자연 상태를 지도로 그리는 동안 ― 그리고 그 상태들에 근거해 노예제를 합법화하는 동안 ― 유럽의 정치 이론가들은 인민주권과 공화제 정치 형태들에 관한 이론들을 자연 상태에서 탈피한 유럽 남성의 등장에 접목했다. 홉스, 푸펜도르프, 로크와 같은 이론가들이 주장했듯이, 유럽 남성들은 자연의 야만, 폭력, 무정부 상태를 버리고, 남성의 생명, 자유, 재산의 보호에 헌신하는 공화국을 건설하기 위해 계약을 맺었다. 하지만 이 계약에 포함된 것은 자연 상태에 있는 동안 자신의 자유를 보유했던 남성들의 생명, 자유, 재산뿐이었다. 그런 남성들만이 사회계약에 참여할 수 있었던 것이다. 오직 그들에게만 자유와 주권이 부여됐다. 여전히 자연 상태에서 신체적으로 남성보다 약하고 아이들을 돌봐야 하는 불리한 조건에 있던 여성들은 지배력을 가진 남성들에게 자신의 자유를 빼앗겼다. 하지만 여성들만 그런 것은 아니었다. 죽음을 면전에 둔 남성들 ― 적어도 중죄로 기소된 남성들 또는 정의로운 전쟁에서 패배한 남성들 ― 역시 자신의 자연권을 포기하고 노예의 삶을 받아들였다. 의미심장하게도 이 정통 계약론적 사유에 따르면, 이런 사건들은 노예제가 오래전에 사라졌던 유럽에서는 발생하지 않았고, 자연권으로서 약속되는 자유의 외부, 즉 자연 상태에 있다고 여겨진 아프리카에서 일어났다(Bernasconi and Mann 2005). 이런 방식으로, 젠더와 인종적 구별은 계몽주의적 자유주의가 가졌던 좀 더 급진적인 함의들을 수정했다. 무엇보다도 양도 불가능한 권리의 보편성에 대한 계몽주의적 자유주의의 찬양, 그리고 페미니스트 학자 낸시 스테판의 표현에 따르면 계급, 인종, 젠더에 의해 "표시되지 않은", "탈육체화된" 자유주의 정치체에 대한 비전을 수정했다(Stepan 1998). 그 결과 '혁명의 시대'에 탄생한 새로운 공화국들은 토론을 거의 또는 아예 거치지 않고서 여성들과 유색인들을 그들의 혁명적 정치체로부터 배제했다. 물론 아이티는 중대한 예외이다. 로빈 블랙번이 주장한 것처럼, 헌법으로 노예제를 불법화한 역사상 최초의 국가인 아이티는 '혁명의 시대'의 급진적 약속을 이행해 대서양 세계에서 독보적 존재가 되었다(Blackburn 2010).

계몽주의 사상에 핵심적인 신체들은 페미니스트 자유주의 철학자들과 비판적 법이론가들에게 중대한 문제로 남아 있다. 여성이 공화주의 정치체의 완전하고 동등한 구성원임을 확증하기 위해, 드루실라 코넬이 자유주의 법이론을 재구성한 것을 살펴보자. 코넬에 따르면, 젠더에 초점을 맞추어서는 여성으로서의 동등한 소속과 권리의 보호가 성취될 수 없다. 자유주의 담론 안에서 젠더는 차이를 체현한다. 자유주의와, 미국처럼 자유주의 전제들에 기초하는 법체계는, 그것이 약속하는 평등하에서 신체적·사회적 차이들을 통합해 내지 못한다. 왜냐하면 평등은 동일성을 가정하기 때문이다. 여성과 유색인 권리의 완전한 인정은 페미니즘의 초점을 여성의 젠더화된 차이들과 필요들에 대한 법적·헌법적 인정을 추구하는 데서 젠더 중립적이고 보편주의적인 용어들로 여성의 필요를 표상하는 데로 전환함으로써만 성취될 수 있다. 젠더상 특수한 여성의 요구들을 여성과 남성, 흑인과 백인, 동성애자와 이성애자 등 모든 시민들의 신체의 온전성[통전성]integrity과 성적 상상계의 보호를 위한 요구로 나타냄으로써만, 페미니즘의 목표가 성취될 수 있다는 것이다(Cornell 1995, 3-27). 이 과정에서 코넬은 신체적 온전성이라는 자신의 개념을 개인의 생물학적 신체와 섹슈얼리티만이 아니라 그/녀의 상상적 신체까지, 상상력의 전체 영역과 그 상상력이 기대고 있는 언어의 전체 영역까지를 포괄하도록 확장한다. 코넬은 신체적 온전성은 "상상력의 갱신을, 그리고 내가 누구인가 또 내가 무엇이 되고자 하는가에 관한 부수적인 재상상을 위한 공간"을 요구한다고 주장한다(Cornell 1995, 5). 이런 재상상은 상상적 영역과 한 사람의 자아 가치감이 의존하고 있는 언어와 상징적 형식들에 대한 공평한 접근성을 요구한다.

하지만 여러 면에서, 등가적 권리들과 젠더 중립적 요구들이라는 코넬의 개념은 실용주의의 차원에서 자유주의 내부의 근본적인 긴장을 회피한다. 이 긴장이란 자유주의가 모든 사람들의 동일성 및 양도 불가능한 권리의 보편성을 찬양하면서도 이와 동시에 차이의 위계적 체계를 중심으로 구축된 세계를 수용한다는 데 있다. 이 긴장, 이 모순은 '혁명의 시대' 동안 있었던 자유주의 공화국의 탄생기에 더 분명했을 것이다(이때 토머스 제퍼슨은 보편적 권리들과 노예제를 동시에 찬양할 수 있었다). 하지만 코넬의 작업이 증명하고 있듯이, 이런 긴장은 오늘날에도 계속되고 있다. 최근 적극적 시정 조치와 관련해 대법원의 [위헌] 판결들이 입증한 대로, 자유주의는 여전히 차이를, 그리고 여러 다른 욕구를 지닌 여러 다른 신체들을 경계하며 바라본다.

민족을 체현하기, 타자를 배제하기

마지막으로 검토해야 할 결정적으로 중요한 신체가 남아 있다. 바로 민족적 정치체이다. 우리가 방금 고찰해 보았던 젠더화되고 인종화된 정치적 신체들과 긴밀히 관련되면서도 구별되는 것으로서, 민족적 정치체는 인민의 정체성의 근본적 요체, 즉 일관된 정치적·문화적 공동체에 대한 그 구성원들의 소속감을 구성한다. 그것은 근본을 이루는 것이지만 제조된 것이기도 하다. 베네딕트 앤더슨이 주장했듯이, 민족은 상상된 공동체로서, 연결성과 일관성의 느낌을 약속한다. 그런 연결성과 일관성의 느낌은 근대의 이질적 사회에서 다양성 때문에 인위적이면서도 필연적인 것이 된다(Anderson 2005). 근대국가에 거주하는 복수의 다양하고 이종 언어적인 신체들로부터 상상된 공동체를 창출하기 위해서는 일련의 상상된 타자들을 구축할 필요가 있다. 이상화된 민족적 주체와 구별되는 이 타자의 차이가 실제 시민들 사이의 차이를 가리게 된다. 민족적 정체성들은 이상화된 민족적 국가의 신체들을 이 타자들의 신체와 대조되는 것으로 만든다. 타자들의 신체는 차이를 지니고 열등하며 위험한 것으로서 정치체에서 배제된 신체들이다. 배제가 핵심 단어다. 스튜어트 홀이 상기시켜 주는바, 민족적 정치체는 "배제하고 소외시키고, '외부', '비체'를 만드는 그 능력 때문에만 동일시와 애착의 지점들로 기능한다"(Hall 1996). 그런 입장에 배치된 이 타자들은 주디스 버틀러를 인용해 말하자면 "겁에 질린 동일시의 장소(들)"이 되며, 내부자라고 주장하는 사람들은 그것에 반대되게 반복적으로 자신을 동일시한다(Butler 1993, 3[국역본, 25쪽]). 우리의 국가적 타자들을 기형적이라거나 위험하다고 묘사함으로써, 우리는 그들의 신체를 국가적 정치체에서 배제하고 축출해야 할 필요와 더불어 그들의 육체성을 재확인한다. 이 타자들이 접근하지 못하도록 차단하기 위해(민족에 속하는 내부자들도 그렇고, 또한 외국인도 마찬가지로), 우리는 공식적으로나 비공식적으로 부적절한 교육 체계를 창출하고, 빈곤을 퇴치하기 위한 일을 별로 하지 않으며, 제한적인 귀화법을 통과시키고, 탑처럼 높은 벽을 쌓아올리며 국경 경비원과 경비견을 파견한다. 미국 내에서는 극단적인 반이민 수사학과 짝지어진 인종차별적인 정형화가 이 배제의 메커니즘들을 표현한다. 미국의 교도소를 가득 채우고 있는 흑인 청년들과 세계를 떠도는, 그리고 우리 국경에서 아우성친다고 우리가 상상하는, 4200만 명의 무국적자들이 문자 그대로 그 배제를 체현한다.[6]

하지만 민족의 타자는 그것이 문자 그대로의 타자이든 상상된 타자이든 그렇게 쉽게 축출될 수 없다. 우리가 가장 두려워하고 혐오하는 특질들을 체현하는 그들은 우리의 광기 어린 담론적·심리학적 분신들이며, 우리 자신의 어두운 (자아) 거울상이다. [월트 켈리의 만화 주인공] 포고[7]의 말을 조금 바꿔 쓰자면, 우리가 대타자를 만나고 보니 그가 바로 우리인 것이다. 민족의 타자들은 금지된 가능성들을 가리키고 우리를 금지된 길들로 가도록 유혹하기도 해서, 우리가 [민족 규범을] 위반하는 인물상으로서 민족의 타자들과 맺는 타르 베이비[8] 관계를

---

6 미리엄 티크틴(Ticktin 2011)은 무국적자의 신체가 프랑스의 비이민 정책과 그 집행에서 수행하는 역할에 대한 흥미로운 논의를 제시한다.

7 [옮긴이] 포고Pogo는 1948년부터 1975년까지 미국 일간 신문에 실린 월트 켈리Walt Kelly의 만화 주인공이다. 켈리는 포고가 "우리가 생각하는 우리"의 모습, 즉 "합리적이고 인내심이 있으며 착하고 순진하고 다정한" 인물이라고 설명한다.

8 [옮긴이] 조엘 챈들러 해리스Joel Chandler Harris의 소설 속에 등장하는 토끼 유인용 타르 인형을 가리킨다. 토끼는 인형을 친구로 생각해 주변에 모여든다. 이는 잘못된 정부 규제가 다른 규제를 불러오는 현상을 지칭하는데, 여기서는 국가적 타자의 상상적 이미지가 타자를 배제하고 축출하기 위한 법과 정책을 불러오는 것을 가리킨다.

더욱 복잡하게 만들어 버린다. 의식적으로 그리고 무의식적으로, 우리는 그 타자들을 우리의 자아관으로 통합하려고 애쓴다. 이는 때로는 고립과 상실에 대한 뿌리 깊은 두려움에 대응하기 위한 것이기도 하고, 때로는 타자들이 갖고 있다고 우리가 상상하며 우리가 간절히 우리 자신의 것으로 만들고 싶어 하는 특질들 때문이기도 하다. 우리가 차이를 두려워하는 한, 우리가 우리의 복잡한 젠더, 인종, 민족적 다양성의 패턴들을 무시하는 한, 타자들은 우리의 민족적 정치체의 본질적인 구성 요소로 남을 것이다. 우리는 우리 자신을 일관된 전체로 상상하기 위해 그들의 타자성을 꾸며 낼 필요가 있다. 하지만 우리가 타자의 접근을 막으려고 애쓸수록, 그들은 그들을 배척하겠다는 우리의 실행에 분노의 불을 붙인다. 북반구에서 인종차별, 외국인 혐오, 성차별의 오랜 역사 내내 발현되었던 그런 실행들 말이다. 내밀한 — 간혹은 치명적인 — 포옹으로 엮인 채, 우리는 우리의 타자로부터 분리될 수 없으며, 우리는 타자를 필요로 하고 두려워하면서도 욕망한다(Smith-Rosenberg 2010a).

분노와 욕망, 배제와 내투사intorject의 이 패턴을 좀 더 완전히 탐색하기 위해, 유럽인들과 아메리카 선주민들의 복잡한 애증 관계를 들여다보자. 이 관계는 하나의 대륙을 공유해 온 500여 년 동안 아메리카 선주민과 유럽인을 한데 묶어 주었다. 유럽계 아메리카인들이 직면하고 있는 기본적인 딜레마 가운데 하나는 근본적으로 일관성 없는 정체성을 어떻게 일관되게 만들까 하는 것이다. 한편으로 우리는 우리 자신을 셰익스피어와 초서, 베어울프를 지나 고대 그리스까지 뻗어 있는 풍성한 유럽 문화의 계승자로 이해한다. 다른 한편 우리는 독립, 자유에 대한 사랑, 자립이라는 우리의 이상화된 국가적 특징들이 아메리카 대륙과 그것의 부, 그리고 도전들에 근간을 두고 있다고 이해한다. 그런데 우리는 어떻게 이 대륙에 우리가 존재한다는 것을 정당화할 것이며, 우리가 '아메리카인'이라는 주장을 어떻게 정당화할 것인가? 우리의 아메리카성을 확립하려는 우리의 불안한 욕구(그러면서도 이와 동시에 유럽과의 연관성을 유지하려는 욕구)가 아메리카 대륙을 향한 우리의 끈질긴 욕망을 설명해 줄 수 있을지 모르겠다. 우리는 아메리카의 그 광대함, 부, 흘러넘치는 풍요를 우리 자신 안으로 끌어들이려는 욕구를 느낀다. 그리고 아메리카 선주민의 땅뿐만 아니라, 우리가 믿기로 아메리카 선주민이 그 땅과 맺은 깊은 유대감으로부터 획득한 강인함과 힘도 마찬가지이다. 대지의 광대한 평원들만이 줄 수 있는 자유에 대한 사랑, 세련된 문화의 조심스러움에 의해 타락하지 않는 명예심, 그리고 무엇보다 자유를 수호할 때의 맹렬하고 야성적인 용기. 간단히 말해, 우리의 아메리카성을 주장하기 위해 우리는 이 대지와 이 땅의 주민들 모두를 탐욕스럽게 내투사했다. 그것들을 우리의 불안정하고 모순적인 자아관의 핵심적 구성 요소로 삼으려고 시도하면서 말이다. 그러나 그와 동시에 우리는 "피부가 붉은 사람"을 야만적이고 게으르고 비생산적이고 주정뱅이라고, 그리고 그가 살고 있는 대륙을 누릴 자격이 없다고 오랫동안 비난해 왔다. 그러지 않고서야, 유럽인으로서 우리가 어떻게 그의 대지를 우리의 소유라고 정당화하고, 그를 대신해 진정한 아메리카인이 되었다고 주장할 수 있겠는가? 소유하려는 욕망과 파괴하려는 욕망이 아메리카인이라는 우리의 가장 강렬한 존재감 내부에서 뒤엉켜 있다. 우리의 유럽계 아메리카인 아이들은 순수한 마음으로 [아무것도 모르는 채] 반복해 우리의 국가적 양가성을 수행한다. 핼러윈에 인디언 추장과 공주처럼 옷을 입고, 나머지 다른 날들에는 카우보이와 인디언 놀이를 하는 것이다(Smith-Rosenberg 2010b).

이제 '무국적 난민 시대'나 '불법체류자 시대'라고 불려도 좋을 만한 시대에, 새로운 부류의 타자적 신체가 우리에게 경보를 울린다. 그것은 우리가 우리의 국경 주변에서 배회하고 있다고, 우리 민족을 둘러싸고 있다고 상상하는 어둡고 위협적인 신체들이다. 그리고 이전에 아메리카 선주민들에 대해 그랬듯이, 우리는 이 신체들과 무자비한 교전을 벌이지만, 이번에는 ─ 문자 그대로의 전투가 아니라 ─ 가상의 전투다. 끝도 없이 계속되는 비디오게임에서, 아니면 커다란 3D 화면 앞에서 넋을 빼놓은 채로, 우리는 침입한 외부인들에 맞서 야만적으로 반격을 가한다. 그러나 한 가지 게임의 끝은 다른 게임의 시작일 뿐이다. 최종 승리는 영원히 우리를 피해 간다. 우리는 결코 우리의 외부인 타자들의 신체로부터 자유로워지지 못한다. 불안과 욕망에 마음을 빼앗긴 채, 우리는 그 신체들을 우리 자신의 존재 안으로 합체해 버렸다.

결론

근대의 정치체는 로크에서 푸코를 거쳐 코넬에 이르기까지, 생물학적 신체와 담론적 신체, 상상적 신체와 정치적 신체 등 신체들을 둘러싸고 구축된다. 내포와 배제, 동일성과 차이, 평등과 자유, 정치적 주체성과 정치적 억압 등 이 모든 것은 항상 체현되어 있고 성애화되어 있다. 시간 속에 놓인 신체를 연구한다는 것은 신체들의 다형적이고 생산적인 상호작용을 연구한다는 것이다. 어쩌면 시간 속에 있으며 운동하는 신체에 대한 가장 혁신적인 이론가는 무용 이론가인 수전 포스터일 것이다. 그녀는 「젠더의 안무들」에서 문자 그대로의 신체를 진지하게 다룰 것을, 즉 "언어적·비언어적 문화 실천들의 이분화"를 거부하고 "운동이 사유로 가득 차있다는 것과 신체적 행위의 이론적 잠재력"을 인식할 것을 페미니스트 이론가들에게 요청한다. 그럴 때만 페미니스트들은 "언어적 행위와 비언어적 행위 사이의 전통적인 노동 분업"을 붕괴시킬 수 있을 것이다. 그것은 "재현에 대한 지적이고 '남성적인' 분석에다 신체적 현존의 경험적이고 '여성적인' 배양을 융합함으로써" 이루어진다. 그럴 때에만 페미니스트들은 "인정되어야만 하는 특수성을 모든 신체에 부여하고, 그러면서도 …… 또한 그 신체를 정체성의 다른 문화적 편성에 연결"할 것이다. 그럴 때에만 페미니스트들은 젠더를 "수행된 사회성의 …… 불안정하고, 비근원적이며, 역사적으로 특수한 편성으로서" 이론화하는 일을 진정으로 시작하게 될 것이다(Foster 1998, 28, 29).

참고 문헌

Anderson, Benedict. 2005. *Imagined Communities: Reflections on the Origin and Spread of Nationalism*. London: Verso [베네딕트 앤더슨, 『상상의 공동체』, 윤형숙 옮김, 나남, 2004].

Bakhtin, M. M. 1981. "Discourse in the Novel." In *The Dialogic Imagination*. Ed. Michael Holquist. Trans. Caryl Emerson and Michael Holquist. Austin: University of Texas Press.

Baldwin, James. 1995. "Going to Meet the Man"(1965). In *Going to Meet the Man: Stories*. New York: Vintage.

Bernasconi, Robert, and Anika Maaza Mann. 2005. "The Contradictions of Racism: Locke, Slavery, and the Two Treatises." In *Race and Racism in Modern Philosophy*, ed. Andrew Valls, 81-108. Ithaca, NY: Cornell University Press.

Berry, Mary Frances. 1999. *The Pig Farmer's Daughter and Other Tales of American Justice: Episodes of Racism and Sexism in the Courts from 1865 to the Present*. New York: Knopf.

Blackburn, Robin. 2010. "Haiti, Slavery, and the Age of Democratic Revolution." *William and Mary Quarterly* 63: 643-674.

Braidotti, Rosi. 1994. *Nomadic Subjects: Embodiment and Sexual Difference in Contemporary Feminist Theory*. New York: Columbia University Press [로지 브라이도티, 『유목적 주체』, 박미선 옮김, 도서출판 여이연, 2004].

Butler, Judith. 1993. *Bodies That Matter: On the Discursive Limits of Sex*. New York: Routledge [주디스 버틀러, 『의미를 체현하는 육체』, 김윤상 옮김, 인간사랑, 2003].

Cornell, Drucilla. 1995. *The Imaginary Domain: Abortion, Pornography, and Sexual Harassment*. New York: Routledge.

Douglas, Mary. 1970. *Natural Symbols: Explorations in Cosmology*. New York: Routledge [메리 더글러스, 『자연 상징: 우주론 탐구』, 방원일 옮김, 이학사, 2014].

Dubois, Laurent. 2006. "An Enslaved Enlightenment: Rethinking the Intellectual History of the French Atlantic." *Social History* 31.

Foster, Susan. 1998. "Choreographies of Gender." *Signs* 24.

Foucault, Michel. 1978. *A History of Sexuality*. Vol. 1, *An Introduction*. Trans. Robert Hurley. New York: Pantheon [미셸 푸코, 『성의 역사 1: 지식의 의지』, 이규현 옮김, 나남, 2004].

_____. 1991. "Governmentality." In *The Foucault Effect: Studies in Governmentality*, ed. Graham Burchell, Colin Gordon, and Peter Miller. Chicago: University of Chicago Press [미셸 푸코, 「4. 통치성」, 『푸코 효과: 통치성에 관한 연구』, 심성보·유진·이규원 옮김, 난장, 2014].

Hall, Kim. 1995. *Things of Darkness: Economies of Race and Gender in Early Modern England*. Ithaca, NY: Cornell University Press.

Hall, Stuart. 1996. "Introduction: Who Needs Identity?" In *Questions of Cultural Identity*, ed. Stuart Hall and Paul Du Gay. London: Sage.

Hartman, Saidiya. 1997. *Scenes of Subjection: Terror, Slavery, and Self-Making in Nineteenth-Century America*. New York: Oxford University Press.

Higginbotham, Evelyn Brooks. 1992. "African-American Women's History and the Metalanguage of Race." *Signs* 17: 251-274.

Jacobs, Harriet. 2000. *Incidents in the Life of a Slave Girl, Written by Herself*. Ed. Maria Child, with an introduction by Jean Fagan Yallen. Cambridge, MA: Harvard University Press [해리엇 제이콥스, 『린다 브렌트 이야기: 어느 흑인 노예 소녀의 자서전』, 이재희 옮김, 뿌리와이파리, 2011].

Morgan, Jennifer. 1997. "'Some Could Suckle over Their Shoulder': Male Travelers, Female Bodies, and the Gendering of Racial Ideology, 1500-1770." *William and Mary Quarterly* 54: 167-192.

Munby, Arthur. 2000. "Munby Reappraised." Special issue, *Journal of Victorian Culture* 5.

Pateman, Carol. 1988. *The Sexual Contract*. Palo Alto, CA: Stanford University Press [캐럴 페이트만, 『남과 여 은폐된 성적 계약』, 이충훈 옮김, 이후, 2001].

Scarry, Elaine. 1985. *Bodies in Pain: The Making and Unmaking of the World*. New York: Oxford University Press.

Smith-Rosenberg, Carroll. 1971. "Beauty, the Beast, and the Militant Woman: A Case Study in Sex Roles and Social Stress in Jacksonian America." *American Quarterly* 23.

_____. 1980. "Sex as a Symbol in Victorian America." *Prospects* 5.

_____. 1982 "Davey Crockett as Trickster: Pornography, Liminality, and Symbolic Inversion in Victorian America." *Journal of Contemporary History* 18.

_____. 1985. *Disorderly Conduct: Visions of Gender in Nineteenth-Century America*. New York: Knopf.

_____. 1987. "Misprisoning Pamela: Representations of Gender and Class in Nineteenth-Century America." *Michigan Quarterly Review* 26.

_____. 2010a. "Preface." In *This Violent Empire: The Birth of an American National Identity*, ix-xvii. Omohundro Institute of Early American History and Culture. Chapel Hill: University of North Carolina Press.

_____. 2010b. "Dangerous Doubles." In *This Violent Empire: The Birth of an American National Identity*, 191-287. Omohundro Institute of Early American History and Culture. Chapel Hill: University of North Carolina Press.

Stepan, Nancy. 1998. "Race, Gender, Science, and Citizenship." *Gender and History* 10.

Ticktin, Miriam. 2011. *Casualties of Care: Immigration and the Politics of Humanitarianism in France*. Berkeley: University of California Press.

Traub, Valerie. 2000. "Mapping the Global Body." In *Early Modern Visual Culture: Representation, Race, and Empire in Renaissance England*, ed. Peter Erickson and Clark Hulse, 44-97. Philadelphia: University of Pennsylvania Press.

Turner, Victor. 1974. *Dramas, Fields, and Metaphors: Symbolic Action in Human Society*. Ithaca, NY: Cornell University Press [빅터 터너, 『인간 사회와 상징 행위: 사회적 드라마, 구조, 커뮤니타스』, 강대훈 옮김, 황소걸음, 2018].

2짱

문화

Culture

지은이

케이트 크레헌 Kate Crehan

옮긴이

조혜영

영상 문화 연구·기획 단체 '프로젝트 38' 일원으로 활동하며 영상 매체와 관련된 강의 및 연구를 하고 있다. 공저로『원본 없는 판타지』,『소녀들: K-pop 스크린 광장』, 최근 논문으로「헤테로토피아 공간과 트랜스젠더 여성 재현: 1990년대 이후 한국영화를 중심으로」, "Archive, digital technology, and the inheritance of the Gwangju Uprising: the affect of the post-Gwangju generation of directors in Kim-gun and Round and Around"가 있다.

20세기 후반의 가장 영향력 있는 문학비평가 가운데 한 명인 레이먼드 윌리엄스에 따르면 문화는 "영어에서 가장 복잡한 단어 두세 개 가운데 하나"다. 윌리엄스는 매우 유용한 저서 『키워드』에서 그 이유를 이렇게 든다. 문화라는 용어가 "역사적으로 여러 유럽 언어에서 복잡하게 발전해 왔으며 …… 현재는 변별적이고 서로 양립하기 어려운 여러 사유 체계와 여러 지적 분과에서 중요한 개념으로 사용되고 있기 때문이다"(Williams 1983, 87[국역본, 123쪽]). 나는 이 글에서 문화를 두 가지 주된 의미로 다루려 한다. 하나는 인류학적 이해에 따른 문화로 특정 집단의 사람들에게서 특징적으로 나타나는 삶의 방식이다. 다른 하나는 음악, 문학, 회화, 조각, 연극, 영화처럼 예술적 창조의 실천과 생산물로 이해되는 문화이다.

용어의 역사는 흥미로운 사실을 드러낼 수도 있다. 어떻게 특정 개념이 어떤 주어진 순간에 그런 의미를 갖게 되는지는 늘 더 큰 역사적 맥락과 관련이 있다. 개념이 획득한 의미는 결코 완벽하게 고정되지 않으며 지속적으로 진화한다. 즉, 그것은 시간을 거치면서 그 개념이 획득한 상대적으로 안정적인 의미와 사람들이 그 개념을 특정 맥락에 넣어 사용하는 의미 사이를 끊임없이 오간다. 어떤 개념들이 가진 기존의 의미는 상당히 강력한 힘을 가지는데, 이는 인간이 물려받은 명칭이나 개념을 통해 세계를 지각할 수밖에 없다는 단순한 이유에서 그러하다.[1]

복잡한 단어

윌리엄스는 영어에서 문화라는 단어가 농경agriculture이나 원예horticulture 같은 단

---

1 사회 현실의 명명과 밀접한 관계가 있는 권력에 대한 논의는 다음에서 찾아볼 수 있다(Crehan 1997, 30-35).

어에 여전히 존재하는 의미인 "과정process이라는 명사, 즉 기본적으로는 작물이나 동물 같은 것의 관리tending"에서 시작되었다고 말한다. 이후에 인간 발전의 과정을 언급하기 위해 문화를 사용하기 시작했는데, 이것이 19세기 초까지 문화의 주요한 의미가 되었다. 그러나 17세기 후반부터 이미 점진적으로 문화는 현대적 의미를 어느 정도 띠기 시작했다. 18세기에 출현해 18세기 말 즈음에는 "세속적이고 진보적인 인간의 자기 계발을 강조하면서 계몽의 일반적 정신으로 이해되었던"(Williams 1983, 58[국역본, 125, 126쪽]) 문명civilization이라는 용어는 본래 문화 개념과 밀접하게 연관되어 있었다. 19세기에는 문명과 문화가 동의어로 사용되었다. 그러나 영어에서 문화culture는 특히 18세기 말과 19세기 초에 불어의 culture와 이후에 Kultur라고 썼던 독어의 Cultur가 지닌 의미에 강하게 영향을 받아 현대적인 의미를 갖게 되었다.

이 같은 새로운 의미군의 부상은 당시 유럽 전반에서 일어난 엄청난 역사적 사건과 연관되어 있었다. 이 시기는 계몽사상이 유럽 전반을 휩쓸면서 프랑스 혁명이 낡은 위계를 전복하고 얼마 안 있어 프랑스혁명군의 수장이던 나폴레옹이 국경을 다시 그리며 유럽 전역으로 전진하던 때였다. 당시 사람들에게 이런 생각과 사건이 어떻게 합쳐졌는지를 이해하기 위해선 오늘날 '근대성'modernity라는 관념이 연상시키는 많은 것들을 떠올려 보면 된다. 북반구2의 역사와 당대 자본주의가 가진 권력에서 벗어나 근대성 개념을 생각하기란 너무 어렵다. 때문에 북반구뿐만 아니라 남반구에 사는 대부분의 사람들 역시 유럽과 미국의 역사를 어떤 형식으로든 재생하지 않은 채 근대성을 상상하는 것은 거의 불가능하다고 생각한다. 마찬가지로 18세기 후반에서 19세기 초에 일어났던 사건들을 경험한 사람들은 계몽이 프랑스나 당시 전진하던 프랑스 군대와 불가분의 관계에 있다고 봤다. 부분적으로, 계몽에 대한 그리고 계몽이 대변하는 모든 것에 대한 반발이라 할 수 있는 매우 다른 기류의 사상이 부상했다. 이 흐름은 낭만주의 운동과 연관이 있었다. 계몽은 세속적 합리주의를 주장했고, 낭만주의

---

2 북반구는 한때 서구 혹은 선진 세계라 불리던 지역을 가리키는 데 요즘 많이 사용되는 용어다. 이전의 저개발, 개발도상, 제3 세계는 이제 남반구로 칭한다.

케이트 크레헌
68

사상가들은 감정, 비합리성, 진정한 '전통'을 찬양했다. 게다가 (다른 나라에서 각기 다른 시기에 복잡하고 다양한 방식이긴 했지만) 낭만주의와 계몽사상의 기류 둘 다와 밀접하게 연관된 다양한 형식의 민족주의가 부상했다. 민족주의는 자기 '민족의 영토'에 대한 '민족의 권리'를 주장했다. 이처럼 요동치는 역사의 소용돌이 속에서 문화는 사람들의 삶의 방식이라는 새로운 의미를 얻게 된다. 그리고 자주 인용되는 인류학자 클리퍼드 기어츠가 문화라는 개념을 중심으로 "인류학이라는 학문이 발생"(Geertz 1973a[국역본, 12쪽])했다고 단언할 때, 그 역시 이 의미를 염두에 두고 있었다. 현재 문화의 지배적인 의미는 이 같은 인류학적 이해에 기반하고 있다. 그리고 이 글의 대부분에서도 문화의 이 같은 의미에 초점을 맞출 것이다.

문화의 이런 의미 계보에서 핵심 인물은 독일 낭만주의 철학자 요한 헤르더 (1744~1803)이다. 그는 "문명화된" 유럽 문화를 모든 인간 역사의 정점으로 보았던 계몽주의의 목적론을 공격했다. 그는 우리는 단수로서의 "문화"가 아니라 "문화들"에 대해 말해야 한다고 주장했는데, 이것이 그의 급진적인 출발점이었다. 헤르더는 다른 민족과 다른 시기는 각기 다른 문화를 갖는다고 말했다. 그리고 심지어 하나의 민족 내에서도 다른 사회경제적 집단과 연관된 상이한 문화들이 있다고 봤다. 이런 주장을 유도했던 충동이 무엇이었는지는 그의 미완성이자, 매우 현대적인 저서인 『인류의 역사철학에 대한 이념』(1784~91)에 나오는 구절에서 찾아볼 수 있다.

지구 전역의 인간들이여, 모든 세대에 걸쳐 소멸되어 간 자들이여, 그대들은 자신들의 유해로 이 땅을 비옥하게 하며 그대들의 시간이 다한다 해도 그대들의 후손이 유럽 문화로 인해 행복을 누릴 수 있도록 하기 위해서 오로지 살아온 것이 아니다. 우월한 유럽 문화라는 바로 그 생각이야말로 장엄한 자연에 대한 노골적인 모욕이다(Williams 1983, 89[국역본, 126쪽]에서 재인용).

위에서 문화는 문명의 동의어로 사용되지 않는다. 오히려 문명의 대안어, 심지어는 반의어가 된다. 특히 (유기적 전체로 여겨지는 경향이 있는) "민족적"이고 "전통적인" 문화는 낭만파가 처음 사용했는데, 이 방식은 이후 인류의 필요를 중심으로 하는 오래되고 좀 더 "진정한" 문화와 새롭게 부상하던 산업 "문명"의 이른바 영혼 없는 기계적 특징을 대조시키곤 했다.

서로 다른 사람들이 각기 다른 문화를 가지며 자기들만의 방식으로 보고 행한다는 헤르더의 주장은 보편을 내세우는 계몽주의 사상가들의 주장에 대한 반발로 어느 정도 볼 수 있다. 보편적 인간 이성이 인도하는 가운데 단일한 목적을 향해 나아가는 단일한 역사와 차별화되지 않은 전체로서의 인류를 강조하던 사상이 결과적으로 프랑스혁명이라는 과잉을 유도했다는 것이 그들의 주장이었다. 나폴레옹의 혁명군이 계몽이라는 이미지로 유럽을 재창조하면서 유럽 전역을 행군하자, 독일 지식인을 비롯한 이들은 서로 다른 '민족들'은 각기 자율권을 갖는다는 민족주의적 주장을 내세우며 저항했다. 하지만 동시에 민족주의의 이념과 언어는 계몽사상을 이용했다. 계몽주의의 유산인 보편적 인권 담론과 낭만주의 담론은 복잡한 방식으로 얽혀 있다. 고유의 문화를 지닌 특정 집단 사람들의 삶의 방식을 가리키는 것으로서의 문화에 대한 인류학적 이해는 바로 이런 복잡한 역사적 맥락에 뿌리를 둔다.

결정적으로 유럽을 휩쓴 민족주의 관념은 문화들을 상상하는 방식을 조형했다. 문화들은 민족성들과 마찬가지로 포괄적인 유형의 경계가 있는 전체로 여겨졌다. 예를 들면, 어떤 문화는 어떤 민족성처럼 흔히 특정 영토의 특정 민족과 관련된다고 생각하는 경향이 있었으며, 공통된 언어로 표현되는 특정 세계관으로 특징지어졌다. 명시적으로나 암묵적으로나 진정한 문화들은 과거에 뿌리를 두고 있다고 간주되곤 했다. 예를 들어, 문화들은 민족성들처럼 근대화를 실행[주창]하는 국가가 문화들을 변화시키려는 시도에 맞서 자기를 방어하거나 존재할 권리가 있다고 봤다. 여기서 요점은 모든 문화들이 필수적으로 이런 특징을 전부 공유하거나 권리가 있는 것으로 간주됐다는 것이 아니라, 문화들이 자신의 고유한 인류학적 의미를 발전시키는 동안 문화에 대한 관념이, 비록 암묵적이긴 하지만, 이 같은 특징들과 연관되었다는 것이다. 그래서 문화라는 관념의 탄생 환경은 "인류학이라는 분과 학문을 발달시킨" 문화라는 관념에 일정한 형태를 부여하고, 거기에 어떤 지속적인 흔적을 심어 놓았다고 볼 수 있다.

그러나 문화는 19세기 후반과 20세기 초에 또 다른 의미, 즉 지적이며 특히 예술적인 활동의 생산물이라는 뜻을 얻는다. 이는 문화의 의미를 "지적이며 정신적이고 미학적인 발전의 일반 과정"(Williams 1983, 90)으로 확장한다고 할 수 있다. 그리고 이런 발전을 재현하고 그 발전을 초래하는 모든 것을 문화에 포함하게 한다. 나는 이 글의 마지막에서 문화의 이런 의미로 되돌아갈 것이다. 그러나 지금은 문화에 대한 인류학적 개념과 각기 다른 사회들의 젠더화된 윤곽을 그리는 데에 관심이 있는 사람들에게 문화에 대한 인류학적 개념이 지니는 함의에 대해 좀 더 논하고자 한다. 그다음에는 문화를 다르게 사유하는 방식, 즉 20세기 초 이탈리아의 정치 이론가이자 활동가인 안토니오 그람시의 저작에서 발견되는 접근법을 살펴보겠다.

인류학과 문화

20세기 초 미국과 유럽에서 인류학이 하나의 분과 학문으로 인정받은 이후, 문화가 지속적으로 인류학의 중심 개념이 되었다는 점에 대해서는 어느 인류학자도 반박할 수 없을 것이다. 신흥 분과 학문이 대체로 그렇듯이 초창기의 인류학은 (일정한 한도 내에서이기는 했지만) 유대인이나 여성처럼 학계의 엘리트 집단 내에서 주변화된 구성원들에게 우호적이었다. 미국의 프란츠 보아스와 영국의 브로니슬라브 카스퍼 말리노프스키는 인류학을 하나의 분과 학문으로 수립하는 데 많은 기여를 한 뛰어난 인물이었다. 둘 모두 수많은 여학생을 제자로 두었다. 그중에는 미국의 마거릿 미드와 루스 베네딕트, 영국의 오드리 리처즈와 루시 메이어가 포함되어 있었고, 다수가 인류학에서 두드러진 성과를 거두었다.

또한 인류학은 여성 연구자를 환영했을 뿐만 아니라 여성을 연구 대상으로 삼기도 했다. 인류학이 대체로 다양한 삶의 방식을 총체적으로 설명하는 것으로 정의되어 왔고 친족 관계와 결혼이 인류학의 중심 관심사 가운데 하나였기에, 인류학자들은 여성의 삶에 어느 정도 관심을 기울이지 않을 수 없었을 것이다. 그럼에도 불구하고, 2세대 페미니스트 인류학자들이 지적했듯, 인류학적 설명에서 여성이 부재하진 않았지만 대부분 남성의 눈으로 해석되었으며 정작 여성의 활동과 관점은 주변화되었다. 북반구 국가 출신의 인류학자들은 무엇이 기록할 만한 가치가 있는지를 결정할 때 남성 지배적인 그들 자신의 사회, 즉 여성의 경험을 무시하거나 폄하했던 그들의 사회에서 유래한 선입견을 현장에 가져갔다. 마찬가지로 타문화에 대한 인류학자의 설명은 심지어 여성이 수집한 것일지라도 자신이 속한 문화를 지배하는 남성적 관점에서 문제를 보는 경향이 있었다. 페미니스트 인류학자의 연구는 그간 널리 받아들여졌던 인류학의 '남성 편향'에 대한 주의를 환기했고, 인류학자라면 (입에 발린 말일지라도) 이 같은 비판의 중요성을 언급하지 않을 수 없게 했다.³

그러나 이런 페미니스트 인류학자들의 비판 역시 곧바로 다른 페미니스트들에게 철저한 비판적 검토의 대상이 되었다. 예를 들어, 페미니스트들은 여성 인류학자가 단순히 여자라는 이유만으로, 자신의 경험이 자기가 연구하는 여성의 삶과 얼마나 동떨어져 있는지와 무관하게 남성 인류학자와는 달리, 그 여성들을 당연히 이해할 수 있다는 흔한 추정을 비판했다. 그런 믿음은 '여성'은 모든 사회가 공유하는 보편적 범주라는 매우 문제적인 가정에 근거하고 있기 때문이다. 예를 들어, 셰리 오트너의 한 논문도 이런 비판을 받았다. 페미니스트 인류학의 선구자 가운데 한 명인 오트너의 논문 「여성은 자연이고 남성은 문화인가?」 (Ortner 1974)는 1974년 발표 당시 널리 읽히고 높이 평가된 글이었다. 이 글에서 오트너는 모든 사회에서 보편적인 것이라고 여긴 남성에 의한 여성의 종속을 설명하려 했다. 오트너는 시몬 드 보부아르의 『제2의 성』에 기대어 남성은 보편적으로 문화와 연관되고 여성은 자연과 연관되며, 문화는 자연보다 훨씬 더 높이 평가[되기에 결과적으로 여성은 평가 절하]된다고 주장했다.

한 가지 문제는 '여성'이라는 이른바 보편적인 범주가 실제로는 그 인류학자가 속한 사회에서 '여성임'이 의미하는 내용을 전제하는 경향이 있다는 점이다. 이 같은 경향이 사회들 사이의 중요한 차이를 간과할 뿐만 아니라, 북반구

---

3 인류학에서 이런 유의 남성 편향을 밝힌 중요한 초기 논문으로는 에드윈 아드너(Ardener 1975)가 있다. 페미니스트 인류학자들이 편집한 초기의 영향력 있는 두 권의 선집으로는 미셸 짐벌리스트 로살도와 루이즈 램피어(Rosaldo and Lamphere 1974), 라이나 R. 레이터(Reiter 1975)가 있다.

페미니스트 인류학자들이, 자신의 사회 내에 존재하는 계급이나 종족 같은 중요한 차이를 무시한다는 주장이 특히 유색인 인류학자들에 의해 제기되었다. [이같은 문제 제기 이후] 페미니스트 인류학자들은 여성을 차이가 없는 획일적/균질적 범주로 다루지 않는 것이 중요하다고 강조하는 동시에, 여성을 이해하고자 한다면 또한 남성을 연구하고 남성과 여성의 삶이 복잡하게 얽혀 있는 방식을 분석할 필요가 있다고 점점 더 인식하게 되었다. 다시 말하면 여성 연구에서 젠더 연구로 이동하기 시작한 것이다. 1990년대에 이르면 젠더 연구는 인류학자의 일차적 관심사 가운데 하나가 되었다. 페미니스트 인류학자들의 지난 40년간의 연구 작업이 중요한 측면에서 인류학을 탈바꿈했다 할 수 있다. 몇 가지 예만 들어 보면, 메릴린 스트래선(Strathern 1972, 1988)과 아네트 위너(Weiner 1976)는 멜라네시아에서의 권력을 젠더를 통해 재사유했고, 레이나 랩(Ginsburg and Rapp 1995; Rapp 1999)과 스트래선은 새로운 재생산 기술이 사회에 미친 영향을 연구했으며, 실비아 준코 야나기사코와 제인 피시번 콜리어는 친족 관계 이론을 페미니스트적으로 재사유했다(Collier and Yanagisako 1987).

그러나 스트래선이 1987년에 지적했듯이 인류학과 페미니즘의 관계에는 어색한 측면이 있다. 이는 부분적으로 여성과 남성이 거주하는 젠더화된 풍경의 지도를 그리려는 우리의 관심사와 문화에 대한 인류학적 개념이 늘 잘 들어맞지는 않기 때문이다. 주류 인류학이 이론화해 온 바에 따르면, 문화는 낭만주의와 민족주의가 부상하던 역사적 순간에 탄생했으며, 그 탄생의 조건이 낳은 암묵적 전제가 문화의 관념에 깊게 박혀 있다. 그리고 그런 전제들은 젠더화된 풍경을 그리고자 할 때 도움이 되기보다는 방해가 되는 경향이 있다. 게다가 이런 유령들은 문화 관념의 기본적인 요소이기에 완전히 몰아내기가 어려웠다.

예를 들면, 내가 주장했듯, 문화를 진정한 유기적 전체로 보는 낭만주의적 개념에서 궁극적으로 비롯된 한 가지 강력한 전제는, 문화들이 어떤 의미에서 체계들이라는, 그것도 반드시 동질적이거나 갈등이 없는 집합체가 아니라 패턴이 있는 전체라는 것이다. 그래서 어떤 의미에서 이 전체는 변별적이고 경계가 있는 실체를 구성한다. 예시를 위해, 문화에 대한 기어츠의 정의를 인용해 보자.

내가 고수하는 문화 개념은 …… 상징 속에 체화된 의미가 역사적으로 전승되는 패턴, 즉 사람들이 삶에 대한 지식과 태도를 소통하고 영속화하고 발전시키는 수단인 상징적 형식으로써 표현되어 물려받은 체계를 뜻한다(Geertz 1973b, 89[국역본, 113쪽]; 강조는 추가).

젠더 균열gender cleavages을 억제하면서 내포하는 포괄적 체계를 선험적으로 전제하는 이런 생각은 젠더의 파열fracture ― 그리고 실제로는 인종과 계급 같은 다른 파열 ― 을 상위의 '문화'에 종속시키는 경향이 있다.

　최근에는 문화가 경계 지어진 전체를 구성한다는 생각은 많은 비판을 받았다. 요즘 인류학자들은 문화적 경계는 유동적이고 변화하며 문화는 중첩되고 서로 섞이는 특징이 있다고 설명하는 데 많은 시간을 들여 강조하곤 한다. 그럼에도 상당수 인류학자들의 기본적인 관심사는 여전히 차이, 즉 그 경계가 아무리 유동적이고 변화할 수 있고 어떤 면에서 서로 협력한다고 해도, 변별적인 문화들의 존재에 있다.

　인류학은 북반구를 넘어선 세계에, 그리고 북반구와 근대성의 관점이 아닌 다른 관점에 초점을 맞추며 성장한 학문이라는 점을 기억할 필요가 있다. 차이에 대한 인류학의 관심은 전체 식민주의 기획과 연루되었을 수 있고, 어느 정도는 제국주의적 활동의 산물이기도 했다. 그러나 그런 관심은 남반구를 진지하게 연구하면서 어느 정도 남반구의 사회들을 그 사회들의 관점에서 이해하려는 시도였다. 당연하게도 인류학자들은 대체적으로 차이에 대해, 다시 말해 헤게모니를 행사하는 중심의 시각이 아닌 다른 시각에서 사물을 보려 하는 동시대의 '지구화된' 세계의 관점에 주목하고자 했다. 오트너는 1980년대 중반 많이 인용된 한 인류학 이론 조사에서 당시 인류학에 큰 영향을 미치던 정치경제학적 접근을 비판하며 우려를 표명한 바 있다. 그녀는 인류학이 전통적으로 북반구를 넘어 "다른 세계"에 대해 가졌던 관심을 포기하는 것처럼 보인다고 걱정했다. 그녀가 보기에, "지면[현장]에서 같은 눈높이로 다른 체계를 보려는 시도는 인류학이 인문학에 명시적으로 이바지할 수 있는 토대, 그것도 아마도 유일한 토대"(Ortner 1984, 143; 강조는 추가)이다.

심지어 인류학에서 널리 수용된 문화 개념에 근본적으로 도전했던 이론가 제임스 클리퍼드 역시 [문화와 관련해] 일관성을 어느 정도 유지하려 했던 것처럼 보인다. 예를 들면, 『경로』에서 그는 다음과 같이 썼다.

> 『경로』에서는 문화 개념을 두고 지속적으로 논쟁을 이어 간다. 이전 책에서, 특히 『문화의 곤경』(1988)에서 나는 전체론과 미학적 형식을 주장하는 이 개념의 경향, 즉 공통된 '삶'을 전제하며 가치, 위계, 역사적 연속성을 특권화하려는 경향에 대해 우려했다. 이런 경향은 집단적 발명과 생존의 여러 과정들, 불순하고 까다로운 과정들을 무시했고 또 때로는 적극적으로 억압했다고 나는 주장했다. 동시에 문화라는 개념은 의미와 차이의 인간적 체계를 인정하고 치지하는 한 필수적인 것처럼 보였다. 어느 경우에든, 일관된 정체성에 대한 요구는 민족 절대주의에 의해 쪼개진 오늘날의 세계에서 불가피했다(Clifford 1997, 2, 3; 강조는 추가).

클리퍼드는 문화의 개념에 불만이 있었지만 ─ 이는 부분적으로 "전체론을 주장하는 경향", 즉 문화가 경계가 있는 실체라는 가정 때문이었다 ─ 그렇다고 그 개념을 포기하지는 않았다. 그는 "문화"의 존재를 동시대 세계에서 불가피한 현실로 봤을 뿐만 아니라, 문화의 개념은 "의미와 차이의 인간적 체계"를 명명하기 때문에 그에게 중요하다.

나는 안토니오 그람시의 저작에서 이런 종류의 일관성을 선험적으로 가정하지 않으면서도, 젠더 지도를 그리는 데 관심이 있는 사람들에게 많은 도움을 주고, 또한 매우 다른 방식으로 문화를 사유하는 방법을 찾을 수 있다고 본다. 이탈리아공산당 창시자 가운데 한 명으로 정치 운동가이기도 한 그람시는 무솔리니와 그 파시스트 정당이 이탈리아에서 권력을 잡고 난 뒤 1926년에 투옥되었다. 그는 오랜 수감 기간 동안 옥중 수고로 알려진 글을 썼다. 그 글에서 그람시는 왜 어떤 정권은 타도되고 다른 권력 체제는 영속하는가를 분석하면서 권력의 본성을 성찰했다. 여기서 문화의 역할이 주요 주제로 등장한다. 그람시가 젠더와 그 의미를 주요 논점으로 삼지는 않았지만, 그의 문화 이론은 젠더 문제에 관심이 있는 이에게 도움이 될 만한 것들을 내포하고 있다.

옥중 수고의 첫 영어 번역본은 1970년대에 출판되었다(Gramsci 1971). 출판 직후부터 영미권 인류학자들은 이 책을 읽고 인용하기 시작했다. 그러나 문화에 대한 그람시의 접근은 주류 인류학의 접근과는 매우 달랐는데, 이 점은 그람시를 인용하는 인류학자들도 언제나 제대로 이해한 것은 아니었다. 나는『그람시·문화·인류학』(Crehan 2002)에서 이 같은 주장을 상세하게 전개한 바 있다. 여기서는 그람시가 문화를 어떤 종류의 실체로 기술했는지를 간략하게 살펴보고 그런 접근이 특히 젠더와 관련된 질문을 던지고자 하는 이들에게 어떤 의미가 있는지 짧게 설명하겠다.

그람시와 문화

그람시가 문화에 대해 포괄적으로 글을 쓰긴 했지만, 그의 일차적 관심사는 서로 다른 문화들의 지도를 그리는 것이 아니었다. 클리퍼드와 달리 그는 사회를 분석하면서 "의미와 차이의 인간적 체계들" 사이의 관계를 추적하는 데 중점을 두지 않았다. 특정한 삶의 방식으로서의 문화 개념을 출현시킨 민족주의 담론에서와 달리, 그람시에게 문화는 인간 역사의 일차적 동력이 아니다. 그람시를 읽을 때면, 우리는 늘 그가 마르크스주의자이며 운동가였다는 사실을 기억할 필요가 있다. 그의 주요 관심사는 자본주의사회를 급진적으로 변혁하는 것이었다. 그에게 인간 역사의 행위자[동인]는 문화들이 아니라 계급들이다. 물론 그람시가 계급들을 역사의 유일한 행위자로 봤다는 것은 아니다. 그람시에게 특정 사회에서 유사한 경제적 지위에 있는 사람들로 이루어진 광범위한 집단들이야말로 대규모의 혁명적인 시대적 변화, 예컨대 봉건제로부터 부르주아 세계의 출현이나 자본주의사회의 전복 가능성 등과 같은 변화를 궁극적으로 설명해 준다. 정치 운동가로서 그람시의 궁극적 관심사는 바로 이 같은 종류의 획기적 변화였다. 동시에 그람시는 혁명 기획의 핵심에 문화의 문제가 있는 것으로 봤다. 그람시가 보기에, 문화는 불평등, 즉 계급이 체험되는 방식과 사람들이 자신의 세계에 거주하며 그 세계를 이해하는 방식으로써, 세계를 어떻게 변화시킬 수 있을

지를 상상하는 동시에 그 변화를 바람직한 것 또는 실현 가능한 것으로 상상하는 능력을 형성하기 때문이다.

우리는 그람시가 계급을 순전히 경제적 관계로만 정의되는 단순한 정체성과는 거리가 먼, 미묘한 차이를 포함한 복잡한 개념으로 보았음을 강조할 필요가 있다. 『옥중수고』 전체를 관통하는 근본적인 주제는 문화와 기본적인 경제적 관계 사이의 관계가 심오하고, 이를 단순히 지도로 나타내기 어렵다는 것이다. 그람시는 분명히 기본적인 경제적 관계가 역사의 궁극적인 동력을 — 그러나 정말로 궁극적으로만[4] — 제공한다고 봤다. 여기서 우리가 논하는 관계는 고도로 매개된 관계이다. 이와 동시에, 그람시가 '문화'를 결코 단지 부수 현상 또는 좀 더 근본적인 경제적 관계의 단순한 반영이라고 보지 않았다는 점 역시 중요하다. 『옥중수고』 전반에 걸쳐 토대와 상부구조라는 마르크스주의의 언어를 사용하긴 하지만, 실제로 그는 토대와 상부구조가 아래층와 위층처럼 쌓여 있다는 과도하게 단순한 비유를 넘어선다. 결정적으로 그람시는 '문화'를 결코 자율적인 영역 같은 걸로 재현하지 않는다. 그에게 문화는 관념적이면서 물질적이고, 상상된 세계이면서 이 세계를 뒷받침하는 단단한 물질적 현실이기도 하다. 그리고 그는 좀 더 근본적인 경제적 토대와 문화를 대립시키지 않은 것처럼, 문화와 역사를 대립시키지도 않는다. 문화는 오히려 역사의 과정에서 발생한 지속적인 침전물이다. 다시 말하면, 우리가 문화라고 생각하는 세계에서 존재하고 살아가는 방식은 특정한 시간의 순간들에 역사의 수많은 과정들이 상호작용하며 취하는 특정한 형식일 수 있다. 이 형식들은 제아무리 고정되고 불변적인 것처럼 보일지라도 본질적으로 유동적인 것이다. 그러므로 그람시의 전반적인 접근 방식은 서로 구별되고 경계가 있는 '문화들'을 지도로 그려 내는 전통적인 인류학의 방식과는 거리가 멀다.

나는 문화에 대한 그람시의 접근 방식이 젠더적 맥락에서 어떤 함의가 있는지를 구체적으로 설명하기 위해 『젠더, 계급 그리고 농촌의 변천: 세네갈의 기업식 농업과 식량 위기』(Mackintosh 1989)를 먼저 검토할 것이다. 페미니스트 경

---

4 엥겔스가 1890년 조제프 블로흐에게 쓴 그 유명한 편지를 참조(Marx and Engels 1975, 394[국역본, 508쪽]).

제학자 모린 매킨토시가 쓴 이 책은 1970년대 세네갈 농업에서 일어난 커다란 변화를 연구한 것으로 시사하는 바가 많다. 그다음으로는 좀 더 간략하게 『외과 의사의 몸을 한 여성』(Cassell 1998)을 살펴볼 것이다. 조안 카셀이 쓴 이 책은 북아메리카 여성 외과 의사들을 조사한다. 이 두 연구는 모두 명시적으로 그람시를 끌어오지는 않지만, 각기 다른 방식으로 문화에 대한 그람시의 이해가 실제로 어떤 것인지를 보여 준다.

계급, 문화 그리고 농촌의 변천에 대한 분석

매킨토시의 연구는 미국의 거대 농업 회사인 버드 앤틀을 배경으로 한다. 이 회사는 1970년대 초 세네갈에 두 개의 대규모 농업 단지를 건설했고, 유럽 시장에 공급할 과일과 채소를 재배할 계획이었다. 세네갈 정부도 애초에는 열렬하게 이 사업을 지지했다. 버드 경영진은 이 대단지의 고용이 해당 지역에 살고 있는 사람들에게 귀중한 수입원을 제공하고 관개를 통해 건기에 대단지 농장을 운용할 예정인 만큼, 우기에 농사를 짓는 마을 사람들과 경쟁하지 않을 것이라고 주장했다. 그러나 결과적으로 이 프로젝트는 처참한 실패로 드러났고, 10년쯤 지나 버드는 대단지 농장을 포기하고 세네갈을 떠났다. 그럼에도 이후 2, 3년 동안 버드 앤틀과 이 회사가 제공하는 고용 기회는 주변 마을 사람들의 삶을 지배했다. 『젠더, 계급 그리고 농촌의 변천』은 이 같은 현실이 미친 타격을 탐구한다.

매킨토시의 연구는 주로 계급과 관련된 것이었다. 그렇다고 그녀가 마을 사람들을 뚜렷이 구분되는 계급으로 명쾌하게 나눌 수 있다고 생각한 것은 아니다. 그람시와 마찬가지로 그녀에게도 계급은 오히려 특정한 패턴을 이루는 불평등을 일컫는 말이었다. 매킨토시나 그람시 모두 이런 불평등의 윤곽이 개인들이 경험하는 일상생활이라는 현실로 단순하게 번역된다고 여기지 않았음을 강조할 필요가 있다. 이 책의 주요한 주제는 버드가 각기 다른 마을 사람들마다 매우 다르고 늘 예측할 수 없는 영향을 주었다는 것이다. 즉, 여성, 남성, 결혼한 사람들, 결혼하지 않은 사람들, 많은 땅을 이용할 수 있는 사람들, 땅이 부족한

(혹은 아예 없던) 사람들이 모두 버드를 다르게 경험했다. 버드가 했던 일은 체계적 불평등을 새롭게 만들어 냈다. 최소한으로 말해도 불평등을 악화시켰다. 마을들 자체 내부에는 계급 형성 과정이 필연적으로 있었던 것은 아니다. 오히려 버드가 설립한 대규모 농장들이 세네갈 경제 전체에 거대한 패턴의 계급 형성에 기여했다고 봐야 한다. 이런 계급 형성 과정에 핵심적인 것은 젠더였다.

매킨토시의 연구는 또한 문화에 관한 것이기도 하다. 그녀 자신은 문화라는 용어를 사용하지 않았는데, 문화는 그녀가 몸담은 학문 분과인 경제학의 중심 개념이 아니기 때문이다. 그러나 그녀의 사례연구는 분명 한 민족[국민]의 삶의 방식 ― 그들의 문화 ― 과 그것이 어떻게 변화되는지에 대한 것이다. 예를 들면, 그녀는 "농촌 지역 삶과 일터의 사회적·경제적 조직화에 초래된 장기간의 변화가 이 프로젝트[버드 프로젝트-인용자]의 가장 중요한 효과"라는 것이 자신의 기본 논지라고 말한다(Mackintosh 1989, xiii). 내가 매킨토시의 사례연구를 선택한 이유 가운데 하나는 그녀가 이 연구를 '문화적' 변형의 관점에서 보고 있지 않아서다. 그녀가 관측한 변화는 물질적 현실, 사상, 신념에 해당한다.

나는 또한 페미니스트들의 잦은 논쟁 주제인 계급과 젠더 불평등의 관계에 대한 매킨토시의 접근법 때문에 그녀의 책을 선택했다. 매킨토시는 이 두 불평등을 나누지 않는다. 그녀에게 계급과 젠더 불평등은 불가분하게 얽혀 있다.

> 페미니즘으로부터 영감을 받은 [즉, 1970년대 이후-인용자] 연구들은 그 결과로 일반적으로 계급 경험, 그리고 계급 변화가 젠더 특정적이라는 점을 이해했다. 이 책은 남성과 여성의 계급 경험이 다를 뿐만 아니라, 노동의 성적 분할을 비롯해 남녀 간의 관계 변화는 새로운 계급 구조가 수립되는 방식의 하나라는 관점에 증거를 제공한다(Mackintosh 1989, 35).

매킨토시가 연구한 세 마을 가운데 하나인 퐁티Ponty에서 마을 사람들은 더 이상 농사를 짓지 않았다. 그들 다수는 버드가 제공한 고용 기회 때문에 퐁티에 이주한 이들이었다. 퐁티는 "경제적 조건에서 볼 때 임금노동자들로 가득 찬 완전히 동질적인 마을이 되었다"고 매킨토시는 적고 있다(Mackintosh 1989, 162). 그러나 이 동질성은 여성과 남성 각각의 노동하는 삶에까지 적용되진 않았다. 연구가 진행되었던 다른 마을처럼 퐁티에서도 가사노동 — 즉, 모두 중요한 일임에도 무보수인 아이 돌봄, 요리, 청소, 병자와 노인 돌봄 등의 일 — 은 늘 그러하듯이 여성들만의 책임이 되었다. 여성들은 주로 결혼을 하면 남편의 집에 들어가 살았고, 이렇게 결혼해서 들어온 여성이 그 가구의 가사노동을 떠맡게 되어 있었다. 예를 들면, 신부는 시어머니의 일을 이어받을 거라 여겨졌고 신부 자신도 그럴 것이라 기대한다. 퐁티의 가정은 한때 갖고 있었던 토지 접근권과 그 땅을 일굴 노동권을 잃었지만, 가족 구성원[자격]은 가장(일반적으로는 남성), 그 가정의 남자 구성원, 그리고 때때로 소수의 여자 구성원(남편의 여자 친척은 가사일의 책임을 면제받는 것으로 생각했다)에게 "다른 여성의 가사노동의 생산물에 접근할 권한"(Mackintosh 1989, 162)을 주었다. 버드가 새로운 고용 기회를 제공하는 환경에서도 "여성은 가사일을 떠맡으면서 버드에 노동력으로 참여할 기회를 제약받았다. 결국 여성은 두 제도 모두에서 종속적인 자리에 머물게 되는 익숙한 과정이 발생했다"(Mackintosh 1989, 163). 계급 형성에 대해 매킨토시는 다음과 같이 썼다.

> 이렇게 새로운 유형의 위계, 특히 새로운 형식을 띤 젠더 분할의 수립은 계급 형성의 필수적인 과정에 속한다. 버드는 그 존재 자체로 세네갈의 노동계급 형성에 기여했으며, 그 형성 과정의 결정적 부분은 불안정한 임금 수입에 의존함에 따라 발생한 경제적 압력에 적응하기 위해 새로운 형태의 가정이 만들어졌다는 것이다. 이 같은 적응은, 관련된 사람들에겐, 농업 사회의 필요에 적응해 온 기존의 가구 형태가 종말을 고하고, 그리고 또 새로운 전제들을 가진 새로운 사회조직이 점진적으로 안정화되었음을 의미했다. 그리고 이와 더불어 여성에게는 새로운 계급 구조 안에서 새롭게 변화했지만 여전히 종속적인 위치가 주어졌다. 모두 너무나 익숙한 과정이었다(Mackintosh 1989, 163).

그람시를 따라 문화를 어떤 계급 위치에서 살아가는 방식이라고 규정한다면 "새로운 전제들을 가진 새로운 사회조직이 점진적으로 안정화"되는 것을 새로운 문화의 출현으로 볼 수 있다. 문화와 관련해 매킨토시는 광범위한 전제가 과거와의 연속성(예를 들면, 가사가 여성의 책임이라는 것)을 재현하면서, 어떤 새로운 것(예를 들면, 임금노동 안에도 '적절한' 젠더 분업이 있고, 고용주와 피고용인이 그 점을 존중해야 한다는 것)이 출현하고 있는 것으로 본다.

매킨토시가 수행한 연구의 결과 가운데 한 가지 놀라운 점은, 고정된 젠더 분업이 버드의 대단지 농장에 너무나 빠르게 자리를 잡았다는 사실이다. 이를 그녀는 다음과 같이 표현했다. "너무나 익숙한 과정, 즉 3년 만에 이 대단지 농장에서 '여성의 일'이라는 익숙한 범주가 생겨났다. 즉, 여성의 일로 분류된 일들은, 남성들이 주로 하는 일보다 임금이 낮고 열악한 조건이었다"(Mackintosh 1989, 172). 동시에 숙련 또는 중간 정도의 기술을 요하는 일로 분류된 모든 일자리는 사무직, 트랙터 운전, 기계공 등을 비롯해 모두 남성의 일로 정의되었다. 미숙련 일자리 가운데서도 젠더 분업이 명확히 있었다.

> 미숙련으로 분류된 일 중에 어떤 일은 남성의 일로만 여겨졌다. 관개 작업, 괭이질, 멜론과 고추 수확은 남성의 일이었다. 다른 일들, 수확물 포장이나 콩을 수확하는 일 등은 주로 여성이 했지만, 여성이 독점하지는 않았다. 남성 팀은 특히 여성을 배제했다. 그렇지만, 다른 일자리를 찾지 못한 젊은 남자들은, 비록 내켜 하지는 않았지만 '여성들이 있는' 일자리에서 때때로 일하기도 했다(Mackintosh 1989, 172).

이 같은 젠더 분업은 그 어떤 기술적 필요에 따른 것이 아니었다. 매킨토시가 주장하듯이, 그것은 부분적으로 여성의 가사 책임 때문이었다. 여성에게 돌려지는 모든 가사 책임은 집 밖에서 일하는 여성 노동자들을 '덜 신뢰하게' 하는 경향이 있다. 그러나 사람들이 당연하다고 생각하는 전제들, 즉 남성과 여성의 사이에는 '타당하고' '적절한' 분업이 있어야 한다는 생각 또한 젠더 분업을 뒷받침했다. 버드 대단지 농장의 경영진과 지역 마을 사람들 모두, 남자는 누구나 좋아할 만한 일자리에 접근할 수 있는 특권을 누려야 하고, 여성이 하는 일의 임금은 더 낮아야 한다는 데 대체로 동의했다. 여성들은 자신들이 받는 임금이 너무 적다고 항의하기도 했지만, 그렇다고 자신들이 남성과 동일한 임금을 받아야 한다고 주장하지는 않았다. 이것이 매킨토시가 밝혀낸 "너무나 익숙한 과정"의 중요한 측면으로, 이 같은 과정을 통해 엄밀히 말해 기술적인 필요의 차원에서는 노동자의 성별, 인종, 민족 등등에 무관심한 자본주의적 노동과정의 새로운 수요가 현실에서는 기존의 문화적 기대[젠더 분업]와 뒤섞인다.

매킨토시는 또한 노동계급 문화라고 하는 것의 첫 번째 태동을 직접 목격했다. 그녀가 현장 조사를 하는 동안 버드 대단지 농장 두 곳 모두에서 작업 중단이 일어났다. 흥미롭게도 두 경우 모두 파업을 한 건 여성 노동자였다. 한 단지에서는 회사가 다른 지역의 여성을 고용하려 하자 해당 지역 여성을 우선 고용하라는 주장을 관철하기 위해 싸웠고, 다른 단지에서는 여성 포장 노동자들이 시간당 임금 대신 도급제를 도입해 결과적으로 임금을 깎으려는 시도에 맞서 싸웠다. 각 사례에서 노동자들은 경영진에게서 적어도 약간의 양보나 인정을 얻어 내는 승리를 거두었다. 여기서 강조해 둘 만한 점은, 매킨토시가 신중하게 역설했듯이, 버드 농장과 같은 기업의 설립과 새로운 노동계급 문화의 출현 사이에 단순한 인과관계는 없다는 사실이다. 그람시가 주목했듯이 우리는 복잡한 역사의 과정을 다루고 있으며, 특정 개인과 집단이 어떻게 반응하는지는 결코 간단한 방식으로 예측할 수 없다.

자본주의적 기업, 특히 무엇에도 구애받지 않는 '자유' 시장과 '자유' 노동의 문화에 아직 물들지 않은 곳에 회사를 설립하려는 기업은, 일반적으로 이윤 창출 능력에는 영향을 미치지 않으면서도 지역사회와의 통합을 용이하게 해주는 지역 문화의 몇몇 측면들을 기꺼이 채택하고자 한다. 마을 사람들의 입장에서는, 버드와의 공생을 학습하면서 복잡한 춤에 참여하게 된 것이었다. 즉, 그들은 자신들이 직면한 현실이 가진 힘에 대해, 나아가 이 같은 현실을 전적으로 외면할 수 없음을 알게 되었다. 그들의 관심은 회사로부터 받을 수 있는 수익을 최대한 얻어 내고, 자신들이 소중히 여기는 것에 미칠 역효과는 최소화하는 것이었다. 문제는, 매킨토시의 연구가 보여 주듯, 개인들에게 지극히 합리적인 전략의 효과가 점차 축적되면 되돌리기 어려운 장기적인 구조적 변화가 나타날 수 있다는 점이다.

매킨토시는 현지 조사를 수행한 또 다른 마을 키렌느_{Kirene}에서 이 같은 구조적 변화를 관측할 수 있었다. 1970년대 초 버드가 처음 마을에 들어왔을 무렵, 키렌느는 독자 생존이 어느 정도 가능한 농업 기반의 마을 경제를 갖고 있었다. 키렌느 마을의 경제에는 노동시장이나 토지 시장이 없었다. 친족 집단이 토지를 통제했고 가장(보통은 남성)이 자기 가족 구성원들에게 땅을 할당했다. 필요한 노동도 결혼과 친족 관계에 의존했다. 여러 가구들이 모여 집단적으로 경작하는 공동의 밭은 이 같은 농사 체계의 중요 요소였다. 결정적으로 이는 금전화되지 않는 생산관계에 근거한 농사 체계였다. 그러나 이런 체계가 어떤 오래된, 태곳적 이후로 변하지 않은 '전통적인' 패턴을 재현한 것은 아니었다. 땅의 공급이 딸리기 시작하자, 마을 사람들은 부분적으로는 작물들의 경작 비율을 바꿈으로써 이런 변화에 적응했다. 여느 아프리카 농부들처럼 (전문적인 영농 지도 기관이 있든 없든) 지역 사람들은 장점이 있다고 여길 때는 새로운 작물의 재배를 신속히 받아들였다. 키렌느에서 땅콩과 채소는 모두 환금작물로 재배되었으나, 마을의 주식이자 지역 농사 체계의 핵심은 판매용으로는 거의 심지 않는 수수였다. 수수는 보통 공동의 집단농장에서 재배했다.

이 마을에 있는 상당수의 가구들이 종종 기본적인 식료품 부족을 겪었는데, 주민들이 협동으로 재배하는 수수밭은 굶주림을 막아 줄 중요한 안전장치였다. 그러나 이런 종류의 협업은 점점 줄어들었다. 버드는 그것의 유일한 원인은 아니었지만 중요한 요인이었다. 이미 버드가 들어오기 전에도 토지 부족에 따른 압력이 증가하고 있었다. 집단 경작에 필요한 땅을 할당할 책임이 있는 수장은 땅을 찾는 데 점점 더 어려움을 느꼈다. (보상도 하지 않고 마을 사람들의 땅을 전유해 농장을 세운) 버드는 그와 같은 압력을 증가시켰으며, 집단 경작지에서 일하던 노동력을 두고 경쟁했다. 매킨토시는 그곳에서 일어난 일을 기술한다.

집단 경작지가 해체되자, 가구들을 결속하는 근거 가운데 일부가 사라졌다. ……
이런 종류의 노동 교환은 어떤 엄격한 의무감이 아니라면, 공정함과 호혜적 책무의 개념에 의존한다. 즉, 사람들은 자신이 할 수 있을 때 기여하고, 꼭 필요할 때 이익을 누린다. 그런데 사람들이 임금노동자로 일하며 자신의 물질적 이익을 위해 집단 노동에서 하나둘 빠지기 시작하면서, 부담이 빠르게 증가했다. 임금노동을 해야 했기 때문에 수수 농부들이 각자의 형편에 따라 집단농장에 불공평하게 참여하는 상황이 수년 동안 지속되자, 그 제도는 파괴되었다. 그리고 그 효과는 점증하는 부담 속에서 서로 원망할 때 이미 가시화되었다(Mackintosh 1989, 83).

이 집단 경작 체계는 호혜 문화의 지속에 기대어 왔다고 할 수 있다. 이런 문화의 물질적 기반과 이를 지탱해 주는 전제들은 함께 무너지곤 한다. 그런 체계가 일단 멈추게 되면, 다시 부활하기 매우 힘들다. 이 경우 버드의 존재와 버드가 제공한 고용 기회를 잡을 준비를 비롯해 키렌느 마을 사람들이 버드에 적응하려 한 시도는 기존의 농업 경제가 강하게 의존하고 있던 호혜 문화의 기반을 완전히 무너뜨리는 효과를 가져왔다.

키렌느에서 일어난 일은 전 세계적으로 좀 더 일반적이고 젠더화되어 나타나는 상품화 과정의 예시라 볼 수 있다. 상품화는 어떤 사회에서 생산이 직접적인 소비보다는 판매용 상품에 맞춰지고, 사람들이 필요하거나 원하는 물건을 직접 생산하지 않고 구입할 때 발생한다. 다시 말하면, 이런 상황에서 생산과 소비는 시장에 의해 매개된다. 그리고 농업 체계가 비상품화된 생산관계에서 벗어나는 변화가 발생하면, '실제' 생산(대부분 집 밖에서 일어나고 임금노동자를 사용하는, 시장에 기반한 상품의 생산)과 상품화되지 않는 생산(가정과 가족의 세계에서 발생하는 가사노동)이라고 생각하는 것들을 점점 더 뚜렷이 구분하게 된다. 오늘날 이같은 분화는 산업사회에서 익숙한 것이다. 상품화되지 않은 가족의 세계에서 다양한 형태의 호혜 문화는 그 중요성을 계속 유지한다. 가사노동의 맥락에서 '생산관계'에 대해 말하는 것이 누군가에게는 이상하게 들릴 수 있다. 그러나 이상하게 들리는 이유는 오늘날 산업사회에서 경제 생산을 시장 관계의 맥락에서 수량화될 수 있는 가치의 생산과만 동일시하게 되었기 때문이다. 매킨토시 같은 페미니스트 경제학자들의 주요한 기여 가운데 하나는, 시장 관계 내에서 이루어지는 생산만이 아니라 구성원이 필요로 하고 원하는 것들을 제공하는 모든 활동을 포함하도록 생산과 생산성에 대한 통상적인 관점을 확장해야 한다고 주장한 것이다. 아이를 기르고 가족 구성원을 돌보는 일은 무보수 노동일 수 있지만 분명 중요한 일이고 사회 전체의 생산에 필수 불가결한 부분으로 평가받을 만한 가치가 있다. 여기서 얻어지는 당연한 결론은, (흔히 무보수인) 이런 노동이 어떻게 조직되는지, 그리고 누가 그 일을 할 책임을 떠맡는지가 어느 사회에서든 계급이 이루는 풍경의 중요한 차원이라는 사실이다.

다음 절에서는 세네갈의 농촌 지역에서 벗어나 북아메리카로 넘어간다. 여기서는 문화, 젠더, 권력에 초점을 맞춘다. 그람시 스스로는 젠더에 대해 거의 쓴 적이 없지만 그가 권력에 접근하는 방식은 젠더화된 권력관계의 생생한 현실을 이해하는 데 많은 도움을 주었다. 이를 구체적으로 설명하기 위해 가장 진보한 현대의 기술적 기량을 대표하는 세계에서 가져온 예시를 선택했다. 그 예시는 오늘날 미국 병원의 수술실이다. '문화'를, 특히 대중적인 이해에서는, 타자들만이 갖고 있는 것으로 생각하는 경우가 종종 있다. 예를 들어, 다문화주의는 '세계' 문화라는 바구니 안에 주류 백인 미국 문화가 포함되어 있다고 보지 않는 편이다. 그러나 백인 주류 문화 또한 삶의 방식(혹은 방식들)을 재현한다.

여성들이 남성들의 집에 들어갈 때

조안 카셀은 1980년대 미국 외과의라는 엘리트 세계를 연구하기 시작한 인류학자이다. 1998년 연구인『외과 의사의 몸을 한 여성』에서 그녀는 수적으로 적지만 증가하고 있던 여성 외과의를 주목했다. 매킨토시처럼 카셀도 그람시를 활용하진 않는다. 그러나 당시 변화하고 있기는 했지만 여전히 압도적으로 남성 지배적 세계였던 수술실을 조사한 풍부한 자료를 그람시의 헤게모니 개념을 통해 사유하는 것은 권력과 젠더에 접근하는 더욱 생산적인 방법을 제공해 줄 수 있다.

그람시의 헤게모니가 어떤 의미인지에 대해서는 많은 논쟁이 있어 왔다.[5] 문제는 그람시가 어디서도 이 개념에 대해 깔끔한 정의를 내리지 않았으며,『옥

---

5 헤게모니 개념에 대한 풍부한 논의를 위해서는 케이트 크레헌(Crehan 2002, 99–105[국역본, 140–149쪽]) 참조.

중수고』안에서도 여러 곳에서 명백히 모순적인 방식으로 이 용어를 사용하고 있다는 것이다. 일반적으로 그람시는 권력을 하나의 연속체로 본다. 한쪽 극단에 강제력을 통한 직접적인 강압이 있다면 다른 쪽 극단에는 자발적 동의가 있다. 종종 그람시는 헤게모니를 국가권력 기구를 통해 행사되는 강압과 달리, 시민사회에서 조직되는 동의로 정의하는데, 이런 정의에서 헤게모니는 후자, 즉 자발적 동의라는 극단에 놓인다(예를 들면, Gramsci 1971, 12 참조). 그러나 또 다른 곳에서는 시민사회/헤게모니와 국가/강압을 서로 상반된 것으로 보지 않았다. 예를 들어, 다음과 같은 글을 보자. "정부 기구뿐만 아니라 '헤게모니' 혹은 '사적인' 시민사회 기구도 '국가'를 통해 이해되어야 한다"(Gramsci 1971, 261). 그러므로 그람시의 헤게모니는 단일한 정의를 갖지 않는, 매우 유동적이고 유연한 용어이다. 헤게모니는 정확한 경계를 가진 이론적 개념이라기보다는 그람시가 관심을 가지고 있는 문제, 즉 다양한 형식의 불평등을 뒷받침하는 권력관계가 어떻게 생산되고 또 재생산되는가 하는 문제에 이름을 붙인 것이다. 주어진 맥락에서 무엇이 헤게모니를 구성하는지는 주의 깊은 경험적 분석을 통해서만 발견될 수 있다. 그람시 본인은 권력의 본성을 젠더의 맥락에서 말한 적은 거의 없지만 권력 문제에 대한 그의 접근법은 젠더화된 권력관계가 어떻게 체험되는지를 이해하는 데 도움을 줄 수 있다.

　　카셀에 따르면, 1990년대에 들어서도 미국에서 외과의는 여전히 남성들의 직업으로 여겨졌다고 한다. 남성과 동일시되는 다른 직업들 — 예를 들면, 군인, 테스트 비행기 조종사, 소방관처럼 — 에는 "신참들이 거쳐야 하는 제의화된 시련이 있었는데, 이는 적극적인 남성들 간의 결속과 여성 참여자에 대한 깊은 불신 및 배제를 위한 것이었다"(Cassell 1998, 18). 카셀은 여성이 외과에 지원하는 것(미국 여성 외과 의사 비율은 1970년의 1퍼센트에서 1993년에는 5퍼센트로 올랐다)을 뉴기니아에서 남성만 들어갈 수 있는 신성한 집에 여성이 들어가려는 것에 비유했다. 카셀이 강조하듯이 "[외과의-인용자] 호전적인 남성 의사들"은 종종 수술실에 들어와 있는 여성 외과 의사들을 "기이할 정도로 어울리지 않는 곳에 있는 존재"(Cassell 1998, 12)로 봤다. 여성 외과의의 신체는 의식적이든 그렇지 않든 잘못된 장소에 있는 잘못된 신체로 간주되었다. 한 여성 외과의는 자신이 처해 있던 이중적 구속을 다음과 같이 설명했다. 즉, 그녀가 함께 일하는 남성 외과의들은 여성 외과의가 자기 일을 잘하면 그녀를 진짜 여자가 아닌 "개 또는 레즈비언"으로 봤다. 반면 적절한 여성성을 갖고 있다고 평가받는 여성은 무능력하다고 여겨졌다(Cassell 1998, 42). 이 논리에 따르면 좋은 여성 외과의가 된다는 것은 그 용어상 모순이다. 여성은 자신이 여성 외과의가 아니라 외과의라고 주장할 수도 없다.

> 자신을 '그 남자들 가운데 하나'라고 생각하는 여성 외과의는 곰돌이 푸와 희비극적 유사성을 보여 준다. 푸는 풍선을 잡고 하늘로 날아오르면서 자기가 검은 비구름을 닮지 않았는지 희망차게 묻는다. 푸는 답을 듣는다. 아니, 너는 그냥 풍선을 든 곰 같아(Cassell 1998, 210).

수술실에 대한 참여 관찰과 여성 외과의들과의 방대한 인터뷰에 근거한 카셀의 연구는 의심의 여지 없이 1990년대 수술실 문화가 남성 지배적이었다는 사실을 보여 준다. 미국 외과의 세계에는 남성 헤게모니라고 할 만한 것이 견고하게 존재했다. 그러나 이 헤게모니는 어떻게 강화되었는가? 남자든 여자든 어느 누구라도 냉혹한 외과 훈련 기간에서 살아남기 위해서는 어느 정도 억세질 수밖에 없다. 그렇지 않은 이는 곧 탈락한다. 그러면 어떻게 외과의가 되는 여성들, 즉 고등교육을 받았으며 일반적으로 남성 동료들처럼 "자신감 있고 당당하고 경쟁력 있는" 여성들이 그럼에도 남성 권력에 그렇게 손쉽게 조련되는가? 그람시에 따르면 이 남성 헤게모니가 강압과 동의 모두를 포함한다고 볼 수 있다. 즉, 복종을 강요하는 강압적 분위기와, 남자다움을 과시하는 외과의 기풍과 실천을 여성 스스로 받아들이는 명백한 자발적 수용 모두 때문이라는 것이다. 나는 여기서 지면상 두 가지 사례 정도만 살펴보려 하지만, 이 사례들이 강압과 동의가 어떻게 복잡하게 얽혀 있는지 제시해 주리라 본다.

카셀이 인터뷰한 여성 가운데 한 명은 그녀가 처한 현실을 스스로 인정하지 않음으로써 어떻게 외과 훈련이 주는 스트레스를 처리했는지 설명한다. 예를 들면, 그녀는 그저 부정하려 했다.

외과 레지던트가 되는 것이 얼마나 넌더리나는 일인지를. 그건 젠더 문제라기보다는 누군가가 당신의 인생을 완전히 통제한다는 것이다. …… 끝도 없이 일을 한다. 그리고 그걸 계속해서 참을 수밖에 없다. 화를 낼 수도 없고 그렇다는 걸 보여줄 수도 없다. 전혀 받아들여지지 않기 때문일 뿐만 아니라, 바꿀 수 있는 게 전혀 없기 때문에, 그저 참을 수밖에 없다(Cassell 1998, 122; 강조는 추가).

인용문에서 나는 "바꿀 수 있는 게 전혀 없"다는 말을 강조했다. 왜냐하면 헤게모니 개념에 담겨 있는 동의가 반드시 열정적인 지지를 포함할 필요는 없기 때문이다. 사람들이 다른 선택지가 없다는 것을 느끼고, 그것이 이 세상이 굴러가는 방식이며, 그런 일에 익숙해져야 한다고 느끼는 걸로 충분하다.

카셀은 외과의가 되기 위해 훈련받는 여성들이 다양한 형태의 협박에 굴복하게 되는 수많은 사건을 기술한다. 물론, 남성들 역시 협박을 받을 수 있다. 그러나 [여성은 외과의에 적합하지 않다는] 인지된 부적합성을 바탕으로 여성들을 공격하는 젠더화된 특정 형식이 있었다. 예를 들면, 무능력한 개별 여성들에 대한 이야기가 다른 여성에게 순종을 강요하는 데 활용되었다. 카셀은 이어 제니퍼라는 여성의 이야기를 쓴다. 남성 선배들은 한 여성 후배를 "모두가 싫어했던" 그녀의 여성 선배인 제니퍼와 비교하며 괴롭혔다. 제니퍼가 마지막으로 저지른 죄는 임신이었다. 한 번도 아니고 두 번씩이나. 카셀에 따르면 "대부분의 교육과정에는 선배들이 '넌 모든 일을 더 잘해야 해'라고 여성 후배를 다그치는 데 활용하는 제니퍼가 있었다. 이른바 '모든 것을 잘못한 제니퍼'는 기술적이고 도의적인 실수를 저질렀고 행실에 문제가 있다고 여겨졌다"(Cassell 1998, 109, 110). 아마도 자신이 참여한 수련 과정에서 유일한 여성이었을 외과 수련의는 개인적으로뿐만 아니라 자신의 젠더 전체를 대표해 남성 선배들로부터 재단당했으며, 스스로도 재단당한다고 느꼈을 것이다. 더 나아가 "모든 것을 잘못한 제니퍼"를 앞세워, 실제로 험난한 훈련을 위해 수많은 시간과 돈을 투자한 외과 수련의에게 자격증을 부여할지 여부를 결정하는 권력을 행사했던 것은 (대부분 늘 남성인) 선배 외과의들이었다. 결국 그중 다수는 자격증을 못 받게 되었다. 그리고 그들은 또 다른 망령이 되어 다른 후배들에게 순응을 강요하는 데 활용되었다.

고용조건과 기본 자원을 통제하는 것은 이런 남성 헤게모니를 구성하는 중요한 요소들이다.

장기간에 걸쳐 혹독한 훈련을 이겨내고 외과의 자격증을 취득한 여성들이 종종 그 직업 내에 팽배한 호전적인 마초 기풍을 내재화하는 것은 놀라운 일이 아니다. 다시 말하면 그들은 외과 세계의 남성 지배적 문화 속으로 사회화된다. 그러나 좀 더 많은 여성이 그 분야에 진입한다는 것은, 미국 의료 조직에 여러 광범위한 변화가 일어나고 있다는 사실과 더불어, 주춧돌 위에 세워진 신과 같은 남성 외과의 이미지를 조금씩 무너뜨리는 일이 된다. 외과 문화 자체가 변화하고 있다. 그람시는『옥중수고』의 한 구절에서 한 개인과 그 개인이 속한 문화 사이의 관계에 대해 말한 바 있는데, 그 구절이 이와 관련이 있다. 그람시는 어떻게 언어가 그 나름의 특정한 세계관을 품고 있는지, 그리고 우리 모두가 처음 의식을 갖는 순간부터 문화의 내부에 존재하는지를 성찰한다.

> 바꿔 말하면 외적 환경, 곧 태어남과 동시에 자동적으로 모든 사람이 속하게 되는 많은 사회집단 가운데 하나에 의해 기계적으로 강제된 세계관을 받아들이는 것이 과연 더 나은 것일까를 묻게 되는 것이다. …… 아니면 다음과 같은 물음도 생기게 된다. 즉, 의식적이고 비판적으로 자신의 독자적 세계관을 마련하여 자신의 정신노동에 부합하는 독자적 활동 영역을 선택하고, 그리하여 세계사 창조에 적극적으로 참여하여 자신이 자신의 안내자가 되어 인격 형성을 외적 자극에 수동적으로 나태하게 맡겨 버리기를 거부하는 것이 더 바람직하지 않을까 하는 물음이다. 세계관을 획득해 나가는 데서 한 개인은 항상 동일한 사고방식과 행동 방식을 공유하는 사회적 인자들로 구성되는 특정 집단에 속한다. 우리는 모두 어떤 특정한 질서에 순응할 수밖에 없으며 항상 대중 속의 한 사람이거나 집단적 인간이다
> (Gramsci 1971, 323, 324〔국역본 2권, 161, 162쪽〕).

여기서 문화는 "동일한 사고방식과 행동 방식을 공유하는 사회적 인자들"로 구성된 특정 집단을 만들어 내는 것이며, 우리 모두는 다양한 형식의 집단에 속해 있다. "우리 모두는 어떤 특정한 질서에 순응할 수밖에 없"다. 그람시는 여기서

우리가 태어난 사회 환경이 만든 문화를 생각 없이 "기계적"으로 받아들이는 태도와 우리 자신의 "세계관"을 비판적이고 의식적으로 만들어 내려는 태도를 결정적으로 구분하고자 한다. 여기서 그는 결코 세계에 대한 여러 다른 개념들이 서로 구분되고 일관된 체계를 구성한다고 가정하지 않는다. 그 개념들은 오히려 복잡하고 많은 면에서 일관적이지 않은 집합이다. 또한 우리는 어떤 면에선 "세계사 창조에 적극적으로 참여"할 수 있는 잠재성을 갖고 있으며, 어떤 문화에 속할지를 선택할 수 있지만, 이것은 늘 우리의 개성을 "형성"하는 외부 힘과의 투쟁을 포함한다. 우리는 사회적 존재일 수밖에 없으며 언제나 이미 다양한 사회적 세계의 일부이지만, 의식적이고 비판적인 활동을 통해 우리의 문화를 변화시킬 수 있는 잠재성을 갖고 있다.

문화와 관련해, 그람시는 우리가 속해 있는 문화를 넘어서고 새로운 문화를 창조하기 위해서는, 자신이 태어난 다양한 사회 세계에 개개인들이 비판적으로 참여해야 한다고 강조한다. 이 주장과 관련해 카셀은 책 말미에서 여성외과의연합Aws에 대해 논의한다. 카셀은 책 전반에 걸쳐 자신이 연구한 대부분의 여성들이 수련 기간 동안 고립을 경험했다고 강조한다. 외과의 수련 과정에는, 다른 여성들이 거의 없었다. 심지어 수련 과정에 다른 여성이 있다 해도 이 여성들은 남성 헤게모니와 여성들에 대한 모욕적 처우에 맞서 함께 뭉치지 않았던 것으로 보인다. 여성외과의연합은 여성 외과의들이 함께 모여 기존의 남성 헤게모니에 도전하며, 기존과는 다른 외과 문화를 만들기 위해 여성 외과의들이 적극적인 역할을 할 수 있는 공간을 제공했다. 이 일은 개별적인 여성들만의 힘으로는 거의 불가능한 것이었다. 개인의 행동도 문화를 바꿀 수 있기는 하다. 그러나 이는 개인들이 협력해 — 때로는 의도적일 수도 그렇지 않을 수도 있지만 — 행동할 때에만 변화가 나타날 수 있다.

'여성 문학'

지금까지 나는 '삶의 방식'으로 문화를 이해하는 데 초점을 맞췄다. 이 글의 마지막 부분에서는 오늘날 문화의 또 다른 의미로 화제를 전환하려 한다. 그것은 바로 "지적인 그리고 특히 예술적인 활동의 실천이나 그로부터 탄생되는 작품을 가리키는 자립적이고 추상적인 명사"(Williams 1983, 90[국역본, 128쪽])라는 의미다. 젠더와 이 두 번째 뜻을 가진 문화에 대한 탐색은 중첩된 세 방향을 향한다. 잘 알다시피 이 세 방향은 '고급'문화(셰익스피어, 피카소, 베토벤), '민중' 문화(이야기꾼, 퀼트 제작자, 블루스 가수), '대중'문화(텔레비전 코미디, 만화 예술가, 마돈나를 비롯한 공연인)를 포함한다. 가장 흔한 첫 번째 방향은 젠더 채현에 대한 연구였다. 남성과 여성이 어떻게 극화되고, 관찰되며, 묘사되어 왔는가? 남성성과 여성성의 특정 패턴이 있는가? 남성은 강하고(게이 남성에게는 해당되지 않는다) 여성은 약한가? 만약 여성들이 강하다면, 그녀들은 가치 있게 묘사되는가 아니면 두려운 것으로 묘사되는가?

두 번째 방향은 문화 생산과 수용에 대한 연구다. 문화 기술technologies에 접근할 수 있는 이들은 누구인가? 예를 들어, 영화 스튜디오에 여성이 들어오는 것을 막는다면, 그들이 영화감독이 되기는 힘들 것이다. 문화를 창작하는 일이 어느 한 젠더에 더 적합하다고 여겨지는가? 19세기 후반 미국에서 여성은 창조적인 작업에 참여할 수 있었지만, 여성들이 작업하는 영역은 좀 더 고답적인 예술로 간주됐다. 그리고 문화를 판단할 때, 다시 말하면 어떤 작업이 더 큰 가치, 아름다움, 의미를 갖고 있다고 평가할 때, 한 젠더가 다른 젠더에 비해 더 많은 통제권을 갖고 있는가?

세 번째 방향은 문화, 문화들, 문화적 작업[작품]의 역사를 연구해 왔다. 우리의 역사들은 정확하게 남성과 여성 모두, 즉 남성과 여성 창작자 모두의 작품을 분석해 왔는가? 이와 같은 세 가지 방향을 구체적으로 기술하기 위해 이 절에서는 독일 소설가 조피 폰 라 로슈(1730~1807)의 예술에 대한 평판이 어떻게 변화했는지를 간략하게 살펴 볼 것이다. 이 이야기를 하기 위해서는 낭만주의가 출현했던 당시, 즉 문화에 대한 인류학적 개념이 발전하던 결정적인 역사적 순간으로 다시 돌아가야 한다.

나는 라 로슈를 설명하기 위해 역사학자인 마사 우드먼시의 『작가, 예술, 시장: 미학사 다시 읽기』를 참조했다. 이 책은 예술의 근대적 의미의 기원을 검토하고 있다. 이 기원은 나중에 문화가 창조적 작업과 실천을 의미하는 것으로 발전한 것과 연관된다. 우드먼시는 이 책의 짤막한 한 장에서, 이런 이야기에서 여성이 차지해 온 위치, 그리고 여성 예술 생산자[창작자]를 비가시화하고 예술에서 여성의 일차적 역할을 청중이나 뮤즈로 설정하는 "배제 행위"를 살펴본다. 라 로슈의 사례는 이런 과정의 구체적인 예를 제공한다.

페미니스트 학자들은 모든 분야에서 여성 예술가에 대한 관심을 새롭게 고조했다. 이런 연구는 영향력이 매우 큰 선구적인 독일 소설가로서 라 로슈의 명성을 복원하는 데 크게 기여했다. 라 로슈는 이 같은 연구가 나오기 이전까지만 해도 잠시 약혼을 했[다가 파혼했]던, 독일 소설계의 주요 남성 인사 가운데 한 명인 크리스토퍼 마르틴 빌란트(1733~1813)의 '뮤즈'로만 단순하게 기억되었다. 그러나 사실 라 로슈는 수많은 호평을 받은 독일의 첫 번째 여성 소설가였다. 라 로슈의 첫 소설 『슈테른하임 아씨 이야기』는 그녀가 40세가 되던 1771년 출간되었다. 소설은 즉각적으로 선풍을 일으켰고 출간하고 1년도 지나지 않아 3쇄를 찍었다. 원래는 (그녀가 죽을 때까지 가까운 우정을 유지했던 전 약혼자 빌란트가 편집해) 익명으로 출간되었지만, 곧 책의 저자가 밝혀졌다. 그리고 바로 독일어, 프랑스어, 러시아어, 영어로 번역되었고 라 로슈는 유럽 전역에서 유명해졌다. 그녀는 이후 잡지를 창간했을 뿐만 아니라 네 편의 소설, 수많은 단편소설과 에세이, 한 권의 선집을 출간했다. 『슈테른하임 아씨 이야기』의 수많은 팬 가운데에는 '문화'를 '문화들'로 탈바꿈하는 데 중요한 역할을 했던 사상가 헤르더가 있었다. 또 다른 팬으로는 요한 볼프강 폰 괴테(1749~1832)도 있었다. 우드먼시는 『슈테른하임 아씨 이야기』가 예민하고 낭만적인 젊은 베르테르 캐릭터에 강한 영향을 주었다고 주장한다.

빌란트의 원래 서문은 당시 여성 작가들과 그들의 독자에 대한 당대의 통념이 어떠했는지를 잘 보여 준다. 빌란트는 라 로슈가 『슈테른하임 아씨 이야기』를 쓰는 동안 조언과 격려를 해주었고 출판할 수 있게 도왔다. 그러나 현대의 독자들에게 그가 쓴 서문은 유별나게 방어적으로 들린다. 그는 이 작품을 공개적으로 발표하는 것에 대해 아낌없이 사과한다. 그러면서 그는 라 로슈가 "결코 세상에 글을 내놓으려 썼거나 예술 작품을 창조하는 의도는 없었다"(Woodmansee 1994,

라고 강조한다. 그는 라 로슈가 자기 자신과 빌란트, 그리고 아마도 그가 허락했다면 그들 각자의 자식들 외에는 아무도 보지 않을 것이라 생각하면서 글을 썼다고 말한다. 그러면서, 이 책을 대중에게 공개하기로 결정한 것은 빌란트 자신이며, 그녀가 자신을 용서하기를 바란다고 말한다. 그는 분명 이 책을 깎아내리는 사람들이 있을 것이라고 예견한다. 그러면서 오히려 이 책의 실수를 나열하고 비판을 미연에 방지하려 한다. "슈테른하임이 사랑스럽긴 하나, 지성의 산물이나 문학적 구성물로서 심지어 단지 평범한 독일의 저작물로서도 비방자들에게 숨길 수 없는 몇 가지 결함을 갖고 있을 것이다"(Woodmansee 1994, 107에서 재인용). 빌란트의 방어적 태도는 "글을 끄적이는 여성에게 이미 깊은 편견이 있는 독자들"의 비판을 모면하려는 방법 아니면 (우드먼시는 후자를 더 선호하는데) "그런 편견을 확장하고 심화하는 시선"(Woodmansee 1994, 106)을 가졌다고 읽을 수 있다. 빌란트의 진짜 동기가 무엇이든 간에 그의 서문은 여성이 위대한 문학을 생산한다고는 당연히 기대할 수 없으며, 독자들도 당연히 그렇게 여기리라 추정한다. 여성이 문학의 전당에 들어가려면, 그녀는 조심스럽게 남성 작가의 안내를 받아야 하며 들어가서는 겸손하게 어두침침한 구석에 자리를 잡아야 한다. 진실로 '여성다운' 여성은 결코 문화라는 공적 세계에 들어가고 싶다는 열정을 표하지 않는다. 카셀이 정리했듯이 200년 이상이 지났음에도 비슷한 논리가 여성들에게 적용된다. 남성 외과의들은 여전히 '실제' 여성이 좋은 외과의가 될 수 있다는 사실을 받아들이지 않는다.

우드먼시가 밝혔듯이 빌란트는 『슈테른하임 아씨 이야기』가 범했다고 생각하는 미학적 실패를 강조하면서도 그녀가 그 이야기를 다시 쓰거나 개선해야 한다고 주장하지 않는다. 그는 오히려 여성 작가로서 그녀는 그런 능력이 없다고 가정한다. 그 책의 힘은 예술의 결과가 아니라 자연의 결과라고 그는 주장한다. 예를 들면, 그는 여자 주인공은 "이 책에서 자연이 해냈던 것만큼 효과적으로 예술은 이루어 낼 수 없었을 대단한 존재"(Woodmansee 1994, 107)라고 쓴다. 암묵적으로 남성을 예술과, 여성을 자연과 동일시하는 이런 가정은 다시 오트너의 1974년 논문 「여성은 자연이고 남성은 문화인가?」를 상기시킨다. 남성은 의식적 창조 행위로 예술을 생산하는 반면, 식물이 꽃을 의식적으로 피우지 않듯, 여성은 예술을 의식적으로 생산하지 않는다는 것이다.

그러나 여성이 위대한 예술을 생산할 수 있다고 생각하지는 않지만 여성들을 중요한 청중으로 간주하긴 했다. 빌란트는 『슈테른하임 아씨 이야기』가 여성 독자들이 읽을 만한 가치가 있다고 강조한다. 빌란트는 이 책을 출간한 자신의 결정을 정당화하면서 "[그들] 여성에게 그리고 심지어 우리[남성]에게도" 지혜와 덕성을 가르치는 데 도움을 줄 책을 "우리 민족의 모든 덕을 갖춘 어머니와 사랑스러운 어린 딸들에게 선물하고 싶다는 열망을 거역"(Woodmansee 1994, 107에서 재인용)할 수 없었다고 말한다. 당시 유럽 전역에서 여성들은 독자 대중의, 특히 소설 독자의 크고 중요한 부분을 차지하고 있었다. 소설은 여전히 상대적으로 새로운 장르였으며 고급문화의 수호자들은 이 장르를 오늘날 문화 관료들이 비디오게임을 생각하는 것과 유사하게 의심의 눈초리로 바라보는 경향이 있었다. 소설을 옹호하는 이들은 그 잠재적 가치로, 특히 일반적으로 지적인 부담이 큰 진지한 교육을 금지당했던 여성들에게 교육적 효과가 있다고 강조하곤 했다. 그러나 우드먼시는 빌란트와 같은 주장들이 특정 문화 범주, 즉 "여성 문학"이라는 것을 창조하는 데 일조했다고 주장한다. 여성 문학이란 일반적으로 위대한 문학작품과 같은 반열에 있는 것으로 평가되지 않지만 여성 독자층에게는 적합하다고 생각되는 작품들이었다. 이 범주가 바로 보통 여성 작가의 저작에 배정되는 영역이었다. 이 범주는 오늘날에도 여전히 우리와 함께 존재한다.

나는 이 글에서 오늘날 문화의 두 가지 중요한 의미, 즉 삶의 방식으로서의 문화와 창조적 실천과 작품으로서의 문화에 대해 살펴봤다. 이 두 용례는 오늘날에도 모두 유효하다. 즉, 이 용례들은 각각 상이한 분과 학문에서, 즉 한편으로는 인류학과 사회과학, 다른 한편으로는 문학 연구와 인문학 분야에서 주로 사용되고 있다. 그러나 이 두 용례는 흥미로운 방식으로 중첩된다. 문학과 인문학 분야에서 사용되는 의미가 문화를 개인이 발전하는 과정으로 봤던 초기의 이해에서 출현한 것으로 생각한다면, 이는 인간이 자신의 잠재력을 최대한 실현하는 방법과 이 과정을 돕거나 방해하는 (윌리엄스의 표현을 따르면) "예술과 지성의 실천" 사이의 관계에 대한 광범위한 질문을 제시한다. 그리고 이는 다시 창조적 실천과 작업 그리고 문화에 대한 인류학적 의미 사이의 관계에 대한 더 많은 질문을 던진다. 왜냐하면 문화로 인식되는 예술과 지성의 산물은 늘 특정한 문화적 환경에 뿌리를 내리고 있으며, 그리고 어느 정도는 그 환경의 결과물이기 때문이다.

지배적 존재였던 버드 농장에 적응하려 애쓴 세네갈 여성들은 카셀이 연구한 여성 외과의나 18세기 독일 문학계에서 자신의 자리를 마련하기 위해 고군분투했던 라 로슈와 공통점이 거의 없다고 볼 수 있다. 그러나 라 로슈, 세네갈 여성들, 외과 의사들은 모두 기존의 문화 풍경 속에서 길을 찾아 나아가려 했으며, 바로 그 여정을 통해 그 풍경에 변화를 가져왔다. 내가 주장했던 것처럼 그람시는 바로 문화를 유동적이고 대체로 일관적이지 않으며 항상 움직이는 것으로 이해했기에 이 같은 풍경의 지도를 그리는 데 도움이 될 수 있다. 그람시에게 문화는 늘 유동적이며 늘 존재했다가 사라지는 역사의 침전물이다. 문화는 젠더 불평등을 비롯해 한 사회에서 변동하는 불평등의 윤곽이 매일매일 체험되는 방식이다. 젠더 차이의 존재는 고정적이고 피할 수 없는 것처럼 보이지만, 주어진 맥락 속에서 그것을 어떻게 생각하느냐는 결코 고정되지 않는다. 여성에게 기대하는 행동 방식, 남성에게 기대하는 행동 방식, 여자란 무엇이며 남자란 무엇인지는 사회마다 다양할 뿐만 아니라 심지어 한 사회 내에서도 다양하며 끊임없이 협상을 거듭한다. 때로는 여성 외과 의사들이 자기들의 직업을 남성 중심적으로 정의하는 것에 도전했던 것처럼 분명한 방식으로, 때로는 라 로슈가 조심스럽게 무대에 오르고 남성적인 문학 세계에 겸손하게 진입했던 것처럼 덜 두드러지고 좀 더 양가적인 방식으로 변화해 갈 수 있다.

문화는 역사적 순간을 살아가는 개인들이 상대적으로 고정된 일련의 의미들을 제공하지만, 동시에 그 개인들이 그 문화를 어떻게 살아가느냐에 따라 다른 방향으로 움직일 수 있다. 결정적으로 개인들은 늘 젠더화된 존재로 그 문화를 살아간다. 거주하는 시·공간이 어디든지 간에 기존에 존재하는 젠더화된 풍경 속에서 우리는 자신을 여성 혹은 남성으로 인식한다. 이 풍경 속에서 우리 자신의 젠더가 무엇인지에 따라 어느 정도 열려 있거나 막혀 있는 길에 직면한다. 이런 길을 디디면서 그 길이 가진 기존의 윤곽을 고수할 수 있다. 그래서 그 길의 존속에 일조할 수 있고, 아니면 새로운 길을 밟아 나가기 시작할 수도 있다. 그람시가 상기시킨 것처럼 우리 모두는 아무리 미미한 방식일지라도 "세계사 창조에 적극적으로 참여"할 수 있는 잠재성을 갖고 있다. 그리고 이는 젠더화된 윤곽선을 다시 상상하고 다시 그리는 것을 포함한다. 언제나 개인은 주어진 것으로서 자신이 살고 있는 시·공간 속의 문화와 마주하지만, 이와 동시에 그 문화의 적극적인 생산자이기도 하다.

참고 문헌

Ardener, Edwin. 1975. "Belief and the Problem of Women." In *Perceiving Women*, ed. Shirley Ardener. London: Dent.

Cassell, Joan. 1998. *The Woman in the Surgeon's Body*. Cambridge, MA: Harvard University Press.

Clifford, James. 1997. *Routes: Travel and Translation in the Late Twentieth Century*. Cambridge, MA: Harvard University Press.

Collier, Jane Fishburne, and Sylvia Janko Yanagisako. 1987. *Gender and Kinship: Essays toward a Unified Analysis*. Palo Alto, CA: Stanford University Press.

Crehan, Kate. 1997. *The Fractured Community: Landscapes of Power and Gender in Rural Zambia*. Berkeley: University of California Press.

_____. 2002. *Gramsci, Culture and Anthropology*. Berkeley: University of California Press [케이트 크리언, 『그람시·문화·인류학』, 김우영 옮김, 길, 2004].

de Beauvoir, Simone. 1953. *The Second Sex*. Trans. H. M. Parshley. New York: Knopf [시몬 드 보부아르, 『제2의 성』, 이정순 옮김, 을유문화사, 2021].

Geertz, Clifford. 1973a. "Thick Description: Toward an Interpretive Theory of Culture." In *The Interpretation of Cultures*. New York: Basic Books [클리퍼드 기어츠, 「중층 기술: 해석적 문화이론을 향하여」, 『문화의 해석』, 문옥표 옮김, 까치, 1998].

_____. 1973b. "Religion as a Cultural System." In *The Interpretation of Cultures*. New York: Basic Books [클리퍼드 기어츠, 「문화 체계로서의 종교」, 『문화의 해석』, 문옥표 옮김, 까치, 1998].

Ginsburg, Faye D., and Rayna Rapp, eds. 1995. *Conceiving the New World Order: The Global Politics of Reproduction*. Berkeley: University of California Press.

Gramsci, Antonio. 1971. *Selections from the Prison Notebooks*. Ed. Quintin Hoare and Geoffrey Nowell Smith. London: Lawrence and Wishart [안토니오 그람시, 『그람시의 옥중수고 1, 2』, 이상훈 옮김, 거름, 1999].

Mackintosh, Maureen. 1989. *Gender, Class and Rural Transition: Agribusiness and the Food Crisis in Senegal*. New York: St. Martin's.

Marx, Karl, and Frederick Engels. 1975. *Selected Correspondence*. Moscow: Progress Publishers [프리드리히 엥겔스, 「서한들과 서한들로부터의 발췌들: 19. 엥겔스가 쾨니히스베르크의 요제프 블로흐에게」, 『칼 맑스 프리드리히 엥겔스 저작 선집 6』, 최인호 외 옮김, 김세균 감수, 박종철 출판사, 1997].

Ortner, Sherry B. 1974. "Is Female to Male as Nature Is to Culture?" In *Woman, Culture, and Society*, ed. Michelle Zimbalist Rosaldo and Louise Lamphere. Palo Alto, CA: Stanford University Press [셰리 오트너, 「여성은 자연, 남성은 문화?」, 『여성, 문화, 사회』, 권숙인 옮김, 한길사, 2008].

_____. 1984. "Theory in Anthropology since the Sixties." *Comparative Studies in Society and History* (1): 142-166.

Rapp, Reyna. 1999. *Testing Women, Testing the Fetus: The Social Impact of Amniocentesis in America*. New York: Routledge.

Reiter, Rayna R., ed. 1975. *Toward an Anthropology of Women*. New York: Monthly Review Press.

Rosaldo, Michelle Zimbalist, and Louise Lamphere, eds. 1974. *Woman, Culture, and Society*. Palo Alto, CA: Stanford University Press [미셸 짐발리스트 로잘도·루이스 램피어, 『여성, 문화, 사회』,

권숙인 옮김, 한길사, 2008].

Strathern, Marilyn. 1972. *Women in Between: Female Roles in a Male World*. London: Seminar/Academic Press.

_____. 1987. "An Awkward Relationship: The Case of Feminism and Anthropology." *Signs* 12(2): 276-292.

_____. 1988. *The Gender of the Gift: Problems with Women and Problems with Society in Melanesia*. Berkeley: University of California Press.

_____. 1992. *After Nature: English Kinship in the Late Twentieth Century*. Berkeley: University of California Press.

Weiner, Annette. 1976. *Women of Value, Men of Renown*. Austin: University of Texas Press.

Williams, Raymond. 1983. *Keywords: A Vocabulary of Culture and Society, Revised Edition*. New York: Oxford University Press [레이먼드 윌리엄스, 『키워드』, 김성기·유리 옮김, 민음사, 2010].

Woodmansee, Martha. 1994. *The Author, Art, and the Market: Rereading the History of Aesthetics*. New York: Columbia University Press.

3장

욕망

Desire

지은이
로런 벌랜트 Lauren Berlant

옮긴이
윤조원
고려대학교 영어영문학과 교수. 미국 문학과 페미니즘, 젠더를 가르치고 연구한다.
저서로『페미니즘: 차이와 사이』(공저), 역서로 주디스 버틀러의『위태로운 삶』, 리
오 버사니의『프로이트의 몸』이 있다.

젠더와 섹슈얼리티 연구에서 우리는, 욕망과 사랑에 대한 작업이 한 사람의 행복을 평가하는 데서 다음과 같은 것들, 즉 정체성과 친밀성, 성적 대상 선택과 성애적 실천, 다양한 젠더들이 체험하는 이질적인 드라마들, 그리고 친밀함의 성향들, 감정들, 행위들 등이 얼마나 중요한가를 다룰 것이라고 기대할 수 있다. 이상적으로 그런 연구는 욕망과 사랑에 대해 우리가 이미 알고 있는 내용을 확증해 줄 것이다. 누군가 우리의 즐거움[쾌락]에 대해 이론으로 논박하는 것보다 더 소원하게 느껴지는 일도 없으니 말이다. 하지만 우리가 섹슈얼리티와 친밀함을 체험하는 방식들은 이론들 — 특히, 인간이란 무엇인가, 그[1]의 역사가 어떻게 이해되어야 하는가에 대한 현대 담론의 중심에 섹슈얼리티와 욕망을 위치시키는 데 기여한 정신분석 이론들 — 의 심오한 영향을 받아 형성되어 왔다. 이와 동시에, 다른 설명 방식들이 미학, 종교, 군중 및 대중문화의 환상들로부터 나왔는데, 이런 설명들은 보통 리얼리즘적이지는 않으나, 종종 사랑의 본질과 힘에 관한 정서적 진리들을 정제해 냈다고 주장한다. 이 영역들에서는 성적 욕망이 삶의 중핵적 이야기로 여겨지지 않고, 사랑 이야기의 특정 버전인 로맨스와 뒤섞인다.

　이 책에서 나는 욕망과 사랑을 별개의 글 두 편에서 다룬다. 표면적으로 그것들을 분리하는 것이 말이 되긴 하지만, 그 분리는 교수법적인 것일 뿐, 사랑과 욕망을 잘 분리할 수는 없다. 욕망은 무언가 또는 누군가에 대한 애착심, 그리고 그 대상의 구체성과 대상에 투사된 욕구와 약속 사이의 간극으로 생성되는 뜬구름 같은 가능성에 대한 기술記述이다. 이 간극은 더 복잡한 문제들을 낳는다. 욕망은 외부로부터의 충격으로서 우리를 찾아오지만, 우리가 자신의 정

1　[옮긴이] 저자는 일반적인 인칭대명사로 주로 3인칭 여성형 'she'를 사용한다. 이는 전통적으로 남성형 'he'를 사용해 온 남성 중심적 인식론의 전통에 대한 담론적 저항의 일부로 이해할 수 있다. 옮긴이는 저자의 이 같은 정치적 의도에 동조하지만, '그녀'라는 우리말의 부자연스러움을 감안해, 굳이 성 구분을 하지 않고 3인칭 대명사를 '그'와 '그녀'로 분리하는 통상의 어법을 피하고 '그'로 통일했음을 밝혀 둔다.

동과 조우하도록 유도해 마치 그것이 우리 내부에서 오는 것처럼 느끼게 한다. 이는 우리가 선택한 대상들이 객관적인 것이 아니라, 우리가 애착 가치를 투사해 우리 세계를 떠받치는 대상으로 변환한 사물이나 장면이라는 것을 의미한다. 그래서 그 대상들에서 객관적이고 자율적인 것처럼 보이는 것도 부분적으로는 우리의 욕망이 만들어 낸 것이고, 그렇기에 신기루이며 고정되지 않고 흔들리는 닻이다. 욕망의 대상을 향해 우리가 말을 거는 스타일이 바로 우리가 자아와 다시 조우하게 되는 드라마에 형태를 부여한다. 이와 대조적으로 사랑은 욕망을 상호 교환하는 포옹의 꿈이다. 즉, 사랑은 [자아를] 고립시키기보다는 확장된 자아 이미지를 제공하는데, 사랑의 규범적 양태는 '둘은 곧 하나'라는 커플 형태의 친밀함이다(부모와 자식 또한 사랑의 관계성 속에서 이상화되지만, 그 사랑의 지속에 상호성이 필요하지는 않다. 그래서 그것은 커플의 성취를 언제나 무색하게 한다). 커플 관계의 이상화된 이미지 안에서 욕망은 사랑으로 이어지고, 이것은 또 욕망이 지속될 수 있는 세계를 만든다.

　　하지만 이 이미지에도 명암은 있다. 사랑의 관계가 사실인지 아니면 실은 다른 무엇인지, 지나가는 변덕인지 아니면 환상을 유지하기 위해 누군가 (스스로에게 혹은 다른 이에게) 속임수를 쓰는 것인지, 과연 누가 알 수 있겠는가? 이것은 감정에 대한 지식을 신뢰할 수 있는지에 대한 심리학적 질문이지만, 또한 어떻게 규범이 특정한 환상들을 이용해 삶에 대한 애착을 생산해 내는지에 대한 정치적 질문이기도 하다. 사랑의 표현들이 그토록 관습적이고, 결혼, 가족 등의 제도, 재산 관계, 상투 어구와 플롯에 그토록 매여 있다는 건 사랑과 관련해 무엇을 의미하는가? 그러므로 이것은 주체성에 관한 질문이면서 이데올로기에 관한 질문이기도 하다. 사랑의 진정성을 판단하기 어렵기 때문에, 사람들 사이에서 그리고 다른 관계들에서 — 가령 사람들과 국가, 신, 대상, 반려 동물 등과의 관계에서 — '진짜 사랑'이 존재한다는 것을 입증하려 애쓰는 기호들, 이야기들, 상품들의 보고寶庫를 만들어 냈다. 그러나 이 사랑의 기호들이 보편적이지 않고, 관습적이라는 점은, 나아가 사랑이 진정한 것인 동시에 가짜일 수도 있음을, 공유되고 축장蓄藏될 수도 있고, 이해 가능할 수도 불가사의할 수도 있음을 시사한다. 그러므로 이 글과 「사랑」(11장), 이 두 편의 글은 욕망과 사랑의 관계를 애착심에 대한 질문을 어떻게 표현하느냐에 따라 달라지는 일련의 패러독스로 틀 짓는다. 때로 이 글들은 다수의 젠더들과 섹슈얼리티들이라는 광범위한 영역 안에서 움직이는 사람들을 언급하지만, 이 글들은 욕망 안에 존재한다거나 사랑을 한다는 것의 사회학적·경험적 차원이 아니라 정체성의 관습들과 구조들을 설명하고자 한다.

이 글에서 '욕망'은 주로 한 사람이 다른 무언가를 향해 갖는 느낌을 말한다. 즉, 이 글은 애착에 대한 정신분석적 설명들로 직조되어 있고, 그 설명들은 최근 비평의 이론과 실천에서 중요했던 역사를 간략히 이야기한다. 사랑에 관한 두 번째 글은 환상에 대한 탐색으로 시작하는데, 정신분석의 부모-자식 장면을 살펴보기보다는 맥락, 환경, 역사가 욕망에 대해 갖는 중요성을 살핀다. 그 글은 환상의 극적인 구조 또는 장면으로서의 구조가 근원적으로 사회적인 환상의 성격을 어떻게 시사하는지, 또 사람의 역사, 현재, 미래, 자신과의 관계가 반드시 일관되게 또는 직접 재현되지 않으면서도 수행되는 장소로서 환상이 중요하다는 점을 어떻게 시사하는지 검토한다. 정신분석학적으로 보든, 제도적 혹은 이데올로기적으로 보든, 사랑은 언제나 환상의 결과물로 여겨진다. 환상 없이는 애착도 사랑도 없을 것이다. 그러나 환상은 모든 종류의 대상에 대한 무의식적 투자에서부터 집단적 환경에서 주입된 각종 꿈들에 이르기까지 수많은 통약 불가능한 것을 의미할 것이다. 사랑에 대한 글은 개인적 삶과 상품 문화(이것들은 주체가 실제 삶의 일상적 행로에서 환상 속에 거하는 법을 학습하는 터전이다)를 가로지르는 로맨스의 작용들을 기술한다.

영화 〈모사품 인생〉[2](1934년, 감독 존 스탈)의 도입부에 나오는 이미지로 이야기를 시작하자. 영화 도입부의 크레딧이 사라지면서, 카메라 초점이 물이 가득 찬 흰 욕조로 이동한다. 더 정확히 말하자면, 욕조 속에 둥둥 뜬 오리가 좌우로 흔들리고 있다. 카메라의 응시 속에는 고정되어 있지만 물 위에서는 불안정한 상태다. 카메라 시야 밖에서 어린 소녀의 애타는 목소리가 들린다. "내 꽥꽥을

---

2 [옮긴이] 이 영화는 1959년, 더글러스 서크Douglas Sirk 감독에 의해 개작되어 국내에 〈슬픔은 그대 가슴에〉로 소개되었다. 그러나 이 글에서는 원제의 의미를 살려 번역했다.

주세요!" 아이의 외침에 어머니로 추정되는 엄한 목소리의 답변이 들려온다. "이제 그만, 제시……." 카메라는 부유하는 오리에 여전히 고정되어 있다. 이야기가 진행되고 목소리와 사람이 연결되면, 우리는 어린 제시에게 일하는 어머니가 있고 어머니가 일하러 나가기 위해 아이를 유아원에 보내고 있음을 알게 된다. 딸은 유아원에 가지 않겠다고 버티면서, 계약의 언어를 사용해 사랑엔 무엇이 필요한지를 어머니에게 상기시킨다. "난 엄마를 사랑하고 엄마는 나를 사랑하고 나는 유아원에 가기 싫어요!" 곧이어 전화벨이 울리고, 어머니 비 풀먼은 아이를 욕실에 두고 전화를 받으러 아래층으로 달려간다.

전화를 받으러 가는 길에 비는 아침밥이 타고 있는 걸 본다. 불을 줄인 다음, 거래처에서 온 전화를 받는다. 그는 죽은 남편의 영업 구역을 물려받았다. 바로 그때 아프리카계 미국인 여성이 현관에 도착한다. 비가 가사도우미를 구하는 광고를 냈다고 착각하고 온 것이다. 딜라일라 존슨은 '피부색이 밝은' 어린 딸 피올라와 자신의 생계를 위해 입주 도우미 자리를 구하고 있다. 어쨌거나 딜라일라는 비에게 일을 해주겠다고 제안한다. 월급을 줄 돈이 없기에 비는 제안을 거절한다. 그 순간, '꽥꽥'을 향한 욕망에 사로잡힌 제시가 손이 닿을 것이라고 상상하며 팔을 내밀다가 욕조에 빠진다. 백인 어머니는 흠뻑 젖은 딸을 구하러 달려가고, 흑인 어머니는 집 안으로 다시 들어와 아침 식사를 살려 내고는 눌러앉는다. 그러므로 '꽥꽥'이 그들 모두를 혼란스럽고 대책 없는 가정 내의 장면들로부터 구출한 셈이다.

부유하며 흔들리고 유혹하는, 그러나 언제나 손이 닿지 않는 곳에 있는 그 오리를 향한 백인 딸의 욕망이 두 가족의 삶을 결합하는 플롯의 시작이다. 거의 20년 동안 두 여성과 딸들이 같이 살게 되니 말이다. 그들은 그 아프리카계 미국인 여성의 팬케이크 요리 비법으로 사업을 해서 잘살게 된다. 하지만 백인 가족은 언제나 '동업자'인 흑인 가족보다 경제적·공간적으로 우위에 있다. 그리고 모두는 특정한 대상들을 향한 갈망으로 시달리지만 고통스럽게도 그것들을 손에 넣는 데 실패하고 만다. 세상은 그 아프리카계 미국인 여성에게 휴식도 자유도 주지 않는다. 그 어머니는 '고된 노동을 그만두기를' 그리고 딸을 교육시키기를 바라지만 둘 다 이루지 못한다. 딸은 '생긴 것처럼 백인이' 되고 싶고 그럼으로써 미국 어디서건 자유롭게 살 수 있기를 원하지만, 역시 그 욕망을 실현하지 못한다. 미국에서의 인종적·성적·경제적 고난을 대변하는 딜라일라와 피올라는 영화가 끝나기 전에 플롯에서 빠져나간다. 그들에게 욕망의 문제는 정치적으로 [이해관계가] 복잡하게 얽혀 있는 생계의 조건들이 변화되어야만 해결될 수 있다. 그러나 그런 변화는 물질세계가 그들에게 허용하지 않는 것이며 개인적 의지로 이룰 수 있는 것이 아니다. 대신에 〈모사품 인생〉은 부유하고 아름다운 백인 모녀가 서로 팔짱을 끼고 걷는 장면으로 마무리되는데, 그 둘은 겉으로는 영화 초입의 욕망, 혼돈, 궁핍, 충만의 순간을 상기시키면서도 각자 서로를 위해 포기한 한 남자를 은밀히 욕망하고 있다. 마지막 장면이 페이드아웃 될 때 비는 네 여성이 만나던 날을 떠올리며 딸에게 말한다. "너는 '내 꽥꽥을 주세요! 내 꽥꽥을 주세요' 하고 말하고 있었지." 그것은 너무나도 달콤 씁쓸하고 결정적인 결말의 순간이다. 욕망에 대한 아이의 첫 발화가 그들 모두의 삶에서 트라우마적 운명으로 작용하게 될 보편적인 무언가를 예견하기 때문이다.

그러면 '꽥꽥'을 달라고 말할 때 제시가 정말 원하는 것은 무엇인가? 같이 있을 수 없는 일하는 어머니, 죽은 아버지, 혹은 느낌은 있지만 말로는 표현할 수 없는 무엇? 아이가 장난감을 오리라고 부르지 않고, (마치 원하는 대상이 너무나 친밀해 모방할 수 없는 것이거나, 자신에게 욕망하듯 말을 거는 물체, 언어 교환, 특히 말 걸기의 상대가 됨으로써 소유하게 될 수도 있을 그 무엇이기라도 하듯) 오리가 내는 소리로써 오리를 지칭한다는 사실은 중요할까? 아니면 그것은, 욕망에서 몸들의 관계는 그저 부차적일 뿐이고 욕망은 일차적으로 목소리 및 목소리가 생성하는 친밀한 애착 관계에 관한 것임을 시사하는가? 오리를 향한 딸의 욕망은 또 어떤가? 그것이 에로틱하다면[3] 과도한 해석인가? 욕망의 대상과 성적 '정체성'의 관계는 무엇인가? 나중에 제시가 직업적으로 물고기를 연구하는 사람과 사랑에 빠지는 것은 어떤 의미가 있을까?

어머니가 딸의 욕망의 장면을 회상하는 건 어떤 의미인가? 여기서 아기(오

---

3 [옮긴이] 윤조원이 번역한 3, 11, 20장에서는 'erotic'을 '에로틱'으로 옮긴다. 다른 장들에서는 '성애적'으로 옮기기도 했다.

리) 발화가 욕망의 순수 언어라면, 어쩌면 마지막에서 비는 우리가 어째서 애초의 논리, 다시 말해 영화와 삶의 처음 순간들의 논리를 넘어 더 나아가지 못하는 것처럼 보이는지를 생각하게 한다. 〈모사품 인생〉은 이런 질문들을 유아적 욕망의 목소리로 담아낸다. 하지만 이 서사는 또한 다른 종류의 표현법을 만들어 냄으로써, 어떤 성적·인종적·경제적 맥락에서 쾌락과 자유에 대한 아프리카계 미국인 여성과 백인 여성의 환상이 그저 환상으로만 남게 되는지, 즉 그들에게 아직 존재하지 않는 소원 성취의 세계에 대한 직관으로만 남는지에 대한 이야기를 들려준다. 어쨌든, 허깨비와도 같은 '꽥꽥'을 향한 애원을 딸의 [아기 시절] 목소리로 말하는 제시의 어머니는 비관, 낙관, 언어, 욕망에 대한 영화 전체의 이미지를 포착한다. 즉, 욕망의 대상은 고유의 이름이 없지만, 환상 속에서 우리에게 열정적으로 말을 걸고 우리 삶을 틀 짓고, 둥둥 떠 이리저리 흔들리면서, 손을 내밀어 잡으려 하면 오리라기보다는 오히려 권투 선수처럼 우리를 때리는 것이다. 하지만 우리는 결코 제때 피하지 못하고 다치기만 한다는 것을 알게 되며, 흔들리고 회복하면서, 우리를 사로잡는 동시에 가난하게 만드는 그 관계 안에서 어쩌면 또 그것을 향해 손을 내밀고, 그 관계는 우리로 하여금 더 나은 초월이 거기에 있음을 기억하고 살아남으려 헤매고 다니게 한다. 대상이 가하는 충격 효과, 그리고 애착심의 패턴화와 연관된 충동은, 대상 안에 자리를 잡는 데 수반되어야 하는 섹슈얼리티와 (적어도 정동의 해소 차원에서는) 낙관의 재료들이다. 대상은 우리에게 낙관을 허용하면서도 막상 우리의 퍼레이드에는 비를 뿌려 댄다. 그것도 이야기의 다가 아니지만 말이다.

* * *

'사랑'과 마찬가지로, 가장 관습적인 형태에서도 욕망은 역설을 만들어 낸다. 커플 되기, 가족, 재생산, 그리고 다른 개인사의 영역에서도 그렇듯이, 욕망은 개별화된 사회적 정체성으로 우리를 연결해 주는 일차적 회로이다. 하지만 욕망은 또 다양한 삶들을 결합하고 상황들을 만들면서 통제 불가능한 플롯 안으로 사람들을 끌어들이기에, 사람들을 가장 불안정하게 만드는 충동이기도 하다(그래서 고통스러운 장르인 '시트콤'이 욕망과 재난의 합작에 의존하는 것이다). 욕망은 개인적 삶과 더 큰 역사들[이야기들]을 연결하는 서사의 전개, 친밀성의 실천과 제도에서 중심적인 것이며, 또한 차이와 거리의 장field들을 가늠하는 척도이다. 욕망은 공과 사의 구분을 구성하는 동시에 무너뜨리고, 세계를 재조직한다(Berlant 1998, 281-288; Berlant and Warner 1998, 547-566). 욕망이 정치적인 것으로 재현되는 이유 가운데 하나가 그것이다. 사람들을 공적인 혹은 집단적 삶 속으로 끌고 들어오면서 욕망은 에로스의 충족을 위한 기회 및 그 충족을 가로막는 장애물에 대한 플롯 속에서 권력과 가치의 사회적 관습들이 펼쳐지는 장면들을 만들어 낸다(『로미오와 줄리엣』, 『트리스탄과 이졸데』, 『주홍 글씨』, 『바람과 함께 사라지다』, 또는 영화 〈타이타닉〉을 생각해 보라).

이 글의 첫 부분은 인간에 관한 여러 종류의 학문이 욕망을 영역화한 다양한 방식들을 분석할 것이다. 내가 영역화라는 언어를 사용하는 것은 욕망이 특정한 장소들과 연관되는 경향을 보이기 때문이다(Berlant and Warner 1998). 부분적으로 이는 일화가 사건이 되고 때로는 기억이 되는 과정에서 욕망이 어떻게 실현되는지와 상관이 있다. 욕망이 일으키는 동요는 보통 망각할 수 있는 것이지만, 세부적인 것들을 잊는 과정은 장소를 장면으로, 뭔가 의미심장한 일이 일어났던 공간, 즉 정동과 감정이 부여된 공간으로 변화시킬 수 있다. 그러나 욕망의 영역화는 개인적이기보다는 규범의 문제이다. 예를 들어, 성감대, 홍등가, 안방 침실, '음부'private parts를 생각해 보라. 더구나 욕망의 관계는, 욕망의 궤적들과 복잡성이 반복적으로 경험되고 재현되는 '공간'을 창조하고 그 움직임이 우리가 '몸' 위에서 또 '세계' 속에서 따라가는 선로들을 만들기에, 지도를 그려 설명하고픈 충동도 자아낸다.

정신분석의 이론과 임상 양쪽 모두는 적어도 미국과 유럽에서 욕망의 현대적 관습과 형식이 발전하는 데 결정적인 역할을 했다. 한 사람에 관한 진리를 섹슈얼리티에서 찾는 정신분석의 모델은 수많은 현대적 서사에서 그리고 개인적·제도적 삶을 조직하는 규범에서 중심이 되었다. 이와 더불어 20세기 미국에서는 좀 더 일반적인 치유 문화 또는 '자기 구제'[자조] 문화가 발전했고, 그 문화는 개인이 스스로를 고칠 수 있고 또 고쳐야 한다고 여겼다. 친밀성에 대한 개인의 문제에 널리 초점을 두고 정신 건강 산업이 성장했다. 섹슈얼리티, 가족, 사랑은 스트레스와 자기 돌봄 학습법들의 주요 지점인 반면, 음식, 알코올, 마약, 또는 돈 중독은 상투적으로 상처 입은 자아나 자존감의 증상으로 간주된다. 많은 이들은 이제 욕망의 불안정화 효과를 견뎌 내는 것에 관한 전문 지식을 돈을 주고 얻을 수 있다고 믿도록 또는 희망하도록 배운다. 심리 치료를 받거나, 책, 다이어트 식품, 약국에서 구입할 수 있는 의약품 같은 상품, 즉 정신 건강 그리고/또는 행복을 가능하게 한다고 여겨지는 수단을 구매함으로써 말이다. 토크쇼, 조언 칼럼, 심지어 정부 기관까지도 사랑과 욕망에 관한 문제의 해결이 개인의 책임이라고 주장한다.

그와 반대로 이 글은 개인화가 역사적 과정이라고 상정한다. 사람이 구성되고 구체화되고, 자신의 고유한 측면들을 자신의 핵심적 특징으로 식별하는 법을 배우는 것은 역사적인 과정을 통해서다. '정체성'은 한 개인이 가진다고 할 수 있는 종류의 독자성으로 정의될 수 있을 것이다. 또 역설적으로 정체성은 개인이 특정한 인구 집단이나 단체에서 구성원이 되는 지점이기도 하다. 전통적인 정신분석은 자유주의 담론이다. 정신분석학이 개인에 의존하면서, 추상적·보편적 또는 구조적으로 결정된 개인, 욕망과의 조우에 의해 특정한 방식으로 필연적으로 조직화되고 탈조직화되는 개인의 모델을 필요로 한다는 점에서 그렇다. 구조화에 대한 이 전제는, 지배적 사회 세계 안에서 적절한 예의의 표준을 지키는 행복한 정상적 개인들의 이미지에 대개 밀착되어 있다(질 들뢰즈는 다른 각도에서 이런 데이터의 주체를 "분할자"dividual라고 부른다. 개인성 자체가 사람의 총체성을 설명하지 못하고, 오히려 사람이 규범 세계의 재생산에 대해 데이터로서 지니는 가치를 표현하는 특성들의 집합임을 강조하기 위해서이다. Deleuze 1992, 3-7). 그러므로 욕망을 생각할 때 보통 그것이 표현하는 낙관과 약속에 대해 우리는 별로 고려하지 않을 것이다. 그 대신 자기-조우 및 세계와의 조우의 구조로서 섹슈얼리티에 대해, 그리고 섹슈얼리티를 한 사람의 사람됨에 대한 진리로 정착시킨 근대의 친밀성 이데올로기와 제도에 대해 사유할 것이다. 그것들은 협의의 이성애를 적절한 문화적 규범으로 승격하고, 거기서 벗어나는 일탈들을 규제한다. 그러면서도 게이와 레즈비언 등 어떤 비규범적 섹슈얼리티에는 신중하게 구획된 약간의 공간을 허용한다. 그리고 우리는 서구 대중문화의 연예 산업이 상품화한 사랑의 이데올로기를 다룰 것이며, 사랑이 어떻게 젠더와 섹스의 특정한 유토피아들을 상상하는 방식이 되었는지 탐구할 것이다. 글 전체에서 우리는 젠더, 정체성, 욕망을 추상개념으로 또 역사 속에서 구체화된 것으로 함께 고려할 것이다. 또 특정 형식의 성 정체성에 한정되지 않는다고 해서, 또 특정 성 정체성으로써 잘 기술되지 않는다는 이유로 '정상'이 아닌 것이 되어 버린 종류의 갈망에 대해서도 성찰할 것이다. 한 가지가 더 있다. 유혹적이며 손에 잡히지 않는 그 부유하는 오리가 보여 주듯, 대상에서나 이론에서나 욕망을 분명하게 포착하는 방법은 없다. 바로 그래서 욕망이 무엇인지에 대한 비평적 사유는 필연적으로 사유 자체에 대한 이론적 사유가 된다. 사유하는 사람이나 사랑하는 사람이 처음 대상을 다루는 모험을 감행할 때 그 대상은 구체적인 것처럼 보이지만 대상은 분석적 조사 아래 놓이는 순간 부유하면서 흔들리고 불안정해지며 신비하고 반항적인 것이 되고, 환상에 더 가까운 것처럼 보이게 된다. 그러므로 이 두 편의 글은 욕망과 사랑에 대한 몇 가지 내용을 설명하기 위해 욕망과 사랑의 본질적 구조를 이해한다는 주장은 시도조차 하지 않을 것이다. 욕망과 사랑을 애착심의 심화된 영역들로 생각하면서 이 글들은 욕망과 사랑의 활동을 식별하고 그 움직임을 추적하고 그것들이 사람에게 또 그것들이 순환하는 세계에 초래하는 상처, 일화, 사고, 사건의 패턴들을 그려 내는 방법들을 독자에게 알려주는 시도를 할 것이다.

정신분석과 욕망의 형식주의

정신분석학자들은 '욕망'의 개념이나 실체가 무엇인지에 대한 합의에 이르지 않는다. 사랑이나 욕정 같은 낭만적 개념들과 관습적으로 연결된 것으로서 욕망은, 개인(또는 '주체', 즉 주체성을 가진 사람)에게 감각적 자율 상태에서 세계와의 관계로 이행하도록 압박한다고 여겨지는 성적 에너지의 흐름을 가리키는 '충동'과 '리비도'라는 프로이트적 범주와도 상관이 있다. 이 모델에서 '욕망'은 충동 또는 주체의 삶 전체를 관통해 작용하는 유아적 흥분을 대상과의 관계에 연관시킨다. 그 대상들은 어머니의 젖가슴 같은, 원래 보육 환경에서의 일차적 대상, 성인으로서의 삶에서 욕망의 경험을 반복할 수 있게 하는 이차적 대상을 포함한다. 대조적으로 라캉의 모델은 욕망을 대상에 의해 조직되는 충동으로 보기보다는, 그 대상을 넘어 항상 대상과 함께 또 그것을 초과해 움직이면서 대상을 보존하는 동시에 파괴하는 충동으로 보는 경향이 더 크다. 다양한 정신분석의 학파들이 이 이중성의 여러 동기를 제시하는데, 그것들은 모두 양가감정의 필연성과 관련이 있다. 이에 대해서는 나중에 더 설명하겠다.

욕망의 이런 점들은 결정적이다. 즉, 욕망은 스스로 달라붙을 수 있는 어떤 대상을 향해 나아갈 때만 기억에 남는 것이 된다. 이 갈망의 장면은 다른 장면의 반복과 관련지어져야 한다. 반복을 통해 우리의 욕망은 우리의 속성이라고 (무의식적으로라도) 인지될 수 있다. 욕망의 형식주의 — 체현되고 반복되고자 하는 욕망의 충동 — 는 불안, 환상, 훈육에 욕망을 열어 놓는다.

하지만 이 시점에서 특정 종류의 불안을 다른 불안과 구분하는 것이 중요하겠다. 욕망의 '정상적' 경로들은 비규범적 욕망들과는 다른 모험에 사람들을 노출시킨다(표현의 어색함에 주목하라. 즉, 대부분의 유의어 사전에는 '비규범적'이라는 말에 해당하는 멋들어진 가치중립적 표현이 없다. '비규범적'이라는 말은 부도덕하다거나 괴이하다는 표현으로 사용된다). 이성애적 욕망은 이성애가 규범인 문화에서, 즉 이성애가 그저 섹슈얼리티의 일종이라기보다는 바르고 적절한 종류의 섹슈얼리티라고 여겨지는 장소에서 발생한다. 이성애와 동일시하는 주체에게 이성애가 자아내는 그 모든 불안정함, 비일관성, 취약함에도 불구하고, 이성애가 발생하는 맥락은 그것을 도덕적으로 지지하면서 이성애를 중심으로 정부와 의료와 교육계와 상품의 자원들을 조직할 뿐만 아니라, 이성애를 섹슈얼리티 자체의 본래적 형태로 본다. 수많은 이성애자들을 '올곧고[4] 협소한' 길에 맞춰 행동하게 만드는 것은 엄청난 양의 훈육, 조사, 위협이지만, 이런 제도적 힘들은 또한 비공식적 단속 — 가령 공격적인 언설, 수동적으로 공격하는 가치 판단적 뒷말과 눈초리,

---

4 [옮긴이] "올곧다"straight라는 표현은 여기서 이성애자를 가리키는 영어식 표현이기도 하다.

농담 등 — 을 통해 일상생활에 널리 퍼져 있다.

대조적으로, 게이, 레즈비언, 트랜스젠더, 그리고 그보다도 덜 표준적인 섹슈얼리티들은 일반화된 공간이나 지지하는 제도를 갖지 못한다. 그것들은 어디에서도 '섹슈얼리티'라는 말의 내용으로 당연하게 여겨지지 않는다. 이것이 의미하는 바는, [비이성애적인] 친밀성의 쾌락을 욕망하는 위험을 감수하는 사람이라면 취약함을 경험하는 동시에 욕망의 일반적 가치 절하라는 부담을 경험하게 된다는 것이다. 그들의 욕망이 사회적 재생산이라는 기획과는 일반적으로 정반대라고 여겨지기 때문이다. 예를 들어, 게이와 레즈비언은 오로지 그들의 섹슈얼리티 때문에 가족의 거부, 사회적 고립에서부터 하향 취업, 물리적 폭력에까지 이르는 광범위한 괴로움에 늘 노출되어 있다. 혐오자들 — 특권의 불안정성을 두려워하면서 사회를 동일성의 장소로 받아들이는 사람들 — 에게 비규범적 섹슈얼리티는 인종적·종교적·계급적·국가적 단일 문화의 이미지들에 부착되어 있는 좋은 삶의 환상을 위협한다. 게이, 레즈비언으로 상대적으로 포화된 공간들을 만들어 내는 일이, 동성애를 덜 혐오하는 세상을 건설하는 데 그토록 중요했던 것은 그 때문이다. 그 외에도, 20세기 내내 비규범적 섹슈얼리티들은 주로 부정적 형태의 사회적 가치를 대표했고 금기와 공포를 통해 경계를 설정했다. 그처럼 금기와 공포가 이성애 문화를 지탱하는 데 너무도 성공적으로 일조했기 때문에, 사람들은 흔히 스스로가 규범적이라는 사실에 놀라곤 한다(Chauncy 1994; D'Emilio and Freedman 1998; Kennedy and Davis 1993; Newton 1993; Warner 1993). 더욱이, 설령 독자들이 이 글을 읽을 때쯤에 LGBTQ 커플이 일상 속 평범한 사건이 된다 해도 그것이 이성애가 패퇴했음을 의미하지는 않을 것이다. 그것은 타자[비이성애] 지향적 실천들을 멸시하고/거나 비합법화하는 방식으로, 이성애의 한 가지 특질 — 예를 들어, 커플, 또는 가족 형태 — 이 도덕적·법적·경제적 그리고/혹은 사회적 보금자리를 지배하고 있다는 의미일 수 있다. 하지만 꼭 그렇지는 않을 수도 있다! (사회적 근접성의 일상성 안에서) 특권화된 두려움과 존중 사이의 비일관적인 관계는 여전히 정치적·사회적 분석에서 큰 난제 가운데 하나다.

프로이트의 정신분석 이론은 20세기 초에 규범적·비규범적 섹슈얼리티와 성적 욕망들이 개념화되고 경험되는 방식을 큰 관심사로 만들었고 극적으로 변화시켰다. 이 주제들에 관한 프로이트의 작업 전체를 여기서 요약하려 한다면 무모한 시도일 것이다(우선 다음을 참조하라. Brennan 1992; Laplanche and Pontalis 1973; Minsky 1996; Rose 1982, 27-57). 따라서 이하에서는 욕망이 어떤 형식들을 취하는지에 대한 프로이트의 사유 방식을 고찰할 것이다. 욕망의 구도에 대한 질문들은 친밀한 성적 실천, 성적 정체성, 동일시[를 통한 정체성 형성]identification, 애착심에 대해 생각하는 방식에 영향을 미친다. 이뿐만 아니라 정치의 장과 대중 연예계에서 섹슈얼리티를 추적할 수 있도록 돕는다. 이런 공적 영역들은 동정, 두려움, 반감의 대상이 되어 마땅한 욕망의 양태들과는 대조적으로 어떤 형식의 욕망이 합법적으로 당연시될 수 있는지를 지정하는 데 기여한다.

이런 사회적 이슈들에서 눈을 돌려 유아기의 섹슈얼리티에 주목하는 것은 동떨어져 보일 수 있다. 하지만 정신분석이 '정상적' 형태의 활동과 동일시[를 통한 정체성 형성]를 기술하는 방식, 또한 주체의 쾌락, 외상, 욕망의 일차적 경험을 조직하는 대상 선택에 대해 기술하는 방식을 개발한 것은 바로 유아기의 섹슈얼리티에 관한 논의를 통해서다. 곧이어 우리는 프로이트의 모델이 성인의 성적 실천의 발생적 기원을 유아와 어린이의 행동들 및 소망들에서 찾음으로써 섹슈얼리티에 혁명을 일으켰을 뿐만 아니라, 오이디푸스콤플렉스와 로맨스 이데올로기에 대한 대중적 통념보다 훨씬 더 복잡하고 양가적인 에로스의 개념을 만들어 냈다는 것을 알 수 있게 된다. 대중적인 사랑 개념은 에로스의 양가성을 부정하는 경향이 있으며 그 대신에 사랑의 플롯 — 성애적인 적대나 불안이 충족으로 이어지는 사건들을 통해 해소되는 시간적 전개 — 을 상정한다(Modleski 1982; Rabine 1985, 249-267; Radway 1984; Saunders 1986; Thompson 1995). 그러나 프로이트의 모델에서, 모성적 충만의 모델이 보여 주는 주고받기와 관련된 사랑의 긍정 및 돌봄의 경제는 공격성의 경제와 전적으로 맞물려 있다. 이 모델에서, 대상에 대한 사랑은 곧 그것을 정복하려는 시도이며 그것의 타자성을 파괴하려는 노력이다. 여기서 공격이란 사랑의 반대가 아니라 사랑의 일부로서 불가결한 것이다. 이 점에 대해 생각할 수 있는 한 가지는, 사랑을 함에 있어 연인이 사랑할 수 있는 바로 그 치점에 그의 대상을 두기를 갈망한다는 점이다. 바로 그래서 사디즘, 마조히즘, 도착은 프로이트의 모델에서 예외가 아닌, 인간의 애착심에 필수적인 내용이다. 사랑은 욕망의 공격성에 압박을 가해 적절한 틀 안에서 분출될 수 있도록 한다. 이 관점에서 프로이트는 정신분석학 사유의 다른 학파들의 지지를 받으며, 그 학파들은 욕망의 대상을 파괴하려는 의지(죽음 충동)와 그것을 보존하려는 의지(쾌락원칙)가 같은 과정의 양면이라는 점에 동의한다(예를 들어 Klein and Rivière 1964; Winnicott 1958, 1971, 1986 참조). 그러나 프로이트 이후 일부 연구자들은 프로이트의 모델이 근본적으로 마조히즘적인 것으로서 섹슈얼리티의 이미지를 만들어 낸다고 주장한다(Bersani 1986; de Lauretis 1994; Freud 1949, 158, 159; Freud 1957). 즉, 욕망하는 주체가 욕망을 경험하는 방식과 무관하게, 욕망이 사고를 압도하고 의지를 깨뜨리고 원칙들을 위반하고 정체성을 뒤흔들 수 있기 때문이다. 욕망은 마치 주체가 스스로를 와해하는 주체가 되기 위해 복종해야 하는, 독자적인 교란의 법칙인 것으로 보인다.

정신분석의 문헌에서는 유아기 욕망의 일차적 형식이 타자성애적(타인을 향하는, 즉 이 경우에는 어머니의 가슴, 젖, 자양분의 원천, 어머니를 향하는 것)인지 아니면 차아성애적인지를 둘러싼 치열한 논쟁을 볼 수 있다(타자[allo-]와 자아[auto-]의 이 구분은 Sedgwick 1990, 59에서 차용). 하지만 경계도 없고 자극에 저항하는 능력(이 능력은 자아의 기능이며 유아에겐 아직 없다)도 없는 상태에서, 유아는 성감대로서의 자기 몸과 그 몸의 필요를 중심으로 조직화되는 것 같은 자양분 사이의 구분을 인지할 수 없다고 할 만하다.

우선 성감대는 성기를 중심으로 조직화되지 않는다. 유아의 몸 전체, 피부, 접촉과 움직임을 통해 널리 느끼는 감각이 쾌락의 지속적 경험을 제공한다. 이것이 '다형적 도착성'polymorphous perversity이다. 동시에, 유아의 몸은 돌봄을 제공하는 환경과 교환관계에 놓여 있고, 그 환경의 감각적 요인들은 욕구, 자극, 만족을 반복하는 진동의 영역과 더불어 유아의 몸에 흥분을 자아내기 시작한다. 어느 시점에서 유아는 영양분과 쾌락을 얻기 위해 의지하는 돌봄의 환경/어머니/젖가슴과 자신이 연속체가 아니라는 사실을 깨닫게 된다. 개별성에 대한 유아의 인식은 일차적인 트라우마이며, 이것이 바로 욕망하는 행위 속에서 반작용적 공격성과 사랑이 얽히는 지점이다. 장 라플랑슈는 여기서 아이가 일단 어머니가 타자임을 인지하게 되고 나면, 확실한 만족의 유일한 지점으로서 자아성애의 전략들을 만들어 낸다고 주장한다. 프로이트가 "[욕망의] 대상을 찾는 것은 사실 그것을 다시 찾는 것"이라고 쓰고 있듯, 유아는 또한 잃어버린 젖가슴/어머니의 대체물을 찾아 자기 쾌락을 세계 안으로 재경로화한다. 그러나 유아는(아이와 어른도 마찬가지다) 이런 다시 찾기가 이루어져도 그것이 불안, 의심, 실망과 뒤섞인다는 것을 곧 알게 된다. 욕망의 대상의 대체물은 언제나 상실된 진짜 대상을 초과하거나 그에 못 미치기 때문이다(Freud 1949, 222; Laplanche 1976, 17-21).

불가능한 애착 관계를 복구하려는 욕구 때문에 유아는 사회성을 형성할 동기를 갖는다. 유아는 사랑을 얻기 위해 보살핌, 조종, 폭력의 형태로 사랑을 주는 법을 알게 된다. 이는 또한 성취되지 않은 소망의 파편적 기억들이 무의식의 재료들을 만들어 내는 순간이다. 무의식은 이 외상들과 소망들의 억압에 의해 야기되며, 이것들은 나중에 증상, 패턴, 반복, 그리고 반쯤 기억나는 상실된 사랑의 경험을 특징짓는 다른 형식들로 재현된다(Cixous 1983, 2-32; Phillips 1994, 22-38). 이 관점에서 보면, 세계와의 연속성을 상실하는 트라우마의 경험은 주체 형성의 핵심적 동기다. 프로이트의 우울증 개념이 이 점을 유용하게 밝혀 줄 수 있다. 우울증 환자는 상실한 욕망의 대상을 자신의 자아 안으로 흡수하는 사람이고, 그래서 사랑하는 대상이 부재 속에서 자아와 결합하기 때문에 그 상실을 결코 완전히 경험하지 못한다. 부재와 존재에 대한 이 혼동은 타자를 향하는 슬픔과 분노(그것들을 내가 사랑했는데 왜 그것들은 나를 떠났을까, 그것들 없이 나는 내가 아니야, 그것이 날 떠날 수는 없어), 그리고 자아를 향하는 분노(나는 사랑받을 가치가 없어)로 이어진다. 어머니와의 분리라는 트라우마의 경험 후에, 우울증은 자아 상실과 사랑하는 대상 상실의 동시성에서 유발되는 일종의 마조히즘으로서, 사랑 자체에 필수 불가결한 요소가 된다고 한다(Bersani 1986, 81-96[국역본, 100-113쪽]). 우울증은 사랑으로 더욱 행복하게 결합한 영혼들에 대한 이상화된 서사를 거꾸로 반영하는 거울 이미지다. 실제로 프로이트는 우리의 첫사랑이 곧, 세계 안으로 투사되었다가 차이로서 되돌아오는 자아에 대한 사랑이라고 생각했다. 동성애와 히스테릭한 여성성에 대한 그의 불만은 그것들이 육체적 차이라는 필수적인 매개를 거치지 않은, 그러므로 어쩌면 일차적 트라우마에 대한 적절한 관계를 설정하지 못한 나르시시즘의 형태들이라는 점에 있었다. 나중에 프로이트의 환자들에게서 널리 발견되었던 동성애적 욕망은 프로이트 초기의 이론적 분류 작업을 위협했다.

돌봄을 제공하는 환경과 자신의 구체적 차이를 발견하게 되면서 유아는 자기가 애초에 경험했던 반복되는 정동의 예측 가능한 세계를 재생산하는 형식들을 구성한다(좋건 나쁘건 간에 그렇다. 우리는 바로 이렇게 해서 우리의 안녕에 위협이 될 수도 있는 관계의 양상들에 애착심을 형성하는 것이다. 세상이 사랑이라고 내미는 것들과 그 관계들을 연관시키면서 말이다). 이것이 오이디푸스 삼각관계의 기능이기도 하다. 또 프로이트는 아이가 오이디푸스 관계로 진입하는 것이 주체의 성적 대상 선택을 확고히 하고 성기의 기능을 적절한 순서로 조직화하며 초자아의 형성을 가능하게 한다고 주장한다. 초자아에 관해서는 뒤에 부연하겠다. 이 단계에서 프로이트는 이성애적 남성성에서 욕망의 모델을 도출한다. 그는 아이가 형성하는 이중의 애착 과정을 기술한다. 아이와 어머니 사이의 대상−사랑, 그리고 아이와 아버지 사이의 동일시가 그것이다. 동성 부모와의 동일시는, 유사성의 나르시시즘적 관계가 아이에게 육체적 연속성의 새로운 의미를 만들어 내기 때문에 은유적이다. 대조적으로, 어머니를 향한 아이의 사랑은, 차이의 논리를 통해 발전한다. 이는 프로이트가 대상 선택이라 부르는 환유의 관계로서, 충만의 원래 관계를 유사한 대상으로 대체하는 것이다. 예를 들어, 여성의 젖가슴에 대한 성인의 욕망이 젖을 원하는 유아의 욕망을 대체한다. 이 관계를 의존성 관계라고도 한다. 아이의 욕망이 근접성, 친밀한 차이의 관계, 거리를 극복하려는 열망으로 구조화되기 때문이다.

오이디푸스적 위기는 아이가 다른 모든 경제와 마찬가지로 오이디푸스적 경제 역시 결핍에 연루되었음을 깨달으며 발생한다. 아버지는 어머니의 사랑을 두고 경쟁하는 라이벌이며 아이에 대한 어머니의 사랑이 지속되는 것을 위협한다. 그래서 아이는 욕망이 부착될 수 있는 모든 곳에 자신을 위치시키려 한다. 그렇게 프로이트는 각 주체가 긍정적인 오이디푸스 과정과 부정적인 오이디푸스 과정을 경험한다고 상정한다. 이 과정의 성적 양가성이 인간의 근본적인 양성애성을 표현하는 것이다. 남아는 아버지를 무찌르고자 한다. 동시에 남아는 아버지와 동일시하기 때문에, 자신의 공격성에 대해 마조히즘적 관계를 형성하고 그의 라이벌을 보호하기 위해 사실상 '여성적인' 태도를 취하며 자신의 적대감을 이제 두 남자 모두에게 위협이 되는 어머니에게 투사한다(Freud 1961a, 32[국역본, 376, 377쪽]; Deleuze 1971). 하지만 '정상적'인 남성 정체성이 발달하기 위해 오이디푸스적 위기는 아버지와의 동일시 강화를 통해 해소되어야 한다. 프로이트는 남아가 성차 — 어머니의 성기, 사실상 '거세'가 일어난 트라우마의 장소를 보는 충격 — 를 발견함으로써 이 해소가 이루어진다고 주장한다. 이 발견은 남아에게 재앙이긴 하지만 생산적인 효과도 가져온다. 남아는 아버지 혹은 아버지 같은 인물과 아버지로서 동일시하며 또 그를 적대시한다. 그는 어머니와 동일시하고 적대시하지만, 반드시 어머니'로서' 동일시하지는 않는다.

어머니가 거세되었음을 발견하는 일의 '건강한' 한 가지 효과는 오이디푸스 콤플렉스의 붕괴이다(Freud 1961b, 256, 257[국역본, 290, 291쪽]). 이 전개는 이성애적 발달 과정의 수많은 수치심의 지점들과 구조들을 해소하는 것으로 보인다. 물론 그중 무시할 수 없는 한 가지는 근친상간의 금기이다. 이것이 남아로 하여금 아버지를 해치지 않고 아버지가 욕망하는 것처럼 욕망할 수 있게 한다. 아들의 욕망이 이제 어머니를 넘어 가족 밖으로 나가기 때문이다. 동시에 그는 여전히 어머니의 관심을 받을 수 있다. 이 변화로부터 초자아 혹은 자아-이상이 발달하며, 이것이 남아의 욕망을 적절한 대상에 길들임으로써 향후 그를 트라우마로부터 보호하는 시도를 하게 된다. 이 해소는 이성애적 남성성을 보장해 줌과 동시에 어머니와 그의 일차적 관계를 보호한다. 어머니는 여전히 돌봄과 자양분을 제공하는 사랑하는 원천이지만, 어머니의 두려운 성차 때문에 다른 여성으로의 대체가 필요해지는 것이다. 새로운 여성에 대한 성적 애착은 남아에게 이제 어머니와의 관계에서 (어머니의 젖가슴과 성기 때문에) 이중으로 포스트-트라우마적이 된 양가감정을 극복하게 함으로써 성공적으로 남성성을 수행할 기회를 제공한다.

거세 불안은 규범적 남성성을 구성하는 더 강화된 동성사회적 동일시에서 일어난다. 만약 이 추론적 관점을 인정한다면, 남아들은 아버지 및 남성 일반과 동일시하는 것이다. 그들이 같은 젠더이기 때문만은 아니다. 그들은 여성을 향한 욕망에 애착을 형성하는 장면에서 같은 위협에 직면했고 이상한 불안과 양가감정을 똑같이 느끼기 때문에 연대를 형성한다.

그러나 때로 거세 불안의 트라우마는 주체를 마비시키고 위기의 순간에 그의 섹슈얼리티를 얼어붙게 하며 일상적인 이성애 남성성의 성공적 획득을 위협한다. 바로 이 지점에서 절편음란증(페티시즘) 같은 도착이 발생한다. 프로이트의 글 「절편음란증」과 「메두사의 머리」는 남성들을 서로 연대하게 만들고 여성의 육체적 차이에 대한 양극화된 매혹 — 공격성/비루함, 이상화/역겨움 — 을 자아내는 남근적 취약함의 위기가 또한 불안감을 위장함으로써 치료하는 형식주의를 만들어 내며, 그럼으로써 남성으로 하여금 여성을 향한 활성화된 양가감정을 부정할 수 있게 한다고 시사한다. 페티시는 바로 그 형식이다.

페티시는 성애적인 의미가 부여된 대상, 소유하고 통제할 수 있는 대상이지만, 역설적으로 페티시가 도리어 그것을 소유한다고 생각하는 사람을 소유하거나 통제한다. 그것은 여성을 향한 남성적 욕망의 이야기를 여성에 의해 희생된 남성이 영웅적으로 치유되는 시나리오로 끝나는 이야기로 바꿔 놓는다. 절편음란증은 근본적으로 미학적인 위기이다. 메두사가 자기 얼굴을 보는 사람을 모두 돌로 만들듯, 남아는 어머니의 성기가 자기의 것과 다르다는 사실에 충격을 받고 그 깨달음을 자신의 몸으로 드러낸다. 몸이 경직되는 것이다(두려움 그리고 발기 상태의 경직이다). 그는 어머니의 머리카락에서 뱀(또는 음경들)으로 가득한 음모를 마음의 눈으로 그려 본다. 달리 말하자면, 남아의 몸과 감각중추가 어머니의 잃어버린 거세된 음경의 표상들을 만들어 낸다. 페티시는 대상, 대상의 존재, 대상의 부재를 표상하는 것이다. 페티시의 마법은 그것이 남아를 절대적인 상실로부터 보호한다는 점이다. 흔히 그것은 남아가 어머니 옷 아래 방바닥이나 어머니와 관련된 다른 표면들(구두, 수예품, 모피)과 연관시키는 무엇이다. 그 자체로 페티시는 욕망이 통제되고 관리되고 이해되고 의미화되고 또 물질적 형식에 의해 보호될 수 있게 만든다. 이뿐만 아니라 페티시는 음경처럼, 독특함이나 독자성이 없다. 그것은 언제나 소유되고 재생산되고 대체되고 수집될 수 있다. 그래서 그것은 가치와 가치 없음을 함께 아우르고, 공격성과 보호의 태도로 욕망을 해석한다. 하지만 절편음란증의 동기가 되는 모순들과 복잡한 내용은 페티시가 된 대상에 의해 은폐된다. 원래 페티시가 트라우마적 사건의 징표라면, 그것이 재생산 가능하다는 사실은 페티시를 사건과 분리시키고 그것을 순수한 형식으로 탈맥락화하며 절편음란증의 주체로 하여금 반복, 매혹, 분석적 주의 분산을 특징으로 하는 추상적 현재에 몰입할 수 있게 한다.

원 대상을 대체하는 대상으로 성적 욕망이 승화되는 것은 또 역설적으로 추후의 불안정화로부터 아이의 애착심을 보호함으로써 원 대상을 보호한다. 실제로 사랑에 대한 여러 글에서 프로이트는, 오이디푸스적 트라우마를 성공적으로 헤쳐 나가지 못한 남성들이 성인으로서 사랑의 대상을 선택할 때 그들은 사랑하는 대상을 과대평가하거나 혹은 일련의 부적절한 여성들을 모욕(이는 그의 분석에서 드러나는 절편음란증의 두 측면이다)하는 경향이 있다고 암시한다. 다른 글에서와 마찬가지로 여기서도 그는 이상화와 혐오의 관계처럼 욕망의 상반되는 관계들이, 욕망을 순환하게 하는 것과 같은 동기를 형식적으로 드러낼 수 있다고 시사한다. 종종 그는 근본적인 양가감정, 양성애, 그리고/혹은 인간 충동의 비일관성이 욕망의 형식주의를 추동한다고 주장한다. 하지만 그는 '문명'이 이성애적 정상성에 유익하도록 그것들을 부정하고 승화할 것을 요구한다고 말한다. 그에 따르면, "성적 발달의 최종 결과물"은 "성인의 정상적인 성생활이라고 알려진 내용에 있다. 즉, 쾌락의 추구가 재생산 기능의 지배 아래 놓이게 되고, 구성 요소로서의 본능들이 단일한 성감대의 우위하에 편입되어, 어떤 외부의 성적 대상에 부착된 성적 목표를 지향하는 견고한 조직을 형성하는 것이다"(Freud 1949, 197[국역본, 99, 100쪽]). 이 "외부의 성적 대상"이 욕망하는 주체로 하여금 성적인 그리고 친밀성의 정상성을 위해 그의 양가감정을 부정할 수 있게 하는 한, 그의 욕망은 절편음란증적이다. 즉, 페티시가 욕망의 일반적 구조를 재생산하는 것이다. 그 구조란 상실된 혹은 불안정한 대상의 대체물을 찾음으로써 쾌락의 반복을 목표로 삼는 행위이다.

여아가 '역'오이디푸스 과정을 통해 이성애적 여성성을 갖게 되는 데 대한 프로이트의 설명은 불량 모사품의 특성을 다 가지고 있다. 때로 그는 그 과정이 단순 이항에 불과해 여아의 어머니와의 동일시 및 아버지에 대한 대상-카텍시스object-cathexis가 남아의 경우에서 보았던 것과 마찬가지로 공격성과 마조히즘의 똑같은 연합 작용과 더불어 위기에 봉착하게 된다고 주장한다. 그는 또 여아는 오이디푸스 과정을 거쳐 초자아에 의한 훈육으로 이행하려는 동기가 남아보다 적다고 말한다. 여아는 언제나 이미 거세된 상태이므로 거세 위협으로 자극받지 않기 때문이라는 것이다. 이는 그래서 프로이트가 보기에, 여성이 더 취약한 초자아, 더 취약한 정의 개념, 더 불안정한 자아 인식, 더 쉽게 탈조직화되고 병리적인 욕망을 갖게 된다는 의미이다. 아래에서 논의하겠지만, 다른 비평가들은 이 결핍이 또한 여성으로 하여금 규범성의 강제에서 더 자유로울 수 있게 해준다고 주장하게 된다.

프로이트는 활동하는 동안 수많은 글들을 썼는데 그 글들은 일관되지 않는다. 예를 들어, 여성의 마조히즘에 대해 그는 정치적인 분석도 제시한다. 그는 여성이 위협으로 인해 생기는 일련의 성애적인 공격성을 갖는다고 ─ 남성보다 좀 덜 강렬한 정도로 그러하다고 ─ 주장하지만, 그것을 사회적으로 용인하는 기제가 없고 여성의 공격성이 사회적 가치를 얻게 되는 드라마는 없다고 주장한다(Freud 1964, 132-135[국역본, 162-166]). 욕망은 언제나 욕망을 지탱할 수 있게 하는 대상을 찾으며 심지어 크나큰 오인을 불사하고서라도 그런 대상을 찾기 때문에, 그 공격성은 공격성의 원천, 즉 여성에게로 돌아오는 경향을 보인다. "여성적 마조히즘"에 대한 이 사회적 설명은 우리가 살펴본 친족 관계 중심의 설명과 모순되며 프로이트의 작업에서 내적 긴장을 초래하고 그것이 현대 정신분석학까지 계속되고 있다. 이 비일관성이 반드시 정신분석 자체를 망가뜨리는 것은 아니다. 오히려 그것은 '개인'이 역설적으로[역설적 존재로] 이해되곤 하는 현대자본주의/이성애 규범성의 맥락에서 권력과 주체성을 다루는 사유를 특징짓는 일반적인 문제를 전형적으로 보여 준다. 개인은 욕구 및 세계가 만든 구조들에 의해 추동되는 존재이지만 또한 항시 변하는 사회적 삶의 제도들로부터 상대적으로 주권적이며 자율적인 힘이다. 하지만 정신분석은 우리 자신의 양가감정 속 불일치가 사회적 목표들 및 요구들의 불일치와 맞아떨어진다는 것 역시 보여 주었다. 서로를 거울처럼 반영하는 식으로든 혹은 완화와 회복이라는 다양한 환상들을 유도하는 식으로든 말이다. 맞아떨어지지 않는 부분은 이데올로기에 의해 감춰지는, 좁힐 수 없는 간극이라고 여겨져 왔다. 이데올로기는 자기 자신의 개인적 이야기의 관점에서 세계를 보는 주체들을 성공적으로 생산해 내기 때문에, 주체성을 구조적 측면에서 조명하는 다른 설명들은 세계 내 개인의 정체성이 지니는 구체성과 독특함을 침해하는 것처럼 보인다(Žižek 1994b, 21; Žižek 1989). 욕망에 대한 비평 이론의 연구는 '잉여' 등의 어휘들을 동원하게 되었다. '잉여'는 주권적 욕망의 개인주의적 모델과 일치하지 않는 설명들에서 이데올로기가 끌어내는 '의미'를 거부하고, 잠재적으로 주체와 세계가 상호 구조화하며 이루는 변화들을 가능하게 할 수도 있다.

말할 필요도 없겠지만, 여성의 욕망에 대한 프로이트 이론의 큰 부분을 이루는 남근 선망이나 여성적 결핍 같은 개념들이 남성에게 유리했다는 점에 주목하는 페미니즘적 연구가 많이 이루어졌다. 하지만 이것은 결국 프로이트가 여성이 무엇을 원하는지에 대해 알지 못했음을 의미하는가? 심리적 질서에 대해 그가 지어낸 이야기들은 주로 세기말의 전반적인 여성 혐오적 불안의 증상들 혹은 가부장제 상상계 일반의 증상들인가? 이런 주장을 열심히들 해왔다. 그러나 프로이트의 직관들은 낸시 초도로를 비롯한 분석가들에 의해 긍정적 가치로도 전환되었다. 낸시 초도로는 어머니와 여성의 동일시가 여성을 남성보다 더 약하거나 더 마조히즘적으로 만드는 것이 아니라 더 유연하고 덜 폭력적으로 만든다고 본다. 이와 대조적으로 제시카 벤저민은 (전통적으로 어머니, 여성성의 위상인) 타자성에 대한 프로이트의 매우 부정적인 설명이 맞기도 하고 안타깝게 부족하기도 하다고 주장한다. 도널드 위니컷의 입장을 따르며 제시카 벤저민은 "대상"을 향해 욕망하는 주체의 근본적인 양가감정은 그저 양가감정일 뿐이라고 말한다. 만약 [어머니와의 분리라는] 최초의 트라우마적 분리의 폭력에 주체가 보일 반응의 한 측면이 사랑하는 그 사람[어머니]이 지닌 불가사의한 타자성을 경험하는 것이라고 해도, 욕망하는 주체는 그럼에도 불구하고 그의 친밀한 대상을 한 사람, 독특한 자아로 인식하려는 욕망을 유지한다. 우리가 욕망할 때의 한 가지 동기가 그 욕망하는 타자를 정복하는 것이라 할지라도, 우리는 그 타자를 주체로서 인식하고자 하는 것이 사실이다. 바로 그런 조건들 아래에서만 사람은 자신이 갈망하는 인정을 진정으로 받을 수 있기 때문이다. 벤저민의 욕망 모델은 근원적으로 성차의 이율배반의 영향을 정신분석 모델보다 훨씬 덜 받고 있다.

마지막으로 재클린 로즈는 프로이트의 이론이 성차(이성애화된 젠더 정체성)가 결코 순수성이나 안정성을 획득할 수 없음을 보여 준다고 주장한다. 성차가 언제나 불안을 자아내면서 불일치로 회귀한다는 것이다. 혹은 프로이트 자신이 주장하듯, "순전한 남성성과 여성성은 불확실한 내용으로 이루어진 불확실한 이론적 구성물에 불과하다"(Freud 1961b, 258[국역본, 292쪽]). 정신분석의 젠더, 섹슈얼리티, 욕망에 대한 이 상이한 입장들을 통합하는 어떤 강력한 포괄적 이론은 아직 제시되지 않은 상태다(Chodorow 1978; Benjamin 1995; Rose 1986).

여성의 좀 더 취약한 성애적 조직화 — 트라우마가 된 어머니에 대한 사랑을 유약하고 과잉 상징화된 신체 부위[5]로 압축해 전치하지 않았다는 사실 — 에서 유래하는 한 가지 추정은, 여성에게 절편음란증이 있을 수 없다는 점이다. 절편음란증이 '정상적' 섹슈얼리티의 중심 구조라는 점이 드러났으므로, 전통 정신분석에서 여성이 절편음란증을 경험하지 못한다는 가정은 여성이 히스테릭하거나 또는 욕망하는 대상에 대해 나르시시즘적으로 장애를 겪는다는 관념을 도출하는 데 일조해 왔다. 테레사 드 로레티스, 나오미 쇼어, 에밀리 앱터 등은 이런 함의에 반대 입장을 취한다. 쇼어는 여성에게 절편음란증이 있으며 그것이 전통적인 절편음란증적 욕망의 모델 속 사랑하는 사람과 사랑받는 사람 사이의 존재와 부재, 공격성과 이상화, 외상과 충만 사이의 유희를 인정한다고 주장한다. 하지만 여성의 '거세'가 주어진 사실이기에, 여성은 그들이 수행하는 성애적 반복에 대해 아이러니의 관계를 형성할 수 있다. 여성은 반복을 부정하거나 반복에 폭력적으로 대응하지 않고도 반복을 인정할 수 있다(Schor 1985, 301-310; Schor 1987; Apter and Pietz 1993, 92-100).

대신에 테레사 드 로레티스는 레즈비언적 절편음란증에는 특수성이 있다고 주장한다. 레즈비언적 절편음란증이 신체적 총체성의 상실을 표시하는 것이라면, 즉 부정적으로 가치평가된 애인[대상]의 신체적 차이에 신체적 총체성의 트라우마적 상실을 투사하는 사람에게 절편음란증이 그 상실의 징표라면, 레즈비언적 욕망은 욕망의 대상이기도 하고 위협이기도 한 "차이"를 가리키는 자신 나

---

5 [옮긴이] 페니스를 가리킨다.

름의 심미적 징표들을 만들어야 한다. 여성 연인들 사이의 구분은 성적으로 "차이 나는" 몸들 위에 그려질 수 없기 때문이다. 그러므로 테레사 드 로레티스의 주장에 따르면 거세는 레즈비언들에게는 해당되지 않는 개념이다. 그 결과, 레즈비언의 사랑을 만들어 내는 데서는 간주체적 환상이 더 큰 역할을 한다. 욕망에 관한 프로이트적인 그리고 이성애적 페미니스트들의 이론들 — 이들은 우선적으로 사랑이, 욕망을 활성화하는 바로 그 욕망의 대상을 가려 버리는 절편음란증적 환상이라고 본다 — 과 대조적으로, 레즈비언의 절편음란증에 대한 로레티스의 논의는 환상을 공유하는 두 연인을 필요로 한다(de Lauretis 1994, 228-286). 그들이 생성하는 성애적 미학은 친밀한 경계, 몸의 구분과 차이의 공간을 만들어 내고, 그들의 욕망은 그것들을 가로지르고 또다시 가로지르지만, 욕망의 불안정한 과정을 파괴하거나 또는 그로부터 질서를 형성해 내려는 것은 아니다. 로레티스에게 레즈비언 욕망의 절편음란증적 "도착"은 사랑을 파괴하는 것이 아니라 사랑을 생산하는 것이다.

* * *

유아기 욕망과 그것이 성인의 삶에서 포스트-트라우마적으로 반복되는 것에 대한 프로이트의 논의들을 살피면서 우리는, 리비도에 젠더가 없다 해도 각 젠더는, 양성애로 생겨났든 혹은 유아기의 분리와 거세로 생겨났든, 충동의 에너지가 가지는 양가적 압력을 처리하고 재현하는 특정한 형식과 관련을 맺고 있음을 알게 되었다. 우리는 또 이상화, 공격성, 우울증, 그리고 마조히즘이나 절편음란증 같은 '도착증들'이, 안착할 수 있는 이상적 대상을 발견하기 위해 욕망이 분투하고 실패하면서 따라가는 일상적 행로에, 필수 불가결한 것임을 알게 되었다. 욕망의 형식주의는 그러므로 도착을 생산하는 동시에 정상성을 목표로 삼는 서사를 생산하지만, 역설적으로 결코 완결에 이르지는 않는다. '정상적' 욕망조차도, 쉬지 않고 대상들을 시험해 보면서 끊임없이 작동하는 것이다(Bersani 1986, 63, 64[국역본, 80쪽]; Silverman 1988, 1-41).

  이것은 음울한 결론처럼 보일 수도 있다. 특히 욕망에 대한 우리의 꿈이 쾌락과 만족감의 특정한 조합을 통해 지탱되는 것이라면 말이다. 그렇지만, 이브 세지윅이 주장하듯, 욕망이 목표에 부합하는 대상을 찾는 데 실패한다 해도 그 오류가 여전히 쾌락을 자아낼 수 있다. 욕망의 근본적인 무정함은 새로운 낙관, 새로운 가능성의 서사, 심지어 성애적 실험성을 만들어 내는 창의성의 원천이 기도 하다(Sedgwick 1993, 206-211). 그렇지만 대부분의 사람들은 자기 욕망이 변화하기 때문에 생겨나는 이로움을 의식적으로 경험하지는 않는다. 부분적으로 그 이유는 흔히 사람들이, 믿음직한 사랑의 자가발전 및 그런 사랑이 주는 위안에 대한 욕망을 어느 정도의 안정성 및 비양가성을 향한 욕망과 혼동하기 때문이다. 안정성과 비양가성은 살아 있는 친밀성이 거의 유지하기 어려운 것이다. 이에 더해, 사람들은 적절함이라는 전통과 관습을 지탱해 주는 제도와 서사 안에서 형성되는 욕망만을 가치 있는 것으로 인정하도록 교육받는다. 나아가 그들은 욕망이 너무 여러 개의 대상에 부착되거나 '나쁘다'고 여겨지는 대상에 부착될 때의 결과에 대한 두려움을 학습한다. 그들이 갈망하는 대상이 비합법적인 섹슈얼리티를 가진 사람이건, 혹은 그 대상의 섹슈얼리티, 인종, 계급, 민족, 종교, 혼인 여부가 그저 편의에 저해되는 것이건 상관없이 말이다.

그러므로 욕망의 모습들이 무한할지라도, 적절한 환상과 기대의 장면들을 지배하는 것은 한 가지 플롯이다. 그것은 유아기 욕망의 패턴이 발전해 이루는, 제도화된 친밀함 및 가족의 연속성이라는 환상을 통해 봉합되는 사랑의 플롯이다. 그 환상은 순탄하게 지속되는 관계들로 이루어진 친족 관계의 사슬을 통해 역사적 과거를 미래로 연결해 준다. 미국에서 이 플롯은 널리 각색되긴 했어도 법적으로 그리고 미학적으로 특권적 위상을 갖게 되었다. 삶이 무엇을 제공해야 하는가에 대한 꿈으로서 관습적 사랑을 향한 욕망은 여러 사회적 차이들의 장들을 가로지르며 상당히 강력한 것으로 남아 있다. 우리는 이미, 이성애로 조직화된 고정된 젠더 정체성들의 공적 세계를 지탱하는 토대가, '정상적' 섹슈얼리티와 욕망이 가능한 것일 뿐만 아니라 상상될 수 있고 자연스러우며 옳은 것이라는 믿음의 성공적인 확산이라는 것을 알게 되었다. 또한 짝이 없거나 재생산을 하지 않는 이성애자 그리고 게이, 레즈비언, 양성애자, 트랜스젠더 주체들은, 수치에서부터 감옥 체계, 또 그런 사회의 시민들이 가하는 신체적 형벌까지,

규범적 성욕으로 조직화된 삶의 서사에 따르지 않는 대가를 일상적으로 또 극단적으로 치르고 있다는 것을 알게 되었다.

정신분석, 섹스, 그리고 혁명

관습적인 친밀한 행동으로 이루어진 세계에 대해서는 1960년대의 급진적 격변을 거치면서 활발한 공격이 있었다. 실제로, 그 시기의 반체제적 정치투쟁에서 욕망이 핵심어가 되지 않았더라면, 오늘 우리는 '욕망'이라는 범주를 연구하고 있지도 않을 것이다. 1968년 이후 유럽과 미국의 사회적 급진론자들이 '욕망'이라는 범주를 사용해 온 방식은, 프로이트가 그러했듯이, 각 개인이 항상 유동하며 폭발력을 지니는 (그래서 잠재적으로 급진성을 가능하게 하는) 지점이라는 생각에 기반했다. 그렇지만 이 급진론자들은 욕망이 적절한 대상을 찾는 데 필연적으로 실패한다고는 생각하지 않았다. 그 대신 그들은 섹슈얼리티를 소외된 노동, 사회적 정상성, 그리고 정치적 무사안일주의 등으로 변형하는 승화로부터 섹슈얼리티를 구출해 내는 데 집중했다(Echols 1989; Marcuse 1964, 1969; Sayers et al. 1984, 특히 그중에서도 Stanley Aronowitz, "When the Left Was New," pp. 11-43, 또한 Ellen Willis, "Radical Feminism and Feminist Radicalism," pp. 91-118). 또 욕망이 너무나 과장되고 상투화되어 욕망이 사람들을 무기력하게 하거나 역설적으로 자극하는 동시에 지루하게 하고 안주하게 한다고 생각하게 만드는 광고 담론의 패러디적 형식으로부터도 욕망 자체를 구출해야 한다고 여겼다(Barthes 1975, 1976; Lipsitz 1990). 그것이 바로 많은 급진적 문화 구축 운동이 브레히트식 아방가르드 전략들을 사용해, 욕망의 형식이라 여겨졌던 것을 변화시키고 낯설게 만들고자 했던 이유이다. 예를 들어, 시각적 쾌락의 역사가 여성 혐오로 너무도 포화되어 있으므로 페미니즘적 아방가르드가 시각적 쾌락의 형식들을 "파괴"해야 한다고 로라 멀비가 1975년에 요구했던 것을 생각해 볼 수 있다. 해방은 욕망이 활성화한 가치의 미학이 여성의 예속을 가치 있는 것으로 만들거나 재생산하지 않을 때에만 가능할 것이기 때문이다(Mulvey 1989, 14-29). 그것은 또 "성의 혁명"에서, 부르주아 가족, 혼인 제도에 국한된 섹슈얼리티, 국가와 시민의 관계, 착취, 인종주의, 제국주의, 종교의 위상, 사회적 삶에 대한 교육, 그리고 정치에서의 몸의 지위 등에 대항하는 여러 정치적 격변의 중심에 "욕망" 또는 주이상스(이성적 자아, 고정된 정체성, 혹은 규범적 제도들을 초과하는 충동들의 에너지)가 놓이게 된 이유이기도 하다. "개인적인 것이 정치적인 것"이라는 페미니즘의 언명은 욕망이 삶에서 차지하는 중심적 위치를 재확인하고자 했다. 탈승화되고 자유로워지고 재경로화된 욕망의 강력한 힘들은 부당한 관습적 친밀성들과 사회 전체를 뒤엎을 수 있는 힘을 가지는 것으로 흔히 상상되었다(Cixous 1981, 245-264).

욕망의 옹호자로서 정신분석의 역사에서 정신분석이 사회를 급진적으로 재개념화하는 데에 중심적인 도구로 자리 잡기는 했지만, 이 시기에 전문직으로서 정신분석은 정신분석적 인식론의 세계를 형성하는 억압적이고 정상화를 종용하는 가족제도를 비롯한 가부장제, 자본주의, 제국주의, 인종주의적인 국가·사회 제도에 봉사했다는 이유로 널리 비판받았다. 개인 주체에 대한 학문이 어떻게 그토록 광범위한 부정적 효과들을 갖게 될 수 있었을까? 비판의 형식은 다양하다. 우선, 정신분석은 규범적 구분들 — 남성과 여성, 정상적 섹슈얼리티와 비정상적 섹슈얼리티 등 — 을 자연스러운 것으로 위장한다는 공격을 받았다. 자연의 이치인 것처럼 설명된 이 '과학적' 범주 구분들은 또 성적으로 (욕구의 면에서) 장애를 겪는 이성애 여성, 게이, 레즈비언, 도시 빈민, 유색인종이 정당성을 인정받지 못하게 하는 데 활용되었다. 덧붙여, 이런 범주 구분들이 암시하는 위계질서는 제국주의적 논쟁에서도 이용되었다(Chatterjee 1994; Kaplan 1996; McClintock 1995; Sommer 1984; Spivak 1992). 제국주의적 '문명'을 식민지의 '야만주의'보다 우위로 격상하는 것은 또 국가 경계 내에서도 정치적 우월성의 함의들을 지니는 것으로 생각되었다. 이른바 퇴폐적 집단들 — 유색인종, 유대인, 빈민, 여성 — 은 심리적 타락, 결핍, 심신 쇠약에 대한 이론들을 필요로 하는 것처럼 보였으며, '과학적' 증거를 원하는 사람들에게는 섹슈얼리티가 최상의 자원이 되었다(Gilman 1985; Haraway 1991).

1960년대의 운동가들에게는 이런 비평에서 의미심장한 측면이 하나 더 있었다. 정신분석의 어떤 입장들이 보편적 또는 추상적 주체 개념과 정상적 또는

'건강한' 성적 주체라는 개념을 혼동했기 때문에, 정신분석이 해롭게 전유될 수 있었다는 점이다. 프로이트에서 나온 '자아 심리학'ego psychology은 불행한 주체의 정상성 적응을 고무한다는 미국의 분파가 여기서 주된 공격 대상이 되었다. 빌헬름 라이히, 로널드 데이비드 랭 및 다른 급진적인 주체성의 분석가들은 좀 더 해방적이고 진보적이고 비규범적인 '정신 건강' 개념을 제시한 것으로 간주되었다(Mitchell 1974). 보편화를 지향하는 사고 뒤에 숨은 가치의 위계질서는 그 당시 급진적 철학자들과 사상가들의 주요 공격 대상이었다. 따라서 전문 분야로서 정신분석은 일반적·보편적 또는 '부르주아' 주체, 즉 개인성의 관점에서만 세계를 해독하는 개인을 생산하려 한다고 비난받았다. 그 주체는 오로지 가족 역학의 차원에서만 삶을 이해하도록 학습하고, 역사, 친밀성, 권력, 욕망의 개인적 맥락뿐만 아니라 비개인적 맥락으로써 특징지어진 주체로 스스로를 보지 못하는 주체이다. 현대 철학과 여타 학문 분과들에서 핵심적이었던 '인간'이라는 보편적 개념은 주체성 일반에 대해, 특히 정상/보편의 언어에서 표상되지 못하는 이들에게, 물리적으로 해로운 결과를 초래한 것으로 여겨졌다(Irigaray 1985; Wittig 1992). 제국주의적 인간성과 종種들 사이의 위계질서에 대한 이런 규범들을 정당화하는 '과학적' 지식을 생산함에 있어서, 정신분석이 다른 여러 인간 과학 및 학문 분과들과 다를 바 없다고 생각된 것이다.

동시에, 정신분석에 대한 근원적 비판에 좀 더 양가적인 반응들도 나왔다. 특히 인문학계의 수많은 비평가들은 제도로서의 정신분석이 욕망의 두 가지 모순적 모델들을 만들어 내면서 사실상 정신분석의 결론들을 잘못 대변했다고 주장했다. 그중 하나는 앞에 언급한 범주들, 즉 전통적으로 억압적인 성차와 가족의 역할, 오이디푸스적 관계, 남근 선망으로 기술될 수 있다. 대조적으로, 급진적 잠재력은 항상 굴절되고 접히고 꼬이는 리비도의 활동 모델에서 나온다. 이 모두가 암시하는 바는 ① 언제나 동경의 상태에 있고 다수의 다양하고 분열적인 목표들에 의해 결정되는, 그래서 성적이든 젠더든 언제나 실패한 기획인 '정체성' 자체와 더불어 탈중심화되고 불안정한 욕망하는 주체의 모델(Brennan 1992; Butler 1990, 1993; de Lauretis 1994; Rose 1986), 그리고 ② 정상/보편적이고 개별화된 정체성의 협소한 개념을 생산하도록 경로화된 리비도의 에너지가 좀 더 포괄적이고 관대한 사회성들과 세계들을 만들어 내도록 재경로화될 수 있다는 사실이다.

다음 몇 쪽에서 우리는 욕망의 불안감과 불안정성이 좋게든 나쁘게든 결과적으로 사회적 변화를 이끌어 낼 수도 있으리라는 두 번째 논점의 전망을 살펴볼 것이다. 정신분석에 대한 지식을 가지고 이런 생각을 계속해 온 여러 욕망 이론가들은 관습적으로 오인되고 억눌려 왔던 욕망이 어떻게 파괴적으로 자아 관계와 사회관계를 왜곡하는지를 다시 사유한다. 이 후자의 관점에서 '정체성'은 신기루다. 우리에게 '나'를 선사하고 우리가 겪는 자극들에 압도되지 않게 보호해 주는 이름을 선사하는 자아라는 신기루, 그리고/또는 사회적 가치의 위계질서를 성차의 이성애화된 유사 자연적 구조 안에 뿌리박게 해서 자연스러워 보이게 만드는 규범의 훈육 아래에서 우리가 욕망의 과잉과 양가감정을 버림으로써 식별 가능한 존재가 될 수 있도록 가르치는 사회질서라는 신기루인 것이다.

안정된 정체성이라는 신기루에 대한 이 입장은 자크 라캉, 그리고 그의 작업과 더불어 사유하는 사회 이론가들의 풍성한 사유를 통해 무르익었다. 라캉은 '주체'를, 상징 질서라는 영역에서 정체성을 가짐으로써 생성된 불안감의 효과로 정의한다. 이런 관점에서, 개별화하는 정체성을 가진 주체의 생산은 이데올로기의 주체 형성 과정과 동일하다. 이는 개인성이라는 불가사의가 존재하지 않는다는 의미가 아니라, 사람들이 자신의 형식, 자신의 '자아'를 환상을 통해 발견하게 된다는 의미이다. 이때 환상은, 그들을 사회적으로 식별 가능한 존재로 만들어 주는 규범들의 매개 작용과 더불어, 견딜 수 있고 지속 가능한 안정감을 주리라고 그들이 희망하는 사랑의 대상을 향한 불가능한 욕망의 투사를 포함한다. 정체성은 거북이의 껍질과 같아서, 주체는 그 안에서 목을 내밀어 과연 움직여도 되는지, 어디로 움직일 수 있을지를 살피는 것이다. 그것은 사람의 위치를 정하고, 그를 보호하고, 위장하고, 훈육하는 방식이다.

이런 논증을 위해 라캉은 우리가 프로이트의 이론에서 이미 살펴보았던 원초적 욕망의 장면 속 분열을 재해석한다. 일단 유아가 세계와의 분리를 알 수밖에 없게 되면, 유아는 트라우마적 파편화, 모든 것의 불안정성, 버림받음, 통제권의 상실을 경험한다. 동시에 유아는 그 이전의 삶을 육체적 총체성 혹은 온전함의 경험으로 잘못 기억한다. 유아가 잘못 기억하는 것이라고 라캉이 암시하는 이유는, 그 이전의 조건이 탈조직화되고 욕구적이고 리비도적으로 영역화되지 않았을 뿐만 아니라 그 이전 상태에 대한 '기억'이 사실은 단지 정동적 느낌에 불과하고 우리가 전형적으로 기억이라고 생각할 만한 것이 아니며 심지어 분리가 발생하기 이전에는 가능하지도 않았기 때문이다. 그러므로 이 상실된 형식에 대한 유아의 '기억'은, 모든 욕망, 기억과 마찬가지로 유예, 지체, 전치, 우회를 통해 소급적으로 구성된다. 이를 프로이트는 사후성Nachträglichkeit이라고 부른다.**6** 라캉은 잘못 기억된 자아의 연속성과 온전함을 상상계라고 부르며, 상징계를 트라우마가 된 파편화의 조건으로 정의한다. 상징계 안에서 — 절대적 상실/거세의 위협하에 놓인 — 주체는 자신의 환경을 관리하고 (어머니를 향한 그리고 이후에는 대체물들을 향한) 자신의 욕망을 말하기 위해 언어와 정체성을 가지려 해야 하지만 결코 편안하게 그것을 이룰 수 없다.

　　라캉의 실재계는 감지할 수는 있으나 언제나 놓치게 되는, 참을 수도 없고 상징화되지도 않는 한계를 표상하는데, 주체에게 압박을 가해 주체가 기반을 찾기 위해 또는 대상에 안착하기 위해 노력하는 동안에 주체의 심리를 떠나지 않는 비의미의 불안감을 부인하게 만든다. 실재계는 사랑할 대상을 찾으려는 충동에 압박을 가하지만, 상징계에 매여 있는 그 대상들은 대상을 향해 주체를 추동하는 환상의 압박에 부응하기에는 불충분하다고도 말할 수 있을 것이다. 하지만 실재계가 느껴지는 것이라면, 상상계와 상징계는 시간, 현존, 기억에 매여 있는 것이다. 주체는 이런 상태들이 마치 시간적으로 연속된 순서로 발생하는 것처럼 경험한다고 한다. 첫째, 상상계는 트라우마적 분리, 욕망, 언어가 자리 잡기 이전의 완전한 안정성의 시기로 막연히 기억된다. 그다음 상징계는 트라우마 이후의 개인적 불안감, 욕망, 발화의 시기이며 문화, 이데올로기, 위계질서, 가부장적 법의 추상성의 공간이다. 그러나 라캉은 상상계와 상징계가 주체의 무의식 안에서 동시적으로 존재하지만 그것들이 동일한 것은 아니므로 그 불일치

6　[옮긴이] 프로이트가 'Nachträglichkeit'라고 표현한 것은 흔히 영어로는 'afterwardness'로 번역되므로, 이를 우리말로 '사후성'으로 번역했다. 이미 발생한 성적인 혹은 트라우마적 사건의 의미를 사후에 소급적으로 구성하는 데 대한 프로이트의 논의로는 "A Project for a Scientific Psychology," *Studies on Hysteria*(1895) 등 참조.

가 바로 주체가 평생 운명처럼 "자신의" 욕망으로 생각하고 조정해야 하는 비루함, 웅대함, 양가감정 등의 변동적·모순적 감정들을 생산한다고 주장한다(Burgin 1996, 179-275).

라캉은 상징계가 추상적이며 전능한 아버지의 이름을 중심으로 구축되어 있다고 설명한다(그저 평범한 마법사임이 드러나기 전의 '오즈의 마법사'를 떠올려 보라). 이 아버지의 은유는 몇 가지 기능을 수행한다. 아이가 완벽하다고 생각하는 실제 아버지와 대조적으로, 아버지의 이름은 언어를 통해 문화적 위계질서를 규정하고, 질서를 교란하는 힘들을 억압하며, 남성성으로써 사회적·개인적 특권을 연결하고, 근본적으로 성차를 중심으로 가치를 조직화하는 추상적 권위이다. 라캉의 주요 작업은 제2차 세계대전 후에 이루어졌고, 아버지의 이름은 욕망을 다스리는 파시즘의 기념비적인 기술들에 대한 묘사로 해석할 수 있는데, 라캉의 교수법적 영향력의 기반은 68 '혁명'의 시기에 급진적으로 확장되었다. 이 시기에 신세대 급진론자들은 초국가적 자본주의의 실천 면에서 기존과는 다른 국면을 마주하고 있었음에도, 언어, 욕망, 폭력을 기술하는 라캉의 방식을 받아들였다. 여기서 언어의 속성으로 정의되는 욕망은 성차와 섹슈얼리티의 속성으로서 또 성차와 섹슈얼리티를 통해 근본적으로 조직되는 욕망의 관점과 봉합된다.

프로이트가 성차와 이성애적 욕망의 중심부에 있는 거세 불안을 글자 그대로의 의미에서 기술했다면, 라캉은 정체성의 생산 그리고 정체성을 초과해 흘러나오는 욕망의 생산에 있어서 상징적 거세의 드라마에 초점을 둔다. 나는 '아버지의 이름'을 문화의 상징 질서 속 법이 있는 자리라고 기술했다. 그것은 팔루스에 의해 의미화되는데, 팔루스는 성별의 분리를 추상적 진리의 권위와 결부한다. 라캉은 팔루스와 페니스, 즉 음경의 구분을 통해 거세라는 상징적·해부학적 시나리오를 논의하기 시작한다. 여기서 상징적 용어(팔루스)는 욕망의 대상(페니스)에 대해 우리가 가질 수 있는 소유관계 전부를 의미한다(즉, 그것[페니스]을 소유하거나 소유하지 못하는 상태, 그것이 되거나 되지 못하는[품거나 품지 못하는, 또는 상징하거나 상징하지 못하는] 상태 등을 말한다). 하지만 팔루스란 얼마나 추상적인 것인가? 많은 사람들이 법의 상징으로서의 팔루스가 그것에 형태를 주고 지탱해주는 해부학적 페니스에 의지하고 있다고 주장했다(Gallop 1982). 하지만 성차에 대한 이 입장에서 팔루스의 결핍으로 인해 남성주의적 사회체제에 종속되는 것은 여성만이 아니다. 남성 역시 팔루스적 남성성에 종속된다. 상징적 기호와 신체적 기호를 지시하는 관습에서 두 기호 사이에 연속성이 있는 것 같지만, 남성성은 그 연관성의 취약함으로 인해 항상 위협받는다. 오이디푸스적으로 말하자면, 이 시련은 끊임이 없다. 남아가 잃어버린 '어머니'를 결코 가질 수 없기 때문이다. 남아는 사랑의 대체적 대상을 소유해야 하며, 법/언어를 사용해 그의 양가감정 때문에 생겨나는 불안감을 정복해야 한다. 그 불안감 자체가 바로 적절한 젠더화 과정에서 자신이 얼마나 부적절한지의 척도이니 말이다. 그러므로 라캉에게 성차는 페니스와 질을 중심으로 조직화되지 않고, 불안감의 첸더화를 중심으로 조직화된다. 남자도 여자도 결코 팔루스를 '소유'하지 않는다. 팔루스는 상실과 욕망을 표상할 수 있을 뿐이다. 하지만 라캉의 용어로 말하자면, 오직 여성만이 '대상 a' 또는 '오브제 a'를 표상한다. 오브제 a는 표상한다고 여겨지는 팔루스적 가치를 언제나 초과하는, 손에 넣을 수 없는 타자다. 남성은 법으로서 정체화하고 법과 동일시하는 특권과 부담을 견디며 사는 한, 전적으로 상징계 안에 살고 있는 것이다.

이는 남성성 내의 고통스러운 모순을 시사한다. 페니스가 팔루스 또는 법으로 오인될 수 있도록 허용하는 논리가 바로 남성에게 적절함에 관한 불안감과 실패의 드라마들을 경험하라고 선고하기 때문이다. 특권의 대가는 그 기반의 불안정성이다. 그렇다면 남성적 특권의 영역에서 부인되는 우연성을 이해하는 데 정신분석은 어떻게 도움을 주는가? 라캉은 만약 "무의식이 거짓으로 채워진 [또는] 빈칸으로 표시된 내 역사의 한 챕터"라면, 검열된 재료는 몸 위에서 표상하는 증상들과 같은 기념비에, 유년기의 기억들처럼 기이한uncanny 가치를 지닌 겉보기에 비개인적인 흔적들과 기억의 아카이브에, 언어와 전통의 추정들 속에, 그리고 서사의 규범들에 기록된다고 주장한다(Lacan 1977, 46-50). 남성성은 특히 남의 이름을 사칭하는 자 혹은 남의 흉내를 내는 자가 연기하는 것과 같은 종류의 정체성, 신기루 같은 정체성을 만들어 내는 일과 관련된다. 성공적인 연기의 공고함이 고정된 기념비적 존재로서 남성성의 아우라를 확보해 주는 것이다(Copjec 1994, 234). 하지만 우리는 양가감정, 불안, 그리고 다른 형태의 성적 잉여가 젠더 정체성의 관리 경제 안으로 완전히 흡수되지 않는다는 것 또한 알고 있다. 관습적 남성성의 상징체계 안에서 불확실성과 동요는 흔히 여성 일반 또는 대문자 '여성'에게 투사된다. 이때 대문자 '여성'은 부정적으로는 남성성에 대한 위협의 기원, 긍정적으로는 유혹으로 나타나고, 더 절편음란증적으로 보자면 양가감정의 해소로 나타난다.

이와 대조적으로, 연물[절편음란증의 대상]과 여성의 관계에 대한 논의에서 라캉은, 평범한 남성적 욕망 속에서 여성은 가장假裝, masquerade으로 관계를 맺게 된다고 주장한다. 여성적 존재로 식별 가능해지기 위해 여자는 가면을 써야 하지만, 여자가 상징계에 완전히 흡수되지 않았기 때문에 그 가면이 인위적임을 다소 드러낼 수 있다는 것이다. 이는 남성으로 동일시하는 남자가 자기의 페니스와 팔루스의 차이를 은폐하기 위해 [팔루스의 소유자임을] 사칭하는 자가 되어야 하는 것과 정반대이다. 사칭하는 자로서는 그 정체성을 자연스럽게 보이도록 표현해야 하기 때문에, 남성성의 표현에서 '유희'란 거의 있을 수가 없는 것이다. 하지만 라캉의 주장에 따르면, 여성이 팔루스/페니스의 권위에 대한 위협을 표상하기 때문에 종속되어야 하는 반면, 여성은 또한 초과, 즉 그 체제에 의해 관리될 수 없는 환원 불가능한 차이이기도 하다. 대문자 '여성'과 관련되며 상징 질서를 초과하는 이 엄청난 것은 주이상스라고도 하고 비루함이라고도 한다. 그것은 언어와 정체성 안에서, 그러므로 사회 안에서 주체가 유지하는 안정을 깨뜨리고 압도하는 숭고한 정동이다(Cixous 1983, 875-893; Kristeva 1982). 이런 개념화에 의해 여성은 근본적으로 다른 종류의 언어와 법과 욕망을 생성하는 위치에 놓인다(Lacan 1982, 162-171).

정신분석 안에서 페미니즘은 라캉에 대한 대응으로 수많은 문헌을 생산해냈다. 그 문헌들은 '아버지의 이름'이라는 추상이 실제로는 그저 남성 우월의 이데올로기를 새로운 기념비적 형식으로 새긴 것에 불과하다고 주장하거나, 가부장적 정체성의 형식이 대문자 '여성'을 거울로 필요로 한다면 대문자 '여성'은 결국 법의 담지자라고 주장한다(Rose 1982, 27-57; Žižek 1994a). 이에 덧붙여, 라캉의 욕망 모델이 전제하는 이성애적 특성은 신랄한 비판을 자아냈다(Roof 1991). 하지만 라캉이 팔루스를 페니스로부터 이론적으로 분리한 것은 페미니즘과 LGBTQ 관련 연구에 생산적인 영향을 주기도 했다. 욕망을 정체성의 관계들로 과잉 조직화하는 식별 가능성 및 가치의 문화 법칙들이 프로이트에서처럼 항구적으로 특정한 몸에 속박되지 않게 되므로(가령 팔루스는 페니스와 동일하지 않다), 그리고 가장과 사칭이 사람들과 젠더 정체성의 관계를 설명하는 것처럼 보이므로, 젠더와 섹슈얼리티가 사실은 동일시 혹은 인용의 효과들이라는 주장이 나오게 되었다(Butler 1990, 1993; Edelman 1994; Bersani and Phillips 2008; Viego 2007). 또한 라캉의 그 [팔루스와 페니스의] 분리는 살아 있는 섹슈얼리티들과 성적으로 유색인종화된 비규범의 체현들이 왜 권력의 이해관계들에 위협이 되는지를 설명하는 데 활용되었다. 남자들은 그들이 보는 남자들의 규범적 관행들을 인용함으로써 남성성을 채택한다. 여자들도 마찬가지다. 관습적인 젠더 구분을 동원하는 이성애자들도 마찬가지인 것이다(비이성애 규범적인 가부장제의 친족 관계에 관해서는 Herdt 1997 참조). 하지만 필연적으로 성적 주체는 그저 유적類的, generic 존재일 수는 없을 것이다(Rose 1986). 이런 의미에서 관습적 젠더화와 그 실패의 연관성은 멜로드라마적이기도 하고 평범한 것이기도 하다. 만약 우리가 우리 젠더와 동일시되는 정상적 실천들을 '인용'하려 한다면 결과가 어떻겠는가?(〈슈퍼맨〉, 『열락의 집』, 『가장 푸른 눈』, 〈현기증〉, 〈소년은 울지 않는다〉[7]를 생각해 보라). 만약 우리가 젠더화된 정체성을 페티시, 즉 취약함, 상실, 실패에 대한 우리의 불안감을 억압하는 기념비적 대체물로서 떠맡아, 우리 자신을 너무나 성공적으로 잘 젠더화한다면?(『드라큘라』, 『마담 보바리』, 〈블레이드 러너〉[8]를 생각해 보라). 내가 지금 윤곽을 그려 본 바와 같은, 열망하는 젠더를 수행하는 드라마틱한 시나리오는 수많은 사람들의 일상생활이다. 젠더와 욕망의 이 시나리오는 또 현대의 청춘 로맨스 이야기가 아닌가?(새런 톰슨은 1995년작 『끝까지 가기』에서 이에 대해 논의한다).

　　이런 종류의 질문들로부터 섹슈얼리티에 대한 주디스 버틀러의 반反규범적

7　[옮긴이] 이 작품들은 미국 사회에서 인종, 젠더, 계급, 섹슈얼리티 등 여러 차이를 지닌 주체들이, 백인 중산층 이성애자를 기준으로 삼은 '정상적' 남성성/여성성을 인용하며 살아갈 때 실제로 벌어지거나 벌어질 법한 (비극적) 결과들을 재현한다.

8　[옮긴이] 이 작품들에서 젠더화된 정체성의 성공적 연출은 인물들이 직면한 개인적·사회적 불안에 비례한다. 그들이 젠더 정체성을 성공적으로 연출할수록 그것이 아무런 본질적 속성이 없는 것(페티시)임도 드러낸다.

견해가 나왔는데, 버틀러는 만약 성적 정체성, 젠더 정체성의 법칙들에 종속되기를 거부하는 비루한 주체나 주변화된 주체들에 의해 그 법칙들이 집단적으로 "오인용"되거나 재왜곡된다면 그 법칙들과 규범들의 재현적 규정들이 변화할 수 있다고 주장한다(Butler 1993; Doane 1991). 실제로, 젠더는 기반을 약속하면서도 언제나 기반이 되지 못하며, 젠더로 기반을 마련하려는 분투에서 실패, 부정성, 부분적 성공은 핵심적이고 이것이 젠더의 상징적·실질적 변화의 조건이다. 하지만 이 낙관적 시나리오를 역사적으로 살펴보면 우리는 지배 체제가 얼마나 많은 수행적 변이들을 그 규범의 영역으로 흡수해 버릴 수 있는지를 상기하게 된다. 이렇게 인용을 통한 젠더의 변화가 법에 대한 사회적 비평으로서 다른 주체들을 위해 공명하려면, 그 변화를 확장하면서 다른 변화를 유발하는 실천과 연결하는 정치적 맥락이 있어야 한다. 덧붙여 말하자면, 앞서 제시했듯이, 모든 남성이 동일하게 가부장제화한 '팔루스'의 특권을 누리는 것은 아니다. 또 상징계 내의 대문자 '여성'이라는 허구가 모든 여성을 동일한 방식으로 제한하면서 특징짓는 것도 아니다. 인종차별주의, 식민주의, 이성애 규범성, 계급 특권 의식을 비롯한 여러 위계질서는 성차의 의미가 보편적이라는 환상에 훼방을 놓는다(Abel, Christian, and Moglen 1997; Faderman 1991; Spillers 1987, 64-81; Spivak 1992; Steedman 1986). 정신분석 전통에 대해 비판적 관계에 있음에도 라캉 계보의 사상가들은, 상이한 종류의 사건들이 주체에 미치는 영향의 규모, 강도, 가치의 차이들을 획일화하는 정신분석의 경향을 답습하는 추이를 보인다. 어쨌든 여기서 우리는 정체성 개념의 역사에서 중요한 변화를 목격하게 된다. 계몽의 주체의 패러다임을 정의하는, 영혼을 가진 보편적 합리성의 모델이, 상충하는 강력한 충동들뿐만 아니라 정체성의 모순적 요건들에 의해 불안정해지는 인간의 모델로 교체되는 것이다. 성의 정치학은 이런 모순들이 마비와 반복만 초래하기보다는 생산적이 되게 할 수 있다고 단언한다. 물론 변화를 가져오는 의식과 실천을 위해 적절한 물리적 조건들이 주어져야 한다.

반反정신분석적 사유의 또 다른 주요한 전통은 욕망의 불규칙함, 과잉, 불일치의 이름으로 정신분석을 비판하는데, 이 비판은 육체적 자아나 정체성 개념을 전적으로 초월하는 데 집중한다. 몸의 표면 또는 치형학적 궤적에 초점을 두고, 질 들뢰즈, 펠릭스 가타리, 엘리자베스 그로스 등은 욕망이 생성하는 애착심이 어떻게 항상 몸을 "되기"의 상태(들)로 재조직화하는지를 논의한다. "되기"는 또 몸을 성애적 영역, 의미와 가치와 권력의 영역으로 근본적으로 재형성한다 (Deleuze and Guattari 1977; Grosz 1994; Griggers 1997; Probyn 1996). 그들은 "탈영역화"와 "재영역화"라는 표현을 사용해, 욕망이 정체성의 영역을 허물고 새로운 공간에 내려앉아 그것을 "문명화"하는 양태에 따라 스스로를 재형성하는 과정을 기술한다. 이 관점에서 욕망은 이제 욕망하는 주체에 충격을 주어 그의 자아 관계를 재조직화하고 그의 욕망의 형식과 공간들을 변화시킨다. 애착심이 많을수록 변화도 많아진다. 욕망의 "리좀 구조"는 항상 가지를 치며 뻗어 나가는 체현된 정동의 모델을 생산한다. 이 관점에서 성기 중심의 섹슈얼리티는 더는 몸의 감각들을 조직화할 필요가 없으며, 개인적·정치적 역사는 그러므로 (통일되고 결속된 것으로 여겨지는) "몰적인"molar 형태의 정체성과 제도적 욕망을 초월하는 실천들을 향해 열리게 된다.

생산물과 이윤을 중심으로 하는 자본주의의 역학은 지난 세기 동안 몸의 착취와 재조직화를 강화해 왔는데, 정신분석의 '엄마−아빠−나'라는 오이디푸스 삼각 구도의 감옥 바깥에 놓인 항목이 되는 주체의 개념이 그 역학을 전복할 수도 있을 것이다. 욕망에 의한 주체 구성을 이렇게 급진적으로 읽는 방식은 주체가 규범적인 성애적 조직화를 반복하려는 충동으로 뭉친, 트라우마를 겪은 유아적 핵core이라는 관점을 거부할 뿐만 아니라, 감각에 대한 해석의 방식을 생산하기도 한다. 즉, 주체가 세계와의 조우라는 사건들로 충격을 받고 그 사건 안에서 달라지면서 세상을 살아가는 동안 주체의 정동이 주체를 조직화하려 하는 정상적이고 적절한 약호들을 필연적으로 초과한다고 보는 해석이다. 다른 한편으로, 이미 살펴보았듯이, 공간과 형식을 찾아다니는 욕망의 쉬지 않는 충동은, 사회를 조직화하는 재산, 덕성, 훈육이라는 강압적이고 유혹적인 형식들을 (그에 압도되지는 않더라도) 언제나 맞닥뜨리게 될 것이며, 개인의 의지는 강제력으로든 이론으로든 그것들을 와해할 수 없을 것이다. 개인 혹은 사회의 질서에 대해 욕망의 과잉은 어떤 위상을 지니는가? 그에 대해 일반적인 이야기를 뭐든 할 수나 있을까?

이런 질문들은 유용한 정치적 혹은 분석적 도구로서 '욕망'이라는 개념 자체를 맹공격받는 대상으로 만들었다. 미셸 푸코와 게일 루빈 등의 비평가들은 개인의 욕망을 섹슈얼리티 분석의 중심에서 이탈시킨다. 그 대신 그들은, 도시, 감옥, 병원, 국가처럼 제도적으로 복합적인 권력의 장에서 사회적으로 가시화되는 특정 인구 집단의 실천에 초점을 맞춘다. 이런 관점에서 '섹슈얼리티'는 우리가 생각하는 섹슈얼리티가 아니다. 즉, 개인이 동일시하며 자기 존재의 핵심에서부터 표현해 낼 수 있는 성애적 욕망들과 실천들이 아니다. 그것은 우리가 프로이트와 라캉 이론의 맥락에서 추적해 온 리비도 작용의 과정도 아니다. 푸코의 견해에 따르면 섹슈얼리티는 주체로부터 자연스럽게 발현되지 않는다. 섹슈얼리티는 규범적인 육체적·정동적 실천들의 장이다. 주체는 이런 실천들과 동일시하도록 학습하고, 그런 실천들을 가족, 교사, 교회, 국가, 의료계, 특히 정신분석가에게 이야기하도록 학습한다. 섹슈얼리티는 경험, 지식, 권력 사이의 제도적이고 이데올로기적인 관계들에 의해 만들어진다. 주체를 개별화하는, 제도적으로 굴절된 자기 고백의 문화가 자라나서 '섹슈얼리티'를 생성한 것이다. 푸코에 따르면 섹슈얼리티는 '욕망'과 또 그것을 표현하는 것으로 여겨지는 성기 중심적 실천들에 대한 일종의 담론이다. 그는 근대적 섹슈얼리티의 주요 신체 부위는 입과 귀라고 주장한다. 이런 관점에서 보면, 충동, 욕망, 쾌락은 '섹슈얼리티'라는 규범적 담론에 의해 축소 설명되는 것이다.

　하지만 이것이 섹슈얼리티가 단지 제도적 지배의 이식(移植)된 효과에 불과하다는 의미는 아니다. 섹슈얼리티는 근대적 분류 제도들의 출현으로 거슬러 올라가 추적 가능한, 역사화할 수 있는 상대적 개념이다. 비교적 최근까지도 성적 정체성은 욕망의 형식에 대한 관념도, 사람들을 분류하고 훈육하는 방식도 아니었다. 가령 동성애적 욕망을 가진 사람들과 동성애적 성행위를 실천한 사람들은 언제나 있을 수 있었지만, 섹슈얼리티를 연구하는 역사가들은, 이미 언급한 근대의 문명화된 개인성의 조건들을 구축하기 위해 성도착자들과 비정상인들을 구분하려는 일반적인 움직임의 일환으로 1890년대에 '동성애'와 '이성애'라는 범주가 만들어졌다고 말한다. 달리 말하면, '현대인들'이 20세기 말에 당연시하게 된 성적 욕망, 성적 정체성, 성적 실천의 일관성은 인간성에 관한 '사실'

이 결코 아니었던 것이다(Chauncey 1994; Halley 1995, 24-38; Halperin 2002; 또한 Burger 2003; Fradenburg 2002; Fradenburg and Freccero 1996; Goldberg and Menon 2005, 1608-1617; Katz 1995; Lochrie 2005; Lochrie, McCracken, and Schultz 1997).

참고 문헌

Abel, Elizabeth, Barbara Christian, and Helene Moglen, eds. 1997. *Female Subjects in Black and White: Race, Psychoanalysis, Feminism*. Berkeley: University of California Press.

Apter, Emily, and William Pietz, eds. 1993. *Fetishism as Cultural Discourse: Gender, Commodity, and Vision*. Ithaca, NY: Cornell University Press.

Barthes, Roland. 1975. *The Pleasure of the Text*. Trans. Richard Miller. New York: Hill and Wang [롤랑 바르트, 『텍스트의 즐거움』, 김희영 옮김, 동문선, 2002].

_____. 1976. *Sade, Fourier, Loyola*. Trans. Richard Miller. New York: Hill and Wang.

Benjamin, Jessica. 1995. *Like Subjects, Love Objects: Essays on Recognition and Sexual Difference*. New Haven, CT: Yale University Press.

Berlant, Lauren, ed. 1998. "Intimacy." Special issue of *Critical Inquiry* 24(2).

Berlant, Lauren, and Michael Warner. 1998. "Sex in Public." *Critical Inquiry* 24(2).

Bersani, Leo. 1986. *The Freudian Body: Psychoanalysis and Art*. New York: Columbia University Press [리오 버사니, 『프로이트의 몸』, 윤조원 옮김, 필로소픽, 2021].

Bersani, Leo, and Adam Phillips. 2008. *Intimacies*. Chicago: University of Chicago Press.

Brennan, Teresa. 1992. *The Interpretation of the Flesh: Freud and Femininity*. New York: Routledge.

Burger, Glenn. 2003. *Chaucer's Queer Nation*. Minneapolis: University of Minnesota Press.

Burgin, Victor. 1996. *In/different Spaces: Places and Memory in Visual Culture*. Berkeley: University of California Press.

Butler, Judith. 1990. *Gender Trouble: Feminism and the Subversion of Identity*. New York: Routledge [주디스 버틀러, 『젠더 트러블: 페미니즘과 정체성의 전복』, 조현준 옮김, 문학동네, 2008].

_____. 1993. *Bodies That Matter: On the Discursive Limits of Sex*. New York: Routledge [주디스 버틀러, 『의미를 체현하는 육체』, 김윤상 옮김, 인간사랑, 2003].

Chatterjee, Partha. 1994. *The Nation and Its Fragments: Colonial and Postcolonial Histories*. New York: Oxford University Press.

Chauncey, George. 1994. *Gay New York: Gender, Urban Culture, and the Makings of the Gay Male World, 1890-1940*. New York: Basic Books.

Chodorow, Nancy. 1978. *The Reproduction of Mothering: Psychoanalysis and the Sociology of Gender*. Berkeley: University of California Press [낸시 초도로우, 『모성의 재생산』, 김민예숙·강문순 옮김, 한국심리치료연구소, 2008].

Cixous, Helene. 1981. "The Laugh of the Medusa"(1975). Trans. Keith Cohen and Paula Cohen. In *New French Feminisms*, ed. Elaine Marks and Isabelle de Courtivon. New York: Schocken

Books [엘렌 식수, 『메두사의 웃음, 출구』, 박혜영 옮김, 동문선, 2004].

_____. 1983. "Portrait of Dora"(1976). Trans. Sarah Burd. *Diacritics* 13(1).

Copjec, Joan. 1994. *Read My Desire: Lacan against the Historicists.* Cambridge, MA: MIT Press.

de Lauretis, Teresa. 1994. *The Practice of Love: Lesbian Sexuality and Perverse Desire.* Bloomington: Indiana University Press.

Deleuze, Gilles. 1971. *Masochism: An Interpretation of Coldness and Cruelty.* Trans. Jean Mc-Neil. New York: George Brazilier [질 들뢰즈, 『매저키즘』, 이강훈 옮김, 인간사랑, 2007].

_____. 1992. "Postscript on the Societies of Control." *October* 59.

Deleuze, Gilles, and Felix Guattari. 1977. *Anti-Oedipus: Capitalism and Schizophrenia.* Trans. Robert Hurley, Mark Seem, and Helen Lane. New York: Viking [질 들뢰즈·펠릭스 가타리, 『안티 오이디푸스: 자본주의와 분열증』, 김재인 옮김, 민음사, 2014].

D'Emilio, John, and Estelle B. Freedman. 1988. *Intimate Matters: A History of Sexuality in America.* New York: Harper & Row.

Doane, Mary Ann. 1991. *Femmes Fatales: Feminism, Film Theory, Psychoanalysis.* New York: Routledge.

Echols, Alice. 1989. *Daring to Be Bad: Radical Feminism in America, 1967-1975.* Minneapolis: University of Minnesota Press [앨리스 에콜스, 『나쁜여자 전성시대: 급진 페미니즘의 오래된 현재, 1967-1975』, 유강은 옮김, 이매진, 2017].

Edelman, Lee. 1994. *Homographesis: Essays in Gay Literary and Cultural Theory.* New York: Routledge.

Faderman, Lillian. 1991. *Odd Girls and Twilight Lovers: A History of Lesbian Life in Twentieth-Century America.* New York: Columbia University Press.

Fradenburg, L. O. Aranye. 2002. *Sacrifice Your Love: Psychoanalysis, Historicism, Chaucer.* Minneapolis: University of Minnesota Press.

Fradenburg, Louise, and Carla Freccero, eds. 1996. *Premodern Sexualities.* New York: Routledge.

Freud, Sigmund. 1949. *Three Essays on the Theory of Sexuality*(1905). In *The Standard Edition of the Complete Psychological Works of Sigmund Freud,* trans. and ed. James Strachey, vol. 7. London: Hogarth Press [지그문트 프로이트, 『성욕에 관한 세 편의 에세이』(프로이트 전집 7), 박종대 옮김, 열린책들, 2020].

_____. 1957. "The Economic Problem of Masochism"(1924). In *The Standard Edition of the Complete Psychological Works of Sigmund Freud,* trans. and ed. James Strachey, vol. 12. London: Hogarth Press [지그문트 프로이트, 「마조히즘의 경제적 문제」, 『정신분석학의 근본 개념』(프로이트 전집 11), 윤희기·박찬부 옮김, 열린책들, 2020].

_____. 1961a. "The Ego and the Id"(1923). In *The Standard Edition of the Complete Psychological Works of Sigmund Freud,* trans. and ed. James Strachey, vol. 19. London: Hogarth Press [지그문트 프로이트, 「자아와 이드」, 『정신분석학의 근본 개념』(프로이트 전집 11), 윤희기·박찬부 옮김, 열린책들, 2020].

_____. 1961b. "Some Psychical Consequences of the Anatomical Distinction between the Sexes"(1925). In *The Standard Edition of the Complete Psychological Works of Sigmund* Freud, trans. and ed. James Strachey, vol. 19. London: Hogarth Press [지그문트 프로이트, 「성의 해부학적 차이에 따른 심리적 결과」, 『성욕에 관한 세 편의 에세이』(프로이트 전집 7), 박종대 옮김, 열린책들, 2020].

_____. 1964. "Femininity"(1933). In *New Introductory Essays on Psychoanalysis,* in *The Complete*

Psychological Works of Sigmund Freud, trans. and ed. James Strachey, vol. 22. London: Hogarth Press [지그문트 프로이트, 「서른세 번째 강의: 여성성」, 『새로운 정신분석 강의』(프로이트 전집 2), 임홍빈·홍혜경 옮김, 열린책들, 2020].

Gallop, Jane. 1982. *The Daughter's Seduction: Feminism and Psychoanalysis*. Ithaca, NY: Cornell University Press [제인 갤럽, 『페미니즘과 정신분석: 딸의 유혹』, 심하은·채세진 옮김, 꿈꾼문고, 2021].

Gilman, Sander. 1985. *Difference and Pathology: Stereotypes of Sexuality, Race, and Madness*. Ithaca, NY: Cornell University Press.

Goldberg, Jonathan, and Madhavi Menon. 2005. "Queering History." *PMLA* 120(5).

Griggers, Camilla. 1997. *Becoming-Woman*. Minneapolis: University of Minnesota Press.

Grosz, Elizabeth A. 1994. *Volatile Bodies: Toward a Corporeal Feminism*. Bloomington: Indiana University Press [엘리자베스 그로스, 『몸 페미니즘을 향해』, 임옥희·채세진 옮김, 꿈꾼문고, 2019].

Halley, Janet. 1995. "The Politics of the Closet: Legal Articulation of Sexual Orientation Identity." In *After Identity: A Reader in Law and Culture*, ed. Dan Daniels and Karen Engle. New York: Routledge.

Halperin, David. 2002. *How to Do the History of Homosexuality*. Chicago: University of Chicago Press.

Haraway, Donna. 1991. *Simians, Cyborgs, and Women: The Reinvention of Nature*. New York: Routledge [도나 J. 해러웨이, 『영장류, 사이보그 그리고 여자』, 황희선·임옥희 옮김, 아르테, 2023].

Herdt, Gilbert H. 1997. *Same Sex, Different Cultures: Gays and Lesbians across Cultures*. Boulder: Westview Press.

Irigaray, Luce. 1985. *Speculum of the Other Woman*. Trans. Gillian Gill. Ithaca, NY: Cornell University Press.

Kaplan, Caren. 1996. *Questions of Travel: Postmodern Discourses of Displacement*. Durham, NC: Duke University Press.

Katz, Jonathan Ned. 1995. *The Invention of Heterosexuality*. New York: Dutton.

Kennedy, Elizabeth Lapovsky, and Madeline Davis. 1993. *Boots of Leather, Slippers of Gold: The History of a Lesbian Community*. New York: Routledge.

Klein, Melanie, and Joan Rivière. 1964. *Love, Hate, and Reparation*. New York: Norton.

Kristeva, Julia. 1982. *Powers of Horror: Essays in Abjection*. Trans. Leon S. Roudiez. New York: Columbia University Press [쥘리아 크리스테바, 『공포의 권력』, 서민원 옮김, 동문선, 2001].

Lacan, Jacques. 1977. *Ecrits*, trans. Alan Sheridan. New York: Norton.

_____. 1982. *Feminine Sexuality: Jacques Lacan and the Ecole Freudienne*, eds. Jacqueline Rose and Juliet Mitchell. New York: Norton.

Laplanche, Jean. 1976. *Life and Death in Psychoanalysis*. Trans. Jeffrey Mehlman. Baltimore: Johns Hopkins University Press.

Laplanche, Jean, and Jean-Bertrand Pontalis. 1973. *The Language of Psycho-Analysis*. Trans. Donald Nicholson-Smith London: Hogarth Press [장 라플랑슈·장-베르트랑 퐁탈리스, 『정신분석 사전』, 임진수 옮김, 열린책들, 2005].

Lipsitz, George. 1990. *Time Passages*. Minneapolis: University of Minnesota Press.

Lochrie, Karma. 2005. *Heterosyncracies: Female Sexuality When Normal Wasn't*. Minneapolis:

University of Minnesota Press.

Lochrie, Karma, Peggy McCracken, and James Schultz. 1997. *Constructing Medieval Sexuality*. Minneapolis: University of Minnesota Press.

Marcuse, Herbert. 1964. *One-Dimensional Man*. Boston: Beacon [헤르베르트 마르쿠제, 『일차원적 인간』, 박병진 옮김, 한마음사, 2009].

_____. 1969. *An Essay on Liberation*. Boston: Beacon [헤르베르트 마르쿠제, 『해방론』, 김택 옮김, 울력, 2004].

McClintock, Anne. 1995. *Imperial Leather: Race, Gender, and Sexuality in the Colonial Contest*. New York: Routledge.

Minsky, Rosalind, ed. 1996. *Psychoanalysis and Gender: An Introductory Reader*. New York: Routledge.

Mitchell, Juliet. 1974. *Psychoanalysis and Feminism*. New York: Random House.

Modleski, Tania. 1982. *Loving with a Vengeance: Mass-Produced Fantasies for Women*. Hamden, CT: Archon Books.

Mulvey, Laura. 1989. "Visual Pleasure and Narrative Cinema" (1975). In *Visual and Other Pleasures*. Bloomington: Indiana University Press.

Newton, Esther. 1993. *Cherry Grove Fire Island: Sixty Years in America's First Gay and Lesbian Town*. Boston: Beacon.

Phillips, Adam. 1994. "Freud and the Uses of Forgetting." In *On Flirtation: Psychoanalytic Essays on the Uncommitted Life*. London: Faber and Faber.

Probyn, Elspeth. 1996. *Outside Belongings*. New York: Routledge.

Rabine, Leslie W. 1985. "Romance in the Age of Electronics: Harlequin Enterprises." In *Feminist Criticism and Social Change: Sex, Class and Race in Literature and Culture*, ed. Judith Newton and Deborah Rosenfelt. New York: Methuen.

Radway, Janice A. 1984. *Reading the Romance: Women, Patriarchy, and Popular Literature*. Chapel Hill: University of North Carolina Press.

Roof, Judith. 1991. *A Lure of Knowledge: Lesbian Sexuality and Theory*. New York: Columbia University Press.

Rose, Jacqueline. 1982. "Introduction II." In Lacan 1982.

_____. 1986. *Sexuality in the Field of Vision*. London: Verso.

Saunders, Jean. 1986. *The Craft of Writing Romance*. London: Allison and Busby.

Sayers, Sohnya, Anders Stephanson, Stanley Aronowitz, and Fredric Jameson, eds. 1984. "The 60s without Apology." Special issue of *Social Text* 9/10.

Schor, Naomi. 1985. "Female Fetishism: The Case of Georges Sand." *Poetics Today* 6.

_____. 1987. *Reading in Detail: Aesthetics and the Feminine*. New York: Methuen.

_____. 1993. "Fetishism and Its Ironies." In Apter and Pietz 1983.

Sedgwick, Eve Kosofsky. 1990. *Epistemology of the Closet*. Berkeley: University of California Press.

_____. 1993. "A Poem Is Being Written." In *Tendencies*. Durham, NC: Duke University Press.

Silverman, Kaja. 1988. *The Acoustic Mirror: The Female Voice in Psychoanalysis and Cinema*. Bloomington: Indiana University Press.

Sommer, Doris. 1984. *Foundational Fictions: The National Romances of Latin America*. Berkeley: University of California Press.

Spillers, Hortense J. 1987. "Mama's Baby, Papa's Maybe: An American Grammar Book." *Diacritics* 17.

Spivak, Gayatri Chakravorty. 1992. "Acting Bits/Identity Talks." *Critical Inquiry* 18.

Steedman, Carolyn Kay. 1986. *Landscape for a Good Woman: A Story of Two Lives*. Newark: Rutgers University Press.

Thompson, Sharon. 1995. *Going All the Way: Teenage Girls' Tales of Sex, Romance, and Pregnancy*. New York: Hill and Wang.

Viego, Antonio. 2007. *Dead Subjects: Toward a Politics of Loss in Latino Studies*. Durham, NC: Duke University Press.

Warner, Michael. 1993. *Fear of a Queer Planet: Queer Politics and Social Theory*. Minneapolis: University of Minnesota Press.

Winnicott, D. W. 1958. *Collected Papers: Through Paediatrics to Psychoanalysis*. London: Hogarth Press.

_____. 1971. *Playing and Reality*. London: Routledge.

_____. 1986. *Home Is Where We Start From: Essays by a Psychoanalyist*. New York: Norton [D. W. 위니캇, 『가정, 우리 정신의 근원』, 김유빈 옮김, 한국심리치료연구소, 2017].

Wittig, Monique. 1992. *The Straight Mind and Other Essays*. Boston: Beacon.

Žižek, Slavoj. 1989. *The Sublime Object of Ideology*. London: Verso [슬라보예 지젝, 『이데올로기의 숭고한 대상』, 이수련 옮김, 새물결, 2013].

_____. 1994a. *The Metastases of Enjoyment: Six Essays on Woman and Causality*. London: Verso [슬라보예 지젝, 『향락의 전이』, 이만우 옮김, 인간사랑, 2002].

_____. 1994b. "The Spectre of Ideology." In *Mapping Ideology*, ed. Slavoj Žižek. London: Verso.

4장

민족성

Ethnicity

지은이
아나 삼파이오 Anna Sampaio

옮긴이
우효경
미국 에드워드 워터스 대학교 영어과 조교수. 탈식민주의, 문화연구, 아시아계 미국
문학과 관련된 연구를 한다. 최근 연구로「HBCU에서 케이팝 가르치기: 탈인종 연대
의 가능성」이 있다.

※

민족성**1**은 사회적·정치적 조직화의 기본적인 형태로, 집단 및 개인의 정체성을 형성하는 도구로 작용한다. 젠더, 인종, 계급처럼, 민족성은 당대의 어떤 정체성 내부의 공통적 과거를 강조함으로써 개인들을 더욱 큰 집단이나 단체로 묶어 주는 사회적으로 구성된 표지이다. 민족성에 대한 정확한 정의는 오랜 기간 다양한 변화를 겪으며 논쟁을 불러일으켜 왔다. 오늘날 민족성은 공용어, 종교, 음식, 음악 같은 요소들과, 차별과 그 차별에 대한 집단적 저항의 역사를 포함하는, 통상적으로 하나의 집단에 속한 사람들 사이에 공유된 관습, 문화, 전통을 일컫는다.

　　미국에서 개념으로서 민족성은 20세기 초 유럽에서 아메리카 대륙으로 이주해 온 거대한 이민의 물결과 함께 학계의 각광을 받기 시작했다. 1920~50년에 사회과학자들은 개인의 사회적 신분과 지위가 엄격히 생물학적 혈통[유전]과

1　[옮긴이] 인류학에서는 'ethnicity'를 '종족' 혹은 '종족성'으로 번역하는 경우도 있지만, 저자 아나 삼파이오는 'ethnicity'의 개념을 생물학적 근본주의적 설명 틀을 넘어서는 미국 사회를 구성하는 문화적인 집단적 복잡성으로 설명한다는 점에서 이 글은 'ethnicity'를 '민족성'으로 번역한다. 다민족국가 미국에서 'ethnicity'는 20세기 후반부에 비백인 집단의 자기 결정권과 문화적 자율성을 주창한 문화 민족주의를 통해 정교화된 개념이다. 역사적으로 미국적 맥락의 'ethnicity'는 남북전쟁 이후 점증한 미국 사회 구성의 복잡성을 설명하기 위해 강조되었다. 멕시코 전쟁(1846~48)의 결과 멕시코 영토였던 남서부 지역(현재의 캘리포니아, 애리조나, 뉴멕시코, 텍사스 등)이 미국 영토로 합병되면서, 그리고 아시아와 동유럽, 북유럽, 남아메리카 등 전 세계에서 다양한 사람들이 미국으로 이주해 오면서 미국 사회의 구성 또한 인종 틀을 넘어가는 복잡성을 띠게 되었다. 미국의 사회과학에서 민족은 ① 유럽 이민자 연구 중심의 연구, ② (①에서 배제된) 흑인, 멕시코계 미국인, 비백인의 민족성 연구(동화와 미국화의 논리), ③ 민권운동 이후의 민족성과 문화 민족주의, ④ 유색 여성들의 교차성 이론 등으로 나뉜다. 삼파이오는 미국 소수 인종/민족 집단의 민족주의는 미국 특유의 인종차별주의에 대한 반응으로 형성되었기 때문에, 미국의 이민자 문화 민족주의의 개념이 영토 점령에 기반한 제국주의를 경험한 다른 나라들의 그것과는 사뭇 다른 양상을 띤다고 설명했다. 20세기 후반 흑인, 선주민, 멕시코계 미국인, 아시아계 미국인 등 미국 내 소수 인종 집단의 권리 증진을 꾀한 민권운동, 사회운동이 발흥했고, 이 과정에서 이들은 스스로를 하나의 '겨레'나 '민족'으로 상상했다. 인종이나 종족 구분에 기반한, 이들의 민족주의는, 예컨대 독립적 정치 주권과 국가권력의 확립을 목표로 한 반식민주의적 민족주의와는 달리, 문화적 자율성을 주창한 문화 민족주의이다. 따라서 이 글에서는 '민족성', '민족적'은 모두 'ethnicity', 'ethnic'의 번역어임을, 'nationalism'은 '민족주의'로 번역했음을 밝혀 둔다.

함수관계에 있다고 여긴 인종주의적 이론에 대한 대안으로 민족성 이론에 점차 고개를 돌렸다. 남유럽과 동유럽에서 미국으로 수많은 새로운 이민자가 유입되자 미국 사회의 구성도 변화했고 이를 더 잘 이해할 필요성도 증가했다. 이에 사회학자들은 민족성 개념이 새로운 미국인들의 공통된 역사와 이민자들이 미국 사회에 완전히 통합되지는 않게 하는 차이를 분석하고 명확히 하는 데 유용하리라 봤다. 이 새로운 미국인 집단은 소수민족들ethnic minorities로 받아들여졌다. 즉, 이들은 앵글로·색슨, 북유럽인, 서유럽인 같은 지배계급과 비슷한 인종적 기질을 공유하고 있었지만, 여전히 이들을 구별 짓고 다르게 보이게 하는 특징적인 문화와 전통, 심지어 언어 습관을 유지하는 집단을 의미했다. 이민자들이 그들을 미국성과 백인성이라는 공통된 정의에 통합하기 위해 그들의 독특한 문화적 과거를 포기하게 만드는 적대적이고 강력한 동화 정책들에 직면하게 될 때, 민족성은 이민자들에게 지지와 용기의 원천이 되었다. 몇몇 소수민족들은 같은 문화사를 공유하는 이웃들 및 다른 사람들과의 관계에서 위안을[도피처를] 찾았고, 이것이 결국 미국 전역에 걸쳐 소수민족 거주지2의 형성을 이끌었다.

'민족성'이라는 용어는 남동부 유럽 이민자들의 문화적 결사체들과 정치 조직화의 형태를 묘사하기 위해 널리 쓰였음에도, 이 용어를 선주민, 흑인과 아시아 및 멕시코, 남아메리카 출신의 이주민들 같은, 유럽인과 인종적으로 다른 소수집단에게 적용했을 때는 한계를 보였다.3 즉, 유럽 이민자들의 주변화 과정에 빗대어, 흑인, 아시아계 미국인, 아메리카 선주민을 소수민족으로 단순 범주화하려는 시도들은, 백인을 특권화하는 미국 사회 및 정치에 뿌리 깊게 새겨져 있는 인종 위계의 유산을 전혀 고려하지 않았던 것이다. 멕시코계 미국인, 라티노,4 그

---

2 [옮긴이] 소수민족 거주지ethnic enclave는 대표적으로 차이나타운이나 '작은 이탈리아' 같은 소수민족들의 집단적 거주지를 의미한다. 소수민족 거주지는 이민자들이 주류 사회에서 소외되거나 편입 장벽이 높을 때 자신들만의 문화, 정치적 자본을 만들기 위해 형성된다.

3 [옮긴이] 전통적으로 인종race은 생물학적인 특징이자 사회에 의해 강제적으로 부여되는 것으로, 민족성ethnicity은 사회문화적 특징이자 개인이 선택하는 것으로 구분해 사용해 왔지만, 최근에는 인종이라는 관념 역시 다양한 사회문화적 배경에서 형성되어 왔음이 강조되고 있다. 이런 차이로 인해 소수민족 문제와 소수 인종 문제는 때때로 공통분모를 갖지만 완전히 동일한 것은 아니다.

4 [옮긴이] 라티노Latino는 남아메리카 대륙에서 태어나거나 남아메리카 대륙에서 온 사람을 뜻한다. 여성

리고 메스티소[5]를 생물학적으로 열등하다고 보는 널리 퍼진 비하적 묘사들에 종종 이의를 제기하던 남서부의 민족성 이론가들조차도 남아메리카인을 문화적으로 뒤떨어진 존재라 보는 전형적 시선에 물들어 있었다. 멕시코계 이민자들을 미국인으로 동화시키려던 미국화 프로그램에 이런 민족성 이론을 적용하는 과정에서 긴장[불일치]이 발생했고 멕시코인과 여타 비백인들을 문화적으로 열등하게 여기는 경향이 드러났다.

유색인종 여성들[비백인 여성들]은, 여성해방운동과 민권운동에서 특정 젠더 및 인종 규범이 특권화된 것에 대한 반박으로 '교차적 정체성'을 설명하면서, 민족성의 체현에 대한 또 다른 접근 방식들을 제시했다. 정체성을 단일한 것이 아닌 교차적인 것으로 보는 이 새로운 이론들은 민족성, 인종, 젠더, 계급, 성적 지향에 근거해, 유색인종 여성들이 경험하는 동시적이고 때로는 대립적인 주변화 형태들에 주목했다. 그들은 민족성을 사회적·정치적 조직화의 원천이자 분석 틀로 재정의했다.

이 글은 민족성 개념을 탐구한다. 좀 더 구체적으로 20세기에 그 단어가 역사적으로 어떻게 형성되었고, 어떤 용법으로 사용되었는지 살펴보며, 유럽 이민자들의 대규모 유입 현상에 이 용어를 대중적으로 적용한 사례를 살펴보려 한다. 이 같은 역사는, 민족성에 이중적 기능이 있었음을 암시한다. 즉, 그것은 [한편으로] 사회과학자들이 어떤 집단의 통합 양식을 설명하기 위해 사용했던 도구로서의 기능이고, [다른 한편으로는] 적대심과 차별로부터 자신들을 보호하기 위해 유사한 문화적 과거를 공유하는 타인들과 사회적·정치적 유대를 형성하고자 했던 이민자들 및 소수자들에게 일종의 기표로 작용하는 기능이다.

더불어 이 글은 민족성 이론을 소수 인종에게 적용했을 때 발생하는 긴장을 살펴보려 한다. 특히 민족성 이론이 멕시코계 미국인과 남아메리카계 미국인(라티나와 라티노)의 삶에서 밝혀낸 것들, 그리고 그에 수반하는, 백인성을 특권화하는 미국화와 동화라는 정치적 기획을 살펴볼 것이다. 라티나와 라티노의 역

형은 라티나Latina이다.

5 [옮긴이] 메스티소mestizo는 스페인인과 북아메리카 선주민의 유전형질이 섞인 남아메리카 사람을 뜻한다.

사를 강조하는 까닭 가운데 하나는, 미국에서 인종과 인종차별이 그들과 비백인들의 삶에서 두드러지기는 하지만 그들이 민족성에 지속적으로 관심을 기울였기 때문이다.

미국에서 민족성 구분은 라티나/라티노 사이에서 유난히 주목할 만한 특징으로 남아 있다. 왜냐하면 이 인구 집단은 인종 개념과 민족성 개념의 경계선에 걸쳐 있기 때문이다. 복잡한 식민사를 공유하는 광범위한 다국적 집단을 포함하는 남아메리카인은 (형질 및 조상의 일치를 강조하는) '인종'에 대한 전통적인 정의에 들어맞지 않고, 또한 (동일한 관습과 전통을 강조하는) '민족성' 정의와도 맞지 않는다. 페미니스트 철학자 린다 마틴 알코프는 민족성 이론이 인종과 계급의 불평등성에 관한 논의를 보충하기도 했지만, 동시에 대부분의 남아메리카인의 현실적 삶을 설명하지는 못했다고 지적했다(Alcoff 2000, 312-359). 궁극적으로 멕시코계 미국인 여성과 라티나는, 미국에서 자신들이 겪은 경험을 더 잘 설명하기 위해 (인종, 젠더 개념뿐만 아니라) 민족성에 대한 기존의 정의를 거부하고, 그것에 저항하며, 나아가 재상상하는 유색인종 여성들의 작업을 보여 주었다. 그러므로 멕시코계 미국인과 라티노의 삶에 민족성 개념을 적용하는 작업은, 특히 인종 및 계급 불평등의 여러 형태를 설명하는 데 실패한 민족성에 대한 기존의 역사적 정의의 한계와 복잡성을 드러낸다. 더구나 라티나와 라티노의 경험은 민족성, 인종, 문화, 젠더를 함께 이론화할 발판을 제공했다.

배경: 민족성 이론과 미국화 과정

노예제가 공식적으로 종식되기는 했지만, 미국은 20세기 초반 무렵까지도 오랫동안 이어진 인종 불평등 문제를 해결하고 비백인 집단에 대한 적대감을 해소하는 데에는 실패했다. 국가를 구성하는 (특히, 아프리카계 미국인, 선주민, 여성 같은) 주요 집단의 지속적인 주변화를 얼버무려 넘기려는 시도는 생물학적 결정론, 사회적 진화론(다윈주의), 그에 동반하는 우생학 운동으로 이어졌다. 1920년 전까지 사회적 차이에 대한 지배적 견해는 개인의 정체성, 기질, 지능, 심지어 성격까지 생물학적으로 결정되고, 사회적·정치적·경제적 지위 역시 태어나면서부터 미리 정해진다는 입장이었다. 더욱이 생물학적 결정론자들은 피부색을 기반으로 여러 인구 집단들 사이의 차이점을 설명했다. 이들은 검은 피부가 개선이 불가능한 사회적·문화적·지적 열등함을 유발하는 반면, 하얀 피부는 우월한 사회적 형질을 만든다고 결론 내렸다(Omi and Winant 1994, 14; Rothenberg 1990, 44-47).

생물학적 결정론은 성별의 경우에도 유사하게 적용되어, 여성은 사회적 활동에 완전히 참여할 수 있는 정신적·육체적·감정적 능력이 부족하고, 따라서 그들만의 분리된 영역으로 몰아내야 한다는 주장이 힘을 얻었다. 여성들이 고등교육 기관에 입학하기 위해 투쟁했던 1800년대에 이미 몇몇 과학자들은 여성은 두개골의 기능이 부족하기 때문에 교육을 받을 수 없다고 주장했다. 어떤 과학자들은 여성이 두뇌를 학구적인 일에 돌려쓰면 여성의 재생산 기관이 축소될 것이기 때문에, 이는 결국 불임으로 이어질 것이라고 경고했다. 여성을 허약하고, 과하게 감정적이며, 호르몬에 지배당하는 존재로 묘사하는 경우가 다반사였다(Rothenberg 1990, 44-47).

비백인이 근본적으로 열등하다는 믿음은 이미 백인에게만 시민권을 부여하는 법규로 제도화되어 있었고, 이는 궁극적으로 영국이나 스칸디나비아반도, 그리고 독일에서 온 이민자들은 환영하는 동시에, 동화될 수 없다고 추정되는 (남유럽이나 북유럽에서 온) 이민자들이 미국에 입국할 수 있는 숫자를 제한하는 법과 정책으로 자리 잡았다(Daniels 2004).

이 같은 관점에 대한 비판은 민족성이 정체성에 영향을 미치는 지배적인 사회적 범주이며 또한 제도적 차별을 통해 억압받는 범주라고 강조한 사회과학자들과 진보주의자들로부터 제기되었다. 후에 네이선 글레이저(Glazer and Moyhihan 1963, 1975; Glazer 1983)와 군나르 뮈르달(Mydal 1962)에 의해 더욱 확장된, 사회학자 호레이스 캘런(Kallen 1924)과 로버트 E. 파크(Park and Miller 1921; Park, McKenzie, and Burgess 1925; Park 1928)의 연구는 민족성에 초점을 맞추어 인간성에 대한 대안적 견해를 제안했다. 이들은 민족성을 (종교, 언어, 관습, 국적, 정치적 동일시 등과 같은) 공동의 문화와, (특히 유전형질, 공통된 조상 같은) 혈통에 기반하는 집단 정체성의 한 가지 형태로 정의했다. 로버트 파크와 시카고 대학교 사회학자들의 주장에 따르면, 생물학적 결정론자들 사이에 만연했던 [개념인] 인종과 백인의 특권에 대한 주장들은, '문화'나 '혈통'이라는 요소들을 포함해 민족성을 구성하는 좀 더 큰 틀에 부수적 — 혹은 이차적 — 이던 사회적 범주들이었다(Park and Miller 1921).

그 당시 유럽으로부터의 대규모 이민 현상에 대한 자신들의 분석을 기반으로, 파크와 민족성 이론가들은 이민자들이 경험한 갈등에 초점을 맞추었다. 이 같은 갈등은 서로 다른 민족 정체성의 형성 과정, 통합을 위해 소수민족들 사이에서 벌어지는 분투, 지배적 정치 질서와 민족성의 관계 등을 포함했다. 이런 분석의 중심에는 이민자 통합과 융화를 위한 시도가 있었는데, 이는 민족성 연구자들 사이의 이론적 차이를 드러냈다. 1930~65년에 사회과학자들 사이에서 분화가 일어났다. 유럽 이민자들(및 미국 남부에서 북부로 이주한 흑인들)이 미국이라는 '용광로'에 녹아들어 갈 수 있다고 믿는 사회과학자들과, 좀 더 다원주의적인 (비록 민족적으로 특수하겠지만) 형태의 시민 참여라는 방향으로 가게 되리라고 믿는 사회과학자들로 갈라진 것이다. 이는 문화와 불평등에 대한 해석의 차이에 기인했다. 동화주의 모델을 따르는 사회과학자들은 이민자 민족 집단은 미국에 도착한 뒤에 모국의 문화적 유산을 버린다고 주장한다. 반면, 문화 다원주의 모델을 따르는 사회과학자들은 이민자들이 미국적인 삶의 방식에 처음 편입된 이후 어떤 변화를 겪겠지만, 정치적 이득을 위해서라도 그들만의 독특한 민족적·문화적 관점을 유지할 것이라고 주장했다(Omi and Winant 1994, 20-22). 민족적·문화적 차이는 각 민족의 언어나 종교 활동, (대가족 네트워크 같은) 가족의 구성[조직], 가정 내 젠더화된 분업, 식습관 등을 포함한다. 본질적으로 동화주의자들은 앵글로·색슨의 전통, 관습, 가치를 기준에 두고 이에 대한 순응을 장려했다. 이들은 앵글로·색슨의 가치 역시 그 자체로 인종화 및 성별화되어 있음에도 그것을 미국성의 본질이라고 여겼다.

동화를 지지하는 학자들은 나아가, 민주주의와 평등이라는 미국의 신념이야말로 민족적 갈등과 불평등, 분리 같은 이제까지 해결되지 않은 문제들을 해결할 것이라고 주장했다. 그들은 민족성에 기반한 집단(보스턴이나 뉴욕에 자리 잡은 '작은 이탈리아'little Italy 같은 소수민족 집단 거주지)들을 궁극적으로 동화에 이르게 되는 통합 과정의 단계라고 봤다. 그들은 독일계 미국인처럼 미국 사회에 동화된 이전 세대 유럽 이민자들의 문화 적응 패턴을 그 근거로 꼽았다(Glazer and Moyhihan 1975; Myrdal 1962). 반면 문화 다원주의를 강조하는 학자들은 〈짐 크로 법〉[6]처럼 시민 참여를 제한하는 공식적 장벽을 제거해야 한다고 봤다. 동시에 그들은 특정 인종 및 민족 집단 전체에 집단적 권리를 주기보다는, 개인에게 기회의 평등을 부여할 것을 강조했다(Kallen 1924). 문화 다원주의자들은 민족 집단이 미국적 맥락에 통합되는 동시에 문화적 차이의 형태를 보유할 수 있어야 하고, 또 보유할 것이라고 믿었다.

어떤 민족 집단이 얼마나 그들의 관습과 문화, 전통을 포기하고 '미국의' 정체성을 받아들여야 하는지에 관한 이견은 이론가들이 자신들의 분석을 증명하는 데 사용한 비유에 잘 나타나 있다. 동화주의자들은 이민자들이 하나의 거대한 미국의 이상에 녹아드는 형태를 상징하는 '용광로'라는 이미지를 공통적으로 차용한 반면, 문화 다원주의자들은 개별 민족 집단들의 융합은 상이한 민족들이 집단적 경험 속에서 결속하면서도 개별체로서의 본질적 차이나 온전함을 버리지 않는 '샐러드 볼' 형태와 더 비슷하다고 응수했다.

특히 다양한 형태의 법적 차별을 철폐해 온 민권운동과 더불어 민족성 이론에 관한 연구들이 진화함에 따라, 동화주의자들과 문화 다원주의자들은 점차 '빈곤의 문화' 이론[7]으로 관심을 옮겨 갔다. 빈곤의 문화 이론은 지속적인 불평등을 설명하기 위해 소수민족 내부의 문화 역학에 주목했다. 학자들은 민주적 참여를 방해하는 제도적 장애물들이 제거된 이후에는, 이민자들은 스스로 성공하기 위해 (가치, 문화 논리, 지원 체계 같은) 그들 나름의 자원에 의존해야만 한다고 주장했다. 그럼에도 불구하고 만약 소수민족 이민자들이 여전히 불평등[빈

6　[옮긴이] 〈짐 크로 법〉은 1830년대 미국 공공시설에서 백인과 유색인종의 분리를 명령한 법이다. '짐 크로'Jim Crow는 미국 코미디 뮤지컬에서 백인 배우가 얼굴에 검댕을 바르고 연기한 바보 흑인 캐릭터 이름에서 경멸적 의미로 따온 것이다. 〈짐 크로 법〉은 1954년 대법원이 공립학교에서의 인종 분리 교육은 위헌이라고 판결한 이후 전환을 맞았고, 이듬해 몽고메리에서 흑인 여성 로자 파크스Rosa Parks가 백인 승객에게 좌석을 양보하라는 버스 운전사의 요구를 거부하면서 미국 흑인 민권운동의 시작을 알렸다.

7　[옮긴이] '빈곤의 문화'는 인류학자 오스카 루이스Oscar Lewis가 1959년 빈곤 계층의 생활 습관과 삶에 대한 태도에 관한 연구에서 도출한 개념이다. 그는 빈곤한 사람들은 그 외의 사람들과 달리, 빈곤을 극복하기보다는 내면화하는 특정한 상태의 가치, 신념, 태도를 학습하게 된다고 봤다.

곧] 상태에 머물러 있다면, 그 원인은 이민자들 스스로의 문화 환경 내부의 결함에 있다는 데에 동화주의자와 문화 다원주의자들 모두가 동의했다. 이처럼 20세기 중반에 민족성 이론가들이 생물학보다 문화적 요인을 강조함에 따라, 생물학적 결정론자였던 그들의 선구자들로부터 갈라져 나왔다. 그러나 그들은 불평등과 민족 집단 배제의 문제를 소수민족 집단의 내부 작용에 책임을 돌렸던 초기 인종 이론가들의 가정을 여전히 공유하고 있었다.

민족성을 비백인 집단으로 확대하기: '멕시코인 문제'

소수민족 집단 연구는 미국 남서부에 대한 담론 및 대중문화에서 나타난 독특한 현상에서 시작되었다. 남서부 멕시코계 미국인들에 대한 민족성 이론의 적용[에서 나타나는 문제들]은, 라틴아메리카에 대한 연구에서뿐만 아니라, 미국의 혼혈 인종 및 비백인 집단을 둘러싼 논쟁에서도 유사하게 나타났는데, 여기서는 통합을 강조하면서도 이와 동시에 이 같은 통합을 가로막는 인종적·계급적 불평등의 지속적 형태들이 간과되었다. 특히 에머리 보가더스(Bogardus 1934)나 먼로 에드먼슨(Edmunson 1957), 플로렌스 클럭혼(Kluckhon and Strodbeck 1961), 라일 손더스(Saunders 1954), 루스 턱(Tuck 1946), 윌리엄 매드슨(Madsen 1964) 같은 저명한 인류학자들은 민족성 이론가들 사이에서 널리 받아들여졌던 '빈곤의 문화' 이론을 확장해, 멕시코계 미국인들 사이에서 지속적으로 나타나는 빈곤, 정치적 권리박탈, 교육의 부족 문제를 설명했다. 예를 들어, 보가더스는 다음과 같이 주장했다.

> 멕시코[계 미국]인 2세대가 겪는 근본적인 문제는 그들에게 환경적 자극이 부족하다는 것이다. …… 이들은 일본인들과 달리 숙련된 리더십이나 조직력이 없었다. 이들에게는 흑인들처럼 그들을 격려하고 의식을 일깨울 대중 연설가도 없었다. 이들의 근본적인 공동체 조직 역시 극도로 단순했다(Bogardus 1934, 277).

유럽 이민자의 경험에 기반한 민족성 모델을 강조하는 연구자들은, 멕시코계 미국인이 서구의 근대화된 관습과 가치, 기술과는 거리가 있는(심지어 일견 갈등 관계에 놓인), 그들의 '전통문화'에 함몰되어 있다고 종종 가정했다. 이런 인식은, 전통문화가 멕시코계 미국인의 궁극적 장애물일 뿐만 아니라, 오랜 세월 고정되어 버린 비이성적이고, 비근대적이며, 운명론적인 행동 양식에서 나온 것이라고 결론짓는 만큼, 빈곤의 문화 이론의 변형된 한 형태라 볼 수 있다. 사회학자 루스 턱은 다음과 같이 썼다.

> (백인들과는) 달리 스페인어권 이민자들은 어려움에 직면하면 어려움을 극복하기보다는 그에 적응하는 편이다. …… 고향 마을에서의 삶에 대한 그들의 집단적 기억은 남녀 모두 태어나 고난과 역경에 체념하고 살면서 가끔 좋은 일도 있고 때가 되면 죽었다는 이야기가 전부다(Tuck 1946, 129).

이런 설명이 끼친 영향 때문에 멕시코계 미국인은 서양인과 비교해, 역사의 적극적 주체나 정치적 의식을 가진 존재로 여겨지지 않았다. 그 대신 멕시코계 미국인 남성과 여성은 사회과학 연구의 수동적인 대상 및 극복할 수 없는 전통의 지배 아래에 있는 체념한 참여자로 자리매김되었다(Saunders 1954). 게다가 멕시코 문화에 관한 이런 관점들은 젠더 역학에까지 적용되어, 멕시코인 남자는 인습적이고 보수적인 존재로, 멕시코인 공동체 전체는 마초 근성에 물든 집단으로 계속해서 묘사되었다.

미국화와 미국 남서부의 멕시코계 미국인

사실상 거의 모든 민족성 이론가들에게 공통적으로 발견되는 주제로서, 소수 민족의 통합에 대한 강조는 멕시코계 미국인들의 경험을 이야기할 때 특히 중요했다. 이런 움직임이 학술 논쟁에서뿐만 아니라, 멕시코계 미국인 공동체의 일상에 영향을 미친 사회복지 정책에서도 나타났기 때문이었다. 이런 경향은,

선의를 표방했지만 여전히 백인 중심적인 교육 관료와 교회 지도자, 청소년 단체 등이 주도한 '미국화' 프로그램에서 가장 극명하게 드러났다. 이들은 이전 세대의 유럽 이민자 이미지에 기반해, 멕시코계 미국인 어린이를 '모범 시민'이나 '쓸 만한 노동자'로 만들기 위한 시도를 그치지 않았다(Ruiz 1993; Sanchez 1990, 1993, Vélez-Ibañez 1996). 일찍이 1880년대에 애리조나주의 투손 같은 지역의 공교육 기관은 멕시코계 미국인 어린이에게 영어를 가르치고, 그들의 독특한 억양을 지우며, 백인의 노동 습관이나 정치활동, 종교 의식 등을 모방하도록 장려했다(Vélez-Ibañez 1996, 66). 이 같은 기준을 충족하는 데 실패한 아이들은 빈번히 교사와 관리자에게 따돌림을 당하거나, 조롱받고, 체벌의 대상이 되었으며, 그 외 다른 방식으로 소외되었다. 그러므로 민족성 이론가들이 조성한 (그리고 동화의 논리로 가열화된) 미국화 시도는 유럽계 이민자의 경험을 통합의 필수적인 모델로 삼으면서 미국 '백인성'의 특권을 공고히 했다(Ruiz 1993; Sanchez 1993).

미국화 노력은 교육기관뿐만 아니라, 주요 고용주들의 정책과 실천, 그리고 초기 할리우드 연예 산업으로부터 생겨난 대중적 이미지에도 동일하게 반영되었다. 비키 루이즈(Ruiz 1993)는 1940년대 기록적인 수치로 노동시장으로 유입되었던 젊은 멕시코계 미국인 여성들의 옷차림 변화가 어떻게 멕시코계 미국인 가정에 다양한 반향을 불러일으켰는지를 자세히 서술했다. 멕시코계 미국인 가정의 부모들은 대부분 딸들의 변화를 그들의 권위, 관습, 전통에 대한 도전으로 여겼다.

멕시코계 미국인 여성들은 권위에 덜 반항적이며, 주 정부 및 지방정부가 제공한 순응안[백인 동화정책]을 더욱 기꺼이 받아들일 것이라고 여겨졌기 때문에, 미국화 프로그램의 주요한 타깃이었다. 미국화 찬성자들은 라티노 공동체에서 여성이 문화적 양육자라고 굳게 믿었기 때문에, 라티나 여성의 지지를 얻으면, 다른 가족 구성원의 전통 및 문화적 행동에까지 영향을 미칠 수 있으리라고 봤다.[8] 실제로 조지 J. 산체스(Sanchez 1999)는 미국화 운동의 기원을 진보적 사회개혁주의자들에서 찾았는데, 이들 가운데 상당수가 외설 문화 및 주류 생산·판매라는 '해악'과 싸우고자 한 중산층 백인 여성들이었다. 1910년 캘리포니아에서 진보주의 성향의 주지사 하이럼 존슨이 당선되자, 미국화 노력은 더욱 속도를 높였다. 존슨의 지휘 아래 주 정부는 1913년 이민과 주거에 관한 위원회를 발족하는 법을 통과시켰다. 이 위원회는 캘리포니아에 있는 모든 이민자들의 일자리와 주거 환경에 대해 조사하고, '외국인'에게 영어를 가르치며, 그들을 미국화 프로그램에 참여시키는 역할을 맡았다(Sanchez 1990, 255).

여성을 문화의 양육자로 보는 견해와 멕시코계 미국인의 미국화 사이의 상관관계는, 20세기 전반 입법자들이 멕시코계 이주민 노동자 초청 프로그램 구성을 두고 논박을 벌였던 국회 청문회에서도 부각되었다. 이민과 귀화에 관한 상원 위원회 앞에서 한 전문가는 다음과 같이 주장했다.

> 어머니가 그녀의 젖가슴으로부터 아이에게 생명의 줄기를 부여하듯이, 어머니는 또한 아이의 유연한 정신에 지식이라는 이슬방울을 내릴 것입니다. 그러면 그녀의 이상과 열망이 아이의 영혼에 불어넣어질 것이고, 영원히 아이의 인격을 형성할 것입니다. 이어서 아이는 이런 진귀한 형질을 그의 후손에게 전파할 것이고, 그럼으로써 개인의 지적·육체적·정신적 자질들을 개발하고, 이는 전체적으로 문명에 대한 공헌이 될 것입니다(Sanchez 1990, 255에서 재인용).

궁극적으로 미국화 노력은 YMCA나 '멕시코인의 목소리', '멕시코계 미국인 운동연합', '라틴아메리카계 미국 시민 연합' 같은 중요한 단체의 지도자에 의해 수용되고 지지를 받았다(Muñoz 1989). 민족성 이론가들의 논리를 모방한 이런 단체들은 멕시코계 미국인 청소년에게 '인품, 선량한 시민 되기' 및 '바람직한 가치'를 설교했다. 동시에 그들은 사회복지를 개선해 가는 수단으로 청소년들이 미국적 삶에 동화되는 것을 지지했고, 순응에 실패한 청소년을 꾸짖었다. 비록 이 단체들 가운데 상당수가 멕시코계 미국인 공동체가 직면한 빈곤과 분리, 배

---

8 미국 남서부에서 멕시코 여성들을 대상으로 하는 일부 미국화 프로그램들은 제1차 세계대전 이전 동부에서 실행되었던 유태계 및 이탈리아계 이민자 여성들을 대상으로 한 사회 정착 프로그램을 본떠서 만든 것이다(Ewen 1985; Friedman-Kasaba 2012). 그러나 산체스(Sanchez 1990)가 언급했듯이, 멕시코인들을 대상으로 한 미국화 프로그램에는 초기 프로그램들이 가지고 있었던 '이민자들의 재능'immigrant gifts에 대한 믿음이나 이민자 문화가 사회에 공헌할 수 있다는 전제가 결핍되어 있었다는 중요한 차이가 있다. 그 대신 미국주의자들은 멕시코 문화가 이민자들이 미국 사회에 빠르고 완전한 통합하는 것을 방해한다고 여겼다.

제의 상황을 인지하고 있었음에도, 그들은 오히려 이런 문제의 근원을 이전 민족성 이론가들처럼 전통과 멕시코계 미국인 청소년들 사이의 관계 그리고 멕시코 문화의 태도에서 찾았다(Muñoz 1989, 33-36). 그래서 YMCA의 멕시코청소년수련회(멕시코계 미국인 청소년들을 위해 매년 로스앤젤레스에서 열린 여름 청소년 프로그램)의 회장 폴 코로넬은 다음과 같이 말했다.

> 우리는 우리의 멕시코계 청소년이 매우 진보적인 우리 미국 문명의 사회적·지적 요구를 충족하지 못하고 있다는 결론에 도달했다. …… 우리는 우리의 뒤처진 상태에 대해 그 누구도 아닌 우리 스스로를 책망한다(Muñoz 1989, 33에서 재인용).

환상에 불과한 '미국의 꿈'을 실현하기 위해 힘껏 노력했음에도, 로스앤젤레스 학군의 지원을 받았던 미국화 학교 같은 프로그램들은 정작 멕시코계 미국인 아이들이 경제적으로 계층 이동을 하는 데 거의 영향을 미치지 못했다. 산체스는 이 기간 동안 멕시코계 미국인 부모 세대와 자녀 세대 사이에 수입 및 직업 선택에서 사소한 개선만이 이루어졌다고 보고했다. 그 대신 격변하는 경제 상황에서 미국화 학교는 민족적 차이를 최소화하고 백인의 우려를 달래는 '허구적 민족성'을 받아들임으로써 멕시코계 미국인 가족을 미국에 통합하는 데 가장 유용한 도구로 작용했을 뿐, 그들의 사회적 이동성을 개선하는 데는 그다지 한 일이 없었다(Sanchez 1993, 10, 11). 더욱이 이런 프로그램은 멕시코계 여성을 가정을 묶어 두고 영원한 양육자로 종속시키는 젠더화된 모성을 규범화했고, [젠더화된] 분업과 이성애적 규범을 장려했다.

이 시기에 등장한 멕시코계 미국인 활동가들, 단체들, 지식인들 역시 대체로 미국화 과정에 기여하곤 했다. 그 과정에서 그들은 백인의 논리와 실천을 모방했다. 그들은 멕시코 문화는 멕시코계 미국인 공동체에 고질적이고 지속적인 결핍만을 가져오기에, 그들이 스스로의 문화 및 유산과 결별해야만 성공적으로 통합될 수 있다고 주장한 '민족성 연구가들'의 주장을 빈번히 그대로 되풀이했다.

민족성 이론가들, 동화주의, 미국화에 도전하기

1950년대 후반 및 1960년대 초반에 이르면, 소수 인종 집단을 중심으로 역사적 차별, 미국화, 동화를 비판하는 목소리가 미국 전역에서 커지기 시작하면서, 민족성 이론의 한계가 점차 뚜렷해졌다. 유색인종 공동체 활동가들과 동조자들은 백인성을 특권화하는 생물학적 결정론자들 및 민족성 이론가들의 모욕적[비하적] 담론과 백인성 특권화 논리가 정부 지원을 받는 조치들을 통해 제도화되는 것 등에 저항했다. 더욱 중요하게는 인종 및 인종적 불평등에 대한 관심이 이전 세대를 비판하는 주요한 쟁점이 되었고, 새로운 형태의 정체성을 설립하는 기반이 되었다.

멕시코계 미국인 사이에서, 멕시코 이민자의 빈곤의 문화를 강조하는 민족성 이론가들의 담론과, 미국화 및 동화를 특권화하는 공공 기관에 대한 비판이 동시에 일어났고, 이는 치카노⁹ 운동이 탄생하는 데 필수적인 요소가 되었다. 기존 민족성 모델의 우위에 이론적으로 도전하고, 멕시코계 미국인이나 라티노(특히 푸에르토리코인)가 일상적으로 경험하는 불평등을 설명하기 위해 새로운 연구들이 등장했다. 이런 이론들은 치카노와 라티노가 미국에서 지속적으로 경제 및 정치의 하위 계급을 구성하고 있다고 주장하는 '내부 식민지 모델' 같은 계급적 비판과 계층화에 대한 연구를 포함했다. 그러나 그중에서도 민족주의야말로 — 특히 치카노주의와 치카노 정체성을 동시에 포용하는 문화적 민족주의가 — 이 같은 새로운 움직임의 가장 중요한 이론적 변화였다(Acuña 1972).

집단적으로, 문화적 민족주의자들은 멕시코계 미국인과 라티노를 유사한 형태의 역사적 차별과 인종주의, 문화적 박탈, 경제적 수탈을 공유해 온 소수자들로 재정의했다. 식민 지배의 과거를 공유한 덕분에, 그들은 남아메리카인이 역사적으로 비백인으로 정의되어 온 다른 소수자들처럼 하나의 인종 집단을 형성한다고 단언했다. 집단적 관계성 및 동일시의 일차적 자원으로 민족성을 강

---

9 [옮긴이] 멕시코계 미국 시민을 뜻한다. 여성형은 치카나이다.

조하는 사회 이론들과는 반대로, [민족성을 논하는 데 있어] 인종적 불평등에 초점을 맞춘 새로운 인종적 주체성에 대한 주장은 흑인, 아시아계 미국인, 치카노 및 라티노 민권운동의 중요한 특징이 되었다.

멕시코계 미국인과 다른 라티노에게 문화적 민족주의 이론은 멕시코계 미국인을 경제적·정치적으로 종속시켜 버린 미국과 멕시코 (그리고 푸에르토리코) 사이의 유구한 식민 관계에 특별한 관심을 불러왔다. 문화적 민족주의자들은 미국이 멕시코의 일부 지역을 침략하고 합병하는 과정에서(그 결과 미국은 [현재의] 남서부 및 푸에르토리코를 관할하게 되었다)[10] 명백히 드러낸 백인 특권에 주목하면서, 멕시코계 미국인과 푸에르토리코인은 인종차별적 식민지 억압 및 그로 인해 초래된 집단적 권리 박탈을 공통적으로 경험했다고 주장했다.

나아가 문화 민족주의자들은 이런 인구 집단들에 대한 사회 연구의 역사 역시 비판했다. 왜냐하면 이런 연구들이 (생물학적 결정론자, 사회 다윈주의자, 우생학자들 사이에서 유행했던) 생물학적 열등성 이론과 (민족성 이론가들 사이에서 유행했던) 문화적 열등성 이론을 바탕으로 그 사람들의 경험을 폄하해 왔기 때문이었다. 그 대신 문화 민족주의자들은 식민화 과정에서 삭제된 선주민의 과거를 되찾고 자기 결정과 문화적 자율성의 형태로 해방을 주장한, 멕시코계 미국인 문화와 라티노 문화에 대한 대안적 해석을 받아들였다. 사회운동가들은 멕시코계 미국인의 문화를 통합의 방해물이 아닌, 억압에 직면한 공동체의 생존력에 대한 증거로 받아들였다.

치카노 활동가들 사이에서 이 같은 관점은 시인 알루리스타(Alurista 1969)와 같은 예술가들의 작업에서, 로돌포 코키 곤잘레스의 선언문 '아스틀란의 정신 계획'El Plan Espiritual de Aztlán과 '산타바바라 계획'El Plan de Santa Barbara에서, 에르네스토 갈라자, 아메리코 파레데스, 옥타비오 로마노와 같은 학계 지식인들의 공헌에서, 그리고 『비명』 같은 잡지에서, 분명히 그리고 확고하게 표현되었다. 이런 저작들은 집단적으로 치카노 운동의 철학적 방향을 제시했을 뿐만 아니라,

---

10 [옮긴이] 미국은 1848~50년에 일으킨 멕시코 전쟁의 결과 현재의 캘리포니아, 애리조나, 뉴멕시코, 텍사스주 등을 미국의 영토로 편입했고 푸에르토리코를 관할하게 되었다.

라티노 공동체에 힘을 실어 주는 구체적인 행동 방침을 제시했다. 또한 이런 작업을 통해 새로운 치카노 정체성을 찾은 수많은 치카노 청소년 단체가 형성되었다. 가장 눈에 띄었던 멕시코계 미국인 학생연합UMAS과 아스틀란의 치카노 학생운동 조직MechA에서부터, '정의를 위한 십자군'이나 '갈색 베레모' 같은 공동체 기반의 지지 단체들, 그리고 연합인종당 같은 정치단체에 이르기까지, 이들 모두가 치카노주의의 철학을 형성하는 데 기여했다. 마침내 고등학교, 지역의 개방대학[전문대학], 종합대학 수준에서 치카노 학과가 만들어짐으로써 치카노 문화 민족주의의 보급과 존속이 보장되었다.

궁극적으로 치카노와 푸에르토리코인 운동은, 라티노 및 비백인들이 이전 세대에 의해 강요되어 온 미국화 과정에 저항하고, 선주민으로서 자신들의 과거에 대한 기억을 재구성하며, 역사 속 문화와 전통을 포용하는 것을 바탕으로 나름의 정체성을 형성하게 했다. 이 운동은 미국 내 멕시코계 및 푸에르토리코계 공동체에 속해 있는 수많은 구성원들이 동화와 미국화의 논리 및 실행에 저항하고, 대안적인 정체성 ─ 이는 정치 및 정치 참여를 새롭게 정의하고, 문화적 자율성과 자기 결정을 강조한다 ─ 을 수립하는 데 노력하도록 촉구했다.

젠더, 인종, 민족성 교차하기: 민족성 이론과 민족주의를 넘어

멕시코계 미국인과 라티노 공동체를 폄하하던 이전 담론에 대한 비판은 치카노 운동의 활동가들이 치카노 정체성을 설명하면서 남성적 수사와 남성 주체를 특권화함에 따라 또 다른 갈등을 낳았다. 치카나와 라티나 페미니스트들은, 주요 지도자의 위치에서 여성이 배제되는 현상과, 치카노 운동에서 여성들의 역할에 대한 인식 부재, 그리고 문화적 민족주의 담론이 남성 행위자들을 특권화하는 것을 비판했다.

치카노주의 운동 내의 성차별적 인식에 저항한 치카나 페미니스트들은 종종 적개심과 반발에 부딪히곤 했다. 이런 페미니스트들이 빈번히 언급했듯이, 치카노 지도자들은 치카노와 치카나 사이의 젠더 계층화 문제를 사소하게 여겼고, 젠더와 성폭력, 성차별주의에 대한 우려를 사적인 대화로 격하했다(Garcia 1997, 5). 일부 치카노 지도자들은 페미니즘은 명백하게 중산층 백인 여성을 위한 것일 뿐으로, 치카나에게는 그 어떤 것도 제공하지 않는다고 주장했다. 또 그들은 치카나가 젠더 문제에 함몰되어 인종주의나 계급 착취와 같은 "더욱 중요한" 문제를 배제하는 것은 정치적으로 파괴적이라고 강변했다(Orozco 1986, 12). 최악의 경우에는, 치카나와 라티나 페미니스트들은 개인적·정치적으로 페미니스트를 지속적으로 공격하는 남성들과 이런 남성들을 "지지하는" 여성들 모두에게서 배척당했다(Las Hijas de Cuahtemoc 1971, 2).

미국 흑인 페미니스트들의 선례를 따라, 치카나와 라티나는 그동안 치카노 운동이 주로 다루어 온 인종과 내부 식민주의 같은 더 친숙한 주제에 그들이 경험한 성적 착취 및 성차별의 문제를 결합하는 방식으로 자신들의 정체성을 이론화했다. 구체적으로 치카나와 라티나 페미니스트들은 자신들의 정체성을 여러 인종적·민족적·계급적·젠더적·성적 불평등에 동시적으로 직면해 있는 유색인 여성이라고 정의했다. 인종 및 민족 차별의 문제를 무시했던 주류 여성운동과 젠더화된 분열의 문제에 눈감아 버린 남성 중심적인 치카노 운동 사이에서, 치카나와 라티나 페미니즘은 그 나름의 이론 틀과 방법론, 정치적 실천으로서 등장했다(Garcia 1990, 1997; Orozco 1986; Pesquera and Segura 1998).

1970년대에 이르면, 다양한 출판물을 통해 치카나와 라티나 페미니스트들과 학자들, 활동가들의 지원 네트워크가 이미 형성되어 있었다.『쿠아우테목의 딸들』,『멕시카나 여성위원회 뉴스레터』, 로스앤젤레스에서 발행한『치카나 서비스 액션 센터 뉴스레터』, 노스리지 캘리포니아 주립대학교에서 발행한『포포 페메닐』, 샌프란시스코에서 발행한『메스티자 이성』같은 잡지와,『여성 만남』같은 학술지가 그 좋은 예이다(Garcia 1997). 1983년에 이런 노력은 '전국치카노학회NACS 치카나 분과'와 '언어와 사회 변화를 위해 행동하는 여성들'MALCS 같은 형태로 학계에서 제도화되는 데 성공했다. 두 단체는 모두 치카나 페미니스트들의 지지를 받으며 권력과 불평등에 대한 다층적인 분석 및 치카나와 라티나 주체성에 주목하는 새로운 학술 담론을 발전시켰다. 단체 결성에 이어, 1984년에는 라티노 연구에서 젠더 이슈를 집중적으로 다룬 첫 번째 전국치카노학회

'여성들의 목소리'Voces de la Mujer가 열렸고, 1985년에는 MALCS에 의해 치카나/라티나 하절기 연구소의 창단이 이어졌다.

글로리아 안잘두아, 체리 모라가, 노마 알라르콘은 치카나 페미니즘 운동을 정교한 이론으로 발전시켰다. 이들은 메스티자[11]의 역사를 정치적·민족적·젠더화·인종화된 과정으로 새롭게 설명하며, [이 같은 역사를 기반으로 생성된] '새로운 의식'과 체현된 주체성을 명쾌히 설명하는 치카나 페미니즘 이론을 제시했다. 안잘두아는 새로운 지평을 열어젖힌 책『경계 지대/국경』에서 이 새로운 의식을 설명했다. 이 책은 학술적 글쓰기와 문학의 경계를 넘나들며, 메스티자 주체성을 민족적·인종적·문화적·젠더적·성적 주변화의 다양한 형태 속에서 엮인 이질적이고 모순적이며 변증법적인 것으로 봤다.

> 아즈텍어로 '여러 길 사이에서 찢어진 상태'를 뜻하는 네판틀라의 상태nepantilism에 늘 거주하는 메스티자는 한 집단에서 다른 집단으로 문화적·정신적 가치들이 전이되어 탄생한 산물이다. 세 개의 문화에 걸쳐 있고, 단일 언어 사용자이거나 이중 언어 사용자, 다중 언어 사용자, 방언 사용자이면서, 영원한 이행의 상태에 존재하는 메스티자는 혼혈의 딜레마와 마주하게 된다. 검은 피부의 어머니를 가진 딸은 어떤 집단에 귀를 기울여야 하는 것일까? …… 통합을 위한 시도 가운데 자아는 분절된 부분들의 총합보다 더욱 위대한 세 번째 요소를 더하게 된다. 그 세 번째 요소야말로 새로운 의식, 메스티자의 의식이다. 비록 그것이 극심한 고통의 원인이라 할지라도, 새로운 패러다임이 매번 제시하는 동일한 양상을 계속 파괴하는, 지속적인 창조적 움직임으로부터 메스티자 의식의 에너지가 생성된다(Anzaldúa 1987, 778~780).

치카나와 라티나는 민족주의 운동, 민권운동, 여성해방운동이 구성한 인종과 젠더 개념의 한계에 도전했으며 이 도전은 아메리카 선주민 페미니스트들, 흑인 페미니스트들, 그리고 아시아계 미국인 페미니스트들의 작업에도 나타난다. 1980년대 초기에,『나의 등이라 불리는 이 다리: 급진적 유색인종 여성들의 글쓰기』

---

11 [옮긴이] 백인 남성과 선주민 여성 사이에 태어난 이들을 가리키는 말로, 남성형은 메스티소이다.

(Moraga and Anzaldúa 1981), 『제3의 여자』(Alarcón 1981b), 『모든 여자는 백인이다, 모든 흑인은 남자다, 그러나 우리 중 몇몇은 용감하다』(Hull, Scott, and Smith 1982) 같은 [유색 여성 페미니스트] 선집, 벨 훅스의 『나는 여자가 아닙니까: 흑인 여성과 페미니즘』(hooks 1981), 『주변에서 중심으로 페미니스트 이론』(hooks 1984) 같은 개인 저작 출판과 더불어 유색인종 여성들 사이에서 새로운 담론이 등장했다. 그들은 서로 교차하는 다층적 형태의 차별에 맞서는 동시에 전인적holistic 정체성, 새로운 교차성의 정체성을 분명히 설명했다. 첼라 샌도벌(Sandoval 1991, 2000)이 "미국의 제3 세계 페미니즘"이라고 부른 현상은 "대항적 의식"과 민족성, 인종, 계급, 젠더, 성적 지향이 서로 맞물려 작동하는 방식을 인식함으로써 태어났다. 이런 담론은 논쟁과 불일치, 심지어 사회운동의 변화를 이끌어 냈고 다시 한번 민족성에 관한 이론과 실천을 재정의했다(Alarcón 1981a; Beal 1970; Davis 1981; Dill 1983).

유색인종 여성에 의한, 유색인종 여성에 대한 모든 연구와 글이 결코 획일적이지는 않았지만, 이들은 공통적으로 유색인종 여성들의 경험을 제외하고 소외시켰던 민권운동과 주류 페미니즘에서 파생된 반인종주의 이론과 실천에 대한 비판을 이어 갔다. 유색인종 페미니스트들은 인종, 민족성, 젠더를 서로 배타적인 경험 및 분석 범주로 취급하는 기존 운동의 경향을 지적했다(Crenshaw 1991). 그런 경향에 맞서 그들은 해방운동에서 민족성과 인종의 중요성을 주장했고, 나아가 해방을 위한 운동은, 남성들을 포함하는 공동체에 속한 모든 구성원을 위한 변화를 야기하는 운동이어야 한다고 주장했다(Davis 1981; Dill 1983; hooks 1981). 유색인종 여성들은 집단성보다 개별성을 우선시하거나, 젠더 문제를 민족성, 인종, 계급의 문제보다 우선시하는 페미니스트 연구와 활동을 비판하곤 했다. 그들은 이런 연구와 활동이 여성들을 조직화하기 위해 '자매애'를 가장 중요한 위치에 놓음으로써 유색인종 여성들의 민족적·인종적 정체성을 약화한다고 주장했다(Morgan 1970).

이런 갈등에 대한 정치적 해법을 제공하기 위해, 일부 유색인종 페미니스트들은 '모두를 포함하는' 자매애나 '모두를 끌어안는' 블랙파워, 치카노파워 운동을 대신할 신중한 다원주의를 제안했다. 이런 접근은 젠더를 모든 것의 우위에 두는 정치적 정체성을 형성하기 위해 유색인종 여성들이 차별적인 민족적·

인종적·계급적 배경을 포기해야 한다는 가정을 비판한 민족성 이론가들이 보였던 초기 반응과 매우 흡사해 보였다. 그 대신 그들은 다양한 집단의 여성들이 "그 누구도 젠더적·민족적·인종적·계급적으로 다른 집단의 규범에 그들의 정체성을 종속시키지 않고서도" 함께 "공통의 목적을 위해 특정한 이슈를 두고 연대를 건설하기 위한" 노력을 계속했다(Dill 1983, 146).

이론적으로, 반인종주의 및 페미니즘의 한계 모두에 대한 비판은 유색인종 여성들이 (인종적 차별, 민족적 차별, 성차별, 이성애주의, 가정 폭력, 건강 불평등, 계층화, 혹은 일상에서의 투쟁을 반영하는 수많은 다른 문제들 같은) 공통 경험에 기반해 연대할 기회를 제공했다. 더욱이 이런 비판은 혼종성, 메스티자제mestizaje,**12** 교차성, 우머니즘womanism**13**을 비롯해, 인종, 민족성, 젠더, 계급, 성적 지향의 문제 등에 새롭게 접근하기 위한 준비 작업을 다졌다. 이 같은 도전들이 진화함에 따라, 정체성의 개념들과 통합에 관한 새로운 접근법 및 불평등과 정의에 관한 지속적인 의문을 풀기 위한 더욱 복잡한 이론적·인식론적 도구들이 등장했다. 즉, 사회정의를 위한 전투 속에서 이런 긴장과 갱신의 계기는, 민족성과 인종 개념이 다른 형태의 불평등, 즉 젠더, 성적 지향, 계급과 복잡하게 교차하고 있음을 강조함으로써, 민족성과 인종의 문제에 새로운 국면을 제기하는 창세기로 작용했다.

결론

20세기에 민족성 개념은 연구와 분석의 도구이자 이민자들 및 지지자들을 위한 사회적·정치적 조직화의 형태로서 진화해 왔다. 사회과학 연구에서 민족성은 남북전쟁 후 미국에서 인종과 젠더에 따른 차별적 분리[분리주의]를 합법화했던 생물학적 열등성 개념에 대한 중요한 비판으로서 등장했다. 다양한 민족성 이론들은 20세기 초 미국의 문화적·사회적·정치적 구성을 변화시켰던 유럽 이민

---

12 [옮긴이] 혁명 후 새롭게 만들어지는 멕시코인의 정체성을 의미한다.
13 [옮긴이] 흑인 페미니스트 앨리스 워커Alice Walker가 주창한 개념으로, '페미니즘'의 백인 여성 중심성을 지적하며 대안적 의미로 만들어진 용어이다.

자 유입에 관한 지속적인 연구라는 측면에서 중요했다.

　또한 민족적 정체성의 개념은, 소속과 시민권을 백인성에 국한해 편협하게 정의하는 미국적 정체성으로부터 차별과 주변화를 경험했던 이민자 집단들에게도 중요한 것임이 판명되었다. 민족적 정체성과 소수민족 거주지들은 꾸준히 이민자들을 지탱하는 힘이었다. 그것들은 특히 남부와 동부 유럽 이민자들이 그들을 미국 통합과 시민권으로부터 제외하는 시도들에 맞서 싸웠을 때, 이민자들을 떠받쳐 주었다.

　유럽인 이민자들의 경험에 기반한 민족성 이론의 역사적 토대는, 민족적 정체성에 대한 연구가 남부 출신 흑인 및 남서부의 멕시코계 미국인과 같은 비백인들에게로 확대되었을 때 더욱 분명해졌다. 비백인들에게 동일화와 미국화를 강요했던 사례처럼, 민족성 이론을 소수 인종에 적용하려는 시도에서 발생한 갈등은 민권운동 기간 동안 이민자 집단들의 저항과 변화로 이어졌다. 특히 민족·인종 연구의 현장에서 특히 흥미로운 것은, 민족주의의 부각 그리고 그에 수반하는 남성 특권화 및 성차별주의였다. 생물학적 결정론 및 초기 민족성 이론에 내재해 있던 [특정 민족 및 여성에 대한] 학술적 폄하에 저항하고, 반인종주의와 주류 페미니스트 이론에 대항해 불평등의 다층적 역학에 걸맞게 더욱 복잡한 목소리를 표명하려는 노력은 교차성 연구의 등장을 야기했다. 유색인종 여성들의 생생한 경험에 기반한 교차성 연구는 민족성과 인종 문제를 젠더, 성적 지향, 여러 형태의 차이들과 다시 한번 연결함으로써 민족성의 논점들을 재정의하고, 나아가 접근권, 평등, 정의라는 지속적인[오래된] 문제들을 분석하는 새로운 도구들을 창조했다.

참고 문헌

Acuña, Rodolfo. 1972. *Occupied America: The Chicano's Struggle toward Liberation*. San Francisco: Canfield Press.

Alarcón, Norma, ed. 1981a. "Chicanas' Feminist Literature: A Re-Vision through Malinntzin/or Malintzin: Putting Flesh Back on the Object"(1981). In Moraga and Anzaldúa 1981.

_____. 1981b. *The Third Woman*. Bloomington, IN: Third Woman Press.

Alcoff, Linda Martin. 2000. "Who's Afraid of Identity Politics?" In *Reclaiming Identity: Realist Theory and the Predicament of Postmodernism*, ed. Paula M. L. Moya and Michael R. Hames-Garcia. Berkeley: University of California Press.

Alurista. 1969. *El Plan Espiritual de Aztlán*. In *Aztlán: An Anthology of Mexican American Literature*, ed. Luis Valdez and Stan Steiner. New York: Random House.

Anzaldúa, Gloria. 1987. *Borderlands/La Frontera: The New Mestiza*. San Francisco: Spinsters/Aunt Lute.

Beal, Francis. 1970. "Double Jeopardy: To Be Black and Female." In *Sisterhood Is Powerful: An Anthology of Writings from the Women's Liberation Movement*, ed. Robin Morgan. New York: Random House.

Bogardus, Emory. 1934. *The Mexican in the U.S.* Los Angeles: University of Southern California Press.

Collins, Patricia Hill. 1998. "It's All in the Family: Intersections of Gender, Race, and Nation." *Hypatia* 13: 62-82.

Crenshaw, Kimberle Williams. 1991. "Demarginalizing the Intersection of Race and Sex: A Black Feminist Critique of Antidiscrimination Doctrine, Feminist Theory and Antiracist Politics." In *Feminist Legal Theory: Readings in Law and Gender*, ed. Katherine Barlett and Rose Kennedy, 23-41. San Francisco: Westview Press.

Daniels, Roger. 2004. *Guarding the Golden Door: American Immigration Policy and Immigrants since 1882*. New York: Hill and Wang.

Davis, Angela. 1981. *Women, Race, and Class*. New York: Random House [앤절라 Y. 데이비스, 『여성, 인종, 계급』, 성원 옮김, 아르테, 2022].

Dill, Bonnie Thornton. 1983. "Race, Class, and Gender: Prospects for an All-Inclusive Sisterhood." *Feminist Studies* 9(1).

Edmunson, Munro. 1957. *Los Manitos: A Study of Institutional Values*. New Orleans: Middle American Research Institute, Tulane University.

Ewen, Elizabeth. 1985. *Immigrant Women in the Land of Dollars: Life and Culture on the Lower East Side, 1890-1925*. New York: Monthly Review Press.

Friedman-Kasaba, Kathie. 2012. *Memories of Migration: Gender, Ethnicity, and Work in the Lives of Jewish and Italian Women in New York, 1870-1924*. New York: SUNY Press.

Garcia, Alma. 1990. "The Development of Chicana Feminist Discourse, 1970-1980." In *Unequal Sisters: A Multicultural Reader in U.S. Women's History*, ed. Ellen Carol DuBois and Vicki L. Ruiz. New York: Routledge.

_____. 1997. "Introduction." In *Chicana Feminist Thought: The Basic Historical Writings*, ed. Alma Garcia. New York: Routledge.

Glazer, Nathan. 1983. "Blacks and Ethnic Groups: The Difference and the Political Difference it Makes" and "The Peoples of America." In *Ethnic Dilemmas, 1964-1982*, ed. Nathan Glazer. Cambridge, MA: Harvard University Press.

Glazer, Nathan and Daniel P. Moynihan. 1963. *Beyond the Melting Pot: The Negroes, Puerto Ricans, Jews, Italians, and Irish of New York City*. Cambridge, MA: MIT Press.

_____. 1975. "Introduction" and "Concepts of Ethnicity." In *Ethnicity Theory and Experience*, ed. Nathan Glazer and Daniel P. Moynihan. Cambridge, MA: Harvard University Press.

Hancock, Ange-Marie. 2007. "When Multiplication Doesn't Equal Quick Addition: Examining Intersectionality as a Research Paradigm." *Perspectives on Politics* 5(1): 63-79.

Hawkesworth, Mary. 2003. "Congressional Enactments of Race-Gender: Toward a Theory of Race-Gendered Institutions." *American Political Science Review* 97(4): 529-550.

Las Hijas de Cuahtemoc. 1971. Newsletter. Long Beach, CA.

hooks, bell. 1981. *Ain't I a Woman: Black Women and Feminism*. Boston: South End Press [벨 훅스, 『난 여자가 아닙니까?: 성×인종×계급의 미국사』, 노지양 옮김, 동녘, 2023].

_____. 1984. *Feminist Theory from Margin to Center*. Boston: South End Press [벨 훅스, 『페미니즘: 주변에서 중심으로』, 윤은진 옮김, 모티브북, 2010].

Hull, Gloria, Patricia Bell Scott, and Barbara Smith, eds. 1982. *All the Women Are White, All the Blacks Are Men, but Some of Us Are Brave: Black Women's Studies*. New York: Feminist Press.

Kallen, Horace. 1924. *Culture and Democracy in the U.S.* New York: Boni and Liveright.

Kluckhohn, Florence Rockwood, and Fred L. Strodbeck. 1961. *Variations in Value Orientations*. New York: Row, Peterson, and Company.

Madsen, William. 1964. *Mexican-Americans of South Texas: Case Studies in Cultural Anthropology*. New York: Holt, Rinehart and Winston.

McCall, Leslie. 2005. "The Complexity of Intersectionality." *Signs* 30(3): 1771-1800.

Moraga, Cherrie. 1981. "Between the Lines: On Culture, Class and Homophobia" and "La Guera." In Moraga and Anzaldúa 1981.

Moraga, Cherrie, and Gloria Anzaldúa, eds. 1981. *This Bridge Called My Back: Writings by Radical Women of Color*. Watertown, MA: Persephone Press.

Morgan, Robin. 1970. "Introduction." In *Sisterhood is Powerful: An Anthology of Writings from the Women's Liberation Movement*, ed. Robin Morgan. New York: Random House.

Muñoz, Carlos. 1989. *Youth, Identity, Power: The Chicano Movement*. New York: Verso.

Myrdal, Gunnar. 1962. *An American Dilemma: The Negro Problem and Modern Democracy*. New York: Harper & Row.

Omi, Michael, and Howard Winant. 1994. *Racial Formation in the United States: From the 1960s to the 1990s*. 2nd ed. New York: Routledge.

Orozco, Cynthia. 1986. "Sexism in Chicano Studies and the Community." In *Chicana Voices: Intersections of Class, Race, and Gender*, ed. Teresa Cordova. Alburquerque: University of New Mexico Press.

Park, Robert. 1928. "Introduction" to *The Ghetto* by Louis Wirth. Chicago: University of Chicago Press.

Park, Robert, and Herbert A. Miller. 1921. *Old World Traits Transplanted: The Early Sociology of Culture*. New York: Harper & Brothers.

Park, Robert, R. D. McKenzie, and Ernest Burgess. 1925. *The City: Suggestions for the Study of Human Nature in the Urban Environment*. Chicago: University of Chicago Press.

Pesquera, Beatrice, and Denise Segura. 1998. "Chicana Feminisms: Their Political Context and Contemporary Expressions." In *The Latino Studies Reader: Culture, Economy, and Society*, ed. Antonia Darder and Rodolfo D. Torres. Cambridge: Blackwell.

Rothenberg, Paula. 1990. "The Construction, Deconstruction, and Reconstruction of Difference." *Hypatia* 5(1).

Ruiz, Vicki. 1993. "'Star Struck': Acculturation, Adolescence, and the Mexican American Woman, 1920-1950." In *Building with Our Hands: New Directions in Chicana Studies*, ed. Adela de la Torre and Beatríz M. Pesquera. Berkeley: University of California Press.

Sanchez, George J. 1990. "'Go After the Women': Americanization and the Mexican Immigrant Woman, 1915-1929." In *Unequal Sisters: A Multicultural Reader in U.S. Women's History*, ed. Ellen Carol DuBois and Vicki L. Ruiz. New York: Routledge.

_____. 1993. *Becoming Mexican American: Ethnicity, Culture, and Identity in Chicano Los Angeles, 1900-1945*. New York: Oxford University Press.

Sandoval, Chela. 1991. "U.S. Third World Feminism: The Theory and Method of Oppositional Consciousness in the Postmodern World." *Genders* 10.

_____. 2000. *Methodology of the Oppressed*. Minneapolis: University of Minnesota Press.

Saunders, Lyle. 1954. *Cultural Difference and Medical Care: The Case of the Spanish-Speaking People of the Southwest*. New York: Russell Sage Foundation.

Tuck, Ruth. 1946. *Not with the Fist*. New York: Harcourt, Brace and Company.

Vélez-Ibañez, Carlos G. 1996. *Border Visions: Mexican Cultures of the Southwest United States*. Tucson: University of Arizona Press.

5장

지구화

Globalization

지은이

칼라 프리먼 Carla Freeman

옮긴이

윤수련

성공회대학교 동아시아연구소 학술연구교수. 인종, 글로벌라이제이션, 퍼포먼스의 상관관계에 대해 연구한다. 저서로『움직이는 인터아시아: 방법으로서의 무용』*Inter-Asia in Motion: Dance as Method*(공편) 등이 있다.

✵

지난 25년간 '지구화'는 무역과 생산 체계를 가리키는 구조적-경제적 용어였다가, '맥도날드화'[1]나 '월드 뮤직'의 혼종화, 급부상하는 전자 통신 및 금융 시스템의 위력 등 온갖 것에 갖다 붙이는 상투적인 문화적·정치적 용어가 되어 버렸다. 이 글에서 나는 지구화를 후기 자본주의나 신자유주의의 발현으로 보는 학술적·대중적 문헌을 검토하기보다는 이런 유행과 변화 과정이 암암리에 혹은 두드러지게 젠더화되는 기이한 방식에 초점을 맞춘다. 지구화 담론의 이 같은 특징을 요약하자면, 비록 확실치는 않지만, 다음과 같은 단순한 질문을 던져 볼 만하다. "지역적인 것 대 지구적인 것의 구도는 여성적인 것 대 남성적인 것의 구도와 같은가?"

이런 질문이 나오게 된 것은 관심사가 한곳으로 합류하는 두 가지 노선 때문이다. 첫 번째는 "이론의 젠더"(Lutz 1995, 249-266)에 대한 페미니즘의 개입 노선이다. 두 번째는 지구화 담론과 학계에서, 내가 보기에, 문제가 있는 인식론적 경향을 표방하는 노선이다. 나는 지난 20년간 '지구화와 문화'라는 인류학과 여성학 세미나 수업을 해오면서, 이 수업에 적합할 법한 교재들을 그 범주에 따라 분류해 보며 항상 놀라곤 했다. 그중 하나는 지구화의 역사, 제도적 구조, 경제 형태에 대한 치밀하고 권위 있는 거시 분석으로 구성되어 있다. 일견 이 같은 범주에 있는 책들에는 젠더 분석이 빠져 있는 듯하다(예를 들어, Harvey 1989, 2005; Appardurai 1990, 1-24; Featherstone 1990; Sklair 1991; Robertson 1992; Waters 2001; Hannerz 1990, 237-251). 그렇지만 실상 이런 연구들은 젠더를 은밀히 들여온다. 지구화 이론은 남성적으로 젠더화되어 왔을 뿐만 아니라, 지구화라는 거대한 과정 자체도 — 즉, 국경을 넘나들며 생산이 공간적으로 재편되는 과정, 자본·기술·재화·노동·아이디어가 지구적으로 엄청난 속도로 유통되는 과정 등 — 남성적인 특

---

1 [옮긴이] 미국 사회학자 조지 리처George Ritzer가 『맥도날드 그리고 맥도날드화』The McDonaldization of Society (김종덕·김보영·허남혁 옮김, 풀빛, 2017)에서 제안한 개념으로, 현대사회가 패스트푸드 체인점의 생산 효율성, 획일화, 제품 품질 통제 등의 특징을 차용하면서 나타나는 현상을 일컫는다.

징을 부여받는다. 그러는 사이 지역적인 것은 점점 남성적 권력과 기술, 권위를 가진 지구적인 것에 종속된, 무방비 상태의 연약한 영역으로 여성화되어 갔다 (Sassen 2003).

반면 지구화 연구의 또 다른 범주를 보자면, 특수한 지역적 맥락에 초점을 맞추면서 제3 세계 나라들의 노동자 및 취약한 주민인 사람들이 (특히 여성들이) 지구적 경제에 '삽입'되는 과정을 면밀하게 미시적으로 분석한 문화기술지적 연구들이 있다. 이 분야의 연구들은 지구적 생산, 소비 및 초국가적 이주 패턴의 젠더화된 재편 과정에 초점을 맞춘다(예를 들어, Fernandez-Kelly 1983; Ong 1987, 1999; Wolf 1992; Parreñas 2001, 2005; Salzinger 2003; Thai 2005). 마지막으로 보다 최근 발표된 연구들을 세 번째 범주로 볼 수 있다. 세 번째 범주의 작업은 광범위한 영향력을 행사하며 널리 인정받으면서도 논쟁적인데, 역사적 맥락 및 지역적 특수성과 이론을 대담하게 접목하면서 직접적으로 젠더 문제에 개입한다(Gibson-Graham [1996] 2006; Ong 2006).

이런 대안적 접근법들은 어떻게 지구화에 대해 새로운 이해를 낳을 수 있는 것일까? 좀 더 일반화하자면, 그런 연구들은 이론, 문화기술지, 문화적 특수성과 예외주의 사이의 불편한 관계를 어떻게 조명하고 있는가? 페미니스트들이 전부터 논의한바, 젠더 관점을 통해 우리는 완전히 새롭고 깊이 있는 분석을 제시할 수 있다. 다시 말하자면, 지구화의 변증법을 젠더의 관점에서 바라봄으로써 우리는 여성에 대한 지구적 자본주의 체계의 차별적 영향을 설명할 수 있을 뿐만 아니라, 이런 체계들을 뒷받침하는 젠더화된 담론들과 실천들을 비판적으로 고찰할 수 있다. 따라서 이 글은 지구화의 젠더화된 특성에 초점을 맞춰, 지금까지 지구적 지형들과 실천들을 은연중에 남성적인 것으로 규정하고 지역적인 것을 여성적인 것으로 해석하는 데 토대가 되었던 개념들에 문제를 제기해 보려 한다. V. 스파이크 피터슨이 언급했듯이, 우리가 이처럼 고정적인 이분법적 개념에 문제를 제기할 수 있다면, "그 경계가 바뀔 수 있을 뿐만 아니라 양쪽 개념의 의미 또한 바뀌게 될 것이다. 즉, 양쪽을 서로 배타적 관계가 아니라 연관 관계에 있음을 볼 수 있게 함으로써, 양자택일 구도 안에서 강요되는 두 가지 선택지에 국한되지 않을 수 있다. 게다가 양쪽 개념의 의미가 변해 서로 연관

관계에 있다고 파악될 경우 …… 그 개념이 근거하고 있는 이론적 틀도 바꿀 수 있다"(Peterson 1996, 18). 여기서 가장 확연히 드러나는 것들은, 지구/지역, 남성적/여성적, 경제/문화, 생산/소비, 공식/비공식 경제, 공적/사적 생활 등 변증법적 개입이 필요한 강력한 이분법들이다. 변증법은 이런 이분법적 개념들 사이에 새로운 관계와 의미를 부여할 뿐만 아니라, 당연시되던 인과관계에 도전하며, 이 '영역들' 가운데 어느 한쪽에 더 치우쳐 있던 불균형 역시 해소할 수 있다.

이 글에서 나는 2000년대 초반 카리브해 지역의 핑크 칼라 서비스직 노동자 겸 '행상'(또는 잡상인)에 대한 경험적 사례연구를 통해, 경제적으로나 문화적으로 지구화가 그런 이분법적 사고방식과는 달리 어떻게 작동하는지를 보여 주고자 한다. 지구화의 형태와 의미는 주로 강력한 세력들과 기관들에 의해 형성되지만, 또한 여러 복잡한 활동에 관여하는 잘 드러나지 않는 행위자들도 영향을 끼친다. 이 행위자들은 지구적 자본주의 안에 굳건하게 뿌리를 내리고 있는 동시에 지구적 자본주의의 실천들을 적극적으로 변화시킨다. 이 글에서 나는 1989년부터 2000년 사이 실시했던 바베이도스에서의 현지 조사 과정에서 만난 여성들에 대해 이야기할 것이다. 이들은 초국가적 행상이었다가 바로 역외[2] 정보처리 부문 노동자로 투입된 여성들이다(Freeman 2000). 우리 시대 초국가적 행상이자 외국계 기업의 첨단 기술 생산자인 이 여성들은 소규모 지역 단위에서 활동하는 행위자들로서 지구화의 골간이라 할 수 있다.

'지역'을 재구상하며

앞 절에서 나는 지구화에 관한 학계의 연구 문헌들 내에서 상호 경합하는 경향들, 곧 지구적 경제를 강조하는 입장들과 지구적 문화를 강조하는 입장들에 대해 개괄했다. 경제에 치중하는 부류의 연구들은 지구화에 대한 거대 이론(즉, 지구화의 기원과 현재의 양식을 추적하는 연구들)을 통해 오늘날의 지구화를 '후기' 자본

---

2 [옮긴이] 역외offshore란 한 나라의 세율 및 규제로부터 좀 더 자유롭고 유리한 국외 지역을 뜻한다.

주의와 동일시하려는 경향이 있다. 여기서 후기 자본주의의 끝없이 확장하는 영향력은 자본과 노동의 심화된 (그리고 정체불명의) 초국가적 유통 및 지구적 시장의 재편을 통해 발현된다고 본다(Harvey 1989; Sklair 1991; McMichael 1997). 경제학을 강조하는 입장은 젠더를 무시하거나, 경제 분석에 젠더를 [부수적으로] 끼워 넣는다. 반면 문화 분야로 기울어진 부류의 연구들은 텔레비전이나 인터넷 같은 미디어로 확산되는 '지구적 문화'에, 그리고 상품이나 스타일이 국경을 넘나들며 빠른 속도로 보급되고 소비되는 점들에 주목한다(Featherstone 1990; Waters 2001; Appadurai 1990; Appadurai 1991, 191~210; Hannerz 1990, 1996b; Robertson 1992). 이 두 개의 접근 방식은, 지구적 시장이 구상하고 창조해 내는 새로운 유형의 노동자와 소비자의 지역적 특수성을 구체적으로 설명할 때 서로 합류한다.

여러 학자들은 다양한 분과 학문(사회학, 인류학, 지리학, 정치학 포함)을 불문하고 지구화라는 거대한 힘이 지역적 맥락에서 실질적인 현실로 작동하는지 살피기 위해, 지구화의 지역적 맥락에 좀 더 많이 주목해야 한다고 주장해 왔다. 더욱 세심한 지역연구들은, 대규모의 경제적·사회적 변화를 사람들이 어떻게 경험하는지에 주목함으로써 실생활에 나타나고 있는 지구화의 장단점을 살필 뿐만 아니라, 지구화의 역사적·구조적 토대들과 우리 시대 지구화의 양식들이 그 자체로 매우 젠더화되어 있고 특정 문화에 뿌리를 두고 있음을 분명히 해왔다. 이 작업들은 여성성과 남성성에 대한 구체적인 이데올로기적 규범뿐만 아니라, 여성과 남성에게 기대되는 특정 젠더 역할들이 무엇인지 밝히고 있다. 지구적 생산라인, 노동에 대한 훈육과 통솔 방식, 상품 마케팅 및 소비자 창출, 그리고 국경 안팎의 이주 패턴을 따라 이루어지는 선별적 고용 형태를 보면 그 안에 내재된 (그리고 때로는 노골적인) 기대치들이 문화적으로 특수한 젠더 이데올로기 및 젠더 실천에 상당히 의존하고 있음이 드러난다.

꼼꼼하면서도 상세한 문화기술지는 이런 지역 분석의 중요한 부분이다. 지역적/지구적 과정과 이데올로기들의 변증법적 관계를 기록하고 해석하기 위해서는 가령 일상생활 속에서 어떻게 수익이 창출되고 관계가 형성되며 정치적 거래가 이루어지고 상품과 서비스가 유통되는지 그 흐름을 파악하는 감각이 필요하다. 문화기술지적 연구로부터 영향을 받은 페미니즘의 지구화 비판은 다양한 지역적·국가적 맥락에서 지구화가 여성과 남성을 비롯해, 다양한 민족적·인종적 집단과 계급에 미치는 영향에 대한 중대한 통찰을 제공했다. 이런 비판적 연구들은 거시 구조적 논의들이 실생활 속 현실로 자리 잡은 지구화를 설명하는 데 불충분하다는 점을 분명히 밝혀 왔다(Ong 1999, 2006; Freeman 2000; Salzinger 2003; Marchand and Runyan 2000). 흥미롭게도 이론을 젠더화할 때 관찰되는 패턴들은 방법론적 접근에서도 나타난다. 어떤 면에서, 지구화 이론의 남성적 특징은 지역 현지 조사뿐만 아니라 문화기술지 연구의 관행과도 대립한다. 캐서린 러츠(Lutz 1995)의 도발적인 주장대로, 이론은 단일 사례가 아니라 광범위하면서도 다양한 사례들을 반영한 글쓰기를 전제해야 하는 것이라면, 그럼에도 통상적으로 대부분의 문화기술지적 연구들이 단일 지역/사례 내지는 많아야 두세 개 현장 사이의 '다지점적' 연결 고리에 집중하는 편이라면, 지구화에 대한 문화기술지적 논의는 이론 생성력이 없다는 함의를 갖게 된다. 그러나 페미니스트 학자들이 주장해 왔듯이, 거시적 과정이 특정 사람들의 특정 행위를 통해서만 이루어진다고 본다면, 거시 이론 역시 미시적인 것, 특정적인 것에 근거해야만 하는 것이다(Abu-Lughod 1990, 7-27).

그러나 불행하게도 지구화를 지역적 차원에서 분석하는 것은 일련의 문제들에 답하는 데 도움이 되기는 하지만, 다른 종류의 문제는 그대로 남는다. 이것은 젠더와 관련된 곳에서 특히 분명해진다. 왜냐하면 지역의 영역에서 젠더로 초점을 돌리는 것은 부지불식간에 지역과 여성성 사이의 등식을 다시 새겨 넣는 미끄러운 경사로가 되기 때문이다. 지구화라 이름 붙인, 오늘날의 다양한 과정에 대한 우리의 시각을 지역 연구를 통해 재고해야 한다는 주장은 [지구와 지역 가운데] 어느 하나를 다른 한쪽에 포섭하자는, 즉 미시를 거시보다 우위에 두자는 것이 아니다. 그보다는 지구적 이동(즉, 무역, 여행, 상품, 스타일, 이데올로기, 자본 등의 움직임)의 강화에 대응하는 구체적인 장소 및 그곳의 특수한 역사들과 다양한 경제·문화들을 이해하는 것이야말로 지구적 이동의 본질과 그것의 가변적 함의들을 더욱 효과적으로 파악하는 데 도움이 된다고 주장해야 할 것이다. 그렇다면 지구화를 젠더화한다는 것은 우리의 시선을 지역적인 것으로 돌려야 함을 의미하는 것이 아니라, 지구화가 다방면에서(거시, 미시, 그리고 그 간극에서) 어떻게 젠더화된 이데올로기들, 용어들, 실천들을 통해 상상되고 실행되는지 포착하는 것을 의미한다.

여기서 나는 단일한 지구에 대항하는 지역의 우위를 주장하려는 게 아니다. 그보다는 급변하는 세계에서 문화적·경제적 변화를 도입하고 가공하며, 수용하고 의문시하는 의외로 복잡한 과정들을 보여 주고자 한다. 그러면서 나는 여행, 이주, 노동, 소비 같은 과정들을, 상호 구성적이면서도 젠더화된 다양한 층위에서 분석할 수 있는 틀을 제시한다. 이런 분석 틀은 지역적인 것을 지구적인 것에 포함된 것, 따라서 근본적으로 지구적인 것에 의해 규정되는 어떤 것으로 묘사하는 데 이의를 제기한다. 그러는 가운데 이 분석 틀은, [한편으로는] 젠더와 지역을 결합하는 것과 [다른 한편으로는] 젠더를 구성적 요인으로 고려하지 않고 거시적 지구화 설명에서 제거하는 것 사이의 연결 고리를 끊어 낸다. 우리 시대 카리브해 지역 행상인들의 노동이 보여 주는 구체적 차원들을 단순히 지구화의 결과가 아니라 지구적 과정 그 자체로 이해하는 것은, 우리로 하여금 젠더와 지구화의 전체적인 관계에 대해 더욱 유연하게 사고하도록 해준다. 앞으로 논의할 테지만, 초국가적 행상들은 지구적 공간들이 필연적으로 남성적으로 젠더화되고 남성들이 횡단한다는 통념을 뒤집는 한편, '제3 세계' 내지는 '타자화된' 여성을 지구화에서 제외된 존재, 혹은 지구적 생산 구조가 의존하는 등허리로 자연스럽게 규정하는 익숙한 정식화들을 교란한다.

그러므로 초국가적 행상은 우리로 하여금 내가 앞에서 간략히 설명한 (서로 뒤엉켜 있는) 두 가지 문제들, 즉 지구화에 대한 거시 분석에서 지역적 특수성이 상실된 것, 그리고 거시 분석에서 젠더[분석의 관점]를 효과적으로 가로막아 온, 지역은 곧 여성/여성성이라는 등식에 대해 진지하게 생각해 보도록 강제한다. 지구화에 대한 페미니즘의 재개념화는 지구화의 지역적 형태들을 단지 지구화의 효과로 간주하는 것이 아니라 전 지구적으로 발생하는 움직임들 자체의 변화하는 형식을 구성하는 중요한 요소들로 본다. 이런 분석 틀은 지구화에서 일어나는 변화의 방향을 일방향이 아닌 다방향으로 상상하는 입장을 요구한다. 지구화는 다원적이고 가변적이며 다방향적이다. 지구화의 중요성[과 그것의 젠더화된 의미]은 단지 자본·노동·정보의 이동을 통해서만이 아니라, 인식론적으로 이것들의 이동 자체를 이해하고 분석하는 방식에서도 나타난다. 지구화는 또한 생산·소비·거래 체계들의 남성화나 여성화를 통해 젠더화될 뿐만 아니라, 이런 과정을 이해하는 모델 혹은 분석 틀에서도 젠더화된다.

지구적 이론/지역적 삶: 페미니즘의 침투

이제 새로운 비판적 페미니즘 연구가 어떻게 작동하는지 좀 더 구체적으로 들여다보자. 한 가지 중요한 방법은 비결정성, 특히 '유연성' 및 다양한 형태의 '이동성'이 가진 우선성이 지구적 과정의 다양한 차원들 속에서 어떻게 작동하는지를 조명하는 것이다. 신자유주의적 자본주의가 기업에 노동과 자원을 가장 효율적으로 공급하고 따라서 개인주의를 강화하는 시장 자유화와 노동 유연화에 입각한 것이라면, 페미니스트 이론가들은 이런 구조적 압박이 사람들로 하여금 변화에 부응하게 하기 위해 어떤 방식으로 스스로를 '재정비'하게 했는지를 설명해 왔다. 지구화 아래에서 개인들은 모두 경제적인 '기업가'가 되어야 한다는 압박을 받으며, 좀 더 사적인 삶의 영역들 — 가정생활과 친밀성의 구성, 그리고 건강, 신체, 주체성이 공적 담론들 속에서 표현되는 방식들에서 — 에서도 유연성과 이동성이 요구된다(Stacey 1990; Martin 1994; Walterdine 2003).

　　페미니즘적 사회과학에서 오랫동안 논쟁의 대상이 되었던 공적·사적 영역을 둘러싼 문제처럼, 페미니즘의 비판은 — 강제와 욕망 양자 모두로부터 비롯된 지구적 힘으로서 — 유연성에 대한 검토를 통해 지구화에 대한 남성주의적이고 거시 구조적인 설명이, 의도적이었든 그렇지 않든 간에, 지역성 및 지구적 이동의 모델을 재생산해 온 방식들을 약화하기 시작했다. 이 같은 모델은 여성과 여성성을 굳건한 뿌리를 가진 전통적인 것으로 묘사하며, 강력하고 남성적인 지구적 힘들로 인해 야기된 유동성과 불안정성에 맞서 가정의[국내의] 지속성을 유지해야 할 임무가 있는 것으로 제시한다. 분석의 다양한 차원들(개인, 가족, 국가, 지역, 그리고 그 너머)을 아우르면서도 이를 가로질러 연구한 아이와 옹은 "이동성과 유연성은 언제나 반복되는 인간 행위의 한 부분"이었지만, 우리 시대 신자유주의의 논리는 이런 능란한 움직임에 새로운 중요성과 의미를 부여했다고 논의한다. 즉, "유연성, 이주, 그리고 재정착은 이제 강제되거나 저항할 수 있는 것이라기보다, 안정성 대신 추구해야 할 실천이 되었다"(Ong 1999, 19).

이에 따라 유연성은 삶의 거의 모든 영역에서 [전통적으로] 젠더에 기반하고 기대[되었던 역할]들을 교란한다. 이 영역들은 이동성을 남성적인 것으로, 가정생활/정주성定住性, rootedness을 여성적인 것으로 고착시키는 친족 체계를 비롯해, 이주 여성 노동자들을 점점 더 많이 동원하는 가운데 여성들의 초국가적 노동이동을 모범적 시민성, 모성, 돌봄과 등치시키는 노동 체계에까지 걸쳐 있다. 각각의 사례들에서, 남성과 여성 및 그들의 가족들은 심각한 모순들, 구조적 재편, 양가적 상황들에 점점 더 많이 처하게 된다. 이른바 '전통적' 여성성이 무급의, 가족 기반 노동, 결혼, 모성과 연관되었던 반면, 초국가적 기업들이 요구하는 오늘날의 지구적 여성성은 임금노동자로서의 여성을 최우선적으로 강조한다. 비록 여성의 임금노동이 가족을 위해 이루어지는 것일지라도, 그것은 또한 여성들이 개인적으로 [자신의 삶을] 향유하기 위한 행위일 수도 있다.

가족의 둥지를 벗어나려는 이 같은 시도는 세계의 많은 부분에서 여전히 신자유주의적 자본주의가 낳은 비정상적 현상으로 간주되곤 한다. 여성들의 신체적 독립이 점점 늘어나는 가운데, 이런 여성들은 종종 성적으로 문란하다는 혐의를 낳았고, 많은 지역에서 여성에 대한 성적 착취와 성폭력의 급증으로 이어지기도 한다. 킴벌리 창과 L. H. M. 링(Chang and Ling 2000) 및 란페이치아(Lan 2006)의 연구에 따르면, 홍콩과 대만 내 필리핀 및 인도네시아 이주 여성 가사 노동자들은 노예 상태에 가까운 계약 노동과 성적 착취를 자주 경험한다고 한다. 그럼에도 불구하고 이 여성들은 이런 위협에 저항하며 고용주들의 감시망을 피할 다양한 전략을 가동한다. 가령 어떤 가사 노동자는 성적 괴롭힘에 맞서는 한편 성적으로 문란하다는 혐의를 피하기 위해 '톰보이'라는 동성애적 정체성을 차용하기도 하고, 또 어떤 이들은 '촌스러운' 옷을 착용해 본인의 '타자성'을 강조하는 한편, 몸매를 감추고 고용주 가정 내에서 스스로를 성적으로 비가시화하기 위해 의식적으로 정숙하게 행동하기도 한다. 이렇게 함으로써 그들은 직장인 사적 영역[즉, 고용주의 가정]에서는 여성으로서의 자신의 낮은 지위를 [고용주의 가족에게] 재각인하는 반면, 더 멋진 옷이나 본인의 출세 지향적인 '진짜' 모습은 매주 일요일 친구들을 만날 때를 위해 아껴 둔다(Lan 2006). 이 이주 여성 노동자들은 젠더와 섹슈얼리티가 어떻게 지구화에 침투하고, 지구화를 통해 실행되는지를 극적으로 보여 준다.

세속적인 것에 대한 관심, 모험, 육체적 강인함, 문화적 식견을 체현하는 것으로서의 여행은 여전히 대체로 남성적인 것으로 구성된다. 비록 카리브해 연안 지역에서는 다소 다르긴 하지만 말이다. 지구적 무대 내부에서 여성들의 이동이 점점 늘어나는 것은 ── 이 여성들이 이주 가사 노동자든, 간호사, 초국가적 기업 공장노동자, '엔터테인먼트' 종사자, 신규 사업가든 간에 ── 세계 곳곳에서 최신 경향으로 간주되고 있으며, 어떤 면에서는 전통적인 젠더 질서에 따른 공간과 움직임의 배치를 위협하는 것으로 간주하기도 한다. 이 점은 이주 여성들의 해외 송금액이 [여성이 임금을 벌고] '남성이 돌보는' 가계의 증가와 개발도상국들의 경제적 중추를 구성함에 따라 더욱 두드러지게 드러난다. 그러는 사이에 지구화는 전통적인 지리적 경계가 공간적으로는 보존되면서도(즉, 시민들은 자신이 속한 국가 영토에 머물러 있다), 전자 수단에 의해 공간적 경계를 넘어가는, 전례 없이 광범위한 새로운 커뮤니케이션 기술(가령 인도 내 급증하는 콜센터의 경우가 그러하다)을 통해 다양한 형태로 실행된다. 필요에 의해서든, 아니면 욕망에 의해서든, 이 모든 영역에서 유연성과 이동을 실행하는 사람들은 소속감, 시민성, 친밀성, 친족성, 인격을 이해하는 새로운 방식들을 발전시키고 있다. 다시 한번 말하자면, 지구화 담론들은 이처럼 복잡한 진화의 과정을 파악하기 위한 출발점일 뿐이다.

노동은 여전히 지구화를 연구하는 일차적인 렌즈이지만, 이런 노동과정의 젠더화는 예상치 못한 굴곡과 반전을 수반한다. 예를 들어, 멕시코 마킬라도라 산업**3**의 경우, 점점 더 많은 남성 노동자들이 조립 생산 라인에 투입되고 있다. 이런 일자리들이 여성적 일자리나 남성적 일자리로 규정되는 방식은 그 업무의

3　[옮긴이] 마킬라도라maquiladoras 산업은 멕시코 북부 접경 지역에 위치한 멕시코의 조립 가공 업체들을 가리킨다. 초기에는 젊은 여성 노동력에 기반해 섬유 및 전자 조립 부문 중심으로 성장했으나, 1980년대 들어 전자 조립 부문 비중이 증가하면서 남성 노동력의 진출이 늘어나고 있다.

여성적 '성격'이라는 단일한 요인보다는 기술 숙련 기회나 생활임금 획득 가능성 등과 같은 다양한 요인들에 의해 좌우된다(Salzinger 2003). 젠더와 계급의 윤곽, 그리고 실제로 노동과 이주를 구성하는 요인들은 '보디 쇼핑'**4**과 '가상 이주'**5**로 인해 재구성되고 있어서 젠더, 계급, 노동과 이주는 이런 새롭고 유연한 실험을 포함해 이해해야 한다. '보디 쇼핑'과 '가상 이주'는 남성적이고 고도로 숙련화된 인도 출신 컴퓨터 프로그래머들로 채워져 있다(Xiang 2007; Aneesh 2006). 이 같은 지구적 생산 공장, 화이트칼라 및 핑크 칼라**6** 영역 외에도, 점점 더 여성화되고 있는 서비스 영역에서 수행되는 '돌봄 노동'이 계속 증가하고 있다. 여기에는 간호사(George 2005), 유모(Parreñas 2001), 가사 노동자(Lan 2006), 성 노동자(Brennan 2004; Padilla et al. 2007; Altman 2002)의 새로운 순환이 포함된다. 사스키아 사센은 이 현상을 지구화에 따른 "생존의 여성화"로 일컬은 바 있다(Sassen 2003).

이런 무대 안에서 학자들은 지구화의 유난히 비가시적이면서도 강력한 잠재력을 지닌 매개체에 대해 연구하기 시작했다. 바로 정동 경제affective economy라 불리는 것이다. 페미니즘 이론 및 비판 이론에서 '정동으로의 전환'은 이미 풍성하면서도 빠르게 성장하는 분야였지만(Ahmed 2004; Clough and Halley 2007), 그간 지배적이었던 거시적인 정치경제적 관점은 이 같은 이론적 개입을 주류 지구화 분석에 비해 상대적으로 주변적인 것으로 취급해 왔다. 그러나 지구화에 대한 최근 문화기술지적 논의 덕분에 사랑, 섹스, 정동, 감정 등이 초국가적 연애와 결혼(Hirsch 2003; Constable 2003), 가사노동(Ehrenreich and Hochschild 2003; Lan 2006), 모성(Hondagneu-Sotelo and Avila 1997, 548-571), 성적 친밀성과 정체성(Padilla et al. 2007; Bernstein 2007)뿐만 아니라 기존의 익숙한 영역인 공장 노동(Pun 2005; Wright 2006)

---

4 [옮긴이] 보디 쇼핑body-shopping은 주로 정보 기술IT 산업 분야에서 단기 프로젝트 수행을 위한 노동력 확보를 뜻한다. 주로 미국과 유럽의 IT 기업이 전문 컨설턴트에게 필요한 노동력의 확보를 외주로 주면 이 컨설턴트들은 주로 인도와 오스트레일리아 등에서 노동자를 모아 그들에게 필요한 직무를 훈련하고 단기 계약 프로젝트를 담당하게 한다.

5 [옮긴이] 가상 이주virtual migration는 인도의 IT 노동자들을 포함한 디지털 노동의 흐름을 포착하는 개념이다. 이것은 특히 중국을 비롯한 아시아 지역의 디지털 게임 산업에서 두드러지게 일어난다.

6 [옮긴이] 1970년대 미국에서 소개된 개념으로 블루칼라나 화이트칼라 노동으로 규정하기 어려운 비서, 간호사, 초등학교 교사 등 (여성화된) 행정직과 서비스직을 지칭한다.

과 초국가적 IT 서비스(Mirchandani 2012) 등의 맥락에서 중요한 탐구 영역임을 알 수 있게 되었다. 이주 가사 노동자들의 경험을 연구한 앨리 러셀 호크실드가 보여 준 것처럼, "느낌"은 다른 물질적 자원들과 구분되는 매우 독특한 성격을 지닌 "분배 가능한 자원"으로, 그것은 투입되거나 철회된다기보다는 무의식적으로 방향을 트는 것이다(Hochschild 2003, 23). 다른 학자들은 정동과 감정을 구분해 사용하지만, 이 글에서는 지구화의 체현된 문화적·사회적·주관적 경제들을 지시하기 위해 정동과 감정을 함께 사용한다.

사랑은 노동과 마찬가지로 획일적이거나 본질적인 것이 아닌, 장소·역사·문화의 특수성 속에서 형성된다. 사랑은 자원인 동시에 교환의 매개체이자, 느낌이다. 일례로, 마킬라 공장 노동자가 이상적인 생산라인 노동자가 되기 위해 순종적이면서도 솜씨 좋은 여성성을 체현하는 것처럼, 다른 나라의 가정에서 그 집의 자녀들을 보살피고 애정을 쏟기 위해 고용된 필리핀 및 인도네시아 출신 유모들 역시 상황에 걸맞은 특정한 감정 노동을 받아들이고 수행해야만 한다. 자연스럽거나 보편적인 속성이 아님에도 대체로 그런 것으로 간주되는 사랑과 순종이라는 감성과 기질은, 이런 일자리의 맥락에서 여성에게 요구되기도 하지만, 여성 스스로에 의해 형성되기도 한다. 이런 감정 노동들이 내포하는 의미들은 복잡하고 종종 양가적이며 모순적이기까지 하다. 감정 노동들은 소외와 즐거움을 동시에 수반한다. 실제로, 이 감정 노동들이 공적·사적 영역에서 구획되고 경험되며 느껴지는 그 방식 자체가 지구적 생산 구조의 맥락 내부에서 지속적으로 유동한다. 예를 들어, 대만 가정의 사적 영역에서 동남아시아 출신 가사도우미들과 유모들이 노동을 수행하는 과정은 노동자들의 자율성, 개인적 취향이나 즐거움을 드러낼 기회나 친구를 만들 기회를 축소하기 마련이다. 이런 맥락에서, 기존에 '공적'이었던 공간(예를 들면, 공원이나 기차역)이 이 노동자들이 친구들과 만나고 겉모습을 꾸미고 스스로의 내면과 감정을 드러낼 수 있는 중요한 '사적' 공간으로 탈바꿈한다(Lan 2006). 사랑과 돌봄의 교환에 대해 정치경제적·정신분석학적·문화적 독해를 수행한 연구들을 통해, 우리는 지구화가 얼굴 없는 시장이 아니라 노동과 감정, 훈육과 욕망의 복잡한 교환 — 왜냐하면 자본은 여러 모습을 띠기 때문이다 — 속에서 형성되고 도전을 받아 온 것임을 알게 된다.

지구화의 정동적 차원으로 관심을 전환하게 된 데에는 오랫동안 지속되어 온 생산과 소비의 젠더화된 대립에 대한 페미니즘 이론의 반박 또한 영향을 미쳤다. 이 같은 반박은 생산과 소비에 참여하는 사회적 행위자들에 대한 케케묵은 (가령 남성은 생산자, 여성은 소비자라는 식의) 편견뿐만 아니라, 각각의 행위에 부여되는 (가령 여성의 생산은 가족을 위해 하는 것처럼 이타적인 행위이고, 남성의 생산은 이기적인 행위라는 식의) 가치 또한 해체해 왔다. 지구화에 대한 최신 연구는 또한 문화와 의미, 미디어, 패션, 공연 영역 등에 관여함으로써 기존의 구조적·경제적 분석들과의 차별화를 꾀해 왔고, 이에 따라 새로운 소비 양식이 가진 영향력 및 이것이 젠더 관계와 계급 관계를 재편하는 데 발휘하는 역량이 무엇인지 밝혀 왔다. 몇몇 사례들에서, 소비를 통해 창출되는 색다른 경험과 쾌락은, 심지어 그에 대한 단순한 선망조차, 전 지구적 차원에서 이루어지는 노동력 착취를 오히려 포용·재구성·강화하는 것으로 보였다. 반면, 이와 다른 연구들은 이런 실천과 환상 속에서 새로운 주체성이 출현하고 새로운 이동 경로가 등장할 가능성을 모색하기도 한다. 이 모든 점을 종합해 보면, 소비와 생산을 지구화하는 양상들은 아이러니하면서도 잠재적으로 변혁적인 효과를 낳을 수도 있다. 노동과 소비의 행위뿐만 아니라 이 행위들의 미묘하면서도 강력한 정동적 토대에 대한 검토를 통해, 이 같은 연구들은 비판적 탐구의 새로운 영역을 열 수 있다.

공식·비공식 개척지들을 가로지르는 지구화

이제 초국적 핑크 칼라 노동자/행상의 모습을 살펴볼 차례이다. 카리브해 연안의 행상들은 수 세기 동안 공경받는 존재였다. 중간상인 정도로 간주할 수 있는 여성 행상은 구매자인 동시에 판매자로, 전통적으로는 시골 생산자로부터 농산물과 상품을 구입해 도시에 있는 시장에 내다 팔고, 이 시장에서 구입한 상품을 시골에 되파는 방식을 취해 왔다. 행상은 아프리카계 카리브인의 역사에서 매우 중요한 위상을 차지하는 인물이며, 지역 경제의 독창성과 여성의 독립성을 상징하는 존재로 자리매김해 왔다. 여성 행상은 다양한 측면에서 중요했다. 이미 노예제 시대부터 행상은 카리브해 지역 특유의 시장 체계를 구축하는 데 중요한 역할을 해왔다(Mintz 1955; Katzin 1959; Le Franc 1989; Freeman 2007). 노예제하에서 행상 역할은 상징적으로나 실질적으로 특히 중요했다. 노예제 아래에서 행상은, 노예들이 예외적 상황 덕분에 주어진 '자유' 시간 동안 생산한 다양한 종류의 농작물, 허브, 뿌리채소 등을 유통하는 역할을 담당하는 한편, 노예와 농장주 모두에게 주요 식량을 제공함으로써 플랜테이션 구조를 보조하면서도 그로부터의 독자성을 확보했다(Beckles 1989; Bush 1990). 여성 행상은 또한 지난 약 200년 동안 [강인한] 체력, 이동성, 사업 수완을 주요 특징으로 하는 여성성을 구현해 왔다. 가사 의무와 생활 규범으로 말미암아 삶이 억제되고, 생활공간 역시 집과 교회로 제한되었던, 농장주들의 백인 아내들과는 대조적으로, 여성 행상은 소란스러운 공적 공간인 시장과 인근 섬 지역을 오가는 삶을 영위해 왔다. 그들은 정주보다는 이동, 빅토리아시대가 요구하는 조신한 행동거지보다는 활력과 담력을 통해 스스로를 구성해 왔다.

　　시골 행상들은 최신 소식과 소문의 주요 전달자이기도 했다(Katzin 1959). 이 여성들의 뛰어난 입담이나 협상력은 강인한 서인도제도 여성성의 중요한 특징으로, 그 지역에 살던 중산층 유럽인들의 이상적 가치인 '품행 방정'과는 대조를 이루었다(Wilson 1969; Besson 1993; Freeman 2007). 품행 방정은 영국 식민지 문화에 근거한 도덕적 규범이자 가정생활, 질서, 성공회 교회와 깊이 연관된 덕목으로 인종과 계급을 불문하고 모든 여성에게 적용된다. 이데올로기적 척도인 품행 방정은 남성성 및 하층민과 관련된 행동 규범인 '평판'과 반대 항에 놓여 있다. 평판은 공격성, 정력, 극적인 수행성, 신체적 움직임 등을 특징으로 한다. [예컨대] 칼립소[7] 공연자가 비판적인 정치적 가사를 통해 문화적 진정성에 기반한 평판을 상징한다면, 행상은 플랜테이션 체계의 제도적 지배와 위계에 대립적인, 경제적 자립성에 기반한 평판을 상징한다. 요란한 시골 행상은 서인도제도의 상

7　[옮긴이] 트리니다드섬의 민요. 일종의 노동가로서, 큰북이나 마라카스 등의 반주에 의해 토박이말, 영어, 프랑스어 등이 혼합된 독특한 말로 단순한 멜로디 패턴을 되풀이해 즉흥적으로 불렀다. 해리 벨라폰테 Harry Belafonte의 〈바나나 보트송〉으로 유명하다.

업화된 대중적 이미지를 대표하기도 한다. 두건과 화려한 무늬의 스커트를 자랑하면서 거대한 과일 쟁반을 머리에 이거나 풍만한 가슴 아래 들고 있는 모습을 통해, 여성 행상은 카리브해 여성상과 국가상을 동시에 상징하는 제유가 되었다. 행상은 어머니이자 노동자, 공급자이자 소비자, 강인함과 경제적 수완을 지닌 여성성을 동시에 나타낸다. 그녀는 지역성과 이동성 둘 다를 상징하는 존재이다.

오늘날 이 지역에서는 새로운 종류의 행상들이 출현하고 있다. 이들은 트럭, 버스, 바나나 보트보다는 비행기를 이용하며, 망고나 구황작물 대신 옷가지나 기타 공산품을 구매해 이것을 비공식 (그리고 불법인) 시장인 집에서 되판다. '보따리상 무역업자' 또는 '비공식 수입상'으로 일컬어지기도 하는 카리브해 행상들은, 대중적으로는 널리 알려졌지만 학문적으로는 연구가 부족한 집단이기도 하다(French 1988; Witter 1988; Ulysse 2007). 보따리상 무역업자(해외 출장 시에 빈 여행 가방을 들고 갔다가 귀국하는 길에 꽉 채워 온다는 뜻에서 나온 이름)는 주요 대도시 지역들에서는 물론이고 아프리카, 남아메리카, 카리브해 지역의 북적이는 도시들 및 수 세기 전에 식민주의가 만들었던 기존의 거래 체계 이외의 장소들에서 흔히 볼 수 있는 국제적 현상이다.

지역 정부와 국가 개발 행정가들은 초국가적 행상의 독창성을 칭찬하면서도 이와 동시에 그들이 하는 거래 행위의 불법성을 비난한다. 이 '보따리상' 무역업은 한편으로 해당 국가의 실업인구 및 불완전고용 인구의 상당 부분을 차지하는 여성의 손에서 이루어지는 혁신적 사업이다. 이들이 자유무역 지대 내 상당수 노동자들의 저임금을 충당하는 한편, 실업인구와 불완전고용 인구에게 수입을 가져다주는 중요한 역할을 수행하고 있다는 데에는 의심의 여지가 없다. 반면, 행상 거래는 조세와 관세를 회피하면서 [공식적인] 지역 상인들의 매출에 영향을 미치기 때문에 바베이도스 정부에는 엄청난 골칫거리로 간주되기도 한다. 따라서 행상들은 정부로부터 시내 중앙 시장에 매대를 차리고 거래하라는 '규제'를 점점 심하게 받고 있는 형편이다. 바베이도스 정부는 상거래 구역을 인증하고 면허를 요구하는 한편 조세 체계를 확립함으로써 행상들의 거래 행위를 감시하려고 노력해 왔다.

내가 1990년대에 연구한 이 지역 여성들은 당시 그곳에서 가장 빠르게 성장하고 있던 최신 산업 가운데 하나인 역외 정보처리 산업, 즉 백오피스back-of-fice[8]에서 외국 기업의 하청을 받아 이루어지는 타이핑, 코딩, 데이터 입력 업무에 주로 고용되어 있었다. 이 바베이도스 여성들 가운데 상당수가 주말에도 행상을 나갈 수밖에 없는 상황에 놓였고, 이로 인해 그들의 삶은 더욱더 지구화 내부에 점점 더 깊이 연루되었고 지구화에 의해 규정되었다. 이들의 경험은 우리로 하여금 지구화 과정 내부에서 드러나지 않는 수많은 관계들에 주목하게 한다. 이들 대부분에게 행상은 분명한 정체성이나 일의 형태가 아니었다. 행상은 낮은 법정 근로 수당을 보충할 수 있는 경제적 전략, 또는 많은 여성들이 얘기했듯이 모자란 것을 '때울 수 있는' 약간의 추가적인 방법이었다. 정보처리 산업 노동자/행상은 카리브해 특유의 현지 양식을 취하면서도, 전통적 농업에 기반한 여성 노점상들보다 더욱더 깊숙이 지구적 과정의 한 부분으로 자리 잡아 왔다. 지구적 생산자로서 행상의 역사적 근원은 설탕 산업 노동자였던 그들의 조상들에게까지 쉽게 거슬러 올라간다. 그럼에도 불구하고 그들 노동의 (위성 기술을 통해 전자 형태로 송수신되는 보험 청구서 및 여타 데이터를 입력해야 하는) 기술 집약적 성질 및 초국가적 여행으로 이어지는 특성 등을 동시에 고려했을 때, 이 행상들은 그들만의 독자적인 범주를 형성한다고 봐야 한다. 이들의 실천은 통상적으로 협소하고 분절적으로 그려지곤 하는 구조적 영역들(문화/경제, 생산/소비, 공식/비공식 부문)을 가로지르는 합류점들을 시사한다. 각각의 영역과 행상들 사이의 복잡하면서도 역동적인 관계는 젠더화된 지역적/지구적 주체성들과 과정들이 섬세하게 작동하는 방식을 잘 보여 준다.

지구화 연구 전반과 마찬가지로, 지난 20년간 이루어진 카리브해 지역의 지구화에 대한 연구 대부분은 경제발전, 특히 서로 연결된 다음 세 가지 현상, 즉 ① 수출 생산의 확대에 대한 신자유주의적 강조(설탕이나 바나나 같은 1차 수출품 외에도 섬유나 전자와 같은 제조 품목부터 정보, 금융 및 성매매 관광과 같은 관광 관련 서비스업

---

8 [옮긴이] 직접 고객을 상대하거나 전면에 나서 업무를 담당하기보다는, 해당 회사의 행정 지원 업무가 이루어지는 부서나 구역을 뜻한다.

에 이르기까지), ② 카리브해 지역 비공식 부문의 확산, ③ 이들 양쪽 부분에서 여성의 핵심적 참여 등에 집중해 왔다. 비공식 부문의 확대는 이들 영역 각각의 특징적인 재편과 맞물려 이루어지는 노동 이주의 패턴과 더불어, 수출 지향적 산업화의 부산물처럼 해석되어 왔다. 그러나 이 두 영역 사이의 상호 연결성에 대한 인식은 제도적으로뿐만 아니라(Portes and Walton 1981; Harvey 1989; Portes, Castells and Benton 1989) 개인적인 차원에서도 증가해 왔다. 공식 부문 수출산업 노동과 비공식 부문 경제활동에 동시에 참여하고 있는 개인들이 점점 늘어나고 있는 것이다(St. Cyr 1990; Freeman 1997; Quiñones 1997). 나는 바베이도스 정보처리 산업 노동자들을 연구하면서, 방대한 훈련 과정, 고된 노동, 초과 노동시간에서 발생하는 어려움에도 불구하고 대다수의 여성 교환원들이 '비밀스러운 부업으로' 하나 이상의 비공식 수입을 벌어들이는 활동을 하고 있음을 알게 되었다. 경조사를 위해 케이크를 굽고 장식한다든가, 부엌에 차린 '헤어 살롱'에서 머리를 스타일링한다든가, 친지, 친구, 직장 동료 등 인맥을 이용해 옷가지와 액세서리를 사고파는 행위 등이 그것이다. 특히 내가 '초국가적 행상'이라 부르는 후자의 경우, 정보처리 산업에 참여하는 여성의 공식 부문 노동과 흥미로운 방식으로 뒤얽혀 있다.

1990년대 역외 정보처리 산업은 지구적 산업화의 새로운 국면을 보여 주는 것으로, 정보 기반 업무가 미국, 영국을 비롯한 대도시 중심의 기업에서 개발도상국으로 초국가적으로 이동했음을 뜻했다. 현재의 역외 정보처리 산업은 개발도상국의 새로운 저임금 노동력에 의해 지탱된다. '사무실 업무' 및 백오피스 서비스 노동의 역외화가 실험적으로 진행된 바베이도스는 인도, 필리핀 및 기타 개발도상국으로 확대된 콜센터, IT 상담 서비스, 소프트웨어 개발 현장을 비롯한 다양한 서비스산업의 전초지가 되었다. 다른 아웃소싱도 마찬가지겠으나, 바베이도스가 역외 정보처리 산업에 적합했던 이유는 분명하다. 비교적 낮은 임금, 높은 교육 수준을 갖추고 적절히 '훈육'되었으며 (과거 영국 식민화의 잔재로 말미암아) 영어를 할 줄 아는 인재, 바베이도스 정부가 내세우는 다양한 세금 혜택 및 [사업에 필요한] 인프라 제공 등이 그것이다.

지구적 생산라인(의류 산업, 섬유산업, 전자 산업 등)에 의존하는 여타 노동 집약형 산업들과 마찬가지로 정보처리 산업 역시 곧바로 여성적 영역으로 규정되었다. 바베이도스에 있는 정보처리 [산업체의] '개방형 사무실'에는 칸막이를 치고 배치한 열두어 대의 컴퓨터 책상마다 18세 이상 35세 이하의 여성들이 앉아 경영자가 요구하는 엄격한 목표 할당량을 채우기 위해 항공사 티켓, 보험 청구서, 법률 요약서 등으로부터 얻은 전자정보를 부지런히 입력하고 있다. 사무실과 유사한 형태의 작업장과 그 속에서 일하는 여성 노동자들을 잠깐 살펴보는 것만으로도 이들이 지구적 과정에 얼마나 단단히 자리 잡고 있는지 확인할 수 있었다. 그들은 예컨대, [자신의 업무로 말미암아] 디지털로 연결된 북아메리카 지역 도시들의 지명과 데이터 코드를 외우고 있다거나, 영국 비즈니스 컨설턴트들이 미국식 경영 방식을 그대로 가져와 바베이도스 경영자들에게 가르쳐 준 총체적 품질관리 같은 업무 방식을 따르고 있다든가, 유럽과 미국산 디자이너 로고가 박힌 수입 액세서리(장신구, 속옷, 핸드백 등)를 사고, 쉬는 시간이나 교대 근무 중 사무실이 위치한 공업 지역 내 이동형 가판대에서 미국 케이블 채널의 방송을 녹화한 해적판 영화 테이프를 빌린다든가, 휴가나 주말 연휴를 틈타 해외에서 다양한 상품(옷가지, 신발, 액세서리)을 구입함으로써 인근 공장에서 일하는 자매들이나 이웃들과 외양적으로 차별화를 꾀한다든가 하는 행위에 몰입한다.

정보처리 산업 고용주들은 '전문적인' 그리고 훈련이 잘된 노동자들을 대상으로 한 매력적인 기업 내부 규정을 통해 노동자들이 이 같은 여행을 갈 수 있도록 직접적으로 부추겼다. 고용주들은 높은 생산성과 업무 몰입도에 대한 보상으로 항공권을 제공했다. 여성 노동자들은 직장 내 '전문성'과 퇴근 후의 옷차림을 동시에 고려하기 위해 새로우면서도 이에 걸맞은 패션을 선망했을 뿐만 아니라, 해외여행을 통해 수입을 올릴 기회를 추구할 수 있게 되었다. 일례로 바베이도스 최대 규모의 정보업체(이 업체는 1000여 명이 넘는 여성 노동자들을 고용했다)의 경우 모기업 아메리칸 에어라인으로부터 여행권을 받아 '감사 카드', 즉 성과급으로 직원들에게 지급했다. 이런 쿠폰 제도는 직원들로 하여금 난생처음 해외여행을 할 기회를 제공했다. 이 기업들이 주로 젊은 여성의 고용을 선호하는 점을 반영해, 경영진은 직원의 가족 가운데 여성 1인이 보호자로서 여행을 함께 갈 수 있도록 동반인 티켓을 제공하곤 했다. 여성 직원들의 여행 목적지는 이미

해외 거주 중인 친지나 친구뿐만 아니라, 여행권에 명시된 조건(예를 들면, 두 명은 산후안을 거쳐 아메리칸 에어라인 거점 공항으로 가고, 세 명은 뉴욕으로 향하는 여정)에 의해 주로 정해졌다.

여타 다른 요인들 역시 보따리상 무역업에 참여하는 이 노동자들에게 간접적으로 많은 영향을 미친다. 나는 다른 논문에서 직장 내 복장 규정 및 '전문성'에 대한 강조가 여성 노동자들로 하여금 스스로 몸단속하게 만들면서도, 특정한 장신구나 스타일을 취함으로써 다른 '평범한' 공장노동자들과 의식적으로 차별화를 꾀하게 만들었음을 논의한 바 있다. 여성들은 새로운 옷과 장신구를 직접 만들고, 주문하고, 구매하기 위해 많은 공을 들였는데, 보따리상 무역업이야말로 이처럼 차별화된 패션을 추구하는 데 더할 나위 없는 원천이었던 셈이다. 이 사례에서, 훈육과 감시, 젠더 이데올로기, 미학적 관심이 작동하는 내외부적 양식을 비롯한 복잡한 요인들을 통해 정보처리 산업 '핑크 칼라' 노동자가 구성되는 방식은, 최신 스타일과 신상품에 대한 수요와 긴밀한 관계가 있음을 알 수 있다(Freeman 2000).

이처럼 첨단 기술 종사자 여성이 공식 부문과 비공식 부문 사이에서 분투했다는 사실 자체는 바베이도스를 비롯해 카리브해 지역의 전반적인 역사를 고려할 때 그리 새로운 것이 아니다(Comitas 1964; Carnegie 1987; Senior 1991). 카리브해에서는 '잔재주로 살림 꾸리기 기술'은 널리 알려진 전통이었다. 그러나 공식적인 초국가적 수출 부문과 보따리 무역업자들을 통해 급부상한 소비재 무역 사이의(구조적이고 상징적인) 이 특정한 연결 고리는 지구화, 지역 문화 및 개발, 정체성의 동시적 진행 과정의 한 국면으로서 이제 막 연구되기 시작했다(Ulysse 2007).

생산/소비 개척지들을 가로질러 지구화를 젠더화하기

생산과 소비 사이의 분리[간극]에 도전하는 데 있어, 정보처리 산업 노동자/행상은 특히나 흥미로운 존재이다. 왜냐하면 이 여성들의 노동은 소비 — 그녀 자신을 위한 소비는 물론이고, 그녀의 가족 및 잠재적으로는 국가에 필요한 소비

— 에 대한 변화하는 욕망 및 기대와 밀접히 연결되어 있기 때문이다. 이 여성 노동자들은, 소비가 그 중요성에서 생산과 거의 동등한, 나아가 생산과 밀접하게 연관되어 있는 경제활동의 한 형태라는 사실을 여느 평균적인 소비자들보다 더욱더 집약적으로 보여 준다. 바베이도스 역외 정보처리 산업의 핑크 칼라 노동자는 궁극적으로는 귀국 시 비공식 부문에서 되팔기 위해 임금(그리고 회사에서 준 '감사 카드')을 해외에서 상품을 구매하는 데 재투자한다. 지구화에 대한 단일한 각본을 문제시하려면 생산의 경제적 근간을 문제 삼는 것뿐만 아니라 소비 및 지구화의 문화적·정동적 차원들에도 주목해야만 한다. 우리 시대 행상의 우선적인 목표가 자국 시장에 공산품을 되파는 것인 만큼, 이 여성들은 해외 체류 기간 동안 '자국' 및 '방문국' 문화들 사이의 서로 다른 취향과 욕구를 번역해야 할 뿐만 아니라, 이국의 땅에서 소비라는 행동을 통해 맺는 관계와 잦은 이동에 잘 대처하는 과업을 수행해야만 한다. 이런 점에서 행상의 소비는 해외에서는 개인적인 수행인 동시에 자국에서는 기업가로서의 행위를 뜻하며, 상품의 유통 및 잠재적으로 그것의 젠더화된 의미에 영향을 미치는 사회적 실천이기도 하다.

대니엘의 사례는 바베이도스 여성의 행상 활동이 생산/소비, 지역성/지구화의 젠더화된 관계를 어떻게 다르게 사유할 수 있는지 도움을 준다. 1989년 내가 대니엘을 처음 만났을 때, 그녀는 바베이도스 최대 규모의 정보처리 산업체 가운데 한 곳에서 일하고 있었다. 대니엘은 '원자재 관리자'인 자신의 일에 대해 느끼는 자부심을 — 그리고 동시에 지루함도 — 솔직히 드러냈다. 사무용 슬리퍼를 신고 일하는 대니엘은 전산 입력 직원들이 종일 앉아서 해외 판매사에 송신하는 여러 쪽 분량의 자료를 건네주는 일을 하며 하루를 보낸다. 이 업무는 누가 어떤 쪽을 받았고, 어떤 쪽을 중복 입력 처리를 해야 하는지 지속적으로 파악하는 동시에, 입력 업무자가 신속하고 정확하게 데이터를 입력할 수 있도록 그들의 속도에도 발맞추어야 했다. 또 대니엘은 슈퍼바이저나 교대 근무조 책임자의 호출에 응답할 수 있게 언제나 대기하고 있었다. 대니엘은 전산 입력 직원과 슈퍼바이저 사이에 끼어 지긋지긋함과 답답함을 토로했지만, 꼬박꼬박 나오는 임금의 안정감에 만족을 표했다.

다른 곳들과 마찬가지로 대니엘의 작업장은 압도적으로 여성 노동자들이 많다는 점뿐만 아니라, 노동과정에서 사용되는 훈육과 훈련 방식 면에서도 여성적인 공간이다. 젊은 남성 직원들은 (항공권이 가득한 무거운 자루 등을 들 수 있는) 체력이나 (컴퓨터 프로그래밍 같은) 고도의 기술이 요구되는 특정한 작업장이 적절하다고 간주되어 그곳에 배치되곤 했다. 높은 학력이나 기술이 없다 해도 전산 입력 직원으로 고용된 몇 안 되는 남성들 역시 전산 처리 부서에 있다가 비가시적으로 좀 더 세분화된 업무를 수행하는 특별 부서로 곧바로 승진할 수 있었다. 남성 직원들 역시 여성 직원들과 마찬가지로 바베이도스에서 여성적이라고 간주되는 품행과 전문성의 측면들을 차용했다. 예를 들면, 이들은 흰색이나 단색 민무늬의 버튼다운칼라 셔츠, 정장 바지, 때때로 넥타이, 그리고 정장용 구두를 갖춘 보수적인 복장을 착용했다. 머리는 짧게 이발했다. 전체적으로 작업장의 담론은 일군의 특정한 여성성 규정에 맞추어져 있었으며, 화장, 복장, 사내 근무 태도에 관한 실습, 워크숍과 장기 자랑을 통해 복장, 처신, 전문성을 강조했다. 여성성은 일상적이면서도 고도로 통솔된 노동과정에 이미 깊숙이 새겨져 있었고, 이 과정은 정밀함, 시간 엄수, 고도의 감시체계를 수반했다. 이 과정에서 남성성은 대체로 '평판'의 형태로 강조되었다. 내가 다른 논문에서 길게 설명한 바 있지만(Freeman 2000) 젊은 여성 직원들 사이에서 나타나는 경쟁적인 옷차림 자랑은 자부심의 근원이면서도, 경영자들과 여성들 사이의 심각한 긴장을 유발하기도 했다. 공식 사보 및 복장 규정은 이에 따라 직원들에게 보수적이고 겸손하며 정숙한 복장과 행동거지를 보여 줄 것을 곧잘 강조했다.

처음 만날 때부터 이미 대니엘은 언젠가 자영업자로서 "사장님 소리를 듣고 싶은" 욕심이 있다고 내게 털어놓았다. 우리가 만나는 동안 대니엘은 재봉술을 익혀 자신이 입거나 직장 동료들의 주문을 받은 치마 정장을 만들고 있었다. 대니엘은 수작업으로 본뜨기 하는 방법을 배운 후부터는, 한두 시간 내에 기본 정장을 만드는 수준까지 이르렀다.

그 결과 대니엘은 재봉사로 얻는 비공식적이지만 정기적인 수입원으로 정보처리 산업에서 받는 공식적인 임금을 보충해 왔다. 그녀의 재봉술과 직장 사이의 관계는 초국적 기업 사무직원들의 전문직 복장 및 행동 규범과도 밀접하게 연결된다. 재봉술뿐만 아니라 초국가적 행상은 이미 대니엘의 직장 동료들 사이에서도 널리 행해져 온 것으로, 이들은 이미 부활절 연휴를 이용해 산후안으로 여행갈 계획을 세우고 있었다. 여느 때와 다름없이 대니엘은 현지 여행사를 통해 현지 이동 수단부터 (더블룸 1박에 55달러 정도인) 저렴한 모텔까지 포함된 패키지 여행권을 예약했다. 그녀는 이 여행을 비롯한 다른 여행 일정에서도 친구들과 여행하거나, 전 직장 동료이자 정보처리 산업 업무직에서 새로운 직장으로 이직해 관리직이 된 마르셀과 여정을 함께했다. 대니엘과 마르셀은 남편 및 친척 여자 어른들이 (각각 두 명의) 자녀들을 돌보는 동안, 이윤 창출과 즐거움 추구라는 두 가지 목표를 모두 해결할 수 있는 도피처를 찾아 연휴 동안 여행을 다녀오곤 했다. 대니엘은 속이 빈 두 개의 대형 여행 가방을 수하물로 위탁하고, 손에는 항공권 및 자신과 가족, 그리고 그의 고객들을 위한 위시 리스트를 들고 출국길에 나섰다.

정보처리 산업체 직원으로서 대니엘의 새로운 이미지의 중요성은 위(경영진)와 아래(동료 직원들) 모두로부터 표현되었다. 이 이미지는 기업의 요구뿐만 아니라 새로운 핑크 칼라 노동자 정체성의 매력을 반영하는 것으로, 대니엘과 그녀의 직장 동료들은 이 이미지를 구축하고 유지하는 데 엄청난 공을 들여야 했다. 따라서 이 구매 대행 여정에서 옷과 액세서리의 구매는 소비 행위일 뿐만 아니라 생산 행위 — 훨씬 더 새로운 이미지, 행동 양식, 초국가적 상징 질서 속에서의 주체성들을 생산하는 — 이기도 했다. 이런 상징적·물질적 자아의 생산은, 그녀가 자국에 들여온 상품의 성공적인 마케팅에 필요한 중요한 차원이기 때문에, 경제적 가치뿐만 아니라 문화적·주관적 가치까지 지니게 된다.

이 같은 복합적인 실천을 통해 대니엘은 (사무실처럼 생기긴 했지만) 생산 현장, 의류와 스타일의 소비, 새로운 여성적·계급적 자아의 상징적·물질적 생산의 변증법 속에 동시적으로 얽혀 있게 되었다. 이 같은 얽힘의 각 결절점에서는 상징적 가치뿐만 아니라 경제적 가치의 명백하고 뚜렷한 교환이 이루어지고 있으며, 즐거움, 욕망, 피로가 뒤섞인 복잡한 감정적 매트릭스 역시 함께 존재한다. 중요한 점은 이 과정에서 대니엘이 지구화의 힘들 속에서 주로 도구적 역할을 담당했던 것에서 벗어나, 자신이 지니게 된 특권적 지식과 매력적인 상품을 타인들에게 파는 일종의 행위자로 변화했다는 점이다. 정보처리 산업이라는 공적 장소에서 잘 훈련되고 재구성된 존재인 대니엘은, 구매 대행 여행에서 이런 새로운 자아감을 더욱 세련되게 가공함으로써 지구화의 새로운 행위자로 거듭나게 된다.

대니엘과 마르셀은 세인트루시아 여행길에 수도 캐스트리스에 거주하는 대니엘의 사촌과 합류했다. 그들은 청바지, 아동복, 가죽 캐주얼화를 사재기하는 한편, 쌍둥이 화산 봉우리 피톤즈와 장엄한 폭포를 관광하고 가장 인기 있는 나이트클럽에서 저녁 시간을 보내는 등 눈코 뜰 새 없이 바쁜 3박 4일 일정을 보냈다. 고향에서는 이렇게 여성들 혼자 밤거리를 즐기기가 힘들었다. 그렇기에 이들은 여행 기간 동안 밤에 밖을 나다닐 수 있다는 사실에 흥분과 기쁨을 감추지 못했다. 상점들을 방문할 때면 대니엘은 소비자와 브로커 사이를 오고가며, 위시 리스트에 알맞게 가격, 재고량, 그리고 손님들이 좋아할 만한 최신 스타일 등을 고려해 흥정했다. 이들은 또한 친구들이나 직장 동료들의 구미에 맞을 만한 '섹시한 스타일'을 비롯한 다양한 옷을 시험 삼아 입어 보며 서로의 반응을 살펴보기도 했다. 관광 명소 기념사진 스타일의 스냅사진이나, 가게 안에서 찍은 장난스럽고 솔직한 모습의 사진을 들여다보고 있노라면 이 구매 여행이 연휴 관광과 어떻게 다른지 헷갈린다.

대니엘의 여행이 가진 의미가 중요한 이유는 바로 그 여행의 다중성에 있다. 이 여행들은 수입 창출원일 뿐만 아니라, 새로운 관광지를 구경하고 여가를 즐기며 유행을 경험하고 '가성비가 뛰어난 상품'을 찾아내는 기회를 제공할뿐더러, 전통적인 계급 및 젠더 경계를 거스르는 여성성의 양상을 구축할 기회를 마련해 주기 때문이다. 대니엘과 마르셀은 둘 다 기혼 여성, 어머니, 직장 여성으로, 한 명은 명망 있는 직종에서 관리자 위치에 있었고, 다른 한 명은 정보처리 산업 직종에서 이직 후 집에 차린 바 겸 편의점을 운영해 자영업자로서 자율성을 만끽하고 있었다. 둘 다 꽤 정기적으로 교회에 다녔고(어릴 적 다닌 성공회 교회보다는 좀 더 활기차면서 바베이도스 국민들에게 점점 많은 인기를 얻고 있는 오순절 교회였다) 계급적으로는 상류 노동자 계층/하위 중산층 사이에 걸쳐 있었다. 그들은 새로운 소비 양식을 통해 가능해진 직장 및 가정 내 중산층적 "품위를 지닌" 여성적 에티켓과, 기존에 남성성 및 하층계급 문화에서만 볼 수 있었던 혼자만의 여행, 나이트클럽 가기, 과감한 신체 노출, 사회적 자아 구축 등과 같은 "평판"의 실천 사이를 유유히 오간다(Wilson 1969). (이윤 창출과 비용 절감이라는) 경제적 목표와 즐거움을 추구하려는 욕망 사이의 독특한 조합은 이 여행들을 특히 남편과 남자 친구 입장에서 한편으로는 신뢰 어린 눈으로, 다른 한편으로는 의심스러운 눈초리로 바라볼 수밖에 없게 한다. 여성들은 보통 후자의 반응을 누그러뜨리기 위해 전자의 신뢰도를 적극 이용한다.

요약하자면, 초국가적 행상들은 남성/여성, 중산층/하층, 백인/흑인 중 어느 한쪽 집단에만 속한다고 생각했던 행위를 한꺼번에 수행함으로써, 현지의 전통적인 남성적 평판/여성적 품위라는 젠더 이분법을 거스른다. 초국가적 행상은 자신과 가족을 위해 소득 행위와 사회적 자아 구축을 우선적으로 수행해야 할 때도 있다. 그러나 그녀는 동시에 상품을 고객들에게 전달하기 위해 지역적·초국가적 스타일, 취향, 지식 체계의 매개자로 활약하기도 한다. 바로 그녀들에게서 나타나는 여성성의 체현 — 즉, 다양한 공간을 점유하거나 횡단하는 독특한 방식들, 새로운 스타일과 행동 양식, '전문성' 표현 등 — 은 고객 네트워크 및 전반적으로 지구화의 영향을 받은 공동체에 그녀가 제공하는 상품 및 그녀 스스로의 '자아 표현'을 통해 발현된다. 그리고 이 같은 실천들은 신분 상승 욕구의 통상적인 궤도 및 계급과 인종의 젠더화된 경계들을 다시 그릴 기회를 선사한다(Freeman 2007). 생산자(정보처리 산업 노동자/행상)이자 소비자로서의 역할에 밀접하게 연결된 옷차림과 새로운 여행 방식을 통해, 이 여성들은 지역적으로 독특한 지구적 과정을 수행한다. 이들의 지구적 노동시장 유입은, [한편으로는] 다른 개발도상국 여성 공장 노동자의 지구적 노동시장 유입과 유사하지만, [다른 한편으로] 그것은 또한 지구적 구조 조정의 끝없는 변화 속에서 향후 이들을 대체할 콜센터 전화 상담원들의 모습을 예고하기도 한다.

결론

정보처리 산업 노동자/행상의 사례는 사회적 행위자들이 변화하는 생산과 소비의 양식을 통해 지구적 무대에서 어떻게 영토를 대거 확장해 왔는지, 그 과정에서 어떻게 지구화의 행위자가 되었는지 상세하게 드러낸다. 이들은 지구화된 지형 속에 사는 지역의 주체이며, 바베이도스에서는 정보처리 산업 노동자이자 세계적으로 유통되고 있는 상품과 문화를 즐기는 소비자로, 해외 행상 경험을 통해서는 상품을 매매하는 구매자이자 상인이면서 이국의 언어, 주민, 음식, 문화를 소비하는 '관광객'으로 존재한다. 이들은 바베이도스에 정주하지만, 바베이도스인으로서 성격이 규정되고 세련화되는 방식은 바베이도스와 세계 각지를 연결하는 새로운 양식의 생산, 소비, 여행으로부터 점점 더 많은 영향을 받고 있다. 특히 이들의 (노동자/중산층 계급이자 바베이도스, 서인도제도, 카리브해 출신의 흑인 여성 집단의 일원으로서) 주체성은 당연하게도 행상으로서 해외에서 가지는 색다른 경험 및 그곳에서 만난 타인들과 더욱더 깊은 연관성을 가지게 되었다. 그러므로 그 자체로 노동 및 소비 형태이자 새로운 사회적·문화적·경제적·상호 주체적 관계들의 연결 지점으로 기능하는 행상은, 다양한 ― 국가, 지역, 계급, 인종, 젠더, 성적인 ― 정체성들 그리고 감정을 느끼는 방식들이 표출되고 재규정되는 영역을 이루게 된다.

　카리브해 핑크 칼라 노동자/행상의 행위는 카리브해 지역 내 다른 곳은 물론, 세계 여러 지역의 젠더 규범을 위반하는 것으로 간주될 수도 있지만, 바베이도스 여성들에게 이 같은 구매 여행은 기본적으로는 매우 여성적인 행위이다. 첫째, 일반적으로 이 지역 여성들에게 여행이나 물리적 이동이 금지된 적이 없었으며, 둘째, 여성들의 구입품들은 전통적이거나 품행 방정한 여성성의 관념을 거스르는 동시에 강화하는 것이기도 하기 때문이다. 이 같은 새로운 형태의 소비는 대부분 또한 여성적 몸(의류/패션), 아동의 욕구(아동복 및 장난감), 가사 영역(커튼, 침대 시트, 소형 주방 가전, 원단)을 충족하는 데 맞춰짐으로써 어머니이자 주부로서 여성의 역할(본인뿐만 아니라 여성 고객들의 여성으로서 역할까지 포함해)을 더욱 강화한다. 따라서 구매 여행에서 구입한 패션 품목이나 기타 상품 가운데 일부가 한편으로는 바베이도스 현지의 품행 방정한 여성상을 거스른다 할지라도, 다른 한편으로는 전문직 스타일 규범에 순응하는 행위의 토대가 된다.

　여성 생산자/소비자로서 정보처리 산업 노동자/행상은 비공식 부문 및 지구적 공장 내의 참여자들이 지구화의 새로운 양식을 수행하는 신자유주의의 흥미로운 양상을 대표한다. 즉, 이들은 지구화의 단순한 효과로서 존재하지 않는다. 오히려 이들의 진화하는 행위자적 감각, 이들의 생산과 소비가 이루어지는 공식·비공식 경제 및 초국가적 공간을 서로 보다 더 강력하게 연결하는 이 여성들의 업무야말로, 지구화의 거시 모델들 및 일부 초기 지역 연구들이 충분히 밝혀내지 못한 부분들이다. 이 참여자들이 시공을 가로질러 생산과 소비에 관여하는 행위는 여성성과 남성성에 크게 의존하면서도 이것들을 재규정하는 방식으로 형성되어 왔다. 지구화 과정에 미치는 젠더의 강력한 힘은 분명해 보일지도 모른다. 그러나 자본주의적 확장이라는 은근히, 하지만 명백히 남성주의적인 분석 모델의 틀 안에서만 이런 이주 행위를 해석하는 것에는 한계가 있다는 점 역시 분명하다.

정보처리 산업 노동자 겸 행상은 다방면의 무수히 많은 방식들을 통해 지구화 과정에 깊이 자리 잡았다고 볼 수 있다. 정보처리 산업 노동자/행상은 지역 행위자들이 지구적 자본주의의 요구에 탄력적으로 대응한다는 점을 잘 보여 준다. 이들은 저임금 및 고도로 훈육된 노동과정에 적응하려 노력하면서도, 이와 동시에 여성의 임금노동과 모성 수행을 모두 요구하는 현지의 유구한 전통 속 '이상화된' 노동을 실현하기 위한 초국가적 규칙을 재규정한다. 정보처리 산업 노동자/행상은 또한 여성들이 지구적 자본주의의 다양한 양식을 손수 창출하는 데 관여하고 있음을 명확히 보여 준다. 어쩌면 역설적이게도 정보처리 산업 노동자/행상은 지구화를 비판하는 진영에서 기대하곤 하는 지구화에 대한 처항보다, 오히려 지구화 세력의 심화 및 어떤 면에서는 그에 따른 보상의 민주화를 의미할지도 모른다. 이 행위자들은 카리브해 상거래의 오래된 여성적 전통에 새로운 모습을 부여하면서도, 이동성, 재기발랄함, 능숙한 장사 수완을 중요한 재료로 삼는 카리브해 지역 여성성의 대표적인 표출 방식들을 여전히 고수한다. 노동자/행상 여성은 지구적 정보처리 산업 내에서 공식 부문 임금노동 및 (종종 착취 대상이 되는) 본인의 고용 지위를 십분 활용해 생산성 활성화 행위(이를테면 여행권 증여)를 수익 창출 기회로 전환하는 한편, 구매 여행에서 수입해 온 물품들을 판매하는 시장으로 동료 직원을 비롯한 인적 네트워크를 이용한다.

대니엘과 같은 초국가적 행상의 이야기를 통해 우리가 보편적인 교훈을 얻을 수 있는 방법은 무엇일까? 대니엘은 생계 수단으로 비공식 부문 거래에 전적으로 의존하는 카리브해 지역의 다른 초국가적 행상이나 보따리 무역업자들과 다를 뿐만 아니라, 지역 장터에서 농작물을 거래하는 농업 기반의 행상과도 차별화된다. 지역의 행위자들을 간과하고 그들이 지구적 실천에 입문하거나 개입하는 특수한 방식을 간과하는 지구화 연구의 한 축을 문제 삼는 과정에서, 본의 아니게 이 행위자들을 낭만화하거나 이들의 중요성을 과대평가하는 위험이 있을 수도 있다. 바베이도스 내 정보처리 산업체들의 사양화 및 좀 더 높은 부가가치형 IT 기업을 유치하기 위해 쟁탈전을 벌이는 개발도상국 바베이도스의 현재 모습은, 여성의 통제권을 벗어나 이루어지는 지구화의 극적인 조류를 단적으로 보여 준다. 기업형 지구적 행위자들(가령 금융자본가나 다국적기업의 총수)이 지구적 생산과 소비에 미치는 영향의 종류나 규모에 비해, 초국가적 행상들이 지구적 생산과 소비의 방향이나 형태에 미치는 영향력이 같다고 말할 사람은 결코 없을 것이다. 그럼에도 불구하고 초국가적 정보처리 산업 노동자이자 (여행자/관광객, 소비자, 생산자, 그리고 현지와 해외의 취향과 스타일을 매개하는 중개인인) 독자적 장사꾼으로서 여성들의 역할은 지역 단위에서 이루어지는 지구적 행위의 다양한 형태들을 대표하며, 그들이 수행하는 역할의 중요성은 그들과 그들의 상품을 사는 고객들이 선택하는 삶의 방식과 정체성 속에서 직접적으로 표현된다. 역사, 문화, 젠더와 깊은 관련을 맺는 동시에 본질적으로 변증법적이면서 유동적인 관계에 놓인 지역적 맥락을 통해 다수의 방식들이 변화하고 작동하는 한편, 이를 통해 지구화가 작동한다는 사실을 이 여성들은 명백하게 보여 준다. 대니엘의 사례는 우리로 하여금 지역적/지구적, 사적/공적, 문화기술지/이론 등과 같은 이분법들뿐만 아니라 이들 내에서도 여성적인 것으로서의 지역적/문화기술지(다시 말해 고정적·전통적·가사 중심적·사적·비공식적·소비 지향적인 것으로서 여성성)와 남성적인 것으로서의 지구적/이론(유동적·근대적·코스모폴리탄적·공적·공식적·생산 지향적인 것으로서 남성성)처럼 암묵적으로 젠더화된 범주들에 도전하게끔 한다.

따라서 우리에게 주어진 과제는 대니엘 같은 사례를 지구적 효과의 주류에서 벗어난 예외적인 것으로 치부하거나 다수의 사람들로부터 행위자성을 박탈해 온 지구화 작동 방식의 여파를 간과하는 것이 아니라, 우리의 비판적 시선을 지구적 무대 속의 보다 다양한 행위자들과 실천들로 돌리게 하는 것이며, 이를 통해 지구화 개념 그 자체 ― 즉, 지구화의 뿌리들, 형태들, 무수히 많은 함의들과 영향들 ― 를 재조명하는 것이다. 따라서 이런 [지구화의] 갑작스러운 유입과 다양한 표출들에 대한 서술을 결여한 채 거시 구조를 이론화는 것은, 지구화에 대한 제한적인 해석력을 가질 뿐임이 더욱더 명백해질 것이다. 내가 서두에 제기했던 문제로 되돌아가 보자면, 지구화에 대한 초기 연구들이 지역적인 것을 여성적인 것으로, 지구적인 것을 남성적인 것으로 묘사한 것과는 달리, 대니엘과 같은 개인들의 사례를 통해 지구화에 대한 좀 더 복잡 미묘한 해석이 가능함을 알 수 있다. 대니엘은 젠더, 노동, 주체성, 경제가 역사적·문화적 영향력을 통해 수행되는 역동적인 과정임을 일깨운다. 이런 영향력들과 과정들은 서로 소통하는 가운데, 새로운 형태, 표현물, 그리고 주관적 경험들로 스스로를 발현하고 이에 따라 서로를 필연적으로 변화시킨다. 그렇다면 이런 변화들에 유연하면서도 발 빠르게 응답하는 관찰, 탐구, 분석의 도구들 역시 필요하다.

참고 문헌

Abu-Lughod, Lila. 1990. "Can There Be a Feminist Ethnography?" *Women and Performance: A Journal of Feminist Theory* 5.

Ahmed, Sara. 2004. *The Cultural Politics of Emotion*. Edinburgh: Edinburgh University Press [사라 아메드, 『감정의 문화정치: 감정은 세계를 바꿀 수 있을까』, 시우 옮김, 오월의봄, 2023].

Altman, Denis. 2002. *Global Sex*. Chicago: University of Chicago Press [데니스 올트먼, 『글로벌 섹스: 섹스의 세계화 침실의 정치학』, 이수영 옮김, 이소, 2003].

Aneesh, A. 2006. *Virtual Migration: The Programming of Globalization*. Durham, NC: Duke University Press.

Appadurai, Arjun. 1990. "Disjuncture and Difference in the Global Cultural Economy." *Public Culture* 2(3) [아르준 아파두라이, 「2. 전 지구적 문화 경제에서의 탈구와 차이」, 『고삐 풀린 현대성』, 차원현·채호석·배개화 옮김, 현실문화연구, 2004].

_____. 1991. "Global Ethnoscapes: Notes and Queries for a Transnational Anthropology." In *Recapturing Anthropology: Working in the Present*, ed. Richard Fox. Santa Fe, NM: School of American Research Press [아르준 아파두라이, 「3. 전 지구적 에스노스케이프」, 『고삐 풀린 현대성』, 차원현·채호석·배개화 옮김, 현실문화연구, 2004].

Beckles, Hilary McD. 1989. *Natural Rebels: A Social History of Enslaved Black Women in Barbados*. New Brunswick, NJ: Rutgers University Press.

Bernstein, Elizabeth. 2007. *Temporarily Yours: Intimacy, Autenticity, and the Commerce of Sex*. Chicago: University of Chicago Press.

Besson, Jean. 1993. "Reputation and Respectability Reconsidered: A New Perspective on Afro-Caribbean Peasant Women." In *Women and Change in the Caribbean*, ed. Janet Momsen, 15-37. Bloomington: Indiana University Press.

Brennan, Denise. 2004. *What's Love Got to Do with It? Transnational Desires and Sex Tourism in the Dominican Republic*. Durham, NC: Duke University Press.

Bush, Barbara. 1990. *Slave Women in Caribbean Society, 1650~1838*. Bloomington: Indiana University Press.

Carnegie, Charles V. 1987. "A Social Psychology of Caribbean Migrations: Strategic Flexibility in the West Indies." In *The Caribbean Exodus*, ed. Barry B. Levine, 32-43. New York: Praeger.

Chang, Kimberly A., and L. H. M. Ling. 2000. "Globalization and Its Intimate Other: Filipina Domestic Workers in Hong Kong." In *Gender and Global Restructuring: Sightings, Sites and Resistances*, ed. Marianne H. Marchand and Anne Sisson Runyan, 27-43. New York: Routledge.

Clough, Patricia Ticineto, and Jean O'Malley Halley, eds. 2007. *The Affective Turn: Theorizing the Social*. Durham, NC: Duke University Press.

Comitas, Lambros. 1964. "Occupational Multiplicity in Rural Jamaica." In *Work and Family Life: West Indian Perspectives*, ed. Lambros Comitas and David Lowenthal, 157-173. New York: Anchor.

Constable, Nicole. 2003. *Romance on a Global Stage: Pen Pals, Virtual Ethnography, and "Mail Order" Marriages*. Berkeley: University of California Press.

Ehrenreich, Barbara, and Arlie Russell Hochschild, eds. 2003. *Global Woman: Nannies, Maids, and Sex Workers in the New Economy*. New York: Metropolitan Books.

Featherstone, Mike, ed. 1990. *Global Culture: Nationalism, Globalization and Modernity: A Theory, Culture and Society Special Issue*. Newbury Park, CA: Sage.

Fernandez-Kelly, Maria Patricia. 1983. *For We are Sold, I and My People: Women and Industry in Mexico's Frontier*. Albany: SUNY Press.

Freeman, Carla. 1997. "Reinventing Higglering in Transnational Zones: Barbadian Women Juggle the Triple Shift." In *Daughters of Caliban: Caribbean Women in the Twentieth Century*, ed. Consuelo Lopez-Springfield, 68-95. Bloomington: Indiana University Press.

_____. 2000. *High Tech and High Heels in the Global Economy: Women, Work, and Pink Collar Identities in the Caribbean*. Durham, NC: Duke University Press.

_____. 2007. "The 'Reputation' of Neo-liberalism." *American Ethnologist* 34: 252-267.

French, Joan. 1988. "It Nice." In *Higgerling/Sidewalk Vending/Informal Commercial Trading in the Jamaican Economy*, ed. Michael Witter. Occasional Paper Series no. 4. Mona, Jamaica: Department of Economics, University of the West Indies.

Gibson-Graham, J. K. [1996]2006. *The End of Capitalism as We Knew It*. 2nd ed. Minneapolis: University of Minnesota Press [J. K. 깁슨 그레엄, 『그따위 자본주의는 벌써 끝났다: 여성주의 정치경제 비판』, 엄은희·이현재 옮김, 알트, 2013].

George, Sheba Mariam. 2005. *When Women Come First: Gender and Class in Transnational Migration*. Berkeley: University of California Press.

Hannerz, Ulf. 1990. "Cosmopolitans and Locals in World Culture." *Theory, Culture, and Society* 7: 237-251.

_____. 1996. *Transnational Connections: Culture, People, Places*. New York: Routledge.

Harvey, David. 1989. *The Conditions of Postmodernity*. Oxford: Blackwell [데이비드 하비, 『포스트모더니티의 조건』, 구동회·박영민 옮김, 한울, 2013].

_____. 2005. *A Brief History of Neoliberalism*. Oxford: Oxford University Press [데이비드 하비, 『신자유주의: 간략한 역사』, 최병두 옮김, 한울, 2007].

Hirsch, Jennifer. 2003. *A Courtship after Marriage: Love in Mexcian Transnational Families*. Berkeley: University of California Press.

Hirsch, Jennifer S., and Holly Wardlow, eds. 2006. *Modern Loves: The Anthropology of Romantic Courtship and Companionate Marriage*. Ann Arbor: University of Michigan Press.

Hochschild, Arlie Russell. 2003. "Love and Gold." In Ehrenreich and Hochschild 2003.

Hondagneu-Sotelo, Pierrette, and Ernestine Avila. 1997. "'I'm Here but I'm There': The Meanings of Latina Transnational Motherhood." *Gender and Society* 11(5).

Katzin, Margaret. 1959. "The Jamaican Country Higgler." *Social and Economic Studies* 8(4): 421-440.

Lan, Pei-Chia. 2006. *Global Cinderellas: Migrant Domestics and Newly Rich Employers in Taiwan*. Durham, NC: Duke University Press.

Le Franc, Elsie. 1989. "Petty Trading and Labour Mobility: Higglers in the Kingston Metropolitan Area." In *Women and the Sexual Division of Labour in the Caribbean*, ed. Keith Hart, 99-123. Mona, Jamaica: Consortium Graduate School of Social Sciences, University of the West Indies.

Lutz, Catherine. 1995. "The Gender of Theory." In *Women Writing Culture*, ed. Ruth Behar and Deborah A. Gordon. Berkeley: University of California Press.

Marchand, Marianne H., and Anne Sisson Runyan, eds. 2000. *Gender and Global Restructuring: Sightings, Sites and Resistances*. New York: Routledge.

Martin, Emily. 1994. *Flexible Bodies: Tracking Immunity in American Culture from the Days of Polio to the Age of AIDS*. Boston: Beacon.

McMichael, Philip. 1997. *Development and Social Change: A Global Perspective*. Thousand Oaks, CA: Pine Forge Press [필립 맥마이클, 『거대한 역설: 왜 개발할수록 불평등해지는가』, 조효제 옮김, 교양인, 2013].

Mintz, Sidney W. 1955. "The Jamaican Internal Marketing Pattern: Some Notes and Hypotheses." *Social and Economic Studies* 4: 95-103.

Mirchandani, Kiran. 2012. *Phone Clones: Authenticity Work in the Transnational Service Economy*. Ithaca, NY: Cornell University Press.

Ong, Aihwa. 1987. *Spirits of Resistance and Capitalist Discipline: Factory Women in Malaysia*. Albany: SUNY Press.

_____. 1999. *Flexible Citizenship: The Cultural Logics of Transnationality*. Durham, NC: Duke University Press.

_____. 2006. *Neoliberalism as Exception: Mutations in Citizenship and Sovereignty*. Durham, NC: Duke University Press.

Padilla, Mark, Jennifer S. Hirsch, Miguel Monoz-Laboy, Robert Sember, and Richard G. Parker, eds. 2007. *Love and Globalization: Transformations of Intimacy in the Contemporary World*. Nashville, TN: Vanderbilt University Press.

Parreñas, Rhacel Salazar. 2001. *Servants of Globalization: Women, Migration, and Domestic Work*. Palo Alto, CA: Stanford University Press [라셀 살라자르 파레냐스, 『세계화의 하인들: 여성, 이주, 가사노동』, 문현아 옮김, 여이연, 2009].

_____. 2005. *Children of Global Migration: Transnational Families and Gendered Woes*. Stanford, CA: Stanford University Press.

Peterson, V. Spike. 1996. "Shifting Ground(s): Epistemological and Territorial Remapping in the Context of Globalization(s)." In *Globalization: Theory and Practice*, ed. Eleonore Kofman and Gillian Youngs. London: Continuum International Publishing Group.

Portes, Alejandro, and John Walton. 1981. *Labor, Class, and the International System*. New York: Academic Press.

Portes, Alejandro, Manuel Castells, and Lauren A. Benton, eds. 1989. *The Informal Economy: Studies in Advanced and Less Developed Countries*. Baltimore: Johns Hopkins University Press.

Pun, Ngai. 2005. *Made in China: Women Factory Workers in a Global Workplace*. Durham, NC: Duke University Press.

Quiñones, Maria. 1997. "Looking Smart: Consumption, Cultural History and Identity among Barbadian Suitcase Traders." *Research in Economic Anthropology* 18: 167-182.

Robertson, Roland. 1992. *Globalization: Social Theory and Global Culture*. Newbury Park, CA: Sage [롤런드 로버트슨, 『세계화: 사회이론과 전 지구적 문화』, 이정구 옮김, 한국문화사, 2013].

Salzinger, Leslie. 2003. *Genders in Production: Making Workers in Mexico's Global Factories*. Berkeley: University of California Press.

Sassen, Saskia. 2003. "Global Cities and Survival Circuits." In Ehrenreich and Hochschild 2003, 254-274.

Senior, Olive. 1991. *Working Miracles: Women's Lives in the English Speaking Caribbean*. Bloomington: Indiana University Press.

Sklair, Leslie. 1991. *Sociology of the Global System*. New York: Harvester Wheatsheaf.

St. Cyr, Joaquin. 1990. "Participation of Women in Caribbean Development: Inter-Island Trading and Export Processing Zones." In *Economic Commission for Latin America and the Caribbean*. Caribbean Development and Co-Operation Committee.

Stacey, Judith. 1990. *Brave New Families: Domestic Upheaval in Late-Twentieth-Century America*. New York: Basic Books.

Thai, Hung Cam. 2005. "Globalization as a Gender Strategy: Respectability, Masculinity, and Convertibility across the Vietnamese Diaspora." In *Critical Globalization Studies*, ed. Richard P. Appelbaum and William I. Robinson, 313-323. New York: Routledge.

Ulysse, Gina A. 2007. *Downtown Ladies: Informal Commercial Importers, a Haitian Anthropologist, and Self-Making in Jamaica*. Chicago: University of Chicago Press.

Walkerdine, Valerie. 2003. "Reclassifying Upward Mobility: Femininity and the Neo-liberal Subject." *Gender and Education* 15: 237-248.

Waters, Malcolm. 2001. *Globalization*. 2nd ed. New York: Routledge [말컴 워터스, 『세계화란 무엇인가: 그 사회학적 개념』, 이기철 옮김, 현대미학사, 1998].

Wilson, Peter J. 1969. "Reputation and Respectability: A Suggestion for Caribbean Ethnology." *Man*, n.s., 4(1): 70-84.

Witter, Michael, ed. 1988. *Higglering/Sidewalk Vending/Informal Commercial Trading in the Jamaican Economy*. Occasional Paper Series no. 4. Mona, Jamaica: Department of Economics, University of the West Indies.

Wolf, Diane L. 1992. *Factory Daughters: Gender, Household Dynamics, and Rural Industrialization in Java*. Berkeley: University of California Press.

Wright, Melissa W. 2006. *Disposable Women and Other Myths of Global Capitalism*. New York: Routledge.

Xiang, Biao. 2007. *Global "Body Shopping": An Indian Labor System in the Information Technology Industry*. Princeton, NJ: Princeton University Press.

인권

Human Rights

지은이

엘리자베스 스완슨 골드버그 Elizabeth Swanson Goldberg

옮긴이

정인경

㈜전남여성가족재단 정책연구실 선임연구위원.「시민권과 페미니즘」으로 서울대
학교에서 박사 학위를 받았다. 연구 분야는 정치사상, 페미니즘이며 관심 주제는 시
민권, 민주주의이다. 저서로『현대정치의 위기와 비전』(공저), 논문으로「좋은 삶과
노동: 기본소득 논의의 윤리적 가정 검토」,「'공정'요구와 '젠더 갈등'」등이 있다.

✾

1995년 9월 초, 베이징에서 열린 제4차 세계여성회의에 참석한 유엔 회원국 대표들은 "인류의 이익을 위해 전 세계 모든 여성의 평등, 발전, 평화의 목표를 증진하기로 결의했다"(베이징선언문 제2조). 이 회의의 결과물인 '베이징선언문'과 '행동강령'은 지금도 "여성의 힘 기르기와 젠더 평등을 위한 국제사회의 가장 포괄적인 정책 문건"으로 꼽힌다. 유엔여성발전기금UNIFEM의 웹사이트는 "널리 알려진 대로 그 선언문은 '여성의 권리는 인권'이라고 진술했다"는 점을 상기시킨다.

1990년대에 세계 여성 인권 운동이 세를 확장해 가면서 이 말은 여성운동의 주문mantra이 되었다. 여성운동은 여성의 권리가 곧 인권이라는 주장이 동어반복도 아니고 자명한 진술도 아니라는 점을 강조한다. 이 말의 핵심에는 지금껏 당연한 것으로 받아들여지지 않았던 하나의 근본적인 주장, 즉 '인간' 범주에 여성도 포함된다는 주장이 있다. 젠더의 시각에서 인권을 검토하는 작업은 오랜 시간에 걸친 점진적 성취의 역사를 추적하기보다는 간극과 배제의 역사를 탐구하는 일이다.

69개국이 비준한 베이징선언문과 행동강령은 여성의 인권을 증진하기 위한, 세계적으로 인정받는 가장 최신 체제이지만, 이 두 문건을 생산한 유엔과 각국 대표들이 협상 진행을 불과 사흘 앞두고 러트거스 대학교 여성글로벌리더십센터가 주관하고 몇몇 주요 비정부기구들이 공동 후원 한 '여성 인권을 위한 책임성에 관한 국제 법정'의 배심원들에게 도전을 받았다는 사실은 그리 잘 알려져 있지 않다. 법정은 여성에 대한 폭력, 경제적인 차별과 착취, 건강과 육체의 온전성에 대한 침해, 정치적 박해라는 네 가지 주제에 관해 세계 각지에서 온 여성 22명의 증언을 청취했다. 법정의 전제는 두 가지였다. 첫째, 각국 정부와 유엔은 현존하는 국제 인권 협약하에서 여성을 보호할 조치를 충분히 취하지 않았다. 둘째, 이것이 더 중요한데, 현존하는 국제 인권 협약은 여성들이 실생활에서 경험하는 가장 중요한 권리 침해를 다루지 않았다. 법정에서 유엔여성발전기금의 이사 노엘린 헤이저는 "우리는 우리의 인권을 인정받기 위해 허가를 기다리고 있는 것이 아니다. 우리는 여아 살해, 문맹, 여성에 대한 폭력, 성 노예제, 빈곤의 여성화와 같은 사안들이 모두 근본적으로 인권과 관련된 사안이며, 이것들이 모든 인간 개발 의제들의 초석으로 다뤄져야만 한다고 말하고 있는 것이다"(Reilly 1996, 18에서 재인용)라고 진술했다. 행사를 주관한 샬럿 번치와 2000명의 참가자들은 유엔이 과연 "모든 이들의 인권의 옹호자로서 애초의 제안서에 담긴 전망을 실현하기 위해 나설지" 아니면 [더는 부질없이 기대하지 말고] 여성들이 자신의 인권을 "증진하고 보호할 방도를 찾아 다른 곳으로 가야 할지" 여부를 고민하며 이 증언을 지켜봤다(Reilly 1996, 21).

　'여성 인권을 위한 책임성에 관한 국제 법정'은 여성의 권리 침해 경험뿐만 아니라 여성들이 자신들의 인권이 실현되길 열망하고 있음을 인정한 일종의 비사법적 포럼으로, 번치가 언급한 "다른 곳"을 분명하게 가리키는 하나의 예시였다. 사실 서구에서 여성의 인권은 제도적인 인권 체계 외부에서 탄생하고 성장했다. 지금의 인권이 민주주의와 '권리'를 고안한 가부장적인 정부, 사회, 문화의 산물임을 감안하면 이것은 당연한 일이다. [베이징에서] 제4차 세계여성대회가 열린 1995년에도 세계 각지의 여성들은 공식적인 대표단이 모여 있는 행사장 바깥에서 개인, 단체, 비정부기구의 자격으로 모여 인권 레짐을 구성하는 국제 관습법에 [여성의 인권을] 완전히 포함할 것을 요구하며 싸웠다. 넓은 의미의 인권에 해당되는 것은 여성 인권 운동에도 해당된다. 즉, 인권은 여러 개의 팔다리를 움직여 다양한 분야에서 각기 다른 속도로 이동하는 머리가 여럿 달린 편제로 법, 정부, 문화, 경제 등의 영역에서 때로는 전진하고, 또 때로는 퇴보한다. 제도화된 인권법 레짐과 아래로부터의 인권 친화적인 문화의 생성 사이에서 나타났던 오랜 긴장은 21세기 인권에서도 부수적인 것이 아니다. 오히려 이 같은 긴장이 세계 인권 운동의 구성 요소이며 운동의 건강을 위해서도 반드시 필요하다. 권리를 요구하는 행위는, 그 요구자가 누구이고 그 레짐이 무엇이든 간에, 언제나 급진적인 프로젝트이기 때문이다.

　젠더의 시각에서 인권을 고려하려면 서로 관련되면서도 구별되는 두 개의 연구가 요구된다. 첫 번째는 1995년 '여성 인권을 위한 책임성에 관한 국제 법정'에서 출발해 여성을 인권법에 포함하는 투쟁을 문서로 뒷받침하는 것이다. 이것은 또한 여성의 인권이 침해되었음을 인정하고, 결국 여성에게 고유한 권리를 구성하는 일에 달려 있다. 이런 포함의 모색은 여성의 시민적 권리를 위한 투쟁과 긴밀하게 관련되지만, 동시에 인권에서 말하는 '인간' 개념의 기초인 합리적이고 통일된 주체에 대한 포스트모더니즘의 비판 — 이 같은 비판은 포함의 정치가 기반하고 있는 안정적이고 통일된 범주로서 젠더 관념에도 의문을 제기한다 — 에는 취약하다. 두 번째 연구는 젠더 범주에 대한 이 같은 비판을 전제로, 문화적으로 뚜렷한 남·여라는 생물학적 이원 구도의 바깥, 또는 그 사이의 [다양한] 성 및 젠더 정체성들과 동일시들을 옹호하는 인권의 주장을 추구한다. 이런 접근은 인권이 게이·레즈비언·양성애·트랜스젠더·인터섹스·퀴어GLBTIQ 명칭에 구현된 다양한 젠더 동일시와 섹슈얼리티를 설명하고 포용하도록 요구한다. 두 연구는 핵심적으로 인정의 정치에 뿌리를 두고 있으며, 사실 그래야만 한다. 보편적으로 적용될 만한 좀 더 실질적으로 확대된 인권의 문화와 정책이 만들어져 여성과 GLBTIQ에게 가해지는 폭력의 보편적 현상을 역전할 때까지는 말이다.

역사적 배제

인권은 하나의 역사적 계기에서, 하나의 지역에서, 또는 하나의 문화적 전통에서 유래한 것이 아니다. 오히려 오늘날의 인권을 구성하는 관념 및 실천을 추적해 수많은 철학, 종교, 문화를 원천으로 하는 다양한 계보들을 구성해 볼 수 있다. 인권이 서구에서 유래했고 그렇기 때문에 그 근현대적인 형태가 비서구인들과 비서구 문화에 대한 제국주의적인 강제일 뿐이라는 일반적인 인식과 달리, 학자들은 지구상의 거의 모든 문화권의 초기 구전 문화와 문서 등에 '인권'에 해당하는 원리와 실천(말하자면 인간 존엄성과 육체적 자율성에 대한 존중)이 있음을 밝혀냈다. 그러나 대부분의 학자들은 우리가 인권이라고 생각하는 것의 가장 최초의 판본으로 바빌로니아의 함무라비법전(기원전 1770년대)을 꼽는다. 다양한 사회 성원들을 대우하는 일련의 원칙을 명시해 법적 효력을 갖도록 했기 때문이다. 이를 감안하면, 인권이란 인간 상호작용의 사회문화적 측면을 포괄하는 것이며 사실상 핵심적인 것은 법 앞에서의 인정의 문제라고 할 수 있다.

이 글에서는 '인권'을 1948년 유엔세계인권선언UDHR으로 탄생한 통상적인 국제 법규와 우리 시대의 인권 운동을 가리키는 용어로 사용한다. 미국의 '독립 선언문' 및 프랑스의 '인간과 시민의 권리선언'과 더불어 세계인권선언에 명시된 인권은 "인류의 일원이기 때문에 개인들이 보유하는 권리"이다(Ishay 1997, 3). 오늘날 이 같은 정식화에는 모든 권리의 원천이자 닻으로 과거에 간주되었던 외부의 두 권위가 빠져 있다. 자연 — 자연법에서 말하는 자연, 또는 도덕률을 비롯해 타인을 적절히 대하도록 하는 인간 본성 및 자연 세계의 선험적 특질로서의 — 이 그 하나라면, 신 — 조물주가 창조했다는 이유로 인간이 가지는 권리의 신성한 원천이자 보증자로서의 — 이 다른 하나이다. 많은 학자들이 지적하고 있듯이, 인권은 인간이 소유한 권리라는 오늘날의 정식화는 동어반복이며 따라서 근본적으로 불안정하다. 조지프 슬로터가 보기에 "동어반복이란 모든 이들이 이미 알고 느끼는 바 — 상식 또는 상식을 정하는 헤게모니적 의지의 공식적 표명 — 를 강조해 말하는 방식이다"(Slaughter 2007, 77). 동어반복의 수사적 특질에 기대어 현대 인권을 정초하는 것의 문제점은 인간이라는 범주가 생물학적으로 결정되지도 않고 자명하지도 않다는 점, 다시 말해 명백히 상식적이지 않다는 점이다. 오히려 그것은 문화적으로 구성되고 역사적으로, 그리고 더 중요하게는 정치적으로 결정되는 범주로서, 헤게모니를 가진 세력의 의지, 정확히 말하자면 편의에 따라 또는 이윤을 좇아 특정한 (비)인간의 권리를 침해하는 경향이 있는 세력에 의해 시대에 따라 바뀐다. 세계인권선언 제2조는 "모든 인간은 인종, 피부색, 성, 언어, 종교, 정치적 견해 또는 그 밖의 견해, 출신 민족 또는 사회적 신분, 재산의 많고 적음, 출생 또는 그 밖의 지위에 따른 그 어떤 유형의 구분도 없이, 이 선언에 나와 있는 모든 권리와 자유를 누릴 자격이 있다"고 확언하지만 동시에 "어떤 사람이 속한 곳이 독립국이든, 신탁통치령이든, 비자치령이든 그 밖의 어떤 주권상의 제약을 받는 지역이든 상관없이, 그곳의 정치적 지위나 사법 관할권상의 지위 혹은 국제적 지위를 근거로 사람을 구분해서는 절대로 안 된다"**1**고 함으로써 제국주의의 불평등을 성문화하고 있다. 다시 말해 모든 이들의 평등을 주장하는 선언에 서명하고 이를 비준한 정부는 식민화와 제국주의 기제를 통해 다른 이들을 억압하는 데 적극적으로 관여하고, 인종주의적이고 성차별주의적인 법, 정책, 관행을 만들어 집행한 정부들이었다. 물론 이 정부들은 지금도 법을 조작해 개인들과 집단들을 법적 효력이 미치지 못하는 곳에 놓아두고 있다.

결국 유엔세계인권선언이 촉발한 현대 인권 운동은 확장적인 동시에 제한적이고, 열망도 있지만 부패한 면도 있다. 시대와 문화를 가로질러 인정을 요구하며 투쟁하는 여러 개인과 집단을 수용할 만큼 충분히 유연한 구조를 제공했기에 세계인권선언은 성공할 수 있었지만, 그것은 앞으로도 여전히 그처럼 다양한 인정 요구에 저항하는 사회적·정치적 세력의 통제하에 있을 것이다. '여성에 대한 모든 형태의 차별 철폐에 관한 협약'에 대한 저항은 그 수많은 사례 가운데 하나이자 이 글에 적합한 예시이다. 미국은 1979년 이 협약에 서명했지만 아직까지 비준하지 않았으며, 이는 미국이 이 원칙들에 구속받지 않음을 의미한다. 이것은 국제법의 발전을 통한 인권의 진보를 정부들이 선택적으로 수용하거나, 그와 같은 진보에 적극적으로 저항하는 수많은 방식을 보여 주는 그저하나의 사례일 뿐이다. 인권의 요구가 광범위한 영역의 사회적·정치적 갈등과 배제의 상황에서 빚어지는 인간의 인정 욕망에 근거하고 있는 한, 그것은 결코 최종적이거나 완벽할 수 없다. 하지만 그렇다고 해서 인권의 요구가 실패인 것은 아니다. 반대로, 인권의 요구는 인간의 같음과 다름의 인정을 끌어내는 매개와 동력을 제공하며, 이런 인정이야말로 인권침해에 대한 보호와 보상의 토대를 이룬다.

인정과 포함을 요구하는 대개의 역사적 투쟁 외에 인권을 더 심오하게 제한하는 것은 세계인권선언 서문에 단 한 번 언급되는 "인간"과 선언의 조항마다 주체로 등장하는 법적인 "인격" 사이에 존재하는 간극에 있다. 인간과 인격 사이의 이 간극은 세계가 국민국가들로 구성된 데서 유래하는데, 국민국가는 개

---

1 [옮긴이] 「세계인권선언」(조효제 옮김), 조효제, 『인권의 지평』, 후마니타스, 2016, 452, 453쪽.

인을 인간으로서가 아니라 시민으로서 인정한다. 결국 법 앞에서 인정받을 권리(제6조)를 갖는 것은 '인격'이다. 하지만 다수의 인권 연구자들이 주장했듯이, 인격 개념, 즉 한 국가의 성원으로서 권리와 의무를 보유할 수 있는 합리적이고 도덕적인 개인이라는 관념은 대체로 '허구'이다. 법적인 인격 범주는 민주적인 국민국가의 사회계약에 동의하는 시민이라는 계몽주의 시각에서 유래하는데 이는 '벌거벗은' 인간, 즉 시민권을 박탈당한, 국적 없는 인간과 극적으로 대비된다. 근대의 벌거벗은 인간의 전형은 나치 홀로코스트의 생존자, 유엔세계인권선언이 작성되고 있었던 1946년에 해나 아렌트가 인권의 핵심에 존재하는 역설의 본보기로서 언급한 그 난민이다.

> 인권 개념은 인류라는 것이 존재한다는 가정에 근거를 두고 있는데, 인권을 믿는다고 고백한 사람들이 인간이라는 사실 외에는 모든 다른 자질과 특수한 관계를 잃어버린 사람들과 마주치는 순간 인권 개념은 파괴되었다. 세계는 인간이라는 추상적이고 적나라한 사실에서 신성한 것을 전혀 발견하지 못했다(Arendt 1976, 299 [국역본, 537쪽]).

이런 역설은 유목민들, 난민들, 또는 망명자들을 비롯한 무국적자들, 내부에서 추방된 이들, 쿠르드족이나 팔레스타인 사람들처럼 그들의 영토가 국가로서 인정되지 않는 이들, 관타나모 델타 기지 수용소의 수감자들처럼 국가의 사법적 관할권이나 유엔세계인권선언의 불확실한 보호마저 적용되지 않는 장소로 유배된 이들의 경험을 통해 지속적으로 드러나듯이 지금 이 순간에도 강고하다. 가장 취약하며 보호가 필요한, '단지 인간일 뿐'인 이들에게 인권이 적용되지 않는다는 역설은 국제인권기구가 지구상의 세계시민주의적인 인류 공동체의 구성원으로서의 인간이 아니라 특정한 국가의 구성원, 즉 시민의 지위를 보유한 인격을 인정한다는 사실에서 기인한다. 역사적으로 여성은 인권 프로젝트로부터 이중으로, 다시 말해 인간으로서 그리고 인격 또는 시민으로서 배제를 경험했다. 먼저 인간에서 배제된 역사부터 살펴보자.

유엔세계인권선언은 인간을 정의하기보다는 기술하고 있는데 이로 인해 그 동어반복적 구성에서 몇 가지 문제가 발생한다. 예를 들어, 인간은 "자유로운 존재로 태어났고, 똑같은 존엄과 권리를 가진다"(달리 말해 인권은 권리를 지니고 태어난 인류에게 생긴다). 인간은 "이성과 양심을 타고났으며", 인간은 "서로를 형제애의 정신으로 대해야 한다"(제1조). 유엔세계인권선언에 따르면 한 인간의 가장 구체적인 특성은 존엄성, 이성 그리고 양심이며 이 특성들로 인해 우리는 "형제애의 정신으로" 서로를 대해야 한다. 우리가 현재의 관례를 따라 "형제애"를 모든 인간을 포함하는 것으로 간주하더라도, 『옥스퍼드 영어 사전』의 정의에 따르면, 역사적으로 이 단어는 인간과 권리의 정의를 탄생시킨 배타적인 가부장제에 확고하게 자리를 잡고 있다. "조합, 길드, 협회, 상호부조·지원·보호·행동을 위한 평등한 이들의 연합 등은 모두 형제들의 결사체"이다. 세계인권선언에서 인간을 정의하는 "형제애"라는 말은 실체적인 정의에서뿐만 아니라 역사적인 기원에서 여성이 강제적으로 배제된 공간 및 사회구조를 지칭한다. 인간에게 속한 특질로서 언급되는 이성과 양심도 마찬가지이다. 제2조에 보호받는 범주로 "성"이 포함되어 있음에도 여성은 인간 부류에서 미약한 지위를 점하고 있을 뿐으로, 이 점이 인권 체계의 심장부에 있는 또 다른 역설이다. 이번에는 공적 영역과 사적 영역의 공간적 분리가 이 같은 역설을 야기했다고 할 수 있다.

공적 영역과 사적 영역의 분리가 문화적으로 보편적인 것은 아니지만 서구의 맥락에서 이 같은 분리에 따른 분업은 확실히 보편적이다. 사회는 언제나 권력을 지닌 이들이 생존을 확보하고 타인과의 관계에서 [자신이 속한] 집단이나 부족의 힘과 번영을 극대화하고자 고안해 낸 역할을 중심으로 조직화되었다. 지구상의 대부분의 문화에서 이 역할들은 육체에 기원을 두고 있는데 여성의 경우에는 결국 재생산 역량이 핵심이었다. 여성의 사회적 역할은 임신·출산 기능에 의해 생물학적으로 결정되어 아내와 어머니로 한정되었다. 이런 방식으로 여성의 특성과 자질은 그들의 육체에 결박되었고, 그 결과 여성은 남성이 지닌 육체적 힘과 지적인 역량을 결여한 존재, 연약하고 감정적이며 양육의 본능을 지닌 존재로 간주되었다. 물론 이런 연약함의 구성이나 공적·사적 공간의 분리가 모든 여성들에게 적용된 것은 아닌데, 서구 사회는 아프리카 노예를 비롯해 하인으로 고용된 노동자의 육체노동에 의존했기 때문이다. 여성들이 공/사 분리의 제한을 풀고 자신의 권리를 쟁취하기 위해 한창 투쟁을 벌이던 1851년, 소저너 트루스²가 오하이오주 애크런에서 개최된 '여성권 대회'에서 "나는 여성이 아닙니까?"라는 그 유명한 질문을 던지며 다루려 했던 문제가 바로 아프리카 여성이 '인간'이라는 범주에서뿐만 아니라 '여성'이라는 범주에서도 배제되었다는 점이었다.

트루스의 연설이 시사하듯이, 19세기에 미국 여성운동과 노예제 폐지 운동의 동반 상승은 (백인) 여성과 노예를 모두 소유물로 취급한 관념에서 기인했다. 서구의 맥락에서 (그리고 전 세계의 다른 여러 사회들에서) 여성은 아버지의 소유물이었다가, 결혼 계약을 통해 남편에게 양도되었다. 여성은 가정이라는 사적 영역으로 유폐되어 아이(가급적이면 아들)를 낳아 기르고 가사노동을 하도록 되어 있었다. 물론 여성의 역할은 계급에 따라 달랐는데, 노예 여성이나 하층계급 여성은 농업 노동에, 이후에는 청소, 요리, 간호 등의 서비스를 제공하는 임금노동에 종사했다. 하지만 모든 여성의 제일의 가치는 첫 번째가 성적인 대상이고, 두 번째가 재생산 도구였다. 이런 가부장제 구조 내에서 여성들은 인간이라기보다는 동산動産에 가까웠다. 여성들은 발전 중인 '형제애'에서 배제되었다. 이 '형제애'에는 교육을 받고 교회의 공식 구조 내에서 지위를 맡으며 노동과 기술의 숙련을 습득하고 공동체의 정치 활동에 참여하는 것을 통한 [사회적 계층] 이동이 포함되었다.

우리가 인권이라고 생각하는 것의 자취는 원시종교의 문헌과 고대 그리스·로마 철학에서도 발견되지만, 그것이 일종의 정책과 관행으로 실현된 것은 사실상 민주주의가 부상하면서부터였고, 그리하여 유엔세계인권선언은 법적 '인격', 즉 시민에 초점을 맞추게 되었다. 남성들이 봉건적인 왕정에서 평등주의적인 국민국가로의 이행을 계획하고 투쟁하기 시작했을 때, '인간'의 범주에서 배제된 여성들의 상황이 '시민'의 범주에 의해 더 나아진 것은 아니다. 3세기에 걸

---

2 [옮긴이] 소저너 트루스(1797~1883)는 노예 출신으로 19세기 미국에서 활동한 아프리카계 미국인 노예 폐지론자이자 여성 인권 운동가이다.

처 일어난 이 이행의 기초를 닦은 것은 왕정 사회의 수직적인 조직으로부터 형제애의 수평적인 질서로의 자연적인 정치적 이동, 그리고 이와 더불어 전제와 억압으로부터의 자유를 주창한 홉스, 로크, 루소 등 남성 사회계약 사상가들이었다. 페미니스트 정치 이론가들이 입증했듯이, 공/사 공간의 분리로 말미암아 여성들은 이 새로운 정치 질서로부터 배제되었다. 남성들은 가부장적인 권위를 점한 아버지-왕을 거부하고 자신의 자유를 주창했지만, 그들 권력의 원천인, 여성에 대한 남편의 권리는 계속 유지했다. 계약론자들은 여성에 대한 남성의 성적 권리를 정치적인 것이 아니라 자연적인 것으로 구성함으로써 여성의 권리문제를 회피할 수 있었고, 결국 [자연적 권리로서, 여성에 대한] 남성의 성적 권리를 자신들이 창조하려는 새로운 평등주의적 사회의 특색으로 포함했다. 페이트먼이 지적했듯이, 민주주의 초기에 여성은 남성에게 예속되었고, 정치적 민주주의의 확립을 통해 완화하고자 했던 살벌한 자연 상태의 변경 불가능한 기능으로 남았다.

> 형제들끼리의 사회계약은 두 영역이 분리되어 나타나는 새로운, 근대의 가부장적인 질서를 창조한다. 시민사회 또는 자유, 평등, 개인주의, 이성, 계약, 불편부당한 법률 등으로 이루어진 보편적인 영역은 남성 또는 '개인들'의 영역이고, 특수성, 자연적인 예속, 혈통·감정·사랑·성적인 열정의 유대로 이루어진 사적인 세계는 여성의 세계인데, 이곳 역시 남성들이 통치한다(Pateman 1988, 43).

민주주의를 향한 투쟁 속에서 부상한 평등, 자유, 그리고 '권리들'이 인간의 생득권이라는 개념은 여성에게로 확대되지 않았다. 부분적으로 이는 여성이 인격이 아닌 소유물이었고, 인간도 아니며, 설령 인간이라 해도 시민은 아니었기 때문이다. 따라서 여성의 인권을 요구하는 투쟁은 좀 더 포괄적인 여성의 권리를 위한 투쟁, 인간 범주에 통합되는 문제라기보다 오히려 시민권의 권리를 요구하는 문제로서, 공적 영역에서의 인정과 참여를 주창하는 투쟁과 함께 전개되었다.

이 투쟁들은 대체로 투표(정치적 참여)의 권리와 교육 및 직업(기회)의 권리를 획득하기 위한 첫 번째, 두 번째 페미니즘 물결에 상응한다. 이 글을 쓰고 있는 지금도 미국 여성은 남성이 받는 임금의 평균 77퍼센트를 받고 있을 뿐이지만, 지구상 대부분의 국가에서 여성은 법적으로 투표할 수 있으며, 일부 지역에서 여성은 자신의 공동체에서 정치 활동에 참여할 수 있고, 직업을 비롯한 여타의 기회에서 젠더 또는 성을 이유로 차별받지 않도록 되어 있다(Fitzpatrick 2010). 권리 투쟁이 기본적인 인간으로 인정받는 데에서부터 좀 더 복잡하고 특별한 시민으로 인정받는 방향으로 나아가지 않았다는 사실은 언뜻 납득하기 어려울지도 모른다. 그러나 여성 인권 운동이 출현한 것은 몇몇 시민적 권리를 획득하고 난 20세기 후반에 들어서였다. 어떤 점에서 보면, 1960, 70년대 미국의 위대한 민권운동과 여성권 운동은 자유와 평등을 위한 여정에서 이런 법적·정치적 인정에 초점을 맞췄다는 공통점이 있는데, 이 과정을 거치며 차별을 불법으로 규정하는 것만으로는 지속적인 권리 침해의 기저에 있는 더욱 심오한 사회·문화·가족의 편견을 해소할 수 없다는 것을 처절히 깨닫게 되었다.

수면 위로 드러나지 않은 이런 쟁점들을 파악하기 위해서는 인정이라는 단어와 인권의 맥락에서 인정이 수반하는 것을 좀 더 면밀히 검토할 필요가 있다. 인정 개념은 개인과 집단을 더 큰 사회적·정치적 맥락에서 다루는 데에서뿐만 아니라 자아, 바로 인권 개념이 확립되는 기초로서 개인을 형성하는 데에서도 중요한 함의가 있다. 독립적이며 안정된 개인, 이성과 양심을 타고났으며, 그리하여 인류에 속하는 것으로 간주되는 개인 개념은 거의 신뢰를 상실했다. 이는 다양한 시대와 장소에서 개인들을 배제하고 억압했던 수많은 실천들 때문이기도 하지만, 또한 포스트모던 시대에 안정된 개인의 존재 자체가 의문시되고 있기 때문이다. 칸트와 데카르트 같은 계몽주의 사상가들이 상상했던, 생각하는, 그럼으로써 자신을 둘러싼 세계를 이해하고 행동할 수 있는 능력을 지닌 개별적 주체로서 개인은 일종의 관념이자, 권력의 의지를 드러낸 징후 그 자체이며, 허구일 뿐이라고 비판받는다. 개인은 특정한 사회적 맥락과 역사 속에서 늘 변화하는 정체성을 수행하고 권력관계를 협상하면서 끊임없이 형성되고 재형성되기 때문이다. 인권을 탄생시킨 바로 그 자유와 평등의 정치적 담론에서 계몽주의의 개인 담론이 유래했다는 점을 고려하면, 계몽주의의 주체를 헤게모니적이라고 비판하는 것은 다소 아이러니하다. 실제로, 초기의 평등주의적인 담론은 사람들이 "존재의 거대한 사슬"에 위계적으로 꽁꽁 묶여 있는 신분의 인정을 법 앞에서 동등하게 취급되고 사회적 위계의 사다리를 자유롭게 오르내리는 개인의 인정으로 대체하기 위해, 앞선 시기의 공동체주의적인 주체 배열을 해체할 방도를 찾아야만 했다. 하지만 국민국가와 인권 레짐의 기반으로서 보편적이라고 가정되는 개인의 형상을, 역사적으로 법 앞에서 인정된 현실의 개인 — 백인, 남성, 그리스도교, 이성애자, 재산 소유자 — 과 비교해 보면, 저 인식론적 기반의 아이러니(와 그것을 해체하는 것의 장점)는 더욱 명확해진다.

자아 구성의 일부로서 인정에 대한 헤겔의 개념은 좀 더 섬세하다. 헤겔은 대상 세계와 관련해 원자적인 주체로서 완결된 개인이라는 칸트의 생각에 반발하며, 오직 타인과의 상호작용을 통해 구성되는 주체를 이론화한다. 이 상호작용은 계속해서 일어나며 (그렇기 때문에 주체는 변화 가능하고) 원초적 수준의 욕망에서 시작된다. 헤겔이 보기에 주체는 타인에 대한 욕망, 외부 세계 및 그 세계 속에 살고 있는 타인들의 승인에 대한 의존을 통해 자신의 결핍을 받아들인다. 인정 투쟁은 개인들 사이에서든 사회적·정치적 수준에서든 모든 관계의 기초이다. 사실, 코스타스 두지나스가 지적했듯이, 인권이 개인들에게 어떤 영향을 미치는지 파악하는 데에서 헤겔의 자아관이 결정적이다. "호혜적 인정의 한 가지 유형을 승인하고 강화함으로써 권리들이 정체성을 공식화하고 안정화"하기 때문이다(Douzinas 2002, 404). 두지나스는 "권리 요구란 불완전하거나 부적절한 인정의 결과"라고 말한다(Douzinas 2002, 391). 불완전하거나, 부적절한 인정으로 말미암아 개인의 자아 감각과 사회적 정체성에 대한 자신의 이해 사이에 괴리가 발생하면 존엄성과 자기 존중감이 약화될 수 있다. 이처럼 인권의 인정이라는 측면에서 개인과 사회적 맥락 사이의 대화dialogue는 정체성이 형성되는 지속적인 과정을 구성하며, 잠재적으로 [불완전하거나, 부적절한 인정은] 해로운 영향을 미칠 수도 있다. 부적절한 인정은 여성들의 경우에 더욱 커다란 영향을 미친다. 따라서 여성들은 인권 레짐에 의해 권리가 인정되고 보호받는, 육체를 지닌 주체로서 포함되려는 투쟁을 멈추지 않는다. 더욱이 인권 레짐이 상상도 하지 못할 만큼 그 시야에서 한참 벗어난 정체성을 지닌 여성들은 부적절한 인정의 결과로 말미암아 훨씬 더 큰 상처를 입는다. 이런 정체성들 중에는 성소수자 및 젠더 소수자가 있다.

포용성을 향해

유엔세계인권선언을 기초한 이들은 국제적인 권리장전을 구성하는 동안 보편과 특수 사이를 아슬아슬하게 오갔다. 한편으로 이들은 보편적인 차원에서 인간성의 모든 측면을 포괄하는 언어를 특징으로 하는 문서를 탄생시킬 책임을 맡았다. 그러나 다른 한편으로 유엔인권위원회의 대표단들은 차이, 특히 민족적·문화적·종교적 차이가 인정되도록 하기 위해 분투했다. 유사성과 차이 사이의 긴장이 여성을 인권 보호 안에 포함하려는 시도의 특징이기도 하다. 예를 들어, 여성은 인간에 대한 보편적인 정의 내에서 개인으로서 인정되고 보호받기를 원하며, 동시에 여성으로서 자신의 모든 특수성이 인정되고 보호받기를 원한다.

여성의 특수성과 가장 관련된 부분 가운데 하나는 육체이고, 다른 하나는 가정/가족 내지는 사적 영역이다. 역사적으로 여성의 선택과 경험이 육체에 의해 규정되어 왔듯이, 이들이 겪은 수많은 침해들 역시 이들의 (구별되는) 육체에 대한 학대였다. 또한 여성들이 가정과 가족이라는 사적 영역에 (여러 방식으로, 여러 곳에서 여전히) 유폐되었듯이, 이들이 경험한 대부분의 침해들은 이 영역 안에서 발생했고 그렇기 때문에 법의 시야에 들어가지도, 인정받지도 못했다. 강간과 가정 폭력이 주요 사례들이다.

지난 20여 년간 여성 인권 운동이 이룩한 주요 성과들에는 1998년 르완다 국제형사재판소에서 강간이 '집단 학살 행동'에 포함된 것과 2008년 유엔안전보장이사회에서 강간이 인간성에 반하는 범죄로 승인된 것이 있다. 그 이전만 해도, 강간은 인간성에 반하는 범죄로 기소할 수 없었으며 전쟁이 야기하는 일종의 부수적인 피해로, 말하자면 인권의 문제가 아닌 개인 또는 집안의 문제로 간주되었다. 가령 제네바협정에서처럼 강간이 금지되었을 때조차도, 인권을 근거로 강간이 기소된 적은 단 한 번도 없었으며, 1990년대 여성 인권 운동이 압력을 행사하기 시작한 후에야 그렇게 되었다. 결정적으로, 여성 인권 활동가들은 전시에 정치적이거나 종족적인 근거로 일어나는 강간과 가정이나 공동체에서 오로지 젠더를 근거로 일어나는 강간을 구별하는 포괄적인 논의를 수용하지 않았으며, 강간이 전쟁 범죄일 뿐만 아니라 젠더에 근거한 인간성에 반하는 범죄로 인정받도록 싸웠다. 법학자 론다 코펠론은 "전시 강간이 인간성에 반하는 범죄임을 이해하는 일은 젠더 폭력을 인권침해로 다루는 데뿐만 아니라 일상에서 벌어지는 여성에 대한 다양한 폭력을 이해하는 방식에 영향을 미칠 수밖에 없다"고 주장했다(Copelon 1995, 67). 이 같은 주장은 여성의 육체적 특성으로 말미암아 벌어지는, 사적 영역에서 여성에게 일어나는 각종 침해가 [인권침해로] 인정되도록 하는 데 대단히 중요하다. 인권 기구들은 오랫동안 이 같은 침해를 간과해 왔으며 지금도 공적 영역에서 발생한, 공무원 또는 공무 집행자들이 저지른 학대만을 공식적으로 승인하기 때문이다.

이와 유사하게 매우 최근까지도 젠더에 근거한 박해는 미국이나 다른 서구 유럽 국가들 사이에서 정당한 망명 사유로 인정되지 않았다.[3] 1952년 난민 지위에 관한 제네바협정은 "인종, 종교, 특정 사회집단에의 소속 또는 정치적 견해를 이유로 박해를 받는다는 근거가 충분한 공포"를 지닌 이들에게 망명이 허용될 수 있다고 규정하고 있다. 오늘날에도 여성 성기 절제FGM[4]나 가정 폭력 같은, 젠더에 근거한 박해는 변호인들이 여성이 '특정 사회집단에의 소속' ― 말하자면, 여성이 특정 집단인 '여성'의 일원이라는 점 ― 임을 망명의 근거로 옹호하는 의미론적 곡예를 수행했을 때에만 망명의 근거로 인정되고 있다.

여성들이 경험하는 육체적인 그리고 사회문화적인 정체성들에 근거한 고유한 침해를 인정하는 일이 아직도 이토록 어렵다면 성소수자와 젠더 소수자들의 인권에 대한 논의는 어떤 방식으로 시작될 수 있을까? 이 질문에서부터 차

3 지령 2004/83/EC, 유럽연합의 망명 기준을 규정하기 위한 2004년의 문서는 비국가 행위자에 의한 박해와 젠더에 근거한 박해를 명시적으로 인정하고 있는데, 이것은 아주 고무적인 변화이다.

4 이 같은 관행을 지칭하는 용어는 개인의 견해에 따라 매우 다양하다. 인권에 근거해 이 관행을 반대하는 이들은 그것을 여성 성기 절제FGM라고 부른다. FGM을 수용 가능한 문화적 관습으로 묘사하는 용어로는 여성 할례female circumcision가 있다. 그리고 중립적이고 싶어 하는 이들이 사용하는 단어로는 여성 거세female cutting가 있다. 나는 여기에서 망명과 인권의 맥락을 인정하기 위해 FGM을 사용한다.

세대 젠더 기반 옹호 활동을 위한 판이 만들어진다. 이 분야의 활동가들은 정체성 및 젠더를 비롯한 정체성 범주들의 안정성에 대한 포스트모더니즘의 비판을 따라가면서, 주디스 버틀러의 용어를 빌려, 경직된 젠더 이해를 "해체"undo하자고 주장한다. 그것이 오히려 다양한 젠더 및 성 정체성과 동일시 그리고 성적 지향에 대한 이해를 제한하기 때문이다. 게이와 레즈비언의 권리를 인정하는 운동은 1960년대에 시작된 해방운동에서 덜 부각된 부문이지만, 서구에서는 법률로 인정받을 길이 일부 열렸고, 광범위한 미디어에서 게이와 레즈비언의 등장이 증가하는 등 이들의 존재를 정상으로 인식하도록 하는 문화적인 재현에서의 변화가 생겼다. 그러나 전 세계적인 맥락에서 동성 욕망은 여전히 처벌 가능한 범죄로 일부 지역에서는 구금이나 사형까지도 선고되고, GLBTIQ를 초법적으로 살해하는 일도 만연하며, 지역 경찰은 정체성 관련 범죄 자체를 부인하기도 한다. 이런 폭력이 널리 존재하고 그 강도가 심각함에도, 성소수자 권리를 위한 투쟁의 주 영역은 대체로 동성혼 합법화 문제이다. 동성혼 합법화는 분명 법적 인정의 중요한 형태지만, 운동이 이처럼 기존 구조에 포함되는 형식으로 제한되면 퀴어 섹슈얼리티를 이성애 규범의 법적 관계로 제한하고, 종교 또는 국가가 허용하는 전통적인 결혼 구조를 준수하지 않는 성관계와 인간관계를 배제하는 의도치 않은 결과가 초래된다.

사회적으로나 생물학적으로 범주화할 수 없는, 그 결과 의도적으로 비가시화되었던 것, 더욱이 가장 강력한 형태의 사회적·의학적 통제까지 받도록 되어 있는 것을 인정하라고 요구한다는 점에서, 성소수자 및 젠더 소수자들의 권리에 대한 옹호는 정체성에 근거한 민권과 인권의 이해 방식에 지금까지도 커다란 도전을 제기한다. 이 같은 도전은 동성 욕망과 그런 관계, 또는 양성애, 탐색 중이거나 퀴어한 욕망과 그런 관계에 대한 인정 문제만은 아니다. 비록 이 쟁점들이 인권의 측면에서 여전히 해결되지 않았지만 말이다. 트랜스섹슈얼, 트랜스젠더, 그리고 인터섹스 인구의 권리 투쟁이 제기하는 도전은 인권에서 인간을 구성하는 기본적인 해부학적 특징에 대해서조차 의문을 제기한다. 트랜스섹슈얼과 트랜스젠더는 젠더 정체성이 자신의 생물학적 성과 일치하지 않는 이들이고 인터섹스는 "전형적인 여성, 남성 정의에 들어맞지 않는 생식기 또는 성기"(「인터섹스란 무엇인가?」What Is Intersex, 출처 불명)를 타고난 이들로서 모두 사회적·문화적·가족적·정치적, 그리고 무엇보다 의학적 규범에 따른 범주화를 벗어난다. 생물학적 성과 그에 상응하는 젠더 지정을 인간 존재의 특정한 토대 가운데 하나로 간주한다면, 트랜스와 인터섹스에 대한 인정은 지배적인 사회문화적·정치적·법적 질서에 대한 심오한 도전이 된다.

사실 이 같은 성 및 젠더 정체성을 지닌 이들에 대한 저항과 편견은 매우 뿌리 깊은 것이어서 인권의 기초로 인정받는다는 생각 자체가 문제시된다. 버틀러는 다음과 같이 지적한다.

> 지배적인 사회규범에 의해 인정받은 결과로 인식 가능성intelligibility이 생겨난다고 한다면, 인식 불가능한 상태로 남아 있는 것의 이점이 있다. 사실, 내게 주어진 선택들이 다 너무 싫고 특정한 규범들의 집합 내에서 나를 인정받으려는 욕망이 없다면, 생존을 위해 나는 인정을 부여하는 그 많은 규범들을 벗어나려고 할 것이다 (Butler 2004, 3[국역본, 12, 13쪽]).

정체성이 제도화된 규범에 부합하는지를 가늠해 인정을 부여하거나 보류한다는 사실은 개인의 정체성 구성에 심대한 영향을 미치는데, GLBTIQ 청년들 사이에서 나타나는 높은 자살률이 단적인 사례이다. 그것은 또한 자아 안에서 충실하게 살아가는, 그리고 세계 속에서 온전히 자아로서 공공연히 활보하는 개인의 역량에도 영향을 미친다. 성소수자와 젠더 소수자에게 가해지는 어디에나 존재하는 폭력의 위협을 생각해 보라. 이 점에서 다양한 인간의 삶을 보존하고 보호하기 위해 법적인 인정이 필요하지 않게 될 때까지 인정의 경계를 넓히는 것, 이것이 젠더의 맥락에서 가장 시급한 인권의 과제일 것이다.

이것이 어떻게 가능한지를 살펴보자. 먼저 사회적 맥락 속에서 자아가 구성되는 윤리적인 조건인 인정부터 살펴보면, (긍정적인) 인정의 행위를 통해 제공된 승인 또는 확인은 사물 또는 사람의 가치에 대한 승인임을 알 수 있다. 이어서 이 가치란 인간성과 인권 둘 다의 원천인 존엄성의 실체이다. 칸트적인 정식화에 따르면, 존엄성은 그 이상 최소화할 수 없는 특질이므로 모든 인간은 어떤 목적에 대한 수단이 아니라 그 자체로서 목적으로 인정받아야 한다. 이는 우리가 자신의 목적을 위한 수단으로 다른 인간들을 활용하거나 오용해서는 안 되며, 설사 이들이 근본적으로 다르더라도 우리가 이들의 고유한 가치를 존중해야만 한다는 의미이다. 이런 존엄성의 존중으로부터 권리가 나오는데, 이 권리가 모든 인간에게로 확장될 수 있으려면 사회는 특정한 정체성의 가치를 부정하거나 매도하는 위계적인 규범과 인정을 분리할 수 있어야 한다.

인정이라는 말이 처음 사용되었을 때, 그것이 부채debt를 사실로 받아들인다는 의미였으며, 존엄성이라는 관념은 인간이 지닌 '가치'worth, 즉 또 다른 이름으로는 '값'value 속에서 구현된다는 점, 특히 여기서 '값'은 우연이 아니게도 "등가 표준으로 측정되는 가치나 질"(온라인 『옥스퍼드 영어 사전』)을 뜻한다는 점을 지적해 두는 것이 중요하다. 인권 프로젝트는 인간의 존엄성을 본질적 차원에서 계량화할 수 없는 것으로 천명하고 존엄성을 측정하는 일체의 기준을 초월하려고 열망하지만, 이런 열망은 다시금 인권의 불안정한 기초, 인권은 인간의 권리라는 동어반복으로 돌아간다. 사회적 맥락에서 인간들의 삶의 가치가 동등하지 않게 매겨진 것을 교정하는 동시에 모든 인간은 동등한 존엄성을 지닌다고 선언하는 것이 인권의 과제이다. 남성의 삶이 '등가 표준'으로 자리 잡은 상황에서 전 세계의 여성 및 소녀의 삶은 가치가 평가 절하 되는데, 거의 보편적으로 나타나는 이 같은 가치 절하야말로 젠더 및 그 밖의 취약한 동일성의 차원에서 인권이 그 열망에 부응하기 위해 해결해야 하는 난제이다.

성소수자와 젠더 소수자뿐만 아니라 소녀와 여성의 가치 절하를 매우 고통스럽게, 그리고 가장 뚜렷하게 드러내는 것이 젠더 폭력의 정상화이다. 주요한 인권 문서들은 성을 보호받는 범주로 포함하고 있지만, 소녀와 여성은 생애 주기의 매 단계마다 위협받는다. 만연한 이 가치 절하를 드러내는 동시에 그것이 야기하는 일정한 위해와 폭력에 구체적인 명칭을 부여하기 위해 합동결혼식이라는 행복한 사례를 들어 보도록 하겠다.

이 결혼식은 2012년 1월, 인도 뭄바이 근방의 한 쉼터 가정에서 개최되었다. 연단 좌석에는 커플 다섯 쌍이 수백 명의 하객과 선물 더미에 둘러싸여 앉아 있었다. 풍성하게 수를 놓은 혼례복을 입고 손에는 헤나 염색을, 얼굴에는 보석으로 치장한 신부들은 모두 성매매 집결지 노예제의 생존자들이었다. 이 소녀들은 인신매매에 의해 마하라스트라주에 있는 마을에서 뭄바이의 성매매 집결지로 들어왔고 그곳에서 2~4년을 보낸 후 구조되어 쉼터에 들어와 이곳에서 의료와 상담 서비스를 받았다.

성 인신매매 생존자들이 새로운 삶을 영위할 만한 어떤 기회들이 있을까? 만일 그녀가 자기 집으로 돌아갈 수 있다 해도, 그녀는 성매매 집결지에 있었다는 낙인을 벗지는 못할 것이다. 만일 그녀가 인체면역결핍바이러스HIV 양성반응을 보인다면 이 낙인은 더욱 악화될 것이다. 만일 그녀가 10대라면, 학교로 돌아갈 기회를 갖지 못할 가능성이 크고, 학교에 가더라도 마음이 편하지는 않을 것이다. 그녀의 전력 때문에 전통적인 방식으로 결혼할 수도 없을 것이다. 하지만 다수의 생존자들, 특히 더 전통적인 사회에서 자란 이들에게 여전히 결혼은 성매매라는 트라우마를 겪은 이후 공동체로 다시 통합되기 위한 최선의 길로 여겨지고 있는 듯하다.

이 생존자들은 운이 좋았는데 쉼터 출신 신부를 맞이하려는 대기열이 꽤 길었기 때문이다. 배우자를 만나기 위해 지원한 남성들이 이 쉼터에서만 2000명이 넘었다. 하지만 이것이 정말로 '운 좋은' 상황인가? 인신매매당한 여성에게 부착되는 사회적 낙인을 고려할 때 어쩌다 이런 수요가 형성되었을까? 결혼 적령기가 넘어갈 때까지 결혼하지 않은 남성이 자기 마을에서 부인을 찾을 기회가 현저히 적다는 것이 간단한 해답이다. 그렇다면 왜 그토록 많은 남성이 적당한 신부를 찾지 못한 채 결혼 적령기를 넘겼던 것일까? 결혼 적령기 여성들은 모두 어디에 있는가?

설득력 있는 해답은 다시금 여성과 소녀의 삶의 가치 절하를 가리킨다. 즉, 인구학자들이 "잃어버린 수백만"이라고 부르는 바, 즉 성 감별 임신 중지·영아 살해·유기 등의 관행(이런 관행은 인도와 중국에서 가장 많이 나타나지만 다른 지역에서도 일어난다. 소녀와 여성의 근원적인 가치 절하는 사실상 전 세계적이다)으로 발생하는 젠더 불균형이 소녀가 부족한 원인이라고 할 수 있다. 성 감별 임신 중지와 여아 살해는 특히 끔찍하지만, 똑같이 위험하면서도 훨씬 더 흔한 것이 남아와 여아 사이에 보살핌과 자원이 불균등하게 배분되는 것이다. 소녀와 여성의 가치가 절하되는 문화적 맥락에서 제한된 자원을 운용하는 가족은 음식을 배분할 때 소년을 우선시하는 경향이 있다. 만일 소녀가 아프면 집에서 처치를 받을 가능성이 높고, 약을 먹거나 의사의 진료를 받거나 입원할 가능성은 낮다.

결국 여성과 소녀를 평가 절하 하는 데서 오는 폭력(과 권리 침해)은 생애 주기의 단계마다 이들을 위협할 정도로 체계적이다. 소녀에게 부정적인 가치를 부여하기 때문에, 결혼 적령기의 소녀가 부족해진다. 소녀가 노예 상품으로 전락하고 성을 위해 팔려 가기 때문에, 공동체의 사회구조와 생애 주기 바깥에 놓인 소녀와 여성이 넘쳐 난다. 이 악조건들이 결합해 남성들이 성 노예에서 구조된 소녀들, 말하자면 취약하며 평가 절하 되고 여전히 성과 재생산 기능으로 규정되는 여성들과 결혼 계약을 맺는 전적으로 새로운 결혼 시장이 창출된다.

이런 여성의 가치 절하와 그에 수반된 폭력을 '제3 세계' 현상이라고 생각하지 않으려면 다음의 점들을 명심해야 한다. 이 글이 애써 드러내려 했듯이, 서구 문화의 여성 평등이라는 것도 여성의 권리가 온전히 인권으로 인정되게 하지는 못했다. 그 여성 평등은 여성의 가치를 육체와 재생산 기능으로 환원하는 뿌리 깊은 사회 문화를 해체하지 못했고, 이런 가치판단의 기초가 되는 지배적인 재현 구조를 와해하지도 못했다. 서구 문화에서 강간, 가정 폭력, 그 외 연쇄 살인처럼 더 극적인 사건들의 형태로 이루어지는 여성에 대한 폭력은 여전히 만연하다. 연쇄 살인의 가해자는 95퍼센트가 남성이며, 그 희생자가 여성인 경우는 73퍼센트이다(Arndt and Heitpas 2004, 124). 2006년, 펜실베이니아주 니켈마인즈Nickel Mines의 아미시Amish 학교와 콜로라도주 베일리Bailey의 공립학교에서 여학생을 대상으로 일어났던 사건들을 검토해 보자. 이 두 사건에서 남성 총격자는 학교 건물 안에 들어와 여학생들을 목표물로 선별하고 남학생들은 나가도록 했다(콜로라도의 사건에서 살인자는 좀 더 구체적으로 금발의 소녀들만 목표물로 골랐다). 이 사례들에서 성적 폭력이 여학생들에 대한 공격의 일환으로 이루어졌다. GLBTIQ에게 가해지는 폭력도 이성애 인구에 비해 더 빈번하게 일어난다는 통계를 찾아볼 수 있으며, 더군다나 상당수 GLBTIQ의 가시성이라는 복잡한 문제[즉, 스스로 다른 사람들의 눈에 잘 띄지 않으려 한다는 사실]를 고려해 볼 때, 이런 범죄들은 보도조차 잘 안 되는 경향이 있다.

‘여성 인권을 위한 책임성에 관한 국제 법정’에서 주관자 번치는 청중들에게 도처에 만연해 있는 여성에 대한 폭력에 주의를 기울여 달라고 했다. 그녀는 미국 시민들이 종종 아프리카와 아시아를 풍부한 문화적 전통을 지닌 곳으로 이해하는 등 다른 공간에 "문화"라는 용어를 부여하고, 그에 비해 미국에는 단일하거나 의미심장한 문화적 전통이 없다고 인식하는 경향을 지적했다(경제적·기술적 발전이 미진한 사회들을 기준으로 측정하자면 문화 없음이 규범이 되는 것이다). 이어서 그녀는 사실 미국에는 심오하고 강력한 문화적 전통이 있으며 그 전통이 바로 폭력이라고 응수했다. 그녀는 자신의 도발적인 주장을 뒷받침하기 위해 미국의 미디어, 연예 산업, 물질적인 생활에 만연한 폭력을 묘사했고, 특히 여성에 대한 폭력이 너무 두드러져서 미국 문화의 정수를 이루는 바람에 거의 보이지도 않을 정도라고 주장했다. 1995년 조직적인 여성 인권 운동의 초창기에 국제 법정에서 번치가 연설한 이후 분명히 상당한 진전이 이루어졌다. 하지만 젠더 권리와 인권 운동 주창자들은 법적인 인정이 불필요해질 때까지, 권력이 다양한 인간들을 폭력적으로 좌지우지하지 않을 때까지, 헤게모니적인 규범이 철저히 깨져서 인권 보호 조항이 일상의 차별이 아니라 예외적 차별에만 동원될 수 있을 때까지, 국제 인권 기구의 인정이 적용되는 젠더 정체성의 범위를 지속적으로 확장해야만 한다.

참고 문헌

Arendt, Hannah. 1976. "The Decline of the Nation-State and the End of the Rights of Man"(1946). In *The Origins of Totalitarianism*. New York: Harcourt [한나 아렌트, 「9. 국민국가의 몰락과 인권의 종말」, 『전체주의의 기원 1』, 이진우·박미애 옮김, 한길사, 2006].

Arndt, W. B., and T. Heitpas. 2004. "Critical Characteristics of Male Serial Murderers." *American Journal of Criminal Justice* 29(1).

Beijing Declaration and Platform for Action. http://www.un.org/womenwatch/daw/beijing/pdf/BDPfA%20E.pdf (accessed February 24, 2013).

Butler, Judith. 2004. *Undoing Gender*. New York: Routledge [주디스 버틀러, 『젠더 허물기』, 조현준 옮김, 문학과지성사, 2015].

Copelon, Rhonda. 1995. "Women and War Crimes." *St. John's Law Review* 69(1).

Douzinas, Costas. 2002. "Identity, Recognition, Rights or What Can Hegel Teach Us about Human Rights?" *Journal of Law and Society* 29(3).

Fitzpatrick, Laura. 2010. "Why Do Women Still Earn Less Than Men?" *Time*, April 20. http://www.time.com/time/nation/article/0,8599,1983185,00.html (acccessed May 1, 2012).

Ishay, Micheline. 1997. *The Human Rights Reader: Major Political Essays, Speeches and Documents from Ancient Times to the Present*. New York: Routledge.

Pateman, Carol. 1988. *The Sexual Contract*. Palo Alto, CA: Stanford University Press [캐럴 페이트만, 『남과 여 은폐된 성적 계약』, 이충훈 옮김, 이후, 2001].

Reilly, Naimh, ed. 1996. *Without Reservation: The Beijing Tribunal on Accountability for Women's Human Rights*. Center for Women's Global Leadership, Rutgers University. http://www.cwgl.rutgers.edu/globalcenter/publications/without.html (accessed April 6, 2012).

Slaughter, Joseph R. 2007. *Human Rights, Inc.: The World Novel, Narrative Form, and International Law*. New York: Fordham University Press.

UN General Assembly. 1948. *Universal Declaration of Human Rights*. Resolution 271 A(III), adopted December 10, 1948. http://www.unhcr.org/refworld/docid/3ae6b3712c.html (accessed May 24, 2012).

"What Is Intersex?" N.d. Intersex Society of North America. http://www.isna.org/faq/what_is_intersex (accessed 15 May 2012).

7짱

정체성

Identity

지은이

래윈 코널 Raewyn Connell

옮긴이
김보명
이화여자대학교 여성학과 교수. 페미니즘의 역사와 이론에 관심을 갖고 공부하며 학
생들을 가르치고 있다. 공저로 『능력주의와 페미니즘』, 『교차성×페미니즘』이 있다.

❄

'정체성'은 현대 문화의 키워드 가운데 하나로서 '나는 누구인가'와 '우리는 누구인가'라는 질문들에 답하는 한 가지 방식이다. '젠더 정체성'이라는 개념은 오늘날 매우 널리 퍼져 있으며, 위의 질문들에 대해 남성 혹은 여성이라는 측면에서 답한다. 하지만 정체성이라는 개념은 보기만큼 간단하지 않다. 지난 수 세기 동안 청체성의 의미는 거의 완전히 반전되었다. 이제 우리가 살펴보듯 젠더 정체성이라는 아주 명백해 보이는 개념은 심각한 개념적·정치적 문제들을 맞닥뜨렸으며, 젠더 분석에서 이 용어를 어떤 의미에서 어디까지 활용해야 하는지에 대해서는 논쟁의 여지가 있다.

16세기와 17세기에 이 용어가 후기 라틴어에서 영어로 넘어올 때 청체성[동일성]identity은 정확한 일치, 같음, 하나의 본질을 가짐을 의미했다. 로크가 유명한 저서 『인간지성론』(1690)에서 보여 주었듯, 이 용어는 로크가 시간과 환경의 변화 속에서도 동일하게 유지되는 사물이나 사람을 언급할 때 사용되었다. 이런 의미에서 '정체성'[동일성]은 종종 '다양성' 혹은 '다종성'과 대비되었다.

정체성이라는 개념은 원래 과거에는 통일성[하나 됨]unity이라는 주제를 설명했던 철학적·종교적 용어군 가운데 하나였다. 이 주제는 (전부는 아니지만) 전 세계적으로 수많은 위대한 사상의 전통들에서 뚜렷하게 존재해 왔다. 아테네 철학자인 플라톤은 이를 자신의 형상 이론에서 설명했다. 그는 대담집인 『국가』에서 유동적이고 임시적이며 불완전하고 혼돈스러운 경험의 세계 아래에 우리가 사물들의 순순하고 변치 않는 형상들을 발견할 수 있는 보다 심오한 실재가 분명히 존재한다고 주장한다.

플라톤 이후로 유럽의 사유에서 하나의 변치 않는 심오한 실재가 존재하며 일상의 삶은 이에 대한 불완전한 모조품이거나 일그러진 복제품에 불과하다는 생각은 엄청난 영향력을 행사했다. 이런 생각은 철학과 예술, 종교, (수학이 숨겨진 실재를 재현할 수 있는 분야인) 자연과학을 관통했으며, 마침내는 심리학과 사회과학에서도 나타났다. 통일성이라는 주제가 유럽에서만 강력했던 것은 아니다.

신의 통일성[하나 됨]은 삼위일체설을 믿는 그리스도교보다 이슬람에서 더욱 강력하게 선언되었다. 우주의 통일성과 신의 쪼개질 수 없음을 칭하는 이슬람적 개념인 '토히드'Tawheed는 지식의 쪼개질 수 없음이라든가 종교와 과학 사이의 연관성이라든가 인간과 자연의 통일성[하나 됨]에 대한 주장의 근거로 작용한다. 이런 주제들은 서구의 경제적·문화적 지배에 대한 근대 이슬람의 대응에서 중요했다(Ghamari-Tabrizi 1996, 317-330).

청체성[동일성]이라는 용어는 19세기에 이르러 영어권에서 완전히 자연스러워지며, 문학은 물론 철학과 수학에서도 활용되었다. 이 용어는 시인 바이런이 『돈 후안』(1819~24)에서 쓰듯 개인적 존재에서의 '같음'을 의미하기도 했으며, 여전히 일반적으로 '같음'을 뜻했다. 정체성은 '나는 누구인가'라는 질문을 '내가 아닌 것'과 대조해 강조할 수 있었다.

'나는 누구인가'라는 질문은 19세기 후반에 이르러 유럽 언어 사용자들 사이에서 점점 더 문젯거리가 되었다. 봉건적 사회질서는 소멸했으며 그 자리에는 쉴 틈 없이 움직이는 자본주의와 거대한 신도시들, 엄청난 수준의 노동력 이주, 격동하는 노동자계급들이 들어섰다. 급진적 노동자들의 운동은 인간 평등의 이름으로 계급 분할에 저항함으로써 통일성이라는 주제에 새로운 동력을 제공했다. 선구자적 사유자 가운데 한 명인 카를 마르크스는 사회주의사상들의 강력한 종합을 구성했으며, 이 이론은 계급투쟁을 계급 없는 통일성[하나 됨]의 미래로 나아가는 역사의 추동력으로 봤다.

그러나 궁극적 단일성이라는 마르크스의 비전이 득세했음에도, 문화적·정치적 발전들은 더 깊은 사회적 분열을 만들어 내고 있었다. 글로벌 제국들은 유럽과 북아메리카 출신의 정착민 무리들이 근본적으로 이질적인 문화들과 마주하게 했으며, 인간의 같음과 다름에 대한 질문을 시급하게 제기했다. 샤이엔 선주민이나 줄루족은 백인의 형제인가? 오스트레일리아의 애버리지니나 벵갈인은 영국인 정복자들과 같은 수준인가? 그렇다고 답한 이들도 있었지만, 점점 더 많은 정복자들이 아니라 했다. 인간의 하나 됨을 부인하는 새로운 언어로 '인종' race이라는 표현이 19세기에 등장했다.

이와 동시에, 인종이라는 새로운 언어의 등장과 맞물려 젠더 개념들에서의 변화도 일어나고 있었다. 남성과 여성은 오랫동안 한 종류의 존재로 간주되었다. 비록 남성이 여성보다 더 완벽하고 강한 인간으로 여겨지기는 했지만 말이다. 18세기와 19세기 유럽의 지적 문화는 이 같은 관점을 점점 거부했으며, 남성과 여성을 천성적으로 다르거나 심지어 반대 항들로 정의했다(Laqueur 1990). 남성과 여성은 서로 다른 본성들에 부합하는 "분리된 영역들"의 책임자로 할당되었으며, 이는 변할 수 없는 것으로 간주되었다. 이런 변화에는 물질적 토대가 있었다. 눈길을 끄는 한 고고학적 연구는 가정으로부터 일터의 물리적 분리와 뉴욕과 같은 대도시에서 나타난 계급 및 젠더에 따른 점진적 영역 분리를 추적했다(Wall 1994). 도시에 깊숙이 뿌리내린 이 같은 영역 분리에 대한 신념은 너무도 강력해져서 심지어 19세기 페미니스트들조차 대다수가 이를 받아들였다.

따라서 19세기 후반에 이르면 당시에 세계의 지배적인 문화였던 유럽과 북아메리카의 부르주아 문화는 선천적 차이들이라는 강력한 이데올로기를 가졌다. 선천적 차이들은 성격의 차이들과 신체 유형의 차이들 모두에 있는 것으로 간주되었으며, 계급·인종·젠더의 위계들에도 반영되었다. 이 같은 신념들은 20세기와 21세기의 문화에 깊은 영향을 미쳤으며, 온갖 종류의 차이와 불평등에 대한 대중적 생각은 물론 학술 이론들에도 영향을 주었다.

하지만 인간 본성에 대한 이와 같은 관점이 부르주아 문화 내에서 확립되자마자 날카로운 도전을 받았으며, 이런 도전은 때때로 인간 정체성에 대한 과거의 관점에 호소함으로써 이루어졌다. 인간의 다름들에 대한 부당한 신념은 외부, 예컨대 탈식민주의 학자들로부터도 도전받았다. 가장 영향력 있는 인도 독립운동 지도자였던 모한다스 간디는 1927년에 다음과 같이 말했다.

내가 보기에 타고난 것이든 습득된 것이든, 우월성은 존재하지 않는다. …… 나는 모든 인간이 동등하게 태어났다고 믿는다. 인도에서 태어났든 영국 혹은 미국에서 태어났든 어떤 환경에서 태어났든 우리는 다른 이들과 같은 영혼을 갖는다. 모든 사람들의 타고난 동등함을 믿기에, 나는 많은 통치자들이 스스로에게 부당하게 부여하는 우월성이라는 독트린에 맞서 싸운다. 남아프리카공화국에서 나는 이런 우월성이라는 독트린에 맞서 조금씩 싸워 나갔다. 이런 내적 믿음으로 인해 나는 스스로를 넝마주이, 방적공, 베 짜는 사람, 농부, 노동자라 부르는 데에서 기쁨을 느낀다(Gandhi 1993, 207).

간디는 또한 한 사회 내부의 고착된 위계 구조들에도 항거했다. 잘 알려져 있듯 그는 '불가촉천민'의 옹호자였다. 실제로 앞서 인용된 부분 또한 다른 카스트들에 대한 상위 계층 브라만들의 오만함을 비판하는 데서 나왔다. 생애 후반기에 이르러 그는 그동안 수용했던 젠더 위계에 대해서도 회의하게 되었다. 간디의 비폭력 독트린을 받아 이어 간 그의 정치적·도덕적 후계자 가운데 한 명인 마틴 루서 킹 2세는 국가 내부의 인종주의에 주된 관심을 기울였다.

불변의 차이들이라는 이데올로기는 유럽 문화 내부로부터도 도전을 받았다. 실제로 심리학에서의 혁명은 가장 오래된 유럽의 제국들 가운데 하나인 오스트리아의 수도인 빈에서 시작되었다. 프로이트는 근대의 사유에 너무도 광범위한 영향을 미쳤기에 그의 심리학이 얼마나 급진적이었는지를 제대로 이해하기란 어렵다. 프로이트 심리학은 젠더 연구에도 커다란 영향을 미쳤는데, 이는 주로 그의 이론이 남성과 여성의 동질적이고 고정된 성격 유형들을 문제시했기 때문이다. 개척자적 정신과 의사로서 프로이트가 행한 임상적 실천은 왜 성인기 남성과 여성의 인격들이 오랜 기간에 걸친 갈등으로 가득한 정서 발달의 산물인지를 보여 주었다.

프로이트는 일상적인 의식의 흐름과 혼란은 더 깊은 곳에 있는 심리적 실재, 즉 욕망들이 일상적 의식에 닿지 못하게 억압되어 있는 무의식의 층위를 참조할 때에만 이해될 수 있다고 주장했다. 억압은 주어진 조건이 아니라, 개인의 삶의 과정의 특정한 순간들에 발생한다. 이런 과정 가운데 하나는 자신의 부모들에게 향한 원초적인 성적 욕망들이 사회적 금기에 직면하는 아동기의 '오이디푸스' 위기다. 프로이트는 성인의 인격은 필연적으로 내적으로 분열되고 갈등으로 가득하며, 성인기의 정신적 삶의 패턴들 — 여성성과 남성성, 동성애와 이성애를 비롯해 — 은 사건들의 특정한 경로들과 구체적인 인생사들의 결과들이라고 봤다.

프로이트 자신은 정체성이라는 용어를 평범한 의미인 경우를 제외하고는 쓴

적이 없다. 하지만 프로이트는 동일시identification 과정을 중시했다(Laplanche and Pontalis 1973). 동일시[과정]에서 개인은 자신이 감정적 연계를 느끼는 타인의 특성을 자신의 인격으로 통합한다. 프로이트의 가장 유명한 분석 사례인 오스트리아·헝가리제국 군대의 예비군이었던 "쥐인간"이 그 사례가 될 수 있다(Freud 1955, 151-318). 몇 가지 강박이 이 젊은이의 삶을 심각하게 어지럽히고 있었는데, 그중 하나는 쥐와 관련되었다. 프로이트는 이런 문제들의 원천을 이 젊은이의 가족과 성적 역사 및 그가 아동기에 아버지와 맺은 관계들에서 찾아냈다. 표면적으로 나타나는 아버지에 대한 친밀감과 존중의 저변에는 엄청난 두려움과 경쟁심이 깔려 있었다. 젊은 시절에 직업군인으로 활동했던 아버지에게 복종하는 것에 대해 이 젊은이가 느낀 내적 갈등이 소년 시절의 그를 만들었으며, 이후 청년기의 그가 군사작전을 수행할 때 새롭게 터져 나오고는 했다.

따라서 동일시가 꼭 의식적이거나 조화로울 이유는 없다. 오히려 반대로 개인은 부모나 타인들과 갈등적으로 동일시할 수 있다. 감정의 대상과의 하나 됨[통일성]은 자아 내부에서의 하나 됨[통일성]을 함의하지 않는다.

생애사에서 발생하는 병리라는 생각은 근대 임상심리학의 핵심 사상이 되었으며, 사람들이 현재 경험하는 문제들의 원천을 찾아내기 위해 자신의 아동기를 샅샅이 뒤져 보는 다양한 심리 치료들의 기초가 되었다. 논쟁하기 좋아했던, 프로이트의 추종자들은 이 사상을 다양한 방식으로 발전시켰다. 최초의 프로이트 추종자 가운데 한 명인 알프레트 아들러는 사회적 측면이라는 가장 중요한 요소를 추가했다. 빈의 사회주의자 의사였던 아들러는 노동자들의 건강 문제에 관심을 기울였으며 동시대의 여성운동에서도 영향을 받았다. 사회주의와 페미니즘은 아들러가 개인의 사회적 위치, 특히 사회적 권력의 정도가 개인사와 심리적 갈등을 결정하는 핵심적 요인임을 볼 수 있게 했다. 아들러(Adler [1927]1992)는 분열된 사회가 만들어 내는 신경증들에 대한 궁극적인 해답은 사회적 책임과 상호 의무를 아우르는 통합적 감각을 키우는 데 있다고 믿게 되었다.

사회와 권력에 대한 통찰은 정신분석가들과 사회 이론가에 의해 다양한 방식으로 발전되었다. 두 가지 측면 모두를 지녔던 저자인 에릭 에릭슨의 손을 거쳐 아들러의 통찰은 '정체성'에 대한 20세기의 가장 영향력 있는 선언의 토대가 되었다. 에릭슨의 저서인 『유년기와 사회』는 근대사회의 개인적·사회적·정치적 문제들을 정체성 획득의 어려움으로 이해할 것을 제안했다. 그는 "프로이트 시대에 섹슈얼리티에 대한 연구가 전략적이었던 만큼이나 우리 시대의 정체성에 대한 연구 역시 전략적으로 된다"고 말했다(Erikson [1950]1965, 242). 아울러 에릭슨은 여성의 심리가 재생산 능력 및 "안쪽 공간"inner spaces에 의해 결정된다는 생각에 근거해 젠더 차이에 대한 매우 보수적인 관점을 내놓았다. 그러나 [젠더 차이에 대한] 이런 관점은 에릭슨의 정체성 개념과는 완전히 별개였다.

길고 복잡한 책에서 핵심 용어들은 종종 모호하게 사용되곤 하는데, 『유년기와 사회』 또한 그러하다. 에릭슨의 '정체성' 개념은 두 가지 다른 의미를 갖는다. 첫째는 개인적 정체성이다. 에릭슨은 프로이트의 이론적 통찰과 임상적 방법론을 따라 성인의 인격이 갈등으로 가득한 긴 성장의 과정에 의해 형성된 것으로 봤다. 마찬가지로 프로이트의 발자취를 따라 그는 서로 갈등하는 충동들과 억압들에 의해 특징되는 몇 가지 마음속 장치들을 구별했다.

프로이트의 연구가 '이드'나 '초자아' 같은 무의식적 장치들에 관련되는 갈등에 초점을 두는 반면, 에릭슨은 자의식의 위치이자 외부 세계와의 협상가로 기능하는 마음의 장치라 할 수 있는 '자아'에 관련된 문제들을 강조한다. 에릭슨의 사유에서 개인적 정체성이란 자아의 통합을 뜻했다. 정체성은 자아가 무의식적 장치들과 외부 세계로부터 부과되는 압력들을 다룰 수 있게 해주는 심리적 기제들 간의 내적 연결성과 일관성을 의미했다. 이 같은 균형 잡기는 성공할 시에는 안정적인 자아감에 기입된다. 따라서 '나는 누구인가'라는 질문은 자아가 정신적 발달에서 나타나는 시험과 시련을 능숙하게 다스리는 것에 성공할 때 답해진다.

에릭슨은 이런 과정의 타이밍에 대해 눈에 띄는 제안을 내놓았다. 그는 아동의 성 심리 발달에 몇 가지 단계들이 있다는 프로이트의 생각에 착안해 이를 전 생애 주기 모델로 발전시켰다. 그가 이름 붙인 전체 여덟 개의 발달 단계들은 각각의 특징적인 심리적 갈등을 포함하며, 이 갈등은 다음 단계로 넘어가기 위해서는 해소되어야 한다. 이 단계들 가운데 하나인 청소년기 단계에서는 '정체성'을 둘러싼 갈등이 핵심적이다. 에릭슨은 그의 첫 저서 이후로 『정체성, 청소년, 위기』(Erikson 1968)처럼 청소년기에 집중하는 저술들을 내놓았다.

청소년기가 '정체성 위기'의 시기라는 생각은 곧 청년 연구와 대중문화에 엄청난 영향을 미쳤다. 이 시기 미국은 로큰롤과 자의식적인 청년 하위문화 및 1960년대의 정치화된 청년운동의 등장을 목격했다. 이런 흐름들은 청년들의 '정체성 찾기'로 널리 해석되었다.

에릭슨이 제시한 정체성의 두 번째 의미는 문화 및 사회와 관련된다. 에릭슨은 사회적 맥락이라는 아들러적인 주제를 응용했지만, 아들러가 미래를 읽는 방식을 그는 현재를 읽는 데 적용했다. 달리 말해, 에릭슨은 한 사회의 모든 구성원들이 공유하는 자아 개념들이나 특성들에 치중해 당대 사회의 사회적 분열들은 무시했다. 그 결과 에릭슨은 그가 개인을 다룬 방식으로 문화를 다루게 되었으며, 미국·독일·러시아의 서로 다른 발전 경로들이 각국의 민족적 정체성들로 이어졌다고 제안했다. 이런 추정적 연구에서 '정체성'은 특정 공동체 내에서의 멤버십 문제가 되었으며, 이 공동체는 민족-국가(에릭슨이 쓴 비서구 국가의 경우에는 부족)를 의미했다. 이런 용례에서 정체성 개념은 개인적 차원이 아닌 사회적 차원에서의 하나 됨[통일성]이나 단일성을 지칭했다.

에릭슨의 연구가 영향을 준 주된 분야는 심리학과 청년 연구였다. 개인적 정체성과 정체성 갈등이라는 개념인 대중 심리학의 핵심 용어가 되었는데, 당시는 정신분석학이 특히 미국에서 소규모의 전문화된 의료 분야에서 대형 산업으로 막 확장하던 시기였다. 정신과 치료, 심리 상담, 가족 치료 등의 분야들에서 자조self-help 운동이나 자조를 주제로 하는 대중 심리학 서적들과 흥미를 자극하는 '사례연구들'이 퍼져 나갔다. 이런 운동에서 나온 대부분의 서적들은, 비록 지적으로는 가벼웠음에도, 남성과 여성 모두에게 다음과 같은 생각을 확산시켰다. 첫째, 정체성은 주어진 것이 아니라 성취되는 것이다. 둘째, 정체성은 문제적이고 위협을 받으며, 위기 상황에 놓여 있기 때문에, '가꾸어져야' 한다.

심리학 분야에서 이 같은 움직임이 일어나는 동안, 북반구 국가들에서는 노동운동과 사회주의정당들로부터 진보 정치의 주요 형태들이 형성되었다. 주류 사회주의사상은 노동계급에 대한 착취를 가장 근원적인 억압 형태로 이해했으며, 전투적 노동자들을 사회변혁의 주요 행위자들로 봤다. 세기 전환기의 사회주의자들은 여성해방, 식민지 해방, 인종 평등, 인권 운동 등과 같이 사회 변화를 추구하는 다양한 운동들을 지지했다. 그러나 이런 문제들은 언제나 계급투쟁에 대해 부차적으로 여겨졌다. 사회주의는 스스로를 인류의 하나 됨[단결]의 표현이라 여겼으며, 노동자 계층을 공동선의 담지자로 봤다. 이런 믿음은 정통 마르크스주의에서 도그마가 되었다. 20세기 동안 다른 다양한 형태의 사회주의들 사이에서 가장 우위에 있던 공산당들은 '계급 노선' 이외의 정치적 우선순위를 허락하지 않았다.

이 같은 우선순위는 1960년대와 1970년대에 세계 곳곳에서 일어난 사회적 격동, 특히 부유한 국가들의 신좌파 운동의 정치적 도가니에서 급격하게 변화했다. 미국의 경우 가장 유망한 대중운동은 아프리카계 미국인들의 민권 투쟁이었다. 베트남전쟁에 반대해 일어난 평화운동에 대해 '작업모'를 쓴 육체노동자들과 노동조합은 지지보다는 반대를 표했다. 유럽의 경우 마르크스주의자들은 계급 논리와 맞아떨어지지 않는 학생운동으로 말미암아 혼란에 빠졌다. 반대로 새롭게 등장한 페미니즘은 좌파를 가부장적 기성 체계의 일부로 간주했다. 게이 해방운동의 경우 정통 마르크스주의는 이를 지지하기는커녕 자본주의사회의 방탕과 타락의 징표로 간주했다.

시간이 흐르면서 기존의 진보 연대는 재구성되었다. 보수 집단들이 점점 더 인종적 적대감과 동성애 혐오를 활용하게 됨에 따라, 노동자 집단이 보수적 반대자들보다는 페미니즘과 흑인 민권운동에 우호적이라는 점이 입증되었다. 그러나 1960년대와 1970년대는 부유한 국가들의 급진적 정치학에서 분수령이었다. 계급투쟁은 그 우선성을 잃었으며, 점점 더 초국가적 범주로 일어나던 '신사회운동'이 결정적으로 중요해졌다. 이런 변화의 과정에서 1980년대 미국에서 '정체성의 정치'라고 명명되었던 새로운 형태의 정치적 동원이 두드러졌다. 이 같은 운동은, 젠더 정치학을 포함했지만, 그것에 국한되지는 않았다.

정체성의 정치는 (환경 운동이 그러했듯) 사회운동과 관련되지만, 오직 특정 종류의 사회운동과만 연루되었다. 이들은 특정한 집단의 멤버십을 중심으로 조직되며, 자신들의 존엄성과 다른 집단과의 차별성, 그리고 자신들만의 특별한 필요 등을 내세운다. 정체성의 정치는 한 국가 안에서 일어날 수 있지만, 국가의 경계를 초월하기도 한다. 친숙한 사례들로 블랙파워 운동, 여성해방운동, 선주민 운동, 게이 해방운동 등이 있다. (예컨대, 구 유고슬라비아에서 일어난 세르비아인과 크로아티아인 사이의 분쟁 같은) 종족적 민족주의라든가 (예컨대, 영국과 미국에서 나타난 가톨릭과 정치적 개신교 사이의 갈등, 인도의 힌두 민족주의, 이스라엘의 오래된 시온주의와 같은) 종교-정치 운동들이 이와 유사한 특징을 보인다.

사회주의나 자유주의가 보편주의를 목표로 삼았다면, 정체성의 정치는 인류 일반이나 공통의 이해관계를 대변하고자 하지 않는다. 정체성의 정치의 중심에는 한 집단의 구별됨이 있다. 이 구별됨은 그 집단이 경험하는 물질적 불이익일 수도 있다. 예를 들어, 미국에서 흑인은 백인에 비해 가난한 편이며, 특히 재산 소유의 측면에서 그러하다. 오스트레일리아의 애버리지니나 아메리카 선주민들의 경우 토지권을 가진 경우를 제외하고는 매우 낮은 소득수준에 머무르며, 교육과 의료 및 여타 서비스에서 심각한 부족을 겪는다. 여성은 집단적 수준에서 볼 때 남성에 비해 훨씬 가난했으며, 권력과 권위를 갖는 자리에서 배제되었고, 정부 및 기업의 지도층에서 여전히 심각하게 과소 대표 되고 있다(Inter-Parliamentary Union 2013; 『포춘』 2013년 6월 19일자 참조).

정치적 평등이나 사회정의에 관한 전통적 주장에 대해, 정체성의 정치는 새로운 주장, 즉 존중을 요구하거나, 낸시 프레이저(Fraser 1995)가 "인정 투쟁"이라 부르는 요구를 더한다. 성별이나 인종 같은 불평등 구조에서 맨 밑바닥에 있는 집단은 물질적 박탈뿐만 아니라 이에 더해 비난과 불명예도 경험한다. 일례로, 고전 문화로부터 근대에 이르기까지 수많은 지배 문화들이 여성을 생각 없고 허약하며 따라서 아버지와 남편의 지도를 필수로 하는 존재로 폄하한다. 셰익스피어의 작품 『말괄량이 길들이기』에 나오는 캐서리나의 말을 빌리면 다음과 같다.

무릎을 꿇고 평화를 청해야 할 자리에서 전쟁을 선포하고,
사랑하고 봉사하며 복종해야 할 때에 남편에 대한 우위와 지배권을 요구하는
어리석은 여자가 있다면 이는 정말 부끄러운 일입니다.
왜 우리 여자들 육신은 부드럽고 연약하고 매끄러워,
이 세상의 고되고 힘든 일을 하기에 적합하지 않은 것일까요?

(V.ii.177-184[윌리엄 셰익스피어, 『말괄량이 길들이기』, 김종환 옮김, 지만지드라마, 2019, 217, 218쪽]).

19세기의 제국주의, 예를 들어 미국의 노예제 또한 특정 인종에 대한 증오와 비방이라는 해로운 유산을 남겼으며, 여기에서 억압된 인종들은 구제 불가능할 정도로 아둔하고 폭력적이며 동물적이라 규정되었다. 동성애자들은 이들이 구별적 범주로 정체화되기 무섭게 퇴행적이고, 변태적이며, 범죄적이고, 병리적인 존재로 규정되었다. 가난한 이들은 오랫동안 가난하다는 이유로 비난받았다.

정체성의 정치학은 이 같은 문화적 학대에 맞서 정체성이 요구할 가치가 있는 자랑스러운 것이라 주장하며 억압된 집단의 존엄성을 내세웠다. 그 결과로 블랙 프라이드, 게이 프라이드, 레드 프라이드 운동 및 여성 문화와 여성 선조들에 대한 탐구가 나타났다. 또한 흑인 교회나 (이제는 사라져 버린 대의인) 아일랜드어나 (거의 사라진) 토속 의복들과 같은 구별되는 관습, 종교, 언어를 기념하게 되었다.

정체성의 정치에서 '정체성'은 사회적이자 개인적이며, 집단의 이름인 동시에 개인의 자아감이기도 하다. 이 두 가지 측면들은 멤버십이라는 관념으로 연결된다. 개인은 이런저런 집단의 구성원이기에, 그리고 그런 구성원이 되는 것이 자신이 어떤 사람인지에서 핵심적이기에, 정체성의 정치에 참여한다. 개인과 공동체 간의 이 같은 연결은 정태적이지 않으며, 정체성의 정치는 정체성을 단지 '표현'하기만 하는 것이 아니라, 그 집단을 새롭게 만든다. 유명한 사례로 1970년대의 게이 해방운동은 도시 게이 공동체들을 새롭게 만들어 냈다(Altman 1982). 또한 전 세계적 차원에서 성장한 선주민 운동이 있다(Brecher, Childs, and Cutler 1993). 일례로, 박탈당한 사람들 사이에서 정체성의 정치가 확산된 후 오스트레일리아의 인구조사에서는 스스로를 "애버리지니 및 토레스 해협 도서민"Aboriginal and Torres Strait Islander으로 정체화하는 사람들의 숫자가 눈에 띄게 늘었다.

정체성의 정치를 통해 공유되는 정체성이 구성되는 몇 가지 형태가 있다. 첫째, 억압받은 집단은 정확히 그 억압의 요소를 취해 이를 거꾸로 세운다. 미국의 블랙파워 운동은 (유색인종 발전을 위한 전국연합NAACP이라는 단체명에서도 나타나는) '유색인'이라는 완곡한 표현을 거부하고, 직접적이고 당시로서는 비하적 표현이었던 '흑인'이라는 단어를 내세웠으며, 이를 통해 낙인의 언어를 자부심의 언어로 변화시켰다. 최근 들어 랩 그룹들은 이를 더욱 밀어붙여 검둥이nigger라는 용어를 사용함으로써 정체성을 부각한다.

다음으로, 정체성 구성은 새로운 문화적 형식의 창조를 수반하기도 한다. 이는 여성 문화를 정의하고 여성들의 글쓰기를 위한 새로운 어휘들과 스타일을 찾아내고자 했던 1970년대와 1980년대 페미니즘의 중요한 흐름의 초점이었다. 하지만 보다 중요한 점은 정체성을 규정하는 작업이 기존에 경멸을 받거나, 주변으로 밀렸거나, 잊힌 것들을 재발견하고 기념한다는 데 있다. 지난 수십 년 사이 우리는 오스트레일리아의 중앙 사막에서 나온 그림들,[1] 여성 과학, 언더그라운드 성 문화, 아프리카 스타일의 의복 등과 같은 다양한 문화적 형식들이 기념되는 것을 봤다.

따라서 정체성의 정치학은 문화적 다양성을 위한 중요한 동력으로 존재해왔다. 각각의 정체성들의 동일성이나 전체성은 다른 정체성들을 포용하거나 포함하지 않으며, 필연적으로 이에 대립해 규정된다. 내[피부색]가 검거나 갈색이거나 황색이라면 나는 백인이 아니다. 내가 남자라면 나는 여자는 아니다. 따라서 '정체성의 정치'는 다원성을 지칭하고, 특히 차이를 정치적 원칙으로 수용한다는 의미를 갖는 용어가 되었다. 차이의 언어는 사회주의가 표방한 보편주의적 언어를 의식적으로 대체했다.

라틴아메리카의 맥락에서 차이와 정체성에 대해 논의하며, 소냐 몬테시노는 글로벌 대도시의 그것과는 매우 다른 어떤 역사, 즉 식민 통치가 재구성한 라틴아메리카 문화와 여기에서 파생된 "마리아적 여성"[2]이라는 이데올로기에 주목한다(Montecino 2001). 이 같은 문화적 형식은 여성의 정체성을 희생적인 어

---

1 [옮긴이] 오스트레일리아 중앙 사막 지역에 수천 년간 살아온 선주민인 애버리지니의 예술을 가리킨다. 1960년대 정부는 이들을 파푸냐 지역으로 이주시켰는데, 강제적 이주 이후 애버리지니의 삶을 담은 모래 예술들과 그림들이 오스트레일리아 현대 예술의 중요 흐름을 형성해 왔다.

2 [옮긴이] "마리아적 여성"marianismo은 식민 통치의 영향을 받아 형성된 라틴아메리카 여성성을 뜻한다. 이 지역의 남성성machismo이 강함, 의지, 지배를 특성으로 한다면, "마리아적 여성"으로 지칭되는 여성성은 자기희생적 모성과 종교적 영성을 강조한다. (특히 아들의 어머니로서) 모성을 강조하는 이 여성성은 폭력적 식민 통치의 산물인, 아버지의 부재에 대한 반응으로 형성된 것이기도 하다고 몬테시노는 논의한다.

머니, 특히 아들을 둔 어머니의 희생이라는 모델 위에서 구성한다. 몬테시노는 동질성이라는 강력한 이데올로기의 영향 아래 있는 사회에서 차이를 찾아내기는 어렵다고 주장한다. 그러나 차이는 저항과 재전유 행위로부터 형성되며, 실제로 [라틴아메리카에서] 여성적 정체성은 여러 개로 존재한다. 주체는 과정 속에 있으며 고착되지 않는다. 여성의 임금노동 참여 — 이는 중산층보다는 노동자 계층에서 먼저 일어난다 — 는 마리아적 여성상이라는 이데올로기를 파열시킨다. 여성의 공적 영역 진입은 종속이라는 문제를 날카롭게 부각하는데, 이에 따라 젠더 정치의 형태도 달라졌다. 집안일과 아이 양육을 노동자 여성들에게 떠넘길 수 있는 특권층 사이에서, 여성적 노동의 전통적 패턴은 (엘리트들 사이에서) 젠더 관계의 근대화를 가능하게 한다.

좀 더 넓은 관점에서, 몬테시노는 라틴아메리카의 젠더 정체성들은 계급 정체성들과 마찬가지로 사회 변화라는 프로젝트 안에서 형성되었다고 주장한다. 이는 북반구의 많은 '정체성' 담론에서 나타나는 개인주의에 대비된다. 그렇다면, 칠레와 같은 나라들의 여성운동들에서 형성된 여성의 집합적 정체성들을 살펴보는 것이 중요하다. 참정권 운동으로부터 지금에 이르기까지 페미니즘 운동은 평등과 성적 차이들을 강조해 왔다. [그러나] 선주민 여성들의 생존 운동은 페미니즘 운동이 도전해 온 젠더 노동 분업을 유지한다. 어머니들의 운동은 아들의 생명을 위해, 인권을 위해, 그리고 '가족'을 위해 싸운다. 페미니즘 운동이 정체성에서의 변화와 남성적 활동 영역에의 진입을 위해 분투하는 반면, 어머니들의 운동은 오래된 정체성들이 제공하는 문화적 정당성을 활용하며, 때로는 급진적 변화에 반대하기도 했다.

몬테시노의 입장에서 볼 때, 여성의 지위와 관련해, 교육 수준의 향상, 가족 규모의 축소, 임금노동의 증가 등과 같은 진정한 변화가 나타났다. 그러나 공적 정치 영역은 여전히 남성이 지배하고 있으며, 이는 여성이 가정적이라는 전제에 기반한다. 몬테시노는 "보수적 근대성"이 젠더 정체성의 영역에서 잘 드러난다고 말한다.

정체성의 정치로부터 나오는 두 개의 어려운 역설들이 있다. 첫 번째로, 정체성의 정치에서 기리는 정체성들은 원래 억압된 집단의 정체성이었다. 따라서 정체성의 정치는 이전에 '해방 투쟁'이라 불렸던 것을 문화와 심리에 강조점을 두고 새롭게 이름 붙인 것으로 보인다. 그러나 여기에는 논리적 차이가 있다. 지배적인 집단 또한 자신의 정체성을 정의하고 기를 수 있으며, 따라서 정체성의 정치에 참여할 수 있다. 실제로 이는 역사적으로 매우 흔했다. 서구 제국주의가 만들어 낸 세계에서의 인종 정치는 일반적으로 '백인' 인종과 그들의 덕을 기념했다. 이런 넓은 스펙트럼의 폭력적인 한쪽 끝에는 아리안 인종에 대한 막연한 신념과 유태인에 대한 명확한 증오를 지녔던 히틀러가 있었다. 공식 정책으로서의 백인 오스트레일리아[백호주의] 정책White Australia Policy**3**은 1960년대까지 지속되었으며, 남아프리카공화국의 인종 분리 정책도 1980년대 말까지 유지되었다. 다양한 연구와 논의는 미국 내에서 여전히 '백인'이라는 자아상이 지속되고 있음(또한 그것의 복잡성)을 보여 준다(Fine et al. 1997).

유사한 지점이 젠더에도 적용된다. 여성의 진입에 대항하는 남성들의 동맹은 상류층 클럽, 노동자들의 조합, 스포츠 중계, 학술 논문들, 술집, 바, 군대, 위원회, 교회, 모스크, 템플 등과 같은 다양한 상황에서 나타난다. 식민지 시기 남아프리카공화국의 엘리트 남학교에 대한 모렐의 연구(Morrell 2001)는 기숙학교와 같이 인종적·성적으로 분리된 기관들이 어떻게 성별 위계를 다시금 강화하고 동시에 남성성에 대한 특정하지만 공유된 정의를 만들어 내는지 보여 준다.

아이러니하게도, '정치적 올바름'에 대한 우파들의 공격과 더불어 남성, 백인, 이성애자와 같은 지배적 그룹들이 적극적 시정 조치 정책으로 말미암아 차별을 받은 피해자들이라거나 '특별한 권리들'을 필요로 하는 박탈당한 집단으로 재규정되었다. [그러나] 동성 결혼이 보수적 교회들의 '종교적 자유'를 짓밟는다는 주장**4**은 미국 내에서 어느 정도 먹혀들었지만, 박탈이라는 수사를 활용해 특권층들이 사회운동을 벌이려는 시도는 그다지 인기를 끌지 못했다. 인도에

---

3 [옮긴이] 1901년부터 1973년까지 오스트레일리아 정부가 공식 정책으로 유지했던 비백인 이민 제한 정책을 가리킨다.

4 [옮긴이] 보수적 교회 지도자들은 동성 결혼이 그리스도교 신앙에 바탕한 이성애 결혼에 대한 믿음을 위협한다고 주장한다. 이것은 사회적 소수자인 성소수자들을 종교적 자유를 침해하는 가해자로, 사회적 주류인 이성애자 그리스도교인들을 피해자로 역으로 설정해야 가능한 주장이다.

서 소외된 카스트들을 위한 적극적 시정 조치에 맞서 상층 카스트 젊은이들 사이에서 이루어진 조직화는 매우 놀라울 정도였다. 하지만 일반적으로 특권층의 이해관계는 기업, 국가, 교회 등과 같은 기관들을 통해 더 잘 표명되었다. 주류 그리스도교와 이슬람은 여성에 대한 남성의 권위를 지지하는 믿을 만한 아군이며, 세계 대부분의 정부는 가난한 자들의 도전에 맞서 부자들을 지지한다.

두 번째 역설은 정체성 집단들이 주장하는 정체성들의 토대와 관련된다. 프로이트와 에릭슨은 개인적 정체성이 복잡하고도 기나긴 과정을 거쳐 구성된다고 주장했다. 이와 동일한 견해가 억압된 자들의 집합적 정체성에 대한 해방운동가들 사이에서도 나타난다. 마르티니크 출신의 프란츠 파농은 『검은 피부 하얀 가면』(Fanon [1952]1967)과 『대지의 저주받은 자들』(Fanon [1961]1968)에서 식민화된 정체성들이 어떻게 지배의 역사로부터 벗어나게 되었는지를 보여 주었다. 그가 보기에, 새로운 문화를 창조하는 일은 식민 역사 및 그것이 만들어 낸 해로운 결과들을 인식하고 이에 대처하는 데에 엄청난 노력을 필요로 했으며, 탈식민적 폭력을 요구하기도 했다. 유사하게 부유한 국가들에서 1970년대에 일어난 페미니즘은 여성들과 소녀들이 어떻게 사회적으로 규정된 '성 역할'을 내면화함으로써 여성적 정체성을 획득하는지를 보여 주는 데 많은 노력을 기울였다. 게이 이론가들은 이성애 사회로부터 오는 동성애 혐오를 받아들이는 것에서 비롯되는 '자기-억압'에 대해 이야기했다.

하지만 스티븐 엡스타인(Epstein 1987)이 보여 주듯 정체성이 사회적으로 구성되고 지배 문화에 의해 부여된다는 이론은 양날을 가진 도구다. 이런 이론은 지배 문화에 대한 비판은 제공하지만 사람들이 실제로 경험하는 욕망의 패턴에 대해서는 설명하지 못한다. 사회 구성주의는 불만족스럽고 동시에 위험할 수 있다. 소저너 트루스의 "나는 여자가 아닌가?"라는 질문에는, "나는 사회적으로 구성된 여성적 고정관념의 담지자가 아닌가?"라는 질문에는 없는 어떤 힘이 있다. 레즈비언들과 게이들이 사회적으로 구성된 동성애의 성격을 강조하는 것은 동성애 혐오 사회에서 동성애를 박멸하려는 시도들에 맞서기 위해서이다. [그러나] 사회적으로 구성된 것은 사회적으로 폐기되거나 파괴될 수 있다. 우익 종교 집단은 이를 적극적으로 차용해 동성애를 '라이프 스타일'로 규정함으로써, 동성애를 금지하거나 폄훼하고 괴롭히는 데 적극적으로 나섰다.

이런 위협들에 직면하며, 정체성의 정치는 본질주의로 후퇴하는 경향을 보였다. 본질주의는 '여성', '게이', '흑인' 같은 정체성들이 차연적인 범주들에 기반하며 변할 수 없는 특징들을 표출한다고 주장하는 것을 뜻한다. 가야트리 스피박(Spivak 1988)은 잘 알려진 글에서 하위 주체 집단들이 "전략적 본질주의"strategic essentialism를 취할 것을 제안했다. 이는 투쟁을 위한 연대를 만들 수 있는 일종의 임시적이고 마치 그런 듯한as-if 정체성의 정치를 의미한다. 이 제안은 강단 페미니즘에서 젠더에 대한 사회 구성주의적 이해와 여성에 의한 정치적 조직화의 필요성을 결합하는 방법으로 널리 수용되었다. 그렇지만 불행하게도, 정체성에 대한 대부분의 호소에는 전략이 별로 없는 반면 본질주의는 넘쳐 난다. 정체성의 정치는 '게이 유전자'에 대한 열정적 탐색과 같은 이상한 곁길로 빠졌다. 모호한 생물학을 차치하고라도 여기에서 문제는 정체성에 대한 요구가 해방적 행위가 되기는커녕 사회 통제 시스템으로 포섭될 수 있다는 점이다.

대중적 화법에서 청체성이라는 용어는 아마도 '신분증'identity card or document에서 가장 자주 쓰일 것이다. 술집, 은행, 주유소, 보험회사, 웹사이트, 고용주, 빌딩들, 공항과 같은 교통기관 등은 모두 '신분증'을 요구한다. 경찰도 마찬가지다. 종종 '사진이 포함된' 이런 신분증들은 공공 기관에 의해 발급되며 주로 법적 통제의 목적으로 그 소지자의 신원을 확인하는 데 활용된다. 하지만 한번 발급된 이 신분증은 다른 목적에도 활용될 수 있다. 최근 여권이나 비자 같은 신분 관련 서류를 발급받는 절차는 정교해졌다. 이는 공공 기관이 한 사람에게 두 개의 서류를 발급하는 실수를 방지하고, 또 서류를 발급받는 사람이 진짜 그 사람임을 확인할 수 있다는 만족감을 얻기 위해서다. 신분증과 관련한 이 같은 우려는 근래 나타나는 [개인 정보] '보안' 위험에 대한 끝없는 불안이라거나, 정체성이 개인적이고 고유한 것이라는 통념을 이용한 범죄라 할 수 있는 '신분 도용'에 대한 불안에 의해 더욱 첨예해졌다.

신분증에 의해 정의되는 '정체성'[신원]은 정체성의 정치에서의 '정체성'보다 더한 다원주의를 만들어 낸다. 여기에서 '정체성'은 한 명의 특정한 사람을 세상의 다른 모든 이들과 구별한다. 이는 지금 당장 이 세상에 70억 넘는 정체성들이 존재하며, 또한 새로운 정체성들이 매일같이 늘어나고 있음을 뜻한다.

'정체성'[신원]이라는 용어의 이 같은 용례는 개인적 존재의 연속성이라는 고전적 의미를 유지한다. 신분증을 갖는 핵심적인 이유는 지금의 나와 과거의 나 사이에 벗어날 수 없는 연관성을 만들기 위해서다. 신분증에는 사람들의 출신 국가, 성별, 생년월일, 각종 자격 소지 여부, 결혼 관계, 교통사고 경력과 경찰 기록 등과 같은 과거에 대한 정보가 들어 있다. 사기업의 데이터베이스가 성장하고 모든 종류의 거래에서 신분증을 요구함에 따라, 사람들의 신용 및 재무 상황과 (점점 더 구글과 같은 온라인 시스템을 통해 이루어지는) 소비 패턴이 기록된다.

그렇다면 '정체성'은 이제 감시와 규제의 문제일 수 있으며, 이는 신분증의 영역을 한참 넘어선다. 근대사회에는 사람들을 분류하고 딱지[이름]를 붙이는 다양한 방식들이 존재한다. 이는 의료 및 정신 건강의 측면에서는 '천식 환자'라든가 '정신병 환자', 생애 단계에서는 '청소년'이나 '노년기', 경제적 지위에서는 '실직자' 혹은 '딩크족', 규범 및 규칙을 따르는 정도에서는 '탈선'이나 '산만한' 등이 될 수 있다. 유명한 사례로는 정신과적 질병들을 분류하는 미국정신의학협회에서 발행하는 『정신장애 진단 및 통계 편람』DSM을 들 수 있다. 이 편람은 여러 차례 동성애와 "젠더 정체성 혼란"을 정신 질병으로 분류했다가 나중에 제외했다. 이 편람은 이제 다섯 번째 개정판에 이르렀는데 각각의 개정은 전문가들과 일반인들의 치열한 논쟁을 수반했다. 이런 논쟁은 인문과학에서 매우 중요한 기초가 되는 이 같은 분류 체계가 순수하지 않기 때문에 발생한다. 이런 분류는 흔히 주로 행정관리의 목적으로 사람들을 분류할 필요가 있는 기관들이나 사회적 기술들에 연계되어 있다. 예를 들어, 범죄인을 준법 시민으로부터 분리하고, 아픈 이들을 건강한 이들로부터 분리하고, 무지한 자들을 교육받은 이들로부터 분리하고, 남성을 여성으로부터 분리하는 것이다.

이런 지식의 체계들과 이를 활용하고 체현하는 학교, 병원, 감옥, 복지 기관 등과 같은 제도들은 기존에 존재하는 정체성을 단순히 인정하는 것 이상의 역할을 한다. 이들은 사람들을 특정한 분류 체계에 넣음으로써 이들에게 정체성을 부여한다. 이런 과정이 갖는 힘은 '딱지 붙이기'에 대한 사회학적 연구들에 의해 명확히 밝혀졌다. 예를 들어, 한번 비행 청소년으로 딱지가 붙으면, 누군가에게 귀속된 이 정체성은 현재 그 사람이 어떤 행동을 하는지에 상관없이 다른 사람들이 그 사람을 대하는 태도를 결정하는 기초가 되기 마련이다. 젠더 연구들이 반복해 입증했듯, 누군가가 '여성' 혹은 '남성'으로 딱지 붙여지면, 이 사람의 자아감이나 이 사람이 타인들과 맺는 관계는 그 딱지에 의해 운명이 정해질 것이다. 문화기술지적 연구들이 보여 주듯, 개인들은 이런 범주화에 대해 책임져야 한다(Fenstermaker and West 2002).

일정 부분 근대 유럽과 미국의 성별 체계에서 유래되기도 한 '동성애 정체성'의 탄생은 이런 테마들을 잘 보여 준다. 섹슈얼리티는 젠더 관계의 전반적 구조에서 핵심적인 측면이었으며, 성적 행동의 분류는 예를 들어, '남성적'인 것이나 '좋은 아내'가 어떤 것인지를 정하는, 즉 정상적인 젠더 수행성을 정의하는 데 중요했다. 그러나 이런 평가들은 시대에 따라 달라진다.

중세 및 근대 초기의 유럽 사회들에서 특정한 동성애적 행동들은 사회질서나 종교 질서를 어지럽히는 다른 행동들과 마찬가지로 수치스럽거나 범죄적인 것으로 규정되었으며, 때로는 잔혹하게 처벌되었다. 하지만 이런 처벌은 일관되게 이루어지지 않았다(Greenberg 1988). 19세기 후반에 이르러 법이 바뀌면서 동성애 행위 일반이 범죄가 되었으며, 이는 특히 남성 동성애자들에 대한 규칙적인 감시와 체포로 이어졌다. 비슷한 시기에 동성애는 증후군이라는 의료적 상태로 정의되었다. 이런 변화는 의료적 분류들이 성적 행동을 포괄하도록 확장되는 과정의 일환이었는데, 오스트리아의 의사였던 리하르트 폰 크라프트-에빙의 유명한 저서인 『병리적 성애』(1886)가 이 같은 과정을 잘 보여 준다. 역사가들은 '동성애 정체성'이 얼마만큼이나 성적 하위문화들에 의해 이미 구성되었는지에 대해 논쟁한다. 그러나 제프리 윅스(Weeks 1977)가 보여 주었듯, 법적·의료적 담론들이 '동성애자'라는 근대적 범주를 형성하고 이에 대비되는 정상성으로서 '이성애자'를 정의하는 데 기여했다는 점에는 의심의 여지가 어렵다. 간단히 말해, 과거에는 동성애가 소도미sodomy와 같은 동성애적 행위를 지칭했다면, 이제 동성애는 개인을 규정하는 말이 되었고, 다른 이들의 눈에도 행위가 아니라 존재로서[동성애자로서] 그렇게 인식되었다. 성적 차이에 대한 '사회적 반응'이 개인적 정체성 형성에서 강력한 결정 요인임을 보여 주는 영국의 상호작용주의적 사회학자인 케네스 플러머(Plummer 1975)는 이 점을 다시 한번 확인해 준다. 기 오캥겜은 더 나아가 "동성애는 일차적으로 정상인의 편집증 속에서 존재한다. 의사가 그가 아픈 것을 알 듯 판사는 그가 유죄라는 것을 안다"고 말했다(Hocquenghem 1978, 75).

이 같은 딱지가 붙으면서 '동성애자'는 성 정치(학)의 딜레마에 직면한다. 동성애 정체성을 명확히 드러내는 것은 해방적인 동시에 통제적이다. 이는 언제나 둘 다이다. 동성애자인 자신의 성 정체성을 중심으로 정치적·문화적 조직화를 달성하는 것은 해방적일 수 있지만, 이는 필연적으로 동성애를 일탈로 규정하는 바로 그 분류 체계에 호소하게 된다. 다른 한편으로 분류 자체를 아예 거부한다면, 이는 동성애자로서의 정체성을 포기하는 것이 되며, 억압에 맞서 싸우기 위해 필수적인 사상들과 사회적 지지를 저버리는 것이 된다. 한 외로운 개인은 분류를 피하려 할 수는 있지만, 그와 같은 분류에 이의를 제기할 수는 없다.

그러나 집단행동은 분류 체계를 교란할 수도 있다. 이런 가능성은 지금은 '퀴어' 정치라 불리는 다양한 형태의 성 정치들의 논리이다. 퀴어 정치는 관습적 동성애자 정체성 그리고 관습에 의해 낙인찍힌 동성애 정체성을 거부하며 벽장으로 되돌아가는 것도 거부한다. 차이를 공세적으로 드러내고 이런 차이 안에서 차이들이 번성하게 하는 것은 사람들을 박스 안에 가두는 것에 의존하는 사회 통제 전략들에 문제를 일으키겠다는 의도를 갖는다. 미국의 경우 초반에는 게이 공동체들과 레즈비언 공동체들 내에서 차이 — 흑인을 백인으로부터 구별하고, 젊은이들을 기성세대로부터 구별하고, 밋밋한 섹스를 사도마조히즘으로부터 구별했다 — 를 드러내는 데 초점을 두었다. 한때 유행했으나 이제는 찾기 어려워진, 레즈비언들 사이에서의 부치/팸 구별마저 창고에서 나와 기념되었다.

퀴어 정치학은 예전 의미에서의 "정체성의 정치학"은 아니다. 실제로 퀴어 정치학은 일종의 반anti정체성의 정치학이며, 이는 분명히 문화적 충격을 주었다. 퀴어는 에이즈/HIV 팬데믹 시기를 거치며 유지되기 어려웠던 성 정치의 급진주의를 되살렸으며, 레즈비언 공동체들과 게이 공동체들 내부에서의 다양성을 강조했다(Reynolds 2002). [그러나] 전반적인 범주화들이 얼마나 교란되었는지는 또 다른 문제다. "우리는 퀴어다. 우리는 이곳에 있다"라는 구호는 여전히 동일시할 수 있는 우리를 내포한다. 퀴어 정치학의 의도치 않은 효과 가운데 하나는 중년 백인 레더-다이크, 흑인 드랙 퀸 남성 등과 같은 보다 촘촘하게 정의된 동성애 정체성들을 이끌어 내어 단일한 '동성애 정체성'을 대체한 것일 수 있다. 퀴어 정치학의 또 다른 효과는 분류의 기반을 이동시킨 데 있다. '퀴어'라는 범주는 이제 동성애자 집단을, 스스로를 이성애자로 여기지만 삶에서 젠더 경계나 관습을 교란하는 데 관계하는 크로스 드레서들, 트랜스젠더들, 여자 같은 남자들, 남자 같은 여자들 등과 연결하는 데 활용되곤 한다. 바로 이 집단들 사이에서, 친숙한 젠더 질서의 경계들은 가장 심오한 문제가 된다.

경계들과 정체성들을 교란하는 전략은 분류 체계가 원래 불안정할 수 있음을 주장하는 포스트모던적 사유의 전개로부터 뒷받침된다. 정체성의 정치가 인종이나 성별에 대한 본질주의적 개념에서 예시되듯 한 집단의 정체성의 원천을 언어 이전의 깊고 심층적인 곳에 둘 경우 포스트모던과 연루된 철학적·문화적 분석에서 나타난 변화를 받아들이기 어려웠다. 안정적이고 통합적인 정체성 모델들은 프랑스 철학자인 자크 데리다에 의해 크게 약화되었다. 커다란 영향을 미친 저서 『그라마톨로지』(Derrida 1976)에서 데리다는 언어가 단지 자연적인 존재들의 자기 정체성을 그려 내기만 할 뿐이며, 따라서 언어의 단어들이 단일한 의미들을 가질 수 있다는 생각에 도전한다. 반대로 그는 기호와 그것이 가리키는 대상 사이의 관계가 결코 고정적이지 않으며, 의미는 항상 임시적일 뿐인 언어의 쉼 없는 놀이의 스펙터클을 소개한다. 원래는 언어에 의해 재현되는 것으로 간주되었던 개념들이 더는 안정적이지도, 논리적으로 자명하지도 않게 된다.

해체[탈구축]의 철학적 과정을 이해하는 이들은 많지 않지만(이에 관한 훌륭한 개론서로 Norris 1987을 권한다), 범주들의 경계들이 유동적이며 침투 가능하다는 일반적 이해는 매우 널리 퍼졌다. 이로부터 정체성은 불안정하다는 만연한 인식이 나왔다.

경계들과 정체성들이 불안정하다는 주장은 분류 체계들과 정체성들이 다원적이라 말하는 것과는 논리적으로 구별된다. "내 정체성은 임시적이며 변화에 열려 있다"고 말하는 것과 "내게는 여러 개의 정체성이 있다"고 말하는 것은 사뭇 다르다. 1970년대와 1980년대에 남반구의 페미니스트들이 젠더 정치학에 대한 북반구의 정의에 도전하고 미국에서 비백인 페미니스트들이 '여성' 및 '레즈비언'에 대한 단일론적 개념화에 도전한 이래, 다중적 정체성이라는 생각은 여성학과 젠더 연구를 선도하는 주제가 되었다. 이는 여성 혹은 남성으로서의 정체성이 장애, 섹슈얼리티, 민족성, 인종, 계급, 교육, 종교, 국가, 지역 등에서 기인한 정체성들과 서로 얽혀 있다는 널리 공유되는 관점으로 이어졌다. 오스트레일리아 사회학자 길리안 바텀리가 말하듯,

> 전통들의 지속에 대한 정태적 관념에 기반한 분석이나 민족 — 또는 젠더, 계층, 종교, 언어 — 등과 같은 일련의 관계들의 분리에 기반한 분석은 이질성으로 가득한 사회에서 일어나는, 상호 참조 및 변화 과정들의 끊임없는 얽힘을 전달하지 못한다(Bottomley 1992, 121).

바텀리는 이런 "끊임없는 얽힘"을 이주민 공동체에서 변화하는 젠더 정체성들의 문제를 다룬 그녀의 연구에서 매우 섬세하게 다루었다. 하지만 이 문제는 훨씬 폭넓은 주제이며, 얽힘과 교차는 현대 세계에서 나타나는 사회적 삶의 일반적 특징이기도 하다. 어맨다 록 스워와 리차 나가르는 인도와 남아프리카공화국의 레즈비언들에 대한 연구에서 이런 결론을 확장한다.

> 우리의 연구는 점점 더 성장하는 페미니즘 연구를 토대로 한다. 이 페미니즘 연구는 인종, 계급, 젠더, 섹스, 섹슈얼리티와 같은 정체성 범주들이 본질적으로 서로 연결되어 있고 동시적으로 경험된다는 것을 이해하는 것이 필수적임을 인정한다. 정체성들 사이의 '복잡한 관계성'으로 말미암아 이제는 이런 정체성들 가운데 어느하나에 대해 고립적으로 논할 수 없다는 합의가 존재한다(Swarr and Nagar 2003, 495, 496).

다양성에 대한 정치적 관심을 지지하는 학계의 분위기로 말미암아 연구 관심사는 다양하고 변화하는 젠더 형태들, 젠더와 섹슈얼리티 사이의 다원적이고 유동적인 관계들로 향했다. 이 같은 경향은 최근에 남성성 연구 및 관련 논의가

성장하는 데 크게 영향을 주었다. '궁극적인 남성적 성역할'에 대한 1970년대의 토론이나 '진정한 남성성'이라는 대중적 담론과 달리, [이제] 연구자들은 '남성들'을 복수형으로 이야기하게 되었다. 한 연구는 남성들의 젠더 구성이 문화들 사이에서 매우 다양하게 이루어짐을 보여 주었다(Cornwall and Lindisfarne 1994). 또 다른 연구는 한 문화 내에 존재하는 다중적인 남성성들이라든가, 하나의 조직, 또래 집단, 직장 내에서 보다 정교하게 구별되는 남성성들에 대해 기록했다(Connell 2005).

따라서 다양한 젠더 정체성들을 인정하고자 하는 강력한 흐름이 있어 왔다. 하지만 이는 새로운 용법에서 '정체성'이 의미하는 바가 무엇인지 재사유할 것을 요구한다. 담론의 기반이 상당히 달라졌다. 에릭슨의 정체성 개념은 천체로서 자아의 통합을 지칭했다. 정체성에 대한 철학적·문학적 저술들 또한 전체로서 개인이 갖는 자아성selfhood의 연속성을 거론해 왔다. '젠더 정체성들', '성 정체성들', '민족적 정체성들' 등에 대한 현재적 논의에서 우리는 젠더 관계라든가 성적 실천이라든가 혹은 민족 구성 등과 같은, 개인의 한 가지 측면만을 언급해 왔다.

'젠더 정체성'이라는 개념을 대중화한 미국 정신과 의사인 로버트 스톨러에게 이 같은 [하나에서 다양한 정체성으로의] 변화는 크게 중요하지 않았다. 왜냐하면 그는 전체적으로 인격의 통합은 대체로 남성임이나 여성임이라는 감각에 그 초점이 있다고 간주했기 때문이다. 스톨러는 이를 "핵심 젠더 정체성"이라 불렀다(Stoller 1968). 스톨러의 이런 연구는 일례로 그가 생애 초기에 잘못된 핵심 젠더 정체성이 확립된 경우로 간주했던 트랜스섹슈얼 여성들과 남성들에 대한 의료적 조치에 큰 영향을 미쳤다.

하지만 다른 이들 [역시] '인종 정체성'이나 '계급 정체성'에 대해, 혹은 에릭슨의 견지에서 '민족 정체성'에 대해 이와 마찬가지로 충분히 의미 있게 말할 수 있었다. 실제로 근대 역사의 지배적인 정치적 형태인 민족주의는 민족적 정체성을 개인적 정체성의 핵심적 요소로 만든다. 남성과 여성과 젠더에 대한 연구는 종종 젠더와 민족 정체성 사이의 관계들에 대한 질문을 제기했다(예를 들어, Nagel 1998). 우리가 바텀리가 이야기하는 "끊임없는 얽힘"을 인정한다면 우리는 젠더 정체성과 같은 어떤 정체성들을 이해하기 위해, [이와 얽히는] 이런 다양한 형태의 정체성에 대해서도 반드시 주목해야 한다.

일상적인 말이나 저널리즘은 어떤 활동이나 상황에서 정체성을 찾아내는 경향을 한층 강화한다. 미디어 보도는 정체성으로서의 10대, 엄마, 그리스도교 근본주의자, 열성적인 우표 수집가, 노조원, 기업 간부 등을 언급한다. 사실상 거의 모든 사회활동이 '정체성'의 토대가 될 수 있는 듯하다.

자세히 살펴보면 잘 연구된 젠더 '정체성들'이나 성적 '정체성들'조차도 실제로 우리가 생각하는 만큼 견고하지는 않음이 드러난다. 예를 들어, 스웨덴 도시에서 동성애의 역사를 정교하게 연구한 아르네 닐손(Nilsson 1998)은 남성 동성애자로 존재하는 세 가지 방식들을 다음과 같이 정의한다. 일반적으로 조금 여성적인 '쏘'so, 대체로 노동자계급 청년들인 '진짜 남자'real man, 화려한 여왕들인 '피올라'fjollor. [이에 대해] 우리는 이렇게 뚜렷하게 구별되는 세 가지 정체성이 있다고 생각할 수 있다. 하지만 닐손은 또한 동성애적 삶의 양식들이 어떻게 해양 산업 도시의 구조들로부터, 즉 밀집된 주거 환경, 확고한 성별 노동 분업, 공적 공간에서의 남성 인구 과밀, 노동자계급의 점잖지 못한 길거리 생활, 운송 산업을 통한 다른 도시들과의 연결, 특정한 방식으로 이루어지는 경찰의 치안 활동, 동성애적 관계에 잠깐 머물다가 떠나기도 했던 많은 가난한 청년들 등으로부터 자라났는지를 보여 준다. 동성애적 실천의 뚜렷이 구별되는 [세 가지] 형식들은 1950년대 들어 도시의 부가 성장하고, 노동자 계층이 도시 외곽에 살기 시작하며, 복지국가가 성장하고, 동성애자들이 청년들을 성적으로 유혹한다며 이에 대한 도덕적 패닉 현상이 나타나면서 달라졌다. 동성애자와 이성애자 사이의 문화적 구별이 뚜렷해짐에 따라 성적 행위는 점차 프라이버시가 되었다. 닐손의 연구는 우리가 쉽게 정체성들로 간주하는 성적·사회적 실천들의 형태들이 어떻게 역사적으로 변화하는 사회적 조건들에 의존하는지, 그리고 이것[동성애]이 많은 당사자들에게 그들의 성생활 역사의 한 부분에 불과했는지를 자세하게 보여 준다.

결론적으로, 의미의 변화와 쟁점을 이해하는 대안적인 방식을 고려했을 때, '정체성'은 여전히 가치 있는 개념인가? 확실히 이 용어는 과도하게 남용되어 왔다. 정체성은 종종 자아, 명성, 사회적 지위를 표시하는 겉치레 용어로 사용되며, 이 같은 마구잡이식 사용은 젠더나 섹슈얼리티를 이해하는 데 도움이 되기보다 걸림돌이 되었다.

더 나쁘게는, 젠더나 성적 실천의 형태들을 [설명하기] 위해 정체성이라는 용어를 사용하는 것이 현실의 중요한 측면들을 적극적으로 숨기거나 호도하는 경우들도 있다. 앞서 동성애 정체성의 사회적 기원에 대한 날카로운 견해를 보여준 기 오캥겜은 동성애적 욕망이 근본적으로 미성숙하고, 무질서하며, 비인격인적인 흐름이며, 개인의 일관된 속성이 아니라고 주장하기에 이르렀다. [오캥겜에 따르면] 동성애적 욕망은 가부장적 사회질서에 의해 조직되고 형성되는 '오이디푸스콤플렉스'의 상징적 질서로부터 탈출하려는 욕망이다. 따라서 동성애는 정체성이 아니라 오히려 그 반대 항이며 단일성[단일한 정체성]으로 녹아들 수 없는 욕망과 실천이 된다.

오캥겜의 주장은 동성애적 욕망이 일정 부분 게이 공동체들 스스로에 의해 구조화되었다는 사실을 놓친다. 하지만 우리는 또한 그의 연구가 충분히 나아가지 않는다고도 비판할 수 있다. 상당수의 이성애적 욕망 또한 "오이디푸스콤플렉스의 상징적 질서 안으로 들어가기"에 실패한다. 이성애적 욕망 또한 종종 변태적이고, 비인격적이며, 일시적이며, 무절제하다. 이성애적 욕망 또한 종종 이성애적 질서 안에 고정된 위치들과 이성애가 구획한 정체성들을 구성하는 사회적 권위에 맞서거나, 이로부터 이탈하고는 한다. 린 시걸이 『스트레이트 섹스』에서 말하듯,

> 모든 사회적 관계들 가운데 성적 관계들이야말로 가장 어렵고 문제적인 것일 텐데, 이는 정확히 성적 관계들, 특히 이성애적 관계들이 젠더 양극성을 확정하기보다는 오히려 걸핏하면 이를 위협하기 때문이다(Segal 1994, 254, 255).

우리는 이성애적 실천에 대해서도 마찬가지로 정체성이 구성되어 온 것인지 그리고 (정체성은 당연시하기에는 너무도 연약하기에 대체로 적극적으로) [사회적 권위가 개입해] 유지되고 있는 것인지에 대해 질문해야 한다. 우리는 이성애적 '정체성'을

당연시할 수 없다.

우리는 또한 하나의 통일된[단일한] 정체성을 갖는 것이 바람직하다는 에릭슨의 주장에도 의문을 제기할 수 있다. 에릭슨은 이를 성장 과정에서 성취해야 할 과업으로 봤다. 정체성에 대해 저술한 다른 이들도 대부분 누구든 정체성을 가져야 한다고 봤다. 그러나 정체성은 정말로 그렇게나 바람직한 것인가? 내가 떠올릴 수 있는 어떤 정체성들은 그것이 다른 사람들에게 초래하는 결과라는 측면에서 볼 때 상당한 반감을 불러일으킨다. 개인의 인격을 하나의 통일된 전체에 녹인다는 것은 내적 다양성과 개방성을 거부하는 것이다. 이는 또한 변화를 거부하는 것일 수도 있다. [물론] 젠더 관계의 개선은, 예컨대 그 과정의 일부로서 자아의 파괴, 젠더 현기증gender vertigo을 요구할 수도 있다. 나는 이런 사례를 환경 운동에 참여하는 남성들 가운데 전통적인 남성성을 바꾸고자 노력하는 이들에게서 볼 수 있었다(Connell 2005, 5장). 미국의 사회학자 바버라 리스먼(Risman 1998)은 미국의 "공평한 가족들"fair families⁵ 연구에서 유사한 변화의 패턴을 발견했다. 모순들을 안고 살아가는 것이, 그것을 일소하려 하기보다는, 더 가치 있을 수 있다.

하지만 우리가 정체성을 보다 구체적이고 정확한 방식으로 사용할 준비가 되었다면, 이 개념을 버리지 않아도 될 것이다. 여기에는 크게 두 가지 선택지가 있다. 첫 번째 선택지는 '정체성'을 여전히 전체로서의 개인이나 자아의 통합을 의미하는 에릭슨적 의미에서 쓸 수 있다. 다만 그러기 위해서는 이 같은 통합이 얼마나 임시적이고 불완전한지 인정해야 한다. 인격에 대한 정태적 모델보다는, 시간 속에서 한 인간의 행위들을 통해 성취되는 하나의 통합, 즉 프로젝트로서의 인격[성]이라는 사르트르(Sartre [1960]1968)의 개념이 정체성의 훨씬 좋은 토대다. 이런 접근법에서 우리는 여전히 '젠더 정체성'에 대해 말할 수 있다. 단, 이는 특정한 개인이나 집단의 경우에 있어서 젠더가 실제로 인격을 구조화하고 통합하는 토대가 되는 그런 특정한 경우에 한해서다. 달리 말하자면,

---

5 [옮긴이] 리스먼이 말한 "공평한 가족들"은 가사와 육아 등을 공평하게 하며 평등한 관계를 실천하는 부부와 그 부부가 기르는 자녀들로 이루어진 가족을 뜻한다.

어떤 이들은 젠더(에 기반한) 정체성을 갖겠지만, 다른 이들은 아닐 수도 있다. 개인적 수준에서 '정체성의 정치'라는 기획은 구체적인 사회운동에서 이슈가 되는 멤버십(예를 들어, 남성, 흑인, 영국인, 레즈비언)을 중심으로 개인의 삶을 특정한 방식에 따라 구초화하는 기획으로 이해될 수 있다.

두 번째 선택지에서 우리는 '정체성'을 분류와 통제의 체계가 지시하는 총류의 사람을 명명하는 용어로 사용할 수 있다. 사회적 권위에 의해, 또는 비공식적이지만 강력한 명명 및 분류 체계에 의해 배당되는 자아성 혹은 신분증이 그 모델이다. 이런 정체성 개념 또한 최근의 사유들, 특히 분류의 체계가 역사적으로 변화해 왔다는 점을 인정함으로 인해 수정되어야 한다. 이는 수많은 나라에 존재하는 게이 문화, 매스미디어, 에이즈/HIV 위기의 영향으로 비서구 사회에서 나타난 동성애적 행위에 대한 재범주화를 통해 극적으로 나타났다. 예를 들어, 태국에서는 남성에 대한 기존의 섹스/젠더 범주들이었던 '푸-차이'phu-chai(남성, 주로 이성애자 남성)와 '카토이'kathoey(여성적인 남성이나 크로스 젠더, 동성애 관계에서 받아들이는 입장에 있는 남성)라는 구분에 '바이'(양성애자), '게이 킹'(동성애자 중 삽입하는 입장을 선호), '게이 퀸'(주로 여성적이며, 받아들이는 쪽을 선호), '게이 퀑'gay-quing(남성적이거나 혹은 여성적이며, 성적으로 유연한 입장) 등과 같은 일련의 범주들이 더해졌다(Jackson 1996). 데니스 올트먼은 『글로벌 섹스』(Altman 2001)에서 이 같은 문화적 상호작용의 강력한 과정이 세계 곳곳에서 다양한 방식으로 일어나고 있음을 보여 준다. 태국과 같은 경우에는 지역적인 패턴이 유지되며, 토착적인 범주들이 유지되고 여기에 [새로운 범주들이] 더해진다. 다른 나라들의 경우에는 파열이 일어나며 지역의 성 문화는 보다 광범위하게 식민화된다. 그러나 미국 스타일의 '게이' 정체성에 대한 주장이 제기되는 경우조차도 존재 및 행위 방식에서는 토착적인 것과 외래적인 것 사이의 혼합 및 혼종화가 나타나기 마련이다.

정체성의 두 가지 개념 가운데 어떤 것을 사용하든, 사람들이 자신의 삶을 적극적으로 만들어 가며 이들이 분류 체계를 결코 수동적으로 받아들이지 않는다는 점을 인정하는 것이 필수적이다. 범주화의 대상이 되는 집단들은 그 범주들과 상호작용하며, 때로는 이 범주들과 겨루고 또 이 범주들을 새로운 방식으로 사용한다. 이런 면에서 볼 때, 정체성이라는 개념은 고정된 위치들이 아니라 심리적이고 문화적인 투쟁이 벌어지는 무대를 가리킨다. 필립 웩슬러(Wexler 1992)가 미국 고등학교에 대한 그의 빼어난 연구에서 말했듯, 각종 제도들이 삶의 모든 측면을 상품으로 환원하려는, 소외로 가득 찬 세상에서 "누군가가 된다는 것"은 만만찮은 일이다. 정체성의 정치를 지향하는 운동들이 종종 인정해야만 했듯이, '정체성'은 실제라기보다는 포부에 더 가까울 수 있다. '나는 누구인가?'라는 질문과 '우리는 누구인가?'라는 질문에 대해 우리는 어쩌면 믿을 만한 답을 얻지 못할지도 모른다.

참고 문헌

Adler, Alfred. [1927]1992. *Understanding Human Nature*. Trans. C. Brett. Oxford: Oneworld.

Altman, Dennis. 1982. *The Homosexualization of America, the Americanization of the Homosexual*. New York: St. Martin's Press.

_____. 2001. *Global Sex*. Chicago: University of Chicago Press [데니스 알트먼, 『글로벌 섹스』, 이수영 옮김, 이소출판사, 2003].

Bottomley, Gillian. 1992. *From Another Place: Migration and the Politics of Culture*. Cambridge: Cambridge University Press.

Brecher, Jeremy, John Brown Childs, and Jill Cutler. 1993. *Global Visions: Beyond the New World Order*. Boston: South End Press.

Connell, Raewyn. 2005. *Masculinities*. 2nd ed. Berkeley: University of California Press [R. W. 코넬, 『남성성/들』, 안상욱·현민 옮김, 이매진, 2013].

Cornwall, Andrea, and Nancy Lindisfarne, eds. 1994. *Dislocating Masculinity: Comparative Ethnographies*. London: Routledge.

Derrida, Jacques. 1976. *Of Grammatology*. Baltimore: Johns Hopkins University Press.

Epstein, Steven. 1987. "Gay Politics, Ethnic Identity: The Limits of Social Constructionism." *Socialist Review* 93/94: 9-54.

Erikson, Erik H. [1950]1965. *Childhood and Society*. Harmondsworth: Penguin.

_____. 1968. *Identity, Youth and Crisis*. New York: Norton.

Fanon, Frantz. [1952]1967. *Black Skin, White Masks*. Trans. C. Markmann. New York: Grove Press [프란츠 파농, 『검은 피부, 하얀 가면』, 노서경 옮김, 문학동네, 2014].

_____. [1961]1968. *The Wretched of the Earth*. Trans. C. Farrington. New York: Grove Press [프란츠 파농, 『대지의 저주받은 사람들』, 남경태 옮김, 그린비, 2010].

Fenstermaker, Sarah, and Candace West, eds. 2002. *Doing Gender, Doing Difference: Inequality, Power, and Institutional Change*. New York: Routledge.

Fine, Michelle, Lois Weis, Linda C. Powell, and L. Mun Wong, eds. 1997. *Off White: Readings on Race, Power, and Society*. New York: Routledge.

Fraser, Nancy. 1995. "From Redistribution to Recognition? Dilemmas of Justice in a 'Post-Socialist' Age." *New Left Review* 212: 68-93.

Freud, Sigmund. 1955. *Notes upon a Case of Obsessional Neurosis*(1909). In *The Standard Edition of the Complete Psychological Works of Sigmund Freud*, trans. and ed. James Strachey, vol. 10. London: Hogarth Press.

Gandhi, Mohandas K. 1993. *The Penguin Gandhi Reader*. Ed. Rudrangshu Mukherjee. New Delhi: Penguin Books India.

Ghamari-Tabrizi, Behrooz. 1996. "Is Islamic Science Possible?" *Social Epistemology* 10(3-4).

Greenberg, David F. 1988. *The Construction of Homosexuality*. Chicago: University of Chicago Press.

Hocquenghem, Guy. 1978. *Homosexual Desire*. Trans. D. Dangoor. London: Allison and Busby.

Inter-Parliamentary Union. 2013. "Women in National Parliaments." http://www.ipu.org/wmn-e/world.htm.

Jackson, Peter A. 1996. "The Persistence of Gender: From Ancient Indian *Pandakas* to Modern Thai

Gay-Quings." *Meanjin Quarterly* 55(1): 110-120.

Krafft-Ebing, R. von. [1886]1965. *Psychopathia Sexualis*. New York: Paperback Library.

Laplanche, Jean, and Jean-Bertrand Pontalis. 1973. *The Language of Psycho-Analysis*. Trans. Donald Nicholson-Smith. London: Hogarth Press.

Laqueur, Thomas. 1990. *Making Sex: Body and Gender from the Greeks to Freud*. Cambridge, MA: Harvard University Press.

Montecino, Sonia. 2001. "Identidades y diversidades en Chile." In *Cultura y desarollo en Chile*, ed. Manuel Antonio Garreton, 65-98. Santiago: Andres Bello.

Morrell, Robert. 2001. *From Boys to Gentlemen: Settler Masculinity in Colonial Natal 1880-1920*. Pretoria: University of South Africa.

Nagel, Joane. 1998. "Masculinity and Nationalism: Gender and Sexuality in the Making of Nations." *Ethnic and Racial Studies* 21(2): 242-269.

Nilsson, Arne. 1998. "Creating Their Own Private and Public: The Male Homosexual Life Space in a Nordic City during High Modernity." *Journal of Homosexuality* 35(3-4): 81-116.

Norris, Christopher. 1987. *Derrida*. London: Fontana [크리스토퍼 노리스, 『데리다』, 이종인 옮김, 시공사, 1999].

Plummer, Kenneth. 1975. *Sexual Stigma: An Interactionist Account*. London: Routledge and Kegan Paul.

Reynolds, Robert. 2002. *From Camp to Queer: Remaking the Australian Homosexual*. Melbourne: Melbourne University Press.

Risman, Barbara. 1998. *Gender Vertigo: American Families in Transition*. New Haven, CT: Yale University Press.

Sartre, Jean-Paul. [1960]1968. *Search for a Method*. New York: Vintage.

Segal, Lynne. 1994. *Straight Sex: Rethinking the Politics of Pleasure*. Berkeley: University of California Press.

Spivak, Gayatri Chakravorty. 1988. *In Other Worlds: Essays in Cultural Politics*. New York: Routledge [가야트리 스피박, 『다른 세상에서』, 태혜숙 옮김, 2008].

Stoller, Robert. 1968. *Sex and Gender: On the Development of Masculinity and Femininity*. New York: Science House.

Swarr, Amanda Lock, and Richa Nagar. 2003. "Dismantling Assumptions: Interrogating 'Lesbian' Struggles for Identity and Survival in India and South Africa." *Signs* 29(2): 492-516.

Wall, Diana diZerega. 1994. *The Archaeology of Gender: Separating the Spheres in Urban America*. New York: Plenum Press.

Weeks, Jeffrey. 1977. *Coming Out: Homosexual Politics in Britain, from the Nineteenth Century to the Present*. London: Quartet.

Wexler, Philip. 1992. *Becoming Somebody: Toward a Social Psychology of School*. London: Falmer Press.

8장

정의

Justice

지은이

제인 맨스브리지 Jane Mansbridge

옮긴이

정인경

㈜전남여성가족재단 정책연구실 선임연구위원.「시민권과 페미니즘」으로 서울대
학교에서 박사 학위를 받았다. 연구 분야는 정치사상, 페미니즘이며 관심 주제는 시
민권, 민주주의이다. 저서로『현대정치의 위기와 비전』(공저), 논문으로「좋은 삶과
노동: 기본소득 논의의 윤리적 가정 검토」,「'공정'요구와 '젠더 갈등'」등이 있다.

상대적으로 권력이 없는 집단은 종종 '정의'에 호소함으로써 정치적 승리를 거둔다. 여성, 게이 남성, 레즈비언, 트랜스젠더, 퀴어 등 주변부 집단들이 이런 전략을 구사해 왔다. 20세기 초반 미국 의회가 여성 참정권을 두고 논쟁할 때, 20세기 후반 남아프리카공화국 의회가 여성의 권리를 두고 논쟁할 때, 그리고 21세기 벽두에 동성혼 논쟁이 벌어질 때, 정의에 대한 고려가 권력자들의 의사 결정에 영향을 미쳤다. 제재 위협이나 강제력의 동원 등과 같은 힘으로는 이런 변화를 결코 달성할 수 없었을 것이다.

그러나 정의의 의미는 예전부터 늘 논쟁적이었고, 지금도 논쟁적이며, 앞으로도 계속 매우 논쟁적일 것이다. [오늘날에는 정의에 대한] 한 가지 매우 협소하고 형식적이며 다소 공허한 의미 ― 비슷한 처지에 있는 이들을 비슷한 방식으로 대우하는 것 ― 가 모든 문화권들에 적용되고 있다. 현실에서, 그 의미는 사회의 발전과 투쟁을 통해 채워질 것이다. 즉, 비슷한 처지에 있는 이들은 누구이며, 비슷한 대우란 어떤 것인가? 정도의 차이는 있지만 모든 사회에는 복수의 정의관이 경합하고 있으며 그것들이 얽히고설켜 대립하며 내적 모순이 가득한 일종의 개념적 자장이 만들어진다. 이 자장 안에는 지배적인 정의관도 있고 이에 도전하는 정의관도 있다.

이 개념적 자장은 또한 다양한 영역에서 정의에 대한 다양한 이해를 산출한다. 예컨대, 내 아이들의 경우에는 필요에 따른 보상, 내가 가르치는 유치원 학생들에게는 노력에 따른 보상, 내가 운영하는 회사의 종업원들에게는 시장가격에 따른 보상 등이 있다. 더 큰 문화적 맥락과 그 안에서의 역할이 또 다른 맥락에서 정의의 의미에 얼마간 영향을 미칠 수 있다. 예컨대, 내가 아이를 대하는 방식이 내가 유치원에서 학생을 대하는 방식에 영향을 미칠 수 있다. 시장사회에서는 농촌 사회에서보다 내가 종업원을 대하는 방식이 내 아이와 유치원 학생을 대하는 방식에 훨씬 더 많은 영향을 미칠 것이다. 맥락들 사이에 장벽이 있다면 이 같은 상호 영향은 축소될 수 있다. '사적' 영역과 '공적' 영역 사이에 강력한 사회적·정치적·경제적 장벽이 있다면, 내 아이를 대하듯이 유치원 학생을 대하기는 쉽지 않으며, 그 반대의 경우도 마찬가지이다.

이처럼 각축하는 여러 맥락들이 존재하므로 정의를 단지 '거기에' 있는, 그곳으로 향하거나 그것을 추구하기만 하면 되는, 하나의 합의된 목표로 간주하는 것은 잘못이다. 물론, 정의를 그 어떤 문제도 없는, 그저 거기에 있으면서 올바른 행동으로 이끄는 등대 불빛처럼 묘사하는 것이 정치적으로 취약한 처지에 있는 집단들에게 득이 되는 경우도 있을 수 있다. 하지만 비슷한 상황에 처한 이들이 누구이고 비슷한 대우가 어떤 것인지에 대한 의문을 허용하지 않는 지배적인 정의관에 의해 취약 집단에 속한 이들이 부당한 대우를 당할 수도 있다. 따라서 취약 집단에 속한 이들에게는 두 가지 정치적 과제가 있다. 첫 번째, 자신들에게 해를 끼치는 제도에 대응할 수 있는 정의관에 대한 일정한 합의가 유지되도록 애써야 한다. 두 번째, 자신들을 주변화하거나 배제하는 정의관을 비판할 수 있는 충분한 분석적 거리를 확보해야 한다. 정의가 무엇을 지시하는가를 둘러싼 지속적인 투쟁 속에서 예속 집단은 현존하는 지배적 개념 장치, 대항 문화적 이념 체계, 자신들의 경험 등에 의존해 [자신들의 투쟁을] 정당화해야 하고, 이를 위해 종종 새로운 언어를 찾아내야 한다.

전투가 한창일 때, 정치 행위자들은 정의에 기초해 다른 이들(보다 강한 힘을 가진 이들을 비롯해)을 설득하는 일에서 종종 조바심을 느끼게 된다. 설득 위주의 전술은 유약해 보이고, 심지어 [약자에게서나 보이는] 원망이나 시기심에 기반한 것으로 보이며, 특히 자율성, 담대한 도전, 자조를 표방하는 힘의 실행과 대비된다. 그러나 사실 섹슈얼리티, 젠더, 권력의 지배 체계 등에 의해 주변화된 여성, 레즈비언, 게이 남성, 양성애자, 트랜스젠더 등에게는 지배 집단이 행동에 나서도록 강제할 만한 힘을 행사하거나 제재를 가할 기회가 거의 없다. 테러 행위를 비롯해 특정 목표를 대상으로 힘을 과시하는 행동은 얼마간 효력이 있겠지만, 그 대가로 치러야 할 비용이 더 클 수도 있는데, 테러로 말미암아 (예컨대, 무고한 이들의) 정의를 비롯한 다양한 가치들이 희생되고, 외부의 지지도 상실할 수 있다. 더욱이 힘과 제재 위협은 지속적으로 유지되어야 한다는 점에서 전술로서는 상당히 취약할 때가 있다. 그러다 보니 사회 내 취약 집단이 자신의 힘을 성

공적으로 표출할 수 있는 방법은 대체로 정의를 내세우는 것과 (비록 그것은 그 자체로 고유한 문제점이 있다 해도) 밀접히 관련되어 있었다. 예속을 종식하려는 정치에서 정의에 호소하는 일은 대단히 중요하다. 따라서 정의 개념이 기존의 지배·예속 체계를 뒷받침해 왔고 또 앞으로도 계속 그러할 방식을 검토함과 동시에, 정의 개념이 지배를 줄이거나 종식하는 데 활용될 수 있는 방식을 검토함으로써, 정의에 호소하는 것의 강점과 약점을 선별할 필요가 있다.

형식적 정의

형식적 정의라는 이상은 그 핵심에 평등을 두고 있다는 큰 강점이 있지만 무엇의 평등인지 구체화하지 않는다는 큰 약점도 있다. 아리스토텔레스는 식물 연구에 접근했던 방식대로 정의를 연구하며 자신이 사회·정치 세계에서 본 것들을 일단 정리하고 분류했다. 그리고 그는 널리 회자되던, 그리하여 자신도 무시할 수 없는, "정의는 평등이다"라는 유명한 정식을 알게 되었다. 귀족주의적 감성을 지녔던 그는 정치에서 정의란 모든 시민이 국가에서 평등한 역할을 맡는 것이어야 한다는 결론을 그대로 수용하고 싶지는 않았기 때문에, 위의 정식에서 평등은 "산술적 평등" — 모두에게 정확히 똑같은 양 — 이 아니라 "비례적 평등" — 당시에 피타고라스가 발전시킨 개념인, 기여에 따른 몫 — 을 의미한다고 주장했다(아리스토텔레스, 『니코마코스 윤리학』 5부 3절 4-17, 『정치학』 1280a8-10, 플라톤, 『법률』 757a-d).

　"정의는 평등이다"라고 했던 고대 그리스인들과 이 구절을 불평등한 방향으로 수정하려 했던 아리스토텔레스, 둘 다 나름의 일리가 있다. 정의는 동등한 이들 사이에서, 비교적 비슷한 대우라는 의미의 평등을 필요로 한다. 하지만 누가 동등한 이들인가? 아리스토텔레스의 논의에 설득된 그의 청자들이라면 국가에 동일하게 기여한 시민들이 그 보상으로 국가 내에서 동일한 영향력을 갖도록 해야 한다고 결론을 내릴 것이다. [반면] 본래의 격언을 따르는, 아리스토텔레스의 반대자들은 국가 내 역할이 모든 시민들에게 평등하게 분배되어야 한다고 결론 내릴 것이다. 아리스토텔레스와 그 반대자들은 보상의 분배를 받을 만한 집단이 누구인지를 두고 논쟁을 벌였지만, 당시에는 그 누구도 '외국인'을, 그가 제아무리 아테네에서 태어났다 해도, 보상을 분배받을 수 있는 집단의 구성원으로 간주하지 않았다. 또한 대부분의 아테네인들은 아동, 여성, 노예가 정의의 원칙에 따라 국가 통치에 참여하는 정치적 역할을 평등하게 또는 비례적으로 배분받을 수 있다고는 전혀 생각하지 않았다. 이 집단들은 동시대인들이 분배 규칙을 두고 벌였던 논쟁의 외부에 있었으며, 이들을 논의에서 제외하는 것이 암묵적인 규칙이었다.

따라서 형식적 정의에는 분명 커다란 결함이 있다. 스탠리 L. 벤과 리처드 스탠리 피터스(Benn and Peters 1959, 128)가 정식화했듯이 "공정하게 행동한다는 것은 …… 개인들 사이에 유의미한 차이가 존재하는 경우를 제외하고 모두를 똑같이 대우하는 것이다." 형식적 정의는 어떤 차이가 유의미하게 고려되어야 하는지에 관해 실질적으로 언급하지 않는다. 이와 달리 실질적 정의는 어떤 차이가 유의미하게 고려되어야 할지 질문한다. 어떤 체계는 [동일한] 범주들 내에 있는 개인들을 똑같이 대우한다는 점에서 형식적으로 공정할 수 있지만, 각각의 범주들을 가르는 근거가 공정하지 않기 때문에 실질적으로 공정하지 않을 수 있다.

그럼에도 불구하고 벤과 피터스는 순수하게 형식적인 정의조차도 암묵적인 규칙을 만들어 낸다고 지적한다. 다시 말해, 그 규칙이란, "평등하지 않다고 추정할 근거가 있기 전에는 평등하다고 추정하라"는 것이다. 이런 주장은 이사야 벌린의 초기 분석(Berlin 1955~56)을 참조한 것이다. 벌린은 형식적이고 공허한 규정이 될 수도 있는 정의관에서 잠재적으로 균열을 초래할 수 있는 다소 급진적인 면을 발견했다. 형식적 정의관 내에서 평등이 기본값이 되도록 하는 논변은 다음 세 단계를 거친다. 첫 번째 단계는 모든 사회에는 규칙이 존재한다는 점을 인정하는 것이다. 실제로 비공식적인 규칙이나 규범이 없다면 사회는 존재할 수 없으며 연합을 형성하지 못한 개인들의 집합만이 있을 따름이다. 규칙과 사회는 동시에 발전한다. 두 번째 단계는 규칙이 적용되는 범위 내에 있는 모든 개체들이 평등하다는 점을 인정하는 것이다. 예컨대 'X는 Y를 얻는다'는 규칙이 있을 때 X는 모두 Y를 얻어야 하며, 그렇지 않고 대우가 달라진다면 적절한 근거를 제시해야만 한다. 이런 적절한 근거는 규칙을 다음과 같이, 즉 'Z의 특성을 지닌 모든 X는 Y를 얻는다'로 효과적으로 변경한다. 이것은 결국 '모든 Z는 Y를 얻는다'는 말이다. 이처럼 규칙이 무엇이든 범주가 설정되면, 해당 범주에 속하는 개체들은 평등하며, 또 평등하게 다뤄져야만 한다는 정식이 성립한다.

벌린의 공헌은 규칙의 의미 자체에 내재한 이런 사실 때문에 현 상태의 옹호자들이 현존하는 범주의 경계를 정당화해야 할 부담이 있음을 인식하도록 했다는 점이다. 논변의 세 번째 단계는 경계가 허물어지고 두 범주가 합쳐지면, 확장된 새로운 경계 내에 있는 모든 개체들이 평등하다는 점을 지적한다. 어떤 범주 내에서 기본값은 평등이다.

전통에 기반한 사회에서, 현존하는 범주들의 정당화는 상대적으로 수월할 것이다. 사회가 언제나 그렇게 존재해 왔기 때문이다. 물론 그 사회에서도 특정인들이 어떤 특정 범주에 속하는지를 두고 투쟁이 벌어지기도 한다. 예를 들어, 유산 다툼에서 한쪽의 주장은 다른 쪽의 주장보다 더 우위에 있을 수 있고, 일부 청구권을 포기한 과거의 합의를 두고 기억이 서로 엇갈릴 수 있다. 적용할 수 있는 몇 가지 규칙 가운데 실제로 어떤 것을 적용할지를 두고 사람들 사이에서 의견이 일치하지 않을 수도 있다. 특수한 상황에서 돌발 사태가 발생할 경우, 적절한 의사 결정을 내리기 위해 현명한 남성(들)에게, 또는 모종의 마을 원로들에게 상당수의 결정을 위임하게 될 것이다. 이처럼 일련의 특수한 결정들을 거치면서 사회의 규칙에 내포된 범주들이 점차 변할 수 있다.

좀 더 현대적인 사회는, 보편적으로 적용되도록 고안된 성문화된 규칙 — 특수한 개별 상황마다 현명한 개인 또는 집단에 의해 조정되는 규칙이 아니라 — 을 보유한다. 모두에게 똑같이 적용되는 이 규칙에 명시된 범주들은 명시적인 도전에 좀 더 쉽게 노출된다. 물질적인 조건의 변화, 이상$_{ideas}$의 발전, 또는 문화의 상호 교류가 변화의 기회를 개방하면, 배제된 이들은 배제의 근거를 묻고, 자신들을 배제한 그 경계의 자의성을 비판할 방법을 찾아 나선다.

여성의 참정권(마찬가지로, 흑인 남성의 참정권이나 18~21세 사이에 있는 주민의 참정권)을 두고 미국 의회에서 벌어진 논쟁은, 해당 논쟁이 실질적으로 그 문제를 다루는 한, 정확히 이런 형태 — 범주의 경계를 둘러싼 투쟁 — 를 띠었다. 참정권 확대를 요구하는 이들은 모호하게 '권리'나 '동의'를 언급하는 데서 그치지 않고, 시민권 범주에 적합한 근거들이 모든 집단에 똑같이 적용된다고 주장하면서, 남성은 완전한 시민권의 경계 내부에, 여성은 그 외부에 (또는 백인은 그 내부에 흑인은 그 외부에) 두며 참정권 확대에 반대하는 이들의 주장을 공격했다.[1] 최근에 동성 결혼을 찬성하는 이들은, 결혼을 허용하는 집단의 범주에서 동성 커플을 배제하는 이들의 근거를 공격하며, 상호 헌신의 서약을 공개적으로 하고픈 욕망을 비롯한 결혼의 근거가 동성 커플과 이성 커플에게 똑같이 적용되어야 한다고 주장했다(Metz 2010).

일상에서 정의를 두고 벌어지는 다툼에서도 동일한 논리가 효과적이다. 1994년, 시카고의 30대 후반 저소득층 백인 여성이 표적 집단 인터뷰에 나와 학창 시절 남학생들과 다퉜던 일을 이야기했다.

> 걔네들은 이래요, "앉아!" — 초등학교에서 말이죠 — "너는 축구를 하면 안 돼!" 내가 말하죠, "왜?" "너는 여자잖아." 그럼 나는 이래요, "너희는 그런 거 말고 좀 그럴듯한 이유를 생각해 봐야 해!"[2]

이 주장은 형식적 정의의 논리를 바탕으로 한다. 이 사례에서처럼 차별 대우의 적절한 근거가 마련되지 않으면 형식적 정의는 평등을 이행하도록 잠재적인 압박을 가한다. 형식적 정의의 이 같은 구조적 특징은 어떤 초월적인 기반에 호소하는 것이 아니다. 그것은 정부 제도와 법률뿐만 아니라 사회 세계에도 적용된다. 권력을 갖지 못한 집단에게 그것은 강력한 무기가 될 수 있다.

그러나 형식적 정의 — 유의미한 차이가 존재하는 것이 아니라면 모든 이들

---

1 투표할 수 있는 자들의 범주가 점진적으로 확대되어 처음에는 세금을 내지 않는 무산자 백인 남성, 그다음 흑인 남성, 그다음 여성, 그다음 18~20세 인구를 포괄하기에 이른 것처럼, 정의와 참정권을 둘러싼 논쟁은 대체로 경계에 관한 투쟁이었다. 스웨덴과 일부 유럽 국가들의 모델에서처럼 시민이 아닌 거주민들에게 투표권을 주자는 제안은 미국에서는 아직 거의 눈에 띄지 않는다.
2 시카고 표본에서 추출한 표적 집단은, 앞선 설문 조사에서 대학 교육을 받았고 스스로를 "페미니스트"라고 여긴다고 답한, 영어를 사용하는 백인 여성들로 구성되었다.

을 똑같이 대우해야 한다는 관념 ― 는 정의라는 이름이 포괄하는 수많은 의미들 가운데 단지 하나일 뿐이다. 여기에서는 형식적 정의의 쓰임새를 강조했지만 그렇다고 해서 보상, 균형, 올바름, 적합한 결정 등 정의에 대한 다른 방식의 이해가 덜 중요하다고 말하는 것은 아니다. 정의라는 말은, 인간이 사용하는 대부분의 개념들의 그렇듯이, 다양하고 느슨하게 연결되며 때로는 모순적인 용례들을 포괄하는 용어이다. 느슨하게 규정된 '정의'의 여러 의미들 중에는 자비처럼 좀 더 엄격한 의미에서 '정의'의 반의어로 쓰이는 것들도 있다. 내가 말하는 '정의'는 광범위하며 분석적으로 여러 의미들을 포괄하는 용어이다. 내가 말하는 '형식적 정의'는 "비슷한 사례들을 비슷하게 대우하라"라는 정식으로 표현되는 한 가지 규정이다.

영역별 정의

규칙이 적용되는 영역을 어떻게 설정하느냐는 범주의 경계를 둘러싼 투쟁에 중요한 영향을 미친다. 예를 들어, 제니퍼 호크실드(Hochschild 1981)가 코네티컷주 뉴헤이븐 거주자들과 행한 인터뷰를 보면 부자와 빈자는 모두 가정과 정치에서 더 평등주의적인 형태의 정의를 지지했지만, 경제에서는 더 '차등적인' 또는 평등주의적이지 않은 형태의 정의를 지지했다. 좀 더 일반적으로, 마이클 월저는 인간 생활의 한 '영역' ― 예컨대 공동체의 구성원 자격, 권력의 실행, 명예의 수여, 소득 활동, 애정의 교환 등 ― 에 적합한 정의관이 다른 영역에도 반드시 적합한 것은 아니라고 주장했다. 그는 "모든 분배를 위한 단 하나의 기준 또는 복수의 기준들이 상호 맞물린 단 하나의 집합 역시 결코 존재하지 않는다"고 결론지었다(Walzer 1983, 4[국역본, 32쪽]). 파스칼을 인용해 말하자면, 월저에게 "압제란 다른 수단에 의해서만 가질 수 있는 것을 한 가지 수단으로 확보하려는 바람이다." 예를 들어, 돈으로 사랑, 명예, 또는 권력을 살 수는 없다. 이 영역들에서의 공정한 분배는 그 영역들에 고유한 논리와 관련된다.

더욱이 월저는 각 영역에 적합한 정의는 사회적 의미들로부터 형성되고 "사회적 의미들은 그 특성상 역사적이다. 또한 분배 그 자체와 정의로운 분배 및 부정의한 분배의 개념은 시간이 지남에 따라 변화한다”고 주장한다(Walzer 1983, 9 [국역본, 40쪽]). 페미니스트 이론가 수전 몰러 오킨(Okin 1989)은 이 정식화를 수용하면서도 매 역사적 계기마다 정의의 사회적 의미를 만들어 내는 “공유된 해석”이 그 자체로 평등한 심의 과정의 산물은 아님을 지적했다. 해당 사회의 지배계급이 그 의미들에 커다란 영향을 미치는데, 말하자면 이들은 어떤 사회제도가 자연적이거나, 불가피하다거나, 신이 주신 것이라고 해석한다. 그러므로 정의에 호소해 이득을 누리려는 여성, 게이 남성, 레즈비언 등과 같은 주변화된 집단의 성원들은 특수한 영역에 고유한 논리뿐만 아니라 여러 영역을 연결하거나 포괄함 직한 좀 더 초월적인 논리도 참조해 자신들의 논변을 제시해야 한다. 두 논리 모두 궁극적으로 사회적 해석에서 파생하는 것이지만, 각각의 사회적 해석은 다시 내적 일관성, 다른 영역들과의 유비, 적합한 근거를 지닌 논변에 반응하기 마련이며, 또한 그것에 반응하도록 만들 수도 있다.

서구 문화의 영역들 간 장벽, 특히 공적 영역과 사적 영역 사이의 장벽은 종종 여성에게 불이익을 안겼다. 공/사 장벽은 오랫동안 여성을 가정에 가두는 동시에 공적 의사 결정에서 배제했다. 그것은 또한 배우자 학대와 아동 학대 같은 여성에게 중요한 일들을 정치적 결정 범위 밖에 두도록 했다. 수 세기 동안 지배적인 이론은 가족이라는 친밀한 영역에는 상이한 체계의 정의가 적용되어야 한다거나, 아니면 가족 내에서는 ‘정의’가 적용되어서는 안 된다는 것이었다. 그러나 오킨이 주장하듯이, 가족에서도 불균등한 권력이 작동하고, 사회와 정부의 규제가 필연적으로 가족 구조의 틀을 만들어 내며, 가족은 자라나는 세대의 정의관을 발달시키며, 가족 내 분업이 가족 바깥에서의 삶의 기회에도 영향을 미치기 때문에, 가족 내에 존재하는 불의를 인정하고 이를 바로잡으려고 노력하는 일은 중요할 수밖에 없다.

[정의의] 상이한 영역들이라는 개념은 매우 보수적인 영향을 미칠 수 있다. 그러나 영역들 간의 경계 그 자체는 정의에 근거해 제거되거나 재설정될 수 있다. 민권운동에서 아프리카계 미국인은 공적인 규제, 사적인 계약, 사회적 상호작용을 모두 한꺼번에 공격했다. 페미니즘 운동에서 여성들은 입법부, 고임금

직종, 가정 내 권력에서의 배제를 모두 한꺼번에 공격했다. 게이 권리 운동에서 활동가들은 공적 영역과 사적 영역 모두에서 동성혼의 평등을 요구했고, 이것의 달성이 운동의 성패에 중요하다는 점을 인식했다.

미국에서 '정의'를 둘러싼 투쟁

정의에 호소하는 데 있어 일차적인 약점은 [사회적으로 수용되는] 정의의 의미를 적어도 한동안은, 지배 집단이 주로 설정한다는 것이다. 예를 들어, 초창기 미국인들은 '정의'란 대체로 법의 지배를 의미한다고 생각했다.[3] 이들은, 다수가 부당하게 사적 소유권을 침해할지도 모른다고 걱정할 때를 빼놓고는, 정의라는 말로 소득과 자산의 재분배에 대한 관심을 표현하지는 않았다(Madison, Hamilton, and Jay [1788]1987, 10, 44, 51번; *Records of the Federal Convention of 1787*, 3: 450). 헌법의 기초자들 가운데 다수는 지주와 상인이었고, 이들이 보기에 신생국가 미국의 존립 가능성은 계약의 신성함을 정의로 유지하는 데 달려 있었다. 건국 초기에 등장한 급진적인 인민주의 운동은 은행 제도, 자유무역, 통화정책 등으로 대별되는 특정한 제도적 정의에 반복적으로 도전했지만, 이들의 도전은 당대의 공식적인 정치사상에 거의 영향을 미치지 못했다.

　19세기 말이 되어서야 비로소 미국의 진보주의자들은 정의에 대해, 다시 말해 부와 소득이 분배되는 기존 방식에 대해 체계적으로 의문을 제기하기 시작했

3　법에 따른 공정한 절차나 동등 대우를 의미하는 '절차적' 정의, 일정한 형태의 균형을 추구함으로써 공정하다고 여겨진 이전의 상태를 근사치로 복원하려는 시도를 의미하는 '보상적' 또는 '응분의'(예를 들어, 처벌에서 "눈에는 눈" 같은) 정의, 소득이나 자산 또는 국가 내 영향력 같은 가치재의 분배에서 정의를 의미하는 '분배적' 정의를 구별하는 것이 통상적이다. 그러나 이런 범주가 반드시 상호 배타적인 것은 아니다. 롤스(Rawls 1971)는 분배적 정의의 기준을 고안했는데 그것은 가설적인 절차를 거쳐 도출되었기 때문에 절차적이다. 자유 시장은 흔히 절차적 정의의 문제로 여겨지는데 적합한 법률에 의거해 오로지 법에 따른 동등 대우만을 요구하기 때문이다. 하지만 다른 이들은 자유 시장을 보상적 정의의 한 형태라고 생각한다. 자유 교환에서 시장이 결정하는 이득이 손실을 공정하게 보상하기 때문이다. 형식적 정의의 기준이 이런 영역들에 모두 적용될 수 있다.

다. 새로운 사회복음, 유럽의 사회주의사상, 영국의 페이비어니즘, 이민자들이 도시로 들여온 사상의 소요, 산업화가 초래한 비참함이 이런 의문의 근거였다. 건국 초의 상황에서 '정의'가 일차적으로 기존 소유권의 보호를 의미하는 보수적인 형태를 취했다면, 세기 전환기 무렵에는 주변부에 있던 새로운 사회정의 개념이 주류 정치사상이 되어 기존의 생산 및 분배 체계를 비판하는 평등주의의 자양분이 되었다. 존 듀이(Dewey [1932]1985)는 외딴 농장이 과거의 유물이 되고 공원, 공공 가로등, 공공 급수 시설, 공공 도서관, 공립학교 등이 관련 재화들의 사적 공급을 대체하게 되었다고 설명하면서, 이것들의 분배와 관련한 정의의 문제가 부상하지 않을 수 없었음을 지적했다.

그러나 이런 진보주의적 비평에서조차 정의는 공적 영역과 관련될 뿐 사적 영역과는 무관했다. 이 같은 제한에 도전을 제기한 것은 정의를 향한 흑인들의 투쟁이었다. '정의'는 노예제의 해악과 그것의 폐지를 주장하는 선전물의 제호에 종종 등장했는데, 여기에는 사적 영역도 관련되었다. 소유권의 맥락과 달리 노예제의 맥락에서 정의라는 말은 거의 언제나 저항적인 성격을 띠었다. 이런 저항적 용례는 1960년대에 마틴 루서 킹 2세 목사가 '정의와 평등', '정의, 선의, 형제애', '자유와 정의'를 요구하면서 민권운동에서 급격하게 주목받은 일이다. 이 같은 요구는 실제로 공적 영역과 사적 영역의 경계를 가로지르는 것이었다.

1960년대의 행동주의[행태주의]의 여파 속에서, 미국 철학자 몇몇은 기존 철학의 지배적 경향이었던 분석적이고 언어학적인 관심에서 벗어나 규범 이론으로 눈을 돌려 공정한 분배의 문제를 명시적으로 따지고 들었다. 하지만 이들은 친밀성의 영역 일반, 특히 젠더를 간과했다. 존 롤스의 권위 있는 저작 『정의론』(Ralws 1971)은 자유주의의 주요 전제들을 토대로 보편적으로 적용 가능한 분배적 정의 이론을 구축하려고 시도했다. 롤스의 직관적인 발상은 아이가 둘인 부모가 쿠키 하나를 가지고 한 아이에게 그것을 나누게 한 뒤, 다른 한 아이가 먼저 고르도록 한 사례에서 유래했다. 자기가 더 작은 쿠키를 갖게 될지도 모른다는 것을 깨달은 첫 번째 아이는 쿠키를 되도록 균등하게 나누려고 할 것이다. 따라서 롤스는 자신이 합의한 분배[방식]에 의해 만들어진 세계에서 (쿠키의 가장 작은 부분을 갖게 되는) 최하층이 될 수도 있다고 상상하는 개인들이 "기본" 재화

(예를 들어, 권리와 자유, 소득과 자산, 심지어 자기 존중까지도)의 분배[방식]에 가설적으로 합의하는 사고실험에 우리를 끌어들이고자 한다. 그는 이 사고실험을 어떤 제도가 공정한지 여부를 결정하는 하나의 절차로 제시한다. 만일 어떤 제도 내에서 자신이 가장 낮은 지위에 있게 되리라는 점을 알면서도 누군가가 그것에 합의한다면 그 제도는 공정한 것이다.[4]

그러나 지배계급의 일원으로서 롤스는 뻔한 맹점을 노출했다. 오킨(Okin 1989)은 롤스가 그의 이론을 가족에는 적용하지 않았다는 점을 곧장 파악했다. 그는 기본적인 사회제도들에 가상적인 합의를 하게 될 사람들이 알지 못하는 미래 사회의 잠재적인 특징들을 논하면서 젠더를 아예 누락했다. 그러나 만일 누군가 자신이 여성이 될 수도 있다고 생각한다면, 그는 정치적으로나 사회적으로, 또한 경제적으로 여성을 취약하게 만드는 가족제도를 고안하지 않을 것이다. 롤스의 논리에서 보면, 여성에게 불이익을 초래하는 가족제도는 불공정하다.

오킨은 또한 롤스의 정의론의 주요 비판자인 자유 지상주의자 로버트 노직(Nozick 1974)과도 대결한다. 노직은 롤스의 이론이 공리주의와 마찬가지로 특정한 시기에 나타난 재화의 분배 '양태'만 고려할 뿐(마치 스냅사진처럼), 그런 분배가 발생한 역사를 고려하지 않는다고 비판한다. 그는 재화는 신이 하늘에서 내려 준 것이 아니라 개인들이 생산한 것이며, 이들은 자신의 생산물에 대한 권리를 갖는다고 주장한다. 노직은 개인들이 정당한 생산 활동과 정당한 양도를 통해 축적할 수 있는 재화는 무엇이든 보유할 수 있는 분배야말로 '정당하다'고 간주한다. 따라서 노직은 사람들은 자신이 생산한 모든 것에 권리를 가진다고 가

---

4 이후에 롤스 자신도 인정했듯이, 절차적 정의의 이 같은 개념화는 보편적인 것이 아니라 자유주의 전통에 기초한 것이다. 결정을 내릴 가상의 개인들은 처음부터 자유롭고 동등한 존재로 가정된다. 또한 다소 미심쩍게도, 자신이 어떤 상황에 놓일지 모른 채 경제적·사회적·정치적 체계를 선택하는 이 개인들은 다른 모든 재화보다도 '말 그대로'(절대적으로) 자유(특히 양심과 시민권의 자유)를 우선시할 것이라고 주장한다. 롤스가 정의'론'이라고 명시한 것도 담론 투쟁의 일부, 특정한 상황에서 활용되는 정의의 의미를 둘러싸고 벌어지는 투쟁의 한 계기로 보는 것이 유용할 것이다. 모든 당사자들이 자유와 평등의 기본 전제에 관해 동의한다고 할 때, 롤스의 사고실험에 참여하는 사람들은 그저 서로 반대되는 주장만 하는 단계('이것이 공정하다'와 '그렇지 않다'의 대립)에서 벗어나 자신들이 최소 수혜자가 될 수도 있다는 점을 생각하면서 모두가 합의할 수 있는 분배란 무엇인지 질문하게 된다.

정한다. 반면, 오킨은 '생산'에서 자동적으로 소유가 도출되는 것은 아니며, '소유'는 사회적으로 구성된다고 주장했다. 오킨이 제시하는 결정적인 사례에 따르면, 여성은 고된 노동으로 아이를 생산하지만, 자신의 생산물에 소유권이 있다고 주장하지 않으며 그렇게 할 수도 없다. 따라서 정의는 소유를 발생시키는 생산에 의해 정의될 수 없다. 롤스와 마찬가지로 노직도 여성의 경험을 고려하지 않았다.

이 사례들에서 정치적이고 철학적인 무기로서 정의가 가진 강점과 약점이 동시에 드러난다. 약점은 어느 시기건 지배계급이 정의 개념을 규정할 권력을 지닌다는 점이다. 강점은 외부자 — 시카고의 백인 표적 집단에 속한 고졸 여성이든 페미니스트 학자 오킨이든 — 도 자신의 정당한 몫을 주장하기 위해 논리와 경험을 활용할 수 있다는 점이다. 이런 도전들 가운데 어떤 것은 성공을 거둔다. 단적인 예로 롤스는 나중에 오킨의 분석을 수용했다.

정치적 무기로서 정의

정의를 정치적 무기로 활용할 수 있는지 여부는 대체로 문화적 맥락에 달려 있다. 모든 문화는 가장 형식적인 의미의 정의 개념을 채택하는 듯하며, 거의 모든 문화는 어떤 식으로든 불의를 응징하는 신 또는 정령을 가지고 있다. 그러나 사람들이 사는 세계에서 정의가 중요한 가치가 되는 정도는 시대마다 문화마다 매우 다르다. 신, 여신, 정령은 또한 상이한 시대에, 상이한 장소에서, 상이한 측면의 정의와 결부된다. 어떤 것은 전지전능과 분배를, 어떤 것은 법과 질서와 올바른 행위를, 어떤 것은 진리를, 어떤 것은 계약과 맹세의 보증을, 어떤 것은 분쟁의 현명한 조정을, 어떤 것은 여러 복합적인 주제들을 관장한다. 정의의 신은 요루바족의 신인 '거짓말쟁이 살해자' 샹고Shango처럼 적극적일 수도 있고, 질서, 의로움, 도 등과 같이 염라의 자비로운 측면을 대표하는 인도의 다르마Dharma처럼 추상적일 수도 있다(Leach 1992). 기성 질서의 반대자들이 이 신들을 끌어들여 자신들의 주장을 펼쳤듯이, 통치자들도 질서를 유지하기 위해 이 신들에게 자주

의존했던 것은 분명하다.

압제에 저항하기 위해 정의를 활용한 가장 오래된 전통은 성경의 「출애굽기」에 나온다. 여기에는 이스라엘 땅의 초석을 세우고 유대법을 제정하는 과정이 묘사된다. 오늘날 『유대 백과사전』*Encyclopedia Judaica*은 정의를 "개념적으로나 역사적으로 유대주의를 독특하게 특징짓는 도덕적 가치"로 서술한다. 이런 견해에서 보면 신이 인간에게, 특히 이스라엘 백성에게 내린 율법은 "무엇보다도 이 땅에 정의를 확립하기 위한" 것이다. 「출애굽기」는 명시적으로 정의를 언급하지는 않으며 오히려 압제에 초점을 맞춘다. 그것은 "가혹한 노역으로 힘겨운" 삶을 살았던 이집트에 있는 유대 백성들의 "고통"을 이야기한다(「출애굽기」 6장 9절).**5** 이에 신께서, "이제 이스라엘 자손의 울부짖음이 내게 달하고 이집트 사람이 그들을 억압하는 압제도 내가 보았다"고 하셨다(「출애굽기」 3장 9절). 여기에서 "억압하다"oppress로 번역되는 말은 압제자가 백성을 갈취하기 위해 월등한 힘을 가지고 부당하게 찍어 누른다는 의미이다. 성경 곳곳에서 사용되는 압제라는 단어는 집단을 구조적으로 분석하는 것처럼 보이기도 하는데, 이는 나중에 여성이나 식민지 주민, 그리고 여러 다른 집단에게 큰 영향을 미친다. 압제 개념은 다른 집단에 비해 훨씬 강력한 권력을 보유한 집단이 취약한 집단을 부당하게 갈취하기 위해 그 권력을 사용할 때 쓰인다.

「출애굽기」에서 신은 유대 백성에게 여러 차례 이집트 탈출을 기억하라고 말하는데, 그 의식을 치르는 유월절은 나중에 유대 달력에서 안식일을 지키는 것에 버금가는 아주 중요한 기념일이 된다. 신은 모세에게 십계명을 내리고 나서 법률의 대강을 좀 더 상세하게 규정하는데 여기에서 압제를 두 차례 구체적으로 언급한다. "너희는 이방인을 학대하거나 억압하지 마라. 너희도 이집트 땅에서 이방인이었다"(「출애굽기」 22장 21절)와 "너희는 이방인을 압제하지 마라. 너희가 이집트 땅에서 이방인이었으니 그들의 사정을 잘 알 것이다"(「출애굽기」 23장 9절). 이 중 두 번째 구절은 권력자들이 그 힘을 이용해 타인에게서 이득을 취하지 말

5　[옮긴이] 저자는 『킹제임스 성경』*New King James Version*의 표현을 따르고 있어, 『성경전서 개역 한글판』의 표현들과 일부 차이가 있다. 이 점을 감안해 이 글에서는 『킹제임스 성경』의 한글 번역을 참조해 옮겼다.

도록 하는 데 공감을 내세우고 있다. 이는 그 시대의 일반적인 어법은 아니지만 미래의 정치적인 설득에서는 중요하다. 유대인 성서의 다른 부분에서도 이웃(「레위기」 6장 2절, 19장 13절)을, 고용 하인, 잡부, 또는 일꾼(「신명기」 24장 14절; 「말라기」 3장 5절; 「이사야」 58장 3절)을, 이방인 또는 외국인(「예레미야서」 7장 6절; 「에스겔서」 22장 29절)을, 가난한 자(「시편」 12장 5절; 「전도서」 5장 8절; 「잠언」 14장 31절, 22장 16절, 28장 3절; 「아모스서」 4장 1절; 「에스겔서」 18장 12절)를, 과부(「예레미야서」 7장 6절; 「스가랴서」 7장 10절)를, 그리고 고아(「스가랴서」 7장 10절)를 억압하지 말라고 명시하고 있다. 이웃을 제외하면 이들은 모두 상대적으로 취약하고 따라서 피해를 입기 쉬운 집단의 성원들이다. 「시편」은 "신은 또한 억압받는 자의 피난처요, 곤궁한 시기의 피난처가 될 것"이고, "신은 의로운 일을 행하시며 모든 억압받는 이들을 위해 심판하신다"(「시편」 103장 6절, 146장 7절)고 덧붙인다. 사실, 영어로 '억압받는', '압제', '압제자'로 번역되는 개념에 해당하는, 상이한 어원을 지닌 여러 개의 단어가 히브리어에 존재했던 것으로 보인다(Young [1880]1955의 인용 참조). 그리스도교 성경, 특히 구약성서 안에 단단히 자리 잡은, 압제에 대한 유대인들의 관심은 서구 문화에서 이념 전투의 화약고가 되었고, 이후 모든 세대는 그것을 재해석하고 정치적인 무기로 가공해 마침내 불을 지폈다.

다른 종교 및 정치 전통, 특히 지중해 부근의 전통들 역시 정의를 핵심적인 주제로 삼았지만, 유대 특유의 압제에 대한 강조는 통상적으로 나타나지 않았다. 예컨대, 고대 그리스철학은 우리가 오늘날 분배적 정의와 응보적[응분적] 정의라고 부르는 것 특유의 규범을 어느 정도 상세하게 검토한 바 있다. 이처럼 정의는 고대 그리스와 로마 사상에서 모두 중요한 역할을 했지만, 압제 개념은 그다지 눈에 띄지는 않았다. 그리스도교 성경의 『신약성서』는 『구약성서』만큼 정의를 강조했지만, 『구약성서』에서 100번 이상 등장하는 압제는 『신약성서』에서는 단 스무 번(이 가운데 일부는 『구약성서』의 사건을 언급한 것)만 나올 뿐이다.

『코란』에도 정의를 행하라는 명령이 종종 나오며, 후대의 이븐할둔(Ibn Khal-dûn [1377]1980) 같은 이슬람 학자들도 그렇게 말한다. '사회정의'는 오늘날 대부분의 이슬람 운동에서 등장하는 구호이다. 그러나 그리스도교 『신약성서』와 마찬가지로 『코란』도 압제를 그다지 강조하지 않는다. 『코란』에는 고아를 억압하지 말라(93장 9절)는 언급이 한 번, 억압받는 아이들에 대한 관심(94장 127절)이 한 번 나온다. 추가로 열세 곳에서 istad'afa, '다른 사람을 얕잡아 본다', 좀 더 강하게는 '누군가의 약점을 이용한다'는 의미의 용어가 쓰이지만, 그곳에서도 이 용어는 보통 '억압하다'보다는 '비하하다'로 번역된다(Kassis 1983, 402). 『코란』은 일반적인 규칙으로 고아, 궁핍한 자, 나그네에게 음식, 재산, 또는 전쟁에서 노획한 것을 줌으로써 이들에게 공정하고 "이롭게 하라"고 지시한다(예를 들어, 2장 83절, 76장 8절, 2장 177절, 2장 215절, 8장 41절, 59장 7절). 여기서 강조점은 자선이지 구조적으로 취약한 집단을 착취하기 위해 권력을 사용하지 말라는 것은 아니다.

수많은 다른 종교들은 압제 개념을 발전시키지 않고도 정의를 핵심으로 삼았다. 예를 들어, 나이지리아의 이비비오족이 보기에 "신은 매사를 공평하게 하신다"(Okure 1983, 38). 신의 심판은 정의롭고 공평하며, 인간의 판단이 신의 정의에 근접할수록 더 공정해진다(Okure 1983, 39). 작은 신 또는 정령 가운데 에카 아바시는 도덕과 법률의 수호자, 풍요를 가져오는 신, 조상의 영들의 주인이다. 진실을 말하고 있거나 정의를 추구한다는 것을 보이고 싶을 때 사람들은 에카 아바시를 불러낸다(Okure 1983, 42). 신과 인간 사이를 중재하는 조상의 영들은 "공정하기 때문에 다스리고 …… 신과 가깝기 때문에 공정하다"(Okure 1983, 45). 이비비오족은 "정의를 상당히 의식하며 매사에 공정하려고 애쓴다. …… 처벌은 단지 잘못을 저지른 이에게 고통을 주기 위해, 또는 그가 잘못했다는 것을 가르쳐 주기 위해 하는 것이 아니다. 오히려 처벌은 치유로 간주되며, 잘못을 저지른 이가 공동체 및 영들과 적절한 관계를 회복-화해-함으로써 본래의 사회질서를 복구하는 것을 항상 그 목표로 삼는다"(Okure 1983, 46).[6] 이비비오족의 정의에는 여러 다른 미덕들이 포함되지만 진리가 단연 으뜸이다. 이들의 속담에 따르면, "진실한 사람은 의로운[공정한, 곧은-인용자] 사람이다", "진실함[강직함, 올곧음-인용자]은 사업의 영혼이다", "진실한 사람은 정의와 평화의 반석이다"(Okure 1983, 62, 63).

---

6 이비비오족 말 'ufik'은 '내리누른다'는 뜻의 'fik'을 어근으로 하며, '억압받는'으로 번역될 수 있지만 보통은 '구부러진', '굽은' 또는 '나쁜' 같은 물리적인 곧음이나 강직함의 반대로 쓰인다(Okure 1983, 61).

힌두교, 불교, 도교, 심지어 유교에서조차 정의는 이런 종류의 중요한 사회적 역할을 담당하지 않는다. 힌두교 또는 힌두 생활 방식에서 죽음의 신인 염라는 잘못을 저지른 이의 사후에 다양한 형벌을 내리는 등 정의를 실현한다. 힌두교에서 (불교의 몇몇 지파에서 그렇듯이) 공정한 행위와 불공정한 행위는 다음 생에 영향을 미치기 때문에 정의는 거듭되는 업보에 깊이 각인된다. 그러나 크리슈나 신의 "순수한 추종자"는 세속적인 악행과 정의에 연연하지 않으며 우주의 법칙을 따른다. 그는 "영원불멸의 집"에 이르기 위해 크리슈나 신의 은총을 받아 허심虛心을 이룬다(Bhagavad Gita 18: 52, 56 참조). 불교의 팔정도八正道 가운데 하나인 정업正業은 이타심, 연민, 자선을 장려한다. 좀 더 현대적인 개념의 '참여' 불교는 평화와 생태적인 지속 가능성을 촉진하기 위해 유념留念과 같은 불교의 핵심적인 가치를 끌어온다(Hanh 1993; Tucker and Williams 1997). 그러나 불교는 불의 그 자체에 맞서 싸우도록 강하게 명령하지 않는다(Conze 1959; Burtt 1955; Suzuki 1956).

도교는 수행자들이 정의 너머의 '길' 또는 도를 따르도록 가르친다. 노자는 정의가 거의 맨 아래에 놓여 있는 위계를 제시하면서, "도가 사라지면 덕德이 나타나고, 덕이 사라지면 인仁이 나타나고, 인이 사라지면 의義가 나타나고, 의가 사라지면 예禮가 나타난다. 그러나 예가 모든 것이 되면 그것이야말로 혼란의 시작이다"라고 썼다(『도덕경』 38장). 현명한 군주는 책략을 부리지 않고 행동하며, 덕으로 자연스럽게 통치하고, 그렇기 때문에 "만인에게 공평"하며 "백성은 억압받는다고 생각하지 않는다"(『도덕경』 65, 66장). 여기에서 정의는 궁극적인 선은 아니지만 혼란보다는 훨씬 낫다.

유교의 가르침에 따르면, 군자Jun Zi[본문 오기 바로잡음]는 결코 덕을 멀리하지 않으며, 옳은 것을 발견하고 그것과 함께하려고 노력하며(『논어』 4장 5, 10, 16절), 내면의 성품을 올곧게 함으로써 의롭게 행동한다(『대학』). 통치자가 올곧은 성품을 지니고 그에 따라 의롭게 행동한다면 백성들이 그를 따를 것이다. 그러므로 유교 사상가들은 정의의 추구를 가장 중요한 선으로 삼기보다는 각자 훌륭한 성품을 기르는 것을 강조한다.

반면, 유대교의 종교적·정치적 전통을 일부 계승한 서구 문화에서는 불의와 억압의 현존이 신의 골칫거리이다. 따라서 어떤 행위가 의롭지 못하거나 억압적이라고 식별하는 것만으로도 사회·정치 변화를 가져올 수 있는 원천이 된다. 신께서 억압받는 자는 불의에 대항해 일어나라고 명하셨기 때문이다. 미국 독립 혁명기에 토머스 페인은 "구세계 곳곳이 억압으로 가득 차 있다"(Paine [1776]1992, 37 [국역본, 69쪽])고 썼고, 토머스 제퍼슨은 압제는 전제정과 관련 있다(Jefferson [1816] 1904, 491)고 했으며, 반연방파는 연방 정부 안의 잠재된 압제에 저항했다('1787년 연방 헌법 제정회의'에서 패트릭 헨리, 『반연방주의 교서』에서 '브루투스' 및 멀랜크턴 스미스 참조. Ketchum 1986). 노예제 폐지론자들은 음으로 양으로 『구약성서』를 끌어와서 미국 노예제의 압제에 저항했다. 윌리엄 개리슨은 "남부의 압제자들이 떨게 하자"고 외쳤고(Garrison 1831, 1), 에이브러햄 링컨은 친구에게 보낸 편지에서 자신을 "흑인 억압을 싫어하는 사람"이라고 불렀다(Lincoln [1855] 1907, 218[국역본, 52쪽]). 프레더릭 더글러스는 "사회가 자신을 억압하고, 강탈하고, 멸시하도록 모의하는 조직일 뿐이라고 느끼는 계급이 있는 곳에서는 그 어떤 사람도 그리고 그 어떤 소유도 안전하지 않을 것"이라고 노예해방 이후 24년이 지난 때에도 여전히 설득력 있게 주장할 수 있었다(Douglass [1886]1992, 229). 그러므로 세네카 폴스 결의문[7]에서 남성들이 "모든 면에서 [여성을-인용자] 억압한다"고 주장하며, 여성은 "학대당하고, 억압받고, 그들의 가장 신성한 권리를 기만적으로 박탈당했다"고 결론 내렸을 때, 여성들은 자신들이 활용할 수 있는 강력한 전통을 가지고 있었다.

위에서 언급된 이들은 자신이 살고 있는 시대의 문화가 수용한 가치들에 대해 주장하면서, 복잡하고 경합하는 분야에서 청자의 공감을 이끌어 낼 만한 주제들을 가져왔다. 이 같은 문화적 전통 내에서, 활동가들은 일부는 종교가, 일부는 정치발전이, 그리고 일부는 형식적 정의의 논리가 빚어낸 역사를 더듬어 돌이켜 볼 수 있었다. 일단 그들의 청자가 식민지를 영국과 다르게, 흑인을 백인과 다르게, 여성을 남성과 다르게, 게이 남성과 레즈비언을 이성애자와 다르게 대우하는 것이 적절하다고 보았던 기존의 근거들에 의심을 품기 시작하자, 가

---

7 [옮긴이] 1848년 미국 뉴욕주 세네카 폴스Seneca Falls에서 열린 최초의 여성 권리 대회에서 채택한 결의문이다. 이 결의문은 여성이 시민으로서의 평등한 권리, 가족·교육·재산·일자리·종교·도덕에서 평등한 권리를 지녀야 한다고 명시했다.

장 먼저 식민지 주민들이, 그다음에 흑인 남성이, 그다음에는 여성, 그리고 게이 남성과 레즈비언 등이 평등을 요구할 수 있었고, 권력을 지닌 자들이 자신들 [흑인, 여성, 게이, 레즈비언 등]이 속한 집단의 취약성을 이용할 때 그것을 '압제'라고 간주할 수 있었다. 물질적인 변화와 전통적 논리에 대한 지속적인 공격이 차등 대우 논리의 타당성을 침식했을 때, 형식적 정의의 논리가 동등한 대우를 주장할 수 있는 근거를 제공했다. 또한 압제에 맞서 정의에 호소하는 문화적 유산은 동등한 대우를 주장하는 이들이 활용할 수 있는 언어, 이미지, 프레임 등을 제공했다.

정의에 호소하고 압제에 저항하는 것이 사회 변화에 반드시 필요한 것은 아니다. 경제 발전이 대농장 노예제를 궁극적으로 침식했을 수도 있다. 더 강력한 조직화가 이루어져서 노예 반란을 촉진했을 수도 있다. 연민, 모든 살아 있는 것들에 대한 사랑, 폭력의 거부, 해를 끼치지 않으려는 노력 — 이런 불교의 가치와 그 밖에 종교적이고 세속적인 여러 가치들 — 이 노예의 생명과 자유에 결정적인 영향을 미쳤을 수도 있다. 경제적인 힘이 추동한 여성 교육 수준의 향상과 정의를 비롯한 여타 가치들이 한데 작용해 어느 날 여성에게 투표권이 부여되었을 수도 있다. 세계가 근대화되면서 그 과정에서 다양한 성적 지향을 수용하게 되었을 수도 있다. 게다가 아무리 정의에 호소한다 한들, 그것이 당대의 특수한 제도, 전통, 물질적 조건, 권력과 동기의 형세와 어우러지지 못하면 성과를 낼 수 없다. 그럼에도 불구하고 정의에 호소하는 전통이 강력한 사회에서 예속 집단은 그런 전통의 일부를 발굴해 전용할 수 있다. 종교의 예에서처럼 심지어 그것들이 기존의 지배와 예속의 체계를 영속화하더라도 말이다. 오늘날에는 예속 집단이 지배 집단과 맺는 관계에서 불의를 인식하고 불만을 제기할 때, 저항 의식이 형성되는 중심적인 계기가 만들어진다(Mansbridge 2001과 그 안에 있는 인용들을 참조하라).

규범적인 '정의' 주장에 대한 도전

서구 전통은 그 저변에 깔린 정의 개념으로부터 압제에 대한 저항을 이끌어 내는 문화적 양식을 발생시켰을 뿐만 아니라, 이 같은 양식에 대한 심오한 지적 도전 역시 낳았다. '정의'에 대한 두 가지 중요한 도전이 마르크스주의와 페미니즘에서 출현한다.

마르크스와 엥겔스가 보기에 자본주의에서 정의는 "부르주아의 정의"를 의미했으며, 프롤레타리아의 경제적·정치적 승리가 도래할 때까지 계속 그럴 것이었다. 프롤레타리아가 승리해 다른, 더 나은 물적 조건이 창출되면 정의는 이와는 전혀 다른 무언가를 의미할 것이었는데, 그 의미가 무엇인지에 대해 마르크스와 엥겔스는 예언하지 않았다. 생산성이 지속적으로 상승하고 부족함이 해소되는 공산주의의 두 번째 단계에서는 각자가 필요한 만큼 받을 것이기 때문에 분배를 특징으로 하는 정의가 사라질지 모른다(Marx [1875]1938; Buchanan 1982). 마르크스와 엥겔스는 부르주아의 저작들뿐만 아니라 당대의 사회주의자와 무정부주의자의 저작에 담긴 보편적 "정의"와 "진리"에 대한 주장을 고상한 척하는 기만이라고 생각하며 조롱했다.[8]

---

8 마르크스와 엥겔스는 부르주아 저술가들에 맞서 "당신들의 법은 당신들 계급의 의지를 법률로 끌어올린 것에 불과하다"고 주장했다(Marx and Engels 1976, 501[국역본, 34쪽]). "그뿐만 아니라, 자유, 정의 등과 같이 모든 사회적 상황에 공통되는 영원한 진리들이 있다"는 주장에 반대하면서 이들은 각 시대 지배계급의 구성물인 정의와 이들의 착취에 대한 대응으로서 정의는 각각의 역사적 맥락 속에서 다르게 이해되어야 한다고 주장했다(Marx and Engels 1976, 504[국역본, 38, 39쪽]). 엥겔스는 사회주의자와 무정부주의 저술가들이 "절대적 진리, 이성, 정의"를 주관적으로 저마다 다르게 해석함으로써 "여러 가지 의견들을 뒤죽박죽 섞어 놓고 있다"고 조롱하면서 "현실의 토대 위에 놓인" 자신들의 기획의 "과학성"을 그것과 대비했다(Engels 1989, 297[국역본, 446쪽]). 마르크스는 사회주의자 프루동의 "영원한 정의"가 교부들의 "영원한 영광", "영원한 믿음"과 다를 바 없다고 야유했고(Marx [1867]1977, 178, 179 n2[국역본, 111쪽]), 엥겔스 역시 프루동의 "영원한 정의"를 산소의 역할을 파악하지 못했을 때 연소를 설명하기 위해 만들어 낸 상상의 물질 플로지스톤에 비유했다(Engels 1969, 362~366[국역본, 251~256쪽]). 엥겔스는 당대의 "유토피아 사회주의자"와 대비되는 "유물론적 역사관"에서 "모든 사회 변화와 정치혁명의 최종적인 원인은 인간의 두뇌나 '영원한 진리와 정의'를 꿰뚫어 보는 인간의 뛰어난 통찰력이 아니라 생산과 교환 양식의 변화에서 발견되어야 한다. 그것은 철학이 아니라 각 시대의 경제학에서 발견되어야 한다. 현존하는 사회제도가 불합리하고 불공정하다는 인식이 커져 가는 것은 …… 생산과 교환

'정의'를 무의미한 것으로 간주한 마르크스의 혹평은 특히 유럽에서 정의를 정치적으로 활용하는 데 부정적인 영향을 미쳤다. 좌파 성향 작가들은 기성 사회제도를 비판하면서 불의보다는 억압 개념을 더 선호했는데, 전자가 도덕에 기초한 규범적인 용어라면 후자는 단지 묘사적인 용어라고 생각했기 때문이다. 그러나 정작 마르크스 자신은 억압과 착취 개념을 사용하면서 이것들이 도덕적인 잘못이라는 규범적인 결론에 기대고 있었다. 마르크스의 노동 가치 이론과 착취에 관한 광범위한 논의는 노동자들이 임금을 지불받지 못한 채 강제 노동을 하며, 이는 결국 불의를 함축한다는 생각을 담고 있다(Buchanan 1982, 44, 97[국역본, 68, 116, 117쪽]).**9**

마르크스와 엥겔스가 어느 시대이든 지배적인 정의관은 그 시대의 가장 강력한 [지배] 집단의 이해관계에 의해 크게 좌우된다고 주장한 점은 옳았다. 또한 이들이 생산양식의 중요한 변화가 정의 개념을 바꿀 것이며, 그 역은 아니라고 주장한 점 역시 옳았을 것이다. 하지만 오직 경제적으로 지배적인 집단만이 정의의 의미에 영향을 미칠 수 있다고 믿으면서, 경제적으로 예속적인 집단은 물론이고 젠더, 성, 인종, 종교, 민족 등에서 예속적인 집단들이 정의의 의미에 영

양식에서 점진적인 변화가 일어나 이전의 경제적 조건에 조응하던 기존의 사회질서가 더는 유지되기 어렵다는 것을 보여 줄 따름"이라고 주장했다(Engels 1989, 306[국역본, 455쪽]). 엥겔스는 또한 역사가 수많은 개인들의 의지에서 비롯되고, 때로는 "진리와 정의를 향한 열정"과 같은 "이상적인 동기"에 의해 추동되지만 이 동기들은 그다지 중요하지 않으며 "이 동기들 배후에 있는 …… " 현실의 "원동력"은 계급 이익 — 귀족, 부르주아, 프롤레타리아의 이익 — 의 갈등이라고 썼다(Engels [1888]1941, 49-51[국역본, 278-281쪽]). 민족의 경계는 "정의와 민주주의에 근거해 그어져야" 한다는 무정부주의자 바쿠닌의 주장에 맞서 엥겔스는 "현실의 지배적인 조건에서 환상적으로 추상화한" "'정의', '인간성', '자유', '평등' …… " 같은 "윤리적 범주들"은 "듣기에는 그럴 듯해 보이는 게 사실이지만, 역사적이고 정치적인 질문에는 아무런 의미도 없음이 입증되었다"고 지적하며, 이런 "경건한 바람과 아름다운 꿈은 강철 같은 현실에 맞서는 데 전혀 쓸모가 없다"고 주장했다(Engels 1977, 363-365).

9 마르크스의 정의 개념을 둘러싼 논쟁으로는 마셜 코언·토머스 네이글·토머스 스캔런(Cohen, Nagel, and Scanlon 1980), 앨런 W. 우드(Wood 1980), 앨런 E. 뷰캐넌(Buchanan 1982), 스티븐 루크스(Lukes 1985) 등을 참조. 본래 성서적인 용례에서든 마르크스가 사용한 맥락에서든 영어 단어 억압은 도덕적인 잘못을 함축한다. 『옥스퍼드 영어 사전』 4번의 뜻을 볼 것. 두 가지 옛 영어의 용례가 셰익스피어의 작품에 등장한다. "누가 …… 압제자의 잘못을 참겠는가"(『햄릿』 3막 1장[윌리엄 셰익스피어, 『햄릿』, 최종철 옮김, 민음사, 1998, 95쪽])와 "나는 …… 불의한 일들에 억눌리고 있다"(『존 왕』 3막 1장[윌리엄 셰익스피어, 『존 왕 외』, 신상웅 옮김, 동서문화사, 2019, 51쪽]).

향을 미칠 수 있는 잠재력을 무시했던 점만큼은 이들이 틀렸다. 또한 물질적인 힘 외에도 정의 개념 그 자체에 [영향을 미치는] 독립적인 원인이 있을 가능성을 부인했던 점에서도 이들은 틀렸다.

정의에 대한 페미니즘의 비판에는 두 갈래가 있다. 첫 번째는 마르크스주의 비판과 유사하게 모든 시대의 지배계급이 정의와 '불편부당'의 의미를 설정 — 반드시 의도적인 것은 아니더라도 — 할 것이고, 특히 암묵적으로 자신들의 입장을 중립적인 불편부당으로 내세우리라고 생각한다(Young 1990, 115, 116). 전통적인 불편부당 개념에 맞서 페미니스트 이론가들은 식별 가능한 특정 편향의 원천을 제거하는 데 주력할 것을 제안하거나(Friedman 1991), 일상적으로 주변화된 이들의 참여를 독려하기 위해 고안된 심의적[숙의적] 정치과정을 도입할 것을(Young 1990, 112), 또는 타자의 현실을 이해하려고 애쓸 필요와 인간의 다양성을 강조함으로써 불편부당 개념을 확장할 것을 제안한다(Benhabib 1987, 81; Minow 1987, 특히 75, 76).

유사하게 흑인 페미니스트 이론가들은 저술 활동과 지도적 역할을 통해 미국에서 일었던 여성운동의 두 번째 물결 초기에 지대한 영향을 미쳤던 백인 중산층 여성들의, 중립을 가장한 태도를 공격했다. 이들이 대체로 계급적·인종적·민족적으로 특수한 경험들, 예컨대 '떠받들어지는' 것, '이름 없는 문제'를 겪는 것, 또는 페미니스트로서 알게 되는 깨달음에 '꽂히는' 느낌 등[10]을 종종 '여성의' 경험으로 일반화했다는 지적이다. '여성의' 노동조건을 개선하려는 개혁은 겉으로는 중립적으로 보이는 듯했지만, 1960년대까지 대다수 흑인 여성들이 고용되어 있었던 가사 노동은 고려하지 않았다. 미국 법에서는 (때로는 남성에게 맞춰진 판례를 따라) 흑인으로서 또는 (때로는 백인 여성에게 맞춰진 판례를 따라) 여성으로서 겪은 차별에 소송을 제기할 수 있었지만, 두 사례의 교차 지점에 있는 개인,

---

10 [옮긴이] "떠받들어지는 것"이라는 표현은 대체로 우호적인 성차별, 말하자면 여성을 떠받들어야 할put on a pedestal, 보호해야 할 상대로 사고하는 방식을 가리킨다. 이에 대해, 글로리아 스타이넘Gloria Steinem은 "여성은 단상pedestal 위에 모셔지지만, 그 단상은 여성의 자유를 제약하는 감옥일 뿐이다"라고 말한 바 있다. "이름 없는 문제"는 백인 중산층 기혼 여성들이 대학 교육을 받고도 남편이나 자식들을 뒷바라지하며 사는 데서 오는 좌절감, 우울증을 가리켜 베티 프리단이 이름 붙인 것이다.

즉 흑인 여성으로서는 소송을 제기할 수 없었다(Crenshaw 1989, 139-167). 인종이 구조 깊숙이 관여하고 있었고, 그 어떤 여성의 경험도 인종의 영향을 벗어나기 어려웠음에도, 초기 페미니즘의 사고에서는 백인 여성을 규범적으로 중립적인 존재로 생각했다(Harris 1990; Collins 1990; Smith and Smith 1981; Wallace 1990; Spelman 1988).

지배계급의 권력에 경고를 보내는, 정의에 대한 페미니즘의 비판에는 강력한 토대가 있다. 형식적 정의가 범주들 내에서의 평등을 전제하고, 형식적 정의를 둘러싼 투쟁이 어떤 규칙이 작동하는 범주의 구성원 자격을 확대하는 것과 관련이 있다면, 범주들 간 경계를 허무는 일은 기존 구성원들이 가진 특징에 의해 규정되던 범주에 새로운 구성원을 받아들이는 것으로 나타난다. 예를 들어, 여성은 (적절하다고 가정된) 남성의 특징들을 이미 보유하고 있거나 체득한 정도에 따라, '불편부당한' 정의가 적용되는 범주 안으로 받아들여졌다. [어떤 범주] '안'으로 들어가고자 하면, 이미 그 안에 있는 것들이 규범이 된다. 동등한 '이성 능력'을 근거로 어떤 새로운 집단에 참정권이 부여되면, 범주의 경계를 허무는 무기였던 바로 그 논변이 [동일한] 범주 내에 있는 [누군가에게] 불이익을 주는 미묘한 또는 명시적인 근거가 될 수 있다. 예컨대, '이성'이 미국 헌법을 해석할 수 있는 능력으로 규정되자 남부 지역의 선거인명부 관리자들이 흡족해했을 때 그러했고, 백인과 남성이 보유한 능력이 가장 높은 수준의 능력이라고 규정되었을 때 그러했다. 따라서 젠더를 급진적으로 실험하고 수행하려면, 그 의미와 함축을 받아들이고 심지어 거기에 몰두해 보는 것도 중요하지만, 이와 동시에 [젠더에 대한] 과거 및 현재 범주들의 의미와 함축을 찔러보고, 점검하고, 시험하고, 도전할 필요가 있다.

정의에 대한 페미니즘적 비판의 두 번째 갈래는 다음과 같은 역사적 사실, 즉 거의 전적으로 남성들이 쓴 서구 철학에서, 정의 — 특히 추상적이고 보편적이고 '합리적인' 정의 — 는 대체로 남성성과 동일시되었던 반면, 이와 대비되는 특징 — 가족 관계 지향, 양육, 보살핌, 개별적 관계, 공감, 자비 또는 감정 그 자체 — 은 여성성과 동일시되었다는 사실에 대한 대응이다. 이 같은 이원론은, 금세기까지도 여성을 공식적인 법률 및 사법 체계에서 배제해 왔던 것과 같이, 여성과 남성의 사회적·정치적 역할에 의해 강화되어 왔다.

1960, 70년대에 심리학자 로런스 콜버그(Kohlberg 1981)는 일련의 도덕적 딜레마를 고안해 도덕적 성장의 "단계들"을 설정하는 데 활용했다. 그는 정의에 대한 추상적이고, 보편적인 이해를 표현하고 있는 딜레마를 해결할 수 있는 능력을 도덕성 발달의 최고 단계로 설정했다. [콜버그에 따르면] 높은 수준의 교육을 받은 미국 또는 유럽 남성들 대부분이 이 단계를 달성했다. 심리학자 캐럴 길리건은 콜버그의 이 같은 단계 설정에 이의를 제기했다. 그녀는 콜버그가 제시한 딜레마들에 대한 대응에서, 수많은 여성들이 자신을 "관계의 맥락에서" 규정하며, 돌봄 능력으로 자신을 판단한다는 점을 보여 주었다(Gilligan 1982, 17[국역본, 88쪽]). 길리건은 [관계와 돌봄을 중시하는] 이런 입장은 [추상적이고 보편적인] 정의에 초점을 맞추는 것보다 도덕 발달상 더 "낮은" 단계에 있는 것이 아니며, 다르지만 똑같이 가치 있는 접근법이라고 주장했다.

길리건의 작업을 계기로 돌봄과 연결connection이라는 '여성적' 덕목을 복원시키는 일종의 동조 분석들이 쏟아져 나왔다. 길리건보다 훨씬 이전부터, 페미니스트뿐만 아니라 반페미니스트들도 여성성과 양육 사이의 연관성을 강조해 왔다. 미국에서 여성운동의 '첫 번째 물결'을 이끌었던 페미니스트들은 여성의 모성이 지닌 특별한 양육 능력이 애정 어린 협력의 정치를 만들어 낼 것이라고 이상화했다(Gilman [1915]1979). 여성 참정권을 옹호하는 논변은 범주의 경계를 깨부수기 위해 여성이 남성과 '같다'고 강조했지만, 동시에 아내와 어머니로서 여성의 경험에서 우러난 특별한 자질을 공동체에 들여올 수 있다고 하면서 남성과 '다른' 여성의 능력을 강조하기도 했다(Cott 1986). '모성적' 상상과 사유는 이처럼 전 세계 여성의 정치 행동에 지속적으로 영향을 끼쳤다(Nelson and Chowdhury 1994; Elshtain 1994).

미국에서 페미니즘 운동의 '두 번째 물결'이 일던 초기에는, 페미니스트들도 '여성의 문화'가 남성의 그것에 비해 배려심이 더 많으면서도, 덜 탐욕적이라고 주장했다. 어떤 이들은 여성들이 상대적으로 권력을 가지 못한 것이 "직관"과 "공감"이라는 특별한 능력 때문이라고 보았고(Dixon 1970, 8), 다른 이들은 여성들이 실제로 경험하는 모성 때문에 또는 문화적으로 기대되는 모성 때문이라고 봤다(Alpert 1973, 6). 나중에 심리학자 도로시 디너스타인(Dinnerstein 1977)과

낸시 초도로(Chodorow 1978)는 남자아이가 어머니와 자신을 분리해 상반된 독립체를 형성해야 할 필요성 때문에, 초도로가 "여성의 동일시 과정은 관계적인 반면, 남성의 동일시 과정은 관계를 거부하는 경향이 있다"고 부른 특징이 나타난다고 봤다. 초도로는 "여자아이들은 자신을 남자아이들보다 덜 분화된 것으로, 외부의 대상 세계와 더 연속적이고 더 관계있는 것으로 경험하게 된다"고 결론을 내린다(Chodorow 1978, 181, 169[국역본, 282, 271쪽]). 길리건은 초도로의 분석을 상당 부분 수용해 "남성성은 분리로 규정되는 반면 여성성은 애착으로 규정된다"고 주장했다(Gilligan 1982, 8[국역본, 71, 72쪽] ; 초도로에 대한 비판은 Gilligan 1986, 29 참조).

디너스타인과 초도로가 한창 자신들의 이론을 발전시키고 있을 때, 다른 페미니스트 이론가들은 콜버그에게 지대한 영향을 미쳤던 칸트가 살았던 시기의 유럽을 지배한 남성-정의-이성 대 여성-보살핌-공감이라는 이원론에 담긴 명백한 젠더 특성을 파헤치기 시작했다. 이성과 동정[공감]의 이분법에 대한 핵심 구절에서, 칸트는 동정이 아니라 의무감에서 비롯된 행동만이 "진정으로 도덕적인 가치"를 가진다고 주장했다. 어떤 사람들은 "태어날 때부터 동정심이 아주 많은 사람도 여럿 있다. 이들은 …… 자기 주변 사람들에게 기쁨을 확대하는 것을 내심 즐거워할 수 있고 다른 사람의 만족 — 그것이 자기들의 덕택인 한에서 — 에서 기뻐할 수도 있"다는 점을 인정하면서도, 칸트는 "그런 행위가 비록 의무에 합치해 정말로 사랑스럽다고 하더라도, 그것은 아무런 참된 도덕적 가치를 갖지 못"하며 이런 동정의 경향성이 "다행스럽게 실제로 공익적이고 의무에 합치해 명예로운 가치를 지닌 것과 맞아떨어지면 칭찬과 격려를 받을 만한 것이기는 하지만 존경받을 만한 것은 되지 못한다"고 결론지었다(Kant [1785]1949, 15, 16[국역본, 37, 38쪽]). 페미니스트 이론가들은 칸트가 이 핵심적인 구절을 쓰기 20년 전에 그가 제시한, 의무와 동정의 중대한 구분이 다음과 같이 그가 규정한 남녀의 특성에 따른 것임을 밝혀냈다. "여성이 악한 일을 회피하는 것은 그것이 옳지 않기 때문이 아니라 추한 것이기 때문이다. 그리고 여성들의 경우 덕스러운 행위는 도덕적으로 아름다운 것이라는 의미이다. 당위로부터의 그 어떤 것도, 강제로부터의 그 어떤 것도, 그리고 채무로부터의 그 어떤 것도 이와 다른 것이다. 그들은 단지 자신들의 마음에 든다는 이유만으로 행위할 뿐이다"(Kant

[1763]1960, 81[국역본, 56, 57쪽]). 헤겔 역시 여성을 보편성에 대한 무능과 관련지었다(Hegel [1821]1952, 264[국역본, 333, 334쪽]). 헤겔의 체계에서 보편성은 중심적인 역할을 수행하는데, 헤겔은 "여성은 보편성의 요구가 아니라 자의적인 성향과 의견에 따라 자신의 행동을 조정한다"고 썼다(Hegel [1821]1952, 264[국역본, 334쪽]).**11**

　그러므로 '남성=정의, 여성=돌봄'은 서구 철학에 깊이 배어 있는 사고이다. 하지만 현재 서구 세계의 남성과 여성이 정의(와 보편성) 대 돌봄(과 특수성)의 차원으로 갈린다 해도, 그 차이는 그리 크지 않을 것이다. 미국의 젠더 차이에 관한 콜버그와 길리건의 발견은 주로 고학력자들에게서 나타난다. 여성의 "돌봄" 또는 "관계" 지향과 비교될 수 있는 "권리" 또는 "정의" 지향을 뚜렷이 보이는 남성 대부분이 고학력 계급에 속한다(Baumrind 1986). 하지만 상당수 연구에 따르면 이 고학력 집단에서조차 위에서 말한 차원의 남녀 차이는 보이지 않는다.**12** 더욱이 고정관념은 문화마다 다르다. 다른 나라 사람들보다 미국인들이 여성을 "감정적"이고 남성을 "합리적"이라고 여기는 경향이 강하다.**13**

11　칸트, 헤겔 등의 철학에 나타난 젠더 함의를 찾아낸 페미니스트 논의로는 캐럴 C. 굴드(Gould 1976, 18), 로런스 A. 블룸(Blum 1982), 제너비브 로이드(Lloyd 1983), 장 그림쇼(Grimshaw 1986, 42~44) 참조. 의무를 강조하는 칸트의 주장과 달리, 동정[공감]을 존경할 만한 도덕적 자질로 보는 페미니스트 논의로는 로런스 A. 블룸(Blum 1980: Blum 1988, 472~491), 애넷 바이어(Baier 1986), 버지니아 헬드(Held 1987), 조지 셔(Sher 1987) 참조. 칸트주의적 답변으로는 바버라 허먼(Herman 1993) 참조. 비유럽 사회들에서 발견되는 특수주의적 정의 및 "실질적 정의를 요구하는 저소득 계층의 감정적 요구"와 대조되는, 젠더 차별적이지 않은 보편주의적 정의와 "합리적" 법체계에 대한 논의로는 막스 베버(Weber [1922]1968, 845ff, 특히 892) 참조.

12　이에 대해서는 제인 맨스브리지(Mansbridge 1993) 참조. "보살핌"과 관련된 특징인 공감 연구에 따르면, 대개 면접자들에게 무엇을 측정하고 있는지 단서를 주었을 때 젠더 차이가 나타났다. 젠더 차이에서 생물학적인 것은 얼마나 되고, 사회적 학습에 의한 것은 얼마나 되는지는 명확치 않다. 예컨대 물리적 공격 성향에서 생물학에 기초한 차이들은 상당히 입증되었다(Maccoby 1974). 하지만 어떤 성향의 생물학적 기초가 있다고 해서 인간이 집합적으로 또는 개별적으로 그 성향을 지지해야 한다는 규범적 명령이 성립하는 것은 아니다. 아마도 영장류의 특질 때문에 인간은 대부분의 포유동물에 비해 더 충동적으로 배변을 하는 경향이 있다(고양이 또는 심지어 개보다 인간 아기의 배변 훈련이 훨씬 힘들다). 하지만 모든 인간 사회는 이런 자연스러운 생물학적 경향을 억제해 보통 능숙한 성인들에게서는 그런 성향이 거의 나타나지 않는다.

13　28개국 대학생들에게 형용사 목록 300개를 주고 '남성' 또는 '여성'으로 표기하도록 한 조사에서 '합리적'을 남성으로 '감정적'을 여성으로 표기한 미국 학생들의 비율이 가장 높았다. 영어를 사용하는 영연방 국가들이 그 뒤를 이었고, 다수의 유럽 국가들이 그다음이었다. 파키스탄 학생들은 형용사 '감정적'을 여성으로 표기한 비율과 남성으로 표기한 비율이 비슷했는데 이는 파키스탄어에서 이 단어가 전쟁의 용맹함을 함축하기 때문이며 '합리적'을 여성으로 표기한 비율도 남성으로 표기한 비율과 거의 비슷했다(Williams

고정관념은 대체로 그것이 존재하는 곳에서 자가 증식한다. 여성들이 스스로를 감정, 공감, 친밀한 연결에 좀 더 적합하다고 생각하고 사람들이 또 그렇게 간주할 때, 그런 연관에서 구체적인 실천들이 나오고, 또 실천이 그 연관을 강화한다. [그런 사회에서] 여성들은 자신의 감정을 공개적으로 표출하는 데 거리낌이 없다. 여성들은 교우 관계에서 감정 표현을 더 많이 추구하고 친구와 대화할 때 관계에 대한 이야기에 더 집중하는 반면, 남성들은 공동 활동을 하면서 좀 더 도구적이거나 목표 지향적인 교우 관계를 발달시킨다(Markus and Oyserman 1989). 젠더화된 의미가 부과된 이 같은 실천들은 다시 각 젠더가 경제·정치·사회 세계를 보는 방식에 영향을 미친다. 정신적으로 건강한 사람들은 보통 자기 자신을 좋아한다. 더 큰 사회 세계가 "쓸데없는 젠더 구분"에 탐닉할 때, 다시 말해 젠더에 기초한 이원론을 만들어 내고 강조할 때(Mansbridge 1993), 여성은 '자신들'과 등치된 항(예컨대 '정의' 항과 대비되는 '보살핌')에 가치를 부여하고 주변에서 감지되는 남성의 가치 절하에 맞서 그것을 방어할 것이다.

대부분의 이론가들은 철학적으로 '돌봄'과 '정의'라는 두 구성물이 완전히 분리되는 것은 아니라고 주장한다(Flanagan and Jackson 1987; Sher 1987; Tronto 1989; Okin 1990). 실제로 길리건의 제자가 수행한 도덕 우화 해석 연구에 따르면, 비록 대다수 미국 남학생은 정의에 치중하는 해석을, 대다수 여학생은 돌봄에 치중하는 해석을 선택했지만, 모든 학생들이 결국 반대 지향도 채택할 수 있었는데 "이 문제를 다른 식으로 생각할 수는 없을까요?"라는 질문을 받자, 절반 이상이 자발적으로 나머지는 설득이 되어 이후에 그렇게[돌봄과 정의가 분리되지 않는다는 식으로] 답했다(Johnston 1988). 하지만 이 개념들의 젠더 함의는 여전하다. 미국의

and Best 1982, 부록 2의 자료에서 계산). 정의와 보살핌의 젠더 함의를 문화 간 비교할 만한 자료는 없지만 길리건의 작업에 대해 논평하면서 퍼트리샤 힐 콜린스는 "연결"과 "보살핌"의 윤리가 미국 여성뿐만 아니라 아프리카 남녀 모두의 행동 및 규범의 특징일 수 있다고 주장했다(Collins 1990, 206ff.; Harding 1987). 반면, 인류학자 로널드 코언(Ronald Cohen 1972, 39-57)은 일부 아프리카 부족사회에서는 "공감"이 "적절한 행동 양식이 아니"라고 주장했고, 공감에 대한 영어권과 유럽의 관심은 유아 사망률이 비교적 낮은 소규모의 내향적인 핵가족이 수 세대를 거듭하면서 역사적으로 형성된 것일 수 있다고 지적했다. 이런 관련성들을 이해하려면 연결, 보살핌, 공감의 상이한 형태들을 구별하고, 특정한 문화적 맥락에서 이런 상이한 가치들이 상이한 형태의 정의와 맺는 관계를 분석할 필요가 있을 것이다.

남녀 모두 여성은 돌봄 지향적인 것으로, 남성은 권리 지향적인 것으로 간주하는 경향이 있다(Ford and Lowery 1986). 20세기 후반 서구의 대중들이 '돌봄'을 여성적인 것으로, '정의'를 남성적인 것으로 의미를 부여했다면, 그리고 철학적으로 여성과 연관된 관념들이 남성과 연관된 관념들에 비해 가치가 절하되었다면, 적어도 일부 페미니스트 이론가들이 연결과 돌봄을 '여성적' 이상의 가치로서 방어하려고 한 것은 옳았다고 할 수 있을 것이다.[14] 인간은 종종 대립하는 용어들을 가지고 사고한다. 더욱이 우리는 대립 쌍들을 배열해 놓고 암묵적으로 그것들을 연결해, 한쪽에 배열된 가치들 전부와 다른 쪽에 배열된 가치들 전부를 대비한다. 남성 대 여성이 널리 퍼져 있는 이원 대립 항이다 보니, 철학적 관념들이 이원 대립 구조로 인지될 때 그것들 또한 젠더 함의를 띠는 경향이 나타난다. 당연하게도, 대개 대립 항의 여성 쪽이 상대적으로 열등하게 취급된다. 따라서 '정의'를 '돌봄'과 대립시키는 페미니스트 논쟁은 이성/감정, 정의/돌봄, 남성/여성 이원론의 제한을 피하는 데 관심을 쏟았다.

돌봄을 이론화한 페미니스트들이 추상적인 보편적 정의는 이미 남성적인 것으로, 돌봄, 연결, 관계는 여성적인 것으로 이해된다고 지적한 것은 20세기 후반의 서구, 특히 미국의 맥락에서는 옳다. 그들이 서구에서 이 같은 대당의 역사가 어쩌면 기록으로 전해지는 철학의 역사만큼이나 길다고 지적한 것도 옳다. 또한 그들이 '정의'의 대립 항이 되어 버린 돌봄과 연결 같은 인간의 이상이 좀 더 중시되어야 한다고 주장한 것도 옳다. 이들은 그 이상들이 때로는 단지 여성과 결부되어 왔다는 이유로 가치가 절하되어 왔다는 점을 강조했다. 하지만 이들이 돌봄과 연결에서 '여성의' 본질적인 또는 진정한 목소리를 발견했다고 주장하는 것은 잘못된 생각으로 보인다. 여성의 목소리는 하나가 아니다. '여성'의 의미는 가변적이며 그 자체로 경합의 장소이다(Butler 1990). 우리는 남성 지배의 효과가 제거되었을 때 여성의 얼굴을 한 사람들의 목소리가 무슨 말을 할지알 수 없다. 캐서린 매키넌이 썼듯이, "우리 목을 밟고 있는 당신의 발을 치운다

---

14 예를 들어, 페미니스트 이론가들은 소유, 자율성, 계약, 의무에 대한 전통적인 서구의 이해가, [여성의 속성으로 간주되는] '연결'과 대조되는 남성적 속성인 '분리' 및 '순수한 자발주의'에 대한 헌신이라는 관념으로부터 깊은 영향을 받았음을 보여 주었다(Nedelsky 1989, 2011; Held 1990; Hirshmann 1989).

면, 그때 우리는 여성이 어떤 언어로 말하는지를 듣게 될 것이다"(MacKinnon 1987, 45; 1989, 49-59, 106-154).

상대적으로 권력이 없는 이들의 규범적인 자원

젠더, 계급, 인종, 성적 지향 등의 측면에서 지배 집단의 권력은 자신들의 상태를 규범적인 것으로, 그 밖의 것은 일탈[변이]로 만들어 버리는데, 우리가 하는 모든 단어, 우리가 상상할 수 있는 모든 이상 속에는 수천 년간 이어져 온 이 같은 권력의 효과가 스며들어 있다. 사소한 예이긴 하지만, 내가 전 세계에 유통되는 책을 영어로 집필하는 것은 지적인 의사소통의 매개체로서 영어의 전 세계적 지배력을 미미하게나마 강화한다. 전 세계 인구가 한 가지 언어로 소통하게 되면, 인류의 학습을 크게 증진할 수도 있다. 그러나 지배어로 부상한 그 언어는 중립적이지 않을 것이다. 유사하게, 남성 명사, 여성 명사, 그리고 젠더 일치가 언어 구조의 중심에 있는 언어는 모든 피조물에 젠더 의미가 깃들어 있다는 생각을 강화한다. 대명사에도 성이 있기 때문에 그녀 또는 그의 젠더를 언급하지 않고서 인간 행위자를 규정하기란 어렵다.

　푸코가 매우 설득력 있게 지적했듯이, 어떤 상황도 권력으로부터 "자유롭지" 않으며 그럴 수도 없다. 우리 모두는 권력에 의해 구성되며 상호작용할 때마다 권력을 실행한다. 사실, 변화를 지향하는 운동과 대결하는 대부분의 권력은 "흩어지고, 형태를 바꾸며, 국지적일 뿐만 아니라 관성, 전치, 저항 등 다양한 현상을 동반한다. 따라서 거대하고 원초적인 지배의 조건, 한편에는 '지배자'가, 다른 한편에는 '피지배자'가 있는 이원적인 구조를 가정해서는 안 된다. 오히려 여러 형태의 지배 관계가 생산될 뿐이다"(Foucault [1977]1980, 142[국역본, 177쪽]).

　따라서 어떤 이상에 호소하는 예속 집단은 자신들이 호소하는 바로 그 이상에 자신들의 예속을 더욱 심화할 요소가 포함되어 있을 가능성(대체로 이 가능성은 확실성이 되곤 한다)을 감수해야 한다. 21세기 초, 서구 국가의 여성들에게 '자유'란 종종 인간들 사이의 연결이 가져온 구속으로부터 벗어나는 자유를 함축할 것이고, '평등'은 종종 남성적 특성을 지닌다는 의미를 내포할 것이다. '형제애'는 명시적으로 공동체와 정치가 남성의 영역이라는 것을 의미한다. '정의'는 암묵적으로 돌봄, 공감, 자비와 대비되면서 종종 차가운 이성과 비인격성을 함축할 것이다. 또한 실제로 수용된 정의관은 늘 지배계급에게 유리한 재화 분배 방식 및 사고방식을 강화할 것이다.

그럼에도 불구하고 변화를 원하는 세력은 거의 항상 규범적인 자원이 필요하며, 정의에 호소하는 것은 그중에서도 으뜸이다. 예속 집단의 규모가 지배 집단보다 크다 하더라도, 오로지 자신의 이익에만 근거해 권력을 실행하려는 시도는 대개 실패하기 마련이다. 규범적인 호소(또는 더 좋은 것은 물질적인 보상과 규범적인 보상의 혼합)를 활용할 수 있는 집단은 협력을 더 잘 조정할 수 있다. 활동가들에게 "그것이 정당하므로 집단을 위해 너의 목숨을 바쳐라"라고 말할 수 있는 혁명은, "그것이 너희에게 장기적으로 이득이 될 것이니 집단을 위해 너의 목숨을 바쳐라"라고밖에 말할 수 없는 혁명보다 더 쉽게 성공할 것이다.

유사하게, 모든 지배 집단은 그들의 지배를 여러 가지 근거를 들어 정당화하는 듯하다. 이 근거들과 전투를 벌이는 말들은 억압받는 자들의 사기를 북돋울 뿐만 아니라 압제자들의 의지도 약화해야 한다. 이런 논변이 반드시 대문자 이성, 즉 계몽된 토론을 거쳐 언젠가는 반드시 부상할 단일한 절대 진리에 의지할 필요는 없다. 그것은 단지 여러 근거들, 화자와 청자 모두에게 의미가 있는 일련의 사고들에 의존할 수 있다. 이런 근거들은 항상 문화별로 특수한데, 그것을 활용하는 이들의 경험에 비추어 의미가 통하기도 하고 안 통하기도 하기 때문이다.

제임스 C. 스콧은 말레이시아의 어느 한 마을에서 농민들이 가장 탐욕스러운 지주에 관해 험담을 퍼뜨린 이야기를 상세히 하면서, 이것을 "설득을 통해 통제"하기 위한 목적의 "이데올로기적 작업"이라고 설명한다(Scott 1985, 23). 공정하다고 생각되는 것 — 예를 들어, 건축자재를 배분할 때 '동등한 몫이 공정하다'는 농민들의 신념 — 이 침해되면 불공정한 것에 대한 분개심을 유발하고, 자신들의 결정을 설득력 있게 정당화하지 못한 의사 결정자들 사이에는 혼란이 일어나며, 억울해하는 이들은 앞으로 의사 결정자들에게 협력하려 들지 않게 된다. 스콧이 연구한 작은 마을에서 불공정의 의미는 형식적 정의의 개념 구조를 통해 잘 이해될 수 있다. 정의롭지 못한 일을 하고도 적절한 근거가 제시되지 않으면 평등을 향한 근본적인 압박이 지속적으로 작동하는 것이다.

그러므로 신, 이성, 자연법 같은 토대에 의지하지 않고도 형식적 정의의 철학적 구조는 약자들의 주요한 무기가 된다. '정의'의 이름으로 묶이는 개념들의 다른 요소들, 예컨대 적절한 보상과 분배 역시 마찬가지 역할을 한다. 자유, 평등, 존엄성이라는 단어들과 마찬가지로, 공정하다는 말이 긍정적인 가치를 지니는 것은 우연이 아니다. 논쟁적이긴 해도 이 개념은 중요한, 아마도 보편적인 인간의 욕구와 사고방식에 대응한다. 정의의 요구는 자유, 평등, 존엄성의 요구가 그렇듯이 그것을 상실해 보지 않고서는 상상할 수 없을 것이다. 그러나 모든 이들은 이런저런 때에 얼마간 정의가 상실되었음을 경험한다. 정의의 의미와 적용을 둘러싼 논쟁이 벌어지긴 해도 위계질서 내 지배계급과 예속 계급 모두 이 재화를 중시한다는 바로 그 이유 때문에 정의의 요구가 약자들을 위한 설득력 있는 무기가 될 수 있는 것이다.

지배의 전통, 대항의 전통, 그리고 현재의 경험은 예속 집단이 가공해야 할 설득력 있는 자원을 제공한다. 전통적인 실천과 신념에는 기존의 지배 구조와 예속 구조를 유지하도록 하는 의미와 함축이 깊이 배어 있지만, 동시에 예속 집단에게는 역사적 맥락과 상황에 따라 가변적인 자원도 있다. 대항문화는 대체로 그 구조가 느슨하고 모순이 가득하지만 동시에 적절한 역사적·제도적 맥락에서 정의와 결부되어 좀 더 짜임새 있게 엮을 만한 의미심장한 요소들(예컨대 "남성들은 개다", "백인들은 신뢰할 수 없다")을 제공한다. 통상적인 습관에 길들여진 시선을 통해 해석되는 경험은 예컨대 인종추의, 성차별주의, 남성 우월주의, 동성애 혐오 등과 같은 "새로운 말"(Hurston [1937]1990)이 필요한 새로운 상황을 만들어 낸다. 『구약성서』의 압제와 같은 오래된 말들은 예속 집단의 문화와 실천 속에서 배양되고("억압이 극심해 견디기 힘들다") 새로운 사회운동 또는 정치 운동의 맥락에서 새 생명을 얻는다.

이 원천들 — 전통, 대항문화, 경험 — 가운데 어떤 것도 [전적으로] 신뢰할 만하지는 않다. 모든 전통, 예컨대 『구약성서』의 압제에 대한 저항은 '선민'처럼 지배의 시도를 강화할 수 있는 개념과 공존한다. 대항문화 자체도 예속을 강화하는 실천들로부터 나온 것이라는 문제가 있으며, 그런 실천들을 얼마간 그대로 따라 하기도 한다. 반대 운동은 스스로 정치적으로 강해지려는 고유한 동역학을 갖지만 그것이 퍼뜨리며 형상화하는 메시지가 종국에는 그 추종자들에게 해가 되기도 한다. 심지어 '본능적인' 경험은 대개 포유류인 우리의 선조 인류로부터 물려받은 것이지만, 지금의 변화된 상황에서는 큰 쓸모가 없다. 우리가 살펴본 것처럼, 형식적 정의는 종종 기존의 '같음'과 '다름'의 범주들을 강화한다. 적정한 보상의 추구 등 정의의 다른 요소들도 유사하게 현 상태에 대한 지배적 관념들을 더 단단하게 만들 수도 있다.

그럼에도 불구하고 정의라는 관념은 강력하다. 그것에 의해 지배 집단의 성원들은 자신들의 정당성을 의심할 수 있다. 그것에 의해 예속된 이들의 정당한 분노가 활활 타오를 수 있다. 이 분노는 이기적인 이들을 좀 더 이타적이게 만들고, 겁에 질린 이들에게 거의 초인적인 용기를 고취할 수 있다. 정의 관념이 대항 의식을 형성하는 데 이토록 중요한 역할을 할 수 있다는 것은 당연하다. 정의를 구성하는 모든 요소들은 정치적 행동이 시작되도록 불을 댕길 준비가 되어 있다.

참고 문헌

Alpert, Jane. 1973. "Mother Right: A New Feminist Theory." *Off Our Backs* 3 (May 8).

Baier, Annette. 1986. "Hume: The Women's Moral Theorist?" In *Women and Moral Theory*, ed. Eva Kittay and Diana Meyers. Totowa, NJ: Rowman & Littlefield.

Baumrind, Diana. 1986. "Sex Differences in Moral Reasoning: Response to Walker's (1984) Conclusion That There Are None." *Child Development* 57: 511-521.

Benhabib, Seyla. 1987. "The Generalized and Concrete Other." In *Feminism as Critique*, ed. Seyla Benhabib and Drucilla Cornells. Minneapolis: University of Minnesota Press.

Benn, S. I., and R. S. Peters. 1959. *The Principles of Political Thought*. New York: Free Press.

Berlin, Isaiah. 1955-56. "Equality." *Proceedings of the Aristotelian Society* 56: 301-326.

Blum, Laurence A. 1980. *Friendship, Altruism and Morality*. London: Routledge and Kegan Paul.

_____. 1982. "Kant and Hegel's Moral Rationalism: A Feminist Perspective." *Canadian Journal of Philosophy* 12: 287-302.

_____. 1988. "Gilligan and Kohlberg: Implications for Moral Theory." *Ethics* 98.

Buchanan, Allen E. 1982. *Marx and Justice: The Radical Critique of Liberalism*. Totowa, NJ: Rowman & Allanheld [앨런 E. 뷰캐넌, 『맑스와 정의: 자유주의에 대한 급진적 비판』, 이종은·조현수 옮김, 갈무리, 2019].

Burtt, Edwin A. 1955. *The Teachings of the Compassionate Buddha*. New York: New American Library [E. A. 버어트, 『불교의 진리』, 박기준 옮김, 서문당, 1972].

Butler, Judith. 1990. *Gender Trouble: Feminism and the Subversion of Identity*. New York: Routledge [주디스 버틀러, 『젠더 트러블: 페미니즘과 정체성의 전복』, 조현준 옮김, 문학동네, 2008].

Chodorow, Nancy. 1978. *The Reproduction of Mothering: Psychoanalysis and the Sociology of Gender*. Berkeley: University of California Press [낸시 초도로우, 『모성의 재생산』, 김민예숙·강문순 옮김, 한국심리치료연구소, 2008].

Cohen, Marshall, Thomas Nagel, and Thomas Scanlon, eds. 1980. *Marx, Justice and History*. Princeton, NJ: Princeton University Press.

Cohen, Ronald. 1972. "Altruism: Human, Cultural, or What?" *Journal of Social Issues* 28.

Collins, Patricia Hill. 1990. *Black Feminist Thought*. London: Allen and Unwin [패트리샤 힐 콜린스, 『흑인 페미니즘 사상: 지식, 의식, 그리고 힘 기르기의 정치』, 박미선·주해연 옮김, 여이연, 2009].

Conze, Edward. 1959. *Buddhism: Its Essence and Development*. New York: Harper [E. 콘즈, 『한글세대를 위한 불교』, 한형조 옮김, 세계사, 1990].

Cott, Nancy. 1987. *The Grounding of Modern Feminism*. New Haven, CT: Yale University Press.

Crenshaw, Kimberle. 1989. "Demarginalizing the Intersection of Race and Sex." *University of Chicago Legal Forum*.

Dewey, John. [1932]1985. *Ethics*. In *John Dewey: The Later Works*, vol. 7. Ed. Jo Ann Boydston and Barbara Levine. Carbondale: Southern Illinois University Press [존 듀이, 『윤리학』, 최용철 옮김, 책봄, 2021].

Dinnerstein, Dorothy. 1977. *The Mermaid and the Minotaur: Sexual Arrangements and Human Malaise*. New York: Harper Colophon.

Dixon, Marlene. 1970. In *It Ain't Me Babe* (April 7).

Douglass, Frederick. [1886]1992. "Strong to suffer, and yet strong to strive." Address delivered on the twenty-fourth anniversary of emancipation, Washington, DC, April 16. In *The Frederick Douglass Papers*, vol. 5. Ed. John W. Blassingame and John R. McKivigan. New Haven, CT: Yale University Press.

Elshtain, Jean. 1994. "The Mothers of the Disappeared." In *Representations of Motherhood*, ed. Donna Bassin, Margaret Honey, and Meryle Mahrer Kaplan. New Haven, CT: Yale University Press.

Engels, Friedrich. [1888]1941. *Ludwig Feuerbach and the Outcome of Classical German Philosophy*. New York: International Publishers [프리드리히 엥겔스, 「루드비히 포이에르바하 그리고 독일 고전 철학의 종말」, 『칼 맑스 프리드리히 엥겔스 저작 선집 6』, 최인호 외 옮김, 김세균 감수, 박종철 출판사, 1997].

_____. 1969. *The Housing Question*. 2nd ed.(1873). In *Selected Works*, vol. 2. Moscow: Progress Publishers [프리드리히 엥겔스, 「주택 문제에 대하여」, 『칼 맑스 프리드리히 엥겔스 저작 선집 4』, 최인호 외 옮김, 김세균 감수, 박종철 출판사, 1997].

_____. 1977. "Democratic Pan-Slavism," *Neue Rheinische Zeitung* (February 11, 1849). In *Works*, vol. 8. London: Lawrence and Wishart.

_____. 1989. *Socialism: Utopian and Scientific*(1880). In *Works*, vol. 24. London: Lawrence and Wishart [프리드리히 엥겔스, 「유토피아에서 과학으로의 사회주의의 발전」, 『칼 맑스 프리드리히 엥겔스 저작 선집 5』, 최인호 외 옮김, 김세균 감수, 박종철 출판사, 1997].

Flanagan, Owen, and Kathryn Jackson. 1987. "Justice, Care and Gender: The Kohlberg-Gilligan Debate Revisited." *Ethics* 97: 622-637.

Ford, Maureen R., and Carol R. Lowery. 1986. "Gender Differences in Moral Reasoning: A Comparison of the Use of Justice and Care Orientations." *Journal of Personality and Social Psychology* 50: 777-783.

Foucault, Michel. 1980. "Powers and Strategies"(1977). In *Power/Knowledge: Selected Interviews and Other Writings, 1972-1977*. Ed. Colin Gordon. Trans. Colin Cordon et al. New York: Pantheon [콜린 고든 엮음, 「권력과 전략」, 『권력과 지식』, 홍성민 옮김, 나남, 1991].

Friedman, Marilyn. 1991. "The Practice of Partiality." *Ethics* 101: 818-835.

Garrison, William Lloyd. 1831. *The Liberator* 1(1) (January 1).

Gilligan, Carol. 1982. *In a Different Voice*. Cambridge, MA: Harvard University Press [캐럴 길리건, 『침묵에서 말하기로: 심리학이 놓친 여성의 삶과 목소리』, 이경미 옮김, 심심, 2020].

_____. 1986. "Moral Orientation and Moral Development." In *Women and Moral Theory*, ed. Eva Kittay and Diana Meyers. Totowa, NJ: Rowman & Littlefield.

Gilman, Charlotte Perkins. [1915]1979. *Herland*. New York: Pantheon [샬럿 퍼킨스 길먼, 『허랜드』, 임현정 옮김, 궁리, 2020].

Gould, Carol C. 1976. "Philosophy of Liberation and Liberation of Philosophy." In *Women and Philosophy*, ed. Carol C. Gould and Marx W. Wartofsky. New York: Capricorn/G. P. Putnam.

Grimshaw, Jean. 1986. *Philosophy and Feminist Thinking*. Minneapolis: University of Minnesota Press.

Hahn, Thich Nhat. 1993. *For a Future to Be Possible: Commentary on the Five Wonderful Precepts*. Berkeley: Parallax Press [틱낫한, 『마음속으로 걸어가 행복하라: 틱낫한이 전하는 마음챙김의 지혜』, 김승환 옮김, 마음터, 2008].

Harding, Sandra. 1987. "The Curious Coincidence of Feminine and African Moralities." In *Women and Moral Theory*, ed. Eva Kittay and Diana Meyers. Totowa, NJ: Rowman & Littlefield.

Harris, Angela. 1990. "Race and Essentialism in Legal Theory." *Stanford Law Review* 42: 581-616.

Hegel, Georg Wilhelm Friedrich. [1821]1952. *The Philosophy of Right*. Oxford: Oxford University Press [게오르크 빌헬름 프리드리히 헤겔, 『법철학』, 임석진 옮김, 한길사, 2008].

Held, Virginia. 1987. "Feminism and Moral Theory." In *Women and Moral Theory*, ed. Eva Kittay and Diana Meyers. Totowa, NJ: Rowman & Littlefield.

_____. 1990. "Mothering versus Contract." In *Beyond Self-Interest*, ed. Jane Mansbridge. Chicago: University of Chicago Press.

Herman, Barbara. 1993. *The Practice of Moral Judgment*. Cambridge, MA: Harvard University Press.

Hirschmann, Nancy J. 1989. "Freedom, Recognition and Obligation: A Feminist Approach to Political Theory." *American Political Science Review* 83: 1227-1244.

Hochschild, Jennifer. 1981. *What's Fair? American Beliefs about Distributive Justice*. Cambridge, MA: Harvard University Press.

Hurston, Zora Neale. [1937]1990. *Their Eyes Were Watching God*. New York: Harper & Row [조라 닐 허스턴, 『그들의 눈은 신을 보고 있었다』, 이미선 옮김, 문예출판사, 2014].

Ibn Khaldun. [1377]1980. *The Muquddimah: An Introduction to History*, trans. Franz Rosenthal. Bollingen Series 43. Princeton, NJ: Princeton University Press [이븐 칼둔, 『무깟디마 1, 2』, 김정아 옮김, 2012].

Jefferson, Thomas [l816]1904. "Letter to Du Pont de Nemours." In *The Writings of Thomas Jefferson*, vol. 14. Ed. Andrew A. Lipscomb. Washington, DC: Thomas Jefferson Memorial Association.

Johnston, D. Kay. 1988. "Adolescents' Solutions to Dilemmas in Fables." In *Mapping the Moral Domain*, ed. Carol Gilligan, J. Victoria Ward, and Jill McLean Taylor. Cambridge, MA: Harvard University Press.

Kant, Immanuel. [1763]1960. *Observations on the Feeling of the Beautiful and the Sublime*. Trans. John Goldthwait. Berkeley: University of California Press [임마누엘 칸트, 『아름다움과 숭고함의 감정에 관한 고찰』, 이재준 옮김, 책세상, 2005].

_____. [1785]1949. *Fundamental Principles of the Metaphysic of Morals*. Trans. Thomas K. Abbott. Indianapolis: Bobbs-Merrill [임마누엘 칸트, 『도덕형이상학 정초/실천이성비판』, 김석수·김종국 옮김, 한길사, 2019].

Kassis, Hanna E. 1983. *A Concordance of the Qur'an*. Berkeley: University of California Press.

Ketchum, Ralph, ed. 1986. *The Anti-Federalist Papers and the Constitutional Convention Debates*. New York: Penguin/Mentor.

Kohlberg, Lawrence. 1981. *Essays on Moral Development*. San Francisco: Harper & Row.

Leach, Marjorie. 1992. *Guide to the Gods*. Ed. Michael Owen Jones and Frances Cattermole-Tally. Santa Barbara, CA: ABC-CLIO.

Lincoln, Abraham. 1907. "Letter to Joshua F. Speed" (1855). In *Abraham Lincoln: Collected Works*, vol. 1. Ed. John G. Nicolay and John Hay. New York: Century [에이브러햄 링컨, 「조슈아 F. 스피드에게 보낸 편지」, 『링컨의 연설과 편지』, 김우영 옮김, 이산, 2012].

Lloyd, Genevieve. 1983. "Reason, Gender and Morality in the History of Philosophy." *Social Research* 50: 491-513.

Lukes, Steven. 1985. *Marxism and Morality*. Oxford: Oxford University Press [스티븐 룩스,

『마르크스주의와 도덕』, 황경식 옮김, 서광사, 1995].

Maccoby, Eleanor Emmons, and Carol Nagy Jacklin. 1974. *The Psychology of Sex Differences*. Palo Alto, CA: Stanford University Press.

MacKinnon, Catharine A. 1987. *Feminism Unmodified*. Cambridge, MA: Harvard University Press.

_____. 1989. *Toward a Feminist Theory of the State*. Cambridge, MA: Harvard University Press.

Madison, James, Alexander Hamilton, and John Jay. [1788]1987. *The Federalist Papers*. Ed. Isaac Kramnick. New York: Penguin [알렉산더 해밀턴·제임스 매디슨·존 제이, 『페더럴리스트』, 박찬표 옮김, 후마니타스, 2019].

Mansbridge, Jane. 1993. "Feminism and Democratic Community." In *Democratic Community: NOMOS XXXV*, ed. John W. Chapman and Ian Shapiro. New York: New York University Press.

_____. 2001. "Complicating Oppositional Consciousness." In *Oppositional Consciousness*, ed. Jane Mansbridge and Aldon Morris. Chicago: University of Chicago Press.

Markus, Hazel, and Daphna Oyserman. 1989. "Gender and Thought: The Role of Self-Concept." In *Gender and Thought: Psychological Perspectives*, ed. Mary Crawford and Margaret Gentry. New York: Springer-Verlag.

Marx, Karl. [1867]1977. *Capital*. Vol. 1. New York: Vintage/Random House [칼 마르크스, 『자본론 1/상』, 김수행 옮김, 비봉, 2015].

_____. [1875]1938. *Critique of the Gotha Program*. New York: International Publishers [칼 맑스, 「고타 강령 초안 비판」, 『칼 맑스 프리드리히 엥겔스 저작 선집 4』, 최인호 외 옮김, 김세균 감수, 박종철 출판사, 1997].

Marx, Karl, and Friedrich Engels. 1976. *The Communist Manifesto* (1848). In *Works*, vol. 6. London: Lawrence and Wishart [칼 마르크스·프리드리히 엥겔스, 『공산당선언』, 강유원 옮김, 이론과실천, 2008].

Metz, Tamara. 2010. *Untying the Knot: Marriage, the State, and the Case for Their Divorce*. Princeton, NJ: Princeton University Press.

Minow, Martha. 1987. "Justice Engendered: A Feminist Foreword to the Supreme Court 1986 Term." *Harvard Law Review* 101: 10-95.

Nedelsky, Jennifer. 1989. "Reconceiving Autonomy." *Yale Journal of Law and Feminism* 1: 7-36.

_____. 2011. *Laws Relations: A Relational Theory of Self, Autonomy, and Law*. Oxford: Oxford University Press.

Nelson, Barbara, and Najma Chowdhury. 1994. *Women and Politics Worldwide*. New Haven, CT: Yale University Press.

Nozick, Robert. 1974. *Anarchy, State and Utopia*. New York: Basic Books [로버트 노직, 『아나키에서 유토피아로』, 남경희 옮김, 문학과지성사, 1997].

Okin, Susan Moller. 1989. *Justice, Gender and the Family*. New York: Basic Books.

_____. 1990. "Thinking Like a Woman." In *Theoretical Perspectives on Sexual Difference*, ed. Deborah L. Rhode. New Haven, CT: Yale University Press.

Okure, Patrick Akaninyene Basil. 1983. *The Notion of Justice among the Ibibio People*. Rome: Pontificia Universitats Lateranensis, Academic Alfoniana, Institutum Superius Theologiae Moralis.

Paine, Thomas. [1776]1922. *Common Sense*. New York: Peter Eckler Publishing [토머스 페인, 『상식/인권』, 박홍규 옮김, 필맥, 2004].

Rawls, John. 1971. *A Theory of Justice*. Cambridge, MA: Harvard University Press [존 롤스, 『정의론』,

황경식 옮김, 이학사, 2003].

Records of the Federal Convention of 1787. [1911]1966. Ed. M. Farrand. 4 vols. New Haven, CT: Yale University Press.

Scott, James C. 1985. *Weapons of the Weak: Everyday Forms of Peasant Resistance.* New Haven, CT: Yale University Press.

Sher, George. 1987. "Other Voices, Other Rooms? Women's Psychology and Moral Theory." In *Women and Moral Theory*, ed. Eva Kittay and Diana Meyers. Totowa, NJ: Rowman & Littlefield.

Smith, Barbara, and Beverly Smith. 1981. "Across the Kitchen Table: A Sister-to-Sister Dialogue." In *This Bridge Called My Back*, ed. Cherrie Moraga and Gloria Anzaldúa. Watertown, MA: Persephone Press.

Spelman, Elizabeth V. 1988. *Inessential Woman: Problems of Exclusion in Feminist Thought.* Boston: Beacon.

Suzuki, Daisetz Teitaro. 1956. *Zen Buddhism: Selected Writings.* Garden City, NY: Doubleday.

Tronto, Joan C. 1989. "Women and Caring: What Can Feminists Learn about Morality from Caring?" In *Gender/Body/Knowledge*, ed. Alison M. Jaggar and Susan R. Bordo. New Brunswick, NJ: Rutgers University Press.

Tucker, Mary Evelyn, and Duncan Ryuken Williams, eds. 1997. *Buddhism and Ecology: The Interconnection of Dharma and Deeds.* Cambridge, MA: Harvard University Press.

Wallace, Michele. 1990. "A Black Feminist's Search for Sisterhood." In *Invisibility Blues.* New York: Verso.

Walzer, Michael. 1983. *Spheres of Justice.* New York: Basic Books [마이클 왈쩌, 『정의와 다원적 평등: 정의의 영역들』, 정원섭 외 옮김, 철학과현실사, 1999].

Weber, Max. [1922]1968. *Economy and Society.* Ed. Guenther Roth and Claus Wittich. New York: Bedminister Press [막스 베버, 『경제와 사회』, 박성환 옮김, 문학과지성사, 2003].

Williams, John E., and Deborah L. Best. 1982. *Measuring Sex Stereotypes.* Beverly Hills, CA: Sage.

Wood, Allen W. 1980. "The Marxian Critique of Justice"(1972). In Cohen, Nagel, and Scanlon 1980.

Young, Iris Marion. 1990. *Justice and the Politics of Difference.* Princeton, NJ: Princeton University Press [아이리스 매리언 영, 『차이의 정치와 정의』, 김도균·조국 옮김, 모티브북, 2017].

Young, Robert. [1880]1955. *Analytical Concordance to the Bible.* New York: Funk and Wagnalls.

9장

친족

Kinship

지은이
재닛 카스틴 Janet Carsten

옮긴이
이경란
이화여자대학교 이화인문과학원 객원연구원, 의료인문학연구소 공감클리닉 연구위
원장. 역서로 사라 아메드의 『행복의 약속: 불행한 자들을 위한 문화비평』(공역),
『이야기로 푸는 의학: 공감과 소통으로 가는 여정』(공역)이 있다.

❀

『옥스퍼드 영어 어원사전』에서 '친족'에 대한 설명은 "가족family, 인종race; 계급class, 종류kind"로 시작해, '친족'kin과 인도-유럽어 어근[give birth to를 의미하는 gene-을 말한다]을 공유하는 단어들의 목록을 다음과 같이 나열한다.

> 부계의agnate, 어족이 같은cognate; 양성의benign, 악성의malign; 민족nation, 자연nature; 속genus, 일반적인general; 발생시키다[생성하다]generate; 비옥한generous; 퇴화하다degenerate, 재생하다regenerate; 천재genius, 기발한ingenious; 순진한ingenuous, 천진한 소녀ingenue; 토착민의indigenous; 종류kind; 자손progeny; -에서 나온-gen, 생식의-gono-; 이방인[다른 씨족의 자손]gentile; 생식기의genital, 소유격genitive, 싹germ, 싹트다germinate, ~와 밀접한 관련 있는germane(Onions 1966, 505).

'민족'과 '자연', '비옥한'과 '악성', '이방인'과 '싹', 이 모든 단어는 같은 뿌리에서 나왔다. 조금만 생각해 봐도 이 단어들 모두 우리가 친족이 되는 경험의 어떤 부분을 잠재적으로 담고 있음을 알 수 있다. 그럼에도 친족 연구는 흔히 무엇이 친족인가에 대해 이상할 정도로 협소한 전제들에 의존하고 있었고, 이런 가정이 서로 경쟁하는 친족 이론가들 사이에서 꽤 이례적일 정도로 무미건조하고 난해한 학문적 토론을 촉발했다. 또한 이 논쟁들은 여러 가지 놀라운 방식으로 젠더 문제를 건드리고 있었다. 친족과 젠더 사이의 복잡한 관계를 고려하면, 『옥스퍼드 영어 어원사전』이 고대 영어와 중세 영어 초기에 '젠더, 성'이라는 의미가 있었음을 언급하면서도 '젠더'라는 항목을 누락하고 있다는 사실이 보기보다 이상하지 않을 수도 있다.

　20세기가 시작되면서 친족 비교 연구는 사회과학 분야에 새롭게 출현하던 사회인류학과 문화인류학의 전문 영역이 되었다. 인류학자들은 현지의 친족 체계(아프리카, 폴리네시아, 말레이시아, 아시아를 막론하고)를 기술하고 분석하는 작업을 연구의 중심으로 삼았다. 역으로, 20세기 후반까지는 이 분야에서 업적을 남기려는 [야심이 있는] 학자라면 자신의 문화기술지 연구의 중심에 친족을 포함할 것이 어느 정도 당연시되었다.

친족이 인류학 연구의 고전적 주제가 되는 동안, '친족'의 의미는 — 적어도 암묵적으로는 — 젠더[성별 관계]를 핵심에 두는 일단의 특정한 학문적 가정들로 구성된 인위적 산물이 되었다. 20세기 중반에 친족이 더욱 전문적인 연구 영역이 되면서 인류학자들은 친족 체계의 수학적 모델이나 친족 조건에 대한 난해한 분석들을 생산해 냈지만, 이런 모델들이 우리가 일상에서 친숙하게 경험하는 '친족 되기'와 실제로 어떻게 연결되는지를 알기는 어려웠다. 이런 모델들을 구성하고 이에 대한 토론을 주도한 사람들은 대체로 남성들이었는데, 영국과 북아메리카의 대학들에서 인류학이 제도화될 때 여성들이 상대적으로 두드러지는 역할을 했음을 생각해 보면 이는 역설적이다. 그럼에도 친족 연구 영역에서 한 획을 그은 사람들은 브로니슬라브 말리노프스키, 알프레드 R. 래드클리프–브라운, 조지 피터 머독, 에드워드 에번스–프리처드, 마이어 포티스, 클로드 레비스트로스처럼 자기 시대를 주도하던 남성 인류학자들이었다.

여러 세대 동안 인류학 연구자들에게 친족은 누구나 격하게 싫어하는 주제, 어렵고 재미없기로 악명 높은 주제, 연구자들을 비롯해 '실제' 사람들의 관심사와 거리가 먼 주제였다. 친족을 규정하는 특정한 방식이 이런 상황을 만들어 냈다고 말하는 것은 이제 진부한 일이다. 20세기 중반에 친족 연구는 점점 더 추상화되었고, 현실에서 작동하거나 체험되는 관계나 그런 관계가 자아내는 강력한 감정과는 동떨어져 있는 듯했다.

이런 종류의 친족 관계가 다방면에서 여성들의 삶과 매우 동떨어져 있었던 것은 결코 우연이 아니다. 인류학자들은 이른바 원시사회에서 친족의 중요성은 대개 친족의 정치적·종교적 측면에 있었다고 주장했다. 경제와 정치는 친족 관계와 얽혀 있었고, 대체로 남성들이 지배했던 것으로 기술되었다. 이와 대조적으로 선진 산업사회를 연구하는 사회학 연구들은 친족을, 사회를 조직하는 중심 특징이 아니라, 경제적·정치적 삶의 다른 측면들과는 상대적으로 유리된, 사적이고 가정적인 영역으로 간주했다. 이런 연구에서 친족은 전형적인 여성의 영역으로, 사회학적으로 중요한 관심사는 아니라고 여겨졌다.

이런 견해들이 자료 수집 과정에 영향을 미친 것은 당연하다. 인류학 분야에서는 많은 선구적 여성 인류학자들이 자신들의 현장 연구 대상이던 사회에서 '명예 남자'honorary men로 받아들여졌다는 신화가 널리 퍼져 있었다. 식민 통치국에서 온 외부인으로서 높은 사회적 지위를 지닌 그들이 지위가 낮은 여성들의 세계로 격하되지 않고 (최소한) 평등한 존재로 높은 지위의 남성들에게 말을 걸 수 있었다는 내용이었다. 놀랍게도 최근까지 여성 대학원생들은 현장에서 이 '방법'을 사용하라는 말을 선생들로부터 흔히 듣곤 했다.

인류학에서 이 같은 친족 연구가 지배적이던 경향이 약화된 것은, 1970년대 정치 운동으로서 두 번째 페미니즘 물결이 나타나고, 학계에서 페미니즘이 활발하게 연구되면서부터다. 새로운 세대의 여성 인류학자들이 여성들의 삶에 주목한 많은 연구를 생산해 내면서, 기존의 문화기술지적 설명들이 얼마나 가정성의 일상적 중요성을 배제하면서 정치와 종교를 내세워 남성들의 관심사를 중시했는지를 보여 주었다. 점차, 여성들의 삶을 흥미의 대상으로 연구하던 경향은 여러 다른 사회에서 젠더 자체가 상징적으로 구성되는 다양한 방식에 대한 이론적 관심으로 대체되었다. 이런 새로운 작업들은 인류학에서 친족 연구가 차지하던 중요성을 어느 정도 대체했고, 또한 친족과 젠더의 관계, 그리고 이 용어들이 정의되는 방식에 대한 중요한 논의를 촉발했다. 인류학에서 친족 연구가 약화된 이유는 부분적으로는 1970년대부터 1980년대 내내 젠더가 학술적 관심의 영역으로 새롭게 중요성을 획득했기 때문이다. 하지만 동시에 이 같은 경향은 인류학 분야 내에서 일어난, 그리고 인류학을 넘어 다른 학문 영역으로도 이어진 좀 더 광범위한 이론적 전환의 결과이기도 하다. 즉, 20세기 중반에 인류학의 이론적·방법론적인 패러다임들은 탈식민주의 연구가 부각됨에 따라 도전받았는데, 이는 역사에 더 관심을 가지는 인류학, 구조보다 실천과 과정에 더 관심을 가지는 인류학으로의 전환으로 이어졌다. 인류학을 종교, 친족, 정치, 경제 등의 영역으로 나누는 것이 자명하다는 기존 방식은 이제 당연시될 수 없었고, 이 같은 재구성 과정을 통해 친족은 다소 다른 모습으로 출현하게 되었다.

진화론

되돌아보면, 헨리 메인 경, 존 퍼거슨 맥렐런, 루이스 헨리 모건 같은 19세기 사회진화론자들이 최초로 시도했던 친족 제도 비교 연구의 핵심에 젠더가 있었다는 점은 분명해 보인다. 넓게 보면 이 연구들은 성과 결혼을 전혀 규제하지 않는 "원시적 난혼"이라는 다소 무질서한 상태(혹은 메인의 이론이 말하는 "가부장적 독재"에서)로부터 19세기 유럽과 북아메리카 사회의 잘 정돈된 가족 형태가 보여 주는 문명의 정점에 이르기까지, 가족이라는 형태의 역사적 진화를 추적하고자 했는데, 그 정돈된 가족 형태란 가부장적 일부일처제 가족으로, 영토 국가와 사유재산제도라는 더 넓은 맥락 안에 있는 것이었다. 원시적 형태와 문명화된 형태 사이에서는 집단혼, 족외혼, 가모장제, 일처다부제, 일부다처제 등 다양한 연속적 단계가 나타난다(Kuper 1988 참조).

현대 인류학이 명시적으로 진화론적인 의제를 버린 지는 이미 오래되었고, 19세기 진화론적 인류학자들이 주장했던 친족 형태의 순서가 오늘날 인정할 수 있는 그 어떤 증거에도 기반해 있지 않다는 것은 분명하다. 모든 인간 사회가 성과 결혼에 그 어떤 규제도 없었던 단계(원시적 난혼) 혹은 여성들이 남성들을 지배했던 단계(원시적 가모장제)로부터 진보해 나아갔다는 생각은 단지 추정에 불과했고, 19세기에 나타난 특정한 사회 이론의 결과였으며, 매우 사변적인 것이었다. 그럼에도 부분적으로는 이후에 마르크스와 엥겔스가 모건[1]의 작업 가운데 일부를 받아들였기 때문에, 그리고 또한 부분적으로는 가족 형태의 진화

---

1 [옮긴이] 루이스 헨리 모건(1818~81)은 과학적 인류학의 주창자로서 특히 친족 관계 연구와 포괄적 진화 이론을 정립했다. 주저인 『고대사회』(1877)에서 그는 친족 연구를 통해 문화 발전 이론을 정립한다. 이 이론은 여러 문화의 발전 단계와 문명의 기원과 발전에 대한 최초의 중요한 과학적 이론으로 인정받는다. 모건의 가정에 따르면 사회 발전은 주로 식량 생산의 변화로 일어나는데, 수렵·채집 단계(야만 상태)에서 정착·농경 단계(미개 상태)로, 다음에는 농경 사회를 포함한 도시 사회(문명)로 발전해 왔다고 본다. 문화와 사회 발전에서 기술 변화와 물질적 요소가 중요하다고 강조하는 모건의 이론은 마르크스와 엥겔스의 주목을 받았고 그의 저서 『고대사회』는 마르크스주의자의 고전이 되었다. 그러나 모건 자신은 중산계급의 존재와 그들의 경제적 역할을 높이 평가했다.

에 대한 여러 견해에서 성들the sexes 사이의 관계가 핵심적이었고 또 그 관계가 20세기 페미니즘 연구에서 초점이 되었기 때문에, 이 이론들은 여전히 인류학과 젠더 연구에서 역사적 의미를 지닌다.

　모든 사회가 성과 결혼의 규제가 없고 누구나 다른 아무와도 성행위를 할 수 있던 상태로부터 진보해 왔다는 개념은 문헌학자들이 수집한 친족 용어의 비교분석 및 역사 속 사법 제도들에 대한 연구에서 나타났다. 모건(Morgan 1871)은 아버지와 아버지의 형제 혹은 어머니와 어머니의 자매를 구분했던 용어 체계들과 그렇지 않았던 용어 체계들 사이에는 근본적인 구분이 있다고 주장했다. 그는 전자를 "기술적"descriptive 체계로, 후자는 "유별적"類別的, classificatory 체계로 부른다. 기술적 체계는 아버지와 삼촌, 어머니와 이모를 구분한다. 이는 알려진 생물학적 관계들에 부합하는 구분일 뿐만 아니라, 이 친척들을 대하는 적절한 행동 방식에도 절대적 차이가 있음을 강조한다. 친족 용어와 행동이 연결되어 있다는 가정은 아주 중요했다. 모건은 유별적 용어들이 발견되는 사회에서 사람들이 단순히 어머니와 어머니의 자매, 아버지와 아버지의 형제를 구분하지 않았다고 주장한 것이 아니라, 그런 구분이 없었거나 혹은 별로 사회적으로 의미가 없던 이전 시기에서 유별적 용어가 유래했다고 주장한 것이었다. 다른 말로 하면, 이전의 어떤 시기에는 친족 체계가 자신들의 누이들과 결혼하는 형제 집단, 즉 집단 결혼을 수반했다는 말이다. 이미 그 자체로 가설인 이 초기 단계로부터, 성과 결혼이 근친상간의 금기를 비롯해 그 어떤 결혼 규범에 의해서도 규제되지 않던 훨씬 더 이전의 시기를 상정하는 것은 전혀 어려운 일이 아니었다. 모성과 부성이 다르다는 것은 분명했다. 어머니라는 정체성이 사회적으로 중요하지 않은 경우에도 누가 어머니인지는 임신과 출산을 통해 확인할 수 있었지만, 아버지라는 정체성은 결혼을 통해 부여되었다는 점에서 그렇다. 누군가를 어머니 혹은 아버지로 인지할 수 있는가에 대한 이런 차이는, 이후 생식에 대한 여러 문화의 믿음들에 대한 조사에서나, 재생산 기술의 사회적 의미에 대한 더욱 최근의 논의에서나, 인류학의 주요 영역에서 다뤄지는 주제가 되었다(이하의 논의 참조).

　모건을 비롯한 19세기 이론가들이 제안한 진화론적 단계들은 이미 오래전에 제자리를 상실했다. 하지만 친족 용어, 그리고 언어와 행위 사이의 관계에 대한 주장은 여전히 인류학의 의제로 남아 있다. 모건의 작업 가운데 현대 인류학과 젠더 연구에 특히 지속적인 영향을 미친 또 다른 영역은 가족 형태 진화의 인과적 메커니즘을 수립하려던 시도다. 모건은 『고대사회』(Morgan 1877)에서 사회가 아주 단순한 기술 단계(수렵, 낚시, 채집으로 자급자족하던 단계)에서 더 발달된 목축 체계로, 다시 정착 농경으로 발전하면서 노동이 점점 더 투입되었고, 그러면서 재산의 소유권이 더욱 중요해졌다고 말한다. 재산을 공동으로 보유하지 않게 되면서 남자들은 노동에 대한 자신의 투자를 더욱 제어하려 했고 유산 상속 규칙을 통해 자신의 자산을 안전하게 보호하려 했다. 기술과 재산 보유에서 나타난 이 같은 전개와 더불어 누가 자신의 자식인지 아는 것과 소가족 집단 내부에서 재산을 물려주는 일이 더욱 중요해졌다. 그래서 모건은 기술 발전의 진화론적 도식을 제안한다. 사냥에서 목축으로, 정착 농경으로 진화한다는 도식은 그것과 나란히 친족 제도의 진화를 촉진했고, 이 같은 진화는 원시 난혼, 가모장제, 집단 결혼에서부터 가부장제, 일부다처제, 일부일처제에 이르는 여러 단계로 이루어진다.

이미 언급했듯이, 모건의 작업이 광범위한 영향을 미친 이유 가운데 일부는 마르크스와 엥겔스가 모건의 작업을 이어 간 방식 덕분이다. 엥겔스의 『가족, 사유재산, 국가의 기원』은 1884년에 처음 출판되었는데 모건의 이론에 긴밀하게 기반하고 있었다(Engels [1884]1972). 하지만 모건의 작업이 학술적 논문으로 의도된 것이라면, 엥겔스의 작업은 직접적으로 정치적인 의제를 다루는 것이었다. 기술이 점차 정교해지면서 어떻게 재산 소유권과 유산 상속의 다양한 제도로 이어졌는지, 이런 발전이 어떻게 다시 결혼과 가족 형태들을 변화시켰는지 보여 주면서, 엥겔스는 사유재산제도가 일련의 변화에 따른 역사적 결과물 ― 불가피한 것도 아니고 필연적으로 영구적인 것도 아닌 ― 임을 보여 주었다. 마찬가지로, 엥겔스는 빅토리아시대의 가부장적 일부일처제 가족이 (그 시대의 인류학 이론 대부분이 암시하듯이) 가장 문명화된 친족 제도라고 주장하지 않고, 이 제도 그리고 그것이 수반하는 여성에 대한 억압을 강도 높게 비판했다. 엥겔스는 이 제도를 자본주의경제 체제에 수반될 수 있는 가족 형태 가운데 하나로 간주하면서, 역사적으로 다른 친족 체계들이 존재했을 뿐만 아니라 미래에는, 성들 사이의 관계가 훨씬 더 평등한, 다른 형태의 친족 배치에 이 제도가 그 자리를 내줄 수도 있다고 말했다.

그 정도는 다양하다 해도, 친족에 대한 인류학적 연구는 서구 사회의 친족 배치에 대한 대안적 사례들을 제안할 정치적 가능성을 유지해 왔다. 1970년대 페미니즘의 작업들, 즉 — 특히, 수렵 채집이 주요 생계 수단이었던 사회들에서 — 다양한 형태의 노동 배치, 재산 소유권 체계, 성들 사이의 관계뿐만 아니라 다양한 모습의 여성들의 삶을 연구했던 이들의 작업이 모건과 엥겔스가 개진한 이 같은 주장들에 힘입은 바가 크다는 것은 분명하다. 모건과 엥겔스가 제시한 부류의 진화론적 발전은 다른 맥락에서도 다루어야 할 의제로 남았다. 소련과 중국의 인류학은 나름의 분명한 이유로 20세기의 상당한 기간 동안 진화론적 의제를 유지했다.

공시적 친족 연구

거의 20세기 내내, 친족은 사회·문화인류학이라는 학제의 중심이었지만, 일반적으로 인류학자들은 친족 배치에 대한 자신들의 문화 횡단적 설명에 진화론적 함의를 부여하지 않으려 했다. 말리노프스키, 래드클리프-브라운, 에번스-프리처드, 머독과 포티스 같은 20세기 초반과 중반의 인류학자들은 그들이 연구하는 사회에서 정치적 조직화가 친족 제도를 통해 작동한다는 사실 때문에 친족 체계에 관심을 두었다. 현대적 국가 구조나 정부 기관이 없는 상황에서 이 사회들의 정치적 기능은 연장자와 족장 체계에 의해 유지되었다. 이들은 친족 유대를 통해 그 인구 집단의 나머지 사람들과 연결되어 있었고, 그들의 권위는 출계出系, descent[2]의 유대를 통해 작동하는 더 넓은 친족 집단에서 그들이 차지하는 지위에 따라 부여되었다. 직무의 승계는 친족에 의해 결정되었다. 흔히 종교조차 친족의 어법 속에서 작동했고 이는 정치적 권위를 합법화하는 데 본질적이었다. 그래서 포티스(Fortes 1961, 1983)는 서아프리카 탈렌시족 사이에서 부모에 대한 자식의 효도와 연소자가 연장자에게 예의를 다해야 할 의무가 어떻게 조상숭배라는 종교적 체계의 일부를 이루고 있는지, 또한 이와 동시에 그것이 출계 집단에 기반한 연소자에 대한 연장자들의 정치적 권위라는 위계적 체제에 얼마나 본질적인지 설명한다. 이런 방식으로 종교와 정치는 (경제와 마찬가지로) 친족을 분리할 수 없는 토대로 삼고 있다.

정치가 친족을 통해 작동한다는 사실 때문에 친족 제도에 대한 연구는 그 사회가 어떻게 작동하는지 — 그 사회의 안정적인 정치적 기능과 결속력 있는 질서가 무엇인지 — 파악하는 데 핵심적이었다. 이런 의미에서 친족은 일상적인 가정 세계나 친밀한 가족생활보다는 중첩된 출계 집단들과 혈통들, 부족들과 씨족들로 이루어진 더 넓은 '정치적' 구조를 의미했다. 특히 20세기 중반의 영국 사회인류학파에게는, 부계나 모계처럼 하나의 공통 조상에서 후손이 나오는 데 기반한 단일 출계 집단이 없음에도 정치적 안정이 확보된다는 사실이 납득하기 어려운 일이었다. 동족 집단[혈족 집단]은 재산을 공동으로 소유하고 자신을 하나의 법률 단위로 간주하는 합체된 집단으로 기능했다. 출계 체계는 자궁을 지닌 조상을 따라가는 여성 계통을 따라 작동할 수도 있었고 남성 계통을 따라 부계 원리로 작동할 수도 있었지만, 모계인지 부계인지가 정치적 권위와 반드시 상관관계를 가지는 것은 아니었다. 모계 출계 체계에서도 정치적 권위가 있는 입지에 있던 사람들은 남성들이었다. 이 점에서 인류학자들은 출계의 원칙인 모계제matrilyny와 여성이 남성에 대해 정치적 지배력을 가지는 가모장제matriarchy를 분명하게 구분했다. 사실 몇몇 19세기의 진화론적 도식들(특히 요한 바흐오펜)에서는 가모장제가 두드러지게 나타났지만, 인류학자들은 자신들이 연구했던 동시대의 사회들에서 가모장제의 증거를 찾지는 못했다.

모계 체계와 부계 체계에는 서로 다른 사회적 함의가 있었다. 인류학자들은 모계 친족이 남자들에게 소속과 거주지, 그리고 집단 응집력 차원에서 긴장을

2　[옮긴이] 출계는 친족 집단 내의 관계를 말한다. 출계율descent rule이란 태어난 아기들의 소속을 정하는 규칙을 말하는데, 아버지 쪽의 혈통을 따르는 경우는 부계 출계율이라고 하고, 어머니 쪽의 혈통을 따르는 경우는 모계 출계율이라고 한다. 이에 반해 동맹(연계)alliance은 서로 결혼하는 친족 집단들 간의 관계를 말하며, 동맹론(연계론)alliance theory은 혼인을 통한 동맹 관계가 사회조직의 기본이 된다는 이론이다.

유발했다고 기술했다. 출계 집단들은 족외혼 — 한 동족 집단의 일원이 배우자를 다른 동족 집단에서 취하는 — 을 했는데, 만약 남자들이 결혼 후 집을 나가 결혼으로 맺어진 인척들과 살게 되면 권위를 가진 남성들의 정치적 집단은 지리적으로 분산된다. 만약 결혼 후 여성들이 남편의 집단으로 이동하면 모계 집단에 속하는 아이들은 (어머니와 함께) 분산되어 출계 집단의 연속성 차원에서 문제를 야기할 것이다. 이 두 경우 어느 쪽이든 남자들은 아내 집단에의 소속과 자신의 태생적 종족 집단에의 소속 사이에 끼게 된다. 인류학자들은 "모계의 난제" matrilineal puzzle(Richards 1950)라고 불렸던 것에 대해, 결혼과 승계를 관장하는 규칙 체계 안에서 거주지와 관련된 여러 가능한 해법들이 있었다고 설명했다. 하지만 물론 부계 체계도 이와 유사한 소속의 문제가 있었다. 다만 여기서는 중간에 낀, 즉 아버지 집단에의 소속과 남편 집단에의 소속 사이에 낀 존재가 여성들이다. 모계 집단에서 인류학자들이 면밀히 분석할 가치가 있다고 여긴 대상이 남자들의 지위였다는 사실은 틀림없이 의미심장하다.

인류학자들이 분석적으로 이해한 친족이 젠더와 관련된 암묵적 구분에 기반한다는 것을 우리는 알 수 있다. 말리노프스키와 포티스를 비롯해 20세기 중반기에 활동한 인류학자들의 작업에서 가족은 아이들의 사회화와 돌봄 제공에 필요한 보편적인 사회제도로 간주되었다. 남성들이 정치적으로 활동하는 공적 세계는 여성들과 아이들을 포함하는 가정에서의 더 친밀한 사회적 관계보다 우선적인 것으로 간주되었다. 포티스(Fortes 1969)는 친족의 "가정 영역"과 "정치적-법적 영역"을 명시적으로 구별했다. 인류학자들은 친족이 정치적-법적 영역에서 어떻게 기능하는지에 주로 관심을 가졌다. 친족은 사회구조에 연속성과 안정성을 주는 것이었다. 가정 영역은 개인을 더 넓은 출계 집단 및 정치적-법적 영역과 연결하고, 친족이 가진 도덕적 힘의 원천 — 포티스가 "우호의 공리" axiom of amity라고 부른 것 — 을 제공한다는 점에서 중요했다. 아이들은 가정 영역에서 처음으로 친족 관계의 도덕적 책무를 학습하고, 이런 학습이 이후에 더 넓은 출계 집단으로 확장해 적용되었다. 가정 영역과 정치 영역을 분리한 포티스의 분석적 구별은 훗날 페미니즘 진영으로부터 강력한 비판 — 검토해야 마땅할 주제를 당연한 것으로 전제했다는 — 을 받기는 하지만, 그의 작업에는 그가 연구한 사회에서 발견한 가정생활과 모자 관계에 대한 상세한 기술이 담겨 있어서 지금도 흥미롭게 여겨질 만하다. 그러나 엥겔스와 이후 페미니즘 학자들이 남녀 관계가 평등한 사회의 가능성을 상상해 보려는 명시적 목적으로 다른 문화권의 친족 구조를 수사적으로 활용한 것과 같은 시도는 [그의 연구에] 없었다.

20세기 중반의 기능주의[3]적인 친족 연구와 구조기능주의적인 친족 연구에는 일종의 보수주의가 내재되어 있었다고 할 만하다. 부분적으로는 이런 연구들 대부분이 어떤 사회의 특정한 순간을 담은 일종의 스냅사진을 제공하는 의도적으로 무無역사적인 것이었기 때문에, 제도들이 시간이 지나면서 어떻게 변화했고, 스스로를 어떻게 변형했는지에 대해, 또는 그런 제도들이 어떻게 특정한 역사적 과정의 결과일 수 있는지에 대한 인식이 거의 없었다. 실제로 이후의 후속 연구들은 이 시기에 아프리카를 연구한 인류학자들이 더없이 깔끔하게 묘사했던 출계 체계의 형태가 얼마나 이상화된 것인지를 보여 주었다. 부족 집단들 사이에서 문제없어 보였던 경계선들은 상당 부분 식민지 정부들이 추진한 정책과 강요의 결과였다. 좀 더 국지적 차원에서, (예를 들어, 에번스-프리처드의 작업에서) 동족 집단 같은 제도가 분석적으로 얼마나 중요하게 여겨졌든 간에 그 제도에 막상 속한 사람들은 자신들이 실제로 어떤 출계 집단에 속하는지를 잘 모를수도 있었다는 게 명백한 사실이다(Kuper 1988; McKinnon 2000 참조).

동맹론

조직화 원리로서 출계에 초점을 맞춘 20세기 중반 영국 인류학자들의 친족 연구와 달리, 프랑스에서 매우 영향력 있는 클로드 레비스트로스의 연구는 결혼, 즉 동맹[연계]을 친족의 중심 특징으로 본다. 레비스트로스의 대규모 비교 연구인

---

3 [옮긴이] 기능은 관습이나 사회제도(의 추상적 목적)가 한 사회 체계 내의 다른 관습이나 제도와 맺는 관계를 가리키기 위해 다양하게 사용되는 용어다. 기능주의는 관습이나 사회제도의 기능을 강조하는 모든 시각을 말하는데, 말리노프스키(순수한 기능주의자)와 래드클리프-브라운(구조기능주의자)의 시각이 있다.

『친족의 기본 구조들』은 1949년 프랑스에서 출판되었고, 영어 번역본은 1969년에 나왔다(Lévi-Strauss [1949]1969). 인류학 연구에서 대립하게 된 두 학파가 각기 주장하는 친족의 내용은 매우 다른 부류의 두 마리 괴수였다. 레비스트로스의 지적인 기획은 당대의 영국 인류학자들이 수행한 연구보다 훨씬 보편적인 것이었다. 영어권 학자들이 특정한 사회의 작동 방식 — 어떤 종류의 친족 규칙이 존재했고, 사람들이 실제로 어떻게 행동했는지 — 을 설명하고 분석했다면, 레비스트로스는 보편적 의미에서 인간의 마음이 작동하는 방식을 이해하고자 했다.

기본적으로 레비스트로스는 인간의 모든 정신 활동을 관장하는 원리를 드러내는 것으로서의 친족에 흥미를 가졌다. 바로 이런 이유로 그는 훗날 아마존 여전사 신화에 대한 연구에 몰두하는데, 이 신화는 친족이 불가피하게 휘말려 있는 물질적·실천적 요인들의 방해를 받지 않는, 사유의 '순수한' 영역으로 간주될 수 있었다. 레비스트로스는 인간 활동의 가장 근본적 원리를 교환으로 봤다. 이 점은 원시사회에서 선물의 중요성을 연구하고 모든 선물-주기 체계가 호혜성 원리에 의존하고 있다고 주장한 마르셀 모스(Mauss [1925]1990)의 영향을 받은 것이다. 레비스트로스는 선물 가운데 가장 귀한 선물이 여성이라고 주장했는데, 그 까닭은 여성이 재생산을 통해 집단의 영속성을 보장하기 때문이다. 그러므로 결혼을 통해 선물로 받은 여성에 대한 유일하게 가능한 보답은 또 다른 여성이다. 한 집단의 남자들이 결혼을 통해 자신의 누이를 다른 집단에 주게 되면, 결혼에 의한 동맹 체계가 만들어진다.

교환을 인간 사회성의 중심 특징으로 강조한 레비스트로스는 사회적 단위 자체의 내용보다 사회적 단위들 사이의 관계가 더 중요하다고 강조한다. 그의 분석은 본래 사회적인 존재로서 인류를 이해하기 위해서는 사회생활(신화이든 친족 집단이든)의 단위 자체의 본성보다 이 단위들 사이의 관계를 이해해야 한다는 개념에서 출발한다. 그래서 어떤 신화에 대한 구조적 분석은 그 신화를 다양한 요소로 나누면서 시작하고, 각 요소들은 예를 들어 뜨거운/차가운, 젖은/마른, 남성/여성 같은 구조적 대립의 체계 속에서 서로 관련을 맺게 된다.

레비스트로스는 또한 교환의 중요성이 근친상간 금기의 기원이라고도 말했다. 근친상간 금기는 모든 인간 문화의 공통적 특징인데, 레비스트로스는 근친상간 금기가 자연의 동물 세계로부터 인간의 문화 세계로 이행한 징표라고 본다. 근친상간 금기의 효과는, 레비스트로스의 용어로 말하면, 남자들이 누이들을 자신들 몫으로 가지지 않고 결혼을 통해 교환하도록 만드는 것이다. 이런 방식으로 그는 근친상간 금기들의 내용이 문화마다 다름에도 어떻게 그것들의 기원과 효과 ― 외부 집단과 결혼하는 족외혼 강요 ― 가 늘 같은지 설명한다. 『친족의 기본 구조들』에서 레비스트로스는 사람들이 특정한 친족 범주와 결혼하도록 되어 있는 상이한 결혼 체계들을 구조적으로 상세히 분석한다. 규칙들은 극단적으로 복잡할 수 있다 ― 때로 이 규칙들은 한 세대에서 다음 세대로 이어지는 집단들 사이의 호혜성만이 아니라 수많은 집단들 및 상당히 긴 기간에 걸쳐 연루되는 호혜성과도 관련되어 있다. 레비스트로스가 제시한 도식을 상세히 설명하지 않아도, 그의 분석이 가지는 함의가 매우 급진적이었음을 알수 있다. 그의 책은 그가 "기본 체계들"이라고 부른, 즉 특정한 범주의 친족과 결혼하도록 실증적으로 명령하는 명시적 규칙들의 체계에 대한 연구다. 하지만 그는 교환과 호혜성이라는 동일한 원리가 그런 실정적 규칙이 없는 "복잡한 체계"에서도 여전히 작동한다고 주장했다. 계급을 비롯한 다른 요인들로 [그 원리가] 가려져 있긴 해도 그러하다는 것이다.

교환과 결혼을 분석의 중심에 둠으로써 레비스트로스는 친족 집단 내부의 관계보다 친족 집단들 사이의 관계에 초점을 맞춘다. 유사한 방식으로, 레비스트로스는 핵가족을 보편적 친족 제도라고 말하지 않고, 어머니, 아버지, 자녀 그리고 어머니의 남자 형제로 구성된 "친족의 원자"atom of kinship를 보편적인 것으로 제안한다. 이 네 요소가 필요한 이유는 교환 ― 어머니의 남자 형제와 여성의 남편 사이에서 이루어진 교환 ― 을 가장 기본적인 친족 단위의 중심에 놓기 위해서다.

친족의 중심을 출계로 볼지 아니면 결혼으로 볼지 여부가 친족 연구 및 좀더 일반적으로 인간의 문화 연구에서 중요한 함의를 가졌던 것은 분명하다. 구조주의는 1960년대와 1970년대에 부상했는데 이런 분석이 인류학의 친족 연구에 남긴 영속적인 흔적 가운데 하나는 교환과 결혼의 근본적 중요성을 부각한 것이다. 이때부터 인류학자들은, 그들의 연구 입장이 무엇이든, 결혼을 집단들 사이에서 나타나는, 재화와 급부의 전체적인 연계를 수반하는, 지속적인 관계의 묶음으로 이해하게 되었다. 이와 같은 이해는 인류학자들이 출계 체계가 두드러진 아프리카로부터 교환이 사회생활의 핵심 원리인 (뉴기니아와 아마조니아 같은) 다른 지역으로 관심을 돌렸을 때 특히 중요했다.

하지만 레비스트로스의 이론에 대한 중요한 비판도 이루어졌다. 사회생활의 요소들을 상호 대립하는 원리들의 구조로 분석하는 경향은 복잡한 사회현상을 다소 단순화된 두 줄짜리 목록으로 축소하는 결과를 낳았다. 오늘날, 친족의 원자라는 개념 ― 그리고 특히 레비스트로스가 망설임 없이 그 내부의 관계들을 간단한 덧셈, 뺄셈 기호들로 표시한 것 ― 은 더는 진지하게 받아들여지지 않는다. 페미니스트 학자들은 좀 더 근본적으로, 결혼을 통해 여성을 교환한 것은 늘 남자였다는 레비스트로스의 주장과 여성은 단지 교환의 대상에 불과했다는 결과적 함의에 이의를 제기했다. 레비스트로스의 주장의 토대인 남성 중심적 전제에 반대(예를 들어, Rubin 1975; McKinnon 2001 참조)하는 것과는 별개로, 페미니스트 인류학자들이 여성의 삶에 더 초점을 맞추는 연구를 본격적으로 시작하자, 여성들이 결혼 협상에서 매우 적극적인 역할을 하곤 했으며 결혼이 단순히 남성들이 여성들을 교환하는 것으로만 이해될 수 없다는 점이 분명해졌다.

1960년대와 1970년대에는 동맹론[연계론]과 출계론 사이의 논쟁이 인류학의 친족 연구를 지배하면서 근본적인 이론의 분리를 특징짓는 듯 보였다. 하지만 오늘날에는 두 학파 사이의 공통점이 더 분명하게 보인다. 두 분석 모두 역사적 변화에 대해 전혀 논의하지 않았다. 두 분석 모두 그 기질에 있어서 매우 규범적이며, 어떤 특정 사회에서 남편이나 아버지, 아내나 어머니가 된다는 것의 의미가 다양할 수 있음을 거의 인정하지 않았다. 두 학파 모두 남자들을 사회적·정치적 생활의 주요 행위자로 보고, 가정생활의 일상적인 친밀함은 인류학자의 중요한 관심사가 아닌 것으로 치부하는 경향이 있었다.

문화주의적 비판

앞서 언급했듯이, 친족에 대한 서구 사회의 연구에서, 사회학자들, 역사학자들, 인류학자들은 친족을 사회조직의 비교적 사소한 측면으로 간주하는 경향이 있었다. 여기서 친족은 정치적·경제적·종교적 삶과 분리된 것으로 간주되었고, 어느 정도는 핵가족으로 축소되었다. 여성이 가정과 가족을 통제할 수 있는 정도가 다양했음은 인정되었지만, 가족은 고립되고 사적이며 가정적인 것, 무엇보다도 '여성의' 영역을 구성하는 것으로 간주되었다. 사회과학자들이나 역사가들이 유럽의 친족을 연구할 때는, 친족의 도구적 측면 — 재산 관계, 유산 상속의 패턴, 경제적 교환 — 을 가장 중요한 것으로 간주하곤 했다.

서구의 친족에 대한 이 같은 이해는 다양한 방향에서 점점 더 서로를 강화하게 된 여러 방면의 비판들로 인해 약화되었다. 그중 하나는 일과 가혹한 경제적 명령의 세계로부터 동떨어진 안식처로서 '가정 영역'을 분석한 것에 대한 페미니즘의 비판이다. 이에 대해서는 다음 절에서 좀 더 논할 것이다. 또 하나는 인류학 내부에서 제기된 친족에 대한 문화주의적 비판이다. 이와 같은 입장은 미국의 데이비드 슈나이더가 처음 제기했다. 슈나이더의『아메리카의 친족』은 1968년에 처음 출판되었고, 2판은 1980년에 나왔다(Schneider 1980). 이 책은 영국 기능주의 학파 및 프랑스 구조주의 양자 모두와 매우 다른 친족 연구 방법을 제시했다. 슈나이더 자신은 인류학과 사회학의 베버주의적 전통에 주로 기반해 있었고, 탤컷 파슨스의 영향도 받았다. 그의 출발점은 친족을 종교적 이데올로기나 민족주의 이데올로기 같은 의미 체계로 보는 것이었고, 친족이 구현했던 개념들과 상징들을 미국 문화의 구성원들에게 적용되는 일종의 신념 체계로 이해하는 것이었다.

슈나이더는 성적 생식을 미국 친족 관계의 핵심 상징으로 서술했는데, 그 관계는 두 개의 질서 — 자연의 질서와 법의 질서 — 로 나뉜 것으로 봤다. 미국 문화에서 직계 혈족의 유대는 자연적인 것, 생물 유전자 물질을 공유하는 것에 기반한 것으로 간주되었다. 반면, 결혼 관계는 법에 명시된 "행동 규약"에 의해 지배되었다. 결혼을 통한 두 파트너의 성적 결합은 자연 질서와 법의 질서, 즉 물질과 규범을 결합했다. 슈나이더는 친족 유대가 "분산된, 지속적인 연대"를 구현한다고 설명했는데, 이것은 친족이 가진 이데올로기적이고 도덕적인 힘의 핵심이었다.

오늘날 『아메리카의 친족』은 고전적 연구로 남아 있다. 비록 시카고 도심(이 책의 기반이 된 현장 연구가 수행된 곳)이나 미국 문화 전반의 친족에 대한 실제 설명보다는 친족을 연구하는 새로운 방식을 제시했다는 점에서 더욱 그런 듯하지만 말이다. 상당히 얇은 이 책에서 슈나이더는, 이후 그의 비판가들의 주장처럼(그리고 스스로 인정했듯이), 미국의 친족을 매우 동질적인 일련의 원리들로 환원했다. 이는 민족성뿐만 아니라 연령, 성, 계급, 지역성 등에서 나타나는 중요한 차이를 간과한 결과다. 다른 맥락, 다른 배경, 혹은 개인적 역사들이 어떻게 친족에 대한 이해를 다르게 형성할 수 있는지에 대해서는 전혀 논의되지 않았다. 그러므로 20세기 말 이후 인류학의 가장 혁신적 작업들이 그의 영향을 분명하게 받았으면서도, 그의 가장 강력한 비판가들이기도 했던 그의 제자들에 의해 수행되었다는 사실은 더욱 흥미롭다. 이 연구들은 공통적으로, 훨씬 더 명시적으로 정치적이거나 종교적인 이데올로기들과 마찬가지로, 친족이 이데올로기적 체계로 작동하며, 이것이 친족의 더 현실적 측면과 더불어 친족의 중요한 부분이라고 생각했다.

젠더, 재산, 그리고 친족의 종말

친족 연구는 인류학의 다른 연구 분야와 마찬가지로, 또한 좀 더 광범위하게는 학계 자체가 그러했듯이, 1970년대와 1980년대에 커다란 변화를 겪는다. 이런 지적 전환은 학계 바깥에서 전개된 정치적 움직임, 특히 반식민주의 운동과 페미니즘 운동의 효과로 나타난 변화로부터 상당한 자극을 받았다. 이 두 운동 모두 인류학에 깊은 영향을 미쳤다. 사회구조에 대한 공시적 연구, 즉 인류학자들이 연구했던 많은 사회의 정치체에 식민주의 역사가 초래한 결정적 효과, 반식민주의 운동의 정치적 중요성을 무시한 연구는 지적으로 지지하기 어렵고 정치적으로도 받아들이기 어렵다는 것이 점차 분명해졌다. 역사에 좀 더 밀착되고 정치적으로 깨어 있는 인류학이 점차 그 모습을 갖추기 시작했다.

이와 동시에, 20세기 중반 인류학자들의 비서구 사회에 대한 연구에서 지배적으로 나타났던 정치, 종교, 친족에 대한 매우 규범적인 설명이 부적절하다는 점도 명백해졌다. 인류학자들은 주어진 사회적 맥락에서 다양한 행위자들 — 남성뿐만 아니라 여성, 젊은이와 노인, 지도자와 족장뿐만 아니라 정치적으로 불리한 입지에 놓인 사람들 — 의 경험과 목소리를 기록하는 일에 더 많은 관심을 가지게 되었다. 이전의 억눌렸던 목소리와 정치적·경제적으로 억압적인 통치 체제에 저항하는 양태에 초점을 맞추는 작업이 무대의 중앙을 차지하기 시작했다. 처음에는 1970년대 마르크스주의적 선회의 일환으로 이 같은 작업의 상당 부분이 이루어졌고, 나중에는 미셸 푸코의 저술에서 많은 영향을 받았다.

친족 연구에서 1960년대와 1970년대에 마르크스주의 비평의 영향으로 친족이 재산 관계의 형태로 기능하는 방식이 부각되었다. 이런 연구들은 마르크스, 엥겔스, 모건의 저술에서 영감을 받아 친족이 어떻게 계급이나 재산에 따른 사회적 위계 구조를 은폐하는지 살펴보았고, 친족 관계가 어떻게 생산관계로도 기능하는지 조사했다. 이런 경향의 작업은 전前자본주의적 관계로부터 자본주의로의 이행에도 관심을 두었고, 대체로 사회진화론적 혹은 역사적 관점을 취하곤 했다. 친족의 경제학 — 결혼, 지참금, 상속, 친족 집단의 토지와 가축 소유 — 에 대한 관심은 잭 구디(Goody 1983, 1990)뿐만 아니라, 유럽에서 전개된 가족과 자본주의를 아시아나 아프리카의 친족과 경제체제와 비교하는 데 관심을 가졌던 다른 역사학자들과 인류학자들의 주요한 연구 주제가 되었다.

친족의 좀 더 도구적인 효과도 여전히 친족 연구의 중요한 주제였다. 피에르 부르디외(Bourdieu 1977)의 작업은 친족의 사회적 효용의 의미를 부각했다. 이 같은 '실천-기반'의 인류학은 친족 규칙이 직접적으로 특정한 형태의 행동을 만들어 내는 방식보다는 사람들이 소급적으로 자신의 행동을 친족 규칙 탓으로 돌리는 방식을 보여 준다. 이런 방식은 이전의 일부 마르크스주의적 연구에서 나타났던 것보다 덜 환원적인 방식으로 친족의 도구적 중요성을 인정할 수 있는 길을 열어 주었다.

하지만 좀 더 일반적으로 인류학에서 친족의 중심성은 약화되었다. 부분적으로는 20세기 중반의 인류학이 대체로 친족을 정의했던 방식들 — 국가 없는 사회에서 부분적으로 정치적 안정에 핵심적인 기능을 수행하는 혹은 인간 사유의 심층 구조를 드러내는 것으로서 — 이 입지를 상실했기 때문이다. 친족 이론가들 사이의 논쟁이 점점 더 전문 기술적이고 추상적이 되면서, 이 시기 연구자들은 이 같은 논의들이 이해하기 어렵거나 정치적으로 적절하지 않다고 봤다. 어느 정도는 이전에 친족 연구에 속했던 부류의 논제들이 새롭게 관심을 받게 된 젠더 관계의 주제가 되기도 했다. 1970년대 인류학에서 여성들의 삶을 기록하고 남녀 관계의 성격을 살펴보는 중요한 작업들이 다수 나타났는데(예를 들어, Rosaldo and Lamphere 1974; Reiter 1975), 이런 연구에 영감을 준 것은 분명 학계 바깥에서 전개된 페미니즘 운동이었다. 암시적이든 명시적이든, 이런 연구들은 흔히 서구 자본주의사회에서 지배적이던 남녀 관계보다 더 평등한 남녀 관계의 가능성을 질문하는 일련의 물음에 답하려는 시도들이었다. 만약 인류학자들이 현대 서구의 젠더 위계와 가족 관계에 대한 대안 사례들을 동시대 비서구 문화 안에서 찾아낼 수 있다면, 그것은 학문적으로뿐만 아니라 정치적으로도 흥미로운 일이 될 터였다. 이런 이유로 1970년대 초반에 마르크스주의적 선회의 영향을 받은 이런 연구의 상당 부분은 노동과정들, 그리고 생산과 재생산에서 남성과 여성 사이의 노동 분업에 초점을 맞춘다.

1970년대 말부터 페미니즘 연구는 다른 문화 여성들의 삶을 기술하는 것에서 점차 젠더의 상징화로 방향을 바꾼다. 여기서 쟁점은 이전 세대 인류학자들이 간과했거나, 아니면 자신들이 구축한 분석에 이미 그 답을 전제해 두었던 근본적 질문들이었다. 어떤 특정 사회에서 여성이라는 것 혹은 남자라는 것은 무엇을 의미하는가? 아내 또는 어머니, 딸 또는 누이, 남편, 아버지, 아들 또는 형제 역할이 수반하는 것은 정확히 무엇인가? 젠더는 어떻게 구성되었는가? 남성들의 '공적인', '정치적인' 세계와 여성들의 '사적인', '가정적인' 영역 사이의 단순한 구분이 더는 당연한 것으로 간주될 수 없었다(Yanagisako 1979). 그런 구별은 보편적으로 유효한가? 가정적인 것 또는 정치적인 것은 특정 사회에서 어떻게 구성되는가? 서구와 비서구 양쪽 모두에서 가정적인 것이 무엇과 연루되어 있는가를 비판적으로 연구한 작업들은 자본주의사회에서 가족과 가정이 일과 생산노동의 세계로부터 안전한 영역이라는 개념에 도전했다. 이런 작업은 또한 외관상 비규범적인 가족 형태, 예를 들어 여성이 가장인 혹은 "어머니 중심의" 가족 형태는 역기능적이라는 통념을 허물면서, 그런 가족 형태들을 역사적으로 착근된 경제적이고 정치적인 힘의 산물로 봤다(Stack 1974; Smith 1987 참조). 이와 동시에 그런 작업은 인류학자들이 서구와 비서구의 당연한 차이라고 생각했던 것, 즉 비자본주의적 사회조직에서는 친족이 중심이지만 서구에서 친족은 사회학적으로 주변적인 중요성만 지닌 것으로 축소되었다는 생각 역시 약화했다.

이런 질문들은 인류학의 젠더 연구를 지배했지만, 친족 연구에도 깊은 영향을 미쳤다. 남성과 여성의 관계, 가정적인 것의 성격, 가계, 젠더화된 노동 분업, 결혼, 생식 등과 같은 모든 주제들이 젠더의 인류학에서 철저히 분석적으로 새롭게 재검토되었다. 하지만 이 주제들은 또한 친족 연구의 정당한 부분으로 간주될 수도 있었다. [그러면서] 친족과 젠더 사이의 관계가 명백히 문제시되었다. 즉, 어느 쪽이 논리적으로 우선하는가? 그것들은 분석적으로 분리된 영역들인가? 아니면, 콜리어와 야나기사코(Collier and Yanagisako 1987)가 주장하듯 "상호 구성적" 영역들인가? 이전에는 친족 관계로 간주되었던 내용 가운데 상당한 부분이 젠더에 대한 새로운 관심으로 대체되었으며, 친족 연구 자체가 쇠락하는 듯보였다.

분석적 구성물로서 젠더 자체는 신체적인 것과 사회적인 것 사이의 구분을 전제한다 ― 즉, 젠더는 섹스와의 관련 속에서 정의되면서도, 남자 혹은 여자의 속성들이 어떻게 사회적 과정의 문제가 되는지에 초점을 두었다. 성과 젠더의 구분은 남녀 관계의 분석을 오랫동안 괴롭혔던 신체 결정론을 인류학자들이나 사회학자들이 피할 수 있게 하는 분석적 장치였다. 성들 사이에서 나타나는 불평등의 증거들을 발견할 때마다, 인류학자들이 이를 생식, 임신, 출산 등과 같은 신체적 사실에 의존하지 않고 설명하기는 어려워 보였었다(예를 들어, Ortner 1974; Errington 1990; Butler 1993 참조). 젠더의 사회적 구성, 그리고 생식에 대한 문화 간의 다양한 이해 방식에 초점을 맞추는 것은, 몸에 관한 '사실'로 여겨지던 것이 매우 다양하게 해석될 수 있음을 보여 주는 중요한 분석 전략의 토대가 되었다.

"자연적 사실들"로 간주되었던 것들의 해체 — 혹은 탈자연화 — 는 인류학에서 젠더 연구의 중심 주제가 되었고(Yanagisako and Delaney 1995 참조), 친족 연구에도 매우 중요한 영향을 미쳤다. 물론 생식이라는 물리적 사실은 이미 19세기부터도 친족 분석자들에게 흥미로운 주제였다. 20세기 초반기에 수행된 말리노프스키(Malinowski 1929)의 연구를 통해, 트로브리안드 제도의 주민들은 성적 생식에서 아버지의 역할을 인정하지 않는다는 사실이 널리 알려졌다. 이 주제를 둘러싼 논쟁은 친족 연구의 기본 메뉴이기도 했다. 1980년대에 데이비드 슈나이더는 인류학자들의 친족 정의가 서구의 친족 관계에서 나타나는 성적 생식의 중심성을 전제하고 있다고 주장했다. 하지만 만약 성적 생식이 친족 관계의 토대로 간주되지 않거나, 인류학자들이 연구한 문화들 가운데 일부에서 이를 매우 다르게 이해한다면, 친족의 분석적 지위 전체가 문제가 되는 것이었다. 왜냐하면 그간 친족 비교 연구는 연구의 대상, 즉 친족이 모든 곳에서 같은 방식으로 정의된다고 가정하고 있었기 때문이다. 슈나이더는 『친족 연구의 비판』(Schneider 1984)에서 이 같은 가정이 명백히 사실과 다르다고 주장했다. 인류학자들이 자민족 중심적인 가정을 자신들의 분석에 들여왔고, 이에 따라 비교 작업의 타당성이 약화되었던 것이다.

1980년대 초반의 다른 많은 학자들과 마찬가지로 슈나이더에게도, 이 같은 결론은 불가피해 보였다. 인류학적 분석에서 '친족'을 다른 것과 분리된 별개의 영역으로 유지할 수 있는 정당성이 없었다. 앞으로 나아가려면, 전체론적 문화기술지가 기반해 있던, 정치·종교·친족·경제 사이의 인위적 구분을 철저히 해체할 필요가 있었다.

관계성 구축하기: 말레이족 사례

이 당시 대학원 학생들에게 친족은 가장 매력 없는 주제였다. 친족은 이론적으로 매우 복잡했고 정치적으로도 부적절했으며, 특히 슈나이더의 전반적 해체

작업 이후 학생들은 친족을 인류학의 미래가 아닌 과거[철 지난 주제]로 간주했다. 하지만 이런 상황 때문에 많은 인류학자들은 현지 조사를 하는 데서 일종의 진퇴양난에 빠졌다.

잠시, 내가 1980년대 초에 했듯이, 말레이 어촌에서 여성들의 삶에 대해 현지 조사를 하고 있다고 상상해 보자. 즉, 방이 두 개인 집에서 어떤 말레이 가족과 함께 살면서, 거기 사는 젊은 여성들이 매일 겪는 많은 일에 나 자신도 일부가 되어 그것들을 기록한다. 낮 시간 동안은 집에 남아 아기를 돌보고, 점심에는 가족들과 같이 부엌 바닥에 앉아 생선과 쌀밥을 먹고, 뜻밖의 방문객이 도착하면 커피를 준비하러 간다. 친구나 이웃이 잎담배를 씹으며 담소를 나누기 위해 방문하는 저녁이면 조용하고 편안한 친밀함을 즐긴다. 한집의 여자들과 가까운 이웃들이 집안일을 하면서 서로 농담하고 이야기하고 애정을 나누는 것을 상상해 보라. 물론 서로 얼굴을 붉히며 말다툼하고 비난하는 일도 있다(Carsten 1997 참조).

내가 갑작스럽게 빠져들어 간 세계의 무질서한 첫인상들을 이해하려고 노력하는 와중에 가장 인상적으로 깨달은 점은 역설적이게도 친족의 핵심적 중요성이다. 몇 년 동안 친족을 둘러싼 이론적 논쟁과 그것이 일상적 삶의 분석에 적절한지 여부를 이해하기 위해 애써 왔는데, 갑작스럽게 친족이라는 생생한 실재와 불가피하게 대면하게 된 것이었다. 나는 대부분의 시간을 말레이 여성들의 삶을 관찰하며 그들의 삶에 참여하리라 기대했었다. 나는 내가 같이 살게 된 말레이족 사람들에게 '친족임'이 무엇을 의미하는가의 문제와 오랫동안 씨름하게 되리라고는 전혀 기대하지 않았었다.

말레이족의 관계성이 무엇인가를 배우는 과정은 그저 한 가족의 집에서 그들과 억지로 친밀하게 함께 생활함으로써 시작되었다. 현지 조사의 처음 몇 주 동안 나는 집 안에서 — 내가 살고 있는 집과 근처 이웃의 집 안에서 — 오랜 시간을 보내고 있는 나를 발견하곤 했다. 양어머니와 함께 그리고 점차 혼자서 나는 공식적으로 혹은 비공식적으로 마을의 다른 집들을 방문했으며, 주로 여자들이나 아이들과 시간을 보냈다. 남자들은 대체로 낮 동안에는 집에 없었기 때문이다. 나는 말레이의 친족 관념에서 집 자체의 중요성을 생각하기 시작했다. 집은 사실 여성들과 강력하게 연결되어 있었다. 여성들은 남자들과 달리 대부분의 시간을 집에서 보냈을 뿐만 아니라, 제대로 된 집이라면 반드시 여자 가장이 있어야 했고, 동시에 '집의 정령'도 있어야 했는데, 이 정령 역시 여성이었다. 마을 사람들이 결혼식이나 장례식에 갈 때, 그들은 자신들의 집을 대표했다. 이 말은 보통 그 집의 가장 나이 많은 부부가 마을 행사에 참여한다는 의미다. 집들은 여성과 강력하게 연결된 사적이고 내면적인 측면을 가지고 있으며, 또한 좀 더 공적인 얼굴, 다시 말해 남성과 여성 모두의 얼굴이면서 결혼한 부부들과 연계된 공적 얼굴도 가지고 있다고 말할 수 있다.

내가 현지 조사를 하면서 아주 일찍부터 알게 된 것 가운데 하나는 한집에 사는 사람들의 삶에서 남에게 음식을 먹인다는 것의 중요성이다. 그들의 음식은 맛있고 정성껏 만들어졌으며, 크나큰 상징적 중요성 또한 부여되었다. 많은 집을 방문하면서 나는 내온 음식을 거절하는 일이 얼마나 어려운지 너무나 잘 알게 되었다. 평소 먹던 양보다 훨씬 더 많은 음식을 먹으며, 정말로 나는 일종의 신체 변형이 일어나고 있다고도 종종 느꼈다. 말레이족 집에는 난로가 하나만 있다. 이 난로는 많은 면에서 집의 상징적 중심이다. 한집에 사는 구성원들이 음식을 만들고 먹는 과정을 공유하지 않는 것은 생각할 수도 없는 일이었다. 말레이족에게 가장 중요한 음식 재료는 쌀이었다. 말레이족에게 "식사를 한다"는 말은 "쌀밥을 먹는다"는 의미로만 번역된다. 즉, 쌀밥이 제대로 된 식사의 주된 내용이다. 어떤 다른 유형의 음식보다도 쌀이 몸의 안녕에 결부되어 있다. 내가 자주 들은 말처럼, 이는 쌀이 몸에 들어가 피로 바뀌기 때문이다.

여러 달 동안 수많은 식사를 함께하면서, 나는 쌀밥을 같이 먹는다는 것이 관계성에 대한 말레이족의 생각에서 차지하는 중요성을 숙고했다. 그 과정에서 나는 집이 또 하나의 중요한 측면을 가지고 있음을 알게 되었다. 집은 여성들과 연결되어 있을 뿐만 아니라, 그곳에서 태어난 형제자매 집단과도 강력하게 연결되어 있었다. 한 쌍이 결혼하면 처음에는 아내나 남편의 부모와 같이 산다. 이후에 아이가 하나 또는 둘이 생기면 새 집을 짓는다. 그래서 집은 형제와 자매의 탄생, 즉 형제자매 집단과 연결되고, 그것이 집이 존재하는 이유다.

형제자매는 말레이족이 생각하는 관계성의 중심에 있다. 여러 면에서 형제자매 사이의 유대는 부모 자식 사이의 유대보다 더 중요하다. 형제자매 사이의 유대는 아주 가깝다고 간주되었고, 사람들은 자신이 출계의 유대보다 형제자매의 유대를 통해 연결되어 있다고 생각한다. 나는 어떤 사람이 다른 누구와 어떤 관계인지 자주 물어보았고, 물을 때마다 내가 늘 들은 대답은 일련의 연관 관계들인데, 그것들은 흔히 "아무개와 아무개는 형제자매였다"는 말로 마무리되곤 했다. 이와 유사하게, 현지 조사 첫 몇 달 동안 마을에 있는 집들에 누가 살고 있으며, 그들의 상호 관계가 무엇인지 이해하려 할 때마다, 나는 특정한 형제자매 집단을 추적함으로써 이들의 거주 패턴을 이해할 수 있었다. 흔히 한 거주 단지 안에서 이웃하는 집들에는 성인이 된 형제자매들이나 그 자손들이 살고 있었다. 나는 또한 형제자매 관계가 친족이라는 훨씬 더 넓은 관계에 적용되는 언어라는 사실도 이해하게 되었다. 사촌들은 형제자매 관계를 나타내는 용어들로 언급되었고, 마을 사람들은 그들 사이에 존재했던 수많은 친족 연결 고리들이 형제자매 관계에서 비롯된다고 생각했다.

점차적으로 내가 함께 살았던 말레이 사람들에게 관계성이란 생식의 유대 관계에서 생겨나는 것만이 아니었음을 이해하게 되었다. 형제자매 관계에 대한 강조는, 어쨌든 친자 관계(부모와 자녀의 유대)가 친족의 핵심이 아닐 수도 있음을 시사하는 것이다. 말레이족 가정에서 양자가 되어 그들과 집과 음식을 공유했던 나 자신의 강렬한 경험을 통해, 나는 누구나 함께 살고 함께 음식을 먹으면 친족이 될 수 있다는 사실을 깨달았다. 내가 같이 살았던 말레이족 사람들에게 친족은 몸을 구성하는 중요한 요소, 특히 피를 나눈다는 것을 의미한다. 피 자체는 태아가 어머니 자궁에서 영양을 공급받으며 주로 어머니에게서 얻고, 그보다 정도는 덜하지만 아버지로부터도 얻는다. 피는 또한 가정의 일원들이 함께 먹는 그득한 쌀밥에서도 나온다. 아이들은 자주 친척에 의해 혹은 친척이 아닌 사람들에게 양자처럼 보내지곤 했는데, 그런 사실은 내 경험이 특별한 것이 아니었음을 보여 준다. 아이들과 수양 가족 사이에 존재하는 유대는 특히 강력한 것으로 여겨졌고, 이런 유대는 감정적으로도 신체적으로도 표현되었다. 충분히 오래 같이 지내면 수양 자녀는 친자녀들이 그러하듯 수양부모를 신체적으로 닮게 된다고들 생각했다. 사람들은 내가 마을에 사는 동안 종종 내 피부색이 짙어졌다거나 살이 쪘다는 둥, 내 외모 변화에 대해 관심을 가지고 흡족해하며 말하곤 했다.

내가 여기 설명한 개념들을 이해하는 과정은 아주 점진적이었다. 무엇보다 이 과정에는 친족을 그것이 만들어지는 곳에서 찾아야 한다는 깨달음이 포함되어 있다. 즉, 친족은 집에서, 여성들에 의해 만들어졌다. 왜냐하면 친족 형성 과정에 그 누구보다 여성이 가장 많이 관련되어 있기 때문이다. 집을 재생산하는 노동, 즉 요리하고, 먹이고, 아이들과 수양 자녀를 낳고 양육하고, 결혼을 주선하고, 다른 집을 방문하고, 손자들에 대한 책임을 다하는 활동을 하면서 말이다. 이전에 내가 '친족'에 대해 배워 왔던 많은 부분이 내가 만난 말레이족에게는 별로 적절한 개념이 아니라는 것을 배워야 했다.

하지만 내가 같이 살았던 사람들의 삶에 친족을 형성하는 것이 절대적으로 중요하다는 인식이 있었던 것은 분명하다. 이 같은 현지인들의 개념을 부각하고, 이 개념들을 친족에 대한 분석적 논쟁과 구분하기 위해 나는 친족보다는 '관계성'의 측면에서 사유하는 것, 그리고 이 관계성이 기본 원리로부터 무엇을 구성하는지를 파악해 보는 시도가 도움이 된다는 점을 발견했다. 내가 분명하게 보여 주었던 것처럼, 이런 노력의 출발점은 그동안 도외시되었던 여성과 '가정적인 것'의 관점, 또 그것이 친족 관계 전반에서 차지하는 중요성이다. 20세기 말에 수행된, 친족에 대한 다른 연구들과 더불어 이 작업 역시 넓게 보면 현재의 이론적이고 문화기술지적인 젠더 연구로 보강된 문화주의적이고 포스트-슈나이더적인 전통 안에 지적으로 자리매김할 수 있다.

잿더미에서 솟아오른 불사조

1980년대 초반에, 친족에 대한 훌륭한 연구들만이 아니라 친족에 대한 이론적 관심도 한동안 상당히 쇠락하는 듯했다. 하지만 슈나이더의 비판이 보여 준 우상파괴적인 어조와 그것의 영향에도 불구하고, 오늘날 이 분과 학문의 윤곽은 그다지 변한 것 같지 않다. 대체로 학생들은 여전히 정치학, 종교, 경제학, 친족을 분리된 교과목으로 따로따로 학습한다. 친족과 젠더를 서로 단절된 영역으로 다뤄서는 안 된다는 견해에 따라, 많은 경우 친족이 '친족과 젠더' 연구로 대체된 것이 사실이다. 그런데 왜 친족은 여전히 의제로 남아 있을까? 이에 대한 대답은 부분적으로 역사와 상관이 있다. 즉, 친족은 너무 오랫동안 인류학이라는 학문에서 중심적이었기 때문에 친족이라는 주제의 역사를 위한 특별한 교과목이 필요한 듯 보이기 때문이다. 또 다른 이유로는 문화기술지가 현실에서 실천되는 방식과 관련이 있다.

말레이족 사례가 보여 주듯 현지 조사자들의 지적 배경이 무엇이든 현지 조사가 이루어지는 과정은 연구자의 관심사만큼이나 연구 대상자들의 관심사에 의해서도 결정된다. 많은 현지 조사자들은 자신들이 전혀 예상하지 못한 방식으로 사건과 문제에 사로잡히게 된다는 것을 깨닫는다. 또한 ─ 모든 문화는 아닐지라도 ─ 대부분의 문화에서 가까운 사람들의 관계가 중요한 관심거리임은 분명하다. 더 큰 의미에서 보면, 관계성에 대한 검토는 어떤 사회에서 사람들을 함께 묶어 주는 것이 무엇인지 이론화하는 데 필요한 현지인들의 언어를 제공해 준다. 이런 의미에서 관계성은 대단한 창조적 에너지를 품은 일상적 주제이자 대상이다. 많은 사람들이 깨달았듯이 친족 관계 연구는 현지 조사자들에게는 어느 정도는 피할 수 없는 문제다.

슈나이더가 죽기 직전 출간된 인터뷰에서 말했듯이, 친족이 "불사조같이 …… 잿더미에서 솟아오른" 데에는 또 다른 이유가 있다(Shneider and Handler 1995, 193). 이 또한 비학문적 관심과 관련되어 있다. 20세기 말, 21세기 초 아메리카와 유럽 양쪽에서 가족이란 무엇인가에 대한 강렬하고 고도로 정치화된 논쟁이 일어났다. 이혼율이 증가하고, 전일제나 시간제로 일하는 여성들의 수가 증가하면서, 어머니와 아버지의 역할은 진지한 사회적 관심을 받는 주제가 되었다. 임신 중지, 입양, 동성애자들의 권리, 재생산 기술과 아동 학대는 모두 정치적 문제가 되었고, 현대의 서구 가족은 어떤 모습이어야 하고 어떤 존재여야 하는지에 대한 논쟁을 심화했다. 친족 문제 전문가로 간주되었을 만한 인류학자들이 가족이라는 주제로부터 돌아서던 바로 그 시기에, 가족이 그렇게 커다란 공적 관심사가 되었다는 사실은 역설적이다. 전반적으로 인류학자들보다는 사회학자들과 심리학자들이 현대의 가족에 영향을 미치는 난점들에 대한 논의에서 두드러지는 역할을 떠맡았다.

그럼에도, 1990년대부터 계속해서, 친족에 대한 인류학적 연구가 다시 부흥하는 조짐이 보였다. 근친상간, 아동 학대, 임신 중지, 동성애적 친족[동성애로 맺어진 친족 관계] ─ 이 모든 문제가 인류학적 작업의 주제가 되고 있다. 새로운 재생산 기술이 야기하는 윤리적 문제를 둘러싼 논쟁은 아버지가 누구인지를 알 권리나 모성[모성성]motherhood의 본성 등 다수의 사안에 초점을 맞추고 있다. 모성은 유전적 연결에 있는가, 아니면 아이의 임신과 출산에, 혹은 아이의 양육에 있는가? 서구의 친족에서 모성과 부성은 더는 단일한 원리도 아니고, 심지어 이미 정해진 원리도 아니다. 이런 논의들은 어머니와 아버지의 차이, 모성과 부성이 무엇으로 구성되는가의 문제, 생식과 관련된 '사실들', 이 모든 것이 19세기 이래 인류학적 탐구의 주제였음을 인류학자들에게 상기시켰다(Strathern 1992a; Edwards et al. 1999 참조).

최근 이루어지는 서구의 친족 연구는 상당 부분 문화주의적 설명이다. 이 연구들은 슈나이더의 영향을 받았지만, 그가 미국의 친족에 대해 설명한 것보다 훨씬 섬세하게 여러 다른 사람들이 친족을 이해하는 여러 다른 방식을 그려 내고 있다. 나아가 생산적인 비교 연구의 정신 ─ 이것이 인류학의 핵심이다 ─ 으로, 여러 비서구 문화권에서 친족이란 무엇인가에 대해 더 깊은 성찰을 가능하게 했다.

친족의 미래

슈나이더의 비판은 많은 사람들에게 인류학적 친족 연구에 대한 사망 선고로 보였지만, 1990년대에는 이미 일종의 르네상스가 진행되고 있었다. 역설적으로, 슈나이더의 작업 ─ 아무리 결점이 있다고 여겨졌든 간에 ─ 은, 젠더에 대한 분석적 관심과 마찬가지로, 친족 연구의 르네상스를 야기한 자극의 일부였다. 문화주의적 비평들과 페미니즘적 비평들은 친족의 정의에 대한 인류학적 가정들에 대한 재검토를 필수적인 것으로 만들었고 ─ 또한 그런 재검토를 가능하게 만들었으며 ─ 동시대 서구 사회들의 친족에 대한 이해를 포함해 친족에 대한 토착민들의 이해에 관심을 집중했다. 친족 연구에서는 새로운 주제들과 테마들이 젠더와 더불어 출현했는데, 이 가운데 많은 부분은 일상적인 삶을 더 지속적으로 탐색했고, 친족 관계의 실행에서 여자들과 아이들이 가졌던 중요성을 조사했다. 사람, 신체[와 관련된 물질], 집, 감정, 남에게 음식을 먹이는 일 등에 대한 개념들이 친족 비교 연구에서 매우 중요한 의제가 되었다.

인류학자들은 점점 더 서구의 친족 형태에 관심을 돌리고 있다. 서구 가족에 대한 사회학적 연구와 비서구 사회 친족에 대한 인류학적 연구라는 오래된 구분이 상당히 흐려졌다. 이런 상황은, 앞에서 말한, 가족의 본성에 대해 서구에서 전개된 고도로 정치적인 토론에 의해 일부 야기되었지만, 전 지구적 경제와 노동관계에서 나타난 근본적 변화들이 이와 같은 연구의 동력을 강화하기도 했다. 최근 작업들은 이처럼 근대의 자본주의적 관계들과 포스트자본주의적 관계들 내에서 친족이 여전히 중요함을 보여 주고 있다(예를 들어, McKinnon and Cannell 2013; Yanagisako 2002 참조). 그런 작업은 필연적으로 자본주의하의 생산관계들과 분리되어 있는 가족의 영역이라는 신화를 해체하지만, 그것은 또한 동시에 이 같은 신화와 대응 관계에 있는 전제 ─ 자본주의적 생산 자체가 친족의 세계와 단절되어 있다는 거의 탐색되지 않았던 전제 ─ 에도 관심을 두며, 이처럼 가족, 친족과 노동에 대한 초기 페미니스트 연구에 기반하고 있다.

최근의 연구는 또한 재생산, 장기이식, 유전체학 분야에서 나타나는 혁신적인 의학 기술 발전에서도 추동력을 얻고 있다. 인류학자들은 이런 기술들 때문에 부각되는 새로운 윤리적 문제 및 정의definition와 관련된 문제들에 자신들의 연구가 관련된다는 점을 보여 줄 수 있었다. 기술의 지원을 받는 생식의 여러 측면들을 탐색함에 있어서 인류학자들은 이전의 비교 연구 문헌에서 힘입었지만, 또한 몇몇 새로운 관심거리를 보여 주기도 했다.

이 새로운 작업의 주요 주제 가운데 하나는 '생물학적인' 것과 '사회적인' 것 사이의 관계다. 성적 생식이 언제 어디서나 친족 유대의 원천으로 간주된 것은 아니었다는 슈나이더의 주장은 이런 분석적 구분을 깨뜨렸다. 인류학자들은 일반적으로 친족 연구는 친족 유대에 대한 사회적 인정에서 시작하는 것이며, 실제 생물학적 유대는 그들의 관심사가 아니라고 주장했었다. 슈나이더 등은 이런 구분이 수반하는 긴장들을 부각했다. 즉, 무엇이 정확히 생물학으로 간주되는가, 혹은 생물학적인 것과 사회적인 것이 어디서 구분되는가가 모든 문화에서 똑같지 않음을 보여 주었다. 당연히 생물학적으로 사실이라고 전제되었던 것들의 '탈자연화'는 페미니즘 연구와 젠더 연구의 두드러진 테마였다.

특정한 비서구의 맥락에서 친족의 생물학적 측면과 사회학적 측면의 구분이 어떤 의미를 지닐지가 반드시 분명한 것은 아니다. 위에서 논한 말레이족 사례에서 친족은 생식을 통한 유대에서 나오기도 하지만, 한집에서 함께 살고 함께 먹는 행위를 통해 만들어지기도 한다. 이런 과정들 가운데 어느 것을 '사회적'이라고 이름 붙일 수 있고 어느 것을 '생물학적'이라고 이름 붙일 수 있는지 — 또는 관련된 사람들에게 이런 구분이 정확히 어떤 중요성이 있는지 — 가 즉각적으로 명백한 것도 아니다. 서구에서도, 동성애 친족에 대한 자세한 문화기술지적 연구(Weston 1991)나 태아 진단 감별의 효과(Rapp 1999)에 대한 연구는 토대로서 당연시되던 생물학의 의미에 사회적인 것, 문화적인 것, 기술적인 것이 얼마나 개입할 수 있는지를 보여 준다.

메릴린 스트래선(Strathern 1992a, 1992b) 등의 작업은 의학 기술이 발전하면서 과거에 '자연적인 것'으로 간주되었던 것이 점차로 기술의 문제가 되었고, 소비자 선택의 문제가 되었음을 보여 주었다. 이제는 자연 자체가 만들어진 것이 아니라 주어진 것이라고 당연시할 수 없게 되었다. 이런 변화는 친족이 주어진 것이라는 가정에 심오한 영향을 미쳤다. 생식만이 아니라, 친족에 대한 서구적 개념에서 핵심적인, 그리고 더 일반적으로는 과학적 지식에서 핵심적인, 사회적인 것과 생물학적인 것의 구분도 앞으로 면밀한 탐색의 주제가 될 것이다. 전 지구적 경제의 심오한 변모에 직면한 서구에서 가족생활 형식의 변화를 둘러싼 지속적이고 정치적 논의들이 그럴 것처럼, 생명 의학biomedicine에서 나타나고 있는 새로운 기술 진보 역시 친족 연구에 중요한 추진력을 지속적으로 제공할 것이다. 마셜 살린스의 최근 작업이 보여 주듯(Sahlins 2013), 생물학은 자신을 사회구성주의자 혹은 상대주의자로 생각하는 사람에게도, 진화론적 심리학 혹은 인지심리학을 통해 친족 연구의 새로우면서도 보편론적인 의제를 주장하려는 사람에게도 여전히 중요한 의제가 될 것이다. 이런 작업들 모두가 젠더를 명시적으로 언급하지는 않지만, 삶과 가족 관계에 관련된 이른바 사실의 탈자연화라는 페미니스트 기획이 많은 연구들의 토대를 이루고 있다. 이 모든 주제에 대한 지속적인 관심이 친족에 대한 비교 연구에 지속적으로 헌신하는 인류학의 가치를 한층 강화할 수 있을 것이다.

참고 문헌

Bourdieu, Pierre. 1977. *Outline of a Theory of Practice*. Cambridge: Cambridge University Press [피에르 부르디외, 『실천이성: 행동의 이론에 대하여』, 김웅권 옮김, 동문선, 2005].

Butler, Judith. 1993. *Bodies That Matter: On the Discursive Limits of Sex*. New York: Routledge [주디스 버틀러, 『의미를 체현하는 육체』, 김윤상 옮김, 인간사랑, 2003].

Carsten, Janet. 1997. *The Heat of the Hearth: The Process of Kinship in a Malay Fishing Community*. Oxford: Clarendon Press.

_____. 2004. *After Kinship*. Cambridge: Cambridge University Press.

Collier, Jane Fishburne, and Sylvia Junko Yanagisako. 1987. "Toward a Unified Analysis of Gender and Kinship." In *Gender and Kinship: Essays toward a Unified Analysis*, eds. Jane Fishburne and Sylvia Junko Yanagisako, 14-50. Stanford, CA: Stanford University Press.

Edwards, Jeanette, Sarah Franklin, Eric Hirsch, Frances Price, and Marilyn Strathern. 1999. *Technologies of Procreation: Kinship in the Age of Assisted Conception*. 2nd ed. London: Routledge.

Engels, Frederick. [1884]1972. *The Origin of the Family, Private Property and the State*. London: Lawrence and Wishart [프리드리히 엥겔스, 『가족, 사유재산, 국가의 기원』, 김대웅 옮김, 두레, 2012].

Errington, Shelly. 1990. "Recasting Sex, Gender and Power: A Theoretical and Regional Overview." In *Power and Difference: Gender in Island Southeast Asia*, ed. Jane Atkinson and Shelly Errington. Stanford, CA: Stanford University Press.

Fortes, Meyer. 1961. "Pietas in Ancestor Worship." *Journal of the Royal Anthropological Institute* 91: 166-191.

_____. 1969. *Kinship and the Social Order*. Chicago: Aldine.

_____. 1983. *Oedipus and Job in West African Religion*. Cambridge: Cambridge University Press.

Goody, Jack. 1983. *The Development of the Family and Marriage in Europe*. Cambridge: Cambridge University Press.

_____. 1990. *The Oriental, the Ancient and the Primitive: Systems of Marriage and the Family in Preindustrial Societies of Eurasia*. New York: Cambridge University Press [잭 구디, 『중국과 인도의 결혼 풍습 엿보기』, 연국희 옮김, 중앙M&B, 1999].

Kuper, Adam. 1988. *The Invention of Primitive Society*. London: Routledge.

Lévi-Strauss, Claude. [1949]1969. *The Elementary Structures of Kinship*. Rev. ed. Trans. James Harle Bell, John Richard von Sturmer, and Rodney Needham. Boston: Beacon.

Malinowski, Bronislaw. 1929. *The Sexual Life of Savages*. New York: Harcourt, Brace and World.

Mauss, Marcel. [1925]1990. *The Gift: The Form and Reason for Exchange in Archaic Societies*. Trans. W. D. Halls. London: Routledge [마르셀 모스, 『증여론』, 이상률 옮김, 한길사, 2011].

McKinnon, Susan. 2000. "Domestic Exceptions: Evans-Pritchard and the Creation of Nuer Patrilineality and Equality. "*Cultural Anthropology* 15(1): 35-83.

_____. 2001. "The Economies in Kinship and the Paternity of Culture: Origin Stories in Kinship Theory." In *Relative Values: Reconfiguring Kinship Studies*, ed. Sarah Franklin and Susan McKinnon, 277-301. Durham, NC: Duke University Press.

McKinnon, Susan, and Fenella Cannell, eds. 2013. *Vital Relations: Modernity and the Persistent Life of Kinship*. Santa Fe, NM: School for Advanced Research Press.

Morgan, Lewis Henry. 1871. *Systems of Consanguinity and Affinity of the Human Family*. Washington, DC: Smithsonian Institution.

_____. 1877. *Ancient Society: Researches in the Lines of Human Progress from Savagery through Barbarism to Civilization*. New York: Holt [루이스 헨리 모건, 『고대사회』, 최달곤·정동호 옮김, 문화문고, 2005].

Onions, C. T., ed. 1966. *Oxford Dictionary of English Etymology*. Oxford: Oxford University Press.

Ortner, Sherry B. 1974. "Is Female to Male as Nature Is to Culture?" In *Woman, Culture and Society*, ed. Michelle Rosaldo and Louise Lamphere. Stanford, CA: Stanford University Press [셰리 오트너, 「여성은 자연, 남성은 문화?」, 『여성, 문화, 사회』, 권숙인 옮김, 한길사, 2008].

Rapp, Rayna. 1999. *Testing Women, Testing the Fetus: The Social Impact of Amniocentesis in America*. New York: Routledge.

Reiter, Rayna R., ed. 1975. *Towards an Anthropology of Women*. New York: Monthly Review Press.

Richards, A. I. 1950. "Some Types of Family Structure amongst the Central Bantu." In *African Systems of Kinship and Marriage*, ed. A. R. Radcliffe-Brown and Daryll Forde, 207-251. London: Oxford University Press.

Rosaldo, Michelle, and Louise Lamphere, eds. 1974. *Woman, Culture and Society*. Stanford, CA: Stanford University Press [미셸 짐발리스트 로잘도·루이스 램피어, 『여성, 문화, 사회』, 권숙인 옮김, 한길사, 2008].

Rubin, Gayle S. 1975. "The Traffic in Women: On the 'Political Economy' of Sex." In *Toward an Anthropology of Women*, ed. Rayna R. Reiter. New York: Monthly Review Press [게일 루빈, 「여성 거래: 성의 '정치경제'에 관한 노트」, 『일탈: 게일 루빈 선집』, 신혜수·임옥희·조혜영 옮김, 현실문화, 2015].

Sahlins, Marshall. 2013. *What Kinship Is—and Is Not*. Chicago: University of Chicago Press.

Schneider, David. M. 1980. *American Kinship: A Cultural Account*. 2nd ed. Chicago: University of Chicago Press.

_____. 1984. *A Critique of the Study of Kinship*. Ann Arbor: University of Michigan Press.

Schneider, David M., and Richard R. Handler. 1995. *Schneider on Schneider: The Conversion of the Jews and Other Anthropological Stories*. Durham, NC: Duke University Press.

Smith, Raymond T. 1987. "Hierarchy and the Dual Marriage System in West Indian Society." In

Gender and Kinship: Essays toward a Unified Analysis, ed. Jane Fishburne Collier and Sylvia Junko Yanagisako, 163-196. Stanford, CA: Stanford University Press.

Stack, Carol. 1974. *All Our Kin: Strategies for Survival in a Black Community*. New York: Harper & Row.

Strathern, Marilyn. 1992a. *Reproducing the Future: Essays on Anthropology, Kinship and the New Reproductive Technologies*. Manchester: Manchester University Press.

_____. 1992b. *After Nature: English Kinship in the Late Twentieth Century*. Cambridge: Cambridge University Press.

Weston, Kath. 1991. *Families We Choose: Lesbians, Gays, Kinship*. New York: Columbia University Press.

Yanagisako, Sylvia Junko. 1979. "Family and Household: The Analysis of Domestic Groups." *Annual Review of Anthropology* 8: 161-205.

_____. 2002. *Producing Culture and Capital: Family Firms in Italy*. Princeton, NJ: Princeton University Press.

Yanagisako, Sylvia, and Carol Delaney, eds. 1995. *Nauralizing Power: Essays in Feminist Cultural Analysis*. New York: Routledge.

10장

언어

Language

지은이

데버라 캐머런 Deborah Cameron

옮긴이

조혜영

영상 문화 연구·기획 단체 '프로젝트 38' 일원으로 활동하며 영상 매체와 관련된 강의 및 연구를 하고 있다. 공저로『원본 없는 판타지』,『소녀들: K-pop 스크린 광장』, 최근 논문으로「헤테로토피아 공간과 트랜스젠더 여성 재현: 1990년대 이후 한국영화를 중심으로」, "Archive, digital technology, and the inheritance of the Gwangju Uprising: the affect of the post-Gwangju generation of directors in Kim-gun and Round and Around"가 있다.

‘언어’는 표면적으로 봤을 때 난해한 기술적technical 용어가 아니며, 젠더 연구도 특별히 언어를 ‘소유하겠다는’ 주장을 하지 않는다. 그러나 외관상으로 나타나는 언어의 소박함과 일반성은 기만적이다. 사실 언어는 오늘날 젠더 연구자들이 고심해야 하는 가장 혼란스럽고 논쟁적인 용어이기 때문이다.

어느 누구라도 1970년대 이후 나온, 언어와 젠더를 다루고 있는 방대한 문헌들 가운데서 무작위로 표본을 선택해 검토해 본다면, 곧 언어라는 단어를 완전히 다른 의미로 사용하는 것처럼 보이는 언술을 만날 것이다. 사회언어학자의 문헌을 읽는 독자는 “여성은 언어의 변화를 이끄는 경향이 있다” 같은 주장을 마주할 수도 있다. 라캉 정신분석학에 영향을 받은 페미니스트의 글에서는 이와 반대로 “여성은 상징 언어에서 배제된다”는 주장을 만날 것이다. 이런 진술은 과연 동일한 언어를 말하고 있을까?

한마디로, 아니다. 첫 번째 진술을 한 언어학자에게 ‘언어’는 ‘영어’, ‘일본어’, ‘코사어’Xhosa[남아프리카공화국의 한 부족인 코사족이 쓰는 언어]라고 명명하는 구조적 실체와 같은 것을 지칭한다. 이런 관점에서 언어와 젠더 연구는 영어, 일본어, 코사어 같은 특정 언어의 자원이 젠더 정체성과 차이를 재현하고, 전시하고, 구성하고, 수행하기 위해 사용되는 방식을 엄밀히 살피는 것을 뜻한다. 반대로 라캉주의자에게 ‘언어’는 좀 더 추상적인 개념이다. 예를 들어, 페르디낭 드 소쉬르가 이상화한 랑그는 유의미한 차이들의 체계이고, 이것을 습득함으로써 인간 주체는 문화 속에 자리를 잡게 된다. 이 모델에서 우리는 ‘언어를 (혹은 복수형으로 언어들을) 말하지’ 않는다. 오히려 언어가 ‘우리를 말한다’.

언어학자와 라캉주의자의 차이는 그 둘 사이의 대화가 어려울 만큼 매우 크다. 한쪽이 명백하다고 여기는 것을 다른 쪽은 기이하거나 심지어 독해 불가하다고 간주한다. 예를 들어, 여성의 말을 미시적으로 분석하는 데 특화된 사회언어학자는 여성이 언어에서 ‘배제’된다는 주장은 논쟁의 여지가 없는 무의미한 주장이라고 본다. 즉, 오직 은유의 차원에서만 그 의미를 이해할 수 있는 주장이라고 본다. 정반대로 라캉주의자는 [여성이 실제로 언어를 사용한다는 점을 들려주는] 여성의 말을 녹음한 파일을 틀어 주더라도 [그것을 증거로 받아들여 여성은 언어에서 '배제'된다는] 자신의 주장을 철회할 리 없다. 라캉주의자는 언어에 대해 언어학자와 다른 통념을 가지고 있을 뿐만 아니라, 주체성 개념과 인식론(우리는 어떻게 사물을 알 수 있으며, 특정 주장에 대한 근거로 무엇이 유의미한가에 대한 이론)에 대해서도 생각이 다르다.

여기서 언어학자와 라캉주의 비평가는 좀 더 광범위한 지적 경향을 대표한다. 언어학자(여기서는 사회언어학자)는 경험론적 사회과학의 전통에, 라캉은 대략 '비판 이론' 혹은 '포스트구조주의'라 불리는 전통에 속한다. 이 두 전통의 주요한 차이는 정확하게 언어에 어떤 의미가 부여되는가에 있다. 포스트구조주의 사상은 종종 '언어학적 선회[전환]'라고 기술되는 특징을 지닌다. 이 '선회'는 대체로 언어가 단지 기존에 존재하는 사건[대상]의 상태를 반영하거나 명명한다고 보는 관점에서, 언어가 현실을 구성하는 것으로 보는 관점으로의 전환을 가리킨다. 이와 같은 관점에서는 '사물이 존재하는 방식'이 그와 관련해 우리가 말하고 쓰는 방식과 독립적이지 않다. 오히려 말과 글쓰기를 통해 우리가 세계를 조직하는 범주들을 생산하다.

그러나 사회과학자(언어학자뿐만 아니라 인류학자, 사회학자, 심리학자)가 수행하는 언어와 젠더에 대한 연구는, 특정한 사회의 맥락에서 언어 사용을 상세하게 관찰한다는 의미에서 여전히 '경험적'이라 할 수 있지만, '언어학적 선회'의 영향을 받지 않은 것은 아니다. 예를 들어, 위에서 나는 언어학자들이 화자가 젠더 정체성과 차이를 만들기 위해 자신들이 가진 언어적 자원을 '사용'하는 방식에 관심을 두었다고 말했다. 이 같은 정식화는 비판받을 수 있다(그리고 비판받아 왔다). 이 진술은 화자가 그들이 '사용하는' 언어에 앞서 존재하고 언어적 자원을 사용할 때 높은 행위 주체성을 행사한다고 암시한다. 그러나 언어에 대해 화자가 어느 정도로 통제권을 가질 수 있는지에 대해 의문을 제기할 수 있다. 다시 말해, 화자는 자신이 말하는 방식을 어디까지 결정할 수 있는가, 기존에 수립된 말하기 방식은, 말하자면 그들을 얼마나 결정하는가? 덧붙여 나는 화자가 언어적 자원을 가지고 하는 것을 젠더를 재현하기, 전시하기, 구성하기, 수행하기로 다양하게 기술했다. 그러나 여기서 동사의 선택이 지금 일어나고 있는 일을 우리가 이해하는 데 상당한 차이점을 만든다는 점 또한 분명하다. '전시되는' 것은 이미 존재하는 것을 전제한다면, '구성된' 것은 구성됨으로써 출현하는 것이다. 일반적으로 페미니스트 학자는 비평 이론과 그것의 언어학적 선회에 커다란 영향을 받았기 때문에, 언어의 구성적 역할, 언어 사용자의 행위 주체성, 언어적 행동을 이해하는 방식(언어는 젠더를 전시하는가, 구성하는가, 수행하는가 등과 같은 문제) 등의 쟁점을 숙고한다.

언어는 '성차별'적인가?

'언어'와 '젠더'를 함께 놓고 볼 때 많은 사람들이 마음속에 떠올리는 것은 그간 많이 논의된 바 있는 '성차별적 언어'의 문제이다. 적어도 1970년대 이후 페미니스트들은 쓰기와 말하기에서 제도화된 관습이 다양한 성들을 다르게, 즉 동등하지 않게 재현한다고 주장해 왔다(다시 강조하지만 이 주장에서 사용하는 '언어' 개념은 위에 언급한 언어학자의 개념이다. 즉, '영어', '일어', '코사어'는 성차별적이라고 말할 수 있다).

언어(들)의 성차별주의에 대한 논의는 특히 두 가지 양상을 띤다. 하나는 남성 중심주의(남성-중심성)다. 예를 들어, 페미니스트들은 영어에서 일반적으로 남성 인칭대명사를 사용하는 방식("예술가는 그의 비전에 진실해야만 한다"), 그리고 인간 종을 명명하거나 직업명에 사용되는 접미사에 man(예컨대, chairman, sports-man)을 사용하는 것을 지적한 바 있다. 또 다른 눈에 띄는 양상은 여성을 지칭하는 용어의 성애화와 비하다. 여주인mistress은 성적 의미를 갖지만 주인master은 그렇지 않다. 독신녀spinster는 비하하는 단어지만 독신남bachelor은 그렇지 않다.[1] 이 두 양상은 유럽과 비유럽 언어 전반에서 광범위하게 나타난다. 이런 성차별

---

1 [옮긴이] 'mistress'는 'master'의 여성형 명사이지만 초기 근대부터 유럽에서 'mistress'는 성관계를 맺는 여성을 부르는 말로 썼고 'spinster'는 (원래 실을 짜는 사람을 뜻했지만) 실을 짜는 일로 생계를 유지하는 여성, 남편이 없는 여성을 비하하는 말로 쓰이게 되었다.

적 언어는 남성은 보편적 인간 규범이고 여성은 18세기의 표현대로, '성' 자체라는 암묵적 가정을 상징하고 재생산한다. 언어에서 나타나는 이 같은 성차별에 대한 분석을 토대로, 페미니스트들은 성차별적 언어를 대안적인 성 중립 언어(말하자면 스포츠맨sportsman 대신 운동선수athlete)로 대체하거나 여성을 '가시화'하기 위해 한 쌍을 이루는 용어(sportswomen과 sportsmen)를 사용함으로써 성차별적 관습을 제거하기 위한 '언어 정책'이나 언어 개혁을 추진했다. '비성차별적 언어'와 관련한 제도적 지침은 1973년 출판사 맥그로-힐McGraw-Hill에서 처음으로 발간되었다. 그리고 오늘날에는 이와 유사한 지침을 흔하게 찾아볼 수 있다(그렇다고 이 지침이 언제나 완전히 지켜지고 있다는 의미는 아니다). 페미니즘 진영에서 추진한 언어 개혁은 순전히 학문적인 관심이라기보다는 대체로 매우 실용적인 관심에서 나왔지만, 언어가 어떻게 작동하고, (누군가가 과연 통제를 한다면) 누가 언어를 통제하는지, 그리고 언어는 언어 외부에 있는 현실과 어떤 관계를 갖는지에 대한 이론적 쟁점을 제기할 수밖에 없었다. 이런 문제는 페미니스트와 다른 이들 사이에서뿐만 아니라 페미니스트 내부에서도 논쟁을 야기했다.

한 가지 이론적 쟁점은 성차별적 관습이 언어 변화의 과정에서 '자연적으로' 일어나는지(이는 종종 진화처럼 '유기적' 과정으로 그려진다), 아니면 성차별적 관습에 반대하는 페미니스트들이 추진했던 개혁처럼 그 관습이 의식적이며 이데올로기적으로 추동된 발명품인지에 대한 것이었다. 예를 들어, 영어의 일반적 표현인 man의 경우, 페미니스트들이 추진하는 언어 개혁에 반대하는 이들은, 그 단어가 고대 영어에서 진정으로 일반적 의미를 지닌 '사람'person이라는 단어를 반영한 것이며, 이 단어는 성을 특정하는 두 단어 즉 wœpman(man) 및 wifman(woman)과는 대비되는 단어였다고 주장하곤 한다. 언어의 역사에서 이 일반적이고 남성적인 형태가 그저 우연히 함께 떨어져 나온 것이라는 주장이다. 일반적 표현으로서 he에 대해서도 비슷한 주장이 제시되었지만, 이에 대해서는 그렇지 않다는 사실[우연적으로 선택된 것이 아니라는 사실]을 상세하게 입증할 수 있다. 규범 문법을 연구하는 학자들이 영어의 남성 총칭어를 꾸준히 장려해 왔기 때문이다. 대부분의 경우에 그들은 언어적 자연성에 근거해서가 아니라, (명시적으로 그리고 구체적으로) 이데올로기적 적절성에 근거해 그와 같은 선택을 정당화했다.

그들은 남성성이 현실에서 '좀 더 가치 있는 젠더'였기에 그런 현실이 언어 사용에 반영되어야 한다고 주장했다.

여기서 논쟁의 핵심은 언어가 자연현상이냐 문화 현상이냐이다. 다시 말해, '자연'[현상이라는] 관점을 지지하는 이들은 언어 문제에 개입하는 것은 헛된 일이며, 심지어는 신성모독이라고 본다. 성차별적 언어라는 구체적인 문제와 관련해, 이 같은 논변은 성차와 성적 불평등이, 변화 가능한 문화적 산물이 아니라, 그 자체로 '자연' 질서의 일부라는 친숙한 논변과 닮아 있었기 때문에 특별한 반향[공감]을 불러일으켰다. 이 [언어 개혁] 반대자들은 페미니스트를, 개입으로 바뀔 수도 없고 개입의 대상이 되어서도 안 되는 두 가지를 바꾸려는 잘못된 판단을 하는 이들로 묘사한다. 그 두 사항은 바로 여성과 남성의 본질적 성질과 그 본질적 성질을 표현하거나 재현하는 언어이다.

또 다른 비판자들은 문화적 보수주의자들로서 언어는 문화적 전통의 소중한 저장고라 주장하며 페미니스트들이 추진하는 언어 개혁에 반대한다. 전통으로부터 의도적으로 멀어지려는 것은 오랫동안 이어져 온 중요한 유물을 훼손하는 것과 마찬가지라는 것이다. 그러나 다른 비판자 중에는 (이 용어의 이론적으로 엄격한 의미에서) 자유주의자도 있다. 그들은 언어의 변화라는 관념에 반대하는 것이 아니다. 그들이 반대하는 것은, 이데올로기적 맹신자들이 정치적 목적을 위해 언어의 변화를 강요하는 것이다. 자유주의자가 글을 쓸 때 종종 호출하곤 하는 조지 오웰[2]처럼, 자유주의 비판가들은 정치적 동기에서 추동된 언어 개혁의 실제 목표가 단지 사용법에서의 변화에 그치지 않고 사상에 대한 통제나 감시로 이어질 것을 우려한다.

1991년 『뉴욕 타임스』는 『웹스터 대학생용 사전』이 새로운 판본에서 비성차별적 언어를 넣은 것에 이의를 제기했다. 웹스터 사전은 특히 그 가운데 웨이터/웨이트리스의 성 중립 대안으로 웨이트론waitron을 포함했다. 『뉴욕 타임스』는 사설에서 다음과 같이 썼다. 즉, "이렇게 어색하기 짝이 없는 용례는 …… 증

---

2 [옮긴이] 조지 오웰의 소설 『1984』에서 빅 브라더는 자신이 통치하는 나라에서 사람들이 국가 이념과 다른 사상을 갖지 못하도록 새로운 언어를 창안해 국가 공용어로 지정한다. 이 언어 체계에서 한 단어에는 오로지 한 가지 뜻만 있기에 사용법과 의미의 변화는 미리 차단된다.

상과 원인을 혼동한 것이다. …… 웨이트론들과 고객들의 마음속에서 태도가 변화하면, 그 어떤 압력이나 인위적인 노력 없이도, 단어는 바뀔 것이다." 이는 바로 [언어를] '자연현상'으로 보는 입장과 자유주의적 입장의 혼합으로 수많은 의문을 불러일으킨다. 만약 [젠더 관계에 대한 태도가] 변한 것이 '단어들'(단어들을 바꾸려고 '궁리'하는 화자들이 아니라)이라면, 그 함의는 언어가 그 자체로 자연적 동력을 지녔다는 뜻이다. 그러나 이와 동시에 문화가 발전하면, 다시 말해 젠더 관계에 대한 화자들의 태도가 변한다면, 그에 대한 응답으로 언어에서 변화가 일어난다고 예측할 수 있다. 『뉴욕 타임스』의 입장은 언어는 화자들의 (문화적) 필요를 충족하기 위해 (자연스럽게) 진화한다는 주장으로 요약될 수 있다. 그러나 정확히 어떻게 '언어'가 그렇게 진화하는지는 설명하지 않는다.

여기서 문제는 '언어 변화' 그리고 실은 '성차별적 언어'와 같은 평범한 문구들이, 실제로 변화하는 것 또는 성차별주의적인 것은 행위 주체성이 없는 "언어"가 아니라 언어 사용자의 행위라는 사실을 모호하게 함으로써, 그들이 가리키는 현상을 물화하거나 신비화한다는 점이다. 『뉴욕 타임스』는 언어가 스스로 변화하기를 기다리는 편이 낫다고 생각하는 듯하다. 하지만 이런 변화를 기다리는 것은 [불이 나간] 전구가 스스로 변화하는[켜지는] 것을 기다리는 것처럼 무의미하다. 누군가는 전구 교체가 정말 필요한지, 또 누가 교체해야 하는지를 두고 논쟁할 수 있지만, 전구에 불이 들어오려면 어떤 적극적인 인간의 간섭이나 『뉴욕 타임스』가 말했던 "부자연스러움"이 있어야만 한다.

언어 개혁을 추진하는 페미니스트들이 "증상과 원인을 혼동하고 있다"는 『뉴욕 타임스』의 비난은 또 다른 골치 아픈 이론적 쟁점을 제기한다. 즉, 성차별적 언어는 단순히 좀 더 근본적인 성차별적 태도의 표현인가, 아니면 그런 태도를 발생시키고 재생산하는 핵심적인 도구인가? 1970년대와 1980년대 초 몇몇 페미니스트 저자들(특히 1980년 처음 출간된 『남자가 언어를 만들었다』의 저자 데일 스펜더)은 20세기 중반의 미국 언어학자 에드워드 사피어와 벤저민 리 워프의 사상을 적용하며 두 번째 주장을 지지했다. 한 공동체가 무엇이 현실이라고 여기는가는 모국어 문법이 제공한 범주에 따라 '상대적'이라는 제언은 '언어 상대성의 사피어-워프 가설'로 알려져 있다. 사피어와 워프는 "표준적인 평균 유럽" 언어의 화자와 아메리카 선주민 언어의 화자 사이에서 그들이 발견한 선명한 지각의 차이를 연구하기 위해 이 같은 관념을 사용했다. 언어학에서 모든 자연어의 보편적 속성을 강조했던 촘스키주의 혁명 이후로 워프의 발상은 악평에 시달렸다. 이후 페미니스트들이 이 발상을 [일부] 부활시키기는 했지만, 그들은 오히려 워프와는 다른 주장에 초점을 맞췄다. 데일 스펜더는 여성과 남성이 다른 언어를 말하기 때문에 현실을 다르게 지각한다고 한 게 아니라, 여성과 남성 모두 "남성이 만든 언어"를 물려받는다고 주장했다. 그러므로 여성은 문법적이고 의미론적인 남성 중심주의의 렌즈를 통해 세계를 바라보도록 강요받는다.

페미니즘적 목적을 위한 워프의 사상의 선택적 부활은 페미니즘 학계에 언어학적 선회가 반영된 것으로 볼 수 있다. 다시 말해, 이런 경향은 일반적으로 '대륙의'(즉, 유럽, 특히 프랑스의) 포스트구조주의 사상에 좀 더 경도되어 있다. 포스트구조주의처럼 워프주의는 사회적 현실이 생산될 때 언어에 구성적 역할을 부여하며, '중립적인' 언어는 없다는 관점을 받아들인다. 또한 스펜더 같은 저자나 언어학자, 그리고 공상과학소설SF 작가 ('여성의 언어'를 발명하는 차원까지 갔던) 수젯 헤이든 엘진의 수중에서, 워프주의는 유토피아적 요소를 갖는다. 이들은 여성들이 언어에서 그리고 언어에 의해 소외되는 현재의 디스토피아 상황에 맞서, 에우토피아의 가능성, 즉 여성의 현실이 마침내 표현될 수 있는 언어를 상정한다. 페미니즘적 포스트구조주의 사상에서도 유사한 유토피아적 경향성을 쉽게 찾아볼 수 있다. [반면] 뤼스 이리가레 같은 이론가들은 여성과 언어 사이의 현재 관계에 대해 스펜더만큼이나 디스토피아적 관점을 제시한다. 즉, 언어는 여성에게 적합하지 않은 것이 많을 뿐만 아니라, 여성을 배척하고 부인한다(예를 들어, Irigaray 1987). 일부 포스트구조주의 페미니스트에게 에우토피아적 대안은 "[여성의-인용자] 몸에 대해 쓰라"[3]는 명령을 실행하는 여성적 글쓰기다.

젠더와 관련해 그 어떤 언어도 중립적이지 않다는 관점은 심지어 유토피아주의적 이론화를 거부하는 페미니스트들에게도 강력한 영향력을 미쳤다(예를 들

---

3   [옮긴이] "여성적 글쓰기"écriture féminine는 프랑스 페미니즘 문학비평인 엘렌 식수Hélène Cixous의 표현으로, 식수는 여성 자신의 몸(육체)의 경험을 글로 자유롭게 표현함으로써 여성들이 잃어버린 자신의 육체를 되찾고, 새로운 정체성을 구축할 것을 촉구했다.

어, Black and Coward 1998). 이 같은 관점에 영향을 받은 이 페미니스트들은 비중립성 논쟁이 관습적 언어 사용에 존재하는 성차별주의를 고발하는 데뿐만 아니라, 남성 중심주의적이고 성차별적인 용어를 중립적이라고 생각하는 용어로 대체하고자 한 페미니스트들의 개혁 노력을 비판하는 데도 사용될 수 있다는 점을 놓치지 않았다. 시간이 지나면서 다양한 이론적·정치적 입장을 대표했던 페미니스트들은 언어에서 성차별 문제를 해결하기 위해 '성 중립' 용어의 사용을 장려하는 접근에 점점 더 많은 불만족을 표시했다. 앤 파월스(Pauwels 1998)가 주목하듯, 페미니스트들이 채택한 가장 흔한 전략은 '형식 대체'였다. 다시 말해, 특정 형식(단어, 구절, 영어의 접미어 -man 같은 형태론적 표지)이 '성차별적'이라고 밝혀지면, 그 형식은 모든 문맥에서 '비성차별적'이거나 '중립적'이라 여겨지는 대안으로 대체된다. 그러나 이는 형식적으로 중립적인 단어들 또한 성차별적인 방식으로 활용될 수 있다는 사실을 간과한다. 한 가지 예를 들어 보자. 1989년 미국이 파나마를 침략한 이후에, 당시 미국 대통령인 조지 부시가 "우리는 미국 시민의 아내에 대한 공격을 용인할 수 없다"고 말했다고 언론은 보도했다. 시민이라는 단어의 어떤 형식적 속성도 여성을 그 범주에서 배제하지 않는다. 부시의 언급에서 역시 여성이 미국 시민이 아니라는 말은 없었다. 비성차별적 용어의 지침에서 시민은 '중립적인' 용어로 복무 중인 군인과 같은 말과 대조된다. 그럼에도 부시는 그 단어를 사용해 시민이 남성만을 지칭한다고 완벽하게 읽어 낼 수 있는 발화를 구성할 수 있었다.

이와 반대로 임신 중지 합법화를 옹호하는 조직인 전국임신중지재생산권단체NARAL가 신문에 실은 광고는 임신을 지속하거나 중단할 선택을 "미국인이 할 수 있는 가장 개인적인 결정"으로 묘사한다. 남성은 임신하지 않기 때문에 미국인은 여기서 분명히 '미국 여성'을 의미한다. 미국인과 같은 총칭어는 포괄적이거나 남성 중심적으로 사용되지만 여성과 관련해서는 독점적 방식으로 사용되지 않을 것이라는 예측을 조롱하면서 NARAL은 여성 또한 '미국인'이며 다른 미국인들, 즉 미국 남성들이 당연하게 여기는 법적 권리와 보호를 동일하게 가질 자격이 있다고 주장했다. 이런 수사 전략은 형식적으로 성 중립적인 단어인 '미국인'이 지시 대상으로서 여성을 배제하는 방식으로 사용될 수 있으며, 그것도 자주 그래 왔음을 독자들이 이해할 때만 작동한다.

부시와 NARAL의 발화는 성차별주의가 일련의 한정된 언어 형식이 가진 속성이 아니라 언어 형식이 담론(이 글의 목적상 여기서는 '어떤 목적을 위해 어떤 맥락에서 사용되는 언어'라고 설명하면 될)에 배치되는 방식의 효과로 더 잘 이해될 수 있다는 점을 암시한다. 총칭어인 he와 man 같은 개혁의 대상들은 성차별적 의미가 화석화된 경우다. 마찬가지로, 흔히 사용되는 은유가 시간이 지남에 따라 정형화된 클리셰가 되는 것처럼, 어떤 언어 사용 습관은 변치 않는 문법적 관습으로 제도화된다. 그러나 모든 은유가 죽은 은유는 아닌 것처럼, 모든 성차별적 발화가 절대적으로 성차별적인 단어의 사용이나 문법적 규칙을 포함하는 것은 아니다. 예를 들어, 시민citizen이라는 단어가 '남성 시민'male citizen이라는 의미를 예외 없이 갖는 것은 아니다. "클레어와 존은 모두 미국 시민입니다"라는 내 선언은 하나도 변칙적인 것이 없는 반면, "클레어와 존은 모두 해당 학과의 학과장chairman입니다"는 변칙적이며, "클레어와 존은 모두 사람men입니다"는 더욱더 변칙적이다. 은유를 이해하고자 시도하는 분석이 진부한 표현들만을 다룰 수 없는 것처럼, 성차별적 언어의 이해를 돕는 분석 역시 '화석' 같은 사례로만 시작하고 끝낼 수는 없다.

자신들이 기대했던 특정 개혁이 명백히 실패로 돌아가는 것을 지켜본 페미니스트들은 성차별적 언어라는 다소 한정된 현상에 대해 조명하기 위해서는, [좀 더 폭넓은 맥락인] 성차별 담론을 살펴봐야 한다고 거듭 주장했다. 예를 들어, 영어를 사용하는 페미니스트들은 미스Miss와 미시즈Mrs.라는 두 여성 호칭을 미즈Ms.라는 하나의 호칭으로 대체하자고 제안했다. 이 대안적 호칭은 단일 남성 호칭 미스터Mr.와 대칭적인 것으로 결혼 상태를 나타내지 않는다. 미즈가 널리 사용된다는 측면에서 이 제안은 성공했다. 하지만 많은 이들이 이 단어를 개혁자들이 의도한 방식으로 사용하지 않는다는 측면에선 실패했다. 어떤 화자들은 그 용어를 모든 여성을 호칭하는 데 사용하는 반면, 그 용어를 전혀 사용하지 않는 사람도 있다. 그리고 그 중간에 일군의 중요한 화자들이 있다. 그들은 미즈를 '변칙적' 의미로 사용하며, '결혼한/결혼하지 않은'의 이분법적인 대립을 삼분법으로 대체한다. 즉, 그들은 미즈를 나이 든 결혼하지 않은 여성, 이혼한 여성, 레즈비언, 관습적인 결혼 관계를 거부하는 전투적인 페미니스트 등을 지칭하는 데 사용한다. 미즈 사용의 의도는 결혼 여부의 구분을 제거하는 것이었으나, 오히려 더 많은 구분을 만들어 냈다.

이 사례가 보여 주듯이, 용어의 의미를 결정하는 것은 그 용어를 만들어 낸 사람의 의도가 아니며, 또한 사전이나 지침에서 올바른 사용법이라고 말하는 것도 아니다. 의미는 현실 사회에서 살아가는 구체적인 사람들의 소통 행위인 담론 속에서 지속적으로 구성된다. 어떤 의미론적 구분이나 범주가 실제 사람들의 세계관에서 여전히 중요하다면, 형식적 언어의 흔적을 지워서 그 범주를 제거하려는 시도는 실패할 것이다. 그 체계는 담론 속에서 손쉽게 구할 수 있는 언어적 재료로 재구성될 것이다. 워프와 열성적인 그의 페미니스트 지지자와는 반대로, 이는 언어의 변화가 그 자체로 언어 사용자들이 현실을 범주화하는 방식을 바꾸는 잠재력에 한계가 있음을 암시한다. 앞서 논의한 『뉴욕 타임스』 사설이 어느 정도는 유효한 지적을 한 것이다. 제안된 변화의 수용 여부에 화자의 태도가 영향을 미친다는 주장 말이다. 어떤 특정 개혁의 성공과 실패 여부는 여전히 화자가 언어를 갖고 행하는 것에 의존한다. 즉, '언어'가 아니라 화자들이 의미의 결정자이자 변화의 행위자다.

비성차별적 언어 지침을 뒷받침하는 이론화와 라캉주의나 워프주의 사상의 유토피아주의는 매우 다르게 보일 수 있다. 하지만 몇몇 페미니스트 언어학자가 채택하고 있는 관점에서 보면, 이 사상들은 중요하면서도 문제적인 쟁점을 공유한다. 둘 모두 언어를 너무 자유롭게 떠다니는 추상적 체계로 보는 경향이 있다. 이들은 언어 사용과 언어 습득이 사실 사회적 행동과 관계의 매트릭스에 뿌리내리고 있다는 점에 별로 관심을 기울이지 않는다. (『뉴욕 타임스』의 사설에서처럼) 언어가 좀 더 근본적인 것을 반영한다고 생각하거나 여성 종속의 가장 근본적인 '원인'으로 격상된다. [이에 대한] 대안적 논의는 언어 사용 습관이 사고 및 행동 습관과 나란히(사고 및 행동 습관 이전이나 이후가 아니라) 출현한다는 것이다. 이런 습관들은 끊임없이 그리고 상호적으로 서로를 형성한다. 계획된 변화가 그 습관들 모두에 동시적으로 나타날 때, 예를 들면 제도적인 비성차별적 언어 지침이 다른 방식으로 여성의 위상을 변화시키는 조치들과 동떨어진 상태가 아니고 함께 추진될 때, 정치적으로 중요한 효과를 잘 발휘할 것이다.

말하기와 쓰기 (그리고 생각과 행동) 방식이 개인 언어 사용자에 앞서 ─ 언어를 처음부터 새롭게 창조할 수 있는 위치에 있는 사람은 없다 ─ 존재하지만, 그렇다고 해서 언어가 '우리를 말한다'는 정식을 내포하고 있는 매우 강력한 언어 결정주의의 주장을 반드시 받아들일 필요는 없다. 좀 더 정확히는, 언어가 어떤 의미에서 '우리를 말한다'고 할 수 있지만, 우리 역시 언어를 말한다. 이 관계는 변증법적인 것이다. 의미는 영구히 고정되지도 않으며, 누가 독단적으로 그 의미를 바꿀 수 있을 만큼 유동적이지도 않다. 오히려 의미는 개인 간의 끊임없는 교환을 통한 경합과 투쟁의 대상이다(예를 들면, McConnell-Ginet 2011). 물론 개인은 무한한 힘 같은 건 없지만(의미 생산이 순전히 사적이고 주관적인 과정일 수는 없다), 언어 변화와 관련해 우리가 알고 있는 행위 주체성은 분명히 '언어 그 자체'가 아니라 화자에게 속해 있는 속성이다.

여자로 또는 남자로 말한다는 것은 무엇인가?

'성차별적 언어'를 둘러싼 논쟁은 여성과 남성에 대해 말하고 쓰는 방식에 초점을 맞춘다. 그러나 사람을 섹스/젠더로 범주화하는 사회에서 우리는 또한 여자로서 그리고 남자로서 말하거나 쓸 수밖에 없다. 언어 사용은 우리가 자신과 서로를 젠더화하는 행위 가운데 하나이며, 젠더 연구에서 '언어'에 대한 수많은 논의는 바로 그 과정을 이해하는 대안적인 방식들을 중심으로 전개되어 왔다. 여자로 혹은 남자로 말한다는 것은 어떤 의미인가? 둘 다 아닌 존재로 혹은 둘 다로 말하는 것은 가능한가?

오랫동안 다양한 사회에서 여성과 남성은 다른 방식으로 말하는 특징이 있다고 말해져 왔다. 예를 들어, 16세기 이후로 신세계를 여행한 유럽인이 쓴 글을 보면, 그들은 '야만'인에게 눈에 띄는 언어학적 젠더 분화가 있다는 점을 인상 깊게 여겼다. 유럽 관찰자에게는 덜 극단적으로 보이긴 했지만, 유럽 사회에서도 유사한 차이를 찾아볼 수 있었다. 페미니즘적인 언어 연구가 출현하기 훨씬 전에도 몇몇 언어학자들이 일반 현상으로서 남성-여성이 말하는 방식의 차이를 분석하려 했다. 페미니스트 이전의 논평자들 가운데 가장 기억될 만한 이는 오토 예스페르센이다. 그는 1922년『언어: 본성, 발전, 기원』이라는 책을 썼는데, 여기에는 매우 악명 높은「여성」이라는 장이 포함돼 있다(Cameron 1998에 다시 실렸다). 이 장은 개인적 관찰, 여행담의 재탕, 지나친 일반화를 이상하게 엮은 개론인데, 그런 일반화 중에는 여성들이 거친 말투를 "본능적으로" 피한다든지 여성들의 "마침표"(즉, 문장) 사용법이 유별나서 진주 목걸이처럼 "그리고"로 줄줄이 이어진다는 내용이 있다. 반면에 남성은 종속절을 구성하는 능력을 갖고 있다고 믿는다. 그러나 예스페르센이 남성 우월주의자일 수는 있지만 생물학적 결정주의자는 아니었다. 이 장은 남성-여성의 언어 사용 차이는 노동의 성적 구분과 정해진 문화에서 서로 다른 역할 구분을 반영한다는 주요한 결론을 내린다.

로빈 레이코프는『언어와 여성의 자리』(Lakoff 1975)에서 처음으로 일관되게 페미니즘의 관점에서 젠더화된 언어의 사용에 대해 분석한다. 이 책은 예스페르센이 쓴「여성」과 연속성을 갖는다. 레이코프는 "중성[중립] 언어"라 칭했던 것과 더불어, 용법상 여성성을 (남성의 경우엔 남자답지 못함을) 함축하는 "여성 언어"가 있다는 의견을 제시한다. 레이코프는 여성 언어Women's Language, WL의 특징으로 매우 공손함, 온화한 감탄사의 사용(그리고 강한 감탄사 사용의 회피), 공허하고 사소한 어휘의 정교함(예를 들면, 색상을 표현하는 용어의 방대함), "좋은 날이네, 그렇지 않아?" 같은 부가 의문문, 평서문의 상승 억양 등을 든다. 무작위로 선택한 것은 아니다. 레이코프는 이 모든 목록이 화자가 공손하고 약하고 스스로 확신하지 못하는 것처럼, 요약하자면 무력한 것처럼 들리게 하는 기능을 한다고 주장한다. 레이코프는 "여성 언어"를 "남성 언어"가 아니라 "중성 언어"와 균형을 맞춰 분석하고 있는데, 레이코프의 입장에서 볼 때 이 같은 분석은 사려 깊지 못한 남성 중심주의가 아니었다. 그녀는 여성 언어에 어떤 "표시"가 있는 것, 즉 규범에서 일탈한 것은 남성 지배 사회에서 남성은 인간의 기본 범주로 간주되는 반면, 여성은 그저 "성"일 뿐인 상태를 정확히 반영한다고 주장했다. 그녀는 여성들이 고통스러운 선택 앞에 놓여 있다고 주장했다. 여성은 중립적인 언어를 사용하면서 여성적이지 않다고 간주되거나, 여성의 언어를 사용하면서 여러 주요 측면에서 인간 이하로 여겨지는, 두 가지 선택지를 갖는다.

레이코프의 논문에 힘입어 많은 이들이 "여성 언어" 가설을 경험적으로 조사하기 시작했다(『언어와 여성의 자리』는 레이코프가 자신의 사회 환경에서 언어 용례를 직관에 근거해 분석한 '안락의자' 연구였다). 조사 결과는 종종 결정적 결론에 이르지 못하거나 모순적이었다. 모든 여성 화자가 여성 언어를 사용하는 것은 아니며, 여성 언어를 사용하는 모든 화자가 여성은 아니라고 요약할 수 있다. 더 나아가 분명하게 레이코프는 특정 여성 집단(백인, 이성애, 단일 언어 사용, 직업이 있는 여성)을 마음에 두고 있었다. 하지만 여성성은 수없이 다양한 형태를 띤다. 그러나 레이코프의 주장이 가진 경험적 부적합성 때문에 그녀를 비판만 한다면 중요한 요점을, 비록 그 자체 역시 논쟁의 여지가 있긴 하지만, 놓치게 된다. "여성 언어"는 반드시 '여성이 (혹은 심지어 '몇몇 여성들이') 실제로 사용한 언어'로 받아들였을 때 가장 잘 이해되는 것은 아니다. 실제 화자들이 여성성을 '나타내기' 위해 가져오는, 문화적으로 인식 가능한 의미가 부여된 언어적 특징들의 집합, 즉 상칭적 범주로 읽을 때 훨씬 더 잘 이해될 수 있다.

이런 화자들이 (해부학적/발생적 의미에서) '실제' 여성일 필요는 없다. 흥미롭게도 남성에서 여성으로 전환한 트랜스젠더 개인들은 자신들이 선택한 젠더를 갖고 언어적으로 어떻게 살아갈지에 대한 조언을 열성적으로 받아들이려 하는 사람들로 보인다(Cameron and Kulick 2003 참조). 물론 그 조언은 "여성 언어"에 대한 레이코프의 서술에 근거한다. 특정 맥락들 속에서, 레이코프의 서술에 특히나 근접한 [여성 언어를 사용하는] 또 다른 집단은 언어학자 키라 홀(Hall 1995)이 연구한 전화 성[일명, 폰섹스] 노동자다. 그들의 일은 언어와 목소리라는 자원만을 사용해 남성 고객이 기꺼이 대가를 지불할 만한 성애적 매력을 지닌 여성성을 만들어 내는 것이다. 그리고 그들은 특히 그 목적에 부합하는 "여성 언어"라 할 만한 것을 찾아낸다. 홀이 인터뷰한 숙련된 연기자 가운데 한 명은 남자였고, 나머지 대부분은 '실제' 정체성이 "여성 언어"를 상징하는 백인, 앵글로, 중산층 이성애 여성과 일치하지 않는 이들이었다. 이런 사례들에서 나타나는 일은 기존에 존재하는 진정한 자아의 언어적 표현이 아니라 계산된 연기다. 더 나아가 그 연기는 경험적으로 관찰한 모델을 충실하게 모방하지 않으며('평균'적인 여성은 전화 성 노동자가 하는 방식으로 말하지 않는다), 오히려 문화적으로 가장 두드러지는 의미들을 전유하고 재유통한다. 드랙 연기와 이 성 노동자들의 연기의 유사점을 비교하면서 홀은 이를 "가로질러-표현하기"cross-expressing라 부른다.

　주디스 버틀러는 젠더를 "수행적인 것", 즉 단지 우리의 행위에 반영되거나 표현되는, 사전에 주어진 정체성이 아니라 반복적인 자기 양식화의 행위 속에서 성취되는 어떤 것(Butler 1991)으로 개념화했는데, 홀의 성 노동자 연구는 바로 버틀러로부터 영향을 받은 사회언어학과 언어 인류학의 최근 경향에 속한다. 이런 관점을 채택한 사회언어학자들은 "수행적인 것"이라는 용어가 언어 연구에서 (특히 존 랭쇼 오스틴의 언어철학 저작에서) 먼저 등장한다고 지적하곤 한다. 원형상 수행적 행위는, 세계에 대해 무언가를 말하는 것과 반대로 "나는 사죄합니다" 혹은 "여기서 폐회를 선언합니다"와 같이 세계 속에서 무언가를 행하는 발화 행위다. 그래서 사람들이 끊임없이 반복해 젠더를 수행(즉, 젠더를 존재하게 만들기, 그것을 성취하기)하는 가장 근본적 행위 가운데 하나로 말하기를 고려하는 것은 적절해 보인다. 이런 설명은 성 노동자 혹은 [젠더] '패싱'을 하려는 이들의 의식적 수행을 검토할 때 가장 분명하게 적용될 수 있지만, 원칙적으로는 좀 더 '일상적인' 사례에도 적용될 수 있다.

　버틀러의 연구는 퀴어 이론의 한 가지 흐름을 대표한다. 이 패러다임이 개척한 가능성 가운데 하나는 섹스에서 젠더를 분리해 젠더가 단순히 두 개가 아니라 그 이상 다수일 수 있음을 인정하는 문화로 나아가는 길을 닦았다는 것이다. 이 주장을 언어에 적용하면 '여성으로 말하기'와 '남성으로 말하기'는 유일한 대안이 아니게 된다. 최근 몇몇 언어학자들은 게이, 레즈비언, 트랜스젠더 화자들이 스스로 양식화한 언어적 실천에서 다른 발화의 위치가 존재할 수 있다는 증거를 찾았다. 그러나 그들이 주로 발견한 내용은 '표적' 젠더의 발화 위치를 가능한 한 충실히 따르려는 시도(특히 위에서 주목했던 것처럼 남성에서 여성으로 전환한 이들에게 추천되는 전략), 아니면 '여성적' 요소와 '남성적' 요소를 혼합한 수행이다. 이는 독특한 양식을 낳지만 이분법적 젠더 체계를 급진적으로 흩트리지는 않는데, 이는 이런 양식의 구성 요소들이 [이분법적 젠더] 체계 내에 코드화되어 있고, 이같이 [이분법적으로] 젠더화된 의미를 유지하기 때문이다.

'혼합된' 수행의 사례는 종종 화자가 배타적으로 하나의 젠더에만 동일시하지 않고 남성적인 자기 양식화와 여성적인 자기 양식화 사이에서 오가기 위해 언어적 자원(예컨대, 인칭대명사 그리고 형용사나 동사에 젠더 지표가 들어간 경우)을 동원하는 데서 발생한다. 그들이 수행하는 젠더는 일관되지 않고 시간에 따라 바뀐다. 그러나 어떤 특정 순간에도 여성성이나 남성성을 지표화하지 어떤 완전히 다른 것을 지표화하지는 않는다(이런 현상의 예로 힌두어를 사용하는 인도의 히즈라[4] — 그 지역에서는 '제3의 성'으로 여겨지는, 거세당한 남자들 — 가 있다. 이들에 대해서는 Hall and O'Donovan 1996 참조). 로빈 퀸(Queen 1997)은 북아메리카 레즈비언 만화의 특징적 스타일을 분석한 연구에서 다른 전략을 기술한다. 퀸이 분석한 만화들에서 캐릭터의 레즈비언 정체성은 서로 어울리지 않는 정형적인 젠더 표지들을 최대한 병치하면서 지표화된다. 동일한 대화 단락에서 (남성, 노동계급의) 욕하기와 (여성, 중산층의) 말 얼버무리기와 상승 억양이 결합한다. 히즈라가 문법적 젠더 표지를 [혼합적으로] 사용하는 것처럼, 이런 전략은 X는 '여성적'이고 Y는 '남성적'이라는 우리의 인식 효과에 의존한다. 이분법적 젠더 체계 내에 아직 약호화되지 않은 Z와 같은 제3의 선택지는 없다.

이 같은 사실은 물론 앞서 말한 것처럼 우리가 완전히 새로운 언어를 창조할 만한 위치에 있지 않다는 사실을 생각하면 전혀 놀랍지 않다. 그러나 이는 또한 페미니스트들에게 상당히 중요한 질문을 던진다. 퀴어 이론은 젠더 경계를 가로지르고 젠더화된 메시지를 [퀴어하게] 섞는 것을 개인적으로는 해방적이고 정치적으로는 전복적이라고 찬양하는 경향이 있다. 그러나 페미니스트들은 유희의 대상이 되는 젠더 코드[규정]에는 남성성과 여성성뿐만 아니라, 지배와 종속의 의미 역시 깃들어 있다는 점에서, 이 같은 유희에 반대할지도 모른다. 언어에서 여성성은 임의적으로 수집된 언어적 특징이 아니라 힘없음을 함축하는 일군의 특징에 의해 구성된다. 이 같은 요점을 인정한다면, 개인은 '여성 언어'를 사용함으로써 어떤 면에선 '해방'될 수도 있지만 — 예를 들면, 키라 홀이

4　[옮긴이] 히즈라Hijras는 남성으로 태어나지만 (종종 거세당하고) 여성 젠더를 수행하는 이들을 말한다. 이들이 수행하는 여성성은 일반 여성들이 수행하는 여성성과는 다르다.

연구한 전화 성 노동자는 꽤 괜찮은 돈벌이를 한다고 생각한다 ─ 그들의 연기가 기존의 권력 구조를 전복한다고 주장하기는 다소 어렵다. 실제로 성 노동자들은 적극적으로 그 구조를 재생산하고 있으며 계급으로서의 여성을 대가로 개인적 이익을 얻고 있다고 주장할 수 있다.

이에 반대해 가로질러-표현하기가 전복이라고 주장하는 쪽은 기존 문화적 코드의 인용, ─ 예를 들어, 트랜스 여성이 생산하는 전형적으로 여성적인 발화 ─ 은 그 어떤 변경도 없이 단순히 재생산되는 것이 아니라고 본다. 그 맥락(시간, 장소, 계기, 화자)이 새롭고, 언어적 행위의 의미는 늘 맥락 의존적이다. 정형stereotype [예컨대, 이른바 '여성 언어']의 인용은 그 정형을 재생산하지만, 다른 프레임에 그것을 놓음으로써 잠재적으로 그것이 실체로 정형이라는 점을 명징하게 하고, 그럼으로써 젠더화된 행동이 자연스러운 것이라고 믿는 관습을 허물어뜨린다. 젠더의 탈자연화(그리고 특히 생물학적 성으로부터의 분리)는 페미니스트와 퀴어 이론가 모두가 공유하는 목표다. 그러나 주장하건대 그 이유는 서로 다르며, 그것은 퀴어 언어 정치학과 페미니스트 언어 정치학 사이의 잠재적 긴장을 드러낸다. 페미니스트 비평의 궁극적 표적은 자연적 차이의 이데올로기 그 자체가 아니라, 오히려 그런 이데올로기의 도움으로 유지되는 권력관계이다. 그러므로 젠더의 탈자연화는 목적 그 자체라기보다는 목적으로 가기 위한 수단이 된다. 그 목적은 더 나아가 성에 상관없이 모두가 어떤 다른 위치 혹은 둘 모두에 동일시할 수 있도록 남성성과 여성성을 해방하는 것이 아니다. 젠더가 실제로 (계급처럼) 어떤 집단이 다른 집단을 착취해 생산된다고 믿는다면, 착취를 끝내기 위해서는 우리가 알고 있는 젠더를 해체해야 한다. 이 경우 기존 젠더 규범을 인용하는 어떤 행위도 충분히 급진적이라 할 수 없다.

언어와 권력의 관계는 젠더 연구에서 논쟁을 초래하는 쟁점이었다. 레이코프 이후로 초기 페미니스트들의 연구는 여성의 말하기 방식과 남성의 말하기 방식에서 관측되는 차이가 두 성별을 구분할 뿐만 아니라 한 성별이 다른 성별을 지배하는 것을 용이하게 한다고 강조했다. 예를 들어, 이성애 남녀가 가정에서 나누는 대화에 대한 연구는, 여자가 남자에게서 말을 끌어내기 위해 좀 더 많은 질문을 던지고, 대화가 지속될 수 있도록 더 많이 맞장구친다는 것을 보여 준다(Fishman 1983). 이 차이는 임의적으로 보이지 않는다. 즉, 여성이 남성에게 거의 모든 종류의 가사 서비스와 사적 서비스를 제공하지만 그 역은 거의 성립하지 않는다는 좀 더 넓은 범주의 사회적 양상과 설득력 있고 분명한 연관이 있다. 언어적 행동에서 남성-여성의 차이가 단순히 남성과 여성을 구분하는 기능을 한다면, 우리가 여성 코트 단추와는 반대 방향에 달려 있는 남성 코트 단추 같은 것을 다루고 있다면(그 차이의 유일한 의미는 옷이 어떤 성별의 주인을 위해 만들어졌는지를 알리는 것뿐이다), 남성은 특권을 갖고 여성은 예속된다는 관점에서는 설명할 수 없는 최소한 몇 개는 발견할 수 있을 것으로 예상할 수 있다. 그러나 상당수의 페미니스트들은 우리가 언어에서 발견하는 차이가 그런 단순한 차이는 아니라고 주장했다. 증거는 차이와 지배가 연관이 있다고 말한다.

언어 사용에서 젠더 차이 역시 종족이나 민족의 차이와 비슷한 방식으로 접근해야 한다고 했던 1980년대 페미니스트들은 이런 입장에 이의를 제기한다. 그들은 남성과 여성 사이의 대화는, 두 당사자들 사이의 불평등 때문이라기보다는(물론 이런 불평등이 다른 어려움을 가중할 순 있지만), 오해를 낳는 상충하는 기대 때문에 문제가 발생하는, [서로 다른] '문화 간의' 의사소통 형식으로 다뤄야 한다고 주장했다(이 같은 접근법은 상호작용 언어학자 데버라 태넌의 책을 통해 많은 사람들에게 알려졌다. 그녀의 책『당신은 이해하지 못하고 있을 뿐이다』[5]는 1990년대 초 베스트셀러였다). 흔히 사람들은 남성과 여성은 아이 때, 그리고 대체로 단일한 성으로 구성된 또래 집단에서 상호작용을 통해 말하기 방식을 배운다고 말한다. 소년 또래 집단은 소녀 또래 집단보다 크고 좀 더 위계적으로 조직되며, 구성원들은 그 안에서의 지위를 두고 경쟁한다. 소녀 집단은 친밀함과 관계성[연결]을 강조하는 좀 더 평등주의 정신으로 작동한다. 그래서 소녀와 소년은 무엇을 위해 대화하고 어떤 규범을 대화에 적용할까에 대해 서로 완전히 다른 생각을 키워 나간다. 이후 그들이 서로 의미 있는 관계를 형성하기 시작할 즈음에는, 남녀가 상호작용할 때 활용하는 각자의 젠더화된 이해가 달라 갈등을 초래한다. 여자가 발화하면

---

5 [옮긴이] 국내에는『남자를 토라지게 하는 말, 여자를 화나게 하는 말』로 2001년 처음 출간되었다가,『그래도 당신을 이해하고 싶다: 말만 하면 다투는 커플들의 필독서』(정명진 옮김, 한언, 2012)로 제목을 바꿔 재출간되었다.

남자는 자기가 그 발화를 할 때 뜻하는 바를 의미한다고 가정하고, 남자는 그 여성이 자신이 기대할 법한 답을 기대한다고 가정한다. 그 역도 발생한다. 결과적으로 남자와 여자는 종종 동문서답을 하고 서로의 의도를 잘못 읽는다. 태넌(Tannen 1994)은 유사한 논리로 남성의 언어적 행위를 지배 형식으로 설명하는 페미니스트들을 비판한다. 태넌은 사실 남성이 여성과 있을 때 하는 행동은 동등한 위치에 있는 남성들끼리 있을 때 서로에게 평범하게 해왔던 것이고, 여성과의 관계에서 그 행동을 복제했을 뿐인데도, 페미니스트들은 남성이 여성을 지배할 의도가 있다고 해석하는 실수를 저지른다고 주장한다. 이스라엘의 상호작용 규범보다 일본의 상호작용 규범이 더 낫다는 식의 주장은 하지 않으면서도, 상호 이해와 관용의 정책을 옹호하려 할 수 있을 것이다. 마찬가지로, 각자의 발화 방식을 가지고 남자든 여자든 비판해서는 안 되는데, 발화 방식은 정체성 — 태넌의 관점에서, 변화에 아주 미미하게 열려 있는 — 의 일부이기 때문이다.

　'젠더 차이는 문화 차이'라는 논제에 대한 한 가지 반박은, 내가 앞서 언급한 논점, 즉 지금 논의의 대상인 젠더 차이가 그 상징적 의미와 실제 세계에서의 효과 면에서 자의적이라고 설득력 있게 제시될 수 없다는 점에 기대고 있다. '문화 차이' 이론가들 — 사실 최근의 경험적 연구들은 그중 다수에 이의를 제기했다(예를 들어, 소녀 집단은 Goodwin 2006, 소년 집단은 Way 2011 참조) — 이 제안한, 남성과 여성의 말하기 패턴에 대한 일반화를 받아들인다 해도, 소녀 또래 집단이 협업하고 서로 연결되어 있는 방식을 지향하는 화자를 생산하는 반면, 소년 또래 집단은 경쟁적이거나 지위 지향적인 화자를 생산하는 것이 우연한 일인지 분명히 물어야 한다. 그 반대의 경우 또한 마찬가지로 쉽게 성립할 수 있는가? 아니면 이런 차이의 내용이 남자는 공적 영역에서 여자는 가정의 영역에서 각각 영향력을 행사할 것이라는, 남녀에 대한 전통적 기대와 관련이 있는 것일까? 그렇다면 젠더[차이]를 종족 혹은 민족성[사이의 차이]으로 비유하는 것은 오해를 유발할 수 있다. 일본인과 이스라엘인은 서로 다르다. 그러나 그들의 습관적 행동 방식은 차이뿐만 아니라 위계질서 위에 세워진 사회질서와 제도(결혼) 내에서 서로가 서로를 보완하도록 설계되어 있지 않다.

　역설적으로 이런 '문화' 접근법이 문화적 차이에 충분히 민감하지 않다는 이유로 반대하는 이들도 있다. 이런 접근법이 말하는 '남성들'과 '여성들'이란 대체 누구인가? 그들은 어떤 언어(들)를 말하는가? 그들은 어느 나라에 살며, 어떤 계급과 종족에 속해 있는가? 그들은 모두 이성애자인가? 그들은 모두 정확히 동일한가? 종합적으로 볼 때 남성과 여성의 발화를 주제로 한 대부분의 연구 문헌들은 다음과 같은 비판에 취약하다. 즉, 그 연구가 말해 주어야 하는 내용의 대부분은 그 연구가 논의하는 집단[에 대체로 적용되는 것이 아니라 그 집단에 속한] 극소수에게만 구체적으로 적용된다. 문화기술지 연구 문헌들은 남성은 경쟁하고 여성은 협업한다는 논지는 물론이고, 1975년 이후 남성 언어 및 여성 언어와 관련해 제시된 그 외의 모든 일반적 논지에 대해서도 놀랍도록 반대되는 예시를 제공한다. '여성으로 말하기' 또는 '남성으로 말하기'의 관념이 조금이나마 의미 있다 해도, 그것이 세월에 무관하고 보편적이며 사회적으로 차별화되지 않은 어떤 여성 됨/남성 됨의 범주를 지시하는 것일 수는 없다. 같은 문화 환경 안에서조차 '여성으로서'만 혹은 '남성으로서만' 발화하는 사람은 없다. 젠더는 다른 정체성 범주들에게 영향을 미치기도 하고 영향을 받기도 한다.

예스페르센이 쓴 「여성」은 독자들에게 상당히 이질적인 여러 문화와 역사적 시기를 살았던 남성과 여성을 소개한다. 즉, 19세기 영국 소설에 나오는 여성 인물들을 좋아하는 코펜하겐의 가정주부가 나오다, 아프리카의 수렵 채집인이 나오고, 1600년대 소앤틸리스 열도의 카리브인들이 나오는 식이다. 이 방대한 자료(또는 혼란스러운 자료 무더기) 속에서 예스페르센은 여성으로서 말하기가 무엇일지, 그리고 자료가 더 적기는 하지만 남성으로서 말하기가 무엇일지에 대한 일관된 설명을 뽑아내려고 했다. 그는 일반화하고 종합하고 보편화하려는 충동을 갖고 작업한다. 포스트구조주의와 포스트모더니즘 이론에 영향을 받은 오늘날 학자들의 용어로 바꾸면, 동질화하고 총체화하고 본질화한다. 거의 예외 없이 오늘날 젠더를 연구하는 언어학자들은 예스페르센의 기획을 포기했다. 그 대신 그들은 특정 여성과 남성이 특정한 상황에 특정한 맥락에서 말하는 방식을 조사하기를 선호한다. 여성 언어와 남성 언어에 대한 거대 서사는 끈질기게 지속되고 있지만, 오늘날 이와 관련된 서적들은 학교 도서관이 아니라 대중 심리학 도서 선반 위에 있다.

젠더, 언어, 그리고 침묵

성차별적 언어와 관련된 논쟁 및 여성으로서, 또는 남성으로서 말하기가 무엇인지와 관련된 생각들에 대해 내가 제시한 설명은 젠더 연구에서 언어라는 용어의 역사가 점점 더 복잡해지고 있다는 점을 보여 준다. 나는 언어와 젠더 학자들 사이에 많은 논의를 이끌어 냈던 한 가지 현상, 즉 침묵에 대해 페미니스트들이 어떻게 접근했는지 간략하게 검토함으로써 그 점을 밝히며 이 글을 끝맺고자 한다.

1968년 이후 페미니스트들 사이에서는 침묵이 어떤 면에선 언어의 반의어이며 발화의 부재, 혹은 좀 더 일반적으로는 소통의 부재를 가리킨다는 데 대한 공통된 인식이 존재했다. 침묵은 또한 하위 주체로서 여성의 위치 및 하위 주체성을 집약하는 이상적 여성상과 연관된다. 다시 말해, 언어에 대한 접근권[혹은 사용권]의 부인은 여성 억압의 중요한 측면이며, 여성의 침묵이나 침묵에 대한 강요는 그와 같은 부인을 상징한다. 페미니스트들은 여성들의 수다에 불만을 토로하는 민담 전통, 여성들에게 침묵을 지키라고 경고하는 품행 지침서를 비롯한 다양한 문헌들, "여성은 교회에서 침묵해야 한다"는 성자 바울의 교회법 선언 등을 그 증거로 제시한다. 초기의 여행 저술과 현대 인류학 문헌에서도 역시 특정 상황(말하자면 자신의 집밖, 사람들이 모여 있는 공공장소, 종교의식 행사)에서 여성의 발화를 금지하는 사례를 잔뜩 찾아볼 수 있다. 한편 19세기 초 미국에서도 남녀가 섞인 청중 앞에서 여성이 공개적으로 말을 하면 물의를 빚었다(Bean 2006). 페미니즘의 의식화, 저술, 정치적 행동은 빈번하게 '침묵을 깨기'로 묘사됐다. 그래서 놀랍지도 않지만 초기의 언어와 젠더 연구는 여성들이 침묵하거나 침묵을 강요받는 방식을 조사하는 데 관심을 두었다. 이와 관련한 연구는 매우 다양했다. 예를 들어, 코라 카플란(Kaplan 1986)은 여성들이 수사적이거나 "고급"한 언어 발화의 금지를 내재화하는 방식을 라캉주의 관점에서 설명한 이론적 연구를 수행했고, 캔디스 웨스트와 돈 짐머만(West and Zimmerman 1983) 그리고 패멀라 피시먼(Fishman 1983) 같은 연구자는 남성이 방해하거나 귀 기울이지 않을 때 흔히 여성이 침묵하게 된다고 주장했다. 이 같은 담론들은 일련의 단순한 대립 항들과 병렬을 중심으로 구성되었다. 발화/침묵, 남성/여성, 힘/힘없음, 좋은/나쁜.

그러나 침묵을 바라보는 관점은 이후 복잡해졌다. 이 담론은 대체로 언어 및 젠더와 관련된 학문적인 특징을 띠게 되었다. 예를 들어, 발화와 침묵을 단순히 대립한다고 보는 관점에는 결함이 있다는 점이 인정된다. 침묵 또한 소통하고 그런 면에서 언어의 일부다. 그러나 모든 소통 행위처럼 침묵은 페미니스트들이 처음에 초점을 맞췄던 복종만이 아니라 많은 것을 의미하는 잠재성을 지녔다. 침묵은 복종을 나타낼 수도 있지만 또한 저항의 징조일 수 있다. 고문받는 상황에서 침묵 상태를 유지하는 것, 고해소에서 말하기[고해성사]를 거부하는 것, 사랑이라는 단어나 고통의 울음을 집어삼키며 그런 말을 듣고 싶어 하는 욕망으로 당신을 억압하는 사람 앞에서 버티는 것 등은 모두 저항의 전략이다. 이것은 힘없음이기보다는 힘의 언어이다. 더 나아가 침묵의 의미와 가치는 문화와 맥락을 가로지르며 다양해진다. 지루한 세미나에서의 침묵은 퀘이커 모임에서의 침묵과 다르다. 상사나 주인에게 꾸짖음을 들은 노동자나 하인의 침묵은 존중과 경멸이 섞인 소통일 수 있다. 주인을 불편하게 만들면서도 하급자의 태도가 오만불손하다는 비난은 피할 만한 무시를 침묵으로 드러낼 수 있는 것이다.

여기서의 요점은 의미는 복잡하며, 그 복잡함에 민감하지 않고는 계속 분석을 하기 어렵다는 것이다. 초기 페미니스트들이 성차별주의를 비판하고 여성의 발화를 설명했을 때에는 '언어'를 형식과 의미 사이의 단순하고 일원화된 상응으로 이해했다. 어떤 단어는 '성차별적'이고 다른 단어는 '중립적'이었다. 그리고 부가 의문문처럼 여성에게 특징적으로 나타나는 언어 사용은 불안함처럼 단일하고 변치 않는 속성을 표현한다고 독해했다. 언어가 고정된 코드가 아니라는 사실을 인정하면 좀 더 사람들이 말하는 (혹은 침묵하는) 전체 맥락의 이해에 의존해 언어 정보를 해석하게 된다. 이는 연구 초점을, 언어와 젠더에 대한 지구적 일반화로부터 벗어나도록 이동시키고 의미가 지역적으로 구성되는 과정에 대한 질문들을 전면에 내세운다. 이 과정은 또한 현재의 여러 이론적 관점에서 볼 때, 젠더가 구성되는 과정이기도 하다. 이를 통해 학자들은 우리가 의미를 구성하고 젠더화하는 과정을 좀 더 성찰할 수 있다. 예를 들어, 침묵은 어떻게 여성성 그리고 힘없음을 뜻하도록 구성되었는지를 질문해야 한다. 여기서 요점은 침묵의 많은 의미 가운데 그런 특정 의미가 있음을 부인하는 것이 아니라, 우리의 이론화를 포함해 문화적 과정의 효과로 의미를 이해하는 것이다.

언어 인류학자인 수잔 갈(Gal 1991)은 침묵이 종종 여성의 속성으로 귀속되고, 특히 비백인 여성의 속성으로 여겨지는 이유는 다수의 경우 그 여성들이 정말로 침묵하기 때문이라기보다는 그 여성들에 대한 서구 학자들의 침묵 때문일 수 있다고 주장한다. 연구자가 공동체 X의 여성이 침묵한다고 묘사할 때, 이는 사실 "그들이 내게 말을 하지 않았다"는 의미에 지나지 않을 수 있다. 또 다른 언어 인류학자인 돈 쿨릭은 "분석을 위해 선택하는 말의 종류가 [여성들이] 입을 다물게 할"(Kulick 1993, 512) 수 있다고 관측한다. 쿨릭은 여러 문화의 갈등 발화를 다루는 문헌을 논한다. 그 문헌들은 갈등이 해결되는 토론장에 집중하는 경향이 있으며, 그런 토론장에서는 여성이 종종 배제된다. 쿨릭은 자신의 논문에서 여성은 갈등을 피한다는 정형화된 관념이 거짓임을 보여 주는 (뉴기니) 여성들에 관심을 쏟는다. 그 여성들은 언어 및 젠더와 관련해 서구가 갖고 있는 선입견에 이의를 제기하지만, 서구의 학자들은 갈등 해결에 대해 연구하기를 선호하기 때문에 자주 그것을 알아채지 못한다.

나는 이 사례가 너무 역설적이기에 선택했다. 여성의 침묵에 대한 믿음 때문에 실제로 학자들은 여성들을 침묵하게 한다. 여성들이 노골적인 갈등을 꺼린다는 믿음은 연구자 스스로가 갈등을 싫어하기 때문에 유지될 수 있다. 그러나 이 사례는 좀 더 일반적인 관점을 분명히 보여 준다. 여기서 man이라는 총칭어 사용에 반대한 페미니즘 논쟁을 떠올려 볼 수 있다. 그 용례는 차이를 은폐하고 한 집단의 이들men을 하나의 원형으로 만들었다. 트린 민하(Trinh Minh-ha 1998)는 페미니스트 담론이 여성woman을 사용하는 방식에 동일한 논쟁을 확장한 바 있다. 이 단어는 자칭 포괄적이었으나 원형적으로 '제1 세계' 여성만을 가리킨다. 그리고 이 논쟁은 또한 '추상적/일반적'과 '구체적/특정적' 모두를 뜻하는 단어인 언어(예를 들어, '인간 언어 능력', '일본어', '당신과 내가 지금 바로 사용하고 있는 언어')로 연장될 수 있다. 언어와 젠더의 연구에서 추상적이고 일반적인 용어로 '언어'를 사유하는 것은 실제로 많은 화자들을 '침묵하게' 만들 위험이 있다. 그들이 말하지 않기 때문이 아니라 그들의 말하기와 의미 방식이 [제1 세계 백인(여성)들인] 우리가 암묵적으로 전제하는 원형의 틀로는 인지되지 않는 것이기 때문이다.

오늘날의 페미니스트들은 '여성'이 아니라 '여성들'로, 복수인 '여성성들과 남성성들'로, 젠더 그 자체를 일원화되지 않은 현상으로 신중하게 말한다. 다른 많은 발전이 있었지만 포스트구조주의와 포스트모더니즘의 언어적 전환이 이런 복수화와 구체화를 적극 권장했다고 할 수 있다. 그러나 이 '전환'이 '언어'와 관련해 반대되는 효과를 만들어 내기도 한다. 이론가들은 '전체주의화하는 허구'에 경고를 보내지만 언어를 바라보는 이론가들의, 추상적이고 모두를 아우르는 (그리고 변치 않는 단일한) 관념은 놀랍게도 그 허구와 비슷하다. 젠더를 고정된 상태보다는 과정으로 보는 방식과 마찬가지로, 신비하고 일원적인 '언어'에서 벗어나 과정으로 간주되는 말하기/노래하기/쓰기 방식으로 우리의 초점을 이동할 필요가 있다. 그러면 "어떻게 여성이/남성이 말하는가?" 혹은 "어떻게 언어가 여성과 남성에게[을] 말하는가?"라고 묻지 않고 "주어진 특정 맥락에서 젠더와 언어 사용이라는 두 과정이 상호작용해 어떻게 '여자들'과 '남자들'을 만들어 내는가?"라고 질문할 수 있을 것이다.

확실히 이런 질문의 방식은, "남자는 화성, 여자는 금성에서 왔다"고 계속해서 주장하는 대중적 목소리는 차치하고서라도, '성차별적 언어'와 '여성 언어' 같은 [용어를 사용하는 이들이 쉽게 알아듣는 용어이지만 그 개념적 엄밀성은 없는] 사용자 친화적인 개념 범주를 만들지 않을 것이다. 그러나 실눈을 뜨고 망원경으로 언어를 보기보다는 현미경에 언어를 놓고 보는 것이 궁극적으로는 좀 더 언어를 이해하는 데 도움을 줄 것이다.

참고 문헌

Bean, Judith Mattson. 2006. "Gaining a Public Voice: An Historical Perspective on American Women's Public Speaking." In *Speaking Out: The Female Voice in Public Contexts*, ed. Judith Baxter. Houndmills, Basingstoke: Palgrave-Macmillan.

Black, Maria, and Rosalind Coward. 1998. "Language, Social and Sexual Relations"(1981). In *The*

Feminist Critique of Language: A Reader, 2nd ed., ed. Deborah Cameron. New York: Routledge.

Butler, Judith. 1991. *Gender Trouble: Feminism and the Subversion of Identity*. New York: Routledge [주디스 버틀러, 『젠더 트러블: 페미니즘과 정체성의 전복』, 조현준 옮김, 문학동네, 2008].

Cameron, Deborah, ed. 1998. *The Feminist Critique of Language: A Reader*. 2nd ed. New York: Routledge.

Cameron, Deborah, and Don Kulick. 2003. *Language and Sexuality*. Cambridge: Cambridge University Press.

Fishman, Pamela. 1983. "Interaction: The Work Women Do." In *Language, Gender and Society*, ed. Barrie Thorne, Cheris Kramarae, and Nancy Henley. Rowley, MA: Newbury House.

Gal, Susan. 1991. "Between Speech and Silence: The Problematics of Research on Language and Gender." In *Gender at the Crossroads of Knowledge*, ed. Micaela di Leonardo. Berkeley: University of California Press.

Goodwin, Marjorie Harness. 2006. *The Hidden Life of Girls: Games of Stance, Status and Exclusion*. Malden, MA: Blackwell.

Hall, Kira. 1995. "Lip Service on the Fantasy Lines." In *Gender Articulated: Language and the Socially Constructed Self*, ed. Kira Hall and Mary Bucholtz. New York: Routledge.

Hall, Kira, and Veronica O'Donovan. 1996. "Shifting Gender Positions among Hindi-speaking Hijras." In *Rethinking Language and Gender Research*, eds. Victoria Bergvall, Janet Bing, and Alice Freed. London: Longman.

Irigaray, Luce. 1987. "L'ordre sexuel du discours." *Langages*, no. 85: *Le sexe linguistique*.

Kaplan, Cora. 1986. "High Language and Women's Silence." In *Sea Changes: Culture and Feminism*. London: Verso.

Kulick, Don. 1993. "Speaking as a Woman: Structure and Gender in Domestic Arguments in a New Guinea Village." *Cultural Anthropology* 8(4): 510-541.

Lakoff, Robin. 1975. *Language and Woman's Place*. New York: Harper & Row [로빈 레이콥, 『여자는 왜 여자답게 말해야 하는가』, 강주헌 옮김, 고려원, 1991].

McConnell-Ginet, Sally. 2011. *Gender, Sexuality and Meaning*. New York: Oxford University Press.

Pauwels, Anne. 1998. *Women Changing Language*. London: Longman.

Queen, Robin. 1997. "'I Don't Speak Spritch': Locating Lesbian Language." In *Queerly Phrased: Language, Gender and Sexuality*, ed. Anna Livia and Kira Hall. New York: Oxford University Press.

Spender, Dale. 1980. *Man Made Language*. London: Routledge and Kegan Paul.

Tannen, Deborah. 1990. *You Just Don't Understand*. New York: Morrow [데보라 태넌, 『그래도 당신을 이해하고 싶다: 말만 하면 다투는 커플들의 필독서』, 정명진 옮김, 한언, 2012].

_____. 1994. *Gender and Discourse*. New York: Oxford University Press.

Trinh Minh-ha. 1998. "Difference: A Special Third World Women's Issue." In Cameron 1998.

Way, Niobe. 2011. *Deep Secrets: Boys' Friendships and the Crisis of Connection*. Cambridge, MA: Harvard University Press.

West, Candace, and Don Zimmerman. 1983. "Small Insults: A Study of Interruptions in Cross-Sex Conversations between Unacquainted Persons." In *Language, Gender, Society*, ed. Barrie Thorne, Cheris Kramarae, and Nancy Henley. Rowley, MA: Newbury House.

11장

사랑

Love

지은이

로런 벌랜트 Lauren Berlant

옮긴이

윤조원

고려대학교 영어영문학과 교수. 미국 문학과 페미니즘, 젠더를 가르치고 연구한다.
저서로『페미니즘: 차이와 사이』(공저), 역서로 주디스 버틀러의『위태로운 삶』, 리
오 버사니의『프로이트의 몸』이 있다.

＊

욕망에 관한 내 글(3장)은 대상에 닻을 내린 욕망, 지향성, 관계 맺기의 스타일로 충동들이 조직화되는 것에 초점을 두었다. 욕망에 대한 설명은 애착, 정체성, 정동에 대한 다양한 정신분석적 해설로 구성되었고, 비평 이론과 실천에서 그것들이 최근에 지녔던 중요성을 역사적으로 간략히 살펴봤다. 사랑에 관한 이 장은 정신분석학의 [주요 초점인] 가족 장면에서 벗어나 환상에 대한 탐색으로써 시작하며, 규범적 환상의 극적 또는 장면적 구조와 무의식적 환상의 조우를 검토한다. 정신분석적으로 보든, 제도적으로 보든, 이데올로기적으로 보든, 이 글에서 사랑은 언제나 환상의 결과로 간주된다. 환상이 없다면 사랑도 없을 것이다. 대상은 우리를 소유하고 그럼으로써 우리 자신 또는 대상을 일관되고 무해한 단순한 존재들로 이상화하는 능력을 우리에게서 박탈하는데, 환상이 없다면 우리를 지탱해 주는 대상에 대한 양가적 애착의 평탄치 않은 장에서 나아갈 방법이 없을 것이다. 간극들을 메꾸지 않고서도 환상은 그 모든 것들로 인해 우리가 파괴되지 않을 수 있게 해준다.

우리는 개인적 삶과 상품 문화에서 작동하는 로맨스를 통해 사랑의 다른 개념들을 살펴볼 것이다. 개인적 삶과 상품 문화는 주체가 세상과 삶을 구축하기 위한 기초적 재료들로 환상을 채우는 법을 학습하는 장소다.

환상

상징화나 규범들에 매여 있지 않은, 제도화되지 않은 양태의 쾌락에 대한 푸코의 견해는 정신분석에서 논의되는 욕망의 궁극적 형태를 생각할 수 있게 한다. 이것이 바로 환상의 개념이다. 프로이트 학파나 라캉 학파가 의미하는 환상은 사람들이 흔히 기대할 수 있는 내용은 아니다. 대중문화에서 환상은 리얼리즘을 괄호 속에 치워 두면서 리얼리즘에서 완전히 벗어나지는 않은 채로 욕망하는 주체를 이상적 대상 또는 악몽 같은 대상과 연결하는 꿈 같은 서사다. 이와 대조적으로 프로이트의 정신분석에서 환상은, 질서를 부여하는 충동의 힘을 이미지에 투여하는, 그리고 어떤 경우에는 이미지들을 대상과 증상으로 변환하는, 무의식적 소망의 형태를 취한다. 장 라플랑슈와 장-베르트랑 퐁탈리스(La-planche and Pontalis 1973)는 라캉을 따라가며 환상을 욕망의 실연實演을 위한 배경, 명시적으로 재현된 욕망의 형태와 동일하지 않은 이미지와 행동의 연속에 욕망이 얽히게 되는 배경이라고 말한다(de Lauretis 1994; Kaplan 1986).

그렇다면 환상을 이해하기 위해 우리는 욕망의 무의식적 구조화와 욕망을 다듬어서 의도로 만드는 관습을 둘 다 고려할 필요가 있다. 결국 현대 대중문화가 선물처럼 주는 메시지 — "당신은 혼자가 아닙니다" — 는 그런 사실이 소박한 위안이라도 된다는 시늉을 하는 것이다. 하지만 우리는 이 선물이 압도적이며 종종 자가당착임을 알고 있다. 그것은 주체의 독특함에 가치를 부여하는 동시에 주체의 일반적 속성에도 가치를 부여하고, 주체가 인정과 변화처럼 느껴지는 모종의 쾌락을 누릴 자격이 있다고 단언하고, 주체가 주권적이긴 하지만 그런 목표를 달성하기 위해서는 대상에 의존한다는 느낌 등을 퍼뜨린다. 이런 경향들 전부가 온갖 종류의 액션 영화들에서 충족된다. 생존이 대규모로 이루어지든 소규모로 이루어지든 상관없다. 로맨스가 일련의 드라마틱한 추구, 행위, 화해 등을 통해 살아남기를 추구해 내는 액션 영화의 한 장르라고 생각해 본다면, 환상을 위한 로맨스 플롯의 배경은 단지 관습적인 것이라기보다는, 무의식중에 살 만하다고 느껴지는 세계를 지탱하는 강렬한 감정들을 직조해 내는 것이라고 여길 수 있을 것이다.

가령, "시대를 초월하는 가장 위대한 사랑 이야기"로 팔리는 작품, 마거릿 미첼의 『바람과 함께 사라지다』(1936)를 생각해 보자. 이 소설의 독자들과 그 영화화된 작품(1939)의 관객은 전형적으로 스칼렛 오하라와 레트 버틀러의 관계를 로맨틱한 환상의 완벽한 형태로 본다. 그 두 인물이 서로에게 열정적인 배필이기 때문에, 또 그들의 위대한 사랑이 실패할지언정 세월의 시련을 견디고 두 연인에게 영원히 징표를 남기는 진정 위대한 사랑이기 때문이다(Taylor 1989). 여자가 자신이나 남자에 대해 아무것도 모르는 한, 남자가 여자를 전적으로 이해한다는 사실이 중요하지는 않다. 레트는 스칼렛보다 나은 남자일 뿐만 아니라 나은 여자 구실까지 한다. 『바람과 함께 사라지다』에서 인물들이 경제적 목표 및 로맨스의 목표를 추구하는 과정에서 젠더 규범을 확장하긴 하지만, 소설은 작품 전체에 걸쳐 남자에게 마음대로 할 수 있는 자유를 주는 로맨스의 규칙을 따른다. 남자는 물리적·심리적 우월성으로 그 자유를 누린다[자신뿐만 아니라 여성에 대해서도 여성보다 더 잘 아는 남성의 가르침과 길들이기를 필요로 하는 혼돈의 생명력으로 여성을 재현하는 이런 패턴은 현재까지도 페미니즘의 답보 상태 속에서 텔레비전 시리즈 〈걸즈〉(2012~17)와 리처드 링클레이터의 영화 3부작 〈비포 선라이즈〉(1995), 〈비포 선셋〉(2004), 〈비포 미드나잇〉(2013) 등에서 계속되고 있다 -지은이].

그러나 『바람과 함께 사라지다』에서 작동하는 환상에 대한 장면 지향적 또는 감각 지향적 독서는 욕망이 환상의 바탕에 변주를 반복하는 충동으로 펼쳐진다는 것을 시사한다. 그 환상의 바탕이란 언제나 열정적인 다툼, 유혹, 실망, 욕망의 순환으로 이어지는, 첫눈에 서로 반하는 사랑이다(이 경우, 한 명이 사랑을 느낄 때 다른 쪽은 무정하거나 방어적이 되기 때문이다). 미국의 남북 전쟁, 특히 남부의 메마른 대지를 가로지르는 셔먼Sherman 장군의 행군을 배경으로 하는 로맨스, 참해惨害, 생존이라는 장대한 서사에서 그와 같은 핵심의 재현은, 개인적 플롯을 정치적 플롯에 반영시킨다. 이 모든 것은, 『바람과 함께 사라지다』에서 이성애적 로맨스와 주권적 국가성은 환상이 주체에 그 마술적 힘을 발휘해 양가감정을 소진하고 복합성을 부정하는 낙관을 만들어 낼 것을 필요로 한다는 것을 보여 준다. 그 이야기는, 감각의 유토피아(여기서는 남군, 로맨틱한 친밀성)와 그 유토피아가 다시 한번 접근 가능한 것이 되기 위해 서사에서 극복되어야 할 장애물 더미 사이의 관계로서 반복 충동을 서술하고 있다. 욕망의 장면을 추동하는 것처럼 보이는 사랑보다도, 욕망의 장면과 욕망을 가로막는 장애물들이 성애화된다. 이 작품의 그 유명하고도 진부한 대사, "내일은 내일의 태양이 뜬다"Tomorrow is another day라는 말은 사람과 세상에 대한 사랑의 환상적 장면을 상투어에 대한 사랑, 반복 자체에 대한 사랑의 장면으로 바꿔 놓았다.

이런 종류의 해석의 전환, 즉 커플 지향적 욕망에서 환상과 조우하는 장면의 성애학으로의 전환은 욕망하는 주체를 자기 욕망의 장면의 참여자이자 구경꾼으로 다시 위치시킬 것을 요구하며, 자신의 쾌락 추구와의 관계에서 주체가 일종의 이중성을 가져야 한다는 점을 시사한다. 존 버거는 이 이중성의 관계에 대한 한 가지 설명을 제시한 바 있다(Berger 1972). 이성애 문화에서 여성들은 성애화되는 일차적 대상이므로 욕망하는 주체이자 욕망의 대상으로 동일시하는 법을 다 학습한다. 버거는 이 분열을, 방을 가로질러 걸어가면서 그 공간을 지나가는 자신이 관찰되는 것을 상상하는 여자의 그림으로 설명한다. 그러나 자기 욕망에 대한 구경꾼으로서 주체에 대한 정신분석적 주장은 버거가 생각하는 것보다 더욱 유동적이고 분열적이다. 쾌락에서 반복이, 욕망에서 지연이 중요하기 때문에, 욕망하는 주체는 자기 이야기 속에 있는 존재인 동시에 또 자기 이야기를 읽는 독자가 된다. 행위와 해석이라는 이 두 가지 형식이 욕망하는 주체로 하여금 동시에 여러 상상적 관점에서 자신의 플롯 속에 다시 거할 수 있게 한다.

라플랑슈와 퐁탈리스의 「환상과 섹슈얼리티의 기원들」은 욕망의 생산에 있어서 환상 작용의 특수성에 대한 이런 입장을 확립하는 데에 특히 영향력이 컸다(Laplanche and Pontalis 1986). 그들의 주장에 따르면, 환상은 주체가 원초적인 성적 트라우마에 의해 풀려나는 욕망과 그것이 생성하는 역설적·양가적 애착 관계들을 여러 가지 방식으로 경험하기 위해 자신을 무의식적으로 번역해 넣는 장면들이다. 환상은 주체 내부의 비일관적이고 모순적인 것들에 정동적 일관성의 느낌을 부여한다. 또 밀려들어 오는 강렬한 감각들과 애착 관계들 가운데서 의존할 만한 지속성의 느낌을 가질 수 있게 한다. 그리고 일상의 세계 속 존재가 갖는 어긋남과 불규칙함이 안정적인 정신병적 은신처를 만들어 낼 수 있게 하고 동시에 일상적으로 경험이 어지럽혀지는 데 대해 주체가 열린 태도를 유지할 수 있게 한다.

환상의 발현에 대해 이와 같이 생각하는 것은 성적이며 욕망을 가진 주체를 정의해 온 방식을 변화시키는 것이다. 우리는 이제 유아와 어머니 사이의 욕망의 경로나, 트라우마적인 어머니 상실 이후에 그 대체물이 되는 성적 대상과 성인 사이의 욕망을 다루지 않는다. 이제 우리는 장면들, 그림들, 일화들, 사건들이 펼치는 장field 안의, 욕망의 공간에 초점을 맞춘다. 환상은 주체가 이미 사회적인 것과 협상하고 있는 자신을 만나는 공간이다. 여전히 환상의 기원은 유아기에 겪는 [어머니와의] 분리라는 트라우마일 수도 있다 ― 그것이 한 가지 이론이다. 하지만 환상의 기원들을 어떻게 설명하든, 욕망이 만들어 내는 주체성이 주체에 흠집을 내는 외적 자극에 선동된다는 것은 분명하다. 정동적 동요는 우리의 일상적 형식을 어떤 모양이나 표현으로도 다시 재조합할 수 있다. 가령 유혹의 개인적인 양식, 불안하거나 자신감 있는 애착 관계, 혼란, 수치, 두려움, 낙관, 자아 지향적 혹은 타아 지향적 쾌락 등 다 마찬가지다. 또는 우리가 누구이며 무엇을 원하는지에 대한 이야기들, 이상화될 수 있을 법한 견고한 대상으로서 자신과 다시 조우할 수 있기 위해 우리가 집착하는 이야기들 속에서도 그러하다.

　　그러므로 종종, 욕망하는 주체는 욕망의 형식주의로부터 덕을 본다고들 말한다. 비록 욕망이 무정부주의적이고 불안정할지라도, 욕망이 부착되는 대상이 주체를 안정되게 하며 기댈 수 있을 만한 정체성을 가질 수 있게 한다. 이 모델에서 개인은 소급적으로 형성되는 존재다. 우리는 욕망이 우리를 벌써 어디에 이르게 했는지를 해석함으로써만 우리가 '누구인지'를 아는 것이다. 하지만 우리는 욕망이 미리 예정된 욕망의 대상, 즉 애당초 우리 여정을 시작하게 했던 (어머니와의 분리 혹은 성차라는) 트라우마를 바로잡아 줄 바로 그 대상으로 우리를 이끌어 가지 않는다는 것을 벌써 살펴봤다. 욕망은 현실적이어서, 손에 넣을 수 있는 것을 취한다. 말하자면 시력이 좋지 않은 것이다. 기억해야 할 것은, 대상이란 하나의 사물이 아니라는 점이다. 대상은 회복 불가능한 욕망의 모순들에 대한 해결책이 아니라, 어느 정도의 견인력을 제공한다고 스스로를 재현하는 장면 속에 있는 일군의 환상적 투자를 말한다. 우리를 위해, 자가 성애에 탐닉하는 데서 우리를 놓여나게 하려는 ― 혹은 더 정확하게 말하자면 우리의 자가 성애를 사회성으로 회복하려는 ― 노력의 일환으로, 욕망은 주어진 대상을 우리가 내면의 결핍이라고 결과적으로 감지하는 그 무엇에게로 우리를 되돌릴 수 있는 것이라고 오인한다. 그렇다면 대상은 우리가 '누구인지'를 투명하게 드러내지 않고, 우리가 시간과 공간 안에서 닻을 내리기 위해 필요로 하는 것에 대해 무언가를 이야기해 준다. 그러는 동안에, 우리의 삶이라는 서사는 우리 욕망이 에운 우회로의 서사가 된다(Sedgwick 1993).

　이런 사유 노선에 관한 최고의 텍스트인 프로이트의「매 맞는 아이」는, 주체가 욕망의 장면들에 대한 환상에서 그 장면 속 다수의 위치를 점유한다는 주장을 제시한다. 이 사례에서 환자는 옆방에서 매를 맞는 어린 소년의 소리가 들린다고 말하며, 때리는 사람, 맞는 사람, 관찰자, 엿듣는 사람과 동일시한다. 이 환상 속 장면에서 각각의 위치는 욕망하는 주체의 감각 및 권력의 느낌의 다양한 국면들과 연관된다. 이 환상이 대단한 것이어서 주체는 경험과 느낌 전체에 정신적으로 몰두할 수 있다. 앞에서 나는, 로맨스 서사가 어떻게 욕망, 장애물, 그리고 낭만적 극복을 서사적 시간에 간격을 두고 배치함으로써 에로틱한 양가감정을 연속적 경험으로 전환하는지를 기술한 바 있다. 환상을 욕망의 장면으로 보는 프로이트 이후의 모델은 양가감정을 그 내적 긴장 없이 표상하는 다른 방식을 제시한다. 주체가 느끼는 다양한 애착심들 사이의 충돌하는 목표들을 추적하는 대신, 장면의 형식을 취하는 환상은, 욕망하는 주체가 그 장면을 구성하는 일련의 해석들을 하나의 서사로 일관되게 수렴될 필요 없이 생산할 수 있게 한다. 이 주체 모델은 사진 혹은 상형문자를 읽을 때 필요한 것과 같은 읽기를 요구한다. 다양한 갈래의 인과 관계적 서술을 요구하는 것이다. 이것을 프로이트가 "중층 결정"이라고 부른다. 중층 결정이 된다는 것은 자신과 관심 대상들이 다양한 힘들의 수렴 지점이라는 뜻이다. 이런 다층적 인과관계의 모델은, 길들지 않은 우리의 정동과 사고에도 불구하고 어떻게 우리가 신뢰 가능하고 견고한 존재라는 환상적 느낌을 유지할 수 있는지 설명해 준다. 우리가 누구이며 우리의 대상들이 무엇인지에 대한 상충하는 관념들을 어떻게 우리가 무너지거나 정신병에 걸리지 않으면서 유지할 수 있는지를 설명해 주는 것이다.

　예를 들어, 친밀한 양가감정의 대표적 장면인 연인이나 배우자의 부정不貞을 생각해 보자. 현실 생활 속의 규범적인 친밀함에서는, 부정 때문에 경쟁적으로 근접한 상황에 놓이게 된 여러 관계들이 흔히 그림이나 장면으로서 드러나게 된다. 누군가는 부적절한 타이밍에 방으로 걸어 들어오거나, 누군가는 부정한 성관계의 이미지를 마음속에서 지울 수가 없다. 누군가는 그 불행한 사실을 알게 되었던 바로 그 순간 그 방의 정경을 잊을 수 없다. 부정을 저지르는 애인은 그 장면에서, 사랑을 하는 사람, 사랑을 받는 사람, 죄지은 사람, 상처를 준 사람, 행위자, 희생자 등 여러 위치를 점유할 수 있다. 만약 혼외 성관계를 저지른 사람이 원래 짝과의 관계가 처절히 실망을 안겨 주었기 때문에 짝을 속이는 것이라고 생각한다면, 그는 로맨스 서사의 논리를 이용해 위기의 커플, 적절한 혼외 성관계라는 식으로 양가감정의 장면을 쪼개는 것이다. 하지만 방황하다 걸렸거나 고백을 하게 된 사람이 자기 짝과 애인에게 그 둘과의 관계는 서로 상관없다고 주장한다면, 그는 환상의 논리로 모든 위치들을 자기 욕망의 자리로서 지키면서 논쟁을 하는 것이다. 만약 성적으로 방황하던 그가 그 장면을 이런 식으로 경험한다면 그의 설명이 거짓이라고 할 수는 없다. 한데 엉켜 그의 행위들을 자아낸 동기들과 충동들을 적절히 설명하는 차원에서는 그것이 참인 것도 아니다. 바로 이것이 일반적으로 환상과 로맨스 서사를 심리적 현실의 구조라고 기술하는 게 적절한 이유다. 사실과 관련해 참이나 거짓이 아니지만, 그것을 구조화하는 반복 충동이 주체가 욕망을 투사하고 경험을 소화하는 현실인 한에서는 정동적으로 참인 것이다(Laplanche and Pontalis 1973; Kaplan 1986).

생기를 부여하는 모든 형식들과 마찬가지로, 환상의 이 모델은 주체 이론을 암시한다. 하지만 그것은 욕망이 정체성의 진실이고 행동이 욕망의 표현이 되는 주체의 모델을 완전히 반박한다. 대신에 (환상의) 주체는 원초적 트라우마로써 만들어진 주체의 파편화가 반복을 통해 표현되는 장소로 해석될 수 있다. 이것이 프로이트적인 견해이며, 그것은 주체가 자신의 '정상적'인 성향과 '도착적'인 성향을 통제하는 작은 차이들의 드라마에 주목하게 한다. 하지만 환상의 장면은 또한 주체의 근원적인 비일관성을 드러낸다고 할 수 있다. 정체성의 형식이 요구하는 바는 주체의 이 근원적 비일관성에 폭력을 가하고, 또 그런 비일관성은 대상에 의해 인정받고자 하는 욕망과 욕망하는 대상을 파괴하려는 욕망 사이의 경쟁으로 표출될 수 있다(Klein and Rivière 1964). 이 모델들(정복, 파괴/회복 충동)은 둘 다 주체가 대상과 관련해 수행하는 패턴화 방식들에서 살펴볼 수 있다. 어쨌든, 사람들이 스스로에게, 친밀한 대상에게 구별 가능한 대상이고 또 역사에서는 그들의 개별적 구조와 반복의 스타일에 의해 구별 가능해지기 때문에, 주체는 일관성을 띠게 되고, 자신의 자아-수행self-performance을 보여 주는 장면에 대한 애착 관계를 반복하는 동안에만 정체성 안에 거하는 것이다. 하지만 어떻게 더 정치적이고 사회적인 차원에서 이 점을 이해할 수 있을까? 푸코는 분류법을 사용하는 국가, 자본주의의 신체화된 위계들, 그리고 의료·사법·교육·종교의 실천들을 통해 정상성의 이데올로기들이 특정 주체들을 "인구 집단"으로 만든다고 주장한다. 규범성의 이런 체제들 안에서 식별 가능해지는 주체들은 특정한 환상의 형식들과 반복해 동일시하도록 훈련받으며, 이는 곧 그들이 다른 반복이나 스타일이 아닌 특정한 반복 및 스타일과 동일시하도록 선동된다는 말이다. 이런 의미에서 사회적 소속에 대한 약속은 행복, 개인의 자율성과 고유성, 자유라는 계몽주의의 이데올로기들을 규범적 관습성의 언어로써 재정리한다. 그 결과, 일부 비평가들의 주장에 따르면, 심지어 정상으로 여겨지는 관습적 사회관계들을 충족하는 일마저도 사회적 관습에 저항하는 암묵적인 혹은 설익은 환상을 수반한다는 점에서 도착적일 수 있다. 이 마르크스주의적/정신분석적 사유의 전통에서 관습 자체는, 소속의 일상적 외양과 즉물적 감각들의 지평 너머로 우리가 욕망하는 정치적·개인적 변화가 도래할 자리를 당분간 채우고 있는 허수와도 같다(Berlant 1994, 1997; Jameson 1979; Negt and Kluge 1993).

욕망, 서사, 상품, 심리 치료

앨프리드 히치콕의 〈마니〉(1964)는 남자를 싫어하는 것처럼 보이지만 유혹의 구조를 띠는 방식으로 능력과 미모를 이용하는 어떤 여자의 이야기다. 사무실에서는 일을 잘하고 얼음장같이 강렬한 인상을 주는 그 여자는 상사들을 매혹하고, 욕망으로 취약한 그들은 그 여자에겐 회사 관리 규정들을 느슨하게 적용한다. 일단 그들이 이런 이중의 취약성을 드러내면 그 여자는 그들의 돈을 훔쳐 도망간다. 이것이 이 영화 첫 장면의 배경이다. 마니(티피 헤드런 분)에게 넘어가 돈을 횡령당한 스트러트 씨와 경찰이 면담하는 장면으로 영화가 시작한다. 그 남자인지 다른 누군가인지, 마니에 대한 첫마디는 이렇다. "깜찍한 마녀 같으니라구. 20년은 감옥에서 썩게 만들 겁니다. 어째 너무 괜찮아서 이상하다 싶었어요. 늘 초과근무도 기꺼이 하겠다고 하고, 실수도 한 번 안 하고, 항상 무슨 국보라도 되는 것처럼 스커트를 끌어내려 무릎을 덮더니만."

마니의 사기 행각이 언제나 범행 현장 너머 다른 동요의 장소들, 대립하는 권력과 비루함의 공간들에까지 흔적을 남기지 않았더라면, 우리는 마니를 그저 평범한 요부로 여겼을 것이다. 마니는 돈을 훔칠 때마다 정체성을 바꾸고, 짧은 휴가를 내서 자기가 소중히 여기는 말을 타고, 그가 금융계에서 합법적으로 출세했다고 생각하는 어머니에게 선물과 용돈을 가져다준다.

이 패턴, 이 여자를 어떻게 생각해야 할까? 시작 부분에서 우리는 마니가 소시오패스일지도 모른다고 생각한다. 첫 5분 동안 영화는 마니의 얼굴을 드러내기 전에, 여성스러운 스타일을 다시 만들어 내면서 몇 가지 법적 신분들 가운데 하나를 고르고 있는 마니의 몸을 보여 준다. 여성성이 마니의 동요_{disruption}의 장면이라는 사실은 마니가 가짜 사회보장 카드를 금색 핸드백 속 은밀한 칸에 숨기는 데서 드러난다. 하지만 우리는 곧 마니가 트라우마를 겪은 사람이며, 반복되는 그의 행각은 남자가 아니라 어머니를 — 사랑해 달라고, 보호하고 받아들여 달라고, 명시적으로 드러나는 모성적 사랑에 대한 자신의 억제된 반응을 치료해 달라고 — 유혹하는 우회적 방식이라는 것을 알게 된다. 결국 드러나는 내용은 마니가 어릴 때 어떤 남자, 성매매 여성이던 어머니를 위협하던 술 취한 고객을 살해했고 마니의 어머니가 대신 죄를 뒤집어썼다는 것이다. 트라우마로 인한 마니의 기억상실과 마니를 보호하려고 사건에 대해 차가운 침묵을 지켰던 어머니 때문에 반쯤 억압된 그 기억은 공황장애, 악몽, 성적 불감증과 같은 증상으로 계속 나타난다. 마니와 달리 이 증상들은 거짓말을 하지 않는 것 같다.

하지만 마니는 임자를 만난다. 마크 러트런드(숀 코너리 분)는 동물의 본능(동물학, 곤충학, 해양생물학)을 연구하며 '신뢰'를 형성하는 것을 전문으로 하는 사람이다. 그는 마니가 공황장애를 겪는 것을 처음 보고서 마니를 사랑하게 되고, 마니가 남자들에게 하지도 않은 성관계의 '대가'를 치르게 만드는 범죄를 저질렀음을 알게 되자 마니의 절도 행각이 초래한 피해를 배상해 준다. 그러고는 마니의 성적 문제를 치료하는 데 집중한다. 감옥에 가는 것에 대한 마니의 두려움을 악용해 그녀와 결혼하고 결국 신혼의 침실에서 마니를 성폭행하는 것이다.

그 후,『여성 범죄자의 성적 일탈』,『여성의 불감증』,『사이코패스 범법자와 범죄자』같은 책을 통해 속성으로 정신분석적 전문 지식을 습득하고 그는 마니에게 성관계에 대한 거부감을 버리고 그에게 도와 달라고 애걸하라고 종용한다. 이어서 마크는 마니의 '실제' 이야기가 수면 위로 나올 수 있도록 하며, 서사를 트라우마에서 사랑으로 전환함으로써 치유를 완성한다.

영화에서 마니가 마지막에 하는 말 — "난 감옥에 가고 싶지 않아, 마크. 당신과 함께 머물고 싶어" — 은 로맨스와 심리 과학이 장애를 입은 주체, 사랑의 플롯 안으로 진입하기를 욕망하지만, 진입하지 못하는 주체를 돕기 위해 거의 똑같은 계약 내용을 사용한다는 마크의 생각을 패러디적으로 또 진지하게 확인해 준다. 이 계약에서 주도권을 쥔 주체는 더 취약한 주체에게, 자기가 준비하는 친밀한 장면 안에 전적으로 투신하기로 한다면 온전하고 지속 가능한 정체성을 갖게 해주겠다고 제안한다. 처음에 마니는 이런 교환 조건들이 남성의 성적 특권을 더욱 신장하는 데에 돈과 제도화된 권력을 사용하기 위한 수단이라고 여기며 그 조건들을 거부한다. 마니는 비웃듯이 말한다. "당신이 프로이트, 내가 제인." 하지만 〈마니〉는 또한, 여성이 건강한 주체가 되기 위해서는 친밀함의 규범적 계약에 대한 동의가 행복의 조건이라는 결론에 이르러야 한다는 것, 그리고 이전에 보였던 저항은 마니가 앓던 정신병의 일환이었음을 암시한다. 마니는 마크의 판단력과 사랑이 자기를 과거와 말끔히 단절하게 하고, 그럼으로써 마니 '자신의' 이야기로 돌아갈 수 있게 해주리라고 믿게 됨으로써 그런 결론에 도달한다. 서사적 치유에 대한 이 환상은, 정신분석이 욕망의 파열적·트라우마적 역사에 대한 학문인 반면, 로맨스가 욕망의 미래에 대한 마술적 사고와 관련이 있음을 암시한다. 히치콕이 이런 해결을 아이러니한 시선으로 봤을 수도 있다거나, 주인공 두 명 모두와 사디즘적으로 동일시했을 수도 있다는 점은 중요하지 않다. 중요한 것은 증상의 인식론에서 사랑이라는 장르를 통한 치유의 인식론으로 이어지는 이런 이행이 관습적이라는 점, 그리고 아방가르드적이거나 식별 불가능한 것으로 읽히지 않는다는 점이다.

〈마니〉가 보여 주는 치유 양태의 젠더화된 배치는 로맨스의 관습적 서사들과 제도들이 정신분석과 여러 사회적 기능 및 사회화의 기능을 공유한다는 것을 시사한다. 로맨스의 서사들과 제도들은 욕망을 이론화하고 이미지화하는 장소로서, 양가감정을 관리하고, 개인을 사회적 변화의 단위로 규정하고, 압도적인 세계를 개인적 관계들의 강렬한 공간으로 환원하고, 사랑과 섹슈얼리티와 재생산의 드라마를 생활의 중심적인 드라마들로 확립하고, 친밀성의 제도들(명시적으로는 부부와 부모-자식 세대로 이루어진 가족)을 '하나의 인생'과 미래가 있는 주체의 삶의 플롯을 제공해 주는 적절한 장소로 정착시킨다. 이런 형식들이 적절한 것이라고 상상됨으로써 다양한 종교적·자본주의적 제도에 봉사하는 관습이라는 점은, 낭만적 사랑을 향한 욕망이 무지한 혹은 거짓된 욕망이라는 의미는 아니다. 실제로, 이런 관습들은 갈등이 없다고 느끼고픈 욕구, 친밀함이 활성화될 수 있는 일정한 영역을 소유하고자 하는 중요한 욕구들을 표출하는 것이다. 그러나 현대 미국에서, 그리고 정도는 다르지만 미국의 매체가 영향력을 행사하는 여러 지역에서, 로맨스라는 환상의 세계는 ─ 합법적이고 가치 있는 삶/사랑의 양태와 다른 모든 양태의 경계를 제정하는 규율로서 ─ 규제적으로 사용된다. 합법적인 삶의 가능성을 하나의 플롯으로 환원하기에, 낭만적 사랑이 상상력과 실천에 대해 공포 유발, 강압, 수치 유발, 조작의 효과, 또는 축소의 효과를 가져오는 것이다.

* * *

이 글에서 가장 중요한 것은, 낭만적 사랑과 심리 치료의 환상들이 어떻게 젠더와 섹슈얼리티의 규범들을 사람들이 잘 사는 데 위협을 가하는 것으로 상정하면서도 스스로 해결책이 되겠다고 나서는 문제의 일부가 되는지를 다루는 일이다. 정신분석이 이성애 남성들의 (불확실한 특권일지라도) 특권을 유지하는 이해관계에 봉사하는 체현, 불안감, 권위의 양상들을 특권화하는 장면을 중심으로 세상을 조직화하는 경향을 보여 왔다는 것만이 논점이 아니다. 다른 한편으로 대중적 로맨스는 과학 행세를 하지 않으면서 이성애 여성의 친밀성 경험과 욕망을 중심으로 세계를 정비하는 것이다. 각각의 담론에서 선험적으로, 성적 타자는 감정적으로 부적절한 존재로 치부된다. 물론 어떤 젠더의 사람이라도 이런 이상들을 온전히 혹은 양가적이지 않은 방식으로 살아 낸다는 것은 드물고 아주 어려운 일이다. 그럼에도 불구하고 이 이상들이, 자기 삶을 측정하고 혼란을 소화해 내기 위해 사람들이 사용하는 환상과 충돌된 정체성의 지평을 표시한다(Sedgwick 1990). 낭만적/가족적 사랑의 제도와 이데올로기들은 여성/여자들이 친밀성의 중재자, 원천, 관리자, 행위자, 희생자라고 선언한다. 공적 영역에 만연한 사랑의 플롯들은 규범적 혹은 '유적'類的, generic 여성성을 재생산하는 핵심적 수단이다. 욕망/환상에 대해 고찰하는 다음 절에서 우리는 욕망/환상의 낭만적 상품들에 주목할 것이다. 우선, 그 대중적 서사 형식 몇 가지를 살펴보고, 둘째로 욕망, 젠더, 섹슈얼리티의 관습적 의미들을 조직화하는, 서로 연관된 세 종류의 대중문화, 즉 심리 치료 문화, 상품 문화, 자유주의 정치 문화를 살펴볼 것이다.

* * *

지금까지 이 글에서 욕망은 애착이 형성되는 과정들에 의해 조직화된 양가적 에너지로 드러났다. 욕망은 친밀한 접촉을 지속하려는 엄청나게 낙관적인 충동을 발현한다. 하지만 욕망의 전형적 형식들은 또한 도착, 우울증적 마조히즘과 연관되고 근친상간, 거세, 수치, 죄의식의 드라마들로써 구조화된 심리적 트라우마에 의해 추동된다고 한다. 로맨스의 대중문화에서 그런 불안정함과 양가성은 언제나 사랑이라는 지지대를 통해 관리된다. 이 드라마들은 언제나, 사랑이라는 형식을 취하는 욕망이 삶을 더 미쳐 돌아가게 만들지 않고 더 수월하게 만들어 줄 것이라는 환상과의 관련성 속에서 형성된다. 소년이 소녀를 만나고, 소년이 소녀와 헤어지고, 소년이 소녀를 만난다. 이런 순서로 이어지는 장르적인 이야기가, 때때로 젠더만 바뀐 채로, 고상하고 저속한 수많은 서사의 구조를 이룬다(가령, 할리우드의 로맨스 강박의 효과 및 재현적 관습들에 대한 이야기인 로이드 베이컨 감독의 1938년작 〈소년, 소녀를 만나다〉를 생각해 보라).

대중적인 사랑 담론을 구조화하는 환상의 형식들은 항상 사랑이 삶을 단순화해 주기를 바라는 욕망을 표현한다. 어떤 의미에서 이런 서사의 내용은 협소하게 구성된 주제의 그저 표면적인 변주들에 불과하다. 모든 것을 분명하게 해주는 사랑의 물줄기가 긍정적으로는 눈이 반짝거리는 사랑 이야기로 나타나고, 부정적으로는 장송곡풍의 비극이나 신랄한 톤의 냉소적 리얼리즘으로 친밀함의 실패를 따라가는 서사로 나타나는 것이다. 욕망과 부정성이 접전을 벌이면서 양가감정이 서사를 조직할 때조차도 사랑은 이 반대급부적 충동들을 안정시켰어야만 하는 요소, 실망을 자아내는 요소로 종종 언급된다. 그래서 로맨스를 향한 바람에서 사랑의 플롯은 욕망에 대한 법칙을 고집한다. 그러나 그 법칙은 언제나 그렇듯 모순적이다. 로맨스라는 대중적 수사에서, 사랑은 너무나 부서지기 쉬운 것, 자아로 가득한 세상에서 몰아沒我의 상태가 된다고 여기는 것이다. 또 사랑의 플롯은 위반, 무자비함, 통제의 장면, 그리고 그것들이 해소되어 초월적인 무언가로, 잠시나마 위안이 되고 잠잠하고 안정된 무언가로 변화되는 장면들을 반복하려는 충동을 재현한다.

성차라는 유사 명확성pseudoclarities은 위험부담과 환상 사이의 이 관계를 상투화하는 데 큰 역할을 한다. 사랑의 플롯은, 사랑이 사랑받는 대상을 투명하게 만드는 힘을 가졌으면 좋겠다는 열망을 특징으로 한다. 대상이 투명해져서, 사랑에서 늘 초래되곤 하는 동요의 효과들에 대한 두려움 없이 욕망을 놓아둘 수 있는 자리가 될 수 있기를 바라는 것이다. "첫눈에 반하는 사랑"이라는 수사법 또한 이런 바람을 표현한다. 당신을 봤을 때 마치 내 인생 전체를 한순간에 살아 버린 것 같았어 — 그때 내 운명을 알았지. 로버트 제임스 월러의 베스트셀러 『매디슨 카운티의 다리』는 이런 종류의 욕망들을 표현한다. 하지만 그 욕망들이 상투적이기 때문은 아니다. 소설 속 작가의 액자식 서사는 이 이야기를, 변화를 야기하고 자아를 실현하게 하는 사랑의 잠재력에 무뎌진 문화에 대한 혁명적 부정으로 특징짓는다. 소설의 주인공 로버트 킨케이드와 프란체스카 존슨은 첫눈에 반하는 사랑을 경험하지는 않지만 서로에게 너무나 어쩔 수 없이 끌려서, 인류 전체의 역사가 그들을 만나게 하고 즉시 서로를 알아보게 하려는 목적으로 흘러왔음을 곧 "알아차린다." 사랑이 모든 사람에게 가져다준다는 그것을 마침내 그들에게 가져다주었다는 느낌을 표현하기 위해, 소설은 유령 같은 분위기, 유령 출몰을 묘사하는 언어를 사용한다. 주인공 둘이 나이가 들고 실망하면서 소중히 간직하다 포기하는 사랑의 느낌이, 그들의 삶에 영혼을 불어넣는 투명한 존재로 그들을 사로잡으며 마치 유령처럼 회귀하는 것이다. 그들이 사랑을 나누는 것은 프란체스카의 남편이 돌아오기 전까지 기나긴 며칠 동안에 불과하지만, 그들이 사랑을 나눌 때 물질적 삶은 온통 녹아서 "형상과 소리와 그림자"가 되고, 그들의 언어는 분절되어 원초적인 "작고 알아듣기 어려운 소리들"이 된다(Waller 1992, 108〔국역본, 139, 140쪽〕). 그들이 느끼는 친밀함의 완벽한 비사회성은, 로버트가 프란체스카를 떠나고 나면 그들이 남은 생 내내 그 사랑을 완벽한 대상으로, 즉 그들의 욕망에 진실했던, 활력을 주는 유령으로 경험할 수 있을 것임을 의미한다.

이 소설이 표현하는 바람 ― 남자가 여자에게 다가와서 공격적으로 찔러 대지 않고 여자를 이해하리라는 것, 그 남자가 남성성이나 자신을 부끄러워하지 않으면서도 남성성에 비판적이라는 것, 그에게 단단함과 부드러움이 다 있을 수 있다는 것, 그리고 이것이 여자로 하여금 그 남자만큼이나 자유롭게 자신을 경험할 수 있는 맥락을 제공하라는 것 ― 이 대중적 로맨스의 구조적 재료이다. 사랑이 서사나 역사의 불안정성에 취약하지 않다는 이야기, 아름답게 형상화된 서정적 상호성의 그물망이 근대적 이성애의 이데올로기적 핵심에 있다. 그래서 이성애가 사람들의 진정한 감정을 표현하는 욕망의 관계성으로 해석될 수 있다. 그것은 이성애를 규제하는 제도나 이데올로기에 대해서는 이야기하지 않는다(『매디슨 카운티의 다리』에서 지역사회는 용하게 혼외 성관계의 냄새를 맡을 수 있다). 사랑 이야기는 친밀함에 대한 서정적 감정들을 일상적·공적 삶에서 생겨난 서사적 트라우마에 맞서게 만드는 만큼 로맨스 장르에 참여한다. 사랑의 플롯은 역사의 균열들과 모순들에 대해 외견상 이데올로기적이지 않은 해결책을 제공한다. 이것이 시사하는 유토피아주의와 기억상실의 조합은, 전에 논의한 바 있듯, 환상의 페티시 효과다.

그러나 사랑이 구체적인 삶의 맥락과 그 안에서 형성된 정체성들을 지탱하는 데 실패하는 수많은 경우는 어떤가? 친밀한 타자가 욕망하는 주체에게 불투명한 채로 남는 경우는? 사랑이 약속하는 투명성과 동시성은, 경험에서 그런 바람이 사실이 아닌 것으로 자주 확인되는데도 왜 당연히 신기루, 사기라고 여겨지지 않는 것인가? 로맨스의 실패를 다루는 서사들은 흔히 그리고 역설적으로, 거리와 차이를 가로지르는 친밀한 상호성의 마술적 삶과 관습적 삶을 구조화한다는 사랑의 약속에 대한 믿음을 되살리는 일에 헌신적이다. 토니 모리슨의 『술라』는 그런 두 순간을 포착한다. 각각의 순간에, 투명하고 초월적인 욕망의 경험이라는 페티시는 극단적이고 몰입적인 죽음 충동의 멜랑콜리아로 특징지어진다.

매우 잘 알려진 대로 『술라』는 레즈비언 소설로 일컬어졌다. 술라와 그의 친구 넬의 관계가 그들 삶에서 좋은 것들을 다 구성하기 때문이다. (둘의 우정 외에 실제로 그들 삶에 좋은 것은 별로 없다. 그들은 양차 대전 사이 미국에 살고 있으며, 그때는 심각한 경제난과 인종적 예속의 시기였다.) 그들의 친밀함에 지속 가능한 언어, 맥락을 허용하는 제도나 이데올로기가 없기에, 또 이성애가 그들이 살아가는 구조의 이름이기에, 술라가 내내 가장 친밀한 파트너였다는 사실을 넬이 깨닫기 전에 술라는 죽는다. 이후 넬은 그들이 서로 사랑했다는 투명한 진실을 내보이는 원초적인 울부짖음(『매디슨 카운티의 다리』에서의 중얼거림 소리와도 비슷하다)을 내뱉는다. 그 사랑은 역사가 한계에 다다른 후, 일어나지 않은 어떤 일에 대한 기억으로만 경험될 수 있다.

대조적으로 술라는 투명성에 대한 이 욕망을 사랑의 현실적 시간에서 경험한다. 하지만 넬이 아니라 애인 에이잭스와의 관계에서 경험한다. 그는 술라가 청소년기에 처음으로 성적 흥분을 느꼈던 대상이고, 나중에 두 사람은 연인이된다. 술라에게 이것은 그에 대한 모든 것을 알기를 원한다는 뜻이며, 즉 그가 투명하기를 원하는 것과 같다. 하지만 에이잭스의 몸은 여기서 장애물이 된다. 그래서 섹스하는 동안 술라는 그의 피부를 찢고 그 속의 존재에 이를 때까지 그를 한 겹 한 겹 해부하는 공상을 한다. 검은 색이 없어질 때까지 그의 피부를 문지르고 그 아래의 금빛 층을 손톱 같이 줄이나 낡은 과도로 긁어내고 남은 것을 끌로 쪼개서, 몸이 부서져 내려 흙 같은 원재료들만 남을 때까지 말이다(Morrison [1973]1982, 130, 131[국역본, 169, 170쪽]). 이런 경험을 하는 동안 술라의 몸은 오르가즘이 퍼지면서 노곤해진다. 오르가즘은 술라가 격렬하고 경계 없는 섹스 속에 삼켜진 채 개인성에서 이탈되게 한다.

이 사건 직후 술라는 상상할 수 있는 가장 상투적인, 리본으로 치장한 여성스러운 애인으로 변한다. 에이잭스는 이것을 알아차리고 술라를 떠나 버린다. 술라는 시름시름 앓다가 마음의 상처 때문에 죽는다. 사랑의 약속이 다시 한번 격심한 실패에 이르고, 사랑의 실패라는 압도적 국면을 맞아 낙관(그리고 여성성)이 불가능하다는 것을 경험하는 사람 역시 여성이다. 그래도 『술라』가 욕망의 다른 가능성의 지평을 시사한다고 말할 수도 있을지 모르겠다. 소리, 정체성이나 언어보다는 광경, 냄새, 미완의 강렬한 감각들로 이루어진 친밀성의 형태 말이다. 이런 형태의 욕망은 친밀성의 관습적 제도들과 이데올로기들을 무시한다. 그 제도들은 관습적인 이성애와 재생산 위주의 가족을 포함하는데, 그것들은 작품 속에서 그것들이 떠받치는 바로 그 욕망들과 그것들이 구조화하는 사회를 황폐화하는 것으로 보인다.

* * *

사랑이 법과 언어로 이루어진 익숙한 세상 너머까지 이르기를 바라는 이 욕망은, 낭만적 사랑이 때로 덜 유려하거나 제도적으로 덜 적절한 열망의 자리를 대신 채우고 있는 허수일지도 모른다는 생각을 해볼 수 있게 한다. 사랑의 플롯은 그렇다면 갈등 없는 삶을 향한 욕망을 대변할 것이다. 친밀성에 내재하는 공격성이 폭력과 제도화된 적절함의 훈육에 대한 예속, 진정한 사랑의 부정 등으로 경험되지 않고, 정체성·약속 등으로 굳어지지 않은 무언가로, 어쩌면 뒤섞인 호기심, 애착, 정념으로 경험되는 그런 삶 말이다. 하지만 성적 생활에 대한 규범적 서사와 제도화된 형식들이 사람들의 정체성을 조직하는 한, 이런 열망들은 주로, 사랑을 바라는 욕망으로 체험된다. 즉, 사랑이 무의식의 야생성을 제거하고, 내가 아는 자아에게 미래가 있음을 확인해 주고, 애인의 불가해함을 해소해 주기를 바라는 욕망이다.

작품 전체에 걸쳐 명백히 나타나는 술라의 욕망의 형식은, 사랑하는 대상을 이해하기 위해 파괴하려는 술라의 의지에서 가장 가시적으로 드러난다고 할 수 있다. 이는 낭만적 사랑의 논리를 다루는 한 가지 다른 길을 열어 준다. 만약 한 편으로 사랑의 투명성을 향한 욕망이 정체성에 대한 깊은 내적 안정감을 생산하는 것과 연관되어 있다면, 다른 한편으로 욕망은 흔히 극단적인 감정을 추구하고 점유한다. 술라는 자신이 에이잭스에 관해 폭력적인 공상을 한다고 생각하지 않는다. 술라는 그를 사랑한다고, 또 사랑이란 자아로부터의 해방이라고 생각하며, 자아는 여기서 그의 몸의 물질성으로 나타난다. 하지만 애인을 해부하고 싶은 술라의 욕망은 로맨스와 포르노그래피의 관계에 대한 문제를 제기한다. 만약 술라의 환상이 여성을 향한 남성의 욕망으로 그려져서 섹스 중에 여자의 몸을 난도질하려는 남자의 욕망으로 표현되었다면? 만약 이것이 게이나 퀴어의 환상이라면 어떻게 읽겠는가? 남성의 성적 특권이라는 패러다임을 사용해 술라의 욕망의 '혼란'을 폭력에 대한 환상으로 설명하는 것이 이 의문들, 즉 환상, 권력, 윤리, 타자성, 젠더화의 효과라는 문제를 '해결'하는가?

샤런 톰슨(Thompson 1995)을 비롯한 비평가들은 포르노적인 섹스의 재현과 로맨스의 관습들 사이에 실질적으로 차이가 없다고 주장한다. 양자 모두 사람들이 욕망에 압도된 상황과 관련이 있으며, 양자 모두가 리얼리즘적 재현 양식을 사용해서 섹슈얼리티의 장면들에 대해 공상한다고 말한다. 남자들이 포르노를 사용하듯이 여성들이 낭만적 환상을 사용해 그런 극단적인 쾌감을 경험한다는 말이 있다. 강렬해진 감정에 대한 공상이, 성적 혹은 정치적 통제권을 갖거나 상실하는 전율감을 상상하게 할 수도 있고, 반대로, 격앙된 재현 방식을 통해 성적 양가감정 혹은 불안감을 억누르게 할 수도 있다는 것이다. 그것은 우리가 '성도착자'라는 정체성을 갖지 않으면서 도착적 충동을 경험하는 방식이 될 수도 있다. 로맨스가 사랑의 담론을 통해 극단적 감정과 욕망에 접근하는 것은 사실이다. 그러나 사랑은 순전히 모호한 낭만적 언어와 기대를 관리하는 한 가지 방식이라고 생각할 수 있다. 이런 주장들은 환상에 대한 정신분석의 모델에 대한 우리의 이전 논의에 서사 형태를 부여해 준다. 그 맥락에서나 여기서나, 성적인 환상의 장르들에 대한 이 대안적 독서 가능성들은 섹슈얼리티, 특히 이성애에 내재하는 긴장을 표현한다. 하지만 이성애가 자아에 대한 지식과 자아의 발달을 조직화하는 우선적 영역이 되어 버린 만큼, 게이, 레즈비언, 양성애 욕망의 서사들은 관습적 사랑에 대한 유토피아적 기대 및 환상의 다른 동기들과 대화를 나누는 관계에 있을 수밖에 없다.

* * *

지금까지 소설을 이용해 사랑의 서사적 관습들에 대해 살펴봤다. 소설은 사랑의 유토피아적 비전과 실제 경험 사이의 관계에 대한 모델들을 제공한다. 특히 현대 여성 작가들의 소설은 일상의 난관을 극복하는 사랑의 능력과 동일시하는 주체들을 창조하고자 한다. 낭만적 서사의 관습들은 여성성이 사랑의 플롯에 대한 단호한 신념을 통해 정의된다고 계속 믿으라고 권하면서도 다른 한편으로는 또 그런 믿음이 여성이 남성에게 예속되는 대가의 척도이므로 그 믿음에 비판적 거리를 두라고 권한다(여성보다 남성은 친밀함의 기획에서 기술도 부족하고 들이는 노력도 적다고들 한다).

후자의 비판적 담론은 소설 밖에 나름의 영역을 갖고 있다. 심리 치료 문화가 그것이다. 1910년 무렵부터 미국 대중문화에서 사랑의 언어는 심리 치료의 레토릭과 연관되어 왔다. 조언을 해주는 칼럼, 자기 계발 교수법, 교훈적인 단편소설, 도덕적 훈화, 자서전, 사례연구 등이 정신분석을 대중화했고, 도착이 얼마나 널리 퍼져 있는지에 대한 정신분석의 논의는 뺀 채로 사람들, 특히 여성들의 일상생활의 규범 및 형식과의 관계 맺기 및 욕망의 조절을 돕겠다고 나섰다. (게이 레즈비언의 공적 영역에도 자기 계발과 조언 문학 장르들이 만연해 있다. 이런 재현과 조언의 장면들은 비규범적 성적 주체들이 사랑과 섹스의 구체적 실천에 대해 정보를 교환하는 것을 돕는다. 여기서 사랑과 섹스는 이성애 문화의 규범들을 전적으로 재생산하지 않으면서도 중첩된다.)

자기 계발 담론은 우리가 살펴본 로맨스 이데올로기의 분열을 재생산하는 경향을 보였다. 사랑의 약속과 연인들의 상호 의무의 가치를 정하면서 그 이데올로기는 사랑의 관습적 형식들이 유토피아적 친밀성의 기호들로 남는 동시에 그 기호들을 계속 지탱할 수 있으려면 사랑의 문제들이 내적 조정으로써 해소되어야 한다고 전제한다. 사람들은 친밀함의 규범적 이데올로기와 제도가 그들을 위해 작동한다고 학습한다. 비록 남성과 여성이 친밀한 타자의 욕망을 결코 같은 언어나 같은 강도로 경험할 수 없는 상이한 종種인데도 말이다. 유혹의 '법칙들'이 있어서 친밀한 타자를 관리하려면 그 법칙을 따라야 하지만, 그에 대해 까놓고 이야기하는 것은 좋지 않음을 학습한다. 또 낭만적 친밀함은 약점을 자극하고 성장을 저해하는 중독이지만 성숙하기 위해 필수적이라고 배운다. 섹스는 사랑에서 중심적이지만 완전히 중심은 아니어야 한다고 배우며, 관습적 삶을 조직하는 예의와 책임감의 규범들은 옳고 가치 있고 가능하지만 다른 한편으로 지루하고 폭력적이며 불완전하다고, 그리고 합리적인 선에서 누구든 원하는 것을 가질 수 있어야 한다고 학습한다. 이는 성적 실천 자체에 대한 관습적 규범들을 포함한다. 섹스에 대한 논의가 더 공개적으로 가능해지면서 더 다양한 실천들이 20세기 동안에 정상화되었을 법도 하다. 하지만 섹스가 자연스러워야 한다는 이데올로기는 놀랍게도 꿈쩍하지 않았다. 이성애는 연인들 사이의 어떤 교수법도 섹스 자체와는 거리가 먼 채로 이루어져야 한다고 요구하는 것 같다. 그래서 성행위의 이미지가 양가적이지 않고 온전한 개인의 표현적 행위로 유지될 수 있게 하는 것이다. 이런 위선은 현재 섹스와 관련해 상투적인 것이다. 일반적으로 이 이데올로기는 그들이 사는 영역 내의 모든 사람의 정서적 안위를 관리할 책임을 지는 것으로 여겨지는 여성들에게 적용된다. 하지만, 자기 계발 문화의 큰 부분에는 암묵적으로, 이성애가 항시 위기에 처해 있으며 이성애의 생존이 우리가 알고 있는 형태의 삶의 존속에 필수적이라는 전제가 있다(이 주장은 거짓은 아니지만, 물론 '자연'Nature이라 불리는 규범으로 이성애가 재생산될 때 욕망에 얼마나 도움이 되는지를 다 이야기해 주지는 않는다).

이런 교수법이 조직화하는 규범들에 동화된 성생활을 하지 않는 사람들이 낭만적 사랑의 논리를 자신들에게 적용할 때, 그들도 그 논리의 제도나 윤리적 규준들이 욕망의 위협적인 불안정성을 역사적으로 안정시켜 오면서 걸러 낸 방식에 삶을 적용시킬 수 있다. 그러나 우리가 주장했듯 게이 남성과 레즈비언에겐 이성애자들이 활용할 수 있는 안정화 및 부인否認의 제도들이 역사적으로 거의 없었으므로, 비규범적 형태의 친밀함은 더욱 공적으로 눈에 띄는 것이 되었다. 이것이 전통적인 성적 주체들을 위협한다. 예를 들어, 데이비드 세다리스는 그의 자서전적 단편 「잿더미」의 서두에서 이 점을 확인해 준다. "내가 남은 평생을 동성애자로 살게 되리라는 걸 깨달은 순간, 나는 나의 형제자매들에게 절대 결혼하지 않겠다는 계약에 서명하라고 강요했다. 거기엔 공식화하지만 않는다면 원하는 누구와도 같이 살 수는 있다는 조항이 있었다"(Sedaris 1997, 235). 하지만 체험된 욕망을 가지고 '정상적' 삶을 살아 보려는 이런 식의 수사적·실질적 임기응변은, 퀴어한 성적 주체들이 사랑과 사랑이 제공하는 풍부한 안정화의 약속들에 대해 이성애자들과 마찬가지 방식으로 환상을 갖지 않는다는 의미가 아니다. 사랑에 빠진 커플이란 유혹적인 욕망이며, 형식이 지니는, 지지의 환경으로 해방되어 들어가는 환상이다. 하지만 경험될 수 있는 모든 환상들과 마찬가지로 그것은 그것을 떠받쳐 줄 수 있는 세계, 법과 규범이라는 맥락을 필요로 한다. 이 맥락이 20세기 중반까지 여성 일반에게는 없었듯이 게이와 레즈비언들에겐 막 이제야 등장하게 되었다.

마치 모든 사람이, 적어도 모든 여성이 똑같은 보편적 욕망을 갖고 있기라도 하듯, 자기 계발의 소비자들은 이런 규범들에 적응하라는 권고를 받는다. 자신의 욕망을 지탱할 수 있는 삶을 마련하는 데 실패하는 것이 텔레비전 토크쇼, 라디오, 가십 칼럼, 팬 매거진, 인터넷, 정치적 공적 영역에서 끊임없이 주제로 등장한다. 하지만 그 실패는 사랑에 관한 이런 이론적 이야기들이 불가능하다는 사실의 증명이 아니라 오직 개인적 실패의 증거로 여겨진다. 그 결과, 산업 하나가 온전히, 욕망을 견디며 살아남는 전략들을 제시하며 그 어느 때보다 더 치료 효과를 자처하는 상품들을 생산한다. 로맨스의 미학은 소비를 감정적 생존과 연계시키는 이 전략의 일부이다. 물건들의 거대 산업이 낭만적 환상을 재생산함으로써 지탱되고(가령 『매디슨 카운티의 다리』는 적어도 영화 한 편, CD 두 장, 책 일곱 권과 세계 곳곳에 수많은 독서 클럽들을 만들어 냈다), 그런 산업은 욕망에 시달리는 주체들을 고립에서 벗어나게 하는 동시에, 그들 자신이 문제의 원인이자 해결책이라고 말한다. (마르크스주의 자기 계발서가 마지막으로 나온 게 언제였던가?) 이런 사실에 대한 강조 때문에 사람들은 사생활이 자기가 통제할 수 있는 유일한 대상이라고 (정반대라고 뒷받침하는 증거에도 불구하고) 생각하게 된다. 사랑과 그 친밀함의 맥락들이 일반적으로, 그리고 특히 여성들에게, 개인의 가치를 확증해 주는 부담을 지게 되므로, 대중문화는 해방적 행위 주체성의 확립을 위해 일단의 모순적인 이미지를 퍼뜨리기 시작한다. 사랑은 속박과 자유를 유발한다. 사랑도 사랑의 부재도 정신적/감정적 질병 또는 미친 사랑amour fou을 유도한다. 사랑은 우리를 아프게 하는 것에 대한 치유이자 우리를 아프게 하는 원인이다. 이런 맥락에서 정신분석은 상사병을 악화시킬 수도 있고 치유에 도움이 될 수도 있는 것처럼 보이는데, 지혜로운 상투 어구들을 제공하는 대중문화의 장르들은 정신분석 못지않게 또는 훨씬 더 잘 상사병을 악화시킬 수도 있고 치유를 도울 수도 있다.

예를 들어, 2012년작 페미니스트 '독립' 예술영화 〈루비 스팍스〉(감독 조너선 데이튼, 밸러리 페리스)를 생각해 보자. 이 영화는 로맨스라는 환상이 심리 치료가 되는 내용이다. 영화 속에서 캘빈(폴 다노 분)은 창백한 백인 남성으로 제롬 데이비드 샐린저류의 허구적 자서전 작가인데, 글이 안 써지는 깊은 슬럼프에 빠진다. 그는 이렇다 할 개인적 삶도 없고 글도 쓰지 못한다. 그의 심리 치료사는 환상도 삶도 가로막는 이 슬럼프를 치유하기 위해 캘빈에게, 지저분하고 침을 흘리고 성별도 헷갈리는(수캐인데도 암캐 스타일로 쭈그리고 소변을 본다) 그의 개가 어디가 사랑스러운지를 알아볼 수 있는 사람에 대해 글을 써보라고 제안한다. 이 제안은 코믹하지만 캘빈은 그걸 우습다고 생각하지 않는다. 대신에 그는 그 비루한 개에게 너무나 친절히 애정을 보여 주는 루비 스팍스라는 이름의 젊은 여성에 대한 꿈을 꾼 다음, 그 여성에 대해 글을 써서 그를 완전히 받아들이고 사랑하는 애인으로 존재하게 만든다. 그 여성을 실제 삶에 존재하게 만들었다는 사실이 정신병적 함의를 지니기에 잠시 동요하지만 (갈라테아[1]로 시작하는 미학적 선례들에 대해서는 모르는 채로) 그는 이상적인 여성과 함께 비눗방울 속에서 사는 행복한 사나이가 된다.

하지만 시간이 가면서 캘빈은 루비(조이 카잔 분)를 견딜 수 없게 된다. 그는 글에서 루비를 강인하고 예술적인 인물로 그렸지만, 루비가 자기 나름의 이야기를 전개하자 루비의 자율성을 견디지 못한다. 그는 굽신거리며 사랑만 주는 동네북으로 루비를 다시 쓰지만, 이제 루비가 자기만을 원하자 그 굴종에 정이 떨어진다. 자기의 구체적 바람에 따라 루비를 다시 쓰면서 그는 통제권이 있다가도 없는 느낌 속에서 루비를 욕망하는 동시에 혐오한다. 이것은 그가 별 볼일 없는 작가라는 뜻인가, 아니면 평범한 연인이라는 뜻인가? 그는 어떤 수정본도 참을 수 없다. 자기가 공상 속에서 원한다고 생각하는 내용을 어떻게 써도 못

1　[옮긴이] 피그말리온Pygmalion의 조각이 실제 여성이 되고, 그 여성의 이름이 갈라테아Galatea이다.

견디는 것이다.

마침내 『호프먼 이야기』[2] 스타일의 클라이맥스 장면에서 캘빈은 루비가 자동인형, 자기가 조종하는 비인간이라고 루비에게 밝힌다. 그 후, 그는 미치광이 과학자/노예 주인에서 감상적 혁명가로 변신해 소설의 마지막 쪽을 씀으로써 모든 것에 종지부를 찍지만, 루비 또는 자신을 죽임으로써 끝내는 것은 아니다. 그는 마지막 문장들에서, "역사"가 루비를 해방했다고 선언하며 루비를 "자유"로 인도한다. 역사로부터의 이 자유, 캘빈의 통제로부터의 자유는 결국 캘빈의 통제에 대한 루비의 기억상실로 판명된다. 그러나 캘빈은 루비를 잃었어도 루비의 기억에 대한 통제권은 유지한다. (대조적으로, 찰리 카우프만의 2004년작 〈이터널 선샤인〉에서는 별 볼일 없는 남자와 이상적인 여자 둘 다 기억을 지운다.)

루비가 그의 투사를 반영하는 허수에 불과하다는 것을 인정하기라도 하듯, 캘빈은 이후 이 '실제' 여성에 대한 성공적인 '소설'을 쓴다. 제목도 유적類的인 그 소설 『여자 친구』는 히트작이 된다. 그러고 나서 그는 심리 치료사에게 자기의 이성애 로맨스 환상을 실제의 일로 — 즉, 루비를 피와 살이 있는 실제 인물로 — 받아들이라고 요구한다. 이런 사실들의 조합 — 통제권을 가장 강력히 행사하면서 통제권을 포기하는 척하기, 심리 치료사로 대표되는 세상의 판단에 실재에 대한 통제권을 포기하고 환자의 개인적 환상을 존중하라고 요구하기, 그리고 모든 사람과 모든 일에 대한 자신의 통제권을 소중한 자신의 비밀로 오래도록 간직하기 — 은 캘빈의 심리 치료의 성공적 종료인 동시에 강력한 예술과 사랑이 등장하는 조건으로 여겨진다.

불가능한 사랑(그 구조는 비일관적 — 우연적이고 모순적이고 공격적이고 수동적이고 예민하고 분리된 상태 — 이다)에 대한 캘빈의 환상은 라플랑슈가 "정신병적 고립지"라고 칭했던 영역에 있다(Laplanche 1989). 뭔가 할 수 있게 만들어 주는 환상의 구조를 감안하면, 이 분리와 오인은 평범한 사랑의 조건이다. 이 영화의 내용이 특히 우리 관심사에 부합하는 이유는, 대중적인 심리 치료 문화가 사람의 내면세계 및 인간관계의 곤란한 균열에 대한 외견상의 치유책을 내놓지만 그 치유책

---

2 [옮긴이] 자크 오펜바흐Jacques Offenbach의 판타지 오페라이다.

으로써 요구하는 사랑이 바로 그런 균열을 강화하기도 하기 때문이다. 하지만 영화는 일단 이런 매듭들로 묶인 후에는 무너지지 않는다. 그 대신 로맨틱 코미디 장르의 영역에서 사랑의 상처들을 치유한다. 사랑이 자아내는 항구성과 불일치의 세부 내용을 살핌으로써 또는 사랑의 어색한 동시성 안에서 살아가는 노력을 함으로써가 아니라, 환상의 주권을 고집함으로써 말이다. 사랑에 대한 나의 환상을 우리의 리얼리즘으로 받아들이라고 말하는 것이다. 이것은 영화 〈마니〉의 결론과 비슷하지만, 히치콕의 영화에서 마니가 마크의 환상을 받아들이지 않으면 감옥에 가야 하는 범법자인 동시에 환자 겸 연인이었다면, 여기서 루비에게 주어지는 해결책은 더 정당하고 만족스러운 것으로 여겨진다. 루비가 ─ 캘빈으로부터, 기억으로부터, 의식으로부터 ─ '자유'를 갖게 되기 때문이다.

그럴 의사가 없는 대상과 연애 관계라고 우기는 스토커의 주장과 캘빈 같은 연인의 요구는 어떻게 다른가? 대중문화와 라캉 정신분석의 심장부에 있는 환상은, 사랑은 우리가 좋아하고 견딜 수 있고 또 계속해서 하겠다고 동의하려 하는 오인이라는 것이다. 상대방이 우리의 환상/리얼리즘을 그들의 사랑스러움과 조우하는 조건으로 수용할 용의가 있다면, 또 우리가 그들의 환상/리얼리즘을 수용할 용의가 있다면, 커플(어떤 관계라도 상관없다)은 노력 여하에 따라 공격적 양가감정과 그에 수반하는 기억, 공격적 투사, 맹목적 실험의 혼란으로 인해 파괴되지 않을 가능성이 있다. 이것은 냉소적 거래가 아니라 환상이 가능하게 해주는 거래이며, 이로써 어떤 주체든 지속되는 관계 속에서 위치를 점유할 수 있다. 하지만 이와 동시에 〈루비 스팍스〉는, 사랑의 형식이 안정적인 형식을 추구하지만 이를 발견하지 못할 때 불가피하게 폭력과 불편이 따르는데, 대중적 로맨스 장르는 이와 같은 폭력과 불편의 요소를 제거하라고 요청한다.

이 커플은 영화의 마지막 장면에서 다시 만난다. 영화의 도입부에서 우리가 루비를 만날 때 루비는 슬럼프 없는 화가로서, 훈련을 받은 적은 없어도 자신의 예술에 확신을 갖고 있어서 모든 점에서 캘빈과는 정반대다. 영화의 말미에서 루비는 이렇다 할 재능이 없는 사람이다. 우리가 만나는 루비는 공원에서 어슬렁거리며 즐겁게 『여자 친구』를 읽고 있다. 그 책은 루비 자신의 이야기이지만 루비는 기억상실 때문에 자기 이야기를 알아보지 못한다. 루비는 캘빈에게 결말을 망치지 말아 달라고 부탁하고. 그는 결말을 미리 말하지 않겠다고 또 이번엔 미리 끝내 버리지 않겠다고 약속한다. 비밀을 지키면서 또 그 비밀이 무엇인지 묻지 않기로 한 그들의 합의는 사랑의 기반이다. 그 비밀이란 바로 서로에 대한 그들의 속마음이라는 비밀이다. 그러나 그는 또한 루비가 이제는 결코 알 수 없을 이야기를 알고 있다. 결말을 이야기하지 않으려면 시작을 이야기하지 말아야 한다. 영화로서는 '해피엔드'이다. 기억상실과 비밀 유지가 그 연인들이 서로에 대해 환상을 갖는 위치를 점유하는 조건이기 때문이다.

사랑의 참을 수 없는 요소라는 비극을 치유하기 위해 이 영화가 로맨틱 코미디를 사용한다는 것은 그들의 첫 번째 진짜 데이트를 좀비 영화로 설정한다는 데서 예견된다. 이어지는 장면에서 캘빈은 사람의 뇌처럼 생긴 딥dip[3]을 먹고 있다. 규범적인 행복의 조건들에 대한 이 익살은, 캘빈이 영화 내내 받는 심리 상담 치료보다 로맨스가 이성애 로맨스라는 좀비 같은 환상을 — 그것이 죽은 후에 거기에 빠져서dip — 되살려 낼 확률이 더 크다는 의미이다. 심리 상담 치료는 환상이 무의식적이라는 것을 인정한다. 대중문화는 환상이 다 몸짓, 스타일, 이야기, 분위기라고 생각한다. 대중문화가 주장하는 바는, 경험과 기억이 사랑에 흠집을 낸다면, 기분 나쁜 사건이 될 수 있는 일화들을 미리 막아 버림으로써 새 것 같은 냄새나 유지하자는 것이다. 그러므로 대중문화는 이브 세지윅이 대상(사람과 세상)에 대한 애착의 치유적·파괴적 몸짓이라 부르는 것들 사이의 교란된 관계를 주체가 견딜 수 있게 해주는 심리적 환상의 시나리오에 빠지지만, 다른 한편으로 대중문화는 근원적으로 치유적인 사랑의 속성을 긍정하지 않는 그 어떤 이야기도 거부한다.

* * *

위계적 사회관계 안에서 작용하는 폭력과 견인력을 적어도 상징적으로 중화하

---

3 [옮긴이] 딥dip은 채소나 나초, 크래커 등을 찍어 먹는 진한 크림 상태의 소스. '찍다' 혹은 '빠지다'를 의미하는 'dip'을 중심으로 하는 해석의 유희이다.

기 위해 낭만적 욕망의 논리를 사용하는 것은, 개인적 감정과 개인적 선택으로 권력의 구조들과 제도들을 언제나 극복할 수 있음을 암묵적으로 의미한다. 그렇다면 관습적 혹은 '정상적' 욕망의 가치 평가에 상품이라는 형식이 중심적 위치에 있다는 것은 놀라운 일이 아니다(Illouz 1997; Peiss 1986 참조). 이미 살펴보았듯이, 자본주의와 욕망의 상호작용은 너무나 복잡하고 너무나 많은 논쟁에 휩싸여 있다. 자본주의는 욕망에 주목하면서 욕망을 항상 자극하지 않고서는 번성할 수 없다. 이는 로맨스와 섹스가 자본주의의 설득 전략의 핵심으로서 주체를 관습적 친밀성에, 그리고 소비와 노동에 대한 이윤 창출 관계에 동시에 적응하도록 준비시킨다는 의미다.

상품 형식의 마술적 자율성이 상품에 생명을 불어넣는 경제적·사회적·이데올로기적 관계들을 상품의 생산과정에서 보이지 않는 것으로 만들어 버린다고 마르크스가 말한 내용은 고전이 되었다. 마찬가지로, 대중문화의 로맨스 담론은 페티시가 그러하듯, 집단적 삶의 헤게모니적 과정들과 사람들이 전형적으로 사랑이라고 상상하는 것 사이의 관계를 보이지 않게 만든다. 사람들은 상품과 동일시하는 방식으로 사랑과 동일시하도록 학습한다. 개인의 자율성, 동의, 선택, 성취 등 사랑 담론에서 너무나 강력한 이 개념들은 국가자본주의가 약속하는 바와 동일하다고 여겨진다. 동시에, 로맨스는 이성애를 환상의 형식으로 또 환상이 경험되는 — 그러나 그저 장르적인 차원에서는 아니다 — 맥락으로 판매하는 수단이다. 하지만 이때 환상이 경험되는 것은 아니다. 이성애적 사랑의 플롯은 자신들의 사랑 이야기가 그들만의 진실하고 미묘하고 독특한 감정, 그들의 개인적 운명을 표현한다고 믿는 주체들을 생산할 때 가장 이데올로기적이다.

이 관념론적이며 상품화된 로맨스의 차원은 차이와 양가감정의 장을 망라하면서 지배 집단과 예속 집단을 연결하는 방식에도 영향을 미쳤다. 앞서 기술했듯이, 자유주의적 정치 문화는 개인의 자율성과 자기 계발을 사회생활의 중심적 가치로 상정한다. 로맨스 이데올로기는 감상sentiment 혹은 감정을 사람의 본질적·보편적 진리로 묘사함으로써 이 기획에 참여한다. 사람들은 명백히 달라도 감정은 공통적이다. 그래서 자유주의자들은 오랫동안 지배 집단과 예속 집단 사이의 적대감에 대응해 지배 집단에게 이렇게 말해 왔다. 당신이 타자라고 생각하는 사람들은 그냥 그들이 다르기 때문에 당신의 안정과 가치를 위협하는 것처럼 보일 뿐이다. 그들에게도 감정이 있다. 그들도 고통을 받는다. 그러므로 모두가 본질적으로 같은 사람들이다. 당신도 '그들'이 욕망하는 것과 똑같은 것을 욕망한다. 갈등이 없다고 느끼길 원하고, 친밀함을 원한다. 우리가 심하게 소원하다고 느끼는 집단의 구성원들에 대해 양가적 감정을 느끼거나 어떤 적대와 매혹의 관계에 있다고 느낀다면, 그 불편감은 이성애하에서 성차를 이해하듯이, 즉 욕망 및 학습된 동일시를 통해 극복할 수 있는 그 무엇으로 이해할 수 있을 것이다. 많은 사람들은 타자 사랑이 주변화된 집단들을 지배적 사회 세계 안으로 들어오게 하는 강력한 수단이라고 주장한다. 그런가 하면, 국가적·인종적·경제적·종교적 특권이 자아내는 고통과의 감상적 동일시는, 특정한 형태의 차이들을 차별적으로 다루면서 그중 일부를 다른 것들보다 특권화하하는 법규들(예를 들어, 서로 다른 인종이나 종교 사이의 결혼이나 동성혼을 금지하는 법규)과 오랫동안 공존해 왔다.

결론

세계를 구축하는 사랑의 충동들, 그 안에 포함된 비판적·유토피아적 환상들, 정신분석(과학)의 기획, 그리고 자기 계발(대중문화) 사이에는 어떤 관계들이 있을까? 주체가 갈등에 휩싸인 욕망의 장면에서 자신과 자신의 친밀한 타자를 적응시키는 쪽으로 항상 회귀한다는 사실은 어떻게 자신과 사회를 변화시키는 데 있어 어렵고 위험부담이 있는 측면들을 가능하게 하고 또 불가능하게 하는가? 욕망의 대상을 환상의 투사, 위임, 이상화, 또 불가피한 왜곡의 유희에 노출하는 동안, 욕망이 대상을 보호하고 유지해야 할 필요성과 욕망의 공격성 사이의 관계는 어떤 것인가? 질투심, 위협, 도덕적 우월감의 생산 외에, 욕망이 사람들에게 어떻게 작용하기에, 사람들의 구체적 욕망이 모순 때문에 견딜 수 없는 것, 그 잠재적 윤곽 안에서는 알기 어려운 것, 그럼에도 믿을 만하고 확정적인 인정을 요구하는 것임을 그들 자신과 서로에게 드러내는 것인가? 오장육부의 반응들이 관습과 또 다른 무언가, 어쩌면 불분명하거나 불법적인 욕망들을 뒤섞는 여러 방식을 대면하는 것은 어떻게 견딜 만한 일이 될 수 있을까? 우리는 욕망 때문에 믿을 수 없는 존재인데, 음이 맞지 않는 무언가에 완벽히 음정을 맞추라고 타자에게는 요구한다는 것이 무슨 의미인가? 공격성의 상충하는 동기들에 대해 우리는 어떻게 솔직할 수 있는가? 친밀성과의 관계, 친밀성을 중심으로 하는 삶의 구축을 지금껏 불가피하지도 상상 가능하지도 않은 방식으로 다시 상상할 수 있게 하는 사회적 인프라는 어디에 있는가?

* * *

이 책에 실린 나의 에세이 두 편은 욕망과 사랑에 대한 아래와 같은 논의의 시도였다. 욕망과 사랑에 대한 완전 정복 설명이란 없다. 욕망과 사랑은 그것들이 조직하고 개선하도록 훈련된 바로 그것들(정체성과 삶 등)을 탈안정화하고 위협한다. 사랑에 낙관적인 주체조차 사랑 때문에 느끼게 되는 불안감의 젠더화는 긴 역사를 지닌다. 사랑의 추상적 내용과 제도는 적절함의 기호들·영역들을 강제하는 데 오랫동안 활용되었기에, 사랑의 플롯에서 상정되는 유적類的 주체는 백인, 서구인, 이성애자이며 '부르주아' 개인성의 관례들에 대해 학습받은 사람이다. 이런 암묵적 적절성들은 특정 국가, 인종, 종교, 게이 남성, 레즈비언, 여성에 대한 경제적·물리적 지배를 정당화하는 데 활용되었다. 하지만 여기서 이야기는 관습적 의미의 사랑과 욕망이 짝을 맺는 해피엔드로 돌아가야 한다. 심지어 지금도, 그 모든 것에도 불구하고, 욕망/사랑은 삶이 연인들에게 던져 주는 바를 관리할 만큼 유연한 어떤 형식을 발견할 수 있다는 유토피아적 약속을 계속하고 있다. 욕망, 환상, 그리고 사랑의 강렬함에 접촉했던 그 어떤 것들의 이야기를 함으로써, 이 에세이들의 기획은 여태껏 상상되고 유지되어 온 것보다 더 많은 약속들을 향해 유토피아적인 것을 다시금 개방하고자 한다.

참고 문헌

Berger, John. 1972. *Ways of Seeing*. London: Penguin [존 버거, 『다른 방식으로 보기』, 최민 옮김, 열화당, 2012].

Berlant, Lauren. 1994. "'68, or Something." *Critical Inquiry* 21: 124-155.

_____. 1997. *The Queen of America Goes to Washington City: Essays on Sex and Citizenship*. Durham, NC: Duke University Press.

de Lauretis, Teresa. 1994. *The Practice of Love: Lesbian Sexuality and Perverse Desire*. Bloomington: Indiana University Press.

Illouz, Eva. 1997. *Consuming the Romantic Utopia: Love and the Cultural Contradictions of Capitalism*. Berkeley: University of California Press [에바 일루즈, 『낭만적 유토피아 소비하기: 사랑과 자본주의의 문화적 모순』, 박형신·권오헌 옮김, 이학사, 2014].

Jameson, Fredric. 1979. "Reification and Utopia in Mass Culture." *Social Text* 1: 130-148 [프레드릭 제임슨, 「대중문화에서의 물화와 유토피아」, 『보이는 것의 날인』, 남인영 옮김, 한나래, 2003].

Kaplan, Cora. 1986. "*The Thorn Birds*: Fiction, Fantasy, Femininity." In *Formations of Fantasy*, ed. Victor Burgin, James Donald, and Cora Kaplan, 142-166. London: Methuen.

Klein, Melanie, and Joan Rivière. 1964. *Love, Hate, and Reparation*. New York: Norton.

Laplanche, Jean. 1989. *New Foundations for Psychoanalysis*. Trans. David Macey. London: Basil Blackwell.

Laplanche, Jean, and Jean-Bertrand Pontalis. 1973. *The Language of Psycho-Analysis*. Trans. Donald Nicholson-Smith. London: Hogarth Press [장 라플랑슈·장-베르트랑 퐁탈리스, 『정신분석 사전』, 임진수 옮김, 열린책들, 2005].

_____. 1986. "Fantasy and the Origins of Sexuality" (1964). In *Formations of Fantasy*, ed. Victor Burgin, James Donald, and Cora Kaplan, 5-64. London: Methuen.

Morrison, Toni. [1973]1982. *Sula*. New York: Penguin [토니 모리슨, 『술라』, 송은주 옮김, 문학동네, 2015].

Negt, Oskar, and Alexander Kluge. 1993. *Public Sphere and Experience: Toward an Analysis of the Bourgeois and Proletarian Public Sphere*. Minneapolis: University of Minnesota Press.

Peiss, Kathy Lee. 1986. *Cheap Amusements: Working Women in Turn-of-the-Century New York*. Philadelphia: Temple University Press.

Sedaris, David. 1997. *Naked*. Boston: Little, Brown.

Sedgwick, Eve Kosofsky. 1990. *Epistemology of the Closet*. Berkeley: University of California Press.

_____. 1993. "A Poem Is Being Written." In *Tendencies*. Durham, NC: Duke University Press.

Taylor, Helen. 1989. *Scarlett's Women: Gone with the Wind and Its Female Fans*. New Brunswick, NJ: Rutgers University Press.

Thompson, Sharon. 1995. *Going All the Way: Teenage Girls' Tales of Sex, Romance, and Pregnancy*. New York: Hill and Wang.

Waller, Robert James. 1992. *The Bridges of Madison County*. New York: Warner Books [로버트 제임스 월러, 『매디슨 카운티의 다리』, 공경희 옮김, 시공사, 2002].

12장

신화

Myth

지은이

웬디 도니거 Wendy Doniger

옮긴이

황주영

지구지역행동네트워크/페미니즘학교 팀장. 뤼스 이리가레의 페미니즘 철학과 에코
페미니즘을 주로 연구한다. 서울시립대학교와 경희대학교에서 강의하고, 여성환경
연대 에코페미니즘 연구센터 '달과 나무'의 연구위원이다. 저서로 『뤼스 이리가레』,
『현대 페미니즘의 테제들』(공저), 『교차성×페미니즘』(공저), 역서로 이리가레의 주
저인 『반사경 : 타자인 여성에 대하여』(공역)가 있다.

❊

젠더와 신화

이 글에서 나는 오래전부터 존재해 온 (은하계는 아니라 하더라도) 아주 먼 나라들의 신화에 대한 연구가 미국의 젠더에 대한 우리의 현대적 이해에 크게 기여할 수 있음을 보여 줄 것이다. '신화'란 이야기들을 의미하지만, 그렇다고 아무 이야기나 다 해당되는 것은 아니다. 즉, 모든 신화는 이야기이지만 모든 이야기가 신화는 아니다. 신화가 아닌 것이 무엇인지를 말하는 것으로 시작해 보자. 신화는 진리, 현실, 사실, 역사에 대비되는 거짓말이나 허위 진술이 아니다. 비록 오늘날 가벼운 대중적 대화에서는 거짓이나 허구가 신화의 가장 흔한 의미이기는 하겠지만 말이다. 하지만 종교의 역사에서, 그리고 또한 종교들의 역사에 대한 역사(즉, 비교의 맥락에서 종교들을 연구하는 학문 분과)에서, 신화라는 용어는 훨씬 더 자주 '진리'를 뜻하는 것으로 사용되었다. 이 두 가지 전통에서, 신화란 자신의 가장 중요한 의미를 그 안에서 발견하는 일군의 사람들에게는 성스러운 이야기이며 그 집단에 의해 공유되는 이야기이다. 그것은 과거에 일어난 사건, 혹은 드물기는 하지만 미래에 일어날 사건에 관해 과거에 지어진 것으로 여겨지는 이야기이다. 그 사건은 기억되기 때문에 현재에도 계속해서 의미를 갖는다. 신화는 더 광범한 이야기 집합의 한 부분인 이야기다(O'Flaherty 1988, 25-33).

플라톤은 신화라는 말을 거짓말과 진리라는 두 가지 의미 모두로 사용한다. 훌륭한 종교사학자인 미르체아 엘리아데가 오래전에 지적했듯이(Eliade 1969), 한편으로 플라톤은 처음으로 탈신화화를 시도한 위인이다. 가장 유명한 것은『국가』에서이고『티마이오스』,『법률』, 그리고『필레보스』에서도 플라톤은 날조된 신화를 참된 역사와 비교하면서 호메로스와 헤시오도스 등과 같이 신화를 쓰는 시인들을 공격했다(Detienne 1986, 86, 87[국역본, 199쪽]). 하지만 다른 한편으로 플라톤은 사람들이 스스로 신화를 필요로 한다고 믿었기 때문에, 사람들을 위해 기꺼이 새로운 신화를 구성하려 했다. 그래서 그는 고대의 신화적 주제들을 변형해 『향연』에서는 에로스의 신화를, 『정치가』와 『티마이오스』에서는 우주 창조의 신화를 만들었다. 그리고 그는 실제로 『파이돈』에서 그가 창조했던 세계에 관한 이야기를 신화(그가 사용한 고대 그리스어로는 '미토스'라고 불렀으며, 『국가』의 마지막 부분에서 그가 창조했던 에르ᴇ의 환생 신화도 마찬가지였다. 따라서 플라톤은 그가 좋아하지 않았던 신화는 거짓으로 간주했고, 그가 좋아했던 신화, 그 스스로 창조했던 신화는 진실이라 간주한 것이다.

신화는 오늘날까지 계속 이렇게 한 입으로 두 말을 하고 있다. (소설과 같은) 다른 종류의 서사와는 대조적으로, 신화를 정의하는 특징 가운데 하나이자 신화의 가장 뛰어난 생존 전략이 바로 상황을 완전히 역전하는 능력, 한쪽으로는 진리의 편을 들고 다른 쪽에서는 반反진리의 편을 드는 능력이기 때문이다. 이것이 바로 다른 형식의 서사가 아니라 신화가 (다양한 관점을 가진) 사람들의 집단에 의해 공유되고 (더 많은 관점을 지닌 상이한 세대들을 관통해) 시대를 초월해 살아남도록 하는 점이다. 왜냐하면 신화는 역설적인 의미들이 격렬한 긴장 상태에 남아 있는 것을 허용하고, 의미 구성의 다양성에 투명하게 노출된 중립적 구조이기 때문이다(Doniger 1999). 이탈리아의 신화학자 로베르토 칼라소에 따르면, 신화는 다른 이야기들과 달리, "내부에 자기의 대립물들을 포함하는 행위들로 이루어져 있다. 영웅이 괴물을 죽이지만 그럴 때도 우리는 그 반대, 즉 괴물이 영웅을 죽이는 것 역시 참이라는 것을 알고 있다"(Calasso 1993, 280). 소설가인 아마드 살만 루슈디는 이렇게 주장했다. "모든 이야기에는 반드시 그것과 짝을 이루는 반대 이야기가 있다. …… 모든 이야기는 …… 그림자 자아를 가지고 있다는 뜻이다. 이 반대 이야기를 이야기 속에 쏟아부으면 두 이야기는 서로 상쇄되어 버리지. 그러면 빙고! 이야기가 끝난다"(Rushdie 1990, 160[국역본, 209쪽]). 이것이 바로 이른바 신화의 다의성이 뜻하는 바이며, 수많은 상이한 목소리들, 상이한 관점들을 동시에 표현하는 신화의 능력이다.

그리고 위대한 프랑스 구조주의 인류학자인 클로드 레비스트로스가 지적했듯이(Lévi-Strauss 1963, 229; 1966, 22), 겉보기에 대립되는 두 가지 진리들을 한 번에 표현하는 이 능력, 결코 해결될 수 없는 역설을 표현하는 능력 덕분에 이 양극화된 관념들을 해체하는 데 신화가 그토록 유용해진다. 신화의 카멜레온 같은 특징은 종교의 더 획일적이고 독단적인 측면들과 반대로 작동한다. 신화가 방대한 범위의 믿음들을 독려하는 반면, 독단적 교리는 이 범위를 축소한다. 유대교 신학자인 마르틴 부버는 이 지점을 매우 명확히 보여 줬다.

> 실재하는 모든 종교는 우리를 침공하는 다층적이고 거칠게 에워싸는 힘들을 엄청나게 단순화하는 데 기대고 있다. 이것은 실존의 충만함을 약화한다. 반대로 모든 신화는 실존의 충만함의 표현이며 그것의 이미지이자 기호이다. 신화는 세차게 흐르는 생명의 샘을 끊임없이 들이킨다. 그런 이유로 종교는 자신이 신화를 흡수하고 합체할 수 없을 때 신화와 싸운다. …… 이 전투에서 종교가 어떻게 항상 다시 외관상의 승리를 가져가는지, 그리고 신화가 항상 다시 실질적인 승리를 가져가는지 관찰하는 것은 낯설고도 경이로운 일이다(Buber 1955, xi).

부버가 종교에 관해 한 말들을 나는 독단적 교리에만 국한할 것이다. 그런 수정을 거치면, 그의 서술은 가장 엄격한 독단의 틀 내부에 계속해서 상상의 문들을 열어 두는 신화의 능력을 훌륭하게 증언한다. 내 생각에는 종교의 독단적 측면이 대체로 섹슈얼리티와 관련이 있다면, 신화는 우리에게 젠더에 관한 이야기를 준다는 점이 일반적으로 사실이라 할 수 있다.

그러나 신화의 야누스적 성격은 이 열린 문들이 억압적인 젠더 패러다임과 해방적인 젠더 패러다임 모두를, 젠더의 양극적 개념에 대한 승인과 도전 모두를, 들어오게 (그리고 나가게) 한다는 것을 의미한다. 예컨대, 전통적인 종교들은 일반적으로 오직 두 개의 젠더만을 인정하며, 섹슈얼리티를 압도적으로 이성애로만 여긴다. 전통적인 신화에 어떤 동성애적 주제들이 있는지는 거의 명시적으로 드러나지 않는다. 왜냐하면 그런 신화들은 거의 언제나 특정 인종[경주][1]의 (그 단어가 가진 두 가지 의미 모두에서) 생물학적이고 영적인 생존을 잠재적인 의제로

---

1 [옮긴이] 저자는 'race'를 사용하고 있고 이 단어가 가진 "두 가지 의미 모두"를 사용한다고 말하고 있다. 그러나 한국어로는 그대로 옮기기 어렵기 때문에, 대괄호로 두 가지 번역어를 병기했다.

서 가지기 때문이다. 즉, 경쟁으로서의 경주("누구든지 거기 먼저 도착하면 이긴다")와 종으로서의 인종("그들보다 수적으로 우세함"이라는 의제, 즉 "다산하고 번식하라"). 그런 신화는 동성애 행위들이 이 의제를 전복할 잠재력을 갖는다고 간주한다(아니면 적어도, 의제와 무관한 것으로 여긴다. 문제가 되는 부분은 아니더라도 해결책이 될 수 없다는 것은 분명한 일인 것이다). 여러 종교들 가운데서도 특히 힌두교와 그리스도교의 금욕적 성격은 한쪽에는 섹슈얼리티가 단지 아이를 낳기 위한 목적으로만 용인되는 이성애 결혼을, 다른 쪽에는 금욕주의가 이상화되고 섹슈얼리티를 완전히 거부하거나 적어도 개조하는 사제직의 고행을 두어, 둘 사이의 폭력적인 이분법을 창출한다. 전통적인 종교 텍스트들은 동성애적 결합을 이성애 결혼처럼 긴장 속에 있는 두 개의 목표(생식과 금욕주의) 사이의 타협으로 여기는 것이 아니라, 두 세계(불임과 욕정)가 서로를 오염시키는 최악의 조합으로 여긴다.

이런 분류법에서, 동성애적 사랑은, 메리 더글러스(Douglas 1966)가 주요한 범주 오류, 기존의 개념 틀에 맞지 않는 어떤 것, "잘못 배치된 물질"로서 인식하도록 가르쳐 주었던 것을 표상한다. 한마디로 그것은 오물이다(여기서 우리는 동성애 혐오적 언어가 종종 '오물'의 상징주의를 채택하는 방식을 떠올릴 수 있을 것이다). 젠더라는 쟁점은 본래 종교적일 수도 있고 아닐 수도 있지만, 종교적 관점들은 분명 본래 젠더화되어 있다. 왜냐하면 젠더가 질서에 관한 좀 더 광범위한 종교적 관심사에서 핵심적인 역할을 하기 때문이다. 대략적으로 말하자면, 구조주의자라면 종교적인 사고에서 '젠더/섹슈얼리티=문화/자연'이라고 말할 것이다. 종교 공동체들과 독단적 교리들은 그들의 패러다임에 들어맞지 않는 부분들을 부적격한 것들로 간주하는 경향이 있다. 만일 그 패러다임이 남성적인 것으로 정의된다면, 그들은 여성적인 것(또는 동성애적인 것이나 양성애적인 것)을 폐기하거나 폄하할 것이다. 따라서 여성들은 (그리고 가끔은 거세된 남성들이나 양성애자들은) 죽음, 악, 질병과 같은 핵심적인 종교적 주제들을 다루는 여러 토대가 되는 신화들에서 악한으로 묘사된다. 그리고 전통 신화들은 거의가 동성애적 결합을 호의적으로 묘사하지 않을뿐더러 아예 명시적으로 묘사하지도 않는다.

그러나 지배적이며 양극화된 이성애 패러다임에 도전하는 신화들 역시 존재한다. 전통 사회들이 인간의 젠더와 섹슈얼리티에 가한 다소 엄밀한 제약 이면에는 신들이 이 모든 제약을 위반하는 신화가 있다. 그리고 우리가 다음에 논의하듯이, 트랜스섹슈얼리티의 신화들은 관습적인 섹슈얼리티와 젠더의 신화를 주조하는 바로 그 범주들에 도전한다.

신화의 심리학과 신학

신화들 자체의 다의성은 신화 해석의 다의성으로 인해 심화된다. 젠더에 관한 신화의 심리학적·정치적 해석들은 신화가 실제 인간의 문제들을 다룬다고 이해한다. 종교사학자인 브루스 링컨(Lincoln 1986)은 그것을 '어떻게 인류가 시작되었는가?', '어떻게 남성과 여성은 달라지게 되었는가?' 등의 질문과 관련되는 사회 발생론적 문제, 즉 사회의 기원에 관한 관념들이라고 부른다. 신화들에 대한 신학적 해석들은 신화가 우주론적이고 우주 발생론적인 문제들을 다룬다고 이해한다. 즉, '죽음과 악이 어떻게 세계에 진입하게 되었나?', '어째서 우리는 여기에 있는가?' 등과 같은 문제들이 여기에 해당한다. 심리학자에게 신화에 나타나는 인간적 관심사는 신학의 여러 판본이 직조되는 논리적·심리학적 날실을 제공해 준다. 하지만 신학자에게는 철학적 문제가 날실이며, 성심리적 문제는 그 위에 짜여 들어가는 씨실이다.

만일 우리가 인간적 관심사를 신학적 판본이 유래하는 논리적·심리적 기초로 본다면, 우리는 유헤메리즘(그리스 신들을 탈신화화한 고대 시칠리아인인 유헤메로스의 이름을 딴 입장)이라고 부르는 신화 해석에 관한 고대 학파의 뒤를 잇는 것이다. 이 입장에 따르면 신화는 실제 사람들의 진짜 이야기에 토대를 두고 있을 뿐만 아니라, 본래는 특정한 실제 사람들에 관한 이야기로서 천해지는 것이다. 즉, 인간 영웅들에 관한 전설의 '합리적' 핵심부로부터, 신들에 대한 '비합리적' 층위가 발전된 것이다. 이 불길한 과정을 해명하려고 시도함으로써, 유헤메로스주의자들은 신화를 (재)합리화했다. 다시 말해, 그들은 표면상으로는 신들에 관한 이야기를 채택하면서 그 이야기들을 (그들이 이해한 바대로, 다시 되돌려) 인간에 관한 이야기로 만들었다. 고대 그리스 역사학자인 헤로도토스도 이런 방식의 주장을 했다. 그는 이집트에서 날아와 인간의 목소리로 예언을 하는 검은 비둘기들에 관한 신화가 실은 이집트에서 와서 그리스어를 배우기 전까지 (그래서 "인간의 목소리"를 얻기 전까지) 처음에는 새처럼(즉, "야만인"처럼) 말한다고 여겨진 (아마도 흑인인) 여성 노예에 관한 실제 이야기에서 유래했다고 주장한다(『역사』 2. 54-57).

프리드리히 막스 뮐러는 독일 출신의 옥스퍼드 대학교 교수이자 인도-유럽계 신화학 분야를 창시한 사람으로 인정받는 인물로, 상당한 영향력을 지닌 몇 가지 작업들에서[『비교 신화학』(1856), 『언어학 강의』(1869)-지은이] 신화학이 "언어의 질병"에 불과하다고 주장했다. 뮐러는 그 질병이 고대 철학자들이 자연현상(특히 태양과 연관된)에 대한 (합리적) 서술들을 신에 관한 (비합리적) 서술로 오해했을 때 생겨났다고 본다. 지그문트 프로이트는 현대판 유헤메로스주의자라고 할 수 있겠다. 그는 『토템과 터부』(1913)에서 신에 관한 것으로 보이는 이야기들이 실제로는 당신의 아버지에 관한 이야기라고 주장한다. (초자연적인 것이 자연적인 것에서 유래한다고 간주하는) 합리화의 해석적 과정은 합리적인 것(관찰 가능한 인간 행위)을 비합리적인 것(관찰할 수 없는 신적 행위)으로 변화시켜 버림으로써 신화 자체가 비합리화되었다고 주장한다.

신화에서 비합리화가 발생하는 것은 여성과 남성에 대한 관념이 남신과 여신에 관한 신화로 변형될 때, 인간 여성과 남성에 관한 이야기들이 인간의 성적 비극의 노고에 불가분하게 얽혀 들어 [젠더 권력 구조로 인한 일들을 마치 신이 그렇게 만든 것으로 믿게 만드는] 신화가 제공하는 환영으로 달아날 때이다. 하지만 이와 반대되는 과정, 즉 합리화도 똑같이 흔하고 중요한데, 그것은 남신과 여신에 관한 관념들이 남성과 여성에 관한 신화로 번역될 때 나타난다. 해결할 수 없는 신학적 문제들이 인간의 몸으로 형상화되어 해결책을 찾기 위해 인간의 무대 위에서 언제나 헛된 노력을 하는 것이다. 다시 말해, 신학적 질문들이 제기되고 이 질문에 답하려고 시도하는 가운데, 인간의 이미지들과 관심사들이 신적 세계에 대한 신화들에 투사된다는 것이다. 이런 신화들의 의미는 의인화된 피상적 형태들과 사람들이 신화화한 유사-인간적인 사건들 속에서뿐만 아니라, 또한 그런 것들 배후에 놓여 있는 좀 더 난해한 신학적 질문들 속에서도 모색되어야 한다. 신화와 경험을 연결하는 지름길은 이 [신격화와 인간화라는] 양방향의 직선로이기 때문이다. 신화는 현실적인 인간 경험과 이 경험에서 자라 나온 후 그 경험을 변모시키는 공상 사이의 가교이다. 몇 가지 변종들이 거의 리얼리즘적인 용어로 환상을 만들어 냄으로써 둘 사이의 간극을 좁힌다. 하지만 그 간극은 아무리 좁더라도 남아 있게 된다.

표면상으로, 세속적인 텍스트가 신화라는 종교적 원형에서 종종 자극을 받고, 종교 텍스트가 세속적 통찰을 포함하고 있는 것과 마찬가지로, 세속적 텍스트 역시 심오한 종교적 통찰을 담고 있을 수 있다. 분명 이 두 가지 영역은 불가분하게 서로 뒤엉켜 있고, 신화에 대한 심리학적 관심과 신학적 관심은 서로에게 은유로 기능한다. 마치 마우리츠 에스허르[에서]가 그린, 손을 그리고 있는 손을 그리고 있는 손처럼 말이다. 따라서 많은 종교들은 "어떻게 죽음과 악이 세계에 나타나게 되었나?"라는 신학적 질문을 "여성과 남성이 어떻게 달라지게 되었나?"라는 사회 발생론적 질문에 연결함으로써, 앞의 질문에 답한다(그 답은 여성이 죽음과 악을 가져왔으며, 이것들이 두 성을 차이 나게 했다는 것이다. 그런데 누가 여성을 데려왔는지는 묻지 않는다). 그래서 또한 신에 대한 여러 이야기들이 대체로 인간적 문제들에 관한 것임이 드러나며, 이와 대조적으로 인간 존재에 관한 많은 이야기들이 진정으로 신학적인 질문들을 제기하는 것으로 드러난다. 결국, 인간은 종종 신학적 질문을 묻고, 신들은 또한 너무나도 인간적이다. 심리학적·정치적·신학적 질문들이 동일한 신화에 대해 제기될 수도 있다. 즉, 우리가 '현실적인' 신화에는 심리학적이고/또는 정치적인 질문을 물을 수 있고, '공상적인' 신화에는 신학적인 질문만 할 수 있는 그런 문제가 아닌 것이다. 사회인류학자 어네스트 겔너는 다음과 같이 논평했다.

잘 운영되는 코셔[2] 식당에서처럼, 분리된 여러 냄비가 예지적인 것인 우유와 경험적인 것인 고기를 담는 데 사용된다. …… 하지만 요점은 인류가 설사 개념적으로

2　[옮긴이] 코셔는 유대 율법에 적합하게 마련된 음식을 일컫는다. 여러 금기와 식재료 선택 방법이 있는데, 코셔인 육류를 우유나 치즈 등 유제품과 함께 먹으면 안 된다는 금기도 포함한다. 고기와 유제품을 담았던 그릇은 각기 분류해 정화하고, 코셔가 아닌 음식이 닿은 그릇은 삶거나 불로 지져 소독해야 한다.

는 코셔라고 해도 일반적으로는 거의 코셔가 아니라는 것이다. 초월적인 것은 말끔하게 그리고 꼼꼼하게 경험적인 것에서 분리되지 않는다. 대부분의 전통들은 자신들의 개념을 담는 그릇들을 소름끼치도록 불결하게 놔둔다(Gellner 1985, 180).

그래서 일단 우리가 찾아보려고 하기만 하면, 우리는 표면상으로는 신학적 쟁점들에 관련된 텍스트들에 암호화된 젠더 이데올로기를 발견하게 될 것이고, 인간 젠더에 관한 것으로 보이는 이야기들을 통해 표현된 신학을 발견하게 될 것이다. 이 글의 나머지 부분에서, 나는 몇 가지 상이한 종류의 텍스트들과 전통들에서 젠더에 관한 쟁점들을 발굴하는 시도를 할 것이다. 그것은 현대 페미니스트 영성 운동에서부터 힌두교 신화에 정립되어 있는 때로 깜짝 놀랄 만큼 방대한 젠더 정체성들까지 (이따금 그리스와 다른 지역들을 비교하며 훑으면서) 탐색하게 될 것이다.

가모장제 신화

여성운동에서 페미니스트 영성으로 알려진 여신 숭배파가 재구성한 여성 신화는 비교 신화학의 한 가지 특정 분야가 되었는데, 이 분야에서 젠더는 상당히 화젯거리가 되는 주제가 됐다. 나는 편의상 이 집단을 여신-페미니스트라고 부르겠다. 이들의 신화는 단순히 잘못된 생각을 고수하는 신화가 아니라, 그보다 앞서 잘못된 신화, 즉 남성 기원과 남성 우월을 고수했던 신화의 이면인 것으로 드러난다. 기원에 관한 남성 우월주의적 신화를 여신-페미니스트들의 방식으로 요약하면 다음과 같다.

남자인 신이 세계를 만들었다. 남성들은 신의 도움으로 문화를 창출했다. 태초에 가부장제가 있었다. 남성이 여성을 지배했고 여성을 억압했다. 왜냐하면 여성(자연)이 (남성적) 문화에 위협이 되기 때문이다.

그리고 대안으로 제시된 여신-페미니스트 신화를 요약하면 다음과 같다.

여자인 신이 세계를 만들었다. 여성들은 여신의 도움으로 문화를 창출했으며 지배했다. 태초에 가모장제가 있었다. 여성이 통치할 때, 지구는 훨씬 나았으며, 더 친절했고, 더 온화했으며, 양육에 더욱 적합한 장소였다. 남성 신들이 여신들을 타도했다. 남성들이 문화를 탈취해 지배했다. 그리고 가부장제가 그 이후로 줄곧 우세했다. 남성 지배는 여성에 대한 혹사와 지구에 대한 강간으로 이어졌다(에코 페미니즘은 태초에 지구는 여성인 가이아였다고 가정하기 때문이다). 만약 신이 한 번 더 여성으로 인식된다면, 다시금 여성이 통치할 것이고, 지구는 다시 온화하고 베풀어 양육하는 장소가 될 것이다.

그러나 모든 신화학자가 알고 있듯이, 신화에는 언제나 하나 이상의 판본이 있다. 그리고 내게는 여신-페미니스트 판본에 대한 내 고유의 대안본이 있다.

태초에 원시 가모장제의 용인 바흐오펜[3]이 있었다. 그 뒤를 이어 하얀 암말을 탄 태고의 여신인 마리야 김부타스[4]가 왔다. 그녀가 가모장제의 용을 죽여 버렸던 것일까! 한데 이런, 오 가장 사랑받는 이여, 그리 되지 않았다. 이 둘은 짝을 맺었고, 그들의 괴물 같은 자식이 바로 가모장적 여신이었던 것이다.

그리고 이 대안적 이야기에 대한 나의 비평을 제시해 보겠다.

가모장 신화와 가부장 신화(혹은 엄마들과 아빠들의 신화)는 요한 야코프 바흐오펜의 『신화, 종교, 그리고 모권』(1859)과 함께 시작되어, 프리드리히 엥겔스의 『가족, 사유재산, 국가의 기원』(1884)에서 진전을 이루었고 엘리자베스 굴드

---

3 [옮긴이] 스위스의 법학자이자 고대 연구가로 모권과 여성 지배를 최초로 체계적으로 연구했다는 평가를 받는다. 『모권』(한미희 옮김. 나남. 2013)이 한글로 번역되어 있다.

4 [옮긴이] 리투아니아 출신의 미국 고고학자. 1960년대 지중해의 고대 유물을 연구하면서 선사시대 여신 문명을 밝힘으로써 여신학을 가능하게 했다. 『기원전 7000~기원전 3000년 고대 유럽의 여신과 남신』, 『여신의 언어』 등의 저술이 있다.

데이비스의 『제1의 성』(1971)에서 부활했다. 맹렬한 공격이 쏟아지자, 여러 여신-페미니스트들이 후퇴했으나, 그것은 단지 가부장제에 대한 대안적인 단어들을 고안하기 위한 것이었다. 리안 아이슬러는 『성배와 칼』(1987)에서 여성들(그리스어로 gyne)과 남성들(그리스어로 aner) 사이에 평등이 존재하는 사회를 위해 여남유대gylany라는 용어를 만들어 냈다.[5] 그러나 오류는 단어가 아니라 개념에 있다. 즉, 우리는 가부장제가 있기 이전에 무엇이 있었는지 알지 못하며, 새로운 용어들을 고안함으로써 이 공백을 더 혼미하게 만들어 봤자 이 무지에 어떤 도움도 주지 않는다.

태곳적 여신에 대한 믿음은 여러 저자들에게 영감을 주었다. 제시 웨스턴(『의례에서 연애소설까지』), 카를 구스타프 융(『네 가지 원형』), 에리히 노이만(『위대한 어머니』), 로버트 그레이브스(『하얀 여신』), 에이드리언 리치(『여성에게서 태어난』), 메리 데일리(『하느님 아버지를 넘어서』, 『여성/생태학』) 등이 포함된다. 멀린 스톤은 유명한 책 『하느님이 여자였던 시절』(Stone 1976)을 "태초에 하느님은 여자였다. 기억하는가?"라는 신화에서 시작한다. 스톤이 기억하지 못하던 것을 마리야 김부타스가 태고의 여신에 관한 가장 영향력 있는 책 중 하나인 『기원전 7000~기원전 3000년 고대 유럽의 여신과 남신: 신화, 전설, 숭배』(Gimbutas 1974)에서 다시 상기시켰다. 김부타스의 고고학적 조사의 견고함과 독창성은 그녀가 점점 더 이데올로기적 해석을 늘려 갔어도 약화되지 않았다. 하지만 여신-페미니스트 초심자들이 엉성하게 반복·과장함으로써 김부타스의 아이디어를 진부하게 만들어 버렸고, 이렇게 김부타스의 주장을 귀에 못이 박히게 하는 고리타분한 이야기로 만드는 데에는 김부타스 자신의 이데올로기적 해석 경향이 한몫했다. 여신은 이제 여신학이 학문인 체 가장하는 책들의 바다에 빠져 익사하고 있다. 심지어 김부타스 자신이 『여신의 언어』(Gimbutas 1989[국역본, xix, xx쪽])의 서문에서 여신-페미니즘의 재해석을 향한 문을 열어젖혔다. 즉, "미노아의 크레타와 마찬가지로 고대 유럽과 아나톨리아는 여남유대였다. 고대 유럽과 미노아 문화에 대한 연구에 따르면, 균형 잡혀 있고 가부장제적이지 않으며, 가모장제

---

5 [옮긴이] 여남유대라는 번역어는 『성배와 칼』의 한국어 번역본을 따랐다.

적이지도 않은 사회 체계는 종교, 신화, 그리고 민속 문화에 반영되어 있고, 고대 그리스, 에트루리아, 로마, 바스크, 그리고 유럽의 다른 국가들에서 나타나는 모계제 요소들의 연속성이 이를 뒷받침한다." 죽기 직전 출간된 마지막 책 『여신 문명』(Gimbutas 1991)에서 김부타스는 구석기시대에서부터 청동기시대를 지나는 여신 종교의 흔적을 추적한다.

이 같은 증거에 대한 김부타스의 해석은 이후의 학자들에 의해 도전받았다. 신시아 엘러(Eller 1993, 150, 151)는 가부장제에 의해 대체된 가모장제 신화, 남신에 의해 대체된 여신을 다음과 같이 현명하게 평가한다. "인간 역사를 가로질러 움직이는 엄청난 물결의 패턴 속에서 이 이야기의 리듬을 오해할 가능성은 없다. 여성적 밀물에 대한 존중, 그다음에는 썰물. 아마 다시 밀물이 밀려올 것이다. …… 미르체아 엘리아데[6]에게는 매우 미안하지만, 나는 이 이야기를 '성스러운 이야기'의 운동이라고 부른다." 세라 B. 포메로이(Pomeroy 1975) 역시 이렇게 고백한다. "그리스 세계에서 여성들이 남성보다 높은 지위를 누리거나 남성과 동등했던 사회인 선사시대의 가능성을" 점점 더 "신화로" 보게 되었다는 것이다. 이 두 학자들이 모두 기본적으로는 신화라는 단어를(그리고 엘리아데는 "신화"의 동의어로 "신성한 역사"를 사용했다) "거짓말"(틀린 역사라는 의미에서)이라는 경멸적 의미에서 사용하지만, 그러면서도 그 단어를 뭔가 좀 더 긍정적이고, 뭔가 좀 더 "진실한 의미를 지니는 이야기"와 같은 것의 뉘앙스를 띠면서 사용한다는 점에 주목해 보면 흥미롭다. 선사시대에 대한 서술들처럼, 기원에 관한 두 가지 신화(남성 우월주의적 신화와 페미니스트적 신화)는 똑같이 반증 불가능하며, 오래전에 종교 사학자들이 이미 포기한 습관, 즉 기원을 본질과 동일시하는 낡은 습관에 똑같이 속박된다. 그러나 많은 여신-페미니스트들은 자신의 신화를 계속 고수하는데, 왜 그러는지 이해하기는 어렵지 않다. 어쨌든 여신-페미니스트의 새로운 신조는 신학적 사변으로서, 남성 우월주의 신화보다 더 많은 것을 제공해 줄 수 있다. 가모장제가 가부장제에 앞선다고 말하는 것은 "남성 신이 이레 만에 세계를

6　[옮긴이] 루마니아 출신의 미국 종교사학자. 엘리아데는 역사와 과학에 비판적 입장을 취하면서 신화와 종교적 경험을 본질적인 것으로 강조했다. 저자는 엘리아데의 이런 무역사적 신화관에 비판적이기에 이런 표현을 사용한다.

창조했다"는 것과 동일한 질서에 대해 서술하는 것이다. 그런 서술에는 매우 실질적인 쓰임새가 있다. 심지어 고고학 및 다른 형태의 증거 때문에, 이 서술들을 역사적으로 정확한 것으로 수용하기 어렵게 되더라도 그렇다. 엘러가 정확히 논평했듯이, "영성 페미니스트들은 역사적으로 타당하면서 종교적으로도 유용한 신화의 싹을 틔우기 위해 다양한 자료들을 종합하기를 주저하지 않는다"(Eller 1993, 152). 그리고 포메로이는 다음과 같이 동의한다. "현대 페미니스트들은 다른 지역들의 선사시대 문화뿐만 아니라 종교에서도 여성 지배의 이론이 매력적인 것임을 발견한다. 마치 과거에 일어났던 일이 미래에도 반복될 수 있을 것처럼 말이다. 이 관점이 유행하는 이유를 이해할 수 있는데, 왜냐하면 만일 과거에 여성들이 종속되어 있지 않았다면 바로 그 사실 때문에 우리는 여성들이 자연적으로 종속된 것이 아님을 증명할 수 있기 때문이다"(Pomeroy 1975, 12).

하지만 신뢰할 만한 증거가 전혀 없는 원시 가모장제에 대한 믿음과 상당한 증거가 있는 선사시대의 널리 퍼진 여신 숭배에 대한 믿음을 구별해 별도로 판단하는 게 중요하다. 후자에 관한 증거의 상당 부분은 마리야 김부타스가 숙련되고 설득력 있는 방식으로 진척시킨 것이다. 포메로이는 "선사시대의 어머니 대지 가설을 고전 신화의 어머니 여신에 연결하려는 시도"에 대해서는 회의적이지만, 그리스 고전 시대[의 어머니 여신 이론]에 대해서는 좀 더 낙관적이다. 이 시대에 대해 "어머니 여신 이론은 증명할 수는 없다고 하더라도 다음과 같은 수수께끼에 대한 용이한 설명을 제시해 준다. 어째서 신석기시대에 속하는 작은 여성 조각상이 남성 조각상보다 네 배 이상 많은가? …… 어째서 헤시오도스는 초창기 세대의 신들을 여성이 지배하는 것으로 기술하고, 반면에 그 나머지 세대인 올림피아의 신들은 남성이 지배하는 것으로 기술하는가?"(Pomeroy 1975, 13, 15). 여기에 덧붙여, 고대 그리스비극 작가인 아이스킬로스는 왜 『에우메니데스』(1-7)에서 태양신Phoebus 아폴론이 델포이에서 여신인 포이베Phoebe의 뒤를 이으며 아폴론의 남성 사제가 포이베의 여성 사제를 뒤이었다고 주장할까? 내가 다른 글에서 주장했듯이(O'Flaherty 1980), 원시 인도-유럽의 말horse의 여신에 대한 가설은(나는 [앞에서] 여신-페미니즘 신화 속 이 하얀 암말 위에 마리야 김부타스를 앉혔다), 그것이 얼마나 사변적이든 간에, 현존하는 인도-유럽 신화들 속에 혼란스럽게 엉켜 있는 수많은 것을 풀어 준다.

하지만 원시 가모장제 가설은 그 어떤 종류의 학문적 엄밀함으로도 옹호할 수가 없다. 그리고 여기서 그레셤의 법칙이 작동하기 시작한다. 즉, 나쁜 책들이 좋은 책들을 쫓아낸다. 비키 노블의 『마더피스: 신화, 예술, 타로를 통해 여신에게 이르는 길』(Noble [1983]1994)은 맥도날드처럼 "10만 부 이상 팔렸다"는 것을 자랑으로 삼는다. 기원을 추구하는 오랜 습관은 이 영역에서도 학계에 뒤틀린 그림자를 드리운다. 왜냐하면 선사시대의 증거라고 찍은 의심스러운 시각 자료들을 놓고 토론할 필요가 없기 때문이다. 만일 우리가 여신 숭배가 가능함을 보여 주기를 바랄 뿐이라면, 역사 시대와 현대의 명쾌한 텍스트에 나오는 사례들을 곁눈질로 볼 수 있는데, 뭐 하러 굳이 뒤를 돌아보면서 선사시대에 대해 그토록 신경을 쓸 필요가 있겠는가? 하지만 이 곁눈질은 우리를 새로운 일련의 문제에 얽어 버린다. 페미니즘적 숭배의 가능성을 구축하는 데 대한 현존하는 텍스트들의 유용성은 대체로 그 텍스트 대부분을 남성이 썼고 따라서 적극적인 페미니스트 해석에 반하는 편견을 지녔다는 사실로 인해 심각하게 훼손될 것이기 때문이다.

프로이트가 여성들에게 나쁘다는 것을 깨달은 대부분의 여신-페미니스트들은, 쥘리아 크리스테바(Kristeva 1986)와 같은 페미니스트들이 프로이트를 유용하게 개정한 것은 대부분 무시한 채, 카를 구스타프 융(프로이트에 대한 융의 태도는 레닌에 대한 트로츠키의 태도와 유사하다)의 심층 심리학으로 달아났다. 하지만 이것은 프라이팬에서 불길로 뛰어드는 것과 같았다. 융의 원형들 — 그가 "집단 무의식"(Jung 1954)이라고 불렀던 것에 내장되어 있는 보편적 이미지들 — 의 정적인 본성은 단 하나의 여신을 선호하면서 여러 여신들 사이의 유의미한 차이들을 모두 제거해 버리는 경향이 있다. 융의 음울한 림보에서는 모든 여신들이 어둠 속에서 비슷비슷해 보이는데, 여신들을 이 림보에 가둬 버리기 때문이다. 이는 실제 여성들의 삶이 처한 특수한 환경들을 반영한다고 볼 수 있는 바로 그 세부 사항들을 제거하며, 젠더의 사회적 구성을 완전히 무시해 버린다(O'Flaherty 1988, 2장).

여신들과 여성들: 클리타임네스트라 각본

모든 여신을 하나의 여신으로 환원하는 것은 메리 레프코위츠가 「여신의 황혼」이라는 적절한 제목의 압도적인 비평에서 "성기 동일성"이라고 부른 것으로 여성들의 다양한 측면들을 환원하는 데로 너무 쉽게 귀결된다. 레프코위츠는 다음과 같이 쓰고 있다.

> 첫 번째 환원은 두 번째 환원 없이는 완수될 수 없다. 무엇보다, 여성들이 상당히 다른 사회에 속해 있고, 여성에 대한 재현들도 상당히 다른 전통에 속할진대, 가장 기본적인 생물학적 특징을 제외하면, 서로 그 어떤 공통점을 가질 수 있겠는가? (Lefkowitz 1992).

그리고 레프코위츠는 그런 환원이 "여성을 순전한 섹슈얼리티의 피조물로 단순화하고 격하함으로써 분명 여성에게 해를 끼칠 것"이라고 지적한다. 몇몇 탁월한 논문집들이 서로 다른 문화에 속하는 여신들 사이의 현격한 차이들을 강조함으로써, 환원이라는 이 같은 추세와 싸움을 벌였다(Kinsley 1989; Motz 1997; Preston 1982).

그런데 여신이 페미니스트들에게 유해한 또 다른 이유들, 달리 말해 여신에게 유익한 것이 여성에게는 유해한 또 다른 이유들이 있다. 역사서들과 현대사회의 증거를 통해 여신 숭배에 관해 우리가 알게 된바, 여신을 숭배하는 곳에서는 여성들이 오히려 보통보다 더 학대당한다. 여신이 남신보다 앞섰고 여성 사제들이 남성 사제들보다 앞섰다는 것을 우리에게 말해 주는 아이스킬로스의 바로 그 비극은 아폴론과 아테나가 여성들은 아이의 생산에서 아무 역할도 하지 않으며(여성은 단지 정자를 아홉 달 동안 따뜻하고 안전하게 지킬 뿐이다), 따라서 클리타임네스트라(아이스킬로스의 비극 3부작[『오레스테이아』]의 제1부[『아가멤논』]에서, 우리가 이 여성에 대해 먼저 알게 되는 것은 그녀가 "남자의 심성"을 지녔다는 것이다)와 같은 힘 있는 여성들은 모친 살해에 대해 그 책임을 물을 수도 없고[7] 아테네에서 투표권도 없다고 주장하는 장면을 기록하면서 막을 내린다. 내가 '클리타임네스트라 신드롬'이라고 부르려고 하는 이 논리는 여신들이 본래 더 강력하고 그래서 위험하다고 인식될수록, 인간 여성도 본래 더 강력하고 그래서 위험하다고 인식되며, 그렇기 때문에 인간 여성을 세계 내에서 그 어떤 실질적인 권력 행사도 하지 못하도록 막아야 할 필요도 높아진다는 것이라 할 수 있다. 아테나와 이난나 그리고 칼리를 추종했던 이들의 운명은 여신-페미니스트들이 이 노선을 더 멀리 좇지 않도록 열의를 꺾을 것이다. 여신 숭배의 역사가 여성의 힘 기르기에 관해 그 무엇도 우리에게 가르쳐 주지 않는다면, 영적인 권력이야 천국에서 지상으로 아주 잘 흐르겠지만 정치적 권력은 지상에서 천국으로 흘러갈 것이다.

샤리 서러는 『어머니의 신화』에서 이 점을 시인하고 싶어 하지 않았다. "모든 문화에서 여성의 지위와 여신 숭배 사이에 고정된 연관성이 있다고 우리가 가정할 수는 없지만 — 가령 현대 인도에는 여성 억압이 팽배하지만 또 한편으로는 여성 신인 힌두교 신 데비Devi에 대한 숭배가 있다 — 여신이 지배하는 여러 문명에서는 여성들 역시 어느 정도까지 지배력이 있었다"(Thurer 1994, 10[국역본, 40쪽]). 내 생각에는 그렇지 않다. 유용할 정도로 그렇지는 않다는 것이다. 힌두교의 사례는 찬물을 끼얹기에 충분하다. 포메로이는 그리스도교에도 경고장을 날린다. "고대의 인간 여성의 높은 지위와 관련해 어떤 결론을 이끌어 내기 위해 어머니 여신론을 사용하는 것은 무모한 짓이 될 것이다. 이후의 종교들, 특히 그리스도교는 남성 지배와 심지어는 여성 혐오가 횡행하는 사회에서 어머니가 숭배될 수 있음을 증명했다"(Pomeroy 1975, 20).

페미니스트 유대교 역사학자인 티크바 프라이머-켄스키(Frymer-Kensky 1992)는 이 경고장을 더 멀리까지, 수메르와 아카디아의 여신들에까지 보낸다. 여신들이 가진 힘이 다산성에만 국한되지 않고 여러 상이한 종류의 권력을 가진다는 것을 지적하면서, 프라이머-켄스키는 이런 다신교 체계가 여성들에게 어떤

---

7 [옮긴이] 아이스킬로스의 비극 3부작 중 제3부인 『에우메니데스』는 어머니를 살해한 오레스테스에 대한 재판을 다루고 있다. 이는 남편이자 가장을 살해한 클리타임네스트라의 죄가 더 큰지, 아니면 그런 어머니를 살해한 오레스테스의 죄가 더 큰지를 따지는 문제였고, 이 심판에서 아테나는 가장을 살해한 죄가 더 크다는 이유로 오레스테스의 무죄를 선언한다.

별도의 지위를 부여했다 하더라도, 이 체계는 여성들을 종속시켰고 주변부로 밀려나게 했으며, 다산, 섹슈얼리티, 양육, 지혜의 역할에만 여성을 제한했다고 주장한다. 그녀에 따르면 이와는 반대로 가부장제적인 유대교에서는 여성들이, 종속적인 사회적 지위에도 불구하고, 실제로는 좀 더 평등한 동반자로 여겨졌다고 주장한다. 나는 프라이머-켄스키의 주장 가운데 여성들이 성서 이전 여신 문화에서 좋지 못한 대우를 받았다는 주장은 옳다고 확신하지만, 여성들이 성서 시대에 더 나은 대우를 받았다는 주장에 대해서는 확신할 수 없다. 내 생각에 이것은 앞면(다신론적 여신 숭배)이 나오면 여성이 지고, 뒷면(유일신적 남성 신 숭배)이 나와도 여성이 지는 문제다. 하지만 성서 이전 시대에 여신이 불리한 위치였다는 프라이머-켄스키의 주요 주장은 가모장제라는 여신-페미니즘의 신화를 페미니즘적으로 탁월하게 교정한다.

레프코위츠는, 프라이머-켄스키를 꼭 집어 칭찬하면서도, 그리스인들과 그들의 여신이 지닌 다채로운 권력을 옹호한다. 레프코위츠는 다신론 체계에는 남신이건 여신이건 간에, "자비롭게도 배타성이라는 이상이 없으며", "복수성과 다양성이 신성한 것을 정의하는 특징"이 있다고 주장한다(Lefkowitz 1992). 사실이긴 하지만, 레프코위츠 역시 인정하다시피, 이 우수한 특징들이 인간 여성들에게도 해당되었다는 증거는 없다. 포메로이는 매우 다른 전제에서 출발해 논증하면서도 다신교의 부정적 측면에 대해 프라이머-켄스키의 (그리고 나의) 견해와 가까운 결론에 이른다.

> 바람직한 특징들을 한 여성에게 집중하기보다는 수많은 여성들 사이에 분배하는 것이 가부장제 사회에 적합하다. …… 다수의 권력이 한 명의 여성에게 통합되는 데 대처할 수 없었기에, 남성들은, 고대부터 현재까지 여성에게 '양자택일'의 역할이 있는 것으로 상상했다. 이 불안의 필연적 결과로서, 처녀인 여성들은 도움이 되는 것으로 여겨지고, 반면에 헤라처럼 성적으로 성숙한 여성들은 파괴적이고 악한 것으로 간주되었다(Pomeroy 1975, 8).

나는 다신교와 일신교가 모두 여성을 파편화한다는 포메로이의 주장에 동의한다. 하지만 나는 다신교와 일신교가 여성을 다른 종류의 파편들로 분할한다는 점을 덧붙이고 싶다(Doniger 2013a).

몇몇 학자들은 가모장제 신화가 [과거의] 황금기 신화라는 점을 보여 주었다(Talalay 1994, 179; Ashe 1992). 하지만 과거부터 현재에 이르기까지 여신 숭배에 대한 기록들이 상당히 실망스러웠음을 고려했을 때, 테이야르 드 샤르댕(de Chardin 2002)이 황금기에 대해 주장했듯이 가모장제 신화가 미래에 관한 것, 다시 말해 우리가 장차 기대하는 무언가라고 주장하는 편이 가장 좋을 것이다. 미래에 가모장제가 있을 수 있다고, 가모장제가 남성이 엉망으로 만들어 놓은 것을 좀 청소해 줄 것이라고 믿지 말아야 할 이유는 없다. 이것은 역사학적 논증이 아니라 하나의 기대이며, 세계 곳곳에서 발견되는 다면적 가치를 가진 여신들에 대한 수많은 단발적 이미지들이 이 희망을 뒷받침한다. 이 여신들은 오늘날 유럽과 아메리카에서 지배적인 문화에 만연해 있는 여성의 (그리고 여신의) 이미지보다 훨씬 덜 파편화되어 있고 덜 양극화되어 있다. 그러나 내가 아는 여신들은 대부분 자기 아이들을 먹어 치우고 자기 배우자를 거세하고 피를 마신다. 그들의 행위 방식은 일반적으로는 우리 중 많은 이들에게 적절한 역할 모델을 제시할 수 있겠지만, 더 온화하고 양육하는 모계 세계에 대한 신뢰를 불어넣어 주지는 않는다. 여신-페미니스트들은 자신들이 영감을 얻기 위해 참조하는 여신들의 실제 성격을 간과하는 경향이 있다.

최종 분석에서, 지배적인 패러다임을 전복하고자 했던 여신-페미니스트들의 모든 노력에도 불구하고, 그들은 이제까지 젠더 정체성을 유동적이며 쉽게 위반할 수 있는 것으로 상상하는 데 실패했다. 인간 여성을 위한 헌장으로서 가모장제 신화의 가장 심각한 결함은 아마도 그것이 젠더 양극화에 도전하기보다는 오히려 그것을 신줏단지 모시듯 했다는 점일 것이다.

트랜스섹슈얼리티의 신화들

그러므로 종교 영역에서 진지하게 젠더를 다루는 학자들은 최근 들어 가모장제라는 쟁점에서 벗어나, 남자와 여자라는 양극의 궤도를 위반하는 신화에 초점을 맞춘다. 이는 여러 종교에 나오는 트랜스섹슈얼리티와 양성애의 가능성을 탐구하기 위한 것이다. 특히 인도학 분야는 젠더에 관한 서구적 관념들을 조명하고 그에 도전했다. 가령 남성 힌두교도들은 의례 상황에서 겉보기에는 대립하는 두 가지 이유 모두에 근거해 여성의 옷을 입는다. 한편으로 크리슈나 신에 예배드릴 때 남성들은 자기 자신을 크리슈나의 연인인 여성 신도로 설정한다. 다른 한편 여신에 예배를 올릴 때는 남성들은 교합이 아니라 모방의 전략을 취해, 여신처럼 되기 위해 여성처럼 옷을 입는다. 특히 히즈라들**8**은 여성의 옷을 입고, 심지어 여신 의례에서 스스로 거세를 하기도 한다(Nanda 1990). 전통 힌두교는 일반적으로 동성애를 지극히 혐오하지만, 서기 2세기에 『카마수트라』는 전혀 경멸하지 않는 어조로 "제3의 본성"(이보다 몇 세기 앞서 [고대 인도의 대서사시] 『마하바라타』에서 처음 등장한 용어) 또는 성적 행동의 의미에서 "제3의 성"을 언급하고 있다. 그런 사람은 남자로 태어났으나 여자의 복장을 하고, 전형적인 여성의 젠더화된 행동 양식("수다, 우아함, 감정들, 연약함, 소심함, 순결, 취약함과 수줍음")을 취한다. 그리고 "자신의 생계뿐만 아니라 성적 쾌락과 성애적 자극을" 남성 파트너의 정부로 살아가면서 "해결한다"(Kamasutra 2.9.1-5; Doniger 2013b).

하지만 젠더에 대한 비서구 신화들이 서구에 비해 자유로운 젠더 구성에 반드시 더 개방적이지는 않다. 어떤 것들은 단지 서구와 다르게 구축되어 있을 뿐이다. 앞에서 살펴봤듯이, 신화는 전통적일 수도 전복적일 수도 있고 둘 다일 수도 있다. 성적 분화[변별화]의 기원에 관한 신화들은 일반적으로 사회적 경계들을 인정한다. 트랜스섹슈얼리티 신화들이 그 경계를 전복할 수 있겠지만 늘 그런 것은 아니다. 많은 신화들 속에 어떤 사람이 다른 생물학적 성, 다른 육체의 성기를 지닌 사람으로 변형되는 내용이 담겨 있는데, 바로 이런 맥락에서 나는 이것을 트랜스섹슈얼리티라고 부를 것이다(Doniger 2013c, 2013d). 좀 더 넓은 의미에서 트랜스섹슈얼리티는 어떤 사람이 자신이 잘못된 신체를 부여받았다고

---

8 [옮긴이] 인도에서 제3의 성으로 분류되는 사람들로, 남자로 태어나 여성으로 살아가는 사람들을 일컫는다(이 책 10장의 주 4 참고).

생각하는 주관적 인식, 정신·영혼·인격·젠더에서의 성이 신체의 성과 부합하지 않는다고 보는 주관적 인식을 지칭한다. 이런 의미에서 트랜스섹슈얼리티는 딜레마인데, 성전환적 변환에 관한 신화들은 이 같은 딜레마의 해결책을 상상해 낸다. 하지만 젠더에 관한 신화라는 맥락에서, 나는 트랜스섹슈얼리티라는 용어를 성전환적 변환이라는 좀 더 협소한 의미로 제한하고자 한다.

성전환적 변환은 신들에 의해 (마법을 통해) 쉽게 성취되며, 인간에 의해서는 (수술을 통해) 더 고통스럽게 이루어진다. 좀 더 흔한 이야기들은 젠더 변환, 성의 표면적이고 사회적인 장식물들에서의 변환, 내가 복장 전환이라고 부르는, 이성에 속하는 사람처럼 옷 입기 등이 있다. 고대 인도에서 나타나는 트랜스섹슈얼리티에 관한 중요한 연구 문헌들(O'Flaherty 1980; Goldman 1993; Doniger 2013c, 2013d)을 보면, 독자들은 힌두교 신화가 섹스와 젠더를 인간 정체성의 본질적인 부분으로 여기는 것이 아닌가 하는 궁금증을 가질 수 있다. 언뜻 보면, 그렇게 보이지는 않는다. 어쨌건 이 이야기들을 만들어 낸 세계[9]는 사람들이 최근에 [인간이 아닌] 다른 종에 속했고, 앞으로 속하게 될 그런 세계이기 때문이다. 그러나 힌두교의 종교 법(다르마dharma)이 다른 생물학적 성과 젠더로의 환생을 다루는 일은 매우 드물다. 남자가 여자로 변환되어 여자의 사고방식과 기억(섹스라기보다는 젠더의 측면)을 갖게 되는 그런 몇몇 텍스트에서 젠더는 상대적으로 쉽게 입고 벗는 것이 된다. 하지만 상당수의 텍스트가 고대 인도의 현실적 삶에서 서로 다른 젠더에 속하는 사람들의 신분과 대우 사이의, 극적이고 심지어는 그로테스크하기도 한 비대칭을 반영하고 있는데, 그런 텍스트는 정반대되는 관점, 즉 젠더가 놀랍도록 강한 지속성을 갖는다고 보는 관점을 반영하는 것 같다. 여기서 남자는 그저 여자의 외적 형상을 입었을 뿐, 그의 남자로서의 본질, 남성적 기억과 사고방식은 보존한다. 심지어 영혼을 더 중시해 육체를 폄하하는 베단타Vedantic 철학의 환영론은 여러분이 여자의 몸을 갖게 되었을 때라도 어떤 본질적인 방식으로는 여전히 남자로 존재할 수 있음을 내포하고 있다. 기억이 변환되었을 때조차, 남자는 종국에는 대체로 자신의 남성다움으로 되돌아가는 것이다. 이

---

9 [옮긴이] 사람에서 동물로, 그러다 다시 사람으로 윤회하거나 환생하는 믿음을 가진 세계를 의미한다.

것은 대략 서기 1000년에서 1500년까지의 시기에 시작된 [인도] 중세 시대 이래로 환영에 대한 지배적인 서사 양상이다(O'Flaherty 1984, 81-89). 이런 서사의 일례로 성현 나라다Narada에 관한 이야기가 있는데, 나라다는 여성이 되어 여성의 마음으로 한평생을 살았다. 그녀는 자신이 나라다였음을 망각했고 그녀와 결혼한 남성은 그녀가 언제나 여성이었을 거라고 가정했다. 하지만 나라다는 결국 남성으로서의 삶으로 돌아갔다(Devibhagavata Purana 6.28, 29). 따라서 성전환적 변환의 신화에서, 우리는 신체의 성전환과 정신, 기억, 인격의 젠더화된 전환을 서로 구별해야 한다. 때로 둘 다 변화하지만, 때로는 젠더는 변하지 않은 채 생물학적 성만 변화하는 경우도 있기 때문이다.

마법처럼 여성으로 전환되었으나 생식기만 표피적으로 변화했을 뿐, 남자로서의 기억을 보유하고 있는, 힌두교 신화에 나타나는 많은 남성들은 남자인 적수를 죽이기 위해 전환을 한다. 이는 중세의 수많은 산스크리트어 텍스트에 기록되어 있는 한 신화에서 가장 극적으로 일어나는데, 여기서 악마인 아디Adi는 시바 신의 아내인 파르바티의 모습을 취하고서, 그/녀(아디)의 질 안쪽에 난 치아로 시바를 죽이려고 한다. 시바가 처음에는 속아서 아디와 교합하지만 속임수를 곧 알아차리고서 자신의 음경 말단에 달려 있는 칼날로 아디를 죽인다(Padma Purana 1.46-47; O'Flaherty 1975, 251-261). 이보다는 덜 섬뜩하지만 역시 치명적이고 더 성공적인 이야기도 있다. 비슈누 신이 모히니Mohini('기만하는 자')로 성을 바꿔 변장한 일은 수많은 고대 산스크리트어 텍스트로 전해진다.

악마들이 신들로부터 불사의 식물과 묘약을 훔쳤을 때, 비슈누는 아름다운 마녀인 모히니의 형상을 취해 악마를 유혹한 다음 신들에게 묘약을 돌려주었다. 그러자 시바와 파르바티가 비슈누에게 왔고, 시바가 그에게 모히니의 모습을 보여 달라 요청했다. 비슈누가 그렇게 했더니, 시바가 모히니를 보고서 욕정에 굴복해, 수치심으로 고개를 깊이 숙이고 서있는 파르바티를 저버리고 즉시 모히니를 쫓았다(Brahmanda Purana 4.10.41-77; O'Flaherty 1973, 228, 229).

비슈누는 악한 적을 물리치기 위해 성을 사용하며 묘약을 다시 빼앗아 온다. 이것은 프로메테우스와 인류가 (인도 신화에 나오는 묘약의 그리스신화적 등가물인) 불을 훔친 죄를 벌하기 위해, 그리스 신 제우스가 판도라를 창조해 보낸 것과 똑같다(헤시오도스, 『일과 날』). 하지만 힌두교의 남성 트릭스터인 비슈누가 스스로 여성인 모히니로 변장한 것과 달리, 그리스의 남성 신인 제우스는 여성인 판도라를 그저 창조한다. 판도라는 "기만적인 여성적 형상"이자 "거짓된 여성"으로서 "변장한 남성이 아니라 여성 자체"다(Loraux 1991, 390-394).

모히니 신화에서 비슈누는 단지 여성의 외형만을 취하며 신들에게 묘약을 돌려준 후에는 자기 고유의 형상을 되찾는다. 오직 시바의 부탁을 받고서야 비슈누는 두 번째로 모히니의 형상을 다시 입는다. 비슈누는 이 신화를 변주한 다른 이야기들 속에서도 그의 남성적 의식을 보유한다. 그 변주들에서 그는 시바와의 사이에서 자식을 낳기까지 한다. 시바의 정자가 — 땅에 뿌리는 것이지, 여자나 남자 짝에 대한 언급은 없음 — 아이를 낳는데, 그 아이는 모히니와 시바의 아이가 아니라, 비슈누와 시바의 아이로 여겨진다(Hari-Hara-Putra, 즉 '하리와 하라의 아들'. 여기서 하리는 비슈누의 이름이고 하라는 시바의 이름이다)(*Bhagavata Purana* 10.88.14-36; *Shiva Purana* 3.20.3-7). 비슈누가 모히니가 되었을 때 자신의 남자로서의 기억을 보유하기 때문에, 그는 남성 동성애 관계를 맺은 것으로 간주될 수 있다. 먼저 악마들과의 관계에서 적극적인 역할을 하고, 모히니가 공격자라기보다는 피해자인 의도치 않은 변장에서는 시바에 대해 소극적인 역할을 수행한다. 하지만 시바의 관점에서 보면 이것은 이성애적 행위이다. 한 가지 흥미로운 예외가 있다면, 텔루구어로 변주된 이야기에서, 시바가 모히니와 사랑을 나눌 때, 한창 관계 중에 모히니가 비슈누로 변하는데 시바는 멈추지 않는다. 이것은 힌두교 신화에 등장하는 완전하고 명백한 남성 동성애 행위의 매우 드문 경우이다(1995년 3월 벨체루 나라야나 라오와의 개인적 대화에서 인용함). 이것이 그리고 전체로서의 모히니 이야기의 총체가 정말로 남성 강간에 대한 암호화된 서술인가?

하지만 이따금 변환은 육체적인 변환보다 더 심층적으로 이루어지기도 한다. 남성적 기억 역시 여성적 욕망을 가진 여성적 기억으로 전환되는 것이다. 그 결과로 산출되는 것은 사랑 그리고 아기들이다. 일례로 BCE 200년경[10]에 쓰인, 산스크리트어 대서사시인 발미키*Valmiki*의 『라마야나』(7.87-90)에서 전해지는 일라11a 신화가 있다. 또한 앞에서 언급한 바 있는 나라다 이야기도 마찬가지다. 남성에서 여성으로의 전환의 이런 양상은 젠더 전형을 재확인한다. 즉, 남자들은 (또는 남자의 기억을 지닌 여자들은) 목숨을 빼앗고, 반면 (여자의 기억을 가진) 여자들은 아이를 낳는다. 여성에서 남성으로의 전환 역시 이런 경향을 강화한다. 즉, 이 전환이 강력하면 새로운 남성적 기억이 죽이는 일을 한다. 따라서 BCE 300년부터 전해지는 또 다른 산스크리트어 대서사시 『마하바라타』(*Mahabharata* 5.170-187, 189-193; 6.103-114; 8.59, 60[국역본, 25, 26, 228, 241, 242쪽 참고]; O'Flaherty 1980, 307)에서, 암바는 유괴되어 유기된 후 시칸디니라는 여성으로 환생하는데, 그녀는 마법을 통해 시칸디라는 남자로 전환된다. 이는 암바의 유괴에 책임이 있는 남성을 살해함으로써 복수하기 위한 것이었다. 시칸디는 자신이 시칸디니로 태어났었다는 것을 기억했지만, 전생에 암바였다는 것은 기억하지 못했다. 그리고 망각은 시칸디가 그/녀에게 잘못을 저지른 남성을 죽일 수 있게 했다. 그 남성(비슈마)은 시칸디/시칸디니가 암바의 환생임을 알고 있었다. 암바 자신은 몰랐는데도 말이다. 그래서 비슈마는 그 자신의 말마따나 "전에는 여성이었던 사람"의 손에 자신이 죽게 되는 것이 정의임을 알고 있다. 그는 암바가 아니라 시칸디니를 시칸디의 기원으로 여긴다. 하지만 암바는 그녀의 행위자성을 박탈당했다. 그래서 그녀는 자기의 복수를 누릴 수 없다. 왜냐하면 복수를 단행하는 데 필요한 살인 본능을 가지기 위해 남성이 되어 여성의 의식을 잃어버렸기 때문이다.

젠더 비대칭

남성에서 여성으로의 전환 그리고 여성에서 남성으로의 전환 사이의 이 같은 대비는 남성들과 여성들에 관해 동일한 이야기가 전해져도, 줄거리가 상이한

10 [옮긴이] 'BCE'는 'Before Common Era'의 줄임말로, 'BC'Before Christ의 대체어이다. 'BC'와 'AD'가 그리스도교 중심적이기 때문에 중립적인 단어로 'BCE'와 'CE'를 사용한다. 우리말에서는 '기원전', '기원후'로 표기할 수 있지만 '기원'이 예수의 탄생을 가리키는 만큼 여기서는 영문을 그대로 표기한다.

방향을 취한다는 것을 시사한다. 남성과 여성이 동일한 행위에 가담할 때 그것이 다른 결과를 낳기 때문이다. 성전환자인 여성에 관한 이야기는 간단히 성전환자인 남성의 이야기로 변형될 수 없다. 성전환에 대한 신화만이 아니라 젠더에 관한 모든 신화를 특징짓는 수많은 비대칭들이 있다.

남성이 보통 여성이 되도록 저주를 받는다면, 여성은 남성이 되도록 선택받는다. 이는 그리 놀라운 비대칭은 아니다. 왜냐하면 문화적으로 남성의 지위가 여성보다 더 높다고 간주되기 때문이다. 남성의 신체는 규범으로 여겨지고, 그래서 남자에서 여자로 내려가는 것은 (불리해지는 것이기 때문에) 드물기도 하고 (여러 이유로) 힘이 약해지는 것이기도 하다. 여성에서 남성으로의 복장 전환은 성적으로 매력적이고 힘 있는 것으로 여겨지는 반면, 남성에서 여성으로의 복장 전환은 우스꽝스럽게 여겨진다. 마법을 통해 여성으로 전환된 이야기 속의 남성은 창피해하거나 권한을 박탈당했다고 느끼지만, 아무도 죽이지 않는다. 하지만 남성이 단지 여성이 된 척할 때는 포악한 살인자가 되곤 한다. 드라우파디(『마하바라타』의 여성 영웅)가 자기보다 강한 권력을 가진 오입쟁이 키차카와 강제로 침대에 들게 되었을 때, 그녀의 남편인 비마가 그녀를 대신해 침대로 들어가 키차카를 흠씬 두들겨 패서, 고깃덩어리가 될 정도로 훼손함으로써 사람들이 키차카의 시체를 발견하고서 "목은 어디로 갔나? 팔은 어디 있지? 손은? 머리는?" 하고 물을 지경이었다(*Mahabharata* 4.21.1-67[국역본, 159-162쪽 참고]). [여기서] 성차별주의적인 전제는 모든 여성이 파괴적이며(독을 가진 처녀) 모든 여성이 사기꾼[속임수](판도라 시나리오)이라는 것이다. 그런데 상대방이 남자로 상상될 때에도, 여성에 대한 공포는 왜 없어지지 않는 것일까? 오히려, 살의를 가진 복장 전환자의 동성애 혐오 패러다임은 사기꾼인 여성(즉, 키차카와 함께 있을 때의 비마처럼 여성인 체하는 남성이나, 좀 더 드물게는 시칸디처럼 남성의 정신을 지닌, 남성으로 전환된 여성)이 두 배로 치명적이라고 주장하기에 이른다. 여성이라면 누구든 타락을 일으킨다. 그리고 복장 전환자 여성은 절대적으로 그렇다.

남성에서 여성으로의 전환자들은 보통 그들이 남성이었을 때보다 여성일 때 훨씬 더 큰 성적 쾌락을 경험한다고들 한다. 그리스신화에 나오는 현인 테이레시아스는 얼마간 여성이 되었다가 다시 남성이 되었는데, 남성보다 여성이 사랑에서 더 큰 쾌락을 얻는다고 주장했다(Apollodorus 3.6.7; Ovid 3.315-340). 그리고 남성이 마법 때문에 여성으로 전환된 것에 관한 비슷한 힌두교 이야기에서, 남성에서 여성이 되었다가 다시 남성이 된 반가슈바나는 그/녀가 여성이었을 때 성교에서 더 큰 쾌락을 느꼈을 뿐만 아니라, 남성으로서 아이를 생산하는 것보다 여성으로서 아이를 생산하는 것을 선호한다고 주장한다(Mahabharata 13.12.1-49; O'Flaherty 1980, 305, 306)(또 다른 텍스트들에서, 여성이 남성보다 여덟 배의 쾌락을 갖는다고 전하기도 한다. 아니면 가끔은 여덟 배의 욕망을 갖는다고도 하는데, 이것은 여성 혐오적인 생각을 가진 사람에게는 훨씬 더 위협적이다. Garuda Purana 109.33). 하지만 명시적으로 그 어떤 성적 쾌락도 완전히 부정하는 여성에서 남성으로 전환한 암바/시칸디는 예상대로 살의를 갖게 된다. 여성이 남성보다 성교를 더 즐긴다는 주장에 담긴 여성 혐오적 함의를 간과한다면, 이는 분명 지나친 단순화에 빠진 것이다. 게다가, 이를 정말로 간과한다면, 이 신화들이 바로 우리 눈앞에 대고 날조하고 있는 전형적인 젠더 고정관념, 즉 남자들은 죽이고 여자들은 섹스를 좋아한다는 편견에도 빠지는 것이다.

내가 인용한 힌두교 신화들은 이성의 옷을 입는 동기가 섹슈얼리티 때문이라기보다는(또는 그것에 더해) 정치인 경우(그런 이유로 하는 살해)가 더 많다는 증거를 제시해 준다. 그리고 이것은 유럽의 신화에서도 통용되는 것으로 보이는 양상이다. 마저리 가버(Garber 1992)가 복장 전환이 언제나 성적인 하위 텍스트를 갖는다고 주장한 것은 확실히 옳았지만, 유의미한 표면 텍스트 역시 존재한다. 예를 들어, 여성들은 종종 강간을 피하기 위해 남성의 옷을 입는데, 강간이 (다른 형태의 폭력이나 지배와는 다르게) 성적인 것이라는 점에서, 이것은 복장 전환을 하는 성적 이유이다. 결정적으로, 성적인 적(암바가 자신을 유괴한 사람에게 복수하는 것처럼)을 죽이기 위해 이성의 옷을 입는 것은(또는 성전환적 전환을 하는 것은), 그 살해가 성적 행위를 동반하든 아니든, 성적인 동기로 이해될 수 있을 것이다. 이런 살해가 성행위를 동반할 경우(키차카의 살해에서처럼) 이것이 성적 동기에서 비롯됐음은 의심할 여지가 없다. 오르가즘이라는 '달콤한 죽음'이나 '작은 죽음'[실신] 또는 로맨틱한 사랑의 죽음Liebestod은 더 씁쓸하고 완전한, 가장 실질적인 죽음이 된다.

웬디 도니거
404

양성구유의 이면

성전환에 관한 어떤 신화들은 성을 매우 위험한 것으로 인식한 나머지 여성뿐만 아니라 그 짝까지도 함께 제거하려고 하며, 유일하게 정말로 안전한 성만을 생산하고자 한다. 당신이 혼자일 때가 바로 그것이다(자위에 대한 우디 앨런의 농담처럼, 우리는 자위를 통해 내가 사랑하는 멋진 사람과 만난다). 인도 시인이자 학자인 A. K. 라마누잔이 수집하고 "자기 자신의 왼쪽 편과 결혼한 왕자"라고 불렀던 장르가 이 경우에 속한다. 한 왕자가 어떤 여성과도 결혼하기를 거부하고, 자기 몸을 반으로 가르도록 명령했다. 오른편 반쪽이 치유되어 완전한 왕자가 되었고, 왼편의 반쪽은 여성이 되어 왕자는 그녀와 결혼했다. 그런데 왕자는 여전히 이 여성이 두려워 거리를 두고서 최후에는 그녀가 외도하도록 부추긴 후 (몇 가지 변주들에서는) 자신을[왕자를] 죽이도록 한다(Ramanujan 1986). 여기서 다시 우리는 성적 변환이라는 주제의 더 어두운 심리학적 함의를 엿볼 수 있다. 자기 내부의 여성하고만 결혼할 남성은 그녀를 증오하고 그녀에 의해 죽임을 당한다. 적절한 구혼자의 영역을 자기 자신에게 한정함으로써 여성을 거부한 이 왕자는, BCE 6세기 『우파니샤드』(1.4.3)에 처음 묘사된, 자기 신체의 반쪽에서 자신의 짝이 될 여성을 분리해 배우자로 삼은 최초의 남성인 양성구유자의 직접적인 후손이다. 탄트라 요가 수행자 역시 자기 신체 내부(쿤달리니)에서 여성적 원리와 성교하며, 그리하여 자기 자신의 성적 파트너 — 이것은 훌륭한 방법이지만 유일한 방법은 아니다 — 가 된다(O'Flaherty 1980, 295, 296).

이런 종류의 나르시시즘에서 세계 타이틀은 단연 힌두교의 성인 차이타냐(1486~1533)에게 돌아갈 것이다. 그 안에서 크리슈나와 라다가 동시에 현현한다. 이런 일이 일어난 것은 크리슈나가 자신의 연인인 라다가 되어 자기(자신)를 사랑한다는 것이 어떤 것인지 알려 했기 때문이다(Krishnadasa Kaviraja, *Chaitanya Charitamrita*). 이런 변신의 기원은 크리슈나의 변신에 대해, 그리고 그의 신도들인, 소를 치는 여성들이나 때로는 소를 치는 남성들의 변장[전환]에 대한 이야기를 들려주는 초기 [힌두교] 경전들에 나와 있다. 소를 치는 여성들 가운데 몇몇은 크리슈나를 희롱하는 바람에 버려지는데, 그들은 자기 자신이 크리슈나라는 환상을 갖게 된다(*Bhagavata Purana* 10.30). 반면 소를 치는 남자들은 크리슈나와 사랑을 나누기 위해 여성이 되고 싶어 한다(그리고 우리가 이미 봤듯이, 크리슈나의 남성 신도들은 간혹 여성처럼 옷을 입는다). 이와 유사하게, 『라마야나』의 남성 영웅인 라마를 본 남성들은 라마와 사랑을 나누려고 여성이 되고 싶어 했으며(Govindaraja on *Ramayana* 2.3.39), 『마하바라타』의 여성 영웅인 드라우파디를 본 여성들은 그녀와 사랑을 나누고자 남성이 되고 싶어 했다(Goldman 1993, 383). 그리고 이런 순환을 끝내기 위해, 라마를 보고 그와 사랑을 나누기 위해 여성이 되고 싶어 한 남성들이 소 치는 여자로 현현해 라마가 비슈누의 또 다른 현신인 크리슈나의 모습을 했을 때 그와 사랑을 나누었다고 전해진다(*Padma Purana* 6.272.165-167).

같은 맥락에서, 불교의 수도승인 소레야가 탁발승 마하가차야나가 목욕하는 것을 흘끗 보고서 그의 아름다움에 완전히 사로잡혀 그와 결혼하고 싶어 했는데, 그러자 그의 성기가 순간적으로 남자의 것에서 여자의 성기로 전환된다. 반가슈바나와 마찬가지로 소레야는 남자이자 여자로서 아이를 가졌고, 여자의 인격일 때 아이들을 더 좋아했다(*Dhammatthakatha* 3.9; on *Dhammaphda* 43; Goldman 1993 에서 재인용). 참고로, 그에게 어느 쪽일 때 성교가 더 좋았느냐고 누군가 감히 묻지는 못했던 것으로 보인다. 자기의 왼쪽과 결혼한 남성에 관한 힌두교의 이야기와 매우 유사한, 그리스와 로마의 이야기는 오비디우스가 전하는 나르키소스 이야기이다. 나르키소스는 강의 신인 케피소스가 푸른 요정 레이리오페를 강간한 후 태어났다. 예언자 테이레시아스(이미 봤듯이 그 자신도 가끔은 성전환을 한다)가 레이리오페에게 "나르키소스는 자기 자신을 알지 못한다면 장수할 것"이라고 말했다. 나르키소스는 너무 아름다워서 많은 사람들이 그에게 사랑에 빠졌지만, 그는 그 사람들을 모두 거절했다. 자기 자신의 미모에 자부심이 너무 컸기 때문이다. 그를 사랑했던 인물 가운데 하나는 요정인 에코였는데, 에코는 [헤라로부터 벌을 받아] 누군가가 말하는 것을 흉내 내어 반복해 말하는 것으로만 자기 목소리를 사용할 수 있었다. 에코가 나르키소스를 안으려고 하면 그는 그녀를 물리쳤고, 에코는 목소리가 남아 있을 때까지 나르키소스를 갈망하면서 남은 생애를 보냈다. 마침내 아르테미스는 나르키소스가 맑은 샘에 비친 자기의 모습과 사랑에 빠지게 했다. 샘에 비친 자신의 모습을 가질 수 없었기 때문에, 나르키소스는 엎드린 채 속수무책으로 물웅덩이를 바라봤다. 에코는 그의 곁에 머물며, 나르키소스가 자기 가슴에 단검을 꽂아 꼬꾸라지며 죽을 때 울부짖는 소리를 메아리로 울리게 했다. 그가 흘린 피에서 수선화가 자라났다(Ovid 3.341-510)(덧붙이자면, 나르키소스는 정신분석학적 증후군을 가리키는 명칭이기도 하다). 파우사니아스는 유헤메로스적 방식으로 이 이야기를 설명했다. 즉, 나르키소스에게 이미 죽은, 자신과 똑 닮은 쌍둥이 자매가 있었다는 것이다. 나르키소스는 누이의 죽음에 슬픔을 가눌 수 없었는데, 못에 비친 자신의 모습[에서 죽은 자매의 모습]을 보고 나서야, 누이를 잃은 슬픔을 달랠 수 있었다는 것이다(Pausanias 9.31.6). [이와 달리] 라틴어로 된 신화는 도착적인 성애의 파괴적인 재귀성, 즉 소리와 시각의 공허한 반영을 창출할 수밖에 없는 너무나도 인간적인 나약함을 증명해 보인다(Doniger 1993, 31-58).

　　이런 종류의 재귀적 양성구유에 관한 서구의 또 다른 이야기들이 있다. 가령 플라톤의 『향연』(189E-191E)에 나오는 아리스토파네스와 관련된 신화를 보자. 이 이야기는 『우파니샤드』에 등장하는 양성구유 신화와 거의 동시대에 나왔다. 반은 남자 반은 여자로 (때로는 두 남자나 두 여자로) 이루어진 본래 원형인 피조물이 둘로 쪼개져 나머지 반쪽과 다시 결합하려 애쓰면서 인생을 보내도록 저주받았다는 것이다. 전일성과 완전성에 대한 이 이미지는 공 모양이며 충족적이고 자족적이다. 이것은 순전히 육체적인 극단적 자기애를 나타내는 것으로서, 인간의 섹슈얼리티를 과잉(남녀 한 쌍은 혼외 성관계를 한 남자와 여자가 되고, 남남 한 쌍은 남색가들이 되며, 여여 한 쌍은 남자를 미워하는 레즈비언이 된다)이라는 용어로 묘사한다. 그래서 17세기 유럽에서 마녀를 처형할 때 사용됐던 책 『마녀 철퇴』(Malleus Malefi-carum 1971, 1.3: 26)에서도 악마는 먼저 (동침한 남성을 유혹해 그의 정자를 가져가기 위해 '여성'으로 둔갑한) 서큐버스가 되고, 그다음에 (동침한 여성의 몸 안에 자신의 정자를 넣기 위해 '남자'로 둔갑한) 인큐버스가 된다. 악마 자신은 말하자면 [전통적인 교리의 해석을 따르면] 불임이기 때문에, 이는 악마가 자식을 가지기 위한 것이다. 그리고 나르키소스 신화나 자기의 왼쪽과 결혼한 남성은 로버트 루이스 스티븐슨의 『지킬박사와 하이드』에서 살아남는데, (내 생각에) 이 이야기는 한 남자가 자기 자신에서 분리해 낸 피조물과 동성애적 관계를 갖는 이야기다.

하지만 만일 이 양성구유 신화들이 성별과 무관하게 성적 파트너의 손에 죽는 일을 피하려는 희망에서 영감을 받은 것이라면, 그것은 성공적이지 않다. 이 이야기들 가운데 상당수가 죽음으로 결말을 맺기 때문이다. 대체로 이 이야기들은 행복한 이야기는 아니며, 다양한 단계를 거치는 양성구유이거나 카를 구스타프 융이 이해한 방식으로 양성구유를 긍정하는 이야기도 아니다. 예를 들어, 한 불교 경전은 젠더에 대한 완전한 무시를 표현한다.

보살은 마치 지혜로운 자가 물속에 비친 달을 보듯이, 마법사가 자신이 만들어 낸 허깨비를 보듯이 중생을 봐야 한다. …… 허공을 나는 새가 흔적을 남기듯이, 거세당한 이에게 남근이 있듯이, 석녀가 아이를 낳듯이. ……

천녀가 신통을 부려 사리푸타의 몸으로 자신의 모습을 삼고 사리푸타에게는 자신의 몸으로 모습을 삼도록 했다. 그러고 나서 사리푸타의 모습을 한 천녀가 천녀의 모습을 한 사리푸타에게 물었다. "대덕이시여, 그대는 왜 여자의 모습을 바꾸지 않는 겁니까?" 천녀 모습의 사리푸타가 답했다. "남자였던 내가 여자의 모습으로 바뀌었지만 정작 나 자신은 그런 사실을 실감할 수 없기 때문입니다." 천녀가 말했다. "만일 대덕께서 여자의 모습을 바꿀 수가 있다면 다른 여자들도 모두 자신들의 모습을 바꿀 겁니다. 하지만 대덕께서 단지 여자의 모습만을 취하고 있듯이 다른 여자들도 모두 그 모습이 여자인 것일 뿐, 본래는 여자의 모습과 아무 상관없는 것이 그렇게 나타난 것입니다. 붓다께서는 바로 이런 의미에서 '세상 만물에는 남자도 여자도 없다'고 말씀하셨던 것입니다." 그러고 나서 천녀가 자신의 주술을 풀어 각자가 평상시 모습으로 되돌아갔다. 그런 후 천녀가 사리푸타에게 물었다. "사리푸타여, 당신의 여자 모습은 어디로 갔습니까?" 사리푸타가 대답했다. "나는 여자가 된 적도 없고 그 반대인 적도 없습니다." 천녀가 이렇게 말했다. "그와 같이 만물은 만들어지지도 변화하지도 않습니다. 그리고 만물이 만들어지지도 변화하지도 않는다는 것, 그것이 바로 붓다의 가르침입니다"(Vimalakirti 1976, 56, 61, 62).[11]

이것은 젠더의 유동성에 대한 궁극적인 철학적 뒷받침이다. 이는 신성한 영역에서 또는 이 신성한 영역으로부터 우리가 획득하기를 기대하는 깨달음을 통해서, 젠더가 자의적인 사회적 구성물일 뿐, 존재론적 의미를 갖지 않음을 주장한다. 하지만 이것은 우리가 이미 보았듯이, 이 주장의 반쪽일 뿐이다. 이런 텍스트들은 우리에게 긴장 관계를 이루는 두 가지 진리, 즉 역설을 상기시키기 때문이다. 젠더에 관한 한 가지 관점은 젠더를 바지(나 원피스)처럼 쉽게 벗어 버릴 수 있는 것으로 여긴다. 하지만 이 관점은 다른 신화들에 의해 도전받는다. 다른 신화들에서 겉모습은 껍데기처럼 얄팍한 것이 아니라 그 이상의 상당한 것인 때가 있으며 겉모습[껍데기]은 젠더화되어 있는 정신과 기억에 본래적인, 그리하여 쉽게 벗어날 수 없는 속세의 번뇌에 본래적인 일부라고 간주된다.

　　마지막으로, 이 텍스트들은 젠더가 그 자체로 하나의 신화라는 것을 우리에게 가르쳐 주는데, 내가 이 글을 시작할 때 사용한 신화라는 단어의 두 가지 의미 모두에서 그렇다. 즉, 젠더 신화는 그것이 무엇보다 문화적이고 학습되며 변형 가능한 것을 자연적이고 '주어진' 것이며 불가피한 것으로 정립하기 때문에 거짓이다. 하지만 젠더 신화는 또한 참이다. 왜냐하면, 다른 모든 신화와 마찬가지로, 그것은 우리의 언어적·서사적 가정들 속에 깊이 내장되어 있으며, 자연에 의해서는 아니더라도 문화에 의해 '주어진' 것이고, 그래서 이것은 우리가 우리의 [기존 젠더 관계의] 위해성을 무시하도록 강제하는 강력한 힘이기 때문이다.

11　[옮긴이] 이 내용은 불경 중 『유마경』에 실려 있다. 영어로 된 인용문을 그대로 번역하면 한국에서 통용되는 불교 용어와 인명 등이 많이 왜곡되고, 『유마경』의 한국어 번역본이 이해하기 더 쉽기 때문에 참조해 의역한 부분이 있다. '중생'은 'all living beings'를 번역한 것이다. '천녀'는 영어로는 'goddess'로 표현되어 있으며, 붓다의 제자인 'Sariputra'는 국내에서 '사리불'이나 '사리자'로 부른다. 불전간행회 엮음, 『유마경: 침묵의 가르침』, 박용길 옮김, 민족사, 1993, 117, 118, 129-131쪽.

참고 문헌

Apollodorus. 1921. *The Library*. 2 vols. Text and trans. J. G. Frazer. Cambridge, MA: Loeb Classical Library.

Ashe, Geoffrey. 1992. *Dawn behind the Dawn: A Search for the Earthly Paradise*. New York: Henry Holt.

Bhagavata Purana. 1972. With the commentary of Shridhara. Benares: Pandita Pustakalaya.

Brahmanda Purana. 1857. Bombay: Venkatesvara Steam Press.

Brihadaranyaka Upanishad. 1913. In *One Hundred and Eight Upanishads*. Bombay: Nirnaya Sagara Press.

Buber, Martin. 1955. *The Legend of the Baal-Shem Tov*. New York: Harper.

Caitanya Caritamrta of Krsnadasa Kaviraja: A Translation and Commentary. 2000. Trans. Edward Cameron Dimock Jr. Harvard Oriental Series 56. Cambridge, MA: Department of Sanskrit and Indian Studies, Harvard University.

Calasso, Roberto. 1993. *The Marriage of Cadmus and Harmony*. New York: Knopf.

de Chardin, Teilhard. 2002. *Christianity and Evolution*. New York: Harvest Books.

Detienne, Marcel. 1986. *The Creation of Mythology*. Chicago: University of Chicago Press [마르셀 데티엔, 『신화학의 창조: 누가 신화를 창조했는가?』, 남수인 옮김, 이끌리오, 2001].

Devibhagavata Purana. 1960. Benares: Pandita Pustakalaya.

Doniger, Wendy. 1993. "Echoes of the *Mahābhārata*: Why is a Parrot the Narrator of the *Bhāgavata Purāṇa* and the *Devibhāgavata Purāṇa*." In *Purāṇa Perennis: Reciprocity and Transformation in Hindu and Jaina Texts*, ed. Wendy Doniger. Albany: SUNY Press.

_____. 1999. *The Implied Spider: Politics and Theology in Myth*. New York: Columbia University Press. 2nd rev. ed., 2010.

_____. 2013a. "Are Hindus Monotheists or Polytheists?" In Doniger 2013e.

_____. 2013b. "The Third Nature: Gender Inversions in the *Kamasutra*." In Doniger 2013e.

_____. 2013c. "Bisexuality and Transsexuality among the Hindu Gods." In Doniger 2013e.

_____. 2013d. "Transsexual Transformations of Subjectivity and Memory in Hindu Mythology." In Doniger 2013e.

_____. 2013e. *On Hinduism*. Delhi: Aleph Book Company; New York: Oxford University Press, 2014.

Douglas, Mary. 1966. *Purity and Danger*. London: Routledge [메리 더글라스, 『순수와 위험: 오염과 금기 개념의 분석』, 유제분·이훈상 옮김, 현대미학사, 1997].

Eliade, Mircea. 1969. *The Quest*. New York: Harper [미르체아 엘리아데, 『종교의 의미』, 박규태 옮김, 서광사, 1990].

Eller, Cynthia. 1993. *Living in the Lap of the Goddess: The Feminist Spirituality Movement in America*. New York: Crossroads.

Frymer-Kensky, Tikva. 1992. *In the Wake of the Goddesses: Women, Culture, and the Biblical Transformation of Pagan Myth*. New York: Free Press, 1992.

Garber, Marjorie. 1992. *Vested Interests: Cross-Dressing and Cultural Anxiety*. New York: Routledge.

Garuda Purana. 1969. Benares: Pandita Pustakaya.

Gellner, Ernest. 1985. *The Psychoanalytic Movement, or, The Cunning of Unreason*. London: Paladin Grafton Books.

Gimbutas, Marija. 1974. *The Goddesses and Gods of Old Europe 7000-3000 BC: Myths, Legends and Cults*. Berkeley: University of California Press.

_____. 1989. *The Language of the Goddess*. San Francisco: Harper [마리야 김부타스, 『여신의 언어』, 고혜경 옮김, 한겨레출판, 2016].

_____. 1991. *The Civilization of the Goddess*. San Francisco: Harper.

Goldman, Robert P. 1993. "Transsexualism, Gender, and Anxiety in Traditional India." *Journal of the American Oriental Society* 113(3): 374-401.

Herodotus. 1987. *The History*. Trans. David Grene. Chicago: University of Chicago Press [헤로도토스, 『역사』, 천병희 옮김, 숲, 2009].

Hesiod. 1914. *Works and Days*. Trans. Hugh G. Evelyn-White. Cambridge, MA: Loeb Classical Library [헤시오도스, 「일과 날」, 『신들의 계보』, 천병희 옮김, 숲, 2009].

Jung, Carl Gustav. 1954. *The Archetypes and the Collective Unconscious*. Trans. R. F. C. Hull. New York: Pantheon [C. G. 융, 『원형과 무의식』, 한국융연구원C.G.융저작번역위원회 옮김, 솔, 2002].

Kinsley, David. 1989. *The Goddesses' Mirror*. Albany: SUNY Press.

Kristeva, Julia. 1986. *The Kristeva Reader*. Ed. Toril Moi. New York: Columbia University Press.

Lefkowitz, Mary. 1992. "The Twilight of the Goddess." *New Republic* (August 3).

Lévi-Strauss, Claude. 1963. *Structural Anthropology*. Trans. Claire Jacobson and Brooke Grundfest Schoepf. Harmondsworth: Penguin [클로드 레비스트로스, 『구조인류학』, 김진욱 옮김, 종로서적, 1987].

_____. 1966. *The Savage Mind*. Chicago: University of Chicago Press [클로드 레비스트로스, 『야생의 사고』, 안정남 옮김, 한길사, 1996].

Lincoln, Bruce. 1986. *Myth, Cosmos, and Society*. Cambridge, MA: Harvard University Press.

Loraux, Nicole. 1991. "Origins of Mankind in Greek Myths." In Yves Bonnefoy, *Mythologies* (a restructured translation of Yves Bonnefoy's *Dictionnaire des Mythologies*, prepared under the direction of Wendy Doniger). Chicago: University of Chicago Press.

Mahabharata. 1933-1969. Poona: Bhandarkar Oriental Research Institute [R. K. 나라얀 편저, 『마하바라타』, 김석희 옮김, 아시아, 2014].

Malleus Maleficarum of Heinrich Kramer and James Sprenger. 1971. Trans. Montague Summers. New York: Dover.

Motz, Lotte. 1997. *The Faces of the Goddess*. New York: Oxford University Press.

Nanda, Serena. 1990. *Neither Man nor Woman: The Hijras of India*. Belmont, CA: Wadsworth [세레나 난다, 『남자도 여자도 아닌 히즈라』, 김경학 옮김, 한겨레신문사, 1998].

Noble, Vicki. [1983]1994. *Motherpeace: A Way to the Goddess through Myth, Art, and Tarot*. San Francisco: Harper [비키 노블, 『마더피스: 타로에 새긴 여성의 힘과 지혜』, 백윤영미·장이정규 옮김, if books(이프북스), 2022].

O'Flaherty, Wendy Doniger. 1973. *Siva, the Erotic Ascetic*. London: Oxford University Press.

_____. 1975. *Hindu Myths*. Harmondsworth: Penguin.

_____. 1980. *Women, Androgynes, and Other Mythical Beasts*. Chicago: University of Chicago Press.

_____. 1984. *Dreams, Illusion, and Other Realities*. Chicago: University of Chicago Press.

_____. 1988. *Other Peoples' Myths: The Cave of Echoes*. New York: Macmillan(Reprint, Chicago: University of Chicago Press, 1995) [웬디 도니거 오플래허티, 『다른 사람들의 신화: 잃어버린 신화의 회복을 위한 타자의 신화 이해하기』, 류경희 옮김, 청년사, 2007].

O'Flaherty, Wendy Doniger, and David Grene. 1988. *Oresteia*. A New Translation for the Court Theatre Production of 1986. Chicago: University of Chicago Press [아이스퀼로스, 『오레스테이아 3부작』, 김기영 옮김, 을유문화사, 2015].

Ovid. 1977. *Metamorphoses*. Trans. Frank Justus Miller. Cambridge, MA: Loeb Classical Library [오비디우스, 『변신 이야기 1, 2』, 이윤기 옮김, 민음사, 1998].

Padma Purana. 1893. Poona: Anandasrama Sanskrit Series 131.

Pausanias. 1918~1935. *Description of Greece*. Trans. W. H. S. Jones. Cambridge, MA: Loeb Classical Library.

Pomeroy, Sarah B. 1975. *Goddesses, Whores, Wives and Slaves: Women in Classical Antiquity*. New York: Schocken Books. Reprinted, with new preface, 1994.

Preston, James, ed. 1982. *Mother Worship: Themes and Variation*. Chapel Hill: University of North Carolina Press.

Ramanujan, A. K. 1986. "The Prince Who Married his Own Left Side." In *Aspects of India: Essays in Honor of Edward Cameron Dimock*, ed. Margaret Case and N. Gerald Barrier, 1-16. New Delhi: American Institute of Indian Studies and Manohar.

Ramayana of Valmiki. 1960~1975. Baroda: Oriental Institute.

Rushdie, Salman. 1990. *Haroun and the Sea of Stories*. New York: Grant Books [살만 루시디, 『하룬과 이야기 바다』, 김석희 옮김, 문학동네, 2012].

Shiva Purana. 1964. Benares: Pandita Pustakalaya [『라마야나』, 주해신 옮김, 민족사, 1994].

Stone, Merlin. 1976. *When God Was a Woman*. New York: Dial Press [멀린 스톤, 『하느님이 여자였던 시절』, 정영목 옮김, 뿌리와이파리, 2005].

Talalay, Lauren E. 1994. "A Feminist Boomerang: The Great Goddess of Greek Prehistory." In *Gender and History* 6(2): 165-183.

Thurer, Shari L. 1994. *The Myths of Motherhood: How Culture Reinvents the Good Mother*. Boston: Houghton Mifflin [섀리 L. 서러, 『어머니의 신화』, 박미경 옮김, 까치, 1995].

Vimalakirti. 1976. *The Holy Teachings of Vimalakirti*. Trans. Robert A. F. Thurman. University Park: Pennsylvania State University Press.

13짱

자연

Nature

지은이

앤 파우스토-스털링 Anne Fausto-Sterling

옮긴이

김보명

이화여자대학교 여성학과 교수. 페미니즘의 역사와 이론에 관심을 갖고 공부하며 학생들을 가르치고 있다. 공저로 『능력주의와 페미니즘』, 『교차성×페미니즘』이 있다.

꽃

꿈속에서 나는 종종 어릴 적 우리 집 거실 창문으로 보였던 숲과 개울의 이미지들을 본다. 이 이미지들은 형형색색으로 생생하면서도 뚜렷한 성별을 갖는다. 꿈에서 내가 보는 꿩은 그냥 새가 아니라 조류학적으로 정확히 분류되며, 찬란한 빛깔에 꼬리털이 길고 멋진 수컷이거나 잘 위장된 갈색에 꼬리가 짧은 암컷이다. 오리들은 새끼들을 이끌고 다니는 얼룩덜룩한 무늬의 엄마 청둥오리들이거나, 머리가 밝은 초록색인 수컷이다. 내 몽상 속에서 자연은 고요하고 안전한 상태다. 위험이 닥친다면 그것은 언제나 인간이나 괴물 때문이었다. 이들은 내 천연의 안식처를 파괴할 만한 자들이었다. 실제로 내가 어릴 적에 위험은 외부인들로부터 왔다. 이들은 공산주의자들이나 유태인들을, 또 영리하고 지적이며 독립적인 10대 소녀들을 별로 좋아하지 않던 사람들이었다. 안전과 위로는 숲속에 있었다. 어릴 적 내가 느낀 안전과 위험에 대한 감각들은 여전히 내안에 너무도 강렬히 자리하고 있다. 그렇기에 나는 살아 있는 개구리는 물론 심지어 암소조차 본 적이 없다든지, 벌레들이나 뱀들과 같은 자연스러운 대상들로부터 위로를 받거나 경이를 느끼지 않고 오히려 이들을 혐오스러워하는 학생들과 이야기할 때 놀라움을 숨기지 못한다.

우리가 자연이라 부르는 것에 대한 나의 관계와 이해는 내 학생들의 그것과 확실히 다르다. 실제로 사람들은 지난 수 세기에 걸쳐 자신과 자연 사이의 관계에 대해 다양한 설명들을 고안해 왔다. 하지만 자연과 관련해 자연스러운 것은 하나도 없다. 우리 집 숲을 돌아다니던 꿩은 내게 안전한 안식처를 상징했지만, 정작 이 새는 1886년이 되어서야 주로 유라시아 대륙에 서식하는 종들을 아메리카 대륙에 정착시키고 싶어서 안달이었던 조류 애호가들에 의해 수입되어서 미국 연안에 상륙했다(Palmer 1899). 이는 유럽 출신 이주민들이 3세기에 걸쳐 아메리카 대륙의 속성nature(여기에서 사물이나 사람의 고유한 특징을 지칭하는 nature의 두 번째 용례에 주목하자)을 새롭게 정의하고 모양 지은 후였다. 내가 꿈꾼 자연은 17세기 아메리카 선주민들의 자연이 아니라 19세기의 낭만적 자연이다.

유럽과 미국의 어휘들에서, 자연은 인종과 젠더에 대한 이야기들이 통과하면서 꿰어지는 바늘귀와 같았다. 유럽인들에 의해 '발견된' 북아메리카 대륙은 광활한 황야였고, 탐험가들은 이를 사람이 거주하지 않는 풍족하고 야만적이며 거친 곳으로 그려 내고는 했다. 이 대륙은 인간의 손길에 더럽혀지지 않은 태곳적 자연을 재현하는 듯했다. [그러나] 최근의 역사 연구들(예를 들어, Cronon 1983; Merchant 1989; Silver 1990)은 다른 분석을 내놓는다. 17세기의 뉴잉글랜드에는 적어도 6만 5000명의 아메리카 선주민 인구가 촌락들, 부락들, 나라들로 조직되어 있었다. 이들은 사냥과 채집, 그리고 농경을 병행함으로써 인구를 안정적 수준으로 유지하면서 잘 생존했다. 아메리카 선주민들 사이에서 젠더 역할은 분리되기는 했지만 상당히 유연했는데 이런 사실은 성역할에 보다 엄격했던 식민주의자 유럽인들을 혼란스럽게 했다. 여자들은 채집과 농사를 담당했으며(이는 땅을 고르거나 작물들을 풍성하게 하려고 매년 2400파운드[약 1088킬로그램]에 달하는 물고기를 나르는 힘든 육체노동을 포함했다) 남성들은 사냥과 낚시를 하며 힘든 일을 도왔다.

선주민들은 자연의 속성과 인간이 물질세계와 맺는 관계들에 대한 그들 나름의 정교한 이해를 지녔다. 자연과 그 안에 거하는 것들은 살아 있는 행위자들이었다. 곡물 어머니Corn Mother와 같은 정령들이 큰 힘을 행사했지만, 동물들에 깃든 정령들이나 심지어 나무들과 바위들처럼 무생물에 깃든 정령들도 마찬가지였다. 자연에는 행위성이 있었기에 인간들은 자연과 지구에 거주하는 모든 것들에 큰 존경심을 품고 잘 대해야 했다. 인간과 자연 사이의 호혜성은 체로키 부족의 작은 사슴 전설에서 잘 나타난다(Awiakta 1993). 이야기에 따르면, 옛날 옛적에 인간 사냥꾼들이 [활과 화살을 발명함에 따라] 동물들을 너무 많이 죽이기 시작하면서 생명의 지속 자체를 위협했다. 이에 동물들은 회합을 열었고 여기에서 사슴의 우두머리인 (작은 사슴이라고도 알려진) 아위 우스디Awi Usdi는 다음과 같은 제안을 했다. 인간이 정말 필요할 때에만 사냥을 하고, 생명을 앗아 간 동물들에 대해 존중을 표하겠다는 약속을 받아 내자고. 인간은 사냥을 위한 제의적 준비를 통해 작은 사슴에게 사냥에 대한 허락을 구할 것이며, 사냥 후에는 죽은 동물의 영혼에게 공손히 사과해야 할 것이다. 작은 사슴은 만약 사냥꾼들이 약속을 제대로 지키지 않는다면 이들을 찾아내어 온몸을 못 쓰게 만들겠다고 장

담했다.

하지만 초기의 유럽인 정착민들과 탐험가들은 이런 낯선 인간 삶의 방식에서 나타나는 복잡성을 '보지' 못했다. 이들은 뉴잉글랜드 남쪽 지역이 탁 트인 경기장처럼 생긴 것이나, 숲속에서도 쉽게 몇 마일이나 말을 달리거나 걸을 수 있도록 덤불이 띄엄띄엄 있는 것이 원래 이 지역의 자연스러운 속성인 것처럼 간주했다. 아메리카 선주민들이 사냥을 쉽게 하고 해충들이 숨을 장소들을 줄이기 위해 정기적으로 불을 내서 덤불들을 정리했다는 사실을 알게 된 후에도 이들의 입장은 달라지지 않았다. 유럽인들에게 선주민들은 그 자체로 이 자연의 일부였으며 마찬가지로 야만적이고 거칠고 미개했다.

소설가 해리엇 아노는 자신의 논픽션 저작인 『컴벌랜드의 파종기』에서 18세기 후반기의 켄터키 컴벌랜드강 지역을 묘사한다. 유럽인 여행자들은 이 지역이 드물게 보이는 선주민들을 제외하고는 사람이 거주하지 않는 곳이라 여겼지만 [동시에] 이 "비어 있는" 숲이 물소, 말코손바닥사슴, 사슴 등으로 가득 차 있다고 생각했다. "붉은 부리의 앵무새들 …… 적회색 다람쥐들, 라쿤들, 주머니쥐들, 여우들, 늑대 무리들, 표범들 …… 강에는 100파운드[약 45킬로그램]가 나가는 메기와 20파운드[약 9킬로그램]가 나가는 농어 …… 수많은 비버들 …… 백조들, 야생 거위들 …… 이 넘쳐 났다"(Arnow 1960, 57). 아노의 묘사에서, 이 삼림 지역에는 사람이 없는 것처럼 보인다. 하지만 켄터키 삼림 지역이 "경기장 같았고" 또 덤불이 너무 없어서 "여행객은 150걸음 밖에서도 사슴을 볼 수 있었다"(Arnow 1960, 56)는 앞선 묘사들은 선주민들이 이 지역에 살았고, 또 이들이 이동 편의와 원활한 사냥을 위해 덤불을 일부러 태우는 등 숲을 적극적으로 관리했음을 강하게 암시한다.

유럽인들이 동물들과 나무들로 가득 찬 비어 있는 광대한 숲들을 '발견했다'는 생각은 선주민들을 학살해 가면서 빠르게 공고화되었다. 유럽인들이 도착한 지 얼마 안 된 1600년대 초기에는 그간 아메리카 대륙에 알려지지 않았던 전염병과 천연두가 선주민 인구를 휩쓸었다. 6만 명을 웃돌던 뉴잉글랜드의 선주민 인구는 50년 사이에 1만 명 남짓까지 빠르게 줄었다. 1800년에 이르러, 아노가 텅 빈 황야처럼 묘사한 곳에 살던 체로키, 촉토, 치카소 부족들의 인구 역시 급격히 감소했다. 그리하여 본격적인 식민화가 시작되는 시점에 이르러 유럽인들은 정말로 사람이 거의 없고 따라서 그들이 취할 수 있는 '처녀지'virgin continent를 보게 되었다.

찰스 만의 저작 또한 다른 저작들 못지않게 아메리카 대륙이 길들여지지 않은 황무지라는 생각이 거짓임을 보여 주었다. 그가 『1491』에서 썼듯이 당시 아메리카 대륙의 인구는 유럽보다 많았을 수도 있다. 아메리카 대륙에 살던 선주민들은 이 땅을 관리하고 가꾸었으며, 거대한 기념물들을 지었고, 물을 관리하는 정교한 프로젝트들을 만드는 등 많은 일을 했다(Mann 2005). 덧붙여, 유럽인들의 침략은 아메리카의 자연을 놀라운 방식들로 바꿔 놓았다. 유럽인들과 더불어 지렁이들, 모기들, 바퀴벌레들, 꿀벌들, 온갖 종류의 쥐 등이 상륙하면서 아메리카 대륙에서 우리가 자연이라 부르는 것을 바꿔 놓았다(Mann 2011).

새롭게 발견된 땅들에 대한 비전들이 모두 다 더럽혀지지 않은 에덴동산을 떠올리지는 않았다. 아메리고 베스푸치 ― 신대륙의 이름인 아메리카는 그의 이름의 여성형에서 나왔다 ― 는 선주민 여성들이 "나체였고 음탕했지만 그 몸뚱어리들은 그럭저럭 봐줄 만했다"고 썼다(Tiffany and Adams 1985, 64). 베스푸치가 본 이 죄 없는 이들은 150세가 되도록 살았으며, 이들에게 출산은 그다지 큰 어려움이 아니었다. 베스푸치는 아메리카 선주민 여성들이 자연과 그렇게나 하나임에도 여전히 부도덕하다고 봤다. 베스푸치는 이 여자들이 연인의 성기를 어떻게 하면 크게 만들 수 있는지에 대한 특별한 지식이 있었고, 또 유산을 유도하며, 스스로의 출산력을 통제했다고 믿었다. 초기의 탐험가들은 순결한 처녀(여성이자 처녀지)라는 은유를 야생적이고 음탕한 여자의 은유와 연결지었다. [아메리카 선주민들에 대한] 묘사들은 키워 주고 어머니처럼 돌봐 주는 자연과 하나인 "더할 나위 없이 무지하고 순수하며 또 따뜻하게 맞아 주는 야만인"과 통제 불능의 야생 선주민 사이에서 오락가락했다. 여기에서 우리는 인종과 젠더와 자연 사이의 불가피한 엮임을 본다. 어머니 지구는 먹거리와 풍요를 주었지만 동시에 통제 불능의 파괴적 힘을 행사하기도 했다. 예를 들어, 윌리엄 브래드퍼드는 1620년에 케이프만에 상륙하면서, [아메리카 대륙을] "짐승들과 야만인들로 가득한 흉물스럽고 적막한 황야"로 묘사했다(Merchant 1989, 101).

캐럴린 머천트는 자연에 대한 특정한 이해들을 특정한 경제적 생산양식들과 연결한다. 또한 자연이 종종 여자로 의인화되기에 젠더에 대한 다양한 관점들 또한 [관련해서] 나타난다. 예를 들어, 최초의 유럽인 정착민들은 진정한 뉴잉글랜드 선주민들과는 대조적으로 지리적으로 고정된, 고립적이고 거의 자급자족적인 지역공동체 안에서 농사를 짓고 생필품을 교환하는, 산업화 이전 단계의 농경 체계를 구축했다. 이 정착민들은 자연을 살아 있는 신의 대리인으로 봤다. 그녀[자연]는, 역설적이게도, 처녀이자 어머니였다. 반면, 동물들과 광물들은 행위성을 잃고 수동적 대상들과 상품들로 변했다. 남성들의 생산 공간과 여성들의 생산 공간은 아메리카 선주민 사회보다 더 선명하게 구별되었다. 사회적으로 좀 더 젠더 통합적이고 공동체적으로 생활했던 선주민 촌락들과 달리, 18세기의 유럽 출신 아메리카 정착민들의 사회 세계는 가족 농장을 중심으로 맴돌았다. 농장을 넓히기 위해 노동력을 늘리는 것이 필수였다. 이곳에서 농부는 황무지를 길들이고 "자연의 산파"로 봉사하면서 먹거리를 생산했으며, 농부의 아내는 "인간들의 산파"가 되었다(Merchant 1989, 25).

19세기에 이르러 뉴잉글랜드에서는 제조업과 상업이 주도권을 잡았다. 농업은 자급자족에서 시장생산으로 전환되었고 경제적 교환의 수단이었던 물물교환은 화폐에 그 자리를 내주었다. 생산을 위한 기계의 활용은 남성들이 지배했다. 19세기의 뉴잉글랜드 거주민들은 자연을, 그녀를 탐구하는 이들에게 역학 법칙을 가르쳐주는, 수동적인 여자로 재현했다. 지구의 내용물들은 동물과 광물 모두 천연자원이 되었고 과학적 탐구의 잠재적 대상들이 되었다. 19세기에는 인구 성장과 그 분포에 큰 변화가 일어났으며, 역사학자들이 "생식적 경제"spermatic economy ─ 즉, "섹슈얼리티의 경제적 생산으로의 승화" ─ 라 부른 것이 탄생했다(Merchant 1989, 25). 사회적 측면에서는 진정으로 공적인 영역, 다시 말해 남성들이 관할하는 분야가 사적인 영역, 즉 여성들의 영역인 핵가족 가구와 명확하게 분리되었다(Ulrich 1990 참조).

재생산, 사회조직, 경제적 생산에서 나타난 변화들 역시 자연과 지식 자체의 속성에 대한 우리의 이해에 영향을 미쳤다. 자연은 과학이 알고 이해하고자 하는 외재적인 어떤 것이 되었다. 아메리카 선주민들은 자연을 재현하기 위해 애니미즘을 상징적으로 활용했다. 그들의 신화에서 인간은 동물의 형태를 취할 수 있었고, 동물 역시 인간의 형태를 취할 수 있었다. 인간과 동물은 호혜적 상호작용을 통해 서로의 운명을 바꿀 수 있었다. 18세기의 유럽 출신 아메리카인들은 애니미즘을 거부했고, 신이 이미 정한 어떤 유기적 전체에 따라 우주의 질서가 세워졌다는 운명론적 관점과 더불어 살았다. 운명은 별들과 하늘에 있었으며, 인간들은 자신의 운명을 받아들이는 것밖에 할 수 없었다. 그러나 19세기 자본주의와 함께 운명을 다스릴 수 있게 되었다는 희망이 당도했다. 유럽인들은 기계론적 측면에서 자연을 해체하고 재조립해 지배할 수 있는 시계와 같은 것으로 봤다. 머천트(Merchant 1980)는 앞선 시기에 유럽 대륙에서 유사하게 일어난 세계관의 전환을 이야기했다(Merchant 2003 역시 참조).

인종, 젠더, 과학

자연에 대한 이처럼 서로 다른 상징적 이해는 서로 다른 앎의 방식으로 이어졌다. 선주민들의 애니미즘은 정령과 마음의 하나 됨을 내포했다. 지식은 직접적인 일대일 소통(왜 사슴 사냥이 잘 안 되는지를 알고 싶어 하는 사람이 있다면, 그는 사슴과 직접 소통하고자 했을 것이다)을 통해 획득되었다. 대조적으로, 산업화 이전 농경 단계의 유럽 출신 아메리카인들은 세계를 이해하고자 비유를 활용했다. 이들 또한 마찬가지로 신이 창조한 자연이 어떤 특정한 사건들과 조화를 이루거나 적대하는 방식들을 이해하려고 노력했다. 자연이 그녀가 원하는 바를 알리는 데 사용했던 신호들과 상징들을 시각적으로 이해하는 것이 그들의 세계에서 지배적으로 중요했다. 하지만 기술이 지배하는 사회들에 속한 구성원들은 자연의 통제에 체념적으로 복종하기보다는 자연을 통제하려고 분투했다. 유럽에서는, 최소한 16세기까지 거슬러 올라가는 이 같은 노력의 일부로서 마음을 몸으로부터 분리하는 분석적 의식analytic consciousness이 발달했다. 마음은 이성 및 남성성과 결부되었고, 몸은 비합리적인 동시에 통제 불능인 여성적 자연과 결부되었다. 사유의 모든 양식들이 이원화되었으며, 주체는 대상으로부터, 마음은 몸으로부터, 남자는 여자로부터, 자연은 문화로부터, 야만인은 문명인으로부터, 흑인은 백인으로부터 분리되었다(Plumwood 1993).

자연에 대한 이와 같은 구성이 초래한 한 가지 중요한 결과는 남성성과 이성 및 과학 사이의 결부였다. 산업화 시대에 타당한 지식은 오로지 과학적 분석으로부터 나왔다. 전체는 그 부분들로 쪼개짐으로써 이해 가능한 무엇이 되었으며, 이는 단지 (백인) 남성적 이성만이 성취할 수 있는 과업이었다. 스스로를 자연으로부터 분리하고 여성적 비합리성을 마음에서 금지함으로써만 자연을 이해하고 다스릴 수 있었기에, 과학은 여성과 비백인들에게는 적합하지 않은 영역이 되었다. 이블린 폭스 켈러가 통렬하게 썼듯,

> 자연을 여성으로 …… 이와 동등하게 …… 정신을 남성으로 명명하도록 주조된 과학에서, 우연히 여성이 된 과학자는 누구나 어휘 면에서 선험적인 자가당착과 대면한다. 이 대면은 정체성에 대한 주요한 문제를 제기한다. [백인, 유럽인-인용자] 남성이 아닌 과학자는 누구나 한쪽은 가짜라고 경계가 그어졌고, 다른 한쪽은 전복이라고 경계가 그어진 길을 걷는다(Keller 1985, 174[국역본, 198, 199쪽]).

역사학자 외에도 자연에 대한 이해와 식민주의 및 인종·젠더 이데올로기를 결부하는 이들이 더 있다. 현대의 에코 페미니스트들에는 비인간 생명체들의 파괴에 대해 우려하는 정치 활동가들과 학자들이 모두 포함된다. 에코 페미니즘이라는 용어는 다양한 실천들과 관점들을 포괄적으로 지칭한다. 사회운동으로서 에코 페미니즘은 1970년대의 페미니즘 운동, 평화운동, 생태운동으로부터 형성되었으며, 1980년에 개최된 "지구상의 생명과 여성"이라는 제목의 컨퍼런스에서 그 의미가 명확해졌다. 머천트는 에코 페미니즘의 네 가지 주요 사상적 흐름들과 이들이 자연 세계에 대한 지배를 인종, 젠더, 식민주의적·경제적 지배와 연결하는 다양한 방식들을 아래와 같이 분류한다(Merchant 1992; 에코 페미니즘의 다른 분류들에 대해서는 Warren 2000; Mies and Shiva 1993 참조).

첫째로 자유주의 페미니즘은 자연이 이를 조작하고 통제하고자 하는 과학적·공학적 시도들에 종속된 수동적 외부자라는 생각을 받아들인다. 이들은 과

학적 방법들에 대한 좀 더 통찰력 있는 적용과 인간 활동을 규제하는 기존 법체계의 활용을 통해 환경을 더 잘 관리할 수 있다고 믿는다. 자유주의 페미니스트들은 성차별로 말미암아 여성들이 자연에 대한 과학적·법적 통제에서 보다 적극적인 역할을 하지 못하게 된다고 주장한다. 이들은 여성들에 의해 설립되고 운영되는 환경 운동 단체들을 자랑스럽게 지목하면서, 과학계와 정치계에 더 많은 여성들이 포함되도록 하는 이런 싸움이 궁극적으로는 환경 과학과 환경 관련 법제들의 개선으로 나타날 것이라 제안한다. 자유주의 페미니스트들은 자연을 무생물적으로 보며 인간들이 합리적인 개인들로 행동함으로써 지구를 지배해야 한다는 생각을 받아들인다.

다음으로 마르크스주의 페미니스트들은 자연에 대한 지배와 통제를 인간의 자유로 향하는 길로 본다. 왜냐하면 자연은 우리에게 인간적 삶의 물질적 토대(음식, 원재료 등)를 제공하기 때문이다. 인간 본성은 고정적이거나 '자연스러운' 것이 아니라 특정 문화의 경제적·사회적 관계들에 의해 생산되고 역사적 구체성을 띤다. 환경 파괴는 탐욕과 부의 축적이 환경보호에 대한 관심보다 우선시되는 자본주의적 생산양식으로부터 기인한다. 마르크스주의 페미니스트들이 그리는 미래에서 남성들과 여성들은 동등하게 환경 과학 분야에서 일하며 생산은 부와 잉여를 축적하기 위함이 아니라 단지 인간의 필요를 충족하기 위한 것이다. 이렇게 개인적이 아니라 집단적으로 행동하는 '합리적인' 인간은 환경을 오염시키거나 파괴하지 않고도 지구 위에서 살아갈 길을 찾을 것이다.

셋째, 문화주의 페미니스트에게 자연은, 머천트가 지적하듯, 영적인 동시에 인격적인 것이다. 지배와 통제를 강조하는 기존의 관습적인 과학과 기술은 환경 문제들의 해결책이 아니라 원인이다. 이렇게 생각하는 이들에게 생물학(특히 재생산)은 인간 본성의 핵심에 놓여 있다. 문화주의 페미니스트들은 남성 주도적인 환경 운동이 여성들의 재생산에 대한 환경적 위협에 대해 너무 관심을 두지 않는다고 주장한다. 이들은 또한 여성과 자연 간의 인식된 연결성을 축복한다.

마지막으로 사회주의 페미니스트들은 마르크스주의자들과 마찬가지로 자연에서 모든 삶의 물질적 토대를 발견한다. 하지만 이들은 자연에 대한 인식이 사회적·역사적으로 구성되었으며, 생산과 재생산 모두 환경을 변형했다는 점을 이해한다. 인간 본성은 (특히 인종·성별·계급·연령과 같은) 인간 사이의 다양한 구별들을 정의하는 역사적 실천들과 생물학 사이의 상호작용들을 통해 만들어졌다. 사회주의 페미니스트들은 전통적인 환경 운동들이 자연을 그 자체로 적극적인 참여자로 인정하는 데 실패했으며, 또한 그들의 세계관에는 여성들이 수행하는 재생산 역할들과 재생산 개념이 누락되어 있다고 불만을 토로한다. 사회주의 페미니스트들은 인간들과 자연 세계 사이의 동반자적 관계를 꿈꾼다. 이들은 여성, 자연, 토착 거주민들에게 식민주의적 지배가 미치는 영향을 탐구하며, 또한 기술적 개입(특히 새로운 재생산 기술들의 여러 가지 측면)이 좀 더 전통적인 생산양식들에 미치는 영향들을 분석한다.

식민주의와 그것이 남긴 후유증에 깊은 영향을 받은 많은 제3 세계 여성들이 환경 운동가가 되었다. 인도의 칩코 운동[1]이 하나의 사례가 된다. 인도에서 여성들은 전통적으로 숲을 원료, 약초, 물, 가축 사료를 제공하고 또 산사태를 막아 주는 복합적인 생태 자원으로 활용해 왔다. 여성들은 복잡한 숲 생태계를 지속 가능한 자원으로 활용했다. 그러나 국제적인 경제적 이해관계는 수출용 작물의 생산을 위해 대단위 경작을 활성화하도록 인도 정부를 부추겼다. 이로 말미암아 숲은 잘려 나가고 단일 작물 경작이 확대되었으며, 그 결과로 분수령들이 사라져 살인적인 홍수가 초래되었고, 또 지역에서 구할 수 있는 음식의 양과 종류가 줄어들었다. 이와 같은 일련의 사건들은 경제적으로 주변부에 있는 여성들이 생계유지의 원천이었던 숲을 잃고 빈곤 상태에 빠지도록 했다.

하지만 이 여성들은 유구한 전통에 기대어 이 같은 흐름에 맞서 싸웠다. 고대 인도 문화들에서, 사람들은 나무 여신들을 숭배하며, 숲을 신성하게 여겼다. 300년이 넘는 기간 동안 여성들은 주기적으로 나무를 끌어안거나 때로는 스스로를 사슬로 나무에 묶는 비폭력 직접행동으로 맞서며 숲이 파괴되지 않게 지켜 왔다. 1970년대에 들어, 여성들은 숲을 여러 가지 용도를 위해 보존하고, 산허리를 벌목함으로써 초래되는 홍수로부터 골짜기들을 구하기 위해 이 전략들

---

1 [옮긴이] 칩코Chipko 운동은 1970년대 인도에서 일어난 환경보호 운동으로, 여성들이 숲의 벌목을 막기 위해 나무를 껴안거나(칩코는 힌디어로 '끌어안다'를 뜻한다) 에워싼 데서 비롯되었다.

을 되살려 냈다. 칩코 운동을 이끈 여성들은 집단행동들을 통해 지역민들의 지지를 얻고 경찰들과 벌목꾼들을 물리치면서 이 지역에서 숲이 사라지는 것을 막아 냈다(Shiva 1988, 1999, 2012). 오늘날 인도에서 여성들은 여전히 여성과 먹거리와 전통적인 여성들의 지식과 생물 다양성과 지속 가능한 삶 사이의 관계들에 대해 연구하고 이를 중심으로 조직화하고 있다(Shiva 2012).

칩코 여성들뿐만이 아니다. 제3 세계 곳곳에서 여성들은 자신들의 환경과 생계를 보존하기 위한 지역운동들에 참여한다. 예를 들어 (훗날 노벨 평화상을 받게 되는) 케냐의 왕가리 마타이는, 땔감, 깨끗한 물, 영양가 있는 음식이 없다는 지역 여성들의 호소에 응답해 나무 심는 법을 가르쳤다. 마타이 교수가 그린벨트 운동을 1977년에 창설한 이래로 수십만 명의 여성과 남성이 4700만 그루의 나무를 심었으며, 이를 통해 악화된 환경을 회복하고 가난한 여성들과 남성들의 삶을 개선했다. 마타이는 나무를 심고 환경을 유지하기 위해서는, 자신과 자신을 따르는 이들이 더 넓은 정치적 문제들에 개입해야만 한다는 것을 발견했다. 마타이는 나무 심기를 통해 사회적·경제적 변화를 환경 의제와 연결지었으며, 이 과정에서 아프리카의 미래를 위한 비전을 발전시켰다(Maathai 2010).

탈식민주의적 과학기술 연구들과 페미니스트 과학철학들

지금까지 제시한 바와 같이, 식민주의자들과 제국주의자들은 끈질기게 자연을 인종화·젠더화된 용어들로 기술했으며, 동시에 식민주의적 관계들을 묘사하기 위해 젠더를 활용했다. 탈식민주의적 과학기술 연구[과학기술학]와 페미니스트 과학철학은 젠더·인종·자연·과학 사이에서 나타나는 이 같은 뒤섞임의 서로 다른 지점들을 포착했지만, 아직 하나의 큰 목소리를 갖는 분석적 활동으로 합류하지는 않았다. 아래의 논평들은 샌드라 하딩의 글들에 기초했다(Harding 2009, 401-421; Harding 2008도 참조).

대략 지난 30여 년에 걸쳐, 젠더와 과학에 대한 유럽과 미국의 분석가들은 몇 가지 중요한 주제들을 탐구했다. 이들은 우선 여성 과학자들은 다 어디에 있었는지를 묻기 시작했다. 이 접근은 두 가지로 이루어졌다. 첫 번째 프로젝트는 숨겨진 여성 과학자들, 다시 말해 과학자로서 그들의 경력과 기여에도 불구하고 주류 역사책에 실리지 못한 여성 과학자들을 발굴하고, 오늘날 여성들이 과학계에서 경력을 쌓기 어렵게 하는 장벽들을 조사하는 것이다(Rossiter 1982, 1995, 2012; Schiebinger 1993). 이 같은 탐색의 저변에 깔려 있는 생각에는 공평성이라는 단순한 개념은 물론이고, 좀 더 다양한 과학 인력이 더 나은 과학을 생성할 것이라는 아직은 새로운 관념 역시 포함되어 있었다. 두 번째 프로젝트는 특정 과학 분야들이 왜 그리고 어떻게 여성들이 생물학적으로 열등함을 "과학적으로 입증하는" 것을 자신들의 과제로 삼았는지를 조사했다(Fausto-Sterling 1993; Hubbard 1990; Bleier 1984; Fine 2010; Bluhm and Jacobson 2012). 세 번째로, 학자들은 과학자들이 어떻게 의식적이지 않은 방식으로 젠더에 대한 문화적 인식들을 과학적·기술적 지식의 생산에 주입했는지를 질문했다(예를 들어, Fausto-Sterling 2000; Wajcman 1991).

젠더 및 과학에 대한 분석과 식민주의·제국주의·과학·기술 사이의 관계를 분석하고자 하는 프로젝트들 사이에는 유사점과 차이점이 모두 존재한다. 이 가운데 가장 부각되는 것은 하딩이 "대항-역사들"이라 부르는 것이다(Harding 2009). 페미니스트 비평가들이 여성을 포함하는 새로운 과학사를 썼듯, 탈식민주의 과학 프로젝트들은 서구 과학의 성공에 대한 이야기를 새롭게 쓰면서 서구 과학이 어떻게 토착 지식과 재화들을 특정한 형태로 착취해 왔는지를 보여 주었다. 이런 관점은 두 번째 주제인 전통적 지식의 중요성에 대한 비판적 재평가에 연결된다. 마지막으로, 포스트 식민주의적 과학기술 연구자들의 노력은 비서구적이고 지역적인 과학기술 프로젝트의 개발 가능성을 목표로 삼았다.

하딩(Harding 2009)은 젠더 및 과학 연구와 포스트 식민주의 과학 운동들 사이의 몇 가지 갈등을 그려낸다. 하지만 이 글에서 나는 그들의 교차점들, 즉 자연 자체를 연구하는 접근들이 젠더화된 동시에 인종화된 지점들 모두에 초점을 맞추고자 한다. 예를 들어, 식민주의적이고 제국주의적인 정권들에서, 젠더 관계들이 과학과 기술에 미친 영향들을 그려 내고자 하는 노력들을 생각해 보자. 역사적으로 선주민 여성들은, 식민주의자들에 의해 '발견되어', 새로운 의약으로 식민 제국에 수출되었던, 토종 약리학들을 [식민주의자들에게] 알려주고 이에 대한 지식을 제공했다. 17세기의 박물학자 마리아 시빌라 메리안[1647~1717]이 수리남 지역의 식물들과 곤충들에 대한 정보를 구하고자 선주민 여성 하녀에 의존한 사례(Schiebinger 2007)와 [프랑스 예수회 성직자로, 1711년 캐나다에 선교사로 파견되었던] 조제프-프랑수아 라피토가 1716년에 (모호크족Mohawk 여성 치유자에게 문의해) 캐나다 인삼을 "발견"한 것(S. J. Harris 2005) 등은 기록이 잘 남아 있는 두 가지 사례다. 이 같은 지식 추출과 동시에 칼 폰 린네(1707~78)와 같은 서구 과학자들은 자연을 젠더적 관점들에서 분류했으며(Schiebinger 1993; Browne 1989), 인종적 구별들은 제국 질서가 적법성을 주장하는 데 도움이 되는 방식으로 젠더화되었다(Stepan 1998; Russett 1989; Harrison 2005).

근대로 넘어오면서 근대화 이론 및 젠더와 발전에 대한 논의들은 몇 가지 비판적 결론들로 이어졌다. 첫째, 근대 (서구) 과학에 크게 의존했던 개발 프로젝트들은 대체로 여성들에게 나쁜 결과들을 가져왔다. 근대성의 주변에 놓인 여성들과 남성들은 근대화에 애쓰는 과정에서 그 존재가 사라졌다. 둘째, 근대 과학에 저항하는 전통주의자들은 개발에 대한 합리적·과학적 접근을 추구하는 데 요구되었던 '남자다움'을 결여한 비합리적인 자들로 재현되었다. 이런 덫에서 탈출하기 위해서는, 여성에게 적용되는 젠더 지배의 문제가 다뤄져야 할 뿐만 아니라, 남성성의 의미들 역시 재구성되어야 한다. 이 같은 과정에서 누가 자연과 과학에 대해 알 수 있는지, 그리고 지식이 어떻게 개발도상국가들에 이롭게 활용될 수 있는지에 대한 이야기들이 새롭게 쓰일 수 있다.

재생산하기

재생산이라는 개념은 인간적 삶의 생물학적 그리고 사회적 측면뿐만 아니라 자연적 세계 모두에 적용될 수 있으며, 에코 페미니즘의 다양한 흐름들을 서로 연결해 준다. 일견 생물학적 재생산은 '너무도 자연스러운' 것처럼 보인다. 하지만 우리가 수정·착상·출산이라는 사건을 조절하고, 또한 재생산 시기를 선택할 수 있는 다양한 기술적 가능성을 개발함에 따라, 이 같은 자연적 과정들은 '탈자연화'되었다. 다시 말해, 재생산은 점점 더 복잡한 수준의 기술적 개입에 종속되었다. 인간 재생산 과정들에서 일어나는 의료 과학과 재생산 과학의 중재[개입]는 젠더의 속성을 둘러싸고 치열한 논쟁들이 마주치는 지점을 만든다. 마찬가지로 이 논쟁을 틀 짓는 데에 모든 페미니스트들이 동일한 이론적 모델을 활용하지도 않는다.

20세기의 첫 40년 동안 여성 활동가들은 안전하고 효과적인 피임법이 널리 활용될 수 있도록 하기 위해 싸웠다. 엠마 골드만이나 마거릿 생어 같은 활동가들은 피임 관련 정보의 보급을 가로막는 법적 통제에 맞서 자신들의 대의를 알리기 위해 감옥행도 불사했다(Gordon 1976). 초기 재생산권 활동가들은 여성의 본성에 대한 종종 모순되고 복잡한 전망들을 가졌다. 한편으로 이들은 많은 아이들을 제한 없이 낳는 것이 여성 및 가족의 건강에 해롭다는 것을 발견했다. 달리 말해, 이들은 최대한 많은 아이를 낳는 것이 여성들에게 당연히 좋은 일이라 느끼지 않았다. 이들은 인공적인 출산 조절 기술, 특히 차단 피임법과 살정제 사용을 권장했다. 다른 한편으로, 이들은 자연적 모성성이라는 이상을 그들의 논증에 자주 활용했다. 너무 많은 아이들을 갖는 것은 여성의 양육 본능을 방해할 수 있는데, 특히 가족이 너무 가난해 이 아이들을 모두 부양할 수 없다든지 반복된 출산이 여성을 약하게 해서 그 자녀들을 모두 감당할 수 없는 경우에 더욱 그러했다. 따라서 (자연적) 재생산의 빈도를 조절할 수 있는 인공적 개입은 여성의 모성 본능을 융성하게 할 것이다.

출산 조절 운동의 많은 부문들은 그 투쟁의 일환으로 명백히 계급주의적이고 인종주의적인 주장들을 활용했다. 그들은 ― 미국으로 건너온 어두운 피부색을 지닌 이민자들을 비롯한 ― 가난한 계급들이 아이들을 과도하게 생산할 것이며, 결과적으로 백인 중산층과 중상층 계급을 압도하게 되리라는 우생학적 주장들을 수용했다. 출산 조절과 "부적합자"에 대한 불임 시술은 가난한 이들이 지나치게 많은 아이들을 갖는 자연스러운 성향을 멈추게 하는 데 필수적인 것이 되었다. 생어는 이를 더욱 간결하고 달콤한 구호로 만들었다. "적합한 이들로부터 더 많은 아이들을, 부적합한 이들로부터는 조금만 ― 이것이 출산 조절의 주요 이슈이다"(Paul 1995, 20에서 재인용). 하지만 피임 기술과 여성 교육을 모두 반대한 보수주의자들은 이 두 가지 모두 중산층 여성들의 출산율을 낮출 것이며, 따라서 하층계급들이 중간계급 및 상층계급 사회를 압도할 것이라 주장했다.

결국, 20세기 전반부에 출산 조절 기술에 관심을 가졌던 페미니스트들에게는 두 가지 이유가 있었다. 첫째, 모든 여성들의 삶을 향상하는 것, 둘째, (특히 중산층과 중상층 여성들에 비교해) 가난하고 유색인종인 이민자 여성들의 출산율을 통제하는 것이었다. 1960년대 후반에 무대로 뛰쳐나온 현대 여성해방운동의 참여자들 역시 재생산 기술과 관련된 문제들을 마주했다. 하지만 이들은 이 문제를 다른 틀에서 접근했다. 이 세대의 여성들은 과학과 기술이 반드시 재생산의 자유로 향하는 길을 제공하는 친구라 여기지는 않았다.

대신 현대의 페미니스트들은 그들이 몸과 기술의 패러독스라고 정의했던 어떤 것에 맞섰다. 한편으로, 여성의 '본성'은 재생산적 생물학에 꼼짝없이 결박된 것처럼 보였다. 다른 한편으로, 여성의 생물학적 특질은 성평등한 사회적·정치적 권리들에 반하는 주장을 내놓았다. 그렇다면, 신체의 노예가 되는 것을 피하기 위해 여성들은 기술에 의지해야 하는가? 이 과정에서 여성들이 자신들의 잠재적 힘의 근원 — 여성이 재생산과 맺는 밀접한 관계 —으로부터 멀어지게 되더라도? 아니면, 여성들은 자연과의 하나 됨을 선언하고 아이를 낳을 수 있는 여성들의 고유한 능력으로부터 특별한 가치와 특권을 이끌어 내야 하는가? 후자의 길을 선택한다면 여성들은 여성의 사회적·정치적·경제적 평등에 반대하는 생물학에 기초한 주장들에 여전히 취약한 상태로 남을 것이다(당시는 미국 부통령의 공식 주치의였던 허버트 험프리가 여성은 생리 중에는 세계 위기의 상황을 안전하게 헤쳐 나갈 판단력과 침착함을 상실할 수 있기에, 여성이 대통령이 되는 것은 위험하다고 자신 있게 선언했던 그런 시절이었다).

슐라미스 파이어스톤이 쓴 『성의 변증법: 페미니스트 혁명을 위하여』(Firestone 1970)는 신체의 지배에 대항하는 하나의 중요한 '독립 선언'이었다. 파이어스톤은 재생산의 급진적 탈자연화를 제안했다. 그는 출산과 전통적 가족이 여성에 대한 억압이 자라나는 비옥한 토양을 제공했다고 주장하면서, 기술적 해법을 암시했다. 그는 "임신은 야만적이다. …… 더욱이 출산은 고통이 따른다"(Firestone 1970, 226[국역본, 287쪽])고 썼다. 파이어스톤은 의료적 개입이 없는 "자연"분만으로 돌아가기보다는, "자연분만에 대한 숭배 자체가 자연과의 진정한 일치로부터 우리가 얼마나 멀리 떨어져 나왔는가를 말해 준다"고 믿었다(Firestone 1970, 227[국역본, 287, 288쪽]). 그의 해결책은 (아기들이 시험관에서 태어나고 인큐베이터에서 자라나는) 완전히 인공적인 재생산 기술을 개발하는 것이었다. 이 시절에 저술된 마지 피어시의 『시간의 경계에 선 여자』(Piercy 1979) 같은 페미니스트 픽션들 역시 비슷한 주제들을 탐색했다.

자궁 바깥에서 태아를 완전히 발달시키는 기술적 가능성들은 1970년대에 비해 오늘날 우리 손에 더 가까워졌지만, 페미니스트들 사이에서 (혹은 누구든) 이 같은 과학 지식을 활용하는 것이 좋을지 여부에 대해서는 여전히 그 어떤 합의도 존재하지 않는다. 파이어스톤은 인공 생식이 남성들과 여성들이 재생산에 동등한 책임을 갖게 만들 것이며, 따라서 이들을 좀 더 동등한 입장에 놓을 것이라 믿었다. 시험관 아기의 가능성은 본질적으로 인간성을 박탈하기보다는 "모성의 관한 고대의 가치를 정직하게 재검토하는 일을 가능하게 해야 한다"(Firestone 1970, 227[국역본, 289쪽]). 재생산 기술의 활용과 남용[을 둘러싸고 제기된 쟁점들]은 진정 페미니스트들이 서로 그리고 더 넓은 범위의 지지자들과 함께, 재생산과 양육의 본성에 대한 주장들을 논의하며 밑그림을 그릴 수 있는 큰 판을 제공한다.

다른 많은 이들과 마찬가지로, 몇몇 부류의 페미니스트들은 디스토피아적 미래의 유령을 환기했다. 태아의 성별이나 머리카락 색깔 또는 피부색을 선택하는 것이 당연해진다면? 어느 정도 수준의 장애가 선택적 임신 중지의 기준이 될 것인가? 우리는 인간 다양성의 폭이 꺼림칙할 정도로 협소해지는 문화를 육성할 것인가? 여성들은 신체적·정신적으로 '완전한' 아이들만 출산하도록 법으로 규제하는 새로운 폭정 아래 살게 될 것인가? 그렇다면 우리는 이 완전함을 어떻게 정의할 것인가?

적어도 20세기 초만 해도, 재생산 기술을 둘러싼 논쟁을 이해하는 데에 문화주의 페미니즘, 자유주의 페미니즘, 사회주의 페미니즘이라는 구별을 활용하는 것이 유용했다. 문화주의 페미니스트들은 대부분의 재생산 기술에 대해 대체로 호의적이지 않았다. 이들은 출산과 재생산 경험을 가치 있게 여기며, 이 과정에 의료적으로 개입하는 것을 대체로 인공적이고 부자연스럽게 여긴다. 이들의 정치 분석들은 과학과 기술 자체의 가부장적 성격을 비판한다. 재생산 기술에 반대하는 운동의 대변인 한 명은 이런 기술적 연구를 도덕적으로 비난받을 만한 일로 정의했다(Corea 1979). 새로운 과학적 진전을 감시·통제하려고 하는 '새로운 재생산 기술에 관한 페미니스트 국제 네트워크' 같은 국제 조직의 주장에는 일정한 정당성이 있으며, 이 같은 정당성은 특히 과학 제도들이 여성에게 최선의 결과를 보장한다고 믿을 수 없을 때 더 높아진다.

하지만 적어도 몇몇 여성들은 이 새로운 기술을 이용하는 것이 자신들에게 최선이라 느낀다. 자유주의 페미니스트들은 재생산 기술을 둘러싼 다양한 문제를 선택이라는 측면에서 분석한다. 여성들은 자유롭고 독립적인 개인들로 기능하면서 활용할 수 있는 모든 선택지들 — 개인적 필요들과 차이들에 맞춰진 출산 조절 장치들, 집이나 병원에서 선택할 수 있는 '자연' 출산, 모든 피임법에 실패한 경우 태아를 중절하는 선택, 자연의 '순리대로 되지' 않을 경우 임신을 위한 의료적 도움을 구하고, 임신을 대신해 줄 다른 여성을 고용할 권리 — 을 가져야 한다는 것이다.

하지만 자유주의 페미니스트들은 자유로운 선택을 할 수 있는 자율적 개인을 모델로 삼음에 따라 매우 어두운 골목길로 달려 들어가게 된다. 인간 게놈 배열이 밝혀지면서 태아의 잠재적 장애를 밝힐 수 있는 테스트들이 점점 더 많이 생겨나고 있으며, 이에 따라 여성들의 '선택들'은 엄청나게 많아진다. 이미 양수천자, 초음파 검사, 융모막 융모 생검 등과 같은 기술을 통해, 발달 중인 태아로부터 수백 가지의 잠재적 문제들을 찾아낼 수 있다. 개별 여성들은 어떤 게 좋을지 가늠할 수 없는 불가능한 선택지들 앞에 서 있다. 예를 들어, 척추 갈림증이나 다운증후군을 밝혀내는 테스트는, 그로 인한 손상이 얼마나 심할지에 대해서는 아무것도 말해 주지 않는다. 아이가 그냥 조금 불편한 것일지 아니면 심각한 지능 지체를 보일지 알 수 없다. 심각한 장애가 있는 아이의 출산은 만성적 장애에 대한 그 어떤 효과적인 사회적 지원도 없는 사회에서 살아가는 가족에게 어떤 영향을 미칠 것인가? 인류학자 레이나 랩은 자신이 다운증후군을 가진 태아를 임신했다는 것을 알게 되었을 때 이 같은 선택을 놓고 씨름했다 (Rapp 1984, 97-100; Rapp 2000). 한편으로, 그는 아이에게 자신의 삶을 헌신하고, 장애인들의 운명을 개선하기 위해 싸우는 것을 상상해 봤다. 다른 한편으로, 그는 이런 선택이 심각한 결과들을 내포하고 있음을 인식했다. 랩과 그의 남편에게는 그들이 사망하고 나면 아이를 돌봐 줄 만한 친척이 없었다. 랩은 "국가가 지적 장애인에 대해 제대로 된 인도적 서비스를 실질적으로 제공하지 않는 사회에서 우리가 어떻게 다운증후군으로 인해 부모에게 의존해야 하는 아이의 미래를 책임질 수 있는가?"라고 묻는다(Rapp 1984, 98; Landsman 1998, 69-99 역시 참조).

사회주의 페미니스트들은 문화주의 페미니스트들과 자유주의 페미니스트들을 모두 비판한다. 이들의 일반적인 출발점은, 임신·출산·모성이 자연이나 자연적인 것에 대한 호소를 통해서는 제대로 이해될 수 없다는 것이다. 이들이 보기에, 사회적·문화적·역사적·경제적 조건들이 이 같은 논의의 조건과 논리를 규정한다. 이런 관점에서, 몸과 그것의 기능들은 결코 '자연적이지'(즉, 자연의 어떤 순수한 상태의 결과로 볼 수 있지) 않으며, 언제나 사회적으로 배태되어 있고, 문화적 담론과 실천에 달려 있다. 더욱이 우리가 여성들 사이의 분열을 주의 깊게 살펴본다면, 개인이 자유로운 행위자로서 선택한다는 개념 자체가 의심스러워진다. 기존의 의료 서비스 체계에서 선택할 수 있는 능력은 마돈나와 복지 수급자 여성의 경우에서 똑같지 않다.

사회학자 미셸 스탠워스(Stanworth 1987)는 문화주의 페미니스트와 자유주의 페미니스트 분석 모두에서 나타나는 몇 가지 결정적 문제점들을 논한다. 첫째, 모성의 기능과 그 정의는 달라져 왔다. 과거에 여성들은 임신과 출산에 더 많은 시간을 쓰기는 했지만, 아이들은 더 어린 나이에 성인이 되어 집을 떠났다. 현대 유럽과 미국의 문화들에서, 모성은 출산보다는 양육에 초점을 둔다. 따라서 재생산 기술들의 새로운 발전을 분석하고 감시하며 이에 개입하는 것이 중요하기는 하지만, 이 때문에 우리가 젠더 및 육아와 관련된 질문들이 놓여 있는 훨씬 더 넓은 사회적 영역들에 대한 시각을 잃어서는 안 될 것이다.

둘째, 재생산 기술을 의료 시스템 전반의 맥락에서 분석하는 것이 중요하다. 재생산은 여성들이 부적절하거나 모자란 의료 서비스를 받는 수많은 영역들 가운데 하나일 뿐이다. 셋째, 여성들은 연령·인종·계급·민족성에 의해 계층화되어 있으며, 이 각각의 요인들은 여성들이 이용할 수 있는 의료 서비스의 양과 질에 영향을 미친다. 여성들 간의 이 같은 차이들은, 또한 어떤 '선택'을 할 수 있는지, 그리고 개별 여성들이 재생산과 관련된 구체적인 선택지들에 어떤 태도를 취할지에 대해서도 영향을 미친다(Rapp 1990). 사회주의 페미니스트들은 이 같은 차이들을 지적하면서, '여성성'과 '모성'의 주요 상징들의 자연적 지위에 의문을 제기한다.

그러나 2010년대에 들어 재생산 기술은 그것이 널리 활용됨에 따라 일상적인 현실이 되었으며, 이에 따라 예방적 관점보다는 현재의 실천 관점에서 분석되어야 한다. 예를 들어, 문화기술지와 과학기술학 연구자인 캐리스 톰슨(Thompson 2005)은 병원에서 재생산 보조 기술이 활용되면서 발생하는 매일매일의 사건들을 연구했다. 그는 병원 환경에서 과학, 자연, 친족 관계, 젠더, 인종, 섹슈얼리티의 가닥들이 세계를 창조하는 춤 속에서 어떻게 서로 얽혀 있는지 관찰하고 기록했다. 그는 재생산된 세계는 필연적으로 보수적이며, 이 세계가 과학을 통해 자연을 젠더·계급·인종 관계들의 핵심 중재자로 바라보는 관점을 재창조한다는 것을 발견했다.

미국의 난자 및 정자 기증 시장들에 대한 경험적 연구들은, 인종·계층·젠더에 의해 계층화된 사회에서 아이를 낳고 키우는 것의 의미에 대한 '서구의' 주요 사회적·문화적 서사들을 활용해, 이 같은 자연화를 재확인한다. 도로시 로버츠(Roberts 2009)는 재생산 기술들이 어떻게 복지 향상의 문제를 정부의 손으로부터 개별 여성들의 삶으로 이전시켰는지를 기술하기 위해, "재생산 유전학"이라는 용어를 사용한다. 이 같은 이전과 더불어, 백인 여성들은 물론 유색인종 여성들에 대한 재생산 서비스 마케팅이 도래했다. 이는 한편으로는 좋은 것으로 보일 수 있지만, 재생산 보조 기술 병원들은 인종에 특화된 일련의 유전자 검사를 제공하고 있다. 로버츠는 이 같은 유전자 검사가 인종을 일차적으로 생물학적 범주로 보는 생각을 더욱 확실히 자리 잡게 한다고 보았는데, 이에 대해서는 신시아 대니얼스와 에린 헤이트-포사이스(Daniels and Heidt-Forsythe 2012) 또한 설득력 있게 기록하고 있다.

재생산 기술 시장의 현재적 상황에 관해서는 크게 두 가지 접근법이 있는 것으로 보인다. 하나는 시장을 규제하지 않고 그냥 두는 것이며, 다른 하나는 재생산 기술 시장들에 대한 주 정부 혹은 연방 정부 수준의 공식적인 규제안을 마련하는 것이다. 페미니스트들과 인종주의에 반대하는 이들에게 두 접근법의 장점과 단점은 무엇이 될 수 있을까? 수자타 제수데이슨이 말하듯, 이는 "재생산과 관련된 여성의 자율성 …… 인종과 차이들의 유전화, 기술들에 대한 접근", 그리고 정부에 의해 규제되는 시장에서 특정한 출산이 "불허될" 가능성 등을 비롯해 "많은 것들이 걸려 있는 중요한" 문제다(Jesudason 2009, 903). 재생산 보조 기술과 특히 유전적 배아 선별에 대한 정부의 포괄적 규제는, 전체 인구 차원에서 신-우생학이 다시 등장할 가능성을 열어 놓으며, 이는 페미니스트들과 비백인들 그리고 장애가 있는 사람들이 크게 우려하는 바이다. 모든 선택에 대한 결정을 완전히 알아서 개별적으로 하게 두는 대안은 일견 이 문제를 피하는 듯 보인다. 그러나 도로시 로버츠가 말하듯, "유전적 선택 절차들은, 문화적 기대뿐만 아니라, 법적 처벌과 유인에 의해 강화되는, 사회적 책임으로 점점 더 간주되고 있다"(Roberts 2009, 797).

지금의 역사적 순간에는, 미래에 대한 두 가지 가능한 그림이 있는 듯하다. 디스토피아적인 미래에는 유전 과학이 인종에 대한 생물학적 정의를 강화할 것이며, 이는 유전자 검사의 차별화를 통해 집단 간 인종적·경제적 분할들을 재확립할 것이다. 하지만 로버츠(Roberts 2009)와 제수데이슨(Jesudason 2009) 등은 또한 반인종주의자, 장애권 및 경제적 정의 운동들 사이의 동맹을 통해 유전자 선별 검사에 맞서 급진 페미니스트들이 선도하는 유토피아적 미래 또한 상상한다.

몸이 도대체 어떻게 '자연스럽나'?

생산의 언어는 자본주의사회에서 '자연스러운' 만큼 재생산에 관한 토론에도 스며든다. 과학자들은 자라나는 배아를 생산하기 위해 정자와 난자를 결합할 때 생기는 수정란들을 '수정의 생산물들'이라고 말한다. 이 생산물들은 누구의 자궁으로 옮겨지는지에 따라 가격표가 다양하다. "유전 상담, 태아들에 대한 검사 및 선별은 수정의 생산물들이 만들어지는 작업 라인에서 '품질을 관리'하는 데 이바지하며, 우리가 키우고 싶어 하는 생산물들을 단종했으면 하는 생산물들로부터 구별해 낸다"(Rothman 1989, 21). 이런 언어에는 뭔가를 바꿀 힘이 있다. 아기들이 생산물들이 되면서 임신한 여성들은 작업 라인의 비숙련 노동자들이 된다. 다시 한번 우리는 아기를 갖는 것에 자연스러운 것은 하나도 없음을 깨닫는다. 사회적·문화적·경제적 상호작용들이 달라짐에 따라 젠더와 몸에 대한 우리의 이해 또한 달라진다.

만약 임신, 출산, 양육에서 '자연스러운' 것이 하나도 없다면, 여성으로 태어나 장차 갖게 될 경험과 가능성에 대해 자연은 무엇을 말해 줄 수 있을까? 자연은 두 개의 X 염색체를 갖고 태어난 아이들의 삶의 방식들과 미래의 역량들을 필연적으로 결정하는가? 아니면 우리가 자라면서 획득하는 경험과 기회만이 우리의 잠재적 가능성들을 결정하는가? 수 세기 동안 이 문제는 자연/본성 대 환경/양육이라는 질문, 이른바 자연이냐 환경이냐는 문제를 제기해 왔다. 여기에는 많은 것들이 걸려 있다. 여성의 본성이 여성의 역할과 열등한 정치적·경제적 지위를 설명한다는 생각은 아주 오래되었다. 여성들은, 그가 어떤 새로운 직위를 열망하든 간에, 본성상 그 열망은 헛된 열망이 되리라고 말하는 반대자들을 만나게 될 것이다.

20세기로의 전환기에, 몇몇 의사들은 여성은 그 생물학적 본성상 엄격한 고등교육을 견디지 못하고 몸이 상하게 될 것이라 주장했다. 오늘날에도 어떤 이들은 여성이 자연적으로 남성보다 수학에 약하고, 덜 공격적이고, 좀 더 양육적이라 주장한다. 그들의 주장들은 다음과 같은 등식에서 자연/본성 변수를 강조한다.

자연/본성(신체적 성) + 환경/양육(사회화와 경험) = 젠더

이들이 옳다면 여기서 몇 가지 불가피한 결론들이 따라온다. 여성들이 성공적인 과학자가 되는 경우는 더 적어야 하며 또 그렇게 될 것이다. 여성들이 모든 직종과 사업 분야에서 정상에 오를 가능성은 낮아지며 따라서 결국에 가족을 돌보는 일은 여성들이 하는 게 최선이 된다. 다른 한편으로 양육의 중요성을 강

조하는 이들이 있다.

자연/본성(신체적 성) + 환경/양육(사회화와 경험) = 젠더

이 등식의 결과는 물론 앞의 경우와 달라진다.

　자연, 양육, 교육과 관련된 논쟁은 아직도 남아 있다. 오늘날 어떤 이들은 남자아이들과 여자아이들이 본성적으로 너무 다르기 때문에 이들을 한 교실에서 교육하는 것은 여성에게 손해를 끼친다고 주장한다. 이런 전제에 기초한 전국적 캠페인의 결과로 500개가 넘는 미국 공립학교들에서 남녀 분리 수업이 만들어졌다(Eliot 2009). 여기에서 두 가지가 지적되어야 한다. 먼저 남녀 분리 수업이 더 낫다는 주장은 강력히 반박되었다(http://www.singlesexschools.org 참조). 최근 들어, 일군의 심리학자들은 남녀 분리 교육이 잘해야 비효과적이고, 최악의 경우에는 (젠더 고정관념을 강화하고, 성과가 입증된 기존의 교육 방법들로부터 재원을 뺏어 가기 때문에) 해롭다고 보고했다(Lewin 2011; Halpern et al. 2011, 1706, 1707).

　생물학에 기초한 교육과 성에 대한 주장들은 수 세기에 걸쳐 반복되어 왔다. 이는 우리가 인간 발달에 대한 잘못된 이론들을 계속 활용하기 때문이다(Keller 2010). 몸은 자연적 부분들과 양육된 부분들이 합쳐진 모자이크가 아니라, 사회적 자극들에 반응하면서 새로운 방식들로 성장하는 역동적 체계이다. 인간의 행동을 본다면, 서로 다른 양육과 사회화는 개인의 두뇌 발달에 분명히 영향을 미친다. 이 영향은 지속적이며 또 기존에 이미 존재하는 것 위에 더해진다. 따라서 개인의 인생사는 몸 이야기의 한 부분이다(Taylor 2009; Thelen and Smith 1944). 간단히 말해 논쟁의 전제들 — 자연/본성 아니면 양육, 환경/양육 아니면 본성 — 은 틀렸다. 우리가 이 전제들을 바꾸지 않는 한, 우리는 또다시 한 세기 동안 헛수고만 하게 될 것이다(Spencer et al. 2006).

　두 개의 서로 중첩되는 사유의 영역들 — 즉, 역동적 체계 이론과 발달 체계들 — 이 이 같은 자연/본성-환경/양육 딜레마로부터 벗어나는 데 유력한 틀을 제공한다. [발달 심리학자] 에스터 틸렌의 연구를 기념하는 논문에서 J. P. 스펜서 등(Spencer et al. 2006)은 동적 체계의 네 가지 주요 개념들을 정의한다. 즉, ① 타

이밍에 대한 새로운 강조, ② 행동들이 부드럽게 조합된다는 개념(A. Harris 2005). 부드럽게 조합된 행동은 일시적으로는 안정적이며, 개별 실험과 미래 발전을 위한 플랫폼을 제공한다. ③ 체현. 신체는 감각과 행동과 인지를 통합한다. 틸렌과 그의 동료들 및 학생들은 경험을 통해 체현이 형성[조형]된다는 것을 아주 간명하고 세련되게 입증했다(예를 들어, Corbetta and Thelen 2002; Newell, Liu, and Mayer-Kress 2003). ④ 개인 발달에 대한 새로운 관점. 대부분의 성적 차이들은 난제를 제시한다. 한편으로, 우리는 통계적으로 유의미한 집단 차이에 대해 검증 가능한 주장을 할 수 있다. 반면, 이 차이들은 대체로 그렇게 크지 않기에 우리는 집단 특성들에 기초해 개인들에게 정책들을 적용하거나 또는 의학적 돌봄을 특정화하는 것을 주저하게 된다. 심장마비의 경우, 남성들과 여성들에게 나타나는 평균적인 증상들에 차이가 있을 수 있지만, '남성에게 전형적으로 나타나는' 징후가 여성에게서 나타난다고 해서 이를 무시하고 싶지는 않을 것이다. 따라서 발달의 개별적 유형들을 연구하는 것에 대한 틸렌의 강조는 성과 관련된 차이들을 다룬 연구에 대해서도 매우 유효한데, 이와 관련해 우리는 성과 관련된 차이가 초기에는 집단적 수준의 차이로 나타나지 않았던 것이, 3세 무렵에 이르러서는 몇 개의 좀 더 큰 [통계적으로 유의미한] 집단적 수준의 차이로 분화되는 것을 볼 수 있다. 개인 발달의 분산도를 강조하는 것은 우리가 차이에 관한 기본적인 질문을 다음과 같이 새로운 방식으로 틀 지울 수 있게 한다. 즉, 시작점에서는 개인적 차이들이 크고 집단적 차이가 작은 분산도에서 시간이 흐르면서 어떻게 보다 큰 집단적 차이들이 나타나게 되는가?

분명히 남성과 여성 사이에는 통계적으로 계산되는 신체적 차이가 있다. 예를 들어, 남성은 평균적으로 키가 크거나 힘이 세다. 그러나 남성과 여성은 너무도 다양한 범주들이기에 이렇게 앙상한 서술은 거의 의미가 없다. 남성과 여성 사이의 신체적 차이를 거론하는 주장들을 평가하려면, 연령, 신체적 훈련의 양, 인종, 영양 등을 비롯해 수많은 요소들을 살펴봐야 한다. 운동선수로서 훈련받은 건강한 20세 여성은 몸을 별로 움직이지 않는 동년배 남자보다 더 강할 것이다. 와투시족 여성은 거의 대부분의 경우 피그미족 남성보다 키가 클 것이다. 많은 이들이 남성과 여성 사이의 자명하고 자연적인 차이로 보는 문제들에서도, 자연은 다양한 모습을 보여 주며, 양육[환경] 또한 이 문제에 열심히 끼어든다. 젠더에서 순수하게 자연으로부터 비롯되었다고 주장할 수 있는 측면이 있을까? 아마도 없을 것이다. 그럼에도 불구하고 어떤 이들은 자연이 지배하는 경우들이 많다고 주장할 것이다. 이런 관점에서 최근 초점이 되는 것 가운데 하나는 젠더화된 행동과 사회적 역할들에서 관찰된 차이들이다. 자연/본성 편에서 나오는 주된 목소리 가운데 하나는 스스로를 진화 심리학자들이라 부르는 일군의 학자들로부터 나온다.

　진화 심리학자들은 행동에서 나타나는 성적 차이들이 인간 진화의 초기 시기 동안 자연적·성적 선택에 대응하는 과정에서 진화했다고 주장한다(Cosmides, Tooby, and Barkow 1992). 현대의 성선택론자들은 선택이 개별 남자들과 여자들에게 영향을 미친다고 믿는다. 각 개인은 자신의 (스스로 재생산을 할 만큼 충분히 오래 사는 자손들의 숫자로 정의되는) 재생산적 적합성reproductive fitness을 최적화하기 위한 전략을 추구한다. 성선택론자들은 수컷들과 암컷들이 재생산에 기여하는 정도가 다르기 때문에(영장류에서 수컷들은 단순히 사정을 통해 재생산이 시작되게 하지만, 암컷들은 몸 안에서 태아를 유지하는 데 에너지를 쏟는다) 구애, 짝짓기, 새끼 돌보기 등에서 서로 다른 태도를 만들어 왔을 것이라 주장한다(이런 다양한 입장들에 대한 개괄과 비판에 대해서는 Zuk 2002; Gowaty 1997; Travis 2003; Bolhuis and Wynne 2009; Brown, Laland, and Mulder 2009; Alonzo 2009 참조. 모성과 양육에 대한 다윈주의적 페미니스트 논의에 관해서는 Hrdy 1999 참조).

　또 다른 과학자들은, 비록 진화와 자연선택을 전적으로 믿기는 하지만, 성선택에 대한 현대적 설명들이 발 딛고 서있는 이론적 토대에 대해 의문을 제기한다. 반면, 또 다른 학파인 다윈주의적 페미니스트들은 남자와 여자의 행동에서 나타나는 차이에 대한 추가적인 정보를 찾기 위한 출발점으로 성선택이라는 개념 틀을 활용한다. 다윈주의적 페미니스트들은 다윈 자신이 그러했듯 변이성에 초점을 둔다. 이들은 인간 진화의 핵심적인 특징은 발달 유연성이라는 특징을 발전시켜 왔다는 점이며, 이는 상황에 맞게 행동을 조정할 수 있는 능력으로 이어졌다고 주장한다. 다윈주의적 진화론자인 제인 랭카스터는 "인간의 삶의 과정에서 발견될 수 있는 하나의 단일한 진화 유형이란 없다. …… 진화론적 과정은 사실 …… 가변성과 행동 변주 같은 …… 유형을 선호했다"고 기술한다 (Lancaster 1991, 7). 랭카스터는 그 사례로 10대 임신 문제를 연구한다. 정치인들과 사회복지사들은 어린(그리고 대체로 가난한) 여성들이 아이를 갖는 일에 불안해하지만, 10대 부모들에게 이는 상당히 합리적인 행동이다. 중산층 구성원들의 경우, 부모가 되는 걸 미루는 것은 양육에 필요한 자원들에 대한 접근권을 높이는 교육 및 소득의 기회들을 열어 주며, 이는 영아 사망률의 감소와 출산력의 상승으로 귀결된다. 이와 대조적으로, 하층계급 여성들의 건강과 출산력은 중산층 여성들보다 급격히 쇠퇴하며, 이 집단들에서 영아 생존율은 중산층 엄마들에 비해 거의 5년이나 이른 나이에서 정점을 찍는다. 몇몇 분석가들에 따르면, 중산층이 될 가능성이 전혀 없는 상황에서 "하층계급 여성들은" 건강이 나빠지기 전에, 그리고 확대 가족 연결망이 주는 지원 체계를 누릴 수 있는 "10대에 한부모가 되어 아이를 낳고 키움으로써 열악한 운명으로부터 최선의 결과를 만들어 낸다"(Lancaster 1991, 9). 이 같은 진화론적 설명은 두 가지 역할을 한다. 첫째, 이 설명은 경제적·사회적 전망이 부재한 여성들에게 10대 임신은 병리가 아닌 긍정적 선택임을 제시한다. 둘째, 이 설명은 정치적 해결책을 내놓는다. 만약 미국 사회가 10대 한부모 임신의 빈도를 낮추길 바란다면, 젊은 저소득 여성들에게 가난과 그에 따른 열악한 건강 및 부적절한 교육에서 벗어날 수 있는 길을 제공해야만 한다. 그런 후에라야만 임신을 미루는 것이 젊고 가난한 여성들의 재생산에 이로운 선택이 된다.

　　다원주의적 페미니스트인 바버라 스머츠(Smuts 1992)는 인간의 다양성에 대한 진화론적 설명이 급진적인 정치적 결론들로 이어질 수 있다는 데 동의한다. 그는 또 다른 뜨거운 논점, 다시 말해 여성에 대한 남성의 폭력에 대해 논한다. 스머츠는 남성은 여성을 통제하기 위해 공격성을 활용하지만, 이것이 남성이 원래 공격적이고 여성이 원래 복종적임을 뜻하지는 않는다고 말한다. 그렇기보다는 남성이 자신의 재생산 기회를 높일 수단으로 공격성을 활용한다는 것이다. 즉, 만약 폭력을 쓰겠다는 협박을 통해, 또는 실제로 폭력을 사용함으로써 여성의 외도를 억제할 수 있다든지, 또는 이를 통해 (비록 여성을 강간해야만 할지라도) 남성이 언제든 원할 때마다 자신의 파트너와 섹스를 할 수 있다면, 남성은 이런 행위를 통해 여성이 갖는 아이의 아버지가 될 가능성을 높일 수 있다. 하지만 이런 종류의 공격성이 불가피하지는 않다. 이 같은 공격성은 오직 그것이 보상을 받는 상황 속에서만 지속될 것이다. 스머츠가 제안하듯, 여성들에 대한 공격성은 재생산에서 남성의 이해관계를 증진할 수 있지만, 그의 짝짓기 상대 [인 여성] ─ 좀 더 다양한 범주의 남성들과 짝짓기를 함으로써 자신의 재생산적 이해관계를 증진할 수 있는 ─ 에게는 손해가 될 수 있다. 스머츠는 (풍부한 인류학적 데이터를 근거로) 다음과 같은 가설, 즉 여성들 사이의 동맹이 약할 때, 여성들이 원가족의 지원을 받지 못할 때, 남성들 사이의 동맹이 특히 중요하고 잘 발달되어 있는 문화들에서, 성평등이 부재한 문화들에서, 남성들이 자원에 대한 통제력을 갖는 상황 속에서, 여성들에 대한 남성 폭력이 극대화될 것이라는 가설을 제시했다. 만약 스머츠의 가설이 맞다면, 이제 배우자 학대에 맞서는 싸움의 명확한 정치적 의제가 드러난다. 이미 높은 수준으로 발전한 쉼터 운동(즉, 여성들 사이의 동맹들)에 더해, 자원에 대한 지속적인 재분배(예를 들어, 동등 임금과 동등한 취업 기회), 그리고 사회적 평등을 권장하는 지속적인 노력들이 모두 도움이 될 것이다.

수 세기 동안 페미니스트 사상가들은 여성의 열등한 경제적·정치적 가치가 그들의 몸들로부터 기인한다는 주장을 반박해 왔다. 현대 페미니스트들은 섹스 ─ 몸의 물리적 구성 ─ 와 젠더 ─ 성적으로 다른 몸들에 '부여된' 사회적·문화적 역할 ─ 를 구분함으로써 분석적 전환점을 마련했다. 비교 문화 연구들은 한 지역에서 남성적 활동으로 간주되는 일이 다른 지역에서는 여성적 영역이 될 수도 있다는, 즉 젠더가 매우 가변적이라는 것을 보여 주었다. 이에 따라, 페미니스트들은 젠더는 몸의 본성과 큰 관계가 없으며, 전적으로 몸이 어떻게 젠더 분화가 된 사회 속으로 사회화되고 문화화되는지와 연관된다고 주장했다.

하지만 시간이 흐르면서 페미니스트 이론가들 사이에서, 명백히 수동적이고 정적인 자연에 문화가 영향을 미친다는 젠더 구성 모델은 점점 더 문제적으로 느껴지게 되었다. 섹스/젠더 분리는 예를 들어 몸들 간의 차이를 과소평가하는 결과로 이어졌다. 만약 젠더가 모든 차이들을 설명한다면, 예를 들어 임신처럼 여성들만 하는 것들은 어떻게 다룰 것인가? 섹스/젠더, 자연/환경의 구별이 제시하는 해결책은 임신과 출산을 — 마치 운동을 하다가 부상당한 것과 유사한 — 장애로 취급했다. 하지만 이는 참으로 이상한 선택이다. 임신과 출산을 질병이나 부상으로 취급하는 것은 임신과 출산이 인간의 생명 순환에서 차지하는 필수적 위치를 부정하며, 또한 임신과 출산이 어떤 의미에서는 비정상적인 것이라 암시한다. 일반적으로 자본주의 문화들에서, 자연은 문화나 과학 또는 다른 남성적 힘으로 가득한 행위자들이 힘을 행사하는 수동적이고 여성적[인 대상]으로 설정되었다. 섹스와 젠더의 구별은 원래 유럽과 아메리카에서 젠더의 사회적·정치적 구조들에 수많은 변화가 일어나게 한 유용한 구별이었다. 그런데 이런 구별이 남성성/여성성이라는 [이분법적인] 기존의 오래된 구별을 거울처럼 반영하고 있지는 않은가? 페미니스트 이론가들은 섹스/젠더의 대립을 해체하기 위해 몸 자체에 있는 섹스의 속성에 관심을 갖기 시작했다.

몸에 대한 강력하고 새로운 이론은 어떻게 물질적 몸이 문화로부터 영향을 받기도 하고, 또 문화에 영향을 주기도 하는지에 대한 설명을 제시해야 한다. 비판적 이론가인 엘리자베스 그로스는 성적 차이들이 몸의 차이들이지만, 그럼에도 불구하고 이런 물질적 차이들은 근본적으로 사회적이고 문화적이라는 것을 인정한다. 그로스는 "몸은 문화와 대립하는 것이 아닌 문화의 가장 중요한 대상으로 재인식되어야 한다"고 말한다(Grosz 1995, 32). 다른 곳에서 그로스는 뫼비우스의 띠, 곧 띠 모양의 물질을 중간에 한번 꼬아서 끝을 붙인 3차원의 루프 이미지를 불러온다. 원래 물질의 두 가지 면들 — 즉, 이 비유에서는 문화와 이에 선행하는 어떤 자연적 몸 — 은 서로의 안으로 끝없이 흐른다. 위상학적으로 볼 때, 뫼비우스의 띠에는 한 면만 있을 뿐이다(Grosz 1994).

현대 의학의 실천들은 몸과 문화에 대한 뫼비우스의 띠 같은 섞임을 활성화한다. 예를 들어, 영아 100명 가운데 한 명꼴로 하나의 일관된 육체적 성 없이 태어난다. 이런 아이들은 염색체상으로는 여자지만 성기상으로는 남자일 수 있다. 또는 자궁과 두 개의 X 염색체들을 갖고 있지만, 음낭과 커다란 클리토리스를 가질 수 있다. 혹은 성기만 드물게 작은 완벽한 남자일 수 있다. 임상적 매뉴얼들은 이런 아이들을 어떻게 '치료할'지에 대해 매우 구체적이다. 여자 몸에는 '너무 크다'고 간주되는 모든 클리토리스들(주로 0.5~1센티미터)은 수술을 통해 줄인다. (2.5센티미터보다 작거나 신생아 페니스 사이즈 표준편차의 두 배인 경우로 정의되는) 소음경증 아이는 수술을 통해 여자아이로 전환된다. 달리 말해, 완벽히 형성된 페니스는 거세되어 클리토리스 사이즈로 축소되며, 수술을 통해 질이 만들어진다. 이런 사례에서 우리는 의료 과학이 표준편차를 사용해 무엇이 남자 몸 또는 여자 몸으로 간주될 수 있는지를 결정하고, 섹스화된 몸의 경계들을 감시하는 한편, 문자 그대로 섹스를 창조하는 것을 본다(Fausto-Sterling 1993, 2000).

북미인터섹스협회(이후 '어코드 얼라이언스'로 바뀜)가 설립된 이래로, 섹스와 젠더에 대한 기존 관념이 아닌, 당사자들이 납득할 만한 의료적 개입이 이루어질 수 있게 하려는 노력이 지속되어 왔다. 많은 이들이 현재 인터섹스라는 용어보다는 성 발달 혼란Disorder of Sexual Development이라는 용어를 사용한다(http://www.accordalliance.org). 젠더, 타고난 몸들, 정상적인 몸들에 대한 논의들은 계속되고 있으며, 이 같은 논의들 속에서 의료적·법적 개입은 모두 자연적인 것에 대한 우리의 관점에 다시 영향을 미치며, 결국 섹스/젠더[의 구분]에서도 자연스러운 것은 하나도 없음을 분명하게 한다(Morland et al. 2009; Greenberg 2012; Karkazis 2008).

그로스는 우리의 몸들을 형상화하는 다층적인 상호작용들에 주목한다. 의학 분야에서, 우리는 [몸의] 새로운 부분들을 얻고, 또 오래된 부분들을 새롭게 하는데, 때때로 이런 교체품들은 보형물이나 전자 기계이기도 하다. 우리는 타투나 보석으로 몸들을 장식하며, 다이어트와 운동으로 몸들을 조각한다. 우리는 [정체성의] 범주들을 우리의 생리학적 내부[즉, 몸 안]에 [몸의 일부가 되도록] 집어넣는다. 우리는 우리의 몸들을 남들에게 읽히는 기호로 생산한다. 그로스는 우리의 몸들이 "텍스트화되며 서사화된다. 이와 동시에, 사회적 코드들, 법들, 규범들, 이상들은 육화된다"고 했다(Grosz 1995, 35). 유사한 맥락에서, 도나 해러웨이는 일부는 기술적이고 또 일부는 생물학적으로 이루어진 합성체라 할 만한 사이보그 개념을 도입했다. 그는 우리 모두가 어느 정도는 사이보그라 말한다. 확실히, 사이보그는 문화와 자연 사이의 그리고 인간과 기계 사이의 관계에 대한 우리의 이해에서 나타나는 변화를 상상하는 글들의 중요한 자원이 되었다(Haraway 1991; Martins 2003도 참조).

심리학자이자 페미니스트 이론가인 엘리자베스 윌슨은 중요하게도 그로스의 작업을 확장해 세계 속에서의 "여성들의 자리"에 대한 이해를 풍부하게 할 수 있는 도구로서, 생물학적 지식을 끌어안을 것을 페미니스트들에게 요청한다. 윌슨은 [페미니즘에서] 아이콘과 같은 위치에 있는 히스테리아의 역사에 대한 논의를 통해 자신의 주장을 펼친다. 그는 "우리는 히스테리 환자들이 왜 전환되는지에 대해서는 답할 준비가 잘되어 있을 수 있지만, 이들이 어떻게 전환되는지에 대해서는 단체로 침묵하는 듯 보인다"고 기술한다(Wilson 2004; 킨들에서는 pp. 84, 85). 확실히 체현의 생물학biology of embodiment을 이해하는 과업은 이제 본격적으로 시작되었으며, 몸에 대한 페미니즘적 분석의 새로운 시대가 다가오고 있다(Fausto-Sterling 2005, 2008; Cheslak-Postava and Jordan-Young 2012).

아이러니하게도, 신경계가 뇌세포들과 말초신경계 사이의 연결을 양적으로나 질적으로 강화하기 위해서는 외부 환경으로부터 자극을 받을 필요가 있다는 새로운 생물학적 이해는 뇌와 행동이 뫼비우스의 띠처럼 연결되었다는 주장을 강력히 지지한다. 다시 말하지만, 몸이나 경험 가운데 어떤 것도 우선하지 않으며, 몸과 경험의 지속적인 상호작용 속에서 행동과 신경 연결의 개별적 유형들이 나타난다. 시각의 경우를 보자. 눈 안의 광수용체와 뇌 안의 번역기 사이의 구체적인 신경 연결은 어떤 유전적 청사진에 의해 프로그래밍된 것이 아니다. 그렇기보다, 유전자 활동이 특정 시기에 특정 세포들에 도달하는 외부 신호들에 반응하면서 발달의 방향을 유도한다. 배아 발달 초기에 이런 신호들은 다른 세포들로부터 온다. 이후 이 신호들은 발달 중인 신경조직에 의해 만들어지는 자발적 전류 활동들로부터 오며, 더 나중에는 신생아 및 영아의 눈을 통해 들어오는 빛으로부터도 온다. 기능적 체계는 겉으로는 무작위로 보이는 활동 ─ 자연 발생적인 신경 발화와 시각적 자극 같은 ─ 이 좀 더 고도로 구조화된 형태와 기능을 발생시키는 환경과 결부된 체계로부터 발생한다. 따라서 자궁 속에서 그리고 출생 후 수년간 진행되는 두뇌의 발달은 외부 세계의 경험에 대한 반응으로 이해될 수 있으며 또한 상당한 가소성을 보인다. 새끼 고양이의 눈에 있는 신경세포들은 적절한 발달을 위해 빛의 자극을 필요로 한다. 복잡하고 자극적인 환경에서 자란 쥐의 뇌 신경망은 작은 우리에 갇혀 있는 설치류의 뇌 신경망보다 화려하고 복잡하다. 인간은 미완의 뇌를 가지고 태어나며, 그 뇌의 소유자가 세상에서 활동하고 또 신체적·감정적 자극에 반응하면서 그 능력들을 획득하게 된다. 심지어 성인의 뇌세포들도 그것이 원래 연결되었던 접촉점들과 멀어지면 새로운 연결망들을 만들어 내면서 스스로를 재구성하거나 또 분화할 수 있다(Fausto-Sterling 2003; Hua and Smith 2004).

결국 자연은 정태적이지도 않고 확실하지도 않다. 자연은 인간이 다른 인간들과 맺는 관계들은 물론, 인간이 음식과 보금자리의 생산에 대해 맺는 관계를 모두 반영하는 역사를 갖는다. 자연은 종종 여자로 개념화되었으며, 남성적 이성과 합리성의 반대 항으로 설정되었다. 과학자들은 이성을 행사하며 자연 세계를 파악하고 통제하고자 한다. 그러나 우리가 자연에 행위성과 활동성을 부여하는 한, 과학은 결코 자연의 행위들을 완전히 통제할 수 없다. 마찬가지로, 본성[자연]과 양육 모두 젠더의 형성을 설명한다. 몸은 문화의 변덕에 의해 모양 지어지는 유순한 그릇도 아니며, 사회적으로 가용한 지식들로 채워질 수 있는 단단한 그릇도 아니다. 출생 이전으로부터 죽음 이후에까지 몸은 마치 옹기쟁이의 바퀴에서 계속 돌아가는 젖은 찰흙과 같다. 물의 양, 바퀴의 속도, 조각 도구들과 손들의 사용이 이를 형성하고 새롭게 모양 짓는다. 하지만 찰흙에 있는 광물은 자신의 속성들을 반죽물에 부여하며, 이 그릇이 조각으로 부서지지 않은 채 얼마나 뜨거운 불을 견디고 또 단단하게 마를 수 있는지에 영향을 준다.

참고 문헌

Alonzo, Suzanne, H. 2009. "Social and Coevolutionary Feedbacks between Mating and Parental Investment." *Trends in Ecology and Evolution* 9: 99-108.

Arnow, Harriet. 1960. *Seedtime in the Cumberland*. Lexington: University of Kentucky Press.

Awiakta, Marilou. 1993. *Selu: Seeking the Corn-Mother's Wisdom*. Golden, CO: Fulcrum.

Bleier, Ruth. 1984. *Science and Gender: A Critique of Biology and Its Theories on Women*. New York: Pergamon.

Bluhm, Robyn, and Anne Jaap Jacobson. 2012. *Neurofeminism: Issues at the Intersection of Feminist Theory and Cognitive Science*. Palgrave Macmillan Monographs. Kindle edition.

Bolhuis, J. J., and C. D. Wynne. 2009. "Can Evolution Explain How Minds Work?" *Nature* 458(7240): 832, 833.

Brown, G. R., K. N. Laland, and M. B. Mulder. 2009. "Bateman's Principles and Human Sex Roles." *Trends in Ecology and Evolution* 24(6): 297-304.

Browne, Janet. 1989. "Botany for Gentlemen: Erasmus Darwin and 'The Loves of Plants'." *Isis* 80(304): 593-621.

Cheslack-Postava, K., and R. M. Jordan-Young. 2012. "Autism Spectrum Disorders: Toward a Gendered Embodiment Model." *Social Science and Medicine* 74(11): 1667-1674.

Corbetta, D., and E. Thelen. 2002. "Behavioral Fluctuations and the Development of Manual Asymmetries in Infancy: Contributions of the Dynamic Systems Approach." In *Handbook of Neuropsychology*, 2nd ed.(vol. 8, pt. 1), ed. S. J. Segalowitz and I. Rapin. New York: Elsevier Science.

Corea, Gena. 1979. *The Mother Machine: Reproductive Technologies from Artificial Insemination to Artificial Wombs*. New York: Harper & Row.

Cosmides, Leda, John Tooby, and Jerome H. Barkow. 1992. "Introduction: Evolutionary Psychology and Conceptual Integration." In *The Adapted Mind: Evolutionary Psychology and the Generation of Culture*, ed. Jerome J. Barkow, Leda Cosmides, and John Tooby. Oxford: Oxford University Press.

Cronon, William. 1983. *Changes in the Land: Indians, Colonists and the Ecology of New England*. New York: Hill and Wang.

Daniels, Cynthia, and Erin Heidt-Forsythe. 2012. "Gendered Eugenics and the Problematic of Free Market Reproductive Technologies: Sperm and Egg Donation in the United States." *Signs* 37: 719-747.

Eliot, Lise. 2009. *Pink Brain, Blue Brain: How Small Differences Grow into Troublesome Gaps — and What We Can Do about It*. Boston: Houghton Mifflin Harcourt.

Fausto-Sterling, Anne. 1992. *Myths of Gender: Biological Theories about Women and Men*. 2nd ed. New York: Basic Books.

_____. 1993. "The Five Sexes." *Sciences* (March/April).

_____. 2000. *Sexing the Body: Gender Politics and the Construction of Sexuality*. New York: Basic Books.

_____. 2003. "The Problem with Sex/Gender and Nature/Nurture." In *Debating Biology: Sociological Reflections on Health, Medicine and Society*, ed. Simon J. Williams, Lynda Birke, and Gillian

A. Bendelow, 123-132. London: Routledge.

_____. 2005. "The Bare Bones of Sex, Part I: Sex and Gender." *Signs* 30(2).

_____. 2008. "The Bare Bones of Race." *Social Studies of Science* 38(5).

_____. 2012. *Sex/Gender: Biology in a Social World*. London: Routledge.

Fine, C. 2010. *Delusions of Gender*. New York: Norton [코델리아 파인, 『젠더, 만들어진 성: 뇌과학이 만든 섹시즘에 관한 환상과 거짓말』, 이지윤 옮김, 휴먼사이언스, 2014].

Firestone, Shulamith. 1970. *The Dialectic of Sex: The Case for Feminist Revolution*. New York: William Morrow [슐라미스 파이어스톤, 『성의 변증법: 페미니스트 혁명을 위하여』, 김민예숙·유숙열 옮김, 꾸리에, 2016].

Gordon, Linda. 1976. *Woman's Body, Woman's Right: Birth Control in America*. New York: Grossman.

Gowaty, Patricia Adair, ed. 1997. *Feminism and Evolutionary Biology*. New York: Chapman Hall.

Greenberg, J. A. 2012. *Intersexuality and the Law: Why Sex Matters*. New York: New York University Press.

Grosz, Elizabeth. 1994. *Volatile Bodies: Toward a Corporeal Feminism*. Bloomington: Indiana University Press [엘리자베스 그로스, 『몸 페미니즘을 향해』, 임옥희·채세진 옮김, 꿈꾼문고, 2019].

_____. 1995. *Space, Time, Perversion*. New York: Routledge.

Halpern, D. F., L. Eliot, R. S. Bigler, R. A. Fabes, L. D. Hanish, J. Hyde, et al. 2011. "Education: The Pseudoscience of Single-Sex Schooling." *Science* 333(6050).

Haraway, Donna. 1991. *Simians, Cyborgs and Women: The Reinvention of Nature*. New York: Routledge [도나 J. 해러웨이, 『영장류, 사이보그 그리고 여자』, 황희선·임옥희 옮김, 아르테, 2023].

Harding, S. 2008. *Sciences from Below: Feminisms, Postcolonialities and Modernities*. Durham, NC: Duke University Press.

_____. 2009. "Postcolonial and Feminist Philosophies of Science and Technology: Convergences and Dissonances." *Postcolonial Studies* 12(4).

Harris, A. 2005. *Gender as Soft Assembly*. Hillsdale: Analytic Press.

Harris, Stephen J. 2005. "Jesuit Scientific Activity in the Overseas Missions, 1540-1773." *Isis* 95: 71-79.

Harrison, Mark. 2005. "Science and the British Empire." *Isis* 96: 56-63.

Hrdy, Sarah Blaffer. 1999. *Mother Nature: A History of Mothers, Infants, and Natural Selection*. New York: Pantheon [세라 블래퍼 허디, 『어머니의 탄생: 모성, 여성, 그리고 가족의 기원과 진화』, 황희선 옮김, 사이언스북스, 2014].

Hua, Jackie Yuanyuan, and Stephen J. Smith. 2004. "Neural Activity and the Dynamics of Central Nervous System Development." *Nature Neuroscience* 7(4): 327-332.

Hubbard, Ruth. 1990. *The Politics of Women's Biology*. New Brunswick, NJ: Rutgers University Press [루스 허바드, 『생명과학에 대한 여성학적 비판』, 김미숙 옮김, 이화여자대학교출판부, 1999].

Jacobson, Anne Jaap. 2012. "Seeing as a Social Phenomenon: Feminist Theory and the Cognitive Sciences." In Bluhm and Jacobson. New York: Palgrave Macmillan.

Jesudason, Sujatha Anbuselvi. 2009. "In the Hot Tub: The Praxis of Building New Alliances for Reprogenetics." *Signs* 34(4): 901-924.

Karkazis, K. 2008. *Fixing Sex: Intersex, Medical Authority and Lived Experience*. Durham, NC: Duke University Press.

Keller, Evelyn Fox. 1985. *Reflections on Gender and Science*. New Haven, CT: Yale University Press [이블린 폭스 켈러, 『과학과 젠더』, 민경숙·이현주 옮김, 동문선, 1996].

_____. 2010. *The Mirage of a Space between Nature and Nurture*. Durham, NC: Duke University Press [이블린 폭스 켈러, 『본성과 양육이라는 신기루』, 정세권 옮김, 이음, 2013].

Lancaster, Jane. 1991. "A Feminist and Evolutionary Biologist Looks at Women." *Yearbook of Physical Anthropology* 34: 1-11.

Landsman, Gail H. 1998. "Reconstructing Motherhood in the Age of 'Perfect' Babies: Mothers of Infants and Toddlers with Disabilities." *Signs* 24(1).

Lewin, Tamar. 2011. "Single-Sex Education Is Assailed in Report." *New York Times*, September 23, A19. http://www.nytimes.com/2011/09/23/education/23.

Maathai, Wangari. 2010. *Replenishing the Earth: Spiritual Values for Healing Ourselves and the World*. New York: Doubleday [왕가리 마타이, 『지구를 가꾼다는 것에 대하여』, 이수영 옮김, 민음사, 2012].

Mann, Charles C. 2005. *1491: New Revelations of the Americas before Columbus*. New York: Knopf [찰스 만, 『인디언: 이야기로 읽는 인디언 역사』, 전지나 옮김, 오래된미래, 2005].

_____. 2011. *1493: Uncovering the New World Columbus Created*. New York: Knopf [찰스 만, 『1493: 콜럼버스가 문을 연 호모제노센 세상』, 최희숙 옮김, 황소자리 출판사, 2020].

Martins, Susana S. 2003. "Imagining the High-Tech in Contemporary American Culture." PhD thesis, Department of English, Boston College.

Merchant, Carolyn. 1980. *The Death of Nature: Women, Ecology and the Scientific Revolution*. New York: Harper & Row [캐롤린 머천트, 『자연의 죽음: 여성과 생태학, 그리고 과학혁명』, 전규찬 옮김, 미토, 2005].

_____. 1989. *Ecological Revolutions: Nature, Gender, and Science in New England*. Chapel Hill: University of North Carolina Press.

_____. 1992. *Radical Ecology: The Search for a Livable World*. New York: Routledge [캐롤린 머천트, 『래디컬 에콜로지』, 허남혁 옮김, 이후, 2007].

_____. 2003. *Reinventing Eden: the Fate of Nature in Western Culture*. New York: Routledge.

Mies, Maria, and Vandana Shiva. 1993. *Ecofeminism*. London: Zed Books [마리아 미스·반다나 시바, 『에코페미니즘』, 손덕수 옮김, 창작과비평사, 2000].

Morland, I., A. Dreger, S. M. Creighton, and E. K. Feder, eds. 2009. *Intersex and After*. Durham, NC: Duke University Press.

Newell, K. M., Y.-T. Liu, and G. Mayer-Kress. 2003. "A Dynamical Systems Interpretation of Epigenetic Landscapes for Infant Motor Development." *Infant Behavior and Development* 26: 449-472.

Palmer, T. S. 1899. "A Review of Economic Ornithology in the United States." *Yearbook of the United States Department of Agriculture*, 258-292.

Paul, Diane. 1995. *Controlling Human Heredity: 1865 to the Present*. Atlantic Highlands, NJ: Humanities Press.

Piercy, Marge. 1976. *Woman on the Edge of Time*. New York: Knopf [마지 피어시, 『시간의 경계에 선 여자 1, 2』, 변용란 옮김, 민음사, 2010].

Plumwood, Val. 1993. *Feminism and the Mastery of Nature*. New York: Routledge.

Rapp, Rayna. 1984. "The Ethics of Choice." *Ms.* (April).

_____. 1990. "Constructing Amniocentesis: Maternal and Medical Discourses." In *Uncertain Terms: Negotiating Gender in American Culture*, ed. Faye Ginsburg and Anna Lowenhaupt Tsing, 28–42. Boston: Beacon.

_____. 2000. *Testing Women, Testing the Fetus: The Social Impact of Amniocentesis in America*. New York: Routledge.

Roberts, Dorothy. 2009. "Race, Gender, and Genetic Technologies: A New Reproductive Dystopia?" *Signs* 34: 783–804.

Rossiter, M. W. 1982. *Women Scientists in America: Struggles and Strategies to 1940*. Baltimore: Johns Hopkins University Press.

_____. 1995. *Women Scientists in America: Before Affirmative Action*. Baltimore: Johns Hopkins University Press.

_____. 2012. *Women Scientists in America: Forging a New World since 1972*. Baltimore: Johns Hopkins University Press.

Rothman, Barbara Katz. 1989. *Recreating Motherhood: Ideology and Technology in a Patriarchal Society*. New York: Norton.

Russett, C. E. 1989. *Sexual Science: The Victorian Construction of Womanhood*. Cambridge, MA: Harvard University Press.

Schiebinger, Londa. 1993. *Nature's Body: Gender in the Making of Modern Science*. Boston: Beacon.

_____. 2007. *Plants and Empire: Colonial Bioprospecting in the Atlantic World*. Cambridge, MA: Harvard University Press.

Shiva, Vandana. 1988. *Staying Alive: Women, Ecology and Development*. London: Zed [반다나 시바, 『살아남기』, 강수영 옮김, 솔, 1998].

_____. 1999. *Stolen Harvest: The Hijacking of the Global Food Supply*. Boston: South End Press [반다나 시바, 『누가 세계를 약탈하는가』, 류지한 옮김, 울력, 2003].

_____. 2012. "Global Visionary Solutions for a Secure and Sustainable Energy and Food Future." http://www.vandanashiva.org (accessed March 26, 2012).

Silver, Timothy. 1990. *A New Face on the Countryside: Indians, Colonists, and Slaves in South Atlantic Forests, 1500-1800*. Cambridge: Cambridge University Press.

Smuts, Barbara. 1992. "Male Aggression against Women: An Evolutionary Perspective." *Human Nature* 3: 1-44.

Spencer, J. P., M. Clearfield, D. Corbetta, B. Ulrich, P. Buchanan, and G. Schoner. 2006. "Moving toward a Grand Theory of Development: In Memory of Esther Thelen." *Child Development* 77(6): 1521-1538.

Stanworth, Michelle. 1987. "Reproductive Technologies and the Deconstruction of Motherhood." In *Reproductive Technologies: Gender, Motherhood and Medicine*, ed. Michelle Stanworth. Minneapolis: University of Minnesota Press.

Stepan, N. 1998. "Race, Gender, Science and Citizenship." *Gender and History* 10(1): 26-52.

Taylor, P. J. 2009. "Infrastructure and Scaffolding: Interpretation and Change of Research Involving Human Genetic Information." *Science as Culture* 18(4): 435-459.

Thelen, E., and L. B. Smith. 1994. *A Dynamic Systems Approach to the Development of Cognition and Action*. Cambridge, MA: MIT Press.

Thompson, Charis. 2005. *Making Parents: The Ontological Choreography of Reproductive Technologies*.

Cambridge, MA: MIT Press.

Tiffany, Sharon W., and Kathleen J. Adams. 1985. *The Wild Woman: An Inquiry into the Anthropology of an Idea*. Cambridge, MA: Schenkman.

Travis, C. B., ed. 2003. *Evolution, Gender and Rape*. Cambridge, MA: MIT Press.

Ulrich, Laurel. 1990. *A Midwife's Tale: The Life of Martha Ballard, Based on Her Diary, 1785-1812*. New York: Knopf [로렐 대처 울리히, 『산파 일기』, 윤길순 옮김, 동녘, 2008].

Wajcman, Judy. 1991. *Feminism Confronts Technology*. University Park: Pennsylvania State University Press [주디 와츠맨, 『페미니즘과 기술』, 조주현 옮김, 당대, 2001].

Warren, K. 2000. *Ecofeminist Philosophy*. Lanham, MD: Rowman & Littlefield.

Wilson, Elizabeth A. 2004. *Psychosomatic: Feminism and the Neurological Body*. Kindle edition.

Zuk, Marlene. 2002. *Sexual Selections: What We Can and Can't Learn about Sex from Animals*. Berkeley: University of California Press.

14장

포스트휴먼

Posthuman

지은이
루스 A. 밀러 Ruth A. Miller

옮긴이
이경란
이화여자대학교 이화인문과학원 객원연구원, 의료인문학연구소 공감클리닉 연구위
원장. 역서로 사라 아메드의 『행복의 약속: 불행한 자들을 위한 문화비평』(공역), 『이
야기로 푸는 의학: 공감과 소통으로 가는 여정』(공역)이 있다.

포스트휴머니스트가 말하는 바를 스텔락은 실행한다.

_윌리엄 깁슨(Gibson 2012).

스텔락[1]은 기계적·로봇적·생명공학적 부품들을 삼키고, 꿰매고, 뚫어 끼는 등 자기 몸 안에 도입하는 것으로 유명한 행위 예술가이다. 윌리엄 깁슨은 1980년 대 초에 사이버스페이스라는 용어를 만들어 낸 것으로 유명한 과학소설 작가다. 두 사람 모두 젠더 연구와 큰 관계가 없다. 그럼에도 불구하고 스텔락의 예술에 대한 깁슨의 이 말은 포스트휴먼이 젠더 연구에서 무엇을 하고 있는지에 대한 논평이기도 하다. 포스트휴먼은 젠더의 언술talk과 젠더의 걷기[실행]walk 모두를 변화시켰다. 젠더화된 발화의 문제와 젠더화된 신체의 문제 둘 다를 재구성했 다는 말이다. 더욱이 포스트휴먼은 젠더 기반 운동의 기본 목표들 가운데 하나 ─ 즉, 행위성[행위 주체성]의 탐색 ─ 를 복잡하게 만들었다. 마지막으로, 포스 트휴먼은 포스트휴먼적 세계만이 아니라 포스트젠더적 세계라는 유령, 아니 약속을 소환했다. 그러므로 스텔락이 걸음[실행]으로써 말한다walking talk는 깁슨 의 언급은, 젠더를 의식하는 생각하기, 행동하기, 존재하기, 살아가기의 방식들 이 (해체까지는 아니라도) 급진적으로 재절합되고 있음을 가리킨다.

포스트휴먼의 역사

신조어인 포스트휴먼은 양가적 용어다. 이 용어는 누구나 윤리적 혹은 정치적 으로 사용할 수 있도록 열려 있다. 젠더 연구자들이 이 말을 사용한 데서는 찬 성도, 불편함도 드러난다. 어떤 이들에게 포스트휴먼은 젠더 연구에서 이미 알

---

1 [옮긴이] 그리스 출신의 행위 예술가로, 본명은 스텔리오스 아르카디우Stelios Arcadiou이다.

려진 문제들에 대한 유망한 새로운 접근 방식을 뜻한다. 하지만 다른 이들은, 포스트휴먼이 관습의 영역에 제기하는 도전 때문에 정치적으로 마비 상태에 이를 수도 있다.

하지만 이 용어의 의미와 영향력 역시 시간이 흐르면서 변화해 왔다. 하나의 개념으로서 포스트휴먼이 널리 사용되기 시작한 것은 20세기 말 무렵으로, 미래주의적·유토피아적 시나리오들과 나란히 사용되었다. 이런 시나리오에서는, 예를 들어 깁슨의 '사이버스페이스'(혹은 깁슨의 '사이버스페이스'에 대한 오독들)가 물리적 공간을 대체하고, 불멸하고 무한하며 디지털화한 정신들이 필멸하고 유한하며 물질적인 신체들을 대체한다. 이런 기술 애호적 판타지에서 가상적 포스트휴먼, 즉 디지털 포스트휴먼은 신체를 지닌 (것에 불과한) 인간과 대립되며 그런 인간보다 우월하다. 오늘날, 이런 20세기 말 이야기들은 너무나 시대에 뒤진 듯 보인다. 이런 이야기들이 포스트휴먼이라는 말 뒤에 여전히 도사리고 있긴 하지만, 포스트휴먼 젠더 연구에는 거의 영향을 미치지 못한다.

하지만, 아마도 기대하지 않았던 방식으로, 포스트휴먼은 젠더의 역사들/이야기들에 핵심 개념이 되었다. 비록 신조어이지만 포스트휴먼은 젠더 연구자들이 젠더화된 삶[존재]을 기계, 자연, 혹은 환경 같은 명백한 비인간 사물에, 즉 탈신체화된[탈체현된] 가상의 디지털 인간 지능 이외의 다른 모든 것에 연결하는, 현재 진행 중인 수사학의 선례를 찾을 때 가장 효과적으로 동원되어 왔다. 달리 말해, 젠더화된 삶이 어째서 유기적·기계적·환경적인 비인간 물질을 역사적으로 환기해 왔는지를 설명하고자 할 때 포스트휴먼이 가장 효과적으로 동원되었다.

그렇다면, 자칭 포스트휴먼이라는 작업에 가상적 혹은 디지털적인 것이 있을지라도, 오늘날 포스트휴먼을 젠더 연구와 상관있게 만드는 것은 포스트모던이라는 개념이 육체적 물질을 상기시킨다는 점이다. 결국 스텔락이 일종의 포스트휴먼적 성명聲明으로서 자기 몸에 심은 갈고리로 매달려 있는 행위를 할 때, 이 행위 예술은 가상적인 것도 아니고 탈신체화된 것도 아니다. 젠더 연구에서 작동하는 포스트휴먼 역시 가상적인 것도 아니고 탈신체화된 것도 아니다. 실제로, 포스트휴먼의 분석 범주들에 의존하는 학술 연구와 명시적으로 '유물론적' 혹은 '신유물론적'이라고 자칭하는 최근의 학술 연구 사이에는 뚜렷한 친연성이 있다. 다이애나 쿨과 사만타 프로스트가 신유물론의 개념을 소개한 책에서 쓴 것처럼, "우리가 최근 미증유의 사태가 물질, 자연, 삶/생명, 생산 그리고 재생산의 측면에서 닥쳐오고 있다는 것을 깨닫기 때문이다. 이런 현대적 맥락에서 이론가들은 오래된 유물론적 전통을 재발견하는 동시에 이를 참신하고 때로는 실험적인 방향으로 또는 새로운 응용 분야로 밀어붙이도록 강제된다" (Coole and Frost 2010, 4[국역본, 13쪽]). 오늘날 젠더 연구를 뒷받침하는 여러 관행들에 도전하기 위해 포스트휴먼이 과거의 물리적 세계를 참조하듯, '신유물론자들'은 우리 시대의 정치적 문제에 대한 답을 구하기 위해 더 오래된, 때로는 잊힌, 유물론적 전통을 참조한다.

그래서 포스트휴먼의 역사에서 젠더와 관련된 부분을 찾으려면, 아마도 탈신체화된 인간의 정신들보다는 20세기 말의 사이버네틱스 저술에 나타난 두 번째 경향을 바라보는 편이 나을 것이다. 이 두 번째 경향은 불변의, 탈물질화된, 죽지 않는 정신을 유토피아적으로 꿈꾸었던 1980년대 기술 애호적 장르와 거의 완전히 반대 방향으로 진행된다. 이 경향은 사이보그, 즉 "사이버네틱 유기체" 형상을 이용해 포스트휴먼적 존재의 육체적·물질적·유한한 특질을 강조한다. 도나 해러웨이가 널리 영향을 미친 그의 페미니즘 저술 「사이보그 선언문」에서 말했듯, 사이보그는 개인의 삶과 집단의 삶 둘 다의 "부분성"과 "모순성"을 인정하는 정치학의 가능성을 제시한다(Haraway 1990, 157[국역본, 274쪽]). 포스트휴먼의 이런 변주는 물리적 세계에 단단히 자리 잡고 있을 뿐만 아니라 젠더 연구자들이 발명한 것이기도 하다. 사실 포스트휴먼에 대한 이런 해석은 많은 면에서 페미니즘적 글쓰기의 위기를 인지하고 그에 대응한 결과이기도 하다.

페미니즘적 글쓰기에서의 이 위기는 1980년대에 나타났다. 당시는 젠더 연구의 많은 작업들이 공격받았던 시기다. 이 20세기 말의 글쓰기는 주체/객체, 적극적/수동적, 문화/자연, 정신/신체, 포함/배제 등과 같은 이분법들을 훨씬 더 숭고해 보이는 목적을 위해 극복하고, 전복하고, 전유하는 데 전력을 다했지만, 그럼에도 억압적 권력관계를 해소하기보다는 재강화하는 것처럼 보였다. 합리적인 발화의 주체로서 인간이 젠더 연구의 규범으로 남아 있는 한, 그리고 말이 없는 비인간(혹은 비인간화된) 사물이 규범의 반면교사로 남아 있는 한, 적극적인 주체의 입지를 획득하는 것은 완전히-주체는-아닌 수동적인 타자를 대상화하는 일과 늘 연루되는 것 같았다. 말하자면, 젠더 연구자들이 이런 인간 중심적 이분법들을 염두에 두고 포용적 정체성과 포용적 주체성 이론들을 발전시키는 한, 포용의 끝은 역설적으로 배제되는 듯했다.

해러웨이는 이 문제를 다루는 이론적 도구로 사이보그를 제안했다. 특히, 사이보그는 자족적이고, 체현되고, 말하는 인간 — 이 인간 존재는 늘 주체와 객체 사이의 대립을 요청했다 — 에서 멀어져 인간과 혼합된 사물이나 비인간 사물로 향하는 움직임을 나타낸다. 다른 말로 하면, 학자들은 사이보그를 지적 출발점으로 취함으로써, 젠더 연구의 많은 작업을 마모시키고 있던 이분법들과 대립들의 역사적·정치적·방법론적 타당성을 문제 삼을 수 있었다. 사이보그는 이런 이분법들을 연구에 필수적인 — 논쟁이 필수라고 보더라도 — 사고 틀이라고 받아들이기보다는 이 이분법들을 제쳐 두게 했다.

예를 들어, 사이보그라는 포스트휴먼 형상은 위에 나열한 대립들이 역사적으로 그렇게 중요한 핵심은 아니었다고 암시한다. 정치적으로 이 형상은 주체 됨과 대상 됨의 동시성에 입각한 페미니즘적인 대안 윤리를 고려하라는 도전을 학자들에게 제기했다. 마지막으로, 방법론적으로 사이보그는 수동적이고 말이 없는 비인간화된 대상들을 적극적이고 말을 하는 인간 주체들로 대체하려는 전통적인 페미니즘의 시도들이 야기한 윤리적 늪을 통과해 나아가는 길을 모색할 수 있게 했다.

인간 주체성의 영역을 확장하려는 추구가 늘 그 끝에서는 대상화를 강화하는 경향을 보였다면, 사이보그는 젠더 연구자들이 이런 추구를 포기하고 총체화하는 시도를 벗어나는 프로젝트를 선호해야 한다고 말하는 듯했다. 해러웨이가 말하듯, 페미니스트들은 아마도 "경험을 완벽히 충실하게 명명하는 …… 공통 언어"를 꿈꾸는 대신, "동물 및 기계와의 융합을 통해 서구 로고스의 체현인 인간[남자]Man이 되지 않는 방법을 배우기"(Haraway 1990, 173[국역본, 313, 314쪽])를 꿈꿔야 할 것이다. 요약하면, 해러웨이의 사이보그는 동시성과 합성에 입각한 페미니즘적 존재[삶]를 제안했다. 무엇보다도, 말이 없는 수동적 대상에서 분리되거나 단절된, 말을 하는 적극적 인간 주체들을 생산하고자 하는 페미니즘에서 멀어지는 움직임을 제안했다.

실제로 20세기 말 내내 이 포스트휴먼 형상의 핵심적 특질은 하이브리드성이었다. 다시 말해, '사이버네틱 유기체'인 포스트휴먼은 기계적이면서 동시에 가상적이고 유기체적이다. 주체이면서 동시에 대상이고, 능동적이면서 동시에 수동적이고, 문화이면서 동시에 자연이다. 사이보그는 또한 정체성[동일성]으로 말하기보다는 과정으로 언급할 때 가장 잘 묘사될 수 있었다. 그래서 이 포스트휴먼 형상은 젠더 연구가 상당 부분 의존했던 이분법, 대립, 이원론을 해체할 뿐만 아니라, 학자들이 존재being의 문제에서 벗어나 행함doing의 문제로 향하도록 했다. 사이보그는 학자들이 젠더를 존재[삶]의 변이로 보기보다는 현재 진행 중인, 물질적인, 그리고 변화 가능한 활동으로 이론화하도록 했다. 달리 말하면, 사이보그는 계속 확장되는 잠재적 인간 주체들의 영역에 능동적·정치적인 정체성을 끝없이 부여하는 작업의 윤리적 문제 및 현실성에 문제를 제기했다. 크리스틴 아스달이 말하듯, "해러웨이의 요점은 새로운 재현이 필요하다는 것이 아니라, 새로운 실천의 형식이 필요하다는 것이다"(Asdal 2003, 71).

하지만 사이보그는 많은 포스트휴먼적 정식화 가운데 처음 나온 것일 뿐이다. 21세기로 전환되던 무렵, 주로 하이브리드성 — 하이브리드 인간, 하이브리드 유기체, 하이브리드 신체 — 에 집중되었던 논의는 인간뿐만 아니라 비인간 시스템들, 네트워크들, 환경들에 대한 논의로 일반화되었다. 그 결과 포스트휴머니즘적 젠더 연구 분석에서조차 핵심 범주였던 소통하는 발화와 체현된 주체들이 대안적인 규범들, 즉 흩어지고 분산된 규범들로 바뀌기 시작했다.

나아가, 소통하지 않는 이런 물질적 시스템들 — 가령, 네트워크화된 기계들, 분해되는 쓰레기나 자연 환경 — 이 포스트휴먼 젠더 연구의 출발점으로서 사이보그를 대체하자, 새로운 질문이 무대 중심을 차지했다. 젠더화된 존재와 젠더화된 수행이 역사적으로 이런 혹은 다른 환경들, 시스템들, 영역들, 그리고 물질의 축적들과 결부되어 있다면, 그렇다면 이런 비인간 존재들도 젠더를 가지고 있다(혹은 행한다)고 할 수 있을까? 다르게 말하면, 우리는 젠더를 분산된 혹은 흩어진 현상으로 설명할 수 있을까?

포스트휴먼 발화

이 문제를 다루려면 젠더 연구라는 학문에서 두 개의 핵심 개념인 발화와 신체를 재개념화할 필요가 있다. 발화가 순수하게 인간의 자질이라는 ― 즉, 인간을 정의하는 특징은 인간의 체현된 발화 능력이라는 ― 관념(그리고 발화가 인간 주체를 생산한다는 사실이야말로 발화의 결정적 특징이라는 관념)은 아주 오래되었다. 이 오래된 관념은 여러 정치적·철학적 맥락에서 작동해 왔다. 예를 들어, 정치적으로, 또한 정치적 차원에서, 발화할 권리는 인간 시민들을 그들의 말 없는, 완전히 정치적이지도 않고 (그들에게 치명적인데) 완전한 인간도 아닌 대응 짝들과 구분짓는 것으로 이해되어 왔다. 철학적으로 볼 때 발화는, 체현된 인간 주체가 형성되거나 소멸될 수 있는 바탕으로서 담론의 장을 구성하는 한에서만 발화라고 정의되었다.

양쪽 모두의 경우, 발화가 인간의 소통, 인간의 신체, 인간의 주체성에서 분리되면, 그것은 비발화가 된다. 비인간적이고 비소통적이면, 그런 발화는 소음에 불과하다 ― 젠더를 기술하고 이론화하고자 하는 학술 활동과는 거의 관련이 없는 소음 말이다. 실제로, 발화가 체현된 인간 현상으로 협소하게 정의되는 한, 흩어진 혹은 분산된 젠더는 불가능이다. 젠더가 언어적인 것이라면, 그리고 언어가 체현된 것이고 인간의 것이라면, 그렇다면 젠더도 똑같이 체현된 것이고 인간의 것이어야만 한다.

하지만 만약 발화가 순수하게 인간적인 특질이 아니라면 어떨까? 만약 우리가 발화를 인간의 주체성에서 그리고 인간의 신체에서 분리해 낸다면 어떨까? 발화가 서로 소통하는 인간들에 대한 것이 아니라 작동하는 시스템들 ― 즉, 코드를 수행하는 네트워크화된 기계들 ― 에 대한 것이라면 어떨까? 다른 말로, 발화가 인간적이 아니라 포스트휴먼적이라면 어떨까?

이 전제들의 타당성을 받아들이면 다음과 같은 세 가지 결과가 나타난다. 첫째, 발화가 신체들을 통해서가 아니라 시스템들을 통해 나타나기 시작한다. 발화가 신체를 빚어내는 대신, 물질적 환경을 구성하기 시작한다. 이와 관련된 두

루스 A. 밀러
456

번째 결과로, 발화는 (반드시) 소통할 때가 아니라 행동할 때 발화가 된다. 발화는, 그것이 이차적으로 신체적이 될 수 있는 소통적 활동이기 때문에 발화가 되는 것이 아니라, 이차적으로 소통을 포함할 수 있는 신체적 활동이기 때문에 발화가 된다. 그리고 마지막으로, 젠더가 이런 발화 유형을 참조해 이론화되면, 정말로 젠더가 흩어진 혹은 분산된 현상으로 특징지어진다고 말할 수 있게 된다. 포스트휴먼적 발화가 발생하고, 수행되고, 혹은 작동한다면, 젠더는 정말로 별개의 신체들만이 아니라 물리적 시스템들도 가로질러 수행될 수 있다.

발화나 언어가 내용 혹은 의미를 만들어 내는 도구라기보다는 분산된 시스템으로서 더 잘 설명될 수 있다는 생각이 물론 포스트휴머니즘적 글쓰기에만 고유한 것은 아니다. 기호학 분야의 여러 사상가들은 꼭 하이브리드, 포스트휴먼, 혹은 비인간의 사례들에 의지하지 않고도, 내용으로서의 언어보다 시스템으로서의 언어에 좀 더 특권을 부여해 왔다. 예를 들어, 20세기 전환기에 페르디낭 드 소쉬르는 이미 발화의 실재물로서의 특질과 대립되는 관계적 특질을 언어 이론이 다뤄야 할 문제로 제기한 바 있다(Hayles 1990, 178).

언어에 대한 이런 방식의 사유에 특히 포스트휴먼이 기여한 바는, 첫째, 이 시스템적 혹은 분산된 발화의 물질적 잠재력을 강조한 것이고, 둘째는, 이것의 경험적 타당성을 강조한 것이다. 언어 시스템에 대한 인간 중심적 이론들이 추상적 기호와 추상적 지시 대상들 사이의 관계를 논한다면, 포스트휴먼 이론들은 언어의 유희를 물리적 물질의 유희로 설명한다 — 예를 들어, 1에서 0으로 다시 0에서 1로 연산적 비트가 전환됨으로 설명한다. 언어를 내용과 분리시킬 것을 주장한 인간 중심적 이론가들이 발화를 소통의 도구에 불과한 것으로 정의하는 데서 발생하는 윤리적·정치적·미학적 문제들을 부각했다면, 포스트휴머니즘 옹호자들은 경험에 비추어 볼 때 발화가 그런 방식으로 기술될 수 없다고 주장했다.

예를 들면, 분산된 발화의 두 특징을 선명하게 알 수 있다. 포스트휴먼 언어 이론을 받아들이는 많은 저자들은, 현대의 과학 실험실을 발화가 물리적이고 시스템적인 방식으로 작동하는 무대로 본다. 과학 실험실 안에서는 말하는 주체와 말 없는 대상을 나누는 어떤 경계선도 사라진다고 상정된다. 사실 실험실의 목적 자체가 비인간 물질의 발화를 촉진하는 것이다. 이런 맥락에서 흔히 인용되는 저자인 브뤼노 라투르가 말하듯, 실험실은 "은하계, 신경세포, 세포, 바이러스, 식물, 빙하들"이 과학자들과 함께 말함으로써 "집단적 삶"에 참여하는 곳이다(Latour 2004, 68). 책임 있는 과학적 탐구의 핵심은 과학자들이 자신들만의 고유한 언어적 경험과 삶[존재]에 대한 믿음을 포기하는 능력이라고 라투르는 말한다.

그러므로 인간 과학자들이 실험실에서 해야 하는 역할이 있다면, 그것은 비인간들을 위해[혹은 대신해] 말하는 것이 아니다. 인간의 발화를 비인간에게 은유적으로 확장하거나 명예 인간의 지위를 비인간 사물들에게 부여하거나 더 많은 신체들을 인간의 정체성이나 행위성의 영역 안으로 통합해 들여오는 것이 아니다(Latour 2004, 70). 그보다는, 실험실에서 인간들은 물질적 환경 — 그 환경 안에서는 주체와 대상, 정치나 문화와 자연, 능동성과 수동성 사이의 구분들이 유지될 수 없다 — 을 구성하는 집단적 발화 활동에 비인간인 것과 나란히 참여한다. 인간들은 사물들이나 환경들을 위해 말하는 것도 아니고, 사물들이나 환경들로 이루어진 배경에 대항해 말하는 것도 아니다. 인간들의 발화는, 비인간 발화 안으로 녹아들고, 그 자체로 물질적이며 환경적이다. 인간의 발화는 분산되어 있는데, 왜냐하면 실험실은 그 정의상 인간적 그리고 비인간적 사물들, 환경들, 그리고 행위들의 위계적 참여가 아닌 수평적 참여에 맡겨진 공적 공간이기 때문이다.

그렇다면 이는 분산된 발화가 작동하는 사례로 볼 수 있다. 하지만 이 발화 역시 신체적으로나 물질적으로 수행적인가? 그리고 그것은 반드시 소통적이지 않으면서도 신체적으로 수행적인가? 두 번째 사례, 다른 방식으로 분산된 비인간 발화의 사례가 이런 질문들에 답을 줄 듯하다. 실험실에서의 발화처럼, 연산의 발화computational speech는 주체적이기보다는 환경적이다. 실험실에서의 발화처럼, 연산의 발화는 장들과 시스템들을 생산하고, 또 그것들을 통해 작동한다. 그것은 주체나 별개의 신체를 구성하지 않으며, 그 언어를 말하는 것들(기계들)의 정체성과 아무 관계가 없다.

더욱 중요한 점은, 기계 코드의 특징은 소통이라기보다 물리적 작동이다.

코드는 실행한다 ─ 코드는 전자회로를 통해 실행한다. 의미의 전달은 다만 이차적으로 이루어진다. N. 캐서린 헤일스가 말하듯, "['자연스러운', 즉 인간의-인용자] 수행적 발화에서는 수행되는 행동의 본래 상징적이고 물리적 행동을 필요로 하지 않기 때문에 말하는 것이 곧 행동하는 것이지만, 컴퓨터 작용의 기초적인 차원에서는 물리적 행동이 컴퓨터 작용에 직접 상응하는 상징적 차원까지 가지고 있으므로 행동하는 것이 곧 말하는 것이다"(Hayles 1999, 275[국역본, 483쪽]).

다시 말하면, 전통적인 인간의 발화 행위와 달리 연산적 언어활동은 수행적인데, 이는 그것의 상징적 혹은 소통적 특질들이 물리적이 되기 때문이 아니라, 상징적 소통이 아닌 물리적 실행이 그것을 정의하는 특징이기 때문이다. 실제로, 연산 코드가 의존하는 정보 이론은 첫째, "의미와 정보"를 분리하고(Hayles 1990, 6), 둘째로는 정보의 근본 문제가 소통이 아니라 저장의 문제라고 상정한다(Hayles 1990, 55). 즉, 이 이론은 발화를, 과도하게 물리적이지만 꼭 의미를 전달하는 것은 아닌, 일련의 언어적 수행이라고 상정한다.

결과적으로, 기계 코드는 정말로 실험실에서의 발화와 비슷하다. 즉, 분산되어 있고, 수행적이며, 소통적이 아니면서 물질적이다. 포스트휴먼 발화의 여러 변이들과 더불어, 기계 코드는 최소한 젠더의 분산된, 물질적인, 환경적인 특질을 부각하는 젠더 이론의 가능성을 시사한다. 혹은, 달리 말하면, 만약 수행적 발화가 정말로 젠더화된다면, 그렇다면 코드를 수행하는 기계와 실험실의 물질적-언어적 환경도 똑같이 그러하다고 주장할 수 있다. 만약 수행적 발화가 젠더 연구에 핵심적 문제라면 시스템들, 네트워크들, 그리고 환경들 역시 그러하다.

포스트휴먼 신체들

하지만 이런 포스트휴먼 발화 이론들이 젠더화된 언어의 물리적 유희에 대한 흥미로운 새로운 해석들을 보여 준다면, 그것들은 또한 젠더화된 신체에 그만큼 잠재적으로 치명적인 개념적 도전을 제기한다. 그러므로 분산된, 흩어진, 포스트휴먼적 젠더에 대한 글쓰기가 우리에게 다시 살펴보라고 요구하는 두 번째 핵심적 개념은 신체이다. 포스트휴먼 젠더 이론들이 얼마나 개념적 범주로서의 신체를 축소했는지 혹은 축소해야 하는지에 대한 학자들의 의견은 제각기 다르다. 예를 들어, 몇몇 학자들은 분명하게 포스트휴먼 때문에 발생하는 듯 보이는 페미니스트 분석 범주로서의 신체의 주변화 — 혹은 신체의 소멸화 — 에 대해 포스트휴먼의 책임을 사면해 주려고 한다. 아네트 버풋 같은 다른 학자들은 포스트휴먼이 [몸이라는] 페미니즘의 이 핵심 개념을 가차 없이 공격하는 듯하다고 비판한다(Burfoot 2003, 47-71, 68).

포스트휴먼 탈신체화에 대한 중요한 비판들 가운데 가장 널리 퍼져 있는 것은 '~에 불과한 것' 비판이라고 특징지어지는 비판이다. 이 비판은 이렇게 시작한다. 만약 포스트휴먼적 발화의 물질성이 환경적·시스템적 혹은 연산적이라면 — 만약 포스트휴먼적 발화가 신체들을 피해 가거나, 혹은 더 나쁘게, 신체를 환경, 시스템, 혹은 네트워크로 변형한다면 — 신체를 지닌 인간은 단지 환경, 공간, 도구, 혹은 사물에 불과한 것이 될 것이다. 만약 포스트휴먼 발화의 수행, 실행, 혹은 작동이 인간의 신체를 흩어진 물질로 대체한다면, 신체는 아무것도 아닌 것만도 못한 것으로 축소될 것이다. 수동적 대상 혹은 텅 빈 환경이 될 것이다.

예를 들어, DNA를 분산된, 물질적인, 혹은 포스트휴먼적인 언어의 변이로 읽는 학자들은 신체를 코드 — 이 경우는 유전자 코드 — 에 불과한 것으로 변형했다고 널리 비판받고 있다. 일단 그렇게 변형되고 나면, 신체는 처음에는 환경 — DNA 복제를 위한 플랫폼 — 이 되고, 두 번째는 도구 — DNA의 궁극적 목적이 아닌, DNA 복제의 수단 — 가 되고, 결국에는 — [이 점이] 젠더 연구에서 가장 중요하다고 주장될 수 있는 부분인데 — 코드화된 부분들(기관들, 세포들, 면역학적 반응들)의 집합체, 분리하고 탈맥락화하고 구매되고 판매되고 특허받을 수 있는 대상들이 된다(Thacker 2003, 72-97, 87).

그렇다면, 여기서 포스트휴먼 발화는 신체가 언어에 의해, 언어를 통해 구성된다는 낯익은 이야기를 역전하고 있다. DNA가 일종의 수행적인 물질적-언어적 시스템으로 읽히면, 발화는 신체들을 분해해 단지 정보에 불과한 것(아무것도 아닌 것)으로, 사물에 불과한 것(그저 어떤 무언가)으로 만든다. 즉, 공간과 환경으로 만들고, 도구와 대상으로 녹여 버린다. 정말로 이 내러티브에서는 포스트휴먼적 발화가 이전에 신성했던 인간 신체를 소비자 욕망의 대상이며 공간 바로 그것으로 변형한다. 젠더 연구에 분명한 의미가 있는 부분이다.

이 '~에 불과한 것'이라는 주제의 또 다른 변이는 포스트휴먼적 언어와 신체화를 연구하는 많은 학자들이 다루는 디스토피아적 과학소설에 나타난다. 예를 들어, 이 글쓰기 장르는 가상적이고 기계적인 하부구조들을 가로질러 분산되어 있는 신체들 — 다시 말해, 표면적으로는 신체의 도구인 컴퓨터적 혹은 기계적 네트워크와 구별되지 않는 신체들 — 을 묘사한다. 그래서 이 장르는 연산적 코드나 컴퓨터 바이러스를 신체적·생물학적, 혹은 유기적 질병으로 묘사한다. 즉, 핵심적으로 질병으로 전환된 정보를 내세우면서, 신체를 이 질병의 오염 가능한 그릇으로 본다(Hayles 2005, 227).

다시 한번, 젠더 연구에 함의하는 바들이 선명하게 나타난다. 페미니즘 이론들 가운데서 인간 신체가 환경, 도구, 그릇으로 변형되는 것을 어떤 식으로든 거부하지 않는 이론을 찾기는 어렵다. 하지만 여기서 발화가 신체를 정확히 그런 사물 — 공간, 도구, 비활성 물체 — 로 변화시키고 있다. 그러므로 발화와 물질에 대한 포스트휴먼 이론들은 젠더 연구의 가장 중요한 정치적·윤리적·지적 기반들 가운데 하나를 약화하는 듯 보인다. 만약 이런 포스트휴먼 이론들을 받아들인다면, 이 이론들은 최악의 젠더화된 폭력과 억압을 강화하는 듯 보일 수 있을 것이다. 신체가 소비되고 침범되고 도구화될 수 있을 뿐만 아니라, 그렇게 되어야 하는 사물로 변형됨을 찬양하는 듯 보일 수 있다.

하지만 '~에 불과한 것'이라는 비판은 그 자체가 비판에 취약하다. 실제로, 만약 단지 환경, 시스템, 사물, 혹은 도구에 불과한 것이 될 때 수반하는 도덕적 문제들을 괄호 안에 넣는다면,[2] 젠더화된 물질이라는 대안적 윤리를 발전시킬 수 있다. 예를 들어, 신체를 사고팔 수 있는 사물로 변질시킨다고 포스트휴먼 발화를 비판하는 대신, 인간 신체와 비인간 물질의 구분에 의존함으로써 모든 비인간 사물을 상업과 소비에 아무 의문도 제기하지 않고 노출시키는 법적 틀

---

2 [옮긴이] 괄호 안에 넣는다는 표현은 토론에서 잠시 제외하거나 보류한다는 뜻이다.

을 비판할 수 있게 된다. 비슷한 방식으로, 능동적인 신체를 수동적인 환경이나 도구로 대체했다고 포스트휴먼 발화를 비판하는 대신, 능동적/수동적, 사용자/도구 같은 구분들을 공고화한 다음 환경을 확고하게 후자의 영역에 위치시키는 정치적 담론을 비판할 수 있게 된다.

포스트휴먼 발화와 포스트휴먼 유물론을 젠더 분석에 유효한 범주로 인정하는 학술 연구는, 다른 말로 하면, 젠더 연구를 하는 많은 사람들에게 친숙한 윤리적·정치적 움직임을 모방한다. 이전 세대의 학자들은 단지 신체'에 불과한 것'이 되는 두려움 — 가부장적 헌정 구조에서 완전히-평등하지는-않은 탈신체화된[추상화된] 시민으로서의 양가적 지위마저 상실할 수 있다는 두려움 — 과 씨름했다. 젠더에 기반한 지속적인 폭력과 억압을 다루기 위해 포스트휴먼 언어 이론들에 기대는 학자들도 유사하게 단지 물질적 환경'에 불과한 것'이 되는 두려움 — 신체를 지닌 주체라는 양가적 지위조차 상실할 수 있다는 두려움 — 과 씨름한다. 그들은 탈신체화된, 자유주의적인, 권리에 기반한 시민권의 가치에 문제를 제기하는 것이 해방과 힘 기르기에 도움이 되었던 것과 같이, 신체의 가치에 문제를 제기하는 것이 해방과 힘 기르기에 도움이 되지 않을지 묻는다. 그들은 아리스토텔레스적인 정치 참여 이론들이나 데카르트적인 주체성 이론들을 버리는 것만큼, 신체화를 버리는 것도 정치적으로, 윤리적으로, 지적으로 가치 있는 일인지 묻는다.

하지만 물론, 이렇게 탈신체화되어 있지만 여전히 물질적인 현상인 포스트휴먼 발화를 받아들이면, 이는 다시 학자들이 포스트휴먼 언어 이론에 제기한 두 번째 주요 비판에 이르게 된다. 이 학자들은 신체에 대한 감상적 애착이 아니라 아주 특정한 정치적이고 윤리적인 문제, 즉 만약 포스트휴먼 발화가 신체를 소멸시키면, 세 번째 항인 행위성도 나름의 일관성을 상실할 것이라는 문제에 관심이 있었다. 한 세대의 젠더 연구들이 보여 주고 있듯이, 신체에서 나온 발화를 참조하지 않고 행위성을 기술하는 것은 불가능하다. 그러므로 포스트휴먼 발화가 수행적이고 물질적이지만 신체화된[신체에서 나온] 것은 아니라는 설명은 대부분의 행위성 이론들의 기본 토대를 흔드는 것처럼 보인다. 젠더를 의식하는 비판적 행위성 담론의 토대가 되는 신체와 발화의 연결성을 포스트휴먼 언어 이론이 해체함에 따라, 행위성은 이도 저도 아닌 것이 된다.

그러므로 포스트휴먼이 젠더 연구라는 학문을 마비시킬 수 있다는 염려는, 넓게 보면, 근거가 없는 것은 아니다. 일부 학자들은 행위성이 재정립될 수 있다고 — 분산된 젠더를 찾아낼 수 있는 것과 같이 분산된 행위성, 즉 물질적·언어적 시스템들을 가로질러 작동하는 행위성을 찾아낼 수 있다고 — 주장했다. 하지만 그런 만큼, 또 다른 학자들은 포스트휴먼이 제공하는 기회를 이용해 행위성의 가치를 전적으로 문제시한다. 후자에 속하는 학자들은 젠더 포스트행위성을 이론화하기 시작하고 있다. 하지만 포스트행위성이 정말로 포스트젠더를 말하는 또 하나의 용어에 불과한 것일까?

포스트행위성

행위성에 대한 젠더 의식적 연구의 전통적인 목적들 가운데 하나는 행위성을 오직 능동적인, 정치적인, 탈신체화된, 그리고 흔히 남성인 주체들에게만 부여했던 19세기 저술에 도전하거나 그것을 수정하는 것이었다. 19세기 저자들이 신체의 존재가 정치적이었다는 사실에 대해, 혹은 신체, 발화, 행위성 사이의 복잡한 관계에 대해 알지 못했다는 말이 아니다. 하지만 대부분의 경우 그들은 신체를 행위 주체성의 비활성적 소유물[자산]로, 발화를 마찬가지로 비활성적인 도구로 이해했다. 합리적이고 자유주의적인 주체들은 발화를 사용했고 자신의 신체를 소유했다. 실제로, 행위성은 합리적 주체가 언어를 도구로 사용하는 능력, 그리고 이전에 존 로크가 말했듯이, 자유주의적 사회계약의 구속 안에서 신체를 소유물로 다루는 능력에서 특히 발현되는 것이었다(Hyde 1997, 54, 55).

젠더 연구 학자들은 정치적인 이유와 철학적인 이유에서 발화, 신체화, 그리고 행위성에 대한 이런 해석을 비판했다. 정치적으로, 이 해석은 젠더화된 주체들 — 흔히 자신의 신체를 부분적으로만 소유할 수 있거나 자신의 발화를 오직 부분적으로만 제어할 수 있다고 규정되었던 주체들 — 을 필연적으로 부분적인 행위 주체가 되게 했다. 철학적으로, 이렇게 정의된 행위성은 발화와 신체의 능동적 작용을 설명하지 못한다. 이런 언어 이론과 행위 주체성 이론을 받아들인 학자들은, 언어가 주체의 도구인 만큼이나 주체도 언어의 도구가 될 수 있음을 간과하는 것 같았다. 주디스 버틀러의 영향력 있는 주장처럼, 이 학자들은 신체들과 발화의 상호 구성적 성격을 간과했고(Butler 1997, 5, 159[국역본, 19, 301, 302쪽]), 그 결과 정치적·윤리적·문화적 힘으로서 행위성이 갖는 젠더화되고 상황적이고 물질적인 토대들을 포착하지 못했다.

　젠더 의식적 학술 연구는 그래서 무엇보다도 먼저 신체에서 나오는 발화를 진지하게 고려하면서 행위성을 재정의하기 시작했다. 이런 연구는 행위성을 담론과 체현의 교차점에 위치시켰다. 이런 장르[경향]의 저자들은, 행위성이 언어를 도구로 사용하는 능동적 주체 — 즉, 수동적·비활성적인 언어를 지배하는 주체 — 와 결부될 수밖에 없다는 관념에 도전했다. 이런 저술은 주체, 주체의 신체, 그리고 발화를 상호 생산적인 것[서로를 생산하는 것] — 각각이 서로에게 취약한 것 — 으로 이해함으로써, 행위성을 일련의 신체적이고 언어적인 상호작용으로 재정의했다(Butler 1997, 26, 27[국역본, 60-62쪽]). 행위 주체들은 언어를 사용하고 자신의 신체를 소유하는 능력이 아니라, 언제나 이미 존재하는 담론의 장 안에서 신체화의 새로운 양태들을 발견하는 능력에 의해 정의되었다. 발화는 도구가 아니라 하나의 장이었다. 행위 주체는 그 장 안에서 작동했으며, 행위 주체는 그 장에 연결되어 있으나 묶여 있는 것은 아니었다. 행위 주체는 역사적인 담론의 장 안에서 신체를 반복적으로 재맥락화하고 재기호화할 수 있는 주체였다(Butler 1997, 99[국역본, 194, 195쪽]).

　이 행위성 이론은 많은 젠더 연구에서 여전히 영향력을 발휘하고 있다. 이 이론은 19세기의 행위성 정의, 즉 행위성을 주체의 소유물로, 더욱이 신체와 언어를 도구로써 사용할 수 있게 해주는 무언가로 정의하는 방식에 도전할 뿐만 아니라, 또한 발화, 신체와 젠더에 대해 설득력 있는 다른 대안적 이야기도 제시한다. 행위성을 활동이나 과정으로 정의함으로써 학자들은 젠더를 정치적·윤리적·학문적 대화에 재도입할 수 있었고, 또한 말과 신체가 행하는 물질적·정치적 작용을 다시 인식할 수 있었다. 예를 들어, 행위성을 하나의 과정으로 정의함으로써, 학자와 활동가들은 "상처 주는 말들"[해악을 주는 말들]에 대해, 이런 "말들이 시간이 지나면서 자신의 상처 주는[해악을 주는] 힘에서 분리되어 더 긍정적 양태로 재맥락화될 수 있다"는 깨달음으로 반응할 수 있었다. 말하자면, 행위성을 언어와 신체의 교차점에 위치시킴으로써, 단순히 언어적 폭력의 방향을 틀기보다는 — 혐오 발화에 대한 "엄격한 법적 제재의 추구"가 그 예이다 — 언어폭력을 비활성화할 수 있게 되었다(Butler 1997, 15[국역본, 39, 40쪽]).

하지만 포스트휴먼은 이런 행위성 해석을 교란하며 발화의 이런 긍정적 양태를 부인한다. 육체적[물리적] 존재의 단독적 성격보다 분산된 성격을 강조하고, 언어의 소통적 성격보다 작동적 성격을 강조함으로써, 포스트휴먼은 주체와 신체 둘 다를 등식에서 제거한다. 담론적 장뿐만 아니라 물질적 장에도 거주하는 포스트휴먼은 행위성 역시 분산된 것으로 만든다. 물질이 육체적[물리적]이지만 탈신체화되어 있고, 언어가 작동은 하지만 소통하지는 않는다면, 신체를 지닌 주체들은 행위성 이론들에 살짝 닿아 있거나 그냥 무관한 것이 된다. 만약 행위성이 정말로 존재한다면, 그것은 흩어져 있어야 한다. 행위성이 [하나의 몸으로] 신체화될 수는 없다.

젠더를 연구하는 학자들은 이런 분산된 행위성을 논의한 포스트휴먼 이론들을 다양한 방향에서 비판해 왔다. 예를 들어, 몇몇 학자들은 '탈신체화된 그러나 물질적인 행위성' 개념이 불가피하게 모순적이라고 말한다. 분산되어 있는 언어적-물질적 시스템 안에서 더욱더 작아지는 행위성의 지점을 정확히 잡아낸다고 해서 신체가 사라지는 것은 아니라고 그들은 주장한다. 단지 신체가 축소될 뿐이고, 인간과 비인간 신체들 사이의 관계가 가려지고 탈맥락화할 뿐이며, 그럼으로써 분산된 행위성을 주장한 포스트휴먼 이론들이 분명히 약화하려던 데카르트적 정신-신체 이분법으로 회귀할 위험에 처하게 된다(Hayles 2005, 173, 174). 이런 비평가들에 따르면, 분산된 행위성은 신체가 무시할 만큼 작아질 때까지 신체를 축소하는데, 이는 자신들의 행위성 이론으로 신체와 물질 둘 다의 활동을 상쇄하려 했던 19세기 자유주의 저자들에게 호소력을 가졌을 법한 방식이다.

하지만 동시에 이 학자들은 비인간 사물들이 신체화되고 소통하는 인간 주체들의 행위성에 여전히 아주 많이 관련되어 있다고 주장한다. 실제로, 그들에 따르면, 체현된 인간 주체에서 출발하는 행위성 논의들은 비인간들을 (인간은 아니더라도) 인격체로 봄으로써 행위성을 비인간들에게도 쉽게, 윤리적으로, 생산적으로 확장할 수 있다. 젠더 연구자들이 이미 이론화한 행위성은 ─ 우연적이고 조심스럽고 취약한 것이긴 하지만 ─ 비인간들이 구현할 수도 있는 행위성이다(Hayles 2005, 177). 순전히 포스트휴먼적인 행위성은 불가능하다. 하지만 비인간들 ─ 쓰레기, 벌레, 전기 배선망, 음식물, 줄기세포 등처럼 다양한 비인간들(Bennett 2010, xiii[국역본, 13쪽]) ─ 에게도 인간의 행위성을 확장하는 것은 정말로 탐색할 만한 가치가 있다.

하지만 다른 학자들은 비인간 사물에 행위성을 확장하는 것은 ─ 심지어 그것이 인간을 규범으로 취하는 행위성이라면 ─ 정치적으로 위험하다고 주장한다. 그런 확장은 인간의 신체를 다른 물질과 무모하게 한데 섞어 버림으로써 대상화되고 소비될 수 있게 할 뿐만 아니라, 또한 인종차별적·성차별적·계급 차별적 사회구조들을 해체하는 도구가 될 수 있는 행위성도 무력한 것으로 만들어 버린다. 그러므로 이런 문헌에서 포스트휴먼 행위성 이론들을 정교하게 발전시키는 것은 전통적으로 젠더 연구 학자들에게 동기를 부여했던 정치적 목적을 등한시하는 지적 유희를 수반한다(Burfoot 2003, 68, 69). 포스트휴먼 행위성 이론들은, 젠더 연구가 고무하고 촉진해야 할 운동[실천]을 약화하는, 사소한 학문적 오락에 불과하다. 이 두 번째 집단의 학자들은 젠더 연구가 행위성을 다루는 한에서는 행위성이 인간과 관련되어야 한다고, 오직 인간에게만 그래야 한다고 주장한다.

마지막으로, 세 번째 갈래의 저자들도 행위성을 비인간에게서 분리시키지만, 이들은 젠더 연구에서 행위성이 과연 유용한 용어인지를 묻는다. 이 학자들은 행위성이 (작동적 언어보다) 소통적 언어에 실제로 결부되어 있다고, 행위성의 소환은 필연적으로 체현된 인간 주체성의 소환이라고, 그리고 분산과 흩어짐으로 행위성을 희석하는 것은, 어쩌면 용납 불가능한 정도로, 인간 중심적, 젠더 의식적 운동을 혼란스럽게 하는 것이라고 인정한다. 그러므로 이런 저술은 행위성을 괄호 안에 넣으려 한다. 행위성에 도전하거나 재구성하려고 시도하는 대신, 이 장르의 학자들은 젠더를 행위성 없이 기술하려고 한다(Allen 2003, 6-24,

18). 그들은 비소통적인, 작동 중심의 발화를, 그렇지만 젠더는 상실하지 않는 발화를 상상하려 한다. 그리고 그들은 탈신체화된 물질성을 상상하면서도 젠더를 계속 논의의 전면에 두고자 한다.

포스트휴먼 젠더와 행위성에 대한 연구에서 이 마지막 경향이 지적하는 바는 행위성이 비윤리적이라거나, 인간 중심적 젠더 연구가 올바르지 않다는 것이 아니다. 젠더가 순수하게 인간적인 영역을 넘어 작동할 수 있다 — 말하자면, 기계들, 쓰레기, 전기, 혹은 유기적 물질로 이루어진 분산된 시스템들도 젠더를 가지거나 젠더를 행할 수 있다 — 는 것이 이들의 요점이다. 그리고 만약 젠더가 정말로 이런 방식으로 작동한다면, 행위성을, 방법론적으로라도, 잠시 무시하는 것도 괜찮을 수 있다. 기존의 비판적인 행위성 이론들 — 여기서 행위성은 반복적으로 자신을 담론장 안에 재위치시키려는 체현된 인간 주체들을 수반한다 — 을 어떻게 해서든 신체 없는 존재들과 주체성 없는 존재들에게도 적용하려 하는 대신에, 이 연구들은 행위성 없는 비인간 젠더를 개념화하려 한다.

결론: 포스트젠더?

하지만 이런 움직임은 우리를 다시 젠더 연구에서 중요한 용어인 포스트휴먼의 핵심에 놓여 있는 질문으로 데려간다. 즉, 분산된 발화, 분산된 물질, 분산된 행위성(혹은 행위성 없음)이 특징인 시스템, 네트워크, 환경은 젠더를 가지고 있거나 젠더를 행할 수 있는가? 몇몇 학자들은 행위성이 젠더 연구에 너무나 중요해서 괄호에 넣거나 잃어버려서는 안 된다고 주장한다. 행위성 없이는 젠더도 없다(Butler 1997, 49, 50[국역본, 101, 102쪽]). 이것이 사실이라면, 젠더 연구에 대한 포스트휴먼의 도전은 무시되거나(그러면 인간이 젠더 연구의 유일한 관심사로 남는다), 아니면 받아들여져야 하거나(젠더 연구는 젠더 없는 세계에도 어떻게든 여전히 관련된다) 둘 중 하나다.

이 문제에 대한 또 다른 접근은 포스트휴먼이라는 용어가 보기보다 자주 젠더 연구에서 과거를 불러낸다는 사실을 기억하는 것이다. 젠더 연구자들 사이에서 포스트휴먼은, 다시 말하지만, 역사적인 개념이다. 그것은 과거에, 젠더화된 존재[삶]와 젠더된 활동들이 왜 그렇게 자주 비인간 사물들, 공간들, 환경들, 기계들, 혹은 시스템들에 기인한다고 간주되었는지 생각해 보는 한 가지 방식이다. 다른 말로, 포스트휴먼은 젠더가 어떻게 그리고 왜 물질적 시스템들 전반에 이미 퍼져 있었고 분산되어 있었는지에 대해 새로운 방식으로 생각하도록 도움을 주었다. 만약 포스트휴먼이 정말로 젠더의 종말을 뜻한다면, 젠더는 이미 오래전에 그 종말을 맞이했다고 말할 수 있다.

하지만 분명히 젠더는 끝나지 않았다. 그리고 포스트휴먼에서 '포스트-'가 필연적으로 불완전한 것과 마찬가지로, 생각하기와 행동하기, 존재하기와 살아가기의 젠더화된 방식들에 대한 모든 포스트휴먼적 공격도 역시 불완전하다 — 사실상, 포스트휴먼이라는 용어를 소개하는 이 글이 그러하듯이 말이다. 이 글이 불완전한 것은 부분적으로는, 포스트휴먼이라는 용어 자체가 불확실하고 그 의미가 계속 논란의 대상이기 때문이다. 하지만 이 글이 불완전한 더 큰 이유는 포스트휴먼이 시간의 흐름 속에 놓여 있기 때문이다. 여기서 제시된 이야기는 뻔뻔한 진보 내러티브 — 엉뚱하게 나갔던 1980년대 기술 애호가들에서 시작해, 사이보그의 가치를 발견한 20세기 말 젠더 연구자들로 나아간 다음, 포스트휴먼 물질을 더 진지하게 받아들인 최근의 저자들로 진행되는 — 이다. 하지만 이 저자들로 이어지는 진보 내러티브는 포스트휴먼이 작동하는 비선형적 시간의 틀과 심하게 충돌하는 그런 내러티브다. 포스트휴먼이 (1980년대의 과학 소설 같은) 미래를 묘사하기 위해 동원될 때 그것은 결국 시대에 뒤진 것이 된다. 미래에 적용 가능한 그것의 잠재력은 확고하게 과거와의 관련 속에 놓여 있다. 그것이 기술하는[가리키는] '이후'는 결코 일어나지 않았다.

하지만 어쩌면 이 시간적 불안정성 — 포스트휴먼에 계속 오점을 남기는, 시대에 뒤진, 탈신체화된 미래 — 이야말로 이 용어를 젠더 연구자들에게 가장 유용하게 만드는 것일 수 있다. '사이버스페이스'에서 물질을 초월해 영원히 살아남는 디지털화된 정신이 보여 주는 데카르트적 이분법의 오점은 결국, 물질적인 것이 늘 신중하게 고려되어야 한다는 것을 학자들에게 상기시킨다. 만약 그것이 중요하게 고려되지 않는다면, 발화와 신체에 대한 [비인간의 영역까지 다루는] 포괄적 연구들의 종점은 정말로 터무니없고 당황스러운 것이 될 만하다.

다른 방향에서 이 개념에 접근해 본다면, 포스트휴먼은 불순한 용어다. 포스트휴먼은 젠더화된 발화, 젠더화된 물질, 젠더화된 존재와 젠더화된 활동에 질문을, 그것도 매우 성가신 질문들을 실제로 제기한다. 하지만 포스트휴먼은 겉보기에 힘을 길러 주는 정체성 범주들에 점점 더 많은 사람들을 계속 포함하려던 실패한 시도들 같은 정치적 기획을 위한 기반이 될 수는 없다 ― 그런 기획 때문에 20세기 페미니즘 운동은 많은 비판을 받았다. 부서지기 쉽고 잘 변하고 불안정한 포스트휴먼은 학자들이 젠더를 지적 범주로 생각해 볼 안전한 장소를 열어 준다. 포스트휴먼은 운동에는 ― 더 나은 미래를 추구하는 학술 연구에는 ― 적합하지 않다.

실제로, 깁슨이 스텔락의 포스트휴먼 신체에 관해 쓴 것처럼, 이 신체는 "결코 '미래주의적'으로 보인 적이 없었다." 차라리 이 신체는 "서커스, 기괴한 프릭쇼, 의학 박물관, 고독한 발명가의 열정 …… 죽은 자를 전기도금 하는 빅토리아 시대의[19세기적인] 기획"에 속하는 것이다(Gibson 2012, 188, 189). 그러므로 깁슨과 스텔락이 젠더와는 거의 관계가 없고, 젠더 기반의 운동과는 전혀 관계가 없더라도, 포스트휴먼에 대한 그들의 해석은 와닿는 점이 있다. 포스트휴먼이라는 개념[·용어]의 정치성은 바로 그 시간적·물리적, 그리고 실제로 윤리적인 가변성에 의존하는 것이다. 그것은 도발적으로 포스트젠더 세계라는 유령을 불러낸다. 하지만 그렇게 불러낸 유령은 우리 시대 이론가들의 선언문들이 아니라(사이보그[선언문]가 있긴 하지만), 빅토리아시대 영혼론자들[강신론자들]spiritualists의 살롱 안에 맴돌고 있다.

참고 문헌

Allen, Dennis W. 2003. "Viral Activism and the Meaning of 'Post-Identity'." *Journal of the Midwest Modern Language Association* 36.

Asdal, Kristin. 2003. "The Problematic Nature of Nature: The Post-Constructivist Challenge to Environmental History." *History and Theory* 42: 60-74.

Bennett, Jane. 2010. *Vibrant Matter: A Political Ecology of Things*. Durham, NC: Duke University Press [제인 베넷, 『생동하는 물질: 사물에 대한 정치생태학』, 문성재 옮김, 현실문화연구, 2020].

Burfoot, Annette. 2003. "Human Remains: Identity Politics in the Face of Biotechnology." *Cultural Critique* 53.

Butler, Judith. 1997. *Excitable Speech: A Politics of the Performative*. New York and London: Routledge [주디스 버틀러, 『혐오 발언: 너와 나를 격분시키는 말 그리고 수행성의 정치학』, 유인석 옮김, 알렙, 2016].

Coole, Diana, and Samantha Frost, eds. 2010. *New Materialisms: Ontology, Agency, and Politics*. Durham, NC: Duke University Press [다이애나 쿨·사만다 프로스트 엮음, 『신유물론 패러다임: 존재론, 행위자 그리고 정치학』, 박준영·김종갑 옮김, 그린비, 2023].

Gibson, William. 2012. *Distrust That Particular Flavor*. New York: G. P. Putnam.

Haraway, Donna. 1990. *Simians, Cyborgs, and Women: The Reinvention of Nature*. London: Routledge [도나 J. 해러웨이, 『영장류, 사이보그 그리고 여자』, 황희선·임옥희 옮김, 아르테, 2023].

Hayles, N. Katherine. 1990. *Chaos Bound: Orderly Disorder in Contemporary Literature and Science*. Ithaca, NY: Cornell University Press.

_____. 1999. *How We Became Posthuman: Virtual Bodies in Cybernetics, Literature, and Informatics*. Chicago: University of Chicago Press [N. 캐서린 헤일스, 『우리는 어떻게 포스트휴먼이 되었는가: 사이버네틱스와 문학, 정보 과학의 신체들』, 허진 옮김, 플래닛, 2013].

_____. 2005. *My Mother Was a Computer: Digital Subjects and Literary Texts*. Chicago: University of Chicago Press [N. 캐서린 헤일스, 『나의 어머니는 컴퓨터였다: 디지털 주체와 문학 텍스트』, 이경란·송은주 옮김, 아카넷, 2016].

Hyde, Alan. 1997. *Bodies of Law*. Princeton, NJ: Princeton University Press.

Latour, Bruno. 2004. *Politics of Nature: How to Bring the Sciences into Democracy*. Trans. Catherine Porter. Cambridge, MA: Harvard University Press.

Thacker, Eugene. 2003. "Data Made Flesh: Biotechnology and the Discourse of the Posthuman." *Cultural Critique* 53.

15장

권력

Power

지은이

웬디 브라운 Wendy Brown

조앤 W. 스콧 Joan W. Scott

옮긴이

김보명

이화여자대학교 여성학과 교수. 페미니즘의 역사와 이론에 관심을 갖고 공부하며 학생들을 가르치고 있다. 공저로『능력주의와 페미니즘』,『교차성×페미니즘』이 있다.

＊

1960년대와 1970년대에 여성운동의 '두 번째 물결'에 수반되었던 이론의 폭발
에서, '권력'은 중심적이었지만 이와 동시에 개념적으로 저발전되었고, 모순적
으로 사용[배치]되었다. 대체로 권력은 남성이 여성에 대해 휘두르는 것으로 이
해되었다. 즉, 여성의 삶에 대한 법적·가족적 제약의 실천들, 강간과 가정 폭력,
여성의 지적·예술적 역량에 대한 무시나 침묵, 강제된 모성과 양육 책임 등과
같이 말이다. 권력이 폭력, 억압, 박탈, 적법성 없는 권위와 대략 등치되었고, 또
한 남성성 및 그 특권들과 암묵적으로 등치되었기에, 권력[힘] 있는 여성들은
'스스로를 남성과 동일시하는' 것으로 그려졌으며, 여성들 간의 권력관계들은
남성 지배의 잔여물로 간주되거나 혹은 말이 안 되는 것으로 간주되었다. 따라
서 페미니즘 이론은 비록 의식 고양과 페미니스트 조직화의 목표로 "자매애는
강하다"와 "힘 기르기"를 내걸었음에도, 권력은 언제나 그리고 오로지 억압적
이고 억누르기만 한다는 역설 위에 건설되었다. 해방과 평등에 관한 페미니즘
의 비전들은 권력을 요구하는 동시에 권력을 비난했으며, 권력이 제거되거나
그렇지 않다면 급진적으로 줄어든 세계를 그렸다.

　　부분적으로 이 같은 난점은 초기의 두 번째 물결 페미니스트들이 권력에 대
한 표준적이며 근대주의적인 문법을 수용해 권력을 폐쇄된 사회 체계의 특질
들, 즉 특정 집단의 사람들이 다른 집단에 대해 소유하거나, 한 사람이 다른 사
람에게 행사하거나, 혹은 그 자체로 권력자들에게 봉사하고 특권을 재생산하기
위해 고안된 제도들 내에 비축될 법한 어떤 것으로 취급한 데에서 비롯된다. 페
미니스트들이 권력을 어떤 개인들은 갖고 다른 이들은 갖지 못한 유형의 객관적
실체라든가 남성들이 여성들에게 직접적으로 휘두르거나 혹은 법·가족과 같은
'남성' 제도들을 통해 행사하는 것이라 이해했던 한, 권력과 젠더에 대한 페미
니스트 이론화는 권력이, 완력이 뒷받침하는 지배라는 등식에 고착되어 있었다.

＊　이 글을 더 좋은 글로 교정해 준 윌리엄 칼리슨에게 감사를 표한다.

페미니스트들은 이 같은 등식 안에서는 지배와 완력 모두가 부재한 상황에서 일어나는 남성 지배에 대해 설명할 수 없었다. 마찬가지로 중요하게, 페미니스트들은 젠더 자체의 생산과 재생산에 대해 설명할 수 없었다.

『제2의 성』에서 시몬 드 보부아르는 여성이 되는 복잡한 사회·심리적 과정에 대해 "부모들과 교육자들, 책들과 신화들, 남자들과 여자들은 어린 소녀의 눈에 수동성의 희열감이 어른거리게 만든다. 그녀는 아주 어릴 때부터 그것을 맛보도록 교육받는다. 유혹은 점점 더 교묘해진다. 여자아이의 초월적 도약은 더욱 심각한 저항에 부딪히기 때문에, 그만큼 더 그녀는 숙명적 유혹에 굴복하게 된다"고 썼다(de Beauvoir 1953, 335[국역본, 426쪽]). 보부아르는 여성적 주체성의 탄생이 대부분의 경우 폭력에 의존하지 않고도 성취되지만, 그것[여성적 주체성의 탄생]이 남성 지배의 거대한 구조물을 유지하는 요체임을 지적했다. 달리 말해 젠더는 권력의 성취이지만, 이 권력은 반드시 힘의 노골적 행사나 지배자의 현존에 의존하지는 않는다. 바로 이런 종류의 권력 ― 기존의 여성들과 남성들에게 작용하는 것이기보다는 젠더를 창출하는 것으로 이해되는 ― 이 정확히 권력에 대한 근대주의적 문법들이 고민하지 않는 종류의 권력이다. 따라서 권력에 대한 이 같은 근대주의적 문법을 사용한 페미니스트들은 권력의 측면에서 페미니즘이 비판해야 할 정확한 대상 ― 즉, 젠더의 생산 ― 을 이론화하는 데 어려움이 있다는 것을 알게 되었으며, 따라서 여성 종속을 급진적으로 탈자연화·역사화하고 여성해방을 위한 조건들을 제시하고자 하는 목표 또한 실현할 수 없었다. 간단히 말해 젠더의 생산을 설명하는 데 적절한 권력 이론이 없으면, 젠더 그 자체는 미완의 실체 혹은 본질로 남을 수밖에 없었다. "여성은 태어나는 것이 아니라 되는 것"이라고 했던 보부아르의 주장에 불구하고 여성들은 권력에 의해 위치되지만 생산되지는 않는 것으로 이해되었다.

두 번째 물결 페미니스트들이 물려받은 사회적·정치적 권력에 대한 두 가지 주요 모델이라 할 수 있는 자유주의와 마르크스주의에 대해 간단히 살펴보고, 이 두 가지 모델이 모두 페미니즘에 적합하지 않다는 것을 분명하게 보여 줄 것이다. 고전적 자유주의와 현대적 자유주의는 권력을 의지가 계획하는 것을 실행할 수 있는 역량이라는 측면에서 의미화한다(Hobbes [1651]1996). 이런 관점에서의 권력은 한편으로는 국가에서의 그리고 다른 한편에서는 주권적 개인들에서의 주권을 가정한다. 달리 말해, 국가와 개인 모두 자신의 의지를 실행할 수 있는 역량을 가진 것으로 간주되며, 권력은 이 역량의 표출이다. 이 같은 관점을 수용하는 페미니즘이 보기에, 남성 지배를 확보하는 권력은 남성에게 특권을 주는 법들에, 아버지와 남편을 지배자로 세우는 가족 구조들에 존재한다. 이 같은 모델에서 '가부장제'는 지배의 체계로 정의된다. 이런 조건 아래에서, 자유주의 페미니스트들의 정치적 의제는 필연적으로 성차별적 법률을 개혁하고, 친여성주의적 공공 정책을 만들어 내며, 가족 내에서의 남성 지배에 도전하는 것을 중심으로 하게 된다. 수많은 실증적 조사와 중요한 법적·정치적 개혁들이 이 같은 의제 아래에서 이루어졌지만, 권력에 대한 이 같은 정식화는 여성들이 법적 평등을 확보했고 또 남성들이 더는 가정에서 다스리지(혹은 더는 가정에 머무르지) 않을 때에도, 왜, 그리고 어떻게 남성 지배가 지속되는지에 대해 자유주의 페미니스트들이 설명할 수 없게 한다(Mede 1998, 53, 91-95). 여성이 남성의 권리와 동등한 시민적·정치적 권리를 가졌고, 가계의 가부장적 우두머리에 의해 더는 지배되지 않음에도, 여성은 어째서, 그리고 어떤 방식으로 여전히 여성으로 종속되어 있는가?

카를 마르크스에게 권력은 노동에 의해 생성되고, 자본으로 응결되며, 계급 구조 안에서 제도화되고, 생산관계들이 사회적 불평등과 지배에 대해 갖는 중요성을 부인하는 이데올로기를 통해 위장된다. 권력에 대한 마르크스의 관점에 착안하는 페미니스트들은 '가부장제'를 집 안에서 여성이 수행하는 부불 노동과 노동력에서 여성이 차지하는 이등 시민적 지위 사이의 관계라는 측면에서 정의하거나, 혹은 여성 억압의 물질적 토대를 생산하는 데서 무엇이 노동 같은 치를 검토함으로써 젠더를 계급에 유비했다. 전자는 '자본주의적 가부장제' 이론들과 계층화된 사회들에서 어떻게 여성의 종속과 착취가 요구되는지를 보여 주는 이론들에 의해 표현되었다.[1] 후자는 "페미니즘에 섹슈얼리티는 마르크스주의에 노동과 같다"고 명시적으로 주장한 캐서린 매키넌의 연구에서 가장 포괄적으로 표현되었다(MacKinnon 1982, 515). 양쪽 경우 모두에서 남성 지배는 계층화 체계로 정의되었으며, 여기에서 한 가지 혹은 그 이상의 물질적 활동들 ―

재생산, 가사노동, 소비, 섹슈얼리티 등 ─ 은 사회적 종속의 폐쇄적 체계에서 [유통되는] 통화currency로 이해되었다.

　지배에 집중하는 자유주의 페미니스트들의 권력 이론이, 권력이 작동하는 사회적·심리적·경제적 영역들의 비가시성을 불가피하게 유지시켰다면, 마르크스주의 페미니즘의 관점은 남성 지배의 모든 차원이 하나의 원천과 권력의 작동으로 수렴하는 단일론적 분석을 상정한다[매키넌이 계급과 젠더, 노동과 섹슈얼리티 간의 유비를 다룬 자신의 글의 서두에서, 페미니즘이 [여성 억압의] 단일한 원인이나 기제를 가정하지 않는다는 이유로 마르크스주의자들에게 무시받는다는 점을 지적한 것에 주목하자(MacKinnon 1982, 528)–지은이]. 두 가지 경우 모두에서 '가부장제'는 체계의 존재와 권력의 체계적 속성을 암시하며, 이런 접근은 특정한 문화에서 젠더가 살아지고, 실행되고, 규제되고, 강제되는 다양한 방식이나, 시·공간을 가로질러 존재하는 다양한 젠더 표현들과 피해들을 설명하지 못한다. 두 가지 입장 모두 젠더 자체 ─ 다양한 젠더화된 몸들, 활동들, 영역들 ─ 의 매우 변별적인 생산에 대해서도 설명하지 못한다. 또한 그 어느 쪽 접근도 (생물학 담론을 비롯한) 언어를 통해, 비국가 제도들을 통해, 매일의 실천을 통해, 마음의 조직화를 통해 이루어지는 젠더의 생산과 조직화를 설명하지 못한다. 두 가지 접근 모두 이런 영역들에서의 권력을 삭제해 버리며, 권력이 진정 다른 어떤 곳에 있다고 여긴다. 두 가지 접근은 또한 권력을 인간관계들의 모든 측면을 한 가지 방식으로 조직하는 포괄적이고 단일한 형태로 취급한다. 결과적으로 이런 이론들은 인종이나 계급과 같은 계층화의 다른 권력들을 언급하는 것 외에는, 여성들 간의 차이에 대해 이해하거나 분명히 설명하지 못한다. [다른 한편] 페미니즘 이론은 젠더 내부의 차이들을 명료화·분석·설명할 수 없었다. 따라서 초기의 페미니즘 이론은 본질주의적이고 보편주의적이었으며, 좀 더 구체적으로 이성애 규범적·중산층적·백인

1　'자본주의적 가부장제'는 1970년대에 널리 사용되며 논쟁되었다. 이에 대한 개괄적 소개는 질라 아이젠슈타인(Eisenstein 1979) 참조. '가사노동 논쟁'은 어떻게 여성의 부불 가사노동이 여성의 종속뿐만 아니라 자본주의적 이익에 기여하는지 이해할 것인가에 관심을 기울였으며, 이러한 착취를 설명하고 이에 저항할 최선의 정치적 형태가 무엇인지를 핵심으로 삼았다. 논쟁은 상이한 많은 곳들에서 폭넓게 나타났다. 이에 대한 개괄은 다음을 참조. 마리아로사 달라 코스타·셀마 제임스(Dalla Costa and James 1972), 월리 세컴(Seccombe 1974, 1975).

[중심]적이었다는 혐의는 일정 부분 페미니즘 이론가들이 활용했던 부적절한 권력 개념들에서 비롯된다.

1980년대에는 사회적 구성social construction이라는 생각과 이로부터 나온 주체에 대한 새로운 관념들이 권력의 문제를 페미니스트들의 주요 관심사로 만들었다. 그렇지만 이 시기에 권력을 재개념화하는 데 가장 큰 역할을 한 것은 포스트구조주의 사상과 정신분석에 대한 비판적 해석 사이의 결합이라 할 수 있다. 이어지는 부분에서 우리는 이런 재개념화의 두 가지 경우들을 제시한다. 하나는 미셸 푸코가 중심이며, 다른 하나는 지그문트 프로이트와 정신분석학으로부터 나왔다. 이 두 가지 접근은 각각 페미니즘이 젠더와 젠더화된 질서들의 구성을 이해하는 데 도움을 주었다. 주체를 생산하고, 위치짓고, 규제하는 권력의 역량에 대한 푸코의 강조와 주체성의 생산과 규제에 대한 정신분석학적 관심은 젠더 생산과 조직화에 대한 통찰을 제공하며, 이는 페미니즘적·정치적·심리적·사회적 의제를 급진적으로 재구성하고 또 복잡하게 한다. 그러나 푸코와 프로이트가 페미니즘이 활용할 수 있는 최근의 권력 이론가들의 전부는 아니며(그 목록에는 루이 알튀세르, 자크 데리다, 질 들뢰즈 등도 포함되어야만 할 것이다), 또한 이 둘이 쉽게 조화를 이루는 것도 아니다. 푸코는 역사적으로 가변적인 담론들과 제도들을 통한 사회질서 및 주체의 생산을 이해하기 위한 예리한 기술들을 제공한다. 그렇지만 푸코는 권력의 상징적이거나 무의식적 질서들에 대해서는, 거의 무심하면서도 시적인 여담을 빼고는, 대체로 회피한다. 반대로, 정신분석학이 상징적이고 무의식적인 계들[영역들]registers에서의 개인 주체들의 생산에 대해 갖는 관심은 권력에 대한 역사적·문화적으로 구체적인 분석들과 불편한 관계에 있다. 비록 프로이트 자신은 개인의 심리적 행동을 분석할 때 역사적·문화적 구체성들에 대해 분명히 고려했지만 말이다. 우리는 아래의 논의에서 푸코와 정신분석을, 남성 지배의 생산과 [이에 대한] 페미니즘적 저항 모두를 이론화하고자 하는 페미니스트들의 노력에서 나타나는 권력에 대한 재개념화의 구별되는 두 가지 경우들로 취급할 것이다. 페미니스트들과 다른 이론가들이 프로이트적 분석과 푸코적 분석의 결합을 시도하기는 했지만(예를 들어, Butler 1997) 말이다.

푸코

권력이 편재한다는 미셸 푸코의 주장은 유명하다. 하지만 이 주장을 권력이 사회조직의 모든 측면들을 평등하고 무차별하게 건드린다든가, 권력이 모든 사람들에게 속한다든가, 혹은 권력이 억압 및 지배와 무관함을 제시하는 것으로 이해하면 실수다. 권력이 "어디에나 있음"이라는 푸코의 주장은 권력을 단지 지배와 다스림의 명백한 장면들에서만 발생하는 것으로 보는 입장을 전복하려는 것이다. 푸코의 입장은 주체가 권력에 의해 존재하게 됨과 동시에 [권력에] 종속되는 것으로 구성하며 — 푸코는 이 과정을 "주체화"라 부른다 — 따라서 전통적으로 권력으로부터 자유로운 것으로 인식되었던 영역들, 요소들, 담론들, 그리고 공간의 조직화들 속에서 권력을 탐지해 낸다. 이는 기존의 권력 모델에 대한 푸코의 비판을 살펴봄으로써 가장 잘 파악될 수 있다.

　근대주의적 권력관에 대한 푸코의 도전은 주권, 상품[재화]으로서의 권력 모델, 그리고 그가 "억압 가설"이라 부른 것에 대한 비판들과 관련된다(Foucault 1978, 1980). 권력에 대한 이런 관습적 서술을 대신해 푸코는 그가 권력의 "분석"이라 부르는, 권력의 생산적·규제적·분산적 특성들에 대한 인식을 중심으로 하는 접근을 제시한다. 주체들이 권력의 선행 조건이기보다는 오히려 그 효과들이라는 그의 주장에서 푸코는 권력이 생성되는 다양한 양상들에 관심을 둘 것을 요청한다. 예를 들어, 근대성에서 특징적인 권력은 "죽이는 것이 가장 중요한 기능이었던 …… [최고 권력을 상징하던] 죽음이라는 오랜 지배력"과 반대되는, "신체의 경영과 삶[생명]의 타산적 관리"("생명 권력")이다(Foucault 1978, 138-140[국역본, 158, 159쪽]). 근대성에서 권력은 몸들에 대해 외재적인 군주제적 힘이나 사법적 힘을 통해 기능하기보다는, 푸코가 "인간 신체의 해부적-권력"이라 부르는 규율들을 통해 가장 폭넓게 기능한다.

　권력에 대한 주권적 모델은 권력에 관한 가장 일반적인 청치적 관념이며, 이 관념은 권력의 문제를 지배와 피지배, 즉 레닌의 정식화에서는 '누가 누구에게 무엇을 하는지'라는 측면에서 그려낸다. 이 관점에서 권력은 개인들에 의해,

그리고 개인들 안에서 소유되며 타인들에게 행사된다. 권력이 주권을 통해 작동한다는 관점은 자유민주주의의 기본 전제로 기능하는데, 자유민주주의에서 권력/지배는 군주나 주권적 집단이 아닌 인민에게 있으며, 입법, 곧 법률의 제정이 권력의 징표로 간주된다. 우리는 우리가 스스로 법을 만들 때, 즉 복종해야만 하는 주권이 부재하고 타인이 우리에게 규칙을 부과하거나 다스리지 않으며, 우리가 주권적 주체들로 스스로를 위해 의지를 행사하는 것으로 여겨질 때, 주권적인 주체들로 간주된다. 푸코는 주권이라는 관념을 문제화함으로써, 즉 주권의 조건들 또는 상상된 주권이 그 자체로 권력에 의해 뒤덮여 있다고 주장함으로써, 권력에 대한 주권적 모델에 도전한다. 따라서 주권은 권력의 원천이 아닌, 권력의 효과 혹은 표상으로 드러나게 되며, 이런 [푸코의 이론적] 움직임은 주권을 국가 형성과 개인성의 보편적 원천에서 역사적으로 구체적인[특정한] 권력관계들의 표현과 위장으로 탈바꿈하게 했다.

상품[재화]으로서의 권력 모델은 권력에 관한 가장 일반적인 경제적 개념이지만, 이는 또한 정치적 지배와 억압에 대한 대중적 이해와도 상당한 관련이 있다. 여기에서 권력은 양도 가능하거나 순환[유통]하는 상품으로, 그리고, 철저히 물질적인 것으로 이해된다. 비록 푸코가 마르크스를 단호하게 이 모델과 결부하는 것은 아니지만(사실 모든 사회적 권력을 노동으로부터 이끌어 내는 마르크스의 이론적 전개는 권력의 생산적 특징에 대한 푸코의 주장을 예견한다), 노동력을 추출 가능하고 상품화할 수 있으며, 자본의 토대를 구성하는 자본주의의 권력으로 보는 마르크스주의적 개념은 필연적으로 권력을 상품으로 보는 관점을 취한다. 비록 이 상품이 개인의 의지가 아닌 구조의 법칙들이나 체계에 따라 순환할지라도 말이다. 주권 개념 또한 권력이 상품화할 수 있다는 생각에 기댄다. 주권이 민중들로부터 왕에게 넘겨질 수 있다든지, 혹은 왕으로부터 주권을 박탈해 민중에게 분배할 수 있다든지, 그리고 이런 행위들을 권력의 이전이나 박탈로 이해할 가능성은 상품으로서의 권력 모델을 암시한다.

상품으로서의 권력 모델은 다음과 같은 사회 분석들, 즉 특정 집단이 권력을 갖고 다른 이들은 권력을 결여하는 것으로 취급하는 분석들, 권력 없음을 권력의 필연적인 귀결로 보는 분석들, 혹은 권력을 해당 주체의 도덕적 입지에 따라 행사되거나 포기될 수 있는 특권과 같은 것으로 지칭하는 분석들을 뒷받침한다. 상품으로서의 권력 모델에 대한 푸코의 문제 제기는 권력을 대상, 넘겨줄 수 있는 물질, 주체에 외재적이며 따라서 권력을 갖고 있다고 말해지는 주체로부터 양도될 수 있는 것으로 보는 권력 이론에 대한 문제 제기이다. 푸코는 권력이 주체에 의해 행사되기보다는, 권력이 주체를 구성한다고 주장하며, 이는 권력이 결코 주체들에 의해 단순히 소유되지 않고 주체들 사이에서 관계의 형태로 작동하며, 또한 권력이 대상화할 수 있는 실체나, 심지어 관계가 아니라 종종 본성상 거미줄과 흡사한 양상으로 퍼져 나감을 의미한다. 우리는 푸코가 상품으로서의 권력 모델이 마르크스로부터 기인한다고 주장하는 것에 대해 논쟁할 수도 있지만 — 최소한 구조주의적 독해에서 보자면, 마르크스는 권력을 특정 개인들이 '갖는' 것이기보다는 주체-구성적이고, 관계적이며, 체계를 통해 순환하는 것으로 보는 푸코의 권력관을 공유한다 — , 푸코가 왜 이같이 설명하는지에 대한 입장 또한 언급할 가치가 있다. 푸코는 권력에 가정된 이전 가능성과 주체에 대한 상대적 외재성을 강조하면서 마르크스주의적 권력 설명에 경제주의가 들어 있음을 밝힌다. 다시 말해, 마르크스주의의 '과학'에 대한 푸코의 반대는 정확히 주체들이 그 안에서 생산되기보다는 위치지어지고, 단순히 소유권의 속성이나 생산관계들의 변화를 통해 전복되거나 대체될 수 있는 것으로 보이는 구조들과 '체계들' 안에서 권력이 차지하는 위치와 관련된다.

억압으로서의 권력 모델은 상품으로서의 권력 모델과 마찬가지로 주권적 권력 개념이 의거하고 있는 것의 일부이기도 하지만, 이 모델은 권력에 관한 가장 일반적인 심리학적 인식이다. 푸코가 『성의 역사』(Foucault 1978)에서 "억압 가설"이라 부른 이 관점은 권력이 언제나 억압적이고 제약적이라고 이해한다. 푸코의 설명에서 이는 권력에 대한 "부정적인" 관점이다. 억압 가설은 권력의 목적과 행사가 욕망(프로이트), 자연적[으로 분출되는] 정념들과 정치체의 무법성(홉스), 혹은 개인적 자유(존 스튜어트 밀)를 제약하는 데 있다고 암시한다(대부분의 자유주의 정치 이론은 권력을 억압적인 것으로, 그리고 자유를 권력의 반정립으로 간주한다. 따라서 최소 국가를 원하는 자유주의적 주장은 자유의 향상을 위해 권력을 제한하는 것을 목표로 한다). 프로이트의 『문명과 그 불만』(1930, SE 21)에 나오는 문명화되지 않은 자유와 문명화된 억압 간의 트레이드오프는 — 험하고 상처 주는 [혐오] 발언이 표현의 자유의 대가인지를 따지는 미국 수정 헌법 제1 조항에 대한 주장들과 마찬가지로 — 억압적인 것으로서의 권력과 그로부터 주체들을 해방하는 것으로서의 자유라는 정식화를 중심으로 한다. 여성의 진정한 본성은 남성 지배 체제들에 의해 억압되어 있으며, 여성들이 이 같은 억압으로부터 해방될 때 여성의 진정한 본성이 그 모습을 드러낼 것이라는 메리 울스턴크래프트(Wollstonecraft 1792)에서 존 스튜어트 밀(Mill 1879) 그리고 뤼스 이리가레(Irigaray 1985)로 이어지는 주장 역시 마찬가지다. 억압 가설에 대한 푸코의 문제 제기에는 다음과 같은 세 가지 측면이 있다. 첫째, 권력은 억압적이기보다는 생산적이다. 즉, 권력은 의미들, 주체들, 사회질서들을 생산한다. 둘째, 권력 바깥에는 주체가 없고, 따라서 자유도 없다면, 권력과 자유는 반대 항들이 아니다. 셋째, 억압으로서의 권력 모델은 권력의 억압적 행동 저변에 권력의 손에 닿지 않은 인간 주체가 있다고 암묵적으로 상정한다.

푸코는 권력에 주권, 상품화, 억압의 속성들이 없다고 주장하지는 않는다. 그보다는 오히려 권력 — 특히 권력의 현대적 양상들 — 을 이런 방식으로 이해할 경우, 권력의 가장 두드러진 특징들과 움직임들을 잘못 이해하게 될 것이라 주장한다. 주권과 관련해, 푸코는 자신의 계보학적 작업들에서, 권력은 단지 다스리는 것이 아니라 규제하고 정상화한다고 말한다. 권력은 명령을 내릴 뿐만 아니라, 담론들 속에 권력이 요구하는 내용들을 설치하는데, 이 담론들은 권력의 명령을 규범으로 가장하고, 권력의 명령을 그것을 명령한 주체로부터 떨어뜨려 놓는다. 푸코는 상품으로서의 권력이라는 관점에도 반대한다. 푸코는, 권력이 [촘촘히 짜인] 사회구조 속에서 순환하며 그 길을 내는 것이라고, 그리고 [권력이 내는 효과의 측면에서는 권력을 이해할 수 있지만] 효과 외적 측면에서는 상대적으로 실체가 없는 것이라고 본다. 간략히 표현하자면, 상품으로서의 권력 모델은 권력의 영역이자 도구인 지식에 대한 푸코의 강조에 의해서도 허물어진다. 푸코는 권력이 생산적이라고 주장함으로써 억압으로서의 권력 모델을 가장 직접적으로 반박한다. 여기에서 권력이 생산적이라는 것은, 권력이 '실증적'이라거나 긍정적이라는 의미가 아니라, 권력이 주체들, 지식들, 사건들, 사회 구성체

social formations를 생산하며, 권력이 이들을 존재하게 하며 단순히 억압하지 않는 다는 의미이다. 푸코는 권력이 진짜로 억압적으로 보이는 경우에도 이런 억압이 단지 뚜껑이나 제어판으로 작동하는 것이 아니라, 오히려 억압적인 체제들에 의해 확립된 담론적 규범들을 통해 특정한 종류의 주체들을 생산해 내기 위해 행동한다고 주장한다. 따라서 신체들, 섹슈얼리티들, 젠더들은 단지 권력이 작용하는 물질적 재료가 아니라 그 자체로 권력의 효과들이며, 이 효과들은 지식과 권력의 특정한 체제들을 통해 그 모습을 드러낸다.

푸코가 반대하는, 권력에 대한 관습적 모델들은 공통적으로 권력을 — 규범, 질서, 사람, 제도에 현존하는 — 실체적이고 경험적인 것으로서 언급한다. 이 모델들은 또한 권력을 진리와 지식으로부터 독립적인 것으로 묘사하며, 그럼으로써 권력을 권력의 적법화legitimation 기제들로부터 구별하고자 한다. 푸코는 권력과 지식을 등치시키지 않기 위해 유의하며 또 이들의 관계를 탐색되어야 할 문제로 제시하지만, 그럼에도 불구하고 그는 지식을 권력의 주요 장으로 설정한다. 이는 특히 주체에 대해 미시-육체적으로 작동하거나 혹은 규제적 규범들을 통해 작동하는 권력의 양상들에서 그러하다(이 책에 실린 주디스 버틀러의 글「규제」참조). 푸코는 인간의 권력의지는 부분적으로는 지식에 대한 의지를 통해 스스로를 표출한다는 니체의 입장을 자신의 주장의 기반으로 삼는다. 푸코는 또한 권력, 권위, 적법성이 서로서로 얽혀 있으며 따라서 적법성의 질서들이 단지 권력의 정당화가 아닌 권력의 양상들로 이해되어야 한다는 막스 베버의 이해(Weber 1978)를 확장하기도 한다.

권력/지식 관계, 그리고 권력이 진리의 장 혹은 체제로 작동하는 정도를 인식하는 데에서 푸코의 담론 개념이 갖는 중요성이 나타난다. 단순한 언어나 말과 달리, 푸코에게 담론은 그 담론 내에서 상식적으로 통용되는 발언들을 통해 표출되는 용어들, 범주들, 신념들이 상대적으로 제한된 장을 포괄한다. 담론은 가치들, 분류들, 의미들을 전달하는 발화 실천들의 앙상블로서 주체들에 대한 진실을 구성하는 동시에 주체를 진리-체제라는 측면에서 구성해 낸다. 푸코에게 담론은 결코 주체들을 단순히 기술하지 않으며, 주체들을 구성 및 재현하고 또 위치짓는다. 담론은 규범들과 이런 규범들로부터 일탈하는 정도를 규명함으로써 권위 관계와 그 채널을 만들어 낸다. 따라서 여성성 담론은, 예를 들어 여성이 무엇인지를 재현하고, 여성을 이 재현이라는 측면에서 구성하고 자리매김하며, 동시에 (남자든 여자든) '여성적이지 않은' 주체들을 '여성'이라는 범주에서 배제한다. 담론이 주체들을 담론에 의해 상정된 규범과 일탈이라는 측면에서 구성하고 자리매김하고 재현하는 한, 재현은 그 자체로 주체들과 그들이 기능하는 세계를 구성하는 것으로 이해할 수 있다. 하지만 담론적 구성에 대한 푸코의 이해는 또한 사회 권력의 독립적 양상들이 총체적이거나 폐쇄된 지배 체계 (예를 들어, 가치에 관한 노동 이론의 접근 혹은 '가부장제')로 귀결될 수 있다는 생각에 도전한다. 푸코는 이런 생각들을 서로 간에 겹치기도 하고 갈등하기도 하는 담론들 간의 비체계적인 상호작용에 대한 묘사로 바꿔 놓는다. 따라서 예를 들어, 좋은 엄마는 물론 그것의 괴물 같은 대당 또한 만들어 내는 현대의 양육 규범들은 순수한 젠더 담론들로부터만 오는 것이 아니라 사회적 권력의 다른 양상들을 규제하는 담론들로부터도 유래한다. '복지 수급자 엄마', '싱글 맘', '레즈비언 엄마', '약쟁이 엄마'를 규범적 모성에서 일탈한 것으로 규정하는 것은 젠더 담론들뿐만 아니라 계급, 인종, 섹슈얼리티이기도 하다. 또한 젠더는 분명히 이런 [계급, 인종, 섹슈얼리티의] 담론들로 구성된 것으로, [따라서] 생래적으로 불순하고, 지역적이고, 여러 가닥 줄이 함께 꼬아져 있고, 다국어적인 것으로 나타난다.

따라서 관습적인 권력 모델들에 대한 푸코의 문제 제기는 지배의 사회적 체계들이라는 관념을 교란하며, 그것을 주체를 통치하고 구성하는 다중적이고 무한히 세부적이며 무엇보다도 불완전하거나 계획되지 않은 특정 진리 체제의 내용에 대한 이해로 대체한다. 권력의 구체적인 구성체들과 스타일들, 혹은 '기술들'이 타협의 여지 없이 역사적 성격을 갖는다는 푸코의 주장은, 사회적 총체를 다스리는 권력이라는 이미지를, 하나의 일관된, 폐쇄 체계로 녹아들거나 그 안에서 조화를 이루지 않는 다수의 역사적 담론들을 통해 현재에 스며드는 권력이라는 이미지로 바꿔 놓는다. 그러나 이는 국가와 같은 제도들을, 예를 들어 남성 지배의 도구로 이야기하거나 이론화할 수 없음을 뜻하지는 않는다. 푸코적 접근은 국가를 하나의 통합체나 총체, 그 의미와 기능에서 초역사적 혹은 형이상학적으로 통일된 것, 혹은 그 자체로 남성적 정치 지배의 원천으로 보지 않을 것을 요구한다. 그러나 남성 권력의 구체적인 담론들이 흔히 국가권력으로 이해되는 것들을 구성하는 법들·정책들·지식들을 통해 순환[유통]되는 경로들을 추적하는 데 푸코의 계보학을 활용하는 것은 가능하다(Brown 1995).

푸코의 담론 개념은 물질적인 것으로서의 권력과 그 물질성에 대한 왜곡된 설명으로서의 이데올로기라는 마르크스의 권력관에 근본적인 도전을 제기한다(Marx and Engels 1970). 사실 푸코는 잠정적으로 물질적인 현실에 대한 거짓 재현으로서의 이데올로기라는 개념이 갖는 일관성에 이의를 제기한다. 만약 담론들이 진리를 확립하고 주체들을 그 진리라는 측면에서 구성하고 자리매김한다면, 권력은 담론 혹은 진리 체제의 바깥이 아니라 그 안에 있다. 이성애의 자연화와 상위화가 가족, 섹슈얼리티, 젠더 차이, 재생산, 자연에 대한 담론들에 선행하거나 그 바깥에 있기보다는 이 담론들을 통해 이루어지는 것과 마찬가지로, 우리를 여성들과 남성들로 만들어 내는 것의 상당 부분은 여자가 무엇인지, 남자가 무엇인지를 이야기하는 지배적 담론이다. 이런 주장이 페미니즘에 대해 갖는 중요성은 '진리'에 대한 싸움, 즉 진리의 담론적 생산들에 대한 싸움이 정치적 투쟁의 중심 영역이 된다는 점이다. 따라서 예를 들어, 경찰서, 응급실, 법정에서 강간과 강간 피해자들이 이야기되고 취급되는 방식을 바꾸기 위한 페미니스트들의 지난 25년간의 노력은 단순히 이런 일들이 발생한 상황에서의 발화와 태도를 개선했을 뿐만 아니라 나아가 젠더와의 관계 속에서 성폭력의 의미를 근본적으로 변혁했다. 이런 폭력을 정당화하고 사소한 문제로 만들고 피해자를 비난하는 담론들은 성폭력을 여성의 인격에 대한 용납할 수 없는 공격으로 재현하는 담론과는 다른 방식으로 젠더를 구성한다.

종합적으로 논하자면, 권력에 대한 관습적 이해에 대한 푸코의 비판은, 담론을 권력의 전도체로 보는 그의 이해와 더불어, 젠더, 억압, 저항, 변혁에 대한 페미니즘적 개념화에 대해 폭넓은 함의를 갖는다. [관습적 권력관에 대한] 푸코의 비판을 받아들이면 페미니즘은 여성 종속이 남성 혹은 국가가 명백히 소유하고, 명령이나 법에 의해 휘둘러지고, 여성의 고유한 강함이나 진정한 본성을 억압하기 위해 작동하는 권력의 결과라는 생각을 포기하게 된다. 페미니즘은 또한 하나의 원인에 뿌리를 내리고, 잘 설계된 기계처럼 작동하는 총체적 체계로서의 가부장제라는 개념을 포기한다. 페미니즘은 또한 특정한 사람들(남성들) 혹은 제도들(법들)로 체현되는 명백한 적이라는 개념을 포기한다. 비록 푸코의 비판이 남성들과 법들을 통해 구성되고 순환되는 권력들에 대한 보다 정확한 정식화를 가능하게 할 수도 있지만 말이다. "권력관계는 의도적이면서 동시에 주관적이지 않다"는 주장에서 푸코는 페미니스트들이 "권력의 합리성을 주재하는 사령부"도 없고, 따라서 어떤 "반항의 정신"도 부재하고, 또 체제를 한 번에 영원히 무너뜨릴 수 있는 "순수한 혁명가의 권위"도 없는 그런 지배 질서의 전략적 효과들을 인정하고 다룰 것을 촉구한다(Foucault 1978, 94~96[국역본, 111, 112쪽]). 따라서 푸코의 권력 분석을 수용하는 페미니즘의 한 조류는 권력이 특정한 주체들과 제도들 안에 있다는 허구뿐만 아니라, 권력을 장악하는 것을 상상하거나, 권력과 별개로 존재하는 "권력 바깥"의 장소를 찾는 방식으로 저항을 정식화는 것 역시 포기한다.

　　페미니즘이 푸코로부터 얻을 수 있는 것은, 여성의 종속이 담론 안에서 그리고 규제적 규범들을 통해 성취되는 것으로, 그리고 여성들 자신들을 통해, 여성들에 의해, 여성들에게 작동하는 것으로 보는 — "개인은 권력이 만들어 내는 구성물이면서 동시에 권력을 실어 나르는 매개체"라고 보는 — 이해 방식이다.[2] 페미니즘은 또한 [푸코를 통해] 권력이 젠더 구성 자체에 내재적이며, 또한 중요하게는, 젠더화된 몸들에 기반하기보다는 젠더화된 몸들을 생산하는 것이라는 이해를 얻는다. 푸코식으로 이해하면, 몸은 젠더의 선행 요건이나 원천이 아니라, 젠더 담론들에 의해 구성되는 것의 한 부분일 것이다. 또한 페미니즘은 젠더화되지 않은 듯 상상되는 영역들과 담론들에서의 젠더 권력들을 알아볼 수 있는 역량을 얻는다. 만약, 푸코가 말하듯, "권력이란 여기저기 널려 있는 것이지 결코 어느 한 사람의 손아귀에 장악되는 물건이 아니며, 상품이나 부처럼 독

2　이 인용문이 나온 대목을 길게 인용하는 것이 도움이 될 듯하다. "개인은 이와 같은 권력이 스스로를 드러내고 효과를 발휘하는 데 필요한 기본적이고 정태적인 대상이 아니고, 오히려 권력이 행사되는 동안 개인은 권력 효과에 흡수되고 만다. 사실 따지고 보면 육체와 일정한 행동이, 그리고 담론과 얼마간의 욕망이 합치되어 개인을 구성할 수 있는 것도 권력 효과 덕분이다. 그러기에 개인이 권력과 일대일로 대응 관계를 이루는 대상은 아니다. 오히려 권력 효과의 부산물이라 할 만하다. 이제 개인은 권력이 만들어 내는 구성물이면서 동시에 권력을 실어 나르는 매개체가 된 것이다"(Foucault 1980, 98[국역본, 130쪽]).

점될 수 있는 것도 아니라"면, 젠더 또한 결코 단순히 주체 혹은 대상일 수도 없고, 그 자체로 순수한 심급도 아니며, 오히려 젠더는 권력들의 순환 속에서 불투명하게 표출되는 것이다(Foucault 1980, 98[국역본, 130쪽]). 따라서 가부장제는 하나의 일관성 있는 체계로 인식되기보다는, 남성 지배를 생산하는 권력들은 다중적 원천을 갖고 여러 개의 역사적 궤적들을 따라 작동하며, 다양한 사회적 관계들을 통해 진행하며, 섹슈얼리티, 인종, 계급, 그리고 여타의 주체성의 표지들을 생산해 내는 역사적으로 구체적인 담론들에 겹쳐지는 것으로 명료화된다. 젠더는 권력의 효과로 이해되며, 따라서 주체 생산의 다른 양식들로부터의 분석적 독립성은 잃지만, 젠더의 역사적 생산을 사회적 권력의 다른 양상들과 더불어 그리고 이것들을 통해 분석하는 역량을 얻게 된다. 젠더는 결코 단순히 혹은 순수하게 젠더가 아니며, 따라서 역설적이게도, 권력에 대한 푸코의 정식화가 젠더를 구성하는 요소들을 분명하게 드러내는 바로 그 순간 젠더는 [잘 보이지 않게 그 요소들 사이로] 흩어져 버린다.

정신분석

사회적 현상으로서의 '권력'이 푸코의 작업에서는 중심에 있는 반면, 권력이나 '사회적인 것'의 영역 가운데 그 어떤 것도 정신분석 이론의 직접적인 대상은 아니다. 정신분석의 관심을 사로잡고 있는 것은 성적 주체들인 개인들의 형성에 작용하는 심리적·상징적 과정들이다. 이 때문에 몇몇 페미니스트들은 중요한 사회적·정치적·경제적 변화들 속에서도 여전히 지속되는 젠더 불평등들을 설명하기 위해 정신분석 이론에 기댔다. 이들은 프로이트, 라캉, 그리고 이들의 추종자들과 비판자들의 작업들로부터, 개인의 정신에 대한 이론들과 사회적 현상들, 특히 남성 지배의 지속적인 구조들로 보이는 것들에 대한 설명들을 서로 연결하는 길들을 찾았다. 1974년에 출판된 줄리엣 미첼의 저서『정신분석과 페미니즘』(Mitchell 1974)은 정신분석 이론을 프로이트의 생물학적 결정론(그녀는 "해부학은 운명"이라는 문구가, [성적 주체성에 대한] 프로이트의 처방이 아니라, 깊숙이 뿌리내린 서구적 신념들에 대한 프로이트의 서술이라고 주장했다)으로 희화화하는 대신, 생물학적 결정론에 대한 비판으로 활용할 수 있게 했다 — 이 같은 생물학적 결정론은 젠더에 대한 통상적인 생각은 물론 페미니스트 이론화에도 상당한 영향을 미쳤다[따라서 캐슬린 배리는 "섹스가 권력이라는 것이 가부장제의 토대이다. …… 제도화된 성차별주의와 여성 혐오 — 고용 차별에서부터 복지 제도를 통한 착취, 그리고 포르노그래피의 비인간화까지 — 는 일대일 상황들에서 여성에 대한 일차적인 성적 지배로부터 시작된다"고 썼으며(Barry 1979, 164, 165), 슐라미스 파이어스톤은 "경제적 계급과 달리 성적 계급은 생물학적 현실로부터 직접 발생했다. 남성과 여성은 다르게 만들어졌고 평등하지 않다. …… 생물학적 가족은 본질적으로 불평등한 권력 분배가 내재해 있다"고 썼다(Firestone 1970, 9[국역본, 21쪽])-지은이].

프로이트는 1914년에 "성적 행동의 가장 강력한 동기는 자신이 여성의 주인임, 즉 여성 '위에 있음'을 보여 주고자 하는 남성의 의도다"라는 알프레트 아들러의 의견을 "끔찍한" 것으로 일축했다. 프로이트는 이런 종류의 환원주의가 섹슈얼리티의 복잡함과 힘에 대해(아들러의 논지를 따르면, 섹스는 선천적인 남성적 "권력 의지"의 표출이나 공격성의 도구가 되었다), 젠더화된 정체성들의 형성에서 섹슈얼리티가 차지하는 위치에 대해(남성적인 것과 여성적인 것은 필연적으로 남자와 여자의 신체적 몸들에 부응하는 것으로 오해된다), 그리고 대상 선택의 결정에서 무의식의 역할에 대해 잘못 이해하고 있다고 봤다. 프로이트는 정신이 생리학으로 환원될 수도 없지만, 그렇다고 이로부터 완전히 분리될 수도 없다는 입장을 고수했다. 덧붙이자면, 정신은 합리적 모델에 따라 작동하지 않는 무의식적 과정들에 영향받기에, 정신의 작용은 투명하지 않다. 프로이트가 분명하게 설명했듯, 정신분석이라는 과학은 이미지들, 말들, 행동들, 신체적 증상들의 형태로 나타나는 재현들을 통해 무의식을 체계적으로 읽어 내는 방법들을 제공하고자 했다. 비록 그 구체적인 목표는 개별적인 신경증들을 치료하는 것이었지만, 정신분석은 필연적으로 개인들과 사회, 개인적인 것과 문화적인 것 사이의 관계를 다루었다. 무의식은 '문화'의 규범들 속에서 명료해지는 집단적 삶의 규칙들 및 요구 사항들과 개인이 협상하는 과정에서 나타나는 효과들 속에서 추적될 수 있었다. 프로이트에게 이런 협상의 핵심적인 축은 섹슈얼리티였다.

섹슈얼리티와 성차를 다루기 때문에, 정신분석은 젠더와 권력에 대한 사유에 유용한 것으로 입증되었다. 그 용례에는 서로 다른 두 가지 접근법이 있다. 그중 하나는 권력을 확립된 체계로, 젠더를 불평등의 고착된 관계로, 그리고 성차를 성적 정체성의 결정 요인으로 본다. 이 접근법은 규범들의 내면화를 통한 이데올로기 재생산의 열쇠를 정신분석에서 찾는다. 이 접근법은 서구 역사의 경로에서 가부장제가 유지되고 재생산되는 기제들을 설명하고자 오이디푸스콤플렉스 및 거세 신화의 이론들을 활용한다. 이 접근법은 또한 (노동력, 가족, 정치에서의) 남성 지배의 분명한 표출을, 성차를 '아버지의 법'과 사회질서의 기반으로 확립하는 (심리 발달에서의) 오이디푸스 단계의 효과로 해석한다. 이 접근법에는 푸코가 비판했던 권력 모델들의 많은 한계들이 있다. 덧붙여, 이 접근은 젠더화된 주체성에서 나타나는 명백한 변주들(즉, '남성적인' 혹은 '여성적인' 행동들의 다양한 범위, 규범적 역할들에 대한 거부나 이를 수용하지 못함, 퀴어와 트랜스의 형성)과 변화를 설명하지 못한다.

기존의 권력 모델에 대한 푸코의 비판과 나란히, 페미니즘은 정신분석 이론을, 사회질서와 정신 건강이 아버지의 법에 대한 무의식적 충성에 의해 결정된다는 생각에 결부되어 있는 [가부장제나 남성 지배의] 불가피성과 불변성이라는 감각에 도전하는 데 활용한다. 이 같은 일단의 작업들은 (가부장제나 남성 지배와 같은) 고정된 젠더 구조들 대신 유동적인 동시에 [긴장과 불안 등으로] 가득 찬 과정으로서의 주체성을 정식화한다. 이 같은 접근법은 무의식의 혁명적 잠재력에 대한 유토피아적 이상화와 무의식과 의식 (혹은 자아, 초자아, 이드) 사이의 해소 불가능한 긴장들의 지속에 대한 좀 더 냉철한 평가 사이를 오간다. 이 같은 긴장들을 강조하는 이들은 개인적인 것과 사회적인 것 사이의 다양하고 불확정적인 관계를 강조한다. 이들은 (보부아르의 정식화로 돌아가 보자면) 여성 혹은 남성이 되는 과정이 모든 개인들에게 똑같지 않음을 강조한다. 프로이트가 여러 번 지적했듯, 남성성과 여성성은 남자와 여자의 신체적 특질들이라든가 혹은 젠더 역할들에 대한 사회적 처방들과 깔끔하게 맞아떨어지는 예측 가능한 속성들이 아니다.

섹스는 생물학적 사실이며, 이 사실은 비록 심리적 삶에 엄청나게 중요하지만 심리학적으로 파악하기는 어렵다. 우리는 모든 인간들이 남자와 여자 모두의 본능적 충동들, 필요들, 속성들을 보여 준다고 말하는 데 익숙하다. 하지만 해부학이 남자 됨maleness과 여자 됨femaleness의 특징을 지적할 수 있다는 것은 사실이지만 심리학은 그럴 수 없다. 심리학에 있어서 섹스들 간의 대비는 능동성과 수동성의 대비로 스며들어 사라지며 여기에서 우리는 너무도 쉽게 능동성을 남자 됨과 그리고 수동성을 여자 됨과 동일시한다. …… 이것이 어떻든 간에, 만약 우리가 각 개인이 그의 성적 삶에서 남자의 소망들과 여자의 소망들을 모두 충족하고자 한다는 점을 사실이라 간주한다면, 우리는 이러한 [두 세트의] 요구들이 하나의 동일한 대상에 의해 충족되지 않을 수 있으며, 이들이 따로따로 떨어져 있고 각자의 충동이 그것에 적절한 특정 채널로 인도되지 않는 한, 서로가 서로를 방해할 수 있다는 가능성을 받아들일 준비가 되어 있다(*Civilization and Its Discontents*, SE 21: 105, 106[지그문트 프로이트, 『문명 속의 불만』(프로이트 전집 12), 김석희 옮김, 열린책들, 2020, 295쪽]).

페미니스트들은 가능한 성적 정체성 및 행동들이 넓은 범위를 갖고 또한 가능한 사회 구성체들이 다양하게 존재함을 설명하기 위해 환상이라든가 충동 같은 공식적인 정신분석적 개념들을 활용했다. 페미니스트들의 주장은 사회적 생산과 개인 정신들 사이의 관계가 가정될 것이 아니라 탐색되어야 할 대상이며, 오이디푸스 신화는 토대적이기보다는 충동의 특정한 역사적·문화적 조직화임을 보여 준다.

오이디푸스콤플렉스

페미니스트들은 가부장제의 심리적 토대를 설명하기 위해 오이디푸스콤플렉스에 대한 프로이트의 논의들을 활용했다. 프로이트는 오이디푸스콤플렉스를 성차, 인간 욕망의 방향들, 법의 지배의 조건들을 확립하는 보편적 과정으로 이해했다. 오이디푸스콤플렉스가 이론적 구성물임을 이해하는 것은 중요하다. 모든 아이들이 프로이트가 기술한 과정을 정확히 거치지는 않는다. 오이디푸스콤플렉스는 가설적 프레임이며, 이를 통해 개인의 심리적 구성을 이해할 수 있는 하나의 렌즈다. 프로이트는 아동의 발달 과정에 있어서 (주로 3세에서 5세 사이의) 아이가 (어머니와 다시 한번 하나가 되고 싶은) 어머니에 대한 자신의 욕망이 단지 실현 불가능할 뿐만 아니라, 아버지가 어머니에 대해 갖는 욕망과 선행하는 권리 주장에 의해 금지되었다는 것을 무의식적으로 배운다고 상정했다. 자신의 권리 주장을 강행하는 아버지의 힘은 아이가 남성들과 여성들 간의 차이의 이유라 상상하는 거세의 권력으로 간주된다. 아이는 모든 사람들이 같은 성기를 갖고 있다고 가정하기에, 여성들은 페니스를 잃어버렸으며, 따라서 남성도 그럴 수 있다고 결론짓는다. 프로이트는 "인간이라면 누구나 똑같은 (남성) 생식기가 있을 것이라는 생각은", "성에 관한 특이하고 중요한 아이들의 성 관념 중에서 최초의 것이다. 생물학이 그런 선입견을 바로잡아 주고 여자의 클리토리스를 페니스의 대용물로 인정해야 한다고 가르쳐도 아이들에게는 별 도움이 되지 않는다"고 말한다(Freud [1905]1962, 61[지그문트 프로이트, 『성욕에 관한 세 편의 에세이』(프로이트 전집 7), 박종대 옮김, 열린책들, 2020, 85쪽]).

남자아이들과 여자아이들은 이 환상에 대해 다른 방식으로 대응한다. 즉, 남자아이들은 거세를 자신의 성적 활동에 대한 궁극적 처벌로서 두려워하지만 성적 활동은 (그리고 다른 형태의 남성적 지배는) 또한 그들이 거세되지 않았다는 사실에 대한 증명이 된다. 여자아이들은 (그 발달의 과정이 보다 복잡하며) 추정된 상실에 대해 분노하고 궁극적으로는 페니스와 [자신이 낳은] 아이를 상징적으로 동일시함으로써 그 상실을 보상받고자 한다. 즉, "여자아이의 오이디푸스콤플렉스도 아버지에게서 아이를 선물받고 싶다는, 즉 아버지의 아이를 갖고 싶다는, 오래전부터 간직해 온 소망 속에서 절정을 이룬다"(Freud 1924, SE 19: 178, 179[지그문트 프로이트, 「오이디푸스 콤플렉스의 소멸」, 『성욕에 관한 세 편의 에세이』(프로이트 전집 7), 박종대 옮김, 열린책들, 2020, 277쪽]). 프랑스 정신분석가이자 철학자인 자크 라캉의 이론들을 갖고 작업하는 이들에게 거세는 좀 더 복잡한 의미를 갖는다. 라캉에 따르면 어머니에 대한 아이의 욕망은 어머니의 욕망을 충족하고자 하는 아이의 소망과 관련이 있으며, 이것이 불가능함을 깨닫는 것이 이중적인 거세를 구성한다. 어머니는 다른 누군가에 의해 채워져야 하는 결핍을 가진, 거세된 존재로 상상된다. 아이는 어머니의 결핍을 채워 줄 수 없으므로 거세되었다. 이런 상상된 장면에서 오로지 아버지만이 결핍된 것을 내놓을 수 있다. 오로지 아버지만이 팔루스를 갖고 있다.

거세에 대한 이 같은 언급들은 실제 상황을 기술하는 것도, 의식적으로 잘 추론된 일련의 과정들을 설명하는 것도 아니다. 그것은 성적 차이의 기원에 대해 사람들이 공유하고 있는 문화적 환상을 기술한 것이다. 이것의 "효과성"은 (장 라플랑슈와 장-베르트랑 퐁탈리스가 정의하듯) "(근친상간을 금기하는) 금지 기제가 작동하게 함으로써 자연스럽게 추구되는 만족으로 가는 길을 막고 소망과 법 사이에 확고한 연결 고리를 만들어 내는" 것이다(Laplanche and Pontalis 1974, 286). 소망과 법 사이의 이 연결 고리는 변증법적이다. 법은 욕망에 경계들을 부과할 뿐만 아니라, 정확히 자신이 금지하는 그 욕망을 불러일으킨다(비교하자면, 법과 욕망 간의 관계는 푸코가 기술하는 권력과 저항 간의 관계와 매우 유사하게 작동한다. 법은 억압하지 않으며 오히려 욕망을 조장한다). 거세 불안이 일반화되고, 마찬가지로 도덕적·사회적 규제(그리고 그것의 위반)의 토대 또한 일반화된다고 이해될 수 있는 것은 바로 이런 방식에서이다. 여기에서 법은 상징적 권력으로 작동한다. '진짜' 사회적 지배들은 문화적 신화들과 집단적 환상들에 의지하며 이것들로부터 자신들의 적법성을 끌어낸다.

오이디푸스콤플렉스, 거세 신화, 아버지의 법은 모두 남성 권력의 고대적 상징인 팔루스 주변을 맴돈다. 그리고 비록 (라캉에게 모든 기표들의 기표인) 팔루스는 실제 기관이 아닌 상징이지만, 몇몇 저자들은 서구의 문화적 상상력에서 팔루스와 페니스가 서로 뒤섞여 있음을 제시한다. 팔루스와 페니스가 하나라는 환영은 성적 차이를 남성들과 여성들 간의 비대칭적 관계(한쪽은 권력을 가졌고 다른쪽은 없다)로 확립한다. 하지만 이것이 환영이라는 것은 [팔루스/페니스를] 소유하는 현실에 불확실성이 있음을 의미한다. 주체가 팔루스를 갖고 있음을 '입증'하기 위해서는 대타자의 욕망이 필요하며, 심지어 이조차 확실한 증거가 되지는 않는다.[3] 따라서 남성성(그리고 여성성)은 주체와 팔루스의 관계가 반복적으로 실행[상연]되는 문제가 된다. 덧붙여, 남성성과 여성성은 취해진 '지위들'이지 생물학에 의해 결정된 기능들이 아니다. 법 제정자는 실제의 아버지일 필요도 없고 심지어 남자일 필요도 없다. 법 제정자는 욕망을 규제하거나 방해하는 위치를 상징적으로 점유하는 그 누군가이다. 그렇다면 여성들 간의 권력관계 또한 이런 측면에서 분석될 수 있다.

팔루스와 페니스 사이의 환영적 등치 속에, 남성 지배를 위한 합리화와 이를 영속화하는 (무의식적) 동인 모두가 존재한다. 진짜 페니스를 갖는 것이 팔루스가 가진 상징적 권력의 향유를 사실상 보장하지는 않으므로,[4] 모든 종류의 사회적 제도들과 실천들은 페니스의 소유가 효과를 갖게 하고자 고안되었다. 바로 여기서 상징적 권력은 물질적 효과를 갖는 사회적 권력에 대한 추구와 그것의 실행으로 전환되는 것으로 이해할 수 있다. 역사적으로 이는 여성 교환에 기초한 친족 구조들(이 책에 포함된 재닛 카스틴의 「친족」 참조), 자산의 부계 혈통적 계승(및 후손들과 상속자들에게 문자 그대로 아버지의 이름을 붙이는 것), 왕권을 남성에게만 제한하는 것, 민주적 시민권과 정치적 참여를 남성의 권리로 정의하는 것, 특정 기술들과 직종들을 오로지 남성적인 것으로 배정하는 것, 민족주의적·혁명주의적·반혁명주의적 운동들을 남성성의 성취로 재현하는 것, 여성을 교계제도와 교육기관으로부터 배제하는 것을 포함해 왔다. 사례들은 더 많고 다양해질 수 있으며, 실제로 구체적인 역사적 맥락들에서 성적 정체성에 대한 무의식적 호소와 성적 정체성의 공고화를 규명하기 위해 정신분석학 이론을 활용하는 학자들은 다양한 사례를 제시해 왔다(이런 사례들은 명백하게 젠더와 성적 정체성의 영역

---

3 라캉은 다음과 같이 언급한다. "사랑에 대한 요구는 욕망으로 인해 괴로워질 수 있을 뿐이다. 욕망을 나타내는 기표는 욕망에 낯선 것이다. 어머니가 욕망하는 것이 팔루스라면, 아이는 이 욕망을 만족시키기 위해 팔루스가 되기를 소망한다. 그래서 욕망에 내재한 분열은 이미 대타자에 대한 욕망 속에서 그 분열 자체를 느껴지게 만든다. 이 분열은 주체로 하여금, 이 팔루스에 해당할 법한, 그가 가지고 있을지도 모를 실재적인 그 무엇도 대타자에게 제시함으로써 만족할 수 없도록 만들기 때문이다 ─ 그가 가지고 있는 것은, 사랑에 대한 요구에 관한 한, 그가 가지고 있지 않은 것만큼 가치가 있지 않으며, 바로 이것이 그가 팔루스일 것을 요구한다"(Lacan [1958]1982, 83).

4 C. 로린C. Laurin은 다음과 같이 언급한다. "이 머나먼 시기에, 발기한 팔루스는 주권 권력을, 남자의 힘이라는 음경의 전적인 다양성과 반대되는 것으로서 마술적이고 초자연적으로 초월적인 남성의 정력을, 부활[재발기]의 희망과 이 희망이 가져올 수 있는 힘을, 그림자나 다양성을 용납하지 않고 존재의 영원한 샘들을 유지하는 빛나는 원칙을 상징한다"(Laplanche and Pontalis 1973, 313에서 재인용).

에 제한되어 있으며, 인종·종교·경제적 지위에 기초한 다른 종류의 배제들을 설명하는 척하지 않는다).

이런 식으로 정신분석을 활용하는 좋은 사례는 닐 허츠의 논문 「메두사의 머리: 정치적 압력하에서의 남성 히스테리아」이다. 이 글은 (에드먼드 버크, 빅토르 위고, 알렉시 드 토크빌, 막심 뒤 캉이 쓴) 텍스트들을 다루는데, 이 텍스트들은 (1789년, 1848년, 1871년에 있었던 프랑스의) 혁명적 상황들에서의 불안한 경험들을 서술하고, 그 공포를 전달하기 위해 동일한 수사 — 이런 텍스트들에서 허츠는 추악하고, 위협적인, 메두사 같은 여성을 보거나 맞닥뜨리게 된다 — 를 사용한다. 허츠는 무의식적인 거세 공포를 정치적 불안에 연결하면서, 저자들이 자신들의 거세 가능성에 대해 느끼는 공포를 재현하기 위해 이 괴물 같은 여성을 선택한다고 지적한다. "바리케이드에서 여성 — 혹은 혁명가들 — 의 '자산' 없음은 군인들 — 혹은 사회 — 이 처한 위태로움을 나타낸다"(Herz 1983, 30). 혁명에 대한 공포는 어떤 경우들에서는 정치적 보수주의로 전환되었다. 거세에 대항해 방어하려는 심리적 기세는 상징적이고 권능적인 팔루스를 발동시킨다. 프로이트는 발기된 남성 기관의 전시에 의해 생성되는 "액막이 효과"에 대해 언급한다. 이 상황에서 팔루스와 자산 사이의 등치는 혁명에 맞서는 이들의 정치적 충성과 행동력을 강화한다. 허츠는 이 연관성을 분명히 하고자 프로이트의 「절편음란증」을 인용한다.

> 만약 여자가 거세당해 페니스가 없는 것이라면 자신[남성]의 페니스도 거세당할 위험이 있다. 게다가 자연이 하필 이 기관에 미리 장착해 놓은 나르시시즘의 일부가 그런 거세의 위험에 반기를 든다. 나중에 어른이 되어 '국가와 교회가 위험에 빠졌다'는 아우성이 터져 나오면 이와 비슷한 패닉을 경험할지 모른다(Freud SE 21: 153[지그문트 프로이트, 「페티시즘」, 『성욕에 관한 세 편의 에세이』(프로이트 전집 7), 박종대 옮김, 열린책들, 2020, 298, 299쪽]).

요점은 남성성이 정치학과 겹쳐진다는 것뿐만 아니라, 권력은 위기 상황에 처한 대의명분을 팔루스에 연결함으로써 권력의 적법성을 — 그것도 성공적으로

── 추구한다는 점이다(다른 사례들로는 Muel-Dreyfus 1996; Moreau 1982; Salecl 1994; Scott 1996; Theweleit 1987 참조). 이는 어떤 '민주적' 정치·사회운동들이 여성들의 완전한 평등을 보장하는 데 실패하거나 혹은 심지어 젠더 평등을 의제에 올리는 데에도 실패하는 것에 대해 페미니스트들이 경험한 커다란 실망들을 설명해 준다. 만약 권력이 팔루스와 등치된다면, 권력의 명료화·공고화·방어는 문자 그대로 여성들을 배제하거나, 여성들의 영향력을 특별하고 '분리된 영역'으로만 출입을 제한하거나, 혹은 여성들을 계속해서 종속된 지위에 방치하는 것으로써 (혹은 종속된 지위로 돌아가게 함으로써) 표출된다.

젠더와 권력을 분석하기 위해 정신분석 이론을 전유하는 이들에게 특정한 사회적·정치적 배치들은, 그 배치들이 각인하고 또 그 배치들을 지지하는 상징적 구조들보다는 덜 중요하다. 따라서 가부장제는 아이들에게 아버지의 이름을 물려주고 부계 혈통을 통해 자산을 물려주는 위계적 가족 구조에 통치권의 모델을 둔 체계로만 단순하게 정의되지는 않을 것이다. 더구나 아버지들이 실제로 집에 있다는 것이 가부장적 법의 지속성을 보장하는 것은 더더욱 아닐 것이다. 그렇다기보다는, 상징적 재현의 관점에서 볼 때 무의식적으로 확립된 과정들을 통해 한 세대에서 다음 세대로 전달되는 것은 팔루스의 의미화하는 권력이다(라캉에게, 이는 언어적 과정들, 즉 주체의 언어로의 진입에 동반되는 거세와 거세에 의해 표시되는 섹스들 간의 차이이다). [무의식적으로 달성되는] 이런 과정들은 여성에 대한 남성의 권력을 남성성과 등치시키는 성별화된 주체 위치들과 사회적 관계들을 정당화하는 개념적 기반을 확고히 해준다(사회적 과정들과 심리적 과정들을 연결 짓고자 하는 사회학자의 논의에 대해서는 Connell 1987 참조). 여기에서 중요한 점은 권력이 구조 안에 내재하지도 않으며, 그렇다고 소유물도 아니라는 것이다. 권력은 상징적으로 의미화되고, 환상적으로 이해되며, 이런 조건들에 따라 실행[상연]되는 어떤 것이다. 권력관계들은 팔루스의 중심성에 대한 무의식적 믿음을 언급하거나 이를 환기함으로써 자신의 적법성을 찾는다.

물론 섹스들 간의 차이를 명료화하는 데 있어서 팔루스의 일차적 중요성을 전제하는 이론에 대해 비판적인 페미니스트들이 있다. 제시카 벤저민(Benjamin 1988), 낸시 초도로(Chodorow 1978), 도로시 디너스타인(Dinnerstein 1977)은 멜라니

클라인의 작업으로부터 착안해(Whitford 1992) 아동의 심리 형성에서 어머니의 중요성(과 젖가슴의 상징적 중요성)이 기존에 인정된 것보다 크다고 주장했다. 그러나 이들의 연구는 다른 이론가들이 끊임없이 지속되는 팔루스의 의미화하는 힘이라고 지적하는 것에 대한 대안적 설명을 제시하지 않는다. 이 힘은 가계 조직들, 법적 재산 승계 관행들, 혹은 시민권 요건들에서 나타난 변화들에 의해 시간이 흐를수록 약화되는 것으로 보이지 않는다. 사실은, 개인들의 성적 정체성들에서의 다양한 변주들에 불구하고, 규범적인 법칙들이 상징 구조들에의 호소를 통해 명료화되고 집행되는 집합적(사회적·경제적·정치적) 수준에서 (아버지의 상징적 법인) '가부장제'는 가장 뚜렷하게 나타나는 것처럼 보인다(이 책에 실린, 버틀러의 「규제」 참조).

페미니스트 철학자 이리가레(Irigaray 1985)는 가부장제는 상징적 구조이지만 또한 변화에 열려 있는 것으로 이해되어야 한다고 주장한다. 이리가레는 무의식적인 재현들을 새롭게 재정식화하고자 하는 페미니즘적 개입은 가능할 뿐만 아니라 필요하다고 주장한다(Whitford 1991, 1992 참조). 팔루스의 상징적 권력이 제거되려면 권력이 소중히 숭배되거나 재현된 곳에서, 또한 권력의 조건들, 즉 무의식의 상징적 조건들 내에서 이 같은 일어나야 한다고 주장한다. 이리가레에게 페미니즘의 이론화 기획은 오이디푸스적 닻줄로부터 해방된 여성적 상징이 명료하게 하는 것이다.

충동

정신분석 이론의 용어들 내에서 변화를 사유할 수 있는 길을 찾는 이들에게 '충동'은 완고해 보이는 오이디푸스콤플렉스에 대한 대안으로 보인다. 정신분석 이론에서 팔루스가 법의 상징적 재현물이라면, 충동은 법의 한계에서 작동하면서 상징적 측면에서 재현될 수 없는 어떤 것이다. 충동은 주체의 소유도 아니며 속성도 아닌, 개별 주체성을 구성하는 힘이다. 충동은 완전히 정신적이지도, 그렇다고 전적으로 신체적이지도 않은 '경계 개념'이다. 충동은 몸의 다양한 지역들에 리비도적으로 위치하게 되는 무의식적 재현들에 그 원천을 둔다. 충동은 결코 채워질 수 없는 만족을 위한 노정으로 경험된다. 아기는 배고픔을 채우기 위해 엄마의 젖가슴을 빨지만, 빠는 행위는 음식에 대한 필요와는 별개인 쾌락과 뗄 수 없이 연결된다. 아기는 자기 손가락이나 다른 물체들을 빨 것이며, 빠는 것에서 쾌락의 환각을 느끼고, 그럼으로써 쾌락을 재생산하고자 한다. 이 과정에서 가슴은 리비도적 대상이 되며, 입과 손가락들은 몸의 성애적인 영역들이 될 것이다.

라플랑슈(Laplanche 1992)는 충동의 원천을, 아이가 완전히 이해하거나 상징화할 수 없고, [그렇기에] 억압하는, 어른들로부터 오는 무의식적·리비도적 메시지들인 "수수께끼 같은 기표들"에 대한 아이의 반응에서 찾는다. 이 "원초적 억압"은 몸의 부분들과 욕망의 대상들 사이의 관계를 확립하는 심리적 재현들 및 연상들의 원천이 된다. 이는 또한 증상들과 고통, 그리고 규범적·사회적 규제의 측면에서 "역기능"의 원천이기도 하다. 이 심리적 재현들은 개인적으로 다양하며, 지속적인 내적 자극의 원천이다. 이런 방식으로, 심리적 재현들은 행동을 추동한다. 이것들은 (쾌락에 환영적으로 결부된 대상들과 신체 부분들을 정의함으로써) 주체의 개인성을 표현하는 힘이자 주체가 타인들과 맺는 관계의 조건들 가운데 일부를 확립하는 힘이다.

아기가 젖가슴을 빠는 양육의 사례가 경험, 충동, 그리고 충동의 대상 사이의 직접적 연결선들을 제시하기는 하지만, 사실 언제나 그런 것은 아니다. 프로이트는 충동의 네 가지 '변천[변화]들'로 전치, 역전, 억압, 승화를, 그리고 세 가지 극성들로 '주체/대상', '쾌락/불쾌', 그리고 '능동적/수동적'을 서술했다. 따라서 충동은 때때로 그 목적을 뒤집거나(대상을 보는 대신, 주체는 보여지기를 원한다), 그 내용들을 뒤집는다(사랑은 미움이 된다). 충동은 종종 그 대상을 치환[전치]한다. 예를 들어, 주체는 타인에게 고통을 주기를 원하는 대신 고통받는 것에서 쾌락을 찾는다. 능동과 수동 사이의 교대(고통·쾌락·사랑을 주기/받기, 보기/보여지기/타인에게 스스로를 보이게 하기) 또한 충동의 특징이며, (프로이트와 라캉에 따르면) 능동과 수동을 남자와 여자에 결부하는 것은 실수에 불과하다. 충동의 작동들은 섹스에 의해 차별화되지 않으며(비록 리비도는 종종 충동과 유의어로 사용되기도 했지만,

프로이트는 "리비도는 하나"라고 강조했다), 이들은 규범적 법칙들을 따르지도, 성인의 성적 만족을 성기적 활동이나 이성애적 대상 선택에 결부하는 발달 모델을 따르지도 않는다. 이런 이유로 라캉은 "성적 관계 같은 건 없다"고 주장했으며, 이는 남성과 여성 사이에 자연적이고 매개되지 않은 관계는 어디에도 없으며, 성적 관계에는 완전한 두 주체들이 서로 연루되는 것이 아니라, 주체와 쾌락의 환상적 원천에 대한 재현이라 할 수 있는 '부분-대상'이 서로 연루됨을 의미했다(이 주제에 대한 추가적인 논의로는 Evans 1996; Shepherdson 1997 참조. 우리는 충동에 대한 이러한 질문들을 생각하는 데 도움을 준 찰스 셰퍼드슨, 에밀리 재킨, 엘리자베스 위드, 데브라 키츠에게 감사를 표한다).

따라서 충동은 규범적인 처방들을 피하거나 이 처방들이 대안적 의미들을 갖게 하면서 예측 불가능하게 활동한다. 성애적인 의미들은 몸의 어떤 부분과도 결부될 수 있으며, 욕망이 어떤 대상에 의해 충족될 수 있다는 생각이 [바로] 환상이기에, 수많은 다양한 대상들이 성적 쾌락의 잠재적 원천으로 취해질 수 있다(Collins 1997). 여기에 (아버지의 법에 입각한 권력인) 사회적 권력에 대항할 뿐만 아니라 집단적 차원에서 조직될 만한 종류의 권력을 상상할 가능성이 놓여 있다(Žižek 1997, 147-152). 찰스 셰퍼드슨(개인적 대화, 1998년)은 충동에 대해 이렇게 생각하는 방식을 다음과 같이 특징지었다.

> 푸코적 의미의 권력이 종속과 (고전적 의미에서 행위자 혹은 '주체'가 된다는 뜻을 갖는) 주체화 모두를 제시한다면, 라캉은 우리에게 (상징적) 의미가 아니라 모종의 힘이나 행동인 섹슈얼리티, 충동과 같은 흥미로운 '외부'와 함께 등장하는 법Law을 제시한다. (푸코가 마치 자기가 시대를 앞서 어디로 가고 있는지를 필연적으로 알지는 못하면서도 변화를 욕망했던 것처럼) 라캉이 말하는 힘 혹은 행동으로서의 섹슈얼리티와 충동은 처음에는 그저 증상, 고통, 죽음 충동이지만, 곧이어 모종의 자유의 가능성을 품는다(이메일 서신).

엘리자베스 그로스에게 중요한 것은 충동을 법의 외부 혹은 법에 대립적인 것으로 위치시키는 것이 아니라, 사회적 권력관계들을 효과들로서 — 충동을 조직하는 형태들로서 — 생각해 보는 것이다. 충동이 오이디푸스적 측면에서 조직될 수 있다면, 이는 다른 선들을 따라 재조직화될 수도 있을 것이다. "충동이라는 개념은 몸과 정신, 자연과 문화 사이의 이분법을 문제화하는 것이다. 왜냐하면 충동에는 두 가지 모두 수반되기 때문이다. 따라서 서구 사상의 역사 내부의 지배적 개념들과 방법들에 대한 페미니스트들의 다양한 도전에서, 충동은 전략적으로 핵심적인 용어임이 드러날 것이다"(Grosz 1990, 1994).

결론

우리가 근대주의적 권력 개념들에 대해 제시한 대안의 사례들은 서로 갈라지고 때로는 갈등하는 두 개의 이론체를 대변한다. 각각의 이론을 활용하는 최근의 페미니즘 연구는 둘을 서로 엮거나, 상호 보완적으로 사용하거나, 혹은 서로에게 이의를 제기하게 하기보다는, 대체로 둘 중 하나를 수용하는 경향을 보인다. 이에 대한 다양한 수준의 예외들은 제시카 벤저민, 웬디 브라운, 주디스 버틀러, 레이 초우, 엘리자베스 그로스, 란자나 칸나, 맨디 머크, 재클린 로즈, 조앤 W. 스콧, 앤 로라 스톨러, 린 시걸 등이 있으며, 이들은 모두 다양한 방식과 목적으로 권력에 대한 그들의 이해에 푸코적 통찰과 프로이트적 통찰을 혼합했다. 예를 들어, 칸나는 포스트식민주의적 페미니스트 비평에 관심을 두며, 시걸의 주된 관심은 유럽-대서양 페미니즘 담론에 있다.

　하지만 우리는 권력에 대한 이런 두 가지 이론적 접근들을 결합하는 구체적인 레시피들로 결론을 맺기보다는 이 이론들이 페미니즘 사유에 대해 갖는 생산성을 강조함으로써 결론을 맺고자 한다. 푸코와 프로이트 모두 권력을 소유하거나 잃어버리는 상품이 아닌, 젠더화된 주체들을 비롯해 주체들을 구성하고 활성화하는 것으로 이론화한다. 둘 다 권력이 주체들을 단지 위치시키기보다는 주체들을 생산하며, 주체성의 내용들을 억압하기보다는 생산한다고 이해한다. 그리고 이들은 모두 권력을 주체들에 의해 쉴 없이, 끝없이 협상되는 어떤 것으로 다루며, 둘 중 누구도 권력 없는 세상이나 권력의 문제들이 극복된 상황을 상상하지 않는다. 따라서 권력에 대한 이 두 가지 접근들 사이에 겹쳐지는 테두리들은 개념적인 동시에 — 권력은 완결체나 총체가 아닌 실행[상연]되고 순환되는 어떤 것으로 간주된다 — 방법론적이다 — 이 분석은 권력의 특정한 기제들이 어떻게 지식, 사회적 실천, 정신적/주체적 과정들의 구체적 형태들로 작동하는지를 질문한다. 이런 접근들은 성별화된 몸들의 차이를 젠더와 권력 분석의 출발점으로 삼기보다는 어떻게, 어떤 상황들에서, 그리고 어떤 측면들에서 — 개인들과 사회들의 역사 속에서 — 섹스의 차이들이 권력관계들로 생산되는지를 질문한다. 두 가지 접근은 페미니스트 '권력 분석'의 요소들을 함께 구성한다고 말할 수 있다.

참고 문헌

Barry, Kathleen. 1979. *Female Sexual Slavery*. New York: New York University Press.

Benjamin, Jessica. 1988. *Bonds of Love*. New York: Pantheon.

Brown, Wendy. 1995. *States of Injury: Power and Freedom in Late Modernity*. Princeton, NJ: Princeton University Press.

Butler, Judith. 1997. *The Psychic Life of Power: Theories in Subjection*. Palo Alto, CA: Stanford University Press [주디스 버틀러, 『권력의 정신적 삶: 예속화의 이론들』, 강경덕·김세서리아 옮김, 그린비, 2019].

Chodorow, Nancy. 1978. *The Reproduction of Mothering: Psychoanalysis and the Sociology of Gender*. Berkeley: University of California Press [낸시 초도로우, 『모성의 재생산』, 김민예숙·강문순 옮김, 한국심리치료연구소, 2008].

_____. 1989. *Feminism and Psychoanalytic Theory*. New Haven, CT: Yale University Press.

Collins, Daniel G., ed. 1997. *UMBR(a): On the Drive* 1.

Connell, R. W. 1987. *Gender and Power: Society, the Person, and Sexual Politics*. Palo Alto, CA: Stanford University Press.

Dalla Costa, Mariarosa, and Selma James. 1972. *The Power of Women and the Subversion of the Community*. London: Butler and Tanner.

de Beauvoir, Simone. 1953. *The Second Sex*. Trans. H. M. Parshley. New York: Knopf [시몬 드 보부아르, 『제2의 성』, 이정순 옮김, 을유문화사, 2021].

Dinnerstein, Dorothy. 1977. *The Mermaid and the Minotaur: Sexual Arrangements and Human Malaise*. New York: Harper & Row.

Eisenstein, Zillah, ed. 1979. *Capitalist Patriarchy and the Case for Socialist Feminism*. New York: Monthly Review Press.

Evans, Dylan. 1996. *An Introductory Dictionary of Lacanian Terms*. New York: Routledge [딜런 에반스, 『라깡 정신분석 사전』, 김종주 외 옮김, 인간사랑, 1998].

Firestone, Shulamith. 1970. *The Dialectic of Sex: The Case for Feminist Revolution*. New York: William Morrow [슐라미스 파이어스톤, 『성의 변증법: 페미니스트 혁명을 위하여』, 김민예숙·유숙열 옮김, 꾸리에, 2016].

Foucault, Michel. 1978. *A History of Sexuality*. Vol. 1, *An Introduction*. Trans. Robert Hurley. New York: Pantheon [미셸 푸코, 『성의 역사 1: 지식의 의지』, 이규현 옮김, 나남, 2004].

_____. 1980. "Two Lectures," trans. Alessandro Fontana and Pasquale Pasquino. In *Power/Knowledge: Selected Interviews and Other Writings, 1972-1977*, ed. Colin Gordon. New York: Pantheon [콜린 고든 엮음, 『권력과 지식』, 홍성민 옮김, 나남, 1991].

Freud, Sigmund. 1953-1974. *The Standard Edition of the Complete Psychological Works of Sigmund Freud* [*SE*]. Ed. and trans. James Strachey. 24 vols. London: Hogarth.

_____. [1905]1962. *Three Essays on the Theory of Sexuality*. Ed. and trans. James Strachey. New York: Basic Books [지그문트 프로이트, 『성욕에 관한 세 편의 에세이』(프로이트 전집 7), 박종대 옮김, 열린책들, 2020].

Grosz, Elizabeth. 1990. *Jacques Lacan: A Feminist Introduction*. London: Routledge.

_____. 1994. *Volatile Bodies: Toward a Corporeal Feminism*. London: Routledge [엘리자베스 그로스,

『몸 페미니즘을 향해』, 임옥희·채세진 옮김, 꿈꾼문고, 2019].

Hertz, Neil. 1983. "Medusa's Head: Male Hysteria under Political Pressure." *Representations* 4(Fall): 27-54.

Hobbes, Thomas. [1651]1996. *Leviathan*. Ed. Richard Tuck. Cambridge: Cambridge University Press [토머스 홉스, 『리바이어던 1, 2』, 진석용 옮김, 나남출판, 2008].

Irigaray, Luce. 1985. "Any Theory of the Subject Has Already Been Appropriated by the Masculine." In *Speculum of the Other Woman*. Trans. G. Gill. Ithaca, NY: Cornell University Press.

Lacan, Jacques. [1958]1982. *Feminine Sexuality*. Trans. Jacqueline Rose. Ed. Juliet Mitchell and Jacqueline Rose. New York: Norton.

Laplanche, Jean. 1992. *Jean Laplanche: Seduction, Translation, Drives*. Ed. John Fletcher and Martin Stanton. London: Psychoanalytic Forum, Institute of Contemporary Arts.

Laplanche, Jean, and Jean-Bertrand Pontalis. 1974. *The Language of Psycho-Analysis*. Trans. Donald Nicholson-Smith. New York: Norton [장 라플랑슈·장-베르트랑 퐁탈리스, 『정신분석 사전』, 임진수 옮김, 열린책들, 2005].

MacKinnon, Catharine A. 1982. "Feminism, Marxism, Method, and the State: An Agenda for Theory." *Signs* 7(3).

Marx, Karl, and Friedrich Engels. 1970. *The German Ideology*. Ed .C. J. Arthur. New York: International Publishers [프리드리히 엥겔스, 「독일 이데올로기」, 『칼 맑스 프리드리히 엥겔스 저작 선집 1』, 최인호 외 옮김, 김세균 감수, 박종철 출판사, 1997].

Mede, Theresa. 1998. "'What Comes after Patriarchy?': Introduction" and "Persistent Patriarchy: Ghost or Reality?" with Pamela Haag. *Radical History Review* 71(Spring).

Mill, John Stuart. 1879. *On Liberty; The Subjection of Women*. New York: Holt [존 스튜어트 밀, 『자유에 관하여』, 김은미 옮김, 후마니타스, 2024; 존 스튜어트 밀, 『여성의 종속』, 서병훈 옮김, 책세상, 2018].

Mitchell, Juliet. 1974. *Psychoanalysis and Feminism*. New York: Vintage.

Moreau, Thérèse. 1982. *Le Sang de l'histoire: Michelet, l'histoire et l'idée de la femme au XIXe siècle*. Paris: Flammarion.

Muel-Dreyfus, Francine. 1996. *Vichy et l'éternel féminin: Contribution à une sociologie politique de l'ordre des corps*. Paris: Editions du Seuil.

Salecl, Renata. 1994. *The Spoils of Freedom: Psychoanalysis and Feminism after the Fall of Socialism*. London: Routledge.

Scott, Joan W. 1996. *Only Paradoxes to Offer: French Feminists and the Rights of Man*. Cambridge, MA: Harvard University Press [조앤 W. 스콧, 『페미니즘 위대한 역설: 프랑스 여성 참정권운동이 던진 세 가지 쟁점, 여성, 개인, 시민』, 공임순·이화진·최영석 옮김, 앨피, 2006].

Seccombe, Wally. 1974. "The Housewife and Her Labour under Capitalism." *New Left Review* I/83(January-February): 3-24.

_____. 1975. "Domestic Labour: Reply to Critics." *New Left Review* I/94(November-December): 85-96.

Shepherdson, Charles. 1997. "A Pound of Flesh: Lacan's Reading of *The Visible and the Invisible*." *Diacritics* 27(4): 70-86.

Theweleit, Klaus. 1987. *Male Fantasies*. Minneapolis: University of Minnesota Press.

Weber, Max. 1978. *Economy and Society: An Outline of Interpretive Sociology*. Ed. Guenther Roth and

Claus Wittich. Berkeley: University of California Press [막스 베버, 『경제와 사회』, 박성환 옮김, 문학과지성사, 2003].

Whitford, Margaret. 1991. *Luce Irigaray: Philosophy in the Feminine*. London: Routledge.

_____, ed. 1992. *The Irigaray Reader*. Malden, MA: Blackwell Publishers.

Wollstonecraft, Mary. 1792. *A Vindication of the Rights of Woman: With Strictures on Political and Moral Subjects*. Vol. 1. 2nd ed. London: Printed for J. Johnson, No. 72, St. Paul's Church Yard [메리 울스턴크래프트, 『여성의 권리 옹호』, 문수현 옮김, 책세상, 2011].

Žižek, Slavoj. 1997. "Desire: Drive = Truth: Knowledge." *UMBR(a): On the Drive* 1.

16장

공과 사

Public/Private

지은이
마이클 워너 Michael Warner

옮긴이
이진화
퀴어 활동가. 소수자난민인권네트워크에서 난민을 만나고 지원한다. 셰어SHARE 이
슈페이퍼에 「미국의 교도소 폐지주의 트랜스-퀴어 운동: 작은 메모」라는 짧은 글을
실었다.

❈

공공성과 사생활이라는 두 가지 가치를 모두가 평등하게 누리는 세계란 어떤 곳일까? 이는 현대 정치철학의 단골 질문이다. 얼핏 단순해 보이지만 다음 질문이 따라오면서 꽤 복잡해진다. 그런 세계에서 젠더와 섹슈얼리티가 경험되는 방식은 어떻게 달라져야 할까?

두 질문 사이에 연결 고리가 있다는 것은 지난 수천 년 동안 주지의 사실이었다. 그리스 철학자 디오게네스는 성욕을 느낄 때마다 시내 한복판의 장터로 나가 자위행위를 했다. 한 후대 그리스 저술가에 따르면 디오게네스는 "데메테르의 일(식욕)이든 아프로디테의 일(성욕)이든 전부 공공장소에서 해결하는" 버릇이 있었다(디오게네스 라에르티오스Diogenes Laertius; Foucault 1985, 54[국역본, 72쪽]에서 재인용). 이는 기원전 4세기 아테네에서 흔치 않은 행위였다. 디오게네스는 혐오감을 유발했다. 그의 행위는 푸코가 지적했듯 일종의 "연행 비평"[행동을 통한 비판]performance criticism으로, 공과 사에 대한 도덕적 관념 이면에 자리한 본능의 힘에 주목하도록 이끄는 하나의 방법이었다(Foucault 1985, 54[국역본, 71, 72쪽]). 그토록 철저히 공사 구분을 폐기하고자 시도한 사례는 디오게네스 이후로 찾아보기 어렵다. 그는 공사 구분이 인공적이고 부자연스러우며, 스스로 문명이라 착각하는 타락의 가짜 도덕성에 불과하다고 생각한 것이 분명하다.

그로부터 2000여 년 뒤, 공사의 도덕은 또 하나의 도전을 받는다. 이 도전 역시 비슷한 거북함을 불러일으켰다. 프랜시스 라이트는 스코틀랜드 출신으로 1820년대 후반 미국에서 노예제 폐지와 여성 권리, 피임[출생 제한], 노동자 권리 보장을 촉구하는 순회강연을 열었다. 여자가 공공연히 대중 앞에 등장한다는 이유로 전 사회적인 비난이 쏟아졌다. 미국인 캐서린 비처는 『종교의 난제에 대한 서한 모음』(1836)에 실린 첫 번째 서한에서 라이트를 두고 이렇게 말한다.

패니 라이트 같은 여자한테 혐오감이나 반감을 안 가질 사람이 어디에 있겠습니까. 덩치는 커서 남자 같지, 목소리는 우렁차지, 옷차림에도 품위라고는 없습니다.

보호자도 없이 돌아다니고, 보호받을 필요조차 못 느낍니다. 남자들하고 격론을 벌이지를 않나, 뻔뻔스러운 얼굴로 떨쳐나서서 모여든 대중을 상대로 강연하지를 않나. …… 여자의 형체를 한 것 가운데 이토록 못 견디게 불쾌하고 진저리나는 존재는 또 없을 겁니다(Grimké and Grimké 1989, 138에서 재인용. 비처에 대해서는 Sklar 1973; Boydston, Kelley, and Margolis 1988 참조).

비처는 공적인 활동을 하는 여성에 대한 불쾌감을 생생하게 묘사한다. 비처가 보기에, 남자들과 교류하고, 청중을 상대로 강연하고, 보호자를 동반하지 않고 외출하고, 토론에서 자기 생각을 밝히는 것과 같은 공적 행위는 남자들한테 맡겨 둘 일이다. 그런 확신이 너무나 강하다 보니 라이트의 행위에 대해서도 남자 같다고 표현하는 것이다. 인용된 비처의 말은 사실 라이트의 생각이나 행위보다 그의 존재 자체를 겨눈 독설이다. 외모가 남자 같다고, 목소리가 크다고, 옷차림이 품위 없다고 비난하고, 남들 앞에 나서서 자신을 드러낸다고 욕하는 식이니 말이다. [혐오스러운 노예제에 대해] 여동생 해리엇 비처 스토[1][가 그랬던 것]처럼, 캐서린 비처 역시 혐오스럽다고 단순히 외면해 버리지 않고 보다 적극적으로 대응했다. 그는 여러 권의 책에서 유례없이 노골적인 태도로 영역 분리에 대한 견해를 밝혔다. 여성이 있을 곳은 집이며, 여성은 정치가 아닌 도덕으로 세계에 기여해야 한다고 말이다. 이런 집필 활동으로 비처는 아이러니하게도 당대에 가장 널리 알려진 여성 명사名士 가운데 한 명이 된다.

디오게네스와 라이트의 사례에서 공사 구분은 공공연히 도전받는다. 두 사례 모두 공사 구분에 실질적으로 위계가 존재함을 잘 보여 주는데, 이때 특별히 중요한 의미를 부여받는 곳은 장터나 집회 현장 같은 공공장소다. 공공장소 이용이란 곧 사적인 것으로 여겨지는 것을 걸러 내거나 억누를 수 있는 하나의 특권이라는 점 역시 두 사례에서 똑같이 발견된다. 공사 구분 위반이 단순히 머릿속에서 일어나는 일이 아니라, 섹스와 젠더를 대하는 오랜 직관을 거스르는 것

---

1 [옮긴이] 해리엇 비처 스토(1811~1896)는 노예제 폐지를 지지한 19세기 백인 여성 작가이다. 『톰 아저씨의 오두막』이 대표작이다.

으로 체험된다. 비처의 말마따나 그런 위반에 "혐오감이나 반감을 안 가질" 사람이 누가 있겠는가? 공과 사라는 용어가 종종 난제로 다가오는 것도 바로 그래서다. 공과 사는 복잡하고 유동적인 말이기에 그 뜻이 완전히 달라질 수 있음에도, 실제로 경험할 때 공과 사는 추상적인 것이 전혀 아니다. 오히려 공과 사는 개념에 앞서는 것이며, 본능에 가까운 것이고, 몸이 자세를 잡는 방식이나 일상 언어에 뿌리를 두고 있는 무언가처럼 보인다.

공과 사의 문제를 논한 비평 문헌은 방대하나, 위 사례들이 보여 주듯 본능적으로 이루어지는 공사 구분을 제대로 다루고 있는 논의는 좀처럼 드물다. 공과 사는 법이나 정치 또는 경제를 이해하는 데 필요한 추상적 범주라는 것이 일반적인 인식이다. 한편으로 맞는 말이긴 하다. 그러나 페미니즘과 퀴어 이론이 줄곧 힘주어 지적해야만 했듯, 공사 구분이 발휘하는 힘을 파악하려면 훨씬 더 깊이 파고들어야 한다. 어린아이는 일찌감치 자기 몸에서 '(음부로서의) 성기' 위치를 알게 되고 '(은밀한 장소로서의) 변소' 가기 훈련을 받으면서, 어떨 때 수치심을 느껴야 하고, 어떻게 처신해야 하며, 어떤 식으로 청결 관리를 해야 하는지를 배우는데, 이는 곧 공사 규범을 터득하는 과정이다(공public이라는 낱말에도 신체와의 연결 고리가 있다. 즉, '공중公衆, people을 위한'이라는 뜻을 지닌 라틴어 poplicus에서 유래해 이른바 사춘기를 지난 성인 남성을 가리키는 pubes와 연결되어 publicus로 진화했는데, 여기서 공중의 일원이 되는 일이란 성적인 성숙과 결부된 것으로 의미화된다). 복장 착용은 공공성의 언어로, 신체의 사적인 부분을 감싸[보이지 않게 하]는 것이다. 신체의 어떤 감각들 ― 쾌감과 통증, 수치심과 자랑스러움, 식욕과 배설 등과 같은 ― 또한 같은 차원에서 사적인 체험이 된다. 공과 사의 방향성은 젠더의 방향성과 마찬가지로 인류학자들이 아비투스라고 부르는 것에 자리 잡고 있다. 즉, 세계 속에서 우리 자신의 몸과 움직임을, 마치 자연적인 것처럼 경험하게 하는 관습 말이다. 공과 사는 '능동'과 '수동', '앞'과 '뒤', 그리고 '위'와 '아래' 같은 용어 쌍과 나란히 학습된다. 공과 사는 마치 자연스럽게 구분되는 것, 본능적으로 파악되는 것처럼 보이고, 존엄의 파괴와 명예의 손상이라는 위험들 혹은 청결함과 자기 통제의 문제로 가득 찬 것으로 보인다. 이런 공과 사의 구도는 자아가 구성되는 현장 바로 그 자체로, 젠더나 섹슈얼리티의 경험도 이와 떼어 놓고 보기 어렵다.

　그렇기 때문에 공사 구분을 문제 삼는 일은 녹록치 않다. 젠더에서 공사 구분은 단순히 남자는 이래야 하고 여자는 이래야 한다는 형식적 규칙에 불과한 게 아니다. 공과 사는 남성성 및 여성성의 의미와 긴밀히 엮여 있다. 적어도 서구 문화권만 놓고 볼 때, 남성성은 공공장소를 점유하는 방식의 일환으로 이해되고는 한다. 여성성은 사사로운 감정의 언어 속에서 이해된다. 디오게네스가 장터에서 자위행위를 할 때, 이는 사적인 욕구를 공적으로 전시하는 행위로서 비록 충격적이고 부끄러운 일로 보일 수 있다 해도, 그의 남성성 자체를 의심하게 하는 사건으로 간주되지는 않는다. 거침없고 뻔뻔스럽고 꾸밈없는 디오게네스의 모습은 오히려 사내다운 덕성의 발현으로 해석될 수 있는데, 이는 그의 행동이 너무도 공적인 것이라는 데서 일부 비롯된다. 캐서린 비처는 프랜시스 라이트가 공공장소에서 강연을 하는 모습을 가리켜 남자 같다고, 진저리날 정도로 그렇다고 했다. 여성은 남성 욕망의 충족을 위한 구경거리가 되는 데 길들어 있다 보니, 공공장소에서의 가시성을 대부분 성적인 취약성으로 경험한다. 반대로 남성은 자기 몸이 성애적 욕망의 대상으로 전시될 때 남성성의 손상을 경험하는 일이 잦다(Deutsche 1990, 21-23 참조).

　섹슈얼리티의 공사 구분도 때에 따라 다르게 적용된다. 가령 성별이 같은 사람끼리 공공장소에서 입을 맞추거나 끌어안거나 손을 잡으면, 심지어 폭력에 가까운 혐오 반응이 뒤따른다. 반면, 성별이 다른 사람끼리 공공장소에서 똑같은 행위를 하면 그것은 특별히 눈에 거슬리지 않는 평범한 일로 여겨지거나, 박수를 받기도 한다. 여성스러운 게이는 특유의 몸짓이나 말투 때문에 섹슈얼리티를 '과시한다'고 여겨진다. 여성스러운 몸짓이나 말투로 게이라고 티를 내는 짓 좀 그만하라는 소리를 듣는다. 그런 몸짓과 말투야말로 이들이 자기 몸과 관계 맺는 방식임에도 말이다. 이와 달리 사내다운 남자는 아무리 으스대며 활보해도 과시하네 어쩌네 하는 비난을 받지 않는다. 패니 라이트 이후의 페미니스트들이 남성의 공공장소 지배를 타파하려면 여성성의 의미와 공적 행위의 규범을 통째로 바꿔야 함을 깨달았듯, 레즈비언과 게이 남성은 공공장소를 지배하는 이성애 문화 규범을 파괴하려면 공공장소에 적합한 행위와 성적 표현을 규정해

온 해묵은 관례를 교란해야 함을 알아차렸다.

　공과 사는 기본적으로 신체뿐만 아니라 언어와도 밀접한 관계가 있다. 언어를 습득한다는 것은 공적인 발화의 유형과 사적인 발화의 유형 및 그것들이 사용되는 서로 다른 사회적 맥락을 배우는 것과 같은데, 여기서 사회적 맥락들은 대체로 젠더의 맥락들이다. 비트겐슈타인이 강조했듯, 어떤 의미에서 모든 언어와 모든 관념은 공적이며, 이는 이해 가능성을 확보해 주는 언어 놀이의 한 특징이다. 그런데 말하기와 글쓰기가 갖춰야 할 격식상 차이로 말미암아 공공성은 하나의 연속체 위에서 만들어진다. 반말과 존댓말이 다른 프랑스어를 비롯한 여러 언어가 격식에 따라 용법을 엄격히 구분하고 있고 어휘도 따로 쓴다. 샤반테 부족을 연구한 로라 그레이엄은 성인 남성들이 아침저녁으로 갖는 회합에서 이루어지는 공적 발화가 자세뿐만 아니라 노래하는 방식, 다성 담화, 특수한 대명사 용법과 동사 활용 등을 특징으로 한다고 기록했다(Graham 1993). 샤반테 부족, 고대 아테네, 남북 전쟁 이전의 미국 등 여러 사회에서, 언어 체계에 존재하는 격식 차이는 지위와 젠더의 차이로 공공연하게 인정된다. 즉, 남자는 공적인 회합 장소에서 말할 수 있지만 여자는 그럴 수 없다는 식으로 말이다. 사적 발화와 공적 발화의 유형 차이는 한쪽의 경우 가정과 친밀함이라는 의미에, 다른 한쪽의 경우 사회적 인격이라는 의미에 기반한다.

　이 같은 맥락에 의해 매개되는 자아와 소속감[멤버십]에 대한 다양한 감각은 비교가 거의 불가능해 보이기도 한다. 어떤 맥락에서는 부모, 연인, 낯선 사람, 혹은 동료가 나타날 수 있지만, 다른 맥락에는 그렇지 않을 수 있다. 근대 문화에서 나타나는 다종·다기한 말하기 유형과 글쓰기 유형은 저마다 한 사람의 인격을 형성하는 고유한 맥락으로 작동하면서, 공적인 자아 및 역할과 사적인 자아 및 역할 사이의 간극을 체감하게 했고, 이는 적어도 공적인 존재로서의 특권을 누리던 이들 사이에서 통일성에 대한 낭만주의적 열망을 불러일으켰다(가장 유명한 예가 루소의『고백록』이다. 디오게네스의 근대적 상속인 셈이다). 통일성에 대한 열망은 영적 황홀경 같은 집단적인 공적 친밀성의 양식들에서도 드러난다. 정체성 정치는 필연적으로 그런 열망들을 매료한다. 공적인 정치에서도 사적인 정체성을 긍정하고, 그리고 정치 세계에서 나타나는 불화를 진정으로 개인적인 영역과 그것의 연대성 속에 단단히 붙들어 매 치유하겠다고 약속함으로써 말이다. 가장 흔한 예로, 민족 정체성이나 자매애 또는 동성애자 자긍심 등과 같은 이상들 속에서, 적극적이고 긍정적인 정체성 개념은 공적 존재와 사적 자아 사이의 일치를 성취한 것으로 보인다. 이런 의미에서 정체성 정치는 많은 사람들에게, 종종 지배의 형식인 공적 존재의 부정과 지배가 만들어 내는 경험의 비일관성 둘 다를 극복하는 한 가지 방식인 것 같다. 정체성 정치는 우리가 소중히 여기는 사생활 보호보다는 [누군가가 사회적 존재로 여겨지지 않는] 비가시성을 극복하는 방식으로 보인다.

몇 가지 정의와 맥락

서구 전통에서 대체로 사적 영역과 공적 영역은 사실상 별개의 구역으로 인식된다. 침실과 장터, 집과 예배당 사이의 경계는 도전받고 침해당할 수 있지만, 적어도 공간적으로는 명확히 구분된다. 경계 이편에서 저편으로의 — 가령, 자기 침실이라는 사적 공간을 떠나 회의장이라는 공적인 자리에 도착할 때 이루어지는 — 이동은 장벽 넘기 혹은 전환하기로 경험된다. (공화정res publica 개념을 로마법으로부터 물려받은) 중세 사상에서, 공적인 것이란 집 외벽처럼 바깥으로 드러난 모든 것을 뜻하며 거의 공간 개념으로만 인식되었다. 근대 문화는 공간을 구분하는 선을 다시 그으며 공public이라는 용어에 새로운 의미를 여러 겹 보탰지만, 물리적 경계가 존재한다는 관념만은 버리지 않았다. 일례로, 19세기와 20세기의 중산층 건축은 응접실 혹은 '거실'을 가족생활 구역이나 '내실'과 분리한다. 집 안에서까지 공적 기능을 하는 구역과 사적 기능을 하는 구역 사이에 벽을 세우려 했던 것이다(캐서린 비처는 이런 새로운 양식의 가정학 전문가였다). 근대 미국법은 사생활을, 집을 둘러싼 경계 안쪽의 간섭 불가 구역으로 정의하는 경우가 많다. 사생활이 이처럼 집과 강력하게 연관되다 보니 법정이 다른 공간에서의 사생활권을 인정하지 않는 사례도 이따금 있었다.

그러나 이런 이데올로기와 건축은 이상적이거나 극단적인 유형을 대표할 뿐이다. 공과 사는 지도 위에 각각 파란색과 분홍색으로 약호화해 표시할 수 있을 만큼 단순하게 구분되지 않는다. 공과 사는 사회적 맥락, 감정의 종류, 언어의 유형을 설명해 주기도 한다. 공과 사는 언뜻 뚜렷이 대립하는 것으로 간주되기에 그런 대립 구도의 손상은 격렬한 반감을 일으킬 수 있으나, 실은 두 용어들은 모두 다양한 의미를 많이 지니고 있는데, 이 같은 사실은 쉽게 간과되곤 한다. 캐서린 비처가 여성이 공개 장소에서 강연하는 것을 몹시 혐오스러운 일이라고 했지만, 이를 비판한 그녀의 저술 자체가 완전히 공개적이었다는 사실을 예로 들어 보자. 즉, 비처의 저술은 출판되었고(다시 말해, 인쇄되어 유통되었고), 여론이 제시하는 강력한 이상이 무엇인지 설명했으며, 비처가 대중적 명성을 누리는 권위자로 인정받게 해주었다. 이는 공사 구분이 아무리 자명해 보여도 공과 사가 지닌 여러 의미는 뒤섞이곤 한다는 것을 보여 주는 전형적인 사례이다. 사적인 대화를 토론회 자리에서 하거나, 가정집 부엌에서 공개 모임을 열거나, 호텔에서처럼 사적인 침실이 애초에 공중을 상대로 하는 상업 시설이거나, 라디오 방송에서 흘러나오는 공개 토론이 가정집 욕실을 채우는 등의 경우도 그러하다. 미국 법원도 공과 사를 장소가 아닌 관계를 가리키는 용어로 다시 정의하는 대안을 마련해 왔다. 사생활을 보장받을 권리를 혼인 혹은 친밀한 관계를 형성할 권리와 연결하는 식이다. 자유롭게 재생산할 권리에서처럼 자율성이나 자기 결정권이라는 이상을 매개로 정의하기도 한다. 공공성과 사생활이 각기 다른 장소에 속하는 경우가 있는 한편, 각기 다른 관계에 속하는 경우도 있다. 각기 다른 사람한테 속하는 경우 역시 존재한다. 이런 차이는 이론에서나 법에서나 의미의 충돌을 초래할 수 있다(경쟁 관계에 있는 두 인식 체계를 다룬 논의로는 다음을 참조. Thomas 1992, 특히 1444-1447).

이론과 법에서 공과 사는 때로 [어떤 사실에 대해] 기술하는 가치중립적 용어, 즉 단순히 관찰된 실제의 의미를 담아내는 도구로 쓰인다. 반면, 평가하는 규범적이고 평가적인 용어, 다시 말해 늘 관찰되지는 않는 어떤 이상을 명명하고 이끌어 내는 방법으로 쓰이는 때도 있다. 어떤 맥락 바깥에서는 분석적이고 준quasi객관적인 범주로 활용되면서도, 또 어떤 맥락 내에서는 사람들이 자신의 경험 속에서 서로 다르게 생각하도록 한다. 즉, 사람들이 나누는 사적인 대화가 제삼자에 의해 여론으로 간주되는 상황이 있을 수 있다.

문제를 더 혼란스럽게 하는 것은, 이 용어들이 서로 대비되는 것으로, 그것도 어느 한쪽이 규범적으로 더 선호되는 것처럼 정의된다는 점이다. 그러나 실제로 늘 그런 것은 아니다. 사적인 것The private(무언가를 박탈당한 상태를 나타내는 라틴어 privatus에서 유래한다)은 원래 공적 가치의 부정 혹은 박탈로 개념화되었다. 그 자체로는 아무런 가치도 없는 말이었다. 그러나 근대로 넘어오면서 변화가 일어나 사생활은 고유한 가치를 얻게 된다. 즉, 자유, 개인, 내면, 진정성 등 다양한 특징이 기입된 가치였다. 공과 사는 경쟁하기도 하고 서로를 보충하기도 한다. 그것은 또한 지역, 가정, 개인, 정치, 경제, 친밀성 등을 포함하는 더 큰 분류 체계의 일부일 뿐일 때도 있다. 그리스도교에서부터 인쇄술을 거쳐 정신분석에 이르기까지 문화에서 일어난 주요 변화는 거의 모두 공과 사가 의미하는 바에 새로운 차원을 한 겹씩 더해 주었다(인쇄 문화는 출판물을, 정신분석은 사인private person이라는 새로운 관념을 우리에게 주었다). 근대의 맥락 속에서 공과 사 두 용어는 서로 다르면서도 겹치는 의미로 사용되었다. 고대 사상과 법의 유산을 근대적 형태의 사회조직과 결합해 내면서 말이다.

그러므로 수많은 사상가가 공과 사를 제대로 구분하기 위해, 두 용어의 관습적 용법만 봐서는 드러나지 않는 것을 명확하게 밝히기 위해, 즉 공과 사는 선명하게 구분되어야 한다는 직관적 확신을 제대로 보여 줄 정도로 명확하게 두 용어를 설명하려고 노력해 왔다는 점은 그리 놀랍지 않다. 유난히 정력적으로 이 주제에 천착한 사상가들의 논의는 용어가 갖는 상징적 무게의 일부가 되었다. 이 글에서는 그들 가운데 이마누엘 칸트, 해나 아렌트, 그리고 위르겐 하버마스를 다룬다. 그런데 공과 사를 날카로운 대립 구도나 이율배반으로 이해하려는 시도는 예외 없이 실패했고, 그런 대립 구도를 무너뜨리려 하거나 아예 도입하지 않으려는 설명 또한 만족스럽지 못하기는 매한가지였다.

공과 사의 여러 의미 사이에서 어떤 충돌이 일어나는지 두루 살펴보자. 아래는 공과 사가 짝지어지는 형태를 최소한으로 추린 목록이다.

	공	사
1	모두에게 열린	특정인에게 한정된
2	돈으로 접근 가능한	지불 능력이 있더라도 접근 불가능한
3	국가와 관련된(흔히 공공 부문이라 불림)	비국가, 시민사회에 속한(흔히 민간 부문이라 불림)
4	정치적인	비정치적인
5	공식적인	비공식적인
6	공동의	전용의
7	비개인적인	개인적인
8	국가적인 혹은 대중적인	한 집단, 계층, 장소의
9	국제적인 혹은 보편의	특수한 혹은 한정된
10	타인의 시선에 노출된	감춰진
11	가정 바깥의	가정 안의
12	종이책이나 전자 기기를 통해 유통되는	구술이나 수기手記로 퍼지는
13	널리 알려진	아는 사람만 아는
14	승인되고 명백한	암묵적이고 함축된
15	"세계 자체, 그것이 우리가 그 안에서 사적으로 소유하는 장소와 구별되고 모두가 공동으로 누리는 것이라는 차원에서"(Arendt 1958, 52[국역본, 135쪽]).	

이 목록은 낸시 프레이저(Fraser 1992)의 논의를 구체화해 보여 준다. 이때 대응하는 '공' 쪽 의미가 없는 '사'의 경우들이 있어 문제는 더 복잡해진다. 아래는 그런 '사'의 몇 가지 예이다.

16	개인과 관련된, 특히 내면, 주관적 경험, 타인에게 말할 수 없는 것과 관련된
17	조심스럽고 적절하게 처신하는, 겸손 혹은 정숙을 가리키는 프랑스어 pudeur의 의미(영어에서는 그 반대의 뜻을 지닌 뻔뻔함impudence을 통해서만 활용되는 개념. 예를 들어, 비처가 패니 라이트더러 "뻔뻔스러운 얼굴"을 하고 있다고 비난하는 경우)
18	성기와 관련된 혹은 성적인

관련된 법적 맥락도 헌법에서 재산법에 이르기까지 다양하다. 맥락마다 사생활을 어떻게 강조하는지에도 차이가 있다. 예를 들어, '그리스월드 대 코네티컷주'(1965)[2]나 '바워스 대 하드윅'(1986)[3] 같은 연방 대법원 판결의 전통 속에서 이

2 [옮긴이] '그리스월드 대 코네티컷주'(1965) 판결. 코네티컷주는 1879년 피임을 위한 약물 및 의료 기기 등의 사용을 금지하는 법을 통과시켰다. 예일대 여성의학과 전문의 C. 리 벅스턴C. Lee Buxton과 미국가족계획협회 코네티컷주 지부장인 에스텔 그리스월드Estelle Griswold는 피임 클리닉을 열어 혼인한 부부를 상

성애 혼인은 국가에 의해 침해받지 않도록 특별히 보호되는 "사생활의 영역"으로 정의된다(Thomas 1992; Halley 1994; Halley 1999, 145-204 참조).

'공' 역시 만만치 않게 복잡한 명사라, "정관사 붙은 '공'"the public, "부정관사 붙은 '공'"a public, "공론장"the public sphere 등이 무엇을 뜻하는지 확실히 하려면 상당한 설명이 필요하다(자세한 논의로는 Warner 2002, 65-124 참조). 공지성[퍼블리시티]Publicity 역시 별개의 개념으로, 단순히 공공성publicness이나 개방성openness 자체가 아니라 매체의 활용, 즉 주로 광고나 홍보와 연관되는 도구적 공공성을 의미한다. 이 가운데 '사'와 직접 대응하거나 완전히 반대의 뜻을 지닌 용어는 없다. 깔끔하게 떨어지는 대립 구도나 이원 구도도 존재하지 않는다. 맥락들이 서로 포개지다 보니 거의 모든 게 사적인 측면과 공적인 측면을 다 가지고 있다. 사적

대로 피임 관련 상담을 해주고 여성에게 필요한 약물이나 기기를 처방했다. 이 일로 이들은 이른바 피임 금지법을 위반한 당사자의 종범 혐의로 구속되어 유죄판결을 받았다. 이들은 주 정부의 피임 범죄화 문제를 헌법에 의거해 다퉈 보려던 애초의 기획대로 항소를 거쳐 연방 대법원에 상고한다. 쟁점은 혼인한 부부가 피임법 사용과 관련해 상담받을 사적인 권리를 헌법에 의해 보장받는가였는데, 결과는 7 대 2 판결로 그리스월드 측이 승소했다. 주 정부가 부부 생활에 관여해서는 안 된다는 판단이 결정의 골자였다. 코네티컷주의 피임 금지법은 이로써 법적 효력을 잃었다. 연방 대법원은 사생활을 보장받을 권리란 이미 권리장전(수정 헌법 제1조부터 10조까지를 가리킴)의 내용에 들어 있을 뿐만 아니라, 적법절차나 평등 보호 원칙의 적용 없이 함부로 개인의 사생활에 대한 권리를 침해하면 안 된다는 내용을 명시한 수정 헌법 제14조 또한 그것을 뒷받침한다고 봤다. 간과하면 안 되는 점은 이 판결이 피임할 권리 그 자체라기보다 혼인한 부부가 누려야 할 사생활의 권리에 초점을 맞추어 이루어졌다는 것이다(참고: https://www.oyez.org/cases/1964/496, https://supreme.justia.com/cases/federal/us/381/479/).

3 [옮긴이] '바워스 대 하드윅'(1986) 판결. 마이클 하드윅Michael Hardwick이라는 남성은 자기 집 본인 침실에서 다른 남성과 합의하에 성교하던 중 경찰의 눈에 띄어 조지아주의 이른바 소도미 금지법에 의거해 유죄판결을 받는다. 그는 소도미 금지법의 위헌성을 주장하며 연방 지방 법원에 소를 제기하지만 기각된다. 항소심에서는 해당 법의 위헌성을 인정하는데, 이에 조지아주 검찰총장 마이클 J. 바워스Michale J. Bowers가 연방 대법원에 상고해 5 대 4 판결로 승소한다. 다수 의견은 동성 간 소도미를 사생활에 대한 권리 보장이라는 관점에서 헌법이 보호하는 행위로 볼 근거가 희박하다고 봤다. 이는 주 정부의 소도미 범죄화에 힘을 실어 주는 판결로, 개인 침실에서 이루어지는 일이라고 해서 전부 똑같이 보호받지는 않음을 최고 법정에서 확인해 준 사례이다(참고: https://www.oyez.org/cases/1985/85-140, https://supreme.justia.com/cases/federal/us/478/186/).

본 판결은 이후 동성 간 소도미에 대한 범죄화가 수정 헌법 제14조의 평등 보호 조항과 적법절차 조항에 위배된다고 본 '로런스와 가너 대 텍사스주'Lawrence v. Texas, 539 U.S. 558(2003) 판결에 의해 뒤집힌다. 워너의 글은 해당 판결 이전인 2002년 출판되었다(참고: https://www.oyez.org/cases/2002/02-102, https://supreme.justia.com/cases/federal/us/539/558/).

마이클 워너

으로 책을 출판하는 것, 사기업이 공공 극장을 운영하는 것, 사생활이 공론화되는 것 등이 그 예이다. 결혼도 마찬가지다. 근대 문화에서 본래 사적인 관계로 여겨지는 관계이지만 법적 구속력을 가지려면 국가가 개입되어야 한다. 다시 다루겠지만, 이후 공사 논의에 큰 영향을 미친 저술에서 하버마스가 거론하는 공론장도 몇 가지 중요한 의미에서 사적인 성격을 띤다. 문화 연구는 젠더와 섹슈얼리티에 천착함으로써, 공적인 것이 내면성과 자아 정교화를 위한 자원과 맥락을 제공하는 등 다양한 방식으로 사생활을 보장했다는 사실을 밝혀냈다. 이런 사례들을 이해하는 데 공과 사는 아주 중요한 용어이다. 그러나 어떤 사례와 관련해서든, 두 용어가 뜻하는 바를 제대로 이해하려면 그것들이 처한 여러 맥락을 살피고 용어에 새겨진 역사를 참고해야만 한다.

　페미니즘과 퀴어 이론은 공사 구분의 다양한 형태에 도전해 왔다. 이때 하나의 구분 형태에 대한 도전이 다른 구분 형태에도 반드시 같은 영향을 미치는 것은 아님을 기억해야 한다. 앞서 나열한 여러 종류의 공사 구분 가운데 이미 낡아 버렸다고 손쉽게 치부해 버려도 괜찮은 것은 없다. 저마다 현대의 삶을 구성하는 숱한 규범과 제도 속에 포함되어 있을 뿐만 아니라, 상당수 측면에서 바람직하기도 하기 때문이다. 공과 사가 존재하지 않는 세계를 상상하기란 디오게네스의 동료 시민들에게나 우리에게나 다 어려운 일이다.

페미니즘 이론이 공과 사를 다루는 법

젠더와 섹슈얼리티에 변화를 가져오려는 체계적인 시도들은 사적인 삶을 공적으로 탐문하는 작업인 만큼, 젠더와 섹슈얼리티에 대한 비판적 연구는 그 자체로 공과 사의 문제를 수반한다. 우리 시대의 여성운동과 동성애자 해방운동은 1960년대에 사회운동의 형태로 시작되었다. 가장 사적인 문제에까지 공적인 의미를 부여함으로써 개인적 삶을 전면적으로 변화시킬 정치를 상상하는 대항문화가 움트던 시기였다. 금주 운동, 노예제 폐지 운동, 노동운동, 참정권 운동, 반인종주의 운동 등의 사회운동도 지배적 형태의 공사 규범에 도전했다. 가령,

미국 남부에서 인종 분리를 옹호하는 주요한 변론 가운데 하나는 재산과 사업을 사적으로 소유한 이들에게는 자기 소유물에 누가 출입해도 좋은지를 결정할 권리가 있다는 거였다. 자기 것이니 자기 마음대로 관리할 수 있다는 차원에서 말이다. 이에 대한 반론을 펴려면 사적인 삶은 공적인 것이기도 하다는, '민권'civil rights이라는 말에도 드러나는 그 통찰을 강력하게 밀어붙여야 했다. 게다가 여성운동이나 동성애자 해방운동이 각기 대표한 집단은 사적인 삶이란 무엇인가에 대한 관습화된 인식, 즉 성별에 따른 역할, 섹슈얼리티, 집, 가족 등과 연관되어 있었다. 두 운동 모두 가장 사적이고 친밀한 영역의 문제를 공적으로 다룰 일로 만들었다. 두 운동이 공적 정치 영역에 입장했다는 것부터가 수치스럽고 부적절한 사건으로 여겨졌다. 여성운동과 동성애자 해방운동은, 이론이나 정책 강령으로도 그렇지만, 운동으로 존재한다는 사실 그 자체만으로도 벌써 공과 사의 문제를 어떻게 다루어야 하는지에 대해 입장을 표명한 셈이다.

　두 번째 페미니즘 물결에서 정체성 정치의 파고가 절정에 달했을 무렵, 많은 이들이 공과 사의 문제를 해결하는 데 상당히 급진적이며 엄격하다고도 할 만한 방법을 택했다. 이들은 공사 구분이 사실상 가부장제와 같은 말이라고 주장했다. 남성에게는 공적 영역을 여성에게는 사적 영역을 할당하는 체계로서의 가부장제 말이다. 미셸 짐벌리스트 로절도는 「여성, 문화, 사회: 이론적 개관」이라는 논문에서 공과 사의 젠더 구분이 여러 문화에 걸쳐 존재하는 여성의 종속을 설명하는 데 도움이 된다고 주장했다. 여기서 사적인 것은 가정의 공간과 기능을 의미하고 공적인 것은 남자가 공동체를 대표해 말하고 결정하는 상황을 가리킨다(Rosaldo 1974).

　젠더화된 공사 구분 형태가 얼마나 광범위하게 나타나는지에 대해서는 많은 논쟁이 있었다. 여성 권리 운동은 공간과 젠더를 매개로 공과 사를 특히나 엄격하게 구분하는 도식, 다시 말해 19세기의 공간 분리 이데올로기에 저항하며 태동했다. 그러나 로절도는 젠더화된 공사 구분을 아예 남성 중심 문화의 기원에 놓았다. 진 베스키 엘시테인은 서구 사상 내부에서 공과 사가 규범적 용어로 자리를 잡아 가는 과정을 살피며 젠더화된 공사 구분을 지나치게 단순하게 다루는 논의 방식을 비판했다. 그러면서도 한편으로는 젠더화된 공사 대립이 플라톤과 아리스토텔레스 시대부터 근대사상까지 얼마나 끈질기게 이어지는지를 추적하기도 했다(Elshtain 1981). 어느 쪽이든 공사 구분이라는 문제의 규모란 어마어마했다. 캐럴 페이트먼은 다음과 같이 주장했다. "사적인 것과 공적인 것의 이분법은 두 세기에 가깝게 이어진 페미니즘 저술과 정치투쟁의 핵심이다. 그것은 페미니즘 운동의 기본 의제다"(Pateman 1989, 118).

이 같은 논쟁의 결과, 보통 공중의 시선이 닿지 않기 마련인 집안 문제나 사적인 일도 이제 다 같이 관심을 가져야 마땅한 영역으로 여겨졌다. 이는 실제로 배우자 강간, 배우자 학대, 이혼, 성매매, 임신중지권 등이 대중적으로 논의될 문제로 간주될 뿐만 아니라 국가가 개입해야 할 일로 다루어지는 것을 의미했다. 보통 사적인 공간이라 불리는 곳에서, 특히나 집에서 남성 지배에 부닥치는 여성들은 그것을 정치의 일종으로 인식함으로써 비로소 맞서 싸울 수 있었다. 캐서린 매키넌은 다음과 같이 말했다.

> 그간 여성에게 친밀성의 정도는 억압의 정도와 같았다. 이게 바로 페미니즘이 사적인 것을 타파해야만 했던 이유다. 이게 바로 페미니즘이 개인적인 것을 가리켜 정치적인 것이라고 주장했던 이유다. 개인적인 것이 곧 정치적인 것인 이들에게 사적인 것은 곧 공적인 것이다. 이런 의미에서 보면 사적인 것이란 존재하지 않는다. 규범의 차원에서든 경험의 차원에서든 말이다(MacKinnon 1987, 100).

이는 꽤 극단적인 정식화다. 어떤 면에서는 모순적이기도 하다. 사적인 것이 뜻하는 바 가운데 하나가 신체의 자율성, 그리고 폭력으로부터 그것을 보호하는 것이기 때문이다. 매키넌은 사적인 것을 "타파해야" 한다고 주장할 때에도, 이 같은 규범적 이상에 의지하고 있다. 이는 매키넌이 '로 대 웨이드'(1973) 판결[4]의 맥락에서 논지를 전개하면서, 임신 중지를 공적인 권리로 인정하지 않고 사적인 권리로서 합법화하는 자유주의 논리를 부적절하다고 비판하고자 하기 때문이다.

공사 비평의 다른 측면에 초점을 맞춘 페미니스트들도 있다. 페이트먼은 페미니즘 비평이, 패니 라이트가 1820년대에 시도한 것처럼 여성이 남성의 영역으로 지정된 공공 영역에 진입하는 것보다 실질적으로 훨씬 더 폭넓은 영향을 미쳤다고 주장했다. 여성과 남성의 젠더 역할을 전면 변화시켜, 여성과 남성의 차이가 가정과 사회, 개인의 삶과 공동체의 삶, 개인적인 것과 정치적인 것의 이분법으로부터 체계적으로 분리된 사회를 만드는 데 영향을 미쳤다는 것이다. 가장 직접적인 예로는 "여성이 사회적 삶에 동등한 주체로 온전히 참여하려면 양육을 비롯한 다양한 가사노동을 남성이 똑같이 분담해야 한다"는 점을 든다. 좀 더 일반적인 차원에서는 "양육 및 가정생활의 여러 과업에 동일하게 참여한다는 것은, 공공 영역, 생산 체계, '노동'이라는 말이 가리키는 바, 그리고 시민권의 실천 등에서의 근본적 변화를 전제한다"고 지적한다(Pateman 1989, 135).

페미니즘 연구에서 나온 이런 주장들은 "개인적인 것은 정치적이다"(상세한 배경을 알려면 Echols 1989 참조)라는 저 유명한 표어가 천명하는 정치 전략과 결부된다. 이 표어는 정말 많은 의미로 해석될 수 있다. 가장 기본은, 사적인 삶, 집안 식구, 친밀성, 젠더, 섹슈얼리티를 구조화하는 사회장치들은 중립적이지도 않고 불변하는 것도 아니라는 점, 그것을 권력관계이자 가변적인 것으로 인식할 수 있다는 점이다. 이 통찰이 지금도 영향력을 발휘하고 있음은 두말할 나위 없다. 한 학자가 한 말에 따르면, "가족이 지닌 사회적 성격, '사적인 것'이 지닌 '공적인' 성격, 가족과 경제의 내적 연관성"을 폭로한 것은 여성운동의 "비길 데 없는 세계사적 성취"이다(Zaretsky 1994, 206).

"개인적인 것은 정치적이다"라는 말을, 개인적인 삶을 정치 행위로 변화시킬 수 있다는 의미가 아니라 정치를 개인적인 것으로 이해해야 한다는 의미로

---

4 [옮긴이] '로 대 웨이드'(1973) 판결. 쟁점은 여성이 임신을 중지할 권리를 헌법이 보호하는지 여부로, 연방 대법원은 7 대 2 의견으로 원고 제인 로Jane Roe의 손을 들어 주었다. 여성이 임신을 중지할 권리란 수정 헌법 제14조의 적법절차 조항에 의거해 보호받는 사생활에 대한 권리에 해당한다고 본 것이다. 이는 피임 행위를 사생활에 대한 권리의 영역에 해당한다고 본 기존 '그리스월드 대 코네티컷주' 판결과 일맥상통하는 판결이었다. 이 판결로 미국 전역의 임신 중지 규제 법률이 폐지되거나 효력을 상실했다. 하지만 판결은 여성의 임신 중지권이 여성의 건강과 태어날 생명을 보호할 주 정부의 권리와 균형을 이룰 필요 또한 밝히고 있으며, 그에 따라 임신 기간을 크게 세 시기로 나누어 두 번째, 세 번째 기간에는 주 정부가 임신 중지 과정과 가능 여부를 규제할 여지를 두었다. 2024년 현재, 공화당이 강세인 여러 주에서 임신 중지를 극단적으로 제한하는 방향의 입법 시도가 계속되고 있다.

보는 이들도 있다. 한 사람 한 사람이 취하는 정치적 관점은 개인의 특수하고 주관적인 이해관계를 반영한다. 즉, 개인의 인종, 계급, 젠더, 섹슈얼리티 정체성 등이 당사자의 관점 형성에 영향을 미친다는 것이다. 이런 해석은, 초월성을 요구하는 일 혹은 보편적 이상이나 공동선에 호소하는 일을 어렵게 하는 회의론으로 이어지기도 한다. 또한 개인적인 삶을 정치적으로 읽어 내는 방식과 정치적 삶을 개인 정체성의 표현으로 이해하는 방식은 둘 다 곧잘 정체성 정치로 불리며 혼란을 초래하기도 한다.

공과 사에 대한 페미니즘의 비평이 성공하면서, 새로운 질문이 부상했다. 개인적인 것이 정치적이라면, 공과 사의 구분은 언제나 기각되거나, 매키넌 말처럼 타파되어야 하는가? 개인적인 것이 정치적이라는 표어는 '정치적'이라는 말의 의미를 상당히 넓게 규정한다. 다투는 행위와 관련된 것 혹은 누가 우세를 점하느냐와 관련된 것으로 말이다. 이때 '개인적인 삶'에 존재하는 불공평한 일들을 사적 행위나 비국가적인 공적 행위로 바로잡아야 하는지 아니면 국가가 개입해 해결해야 하는지 같은 문제는 모호하게 남아 버린다. 어떤 방식으로 접근하든 넓은 의미에서 보면 다 정치적인 해결이 되기 때문이다. 많은 이들이 이 표어를 공사 구분이 더는 중요하지 않음을 뜻하는 것으로 받아들였다.

아마 표현상 그랬던 것이겠지만, 조앤 W. 스콧은 『젠더와 역사의 정치』에서 젠더 정치가 "공과 사의 구분을 해소할 것"이라고 주장했다(Scott 1988, 26[국역본, 61쪽]). 이런 수사는 공과 사가 뜻하는 다양한 바를 한 묶음으로 취급하는 바람에, 고백적 자기 서사의 등장부터 정치적 올바름 그리고 (혐오 발언 관련법이나 반反포르노그래피 관련법과 같이) 전체주의 성격을 띤 몇몇 개혁 입법 기획에 이르는 여러 사안의 배경으로 지목되었다. 특히 매키넌의 법적 전략은, 억압이나 괴롭힘이 아니라 포르노그래피와 섹스 자체를 범죄로 만드는 기획으로 권위주의적 국가 통제를 정당화한다고 비판받았다. 아무것도 사적이어서는 안 되는가? 아니면, 모든 것이 사적이어야 하는가? 일터와 가정의 젠더 역관계를 변화시키려면 국가가 개입해야만 하는가?[5]

이런 질문에 어떻게 답변하는가는 공정성, 적극적 시정 조치, 임신 중지, 피임, 강간, 입양, 이혼, 자녀 양육비, 별거 수당, 성적 괴롭힘, 복지, 보건, 보육, 인종 격리 교육 등의 문제에도 중요한 의미가 있다. 이 가운데 상당수 영역에서 페미니즘은 사적인 삶이 공적 문제들과 밀접히 관련되어 있음을 주장하며, 국가의 적극적 역할을 촉구했다. 그런데 일부 페미니스트가 바랐던 (반면 다른 페미니스트가 우려했던) 바대로 공과 사의 경계가 제거되거나 '소멸하는' 결과는 나오지 않았다. 대체로 국가의 행위는 사적 권리[의 보호라는] 이름으로 정당화되었다. 얄궂게도, 미국에서는 사생활이 헌법이 다루는 영역으로 온전히 인정받기에 이른 것이 주로 페미니즘 운동, 특히 피임과 재생산의 자유를 둘러싼 논쟁의 맥락에서였다. 몇몇 구분들은 분명 손상되거나 변화했다. 여성운동이 주도한 움직임과 그것이 공과 사를 이해하는 새로운 방식으로 제시한 관점은 적어도, 자유주의 복지국가가 사회적 삶의 새로운 영역들로 확장되는 중요한 사건을 가능하게 했다.[6]

낸시 프레이저는, 일부 페미니스트가 공사 구분을 지나치게 단순화하면서 모순적인 결과가 빚어질 가능성을 미처 깨닫지 못했다고 지적한다. "공적인 것"이나 "공적 영역"을 집 바깥의 모든 것을 뜻하는 용어로 사용함으로써 공식 정치, 국가, 시장, 그리고 다른 형태의 결사체를 뭉뚱그려 버렸다는 것이다. 프레이저는 "가령, 여성 혐오적 문화 재현물에 대항하는 운동이 국가에 의한 검열을 요구하는 기획과 혼동될 때나 가사와 양육의 책임을 개인에게 떠넘겨서는 안 된다는 투쟁이 가사와 양육의 상품화와 동일시될 때" 같은 경우를 보더라도 공과 사가 의미하는 다양한 바를 구분해서 보는 것이 실질적으로도 이롭다고 논한다(Fraser 1992, 110). 이는 개인적인 것이 넓은 의미에서 '정치적'인 것은 맞지

---

5 공과 사의 '이원론'을 무너뜨려야 한다는 주장은 상당히 아이러니하다. 공과 사를 다루어 온 주요 이론가들, 특히 아렌트(Arendt 1958), 위르겐 하버마스(Habermas [1962]1989), 리처드 세넷(Sennett 1977) 등이 대중사회가 처한 조건 자체가 공적 행위와 진짜 사생활의 가능성을 없애고 있다고 이미 지적한 바 있기 때문이다.

6 제인 애덤스는 "하나의 도시는 집안일의 확장판이다"라고 단언했다. 이는 여성운동이 시도한 재배치의 초기 형태를 대표하는 발언이다. 애덤스는 이렇게 말한다. "부족 생활이 시작되었을 때부터 여성은 공동체의 보건을 책임지는 역할을 부여받았다. 현재 보건 부처는 이 기능을 대표해 도맡고 있다. 동굴 거주인의 시대서부터 집 안의 청결과 위생은 여성의 노력으로 유지되었는데, 이는 이제 세입자 공동주택 검사국의 일이 되었다. 원시 부족 마을의 시대에서부터 공중 청소라고 하면 여성이 자기 앞마당을 치우는 게 전부였는데 이는 이제 거리 청소국의 일이 되었다"(Zaretsky 1997, 224, 225에서 재인용).

만 그렇다고 국가 차원의 규제가 늘 옳은 것만은 아니라는 말이다. 가정이라는 사적 영역이 대개 공적인 보살핌과 관심의 대상이 되어야 하는 것은 맞지만, 시장 역시 — 국가나 대중매체에 나타나는 다수 대중[여론]처럼 — 그 자체의 파괴적 경향을 띠고 있기 때문에, '공적인 것'의 나쁜 모델일 수 있다.

이제까지 공과 사가 이분법 안에 갇혀 있기만 했던 적은 한 번도 없다고 주장하는 학자들도 있다. 일부 페미니스트 학자는 여성이 거의 전 역사에 걸쳐 공적 영역과 사적 영역에 다 참여해 왔으며, 참여 수준 역시 놀라울 만큼 높다는 점을 밝혀 왔다(일레로 Ryan 1990 참조). 잡담을 나누고, 친밀함을 쌓고, 정서 생활을 함께하고, 대항 경제를 꾸리는 여성들의 관계망은 빅토리아시대 이데올로기가 정점에 달했던 시기에도 중요한 공적 양상을 띠었다. 우리가 이미 살펴본 예도 있다. 패니 라이트가 공과 사의 경계를 위반한다고 비판했던 캐서린 비처 자신이 공적 영역에서 적극적이고 진취적으로 활약했던 사실 말이다. 최근의 여러 페미니즘은 계급, 인종, 종교, 지역 등에 따라 여성이 처한 다양한 입장을 조명하며, 지배적인 이분법은 이런 차이를 설명하는 데 대개 실패하기 마련임을 강조한다. 젠더 범주의 불공정한 배치와 내적 모순을 강조하는 해체적 독법을 정치하게 다듬으며, 공간이나 본질과 덜 연관 짓는 방식으로 공과 사를 이해하려는 페미니스트들도 있다(이런 페미니즘 내부의 역사에 대한 탁월한 설명으로는 Dietz 1995 참조).

권력의 제약이 가장 크게 작동하는 맥락에서일지라도, 공공성이나 사생활을 전 영역에 걸쳐 어떤 하나의 집단이 독점할 수 있었으리라고는 생각하기 어렵다. 매키넌은 바로 남성이 그렇게 해왔다고 보지만 말이다. 어찌 되었든 공과 사는 결코 오직 하나의 방식으로만 구획되는 것도, 오직 절대적 대립물로만 구획되는 것도 아니다. 예를 들어, 젠더화된 노동 분업은 공과 사의 이데올로기적 구분의 전형적인 사례다. 여기서 구분선은 공적인 일과 사적인 노동 사이에 그어진다. 여러 페미니스트가 지적했듯, 이 체제에서 젠더와 노동과 공공성은 다같은 말로 보일 정도로 서로 긴밀히 연관되어 있다. 공적인 일은 유급이며, 집바깥에서 수행되고, 오랫동안 남성의 영역이었다. 사적인 노동은 무급이며, 보통 집 안에서 이루어지고, 오랫동안 여성의 몫이었다. 노동의 성적 분업은 (그리고 성적 노동의 분업은) 대칭을 이루거나 보완하는 체계와는 거리가 멀다. 불평등한 체계이다. 예를 들어, 공적인 일은 생산하고, 직업 정체성을 형성하며, 남성이 개인으로서의 역량을 충분히 발휘하게 하는 것으로 간주된다. 사적인 노동은 사회 일반을 재생산하는 것으로, 업종이나 직업으로서의 특징을 갖기보다 여성의 이타심을 드러낸다고 여겨진다. 젠더에 따른 소명[직업]의 차이는 공사의 불평등한 배치 양식으로서 여전히 지속되고 있다. 여성이 여러 업종과 직업군에 진출함으로써 어느 정도 약화되기는 했지만 말이다.

그런데 이런 영역 분리는 젠더 지배와 경제체제 간의 직접적인 상관관계 외에, 언제나 좀 더 복잡한 의미를 띤 공과 사의 판본을 가지고 있었다. 가장 극단적인 방식으로 영역 분리가 이루어질 때조차도 집과 부속 공간은 여성을 위한 공공장소, 즉 이야기를 나누고 공동 세계를 형성하는 공간으로 기능하게 된다. 규범이 뒤집히는 경우도 있다. 자본주의사회에서 유급 노동은 사적인 경제생활로 인식되기에 이르렀다. 일터는 길드나 몇몇 업계의 특징이었던 공공성 일부를 잃었다. 남성은 자신의 일터를, 더욱더 여성화된 가정이라는 공간으로부터 보다 명확히 구분해 내는 동시에 공적인 것으로부터도 떼어 냈다. 전문가주의는 전문성을 강조하는 새로운 언어를 동원해 일터가 기존의 공공성을 일부 회복하게 해주었지만, 이는 고급 인력에 한정된 것으로 임금노동자와는 상관없는 이야기였다. 달리 말하면 남성 노동자는 장인匠人 가구 경제가 작업장과 가정생활을 분리하는 좀 더 새로운 근대식 배치에 자리를 내줌에 따라 공적인 삶을 상실하게 된 것이다(이 역사의 미국 사례를 추적하는 자료로는 Wilentz 1984; Johnson 1978; Zaretsky 1986 참조). 한편, 가족이 담당하는 가정생활과 재생산 기능은, 여러 개혁 운동에 의해 무수히 논의되고, 민족주의를 상징하는 매개로 작동함에 따라, 유례없이 강력한 공적 의미를 띠게 되었다. 캐서린 비처나 그 여동생 해리엇 비처를 비롯한 수많은 여성이 바로, 개혁, 민족주의, 복음주의 그리스도교, 그리고 노예제 반대 운동의 장 안에서 구성되는 사생활 담론을 통해 공적인 삶으로 진입할 길을 찾았다. 이 같은 일은 대체로 인쇄 시장의 사적인 망이 발달하며 여성들을 독자와 저자로 이어 주었기 때문에 가능한 일이었다(관련 연구는 이미 풍부하며 계속 증가하고 있다. 그중에서도 Kelley 1984 참조). 여성은 다양한 장소에서 유사

경제 혹은 비공식 경제를 일구어 냈다. 사적이면서도 집 바깥에 위치한다는 의미에서는 공적인 경제였다. 이는 영역 분리 이데올로기에 대한 반작용이라기보다 그것이 부상하는 과정에서 더불어 일어난 일이다.

요약하면, 남성적인 공적 영역과 여성적인 사적 영역의 경제적 분리는 결코 고정된 체계가 아니었다. 공과 사가 뜻하는 바를 정교하게 다듬는 여러 가지 방식 가운데 존재하는 하나의 규범일 따름이었다. 영역 분리 체계가 발휘한 힘이나 그 체계가 대변하는 남성 지배의 현실을 가볍게 봐도 된다고 말하려는 것이 아니다. 사실 젠더, 노동, 공공성은 명확하기보다 간접적인 방식으로 서로 뒤얽혀 있기 때문에 이 세 가지가 뒤얽힌 양상을 알아보기란 쉽지 않았다. 지금도 마찬가지다. 이 점을 고려하면, 젠더화된 노동 분업의 가장 견고한 형식들이 분명 붕괴한 것처럼 보임에도 불구하고, 불평등이 지속되는 이유를 좀 더 잘 이해할 수 있을지 모른다. 가령, 여성 문화를 누리는 수많은 여성 대중이 자신의 진정성과 여성성이란 필연적으로 사적인 감정과 가정 내 관계에 기초한다고 생각함으로써 자신을 어떤 공적 계층으로 계속해서 인식하지 않는 까닭이나, 수많은 남성이 자기가 하는 일이 가정 바깥에서 이루어지는 직업으로서의 공공성을 띤다고 믿음으로써 왜 그들이 [여성들의] 경제적 생활을 사적인 것으로 만드는 것이 [자신에게도] 손해임을 인식하지 못하는지를 [젠더, 노동, 공과 사가 서로 뒤얽힌 양상을 고려한다면] 좀 더 잘 이해하게 될 터이다.

자유주의 전통

사정이 이렇게 복잡함에도 불구하고, 공과 사의 개념은 어쩌다 타파되어야 할 이분법으로 여겨지게 되었을까? 이 같은 일련의 공사 구분은, 못해도 존 로크까지는 거슬러 올라가고, 19세기에 이르러 광범위하게 정치적·법적 제도화를 이룬 자유주의 전통 안에서 그 답을 찾을 수 있다. 자유주의 전통은 가부장제에 대한 비판으로 시작되었고, 그 의도치 않은 결과 가운데 하나가 18세기 근대 페미니즘 사상의 발전이었다. 그러나 이 전통은 1960년대 들어 두 번째 페미니즘 물결이 부상할 즈음에는 페미니즘 운동과 동성애자 운동에 심각한 제약을 가하게 된다.

자유주의 사상에서 사적 개인은, 더는 박탈이나 권력 없음으로 정의되지 않고, 인간성의 진정한 소재지가 되었다. 사적 개인은 사적 개인으로 존재함으로써 공적으로 의미 있는 권리를 소유했다. 권리는 이제 봉토 소유자, 등본 보유자, 남편, 장원 영주, 수석 환관, 시민, 공주 등과 같은 공식적인 법적 지위에 수반되는 특권과는 관계가 없었다. 그보다, 모든 사람이 사적 인간으로서 주장할 수 있게 되었다. 공중은 지배자의 신봉자나 신민으로서의 위치를 벗어나 독립적으로 존재하고, 주권자임을 자임하며, 지배자에게 대항하거나 지배자를 교체할 역량까지 갖춘 공동체가 되었다. 공과 사는 새롭게 정의되었으며, 국가권력은 제한되어야 하고 권리는 사적 개인에게 부여된 것으로 봐야 한다는 관념에 따라 더욱 큰 중요성을 띠게 되었다(Skinner 1978; Macpherson 1962).

정치와 관련해 이 같은 언어는 자본주의를 옹호하는 주장에 사용된 것과 비슷한 용어를 사용함으로써 더 강화되기도 했다(Hirschman 1977). 버나드 맨더빌이 『꿀벌의 우화』(1714)에서 제시한 "사적 악덕, 공적 이득"이라는 표어는 유명하다. 맨더빌은 ("사적 악덕"인) 사리사욕을 채우기 위한 경쟁은 시장의 상호작용을 통해 단순한 이기심이 아닌 ("공적 이득"이라는) 바람직한 효과를 산출할 수 있다고 주장했다. 이는 이후 애덤 스미스를 비롯한 여러 사람이 발전시킨 사고방식으로, 사적 사회 영역으로서의 경제생활은 국가의 간섭이나 공적인 개입으로부터 자유로워야 한다는 생각에 강력한 기반을 제공했다. 그리고 얼마 후 자본주의 문화는 공적 권력과 사적 경제의 이런 구분에 새로운 측면을 추가했다. 사회적 삶을 일의 영역과 '개인 생활'의 영역으로 갈라서 다시 배치한 것이다. 이때 '개인 생활'이란 강화된 사생활로서의 친밀성, 우정, 가정사를 아우른다(필립 아리에스와 조르주 뒤비가 책임 편집을 한 여러 권짜리 역사서들, 그 가운데 특히 vol. 3, Chartier 1989 참조).

한편, 국가는 공적 기능을 하는 공직과 사적 개인으로서의 공무원을 구분하는 규범을 근간으로 하는 근대 관료제의 형태를 갖추어 갔다. 사적 개인이 사익에 의해 추동되는 존재로 인식되면서, 공적인 것은 공평무사한 것으로 정의되었다. 사람들의 삶에서 개인적 이해관계와 관련된 측면은 공적인 논의의 대상으로 삼기에 부적절한 것으로 간주되었다. 정말로 공적이기 위해서는 사적인 이해관계나 자기 표출적인 성격을 초월하거나 제쳐 두어야 했다. 공적 발언과 사적 자아의 이 같은 분리는 보통 "(개인을 구성하는 차이에) 괄호 두르기"로 불린다. 이는 존 롤스가 자유주의 법 이론을 펴면서 "무지의 장막"이라고 이름 붙인 바와 밀접한 개념이다("괄호 두르기"에 대해서는 Fraser 1992, "무지의 장막"에 대해서는 Rawls 1989 참조).

이런 개념의 발전은 근대의 특징으로, 사적 개인에게 고유한 자유의 이상적 형상은 소극적 자유가 되게 하고, 정치적 삶의 이상적 형상은 비판적 공중이 통제하는 권력이 되도록 했다. 자유주의 전통은 이런 점에서 젠더 비판과 섹슈얼리티 비판이 발전하는 데 중요한 자원을 제공했다. 메리 아스텔, 메리 울스턴크래프트, 주디스 사전트 머레이, 그림케 자매 등의 저술에서 초기 페미니즘은 자유주의 전통의 규범적 언어를 통해 구체화되었다. 이는 특히 권리 담지자로서의 사적 개인에 대한 자유주의의 비전, 비판적 공중의 형성과 관련한 자유주의 전통의 역할, 권력에 대한 자유주의 전통의 원칙적 회의론 덕분에 가능했다(Scott 1996). 가령, 사라 그림케는 『성평등과 여성의 지위에 대한 서한 모음』(1837)에서 이성을 가진 보편적 자아라는 개념을 여성이 사회적 권리를 가져야 할 근거로 삼을 수 있었다. 즉, "인간이 도덕적 존재로 간주될 때, 성은 권좌의 정점을 차지하고 권리와 의무를 관장하는 것이 아니라, 아무것도 아닌 하찮은 것으로 전락한다." 이렇게 성을 괄호 안에 넣은 그림케는 사회관계에서 젠더라는 요소를 철저히 기각할 필요가 있다고 주장한다. 즉, "우리는 서로 다른 성에 속한다는 지속적인 압박감 속에서 타인에게 다가가고 교류한다. 서로를 다만 불멸의 피조물로 대하지 못하고, 일찍부터 단단히 주입된, 남녀는 구분된다는 것을 결코 잊으면 안 된다는 생각에 사로잡혀 있다"(Grimké and Grimké 1989, 217). 그림케는 성을 초월하기를 간절히 바라면서, 그 목적을 이루고자, 성이란 개인에게 "주입된" 것으로 "잊어야" 하는 부적절한 것이라고 선언한다. 이성의 보편적 목소리라는 이상은 그림케가 일종의 공적인 참여를 하도록 해주었다. 그러나 이는 성차를 그저 사적인 것으로만 보게 하는 비용을 치르는 일이었다.

이런 점에서 자유주의 전통은 페미니즘 운동의 첫 번째 물결이 일게 했지만, 그 운동의 직접적인 걸림돌이 되기도 했다. 이후 동성애자 해방운동과 관련해서도 똑같은 상황이 발생한다. 울스턴크래프트나 그림케는 여성이 개인으로서 갖는 권리가 새롭게 주목받아야 한다고 주장했다. 이들은 공평무사하고 추상적이며 보편적인 공중이라는 이상에 호소했다. 특수한 관점이나 젠더가 기입된 신체는 영 어울리지 않는 듯 보일 바로 그런 공중 — 패니 라이트의 남성적 뻔뻔함이나 디오게네스의 자위행위를 부적절하다고 간주할 공중이라고도 할 수 있다 — 말이다. 그런 공중과 부대낀 수많은 여성이 개인적인 중압감에 시달렸다. 사라 그림케의 동생인 안젤리나도 그중 하나다. 안젤리나 그림케는 "교정된 여론의 불가항력적인 힘"에 호소하겠다는 굳은 의지로 군중의 폭력뿐만 아니라, 친지, 친구, 낯선 사람 등이 퍼붓는 비난에도 결연히 맞섰다. 그러나 공공장소에 등장한 그림케는 강한 반감을 마주해야 했는데, 그림케는 일기에 자기가 얼마나 자괴감과 회의감에 많이 시달렸는지 적어 놓았다. 그는 노예제 폐지 운동가 시어도어 웰드와 결혼했고, 이후 순회 대중 강연을 그만둔다(Grimké and Grimké 1989, 217).

이처럼 공공장소에서 신체를 드러내는 것이나 젠더에 따라 정해진 방식으로 행동하는 것에 대해 개개인이 느끼는 부담감이 있는데, 이와 관련해 자유주의적 관념 속에서도 이 같은 부담감을 느끼게 하는 등가물이 존재한다. 그것은 공적인 논의나 정치적 행동에 적합한 것은 무엇인가와 관련이 있다. 집은 자유주의가 국가의 개입으로부터 보호하고자 하는 사적 자유private freedom[7]의 영역이므로 정치가 이루어져서는 안 되는 장소이다. 여성의 권리는 집안 문제이므로 각 가정의 사적인 판단에 맡겨 두는 게 제일 좋다. 여성의 권리는 정치와 관련이 있는 것이 아니다. 여성은 남성과의 문제를 가족 안에서 사적으로 풀어야지 공적으로 끌고 나와서는 곤란하다. 그러나 가족이라는 사적인 환경은 남성

---

[7] [옮긴이] 구분되는 개념인 'freedom'과 'liberty'를 똑같이 '자유'라는 용어로 번역하는 일반적인 관행에 따라 원문의 'private freedom'과 'private liberty'를 둘 다 '사적 자유'로 옮겼다. 두 용어가 같이 나오는 본 문단에는 구분을 위해 각각 원문을 병기했다. 이후 원문 병기 없이 등장하는 '사적 자유'는 모두 'private freedom'을 옮긴 것이다.

이 지배하는 것이 자연스럽다고 믿어지는 장소일 따름이었다. 엘리 자레츠키는 이렇게 말한다. "공사 분리는, 근대사회로 이어진, 정당한 권위의 범위를 넘어선 지배 관계를 가려 버렸다. 그것은 지배 관계를 '사적인' 것으로 만드는 정치적인 움직임이었다"(Zaretsky 1994, 201). 사적 자유private liberty를 보장하기 위한 국가 개입의 억제는 정치 자체의 억제마저 초래했다. 사적 공간을 자유의 장소라기보다 지배의 장소로 경험해야 했던 이들을 전부 제자리에서 꼼짝 못 하게 만들어 버렸다.

자유주의 전통의 이런 측면은 페미니즘과 동성애자 해방운동이 목적으로 하는 변혁의 폭을 좁히고 있다. 가령, 게이 작가 앤드루 설리번은 저서 『사실상 평범한』의 끄트머리에서 자유주의적 공사 구분에 호소하며, 다음과 같은 "단순하고 한정된 원칙"에 바탕을 둔 정치가 필요하다고 주장한다.

> 동성애자에 대한 모든 (사적인 것에 반대되는 것으로서의) 공적 차별을 끝내고, 이성애자가 공적 시민으로서 누리는 모든 권리와 져야 할 모든 책임을 자기가 정신적으로 남들과 다르다는 것을 성장 과정에서 깨달은 사람들한테까지 확장한다는 원칙. 그게 다다. 치료나 재교육을 할 필요도, 개인적 송사로 가슴 아플 필요도, 정치적으로 관용을 강제할 필요도 없다. 형식상 공적 평등을 갖추기 위한 정치적 노력만 있으면 된다. 문화나 사회 전반에 걸쳐 무슨 일이 일어나든 말이다(Sullivan 1995, 171).

공적 평등 말고 나머지는 다 사적인 것이다. "문화나 사회 전반에 걸쳐 무슨 일이 일어나든" 그것은 다 사적인 것이며, 따라서 정치와 무관하다. 그런데 동성애 혐오와 성차별의 거의 대부분이 일어나고 그것이 초래하는 무수한 권력관계와 지배 관계가 존재하는 데가 바로 이 나머지 영역이다. 이런 조건을 바꾸기 위한 정치적 시도는, 설리번의 도식에 따르면 그것이 무엇이든, 모두 사적인 생활에 대한 정부의 개입이라는 불법적인 행위, 즉 "정치적으로 관용을 강제"하는 것이다. 이런 정치 관념은 보통 신보수주의라고 불리나, 그 핵심 발상은 19세기에 절정이었던 자유주의 사상에서 온 것이다(자유주의 정치 전통의 변천사와 그것의 주요 개념이 20세기 정치에서 우에서 좌로, 좌에서 우로 이동하게 된 아이러니에 대해서는 Brinkley 1998 참조).

사실 공적 권위와 사적 자유를 구분하는 자유주의는 언제나 다른 관점들, 특히 마키아벨리 이후의 시민적 인문주의와 긴장 관계에 있었다. 존 그레빌 애거드 포콕의 저술을 여기서 빼놓을 수 없는데(Pocock 1975), 많은 역사가가 포콕이 공화주의 전통과 자유주의 전통의 양립 불가능성을 과장한다고 비판했다(최근 논의나 조금 다른 관점을 보려면 Appleby 1992와 Kramnick 1990 참조). 자유주의를 강력하게 주창하는 이들은 우리 시대에도 존재한다. 롤스가 대표적 예다(Rawls 1989, 1996). 그러나 공과 사의 문제를 논하는 우리 시대 주요 인물 대부분은 자유주의 전통에 반대해 왔다. 페이트먼이나 매키넌 같은 페미니스트들은 사적인 것을 공적 개입으로부터 보호하는 자유주의는 가족, 가정, 젠더, 섹슈얼리티라는 제도를 통해 사적인 삶을 구조화하는 지배 체계를 비가시화할 뿐이라고 지적한다. 아렌트는 자유가 의견을 주고받는 공적 행위로 이해되지 못하고 사적인 삶의 보호와 동일한 것으로 취급되면서, 인간성 개념을 구성하는 가장 강력한 의미들이 얼마나 많이 분실되고 망각되었는지를 밝히고자 했다. 하버마스는 사적 개인의 비판적 의식을 아우르는 공론장이 근대사회를 근본적으로 구조 짓지만, 근대사회가 조직되는 방식은 그런 공적 이상과 규범을 배신한다고 봤다. 미셸 푸코는 공이나 사 같은 용어는 거의 사용하지도 않은 채, 공, 국가, 사, 자유, 자율 등 자유주의 전통의 주요 용어 및 그것이 담고 있는 가치가 권력관계를 설명하는 데 실패하는 양상을 매우 소상히 다룸으로써, 자유주의 전통에 강력히 도전했다.

공론장

칸트는 기념비적인 논설 「계몽이란 무엇인가?」(1784)에서 자유주의적 공사 구분에 조금 다르게 접근한다. 그는 이렇게 말한다. "이성의 공적인 사용은 언제나 자유로워야 한다. 그런 사용만이 인류에 계몽을 가져다줄 수 있다. 그러나 이성의 사적인 사용은 종종 아주 협소하게 제한될 수 있다. 이는 계몽의 진행에 그리 큰 방해가 되지 않는다." 칸트의 논의는 "두 역할"two hats 이론이라고 불려 왔다. 그는 남성이(여성은 해당하지 않는다) 공과 사의 두 맥락을 끊임없이 오가며 각 맥락에서 다른 정도의 자유를 누리고 다른 방식으로 권력과 관계 맺는다고 봤다(Laursen 1996). 그런데 칸트가 이성의 공적 사용과 사적 사용을 정의하는 대목에서 놀라운 전환이 일어난다. "이성의 공적 사용이란 누군가가 학자로서 전체 독차 대중 앞에서 이성을 사용하는 것을 가리킨다. 이성의 사적 사용이란 누군가가 시민적 치위나 공직에서 이성을 사용하는 것을 가리킨다"(Kant 1996).**8**

독자 대부분은 칸트의 논리가 상식에 어긋난다는 느낌을 받을 것이다. 공직자는 여러 가지 의미에서 공적인 인물이다. 정부에서 급료를 받고, 공익을 위해 일하고, 사회적인 책임을 지며, 활동을 투명하게 공개한다는 차원에서 말이다. 학자나 작가는 보통 사적인 인물로 여겨진다. 공인이 아니고, 정부의 보조를 받지 않으며, 본인 외의 누구도 대변하지 않고, 저술 이외의 다른 방면으로는 알려지지 않았을 가능성이 크다는 측면에서 그렇다. 그러나 칸트는 공직자가 단순히 자신의 의지에 따라 행동해서는 안 된다는 것, 자기 역할에 부여된 규칙을 반드시 따라야만 한다는 데 주목한다. 공직자는 자기가 해야만 하는 어떤 발언에 동의하지 않을지라도 자신의 동의 여부 자체를 겉으로 드러내지 않는다. 학자나 작가는 자기 입장을 얼마든지 널리 알려도 된다. 자기 역할에 구속되지 않고 "전체 공동체의 구성원으로서나 세계 시민사회의 일원으로서" 발언한다. 교회나 정부를 자유롭게 비판할 수 있다. 칸트는 이 논리가 활자 매체를 공유하는 공중, 즉 "전체 독차 대중"을 전제로 한다는 점, 그리고 국민국가를 넘어선 범위를 상정한다는 점을 분명히 한다. 그러나 회중을 상대로 공식적으로 발언하는 성직자는 "규모와 상관없이 사적인 회중을 상대로" 연설하는 것이다. "이런 의미에서 그는 사제로서 자유롭지 않으며 자유로울 수도 없다. 다른 이의 명령에 따르

---

8 [옮긴이] 이한구의 한국어 번역본 「계몽이란 무엇인가에 대한 답변」(『(개정판) 칸트의 역사 철학』, 서광사, 2009, 16쪽)과 정지인과 강유원의 한국어 번역본 「'계몽이란 무엇인가'에 대한 답변」(다음 주소에 링크된 문서였으나 2024년 3월 현재 접근이 불가하다. http://2008new.tistory.com/attachment/ok0.pdf)을 참고하되 워너가 인용한 영어 번역본을 토대로 옮긴이가 새로 번역했다.

는 것이기 때문이다"(Kant 1996)(바로 앞 인용문에 대한 논의로는 다음이 유용하다. Chartier 1991, 20-37[국역본, 44-74쪽]).

칸트가 개진하는 논변에서 주목할 것은, 내부적 자유를 비롯해 사적인 회중, 공동체, 세계 시민사회, 학자들이 이루는 초국가적 공중, 그리고 "전체 독자 대중"까지, 사유의 대상으로 삼을 다양한 공중이 존재한다고 강조하는 부분이다. 어떤 공중은 다른 공중보다 공적인 성격을 더 많이 띤다. 그런 공중은 비평이나 의견 교환 행위에 더 넓은 지평을 제공해 준다. 그러나 같은 의미에서, 특정 국가나 지역에 매이지 않음으로써, 직접적인 정치력은 덜할 수 있다.

이런 착상에서 칸트는 공적인 것과 정치적인 것의 핵심적인 구분법을 상세히 설명한다. 이는 지금까지 치밀한 이론적 서술에서조차 계속해서 혼동되고 간과되는 구분이다. 공적인 것과 정치적인 것은 보통 같은 말로 취급된다. (그리스의 도시-국가) 폴리스를 공적인 것의 모범으로 삼는 아렌트의 논의에서도 그렇고, "개인적인 것은 정치적이다"라는 표어에서도 (반대의 의미에서) 그렇다. 정치체에 속하는 것은 당연히 공적인 의미를 지닌다. 그러나 칸트는 독자 대중과 같이 어떤 형태의 정치체에도 해당하지 않는 공중이 존재한다고 봤다. 이는 공직에 따르는 임무와 제약 혹은 공동체나 국가에 대한 충성에 구속되지 않고 비판적인 담론을 형성해 냄으로써 공적으로 존재하는 일을 가능하게 하는 공중이다. 그러나 칸트가 말하는 비판적 공중은 다른 의미로나 더 고도의 의미로나 정치적이라고 할 수 있다. 이성, 의견, 자유의 기준을 훨씬 높이 설정하게 해주니 말이다. 칸트가 구상하는 계몽의 기획이 전복적인 잠재력을 갖는 것은 바로 그 때문이다. 훗날 칸트는 그런 전복적 함의를 조정하지 않을 수 없었다. 그는 검열관들과 부딪치는 가운데 학자Gelehrter의 정의를 일반 독자가 아닌 협소한 의미에서의 연구자로 축소한다(Laursen 1996, 258-261). 로크도 국가의 공식 정치에 얽매이지 않고 권위로부터 해방되어 사적 권리라는 자유를 누리는 비판적 공중의 존재를 인정했다. 다만 로크는 이 공중을 통치자를 바꿀 주권을 부여받은 국민의 형태로 상상했다. 국가가 투영된 공중인 셈이다. 칸트의 공중은 표현상 혁명성은 덜할지 모르나 적어도 지면에 나타나는 내용으로 볼 때 그 폭만은 더 넓다.

오늘날의 시대로 내려오면 하버마스가 공적인 것과 정치적인 것의 차이라는 주제에 천착했다. "부르주아사회의 한 범주에 관한 연구"를 부제로 하는 『공론장의 구조 변동』(Habermas [1962]1989; Habermas 1974도 참조)은 프랑크푸르트학파의 '내재적 비판' 전통을 따른다. 하버마스는 잃어버렸다고 추정되는 공공성이라는 관념을 발명하려고도 기념하려고도 하지 않는다(그의 작업을 그렇게 읽는 이들도 가끔 있었지만 말이다). 그보다 그는 부르주아사회가 언제나 일련의 이상으로 구성되는데, 사회의 조직 방식이 그 이상과 모순되고 사회의 이데올로기가 그 이상을 손상한다는 점을 밝히고자 한다. 하버마스는 부르주아사회를 구성하는 일련의 이상에 해방적인 잠재력이 존재했으며, 그것을 발휘할 책임은 근대 문화에 있었다고 본다. 그런데 근대 문화는 그런 잠재력을 철저히 현실화하기는커녕 더욱 약화하기만 했다는 것이다. 『공론장의 구조 변동』 도입부에서 하버마스는 이렇게 선언한다. "공론장의 붕괴 경향은 분명하다. 공론장의 범위는 놀라우리만치 확장되는데, 기능은 점점 더 미미해지고 있다"(Habermas [1962]1989, 4 [국역본, 65쪽]).

주요한 구조 변동은 하버마스가 17세기 후반에서 18세기에 걸쳐 일어났다고 보는 역사적 변화다. 하버마스는 귀족제나 군주정을 "과시적 공론장"이라 부른다. 이는 권력이 공중에게 전시되는 공론장이다(루이 14세가 "짐이 곧 국가다"라고 말할 수 있었던 공론장이기도 하다). 궁정 이미지는 체현되었고, 권위를 가졌다. 군주의 존재감은 언제나 공적으로 나타났고, 궁정과 관련된 표현에는 늘 청중이 따랐다. 이런 식의 드러내기는, 국가와 권력을 상대로 합리적-비판적으로 발언하는 사적인 개인들이 모여 공중을 이루는 새로운 양식의 공공성에 자리를 내준다(영문판 제목의 "영역"sphere은 오해를 부르기 쉬운 번역어다. 독일어 원제목상의 공公, Öffentlichkeit에는 공간적 은유가 없다. "개방성"이나 "공공성"에 가까운 표현이다. 프랑스어 번역어인 공공 공간L'espace public은 더욱 문제다).[9]

하버마스는 이 변화가 17세기와 18세기에 형성된 광범위한 문화적·사회적

---

9 [옮긴이] 한승완이 한국어 번역본 『공론장의 구조변동: 부르주아 사회의 한 범주에 관한 연구』(나남, 2004)에서 채택한 번역어를 따라 영어 번역본이 "public sphere"로 옮긴 독일어 "Öffentlichkeit"를 "공론장"으로 옮겼다. "공론장"이라는 번역어 채택의 근거는 위 번역본 14쪽 역주를 참고할 것. 이하 하버마스 인용문은 한승완의 번역본을 참고하되, 워너가 인용한 영어 번역본을 토대로 옮긴이가 새로 번역했다.

조건 속에서 일어났다고 주장한다. 먼저, 신문, 소설, 민간 출판물의 출현과 부상이 있다. 주장과 토론을 가능하게 해주었던 커피점, 살롱, 그리고 기타 사적인 사교의 장도 있다. 미술, 음악, 문학을 다루는 비평의 등장 또한 하나의 조건이었다. 주택 건축 방향의 재설정도 마찬가지다. 가족생활과 친밀한 관계가 인간성의 근원이며, 사람들은 바로 거기서 출발해 하나의 공중을 이룬다는 관념의 발달도 한몫했다. 가구 범위를 넘어선 경제를 토론과 논쟁의 대상으로서의 시민사회 영역으로 간주하게 되었다는 사실도 중요하다. 그런 조건들이 마련됨에 따라 "처음부터 독자 대중의 성격을 띠었던" 공중은 "공권력의 추상적 대응물"이 되었다. 그리고 "스스로가 공권력의 대항 세력임을, 즉 시민사회라는 새로운 공론장으로서의 공중임을 자각하게" 되었다(Habermas [1962]1989, 23[국역본, 90쪽]).

간단히 말해, 공적인 것은 이처럼 새로워지면서 사적인 것의 반대가 아니게 되었다. 공적인 것은 사적이었다. 시민사회의 자의식으로서, 그것은 국가와 대립했다.

> 부르주아 공론장은 무엇보다도 사적 개인이 모여 이룬 공중의 영역으로 볼 수 있다. 이들 공중은 관계 당국에 저항하며 위에서 규제하던 공론장을 자기들 것으로 가져왔다. 상품이 교환되고 사회적 노동이 이루어지는 영역, 즉 기본적으로 사유화되었지만, 공적인 관련성을 갖는 영역 내부의 여러 관계를 좌우하는 일반 법칙을 관계 당국과 토론하는 주체가 되기 위해서였다. 이런 정치 대결에 동원된 방법은 바로 사람들이 자기 이성을 공적으로 사용하는 것이었다. 독특하고 유례없는 방법이었다(Habermas [1962]1989, 27[국역본, 95쪽]).

이런 의미로 공론장은 부제가 가리키듯 "부르주아사회의 한 범주"다. 공론장의 구성원 대부분이 부르주아여서이기도 하지만, 자신을 "사회"로 자각하는 부르주아사회의 탄생을 견인한 계기 가운데 하나가 공적 비판 제도를 중심으로 한 사회의 재편성이라서이기도 하다. 하버마스는 칸트의 「계몽이란 무엇인가?」를 인용하며 칸트가 이상으로 여기는 "글로 자신의 공중, 즉 세계를 상대로 발언하는" 학자로서의 사적 시민을 언급한다. 이때 "세계"란, "이성을 가진 존재들 사이의 소통"을 포함한 세계시민주의와 세계 진보라는 아주 광범위한 개념이기도 하고, "확장된 부르주아 계층 내부에서 진화하는 중이던, 토론하는 비판적 독자 대중의 세계"에 근거한 특수한 것이기도 하다. "후자는 학식 있는 남성의 세계였지만 '여러 성별의 사람들이 섞여' 비판적 토론을 벌이는 살롱의 세계이기도 했다. 바로 이곳 부르주아 가정에 공론장이 세워진 것이다"(Habermas [1962]1989, 106[국역본, 201, 202쪽]).

크레이그 캘훈이『하버마스와 공론장』서문에서 지적하듯, 하버마스가 추적한 부르주아식 공적 자유 관념과 그리스식 공적 자유 관념 사이에서 근본적인 역전이 일어났다. "그리스식 관념에서와 달리 부르주아식 관념에서 개인은 일차적으로 가족을 비롯한 사적 영역에서 형성된다. 이때 사적 영역은 자유의 영역으로 국가의 지배로부터 지켜져야 한다"(Calhoun 1992, 7).

하버마스는 공론장을 보는 이런 관점을 비판한 이전의 논자들을 언급한다. 청년 마르크스가 대표적이다. 마르크스는 "모든 이로 하여금 다른 이에게서 자기 해방의 실현이 아닌 제약을 보게 하는" 새로운 사적 자유에 반대했다(Habermas [1962]1989, 125[국역본, 224쪽]에서 재인용). 보편적 공적 이성에 대한 요구와 부르주아 사회라는 특수한 기반의 모순에 주목한 마르크스는 "부르주아 공론장의 철저히 비非부르주아적인 실현을 가능하게 하는 사회적 조건"을 상상하고자 했다(Habermas [1962]1989, 124[국역본, 223쪽]). 노동자를 비롯해 여러 배제된 집단은 실제로 이 가능성을 붙잡기 시작했다. 노동운동, 차티스트운동, 금주 운동을 비롯한 여러 사회운동은 공론장이 제공한 새로운 조건들 덕에 이루어질 수 있었다. 그러나 알렉시 드 토크빌이나 존 스튜어트 밀 같은 자유주의 논자들은 비판적 토론이 이렇게 확장돼 버리면 공론장에 위협이 된다고 보고, 공중을 비합리적인 세력으로 취급하기 시작했다. 하버마스는 자유주의 사상이 지닌 가장 훌륭한 이상을 자유주의 사상 스스로 배신하기 시작한 것이 바로 이 시점이라고 본다.

부르주아 법치국가에 대한 이런 자유주의적 해석은 반동적이었다. 비판적으로 토론하는 공중이 교육받지 않은 무산자 대중에 의해 전복되자마자, 부르주아 법치국가의 제도 안에 처음부터 포함되어 있었던, 비판적으로 토론하는 공중의 자기 결정 권이라는 관념이 갖는 힘에 반대한 것이다(Habermas [1962]1989, 136[국역본, 237쪽]).

여기서 하버마스는 젠더와 관련해서도 똑같이 모순된 사태가 발생했다는 사실은 다루지 않는다. 페미니스트 논자들은 그런 누락을 비판했고, 하버마스는 지적을 받아들였다.[10] 하버마스 논의의 초점은 공론장의 해방적 잠재력이 제대로 살려지지 못한 채 기각되었으며 상황이 변화함에 따라 해방적 공론장의 실현이 더욱 어려워졌다는 데 있었다. 하버마스는 변화한 상황으로 특히 다음 두 가지를 강조한다. 대중문화가 불균형해 자본이나 권력을 가진 자는 자기 관점을 유포하기가 수월해졌으나 주변화된 존재가 그에 저항하기는 더욱 어려워진 상황, 그리고 국가와 시민사회가 자꾸 서로 침투하는 바람에 민간 공론장을 국가권력의 견제 장치로 생각하기 어려워진 상황이 그것이다. 이런 경향은 하버마스가 공론장의 "재봉건화"라고 부른 것과 같으며, 사실상 제2차 "구조 변동"이라 할 수 있다. 비판은 접어 둔 채 호의적인 박수나 보내 줄 공중을 만드는 경향이다. 여론은 점차, 여러 입장을 자극하거나 권력자에게 책임을 묻는 역할이 아닌 단순히 여론 조사나 이따금 있는 선거를 통해 승인이나 불승인의 뜻을 표하는 기능에 그치고 있다. 하버마스는 이렇게 쓴다. "한때 공개성은 이성을 사용하는 공중 앞에 정치적 지배를 노출하는 것을 뜻했다. 그러나 이제는 어디에도 구속되지 않는 호의적 반응을 그저 합쳐 놓은 것을 가리킨다. 시민사회 공론장은 홍보 활동에 의해 조형되면서 다시금 봉건사회의 특징을 띤다"(Habermas [1962]1989, 195[국역본, 309쪽]). 심지어 이론상 사적 인간성의 기초 노릇을 해온 부부 중심 부르주아 가족도(하버마스는 여기서 실제 기능이 외관을 늘 배반해 왔다고 지적한다), 이제 대중문화 또는 학교와 같은 여러 제도 기관에 그 기능의 대부분을 넘겨주고 말았다. 그 결과 "부부 중심 부르주아 가족은 유사–사생활 영역으로 소실되기 시작했다"(Habermas [1962]1989, 157[국역본, 263, 264쪽]).

10   다음을 참조. 조앤 랜데스(Landes 1988)의 논문 및 크레이그 캘훈(Calhoun 1992)에 메리 라이언Mary Ryan, 낸시 프레이저, 제프 일리Geoff Eley 등이 각각 실은 논문. 공론장은 "조건에 따라서가 아니라 본질적으로 남성 중심적"이었다는 랜데스의 주장에 대한 논의로는 키스 마이클 베이커(Baker 1992) 참조.

하버마스의 분석은 그간 무수한 논쟁의 대상이었는데, 이런 논쟁들 가운데 상당수가 [하버마스의 주장이] 고도로 자본화된 대중매체를 "대중[민중]문화"popular culture로 옹호하고 찬양할 수 있다는 환원주의적 요약과 이에 대한 순진한 확신으로 말미암아 제대로 진행되지 못한 경우가 많다. 그 가운데 우리가 살펴봐야 할 세 가지 중요한 주제가 있다. 첫째, 하버마스가 묘사한 공론장 환경은 정체성 정치를 비롯한 여러 현대 사회운동의 배경으로 간주될 수 있다. 사회운동은 시민사회 안에서 형성되며, 대체로 국가를 상대로 한 요구 사항이 있다. 사회운동은 여론에 호소해 정책 변화를 꾀한다. 사회운동은 비판적 토론을 바탕으로 발생하며, 이때 대다수 토론이 인쇄물을 매개로 이루어진다. 그리하여 논쟁의 초점은 비판적 사회운동을 위한 환경이, 국가, 대중매체, 시장이 맺는 관계 양상의 변화에 따라 얼마큼 더 비민주화되고, "재봉건화되고", 식민화되는지를 탐문하는 데 맞춰진다. 이는 간단한 문제가 아니다. 공중, 기업이나 비정부 조직 같은 시민사회 단위, 국가 간 규제 기구 등이 점차 더욱 초국가적으로 변모하는 상황이 여기 관련되어 있다(Negt and Kluge 1993, 특히 미리암 한센의 서문을 참조. 또한 Berlant and Warner 1994 참조). 매체가 고도로 자본화되고 극소수 초국적 기업에 의해 통제되는 상황과 뉴미디어의 탈중심화가 충돌하는 경향 역시 연관성을 갖는다.

둘째, 젠더나 섹슈얼리티와 관련된 운동이 반드시 "합리적-비판적 토론"이라는 부르주아 모델, 특히 하버마스가 자세히 설명한 바로 그 모델을 따르는 것은 아니다. 『공론장의 구조 변동』에서 하버마스는 "민중people에 의한 이성의 공적 사용"에 대해 이야기한다. 그런데 여기서 이성의 사용이란 대체 무엇인가? 이후 저술에서 하버마스는 논증적 대화를 아주 이상적이라고 보는 논지를 내세운다(이 해석에 대한 비평으로는 Lee 1992 참조). 그러나 젠더 및 섹슈얼리티와 관련된 운동은 ─ 무의식적 표현, 거기 각인된 좋은 삶에 대한 전망, 사람들이 자아나 육체를 공적이거나 사적이라고 이해하는 습관적 방식 등을 포괄하는 ─ 체현, 정체성, 사회관계의 근본 양식을 변화시키고자 한다. 변화시키려는 분야가 바로 그런 근본 양식이기 때문에, 체화된[신체화된] 삶이 사적이고, 지역적이고, 다만 감정적이고 표출적인 것으로 취급당하는 상황에서, 이들이 공동 관심사를 중립적이고 상대적으로 탈체화된[탈신체화된] 절차로 다루는 합리적-비판적 논쟁 방식을 취할 수는 없는 노릇이다. 사람들이 공적인 의미를 취하는 데 쓰는 양식 그 자체가 다툼의 대상인 것이다. 자신의 체현과 지위에 괄호를 두르는 능력이 단순히 하버마스가 말하는 이성의 공적 사용인 것만은 아니다. 그것은 교육 및 남성성의 지배적 형태와 깊이 연관된 하나의 구별 전략이다.

젠더화된 공사 구분으로 말미암아 여성들이 정치적일 수 있었던 방식으로 자신들에게 부여된 역할에 문제를 제기할 수 없었던 것처럼, 공적 상호작용에도 젠더와 성 정체성에 관한 규약들이 만연해 있었다. 디오게네스가 장터에서 자위행위를 하는 것을 누군가는 철학으로, 다른 누군가는 외설로 봤다. 게이 남성 섹스 문화에 존재하는 비판적 양식의 공개성이 인정받는 경우는 거의 없고, 대부분 그저 추잡한 일이나 범죄로 비난받는다. 현대 게이 남성과 레즈비언이 공적으로 발언하거나 사적으로 발언할 가능성은 우리가 벽장[11]이라고 부르는 것에 의해 왜곡되는 경험을 한다. '벽장'은 오해의 소지가 있는 공간적 은유다. 이브 코소프스키 세지윅이 아주 잘 보여 주었듯, 벽장은 일상생활과 전문 지식에 깔린 다음과 같은 일련의 가정을 가리키는 이름이다. 즉, 굳이 말할 필요도 없이 당연한 것은 무엇인가, 예의범절을 위반하지 않고 할 수 있는 말은 어디까지인가, 공개의 부담은 누가 나누어 지는가, 한 사람의 진짜 정체에 대해 당사자는 자각하지 못하는 가운데 표 나는[숨길 수 없는] 요소를 통해 알 수 있는 건 얼만큼인가, 발화나 침묵에 따르는 결과는 누가 책임지는가(Sedgwick 1990). 발화는 어디서든 불공평한 방식으로 규제된다. 그런데 벽장을 당사자가 자기 자신을 두고 하는 거짓말로 이해하는 잘못된 믿음이 만연하니 아이러니하다. 우리는 벽장에 갇혀 있다는 이유로 갇혀 있는 사람을 탓한다. 그러나 벽장은 개인의 문제가 아닌 문화의 문제로 이해해야 한다. 벽장을 자기 손으로 만들고 들어간 사람은 아무도 없다. 다들 자기도 모르는 사이 벽장에 갇혀 억압적인 환경을 체험한다. 하는 수 없이 말이다. 레즈비언과 게이 남성은 벽장을 수치심과 속임수로, 사적이고 개인적인 문제로 경험한다. 하지만 벽장은 일상적인 말에 깔린 이

---

11 [옮긴이] 벽장closet은 성소수자들이 자신의 정체성을 억압하거나 타인에게 숨기는 것을 공간적 은유로 지칭한 용어이다.

성애 규범적 가정이 만들어 낸 것이다. 벽장은 사적인 것으로 느껴진다. 그렇지만 한 가지 중요한 차원에서 그것은 공적으로 구성된 것이다.

심각한 성적 지배 체제 내부에서 공공성은 드러내기로, 사생활은 벽장으로 느껴질 것이다. 벽장은 일종의 보호처럼 보일 수 있다. 보호받는다는 느낌은 실제로 근대 사생활의 한 특징이다. 그러나 벽장은 사실상 두려움과 수치심으로 가득하다. 벽장이라는 조건 아래에서 공적으로 알려지는 것도 마찬가지다. 사람들에게 동성애자로 알려지는 것과 이성애자로 알려지는 것은 천지 차이다. 후자가 언제나 그저 당연한 것으로 여겨지고 아무 문제도 일으키지 않는 반면, 전자의 경우 가시성 자체가 병리화를 동반한다. 이성애자로서의 '커밍아웃'이란 무의미하다. 흔히들 동성애자는 안전하게 보장되는 공적 정체성 없이 사적인 삶만을 산다고 생각하지만, 이는 틀렸다. 동성애자는 규범적 의미에서 사생활도 공공성도 누리지 못한다. 미국 사법부는, 군대와 군부를 지지하는 의회 및 백악관 세력과 더불어, 동성애자가 사생활도 공공성도 누리지 못하게 하기 위해 많은 노력을 경주해 왔다(Halley 1999).[12] 정체성 정치, 그리고 커밍아웃이라고 알려진 수행적 의례가 바꾸고자 하는 것이 바로 공과 사의 이 같은 기형화이다.

어떤 측면에서 트랜스젠더는 같은 문제를 더욱 위협적인 형태로 겪는다. 이

---

12 [옮긴이] '묻지도 말하지도 말라'Don't Ask Don't Tell 정책은 클린턴 행정부에 의해 1994년 2월 28일부터 시행되어 오바마 정부가 그것을 폐지한 2011년 9월 20일까지 이어졌다. 해당 정책은 본인의 성적 지향을 밝히지 않고 복무하는 동성애자와 양성애자 군인, 즉 이른바 벽장 안에서 살아가는 군인을 색출해 괴롭히거나 처벌하는 행위 및 동성애자와 양성애자 군인 당사자가 자신의 성적 지향을 밝히는 행위를 모두 금지했다. 이는 동성애자와 양성애자의 군 복무를 금지했던 기존 정책에서 벗어나, 개인이 동성애자나 양성애자라는 점 자체는 복무 부적격 사유가 아니라고 밝힘으로써 동성애자와 양성애자도 군 복무를 할 수 있음을 공식적으로 인정한 정책이다. 스스로 밝히지만 않고 성관계 행위 중에 걸리지만 않으면 성적 지향이 뭐든 복무가 가능해진 것이다. 이는 군대 내 동성애자와 양성애자의 존재를 인정하는 것 같지만 사실상 부정하는 정책이었다. 군대라는 공적 영역을 이성애 규범적인 시·공간으로 자리매김해야 함을 강조함으로써 동성애자와 양성애자를 공적 관계망에서 거듭 비가시화했기 때문이다. 성적 지향의 기본값이 이성애로 설정된 상황에서 동성애자와 양성애자는 자신의 성적 지향을 말해야만 존재를 드러낼 수 있다. 그렇기에 이들로 하여금 성적 지향에 대해 말하지 말라는 것은 결국 존재하지 말라는 명령이었다. 이성애자가 사생활(성관계, 가족 관계 등)과 공공성(사적으로 자유롭게 맺는 관계를 사회 관계망 안에서 표현하고 인정받기)을 교차되고 연속되는 것으로 경험한다면 동성애자나 양성애자는 두 가지의 분열뿐만 아니라 둘 모두의 박탈을 경험하도록 새삼 강제된 것이다.

들은 [동성애자와] 동일한 방식으로 공적인 재평가의 기초로 사적인 정체성에 호소하고 싶어 하지 않을 수도 있다. 대체로, 성별 지정과 자기 이해라는 가장 사적이며, 친밀한 차원이야말로 그것의 공적·사회적 표현과 동시에, 비록 그 속도와 정도는 다르지만, 관리되어야만 하는 것이다. 낙인 관리라는 과업은 벽장과 같은 형태로 나타날 수 있으며, 그것은 [누가 무엇을 알고 있다는] 지식 주장들에서 비슷한 불평등을 보여 줄 수 있다. 가령, 의료 전문가가 갖는 인식론적 영향력은 객관성과 중립성을 띤, 아주 공적인 형태의 지식이자 권위로 등장하는 반면, 환자의 주장은 주관적이고 자기중심적인 것으로 여겨지고, 병증으로 취급받기까지 한다. 트랜스젠더는 자신에게 무엇이 이로운지 또는 자기 본래 모습이 무언지에 대해 의료 전문가가 휘두르는 지식 권력에 맞서 싸워야 하는 경우가 다반사다. 바로 그 의료 전문가에게 의지해야만 조력과 돌봄과 공적인 적법성을 얻을 수 있는 상황에서조차 말이다. 물론 트랜지션은 기본적으로 사적으로 해낼 수 있는 일이 아니다. 그리고 트랜지션은 말 그대로 전환이지 기존 상태를 새롭게 드러내는 것이 아니므로, '커밍아웃'은 그다지 쓸모 있는 비유도 아니다.

　　자기 결정권으로서의 사생활이라는 관념은 다양한 맥락에서 트랜스젠더에게 커다란 도움이 될 수 있다. 반면, 사생활을 그저 자연스럽고 당연한 것으로 간주해 버리는 관념은, 자기 결정을 실천하는 데 필요한 의료 서비스 및 기타 공적 보조에 대한 트랜스젠더의 접근을 차단하는 결과를 초래할 수 있다. 공공 기관들에 마련되어 있는 사적 시설들인 탈의실이나 화장실 등이 가장 공적인 싸움터가 되곤 하는데, 특히 출생 시 여성으로 지정받았으나 자신을 남성으로 인식하는 트랜스젠더에게 더 험난하다.[13] 트랜스젠더는 또한, 이름 붙이기, 성별 분류, 건강관리, 친밀한 관계 맺기 등 '개인적'이고 사적인 문제들에서, 공적·제도

13　[옮긴이] 워너는 성별에 따라 분리 설치가 된 탈의실이나 화장실을 이용할 때 트랜스 남성이 겪는 고충이 트랜스 여성이 겪는 고충보다 더 크다고 지적하지만 이는 그렇게 단언할 문제가 아니다. 같은 트랜스 남성이라 하더라도 남성으로 인식되는 정도에 따라 성별 분리된 시설을 이용할 때의 경험이 다르며, 트랜스 여성의 경우 여성 공간을 이용하고자 할 때는 손쉽게 잠재적 성범죄자로 취급당하고 구금 시설이나 쉼터 등에서는 흔히 남성 동에 배정됨으로써 성폭력에 노출되거나 편의주의적 조치에 따라 독방에 감금되는 등 큰 어려움을 겪는다. 미국에서 지속적으로 벌어지고 있는 반反트랜스젠더 화장실 법안 논쟁에서 가장 첨예하게 논의되는 지점도 트랜스 여성의 여성 화장실/탈의실 이용과 관련된 것이다.

적·국가적 차원과 일상적으로 부딪혀야만 하는데, 트랜스젠더가 아니었다면 이처럼 부딪히지 않았을 것이다. 트랜스젠더 운동은 사적인 삶의 공적 토대에 꾸준한 주의를 촉구하고 있다. 이 같은 모습은 특히 해당 운동이 트랜스젠더의 자기 인식을 위한 새로운 공적 언어를 개발해 널리 알리고자 하는 시도 속에서 잘 나타난다.

이런 예들이 잘 보여 주듯, 지배 문화에서 젠더와 섹슈얼리티가 가지는 의미는 가정 혹은 가족생활에서 오로지 부분적으로만 결정된다. 또한 젠더와 섹슈얼리티의 의미는 사회적 관계들의 범위를 가로질러 지속적으로 형성 중이며, 내면화와 욕망의 시각적 언어를 지닌 대중매체에서 특히 그 의미가 끊임없이 형성 중이다. 따라서 환경으로서의 공론장은 사적인 삶과 동일시되는 젠더 관계나 성적 관계를 합리적으로 논의하기에 마땅한 장소가 아니다. 오히려 그 자체로 쟁점이 되는 체현과 사회관계의 여러 양식을 보여 주는 중요한 장소다.

이것이 우리가 합리적-비판적 논쟁이라 간주되는 것을 지배하는 규약을 의심해 봐야 하는 이유다. 이 같은 지배적인 규약에는 공적 토론에 참여하려면 사적 자아에 괄호를 둘러야 한다는 관념도 포함된다. 그러나 공과 사 사이의 동일한 상호성은 다른 비판적 방법, 특히 정신분석과의 관련 속에서 공론장을 분석하는 데 도움이 되기도 한다. 자레츠키가 지적하듯, 하나의 문화 현상으로서의 정신분석은 20세기에 개인적 삶과 사적인 삶을 재평가하는 데 크게 기여했다. 그러나 방법론으로서의 정신분석은 공과 사의 문제를 다루는 데 한계가 있었다. 젠더와 섹슈얼리티에 대한 대부분의 정신분석은 주체 내면의 움직임과 가족 관계에 초점을 맞춘 분석 결과를 토대로 상징계나 아버지의 법 같은 문화의 추상적 층위를 일반화한다. 그렇게 함으로써, 정신분석학적 분석들은 젠더와 섹슈얼리티의 문제가 가족 및 개인의 영역에 둘러싸이게 하는 반면, 공중의 매개가 이루어지는 측면, 그리고 사생활을 구성하는 다양한 사회·역사·정치의 요소를 비가시화한다. 프로이트 그 자신은 정신분석이 집단 심리를 탐구하는 데 가진 한계를 극복하고자 고군분투했다. 후대에 이르러 정신분석 방법론은, 프란츠 파농의 논의서부터 페미니즘 영화 이론에 이르기까지 다양하게 재구축되는데, 지배의 사회적 맥락을 통해 정신의 삶을 이해하고, 정신의 삶을 통해 지배의 사회적 맥락을 이해하기 위해, 프로이트의 언어를 더욱 본격적으로 개조했다. 그럼에도 정신분석의 일반론과 공사의 복잡한 역사 사이에는 여전히 깊은 간극이 존재한다(Zaretsky 1994; Brenkman 1993).

마지막으로, 젠더나 섹슈얼리티에 따라 구성되는 공중들과 하나의 이상으로서의 공론장 사이에는 몇 가지 긴장이 있다. 이와 관련해서는 그간 모종의 혼선이 있었다. 평자들은 흔히 하버마스가 단일한 공중이라는 당치 않은 이상을 채택했다고 비판한다.[14] 그러나 하버마스는 하나의 유권자 집단으로든 하나의 매체의 맥락에서든 어떤 통일된 공중이 현실 속에 존재한다고 생각하지 않는다. 그는 이렇게 말한다. "엄청난 수의 비공공적 의견이 존재하며, 단일 여론이란 확실히 허구이다"(Habermas [1962]1989, 244[국역본, 372쪽]). 하버마스는 처음부터 공공 담론에는 선술집 대화에서부터 미술 평론에 이르기까지 다양한 형태가 존재한다고 강조했다. 공론장의 단일성이라는 이상은 각 맥락과 공중들 사이에서 비판적 담론의 배경이 되는 어떤 가상의 수렴점으로 이해하는 것이 가장 좋다. '공중'이나 '여론'으로 불리고, 그럼으로써 권력을 무너뜨릴 적법성과 능력을 부여받는, 암시적이고 추상적인 어떤 지점 말이다. 이런 맥락에서 '공중'은 일종의 특수한 가상적 사회 대상으로, 어떤 특수한 양식의 발언을 가능하게 한다. 칸트의 「계몽이란 무엇인가?」에서 보았듯, 독자 대중이 그 모델이다. 근대사회에서 공중이란 기본적으로 숫자를 매기거나 이름을 붙일 수 있는 사회집단이 아니라 불확정적인 청중이다(Warner 1990). 『공론장의 구조 변동』은 바로 이런 가상적 대상 및 그 발언의 양식이 구축되는 경과를 기록한 하나의 역사로 읽을 수 있다. 이때 핵심 줄기는 '여론'이라는 허구를 모든 유력한 공중의 이상적 배경으로 설정하는 과정이다. 하버마스가 본인의 저서를 이런 말로 설명하지는 않았다. 그는 또한 의사소통적 합리성을 다루는 이후 저술에서 공적 이성을 면 대 면의 논증적 대화로 축소함으로써, 여러 공중의 존재라는 특수한 맥락을 분석 작업에서 지워 버

---

14 이런 오독은 크레이그 캘훈(Calhoun 1992)에 실린 낸시 프레이저의 논문과 제프 일리의 논문에서도 발견된다. 얼마나 쉽게 저지를 수 있는 오독인지 하버마스의 논의를 지극히 세심하고 엄밀하게 다룬 캘훈의 논문에도 나타날 정도다(Calhoun 1997, 84). 이는 공중이 국가나 입법 권력에 비판적으로 저항하는 가운데 어떤 암묵적인 통합을 이끌어 낸다고 여겨지는 방식에 대해 하버마스가 매우 강조한 데서 비롯된 오독일 것이다.

리고 만다. 그러나 공론장과 다수 공중의 존재가 반드시 충돌하는 것은 아니다.

대항 공중들

어떤 공중은 더 큰 공중과의 갈등을 통해 규정된다. 이는 하버마스식 분석을 보다 강력하게 수정 — 이런 수정 작업은 하버마스의 관심사는 아니었지만, 젠더와 섹슈얼리티에 대한 비판적 분석에는 분명 중요한 의미가 있다 — 한 것이다. 작은 공중의 구성원은 일반 사회의 개인이나 시민과는 구별된다. 그런 공중 내부에서 이루어지는 토론은, 기존과는 다른 대안적인 방식과 규약에 따라 조직되고, 말해도 되는 것이나 말하지 않아도 당연한 것을 다른 식으로 전제함으로써, 사회 전반에서 통용되는 규칙을 위반하는 것으로 간주된다. 이때의 공중이란 사실상 대항 공중으로, 의식적이든 그렇지 않든, 자신의 종속 지위를 일정한 선에서 유지해 나간다. 게이 남성이나 레즈비언의 성 문화, 캠프 담론, 여성 문화 매체 등이 그런 사례들이다. 이런 의미에서 대항 공중은 흔히 하위문화와 엮이곤 하는데, 두 개념 사이에는 중요한 차이가 있다. 공론장을 배경으로 형성되는 대항 공중은 의견과 교환의 새로운 지평을 열어 준다. 대항 공중에서 일어나는 교환은 권위와 거리를 두며 권력과 비판적으로 관계를 맺을 수 있다. 원칙상 대항 공중의 범위는 제한되어 있지 않다. 특정 인구에 기반하지 않고, 출판물, 연극, 넓게 확산된 이야기의 연결망, 교류 등으로 매개되기 때문이다. 대항 공중은 보통 '하위 주체 대항 공중'으로 불린다. 그러나 모든 대항 공중이 그 밖의 차원에서도 억압받는 하위 주체로 구성되어 있는지는 분명하지 않다. 가령, 어떤 청년 문화 공중이나 예술가 공중은 참여자 대다수가 다른 의미로는 전혀 '하위 주체'가 아님에도 대항 공중으로서 작동한다. 하위 주체 대항 공중의 종속적 지위는 다른 곳에서 형성된 구성원의 정체성을 반영하는 것이 아니다. 외려, 하위 주체 대항 공중에 참여하는 것 자체가 구성원이 자기 정체성을 형성하고 변화시킬 하나의 계기가 되는 것이다.

　근대성의 공공성 규범과 실천에 대한 하버마스의 풍부한 역사적 논의는 개인적인 것과 정치적인 것 사이의 관계를 다시 탐문하게 해준다. 어떤 공중, 즉 대항 공중은 젠더화된 사람이나 성애화된 사람의 이익을 대변하는 것보다 공론장에서 더 많은 일을 할 수 있다. 젠더와 섹슈얼리티의 가장 사적이고 은밀한 의미를 조정할 수 있다. 젠더와 섹슈얼리티를 실천할 새로운 세계의 문화와 사회관계를 친밀한 결합의 형태, 정동의 언어, 체현 양식, 성애 실천, 돌봄과 교육의 연관성 등을 고려해 정밀하게 기획하는 데 기여할 수도 있다. 이를 통해 젠더화된 시민권이나 성적 시민권의 새로운 형상까지도 일구어 낼 수 있다. 섹스와 젠더에 따라 구성된 공중들을 통해 집단적으로 세계를 창조하는 데 적극적으로 참여하는 형상 말이다.

시민권이나 공적인 인격성에 대한 이런 모델은 부르주아 공론장이라는 배경 조건에 많이 기대고 있기는 하지만 그것과는 실로 무척 다르다. 부르주아 공론장은 혼인을 중심으로 구성된 가족이라는 사적 영역에서 정체성이 형성된 사적 개인으로 이루어져 있다. 이들은 자신의 체현과 지위에 괄호를 두른 뒤 공통의 문제를 두고 벌어지는 합리적-비판적 논쟁에 참여하는 개인이다. 한편, 섹슈얼리티와 젠더의 대항 공중은 연합[결사]과 정체성의 현장으로, 사적인 삶을 중개하고 변형한다. 호모섹슈얼은 고립된 채 존재할 수 있다. 그러나 게이나 퀴어는 그들이 함께 정성을 들여 만드는 세계 덕에 존재한다. 게이 정체성이나 퀴어 정체성은 이처럼 스스로 만들어 가는 세계의 성격에 언제나 근본적으로 영향을 받는다.[15] 여성 대항 공중, 인종에 기반한 대항 공중, 청년 문화 대항 공중 등도 마찬가지다. 이들 공중은 맥락상 혼인을 중심으로 구성된 가족 바깥에 있는

---

15 [옮긴이] 호모섹슈얼이라는 용어는 미국 사회에서 동성 간의 성적 끌림이나 동성 간의 성관계를 도착적이고 병적인 것으로 간주하는 맥락에서 주로 사용되었다. 줄임말인 호모homo는 특히 동성애자나 동성애자로 보이는 사람에 대한 멸칭으로 쓰이곤 했다. 물론, 멸칭의 함의 없이 단순히 이성애를 가리키는 헤테로섹슈얼heterosexual의 상대어로 쓰이는 경우도 있다. 이와 달리 게이gay는 본디 즐겁다는 의미의 형용사로 동성애자 당사자가 본인의 성적 지향과 그것을 토대로 한 정체성을 당당하게 일컫고자 사용하기 시작한 말이다. 'homosexual'이나 'gay' 둘 다 동성애자로 옮길 수 있는 말이나 해당 대목에서는 위와 같은 구분 지점을 나타내기 위해 각각 음차해 표기했다. 퀴어queer는 원래 '괴상하다', '수상하다'는 뜻의 형용사로 호모와 비슷하게 동성애자나 양성애자 혹은 성별 규범 비순응자 등을 비하하는 멸칭으로 쓰였으나, 다양한 성소수자가 스스로의 비규범성을 긍정하는 용어로 재전유한 말이다.

주체성의 영역을 필요로 하고 또 만들어 낸다. 이런 공중의 담론과 논쟁의 규약은 언어의 정서적이고 표출적인 차원에 열려 있다. 또한 각 공중의 구성원은 해당 공중에 참여하는 것을 통해 자기 체현과 지위가 공적인 차원에서 적어도 부분적으로나마 의미를 가지도록 한다(Warner 2002, 159-186; Berlant and Warner 1994).

젠더와 섹슈얼리티를 연구하는 정말 많은 논자가 최근 그동안 유행에 뒤처진 논의로 취급받았던 아렌트의 작업에서 도움을 구하게 된 것은, 부분적으로 그와 같은 대항 공중에서 가능해진 시민권 개념과 부르주아 공론장을 지배하는 시민권 개념 사이에 존재하는 심각한 차이를 포착하려는 시도에서 비롯되었다. 아렌트는 특히 두 번째 페미니즘 물결 당시 인기가 없었다. 아렌트는 "공과 사의 구분을 소멸시키기"는커녕, 그 필요성을 역설한다. 많은 페미니스트 연구자는 "아렌트가 공적 행복의 추구나 공적 자유에 대한 애호라는 말로 정치를 정의할 때 당대 여성운동이 채택한 것과는 정반대의 용법을 구사한다"(앤 필립스Anne Philips, Dietz 1995, 18에서 재인용)는 점에 주목했다. 에이드리언 리치는 『거짓말, 비밀, 침묵에 대하여』에서, 메리 오브라이언은 『재생산의 정치』에서, 아렌트가 남성이 공적인 것과 연결되고 여성이 사적인 것과 연결되는 체제를 흔쾌히 받아들인다고 해석했다. 리치와 오브라이언은 아렌트를 본질상 남성주의적 사상가로 보고 무시해 버렸다. 그러나 요사이 놀라울 만큼 다양한 페미니스트들과 여러 사상가들이 아렌트에 대한 기존 해석을 다시 검토하기 시작했다. 이들은 아렌트에게 공과 사란 젠더 규범보다는 인간성을 특징짓는 행위의 다양한 조건을 가리키는 것이라고 주장한다. 젠더와 섹슈얼리티는 타인과의 관계 속에서 일어나는 행위를 통해 정의되며, 따라서 변화 가능하다고 보는 이들에게 아렌트의 논의는 보니 호닉이 "수행성의 적대적 정치"(Honig 1995, 135-166)라고 부르는 것에 대한 처방을 제시한다고 읽을 수 있다.

아렌트는 『인간의 조건』에서 근대 시기의 세계 소외로 말미암아 위험에 처한 인간성의 여러 측면을 재구축하고자 한다. 아렌트의 시대는 사생활과 개인 생활을 개성과 자유의 영역으로 보게 된 때였다. 그러나 아렌트는 시류를 거슬렀다. 아렌트는 개성과 자유를 폴리스에서 수행되는 세계 만들기라는 공적 행위 안에 존재하는 것으로 여겼다. 모두 동등하게 누리는 세계와 고유한 행위성의 공개가 둘 다 가능하기 위해서는 상호작용의 공적 틀이 필요하다고 봤기 때문이다. 이와 달리, 사적인 것은 필요의 영역이자 가족생활에서 비롯된 여러 관점의 결합물이다. 아렌트는 개인 생활에 필요한 요소는 정치에 적절하지 않다고 믿었다. 이는 고상한 도덕주의에서 나온 말이 아니다. 아렌트는 정치적 삶에 대한 이상을 공동 세계의 창조적 구성에 둔다. 그리고 사$_{private}$라는 단어를 아렌트 자신이 창조적 구성에 의해 규정되거나 변형되지 않는다고 본 일련의 조건들 ― 사랑, 고통, 일반적인 필요 등을 비롯한 ― 을 가리키는 것으로 이해한다. 메리 디에츠가 강조하듯, 여기서 공과 사는 사회적 묘사가 아니라 실존의 범주다. 개인성이 처한 서로 다른 맥락이다. 아렌트가 중시하는 공적인 것은 세계 만들기와 자기 드러내기의 현장이다. 그래서 지배적 정치체제와도 구분되고 합리적 논쟁에 대한 그 어떤 보편적 관념과도 구분된다. 그것은 하나의 정치적 현장[장면]이며 필연적으로 국부적[지역적]이다. 왜냐하면 그것을 통해 드러나는 공유된 세계와 자아는 타자들과의 상호작용 속에서 등장하는 것이기 때문이다.[16]

아렌트는, 공적 행위의 세계 만들기 차원에 대한 이해가 있었던 고대 그리스-로마 문화로부터 우리 시대가 갈라지는 세 가지 단절의 계기를 지적한다. 첫 번째는 바로 사적 개인의 영원성을 중시하고 공적 세계를 과소평가하는 그리스도교다. 두 번째는 낭만주의적 개인주의로, 사적인 것을 공공성의 박탈이 아니라 그 자체로 기원적 가치를 지닌 것으로 보게 한다. 마지막으로 세 번째는 아렌트가 사회적인 것의 부상이라고 부르는 것이다. 아렌트의 "사회적인 것"은 인간관계를 행위와 발화의 매개물로서가 아니라 처신과 규제로 이해하는 근대의 방법을 뜻한다. 세계를 만드는 인간의 근본 역량은 대중사회, 관리, 도구성에 의해 그 범위와 중요성이 제한된다.

냉전 상황에서(『인간의 조건』은 1958년에 출간되었다) 전체주의와 자유주의를 한꺼번에 근본적으로 비판한 아렌트의 주장은 대담한 것이었다. 아렌트의 공[적 영역]은 발화를 위한 행위의 맥락이고 갈등적 상호작용이 일어나는 현장이기

---

16 보니 호닉과 세일라 벤하비브가 이를 두고 논쟁을 벌인 바 있다(나는 여기서 호닉의 입장을 따른다). 여기 소개한 것과 다른 식의 아렌트 해석을 보려면 벤하비브(Benhabib 1993, 1995)를 참조하라.

때문에, 수사[학]의 영역이지 명령의 영역이 아니다. 여기에는 아렌트가 이전에 펴낸 책에서 논했던 전체주의 및 사법적 권력 모델과 대조되는 것이 함축되어 있다(Arendt 1958, 27, 28[국역본, 80쪽]; 『인간의 조건』과 『전체주의의 기원』 사이의 관계에 대해서는 Zaretsky 1997 참조). 그러나 아렌트는 또한 특히 자유주의에서 공과 사와 각각 동의어처럼 취급되는 국가와 사회의 구분과 대비되는 공과 사에 대한 설명을 제공한다.[17]

공적인 것에 대한 아렌트의 실용적 의미와 자유주의의 보편적 의미는 뚜렷이 구분된다. 이는 아렌트의 사유 내부에 뜻밖의 긴장을 불러일으키기도 하는데, 아렌트를 거슬러 아렌트를 읽는 것도 그래서 가능하다. 여성운동과 퀴어 문화는 공적 세계 만들기의 대표적 모범 사례로, 같은 이유에서 보통 '가족의 가치'에 대립하는 것으로 여겨지고는 한다.

타인이 나를 보아 주고 내 이야기를 들어 주는 것이 의미 있는 까닭은 저마다 서로 다른 위치에서 타인을 보거나 그의 이야기를 들어서다. 이것이 곧 공적인 삶이 뜻하는 바다. 이와 비교하면 가장 풍요롭고 만족스러운 가족의 삶조차도 자기 입장과 그것이 수반하는 여러 측면 및 관점을 연장하거나 증식해 줄 따름이다. 사생활의 주관성은 가족 안에서 연장되거나 증식될 수 있고, 강도가 세지다 보면 공적 영

---

17 이는 자레츠키가 특히 『전체주의의 기원』을 언급하며 지적한 것이다(Zaretsky 1997). 아렌트에 관한 당대의 여러 논쟁이 지속해서 주목한 지점은, 고대 그리스-로마식 관념에서 사적인 것은 아예 가치가 없다시피 하며, 심지어 내용이 없다고 본 아렌트의 해석이다. 아렌트는 바로 이것이 핵심이라고 힘주어 말한다. 즉, 사적인 것은 결여를 나타내는 것으로서 부정적인 범주이며, 개인이 적극적으로 행위를 하고 타인과 자유롭게 소통하며 자아를 실현할 수 있는 조건을 박탈당한 상태라는 것이다. 가장 사적인 사람은 노예다. 폴리스의 삶은 자기만의 삶과 대척점에 있다. 그렇기에 단지 사적으로만 지내려 하거나 자기 성향에만 몰두하는 이는 멍청한 사람인 셈이다. 아렌트가 사적인 것에 대해 이렇게 텅 빈 (혹은 내용을 비워 낸) 개념어 속에 강력한 가치의 표현이 담겨 있음을 볼 수 있었다는 점은 아렌트의 해석이 얼마나 강력하게 상상적인 것인지도 증언해 준다. 일부 페미니스트 논자는 아렌트의 해석을 가리켜 과거에 대한 그리움과 남근 중심주의의 장소라고 비판하기도 하지만, 실제로 그렇게 보기는 어렵다. 그렇지만 아렌트에게 사생활은 귀중한 한 가지 측면을 지닌다. 그 가치는 뿌리내리고 있다는 감각, 즉 대물림되는 재산으로서 소유 재산이라는 고전적 개념이 제시하는 것인, 이 세상에 자리가 있다는 감각이다. 그러나 사적인 것의 이런 의미는 자본주의경제에서 그리고 불멸에 대한 세속적 지향이 없는 시대에서 재활용되기 어렵다. 아렌트는 이에 대해 "친밀성은 [사적 영역을 대신할 만한] 그리 믿을 만한 대용물이 아니다"라고 말한다(Arendt 1958, 70[국역본, 155쪽]).

역에서까지 그 무게가 느껴지기도 한다. 그러나 이런 가족 '세계'는 하나의 대상이 다수의 관찰자에게 제공하는 여러 측면의 총합이 이루는 실재성을 결코 대체할 수 없다(Arendt 1958, 57[국역본, 141쪽]).**18**

국민 성원권이나 공공 성원권의 가족주의적 개념화에 대한 이처럼 날카로운 비판은 아렌트가 파시즘이라는 시대의 맥락을 고려하고 있었다는 데서 어느 정도 기인한다. 그러나 아렌트의 분석은 냉전 시기 이후에도 여전히 유효하다. 아렌트는 대중사회에서 "우리는 모든 사람이 갑자기 한 가족의 구성원처럼 행동하는 것을 본다. 각자는 이웃의 관점을 확대하거나 연장할 뿐이다"라고 쓴다(Arendt 1958, 58[국역본, 132쪽]). 대중사회는 여러 측면에서 가족과 반대되는 것처럼 보이기 마련이다. 곧 가정의 친밀성과 대비되는, 상품의 지배를 받는 황무지로 말이다. 그러나 아렌트는 대중사회와 가족이라는 두 가지 사회 공간 유형이 공통적으로 행위와 발언을 제약한다고 본다(1990년대 중반 일어난 현상인 '약속을 지키는 사람들' 운동**19**이나 '가족의 가치'라는 일반적 수사를 예로 들 수 있다). 물론 가족에 대해 더욱 광범위한 관점을 견지하고 있는 페미니스트들(특히 '차이의 페미니즘'을 실천하는 이들)과 퀴어 이론가도 있다. 아렌트는 명시적으로 소유 재산의 이해관계, 민족적 주체성, 최우선시하는 집단에 대한 의리, 모두가 받아들이는 유언을 지닌 중산층 가정생활을 염두에 둔다.

지금 페미니즘과 퀴어의 사유가 아렌트의 작업에서 얻는 활력의 대부분은 "개인적인 것은 정치적이다"라는 표어를 정치적인 것에 대한 아렌트식 해석과 연결해 다시 읽을 가능성에서 나온다. 이는 젠더와 섹슈얼리티라는 조건이 비단 노동하는 육체의 필수 항목으로서만이 아니라, 공중을 형성하고, 공동의 세계를 다듬어 나가며, 수치심을 명예로, 숨어 있는 상태를 타인 일반과의 의견 교환으로 치환할 계기로 다루어질 수 있다는 전제의 작동을 필요로 한다.

18　[옮긴이] 아렌트 인용문은 이진우의 한국어 번역본 『인간의 조건』(제2개정판, 한길사)을 참고하되 영어 원문을 토대로 옮긴이가 새로 번역했다.
19　[옮긴이] '약속을 지키는 사람들'Promise Keepers은 1990년 미국에서 시작된 복음주의 그리스도교 계열 비영리 남성 운동 단체로 반反동성 결혼, 혼전 순결, 부부 관계에서의 정절 등을 주요 기치로 삼고 있다.

마이클 워너
546

트랜스젠더 운동, 페미니즘, 퀴어 이론에서 이 같은 기획이 직면한 과제는 세계 만들기가 공중 — 여기서 공중은 사람들이 자연스럽게 형성한 집단이나 '공동체'뿐만 아니라 매개된 공중까지를 아우른다 — 속에서 어떻게 펼쳐지는지를 이해하는 것이다. 이때 "타인에게 보이는 행위"와 "발화"라는 아렌트의 언어는 상당히 고루하게 들린다. 정치의 발생에 대한 복합적인 이해보다는 폴리스의 은유에 충실하고자 한 데서 빚어진 불행한 결과가 아닐까. 한편 하버마스는 인쇄물, 장르, 건축, 자본 등 공중을 매개하는 여러 실천과 구조에 보다 세심하게 신경을 쓴다. 그러나 그는 설득을 지나치게 이상화함으로써, 세계의 문제를 폭로하는 대항 공중의 활동을 제대로 조명하지 못한다. 아렌트와 하버마스는 둘 다 공과 사의 유토피아적 이상이 그것을 근대 대중문화 안에서 실현해야 한다는 사회적 조건에 의해 부정된다고 보는 단호한 태도를 취한다.

결국 남은 문제는 대항 공중의 변혁적이고 창조적인 작업을 매개하는 환경을 구체적이고 이론적으로 이해할 필요성이다. 섹스와 젠더의 대항 공중은 사생활이 공적으로 구성되는 방식을 알아볼 수 있는 새로우면서도 보다 철저한 방법을 우리에게 알려 준다. 대항 공중들은 사적인 삶이 공적으로 유의미해지는 방식에 대한 우리의 인식을 시험한다. 대항 공중들은 공유된 새로운 세계와 비판적 언어뿐만 아니라 새로운 사생활, 새로운 개인, 새로운 육체, 새로운 친밀성, 새로운 시민권 또한 정교화한다. 그럼으로써 그들은 오장육부로부터 나오는 반응을 불러일으켰고, 꼭 그렇게 했는데, 이는 오장육부로부터 솟아나는 젠더와 섹슈얼리티의 의미가 바로 대항 공중이 폭로하고자 하는 것이기 때문이다. 대항 공중 바깥에서는 사적인 문제를 공적으로 드러내는 것을 가리켜 흔히 품위 없는 자아도취다, 예의범절이 무너졌다, 표현이 도를 넘었다, 공사 구분이 완전히 손상되었다는 식으로 이야기한다. 하지만 대항 공중이라는 환경 속에서, 그런 드러내기는 대체로 변화를 목표로 한다. 구성원은 저마다 체현 양식을 배우고 가꾸며, 그들을 둘러싼 수치심과 혐오라는 정동을 살피고, 때로는 이를 재평가하기도 한다. 오장육부에서부터 느끼는 사적인 것의 의미란 개인이 스스로 자유 의지에 따라 그리 쉽게 바꿀 수 있는 것이 아니다. 자기표현을 넘어 집단적인 드러내기의 현장을 만들어 내는 데까지 나아가는 교류만이 그런 변화를 일으킬 수 있다. 이런 변화가 일어나면 대항 공중 안에서는 오장육부로부터 느껴지는 젠더, 섹슈얼리티, 그리고 육체가 취하는 양식 일반의 강렬함을 사적인 것으로 이해할 필요가 없어진다. 공공성 자체가 오장육부로부터 공명한다.

이와 동시에, 이런 대항 공중들은 그들이 운영하는 공중 매체 속에서, 국가와의 관계 속에서, 공식적인 여론[공중]과의 관계 속에서, 보다 거대한 공중들과 민영화 과정들에 배태됨에 따라, 그리고 사생활과 친밀성에 대한 왜곡된 모델에 그들이 의존함에 따라, 한계에 직면한다(이를 언제나 인식하는 것은 아니다). 개인은 단순히 의지에 따른 행동으로서 '공개하기'를 택하지는 않는다. 그것이 글로든, 입장을 취하는 것으로든, 시장에 자신을 노출시키는 것으로든 어떤 것으로든 말이다. 이런 행위들이 공적으로 중요성을 띠고 변혁적이려면, 공공성이라는 조건이 반드시 마련되어야 한다. 그런 일은 어떻게 일어나는가? 하버마스라면 공공 매체가 곧 대중매체인 상황에서 공적인 것이 애초에 제대로 의미를 가질 수나 있는지 우리에게 질문할 것이다. 이 질문은 대항 공중에도 얼마간 적용된다. 대항 공중들이란 정의상 자신이 속해 있는 문화 환경의 규범이나 맥락과 충돌하는 가운데 형성되는데, 그런 지배의 맥락은 필연적으로 왜곡을 수반한다. 다시 말해, 대중 공중과 대항 공중은 둘 다 손상된 형태의 공공성이다. 이는 지금의 문화 속에서 젠더와 섹슈얼리티가 사생활의 손상된 형태인 것과 마찬가지다.[20]

---

20 이와 관련된 빼어난 설명을 로런 벌랜트(Berlant 1998)에서 찾을 수 있다. 벌랜트는 감상성sentimentality이라는 여성 문화를 분석하며, 이 같은 문화에 대항 공중으로서의 몇 가지 특징이 있지만, 이것들이 모두 왜곡된 형태임을 지적한다. "감상성은 정치를 만나면 구조가 발생시키는 효과에 대해 개인적인 사연을 통해 이야기하려 한다. 그러나 그 과정에서, 정치적으로 달라져야 하는 고통의 장면을 말로 상연하려는 본디의 시도가 좌절될 위험을 무릅쓰게 된다. 진짜 감정이라는 이데올로기가 고통의 비非보편성을 받아들이지 못하므로, 감정의 여러 사례는 한데 뒤섞여 버리고 사회변혁을 위한 윤리적 책무는 시민 의식을 바탕으로 하되 수동적인 공감이라는 이상으로 대체된다. 공공성을 지향하는 행위가 일어나는 장소로서 정치적인 것은 사적인 생각, 기호, 몸짓의 세계로 대체된다. 이런 개인적-공적 맥락에서 고통은 생존으로 응답을 받는다. 이때 생존은 자유로 재규정된다. 그런 가운데 우리는, 대중사회의 폭력이 개개인에게 미치는 효과란 비개인적이고 몰개성화하는 폭력의 원인과는 다르다는 점에 주목하고자 했던, 감상성 정치의 배경에 놓인 본래의 추진력을 잃어버린다"(Berlant 1998, 641).

참고 문헌

Appleby, Joyce. 1992. *Liberalism and Republicanism in the Historical Imagination*. Cambridge, MA: Harvard University Press.

Arendt, Hannah. 1958. *The Human Condition*. Chicago: University of Chicago Press [한나 아렌트, 『인간의 조건』, 이진우 옮김, 한길사, 2019].

Baker, Keith Michael. 1992. "Defining the Public Sphere in Eighteenth-Century France." In Calhoun 1992, 181-211.

Benhabib, Seyla. 1993. "Feminist Theory and Hannah Arendt's Concept of Public Space." *History of the Human Sciences* 6: 97-114.

_____. 1995. "The Pariah and Her Shadow: Hannah Arendt's Biography of Rahel Varnhagen." In *Feminist Interpretations of Hannah Arendt*, ed. Bonnie Honig, 83-104. University Park: Pennsylvania State University Press.

Berlant, Lauren. 1998. "Poor Eliza." *American Literature* 70(3): 635-668.

Berlant, Lauren, and Michael Warner. 1994. "Introduction to 'Critical Multiculturalism'." In *Multiculturalism: A Critical Reader*, ed. David Theo Goldberg, 107-113. Oxford: Basil Blackwell.

_____. 1998. "Sex in Public." *Critical Inquiry* 24(2).

Boydston, Jeanne, Mary Kelley, and Anne Margolis, eds. 1988. *The Limits of Sisterhood: The Beecher Sisters on Women's Rights and Woman's Sphere*. Chapel Hill: University of North Carolina Press.

Brenkman, John. 1993. *Straight Male Modern*. New York: Routledge.

Brinkley, Alan. 1998. *Liberalism and Its Discontents*. Cambridge, MA: Harvard University Press.

Calhoun, Craig, ed. 1992. *Habermas and the Public Sphere*. Cambridge, MA: MIT Press.

_____. 1997. "Nationalism and the Public Sphere." In *Public and Private in Thought and Practice: Perspectives on a Grand Dichotomy*. Chicago: University of Chicago Press.

Chartier, Roger, ed. 1989. *A History of Private Life*. Vol. 3, *Passions of the Renaissance*. Trans. Arthur Goldhammer. Cambridge, MA: Harvard University Press.

_____. 1991. *The Cultural Origins of the French Revolution*. Trans. Lydia Cochrane. Durham, NC: Duke University Press [로제 샤르티에, 『프랑스혁명의 문화적 기원』, 백인호 옮김, 지식을만드는지식, 2015].

Deutsche, Rosalyn. 1990. "Men in Space." *Artforum* 28.

Dietz, Mary. 1995. "Feminist Receptions of Hannah Arendt." In *Feminist Interpretations of Hannah Arendt*, ed. Bonnie Honig, 17-50. University Park: Pennsylvania State University Press.

Echols, Alice. 1989. *Daring to Be Bad: Radical Feminism in America, 1967-1975*. Minneapolis: University of Minnesota Press [앨리스 에콜스, 『나쁜 여자 전성시대』, 유강은 옮김, 이매진, 2017].

Elshtain, Jean Bethke. 1981. *Public Man, Private Woman: Women in Social and Political Thought*. Princeton, NJ: Princeton University Press.

Foucault, Michel. 1985. *The History of Sexuality*. Vol. 2, *The Use of Pleasure*. Trans. Robert Hurley. New York: Pantheon [미셸 푸코, 『성의 역사 2: 쾌락의 활용』, 문경자·신은영 옮김, 나남, 2004].

Fraser, Nancy. 1992. "Rethinking the Public Sphere: A Contribution to a Critique of Actually Existing Democracy." In Calhoun 1992, 109-142.

Graham, Laura. 1993. "A Public Space in Amazonia?" *American Ethnologist* 40(4): 717-741.

Grimké, Sarah, and Angelina Grimké. 1989. *The Public Years of Sarah and Angelina Grimké: Selected Writings, 1835-1839*. Ed. Larry Ceplair. New York: Columbia University Press.

Habermas, Jurgen. [1962]1989. *The Structural Transformation of the Public Sphere: An Inquiry into a Category of Bourgeois Society*, trans. Thomas Berger. Cambridge, MA: MIT Press [위르겐 하버마스, 『공론장의 구조변동: 부르주아 사회의 한 범주에 관한 연구』, 한승완 옮김, 나남, 2001].

_____. 1974. "The Public Sphere: An Encyclopedia Article." *New German Critique* 1(3): 49-55.

Halley, Janet. 1994. "The Politics of the Closet: Towards Equal Protection for Gay, Lesbian and Bisexual Identity." In *Reclaiming Sodom*, ed. Jonathan Goldberg. New York: Routledge.

_____. 1999. *Don't: A Reader's Guide to the Military's Anti-Gay Policy*. Durham, NC: Duke University Press.

Hirschman, Albert. 1977. *The Passions and the Interests: Arguments for Capitalism before Its Triumph*. Princeton, NJ: Princeton University Press [앨버트 O. 허시먼, 『정념과 이해관계』, 노정태 옮김, 후마니타스, 2020].

Honig, Bonnie. 1995. "Toward an Agonistic Feminism: Hannah Arendt and the Politics of Identity. In *Feminist Interpretations of Hannah Arendt*, ed. Bonnie Honig. University Park: Pennsylvania State University Press.

Johnson, Paul. 1978. *A Shopkeeper's Millennium*. New York: Hill and Wang.

Kant, Immanuel. 1996. "An Answer to the Question: What Is Enlightenment?" Trans. James Schmidt. In *What Is Enlightenment? Eighteenth-Century Answers and Twentieth-Century Questions*, ed. James Schmidt, 58-64. Berkeley: University of California Press [임마누엘 칸트, 「계몽이란 무엇인가에 대한 답변」, 『칸트의 역사 철학』, 이한구 옮김, 서광사, 2009].

Kelley, Mary. 1984. *Private Woman, Public Stage: Literary Domesticity in Nineteenth-Century America*. New York: Oxford University Press.

Kramnick, Isaac. 1990. *Republicanism and Bourgeois Radicalism: Political Ideology in Late Eighteenth-Century England and America*. Ithaca, NY: Cornell University Press.

Landes, Joan. 1988. *Women and the Public Sphere in the Age of the French Revolution*. Ithaca, NY: Cornell University Press.

Laursen, John Christian. 1996. "The Subversive Kant: The Vocabulary of 'Public' and 'Publicity'." In *What Is Enlightenment? Eighteenth-Century Answers and Twentieth-Century Questions*, ed. James Schmidt, 253-269. Berkeley: University of California Press.

Lee, Benjamin. 1992. "Textuality, Mediation, and Public Discourse." In Calhoun 1992, 402-420.

MacKinnon, Catharine. 1987. "Privacy v. Equality." In *Feminism Unmodified: Discourses on Life and Law*. Cambridge, MA: Harvard University Press.

Macpherson, C. B. 1962. *The Political Theory of Possessive Individualism*. Oxford: Oxford University Press [C. B. 맥퍼슨, 『소유적 개인주의의 정치이론』, 이유동 옮김, 인간사랑, 1991].

Negt, Oskar, and Alexander Kluge. 1993. *Public Sphere and Experience*. Minneapolis: University of Minnesota Press.

Pateman, Carol. 1989. "Feminist Critiques of the Public/Private Dichotomy." In *The Disorder of Women: Democracy, Feminism, and Political Theory*. Palo Alto, CA: Stanford University Press.

Pocock, J. G. A. 1975. *The Machiavellian Moment*. Princeton, NJ: Princeton University Press [J. G. A. 포칵, 『마키아벨리언 모멘트: 피렌체 정치사상과 대서양의 공화주의 전통 1, 2』, 곽차섭 옮김, 나남, 2011].

Rawls, John. 1989. *A Theory of Justice*. Cambridge, MA: Harvard University Press [존 롤스, 『정의론』, 황경식 옮김, 이학사, 2003].

_____. 1996. *Political Liberalism*. New York: Columbia University Press [존 롤스, 『정치적 자유주의』, 장동진 옮김, 동명사, 2016].

Rosaldo, Michelle Zimbalist. 1974. "Woman, Culture, and Society: A Theoretical Overview." In *Woman, Culture, and Society*, ed. Michelle Zimbalist Rosaldo and Louise Lamphere, 17-42. Palo Alto, CA: Stanford University Press [미셸 짐발리스트 로잘도, 「여성, 문화, 사회: 이론적 개관」, 『여성, 문화, 사회』, 권숙인 옮김, 한길사, 2008].

Ryan, Mary P. 1990. *Women in Public: Between Banners and Ballots, 1825-1880*. Baltimore: Johns Hopkins University Press.

Scott, Joan W. 1988. *Gender and the Politics of History*. New York: Columbia University Press [조앤 W. 스콧, 『젠더와 역사의 정치』, 정지영·마정윤·박차민정·정지수·최금영 옮김, 후마니타스, 2023].

_____. 1996. *Only Paradoxes to Offer: French Feminists and the Rights of Man*. Cambridge, MA: Harvard University Press [조앤 W. 스콧, 『페미니즘 위대한 역설: 프랑스 여성 참정권운동이 던진 세 가지 쟁점, 여성, 개인, 시민』, 공임순·이화진·최영석 옮김, 앨피, 2006].

Sedgwick, Eve Kososfky. 1990. *Epistemology of the Closet*. Berkeley: University of California Press.

Sennett, Richard. 1977. *The Fall of Public Man*. New York: Knopf.

Skinner, Quentin. 1978. *The Foundations of Modern Political Thought*. 2 vols. Cambridge: Cambridge University Press [퀜틴 스키너, 『근대 정치사상의 토대 1』, 박동천 옮김, 한길사, 2004 / 『근대 정치사상의 토대 2: 종교개혁의 시대』, 박동천 옮김, 한국문화사, 2012].

Sklar, Kathryn Kish. 1973. *Catharine Beecher: A Study in American Domesticity*. New Haven, CT: Yale University Press.

Sullivan, Andrew. 1995. *Virtually Normal: An Argument about Homosexuality*. New York: Knopf.

Thomas, Kendall. 1992. "Beyond the Privacy Principle." *Columbia Law Review* 92:1359-1516.

Warner, Michael. 1990. *The Letters of the Republic: Publication and the Public Sphere in Eighteenth-Century America*. Cambridge, MA: Harvard University Press.

_____. 2002. *Publics and Counterpublics*. New York: Zone.

Wilentz, Sean. 1984. *Chants Democratic*. New York: Oxford University Press.

Zaretsky, Eli. 1986. *Capitalism, the Family, and Personal Life*. Rev. ed. New York: Harper & Row [엘리 자레스키, 『자본주의와 가족제도』, 김정희 옮김, 한마당, 1983].

_____. 1994. "Identity Theory, Identity Politics: Psychoanalysis, Marxism, Post-Structuralism." In *Social Theory and the Politics of Identity*, ed. Craig Calhoun. Oxford: Blackwell.

_____. 1997. "Hannah Arendt and the Meaning of the Public/Private Distinction." In *Hannah Arendt and the Meaning of Politics*, ed. Craig Calhoun and John McGowen. Minneapolis: University of Minnesota Press.

17짱

인종

Race

지은이
호텐스 스필러스 Hortense Spillers

옮긴이
윤수련
성공회대학교 동아시아연구소 학술연구교수. 인종, 글로벌라이제이션, 퍼포먼스의
상관관계에 대해 연구한다. 저서로『움직이는 인터아시아: 방법으로서의 무용』*Inter-
Asia in Motion: Dance as Method*(공편) 등이 있다.

※

제임스 볼드윈**1**은 1961년 연설에서 이렇게 말한 적이 있다. "최근 보비 케네디는 내게 심금을 울리는 미래를 약속했다. 언젠가 — 내가 운이 좋으면 30년 후쯤 — 나도 대통령이 될 수 있다는 것이었다. 그러나 내 생각에 이 애송이**2**의 머릿속에는, 그리고 아마 이 나라의 머릿속에도, 정작 내가 대통령이 되고 싶어 하지 않을 것이라는 생각은 조금도 없는 듯하다. 어쨌든 진심으로 내 마음을 요동치게 하는 것은 어떤 니그로Negro가 '최초로' 니그로 대통령이 될 어느 가상의 그날이 아니다. 내가 진심으로 궁금한 것은 다만 그가 대체 어떤 나라의 대통령이 될 것인가이다"(Kenan 2010, xxii에서 재인용). 약 50년 후, 실제로 아프리카계 미국인이 대통령이 되었다. 버락 오바마의 부상으로 우리는 지금 어떤 나라에 살고 있고, 앞으로는 어떤 나라에 살게 될지 궁금해할 법하다. 우리 사회는 정말 일각에서 주장하듯 '탈인종'postrace 상태에 도달한 것일까? 그러나 [이 글을 쓰는] 현재 백악관에 들어가 사는 이들이 아무리 흑인 남자와 그 가족이라 한들 인종, 즉 그 개념과 역사–정치적 현실은 지속되고 있다. 이에 대한 이 글의 논의는 그 사실을 잘 보여 주는 사례이기도 하지만, 또한 특정 비평 담론의 회로 속 두 갈래 — 즉, '젠더'에서 '인종'이 지니는 함의, 그리고 '인종'에서 '젠더'가 지니는 함의 — 를 정렬하는 작업이 될 것이다.

케네디의 예언 이후 50년이 지난 2011년 5월 17일, 『허핑턴 포스트』*Huffington Post*에 다음과 같은 제목의 기사가 실렸다. 「흑인 여성이 덜 매력적이라는 사토시 가나자와 주장의 후폭풍」. 〈사이콜로지 투데이〉*Psychology Today*라는 웹사이

---

1 [옮긴이] 제임스 볼드윈(1924~87)은 미국의 흑인 남성 작가이며 대표작으로 『산에 가서 말하다』(1953), 『시골 아이의 노트』(1955), 『조반니의 방』(1957), 『아무도 내 이름을 모른다』(1961), 『빌 스트리트가 말할 수 있다면』(1974), 『단지 흑인이라서, 다른 이유는 없다』(1963) 등이 있다.

2 [옮긴이] 여기서 볼드윈은 네 살 연하의 로버트 F. 케네디(1925~68)를 케네디 자신이 선호한 애칭 보비Bobby라고 부르면서 '애송이'boy라고 칭해 그의 미숙함을 은근슬쩍 지적한다. 이는 수백 년간 노예제가 지속된 미국에서 노예제에 예속된 남성뿐만 아니라 자유민 성인 남성 역시 흑인이라는 이유로 인간성, 남성성을 인정하지 않고 'boy'라고 칭했던 역사를 얄궂게 상기시키는 표현이기도 하다.

트의 가나자와의 블로그 '과학적 근본주의자'에 실린 이 글은 "인간 본성의 냉혹한 진리에 대한 검토"라고 광고되었다(Moss 2011). 가나자와는 (논란 후 삭제된) 그 글의 제목에서부터 이렇게 묻고 있다. "흑인 여성은 다른 여성들보다 신체적 매력이 떨어진다는 평가를 받는 반면, 흑인 남성은 다른 남성보다 더 잘생겼다는 평가를 받는 이유는 무엇인가?" 그 글은 실은 지겹고도 고리타분한 속설, 터무니없는 주장이 차트와 그래프를 동원해 과학적인 것처럼 치장하고 다시 나타난 것에 불과했다. 우리는 또다시 '외모'가 수량화할 수 있는 잣대이자 젠더, 인종, 피부색의 조합이 교차하는 일례라고 여기는 유해한 문화에 노출되고 만 것이다.

자칭 진화심리학자인 가나자와는 런던정경대 경영학과 교수로, 주류 출판사에서 발간한 세 편의 공저를 비롯해 수많은 글들을 발표해 온 인물이다.[3] 그의 블로그가 제시하는 내용 중에는 이런 케케묵은 주장도 있다. "남성과 달리 여성의 경우 인종별로 외모에 매력의 차이가 확연하다." 가나자와의 사이비 과학 연구는 요컨대 인자분석因子分析이라는 통계적 방법을 이용해 "잠재적인 '신체적 매력' 요인"을 계산한 뒤, 아프리카계 민족들은 "신체적 매력을 현저히 떨어뜨리는" 유전적 "돌연변이 부담"을 진다고 단정하는 식이다. 다만 가나자와 본인마저도 이 주장들이 실제 사례에 대한 결정적 논증이 된다고 보지 않았던 것 같다. 결국 그는 "흑인 여성의 외모 매력 지수의 평균치가 낮은 유일한 요인으로 내가 생각해 낼 수 있는 것은 테스토스테론밖에 없다"고 결론짓는다. 테스토스테론 수치가 높은 여성일수록 "남성적 특성이 더 많고, 따라서 신체적 매력이 떨어지는데", "아프리카인들은 평균적으로 다른 인종보다 테스토스테론 수치가 높다"는 것이다.

가나자와의 전제와 결론은 통계학이나 증거 조작 기술과는 궁극적으로 아무런 관련이 없다. 이 사례에서 연구자는 자신이 제기하고자 하는 질문에 대한 답을 이미 '알고 있다'. 즉, 그는 문제가 잘못된 줄을 알면서 제기하고 있을 뿐만

---

3 [옮긴이] 국내에도 『지능의 역설』(김준 옮김, 데이원, 2020), 『지능의 사생활』(김영선 옮김, 웅진지식하우스, 2012) 등이 소개되어 있다.

아니라 유사 인종주의로부터 나와 과학으로 날조된 사회적 '사실들'을 재탕하기 위해 수사적 소품으로 문제를 제기하는 것에 불과하다. 그가 의도한 것은 아니지만 [그가 제기한 질문의] 입력값은 '젠더'와 '인종' 그리고 이 둘의 연관성과 관련된 말들이 어떤 식으로 묘하게 뒤섞여 우리의 선입견을 강화하는지를 여실히 보여 준다.

인종의 매개체이자 숙주로서의 젠더는 은근히 나타나는 차이의 표시들을 이런저런 식으로 묶고 포장해 차이가 드러나게 한다. 우리가 인종에 대해 질문하기 훨씬 전부터 — 인종이 그 자체로 강력한 수단[자산]이자 의미가 되기 훨씬 전부터 — 성차로서 젠더는 인종을 가로질러 인종[의 의미와 작동 방식]에 철저한 영향을 미쳤다. 좀 더 개인적인 차원에서 말해 보자면 이렇다. 나는 흑인이기 전에 여성이었다. 그렇지만 누구의 눈에 그렇다는 것일까? 단일 인종으로 이루어진 핵가족에서 막내로 태어난 나는 여자애로 호명되긴 했지만 인종으로 불릴 필요는 없었다. 물론 테네시주(그리고 결과적으로 인구조사를 포함한 국가기구의 조사 목록)는 내 인종이 무엇인지에 관심을 가졌을 테지만 말이다. 이렇게 볼 때 젠더는 인종보다 더 '자연적인' 것으로 보일 수도 있지만, 이 결론은 완전히 틀린 말은 아닐지라도, [젠더와 인종에 대한] 우리의 이해를 진척시켜 주지는 못한다. 또 젠더는 인종보다 훨씬 더 '친숙한' 개념인 것 같기도 하다. 젠더가 우리가 태어나자마자 처음 존재하게 되는 곳, 그러므로 우리가 태어나자마자 진입하는 사회적 경로를 성차로 뭉뚱그려 버리기 때문이다. 즉, 이는 우리 기억에는 없지만 우리 이름이 밝혀지기도 전에 우리를 누군가의 사랑받는 존재로 만들어 놓는 아주 흔한 질문과 관련되어 있다. "뭐예요? 아들이에요, 딸이에요?" 유전자 코드로서 작동하는 인간적·사회적 존재의 사회적으로 결정된 속성인 '젠더'와 '인종'이 실제로 중요해지는 것은 인종과 젠더에 대한 주장을 내세우는 문화적 상황에서다. 젠더와 인종이 가진 잠재성은 모두 [특정] 태도, 각본, 제스처의 수행적 '발화'를 요구하는 것처럼 보이는 사회적 텍스트를 통해 표현되기 때문이다.

사회적 실천으로서 인종과 젠더는, 가족 구성원으로서의 자격부터 건강보험이나 조세 구조에 이르기까지 다양한 정도로 여러 부류와 층위에 항상 결부되는 만큼 중요한 학문적 연구 대상으로 간주된다. 1960년대 후반부터 1970년대 초반 이래로, 비판적 탐구 및 학문적 규약의 최전선은 인문과학의 지식을 급진적으로 재규정해 온 새로운 교육과정 목표의 일환으로 인종 및 젠더 연구를 거쳐 왔다(Wiegman 2012). 이 새로운 인문학의 구상[형상]들이 대체로 이론척 경로들을 따라 함께 진행되기는 하지만, 학계 너머 살아 있는 실제 주체들 및 주체성들을 참조하는 관계에서는 불균등하게 발전해 간다. 앞서 언급했듯이 젠더는 사회조직화 방식으로서의 정체성에 대한 인종화된 인식에 선행하는 것으로, 수많은 이론가들은 인종을 기준으로 누군가의 정체성을 인식하는 것이 근대사회의 출현과 맞물려 있다고 봤다. [인간을] 구별하는 보편적 범주로서 '여성'은 문화적, 언어적, 민족적, 시·공간적 경계들을 관통하는 것으로 보이며, 인간적 관심사를 젠더화된 표현으로서 차별화한다. 남성이라는 성별 역시 젠더를 구성하기는 하지만 남성의 젠더 차원은 사실상 [남성이 대표하는] 추상적인 인간성에 포함되기에, 젠더는 결국 (추상성과는 구별되는) '타자성'의 특수성과 특이성을 표현하는 것이 된다. 이 같은 구도 속에서 '남성'이 보편성을 구성한다면, '여성'은 특수성을 가리킨다. 인종의 경우 역시 근대 서구의 맥락에서 (백인) 남성성과 관련해 유사한 노선을 따라 작동하게 된다.

젠더 연구가 어디서 언제 시작되는지, 혹은 더 나아가 젠더라는 문제 틀의 계보를 어떻게 구성할 것인지 결정하기는 무척이나 어려운 일이다(Newman 2002, 141-173). 연구자가 어떤 해석학적 방법론을 선택하든, 그것은 불충분하고 불완전할 터인데, 이는 바로 우리의 생물학적 유산이라는 이원적 상속(어떤 이유에서인지는 분명치 않지만, 이는 수치스러운 것으로 비친다) 안으로 우리의 문화적 유산이 흘러들어 가기 때문이다. 요컨대, '여자'woman와 '남자'man 범주에 정확히 일치하는 것도 아닌 '여성'female과 '남성'male은 연구자가 전복하고자 하는 어떤 비평적 기반에 이미 주어져 있으므로, 우리가 서있는 이 기반 자체가 이미 상속된 것이자 일종의 '방해물'이 된다. 그렇다면 이렇게 명백히 주어진 것들을 우회해, 인간적 그리고 사회적 존재의 어떤 이전 상태로 돌아간다는 것은 그 기반 위에서는 도무지 생각할 수 없는 일이다. 만약 그렇다면, 우리가 이해할 수 있는 한에서, 아무런 제약도 없고 논쟁의 여지도 없는 출발점이란 존재하지 않는다. 우리는 영원히 멀어지는 지평선을 바라보면서 우리의 현재(들) 속에서 현재(들)에 의해 구성되는 존재임이 좀 더 분명해진다. 그러므로 연구자는 타협을 통해 어느 정도 타당성 있는 해석적 도식을 꾸민다. 이 점에서 교과과정의 목표이자, 인간이 여성으로 형성되는 과정을 안내하는 '계몽의 현장'으로서 페미니즘 연구의 시초를 알린 텍스트는 바로 시몬 드 보부아르의 『제2의 성』(de Beauvoir [1953] 1974)이다. 서구적 맥락에서 나온 모든 페미니즘적 비판은 어느 정도 20세기 중반의 이 저작으로부터 영감을 받았다. 다른 페미니즘 저작들이 확실한 결론을 제시하려 했다면, 보부아르의 작업은 방향을 제시했다고 봐야 한다(Newman 2002).

1953년 하워드 M. 파슐리의 번역으로 영미권 독자들에게 최초로 소개된 『제2의 성』 영어판은 여러 세대의 페미니즘 연구자들에게 잘 알려졌을 뿐만 아니라, 현대 페미니즘 역사 서술학의 시초로서 중요한 위치를 점하고 있다. 이 책의 제1권은 역사 유물론, 정신분석학, 신화학 등과 같은 다양한 분석적 관점에서 '여성'을 역사의 주체로 자리매김한다. 그렇지만 책 전반을 관통하고 있는 분석의 주제는 "우리가 인간의 삶이라고 부르는 특정한 존재 양태"에 대한 보부아르의 탐구와 관련이 있다(de Beauvoir [1953]1974, 67[국역본, 103쪽]). 이 같은 관점에서, 보부아르는 (자신이 [제1권에서] 분석한) 각각의 분석적 렌즈들이 여성들이 살아가는 구체적인 조건들 ― 경제적·신체적[생물학적]·정신분석적 조건들 ― 과 대립하고 있다는 점에서 부적합하다고 판단했다. 실존주의 철학자로서 보부아르는 여성들이 처한 역사적 상황과 관련해, 실존주의의 핵심적인 개념들 ― '현존', '내재', '초월' 등 ― 을 차용했다. 토릴 모이가 관찰한 대로, 보부아르의 원서 가운데 상당 부분이 파슐리 번역본에서 누락되었음에도, 『제2의 성』은 특유의 백과사전적 특성 덕분에 문화적·지리적 경계를 넘나들며 다양하게 적용될 수 있었다. 보부아르에 따르면 여성이 자유에 이르는 경로는, "내재성" 혹은 주어진 조건에 포획된 인간의 현 상태로부터 탈출해 "초월"의 행위로 나아가는 과정을 거쳐야만 하며, 이 초월의 과정에서 "실존"은 "오직 자신을 소외시킴으로써만" 스스로를 파악할 수 있다(de Beauvoir [1953]1974, 63[국역본, 100쪽]). 보부아르의 개념적 서사 속에 '현존하는' 여성은 자신의 노동이라는 형태 및 잇따른 초월 행위 속에서 스스로를 발견하고, 이제 남성의 환상을 체현하는 (혹은 상대방을 위해서만 실존하는) 존재가 아니라 스스로를 위해 실존하는 존재가 되어 나머지 절반의 인류와 함께 참여적·호혜적 방식으로 세계를 재구성하는 데 동참한다.

보부아르는 실존적 자유를 박탈당하고, '본질'을 통해서만 인식되는 '여성'을 '신비함'의 영역에 배속한다. 보부아르에 따르면 여성은 이 신비의 영역에서 "노예, 하인, 토착민 등 주인의 변덕에 기대어 목숨을 부지하는 이들"과 합류하게 된다(de Beauvoir [1953]1974, 292[국역본, 375쪽]). 보부아르가 인종을 길게 다루지 않음에도, 젠더와 계급이라는 분석적 범주를 횡단하면서 이 범주들을 말 그대로 혼란스럽게 하는 이 '타자들'은 결국 '인종화된'[인종에 따라 구별된] 주체들과 약간이나마 유사해 보인다. 당시 보부아르나 최초로 보부아르를 번역한 영문 번역가로서는 사용할 수 없었을 '인종화된'이라는 용어는, 향후 인종을 근거로 규정된 주체들과 주체성들을 일컫는 약칭으로 문화 연구에 유입된 것이다. 이 용어는 폄하된 사회적 가치로서 인종의 특성을 잘 보여 준다. 그러나 인종은 여전히 인간과 사회를 변별하는 주요 기호 가운데 하나로 남아 있는데, 이는 '인종화된'이라는 단어가 정도의 차이를 암시하기 때문이다(즉, 어떤 사람들은 다른 사람들보다 '인종'을 더 많이 가지고 있다는 식으로 표현되는 것이다). 분석 대상으로서의 인종에 수반하는 불확실성에도 불구하고, 인종은 번성하는 와중에도 유일하게 '종식'이 선언된 독특한 정체성 식별 방식이다. 오늘날 '자유 진영의 지도자'[버락 오바마] 역시 격렬히 악인 취급을 당하고 있는데, 바로 인종 때문이다. 여하간 보부아르는 본질적 여성을 '흑인' 및 '황인'과 동등한 위치에 놓는데, (흑인이나 황인을 정의하는) 이런 주마간산격 '태도'라 해도 좋을 것들이 "살펴보려 가까이 다가가면 곧 자취를 감추고 마는 신기루에 불과한" "신비"의 영역 내에 있다는 점에서 그러하다는 것이다(de Beauvoir [1953]1974, 293[국역본, 375, 376쪽]). 프란츠 파농역시 식민 강점기에 프랑스어를 사용하는 인간형(속칭 "앤틸리스제도의 니그로")에 대해 자세히 설명하면서, 보부아르와 마찬가지로 인종을 시각 효과로 간주한다. 파농이 떠올리는 장면에서 어머니 품에 안긴 아이는 이렇게 외친다. "검둥이 봐요!"Look, a Negro!(Fanon 1967, 111[국역본, 111쪽]). 여기서 아이는 페르소나[4]의 신체적

---

4 [옮긴이] 타인에게 비춰지거나 타인이 인지하는 개인의 모습. 고대 로마의 연극에서 쓰인 가면을 가리키던 말이다.

특징(머리카락을 비롯해 가장 중요하게는 피부색을 포함한 신체적 특징) 및 아이 자신의 신체적 특징과 구별되는 차이에 반응하고 있다. 랠프 엘리슨의 소설『보이지 않는 인간』의 주인공 역시 자신을 보이지 않는 존재로 만드는 조건은 실은 지각 대상과는 무관하며, 오히려 타인이 휘두르는 시선의 성향과 더 많은 연관이 있음을 언급한다(Ellison 1992). 실제 삶에서 가져온 파농의 사례나 실제 현실을 모사하기 위한 허구인, 엘리슨의 소설 속 장면 모두, 주목의 대상이 타인들과 다르게 생겼기 때문에 두드러지는 반응을 불러일으키는 경우다. 사실상 시각의 차원에서 인지되는 이 다른 외양이야말로, 보부아르뿐만 아니라 파농과 엘리슨이 '타자'에게 부여하는 '신비'를 설명할 수 있는 요인이다.

그러므로 젠더에 대한 사유와 인종에 대한 사유는 둘 다 같은 '신비'의 영역을 점유한다고 볼 수 있을 것이다. 그럼에도 불구하고 여전히 남아 있는 문제는 이 둘의 차이를 규정하는 것이다. 보부아르의 뒤를 이은 수많은 페미니스트 학자들이 이 문제와 씨름해 왔고, 그중에서도 유독 가족과 가정이라는 영역에서 이 문제의 근원을 찾은 베티 프리단만큼 효과적으로 싸워 온 학자는 없었다. 1963년 출간된『여성성의 신비』는 1960년대와 1970년대의 새로운 여성운동을 촉발한 매우 중요한 사건 가운데 하나로 기념되고 있다. 그러나 사실 여성운동은 19세기 중반 미국에서 노예제 폐지 요구가 거세지자 처음으로 탄력을 받은, 장기간 지속되었던 문제의식을 표명하는 것이라 할 수 있다. 이런 운동들은 한동안 침체기를 거치기도 하지만 역사적인 위기가 발생하는 상황에서 다시 부상하기도 하기 때문에, 이런 문제의식이 새로운 것이라는 인상이야말로 해당 운동의 성공 여부와 필연적인 관계를 가진다. 보부아르가 설명한 여성의 '신비'를 미국의 맥락에서 다룬『여성성의 신비』10주년 기념 재발간본 서문에서 프리단은 "이 책을 쓰기 전까지 나는 여성 문제가 존재한다는 사실을 전혀 의식하지 못했다"(Friedan [1963]2001, 43[국역본, 16쪽])라고 밝혔다. 30년 뒤 이 획기적인 책의 또 다른 재발간본 서문을 쓴 미국 작가 애너 퀸들런 역시 그가 열두 살 무렵, "주방 탁자에서", "미간을 찡그리며 잔뜩 열중한 채" 이 문고판 책을 읽고 있던 그의 어머니를 회상한다. 퀸들런 자신은 그로부터 거의 10년 뒤 바너드 대학교 여성학 수업에서 과제로 주어진『여성성의 신비』를 처음 접하게 된다.『여성성의 신비』가 "끝없는 집안일로 공허한 시간들을 보내고, 아이를 기르고 남편을 먹이는 삶에서 의미를 찾았던 다른 수백만, 수천만 여성들의 삶을 바꿔 놓은" 것만큼이나, 이 저작은 베티 프리단 본인의 삶도 바꾸었다. 이제 "유명인, 골치 아픈 이단자, 여성운동의 기수이자 비난의 대상"이 된 프리단은 미국여성협회NOW를 창립했고, 그러는 사이 "그녀의 이름은 성평등권 헌법 수정 조항 및 20세기 후반 페미니즘과 동의어가 되었다"(Friedan [1963]2001, 12, 13[국역본, 668, 670쪽]).

물론 1963년은 존 F. 케네디가 암살된 해이자 결과적으로 미국 민권운동이 가장 극심한 고난을 겪은 해이기도 했다. 그런 까닭에 정작 나 자신은 제임스 볼드윈의 에세이들, 특히 「다음에는 불을」만을 눈여겨봤을 뿐, 『여성성의 신비』를 눈여겨보지 못했다. 나는 제임스 메러디스와 그가 '올 미스'**5**에 제출한 법대 입학원서가 어떻게 될지, 그리고 멤피스 대학교의 적대적 교내 환경 속에서 학교를 다니던 흑인 학생 서른 명과 나 자신의 일상을 잠식한 오싹한 불확실함에만 모든 관심을 기울이고 있었다. 우리는 간신히 살아남아 지금처럼 과거를 이야기할 수 있게 되었지만, 당시만 해도 우리가 이렇게 될 수 있을지 아무도 몰랐다. 이 점에서 퀸들런이 얘기한 "수백만, 수천만 명의 여성들"은, 그의 요지는 알겠지만, 인종적·인구통계학적·계급적 차원에서 수정되어야 한다.

여성을 바라보는 관점의 이 같은 개선은 1970년대 후반에서 21세기로의 전환기까지 페미니즘 이론 및 여성학에 가장 중요한 개입 분야 가운데 하나를 써넣게 된다(Hull, Scott, and Smith 1982). 여성의 위치가 지닌 거의 무한한 차이점들이야말로, 보부아르 및 프리단의 세대와 그 후속 세대를 아우르는 페미니즘의 개입과 비판 지점의 일관된 특징을 보여 준다. 위치는 한편으로는 일반화를 방해한다는 점에서, 다른 한편으로는 그 '일반적인 것'을 이론의 결정적 총체라기보다는 최소한의 이론적 가능성으로 부상시킨다는 점에서, 페미니스트들에게 구미가 당기면서도 동시에 골치 아픈 문제이다. 그러나 페미니즘 실천과 비판

5　[옮긴이] 미시시피 주립대학교의 별명. 1954년 미국 연방 대법원 '브라운 대 토피카 교육위원회' 재판의 인종 분리주의 위헌판결에도 불구하고 1962년까지 백인 전용 학교 정책을 고수했다. 아프리카계 미국인 제임스 메러디스의 입학을 계기로 학내 인종 분리주의 지지 세력의 폭동이 일어났고 연방군에 의해 진압되었다.

호텐스 스필러스

의 '통일장 이론'unified field theory을 확립하려는 야망이야말로 '두 번째 물결' 활동가들이 가장 활발히 진행하는 지적 작업의 특징 — 현재를 그 자체로 볼 뿐만 아니라 현재를 통해 과거를 재검토하는 것 — 을 보여 준다. 두 번째 페미니즘 물결은 프리단을 시초로 1990년대 중반까지 이어진 페미니즘의 실천과 이론에 적용되는 용어이며, 미국 여성들의 삶에 대한 논쟁을 지속적으로 재점화했을 뿐만 아니라, 페미니즘 연구 또는 여성학 및 젠더 연구의 제도화를 촉발했다. 즉, 여성학을 인문과학 전체의 새로운 교과과정의 한 측면으로 체계화하게 했던 것이다(Kolmar and Bartkowski 2010, 38, 335, 475). 낸시 F. 코트의 『근대 페미니즘의 기초 다지기』(Cott 1987)나 조앤 W. 스콧의 『젠더와 역사의 정치』(Scott 1988) 같은 이 시기의 비판적 작업들은 개괄과 세심한 맥락화를 동시에 제시하려 했다. 이 저작들은 여성의 위치적 성향을 좀 더 정교하게 서술할 수 있게 하는 장을 열었다.

이 시기 가장 큰 성과 가운데 하나는 바로 교차성 이론이다. 교차성 이론은 젠더와 인종 분석의 상호 배타성을 해체하려는 노력이었다. 킴벌리 크렌쇼는 가령 '단일 요인'으로 젠더에 초점을 맞추면, 자칫 "젠더 종속이 인종 및 계급과 상호작용하는 것을 경시하는 경향을 띤다"고 지적한다(Matsuda et al. 1993, 111). 크렌쇼는 또한 "비백인 여성의 삶 속"에서 서로 합류하는 위계질서들 가운데서 또 그 틈새에서 일어나는 상호작용의 물질적 결과를, "구조적 교차성"으로 규정하고 이를 세 가지 요소로 구분한다(Matsuda et al. 1993, 114ff). 교차성이라는 주제의식은 인종적 그리고 '인종화된' 주체들의 여러 공동체를 아우를 만큼 여성학의 범위를 확장했을뿐더러, 역사 속의 경험적인 여성 주체와 철학적·이론적 관점에서의 '페미니즘 주체' 사이의 구분을 좀 더 정교히 할 수 있게 했다(de Lauretis 1987).

테레사 드 로레티스가 "페미니즘의 주체"라고 말한 것은, 역사적으로 여성과 연관된 철학적·개념적 체계로서의 페미니즘만을 지칭하는 것이 아니라, 문화적·지리적·언어적·위치적으로 규정되는 역사의 주체로서의 여성을 뜻하기도 한다. 다시 말해 여성은 상황에 따라 각기 다른 위치에 있기에, 페미니즘 또는 '여성 문제'에 언제나 똑같은 방식으로 연관되지 않으며, 이런 삶의 환경과 역사의 우연성들에서 나타나는 차이들이 바로 크렌쇼의 '교차성'이 다루고자 하는 것이다. 교차성은 인종 및 젠더 개념에 대한 일반화된 그리고 비교에 입각한 관점이 다양한 시·공간에 걸쳐 신중하게 정식화되어야 함을 함의하는데, 실제로 이것은, 페미니즘 분석이 다양한 여성 주체들에 의해 수행되는 것이기에, 페미니즘 분석에서 가장 어려운 과제 가운데 하나로 남아 있다.

　흑인 여성을 비롯한 비백인 여성(또는 좀 더 일반화하자면 인종 및 젠더가 모두 규정 요소로 작용하는 페미니즘의 주체들)의 젠더 경험에서 나타나는 차이가 무엇인지에 대한 결정적 답을 찾아내려고 씨름해 왔지만, 연구자는 이에 대한 명확한 답을 찾기 어렵다. 그러나 그런 주체들이 젠더에는 없는 (사전적으로 "수치 또는 모멸의 표식"을 뜻하는) 낙인 효과로 특징지어진다고 말하는 것은 온당해 보인다. 인종이라는 낙인(그러니까 인종을 드러내는 다수의 표시)이야말로 인종적 편견을 지우려는 노력과 나란히 끈질기게 지속되는 듯하다. 우리가 낙인 효과라고 부르는 것, 즉 예컨대 개인들을 피부색, 눈의 생김새, 머리카락의 질감 등으로 규정함으로써 발생하는 물질적 결과는 측정 가능한 것이다 — 이는 가령 자본도피 현상[6]이나 여러 주체들로 구성된 공동체 전체에 집단적 특성('흑인들' 등)을 부여하는 현상에서 찾을 수 있다. 낙인 효과는 주체를 제약하거나 규정하는 결정적 힘은 없다 해도, 인종적 사고 내지는 정체성에 대한 인종화된 인식을 부추기고 발생시킴으로써 오늘날 가장 뚜렷하면서도 오래 지속되는 질환의 징후로 남아 있으며, 여성의 신비와 기타 '타자들' 사이의 구분을 유지시키고 있지만, 지난 30년간의 인종 연구와 젠더 연구, 특히 교차성을 고려할 때 우리는 이에 대해 의문을 제기할 수 있다.

　여기서 '여성'이라는 범주가 역사적 주체로서의 여성들과 중첩되기는 하지만 그 주체들과 완전히 일치하는 것은 아님을 명심할 필요가 있다. 이는 '흑인'이나 '황인'이라는 범주가 '검은색' 및 '황색' 피부를 지닌 여러 민족들의 역사성

---

6 [옮긴이] 미국 인종 통합 합법화에 의거해 도심 지역inner city에 비백인 인구가 증가하고 이에 집값이 증가하는 추세를 따라, 백인들이 교외로 집단 이동함으로써 자본 역시 탈도심화하는 현상을 일컫는다. '이너 시티'라고 불리는 미 도심 지역들은 이 같은 대규모 자본도피의 결과로 슬럼화되었으나, 최근 젠트리피케이션과 같은 자본의 재투자 및 재유입을 통해 비백인 인구가 도심 밖으로 내몰리는 등 새로운 국면을 맞고 있다.

들로부터 추출된 추상적 개념인 것과 마찬가지다. 추상성과, 그 추상성을 체현한다고 가정된 실제성 사이의 차이를 은폐하는 것이야말로 인식론적 단계에서 가장 지속적으로 가해지는 폭력이다. 구체적 조건들이라는 여러 우연성을 감안하지 않고 시·공간적 연속성을 아울러 인종과 젠더에 대한 상대적 관점을 일반화하려는 시도는 그 유용성에서 제한적일 수밖에 없다. 그러나 인종과 젠더 범주 사이의 차이를 가장 뚜렷이 명시하는 표시는 결국 인종에 부여되는 낙인이라고 말할 수 있을 것이다. 게다가 인종이라는 상흔stigmata은, 그것이 [인종 문제의] 원인으로 간주되든 결과로 간주되든, [인종 문제를] 개선하려는 제스처들이 계속되어도 여전히 지속된다. 낙인 효과는 '낙인 효과'로 드러나기보다는, 실제 물질적 결과(예를 들어, 자본도피 현상이나 집단적 특성의 부여 같은 경우)를 통해서만 다뤄질 수 있다. 낙인 효과 자체에는 주체를 규정하거나 제약할 만한 결정적 힘은 없다. 다만 낙인 효과에 영향받는 인종주의적 사고야말로 오늘날 가장 뚜렷하면서도 오래 지속되는 질환의 징후 중 하나로 남아 있다.

* * *

인종에 관한 사유의 기원과 관련해 역사학자들 및 문화 비평가들은 서로 다른 입장을 취해 왔다. 가령 데이비드 테오 골드버그(Goldberg 2002)에 따르면 근대국가는 "결국 인종 국가와 다름없다. 그것은 바로 사회마다 특수한 여러 다른 환경 속에서 인종적으로 인식되는 다양한 특징을 가정하는 국가 또는 일련의 조건들"이다. 반면 아이번 해나퍼드(Hannaford 1996)는 자신의 연구는 "서구 사상의 역사가 언제나 인종적 사유의 역사였고 앞으로도 그럴 것이라는 사실을 받아들이지는 말자고 제안하는 작업"이라고 설득력 있게 주장하기도 했다. 해나퍼드에 따르면, 현재 우리가 이해하는 인종이란 17세기 자연사로부터 동력을 받아 만들어진 근대적 발명품, 곧 날조된 것이다. 인종에 관한 사유의 부상을 좀 더 과거로, 심지어 고대로까지 거슬러 올라가 찾는 연구들도 있지만(Gossett 1963), 근대 세계야말로 인종에 관한 사유가 가장 집약적이고 체계적으로 발효될 수 있는 도가니를 제공했다는 데는 대체로 동의하고 있다.

인종의 원인론을 발전시킨 연구들은 특히 윈스럽 조던의 영향력 있는 1968년 저작『흑인 위에 군림하는 백인: 1550~1812년 사이 니그로에 대한 미국의 태도』(Jordan 1968) 이후 등장하기 시작했다. 1960년대 이후 부분적으로 문화 연구의 새로운 흐름에서 영향받은 인종 구성주의자들이 학계에서 연합하는 가운데 그들은 인종이 만들어진 것이라는 점, 그리고 가면을 쓸 때의 연극적 특성과 유사하게, 인종 만들기 혹은 인종화라는 것이 정도는 다르지만 '꾸며 내기'일 수 있다는 점을 강조한다. 이 연구들은 인종을 역사적으로 유서 깊은 것도, 인간과 역사의 배치에 고유한 것도 아닌 허구적 구성물로 간주한다. 따라서 이 연구들은 인종 만들기의 충동이 젠더와 한데 묶여 경제적·계급적 격변기에 나타나며, 소유적 개인주의와 더불어 빠르게 확산하는 불만 속에서 나타난다고 본다(Pocock 1995). 근대성의 복잡한 역사적 궤도에서 부상한 인종 개념은, 경쟁의 압박에 의해 조형된 사회적 실천들의 흥망성쇠를 보여 준다.

그렇다면 우리는, 근대 세계의 출현과 더불어 불안이 나타났고, 그 결과 인종/인종주의가 이를 제거할 전략으로 등장했다는 생각을 떨칠 수가 없다. 이득과 손실, 우위와 열위, 일확천금과 갑작스러운 파산 사이에서 스펙터클하게 경합 중인 근대사회에서, 어떤 주체가 과연 성공을 거둘지는 정해져 있지 않다. 그러나 이 같은 경쟁에 인종을 등장시키면, 적지 않은 수의 경쟁자, 또는 장차 경쟁 상대가 될 자들이 제거되고 다른 이들이 앞서 나갈 수 있게 된다. 개입 전략으로서의 인종은 운동장이 기울어지도록 보장하고, 운동장을 기울어지게 하려는 쟁투가 폭력으로 얼룩지도록 보장한다. '인종적 억압'에 대한 시어도어 앨런의 설명은 비록 과거 시대를 묘사하지만, 인종화라는 움직임이 끼어들 때 어떤 가치가 위태로워지는지를 잘 보여 준다.

식민지 시기에 기원을 두고, 뒤이은 역사적 맥락 속에서 지속적으로 존재해 온 인종적 억압의 전형적인 특징은 바로 피억압 집단의 모든 구성원을 억압 집단에 속한 그 어떤 사회 계급의 구성원보다도 낮으면서도, 단일하고 획일적인 사회적 지위로 환원하는 것이다. 이는 계급사회의 정상적인 전개 과정에서 종전에 있었을지도 모르는, 혹은 발생할 법한 사회적 구분을 부정하고, 무시하고, 불법화하기 위해 만들어진 지배 체계이다(Allen 1997, 177).

* * *

앨런이 묘사한 억압적 '지배 체계'는 우리 시대에도 여전히 존재하고 있다. 우리는 이 체계가 적극적 시정 조치[7]에 반대하는 소송을 제기한 바키,[8] 호프우드,[9] 그라츠,[10] 그루터[11] 같은 고소인들에 의해 효과적으로 실행에 옮겨졌다는 소식을 듣는다. 적극적 시정 조치의 사례들은 또한 인종과 젠더 관계의 복잡성을 잘 보여 준다. 젠더를 막론한 모든 인종적 소수자들과, 인종을 막론한 모든 여성들은 적극적 시정 조치를 통해 보다 균등한 경제적·교육적 기회를 얻을 수 있기를 기대해 왔다. 그러나 적극적 시정 조치는 역으로 인종적 소수자들과 여성들(특히 백인 여성들) 사이에 갈등과 경쟁을 유발하기도 한다.

이 글에서는 네 건의 판례에 주목할 것이다. 1977년 미국 연방 대법원까지 올라간 '캘리포니아 대학교 이사회 대 바키' 소송, 셰릴 J. 호프우드와 세 명의 다른 고소인이 합세한 1992년 '호프우드 대 텍사스주' 소송 그리고 마지막으로 21세기에 들어서자마자 미시간 대학교를 상대로 전개된 '그라츠 대 볼린저' 소송과 '그루터 대 볼린저' 소송 이 두 건의 판례이다. 각각은 미국 수정 헌법 제14조 내 '평등 보호' 조항이 시험대에 놓인 사건이다. 1868년 7월 비준된 수정 헌법 제14조는 미국에서 태어나거나 귀화한 모든 사람의 시민권을 보장하고 있

---

7 [옮긴이] 적극적 차별 철폐 조치라고도 하며, 오랜 세월 차별받아 온 소수민족이나 여성의 고용·고등교육 등을 적극 추진하는 계획이다.

8 [옮긴이] 1973년과 1974년 캘리포니아 대학교 데이비스 캠퍼스 의대 입학에 떨어진 후 "비백인을 우선으로 입학시키는 것은 위헌"이라는 입장과 함께 캘리포니아 대학교를 상대로 소송('캘리포니아 대학교 이사회 대 바키')을 건 30대 백인 남성 앨런 바키를 가리킨다.

9 [옮긴이] 1992년 텍사스 대학교 오스틴 캠퍼스 법대에 떨어진 백인 여성 셰릴 J. 호프우드가 다른 세 명의 백인 남성들과 함께 텍사스 대학교를 상대로 건 1996년 소송('호프우드 대 텍사스주')을 참고.

10 [옮긴이] 백인 여성 제니퍼 그라츠와 백인 남성 패트릭 하마처가 미시간 대학교에 떨어지자, 비백인 입학 지원자들에게 가산점을 준 미시간 대학교를 상대로 제기한 2003년 소송('그라츠 대 볼린저')을 참고.

11 [옮긴이] 미시간 대학교 법대 입학에 실패한 후 미시간 대학교를 상대로 제기한 2003년 소송('그루터 대 볼린저')의 청구인 바버라 그루터를 가리킨다.

다. (남북전쟁 후의) 재건Reconstruction**12**이라는 목표하에 3년 앞선 1865년에 의회를 통과한 수정 헌법 제13조**13**의 취지를 따르는 제14조는, 노예제에서 해방된 이들의 권리를 보장하고 과거 200년 동안 아프리카계인들을 속박했던 인간적·법적 모호성을 종식했다. 이 수정 헌법 조항들은 이론적으로 국민 모두에게 공평한 경쟁의 장을 제공했을 뿐만 아니라, 미국 정치 체계의 시금석이 법 앞에서의 평등임을 각인시킨 역사적인 사건이었다.

아프리카계 미국인들의 권리를 보장한 시민권 수정 조항에 대한 반발이 입법부와 헌법의 취지를 얼마나 무색하게 만들었는지를 짧게 요약하기란 쉽지 않다. 이런 반발이 수정 헌법 채택 이후 100여 년 이상 지속되어 왔다고 해도 과언은 아닐 것이다. 수정 조항에 대한 완고한 반발은 '바키 재판'을 진행했던 연방 대법원에서조차 "비극적"인 일로 인정했을 정도이다. 요컨대, 시민권 수정 조항들은 국민들의 상상 속에서 인종 및 인종 정체성에 대한 편견을 해소하지 못하고, 오히려 법 앞에서, 적어도 이론적으로는, 동등한 권력과 영향력을 가진 '법인격체'로서의 시민들 사이에 지속적인 대립이 펼쳐지는 무대를 제공한 셈이 되었다. 루이스 F. 파월 2세 판사가 '바키 소송'의 대법원 판결문에서 언급했듯이, 그 포괄 범위와 "위엄"으로 말미암아 수정 헌법 제14조는 헌법에서 일종의 "사계절의 사나이"**14**가 된 것이다.

비록 수정 헌법 제14조를 애초에 입안한 사람들은 대부분 해당 조항의 최우선적 기능을 흑인 인종 시민들과 '주류' 백인 시민들 사이의 크나큰 거리를 좁히는 것으

---

12 〔옮긴이〕 남북전쟁이 끝난 뒤 1865년에서 1877년까지, 북군의 주도로 이루어졌던 국가 재건, 특히 남부 재건 시기를 가리킨다. 합중국에서 분리를 선언했다가 패전한 남부의 주들을 다시 국가 안으로 통합하고 아프리카계 미국인들의 법적 위상을 확보하기 위한 여러 시도들이 있었으나 실패한 것으로 평가받으며, 이 시기와 그 이후 미국의 인종차별은 도리어 더욱 심화했다고 볼 수 있다.

13 〔옮긴이〕 노예제를 폐지하고 범죄자가 아닌 한 비자발적 예속을 금지한 수정 헌법 조항.

14 〔옮긴이〕 "사계절의 사나이"a man for all seasons란 형평법의 원칙을 주장한 토머스 모어를 지칭하는 표현이며, 모어를 다룬 로버트 볼트Robert Bolt의 희곡 제목이기도 하다. 스필러스는 이 표현을 빌려 수정 헌법 제14조가 모든 상황에 적용 가능하거나, 특수성을 초월한 채 보편적으로 적용될 수 있다는 식으로 해석됨을 비판하고 있다(Miller, Clarence H. "On 'a man for all seasons." 2005 Thomas More Studies Conference, University of Dallas, November 4-6, 2005, edited by the Center for Thomas More Studies, University of Dallas, 2006 참고).

로 상정하기는 했지만, …… 해당 수정 조항 그 자체는 피부색, 민족적 기원, 또는 이전의 예속 상태와 상관없이 보편의 언어로 입안되었다('캘리포니아 대학교 이사회 대 바키' 판결문, 1978년).

결국, 사법적 동기의 잠재적 보편성이 커다란 난점을 만들어 냈다. 이는 특히 미국 흑인을 대상으로 한 수십 년 동안의 차별을 완화하거나 경감함으로써 그들을 온전한 존재로 만들려는 노력에 대한 예측 가능했던 반대의 입장을 확고하게 지지하기 때문이다.

실천적 차원에서 보면 평등 보호 조항은 미국의 모든 인종 집단을 Y가 무언가를 얻으면 X는 그만큼을 잃게 되는(그 역도 성립하는) 제로섬게임에 던져 넣는 것처럼 보인다. 가령 앨런 바키의 경우 각각 1973년과 1974년 캘리포니아 대학교 데이비스 캠퍼스 의대에 지원했다. 백인 남성이었던 바키는 두 해 모두 입학에 실패하자, '흑인', '치카노'[멕시코계 미국인], '아시아인', '아메리카 선주민' 등 '사회적 약자' 학생 16명의 자리를 따로 확보해 두는 데이비스 캠퍼스의 특별 전형이 평등 보호 조항에 의거한 개인의 평등권을 침해했다고 주장했다. 파월 대법관이 작성한 미국 연방 대법원의 판결은 데이비스 캠퍼스 특별 전형이 '위법'하다는 캘리포니아주 대법원의 판결을 확정하고, '피청구인[바키]의 의대 입학을 허용'하라고 지시했다. 하급심 판결을 용인하면서도 대학이 입학 결정에서 인종을 한 가지 요소로 고려할 수도 있음을 인정한 연방 대법원의 '바키 판결'**15**은, 1964년 제정된 민권법과 재건 시대 이후의 실패를 만회하기 위한 오랜 기간 동안의 시도들 덕분에 가뜩이나 복잡해질 대로 복잡해진 미국의 공립대학교 입학 제도라는 춤사위에 [어려운 회전 동작인] 피루엣까지 끼워 넣은 격이었다. 파월의 의견이 가이드라인을 제시함으로써, 언제나 '철저히 검토'해야 하는, 사법적으로 '미심쩍은' 범주인 인종은 입시에서 대학이 고려할 수 있는 여러 요인 중 하나가 된다. 의미심장한 점은, 연방 대법원의 판결이, 오로지 다양성을 획득하

---

15 [옮긴이] 결정문에서, 연방 대법원은 대학교에서 입학에 적극적 우대 조치를 도입하는 것은 헌법에 위배되지 않지만, 이를 적용할 때 소수 인종 학생을 '몇 퍼센트'씩 뽑는 것으로 규정하는 쿼터제는 헌법에 위배된다고 판결했다. 이는 적극적 우대 조치를 인정하는 한편, 바키의 입학을 허가하는 것이었다.

기 위한 수단으로만, 그리고 오로지 다른 요인들과 함께 참작될 때만 인종에 대한 고려를 허용한다는 것이다. 즉, "중대한 국가적 이익을 촉진하는 다양성은 훨씬 더 광범위한 자격과 특성을 포함하며, 어떤 인종 또는 어떤 민족인가는 중요하기는 하나 그중 단지 하나의 요소일 뿐이다. 청구인[캘리포니아 대학교 데이비스 캠퍼스]의 특별 전형 제도는 인종적 다양성만을 유일한 고려 대상으로 삼고 있는바, 이는 진정한 다양성을 촉진하기보다는 오히려 방해하고 있다." 이에 비해 "인종을 여러 요소 가운데 하나로만 고려하는" 입학 제도는 "데이비스 캠퍼스의 입학 전형보다 더 세심하면서도 세련된 — 하지만 그 못지않게 효과적인 — 인종적 우대의 배당 수단으로" 기능할 수 있다는 것이다. 데이비스 캠퍼스와 비교해, 하버드 대학교 입학 전형의 경우 인종을 입학생의 다양성을 추구하기 위한 몇 가지 요소 가운데 하나로 취급했다는 이유로, 파월 판결서의 부록에서 입학 심사 원칙의 모범 사례로 인용되었다.

　미국 흑인들과 연계된 보상 혹은 회복 제도가 지금까지 성공할 수 없었던 것은, 애초에 보상을 위한 노력을 촉발한 인종이라는 요인 그 자체 때문이라고 말해도 과언이 아닐 것이다. 인종적 편견에 대한 보상이 이루어진다는 것은 역사적인 차원에서 볼 때 1865년(이해는 미국 남부 연합 소유의 토지를 어떻게 처리할 것이냐의 문제가 가장 첨예하게 제기된 해였다)에만큼이나 1978년에도 생각할 수 없는 일이었으며, 현재에도 여전히 그러하다. "무한정한 과거로까지 확대할 수 있는, 무정형의 상해injury 개념"은 판결의 대상일 수 없고, 법정에서 실질적으로 충족될 수 없는 개념이다. 왜냐하면 법은 시간적으로나 공간적으로 특정할 수 있는 주장들 사이에서 협상하는 것이기 때문이다. 연방 대법원이 판결문에 썼듯 "헌법 및 법률 위반에 대한 사법적·입법적·행정적 판단이 없는 상황에서, 다른 무고한 개인을 희생시키면서 상대적으로 피해를 입은 집단의 구성원으로 간주되는 사람을 돕는 분류 체계를 우리는 승인한 적이 없다." 나아가 오늘날의 반동적 경향 속에서, 또한 바키 소송을 통해 인종에서 다양성으로의 전환이 이루어졌다는 측면에서, 데이비스 캠퍼스의 (지금은 없어진) 입학 정책이 애초 우대하려 했던 '사회적으로 불리한' 주체들은 '소수자들'이라는 일반적 범주 속으로 사라진 지 오래이다(물론 미국 사회에서 '흑인'이라는 명명에는 여전히 유령 같은 그림자가 따라다니지만). 이후 이들은 젠더, 섹슈얼리티, 성적 지향, 장애 여부를 좀 더 전통적인 존재론적 특징(예를 들어, 계급·종교·지역 등)들과 결합한 엄청나게 다양한 '타자들'(거의 대부분의 사람들을 포함한다) 속으로 분산되어 흡수되었다.

이런 민주적 도박판에서 오랫동안 미국 흑인의 협력자(물론 심각한 문제가 없는 협력 관계라고는 할 수 없지만)였던 여성들은 상대적으로 괜찮은 대접을 받아 온 셈이다. 심지어 혹자는 사법적 범주들로서 여성과 젠더가 다른 범주들을 능가해 왔다고 평가하기도 한다. 어쨌든 인종이 쟁점이 될 때마다 젠더는 항상 그 뒤를 바짝 따라왔다. 가령 바키 판결문에서, 우리는 청구인이 적용할 수 있는 기준들에 대한 관점이 '젠더에 기반한 분류'와 비교될 뿐만 아니라 다음과 같은 방식으로 해석되는 것을 보며 당황할 수밖에 없다. 즉, "인종 또는 민족을 기준으로 하는 우대 프로그램에 존재하는 분석적·실질적 문제가 젠더에 기반한 구분에서는 상대적으로 덜 발생할 것이다. 젠더와 관련해서는 단 두 가지 분류만이 가능하다." 어쩌면 [파월] 대법관은 단지 '남성'과 '여성'만이 존재한다고 말하는 것일 텐데, 그 결과 "우대를 위한 분류로 발생할 수 있는 부담의 문제는 단순해진다. 여기에는 자신들 역시 우대를 받을 자격이 있다고 주장할 수 있는 경쟁 상대가 없기 때문"이라고 주장하고 싶었던 것 같다. 이 판결문에 들어 있는 표현은 갑자기 모호해지는데, 위험을 무릅쓰고 이를 번역해 보자면, 우리는 파월 대법관이 모든 '여성'은 백인이라고 가정하고 있으며, 그가 한 계급으로서의 여성 주체들이 겪는 '불이익'은 논쟁의 여지가 없이 너무나도 명백하다고 느꼈음을 알 수 있다. 그에 따르면, "과거의 상해로부터 고통받는 집단 및 공평하게 부담을 지울 수 있는 집단과 관련한 계급 차원의 문제들은 대법원에서 상대적으로 다루기 쉽다고 할 수 있다." 다시 말해, 계급을 유리함 및 불리함에 관련한 분석 범주로 사용할 경우 '인종' 분석에서는 볼 수 없었던 투명성을 확보할 수 있다. 다만 한 가지 문제가 되는 것은 데이비스 캠퍼스에 지원했던 (그리고 앞으로도 지원할) 입학 지원자 가운데 일부는 흑인 여성 내지는 비백인 여성이라는 (또한 앞으로도 그러리라는) 점이다. 어쨌든, "인종 또는 민족 우대라는 맥락에서 동일한 문제들에 대한 해법은 젠더에 따른 분류에서보다 훨씬 더 복잡하고 풀기 어려운 문제를 발생시킨다. 좀 더 중요한 것은, 인종에 따른 분류가 본질적으로 혐오스러운 것이라는 인식은 오랜 비극적 역사로부터 나온 것인데, 젠더에 기반한 분류는 그런 역사를 공유하지 않는다는 점이다. 요약하자면, 연방 대법원은 [젠더에 기반한] 그 분류 방식이 본질적으로 미심쩍다거나, 평등 보호의 목적에서 인종적·민족적 분류법과 비견할 만하다고 간주한 적이 없다."

이처럼 주목할 만한 사법 담론의 사례는 역사적 주체로서의 여성에 대해 보여 주는 공중의 온건한 태도를 여실히 드러냄과 더불어, 적어도 미국 내에서 그리고 영향력 있는 사법적 판결 행위에서, 낙인찍힌 또는 [다르다고] 표시된 범주의 주체들과 그렇지 않은 주체들 사이의 차이를 암묵적으로 공표한다. 물론, 여성을 향한 공중의 태도가 적어도 언제나 온건한 것만은 아니지만, 법원의 의견이 젠더와 인종을 치각해 바라보는 방식의 차이라고 내세우는 것은 내가 보기에 결국 차별적 제도의 공간적 차원을 시사한다. 즉, 여성과 젠더는 사회적 불이익과 그것의 철폐 사이에 메워야 할 간극이 아주 좁은 경우이다. 달리 말하면, 여성이 실제로 체험하는 최선의 일도 최악의 일도, 여성이 남성적 배치에 근접해 있기에, 즉 여성들이 친밀한 타자를 체현하는 존재이기에 발생하는 것이며, 그러한 존재로서 여성들은 역사적으로, 현실과 관행을 근거로든 이론과 상상에 기대서든, 공적 역사와 책임성에 따르는 객관적 괴로움들을 면하는 경향을 보여 왔다. 이는 지배계급의 여성이나 백인 여성이 공적 비난으로부터 언제나 벗어날 수 있었다는 뜻이 아니라, 다만 권력의 전통적인 질서 속에서 뚜렷한 낙인이 찍힌 주체인 흑인 여성은 집단의 지위로써, 또는 이방인이자 양도 가능한 집단으로 여겨지는 다른 흑인들과 맺는 관계를 통해 규정된다는 점을 말하고자 함이다. 이방인 또는 양도 가능한 집단으로 규정된 미국 흑인들의 인간[으로서의] 지위는 역사적으로 언제나 그 지위를 혹은 그 지위의 결여를 사법적으로 인정한 법률에 근거해 부여되어 왔다. 우리는 이런 관계를 공적이고 객관적이며, 또한 멀리까지 공명하는 것이라 간주하곤 한다.

여성운동은 이런 계산법을 변화시키는 한편, 닫힌 문 뒤의 사적 영역에서 일어나는 일들을 밝은 대낮, 공적 영역으로 이끌어 내는 데 전념해 왔다. 개인의 집 안에서 행해지곤 하는 흔해 빠진 반여성적 폭력을 감소하기 위한 법안이 대표적인 예이다. 여성들은 항상 가까이 있는 존재로(즉, 어머니·아내·딸·연인으로

서) 느껴지기 때문에, 여성의 사회적 존재성은 사실상 무제한적이며 생생하고
도 즉각적으로 첩근할 수 있는 주체이자 대상으로 규정될 수 있다 ― 이런 접근
성 때문에 게임에 걸린 지분[판돈]의 규모가 근원적으로 달라진다. 즉, 이런 역
사적 조건 아래에서 어쩌면 인간으로의 변모에 이르게 하는 가장 중요한 명령
은 첩근 불가능해지는 것, 아니면 적어도 '이용 불가'라고 표시된 영역을 만들
어 내는 것이라고 마땅히 주장해 봄 직하다. 특히 직업을 가진 여성들, 지평선을
꾸준히 응시해 오던 여성들이, 꽤 단순하면서도 무척 복잡다단한 목표를 성취하
기 위한 이 길고 지난하며 아직도 끝나지 않은 여정의 시작을 알렸다. 그런 위상
이 어떤 고독을 수반할지라도 "나는 어느 누구의 연장물도 아니다"라고 주장할
수 있기 위해 말이다.

경쟁력 있는 공적 행위자로서 여성의 직업이라는 보다 큰 목표를 향해 나아
가는 진보는 위험부담과 불확실성의 긴장으로 가득 차 있다. 어떤 경우 개인 행
위자들의 목표가 다른 행위자들의 목표와 상반되기도 하고, 때로는 노골적으
로 적대적인 경우도 있다. 예컨대, 바키 소송을 비롯해 공립대학교의 입학 특례
제도에 대한 도전이 처음 제기된 이후, 사법부에 청원서를 제출한 사람들은 모
두 백인 여성들이었다. 셰릴 J. 호프우드(2000년 '호프우드 대 텍사스주' 재판), 제니
퍼 그라츠(2003년 '그라츠 대 볼린저' 재판), 바버라 그루터(2003년 '그루터 대 볼린저' 재
판), 그리고 가장 최근에는 애비게일 노엘 피셔가 텍사스 대학교가 [인종에 근거
해] 입학 자격을 차별했다고 주장하며 2012년 2월 연방 대법원에 제기한 상고가
받아들여졌고, 2012년 10월에 구술 변론이 진행되었다. 이 글이 실릴 책이 출간
될 현재 시점에는 아직 최종 판결이 나지 않은 상태이다.[16]

바키 소송이 대학 입학 제도에서의 인종에 대한 고려를 '승인'했다고 말하

---

16 [옮긴이] 연방 대법원은 애초 대학의 손을 들어준 항소법원의 판결에 '증거 불충분'이라는 다수결의 의
사를 표해 2013년 6월 해당 소송 건을 제5 구역 항소법원으로 환송했다. 환송 뒤 같은 해 11월 구술 변론
이 진행되었고 2014년 7월 항소법원은 다시 텍사스 대학교의 손을 들어주었다. 이에 피셔는 불복해 상고
를 재신청했으며, 2015년 6월 연방 대법원의 상고 허가 후, 12월 9일 구술 변론을 진행했다. 2016년 6
월 23일, 4 대 3으로 텍사스 대학교가 승소했다. 구술 변론 진행 당시 앤터닌 스캘리아Antonin Scalia 재판관
의 "흑인 학생들이 텍사스 대학교와 같은 높은 수준의 대학교에 들어가더라도 학업 성취도가 낮기 때문에,
좀 더 쉽고 느린 속도로 진행하는 대학교에 가는 것이 좋을 수도 있다"는 발언으로 전국적인 반발이 있었다.

는 것에는 무리가 있겠으나, 적어도 허용했다고는 말할 수 있을 것이며, 특히나 이 사건의 판결은 다른 공립대학교들이 따를 수 있는 어느 정도 명확한 기준을 확립했다. 2003년 6월 '그라츠 대 볼린저' 재판 및 '그루터 대 볼린저' 재판이 연방 대법원에 올라가기 전까지는 말이다. 두 건의 판결에서 샌드라 데이 오코너 대법관의 '25년 한도' 제안은 인종 문제를 다루는 미국의 실망스러운 협주에 새로운 아르페지오[연주를 더욱 까다롭게 만드는 꾸밈음들]를 더한 격이었다.**17**

그라츠 소송과 그루터 소송 두 건에서는, 무대가 미시간주와 제6 구역 항소법원**18**으로 옮겨 갔다. 청구인 제니퍼 그라츠는 미시간 대학교의 본부인 앤아버 캠퍼스 인문과학예술학부에 1995년 조기 입학 지원과 2년 뒤인 일반 전형 지원에서 모두 떨어졌다. 판결문에 명시된 미시간 대학교의 입학 정책에 따르면, 미시간 대학교 학부 입학처는 다양한 요인을 고려했음을 알 수 있다. 학칙에 따르면 미시간 대학교는 "고등학교 성적, 수학 능력 시험 점수, 출신 고등학교의 질적 수준, 교과과정 수준, 출신 지역, 동문과의 친인척 관계, 리더십, 인종" 등을 고려한다고 한다. 그러나 입학처가 곤란을 겪게 된 것은 "아프리카계 미국인, 히스패닉, 아메리카 선주민", 즉 "과소 대표 되는 소수자들"에게 ("입학을 확정짓는 데 필요한" 100점 중) 20점을 자동 가산점으로 부여한 방식 때문이었다. 연방 대법원장 윌리엄 렌퀴스트는 그라츠 소송의 연방 대법원 판결문에서 미시간 대학교의 "현 입학 정책에서 인종을 사용하는 방식은 피청구인이 주장하는 다양성에 대한 관심을 실행하기 위해 정교하게 재단된narrowly tailored 것이 아니다"라고 지적하면서, 결과적으로 해당 심사 방식은 "평등 보호 조항을 위반한다"고 설명했다. 그러나 동시에 렌퀴스트는 (동일한 날에 판결이 난) "그루터 대 볼린저 재판에서 명시한 이유에 따라, 연방 대법원은 오늘날 다양성이 주州가 추구하는 중대한 이익의 구성 요인이 될 수 없다는 청구인의 주장을 기각한다"는 입장을 유지했다. 따라서 렌퀴스트의 판결문 역시 특정 소송에서 인종의 사용을 금지했지

---

17 [옮긴이] 두 건의 연방 대법원 판결 중 '그루터 대 볼린저' 판결의 다수 의견을 대표로 작성한 샌드라 데이 오코너 재판관은 차별 철폐 조치가 영원히 헌법으로 머무를 수는 없으며, 다만 충분한 시간을 두고 지속하면 차별적 과거의 유산이 고쳐질 것이라 예상한다며 그 기간을 25년 정도로 봤다.

18 [옮긴이] 제6 구역 항소법원은 미국 중서부 오하이오주의 신시내티시에 위치하고 있다.

만, 또한 주의 이익으로서 다양성 추구를 위한 하나의 요인으로서 인종에 대한 고려를 금지한 것은 아니었다.

바버라 그루터 역시 미시간 대학교 법대로부터 입학을 거절당하자, 대학이 수정 헌법 제14조를 위배함으로써 자신의 권리를 침해했다는 이유로 소송을 제기했다. 오코너 대법관은 그루터 소송에 대한 판결문을 작성하며, 미시간 대학교 법대가 "다양한 학생 집단으로부터 흘러나올 교육적 혜택을 성취한다는 중대한 이익을 추구하기 위해 입학 결정 과정에서 정교하게 재단된 인종 범주를 사용하는 것을 평등 보호 조항이 금하지 않는다"고 주장했다. 나아가 그루터 소송의 판결문은 "학생 인구의 다양성은 주의 중대한 이익이며, 대학 입학 과정에서의 인종에 대한 고려를 합리화할 수 있다"는 파월 재판관의 관점을 지지했다. 법대의 입학 기준은 "정밀하게 재단된 입학 전형의 대표적 특성을 띠"기 때문이다. 상급법원에서 같은 날 내려진 오코너 및 렌퀴스트의 판결은, 인종 문제가 걸린 사안에서는 사법부 내에조차 몹시 긴장이 팽배하다는 점을 보여 준다.

공립대학교 입학 문제가 지난 30년가량 동안 시달려 온, 끊임없이 돌고 도는 회전목마 같은 사법적 변화는 결국 공립대학교에 소수자 학생을 입학시키기 위한 특별 전형은 그 어떤 이유에서든 불허의 대상이며, 또한 정의상 모든 특별 전형 프로그램은 그 자체로 비소수자 학생이 공평하게 대우받을 기회를 박탈한다고 시사하는 듯하다. 이 같은 비관적 독해가 맞다면, 미국 사회, 혹은 적어도 미국 법원들은, 1964년의 민권법 및 그 법의 제6조[19] 제정 전에 존재했던 고등 교육의 상태를 부활시키려는 태세를 갖춘 것이다. 현재의 연방 대법원이 1978년 당시의 연방 대법원보다 훨씬 더 보수적이라는 점을 감안했을 때(이는 로널드 레이건 이후의 공화당 정권들이 낳은 결정적 결과물들이다), 또한 연방 대법원 대법관의 다수가 노골적인 정치적 행위자로서의 역할을 자임하는 지금, 우리는 다음 12개월 동안 어떤 대법원의 판결이 내려질지를 불안한 심정으로 기다릴 수밖에 없는 것이다.

---

19 [옮긴이] 민권법 제6조는 미국에 거주하는 모든 사람은 인종, 피부색 또는 출신 국가를 근거로 연방의 재정 지원을 받는 모든 프로그램 또는 활동에서 배제되거나, 혜택이 거부되거나, 차별받지 않도록 규정하고 있다.

2003년 그루터 소송에서 판결 주문에 다다랐을 무렵, 오코너 재판관은 가정법 같은 어투로 말했다. "연방 대법원은 지금으로부터 25년 후에는, 오늘 우리가 승인한 관심사를 촉진하기 위해 인종적인 우대 정책을 실시할 필요성이 없어질 것으로 기대한다." 2028년이라니, 말이 된다고 생각하는 사람? 인종적 사고는 한 공동체의 영적·지적·물질적 에너지를 장기적으로, 그리고 놀라운 강도로 결박한다. 설령 이 소송들에서 원고들에게 해당 대학에 입학할 권리뿐만 아니라 공공의 선의 다양한 측면들을 공유할 권리가 있다 하더라도, 이들의 경쟁 상대는 대표성을 띠는 흑인과 비백인 집단들에만 한정된 것이 아니라, 모든 청원자들과 마찬가지로 인종 간 구분을 넘어선다. 즉, 모든 시민 행위자들이 고등교육과 직업 훈련의 혜택을 누리고자 하기 때문이다. 이 사례들에 적용된 사회적 논리는 훨씬 더 오래된 역사적 제도에 깊숙이 박혀 있는 것으로, 수백 명의 실제적 주체들이 언제나 수백 명의 다른 이들에 비해 열등하다는 관념을 통해 스스로의 권리를 주장한다. 이 입학 정원이 어째서 특정인에게 주어졌는지, 물을 수 있지 않은가? 인종으로 인해 빚어지는 복잡한 관계로 말미암아, X만 아니었다면 Y가 타고난 권리로 누려 마땅한 것을 누릴 수 있으리라는 식의 일반적인 합의가 뒷받침된다. 이런 신념을 말로 계속 반복하다 보면 그것이 법의 힘을 획득하고, 더 나아가 자연현상의 억제 불가능한 리듬 같은 것을 가지게 된다.

인종은 현대사의 문제들이라는 진창 속에 빠져 있는 한편, 현대사를 초월하는 것처럼 보인다. 인종이 개념적으로나 실천적으로 재등장해 수 세대에 걸쳐 행위자들을, 그들의 습성에 무관하게, 망령처럼 따라다닌다는 사실을 고려한다면 말이다. 하지만 지난 세기가 역설적으로 보여 준 바와 같이, 인종에 대한 실천과 신념이 변화한다는 점에서, 인종은 운명일 필요가 없다. 주로 의기양양한 시장 권력을 통해 강화된 지구적 연결성은 인종의 모순들을 더욱 돋보이게 했다. 이제 유일하게 중요한 색깔은 [달러, 즉 돈의 색깔인] 녹색뿐이라는 점에서 그러하다. 그야 언제나 그랬지만, 다만 이제는 새로운 '원시적 축적'과 권력의 공고화가, 전 지구적으로나 다른 방식으로나, 인종이라는 허구를 되살려 내고 그 허구가 꼭 필요로 하는 신비주의라는 뻔뻔한 엔진에 다시금 불을 붙인 것으로 보인다.

이처럼 소외된 사회적 관계들이 이루는 불편한 새 환경 속에서, 인종은 다양성이라는 최신 유행의 번지르르한 외피로 '귀환'하고 있다. 우리가 알게 된 유감스러운 사실은, 젠더는 이 새로운 지형에서 다른 모든 이해 집단과 경쟁해야 하기에 우리를 도울 수 없다는 점이다. 그럼에도 불구하고 오늘날 젠더 및 여성은 그들이 잊어버린 과거의 교훈을 다시 배워야만 하는 상황에 완벽하게 놓인 것 같다. 그것은 특정인들이 공익의 수혜를 박탈당한다면, 그 어떤 개인 또는 사회적 구성체에게도 우위가 보장되거나 안정적으로 약속되지 않으리라는 사실이다. 이것이야말로 민주주의에 대해 우리가 적어도 확실하게 알 수 있는 단 하나의 사실이다. 가령, 여성의 권리를 문제 삼는 극우파들이 득세하는 (그래서 어쩌면 여성들의 수많은 권리가 단지 대통령 한 명이 바뀜으로써 모두 폐기될지 모를 처지에 놓인) 2012년 대선은 인종뿐만 아니라 젠더를 문제의 평행선상에 놓는다. 그렇게 인종과 젠더가 때로 서로 끌어 주고 때로 서로에게서 멀어지기도 하면서 함께 존속해 온 세월이 벌써 수십 년이다.

참고 문헌

Allen, Theodore. 1997. *The Invention of the White Race: The Origin of Racial Oppression in Anglo-America*. London: Verso.

Cott, Nancy. 1987. *The Grounding of Modern Feminism*. New Haven, CT: Yale University Press.

de Beauvoir, Simone. [1953]1974. *The Second Sex*. Trans. and ed. H. M. Parshley. New York: Vintage [시몬 드 보부아르, 『제2의 성』, 이정순 옮김, 을유문화사, 2021].

de Lauretis, Teresa. 1987. *Technologies of Gender: Essays on Theory, Film, and Fiction*. Bloomington: Indiana University Press.

Ellison, Ralph. 1992. *Invisible Man*. New York: Modern Library [랠프 엘리슨, 『보이지 않는 인간 1, 2』, 조영환 옮김, 민음사, 2008].

Fanon, Frantz. 1967. *Black Skin, White Masks*. Trans. Charles Lam Markmann. New York: Grove Press [프란츠 파농, 『검은 피부, 하얀 가면』, 노서경 옮김, 문학동네, 2014].

Friedan, Betty. [1963]2001. *The Feminine Mystique*. With an introduction by Anna Quindlen. New York: Norton [베티 프리단, 『여성성의 신화』, 김현우 옮김, 갈라파고스, 2018].

Goldberg, David Theo. 2002. *The Racial State*. Oxford: Blackwell Publishers.

Gossett, Thomas. 1963. *Race: The History of an Idea in America*. Dallas: Southern Methodist University Press [토머스 F. 고셋, 『미국 인종차별사』, 윤교찬·조애리 옮김, 나남, 2010].

Gratz v. Bollinger. 2003. 539 US 244. http://www.law.cornell.edu/supct/html/02-516.ZS.html.

Grutter v. Bollinger. 2003. 539 US 306. 288 F.3d 732, affirmed.
   http://www.law.cornell.edu/supct/html/02-241.ZS.html.

Hannaford, Ivan. 1996. *The History of an Idea in the West*. Baltimore: Johns Hopkins University
   Press/Woodrow Wilson Center.

Hopwood v. State of Texas. 2000. 236 F.3d 256, United States US Court of Appeals, Fifth Circuit.
   http://www.caselaw.findlaw.com/us_5th_circuit/1120774.html.

Hull, Akasha (Gloria), Patricia Bell Scott, and Barbara Smith, eds. 1982. *All the Women Are White,
   All the Blacks Are Men, but Some of Us Are Brave*. Old Westbury, NY: Feminist Press.

Jordan, Winthrop. *White over Black: American Attitudes toward the Negro, 1550~1812*. Chapel Hill:
   University of North Carolina Press.

Kenan, Randall, ed. 2010. *James Baldwin: The Cross of Redemption — Uncollected Writings*. New York:
   Pantheon.

Kolmar, Wendy and Frances Bartkowski, eds. 2010. *Feminist Theory: A Reader*. 3rd ed. Boston:
   McGraw Hill.

Matsuda, Mari J., Charles R. Lawrence, III, Richard Delgado, and Kimberle Williams Crenshaw. 1993.
   Words That Wound: Critical Race Theory, Assaultive Speech, and the First Amendment. Boulder,
   CO: Westview Press.

Moss, Hilary. 2011. "Satoshi Kanazawa Causes Firestorm After Claiming Black Women Are Less
   Attractive." *Huffington Post*, May 17.
   http://www.huffingtonpost.com/2011/05/17/Satoshi-Kanazawa-black-women-less-a
   ttractive_n_863327.html (accessed March 16, 2012)

Newman, Jane O. 2002. "The Present and Our Past: Simone De Beauvoir, Descartes, and Presentism
   in the Historiography of Feminism." In *Women's Studies on Its Own*, ed. Robyn Wiegman.
   Durham, NC: Duke University Press.

Pocock, J. G. A. 1995. "The Ideal of Citizenship since Classical Times." In *Theorizing Citizenship*,
   ed. Ronald Beiner. Albany: SUNY Press.

Regents of the University of California v. Bakke. 1978. 438 US 265. 18 Cal.3d 34, 553 P.2d 1152,
   affirmed in part and reversed in part.
   http://www.law.cornell.edu/supremecourt/text/438/265.

Scott, Joan Wallach. 1988. *Gender and the Politics of History*. New York: Columbia University Press
   [조앤 W. 스콧, 『젠더와 역사의 정치』, 정지영·마정윤·박차민정·정지수·최금영 옮김,
   후마니타스, 2023].

Stohr, Greg, and John Hechinger, 2012. "University Affirmtive Action Threatened By US Top Court
   Admissions Case." *Bloomberg Business Week*, February 22.
   http://www.businessweek.com/news/2012-02-22/college-affirmative-action-threate
   ned-by-u-s-high-court-case.html.

Wiegman, Robyn. 2012. *Object Lessons*. Durham, NC: Duke University Press.

18장

규제

Regulation

지은이
주디스 버틀러 Judith Butler

옮긴이
이현재
서울시립대학교 도시인문학연구소 교수. 신유물론에 대한 관심을 발전시키고 있으
며, 최근 논문으로 「신유물론의 렌즈로 읽는 그로스의 육체유물론: '문지방'으로서
의 몸과 '비환원적 성차' 개념을 중심으로」가 있다.

언뜻 보면 규제regulation라는 용어는 인간을 표준화regular하는 과정의 제도화를 의미하는 것처럼 보인다. 실제로, '규제들'이라고 복수형으로 말한다는 것 자체가 이미 그런 구체적인 법률, 규칙, 정책 등 개개인을 표준화하는 법적 도구들을 떠올리게 한다. 그러나 젠더 규제가 모두 경험적·법적 심급에서 이루어지는 것은 아니라고 생각한다. 왜냐하면 그런 경험적·법적 규제들을 통치하는 규범들은 이를 구현하고 있는 심급을 넘어서기 때문이다. 그렇다고 마치 경험적 심급은 그런 심급과는 별개로 존재하는 권력 작용의 예시일 뿐인 것처럼 추상적 수준에서 젠더 규제를 말하는 것도 문제일 수 있다.

사실상, 페미니즘과 레즈비언·게이 연구의 주요 저작들은 현행법상 규제들, 즉 법적·군사적·정신의학적 규제들을 비롯해 다양한 규제들에 초점을 맞추어 왔다. 이런 연구들은 대체로 젠더가 어떻게 규제되는지, 그와 같은 규제가 어떻게 강제되는지, 어떻게 주체들이 강제된 규율을 체화하고 어떻게 자기 삶에 녹여 내는지 등의 문제를 제기했다. 그러나 젠더가 규제된다는 것은 단순히 젠더가 외부의 규제적 힘의 영향 아래 놓인다는 것을 의미하지 않는다(Smart 1992). 만약 젠더가 규제에 앞서 존재하는 것이라면, 우리는 젠더를 연구 주제로 삼아 주체를 젠더에 종속시키는 다양한 종류의 규제들과 종속이 발생하는 방식들을 열거해 볼 수도 있을 것이다. 그러나 우리가 당면한 문제는 좀 더 첨예한 것이다. 규제에 앞서 존재하는 젠더는 과연 있는가? 오히려 종속을 통해 젠더화된 주체가 생겨나는 것이 아닐까? 즉, 특정한 형태에 종속됨으로써 젠더화된 주체가 생산되는 것이 아닐까? 종속이라는 규제를 통해 젠더가 생산되는 과정이 아닐까?

푸코 저작에서 시작된 종속과 규제의 문제를 다룰 때에는 다음의 두 가지 단서 조항을 잊어서는 안 된다. ① 규제 권력은 규제 이전에 존재하는 주체 위

---

* [옮긴이] 이 글은 『젠더 허물기』Undoing Gender(New York: Routledge, 2004)(조현준 옮김, 문학과지성사, 2015)의 2장 「젠더 규제들」로 처음 번역되었다.

에 작동하기도 하지만, 아예 그 주체를 만들고 형성하는 것이기도 하다. 더욱이 모든 법률적 권력 형식은 그 나름의 생산적 효과가 있다. ② 규제에 종속된다는 것은 규제를 통해 주체화된다는 의미다. 젠더 주체를 만드는 규제 담론이 이 사안의 주체를 필요로 하지만 그 주체는 동시에 담론으로부터 만들어진다는 점에서 두 번째 조항은 첫 번째 원칙에서 도출된다.

특정 종류의 규제들은 좀 더 일반적인 심급의 규제 권력 가운데 하나, 즉 젠더 규제라고 적시된 일반적 심급의 규제 권력으로 이해할 수 있다. 나는 여기서 푸코를 몇 가지 측면에서 반박할 것이다. 만약 푸코의 지혜가 규제 권력을 특정 시대의 역사성을 갖는 것으로, 젠더뿐만 아니라 여타의 사회적·문화적 규범에도 작동하는 것으로 보는 통찰에 기반하고 있다면, 여기서 젠더는 좀 더 광범위하게 작동하는 규제 권력의 한 사례에 지나지 않는 것처럼 보이기 때문이다. 나는 젠더를 규제 권력 가운데 하나로 포섭해 이해하는 이런 방식에 반대해 젠더를 통치하는 규제 장치가 그 자체로 젠더 특수성을 갖고 있음을 주장하고자 한다. 나는 여기서 젠더 규제가 그 자체로 범형적인paradigmatic 일반적인 규제 권력이라고 주장하려는 것이 아니다. 오히려 내가 주장하려는 것은 젠더가 그 자체로 다른 것과 구분되는 고유의 규제 체제와 훈육 체제를 필요로 하며 이를 제도화한다는 것이다.

젠더가 하나의 규범이라는 주장은 좀 더 세심하게 논의할 필요가 있다. 규범이란 규칙과도 다르며 법과도 다르다(Ewald 1986, 1991, 1992; Taylor 1993). 규범은 사회적 실천에서 청상화의 암묵적 기준으로 작동한다. 규범은 이를 배태하고 있는 실천과 분석적으로 분리될 수 있지만, 규범의 작용을 탈맥락화하려는 시도에 완강하게 저항하는 것으로 판명될 수도 있다. 규범은 노골적일 때도 있고 그렇지 않을 때도 있지만, 사회적 실천의 정상화 원리로 작용할 때에는 대체로 암묵적이고 판독이 어렵다. 규범은 자신이 생산한 결과물들에서 가장 극적이고 분명하게 식별 가능하다.

젠더가 규범이 된다는 것은 젠더가 특정한 사회적 행위자에 의해 언제나 그리고 오직 미약하게만 구현된다는 것이다. 그 규범은 행위의 사회적 인식 가능성intelligibility을 지배하지만 그 자체가 자신이 관장하는 행위와 동일한 것은 아니다.

[젠더] 규범은 자신이 관장하는 행위와 무관한 것처럼 보일 수 있다. 이 말은 [젠더] 규범이 자신이 통제한 행위와 관련 없는 상태와 결과를 가져올 수 있음을 의미한다. 물론 [젠더] 규범은 인식 가능성을 관장하고 모종의 실천들과 행위들을 인식할 수 있도록 해준다. 그것은 사회적인 것을 읽어 내는 틀을 제공하고, 사회적인 것의 영역에서 나타나야 할 것과 나타나지 말아야 할 것이 무엇인지에 대한 척도를 제공한다. 그러나 규범 밖에 존재한다는 것이 무엇인지에 대한 질문은 사고의 역설을 낳는다. 만약 그 규범으로 인해 우리가 사회적 장을 이해할 수 있게 되고, 그래서 그 장이 우리에게 규범화되는 것이라면, 그 규범의 밖에 있다는 것 역시 어떤 점에서는 여전히 그 규범과의 관계 속에서 규정되는 것임을 의미하기 때문이다. 그다지 남성적이지 않다거나 그다지 여성적이지 않다는 것은 여전히 '남성적임' 혹은 '여성적임'과의 관계 속에서만 이해될 수 있다.

젠더가 규범이라는 주장은 분명 여성성과 남성성에 대한 규범적 관점이 있다는 말과 같지 않다. 비록 그런 규범적 관점들이 분명히 있지만 말이다. 젠더는 어떤 사람의 '존재'와 완전히 같은 것이 아니며, 그 사람이 '소유한' 것과 정확히 일치하는 것도 아니다. 젠더는 남성적인 것과 여성적인 것을, 젠더가 취하는 그 중간적인 ― 호르몬적·염색체적·심리적, 그리고 수행적 [측면에서] ― 형태들과 더불어 생산하고 규범화하는 장치다. 젠더가 언제나 그리고 전적으로 '남성적인 것'과 '여성적인 것'의 모체를 의미한다고 가정할 경우, 우리는 일관되게 나타나는 저 이분법의 생산을 우연적인 것으로 비판할 수 있는 결정적인 논점을 놓칠 수 있다. 이 경우 우리는 이 같은 이분법에는 반드시 대가가 따른다는 것을, 그리고 그 이분법에 들어맞지 않는 젠더의 변환 역시 가장 규범적인 젠더 사례만큼이나 젠더의 일부를 이루고 있음을 간과하게 된다. 젠더에 대한 정의를 젠더에 대한 규범적 표현과 구분하지 않고 뒤섞어 버릴 때, 젠더에 대한 정의를 구속하는 규범 권력은 부지불식중에 다시금 공고화된다. 젠더는 남성성과 여성성 개념을 생산하고 자연화하는 기제이지만, 그런 개념들을 해체하고 탈자연화하는 장치일 수도 있다. 실제로 규범을 설정하는 장치가 그 설정을 뒤흔들기도 하며, 그래서 그런 설정은 말하자면 그 개념상 불완전한 것이기도 하다. 젠더라는 용어를 남성성/여성성으로부터 분리하는 것이야말로 어떻게 남성성/여성성의 이분법이 젠더 의미론의 모든 것이 되었는지를 설명할 수 있는 이론적 관점을 지켜 내는 길이다. 누군가 '젠더 트러블', '젠더 블렌딩', '트랜스젠더' 또는 '크로스젠더' 등을 말한다는 것은, 그가 이미 젠더를 자연화된 이분법을 넘어 유동하는 것으로 보고 있다는 것이다. 따라서 남성성/여성성, 남자/여자, 수컷/암컷 등과 젠더를 혼동하는 것은 젠더 개념이 막아 내야 할 자연화를 오히려 수행하는 것이다.

그러므로 결국 남녀 이분법을 젠더 영역을 이해하는 유일한 방식으로 고집하는 제한적 젠더 담론은 헤게모니적 심급을 자연화하고, 그 헤게모니적 심급의 교란을 사고할 가능성을 차단하는 규제적 권력 작용을 수행하는 것이다.

젠더 연구의 한 흐름은 젠더의 개수를 증식함으로써 젠더 이분법의 대안을 마련할 수 있다고 생각해 왔다. 이런 접근법은 어쩔 수 없이 얼마나 많은 젠더들이 있을 수 있는지, 그것을 어떻게 불러야 하는지 등과 같은 질문을 불러일으키게 된다(Trumbach 1998; Fausto-Sterling 2000). 그러나 이분법 체계를 교란한다고 해서, 꼭 젠더들을 수적으로 증식해야 하는 것은 아니다. 라캉을 따라 뤼스 이리가레는 남성이라는 섹스가 "하나의" 섹스인지를 묻는다. 이것은 남성이라는 섹스가 "하나의 유일한" 것인지를 묻는 질문이기도 하지만 섹스를 수량적으로 접근해야 하는 것에 질문을 던지는 것이기도 하다. 그녀의 관점에서 "섹스"는 생물학적 범주도 사회적인 범주도 아니다(그래서 "젠더"와 별개의 것이다). 그녀에게 "섹스"는 그야말로 사회적인 것과 생물학적인 것 사이의 경계에 존재하는 언어적 범주다. "하나가 아닌 성"으로서의 여성성은 따라서 정확히 개수로 파악될 수 없다(Irigaray 1985). 그 밖에도 '트랜스젠더'를 제3의 젠더가 아니라 젠더들 간의 이동 양식으로 보는 접근 방식이 있다. 여기서 '트랜스젠더'는 하나 혹은 둘을 고집하는 규범적 입장으로 환원될 수 없는 중간적 또는 이행적 젠더 형태이다(Bornstein 1994).

상징적 위치와 사회적 규범

몇몇 이론가들은 규범이 항상 사회적 규범이라고 주장했지만, 클로드 레비스트로스의 구조주의로부터 영향을 받은 라캉주의 이론가들은 상징적 규범이 사회적 규범과 같은 것은 아니라고 주장한다. 이들은 특정한 젠더 '규제'는 처음부터 심리에 가해지는 상징적 요구를 통해 발생한다고 본다.

상칭계는 1953년부터 자크 라캉의 전문용어가 되었다. 상징계는 수학(형식적)과 인간학에서 그 용어가 사용되는 방식들을 라캉 고유의 방식으로 조합한 것이었다. 라캉 용어 사전은 상징계를 명시적으로 규제의 문제와 연관해 설명한다. 이 사전에 따르면 "상징계는 오이디푸스콤플렉스에서 욕망을 규제하는 법의 영역이다"(Evans 1996, 202[국역본, 267쪽]; 강조는 인용자). 오이디푸스콤플렉스는 일차적이고 상징적인 근친애 금지에서 나오는 것이며, 근친애 금지는 오직 족외혼의 명령에 따라 가족 내에 다양한 '위치들'을 만들어 내는 친족 관계의 차원에서만 의미를 지닌다. 즉, 어머니는 아들이나 딸이 성적 관계를 가질 수 없는 자이며, 아버지는 아들이나 딸이 성적 관계를 맺을 수 없는 자이다, 어머니는 오직 아버지와 성적 관계를 맺는다 등등. 이런 금지 관계들은 각각의 가족 구성원이 차지하고 있는 '위치들' 속에 코드화된다. 그런 위치에 존재한다는 것은 결국 그런 교차적 성적 관계 속에 존재한다는 것이며, 적어도 그 위치가 무엇인지에 대한 상징적 혹은 규범적 이해를 따르고 있다는 것이다.

이런 관점은 분명 수많은 성과를 낳았다. 페미니즘 영화 이론 및 문학 이론에서 페미니즘 정신분석에 이르기까지, 정신분석적 사고 내의 구조주의적 유산은 그 분야를 가리지 않고 기념비적인 영향력을 발휘했다. 구조주의적 유산은 또한 페미니즘에 대한 퀴어한 비평이 나올 수 있는 길을 마련했고, 그로써 섹슈얼리티 및 젠더 연구에 필연적으로 다양한 의견을 파생시키는 중대한 영향을 미쳐 왔다. 따라서 나는 다음에서 라캉 정신분석에서 '상징계'로 변용된 문화 개념이 현대 문화 연구 분야에서 통용되는 문화 개념과 어떻게 다른지를 보여 주고자 한다. 이 두 가지 기획은 종종 대책 없이 대립적인 것으로 이해되었다.

나아가 나는 '욕망을 규제하는' 규칙들을 변함없이 영원한 법의 영역으로 파악하려는 모든 주장이 젠더의 사회적 변혁을 위한 가능 조건을 탐구하는 데는 별 쓸모가 없음을 논증할 것이다. 상징계의 또 다른 핵심은 근친애 금지가 그 위반을 추동하는 동기가 될 수 있다는 점에 있다. 이것은 친족 관계 내의 상징적 위치들이 스스로 규제를 통해 생산한 바로 그 섹슈얼리티에 의해 다양한 방식으로 격파된다는 것을 보여 준다(Bell 1993). 마지막으로 나는 상징적 법과 사회적 법 사이의 구분이 결국 유지될 수 없다는 것, 상징계 자체가 사회적 실천이 쌓여 생긴 퇴적물이라는 것, 친족 관계의 급진적 변화는 정신분석학의 구조주의적 전제들을 재배열할 것을 요구한다는 것을 보여 주고자 한다. 말하자면, 이를 통해 나는 심리적인 것에 대한 퀴어 포스트구조주의적 입장으로 나아가고자 한다.

근친애 금기로 돌아가서 질문해 보자. 이런 금지와 위치들이 가지는 위상은 무엇인가? 레비스트로스는 『친족의 기본 구조』(Lévi-Strauss 1969)에서 생물학의 그 무엇도 근친애 금기를 필연화하지 않으며, 그 금기는 순수하게 문화척인 현상임을 분명히 한 바 있다. 여기서 그가 말하는 '문화적'이란 '문화적으로 가변적인'이나 '우연적인'을 의미하지 않는다. 그것은 오히려 문화의 '보편적' 법칙에 따른다는 것을 의미한다. 그러므로 레비스트로스에게 문화적 규칙이란 (게일 루빈이 뒤이어 주장했듯) 가변적인 규칙이 아니라, 변화 불가능하고 보편적인 것이다. 보편적이고 영속적인 문화의 법칙 ― 줄리엣 미첼이 "보편적이고 원초적인 법칙"이라고 부른 것(Mitchell 1975, 370) ― 은 라캉 상징계 개념의 토대가 된다. 이 토대 위에서 라캉은 상징계를 생물학적 영역과 사회적 영역, 양자로부터 구분하려 했다. 라캉에게 문화적으로 보편적인 것은 상징적 혹은 언어적 규칙들이다. 이 규칙들이 친족 관계를 지탱시키는 것이다. '나', '너', '우리', '그들'과 같은 대명사의 지칭 가능성은 언어 안에서 그리고 언어로서 작용하는 이런 친족의 양식에 의존하는 것으로 보인다. 이것이 바로 문화에서 언어로의 미끄러짐이다. 레비스트로스는 『친족의 기본 구조』 끝부분에서 바로 그와 같은 경향을 보인다. 라캉은 상징계를 언어적 구조 개념으로 정의하는데, 그 구조는 언어가 취하는 사회적 형식으로 환원될 수 없다. 구조주의적 이해에 따르면 상징계는 보편적 조건을 성립시킨다. 그 보편적 조건하에서 사회성, 즉 모든 언어 사용의 의미 소통이 가능해진다. 이런 입장의 변화는 친족에 대한 상징적 설명과 사회적 설명을 결정적으로 구분할 수 있도록 한다. 이런 점에서 라캉이 말하는 "상징적 위치"는 [사회적] 규범과 같은 것이 아니다. 상징적 위치는, 라캉 세미나의 후주 몇 개가 이를 어떻게 설명하는가와 상관없이, 거의 영원불변이나 다름없는 특성을 향유하는 것으로 보인다. 거의 대부분의 라캉주의자들은 상징적 위치가 사회적 위치와 같은 것이 아니라고 늘 주장한다. 그들은 가령 상징적 위치의 전형적 사례인 상징적 아버지의 위치를 오랫동안 아버지들이 담당해 온 사회적으로 구성된 가변적 위치로 간주하는 것은 잘못이라고 주장한다. 라캉주의자들은 사회적으로 읽어 낼 수 있는 원인이나 결과로 환원될 수 없는, 그러나 사회적 삶에 가해지는 관념적이고 무의식적인 요구가 있다고 주장한다. 그들에게 상징적 아버지의 장소는 부성의 사회적 재조직에 대한 요구에 굴하는 것이 아니다. 오히려 상징계는 오이디푸스적 장면과 거리 두기를 하는 가운데 친족 관계를 재배치하고 달리 경험하려는 모든 유토피아적 노력들을 제한한다(Tort 1983; 1989, 46-59; "Le différend," 미출간).**1**

친족 연구가 구조언어학 연구와 조합되었을 때 나타났던 문제 가운데 하나는 친족 위치들이 근본적·언어적 구조의 위상으로 승격된다는 것이었다. 여기서 친족 위치들은 언어로의 진입을 가능하게 하는 위치들이다. 따라서 이 위치들은 언어와 연관된 본질적 위상을 갖는다. 즉, 이 위치들이 없다면 그 어떤 의미화 과정도 진행될 수 없다. 즉, 어떤 문화적 이해 가능성도 보장되지 못한다. 그러나 어떤 특정한 친족 개념을 시간이 흘러도 변치 않는 것으로 만든 결과는 무엇이었는가? 친족을 이해 가능성의 기본 구조로 격상함으로써 무엇을 얻었는가?

레비스트로스는 친족 체제의 다양성을 고려하는 것처럼 주장하긴 했지만, 이를 통해 문화 횡단적 위상을 갖는 친족의 원리를 제한하려고 했다. 구조주의에서 언어적 혹은 친족의 '위치'로 제시된 것은 '규범'과 동일한 것이 아니다. 왜

---

1 [옮긴이] 『젠더 허물기』에서 이 부분은 다음과 같은 각주로 처리되어 있다. "친족 관계에서 사회적인 것과 상징적인 것 사이의 관계에 대해서는 Michel Tort, "Artifices de père"; "Le différend"(on file with author); Le nom du père incertain 참조"(주디스 버틀러, 『젠더 허물기』, 조현준 옮김, 문학과지성사, 2015, 79쪽).

냐하면 '규범'은 사회적으로 생산되는 가변적 틀이기 때문이다. 규범은 상징적 위치와 동일한 것이 아니다. 간혹 어떤 상징적 위치는 규범으로 간주되기도 하는데, 이때 상징적 위치는 상징적 위치 그 자체라기보다 우연적 규범이라 하는 것이 맞다. 젠더화된 삶에 강력한 영향을 미치는 이론의 물화物化가 그 우연성을 가려 왔을 뿐이다. 구조주의적 발상 안에서 누군가는 "하지만 그게 법이다!"라고 계속 주장할 수 있을 것이다. 하지만 그런 발화가 갖는 위상은 무엇인가? "그게 법이다"라는 발화는 흔히들 법 자체가 실행시킨다고 말하는 그 힘을 그 법에 귀속하는 발화가 된다. "그게 법이다"는 따라서 그 법에 대한 충성의 표지이며, 그 법이 반박 불가능한 법임을 원한다는 표지다. 이는 상징적 아버지, 즉 법 자체에 대한 그 어떤 비판도 용납하지 않으려는 정신분석 이론 내부의 신학적 충동이다. 그러니 이 법에 주어진 위상이 바로 팔루스에 주어진 위상이라는 점은 놀랄 일도 아니다. 여기서 팔루스는 라캉의 도식 내부에 있는 특권화된 '기표'일 뿐만 아니라, 그 기표를 도입하는 이론적 장치 특유의 요소가 된다. 즉, 그 상징적 법의 절대성을 지탱하는 권위적 힘 자체가 그 상징적 법을 실행시키는 것이며, 아버지의 장소 자체를 논박 불가능하고 절대적인 것으로 만드는 또 하나의 심급이다. 라캉주의자들이 상기시키듯, 상징계는 항상 논쟁의 중심에 있고 그럴 수밖에 없지만 그런 논의들은 상징계 자체를 궁극적으로 뒤흔들거나 상징계의 조건들을 급진적으로 재배치하는 데까지 나아가지는 못했다.

그 이론의 권위가 동어반복적 방어에 의해 지탱되고 있다는 것은 상징계가 그 권위에 대한 어떤 논쟁에서도 살아남았다는 사실에서 드러난다. 정신분석학 이론에서 남성성과 여성성은 모든 논쟁을 궁극적으로 초월해 있는, 그리고 그런 논쟁 자체에 한계를 부여하는 상징적 위치이지만, 동시에 정신분석학은 자신이 기술하는 주장의 권위를 지탱시키기 위해 자기가 문제 삼는 그 권위에 의존하고 있다.

상징계를 사회적 영역과 다른 것으로 구분하게 되면 대문자 법과 가변적 법들이 더 분명하게 구분될 수 있다. 궁극적 권위를 전제하지 않는 비판적 실천의 장 그리고 불안을 야기하는 젠더화된 가능성들의 장이 열리는 곳에서 상징계는 그런 불안을 종식하는 역할로 등장한다. 만약 대체할 수 없는 법이 있는데 우리가 이를 상상적 수단을 통해 자꾸 대체하려 한다면, 이런 우리의 노력은 처음부터 허사일 것이 자명하다. 젠더에 대한 권위적 설명에 대항하는 우리의 투쟁은 좌절될 것이다. 결국 우리는 난공불락의 권위에 복종할 수밖에 없을 것이다. 상징계 자체를 인간 실천에 의해 변화시킬 수 있다고 생각하는 것은 곧 순수 자발주의라고 생각하는 사람들이 있다. 하지만 그런가? 욕망이 근본적으로 결정되어 있다는 주장을 하지 않더라도 우리는 욕망이 근본적으로 조건화되어 있음을 분명히 수긍할 수 있다. 욕망을 가능하게 하는 구조가 영원하고 끈질기며 반복적 재생과 대체에 휘둘리지 않는다고 주장하지 않더라도, 우리는 욕망을 가능하게 하는 구조가 있다는 것을 인정할 수 있다. 상징적 권위에 대항하기 위해 반드시 '에고'나 고전적 자유주의의 자유 개념을 소환해야 하는 것은 아니다. 오히려 우리는 필연적 시간성을 갖는 규범이 그 내부로부터 대체와 전복에 열려 있음을 주장할 필요가 있다.

　상징계는 섹스에 대한 전제들을 규제하는 영역으로 이해된다. 이 영역에서 섹스는 남성성과 여성성이라는 서로 구분되는 한 쌍의 위치로 이해된다. 이런 점에서 사회학적 담론에서 도출된 젠더 개념은 라캉주의와 포스트 라캉주의 틀에서 등장하는 성차에 대한 담론과는 차이가 있다. 라캉은 그가 이 용어[2]를 사용하기 6년 전인 1947년에 처음 출판된 레비스트로스의『친족의 기본 구조』에 영향을 받았음이 분명하다.

　장 라플랑슈와 장-베르트랑 퐁탈리스의『정신분석 사전』에서 "상징계"라는 항목은 다음과 같이 설명되고 있다. "레비스트로스는 소쉬르의 가르침에서 나온 구조언어학을 모델로 하여, 사회과학에서 인간관계의 현실을 구조화하는 상징적 질서라는 개념을 끌어낸다. [소쉬르의-인용자]『일반 언어학 강의』(1955)의

2　[옮긴이]『친족의 기본 구조』와 연관해 볼 때 "이 용어"는 '상징계'로 보인다. 레비스트로스는 그 저서에서 결혼이 친족 간 여자를 교환하는 상징적 기능을 수행한다고 보았으며 이와 같은 친족의 기본 구조가 언어처럼 보편적이고 위반될 수 없는 하나의 체계라고 설명하고 있기 때문이다. 라캉과 레비스트로스의 연관관계는『에크리』의 다음과 같은 문장에서 분명하게 나타난다. "레비스트로스가 혼인 관계와 친족 관계를 지배하는 사회 법칙을 설명할 때 언어의 구조를 암시함으로써, 프로이트에 의해 무의식으로 명명된 그 지형을 이미 정복해 버린 것이 놀랍지 않은가? 지금부터 상징의 일반적인 이론은 과학의 중심축이 되어야 한다" (Lacan, *Ecrits*, NY: Norton, 2002, p. 72).

명제에 따르면, 언어의 기호 형식을 따로 떼어서 보면, 그것은 기호 내용과 내적인 관련이 없다. 그것이 의미 작용과 관련을 맺는 것은, 그것이 미적분 대립으로 특징지어지는 기호 형식의 체계 속에 통합되기 때문이다"(Laplanche and Pontalis 1973 [국역본, 192쪽]). 이들은 레비스트로스를 인용하면서 다음과 같이 말한다. "모든 문화는 상징적 체계의 총체로 간주할 수 있다. 그것의 제1열에 언어, 혼인 규칙, 경제 관계, 예술, 학문, 종교가 위치하고 있다"(Laplanche and Pontalis 1973[국역본, 192쪽]). 위의 저자들에 따르면 라캉은 무의식이 언어처럼 구조화되어 있음을 입증하고, 나아가 무의식이 언어적 생산력을 가지고 있음을 보여 주기 위해, 상징계라는 용어를 사용한다. 상징계에 대한 라캉의 두 번째 사용 방식은 우리의 연구와 좀 더 직접적인 관련을 가지고 있다. 즉, 이것은 "인간 주체가 어떻게 미리 확립된 질서 — 레비스트로스적인 의미에서 그 자체가 상징적인 본질을 가진 — 속에 삽입되는지를 보여 준다"(Laplanche and Pontalis 1973[국역본, 192, 193쪽]).

라플랑슈와 퐁탈리스는 맬컴 보위와 같은 라캉주의 해설자와는 다른 관점을 갖는다. 이들의 관점에서 이미 확립된 기존 질서로서의 상징계는 기표와 기의가 자의적 관계에 있다고 보는 라캉의 주장과는 긴장 관계에 있다. 어떤 경우에 라캉은 기의로 기능하는 개별 요소들을 기술하기 위해 '상징계'를 사용하는 것처럼 보이지만, 또 다른 경우에 라캉은 개별 요소들을 기능하게 하는 좀 더 일반적인 등록부[기록부]를 기술하기 위해 그 용어를 사용하는 것처럼 보인다. 게다가 라플랑슈와 퐁탈리스는 라캉이 "이 질서에 기초를 제공하는 법을 지칭하기 위해" "상징계"라는 용어를 사용한다고 주장한다. "상징적 아버지" 혹은 "아버지 이름"의 폐제는 상상적 혹은 실제 아버지로 환원될 수 없는 그런 기초 심급이다. 그것은 법을 강제한다. 물론 어느 누구도 상징적 아버지의 위치에 거주하지 않는다. 역설적이지만 법에 힘을 제공하는 것은 상징적 아버지의 "부재"이다.

보위 역시 상징계가 상징적 법에 의해 통치된다고 주장하지만(Bowie 1991, 108 [국역본, 162쪽]), 그러면서도 "상징계가 종종 동경의 대상처럼 논의된다고 주장"한다. 그에 따르면 상징계는 "…… 고정성이라기보다는 이동성의 영역이다. 그것은 유사성이 아니라 이질성의 영역이다. …… 상징계는 뿌리부터 사회적이고 상호 주관적이다. ……"(Bowie 1991, 92, 93[국역본, 141쪽]). 그럼에도 불구하고 질문은 남는다. 상징계가 지정하는 '사회적' 영역은 '아버지의 이름', 즉 아버지라는 상징적 자리에 의해 통제되는 것이 아닌가? 만약 그것이(아버지가 아니라 아버지의 자리가) 상실된다면, 우리는 정신병에 빠지게 되는가? 사회적 질서의 이해 가능성을 위해 부과되는 전-사회적 제약이란 어떤 것인가?

레비스트로스의 모델에서, 남성과 여성의 위치는 특정 형식의 성적 교환을 가능하게 하는 것이다. 이런 의미에서 젠더는 특정 형식의 재생산적인 성적 유대를 보장하고 그 외의 형식들을 금지하기 위해 작동한다. 이런 관점에서 보면, 우리의 젠더는 금지되고 선규정된 성적 관계의 색인이며, 이를 통해 주체는 사회적으로 규제되고 생산된다.³

레비스트로스에 따르면, 성적 교환을 관장하는, 그리고 그에 맞게 실행 가능한 주체의 위치들을 섹슈얼리티에 대한 규제를 기반으로 생산하는 규칙들은 그런 규칙에 따라 사는 개인들이나 그런 위치들을 점유하는 개인들과는 명백하게 구분된다. 인간 행위는 그런 법들에 의해 규제되지만, 그런 법의 실체와 목표를 변혁할 힘을 갖지 않는다. 그런 사실은 규제하는 내용에 대해서는 무관심한 법 개념 자체의 결과인 것처럼 보인다. 그렇다면 젠더를 상징적 법에 의해 규제되는 것이 아니라 사회적 규범들에 의해 규제되는 것으로 보는 사고의 전환은 법이 규제하는 것에 대한 법의 이런 무관심을 어떻게 다루는가? 어떻게 그런 전환은 법 자체를 좀 더 급진적으로 문제시할 가능성을 열어젖히는가?

만약 젠더가 규범이라면, 그것은 개인들이 닮고자 노력하는 모델과 동일한 것은 아니다. 반대로 젠더는 주체의 인식 가능성의 장을 생산하는 사회적 권력의 형식이며, 젠더 이분법을 제도화하는 장치이다. 젠더 이상ideality은 젠더가 관장하는 실천들과는 무관해 보이는 규범이지만, 바로 그 실천들의 효과가 다시 제도화된 결과이다. 이 말은 실천과 실천의 조건으로 작동하는 이상화의 관계가 우연적임을 보여 줄 뿐만 아니라, 저 이상화가 탈이상화와 박탈divestiture을 겪는 가운데 문제시되고 위기에 빠질 수 있음을 보여 준다.

3 [옮긴이] 이상 세 문단이 『젠더 허물기』에는 각주로 처리되어 있다.

젠더와 자연화된 젠더 사례들 간의 간극은 바로 규범과 규범이 구체적으로 체화된 사례들 사이의 간극이다. 나는 앞서 규범이 구체적으로 체화된 사례는 분석적으로 별개라고 주장했지만, 이것은 오직 지성의 발견일 뿐임을 강조하고 싶다. 이런 구분은 규범 자체를 영원히 변화하지 않는 이상으로 지속시키는 것을 보장할 뿐이다. 사실상 규범은 오직 사회적 실천 속에서 행위로 나타나는 한에서, 육체적 삶과 관련된 일상의 사회적 의례 속에서, 그리고 그런 의례를 통해 다시금 이상화되고 제도화되는 한에서 규범으로 지속된다. 규범은 독립적인 존재론적 위상을 갖지는 않지만 그렇다고 손쉽게 그 사례들로 환원되어서는 안 된다. 규범 자체는 그것의 체현을 통해, 규범에 근접하려는 행위를 통해, 그런 행위 속에서 또 그런 행위에 의해 재생산된 이상화를 통해 (재)생산된다.

푸코의 『성의 역사』 1권은 규범에 대한 담론이 널리 통용되도록 만들었는데, 거기서 푸코는 19세기에 법의 작동과 동일하지 않은 사회적 규제의 수단으로 규범이 출현한다고 봤다. 푸코의 영향을 받은 사회학자 프랑수아 에발드는 여러 글에서 이를 강조해 확장했다(Ewald 1986, 1991, 1992). 에발드의 주장에 따르면 규범은 법이라는 사법 제도를 희생시키면서 작동한다. 규범화는 사법화의 증가를 수반하지만, 그때 규범화는 사법화에 대립해 있다기보다 여러 중요한 면에서 사법화로부터 독립적 상태를 유지한다는 것을 의미한다(Ewald 1991, 138). 푸코의 서술에 따르면 규범은 종종 사법적 형식을 띠며, 규범적인 것은 전형적으로 헌법, 법전 그리고 지속적이고 시끄러운 입법 활동으로 표면화된다(Foucault 1978, 5부). 푸코는 나아가 규범이 판단의 기술에 속하는 것이며, 명백히 권력과 연관될 때에도 규범은 강제력이나 폭력의 사용보다는, 에발드가 지적하듯, "권력이 자신의 전략을 반성하고 자신의 대상을 분명히 규정할 수 있게 하는 내적 논리와 관련되어 있다. 이 내적 논리는 우리에게 삶과 생활이 권력의 대상이라고 상상하게 만드는 힘인 동시에, 생명 정치의 영역을 만들어 냄으로써 '삶'을 장악할 수 있는 권력이다"(Ewald 1991, 138).

에발드는 여기서 적어도 두 개의 질문을 던진다. 즉, 가령 근대성은 규범의 논리와 연루되어 있는가? 규범과 법 사이의 관계는 어떤 것인가? 이 지점에서 정상성의 역사에 대한 조르주 캉길렘의 중요한 역사학적 연구인 『정상적인 것과 병적인 것』(Canguilhem 1989)에 주목하는 것이 유용할 수 있다. 에발드의 설명에 따르면 어원학적으로 규범은 수학적이거나 건축학적인 원형과 연관되어 있다. 규범은, 문자 그대로, 라틴어 T 자와 관련된 것이며, 정상적인 것은 수직선을 의미한다. 그 단어를 [로마 시대의 건축가] 비트루비우스는 직각을 그리는 도구를 가리킬 때 사용했고, 키케로는 자연의 건축학적 규칙성을 묘사할 때 사용했다. 키케로의 주장에 따르면 자연은 법의 규범이다.

 '규범'은 때때로 '규칙'과 동의적으로 사용되지만, 규범들은 분명 규칙들에 어떤 국지적 응집성을 제공하는 것이다. 에발드는 19세기 초에 규칙과 규범의 관계에 급진적 변화가 나타났다고 주장한다(Ewald 1991, 140). 그는 또한 규범이 개념적으로 규칙의 특별한 변용태일 뿐만 아니라 규칙들을 생산하는 방식이자 안정화 원리로도 등장한다고 주장한다. 프랑스어에서 정상이라는 용어는 1834년에 나타나며, 규범적normatif이라는 용어는 1868년에 등장한다. 19세기 말 독일에는 규범과학(내가 이해하는 바로 이는 이후 미국 현대정치학회의 '규범적 정치 이론' 분과라는 이름으로 이어진다)이 나타나며, 1920년에는 규범화라는 용어가 등장한다. 에발드와 마찬가지로 푸코에게도 규범화는 관료주의적이고 훈육적인 권력이 가지는 규범화 작용에 부합하는 용어다.

 에발드에 따르면 규범은 제약들을 모아 하나의 기제로 변형한다. 푸코의 용어에서 규범은 사법 권력이라고 불리는 것이 생산력을 획득하게 되는 움직임을 가리킨다. 규범은 사법이라는 금지적 강제들을 규범화라는 좀 더 적극적인 통제들로 변형한다. 이런 점에서 규범은 변혁적 기능을 수행한다. 규범은 또한 권력을 법률적 강제에서 ① 일군의 조직화된 제약들로, 그리고 ② 규제의 기제로 보는 사고의 전환을 표현하는 것이자 이 전환을 초래하는 것이다.

규범 그리고 추상화의 문제

이제 다음과 같은 질문으로 되돌아가 보자. 어떤 담론이 주체를 생산한다고 말할 수 있는가?(문화 연구 안에 마땅히 있을 것으로 여겨지지만 거의 제대로 탐구된 적이 없는 질문이다). 그뿐만 아니라, 좀 더 상세하게 묻는다면, 담론의 무엇이 주체의 생산을 유발하는가? 푸코는 훈육이 개인을 "생산한다"고 주장한다. 이 말은 훈육 담론이 개인들을 관리하고 활용할 뿐만 아니라, 적극적으로 개인을 구성한다는 뜻이기도 하다.

규범은 공통의 기준을 생산하는 척도이자 수단이다. 규범의 한 사례가 된다는 것은 그 사례가 규범을 완벽히 다 소화한다는 것이 아니라 어떤 추상적 공통성에 종속된다는 것이다. 푸코와 에발드가 이 과정을 분석하기 위해 19세기와 20세기에 집중했다면, 메리 푸비는 『사회적 신체 만들기』에서 사회 영역에서의 추상화의 역사를 찾기 위해 18세기 후반으로까지 소급해 올라간다. 푸비의 주장에 따르면, 영국에서 "영국 인구 전체 ─ 또는 상당 부분 ─ 를 총계로 표현하거나 사회적 영역을 정치와 경제의 영역과는 구분되는 영역으로 기술하려는 첫 번째 근대적 노력은 18세기 말에 목격된다"(Poovey 1995, 8). 그의 관점에 따르면, 여기서 사회적 영역은 수량적 척도의 도입을 특징으로 한다. "그런 비교와 측정은 물론 몇 가지 현상을 규범적인 것으로 생산하는데, 그 표면적인 이유는 그런 것들이 그 수가 많거나 평균치를 대표하거나 모든 다른 현상들이 추구하게 되는 이상을 형성하기 때문이다"(Poovey 1995, 9).

에발드는 모든 사회적 현상을 규제하는 규범의 능력뿐만 아니라 그런 규제 안에서 규범이 맞닥뜨리는 내적 한계들까지 이해하기 위해 규범을 좀 더 협소하게 규정하고자 한다(Ewald 1992, 170, 171). 그는 다음과 같이 쓴다.

정확히 무엇이 규범인가? 그것은 즉각적으로 개별화를 하고, 끊임없는 개별화를 가능하게 하며, 비교 가능성을 만들어 내는 척도이다. 규범은 공간의 위치를 파악할 수 있게 만드는데, 이는 무한정 계속될 수 있다. 이로써 공간은 점점 더 분리되고 잘게 쪼개진다. 규범은 동시에, 이런 공간들이 본성을 만들어 내는 식으로 사람을 에워싸지는 못하게 한다. 왜냐하면 개별화하는 공간들은 끝없이 다른 관계들과의 맥락 안에서 고려해야만 하는 어느 하나의 관계의 표현 이상도 이하도 아니기 때문이다. 규범이란 무엇인가? 비교와 비교 가능성의 원리이자 공통의 척도다. 이 원리는 한 집단이 자기 이외의 어떤 다른 집단과도 관계를 맺지 않은 채, 외부의 참조점이나 상하 관계도 갖지 않은 채, 순수하게 자기 스스로를 참조함으로써 설정된다(Ewald 1991, 173; 강조는 인용자).

에발드에 따르면, 푸코는 규범화 사고에 다음과 같은 말을 덧붙인다. "규범적 개별화는 외부적인 것이 아니다. 비규범적인 것은 속성에 있어 규범적인 것과 다르지 않다. 규범 또는 규범적 공간의 외부는 없다. 규범은 그것을 초월하려는 모든 것을 통합한다. 어떤 것도, 그 누구도, 규범이 전시하는 그 어떤 차이도 외재적인 것이라고 주장할 수 없으며, 실제로 규범을 규범 아닌 다른 것으로 만들 수 있는 타자성을 소유하고 있다고 주장할 수 없다"(Ewald 1991, 173).

이런 관점은 규범에 대한 어떤 대립도 이미 그 규범 안에 담겨 있으며 그 규범 고유의 기능에 핵심적인 것임을 보여 준다. 사실상 이 지점에서 우리의 분석은 라캉의 상징계적 위치에서 푸코인 '사회적 규범' 개념으로 이동한다고 해서 규범 자체를 효과적으로 대체하거나 재의미화할 기회를 더 많이 갖게 되는 것은 아니라는 점을 보여 주는 듯하다.

그러나 피에르 마슈레의 저작에서 우리는 규범들이 독립적이고 자립적인 실체나 추상적 개념이 아니라 행위의 형식들로 이해되어야 함을 보기 시작한다. 「규범의 자연사를 향하여」라는 글에서 마슈레는 규범들이 실행하는 종류의 인과관계는 대상을 필요로 하는 타동사적인 것trainsitive이 아니라 내재적인 것임을 분명히 한다. 그는 이를 주장하기 위해 스피노자와 푸코에 의지한다.

규범의 내재성을 사고한다는 것은 사실상 규범의 행위를 억제적인 것으로 생각하기를 멈추는 것이다. 규범을 규범 행위의 수행에 앞서 존재하는, 주체에게 행사된 금지로 이루어진 '억압'의 형식으로 보는 것을 멈추는 것이자, 이런 주체가 스스로 자신을 해방하거나 이런 종류의 통제로부터 해방된다고 생각하는 것을 멈추는 것이다. 광기의 역사는, 섹슈얼리티의 역사와 마찬가지로, 주체의 그런 '해방'이 규범 행위를 억제하기는커녕 오히려 반대로 이를 강화한다는 것을 보여 준다. 그러나 여전히 우리는 규범 행위를 벗어나기 위해 이런 반억압 담론을 환상이라고 맹렬히 비난하는 것만으로 충분한지 물을 수 있다. 우리는 또 다른 차원에서, 즉 반억압 담론이라는 환상이 단순함을 벗어나 어느 정도 박식함을 갖추었지만, 그럼에도 불구하고 여전히 원래 목적으로 했던 그 맥락과의 관계에서 벗어나 있는 그 차원에서 그 환상을 재생산하는 위험에 처해 있는 것은 아닌가?(Macherey 1991, 185).

규범은 오직 규범 행위 안에서, 행위를 통해서만 존속한다고 주장하면서 마슈레는 사실상 규범 행위를 사회적 개입의 장소로 만든다. "이런 관점에서 볼 때 규범 자체를 그 행위의 결과에 앞서 있는 것으로, 어떤 식으로든 그 결과의 배후에 숨겨져 있는 것으로, 그리고 그 결과에 독립적인 것으로 사고하는 것은 더는 가능하지 않다. 규범은 분명히 그 효과들 속에서 착동하는 그런 것으로 간추되어야 한다 — 규범은 단순한 조건화를 수단으로 삼아 현실을 제한하는 것이 아니라, 가능한 현실의 최대치를 스스로에게 부여하는 것으로 이해되어야 한다"(Macheray 1991, 186; 강조는 인용자).

앞서 언급했듯, 규범은 그것의 어떤 사례로 환원될 수 없다. 그러나 덧붙이자면, 규범을 그 사례화로부터 완전하게 분리할 수도 없다. 규범은 그것이 적용되는 장의 외부에 있지 않다. 마슈레가 말하듯 물론 규범은 규범이 적용되는 장을 생산하는 데 책임이 있다(Macheray 1991, 187). 그러나 규범은 그 창을 생산하는 과정에서 스스로를 생산한다. 규범은 적극적으로 현실성을 부여하고 있으며, 현실성을 부여하는 규범의 반복적 권력으로 인해 규범이 규범으로 구성되는 것이다.

젠더 규범들

앞서 상술한 규범 개념에 따르면, 젠더 규범이 생산한 현실의 장이 이상화된 차원에서 젠더가 드러나는 외양을 만드는 배경이 된다고 말할 수 있다. 그러나 그런 이상들이 역사적으로 형성되는 것, 시간적으로 지속되는 것을 어떻게 이해할 것인가? 그 이상들이 직접적으로 젠더와 관련되지 않은 것처럼 보이는 사회적 의미들의 복합적 수렴점으로 나타나는 것을 어떻게 이해해야 할 것인가? 젠더 규범이 재생산되는 한, 젠더 규범은 육체적 실천들에 의해 소환되고 인용되는데, 그 규범을 인용하는 과정에서 육체적 실천들은 이를 변형할 능력 또한 갖는다. 우리는 규범이 인용되는 역사 전체를 완전하게 서사적으로 설명할 수 없다. 서사는 이 역사를 완전히 은폐하지도 않지만 어떤 유일한 기원을 드러내는 것도 아니다.

그렇다면 규제의 중요한 의미 가운데 하나는 인간이 젠더에 의해 규제되며, 이런 종류의 젠더 규제가 그 사람의 문화적 인식 가능성의 조건으로 작동한다는 것이다. 젠더 규범에서 벗어난다는 것은 일탈의 사례를 생산한다는 것이다. 규제 권력(몇 가지만 말해 보자면, 의학적·정신의학적·사법적 규제 권력)은 그 일탈의 사례를 재빨리 활용해 자기 고유의 지속적 규제 열망을 더욱 강력히 합리화할 수도 있다. 하지만 질문은 남는다. 규범에서 벗어나는 어떤 방식이 그 규범의 권위를 지속시키는 핑계나 합리화 이상의 어떤 것을 만들어 낼 수 있는가? 규범에서 벗어나는 어떤 방식이 규제 과정 자체를 교란할 수 있는가?

인터섹스 아동을 외과적으로 '교정'하는 문제는 핵심적인 사례이다. 여기서 사용되는 논리는 변칙적 일차 성징을 가지고 태어난 아동들이 잘 어울리고, 편안함을 느끼고, 정상성을 획득하기 위해서는 '교정'되어야 한다는 것이다. 교정 수술은 때때로 부모의 동의하에 또는 정상화의 이름으로 수행된다. 말 그대로 규범의 칼에 복종해 온 사람들이 수술로 인해 치러야 하는 신체적이고 정신적인 비용은 엄청난 것으로 드러났다(Chase 1998, 189-211). 그런 젠더의 규제적 집행을 통해 생산된 몸들은 고통스러운 몸들이었다. 그 몸들은 폭력과 고통의 징표를 갖고 있다. 젠더 유형학의 이상성은 여기서 문자 그대로 살 속에 각인된다.

젠더는 따라서 규제하는 규범이다. 그러나 젠더라는 규범의 생산은 다른 종류의 규제에 봉사하기도 한다. 가령 캐서린 매키넌의 추론에 따르면 성적 괴롭힘 관련 법률은 괴롭힘이 대체로 직장에서 여성들이 체계적인 성적 종속 상태에 있기에 일어나며, 남자들은 일반적으로 괴롭히는 위치에, 여자들은 당하는 위치에 있다는 것을 가정하곤 한다. 매키넌에게 이런 법률상의 전제는 좀 더 근본적인 여성의 성적 종속의 결과로 간주된다. 성적 괴롭힘 관련 법률과 같은 규제들은 직장 내에서 성적 비하 행위를 억제하려는 것이지만, 이 과정에서 규제들은 내적으로 어떤 암묵적인 젠더 규범을 내포하기도 한다. 어떤 의미에서 보면, 섹슈얼리티의 명시적 규제를 통해 젠더의 암묵적 규제가 이루어지는 것이다.

매키넌에게, 남자가 여자를 지배하는 이성애의 위계 구조는 젠더를 생산하는 것이다. "인간의 속성인 양 고정된 채, 섹스 불평등은 젠더 불평등으로 둔갑한다. 인간관계인 것 마냥 작동하면서 섹스 불평등은 섹슈얼리티의 모양을 갖게 된다. 젠더는 남녀 불평등이 성애화되어 응결된 형태로 나타난다"(MacKinnon 1987, 6, 7).

만약 젠더가 불평등의 성애화가 응고된 형태라면, 불평등의 성애화는 젠더에 선행하는 것이며 젠더는 그 성애화가 낳은 효과다. 그러나 선행하는 젠더 개념 없이 우리는 불평등의 성애화가 무엇인지를 알 수 있는가? 만약 우리가 남성이나 여성이 무엇인지에 대한 그 어떤 이해도 갖고 있지 않다면 남성이 여성을 성적으로 지배한다고 주장하는 것이 이해될 수 있는가? 어쨌든 매키넌은 젠더의 구성이 이런 섹슈얼리티의 형식 외부에서는 이루어질 수 없다고 주장하며, 즉 젠더 구성이 종속을 강요하는 이런 착취적 섹슈얼리티 형식의 외부에서는 이루어질 수 없다는 점을 그로써 암시하는 것이다.

이렇듯 성적 지배 종속의 체계적 특성에 대한 분석을 성적 괴롭힘에 대한 규제를 요청하는 토대로 사용하는 가운데 매키넌은 또 다른 종류의 규제를 도입한다. 즉, 젠더를 갖는다는 것은 이미 이성애적 지배 종속 관계에 들어간 것을 의미한다는 것이다. 매키넌에게는 그런 관계의 외부에 존재하는 어떤 젠더화된 인간도 없는 것처럼 보인다. 어떤 비지배 종속적 이성애 관계도 없어 보인다. 어떤 비이성애적 관계도 없어 보인다. 어떤 동성 간의 괴롭힘도 있을 수 없어 보인다.

젠더를 섹슈얼리티로 환원해 설명하는 이런 방식은 따라서 오늘날 퀴어 이론 내에 두 가지 서로 다른, 그러나 중첩되기도 하는 경향들을 낳았다. 첫 번째는 섹슈얼리티를 젠더로부터 분리하려는 경향이다. 이렇게 되면 젠더를 갖는다는 것은 어떤 특정한 방식으로 성적 실천에 참여하는 것을 전제하지 않아도 된다. 정해진 성적 실천, 가령 항문 성교를 한다는 것은 어떤 정해진 젠더를 전제하지 않아도 된다(이런 입장은 게일 루빈이 「성을 사유하기」[Rubin 1984]라는 논문에서 제기했으며 이브 세지윅의 『벽장의 인식론』[Sedgwick 1991]에서 상세화된다). 첫 번째와 관련된 퀴어 이론 내의 두 번째 경향은 젠더가 위계적 이성애로 환원될 수 없다고 주장한다. 이들은 젠더가 퀴어 섹슈얼리티의 맥락 속에서는 다른 형태를 띤다고 본다. 사실상 이성애 틀의 외부에서 젠더 이분법은 당연한 것이 될 수 없다는 것이다. 여기서 젠더 자체는 내적으로 불안정적이다. 젠더를 변환한 삶은 섹슈얼리티와 젠더 사이에 그 어떤 인과적 결정론도 없음을 보여 주는 증거다. 결국 젠더와 섹슈얼리티 사이의 불일치는 서로 다른 두 가지 시각에서 확인된다. 섹슈얼리티와 젠더를 묶는 인과적 환원주의를 깨려는 첫 번째 시각은 젠더에 의해 강제되지 않은 섹슈얼리티의 가능성을 보여 주고자 한다. 다른 시각은 헤게모니적 이성애의 형식에 의해 미리 결정되어 있지 않은 젠더의 가능성들을 보여 주려 한다(나의 연구는 이런 노선을 따르고 있으며, 이는 비디 마틴, 조앤 W. 스콧, 캐서린 프랭크 그리고 트랜스젠더 이론의 출현과 긴밀하게 연관되어 있다).

젠더가 이성애 내부에서 성애화된 종속의 은폐된 효과라고 보는 섹슈얼리티관을 바탕으로 성적 괴롭힘 관련법을 만드는 것의 문제는, 바로 그런 추론을 통해 특정한 젠더, 특정한 섹슈얼리티에 대한 견해가 강화된다는 점에 있다. 매키넌에게 젠더는 성적 종속의 장면에서 생산되며, 성적 괴롭힘은 이성애 종속의 제도화를 보여 주는 명시적 계기이다. 이 말이 결과적으로 의미하는 것은 성적 괴롭힘이 젠더 생산의 알레고리가 된다는 것이다. 내가 볼 때 성적 괴롭힘 관련법은 젠더를 재생산하는 도구 그 자체다.

법학자 캐서린 프랭크는 이런 견해에서 심문받지 않을 뿐만 아니라 뜻하지 않게 부추겨지는 것이 바로 젠더 규제라고 주장한다.

매키넌이 저술에서 묘사하는 세계의 문제점은 남성이 여성 위에 군림한다는 것을 보여 주는 것만으로는 다 드러나지 않는다. 비록 대부분의 경우에 이는 참이지만, 문제는 그보다 더 체계적이다. 성차별주의를 남성이 여성에게 저지르는 것만으로 좁게 해석할 때, 우리는 성차별주의를 그토록 강력하게 만드는 근본적 이데올로기에 대한 통찰을 잃게 될 수 있다. ……남성에 의한 여성의 지배는 여성적 여성과 남성적 남성이라는 젠더화된 몸을 만들어 내는 좀 더 광범위한 사회적 실천의 일부이다(Franke 1997, 761).

인터섹스의 외과적 교정은 젠더의 경계를 위반할 때 따라오는 사회적 처벌이라고 할 수 있다. 미국을 포함한 몇몇 국가에서는 '젠더와 위화'[4]하는 사람들을 의학적·정신의학적으로 병리화하고 범죄화한다. 거리나 직장에서 젠더 트러블을 일으키는 사람들에 대한 괴롭힘, 고용 배제와 폭력도 이에 해당된다. 남성의 여성에 대한 성적 괴롭힘을 금지하는 것은 이성애적 지배를 젠더와 섹슈얼리티의 독점적인 장면으로 전제하는 논리에 기초하고 있으며, 이로써 성적 괴롭힘 금지는 그 자체로 이성애 내부의 젠더 규범을 생산하고 유지하는 규제 수단이 된다 (Alexander 1991).

이 글을 시작할 때 나는 '규제'의 문제를 이해하는 몇 가지 방식을 제안했다. 규제는 표준화하는 것이다. 그러나 푸코에 따르면 규제는 후기 근대적 권력 형식 내부에 있는 훈육과 감시의 양식이기도 하다. 규제는 단순히 제약을 가하거나 부정하는 것이 아니며, 이런 점에서 단순히 사법적인 권력 형식도 아니다. 규제들이 규범들에 의해 작동하는 한, 규제들은 규범의 이상성을 재구성하는 핵심 계기가 된다. 이때 규범의 역사성과 취약성은 잠정적으로 중지된다. 권력의 작동으로서 규제는 사법적 형식을 취할 수 있지만, 사법적 차원이 규제가 효력을 발휘하는 영역 전부인 것은 아니다. 규제는 개인들을 사회적으로 상호 교환 가능한 자들로 만드는 범주들에 의지한다. 이로써 규제는 규범화의 과정과 연관된다. 누가 복지 권리의 수혜자가 될지를 정하는 법규들은 복지 수혜자에 대한 규범을 생산하는 과정에 적극 개입하게 될 것이다. 군대 내의 게이 선언을 규제하는 법규들은 어떤 남성, 어떤 여성이 가능한지, 발화란 무엇인지, 어디에서 섹슈얼리티가 존재할 수 있는지에 대한 규범을 생산하고 유지하는 과정에 깊이 개입하고 있다. 레즈비언과 게이의 자녀 입양에 대한 국가의 규제들은, 한부모 입양에서와 마찬가지로, 입양이라는 행위 자체를 제한하기도 하지만, 나아가 어떤 부모가 바람직한지, 가령 부모가 짝을 이루고 있어야 하는지, 합법적 배우자란 어떤 것인지 등에 대한 이상을 제시하고 이를 강화한다. 이런 이유로 단순히

4　[옮긴이] 젠더 위화 혹은 신체 위화로 명명될 수 있는 'gender dysphoric'은 타고난 신체에 사회가 부여하는 젠더와 자신이 동일시하는 젠더 사이에 위화를 느끼는 사람을 말한다.

구체적인 몇 가지 행위들(성적 괴롭힘, 복지 사기, 성적 발화)을 제한하려 했던 규제
들은, 대개 사람들이 잘 알아채지 못하고 있는 또 다른 활동을 수행하게 된다.
말하자면 규제들은 추상적인 규범들에 따라 인간됨의 경계를 만들어 내며, 규
범들은 인간 삶의 조건인 동시에 또 그 삶을 초과하면서, 삶을 생성하고 또 파
괴하기도 하는 것이다.

참고 문헌

Alexander, Jacqui. 1991. "Redrafting Morality: The Postcolonial State and the Sexual Offenses Bill
   of Trinidad and Tobago." In *Third World Women and the Politics of Feminism*, ed. Chandra
   Talpade Mohanty, Ann Russo, and Lourdes Torres. Bloomington: Indiana University Press.
Bell, Vikki. 1993. *Interrogating Incest: Feminism, Foucault, and the Law*. London: Routledge.
Bornstein, Kate. 1994. *Gender Outlaw*. New York: Routledge [케이트 본스타인, 『젠더 무법자: 남자,
   여자, 그리고 우리에 관하여』, 조은혜 옮김, 바다출판사, 2015].
Bowie, Malcolm. 1991. *Lacan*. Cambridge, MA: Harvard University Press [맬컴 보위, 『라캉』, 이종인
   옮김, 시공사, 1999].
Canguilhem, Georges. 1989. *The Normal and the Pathological*. Trans. Carolyn Faucett and Robert
   S. Cohen. New York: Zone Books [조르주 캉길렘, 『정상과 병리』, 이광래 옮김, 한길사, 1996].
Chase, Cheryl. 1998. "Hermaphrodites with Attitude: Mapping the Emergence of Intersex Political
   Activism." *GLQ* 4(2).
Evans, Dylan. 1996. *An Introductory Dictionary of Lacanian Psychoanalysis*. London: Routledge [딜런
   에반스, 『라깡 정신분석 사전』, 김종주 외 옮김, 인간사랑, 1998].
Ewald, François. 1986. "A Concept of Social Law." In *Dilemmas of Law in the Welfare State*, ed. Gunter
   Teubner. Berlin: Walter de Gruyter.
_____. 1991. "Norms, Discipline, and the Law." In *Law and the Order of Culture*, ed. Robert Post.
   Berkeley: University of California Press.
_____. 1992. "A Power without an Exterior." In *Michel Foucault, Philosopher*, ed. Timothy
   Armstrong. New York: Routledge.
Fausto-Sterling, Anne. 2000. *Sexing the Body: Gender Politics and the Construction of Sexuality*. New
   York: Basic Books.
Foucault, Michel. 1978. *The History of Sexuality*. Vol. 1. Trans. Robert Hurley. New York: Pantheon
   [미셀 푸코, 『성의 역사 1: 지식의 의지』, 이규현 옮김, 나남, 2004].
Franke, Katherine. 1997. "What's Wrong with Sexual Harassment?" *Stanford Law Review* 49:
   691-772.
Irigaray, Luce. 1985. *This Sex Which Is Not One*. Trans. Catherine Porter and Carolyn Burke. Ithaca,
   NY: Cornell University Press [뤼스 이리가라이, 『하나이지 않은 성』, 이은민 옮김, 동문선,

2000].

Laplanche, Jean, and Jean-Bertrand Pontalis. 1973. *The Language of Psycho-Analysis*. Trans. Donald Nicholson-Smith. London: Hogarth Press [장 라플랑슈·장-베르트랑 퐁탈리스, 『정신분석사전』, 임진수 옮김, 열린책들, 2005].

Lévi-Strauss, Claude. 1969. *The Elementary Structures of Kinship*. Rev. ed. Ed. Rodney Needham. Trans. James Harle Bell et al. Boston: Beacon.

Macherey, Pierre. 1991. "Towards a Natural History of Norms." In *Michel Foucault, Philosopher*, ed. Timothy Armstrong. New York: Routledge.

MacKinnon, Catharine. 1987. *Feminism Unmodified: Discourses on Life and Law*. New York: Routledge.

Mitchell, Juliet. 1975. *Psychoanalysis and Feminism: A Radical Reassessment of Freudian Psychoanalysis*. New York: Vintage.

Poovey, Mary. 1995. *Making a Social Body: British Cultural Formations, 1830-1864*. Chicago: University of Chicago Press.

Rubin, Gayle. 1984. "Thinking Sex: Towards a Political Economy of 'Sex'." In *Pleasure and Danger*, ed. Carol Vance. New York: Routledge [게일 루빈, 「성을 사유하기: 급진적 섹슈얼리티 정치 이론을 위한 노트」, 『일탈: 게일 루빈 선집』, 신혜수·임옥희·조혜영 옮김, 현실문화, 2015].

Sedgwick, Eve Kosofsky. 1991. *Epistemology of the Closet*. Berkeley: University of California Press.

Smart, Carol, ed. 1992. *Regulating Womanhood: Historical Essays; on Marriage, Motherhood, and Sexuality*. London: Routledge.

Taylor, Charles. 1993. "To Follow a Rule ..." In *Bourdieu: Critical Perspectives*, ed. Craig Calhoun et al. Chicago: University of Chicago Press.

Tort, Michel. 1983. "Le nom du père incertain: La question de la transmission du nom et la psychanalyse." Work carried out at the request of the Service of Coordination of Research, Ministry of Justice, Paris.

_____. 1989. "Artifice du pere." In *Dialogue-recherches cliniques et sociologiques sur le couple et la famille*, no. 104.

Trumbach, Randolph. 1998. *Sex and the Gender Revolution*. Vol. 1, *Heterosexuality and the Third Gender in Enlightenment London*. Chicago: University of Chicago Press.

19짱

종교

Religion

지은이
리자이나 M. 슈워츠 Regina M. Schwartz

옮긴이
황주영
지구지역행동네트워크/페미니즘학교 팀장. 뤼스 이리가레의 페미니즘 철학과 에코
페미니즘을 주로 연구한다. 서울시립대학교와 경희대학교에서 강의하고, 여성환경
연대 에코페미니즘 연구센터 '달과 나무'의 연구위원이다. 저서로『뤼스 이리가레』,
『현대 페미니즘의 테제들』(공저),『교차성×페미니즘』(공저), 역서로 이리가레의 주
저인『반사경: 타자인 여성에 대하여』(공역)가 있다.

꽃

젠더의 관점에서 종교를 향한 분노는 상당했다. 거기에는 "신은 남자다. 그를 숭배하는 것은 남성적이며, 그들의 예배 의식도 남성적이고, 우주생성론도 남성적이다. …… 구원이 여성을 완전히 배제하고 있지 않는 것이 이상한 일이다"라는 비난도 포함된다. 19세기 이후 많은 종교 비평가들은, 보편적이고 젠더 중립적인 것으로 제시된 정의들이 사실 남성 중심적인 것이라고 주장했다. 『여성의 성서』[1]의 공저자인 엘리자베스 캐디 스탠턴은 종교가 여성의 "열등함과 종속"을 강조한 데 대해 [이를 통해 역설적으로 이 사회가 얼마나 남성 중심적이었는지 깨닫게 해주어] 여성들이 고마워해야 할 지경이라고 주장했다(Stanton [1898]1987, 357). 페미니즘은 이 종교들이 여성을 침묵시키고, 여성의 섹슈얼리티를 통제하고, 여성을 공적 영역에서 제거해 버리며, 동등한 참여권을 주지 않고, 교회에서의 지도자 역할도 주지 않으며, 게다가 심지어는 신이 부여하는 축복조차 받지 못하도록 하는 것을 용인한다고 종교에 불만을 표출해 왔다. 어떤 이들은 또한 신을 지시하는 대명사가 모두 남성형이라는 점이 절대 권력이 남성적임을 의미할 뿐만 아니라, 남성성 자체가 신성화된다는 의미라고 주장한다. 즉, 남성성이 절대 가치인 것이다. 이와 똑같은 문책 가운데 많은 것들을 지금은 동성애자 활동가들이 종교에 퍼붓고 있다. 그들은 서구 종교에서 동성애자는 이성애자들에 비해 열등하다고 여겨질 뿐만 아니라, 동성애자와 그들의 성적 실천이 완전히 저주받은 것으로 이해된다고 이의를 제기하면서 비판을 심화했다. 교회 지도부와 성찬식에 대한 논란, 동성애자 사제와 동성 결혼 논란은 국가를 자극했고 교회를 분열시켰다. 이 맹렬한 논쟁의 장에서, 우리는 아마도 이런 질문을 해볼 수 있을 것이다. 종교가 젠더의 사회적 구성을 산출하는가, 아니면 종교가 받아

---

1 [옮긴이] 『여성의 성서』는 기존의 성서를 대체하는 새로운 성서가 아니라, 여성에 대해 언급하는 성서의 구절들에 대한 주석서라 할 수 있다. 특히, 스탠턴을 비롯해 『여성의 성서』를 출간한 이들은 성서가 "특정한 문화적 시대의 산물"이며, 따라서 성서와 이에 대한 해석들에는 "당대의 지배적인 관점"이 들어 있다고 주장했다.

들인 젠더 구성물을 단지 반영할 뿐인가? 아니면 이런 이분법이 잘못된 것일까? 주디스 버틀러의 말대로, "자신이 규제하고 강제하는 현상들을 생산하기 위한 담론의 반복적 힘"에 의해 젠더가 구성된 것이라면, 종교 역시 그럴 것이기 때문이다(Butler 1993, 2[국역본, 24쪽]).**2**

정의

만일 종교가 문화 규범을 규정하고 동시에 성문화한다면, 종교는 당연히 젠더의 모든 측면을 다룬다. 그렇다면 어떻게 시작해야 할까? 여러 가지 난점을 분명히 인식하면서 이 주제에 접근하는 것이 아마 최선일 것이다. '종교와 젠더'라는 쟁점을 다루기 위해서는 문화적 특수성을 반드시 고려해야만 한다. 즉, 어떤 종교인가, 그 종교 내에서도 어떤 종파인가? 그 종교의 복잡하면서도 오래된 전통 가운데 어떤 시기를, 그리고 전 세계적으로 다양한 변주들이 뚜렷이 나타나는 가운데 어느 지역을 다루는가? 또한 어떤 의례나 관습, 어떤 믿음이나 교리를 다루는가? 어떤 기관, 어떤 제도인가? 어떤 예배식, 어떤 성서인가? 종교를 정의하는 일은 또 다른 특유의 문제를 제기한다. 여러 문화들이 자신들의 종교를 종교 자체라고 가정하기 때문에, 종종 이들은 '종교란 무엇인가?'와 같은 질문을 좀처럼 하려 하지 않기 때문이다. 타당한 방식으로 말해 보자면, "종교를 가진 사람에게 종교에 대한 정의는 그/녀 자신의 '종교'에 대한 정의일 수밖에 없을 것이다"(Goetz 1967, 240).

　뒤집어 말하면, 종교들 사이의 막대한 다양성을 보여 주는 엄연한 증거를 고려할 때, 종교에 대한 보편적 정의는 항상 의심스러운 것이다. 전부는 아니지만 어떤 종교들은 초자연적 존재(신)들에 대한 믿음을 포함하고 있다. 전부는 아니라도 어떤 종교는 세상에 존재하는 성스러운 대상들과 불경한 대상들을 구별

2　[옮긴이] 인용구가 원문과 약간 달라 원문을 따라 옮겼다(인용구: "phenomena that is regulates and con-strains", 원문: "the phenomena that it regulates and constrains").

한다. 마찬가지로 어떤 종교는 "종교적 감정"을 불러일으키는 경향이 있는데, 잘 알려져 있듯이 루돌프 오토는 종교적 감정을 외경심과 매료의 혼합으로 정의한 바 있지만, 이 경외로운[두려운] 신비mysterium tremendum는 — 신과 관련된 의례를 치르는 동안 일어날 수 있는 신비감, 부채감, 경건함, 또는 숭배감 등과 같은 — 각양각색의 감정을 모두 아우를 수 없을 것이다. 게다가 종교는 위에 있는 특징들 가운데 여러 가지에 기반한 사회집단, 즉 공통의 신성, 공통으로 유지하고 있는 신성한 대상들, 공통의 의례들, 공통의 세계관과 생활 조직을 가진 집단들을 결속할 수 있다(Alston 1967, 141). 이 같은 어려움을 더 복잡하게 만들어 보자면, 위에서 말한 종교의 모든 특징들은 상호적인 방식으로 관계를 맺을 수 있다. 어떤 대상들(즉, 유대교 율법 두루마리와 그리스도교의 성찬식 빵)은 외경심을 불러일으키고 그러므로 신성한 것으로 여겨진다. 하지만 거꾸로 그런 대상들이 신들 혹은 유일신과 연관되어 있다는 믿음이 먼저 존재하고, 그런 믿음이 외경심을 고취하는 신성함을 그 대상들에 부여하는 것이 될 수 있다. 모두 그런 것은 아니지만 어떤 종교는 기도나 노래 같은 것을 통해 신과 의사소통하는 것을 포함한다. 그리고 좀 야심 찬[과감한] 소리로 들릴 수 있겠지만, 대부분의 종교는 (전부는 아니라 해도) 세계관을 제공하기도 한다. 이 세계관에는 "세계의 포괄적인 목적이나 의미에 대한 어떤 설명, 그리고 개인이 어떻게 거기에 부합해 살 수 있는지에 대한 지시가 담겨 있다"(Alston 1967, 141). 물론 이 같은 야심은 또한 종교를 정의하는 데 따르는 또 다른 어려움을 제기한다. 즉, 종교를 정의하는 사람들이 온전한 세계관을 서술하는 데 관여할 때, 그들은 어떤 세계관을 통해 바라보고 있는가? 종교가 궁극적으로 요구하는 것은 심지어 이보다 더 거창하게 들린다. 왜냐하면 많은 종교들이 온전한 세계관을 제공한다면, 전부는 아니지만 상당수의 종교가 그 세계관에 근거해 사람들이 평생 어떻게 살아가야 하는지에 대해 거의 완성된 각본을 제시하기 때문이다. 종교를 정의할 때의 어려움과 그것이 젠더에 미치는 영향 둘 다를 아무리 과장해도 지나치지 않다.

아래에 제시할 역사적 사례들이 증명하듯, '종교'를 정의하거나 '종교적인' 것을 다른 삶의 영역과 구별하려는 노력은 주로 서구에서 나타나는 집착으로, 과학적인 것, 분류학적인 것, 사변적인 것에 대한 서구의 강조를 반영하고 있다.

서구 전통을 특징짓는 본질적인 이원론 — 창조자와 그의 피조물 사이, 초월적 신과 내재적 세계 사이, 신성한 것과 불경한 것 사이의 이원론 — 은 모든 것이 신성한 힌두교에는 낯선 것이다. 이는 또한 불교에도 낯선 것으로, 불교는 [인간과] 근본적으로 다른, 초월적 창조자 관념과도 맞지 않는다. 그 대신 불교에서는 성스러운 것의 내재성이 인간 내면성의 깊이로서 경험된다(King 1995, 283). 서구 종교는 초월적인 지고의 존재자에 대한 믿음과 종교를 동일시하고, '종교적인' 것을 '비종교적인' 영역과 빈번히 분리하며, 그에 따른 필연적 귀결로서, 공동체를 신도와 비신도로 분열시킴으로써, 많은 아시아 종교를 포용할 수 있도록 종교를 정의하려는 시도를 좌절시킨다. 젠더라는 맥락에서 종교를 정의하려면 '서구의' 종교 아래 펼쳐진 우산보다 더 멀리까지 경계를 설정할 필요가 있다. 왜냐하면 서구 종교의 특징을 서술하는 방식 대부분이 아시아 종교를 포괄할 수 없는 것처럼, 그리스도교에 관해 이루어질 수 있는 일반화 가운데 많은 것들이 유대교에는 해당되지 않기 때문인데, 무엇보다 특히 결혼과 생식이 어떻게 여겨지는가 하는 질문들에서 그렇다. 그리고 이슬람교 역시 그 고유의 경전, 율법, 명예로운 전통에서 유래하는 관심사들이 있다. 유대교와 그리스도교, 이슬람교가 모두 유일신교이고 동일한 계시에서 영감을 끌어내기 때문에, 이 종교들은 이따금 같은 집합으로 묶이지만, 젠더의 사회적 조직과 페미니즘의 영향이 이 종교들에서 상이하게 굴절되어 왔기 때문에, 이 세 종교는 분리해 다루는 것이 당연하다. 그럼에도 불구하고 이 간략한 글에서, 우리는 논의 범위를 유대-그리스도교 전통에 한정하고 있다. 하지만 이와 같은 하이픈으로 연결된 구성물은 그리스도교의 구성물이자 서구의 세속적인 지적 전통들의 구성물이지 유대교의 구성물이 아님을 여기서 분명히 밝혀 둔다.[3]

　　종교가 삶의 여러 가지 다양한 측면들에 영향을 미쳤기 때문에, 종교는 역사적으로 몇 가지 학문 분과의 제명 아래에서 다루어졌다. 거기에는 종교에 대한 정의를 채색하는 각각의 방법론들과 가정들이 있다. 종교에 대한 인류학적

3　젠더와 이슬람교에 대한 대규모 연구에 대한 개론으로는 레일라 아메드(Ahmed 1992), 케샤 알리(Ali 2010), 에런 W. 휴스(Hughes 2012), 사바 메흐무드(Mahmood 2005), 파티마 메르니시(Mernissi 1991), 지바 미르−호세이니(Mir-Hosseini 1999), 데니즈 A. 스펠버그(Spellberg 1994), 바르바라 프라이어 슈토바서(Stowasser 1996) 참조.

논의는 '원시'종교에 전념해 왔다. 인류학은 원시종교 개념을 진화론이라는 더 넓은 맥락에서 바라본다. 즉, 원시적 사고에서 문명화된 사고로의 진화를 전제하는 것이다. 그래서 에드워드 버넷 타일러 같은 문화적 진화를 다룬 19세기 인류학자에게 종교의 기초적 형태는 애니미즘이었다. 애니미즘은 훗날 유일신교로 발전된 "영적 존재자들에 대한 믿음"이다. 제임스 프레이저 경에게 애니미즘은 종교에서 과학으로 진보한 마술이다. 일반적으로 이런 사상가들은 "원시인들의 종교적 실천들이 널리 퍼져 있고 모든 것을 포괄하지만, 다소 비체계적이고 무비판적인 것으로서, 이것들은 좀 더 선진적인 문명들의 종교적 실천으로 변화한다. 선진 문명에서 종교적 실천들은 좀 더 구체적인 것에 초점을 맞추고, 좀 더 규칙화되지만, 포괄적 권위는 덜 갖는다"고 주장한다(Geertz 1968, 400).

잇따라 나온 심리학적·현상학적·사회학적 종교 연구들은 진화에 대한 이런 강조에 반대 반응을 보였다. 프로이트는 종교가 개인의 강박 및 신경증과 동일한 원천에서 비롯한다고 이해했다. 다른 점이라면 종교에서 이 강박과 신경증이 집단적 삶의 형태를 띤다는 점이다. 종교적 실천이 무의식적인 심리적 힘의 표명으로 이해될 수 있다는 프로이트의 주장은 종교의 사회적·제도적 성격을 미묘하게 설명할 수 있게 해주었지만, 성스러운 것의 양가성 — 위험하면서 동시에 매혹적인 — 에 대한 프로이트의 강조는 상당히 완강한 것으로 드러났다. 신성한 것에 대한 에밀 뒤르켐의 사회학적 접근 방법 또한 이 양가성을 다루었다. 그에 따르면 신성한 것의 집단적 숭상이 사회적 연대를 구축했으며, 여기에는 권리와 의무에 관한 부수적 체계가 동반된다. 프로이트에게 신이 의존성과 무력함에 대한 유아기 환상의 투사라고 한다면, 뒤르켐에게 신은 "사회의 상징"이었다.

이것은 사회적 규범을 종교적 규범에 연결하는 전체적 동향, 즉 '기능주의'를 낳았는데, '기능주의'는 종교의 주된 기능이 한 사회를 통합하는 규범을 유지시키는 것이라고 주장했다. 알프레드 R. 래드클리프–브라운에 따르면, 종교는 실천적인 사회적 가치를 지닌 것들에 정신적·의례적 가치를 부여한다. 아널드 반 제넵처럼 기능보다 구조를 강조하고자 하는 이들조차 여전히 사회적 범주와 종교적 범주가 서로를 구성한다고 이해한다. 클리퍼드 기어츠는 이를 분명히 했다.

종교적 믿음과 실천에서 한 민족의 삶의 양식, 즉 클라이드 클럭혼이 생활의 설계라고 불렀던 것이 지성적으로 합리적인 것이 된다. 그 삶의 양식이 '실제'(즉, '근본적인', '궁극적인') 모습 그대로의 세계에 이상적으로 적응된 삶의 방식을 대표하는 것으로 나타난다. 동시에 실재의 이른바 기본 구조는 감정적 확신을 주는 것이 되는데, 왜냐하면 그 구조가 그런 방식의 삶에 유일하게 부응하며 그런 삶이 번창하도록 해주는 현실적 사태로 제시되기 때문이다. 따라서 본질적으로 형이상학적인 믿음들과 본질적으로 도덕적인 기존 규범들은 서로를 승인하고 옹호한다(Geertz 1968, 406).

이 상호 승인이 종교적 믿음을 변하기 어려운 것으로 만든다. 종교적 믿음은 그것을 지지하고 승인하는 생활의 설계가 변화할 때만 그에 따라 변화할 수 있기 때문이다. 삶의 방식과 종교 사이의 이 뿌리 깊은 상호 관계는 종교가 젠더를 사고하는 데 미친 커다란 영향뿐만 아니라, 젠더에 대한 정의에 도전하는 것이 불가피하게 종교에 대한 정의에도 도전하는 방식을 설명하는 데에도 영향을 미친다.

조너선 Z. 스미스가 『종교학의 핵심 용어들』(Taylor 1998)에 실은 글 「종교, 종교들, 종교적인 것」[Smith 1998]의 도입부는 이런 서구의 집착을 반영한다. 그에 따르면 고대 로마와 초기 그리스도교의 라틴어에서 (명사 형태로서) 'religio/religiones', (형용사인) 'religiosus', (부사인) 'religiose'라는 단어들이 제례에서 의례상의 의무들을 세심하게 수행하는 것을 가리키기 위해 사용됐다. 15세기 무렵 그리스도교는 이 용법을 생활 방식에까지 확장했다. 즉, '종교에 입회한다는 것'은 수도원에 들어간다는 것이었다. 그리고 이 용어가 16세기 탐험 문학에서는 교단[수도회]religious orders을 가리켰다. 가령 코르테스는 [아즈텍 왕국의 수도] 테노치티틀란Tenochtitlan에서 수도승들과 마주쳤는데, 그들은 자신들이 수도회에 입회할 때부터 검은색 옷을 입었다고 기록했다. 종교의 의미는 언제나 의례에 아주 가까웠고 18세기까지도 그랬다. [반면] 의례를 덜 강조하는 종교관이 종교에 대한 이 같은 이해를 대체하기 시작하자, 종교는 믿음과 연결되었다. 새뮤얼 존슨의 『영어 사전』(London, 1755)은 종교를 "신에 대한 경외 그리고 미래의 보상과 처벌에 대한 기대에 토대를 둔 덕"이라고 정의한다.『브리태니커 백과사전』(초판본, Edinburgh, 1771)은 "종교 또는 신학"(이 두 용어는 이 백과사전 편집자들에게 분명히 동의어이다)을 다음과 같은 방식으로 정의한다. 즉, "신을 알고자 하는 것, 그리고 신에게 타당한 예배를 올리는 것은 종교의 주요 목표이다. …… 인간은 지고의 존재를 이해하기 위해서가 아니라 찬양하기 위해 만들어진 것으로 나타난다." 18세기 종교 논쟁에서, "탐구의 목표는" 종교를 "합리성, 도덕 또는 감정" 가운데 어느 하나와 종교를 동일시함으로써 "종교를 지성적인 것으로 만든다는 것"이었다(Capps 1995, 9[국역본, 35쪽]). 루소와 칸트는 합리적인 (역사적인 것에 반대되는) 보편 종교가 있다고 믿었다. 헤르더와 프리드리히 슐라이어마허는 종교가 이성이나 도덕이 아니라 감정에 근거했다고 주장했다. 19세기에 이루어진 선교사 활동 그리고 식민지 관료와 여행객이 긁어모은 새로운 자료들이 문화기술지에 기여했다. "종교의 역사"라는 제목을 단 안내서들이 크게 늘기 시작했고, 분류가 시작된 17세기 — 당시에는 유대교도, 그리스도교도, 이슬람교도, 우상숭배 등의 범주가 있었다 — 에 [그 종류 역시] 크게 늘어났다.

오늘날 종교라는 단어에는 여러 가지 의미가 있다. 한편으로는 의례, 선조로부터 내려온 전통, 숭배, 교단을 지칭한다면, 다른 한편으로 일련의 믿음, 교리 체계, 그리고 일체의 제도화에 저항하는 영성을 지칭하기도 한다. 전자의 경우 하나의 실천 방식이 대체로 신학에 의해 뒷받침되며, 후자의 경우 여러 신학들이 실천 방식에 반영된다. 하지만 이 둘은 정말로 [명확히 구분되는] 두 개의 범주인가? 다시 말해, 규정된 의례와 믿음이 서로 분리될 수 있는가? 우리가 이 난제를 해결한다 해도, 해당 종교는 어떤 의례와 어떤 믿음으로 구성되는가? 이에 대한 대답들이 논쟁의 여지가 있으므로, 종교 당국들[권위자들]은 끊임없이 [그것들을] 정의하고 규정하라는 요청을 받는다. 하지만 어느 당국인가? 그리고 종교 당국들이 불가피하게 그러하듯이 서로 충돌할 때, 누구의 해석이 우세한가? 언제나 어려움이 있기 마련이다. 왜냐하면 종교의 권위에 관한 질문들은 종교 정의에 대한 물음과 연루되어 있으며, 서구 종교에서 대체로 그래 왔듯이 종교 당국이 남성의 전유물일 때, 그 정의가 남성 중심적인 경향이 있다는 점은 곧장 명백해지기 때문이다. 전통 교리들은 이 남성 중심성을 고수할 것인가? 만일 남성이 지배하는 예배와 믿음이 서구 종교의 구조 자체에 그렇게도 깊숙이 내장되어 있다면, 여성들은 그런 지배에 묵종할 수밖에 없다고 느끼거나 느끼게 될까? 아니면 교회, 회당, 사원을 떠나 다른 곳에 자기들의 영적 공동체를 세우게 될까? 이런 질문들에 대한 대답은 종교와 젠더의 관계, 변화 가능성, 종교 당국을 재기획할 가능성, 그리고 덧붙여 종교의 정의에 관한 더 심층적인 전제들에 달려 있다.

일반적으로 종교의 다양하면서도 광범위한 의미는, 종교가 [갈등과] 혼란을 초래하기보다는 생산적인 것이 되게 하는 경향이 있는데, 이는 안정적이고 보수적일 수 있는 문화 구성체 내부에 변화를 일으킬 기회를 제공한다. 만일 그리스도교가 시간이 흐르면서 다양하게 정의 ― 신앙 집단, 규정된 방식으로 규정된 의례들을 실천하는 공동체, 성경을 읽는 집단, 종교적 삶에 대한 내적이고 영적인 이해를 갖고 있는 개인들, 위계와 평의회를 갖춘 제도, 세속적 자선단체들과 때때로 구별하기 어려운 집단, 잠재적으로 도덕성과 동의어인 것 등으로 ― 되었다면, 이것이 의미하는 바는 그리스도교가 신도들에게 정체성과 동일시할 수 있는 대상을 제공해 주는 능력이 매우 크다는 것이다.[4]

다른 한편, 변화에 반대하는 힘들은 강력하다. 즉, 공인된 경전, 계승된 의례들, 기원론, 계보학, 사도 승계, 교권 등 이 모든 것들은 종교를 과거에 묶어 둠으로써 전통의 가치를 강화한다. 그러나 서구 종교는 모두, 과거와의 근본적 단절을 다루는 기초적 신화들을 포용한다. 아브라함을 부르심, 예수의 현현, 모하메드에 대한 계시는 사건의 진행을 결정적으로 변화시키는 갑작스러운 계시를 통해 역사에 침투한다. 이 같은 돌발적인 대격변에도 불구하고, 계시가 있었다는 기원적 설명 뒤에는 숭배를 보존하고, 혈통을 유지하며, 사제직에 권위를 부여하기 위해 고안된 제도적 구조가 뒤따른다. 이후의 과제는, 새로운 계시와 더불어 새로운 변화가 일어나지 않는 상황에서, 종교 안에 어떻게 변화를 도입할지 ― [1820년 이후 수많은 계시를 받아 모르몬교를 창시한] 조지프 스미스와 [1821년 크

4　내가 언급했듯이, 상이한 범주에 속하는, 상세히 기술된 공동체가 히브리 성경에만 적어도 다섯 가지가 있다(Schwartz 1997).

리스천 사이언스를 창시한] 메리 베이커 에디에게 내려진 계시가 증언하는 것처럼, 새로운 계시는 여전히 실행 가능한 선택지이기는 하다 — 가 되었다.

종교가 두 개의 젠더라는 구성물을 생산했거나 재생산했고, 이 이원적 범주들의 편재를 남성 지배와 더불어 강화해 왔다면, 이 같은 재생산이 이성에 종속되고 수정될 수 있는 인간의 발명이나 선택으로 간주되지 않았다는 점에서, 종교는 또한 이 같은 흔적을 은폐해 왔다. 이원적 젠더 범주의 재생산은 대체로 우주의 질서, 신의 의지, 따라서 신앙의 영역으로 이해되었다. "종교가 현실 — 젠더를 포함한 모든 현실 — 을 구축한다. 그리고 인간이라는 것이 의미하는 바의 가장 심오한 수준을 망라한다." 종교에 문화적 힘을 주는 바로 그것이 또한 종교의 잠재적 위험의 토대이기도 하다. 종교의 잠재적 위험이란 종교가 지식의 탁월한 조직화를 체현한다고, 간단히 말하자면 진리를 산출한다고 주장하는 것이다. 하지만 서구 종교에서 진리의 원천이 교부들the Fathers(혹은 장로들, 사제들, 랍비들)의 지혜를 통해 전달된 성서에서 용인된 계시인 반면, 성서 역시 새로운 해석에 열려 있으며, 정확히 누가 '교부들'을 구성하는지조차 근본적으로 변해 '교모들'the Mothers까지[5] 포함할 수도 있고, 지금까지는 '불변하는' 진리였던 것들이 변화하도록 허용할 수도 있다. 임신 중지에 반대하는 비오 10세[1903~14년 재임]가 내린 칙령은 그것이 성서에 따른 것이 아니라는 점을 근거로 도전받을 수 있다. 또한 결혼을 이성애 부부에만 한정하는 것은 치열하고 철저한 신학적 검토를 겪을 수 있다. 나아가 결혼과 이혼, 성적 실천들, 임신 중지와 재생산, 성직자의 성별 등에 대한 공식적 교리들도 개정될 수 있다.

종교와 젠더

그리스도교 역사 내내 여성은 ① 교단의 구성원이 아니고, ② 교회의 여러 의례들을 집전할 수 없으며, ③ 성경을 해석할 수 없음에도, 자신을 '그리스도교인'

---

5 카리 엘리사베트 보렌센과 카리 복트(Borresen and Vogt 1993, 243~340, 3장 "Matristics: Mothers of the Church") 참조.

으로 묘사할 수는 있었다. 현재까지도, 가톨릭교에서 "영성체 의식을 집전하는 여성"은 이론상으로 교회법에 따라 파문당할 수 있다. 하지만 그 대신 여러 국가들에서 영성체를 집행하는 100개가 넘는 여성 공동체들은 전통 교회가 예배에서의 역할이 남성의 전유물이라고 하는 전제를 재고하라고 도전하고 있다. 다시 한번, 우리는 종교의 다의적 성격이 끝없는 충돌만을 일으키는 것이 아니라, 종교가 오래 살아남을 수 있게 하는 유연성 역시 보장해 준다는 것을 알게 된다.

이는 [종교가] 지금까지 그래 왔던 것보다 훨씬 더 수용적이며, 온화하게 들린다. 서구 종교의 역사에서 변화의 압력은 수많은 순간에 분출되면서 파열, 격변, 분파, 분립을 만들어 냈다. 윗대의 교회로부터 각각이 분열되어 나옴에 따라, 개혁가들은 하나의 참된 종교에서 떠났다고 비난받았다. 반면 이른바 개혁가들(프로테스탄트, 개혁파 유대교도 등)은 자신들이야말로 해당 종교의 본 모습을 진정으로 신봉하는 사람들이라고 일관되게 주장했다. 진본이자 참된 것의 지위를 자처하려는 이 같은 충동은 종교에 대한 여러 페미니스트 연구에서도 분명하게 나타난다. 그 연구들은 제례는 여신을 숭배하는 것이었고, 예수에 관한 진정한 역사에는 탁월한 여성들이 있었으며, 초대교회에서 여성의 본래 역할은 매우 중요했고, 중세 시기 여성들의 목소리(가령 노르위치의 줄리안, 빙엔의 힐데가르트, 시에나의 카타리나[6])를 반드시 되찾아 회복해야만 한다고 끈질기게 주장한다. 이 같은 개정 기획은 남성 중심적인 서구 종교의 전통 ― 이 같은 전통은 여러 신학자, 고고학자, 문헌학자, 종교 사학자 등이 추구했던 기획이었다 ― 이 여성을 존중하는 애초의 전통으로부터 벗어난 타락임을 증명하는 데 전념했다.[7] 이 학자들이 보기에, 종교가 남성 중심적일 필요는 전혀 없다. 오히려 종교를 재현하는 역사가 범인이었다. 그들은 남자와 여자의 역할이 재검토되고, 종교

---

6 [옮긴이] 노르위치의 줄리안(1342~1416)은 중세 영국 노르위치성 줄리안 교회에 딸린 은둔지에서 수도자로 살았다. 자신이 경험한 계시를 바탕으로 그는 하나님을 사랑의 어머니로 강조한 『사랑의 계시』를 썼다. 빙엔의 힐데가르트(1098~1179)는 독일 베네딕트 수도회 소속 수녀회 원장으로 철학·음악·문학 등 다방면에서 뛰어난 재능을 발휘한 중세 시대의 수녀였다. 시에나의 카타리나(1347~1380)는 이탈리아 도미니코회 수녀로 중세 말기의 신비적 영성을 대표한다.

7 예컨대 로즈메리 래드퍼드 루서(Ruether 1983), 캐럴 메이어스(Meyers 1991), 필리스 트리블(Trible 1978), 엘리자베스 클라크와 허버트 리처드슨(Clark and Richardson 1996) 참조.

적 믿음이 재구축되는 것과 같은, 종교에 대한 완전한 재개념화 — 기도문을 다시 쓰고 성경을 재해석하며 남성과 여성의 역사를 개정하고, 신성을 젠더 중립적인 것으로 상상하고, 또한 여성과 동성애자가 목사, 신부, 랍비로서 종교적 권한을 맡을 수 있게 하는 것 등[8] — 를 요구했다. 페미니즘이 종교를 어떻게 연구했는지 검토하며, 준 오코너(O'Connor 1989)는 그 특징을 다음과 같은 세 가지 범주로 나누었다. ① "여성의 현존과 부재, 여성의 말과 침묵, 여성에게 주어진 인정과 부정에 초점을 둔 시각으로" 전통을 재독해하기, ② "잃어버린 원천들과 억압된 비전의 복구와 회복"을 통해 상이한 종교 전통 안에 있는 여성들을 이해하기, ③ "새로운 정보"에 기초해 과거를 재구축하고, [이 같은 과거를] "이해하고 그 가치를 평가하기 위한 새로운 패러다임 창출하기."[9] [반면] 다른 이들은 전통 종교가 자신들을 버렸다고 느끼면서, 자신들 역시 전통 종교를 버려야 한다고 생각했다(O'Connor 1989, 특히 102-104). 그리고 이 스펙트럼은 또한 종교에 대한 동성애자들의 반응을 서술해 주는데, 그것은 동성애자에 대한 가치 평가에 주목하면서 전통을 재해석하는 데서부터, 잃어버린 전통을 되살리고 과거를 재평가하는 것, 나아가 급진적으로는 종교가 끔찍할 정도로 편협하다는 이유로 종교를 버리는 것까지 다양하다.

서구의 종교가 미친 가장 지속적인 영향 가운데 하나는 젠더 이원론과 이 이원론이 뒷받침하는 이성애 규범이었다. 수많은 의례들과 신화들은 남성과 여성 사이의 구별을 창출하도록 고안되었고, 이 같은 구별을 과장해 그것이 태초부터 신의 섭리에 따라 정해진 우주의 질서라고 주장했다. 곧, "하나님이 남자와 여자를 창조하셨다"는 것이다. 이슬람교에서 여성들은 [히잡에] 가려지고, 닫혀 있으며, [누군가에게] 소유되는 반면, 남성들은 노출되고, 열려 있으며, 소유자이다. 유대교에서 할례는 약속의 징표인데, 여성은 이 종교 집단의 구성원임을 나타내는 표식을 받지 못한다. 한 레위법 모음집은 여자와 남자의 불결함을 다르게

---

8 메리 데일리(Daly 1973)는 그리스도교가 구제 불가능할 정도로 여성 혐오적이라고 본다.

9 크리스트와 플라스코프(Christ and Plaskow 1979)는 반응을 분류했는데, 하나는 "개혁주의"(계속해서 그리스도교를 유대교와 동일시하고 그 둘을 변혁하고자 하는 것)이고 다른 하나는 "혁명적인 것"(전해 내려오는 전통을 거부하는 것)이다.

정의하고 규제한다. 그리스도교에서 수도회는, 여성들이 분리된 수도원에 갇히기 — 혹은 스스로 들어가기 — 전까지는, 남자만 받았다.

종교에서의 이 양극화는 남성적인 것과 여성적인 것에만 국한되지 않는다. 1970년대 초에 출간된 영향력 있는 글에서, 로즈메리 루서는 이런 것들이 고대 그리스철학과 히브리의 일신교에서 유래해 점점 확장되는 이원론 구조의 일부라고 주장했다. 이 이원론에서 첫 번째 항목이 언제나 두 번째 항목보다 높은 가치를 갖는다.

마음 — 신체
정신 — 물질
이성 — 정념
능동적 — 수동적
침투하는 자 — 침투되는 대상
남자 — 여자

이 같은 대담한 주장은 탈무드 사상의 육체성을 — 여기서 남성의 지배는 정신이 아니라 육신과 연관된다 — 강조하는 사람들에 의해 조금 다른 의미를 갖게 되었다. 위와 같은 상투적인 생각은 오랫동안 하나님은 전적으로 남자라는 히브리 전통에서 기인했다. 하지만 '전능한 하나님'El Shaddai을 지시할 때 그것은 — 유방[가슴](Biale 1982)을 뜻하는 히브리어 — 'shadayim'과 연관되어 있으며, 중세에 유대 신비주의는 하나님의 유출emanations을 여성 원리와 남성 원리 사이의 상호작용으로 서술했다. 그리스도교는 하나님의 육화라는 교리를 핵심으로 하는데, 이는 정신/물질 위계에 또 다른 예외를 제시하는 것으로 보인다. [앞서 열거한 위계적 이원론의 항목들처럼] 이 교리는 하나님이 육신을 취하고 있다고 서술함으로써, 기존의 위계질서를 의도적으로 역전한다. 이는 두 번째 열에 놓인 범주들을 포용하고 이 전복을 그리스도교의 핵심이 되게 한다. 만약 그렇다면, 그 다음 논리는 예수를 여성으로 상상하는 것이다. 캐럴라인 바이넘은 중세의 헌신적인 신자들은 그리스도가 하나님의 뜻에 순종함으로써 [십자가에] 매달려 [창에] 관통당해, 구멍이 뚫린 신체에 주목했음을 보여 주었다. 종교는 다른 곳에서 수용한 이 이원론을 [사회에] 새겨 넣는 것일까? 아니면 기존에 수용된 위계를 전복적으로 뒤집고 있는 것일까?

신을 젠더화하기

젠더와 종교에 관한 논쟁은 그것이 어떤 것이든 신의 젠더화라는 문제를 다뤄야 할 필요가 있다. 왜냐하면 사회질서, 젠더 역할, 그리고 심지어는 성적 실천 등이 모두, 신적 존재가 창조물과 공동체에 대해 통치권을 갖는다는 전제, 신적 존재가 사제직에 권위를 부여하고 축복을 내리는 일과 신앙에 대한 의무를 부여한다는 전제로부터 나오기 때문이다. 하지만 어떤 의미에서 그런가? 다시 말해, 사회질서와 신성한 것 사이에는 어떤 관계가 있는가? 그것은 투명한 것인가? 신성한 영역과 사회 영역 사이에 손쉬운 유추나 심지어는 등식을 끌어내는 것, 또는 그것들 사이에서 나타나는 복잡한 원인과 결과를 지나치게 단순화하는 것은 위험한 일이다. 그 어려움을 보여 주는 사례들이 있다. 강력한 지혜의 여신이 포함되어 있는 신들의 신전은 여성이 지혜의 강력한 수호자인 그런 사회질서를 반영하는 것인가? 중세 초기에 성모마리아 숭배는 높은 사회적 지위가 어머니들에게 주어졌다는 것을 가리키는가? 예수의 육화는 신체가 가장 높은 가치를 가졌고 그래서 심지어 신격화될 만큼 중요했다는 것을 의미하는가? 아니면 「창세기」에서 리브가가 자기 남편을 속여 야곱을 축복하게 했을 때, 우리는 탈무드에 나오는 유대교 여성들이 자기 남편을 기만하는 데 신적인 정당성을 느꼈다고 추론해야 할까? 우리는 어떻게 사회질서를 신성한 것의 상징 질서에서 유추할 수 있을까?

다행히도 사회사가 우리에게서 완전히 사라진 게 아니기 때문에, 우리는 그런 손쉬운 결론이 터무니없다는 것을 안다. 하지만 정반대로, 사회질서가 신성한 것에 대한 상상과 무관하다고 결론을 내리는 것은 잘못이다. 종교는 하나의 문화적 생산물이며, 그런 것으로서 종교는 몇몇 사람들, 특히 문화적 생산물의 통제권을 장악하고 있는 이들이 소중히 여기는 집단적 가치를 성문화한다. 그러나 종교의 가치들과 범주들이 모두에게, 특히 헤게모니에 의해 배제되거나 억압당한다고 느끼는 사람들에게도 소중히 간직되는 것은 아니기 때문에, 저항의 목소리들이 지배 질서를 전복하기 위해, 명시적으로뿐만 아니라, 위장, 패러디, 놀이를 통해 권위에 도전하며 끊임없이 출현한다. 그리고 아테나와 성모마리아 숭배, 성경에 나오는 리브가 서사가 현명한 여성이나 어머니를 숭배하는 남성들 또는 반항적인 아내들이 지배하는 사회질서를 반영하거나 발생시키지는 못했지만, 바로 이런 이미지들은 신자들에게 새로울 게 없는 가부장제를 전복할 수 있는 창의적인 가능성을 제시할 준비가 되어 있다.

신의 신체에 여성적인 이미지를 처음 결부한 이들은 여성이 아니었다. 12세기 시토 수도회 수도사들, 그중에서도 클레르보 수도원의 성 베르나르, 리보의 엘레드, 페르세뉴의 아담, 생티에리의 기욤, 캔터베리의 안셀무스[10]는 예수를 묘사하기 위해 분명히 모성 이미지를 사용했다. 그들은 양육을 남편[신랑]인 그리스도와 연결했고, 자궁을 신적 다산성과 화합에 연결했다. 그렇지만 여전히, 이 주제가 가장 광범위하게 사용된 곳은 14세기 노르위치의 줄리안이 제시한 하나의 하나님에서 "부성, 모성, 주권"의 삼위일체론이었다. 그녀에게 삼위일체의 제2 위격은 "우리 참다운 성모이시다. 성모 예수 안에서, 우리는 유익하게 되고 성장한다. 또한 자비로움으로 그분은 우리를 변혁케 하시고 회복케 하시며, 그분의 수난, 죽음, 부활의 힘을 통해 우리에게 우리의 실체를 주신다. …… 그리하여 예수는 우리 존재를 처음 창조하신 우리의 참된 성모이시다. 또한 그분은 은혜 안에서 우리처럼 되신 우리의 참된 성모이시다"(Julian of Norwich 1961, 49, 51, 144, 158-167[국역본, 170, 172, 274, 286, 287, 289, 290쪽]).

이처럼 기존의 젠더 규범을 전복하는 함의를 품고 있는 종교에 관해 우리는

---

10 [옮긴이] 클레르보의 성 베르나르(1090~1153)는 프랑스 디종의 귀족 집안에서 태어나, 1112년경 시토회 수도원에 들어갔고, 3년 후 클레르보 수도원을 창설해 수도원장이 되었다. 리보의 엘레드(1110~67)는 영국의 시토회 수도사로 리보 수도원장을 지냈다. 페르세뉴의 아담(약 1145~1221)은 프랑스 시토회 수도사이자, 르망 교구에 있던 페르세뉴 수도원의 대수도원장이다. 생티에리의 기욤(1119~35)은 생티에리의 베네딕투스회 수도원장을 지낸 프랑스 철학자이자 신학자이다. 캔터베리의 안셀무스(1033~1109)는 이탈리아 출신의 스콜라철학자로, 영국에서 캔터베리 대주교를 지냈다. 스콜라철학의 시조로 알려져 있다.

어떤 결론을 끌어낼 수 있을까? 종교는 사회 개혁을 위한 수단이 될 수 있을까? 종교 담론에 여성적 이미지가 풍부함에도 불구하고, 우리가 알고 있는 중세 성기^{盛期} 시대에 여성의 사회적 지위는 명확하다. 즉, "사도의 권한에 근거해[I Timothy 2: 12-인용자] 여자가 말로써든 글로써든 공적으로 가르치는 것을 금한다. …… 그 이유는 분명하다. 관습법 — 아무 관습법이 아니라, 높은 곳에서 온 관습법 — 이 그것을 금하기 때문이다. 어째서인가? 여자는 쉽게 유혹당하고 틀림없이 유혹하는 자이기 때문이다. 또한 여자는 신의 은총에 대한 증인이라고 증명된 바가 없기 때문이다"(Gerson 1706, 1: 14-26; Bynum 1982, 136에서 재인용). 그렇다면 역설적으로 "여성이 열등하다는 설과 나란히, 우리는 중세 후기의 종교 문학에서 독특하게 여성적인 경험(임신, 육아, 여성의 성적 환희 등)에서 가져온 이미지들이 점점 더 많이 나타난다는 것을 발견한다. …… 그 이미지들은 모성이나 동정녀 마리아를 연민이나 양육과 동일시하며, 여성을 육체적 나약함이나 정신적 나약함의 상징, 육체, 죄, 유혹을 견디거나 유혹에 저항할 수 없는 무능력의 상징으로 사용하기도 한다"(Bynum 1982, 136, 144). 캐럴라인 바이넘은 12세기에는 권위 있는 인물로 인정받는 남자들이 어머니로서 지칭되거나 양육하고, 수태하며, 출산하는 것으로 묘사되곤 했다는 것을 파악했다. 하지만 바이넘은 날카로운 통찰력으로 이 젠더 경계 허물기가 젠더 전형을 재기입할 뿐임을 알아챘다. 여성적인 것과 모성적인 것의 특징은 "상냥함, 연민, 부드러움, 감동성과 사랑, 양육과 보호"라고 여겨지는 반면, 남성적이고 부성적인 것은 "권위, 판단, 통솔, 엄격함, 훈육"으로 성문화된다. 바이넘은 여성적 이미지의 급증이 여성에 대한 평가가 변화하고 있다는 의미가 아니라 권위에 대한 불안을 반영하는 것이라고 결론 내렸다. 아마 종교 지도자들은 자신들의 통솔력을 연민과 섞어 부드럽게 만들고 싶었을 것이다. 이 경우(이것은 많은 사례들 가운데 하나이다) 처음에는 여성을 위한 — 여성적 이미지를 회복하는 — 해방적 몸짓처럼 보였던 종교 담론과 학문이 젠더 이원론의 끈질긴 성격을 확증하는 것일 뿐임이 드러난다.

이스라엘의 신은 "고대 근동의 신들 가운데 동시대의 여러 신들과 달리, 자신의 권능을 여성 신과 나눠 갖지 않으며, 또한 자신이 신성한 남편이거나 어떤 여신의 연인도 아니다. 그는 왕, 주님, 주인, 심판자, 아버지 등 남성형 칭호들 외에 다른 것으로는 거의 특징지어지지 않는다"(Pagels 1976, 293). 한 저명한 성서학자에 따르면 "성경은 우세 당파의 편향된 관점을 기록한다"(Davies 1992). 반대로 다른 목소리들은 침묵당했다. 하나님 아버지 숭배가 그 우세 당파의 이해관계를 위한 것이었다고 할 수 있겠지만, 고대 이스라엘의 다신교에서 풍요신을 숭배했던 이들이 일으킨 문제는 그들을 향한 대단히 심각한 경고와 저주를 불러일으키기에 충분했다. 하지만 여전히 그들의 저항은 완전히 진압되지 않았고, 오히려 풍요의 신이 수행하는 기능 가운데 일부가 아버지 신에 의해 포섭되었다. 아버지 신은 창조를 위해 성교를 하지는 않지만, "열매를 맺고 번식하라"는 것을 자신의 최초의 축복으로 내렸다. 몇몇 그리스도교 영지주의 작업들은 기원후 100~150년 정도로 이른 시기에 이단이라고 비난받았다. 영지주의의 신은 유일신도 아니고 남성적이지도 않은 신을 가리키며, 하나님 아버지와 하나님 어머니 모두에 올리는 기도문을 사용한다. "주님인 아버지로부터, 그리고 주님인 어머니를 통해서, 두 영원한 이름들이여, 신적인 존재의 부모시여, 그리고 그대, 천국의 거주자인 위대한 이름의 인류여……"(Hippolytus 1859, 5.6; Pagels 1976, 293에서 재인용). 발렌티니아누스의Valentinian 영지주의 도식인 천지창조에 대한 영지주의 판본에서, 최초의 아버지the Forefather, 심연**11**은 태초의 여성인 '사유'Thought와 짝을 이루어 남자 아이온aeon인 '마음'Mind과 여자 아이온인 '진리'Truth를 낳는다.**12** 남성 원리와 여성 원리는 소피아, 즉 지혜가 아버지 심연을 알고자 하는 그녀의 정념으로 인해 혼란을 야기할 때까지 산출을 계속한다. 소피아가 혼란을 야기한 결과 우주가 창조된다. 영지주의의 『요한 외경』에서, 요한은 하나님이 고지한 계시를 받는다. 그것은 "내가 아버지요, 어머니이며, 아들이다"였다(Apocryphon Johannis 1963, 47.20-48.14; Pagels 1976, 296에서 재인용).

정통 그리스도교에서 성모마리아에 대한 신앙심은 12세기부터 최고조에 달했다. '여신 숭배'를 두려워하던 교회는 성부와 성자에 대한 '숭배'와 동정녀에 대한 '존경'을 구별했다. 설교에서 마리아는 사랑하는 어머니, 위엄 있는 여왕, 기

---

11 [옮긴이] 인간 이성으로 이해할 수 없고 신비체험이나 내적 신성의 통찰로만 만날 수 있는 무한자이자 완전자인 신을 일컫는다.

12 [옮긴이] 아이온은 지고의 신의 여러 가지 유출물로서, 보통 남녀 한 쌍으로 유출된다.

도하는 자들의 유력한 중개자로서 묘사된다. 이와 함께 그녀의 무염시태와 성모승천은 그것들이 공식적인 교리가 되기 수 세기 전부터 찬양되었다. 의례, 신학, 그리고 종교 제도들은 지배적인 사회질서를 반영할 뿐이라는 어떤 가정도 분명히 수정될 필요가 있다. 왜냐하면, 여러 번의 전복이 — 600년 동안 질항아리 속 파피루스에 기록되어 숨겨져 있었거나, (간혹은 비공식적으로) 독실한 신도들이 의례에서 실행하거나, 아니면 공인된 성서 안의 흠결 틈새로 새어나오면서 — 여기서는 하나의 이미지로, 저기서는 일화로 살아남았기 때문이다. 우리가 신학에서 종교적인 텍스트로 관심을 옮기면, 우리는 해석들이 현상 유지를 옹호할 수도 있고 저항할 수도 있는 방식을, 또한 종교적인 텍스트가 젠더 규범을 정당화하는 데도 사용되고 그것에 도전하는 데도 사용되는 방식을 만나게 된다.

남자와 여자: 성서 해석의 정치학

우리는 종교적인 텍스트를 어떻게 읽을 수 있을까? 남자와 여자의 창조에 대한 성경의 이야기는 지속적으로 해석되어 왔으며, 기원 신화가 사회규범을 정당화하거나 성문화하는 데 사용되기 때문에, 이 해석들은 불가피하게 젠더에 관한 종교 담론의 핵심이 되어 왔다. 성서는 남자와 여자의 창조에 대해 두 가지 설명을 제시한다. 종합해 보면, 이 서사들은 멀고 먼 옛날 제사장의 인류학을 반영한다. 그 인류학에서 젠더 이원론이 천지창조 — "하나님이 남자와 여자를 창조하시고" — 라는 바로 그 구조 속에 짜여 들어가며, 남성 우위 — "이것을 남자에게서 취했은즉 여자라 부르리라 하니라"— 가 태초부터 포고된다. 창조에 관한 첫 번째 기록인 「창세기」 1장 1절~2장 4절a(제사장의 서사)에서, 하나님이 남자와 여자를 함께 창조한 것으로 서술한다. 즉, "하나님이 자기 형상 곧 하나님의 형상대로 사람을 창조하시되 남자와 여자를 창조하시고"라 되어 있다. 이것은 남자와 여자가 둘 다 그 형상에 의해 똑같이 존귀하게, "하나님의 형상대로" 만들어졌다는 것을 의미할까?[13] 어느 성경학자는 이와 반대로 성경의 맥락 속에서

읽자면, "하나님의 형상대로 창조"되었다는 것은 하나님이 그의 창조물에 대해 그런 것처럼, 피조물에 대해 통치권을 갖는다는 것을 암시한다고 주장한다. "하나님이 남자와 여자를 창조하시고"라는 구절은 하나님이 모든 생명체에게 준 재생산 기능을 암시한다. 필리스 버드는 다음과 같이 썼다. 제사장 전승Priestly author에 따르면 "서로 구분되는 형태의 삶을 살아가는 생명체들에게 영속성은 번성과 재생산의 과정이며 그러므로 영속성은 역동적 용어들로 이해되어야 했다. 그래서 각 생명체의 질서를 위해서도 이 질서를 영속시키는 수단에 관심을 쏟게 된다." 만일 저 구절이 재생산을 위한 예비를 지시한다면, 그것은 하나님의 형상대로 창조된 남자와 여자의 동등한 존엄을 주장한다고 이해하는 페미니즘적 회복[페미니즘의 재건]에 완강하게 저항한다고 할 수 있을 것이다.**14**

[남자와 여자의] 창조에 대한 두 번째 설명인 「창세기」 2장 7~24절은 이 그림을 좀 더 복잡하게 한다. 이 구절은 성경이 젠더 이원론에 대한 위계적 접근법을 승인하는 것처럼 보인다. 여기서 여성은 남성에게서 갈비뼈를 하나 취해 남성 다음에 창조되며, 이 서사는 여성을 남성을 위한 '배우자'로 언급한다. 이 모든 것은 성서가 여성의 부차적 지위를 승인하는 것으로 보인다. "여호와 하나님이 아담에게서 취하신 그 갈빗대로 여자를 만드시고 그를 아담에게로 이끌어 오시니 아담이 이르되"

이는 내 뼈 중의 뼈요
살 중의 살이라
이것을 남자[ish]에게서 취했은즉
여자[ishah]라 부르리라 하니라(「창세기」 2장 18~23절).

페미니스트 비평가들은 이 구절도 다시 독해했다. 필리스 트리블은 첫 번째 피

---

13 필리스 트리블Phillis Trible의 논증의 요점이 이것이다.
14 필리스 버드(Bird 1991b, 10). 이렇게 대조되는 두 페미니스트 성경학자들의 해석은 다음과 같은 것을 잘 예증한다. 즉, 어떤 이들은 성경 자체를 페미니즘과 양립 가능한 것으로 보는 반면, 다른 이들은 그들의 페미니즘적 목표가 성경이 페미니즘적이지 않다는 것을 보여 주는 것으로 생각한다.

조물(아담)을 "남자"(남자는 대신 ish로 표기되었고, 여자는 ishah로 표기되었다)로 번역해서는 안 된다고 주장한다. 트리블은 아담을 일반적인 "땅의 피조물"로 번역하고, "배우자"ezer를 조력자나 도우미가 아니라 동반자로 번역했다.[15] 종합해 보면, 이 두 가지 설명 — 하나는 남자와 여자의 동시 창조, 다른 하나는 두 번째이자 부수적인 창조로서 여성의 창조 — 은 (유대-그리스도교 전통에서 젠더를 재해석하는 것과 관련된 좀 더 큰 작업의 일부였던) 여성의 창조에 대해 재해석할 여지를 제공했다. 성경 주해는 남성 지배의 설립에 관한 이야기에서 매우 보수적인 힘으로 기능하는 동시에 — 성경의 서사들은 여전히 유대교와 그리스도교에서 권위를 차지하고 있다 — 급진적인 개정을 위한 매개체로도 기능했다.[16]

젠더에 관한 질문이 사도 바울의 텍스트에서 탐구될 때, 이원론과 지배에 관한 질문이 다시 등장한다. "너희는 유대인이나 헬라인이나 종이나 자유인이나 남자나 여자나 다 그리스도 예수 안에서 하나이니라"(「갈라디아서」 3장 28절)라는 사도 바울의 텍스트는 "남성과 여성 사이의 모든 구별이 원리상 극복되었으며, 예수 안에서의 평등이 신학적 사실로서 수립되었다는 것, 그리고 예수 안에 있는 인간 존재자들 사이에서는 젠더-비판적인 질문들이 더는 필요치 않다는 것"을 증명하는 데에 사용되었다(Fatum 1991, 51 참조). 그러나 이 구절은 사도 바울의 또 다른 구절과 뚜렷하게 대비된다. 그 구절에서는 창조와 구원에 있어 여성의 열등한 지위와 부차적인 역할이 분명히 표현된다.

그러나 나는 너희가 알기를 원하노니 각 남자의 머리는 그리스도요 여자의 머리는

---

15 트리블(Trible 1978, 78). 이런 독해는 설사 아담이 인간을 총칭하는 것이라고 하더라도 그 인간은 남자로 여겨진다고 주장하는 이들의 반론을 받았다. 남성 중심적 문화에서 성별이 지정되어 있을 때 '인간'이 의미하는 것은 잠재적으로 남성이라는 것이다.

16 ① 과거에 성경을 해석했던 남성 중심적인 문화적 편견을 바로잡기 위한 성경 재해석이든, 아니면 ② 성경 자체에 들어 있는 성적 편견을 폭로하는 것이든, 이와 관련된 여러 기획들을 모두 망라해 설명하기란 불가능하다. 이 기획들 가운데 특히 다음을 참조. 앨리스 바크(Bach 1997), 필리스 버드(Bird 1991a), 미커 발(Bal 1987, 1988, 1989), 페기 데이(Day 1989), 일라나 파르데스(Pardes 1992), 다니엘 보야린(Boyarin 1993), 엘리자베트 슈슬러 피오렌차 외(Fiorenza et al. 1992), 레티 M. 러셀(Russell 1985), 필리스 트리블(Trible 1984), 레니타 윔즈(Weems 1995), 아탈리아 브레너(Brenner 1993, 1995), 존 고든 스택하우스 2세(Stackhouse 2005), 길버트 빌레지키안(Bilezikian 2006).

남자요[아내의 머리는 남편이요] 그리스도의 머리는 하나님이시라. 무릇 남자로서 머리에 무엇을 쓰고 기도나 예언을 하는 자는 그 머리를 욕되게 하는 것이요, 무릇 여자로서 머리에 쓴 것을 벗고 기도나 예언을 하는 자는 그 머리를 욕되게 하는 것이니 이는 머리를 민 것과 다름이 없음이라. 만일 여자가 머리를 가리지 않거든 깎을 것이요 만일 깎거나 미는 것이 여자에게 부끄러움이 되거든 가릴지니라. 남자는 하나님의 형상과 영광이니 그 머리를 마땅히 가리지 않거니와 여자는 남자의 영광이니라. 남자가 여자에게서 난 것이 아니요 여자가 남자에게서 났으며, 또 남자가 여자를 위해 지음을 받지 아니하고 여자가 남자를 위해 지음을 받은 것이니. …… 그러나 주 안에는 남자 없이 여자만 있지 않고 여자 없이 남자만 있지 아니하니라. 이는 여자가 남자에게서 난 것 같이 남자도 여자로 말미암아 났음이라 그리고 모든 것은 하나님에게서 났느니라(「고린도전서」 11장 3~12절).**17**

신학적·종말론적 이상과 지배를 강화하는 사회 조건의 승인 사이의 대립이 극명하게 나타난다. 하지만 적어도 한 명의 비평가는 이 대립을 이론과 실천의 대립으로 환원하는 것에 지겨움을 드러냈다. 차이를 지워 버린 「갈라디아서」는 절대적으로 타당한 것으로 종종 여겨지며, 그리스도교가 여성 억압에 대해 유죄가 아니라는 주장을 옹호하는 그리스도교 변증론의 일환으로 「갈라디아서」는 위에 인용한 「고린도전서」의 이 구절을 중립적인 것으로 만들거나, 심지어 정당화하는 데 — 여기서 이 구절은 결국 우발적인 사회적 타협으로만 간주된다 — 이용된다.**18** [「고린도전서」와 「갈라디아서」의] 서로 다른 구절들에 대한 또 하나의 해석은 바울[의 글]을 일관된 것으로 만든다. 즉, 「갈라디아서」에서의 통찰은 영혼의 삶, "성과 위계를 넘어서는 이상적이고 보편적인 인간의 본질"에 관한 것인 반면, 「고린도전서」는 신체의 삶, 즉 젠더화된 남자와 여자에 관한 것이라는 것이다. 초대교회의 많은 저자들은 바울의 평등주의적 관념이 오직 영혼에만 관

---

17 [옮긴이] 원문에는 「고린도전서」 11장 2~16절로 표기되어 있으나 오기로 보여 수정했다. 또한 영어판을 참조한 경우 대괄호 안에 병기했다.

18 론 파툼(Fatum 1991, 50-57). 하지만 「고린도전서」는 고유의 신학을 포함한다. 거기에는 하나님, 그리스도, 남편, 아내라는 위계가 표명되어 있다(그러나 이것 또한 「고린도전서」 12장 12~31절과 비교해 검증되어야 한다).

계되는 것이라고 해석했다. 남자와 여자의 이분법은 이제 다른 이원론, 즉 정신과 신체의 이원론에 연루되며, 그것은 우리의 젠더 이해를 계속해서 굴절시킨다(Boyarin 1994, 180-200; MacDonald 1983도 참조).

저명한 성서 번역가인 [알렉산드리아의] 필로[19]는 이 같은 이원론의 뚜렷한 사례를 제시한다. 그에게 「창세기」에 나오는 첫 번째 인간은 하나님의 형상대로 체현된[육체를 가진], 아담이라는 단 하나의 피조물이었다. 필로에 따르면 "이렇게 만들어진 인간과 하나님의 형상[정신적 양성성-인용자]을 따라 이보다 먼저 존재하게 된 인간 사이에는 커다란 차이가 있다. 이렇게 만들어진[진흙으로 빚어졌으며, 이 땅에 살도록 만들어진] 인간은 감각 인식의 대상으로, 육과 영으로 구성되어 있고, 남성이거나 여성이며, 본성적으로 죽을 수밖에 없는 특질들을 지니고 있다. 반면 신의 형상에 따라 존재하는 인간은 형상$_{idea}$이거나 표상$_{type}$ 혹은 인장$_{seal}$으로, 단지 영적인 사유의 대상이다."

대체로 유대교는 신체와 섹슈얼리티의 가치를 높이 평가했다. 독신 생활은 거부되었다. 하지만 이것이 여성적인 것에 대한 고평가를 수반했을까? 여성의 역할은 보통 모성과 가정생활로 제한되어 왔고, 반면 남성은 율법을 학습할 수 있는 특권을 누렸다. 어떤 사람들은 이 같은 젠더 차이가 "분리되어 있지만 평등한" 것이라고 주장할지도 모르겠다. 또 다른 학자는 "「창세기」에 나타나는 창조에 대한 두 가지 이야기는 동일한 한 가지 사건에 관한 진술로 다루어"졌지만, "야훼 신앙의 설명은 해석 규범을 설정하고, 유대 사회와 남성의 모습을 한 이데올로기가 여성에게 부여한 종속적 역할을 정당화한다"고 주장했다(Hultgård 1991, 44).

여하튼 남성과 여성의 창조에 관한 해석은 직접적인 방식으로 삶을 형성한다. 즉, 초기 유대교에서 「창세기」의 천지창조 이야기는 여성의 섹슈얼리티를 통치하는 순결법을 설명하기 위해 원용되었다. 헬레니즘 시대에 팔레스타인에

---

19 [옮긴이] 필로는 인간의 창조를 두 단계로 이해하는데, 첫 번째는 하나님의 형상을 따라$_{after}$ 창조된 영적인 형태의 인간이고, 두 번째는 육체를 지닌 땅의 인간이다. 이에 대해서는, 천사무엘, 「알렉산드리아 필로의 인간 이해」, 『한국기독교신학논총』 23집, 2002 참조. 특히, 본문에 나오는 필로의 인용문은 이 논문 72, 73쪽의 번역을 참조해 옮겼다.

서 사독인들Zadokites이 작성한 『희년서』The Book of Jubilees는 아담이 첫 번째 주에 창조되었으며 마흔 번째 날 에덴동산으로 들어오게 되었다고 묘사한다. 이는 어째서 율법에서 여성이 남자아이를 낳았을 때 7일간 정결하지 못하다고 여겨지고, 33일을 더해 총 40일간 정화해야 한다고 규정하고 있는지를 설명해 준다. 반면 이브는 둘째 주에 태어나 80번째 날 에덴동산에 가게 된다. 이것은 여자아이를 출산하면 어머니가 14일간 불결하다고 여겨지고 정화를 위해 필요한 시간이 80일로 규정되어 있는 이유를 설명해 준다.

좀 더 깊이 살펴보면, 하나님의 의지로서 인류의 이분법적 젠더화에는 남자와 여자가 결합할 것이라는 명령이 수반된다. 즉, "그러므로 남자가 부모를 떠나 그의 아내와 합해 둘이 한 몸을 이룰지어다." 이것은 이성애를 승인하는 것인가, 아니면 이상적인 목표로 양성성을 제시하는 것과 같이, 뭔가 근본적으로 다른 것을 승인하는 것인가? 종교는 젠더 역할에 대한 규정뿐만 아니라, 성적 실천들에 대한 정의 역시 내리며, 어떤 것이 적법한 것인지를 법으로 규정했다. 성경에서 동성애를 금지하는 「레위기」의 율법은 이야기들 — 가령 노아의 아들이 "자기 아버지의 나체를 보도록"(아마도 어떤 신비로운 성적 접근을 의미하는 것을 보인다) 저주받았고, 소돔이 그 사악함이 심히 증가해 불태워져 이 땅에서 없어져 버렸다(다시, 성적 방종이라는 암시는 남자 간의 욕망을 포함한다) — 속에 표현된 것과 일치한다. 그러나 한 학자에 따르면, 소돔 이야기가 히브리어 성경 전체에 걸쳐 신이 내린 심판의 사례로 환기되었던 반면, "소돔을 동성 간 성교에 관한 이야기로 독해하게 만든 텍스트는 없다"(Jordan 1997, 32). 나아가 히브리 전통에서 생식을 중요시한 것은 동성애 실천에 억압적인 영향을 끼쳤지만, 다른 남자들에 대한 — 여성을 배제하고 — 남성적 헌신이 두드러진다는 것은 아버지에 대한 효도와 형제애 역시 [히브리 전통이] 중요시했음을 암시한다. 아버지와 아들 이야기, 요나단에 대한 다윗의 사랑은 이 같은 종류의 헌신을 잘 보여 준다. 이 남자들 사이에서는 엄청난 에너지가 흐르는데, 이 에너지는 히브리의 서사를 늘 따라다니는 오이디푸스적 충동이라기보다는, 아들이 아버지의 축복만이 아니라 또한 그의 책무와 권위를 물려받고자 갈망하는 '노아 콤플렉스'에 토대를 두고 있는 것으로 보인다.[20]

그리스도교에는 "이성애적 가족관을 거부하며 함께 살고, 함께 기도하며, 함께 사역하고, 서로 사랑하는 남성들로 이루어진 가족 공동체가 존재하며, 언제나 존재해 왔다"(Jordan 1997, 175). '소도미'[남색]sodomy는 11세기 피터 다미안[베드로 다미아노] 이전까지는 신학자들에 의해 분류되지 않았다. 다미안은 신성모독blasphemia, 즉 하나님을 부정하는 죄에 대한 유비로 소도미아sodomia라는 용어를 만들었다. 다미안이 동성애 실천을 소도미와 연결한 것은 고해성사의 맥락에서 출현했다. 다미안은 지정된 고해성사가 죄의 중대함에 부합하지 않았다고 생각했고, 그래서 소책자 『고모라의 서』The Book of Gomorrah를 출간했다. 이 책에서 그는 그리스도교 신학에 완전히 반대되는 것을 제시했다. 즉, 그는 육체적 죄는 회개하거나 용서받을 수 있는 게 아니라고 생각한다(Jordan 1997, 66). 다미안이 추상개념으로 '소도미'라는 단어를 만들었을 때, 그는 치명적 결과를 가져올 이중적 오류를 저질렀다고 논의되었다. 첫 번째 오류는 소돔 이야기를 주로 동성애 쾌락에 관한 것으로 해석했던 데 있다. 두 번째 오류는 성서를 우화적으로 독해한 데서 출현하는 도덕적 교훈들에 법적 처방의 힘을 부여하려고 한 데 있다. 푸코와 대조적으로, 마크 조던은, 연인의 성기가 무엇인가로 결정되는 정체성 개념은 19세기의 발명품이 아니라 정체성을 소도미인가 아닌가의 측면으로 사유해 결국 신학을 신학과 대립하게 만들어 버렸던 라틴 신학자들이 만들어 냈다고 주장한다. 하지만 신학에 경도되어 있는 학자들조차 동성애적 쾌락에 관한 교회의 가르침과 복음 사이에서 나타나는 뿌리 깊은 모순을 지적함에 따라,[21] 종교사학자들은 초기 그리스도교 교회가 "동성애 행위 그 자체를 반대하는 것처럼 보이지 않는다"고 재빨리 지적한다. 관용과 동성애 문제에 대한 폭넓은 논의의 말미에 존 보스웰은 이렇게 결론을 내린다. "전체로서 그리스도교 사회도 그리스도교 신학도 동성애에 대한 어떤 특정한 적대감을 명시하거나 옹호하지 않았다. 하지만 둘 다 동성애 행위를 폄하하곤 했던 몇몇 정부들과 신학자들이

---

20 성경에서 나타나는 젠더에 관한 질문의 양상들은 슈워츠(Schwartz 1997, 102-119)에서 정교하게 설명되어 있다.

21 그렇지만 관용을 위한 정당화로 사용됐던 아쿠나스가 '수치스러운 행위'라는 의미로 아우구스티누스를 오독하는 바람에, 이 쟁점에 관한 도덕 신학은 일반적으로 언급되는 것보다 더 복잡하다(Jordan 1997, 148).

채택했던 입장을 반영했고, 결국에는 그런 입장을 견지"했다(Boswell 1980, 333). 그는 동성애에 대한 불관용을 13, 14세기 유럽에서 교회 조직과 세속 제도들 모두에 전반적으로 불관용이 증가한 것의 일환이라고 본다. 동성애 및 종교와 관련해, 학계를 괴롭히는 한 가지 핵심 질문은 종교를 두고 페미니즘 진영에서 벌어지는 논쟁과 유사한 데가 있다. 젠더 역할 규정은 어느 정도까지 종교의 산물인가? 그리고 종교는 어느 정도까지 비종교적인 문화 제도들 내에서 법칙으로 규정된 역할들을 정당화해 왔는가?

젠더에 관한 모든 담론에서, 종교는 잘 알려져 있듯이 젠더 이분법과 위계를 생산하고 재생산하는 역할을 해왔던 것과는 별도로, 종교는 또 다른 약속을 내놓았다. 그것은 젠더를 넘어선다는 약속이다. 한때 육신보다 영혼을 높이 평가했던 신학이, 젠더를 넘어 육신과 정신을 상상하는 도전에 나설 수 있을까?[22] 신비주의 전통은 젠더를 넘어서는 이 같은 움직임에 대한 암시를 제공하는데, 이 전통은 사랑을 젠더 구별의 폭력을 초월하는 것으로서 제시한다.[23] 13세기 나사렛의 베아트리체[24]는 자신의 책 『사랑의 일곱 가지 방식』에서 이 '너머'가 무엇일 수 있는지 설득력 있게 제시했다.

이제 복된 영혼은 그녀에게 더 많은 것을 하게 해주며, 내면으로부터 오는 더 높은 사랑의 양식을 경험한다. 그녀는 인간을 넘어, 인간적 감각과 이성을 넘어, 우리 마음의 모든 작용을 넘어 사랑 안으로 끌려들어 간다. 그녀는 영원한 사랑에 의해서만 사랑의 영원성 안으로, 이해할 길 없는 지혜 안으로, 가까이할 수 없는 고귀함 안으로 그리고 신성의 깊은 심연 안으로 끌려들어 가게 된다. 이 신성은 모든 것 안에서 모든 것이며 모든 것을 넘어 이해할 수 없고, 불변하며, 존재 자체이고, 전능하며, 지혜 자체이고, 모든 일 안에서 생명력 자체로 남으신다(Beatrijs of Nazareth 1965; Petroff 1986, 200-206에서 재인용).[25]

---

22 보통 인정되는 범주들을 초월하는 종교적·세속적 움직임 둘 다에 대한 진전된 논의를 보려면 슈워츠(Schwartz 2004)를 참조하라.

23 버나드 맥긴(McGinn 1992-2008), 돈 큐핏(Cupitt 1997), 토머스 칼슨(Carlson 1999)을 참조하라.

24 [옮긴이] 나사렛의 베아트리체(약 1200~68)는 플랑드르의 시토회 수녀이자 신비주의자.

그런 다음 이 사랑은 욕망으로 날아가 버린다. 여기서 육신은 매도되는 게 아니라, 완전해진다.

여기서 그녀는 사랑 안에 너무도 힘차게 잠겨 들고 갈망 안에 너무도 강하게 끌려 들어 마음이 격하게 움직이며 내적으로 휴식을 취할 수 없다. …… 그녀의 영은 강한 갈망으로 인해 격렬한 긴장 안에 머문다. 그녀의 모든 감각은 사랑의 기쁨 안에 존재할지도 모를 어떤 것으로 끌려간다. 이 때문에 그녀는 하느님께 너무도 열렬하게 이것을 청하며 진실로 하느님을 찾게 된다. 그녀가 그렇게도 열렬히 갈망하는 것이 바로 이것이다. 사랑 그 자체가 그녀로 하여금 고요하도록 휴식을 취하도록 혹은 평화 안에 머물도록 허락하지 않는다. 사랑은 그녀를 끌어올리고 끌어내리며, 약간의 위안을 주고 고통을 주며, 죽음을 주고 생명을 가져오며, 건강을 주고 약하게도 한다. 사랑은 그녀를 미치게 하고 다시 현명하게 한다. 이러한 방식 안에서 사랑은 그녀를 존재의 더 높은 차원으로 끌어올린다. 이리하여 그녀는 시간을 초월하여 사랑의 영원성 안으로 들어가 영 안에 있게 된다. 사랑 안에서 그녀는 인간적 방식을 넘어 들어 올려지며 초월을 향한 갈망 안에서 자신의 본성을 넘어 들어 올려진다. 이것이 어떤 진리 안에서, 순수한 명확함 안에서, 드높은 고귀함 안에서, 놀라운 아름다움 안에서, 천상의 영들의 달콤한 친교 안에서의 그녀의 존재이며 뜻이고 갈망이다. 이 천상의 영들은 흘러넘치는 사랑으로 풍요로우며 분명한 지식과 소유와 사랑의 기쁨 안에서 살아간다. 그녀의 갈망은 이 천상의 영들 특히 위대한 신성 안에 그리고 삼위일체 안에 그 쉼터와 거주지를 지닌 불타오르는 세라핌과 관계를 맺는 것이다.

---

25 [옮긴이] 이 인용문은 다음 웹페이지의 번역문을 따랐다. http://www.trappistkr.org/?pageid=9&mod=document&page_id=45&uid=21

참고 문헌

Ahmed, Leila. 1992. *Women and Gender in Islam: Historical Roots of a Modern Debate*. New Haven, CT: Yale University Press.

Ali, Kecia. 2010. *Marriage and Slavery in Early Islam*. Cambridge, MA: Harvard University Press.

Alston, William P. 1967. "Religion." In *Encyclopedia of Philosophy*, vol. 7, ed. Paul Edwards. New York: Macmillan/Free Press.

Apocryphon Johannis. 1963. Ed. S. Giversen. Copenhagen: Prostant Apud Munksgaard.

Bach, Alice. 1997. *Women, Seduction, and Betrayal in Biblical Narrative*. Cambridge: Cambridge University Press.

Bal, Mieke. 1987. *Lethal Love*. Bloomington: Indiana University Press.

_____. 1988. *Murder and Difference: Gender, Genre, and Scholarship on Sisera's Death*. Trans. Matthew Gumpert. Bloomington: Indiana University Press.

_____. 1989. *Death and Dissymmetry: The Politics of Coherence in the Book of Judges*. Chicago: University of Chicago Press.

Beatrijs of Nazareth. 1965. *There Are Seven Manners of Loving*. In *Medieval Netherlands Religious Literatures*, trans. and intro. Eric Colledge. New York: London House and Maxwell.

Biale, David. 1982. "The God with Breasts: El Shaddai in the Bible." *History of Religions* 20(3): 240-256.

Bilezikian, Gilbert. 2006. *Beyond Sex Roles: What the Bible Says about a Woman's Place in Church and Family*. Grand Rapids, MI: Baker Academic.

Bird, Phyllis A. 1991a. *Missing Persons and Mistaken Identities: Women and Gender in Ancient Israel*. Minneapolis: Fortress Press.

_____. 1991b. "Sexual Differentiation and Divine Image in the Genesis Creation Texts." In Borresen 1995.

Borresen, Kari Elisabeth, ed. 1995. *The Image of God: Gender Models in Judeo-Christian Tradition*. Minneapolis: Augsburg Fortress.

Borresen, Kari Elisabeth, and Kari Vogt, eds. 1993. *Women's Studies of the Christian and Islamic Traditions: Ancient, Medieval and Renaissance Foremothers*. Dordrecht: Kluwer Academic Publishers.

Boswell, John. 1980. *Christianity, Social Tolerance, and Homosexuality*. Chicago: University of Chicago Press.

Boyarin, Daniel. 1993. *Carnal Israel*. Berkeley: University of California Press.

_____. 1994. *A Radical Jew: Paul and the Politics of Identity*. Berkeley: University of California Press.

Brenner, A. 1993. *On Gendering Texts*. Leiden: E. J. Brill.

_____, ed. 1995. *A Feminist Companion to Esther, Judith, and Susanna*. Peabody, MA: Sheffield Academic Press.

Butler, Judith. 1993. *Bodies That Matter*. New York: Routledge [주디스 버틀러, 『의미를 체현하는 육체』, 김윤상 옮김, 인간사랑, 2003].

Bynum, Caroline Walker. 1982. *Jesus as Mother: Studies in the Spirituality of the High Middle Ages*. Berkeley: University of California Press.

Capps, Walter H. 1995. *Religious Studies: The Making of a Discipline*. Minneapolis: Augsburg Fortress [월터 캡스, 『현대 종교학 담론』, 김종서 외 옮김, 까치글방, 1999].

Carlson, Thomas. 1999. *Indiscretion: Finitude and the Naming of God*. Chicago: University of Chicago Press.

Christ, Carol P., and Judith Plaskow, eds. 1979. *Womanspirit Rising: A Feminist Reader in Religion*. New York: HarperCollins.

Clark, Elizabeth A., and Herbert Richardson, eds. 1996. *Women and Religion: The Original Sourcebook of Women in Christian Thought*. New York: HarperCollins.

Cupitt, Don. 1997. *Mysticism after Modernity*. Oxford: Wiley-Blackwell.

Daly, Mary. 1973. *Beyond God the Father: Toward a Philosophy of Women's Liberation*. Boston: Beacon [메리 데일리, 『하나님 아버지를 넘어서: 여성들의 해방 철학을 향하여』, 황혜숙 옮김, 이화여자대학교 출판부, 1996].

Davies, Phillip R. 1992. *In Search of "Ancient Israel"*. Peabody, MA: Sheffield Academic Press.

Day, Peggy, ed. 1989. *Gender and Difference in Ancient Israel*. Minneapolis: Fortress Press.

Fatum, Lone. 1991. "Image of God and Glory of Man: Women in the Pauline Congregations." In Borresen 1995.

Fiorenza, Elisabeth Schussler, et al. 1992. *The Women's Bible Commentary*. Louisville, KY: Westminster/John Knox Press.

Geertz, Clifford. 1968. "Religion: Anthropological Study." In *International Encyclopedia of the Social Sciences*, ed. David L. Sills, 13. New York: Macmillan/Free Press.

Gerson, John. 1706. *De examinatione doctrinam, pt. 1 considerations 2a and 3a, Joannis ... omnia opera*. 5 vols. Ed. Louis Ellis-Dupin. Antwerp.

Goetz, J. 1967. "Religion." In *The New Catholic Encyclopedia*, vol. 12. New York: McGraw Hill.

Hippolytus. 1859. *Refutationis Omnium Haeresium*. Ed. L. Dunker and F. Schneidewin. Gottingen.

Hughes, Aaron W. 2012. "Toward a Reconfiguration of the Category 'Muslim Women'." In *Theorizing Islam: Disciplinary Deconstruction and Reconstruction*, ed. Aaron W. Hughes, 81-99. London: Equinox.

Hultgård, Anders. 1991. "God and Image of Woman in Early Jewish Religion." In Borresen 1995.

Jordan, Mark D. 1997. *The Invention of Sodomy in Christian Theology*. Chicago: University of Chicago Press.

Julian of Norwich. 1961. *Revelations of Divine Love*. Trans. James Walsh. New York: Harper & Row [노리지의 줄리안, 『하나님 사랑의 계시』, 엄성옥 옮김, 은성, 2007].

King, Ursula, ed. 1995. *Religion and Gender*. Oxford: Basil Blackwell.

King, Winston L. 1987. "Religion." In *Encyclopedia of Religion*, ed. Mircea Eliade. London: Macmillan.

MacDonald, Dennis Ronald. 1983. *The Legend and the Apostle: The Battle for Paul in Story and Canon*. Philadelphia: Westminster Press.

Mahmood, Saba. 2005. *Politics of Piety: The Islamic Revival and the Feminist Subject*. Princeton, NJ: Princeton University Press.

McGinn, Bernard. 1992-2008. *The Presence of God: A History of Western Christian Mysticism*. New York: Crossroad. Vol. 1, *The Foundations of Mysticism: Origins to the Fifth Century* (1992); vol. 2, *The Growth of Mysticism: Gregory the Great through the 12th Century* (1994); vol. 3,

The Flowering of Mysticism: Men and Women in the New Mysticism—1200~1350 (1998); vol. 4, *The Harvest of Mysticism in Medieval Germany* (2008).

Mernissi, Fatima. 1991. *The Veil and the Male Elite: A Feminist Interpretation of Women's Rights in Islam.* Trans. Mary Jo Lakeland. Reading, MA: Addison-Wesley.

Meyers, Carol. 1991. *Discovering Eve: Ancient Israelite Women in Context.* Oxford: Oxford University Press.

Mir-Hosseini, Ziba. 1999. *Islam and Gender: The Religious Debate in Contemporary Iran.* Princeton, NJ: Princeton University Press.

O'Connor, June. 1989. "Rereading, Reconceiving, and Reconstructing Traditions: Feminist Research in Religion." *Women's Studies* 17(1): 101-123.

Pagels, Elaine H. 1976. "What Became of God the Mother? Conflicting Images of God in Early Christianity." *Signs* 2(2).

Pardes, Ilana. 1992. *Countertraditions in the Bible: A Feminist Approach.* Cambridge, MA: Harvard University Press.

Petroff, Elizabeth. 1986. *Medieval Women's Visionary Literature.* New York: Oxford University Press.

Ruether, Rosemary Radford. 1983. *Sexism and God-Talk: Toward a Feminist Theology.* Boston: Beacon.

Russell, Letty M. 1985. *Feminist Interpretation of the Bible.* Philadelphia: Westminster Press.

Schwartz, Regina M. 1997. *The Curse of Cain: The Violent Legacy of Monotheism.* Chicago: University of Chicago Press.

_____, ed. 2004. *Transcendence: Philosophy, Theology and Literature Approach the Beyond.* New York: Routledge.

Smith, Jonathan Z. 1998. "Religion, Religions, Religious." In *Critical Terms for Religious Studies*, ed. Mark C. Taylor. Chicago: University of Chicago Press.

Spellberg, D. A. 1994. *Politics, Gender, and the Islamic Past: The Legacy of 'A'isha bint Abi Bakr.* New York: Columbia University Press.

Stackhouse, John G., Jr. 2005. *Finally Feminist: A Pragmatic Christian Understanding of Gender.* Acadia Studies in Bible and Theology. Grand Rapids, MI: Baker Academic.

Stanton, Elizabeth Cady. [1898]1987. *Eighty Years and More: Reminiscences, 1815~1897.* New York: Schocken Books.

Stowasser, Barbara Freyer. 1996. *Women in the Qur'an, Traditions, and Interpretation.* New York: Oxford University Press.

Taylor, Mark C., ed. 1998. *Critical Terms for Religious Studies.* Chicago: University of Chicago Press.

Trible, Phyllis. 1978. *God and the Rhetoric of Sexuality.* Philadelphia: Fortress Press [필리스 트리블, 『하나님과 성의 수사학』, 유연희 옮김, 태초, 1996].

_____. 1984. *Texts of Terror: Literary Feminist Readings of Biblical Narratives.* Philadelphia: Fortress Press.

Weems, Renita. 1995. *Battered Love, Marriage, Sex and Violence in the Hebrew Prophets.* Minneapolis: Fortress Press.

리자이나 M. 슈워츠

20장

섹스·
섹슈얼리티·
성적 분류

Sex/
Sexuality/
Sexual Classification

지은이
데이비드 M. 핼퍼린 David M. Halperin

옮긴이
윤조원
고려대학교 영어영문학과 교수. 미국 문학과 페미니즘, 젠더를 가르치고 연구한다.
저서로『페미니즘: 차이와 사이』(공저), 역서로 주디스 버틀러의『위태로운 삶』, 리
오 버사니의『프로이트의 몸』이 있다.

기만적이리만큼 밋밋한 논조 — 자기가 하려는 말에 반대라곤 있을 리 없다고 예견하는 사람의 논조 — 로 프로이트는 1932년에 "여성성"에 대한 논의를 다음과 같은 짓궂은 언술로 시작했다. "우리가 사람을 만나면 첫 번째로 구분하는 것은 '남자인지 여자인지?'로, 우리는 주저 없이 확신을 가지고 그런 구분을 하는 데 익숙하다"(Freud 1953-1974, 22: 113[국역본, 161쪽]). 이런 고의적 도발을 통해 프로이트는, 프로이트를 가장 글자 그대로 읽는 독자 가운데 한 명이라 할 수 있는, 프랑스의 정신분석학자 뤼스 이리가레가 후에 이렇게 질문하도록 유발한 셈이었다. "어떻게?" 어떻게 사람들은 즉시 그토록 확신할 수 있단 말인가?(Irigaray 1985, 13, 14). 실제로 젠더 연구를 하는 많은 연구자들이 오랫동안, 여러 방식으로, 그 질문에 답하려 노력해 왔다.

직접적 확실성의 기반이 불가사의함에도 섹스의 범주들이 일견 자명하고 안정적인 것처럼 보인다면, 섹슈얼리티의 범주들도 그 못지않게 당연해 보인다. 즉, 이성애와 동성애, 정상과 도착, 능동과 수동 등은 모두 명백하고 상식적인 분류들이다. 우리가 때로는 그 범주들을 구체적인 사례에 어떻게 적용해야 할지 불확실할 수는 있지만 말이다. 또 그 분류들은 쉽게 확장되어, 더 최근에 생겨난 양성애와 단성애, 평등주의와 위계, 현실과 가상현실 등의 분류학적 세분화를 포함할 수 있게 된다. 이런 구분들이 외관상 명쾌함에도 불구하고, 또 그 구분들이 우리의 에로틱한 경험을 이해하게 돕는 유용한 기능을 많이 한다는 사실에도 불구하고, 현재 성적 분류의 지배적 제도는 검토되지 않은 여러 모순점들을 포함하며 섹스와 섹슈얼리티에 대한 우리 시대의 사유가 지니는 상당한 간극들을 은폐한다. 그 결과 개념적 위기 상태가 발생하는데, 이는 의식적 혼란의 문제라기보다는 사회적·지적 삶에 뿌리 깊은 불일치를 야기하는 원인이 된다. 이 지점에서 우리가 할 수 있는 최선은 그 위기를 기술하고 설명하는 일이다. 그것을 해결하거나 사라지게 만들기를 기대할 수는 없다.

우리가 사용하는 용어와 개념들에 대한 몇 가지 사실은 일반적으로 받아들여지고 있다. '섹스'는 영어에서는 최소한 네 가지를 지시한다. 그것은 집단적으로, 성별에 따라 서로 다르다고 여겨지는 두 부류의 인간을 가리킬 수 있다. 즉, '남자'와 '여자'다. 그것이 영어에서 섹스가 가지는 가장 오래된 뜻이다. (연대기순으로 보자면) 다음으로, 섹스는 남자와 여자의 생식기 혹은 '성기'를 가리킬 수 있다. 성기는 식물과 동물의 성기도 가리킨다. 예를 들면, 앤드루 마블[1621~78, 영국의 시인]의 17세기 시에서는 접붙이기를 통해 정원사가 "환관" 식물종을 인공적으로 만든 데에 농업 노동자가 항의한다. "버찌 나무로 그가 자연을 괴롭힌다/성기 없이 번식하게 하다니"("The Mower against Gardens," 29, 30행). 세 번째로, '섹스'는 20세기에 ― '섹스하다'라는 표현에서처럼 ― 성교 행위를 가리키는 말로, 그리고 좀 더 일반적으로는 성욕, 에로틱한 쾌락, 인간의 생식에서 영향받는 개인적·사회적 삶의 모든 국면과 더불어 모든 생식기 관련 행위를 가리키는 표현으로 점점 더 많이 사용되었다. 마지막으로, '섹스'는 페미니즘과 젠더 연구의 연구자들이 성차라고 일컫는 것을 가리킬 수 있다. 즉, 수컷으로서의 특성과 암컷으로서의 특성을 구성하는 해부학적·형태학적 혹은 염색체적 속성들의 총합, 성적 이형태성sexual dimorphism이라는 현상과 생식 기능에 상응하는 다수의 생명체에서 발견되는 일단의 육체적 차이, 다시 말해 남자라는 성과 여자라는 성이 애당초 분별될 수 있게 하는 기준을 말한다.

여기서 '섹스'는 '젠더'와 구별될 수 있다. 후자는 섹스의 자연적이거나 체현된 차이들과 반드시 연관되지는 않는 속성들을 가리킨다. 젠더는 성차가 만드는 차이를 의미한다. 즉, '수컷'과 '암컷'이라는 자연적 사실들과 대비되는, '남성'과 '여성', 또는 '남성성'과 '여성성'의 문화적 의미들이다. 인류학자 게일 루빈은 경제의 은유를 사용해 섹스와 성차를 문화에 의해 젠더로 가공되는 "원재료"로 설명한다. 이런 관점에서, 모든 인간 사회는 상이한 섹스를 가진 몸들로 시작해, 그 몸들을 젠더화된 존재들로 변화시킨다. 그 사회의 구체적인 문화에 의해 규정된 '남성'과 '여성'의 개념에 맞게 수컷을 남성으로, 암컷을 여성으로 바꾸는 것이다(Rubin 1975, 165-167, 178, 179[국역본, 92, 93, 100, 101쪽]). 그러므로 모든 인간 사회에는 (섹스의 차원에서) 수컷과 암컷이 있고 모든 인간 사회는 (젠더의 차원에서) 그들을 남성과 여성으로 만든다. 하지만 주어진 어떤 사회에서 '남성'과

'여성'이 어떤 존재들인지는 그 사회가 '남성'과 '여성'이라는 범주를 어떻게 규정하는지에 달려 있는 것이다.

섹스로부터 젠더를 분리하는 지적·정치적 움직임은 페미니즘과 젠더 연구 모두에 결정적으로 중요한 것이었다. 그것이 인간의 몸에 부과된 사회적·문화적 의미들(젠더)을 그 몸 자체(섹스)에서 떼어낼 수 있게 했고, 그래서 적어도 개념적으로는 섹스에 부착된 문화적 의미들, 섹스에 대한 상이한 해석들, 그리고 남성성과 여성성에 밀접한 문화적 관념들을 남자와 여자의 육체적 차이점들에 대한 객관적 진리라고 여겨지던 내용으로부터 분리할 수 있게 해주었기 때문이다. 젠더 연구라는 다학제적 학문 분야는 섹스와 젠더의 분리에 기반하고 있다.

동시에, 섹스와 젠더의 관계는 위의 설명이 암시하는 것보다 더 복잡하다. 철학자 주디스 버틀러는 성차 자체가 해석을 거치지 않은 몸의 사실이 아니라 본래적 젠더 이원론이 몸에 담론적 혹은 이데올로기적으로 투사되었다는 점을 지적했다. 프로이트가 말한 바 있듯, 인류를 애당초 남자와 여자로 나누어 생각하도록 만드는 바로 그 원시적이고 확고부동한 사유 습관의 효과라는 것이다. 이 후자의 관점에서, "섹스의 물질성"을 구성하는 것은 젠더 규범의 의례화된 반복, "고도로 젠더화된 규제적 도식"의 작용이다(Butler 1993, x, xi[국역본, 16쪽]).

인간은 실제로 성별이 주어진 몸sexed bodies이지만 매우 다른 종류의 성별이 주어진 몸을 가지고 태어난다. 각기 다른 정도의 수컷 속성과 암컷 속성을 가진 몸, 때로는 둘을 합친 인터섹스적 특성을 가진 몸인 것이다(Fausto-Sterling 1993, 20-24 참조). 다시 말해, 인간의 몸이 둘로, 오직 두 부류(즉, 남자, 여자)로 생겨나는 것은 아니다. '남자'와 '여자'라는 이분법적 대립으로 이루어진 젠더라는 양극적 개념 자체가 애당초 둘로, 두 가지만으로 이루어진 초기 설정 장치로 기능함으로써, 몸을 해석하는 데 있어서 두 양극 사이에 여러 점진적 단계들이 있는 스펙트럼 대신에 둘, 두 가지로만 이루어진 대안(남자 아니면 여자)을 제공하는 것이다. 그것이 적어도 현대 서구의 여러 사회에서 젠더가 작동하는 방식이다. 다른 사회들은 더 세분화된 몸의 차이와 다른 종류의 성적 중간 상태를 수용하는 다양한 젠더 범주들이 있다. 어떤 사회는 제3의 젠더가 있고, 다른 사회는 아홉 가지 젠더가 있다. 현대 서구 사회에는 두 가지 젠더밖에 없다. 그래서 섹스(성별)도

두 가지다.

그러므로 섹스는 ─ 남자와 여자 사이의 이분법적 차이로 규정되는 한 ─ 자연적 사실이 아니라 인간 사유의 산물이다. 남자/여자라는 양극적 개념이 인간의 몸에 투사되고, 몸은 그래서 그 투사된 개념으로써 해석되어, 애초에 그 몸들을 남자의 몸, 여자의 몸으로 규정하는 사유 습관의 기원이자 원인으로 이해, 아니 오인된다. 젠더 이원론은 남자에서 여자로 이어지는 연속선상 위에 놓인 다양한 섹스(성별)를 지니는 존재들을 남자와 여자로 성별화한다. 그리고 젠더 이원론을 부과한 결과인 남자/여자의 양극성을 젠더 이원론의 기원이자 원인으로 취급한다. 그래서 젠더 이원론은, 젠더 이원론의 단순한 반영일 뿐이며 성차의 원인이 아니라 효과에 불과한 남자/여자의 양극성에 기반하고 있는 것처럼 보이게 된다. 그로써 인간의 문화는 문화가 자연에서 발견한 척 내세우는 내용을 인간 문화의 순전히 자연적인 기원이라고 자연에 이식하는 것이다.

간단히 말해, 루빈에 따르면 인간 사회는 섹스를 지니는 몸들을 가지고 젠더를 생산한다. 버틀러에 따르면 인간 사회는 젠더를 인간의 몸에 섹스로 덧씌운다. 물질적·문화적 현실이 서로를 구성하는, 끝없이 순환적인 과정의 각기 다른 국면들을 기술하는 것이라고 본다면 이 두 견해는 모두 맞다고 할 수 있다.

섹스와 젠더 사이 어디에 금을 그어 구분하건, 섹스 혹은 젠더의 우선성이나 담론 내에서의 상대적 질서에 대해 어떤 견해를 취하건, 우리는 역사적으로 최근에 정립된 개념 '섹스'를 미리 상정하고 있을 가능성이 크다. 적어도 일부 역사가들에 따르면, 공통적인 인간 남자와 여자 모두에게 자연적으로 주어진 것으로서의 바로 그 섹스 개념은 그 자체가 근대 문화의 인위적 산물이다. 이와 대조적으로 고대 지중해 연안 고전 세계의 사회는, 영어의 섹스가 지닌 네 가지 뜻 가운데 가장 처음이며 가장 오래된 뜻에 해당하는 라틴어 단어 섹서스sexus를 드물게 사용하긴 했지만, 우리가 개념화한 섹스의 존재를 인정하지 않은 것으로 보인다. 고대의 성차 모델은 너무 극단적이고 양극화되어 있어서 남자와 여자에게 함께 적용할 수 있는 단일한 포괄적 범주로서의 섹스 개념을 사용하기 어려운 경향이 있었기 때문이다. 예를 들어, 고대 그리스의 부인과 의학에 관한 글에서 "섹스 개념은 결코 남자, 여자의 기능적 정체성으로서 형식화되지 않고, 남자와 여자 사이의 비대칭성과 상호 보완성의 표상으로서만 표현되며 언제나 추상적 형용사들로 나타난다(to thêly[여자the female-인용자], to arren[남자the male-인용자])"(Manuli 1983, 151, 각주 201). '섹스'를 남녀 각각에 공통적인 유기적 속성으로 보고 남자와 여자를 섹스(성별)의 측면에서 다르다고 생각하기보다, 고대 그리스인들은 '남자'andres와 '여자'gynaikoi를 인간의 다른 '종'species 또는 '인종'races에 속하는 것으로 생각하는 경향이 있었다. 헤시오도스 이래로, 고대 그리스 텍스트들은 전형적으로 여자라는 별개의 '인종'genos에 대해 이야기했다(Zeitlin 1996, 56-61, 140, 362). 성차의 이 단호히 이분법적인 모델은 인간 생식에 대한 고대의 이론들로까지 확장된다. 그래서 아이스킬로스의 『오레스테이아』에서 아폴로(의학의 신)는 여자는 진정한 부모가 아니라 남자의 씨를 양육하는 인간 배양기일 뿐이라고 주장하고, 이와 유사하게 아리스토텔레스는 『동물 발생론』 및 다른 글에서 생식 행위는 수동적인 여자의 질료에 남자의 정기가 형상과 행위를 부여하는 것이라고 주장한다. 즉, 일부 고대 작가들에게 남자와 여자는 너무 달라서, 양쪽에 똑같이 적용할 수 있는 '섹스' 같은 추상적 용어 자체가 무의미해진다. 마치 남녀는 '과일'이라는 말이 없는 세상의 사과와 오렌지와도 같은 것이다.

성차에 대한 일부 고대의 모델에서는 양극화된 남녀 개념 때문에 우리의 섹스 개념이 무의미해지는 반면, 다른 고대의 모델은 그와 정반대로 성별의 양극을 무너뜨리고 단일한, 거의 성별 없는 몸과 젠더의 개념을 상정함으로써 섹스 개념을 완전히 없애 버린다. 후자의 관점에서 남자와 여자는 그저 가변적 측정 기준의 종료점들로, 차이의 상대적 정도를 나타내는 연속적인 스펙트럼의 결과인 것이다(Winkler 1990; Gleason 1995 참조). 따라서 사실상 서구 고대에서는 지배적이었던, [근대 서구와는 다른] 인간 생식에 대한 대안적 견해는 생식 과정에서나 생식기의 해부학적 및 형태학적 구성에서 남녀가 상응한다고 강조했다. 히포크라테스의 의학은, 고대 그리스의 발생학의 다른 전통들(모든 전통들이 그런 것은 절대 아니었다)과 더불어, 남자와 여자가 후손의 생산에 비슷하게 기여한다고 가르쳤다. 예를 들어, 남자와 여자가 모두 씨를 생산하고, 남녀 모두가 생식 행위에서 씨를 사출한다는 주장이다. 이 관점에서는 수정을 위해 성교 시 여자의 쾌락이 남자의 쾌락 못지않게 필요하다. 여자가 오르가즘에 이르지 않으면 씨를 사출하지 않을 것이며 그러면 수정이 불가능할 것이기 때문이다(Halperin 1990, 139-141). 비록 (아리스토텔레스처럼) 갈레노스는 수정에 여자의 쾌락이 필요하다는 히포크라테스의 견해에 찬성하지는 않았지만, 여자의 (열등한) 씨가 존재한다고 인정했고 더 중요하게는 남자와 여자의 성기를 안과 밖이 뒤바뀐 것, 본질적으로 같은 것으로 취급했다. 이처럼 단일화된 성적 기능의 이론들에서 남자와 여자는, (비록 전문가들도 어느 성이 더 뜨거운 쪽인지에 언제나 합의하지는 못했지만) 건조함과 촉촉함, 뜨거움과 차가움 같은 자연적 양극성, 그리고 능동성과 수동성, 형식과 질료, 완전과 불완전 같은 형이상학적 양극성을 체현하는 상대적 정도에 따라 계속 차별화되었다. 히포크라테스와 갈레노스의 전통은, 라이벌 관계에 있던 아리스토텔레스의 전통과 항상 겨루어야 했지만, 다양한 민간 전통과 더불어 18세기, 심지어 그 이후까지도 계속 유럽에서 신봉자들을 매료했다. 우리에게 더 친숙한, 완전히 분리되고 서로 다르며, 독립적이지만 상보적인 두 성으로서의 남자와 여자의 개념은 18세기를 거치면서 비로소 의학 담론과 대중문화를 모두 지배하게 되었다(Laqueur 1990).

그 결과로 생겨난 것이 남자와 여자 모두에게 동일하게 적용할 수 있는 동시에 (역설적으로) 남녀 차이의 공통적 기반을 구성하는 남녀의 유기적 속성으로서의 섹스라는 근대적 개념이다. 그런 '섹스' 개념은 이후, 마찬가지로 남자와 여자에게 공통적인 것으로 이해되는 '섹슈얼리티' 개념, 그리고 그에 상응해 남자와 여자 모두에게 동일하게 적용할 수 있는 '동성애'와 '이성애' 개념의 발전을 가능하게 했다. 남자와 여자가 섹슈얼리티의 측면에서 다를 수 있고 '여자의 섹슈얼리티'가 '남자의 섹슈얼리티'와 다르다고 여겨지지만(여자의 섹스가 남자의 섹스와 다르다고 여겨지는 것과 마찬가지다), 섹슈얼리티 자체는 남녀 양쪽에 다 속하는 속성으로 정의된다. '섹스'와 '섹슈얼리티' 양자 모두의 역설은, 그것들이 남자와 여자 사이의 차이들을 주장하고 심지어 그 차이들을 섹스와 섹슈얼리티의 차이로 환원함으로써 성차를 전면에 부각하지만, 섹스와 섹슈얼리티가 남자와 여자에게 비차별적으로 적용되기 때문에 남녀가 공유하는 공통적 특성이 강조되면서도 두 성별을 구성하는 차이들 자체는 가려진다는 점이다.

실제로, 섹스와 섹슈얼리티라는 우리 시대의 개념은, 남녀에게 (비록 그들의 차이라는 기반 위에서이긴 하지만) 공통적 속성들을 상정하는 한에서 균질화 효과를 낳는다. 동시에, 남녀를 모두 포함하는 포괄적 분류 체계 내에서 '섹스'와 '섹슈얼리티'를 수컷과 암컷, 남성과 여성의 결합을 필요로 하는 것으로 구성하면서 이성애화 명령heterosexualizing imperative을 집행한다. 우리의 성적 범주들을 이성애로 균질화하는 기획의 은밀하고도 집요한 규범적 위력을 가늠해 보는 한 가지 방법은, 섹스, 섹슈얼리티, 성적 분류에 대한 모든 설명이 남자와 여자를 똑같은 비중으로 이야기하지 않는다면 얼마나 부적절해질지를 생각해 보는 것이다. 이 글에서 제시될 설명은 바로 이와 같은 비판에 취약할 것이다. 이 설명이 구체적으로 남자의 성적 분류에 집중 — 왜냐하면 남자의 성적 실천과 정체성들이 오랜 시간에 걸쳐 복합적으로 상술되었고 그래서 일반적으로 성적 분류를 연구하는 데 풍부하고도 현저한 자료를 제공하기 때문에 — 할 것이기 때문이다. 근대 서구의 담론에서 '섹스'와 '섹슈얼리티', 그리고 '성적 분류'가, 남자와 여자에 대해 기회 균등적 범주로서 비차별적으로 열려 있다는 표준적 이해에도 불구하고 — 여성성이나 여자의 섹슈얼리티라는 개념을 포함하는 것처럼 보일 때조차도 — 그런 개념들 및 분류 방식이 남성과 특별하면서도 특권적인 관계를 맺고 있지 않은지 질문하는 것도 해볼 만한 일일 것이다.

* * *

다시 말해, '섹스'의 의미는 예상했던 것만큼 간단하지 않은 것으로 판명된다. '섹슈얼리티'에 대한 이야기로 우리는 더욱 논쟁이 많은 영역으로 들어가게 된다. 원래 18, 19세기 의학 저술에서 성적 "충동" 혹은 (영양 작용이나 호흡처럼 유기체의 기능적 속성으로 정의되었던) "본능"을 담당하는 유기적 체계로 이해되었던 섹슈얼리티는 심리적이며 생리적인 실체로, "욕망의 체계적인 조직인 동시에 지향"으로 급속히 개념화되었다(Edelman 1994, 8). 그럼으로써 섹슈얼리티는 성적 욕망과 행동이라는 문제에서 정상과 일탈의 정도를 구분하는 유사 과학적 기반을 제공했고, 현재는 사람들 사이에서 성적 대상 선택과 성적 목표의 차이를 명기하는 일종의 속기 체계를 제공한다. '성적 대상 선택'이란 어떤 특정한 성적 욕망이 의도하는 대상의 종류, 성적 대상의 성별, 특히 욕망하는 주체의 성별에 대해 그 대상의 성별이 갖는 동일성과 차이의 관계를 가리킨다. '성적 목표'란 욕망하는 주체가 성적 대상과 더불어 하고자 하는 행위를 말한다. 대상과의 관계가 '능동적'인지 '수동적'인지, 욕망하는 접촉의 종류가 성기인지, 시각인지, 구순口脣인지, 항문인지, 정신인지 등이다. 성적 대상과 성적 목표의 다양한 구분들은 상이한 성적 '지향들'을 정의하는 데 기여한다. 이 성적 지향들은 개성의 광범위한 다양성과 성적 기호의 여러 세분화된 구분을 설명해 준다. 그렇다면 섹슈얼리티는 성적 실천을 분류한다기보다는 심리적/생리적 조건을 기술하며, 궁극적으로는 그것을 실천하는 사람들의 성적 특성 혹은 정체성을 기술하는 것이다.

섹슈얼리티는 관습적으로 세 가지 의미에서 인간 개성의 '심층적' 또는 '기본적' 특성으로 간주된다. 첫째, 섹슈얼리티는 유아기 혹은 수정되는 순간부터 작용하는 생물학적 혹은 문화적 영향의 결과로 인간 삶의 초기에 확립되는 것으로 여겨진다. 둘째, 섹슈얼리티는 인간의 감정과 행동을 형성하고 심지어 결정하는 개인성의 한 측면이라고 생각된다. 셋째, 비록 섹슈얼리티는 표면화되는 성적·감정적 표현의 원인이지만, 그것은 그 자체로는 즉시 가시화되지 않으며 섹슈얼리티의 정확한 성질은 소유자 본인에게조차 불가사의할 수 있다. 그러므로 자신의 섹슈얼리티를 탐구한다거나 '진정한' 섹슈얼리티를 발견했다고 말하는 것은 흔한 일이다. 섹슈얼리티는 관습적으로 한 사람의 특성 가운데 다른 사람들이 가장 알기 어려운 것으로 생각되고, 일단 다른 사람들이 그것에 대해 알게 되면 그들은 달리 설명하기 어려웠을 그 사람의 다른 특성들까지 훨씬 더 잘 설명할 수도 있는 위치에 놓이게 된다. 오늘날 섹슈얼리티는 적어도 산업화된 세계의 유복한 사람들 가운데서는 인간 개인성의 중심에 놓여 있다.

그렇지만 '섹슈얼리티'는 인간의 에로틱한 삶을 이해하기 위한 한 가지 방식을 표상할 뿐이다. 섹슈얼리티가 인간의 객관적 진리와 자연적 특성을 가리킨다지만, 그 자체로는 비교적 최근의 사회 변화 과정에서 나온 역사적 산물이다. 개념으로서 섹슈얼리티는 대략 19세기 프랑스와 독일의 의학 사상의 산물이다. 그러나 경험으로, 의식의 형태로, 사회적 삶의 실효적 범주로, 그리고 개인 정체성의 원천으로, 섹슈얼리티는 산업화와 자본주의경제가 부상하던 시기의 유럽에서 전통적 위계 사회로부터 근대적 대중사회로의 이행에 수반된 거대한 문화적 재조직화 과정에서 생겨난 것으로 보인다. 의학 전문가들은 섹슈얼리티의 범주들을 그저 만들어 내기만 한 것이 아니었다. 그들은 환자들의 경험을 기술하고 체계화했으며, 때로는 당대 대중문화에서 유통되던 성적 범주들을 재생산했다. 성과학은 근대를 거치며 발전해 온 성생활에 관한 여러 암묵적 가정들을 코드화했고, 당대의 철학자들, 소설가들, 언론인들도 성과학의 관심사를 공유했다(Rosario 1997). 섹슈얼리티의 생산은 사회의 여러 분야가 함께 관여해 수 세기에 걸쳐 일어난 과정이었다.

근대화 과정은 어떻게 섹슈얼리티를 생산했는가? 마르크스주의적 사유에서 영향받은 사회사가들이 거칠게 요약해 제시하는 설명은 다음과 같다. 산업자본주의의 성장과 더불어 가족 중심 경제가 쇠락하면서 가정과 가족은 이제 경제적 생산 혹은 재생산의 단위로 기능하지 않게 되었고, 가족 구성원들은 생계를 위해 서로의 노동에 덜 의존하게 되었다. 특히 어린이들이 가정에서 일을 도울 필요가 줄어들었다. 그럭저럭 기꺼이 가정에서 노동을 했던 어린이들은 이제 돈이 많이 드는 소비자가 되었고, 그 결과 출생률이 급격히 떨어졌다. 출생률 저하는 먼저 19세기 초반에 미국과 프랑스의 유산계급에서 시작되었고 19세기 중반 이후에는 유럽에서 가속화되었으며 결국 19세기 말에는 노동계급으로도 확산되었다. 경제적 기능이 점점 사라지면서 가정과 가족은 대체로 상징적 혹은 감정적 실체가 되었다. 가정과 가족은 점차 개인의 감정, 사적 생활, 개인적 선택과 표현의 장소로 변했다. 상품을 생산하거나 가사노동을 제공하는 대신, 가정과 가족은 ― 통념에 따르면 ― 행복을 생산하게 되었다(D'Emilio 1993, 467-476 참조).

1840년대에 가황 고무vulcanized rubber[고무와 유황을 첨가해 잘 늘어나면서도 잘 찢어지지 않게 한 경화고무]의 발명은 인간 역사상 처음으로 쉽고 믿을 수 있고 적당한 가격에 피임을 가능하게 했고(하지만 19세기 내내 질 세정 등과 같은 다른 피임법들이 콘돔과 페서리보다 더 많이 사용되었다), 그와 더불어 위와 같은 변화들은 '섹슈얼리티'라는 것을 가족의 삶, 남녀 관계, 젠더, 그리고 생식의 책무에서 분리해 독립시켰다. 섹슈얼리티는 이제 삶의 독립적 영역이 될 수 있었다. 의사들은 섹슈얼리티의 발현에 대해 논의하며 환자들의 병력을 기록했다. 과학자들은, 이전에는 있으리라 생각된 적이 없었던 개별적 성적 본능, 성기와 상관없는 분명한 인간 기능의 존재를 발견했다(Davidson 1990, 295-325 참조). 인류학자들은 인간의 성적 실천 방식들을 목록으로 정리했다. 인구통계 학자들은 인구 집단의 성적 건강에 대해 염려했고, 새롭고 화려한 통계 방법들을 사용해 결혼, 출생률, 성병을 주의 깊게 추적했다. 철학자들과 도덕론자들은 문명, 특히 도시적 삶이 성적 본능에 미치는 영향에 대해 우려했고, 정치가들은 인구의 성적 활력이라는 측면에서 어떤 나라가 다른 나라보다 우위에 있을지를 걱정했다.

섹슈얼리티가 인간 개인성의 핵심이자 한 사람의 가장 내밀하고 은밀하며 불가해하고 다루기 어려운 부분, 사생활의 가장 사적인 부분이라고 점차 여겨지게 되는 동안, 섹슈얼리티를 관찰하기 위한 기술들이 대규모로 개발되었다. 서유럽과 북유럽의 신생 자유국가들은 사적인 삶과 공적인 삶을 더 엄격히 분리했고, 예를 들면 (그들의 사회적 지위에 따라) 어떤 직물로 된 옷을 입거나 어떤 의견을 갖는지에 대해 더는 규제하지 않았으며, 사적 영역 내에서 이루어지는 개인적 선택의 존엄성에 공적 권위가 비합리적으로 개입하지 못하게 했다. 하지만 그와 동시에, 자유주의 국가는 사생활을 통치하고 — 직접 사람들을 규제하지는 않더라도 — 사람들이 스스로 사생활을 규제하고 서로를 규제하도록 설득하는 일련의 새로운 방법 또한 개발했다(Foucault 1978 참조). 국가가 집행하는 법률은 한때 그 수가 상대적으로 매우 적었지만, 이제는 다수의 규범들 — 의학적·도덕적·직업적·사적·제도적·개인적 규범들 — 로서 강화되었고, 그 규범들은 학교, 관료 체계, 공중 보건 기관에서부터 대중매체, 가족들, 친구들 및 연인들의 관계망을 망라하는 기관들에 의해 생산되었으며 공식적·비공식적으로 적용되었다. 그 결과는 현대인들에게 이미 오래전에 친숙해진 역설이다. 즉, 우리는 모두 사적인 삶을 어떻게 영위할지에 대한 이런저런 선택에서 절차상으로 자유로워졌지만, 그 결과 사적인 생활을 (사랑에 빠지고, 커플이 되고, 공통적 감성과 생활양식에 근거하는 사적 사회생활을 꾸리는 등) 자유스럽게 그리고 자발적으로, 대체로 비슷하게 영위하게 된 것이다. 다른 사람들 모두와 비슷하게 행동하지 않는 사람은 낙인이 찍히거나 주변화되는 등 사회적 일탈의 대가를 호되게 치른다는 것을 알게 되며, 훨씬 더 가혹할 수도 있는 다른 처벌의 위험에도 처한다,

근대화의 이런 과정에서 젠더는 공적 위상, 즉 사회적 상급·하급 존재들 사이의 차이를 밖으로 드러내는 휘장, 삶의 공식적 위계질서 속 계급의 징표가 아니게 되었다. 계급의 위계로 조직화되었던 신분 위주의 과거 봉건사회는, 개념적으로 동일한, 특징 없는 개인들로 이루어진 대중사회로 점차 대체되었다. 이 개인들은 남자일 수도 있고 여자일 수도 있지만, 이제 성별과 섹슈얼리티를 포함하는 일련의 인간적·개인적 차이들을 가진 사람들이었고, 성별과 섹슈얼리티는 더 비공식적이고 탈중심화된 새로운 사회적 통제 체제의 기반으로 작용했다. 이제 집단이 아닌 개인을 토대로 삼고, 공식적인 사회적 신분이 아니라 건강, 지능, 사회적 동화, 정상성처럼 측정 가능한 개인적 기준들에 주목하는 일단의 근대적 분류들, 계급들, 위계질서들이 등장했다. 사생활의 가장 사적인 부분으로 섹슈얼리티는 특히 규제하기 어렵다고 생각되었고, 그래서 더욱 규제가 중요했다. 따라서 여러 기관들과 관청들이 섹슈얼리티를 조사하고 추적하고 측정하고 평가하려고, 섹슈얼리티가 정상인지 비정상인지, 건강한지 병적인지를 알아내려고 갖가지 과정들을 만들어 냈다. 교육학, 정형외과학, 신경해부학, 법의학, 정신과학, 정신분석학, 사회심리학, 정치학, 사회학, 범죄학을 비롯한 근대 학문 분과는 모두 인간의 섹슈얼리티에 대한 연구와 관련이 있었고, 섹슈얼리티가 건강하고 정상적인 방식으로 표출되는 것을 보장하는 일과 관련이 있었다. 국가는 성매매를 규제하고 성병과 싸우며 건강한 식생활을 장려하고 혼외자 출생을 감소하고 임신 중지를 막으려고, 그리고 특히 현대 남성이 현대적인 실내 노동의 속성으로 말미암아 무기력하거나 쇠약해지지 않게 하려고 여러 지점에서 개입했다. 그리고 과학자들은 새로이 발견된 다수의 도착증들이 무엇인지를 밝혔다.

성적 본능은 정상일 수도 일탈적일 수도 있고, 건강할 수도 병적일 수도 있는 것으로 드러났다. 성적 본능의 건강한 표현에는 이름이 없었다. 하지만 그것의 다양한 병리적 형태에 붙여진 이름들은 매우 많았다. 18세기 중엽부터 시작해 1840년대에 도착이라는 개념이 정립되면서 가속화된 현상인데, 의학 전문가들은 점점 더 많은 '성 본능의 일탈'을 밝혀냈고 일탈을 한층 세분화했다. 여러 도착 가운데 출현 순서에 따라 두드러지는 것들은, 1710년 무렵 대중문학에서 병리로 규정되고 1758년에 의료 행위의 대상이 된 자위가 있고 또 성적 편집증(1810), 시체 기호증(1861), 성 정체감 장애(1869), 노출증(1877), 성전도(1878), 분뇨 기호증(1884년 소설에서 등장), 성적 가학증과 피학증(1890), 복장 도착(1910) 등이 있다. 그 외에도 이제는 잊힌 수많은 희한한 성적 일탈의 범주와 하위 범주들이 명명되었고, 거의 식물학처럼 열심히 연구되었다. 19세기 말에 이르면, 모든 것을 포괄하는 절편음란증 개념이 1887년에 처음 성적 일탈로 밝혀지면서 화룡점정을 이룸과 더불어, 인간의 에로틱한 삶의 거의 전체가 도착의 범주 아래에 들어가게 되었다(Rosario 1997 참조). 모든 유형의 성적 표현이 이제 병리학의 개념으로 포괄될 수 있게 되었다.

이런 전개는 레즈비언이라는 용어의 역사를 통해 조명해 볼 수 있다. 레즈비언이라는 단어는 원래 그리스의 지명 레스보스의 형용사형이다. 레스보스는 기원전 10세기에 고대 그리스 아이올리스인들이 정착했던, 소아시아 북서해안에서 6마일[약 9.6킬로미터] 떨어진 에게해의 큰 섬이다. 그렇다면 원래 레즈비언은 남자건 여자건 레스보스에 살던 사람 누구나 가리키는 말이었다. 레스보스는 또 기원전 7세기 말에서 기원전 6세기 초에 크게 활약했던 고대 그리스의 서정시인 사포의 출생지이자 고향이었다. 사포의 시 가운데 여러 편이 여성과 소녀를 향한 사랑과 욕망을 표현했는데, 이 시들은 고대 남성의 문학계에서 크게 칭송받았으며, 사포 작품의 상당 부분이 3세기까지 전해져 내려와 아홉 권 분량이나 되었다. 몇 편 예외가 있을 수 있지만 불행히도 그 시들 가운데 오늘까지 전해지는 것은 시의 전체가 아니라 조각들뿐이다. 그럼에도 사포의 시와 명성은 '레즈비언'이라는 형용사에 지금 우리에게 익숙한 성적 의미를 부여할 만큼 영향력이 있었다. '레즈비언'은 섹슈얼리티에 관한 현재 우리의 어휘들 가운데 단연 가장 오래된 용어이다.

그러나 '레즈비언'이 특정한 성적 지향에 대한 고유명사에서 '여자 동성애자'를 가리키는 개념적 부호로 변하기까지는 매우 오랜 세월이 필요했다. 지금까지 전해 내려오는 고대 그리스의 작가들 가운데 누구도, 사포의 시에 나오는 동성 간의 에로티시즘이 얘깃거리가 될 만큼 특별하다고 여기지 않았다는 점은 흥미롭다. 사포의 초기 독자들과 청자들[1]이 그의 시에서 동성애적인 점을 발견하지 못했거나 아니면 사포의 동성 간 에로티시즘이 특별할 것 없다고 생각했던 것이다. 또한 2세기 루키아노스의 『기녀들의 대화』(5.2) 이전에는, 레스보스섬도 거기 사는 주민들도 우리가 사용하는 '레즈비어니즘'(여성 동성애)이라는 말 뜻과 연관이 없었다(예외로 볼 법한 것은 기원전 6세기 말, 고대 그리스 시인 아나크레온의 작품에 등장하는 의아한 언급이다. 그의 「단편」fragment 358 참조). 다시 말해, 레스보스와 '레즈비어니즘' 사이에 연관이 맺어지는 데엔 거의 1000년이 걸렸다. 레스보스의 여성들은 매우 일찍이 관능적이라는, 심지어 방탕하다는 명성을 얻었는데, 적어도 기원전 5세기부터는 고대의 '레즈비어니즘'과 연관된 성적 행위란 우리 기준에서 다소 레즈비언적이지 않은 것, 즉 구강성교였다. 기원전 5세기~기원전 4세기 아테네의 고전 희극들에서 사포는 여러 남성을 거느린 연인으로, 때로는 성매매 여성으로 그려졌다. 사포의 성적 일탈, 젠더 일탈을 처음 언급한 작가들은 기원전 1세기 말에서 기원후 1세기 초의 로마 시인들이었다(Horace, *Odes* 2.13. 24, 25; Ovid, *Heroides* 15.15–19, *Tristia* 2.365).

그 시기 이후로 사포와 레스보스는 여성의 동성애와 욕망의 어떤 측면들, 여성의 어떤 동성애적 실천들, 여성의 성적 일탈 및 젠더 일탈의 어떤 형태들과 때로 연관되었을 수 있다. 사포는 대표적인 여성 시인, 남자의 열정적인 연인, 성매매 여성으로 그려졌을 뿐만 아니라, 이제 '트리버드'tribade(여자 동성애자)로서의 자격을 얻을 수 있었다. 이 용어는 로마 작가들이 차용한 고대 그리스어 어휘로서, 1세기에 라틴어에서 처음 사용된 사실이 증명되었고 고대에 원래는 팔루스적 여성, 초남성적 여성이나 부치 여성, 그리고/또는 다른 여성의 성기에 자신의 성기를 문지르며 성적 쾌감을 추구하는 여성을 의미했다. 그러므로 사포와 트리버드가 동일시됨으로써, '레즈비언'이라는 단어는 비록 현대 '레즈비언'이 가리키는 지시 대상과 완전히 일치하지는 않았더라도 우리가 오늘날 '레즈비언'이라고 인정할 만한 행위나 사람에 적용되게 되었다. 10세기 초, 아레타스라는 카이사레아 지역의 비잔티움 추기경은 아마도 고대의 용어들에 대해 잘 이해하지 못했겠지만, 트리버드를 비롯한 여러 여성 성 일탈자들을 일컫는 고대 그리스어들과 더불어 레즈비언의 복수형 명사 레즈비아이Lesbiai를 2세기의

---

1 [옮긴이] 고대 그리스의 시는 낭송을 위해 쓰였으므로 시를 읽는 사람 외에 듣는 사람을 언급한 것이다.

그리스도교 작가 알렉산드리아의 클레멘트의 텍스트에 대한 주해에 포함했다 (Brooten 1996, 5). 여자−여자 섹스를 지칭하는 다양한 방식들이 중세에도 있었지만, 종종 남자들의 성적 실천 모델에 따라 묘사되었고, 혼동되기도 했다.

여자들 사이의 성관계를 기술하는 어휘는 16세기에서 18세기에 이르는 동안 처음엔 프랑스에서, 다음엔 영국에서 점차 통합되었다. '트리버드'와 거기서 나온 파생어들은 시, 도덕철학, 그리고 다른 학문 담론에서도 쓰였지만, 적어도 1566년부터 특히 의학 또는 해부학 텍스트에서 여성의 동성 간 에로티시즘을 지칭하기 위해 가장 흔히 쓰이는 용어들이었다. 비록 근대 초의 작가들은 고전 텍스트에서 이미 트리버드로 불린 고대의 여성들에 대해 이야기할 때 '트리버드'라는 말을 사용했지만, 이 단어는 곧 더 근대적으로 적용되었다. 하지만 그것은 특정한 성적 실천들 또는 해부학적 특성들에 여전히 연관되어 있어서, 남성적이거나 팔루스적인 여자 혹은 다른 여자와 성기를 문지르는 식으로 행위하는 여자를 여전히 지칭했다. 이와 대조적으로 '레즈비언'은 사용 빈도가 더 낮았고 대개 고유명사, 지명, 지리적 지시어로 쓰였지만, 여성들 사이의 성관계와 뚜렷한 연관성이 있었고 종종 여자의 동성애적 실천들에 관한 담론에서 나타났다(일반론으로 Wahl 2000; Traub 2002 참조). 예를 들어, 프랑수아 드 마이나르가 프랑스어로 쓴 1646년의 난봉시libertine poem는 여자의 손가락 성교를 주요 관심사로 삼았는데 라틴어로 점잖게 붙인 제목이 「트리버드 또는 레즈비언」이었다. 1732년에 출판된 윌리엄 킹의 의사 영웅시mock epic 『토스트』에서는 지리적 의미에서 성적인 의미로 뉘앙스가 바뀐다. "사포가 그토록 부정했다면? / 나는 부인하리라, 그대가 배우진 않았으리라 / 어떻게 암비둘기들을 짝지우는지 / 어떻게 레즈비언의 사랑을 하는지." 이 시의 1736년 판본은 「트리버드 또는 레즈비언」을 언급하면서 18세기 초에 영어에서 "'레즈비언'이 형용사와 명사로 다 쓰일 수 있었다"는 것을 보여 준다(Donoghue 1995, 3, 258, 259). 하지만 이때까지는 지형학적 정체성 대신에 온전히 성적 정체성을 가리키는 명칭이 된 것은 아니었다. 18세기 말에 이르자 프랑스와 영국에서 '사포', '사포의', '사포적인', '레스보스', '레즈비언'은 '트리버드' 및 그 파생어들과 실질적으로 교환 가능한 말이 되었다. 그러나 근대 초에 '레즈비언'이라는 말이 여자들 사이의 사랑에 적용될 수 있긴 했지만, 그것이 독자적 의미를 획득하고 거의 전문적인 용어, 즉 특정한 종류의 실천이나 성적 지향을 가리키는 고유명사가 된 것은 19세기 후반이 되어서였다. 1923년까지도 올더스 헉슬리의 소설 『어릿광대의 춤』에 등장하는 사교계 여성은 지인인 이성애자 남성에게 "[그의-인용자] 레즈비언 경험에 대해 전부" 자신과 손님들에게 이야기해 달라고 부탁하는데, 이 남자의 이성애적 무용담을 언급하기 위해 여성의 성적 방종함과 관련된 그 말의 예스러운 의미를 분명히 소환한다. 그렇다면 그 말의 오랜 역사에도 불구하고 "레즈비언"이라는 말이 "여성 동성애자"를 표준적으로 지시하도록 변화한 것은 비교적 최근의 일인 것으로 보인다(Halperin 2002, 48~53).

동성애라는 말 자체가 처음 독일어[Homosexualität]로 출판물에 등장한 것은 남자의 동성 간 성관계를 범죄로 규정하지 말라고 요구하는 1869년의 팸플릿에서였다. 이 단어는 이후 저명한 독일의 성의학자 리하르트 폰 크라프트-에빙[1840~1902]이 취해 사용했고 그럼으로써 법의학과 정신병리학의 특수 어휘에 포함되었으며, 20세기 초 프랑스 신문들에 의해 대중화되었다. 정상적인 성적 대상 선택을 가리키는 그 반대말이 통용되는 데엔 훨씬 더 오랜 시간이 걸렸다. 이성애적이라는 말은 1892년 5월 미국의 어느 정신분석가가 크라프트-에빙의 저작을 학술적으로 요약한 글을 내면서 출판물에 처음 등장했다. 그때 그 말은 "진정한 의미의 성적 도착증"이라는 목록에 포함된 여러 "성적 욕구의 비정상적 징후들" 가운데 하나를 가리켰다. 그 의사에 따르면, 이 희귀하고도 유감스러운 이성애적 증상은 "정신적인 자웅동체 현상" 가운데 하나였다. 즉, "이런 [이성애적인-인용자] 사람들에게서는 만족을 위한 비정상적 방법들[에 대한 지향-인용자]뿐만 아니라 양쪽 성별 모두에 대한 지향이 발생한다." 그래서 "이성애"의 이성hetero은 애당초 이런 종류의 도착증 환자가 두 가지 다른 성별에 두 가지 다른 양태로 — 즉, "남자"와 "여자"에 다, 혹은 "능동적"이고 "수동적"인 두 가지 양태로 — 끌린다는 뜻이었다(Katz 1995, 19, 20).

그렇지만 '이성애'의 의미는 계속 변했다. 1923년이 되어서도 메리엄 웹스터Merriam-Webster의 『신국제사전』New International Dictionary은 그 말을 여전히 다음과 같이 정의했다. "의학 용어. [일종의-인용자] 병적인 성적 열정으로 반대 성별의 사람을 대상으로 함." 1934년 웹스터의 『제2판 대사전』*Second Unabridged Dictionary*에서야 이성애는 결국 동성애의 정반대 개념으로 자리 잡았고, 그럼으로써 규범적인 성적 욕망, 심리, 대상 선택 및 지향을 가리키는 말이 되었다(Katz 1995, 92). 마침내, 말하자면 섹슈얼리티라는 자전거에서 보조 바퀴를 그제야 떼어낼 수 있었던 셈이다. 이성애의 발명, 실행과 더불어 현대인들은, 사적 영역에서 더욱 자유롭게 성적 선택을 할 수 있게 되었다. 균형을 잃기 시작할 경우 그들을 안정시켜 줄 이성애라는 개념의 도움을 받아 가면서.

* * *

균형을 잃는 일은 끊임없이 발생한다. 미국 로드아일랜드주 뉴포트의 해군 훈련 기지에서 1919년에 있었던 기이한 섹스 스캔들이 분명히 보여 주듯이 말이다. 기지 인근에서 "부도덕한 상황"을 근절하려는 노력의 일환으로, 뉴포트의 군 간부들은 나이가 어린 사병들 가운데 미끼 역할로 자원한 몇 명을 선발해 함정수사를 벌였다. 미끼들은 성도착자로 의심되는 사람들을 찾아내서 밝히고 그들의 네트워크에 침투해 궁극적으로 뉴포트의 남자 동성애 조직과 범위에 대해 가능한 한 많이 알아내기 위해 그들과 섹스하는 데 동의했다. 미끼들은 곧 육군 및 해군의 기독교청년회YMCA가 "요정들"fairies의 가장 인기 있는 아지트라는 것을 알아냈다. "요정들"은 젠더와 섹슈얼리티의 남성적 규범들을 위반하는 남자들을 지칭하는 말이었고, 그 위반은 첫째, "사내답지 못한" 매너리즘을 보이거나 여성스러운 별명, 화장품, 의복을 사용하는 경우, 둘째, 다른 남자들과의 성관계에서 "수동적" 또는 수용적 역할을 선호하는 경우였다. 미끼들은 또한 수병들의 숙소를 운영하면서 이런저런 방식으로 함대를 지원하던 다수의 지역 목회자를 요정으로 지목했다. 이 남자들과 개인적·성적 접촉을 반복한 끝에 미끼들은 증거를 당국에 제출했고, 그들이 증언한 결과 1919년 4월에는 20명 이상의 해군 병사들이 그리고 7월에는 민간인 16명이 체포되었다. 1920년에 해군은 첫 번째 수사에서 사용한 방식들에 대해 두 번째 조사를 개시했다. 그리고 1921년에 미국 상원 위원회는 나름의 보고서를 발행했다(Murphy 1988; Chauncey 1989a, 294-

이런 여러 과정이 남긴 방대한 문헌 기록이 드러내는 도덕적 우주는 '군대 내 게이들'에 관한 최근 논쟁에 익숙한 연구자들에게는 기이하고 머나먼 세계다(군인들의 드랙 공연은 여장 남자 공연자들과 부대원들 사이에서 수많은 무대 위 로맨스를 만들어 냈고 적어도 제2차 세계대전 당시까지는 미군 생활의 필수적 요소였다. Bérubé 1990, 67-97 참조). 장교와 사병을 모두 포함해 뉴포트의 병력 일부는 남자들 사이의 구강 성교 및 항문 성교가 군 복무와 양립 불가능하지 않다고 여겼을 뿐만 아니라, 해당 남성이 규범적인 남성 젠더의 스타일을 보여 주고 동성애 성교에서 "능동적인" 혹은 삽입하는 성적 역할을 수행하는 한, 그것이 정상적 남성성 또는 정상적 남성 섹슈얼리티와 양립 불가능하지 않다고 여겼다. 뉴포트의 고위직 인사들은 미끼들에게 시킨 일이 일탈적이고 도착적이며 성적으로 혐오스러운 일 — 즉, 정상적 남성이 자연스럽게 하게 될 수는 없는 일 — 이라는 생각을 전혀 하지 않았던 모양이다. 그리고 미끼들 입장에서도 자신들이 성적 기질에서 정상적 남성과 다르다고 생각하지 않았다. 1920년에 로드아일랜드주의 영국국교회 주교와 뉴포트의 목회자 조합이 곤경에 처한 동료 목회자들을 옹호하며 이 논란에 가담하고 나서야 이야기의 차원이 달라졌다. 젊은 사병들에게 "입에 담지 못할 악행을 상세히" 가르치고 공동체 속으로 파견해 무고한 시민들을 함정에 빠뜨리는 등 부도덕한 방법을 사용했다고 이제 해군 측이 비난을 받았다. 그런가 하면, 굴욕적인 반대 심문을 당하는 상황에 갑자기 처한 미끼들은 이 의아한 임무에 자원한 성적 동기에 대해, 그 임무의 수행에서 느꼈던 쾌락의 강도를 상세히 기술해야 했다. 이 반대 심문은 명백히, 그들이 정상적인 성적 정체성을 가졌다는 주장을 공격하기 위한 것이었다.

해군과 교회 사이에서 벌어진 이 논란에는 성도덕이나 두 기관 종사자들의 상대적 올바름에 대한 단순한 견해 차이를 넘어서는 더 많은 것이 걸려 있었다. 섹스와 젠더 문제에서 정상과 일탈이 무엇인지에 대해 군인들과 주교들의 견해는 극단적으로 갈렸고 심지어 비교 불가능할 정도였다. 이 시각의 차이는 사회적 지위라는 측면에서 그리고 — 더 적절한 표현이 없으므로 — 섹슈얼리티 자체에서 그들 사이에 놓인 깊은 간극을 반영했다. 대개 노동계급이었던 해군 병사들과 하사관들은, 중산층이 대부분이던 목사들에겐 이미 널리 퍼져 있던 '이성애화'라는 역사적 과정의 누적 효과를 아직 느끼지 못하고 있었던 것이다. 해군의 노동계급 문화에서 정상 남성을 일탈적 남성과 구분하는 것은 성관계 상대의 성별 자체, 즉 그의 (헤테로)섹슈얼리티가 아니라, 그의 남성성이었다. 거리에서 그리고 이불 속에서 (혹은 공원에서) 개인이 자기주장으로 규범적인 남성적 젠더 스타일을 얼마나 잘 드러내는가가 관건이었던 것이다. 남성적 태도에 관한 이런 높은 기준으로 판단할 때 지역 목사들은 — 중산층다운 정중한 매너, 겸손함과 순종의 윤리, 해군 병사들을 향한 애정과 우려의 때로 과도한 표현 등으로 말미암아 — 정상적 남성성의 최소 요건에 상당히 못 미쳤다. 대조적으로, 교회 당국자들은 젠더 스타일보다는 우리가 지금 섹슈얼리티라고 부르는 측면에 더 관심이 있었다. 그들은 누가 누구에게 어떤 행위를 했던 간에 동성 간의 모든 성기 접촉을 두 사람 모두의 병리적 성향을 드러내는 징조로 간주했다. 그들은 개인적 언행 습관만을 바탕으로 '요정들'을 구별해 낼 수 있다는 해군 측의 주장을 반박했다. 그리고 해군 병사들이 사내답지 못함이라고 불렀던 특성이 그 자체로 성적 일탈의 증상이라는 것을 부인했다. 뉴포트 사건에서 두드러지는 점은, 해군과 교회 측의 분쟁이 개념적인 것이 아니라 성적인 것이었다는 사실이다. 즉, 그것은 단순히 성적 행동을 범주화하기 위해 어떤 분류를 사용할 것인가에 대한 논쟁이 아니었다. 그것은 남자에게 어떤 종류의 욕망들과 쾌락들이 정상인지 — 어떤 대상이 성적으로 정상인 또는 건강한 남자를 흥분시킬 수 있는지, 어떤 성행위를 정상적인 남자가 즐길 수 있는지 — 에 관한 대립이었다.

30년 뒤에 앨프리드 킨제이는 첫 번째 보고서인 『인간 남성의 성적 행동』(1948)에서 동성애/이성애를 정의하는 문제의 해결을 시도했다. "동성애의 표출"에 관한 유명한 장에서 킨제이는 이렇게 쓰고 있다. "동성의 개인들 간의 어떤 관계에서 어떤 이들은 동성애를 부정할 수 있다. …… 다른 남자들에게 구강성교를 하지는 않으면서 남자들로부터 정기적으로 구강성교를 받는 어떤 남자들은 자신들이 전적으로 이성애자이며 자신들은 진정한 동성애 관계에는 연루된 적이 없다고 주장할 수 있다"(일반적인 여론조사나 설문지를 통해 섹스 관련 조사를 하는 사람들은 이 점을 교훈으로 삼는 것이 좋겠다). 이 구절이 나타내는 것은, 킨제이의 조사에 참여한 남성들 다수가 뉴포트의 미끼들과 비슷한 배경 출신이고, 유사한 성적 경력을 가지고 있으며, 비슷한 종류의 성적 태도를 보였다는 점이다. 그러나 킨제이는 뉴포트의 목사들과 같은 입장을 취했고, 그 입장을 기만적으로 중립적이고 기술적이고 객관적인 행동 사회과학의 언어 안에 녹여 넣었다. 이성애를 주장하는 제보자들의 입장을 그저 "프로파간다"[2]라고 치부하면서, 킨제이는 "남자들 사이의 성관계 중에서 동성애가 절대 아니라고 여겨질 만한 것은 거의 없다"고 단호히 주장했으며, 오르가즘으로 이어지는 "다른 남자와의 신체적 접촉"은 모두 "어떤 엄격한 정의에 의해서도 …… 동성애적"이라고 덧붙였다. 개념적·규정적 난제를 그런 방식으로 해결하려 시도함으로써 킨제이는 문제를 묻어 버렸다. 새로운 방법론과 분류 체계를 가지고 킨제이는 그의 피조사자들이 정상적 섹스와 비정상적 섹스의 차이를 규정했던 기준들을, 따라서 그들 자신의 태도와 행동, 정체성, 쾌락과 욕망들을 형성했던 기준들을 ― 즉, 그들의 섹슈얼리티를 ― 결과적으로 걸러 냈기 때문이다. 동성애/이성애에 대한 킨제이의 엄밀한 구분은 개인 정체성의 유형학보다는 성행위의 범주에 기반하긴 했지만, 그런 성적 구분이 지금처럼 지배적 위상을 갖기 이전에 살았던 사람들 또는 그런 구분에서 벗어나 있을 법한 성적 경험을 한 사람들의 성적 이력을 궁극적으로 더욱 이해하기 어렵게 했다. 그런 사람들이 킨제이의 백인 남성 피조사자 가운데 37퍼센트에 해당하는데, 그들은 대다수가 자신이 매우 이성애적인 삶을 살아가고 있다고 생각하는 가운데서 "어떤 동성애적 경험으로 오르가즘에 도달"한 적이 있다고 인정한 사람들이었다(Kinsey, Pomeroy, and Martin 1948, 615-617, 623).

이런 난점들의 뿌리에는 근본적인 개념의 교착상태가 있다. 인간의 성적 행동 가운데 극히 일부만이 성적 지향에 의해 결정되거나 '섹슈얼리티'의 차원에서 설명할 수 있다. 하지만 '섹슈얼리티'는 성적 행동을 설명하기 위해 우리가 현재 사용하는 중심 용어다. 오늘날 우리는 성적 지향이라는 개념들을 없앨 수가 없겠지만, 그 개념들은 우리가 그 개념들로써 해내려는 해설적 기능을 다 담아

---

2 [옮긴이] 여기서 "프로파간다"는 잘못된 정보 또는 교육의 효과를 가리킨다.

낼 수 없다. 그래서 현재의 개념적·사회적·담론적 위기 상태가 초래된 것이다. 이 위기의 징후를 보여 주는 것이 섹스와 젠더의 "상이한 모델들이 합리적으로 설명되지 않은 채 공존하는 현상"(Sedgwick 1990, 47), 그리고 서로 다른 다수의 섹슈얼리티 개념 ─ 태도, 지위, 지향, 심리, 정체성, 또 그것들의 조합으로 다양하게 정의되는 ─ 의 폭넓은 유통 및 (대체로 인지되지 못하는) 동시적 발생이다. 이같은 다양한 개념들 가운데 어떤 것도 이데올로기적으로나 문화적으로 다른 개념들과의 경쟁에서 더 결정적인 승리를 거두지는 못했다.

＊ ＊ ＊

니체는 "전체 과정이 기호학적으로 수렴된 모든 개념들은 정의하기가 쉽지 않다"고 특유의 예리함으로 말한 바 있다. "역사가 없는 것만 정의할 수 있을 뿐이다"(*On the Genealogy of Morals* 2.13[프리드리히 니체, 『도덕의 계보학』, 홍성광 옮김, 연암서가, 2020, 120쪽]). 그렇다면 섹슈얼리티를 정의하기 위해서가 아니라, 섹슈얼리티에 대한 만족스러운 정의에 다다르기가 왜 불가능한지를 설명하기 위해, 역사를 살펴보도록 하자. 근대의 발명품으로서 섹슈얼리티는 다른 사고 체계에서 파생된, 그리고 현대인들이 유지하고 있는, 더 이전부터 발전해 온 성적 생활을 이해하는 여러 방식들과 여전히 경합해야 한다. 경합의 결과로 좀 더 최근에 생겨난 섹슈얼리티 개념들과도 맞지 않는 부분들이 있더라도 말이다. 이 같은 역사적 중첩이 오늘날 섹슈얼리티의 본성에 대한 사유를 얼마나 복잡하게 만드는지를 가장 잘 보여 주는 사례는 아마도 남자들의 동성 간 성적 접촉을 개념화하는 상이한 역사적 방식들에서 발견할 수 있을 것이다. 뉴포트 사건이 시사하듯, 특히 상세하고 복합적인 역사적 해설의 대상이 된 것은 이 성적 분류라는 영역이기 때문이다.

　남성 동성애의 역사라는 것은 없다. 그 대신 우리가 발견하는 것은, 이제 남성의 동성 간 에로티시즘 및 젠더 일탈이라고 이름 붙이는 것에 대한 적어도 다섯 가지의 상이하지만 동시적인 주제 또는 담론적 전통이다. 그것들 각각은 나름의 밀도와 구체성, 역사를 가지며, 시간이 지나면서 주기적으로 상호작용했지만 각각 다른 것들과는 대개 별개로 존속해 왔다. 이 담론들은 잠정적으로 다음과 같이 구분될 수 있다. 즉, ① 사내답지 못함, ② 페더라스티 혹은 '능동적' 소도미, ③ 우정 혹은 사랑, ④ 수동성 혹은 성전도, ⑤ 동성애다. 각각은 따로 설명할 필요가 있다(좀 더 상세한 내용으로는 Halperin 2002, 110-136 참조. 아래의 개관은 그 책에서 가져온 것이다).

사내답지 못함effeminacy. 사내답지 못함은 남자들에게 있어 이른바 성적 수동성 혹은 성전도, 성역할 역전 혹은 트랜스젠더리즘, 그리고 마지막으로 동성애적 욕망의 지표로 종종 기능해 왔다. 그럼에도 불구하고 사내답지 못함을 남성의 수동성, 성전도, 동성애와 구분하는 것은 유용하다. 특히 사내답지 못함은 남성의 동성애적 대상 선택 또는 동성에 대한 성적 선호와 구별되어야 한다. 사내답지 못하다고 해서 동성애자는 아니며 동성애자라고 해서 사내답지 못한 것이 아닐 수 있다는 이미 익숙해진 이유 때문만은 아니다. 오히려 사내답지 못함은 오랫동안 동성애적 욕망뿐만 아니라 우리가 지금 이성애적 욕망이라 부르는 것의 증상으로 여겨졌기 때문에, 따로 다루어질 가치가 있다. 그러므로 그것은 그 자체로 하나의 범주를 이룬다.

사내답지 못함은 오늘날 동성애를 암시하지만 언제나 그랬던 것은 아니다. 유럽의 여러 문화적 전통에서 남자들은 '유약'하거나 '비남성적'(고대 그리스어로 malthakos, 라틴어와 로맨스어의 파생어로는 mollis)이라고 지칭될 수 있었는데 그 이유는 그들이 성전도자이거나 비역자이기 때문 — 즉, 뉴포트의 "요정들"처럼 행동 습관이 여자 같고 다른 남자들에 의한 삽입에 (여자 같다고 여겨지는 방식으로) 몸을 맡기는 데에서 에로틱한 즐거움을 얻기 때문 — 이거나, 아니면 그들이 바람둥이이면서, 전투라는 거친 선택보다 사랑이라는 유약한 선택을 선호한다는 점에서 남성적 젠더 규범에서 벗어났기 때문이었다. 적어도 고대부터 르네상스 시기까지 유럽의 엘리트 군사 문화에서 규범적 남성성은 엄격함, 욕구의 절제, 쾌락을 향한 충동의 극복을 요구했다. 남자는 전쟁에서, 더 보편적으로는 명예 — 정치, 경제, 또는 다른 경쟁적 기획 등에서 — 를 위한 다른 남자들과의 쟁투에서, 자기의 진정한 기개를 과시했다. 이런 도전에 맞서기를 거부하는 남자들, 경쟁적인 남자들의 무리를 버리고 여자들과 호색적인 교제를 추구하는 남자들, 전쟁 대신 사랑을 하는 남자들은 사내답지 못함의 고전적 정형이었다(한때 유행했던 캠퍼스의 빅맨the Big Man on Campus이라는 미국의 정형화된 인물, 즉 뜨거운 샤워와 차가운 맥주, 빠른 자동차, 그리고 그보다 더 빠른[헤픈] 여자들을 향한 사랑에 무한 탐닉을 하는 미식축구 선수는 이 맥락에서는 남성성의 상징이 아니라 타락한 반대 유형, 즉 사내답지 못한 괴물로 보일 것이다).

남성성의 거칠고 유약한 두 가지 스타일 사이의 긴장 관계를 전형적으로 보여 주는 사례는 헤라클레스이다(Loraux 1990, 21-52). 헤라클레스는 초남성성과 사내답지 못함이라는 양극단 사이에서 오락가락하는 주인공이다. 그는 초자연적으로 강하지만 여자(옴팔레 여왕)의 노예가 된다. 힘을 과시하는 위업에서는 모든 남자들을 압도하지만, 여자(이올레 공주) 또는 소년(힐라스)을 향한 사랑에 미친다. 헤라클레스는 셰익스피어의 마르쿠스 안토니우스 같은 현대적 인물들이 등장할 수 있는 무대를 마련한다. 안토니우스는『안토니우스와 클레오파트라』에서 헤라클레스가 자신의 조상이라고 주장하며, 로마제국을 다스리는 일을 멈추고 클레오파트라와 함께 열정과 쾌락의 삶을 추구함으로써 사내답지 못하다는 유사한 비난을 사게 된다. "세계를 지탱하는 세 기둥 가운데 하나가 매춘부의 어릿광대로 전락했다"며 안토니우스를 묘사하는 극의 서두에서부터(I.i.12, 13[윌리엄 셰익스피어, 「안토니우스와 클레오파트라」,『로미오와 줄리엣 외』, 신상웅 옮김, 동서문화사, 2019, 211쪽]) 지배자의 역할과 연인의 역할은 대조를 이룬다. 셰익스피어 작품에서 안토니우스만 유독 그런 것은 아니다. 오셀로 역시 부부간의 사랑이 군사 지도자를 무력화하는 결과에 대한 불안을 이야기한다. 하지만 여자에 대한 사랑과 사내답지 못함 사이의 상관관계를 가장 생생히 극화하는 인물은 바로 로미오다. 오늘날엔 이성애의 아이콘이 될 자격이 있겠지만 로미오 자신은 자신이 품게 된 로맨스의 열정이 [남성다움의] 규범에 다소 미치지 못하는 것으로 봤다. 잠시 용맹한 기세를 잃은 것을 에로틱한 열정 탓으로 돌리면서 그는 외친다. "오 달콤한 줄리엣 / 당신의 아름다움이 나를 사내답지 못하게 만들었고 / 나의 기질에서 무쇠 같은 용맹함을 녹였소!"(III.i.118-120[윌리엄 셰익스피어, 「로미오와 줄리엣」,『로미오와 줄리엣 외』, 신상웅 옮김, 동서문화사, 2019, 75쪽]; Orgel 1996, 25, 26 참조).

그렇다면 사내답지 못함은 남자들에게서 이성애적 과잉의 지표로 기능할 수 있다. 이런 유형에 맞게, 고전문학에서 여자에게 열정적으로 매혹된 남자는 사내답지 못함이 전면에 부각되는 방식으로 재현된다. 여자를 유혹하려는 남자는, '거친' 대신 '부드럽게', '강력한' 대신 '우아하게' 보이려는 노력의 일환으로 흔히 화장품과 향수를 사용하고 공들여 외모를 가꾸고 눈에 띄는 보석으로 치장하는 것으로 차별화된다. 예를 들어, 고대 그리스의 작가 카리톤의 묘사에 따르면 혼외 성관계를 저지르는 남자의 외모는 다음과 같다고들 한다. "그의 머리카락은 반짝이고 진한 향내가 났다. 눈에는 화장이 되어 있었다. 부드러운 외투와 고급 신발을 신었고, 묵직한 반지들이 손가락에서 빛나고 있었다"(1.4). 바람둥이를 여자 같은 남자로 묘사하는 이런 정형은 대체로 사그라졌고 사내답지 못함은 이제 이성애적 욕망보다는 동성애적 욕망과 연관되는 경향이 있지만, 사내답지 못함에 대한 예전의 담론이 전적으로 사멸한 것은 아니다. 미국 남부를 연구하는 최근의 어느 문화기술지 연구자는 그가 "레드넥 퀴어"³라고 칭하는 대상을 이성애에 대한 배신자(아마 생각조차 할 수 없는 일이리라)가 아니라 남성성에 대한 배신자로 정의한다. 즉, 그들은 "앨라배마주 출신으로 미식축구보다 여자애들을 더 좋아하는 남자애"인 것이다(Daniell 1984, 71). 그리고 이와는 반대로 현재 오스트레일리아에서는, 규범적 남성성은 여자들과 어울리는 것을 피하고 '남자 친구들'과 시간 보내기를 더 좋아하는 부류의 남자들로 대변된다. 이처럼 사내답지 못함에 대한 상이한 개념들의 상호작용과 존속은, 남자 대학생들의 동아리,⁴ 군대, 교회, 회사의 이사회, 미국의 의회 등과 같이 남자의 동성 간 관계로 이루어진 제도들에 오늘날까지도 끈질기게 따라다니는 성적 모호함에 대한 설명이 될 수 있을 것이다. 그런 곳에서 육성되고 표현되는 부류의 남성성은 가장 진실되고 본질적인 형태의 남성성으로 여겨지는가? 아니면 예외적이고 이상한 도착적 남성성으로 여겨지는가?

페더라스티/소도미pederasty/sodomy. 19세기 성과학자들은 그들이 페더라스티 또는 소도미라 칭했던 것과 '반대적 성별 감정' 또는 '성적 전도'를 철저히 구분했다(후자에 대해서는 곧 이야기할 것이다). 페더라스티와 소도미는 남자가 하위

---

3 [옮긴이] 레드넥redneck은 특히 미국의 남부 지역에 사는 저소득층 백인을 비하하는 말이다.

4 [옮긴이] 'Fraternity'는 미국 대학교들에 있는, 남학생들만의 동아리나 사교 모임을 가리킨다.

의 남자에게 성적으로 삽입하는 것을 가리킨다. 하위라는 것은 나이, 젠더 스타일, 사회적 계급, 그리고/혹은 성적 역할의 차원에서다(수용적 성 역할은 '수동적', '순종적', 또는 '여성적'이라고 다양하게 구성되었고, 그런 의미에서 '능동적', '남성적', '삽입적' 역할과의 관계에서 열등하거나 '하위적'이라고 여겨졌다). 이 전문가들은 한편으로는 페더라스티 또는 소도미, 다른 한편으로는 성적 전도 또는 남성 수동성의 구분을 강화했는데, 그 구분은 더욱 근원적인 '타락'과 '도착'의 구분에 기반했다. 이 구분에 따르면 전도된 수동적 성적 지향은 언제나 도착을 나타내는 반면, 하위 남성에게 성적으로 삽입하는 것은 그냥 타락에 해당했다.

타락과 도착에 대한 이 구분은 결정적인 것으로 간주되었다. 동성애와 이성애 구분이 그 이전의 성적 분류 양식보다 아직 우세해지지 않아서 그에 대체로 영향받지 않았던 빅토리아시대의 의학 저자들에게는, 일탈적인 성행위가 도덕적으로 타락한 개인의 성격에서 나온 것인지 — 즉, 그 성행위가 법으로 규제되고 범죄로서 처벌됨 직한 악행의 결과에 불과한지 — 아니면 의학적으로 치료되어야만 하는 병리적 상태, 정신병, 도착적 '섹슈얼리티'에서 나온 것인지가 너무나도 중요했다. 이 구분에 대해 크라프트-에빙은 다음과 같이 설명한다.

> 성적 본능의 도착은 …… 성행위의 타락과 혼동되어서는 안 된다. 후자는 정신병리학적 요인들에 의해 유발되지 않을 가능성이 있기 때문이다. 구체적인 타락 행위는 추악할 수는 있어도 임상적으로 결정적인 것은 아니다. 질병(도착)과 악행(타락)을 구분하기 위해 우리는 그 사람의 인성 전체와 타락한 행위로 이어지게 된 최초의 동기를 조사해야 한다. 거기에서 진단을 위한 열쇠가 발견될 것이다(Davidson 1990, 315에서 재인용).

남자가 하위 남성에게 성적으로 삽입하는 것은 분명히 타락한 행위를 나타내지만, 모든 경우가 성적 본능의 도착, '인성 전체'에 영향을 미치는 정신병은 아닐 수도 있다. 그것은 의료적 조치가 필요한 상태라기보다는 도덕적으로 사악한 성격을 나타낼 수 있는 것이다.

이런 학설의 암묵적 전제는 남자가 하위 남성에게 성적으로 삽입하는 것 자체가 성적으로나 심리적으로 반드시 비정상은 아니라는 것이다. 만약 다른 남자와의 성교에서 '능동적' 성 역할을 하는 남자가 외모나 감정, 행동 습관에서 관습적 의미로 남성적이라면, 만약 그가 다른 남자들에게 삽입을 당하려는 의도가 없다면, 그리고/혹은 그가 여자들과도 성관계를 한다면, 그는 병든 것이 아니라 부도덕한 것이며, 도착적인 것이 아니라 단지 타락한 것일 뿐이다. 하위 남성에 대한 그의 삽입은 비록 혐오스럽고 가증스러울지라도, 과도하긴 하지만 다른 면에서는 정상적인 그의 남성적 성욕의 표현이다. 다소 시대를 앞서는 귀족적 인물형인 방탕자, 난봉꾼, 탕아와 마찬가지로, 그런 남자는 타락해서 자신의 성적 선택을 자연이 정해 놓았다는 부류의 쾌락에 한정하기를 거부했고, 대신에 닳고 닳은 자신의 성적 취향을 만족시키려고 더 흔치 않고 탈법적이고 세련되고 혹은 더 정교한 성적 경험을 추구했다. 그런 남자들의 경우, 페더라스티나 소도미(고대 그리스의 사랑)는 부도덕한 성격의 표시였지만, 인성의 이상, '도덕적 광기', 또는 심리적 비정상성의 증상은 아니었다.

타락과 도착, 부도덕과 병리, 단순한 사악함과 질병에 대한 성과학자들의 구분은 우리에게 예스러운 빅토리아시대의 잔재로 생각될 수 있겠지만, 오늘날 저명한 심리학자들, 사회학자들, 법학자들은 계속해서 '의사 동성애'와 '동성애'를, 또는 '상황적', '기회주의적' 동성애와 그들이 (더 적절한 용어의 부재로 인해) '진정한' 동성애라 칭하는 것을 비슷하게 구분하고 있다(가령, Posner 1992 참조). 예를 들어, 감옥 밖에서 이성애적 삶을 살던 남자들이 감옥에서 동성애적 삽입을 하는 행위는 종종 특정한 심리 성애적 지향의 증상이나 에로틱한 욕망의 표현, 심지어 '동성애'로 여겨지지 않고, 오히려 여자 없는 사회에서 남자들이 하는 단순한 행동 적응으로 여겨진다(이 문제에 대한 논란들의 훌륭한 개관으로는 Kunzel 2008 참조). 그런 행동은 다양한 형태의 타락한 만족을 즐기는 능력, 나아가 위계질서를 에로틱한 것으로 만들고, 불균등한 권력의 구조화된 관계 안에서 지배적 역할을 할 기회에서 성적 흥분을 느끼는 남자의 능력을 그저 뒷받침해 주는 것이라고 오늘날에도 종종 믿는 것이다. 그런 관점이 어떻게 실제 역사 속 주체들의 욕망과 자아관을 형성할 수 있는지에 대한 예시를 우리는 이미 살펴봤다. 뉴포트의 미끼들과 그들을 모집한 해군 당국자들은 '정상적인 남자'는 '요정들'과 섹스를 해도 자신은 '요정'이 되진 않을 수 있다는 믿음, 즉 자신의 남성성이나 성적 정상성을 훼손하지 않을 수 있다는 믿음을 공유하고 있었다.

뉴포트의 미끼들과 미국 해군이라는 사회적 세계 속 요정들에 대해서는 근본적으로 상이한 성적 담론들이 적용된 것이었다. 그들 모두를 포괄할 단일한 동성애 개념이 없는 상태에서 그 두 집단은 마치 성적으로 개별적인 종에 속하듯이 매우 다르게 평가되고 범주화되었다. 하지만 페더라스티 또는 소도미를 성 전도 또는 남성 수동성과 이렇게 급진적으로 분리하는 것은, 그것을 (19세기 성과학의 경우처럼) 타락과 도착에 대한 구분과 더불어, 또는 (현대 심리학의 경우처럼) 의사 동성애와 동성애에 대한 구분과 함께 설명하고 정당화하든 간에, 사실상 훨씬 더 역사가 길며, 아주 오래되고 끈질긴 사고의 습관을 반영한다. 그것은 19세기에 유래한 것이 아니다. 오히려, 성관계를 삽입 대 피삽입, 상위 대 하위, 남성성 대 여성성, 능동성 대 수동성의 차원에서 — 즉, 섹스와 섹슈얼리티의 차원이 아니라 위계질서와 젠더의 차원에서 — 분류해 온 오래된 실천에서 유래한다. 1919년 뉴포트 사건이 있기 전에 그런 범주화의 도식은 최소한 3500년 동안 계속되어 온 것이다. 남자들 사이에서 나이에 따라 구조화되고 역할이 구체적으로 지정된 성관계의 위계적 패턴을 보여 주는 가능한 증거를 지중해 유역에서 찾아볼 수 있다. 그것은 이르면 기원전 2000년 말기 미노스문명의 크레테 청동기 문화에서, 그리고 늦게는 기원후 15, 16세기 이탈리아의 르네상스 도시들에서도 발견된다. 남자들의 성관계에 대한 이 역사적 모델의 가장 잘 알려지고 가장 철저히 문서화된 역사적 사례들은 아마도 고대 그리스와 로마의 페더라스티와 근대 초 유럽의 소도미일 텐데, 위계적 패턴은 그 이전에도 존재했던 것으로 보이며, 뉴포트의 미끼들이 증언하듯 그 이후에도 계속 살아남았다. 그것은 정말로 오늘날까지도 다양한 형태로 끈질기게 이어진다.

페더라스티라는 용어는 고대 그리스의 단어 paiderastia에서 왔고, '성인 남자', 보통 젊은 남자들의 '소년'을 향한 에로틱한 추구-erastia와 성적 삽입paides/paidika을 가리킨다. 유럽 문화의 고전 시기와 근대 초기에 남자의 욕망의 대상으로 남자를 가리키는 단어로 소년이 관습적으로 사용되었는데, 이는 다소 오해의 소지가 있다. 왜냐하면 남자들은, 대개 사춘기부터 수염, 허벅지, 엉덩이가 잘 발달하는 시기까지 이어지는 삶의 기간 동안 다른 남자들에게 성적으로 매력이 있는 것으로 여겨졌기 때문이다. 흔히 말하듯이 페더라스티가 '어린 소년들'을 [욕망의 대상으로] 추구하는 것이라고 말하는 것은 그러므로 상당히 틀린 말이다. 문제의 '소년들'은 아이들이라기보다는 10대 중후반의 소년들이다.

소도미는 11세기 중반 중세 가톨릭 신학자였던 피터 다미안이 만든 말이다. 그것은 「창세기」 18장 16절부터 19장 29절까지 나오는 불가해하고 인상적인 이야기에서 신이 파괴한 성경 속 도시 소돔의 주민들이 실천했다는 '악행' 또는 '성교의 방식'을 가리킨다. 피터 다미안의 정식화에 따르면 '소도미'는 자위행위, 남자들 사이의 상호 자위행위, 허벅지 사이에 성교하는 행위, 항문 성교로 이루어진다. 그 자체로 소도미는 남자들의 동성 간 성행위만이 아니라, 남녀 파트너 사이의 항문 성교와 구강성교를 비롯해 일반적으로 생식과 관련이 없는 성행위들에도 적용된다. 그럼에도 불구하고 그 용어는 남자들 사이의 성관계와 특히 연관성을 가졌다. 15세기 피렌체의 재판 기록들에서 나오는 증거는 (악명 높기로 인정받는) 어느 전근대의 유럽 공동체에서 행해졌던 소도미의 정도와 분포를 일별할 수 있게 해준다. 1432년에서 1502년 사이에 피렌체에서는 여자와 어린이를 포함한 전체 인구 40만 명 가운데 1만 7000명의 사람들이 공식적으로 소도미 혐의로 고발되었다. 그들 중 대다수가 남자였다. 이 기간 동안, 평균적으로 40세에 이른 세 명 가운데 두 명의 남자가 소도미를 저지른 것으로 공식 기소 되었다. 기소된 사람들 가운데 '수동적' 파트너(피렌체의 기준으로 구강성교에서 삽입하는 파트너를 포함한다) 가운데 약 90퍼센트가 18세 또는 그 이하였고, '능동적' 파트너 가운데 93퍼센트가 19세 또는 그 이상의 나이였고 대다수는 30~35세 이하였는데, 남자들은 통상 이 나이에 결혼을 했다(Rocke 1996, 4, 96, 97).

이것은 상호성이 아닌 위계질서로서의 섹스이며, 쾌락의 공유를 위한 공통적 추구나, 나이·사회적 지위 같은 더 큰 사회적 정체성들을 삼켜 버리고 사라지게 만드는 순전히 개인적이고 사적인 경험이 아니라, 한 사람에게 다른 사람이 행하는 것으로서의 섹스이다. 예를 들어, 그리스에서의 실천은 나이가 더 많고 상위에 있으며 욕망하는 '연인'의 역할과 나이가 더 어리고 하위에 있으며 욕망의 대상이 되는 '피연인'의 역할을 뚜렷하게 차별화했다. 그리스와 로마의 경우 모두 '소년'과 '노예'를(그 둘은 같은 단어로 차별 없이 지칭된다) '남자'와 구별한다. 14, 15세기 이탈리아의 경우는 소도미와 소도미 행위자sodomite라는 용어를 소도미 관계에서 '능동적' 역할을 하는 파트너에게만 적용했다. 아름답다고 여겨지며 나이 많은 사람을 매혹하는 쪽은 더 어린 파트너였던 반면, 더 어린 사람에게 에로틱한 욕망을 느끼는 것은 더 나이 많은 파트너였다. 비록 사랑, 감정적 친밀성, 다정함이 그 관계에 반드시 부재하는 것은 아니었지만, 에로틱한 열정과 성적 쾌락은 어느 정도 편향되어 있는 것으로 여겨졌다. '능동적' 파트너가 욕망의 주체로 더 어린 파트너로부터 더 많은 쾌락을 얻는 사람이었고, 더 어린 파트너는 비견될 만한 욕망을 느끼지 않고 (전도자 또는 비역자가 아닌 이상) 그 접촉에서 그만큼 쾌락을 얻지도 않으며, 그에게 주어지는 보상은 찬사, 원조, 선물 또는 금전 등 다른 방식으로 산정되었음이 틀림없다. 에로틱한 경험으로서 페더라스티 또는 소도미는 '능동적' 파트너에만 해당한다.

남자들의 성적 관계의 이 위계적 모델을 오늘날의 동성애와 더욱 구분되게 해주는 것은 이 모델이 성적 지향 없는 성적 선호를 대표하기 때문이다. 19세기 성과학자들이나 뉴포트의 해군 당국자들, 오늘날 감옥의 교도관들과 마찬가지로, 고대 그리스와 로마 사람들 및 르네상스 시대 피렌체 사람들은 더 어리고 순종적이고 하위적인, 또는 사내답지 못한 남자에게 성적으로 삽입하는 더 연상의 사내다운 남자를 반드시 일탈적이거나 비정상적이라고 여기지도, 정상적인 남자의 욕망과 다른 지향을 갖는 에로틱한 욕망의 소유자로 여기지도 않았다. 그런 남자들이 결혼을 거부하고 여자와의 성적 접촉을 기피하고 소년들과의 성적 접촉만을 추구했다면, 르네상스 이탈리아 사람들은 그들을 '고질적' 소도미 행위자로 볼 수 있었다. 그렇지 않으면, 페더라스티나 소도미는 결혼과 부성으로 이어지는 행로에 있는 젊은 남성들 세계의 한 가지 특징으로서 일탈적 실천도 아니고 더구나 소수자들의 실천도 아니었다. 하지만 그것은 '남자들', 에로틱한 욕망의 '능동적' 주체들이 성적 취향을 표현하고 토론하며 그들의 에로틱한 주체성들을 탐구하고 성적 선호를 비교해 볼 수 있는 일종의 포럼을 제공했다. '남자들'이 소년과의 성관계 또는 여자와의 성관계, 또 특정 부류의 소년이나 특정 부류의 여자들에 대한 의식적인 에로틱한 선호를 거의 배타적일 정도로 표현할 수 있었던 것은, 사회적으로 권위를 부여받은, 높은 신분의, 관습적 의미에서 사내다운 남성들의 에로틱한 욕망이 반영된 맥락에서였다.

　심지어 여자와 소년 중 누가 남자의 성적 만족에 더 우월한 수단인지에 대해 두 '남자들'이 공식적으로 논쟁하는 내용으로 이루어진 에로틱한 문학의 덕망 높은 하위 장르도 있다. 그런 유희적 논쟁은 전통적인 남성 집단의 여가 문학엔 널리 퍼져 있었다. 아직도 남아 있는 예들은 고대 말기 그리스의 산문 작품들, 중세 유럽과 아랍의 시와 산문, 제국 말기 중국의 문헌들, 그리고 '부유하는 세계'의 문학 산물들 — 17세기 일본 도시 생활의 세련된 문학(Halperin 2002, 81-103) — 에서 찾아볼 수 있다. 그런 문맥들에서 표출되는 명시적이고 의식적인 에로틱한 선호를 성적 지향의 선언과 동일한 것으로 취급해서는 안 된다. 왜냐하면 그것들은 멋진 여성들과 멋진 소년들 양쪽 모두의 에로틱한 매력에 적어도 명목상으로는 반응할 수 있다고 스스로 생각하는 '남자들'의 선택적 경향을 드러내는 것이기 때문이다. 그런 선호는 자의적이지 않은 어떤 성심리적 상태를 입증하는 대신에, 남성 주체의 가치관, 미학, 선택적 생활 방식을 표현한다. 이것은 섹슈얼리티의 발현이 아니라 에로틱한 취향의 향유로서의 성적 대상 선택이다. 동성애적 대상 선택은 여기서는 그 자체로서 차이의 지표로 기능하지 않는다. 그것은 또 한 남자의 남성성에 흠을 내지도 않으며, 그의 외모나 태도에 가시적으로 드러나지도 않는다. 소년 성애는 사회적으로 권력이 있는 남자들이 고를 수 있었던 에로틱한 선택지 가운데 하나일 뿐이며, 매우 정교하고 의례화되고 현저히 공적인 구애와 연애의 실천은 그 남성들에게 일정 범위의 에로틱한 선호들을 표출할 수 있는 사회적으로 용인된 전통적 담론의 공간을 제공했다. 이런 맥락에서 성적 선호는 성적 지향과 상관관계가 없으며, 성적 지향의 표출은 더더욱 아니다.

　우정/사랑. 남자들의 우정과 사랑의 세계는 상위 남성이 하위 남성에게 성적으로 삽입하는 위계적 세계에서 동떨어져 있지만, 마찬가지로 고대로부터 이어지는 오랜 담론적 전통을 지닌다. 확실히 남자 친구들 사이의 사회적 관계에서 위계질서가 언제나 부재하는 것은 아니다. 바빌론의 『길가메시 서사시』에 나오는 길가메시와 엔키두의 영웅적 동지애, 성경의 「사무엘서」에 나오는 다윗과 요나단, 또 호메로스의 『일리아드』에 나오는 아킬레우스와 파트로클로스 (Halperin 1990, 75~87)로부터, 영국의 제임스 1세와 그의 남성 궁정 조신들이 공공연히 드러냈던 왕실 내의 애정, 혹은 최근 할리우드의 흑백 경찰 수사물에 이르기까지, 남자들의 우정은 종종 눈에 띄는 비대칭의 패턴을 드러낸다. 그러나 이런 우정들이 사회적 구분 또는 권력의 불균등에 의해 구조화되는 만큼, 그것들이 두 '친구'에게 근본적으로 다른 차등적 의무, 태도, 역할을 부과하는 후원자/수혜자[5]의 관계에 근접하는 만큼, 그런 우정들은 예전에나 지금이나 페더라스티나 소도미의 차원에서 해석될 가능성에 열리게 된다(Bray 2003). 우리가 살펴보았듯이 남자들 세계의 지평에서 위계질서는 그 자체로 '매력적'이다. 그것은 적어도 에로틱한 의미 작용의 잠재력과 불가분의 관계에 놓인다. 친밀한 남자들 사이의 권력 불균등은 즉각적이고 불가피한 에로티시즘의 아우라를 띤다. 그렇기에 『일리아드』가 집필된 지 3, 4세기가 지난 뒤 고전 시대의 일부 그리스인들은 (둘 중 누가 성인 남자이고 누가 소년이었는지에 대해 항상 의견이 일치하지는 않았지만) 아킬레우스와 파트로클로스를 페더라스티 커플이라고 해석했고, 다른 한편으로 더 최근의 학자들은 제임스 1세가 동성애자였는지, 다윗과 요나단이 연인 관계였는지에 대해 논쟁을 해왔다. 이런 논쟁들은 역사가 길지만 우정의 개념과 에로틱한 위계질서, 또 소도미와 동성애의 개념들을 뒤섞어 버리는 경향이 있다. 그러므로 에로틱한 위계질서와 동성애적 욕망 양쪽으로부터 우정을 구분하는 시도가 유용할 것이다.

영웅적인 전사와 그의 하위 남성 또는 (필연적으로 죽게 되는) 동료의 전통, 그리고 남성 우정의 후원자/수혜자 모델에 덧붙여, 동등함, 상호관계, 호혜성을 강조하는 한 가지 전통이 더 있다. 그처럼 동등하고 호혜적인 관계는 같은 사회적 지위, 특히 엘리트 지위에 있고, 나이, 남성성, 사회적 권력의 차원에서 같은 지위를 주장하는 두 남자 사이에만 있을 수 있다. 아리스토텔레스는 『니코마코스 윤리학』 제8권과 9권에서 동등한 둘 사이의 호혜적 우정 모델을 옹호했고,

---

5 [옮긴이] 고대 로마 역사에서 'patron'은 평민을 보호하는 귀족, 'client'는 귀족에 예속된 평민을 가리킨다. 역자는 이를 좀 더 일반적인 표현으로 바꾸었다.

가장 좋은 친구는 "또 다른 자아", 즉 분신이라는, 영향력이 큰 말을 했다(*allos autos*: 9.4[1166a31]). 이런 감성은 수 세기 동안 반복해 메아리쳤다. 진정한 친구는 또 다른 자아, 자신의 일부, 나 자신과 불가분의 존재이다. 진정한 친구들은 마음이 하나이며, 몸이 둘이지만 하나의 심장을 갖는다. 16세기 프랑스의 귀족 미셸 드 몽테뉴가 수필『우정에 대하여』에서 썼듯이, "우리의 영혼이 서로 너무나 완전히 융합했기에 두 영혼을 이어 붙인 솔기마저 지워져 찾을 수 없다." 덕 있는 남자들의 우정은 개별적 정체성의 융합으로 이어지는, 사심 없는 사랑을 특징으로 하고, 그렇기에 서로가 없는 채로 살고 싶지 않은 마음, 서로와 함께 혹은 서로를 위해 죽을 수 있는 마음으로 이어진다. 삶에서나 죽음에서나 떨어질 수 없는 남자의 우정이라는 이 주제는 고대의 아킬레우스와 파트로클로스, 오레스테스와 필라데스, 테세우스와 피리투스로부터 현대의〈리썰 웨폰〉에 나오는 멜 깁슨과 대니 글로버에 이르기까지 반복해서 발견된다.

그렇게 열정적인 남자들 사이의 결합을 표현하는 언어는 현대인들에겐 노골적으로 에로틱하지 않을지라도 종종 의아할 만큼 과열된 것처럼 보인다. 그래서 몽테뉴는 이렇게 쓰고 있다.

왜 그를 사랑하는지 말하라고 한다면, 나는 이렇게 답하는 것으로밖엔 표현할 수 없다고 느낀다. 그 사람이기 때문에, 그리고 나이기 때문에. …… 그것은 내가 알 수 없는 무엇 …… 내 의지 전체를 사로잡아 그의 의지 안에 잠겨 사라지게 만든 것, 그의 의지 전체를 사로잡아 똑같은 배고픔과 똑같은 경쟁심으로 나의 의지 안에 잠겨 사라지게 만든 것. 진실로 사라졌다고 말하는 이유는 우리 가운데 누구도 스스로를 위해 남겨 둔 것이 없고, 어떤 것도 그의 것이나 내 것이 아니었기 때문이다. …… 우리의 영혼은 합일 속에서 서로를 끌어당기고 너무나 열렬한 애정으로 서로를 바라보았으며, 똑같은 애정으로 심장의 가장 깊은 곳까지 서로에게 서로를 드러내어, 나는 내 영혼과 더불어 그의 영혼을 알게 되었을 뿐만 아니라 나 자신보다 그에게 나를 더욱 기꺼이 맡길 수 있었을 것이다[미셸 드 몽테뉴,「우정에 관하여」,『에세 1』, 심민화·최권행 옮김, 민음사, 2022, 344, 345쪽].

유사하게, 영국 시인 존 드라이든이 쓴, 신고전주의 드라마『사랑 때문에』
(1677)에서 안토니는 그의 고귀한 친구 돌라벨라에 대해 이렇게 말한다.

나는 그의 영혼이어서, 그는 내 안에서만 살았다.

우린 서로의 가슴속에 들어앉아

처음 우리를 붙여 놓은 대못들은 찾아볼 수 없었다.

아직 우리에게 이르지 않은 것. 우리는 완전히 융합해

마치 합류하는 시냇물처럼, 자신에게는 사라지고,

한 덩어리가 되어, 주거나 받는 것도

같은 하나로부터였다. 그는 나, 나는 그였기에

(3.90-96; Haggerty 1999 참조).

인간성, 의식적 무의식적 욕망에 대한 심리학적 모델을 가지고 있는 그리고 이
성애적 남성성이라는 엄격한 규약에 위배되는 것에 대한 예민한 감수성을 지닌
우리 현대인들은, 남자들의 사랑에 대한 이런 열정적인 표현들을 보고 '잠재적
동성애'까지는 아니더라도 최소한 '호모 에로티시즘'의 가능성을 생각하지 않
기 어렵다. 하지만 전근대적 주체들의 정서적 삶을 들여다보는 것이 어렵다는
사실과는 별도로, 그런 열정적 발언들이 이루어지는 담론적 맥락을 살펴볼 필
요는 있다. 상호성과 개별 정체성들의 융합이라는 주제에 대한 강조는, 현대 독
자들의 마음속에 이성애적 로맨스의 공식들을 환기할지라도, 사실 남자 친구
들 간의 호혜적 사랑의 공언을 영웅적 동지애라는 명예롭고 화려한 전통 안에
위치시키는 역할을 한다. 한 친구를 다른 친구에게 종속시킨다는 암시를, 즉 위
계질서의 가능성을 배제함으로써, 두 영혼의 융합에 대한 강조는 사실상 그런
사랑을 에로틱한 열정으로부터 멀어치게 한다. 몽테뉴는 친구를 향한 사랑에
대해 쓴 글에서, 자신이 표현하는 감정들이 전적으로 규범적이고 심지어 훌륭
한 것이며 (비록 그 구체적인 내용에서는 독특하지만) 뽐낼 만한 것이라는 점에 대해
조금의 의심도 내비치지 않는다. 억눌린 혹은 무의식적인 욕망의 흔적들을 자신
도 모르게 노출하거나 (그가『수상록』의 다른 부분에서 실컷 하고 있듯) 자신의 에로틱

한 습성들을 고백함으로써 자신의 개인적 정신 병리에 대한 단서를 제공하기는 커녕, 몽테뉴는 그가 제시하는 우정에 대한 이런 서술이 그 어떤 불명예스러운 에로틱한 해석에도 끄떡없으리라고 생각했던 것 같다. 부분적으로 그 이유는 그 우정이 평등하고 비위계적이고 호혜적인 것으로서 너무나 정교하게 제시되기 때문일 것이다. 그런 방식으로 그는 우정을 차이와 위계질서의 에로틱한 영역으로부터 분리해, 소년에 대한 남성의 성적 향유뿐만 아니라 남녀 간의 성적인 사랑에도 명시적으로 반대되는 것으로 설정한다.

어떤 남자 연인들은 동성 간 욕망의 위장 또는 그것을 고상하게 만드는 수단으로 우정의 담론에 호소할 수도 있었다. 가령 크리스토퍼 말로의 희곡 『에드워드 2세』의 에드워드 2세는 피어스 개비스톤에게 자신이 "너의 친구, 너의 자아, 또 다른 개비스톤"이라고 선언한다(I.i.141, 142). 우정의 담론을 소도미로 의심받을 수 있는 관계로부터 안전한 지역으로 만들어 주는 것은 그것이 섹스의 언어와 다르게 읽힌다는 점이다. 성적인 사랑은 적어도 남성 세계의 문화적 전통에서 볼 때 삽입에 관한 것이고, 그러므로 위치, 우위와 하위, 계급과 신분, 젠더와 차이에 관한 것이다. 대조적으로 우정은 동일성 ─ 계급과 지위의 동일함, 감정의 동일함, 정체성의 동일함 ─ 에 관한 것이다. 바로 동일성, 유사성, 상호성에 대한 이런 강조가 우정의 전통을 원래의 그 사회적·담론적 맥락에서 성적 사랑의 세계와 동떨어진 것으로 만든다. 그런 맥락에서 사실 '성적인 사랑'은 모순처럼 들린다. 섹스는 진정으로 사랑하는 사람에게 할 만한 것이 아닌 것이다. 이런 식으로 우정의 전통은 사회적으로 권력을 지닌 남자들에게 사회적 비난 없이 서로를 향한 열정적이고 상호적인 사랑을 표현할 수 있는 담론적 통로를 제공해 주었다.

수동성/성천도. 페더라스티/소도미와 우정/사랑은 모두 남성적 젠더 규범들, 여러 유럽 문화에서 규정된 바 있는 관습적 남성성과 일치한다. 오히려 페더라스티와 우정은, 남성 주체의 박력을 표현하고 여성적인 모든 것에 대한 전적인 거부를 암시한다는 점에서 전통적으로 남성성을 강화한다. 그러므로 둘 다 (물론 모든 경우가 그런 것은 아니지만) 남자의 젠더 정체성을 공고히 하는 것으로 볼 수 있다. 그것들은 그리스인들이 키나이디아kinaidia라고, 로마인들이 몰리티아mollitia라고, 19세기 성과학자들이 '전도된 성별 감정' 또는 '성전도'라고, 그리고 뉴포트의 미끼들이 '요정'이라고 불렀던 대상과는 다른 관념적·도덕적·사회적 세계에 속하는 것이다. 이 용어들은 모두 남성 '성전도' 또는 남성적 젠더 정체성의 역전, 여성성에 대한 남성성의 전적인 굴복, 그리고 '정상 남성'에 대한 성적 매혹, 남자와의 성교에서 수용적 또는 '수동적' 역할에 대한 선호, 태도와 스타일에서부터 외모, 감정의 습관에 이르는 모든 면에서 젠더가 뒤바뀐 상황을 가리킨다.

수동적 남자 또는 성전도자들의 성적 분류에서 남자에 의한 성적 삽입이라는 사실은 삽입을 당하는 남자의 쾌락이라는 문제보다 훨씬 덜 중요한 사항이다. 우리가 살펴보았듯 전근대의 페더라스티와 소도미 관계에서 소년들은 성인 남자들의 욕망에 대체로 기꺼이 응하는 대상이지만, 더 나이 많은 남자 파트너의 욕망에 필적하는 욕망의 몫이 통상 주어지지는 않으며, 그 접촉에서 그다지 성적 쾌락을 얻는다고 여겨지지도 않는다. 그들은 행동에 있어 '수동적'이지만, 그 '수동성'이 그들의 욕망으로까지 이어지지는 않는다. 그들의 욕망은 상대가 없는 동안에는 하위에 놓이는 충동에 영향을 받지 않는다고 할 수 있는 것이다.[6] 그들은 선물이나 위협 등 다양한 비성적인 유인들로써 남자 연인들에게 순응하도록 동기화되어야 한다. 대조적으로, 키나이도Cinaedi[7]와 성전도자들은 그들의 몸을 '남자들'에 의한 성적 삽입에 '수동적으로' 내맡기기를 적극적으로 욕망하고, 그런 점에서 그들은 남자가 아닌 여자의 욕망과 주체성과 젠더 정체성을 가지는 것으로 여겨진다. 페더라스티나 소도미 행위자는 규범적으로 남성스러운 (그러므로 비교적 열광적이지 않은) 하위 남성이나 젠더 일탈자, '여성스러운 남자', 성전도자, 성적으로 열광적인 하위 남자 모두의 성적 호의를 즐길 수 있다. '능동적인' 파트너의 지위와 남성성은 그의 상대가 얼마나 삽입당하는 것을 즐기는지 또는 얼마나 에로틱한 욕망으로 동기화되는지에 영향받지 않는다. 이와 대조적으로, 하위 파트너의 사회적·도덕적 지위는, 그가 삽입당한다는 굴욕

---

6 [옮긴이] 상대가 없을 동안에도 성적으로 수동적인 입장을 욕망하지는 않는다는 뜻이다.

7 [옮긴이] 원저자가 명기한 단어 'Cinaedi'는 라틴어 'cinaedus'의 복수형이다. 이는 앞에 언급한 그리스어 'κίναιδος'(kinaidos)를 가리킨다.

적 사실로 인해 언제나 최소한 잠재적으로 손상을 당하지만, 종종 그의 동기와 태도에 달려 있다. 수동적 남자 또는 성전도자의 범주는, 본질적으로 비성적인 동기 때문이 아니라 자신의 에로틱한 욕망 그리고/또는 그들의 여성적 젠더 정체성 때문에 남자에 의한 성적 삽입에 응할 의지를 갖는 하위 남성들에 구체적으로 적용된다.

성적으로 삽입당할 때 그가 느끼는 쾌락이 성전도 남성을 특징짓는 젠더 역전의 표현들 가운데서 가장 악명 높고 가장 극단적인 것이지만, 성전도는 특정한 성행위의 향유에 의해 반드시 혹은 주로 정의되지는 않는다. 그것은 또 동성애적 욕망과 엄밀히 상관되지도 않는다. 성전도자 역시 여자와 음경 삽입 섹스를 하기도 하고 그것이 성전도자가 아니라는 증거로 여겨지지도 않기 때문이다. 오히려, 성전도는 일탈적 젠더 정체성, 감수성, 개인적 스타일과 상관이 있으며, 그 한 가지 측면이 다른 남자와의 성교에서 수동적 역할을 '여자처럼' 선호한다는 사실이다. 그러므로 성전도의 개념은 성전도의 구체적인 성적 표현과 여자 옷 입기 같은, 남성성의 규범으로부터의 또 다른 의미심장한 일탈들을 엄격히 구분하지 않는 편이다. 여기서 강조되는 사항은 남성성의 규약에 대한 위반, 여자와 성관계를 즐긴다는 사실로 보완될 수 없을 정도의 큰 성격적 결함이다 (소도미는 그런 사실로 보완될 수 있다). 성전도는 이 맥락에서 섹슈얼리티와 젠더가 구분될 수 있는 한, 섹슈얼리티에 관한 것이 아니라 젠더에 관한 것이다.

그렇다면 사내답지 못한 남자와 수동적 남자의 차이는 무엇인가? 전쟁보다 사랑을 선호하고 '부드러운' 스타일의 남성성을 좋아하는 (전자에 속하는) 그 남자들을, 사내답지 못한 습성을 가진 채 '여자 같은' 방식으로 다른 남자의 남근적 쾌락에 몸을 내주고자 하는 남자들과 어떻게 구별할 것인가? 두 범주의 구분은 미묘하고 모호해지기 쉽다. 결국 젠더 일탈과 사내답지 못함에 대한 일종의 낙인이 두 부류의 남자들 모두에게 주어진다. 그리고 남성적인 것과 여성적인 것에 대한 양극화된 정의와 성적 정형화의 과장된 특성 때문에, 젠더 일탈의 조그마한 가능성조차도 재빨리 젠더에 대한 완전하고 총체적인 반역의 혐의로 과장되어 변하게 된다. 이런 남성 중심적 이데올로기의 혐오적 (비)논리에 따르면, 여자를 좋아하는 것과 여자처럼 되기를 원하는 것은 겨우 한 끗 차이다. 그래서 사내답지 못한 남자와 수동적 남자('비역자')가 '부드러운'mollis 또는 비남성적이라고 묘사될 수 있는 것이다.

사내답지 못한 남자와 수동적 남자의 차이를 기술하는 한 가지 방식은 젠더일탈의 보편적 개념과 소수화 개념을 대조해 보는 것이다. '부드러움/유약함'은 모든 규범적 남성성을 괴롭히는 잠재적 젠더 실패의 유령, 모든 남자의 남성성에 대한 사라지지 않는 위협일 수도 있고, 아니면 일탈적 개인들의 소규모 집단이 보이는 훼손적 특수성일 수도 있다(Sedgwick 1990, 1, 9, 85, 86 참조). 사내답지못한 남자는 모든 정상 남자들이 갖는 경향, 모든 정상 남자들이 주의하며 억눌러야 하는 경향에 굴복하는 남자들인 반면, 수동적 남자는 그런 노력조차 할 능력이 없어서 특수한 체질적 결함 — 즉, 쾌락(특히, 예외적으로 불명예스럽고 모욕적이라고 여겨지는 쾌락)의 매혹에 대항할 남성적 능력의 부재 및 다른 남자와의 관계에서 특히 여성적인 굴복의 태도를 체질적으로 취하는 경향 — 을 가진 것으로 여겨지는 남자들이다.

성전도자를 규정하는 것은 그의 욕망이나 성적 대상 선택보다도 이런 특성들이다. 그런 욕망이나 대상 선택은 그에게만 고유한 것이 아니기 때문이다. 예를 들어, 남자 파트너를 향한 욕망은 성전도자가 그와는 사회적·도덕적 지위에서 매우 동떨어진 인물들인 페더라스티 행위자, 영웅적 친구와 공유하는 특성이다. 성전도는 또한 소년에 대한 사랑과 친구를 향한 사랑이 반드시 불명예스러운 감정은 아니라는 점에서도 페더라스티나 우정과 다르다. 후자는 본인들이 고백하거나 옹호할 수 있지만, 성전도는 자신이 그렇다는 것을 밝힐 수 없는수치스러운 상태로, 거의 언제나 모독하고 비방하려는 의도를 가진 고발자가타인에게 뒤집어씌우는 속성이다.

'능동적인' 페더라스티나 소도미 행위자에 대한 전통적인 묘사들은 반드시그들을 정상 남자들과 가시적으로 다르게 그리지는 않았다. 그냥 보는 것만으로는 페더라스티나 소도미 행위자를 식별할 수 없는 것이다. 하지만 성전도자는 주로 두드러진다. 젠더 정체성의 역전이 그의 품행에 영향을 주고 태도, 몸짓, 행동 방식을 형성하기 때문이다. 소년에게 능동적으로 삽입하는 것은 에로틱한 선호도의 차원에서 소년을 사랑하는 남자를 여자를 좋아하는 남자와 구분하면서도 그를 가시적으로 종류가 다른 사람으로 만들지는 않는 반면, 수동성 또는 성전도는 그 사람의 사회적 존재 전체를 포괄하는 것으로서 그를 현저히 일탈적인 사회적 유형으로 규정한다. 『패니 힐』(존 클리랜드의 1748년작 『쾌락을 탐하는 여인의 회고록』)의 어느 인물이 말하듯, 이런 정념으로 "오염된 모든 것에는 눈에 띄게 찍힌 역병의 흔적이" 있는 것이다. 그러므로 가시적이며 무도한 것으로 여겨지는 남자의 성/젠더 일탈을 구현하는 혐오적 희화화, 특이한 인물 유형이나 정형에 대한 조작되고 공들인 묘사를 흔히 찾아볼 수 있게 되는 것은 바로 성전도의 맥락에서이다. 이 유형이 동성애 섹스와 밀접하긴 하지만 절대적으로 그런 것은 아니다. 우리가 살펴보았듯이 그것은 '능동적인' 페더라스티 또는 소도미와 거의 관련이 없기 때문이다. 오히려 그것은, 더 일반화된 젠더 역전의 한 측면, 남성성에 대한 암묵적 배신으로 단순히 간주되는 수동적 혹은 수용적 동성애 섹스와 더 긴밀하다. 성전도자의 일탈적 형태학, 그의 가시적으로 차이 나는 외양과 옷차림, 그의 여성스러운 자기 재현 스타일은 유럽에서 성에 대한 재현의 역사 전반에 걸쳐 매우 일관되게 강조되어 왔다. 성전도는 외적으로 표출되는 것이다.

성전도자라야 성전도자를 알아보는 것은 아니다. 정상 남자는 절대 성전도자 흉내를 낼 수 없지만, 성전도자가 어떻게 생겼는지, 어떻게 행동하는지는 누구나 아는 것처럼 보인다. 고대 그리스의 어느 희극 속 인물은 말한다. "나는 여기 도시에서 보는, 탈모제를 덕지덕지 바른 저 비역자들처럼 지저귀는 목소리를 내거나 고개를 한쪽으로 젖히고 사내답지 못한 스타일로 걷는 법을 절대 모른다." 고대의 관상학자들, 남녀의 외모에서 인성을 해독하는 학식과 기술을 가진 전문가들은 이 유형에 대해 더 상세한 묘사를 제공한다.

그런 이는 도발적으로 녹아내리는 시선과 강렬하게 응시하는 눈동자의 재빠른 움직임에서 알아볼 수 있다. 그의 이마는 주름지고, 눈썹과 뺨은 항상 움직이고 있다. 머리는 한쪽으로 젖혀져 있고, 사타구니는 잠잠할 틈이 없으며, 힘없는 팔다리는 한 자세에 멈춰 있는 법이 없다. 그는 뜀박질하듯 종종걸음을 하고, 무릎이 서로 부딪친다. 그는 손바닥을 위로 하고 다닌다. 시선은 계속 움직이며, 목소리는 가냘프고 우는 듯, 날카롭고 질질 끄는 소리를 낸다.

아무리 숨기려 시도해도 소용이 없다. "입술이 씰룩대고 눈동자가 돌아감으로써, 발이 마음대로 제멋대로 움직이고 엉덩이가 움직이고 손이 변덕스럽게 움직임으로써, 어렵게 말문을 열면 목소리가 떨림으로써, 사내답지 못한 남자들은 너무나 쉽게 드러나기 때문이다"(인용된 문구들은 Gleason 1995, 68, 63, 78에서 가져옴). 성전도의 구체적 지표들이 문화와 관련된 것이고 따라서 시간에 따라 변화할 수 있음에도, 뉴포트의 요정들이 생생히 보여 주듯 성전도의 가시성은 영원히 변하지 않는 특성이었다.

19세기 후반에 의학자들과 정신과 의사들에게 병리적 (혹은 도착적) 성적 치향에 대한 최초의 체계적인 과학적 정의와 개념화를 위한 임상적 기반을 제공해 준 것은 바로 이 인물형, 즉 수동적 남자 또는 성전도자였다. 동성애라는 단어가 최초로 출판물에 등장한 해였던 1869년 8월, '신경의 병증' 또는 '신경계'에 대한 독일의 전문가 카를 프리드리히 오토 베스트팔은 정신의학에 대한 새 학술지에 "역전된 성별 감정" 또는 "감성"conträre Sexualempfindung에 대한 논문을 게재했고, 이를 신경 장애 또는 정신 질환 상태의 증상으로 제시했다(Westphal 1870, 73-108). "역전된 성별 감정"은 그것을 경험하는 사람의 성별과 반대되는 성 감정, 즉 자신과 다른 성별에 속한다는 느낌과 더불어, (대상이 자신과 같은 성별이기 때문에, 그리고 자신과 다른 성별에 고유한 남성적 또는 여성적 태도를 표출하기 때문에) 자신이 속하는 성별과 일치하지 않는 에로틱한 매혹의 감정을 의미했다. 이와 유사하게, 이탈리아의 정신과 의사 아리고 타마시아가 1878년에 주조한 용어인 "성 본능의 전도"(Tamassia 1878, 97-117) 역시 동성 간의 성적 욕망과 대상 선택을, 자신에게 적합하다고 여겨지는 성 역할을 역전 혹은 '전도'한 사람들이 보이는 여러 병리적 증상 가운데 하나로 다루었다. 이런 증상들은 여자에게서 나타나는 남자와의 동일시, 남자에게서 나타나는 여자와의 동일시를 가리키며, 이데올로기적인 내용(정치에 관심을 갖고 참정권 운동을 하는 여자들)에서부터 사소하고 기이한 것(고양이를 좋아하는 남자들)에까지 이르는 개인적 스타일의 여러 요소를 구성하는 것이었다. 하지만 그들을 연결하는 공통분모는 성 역할의 역전 또는 젠더 일탈이었다. 이 모델에 따르면, 자신과 성별이 같은 사람에 대한 성적 선호는, 남성성과 여성성의 지배적 문화 규범들로 정의된 젠더 정체성에 대한 다른 종류의 부적응들과 뚜렷이 구분되지 않는다.

동성애 개념과 확연히 구별되는 이 모델의 한 가지 함의는, 성전도자의 동성 파트너가 관습적 의미에서 남성적이거나 여성적일 경우 그 동성 파트너가 반드시 비정상이거나 문제가 있지는 않다는 점이다. 미국 해군의 눈에 비친 뉴포트의 미끼들과 마찬가지로, 부치와의 쾌락을 허용하는 펨이나 이성애자를 자처하는 성매매 남성은 그저 적당한 성적 시나리오를 연기할 따름이며 그 자신으로서는 성적으로 정상일 수 있는 것이다(Chauncey 1989b, 87-117 참조).

페더라스티/소도미가 특정한 성적 지향이 없는 성적 선호라고 전통적으로 이해되었다면, 성전도는 섹슈얼리티가 없는 성심리적 지향으로 정의되었다. 베스트팔은 자기 논문의 말미에 붙인 각주에서 "'역전된 성별 감정'이 언제나 성 충동 차체와 맞아떨어치지 않으며, 그저 자신의 내적 존재 전체가 자신의 성별로부터 소외되었다는 느낌 — 말하자면 병리적 현상으로서는 덜 진행된 단계라는 사실"을 강조했다(Westphal 1870, 107n; 강조는 인용자). 베스트팔과 그의 동료들에게 역전된 성별 감정이나 성전도는 개인의 내적 생활에 영향을 미치는 젠더 불균형을 나타내는 본질적 심리 상태였지만, 반드시 특정한 (동)성애적 행위의 수행이나 향유에서 드러나는 것이 아니었다. 사실 역전된 성별 감정의 예로 베스트팔이 유명하게 만든 한 가지 사례는 동성 파트너와 엄격히 성적인 접촉을 피했던 — 혹은 피했다고 주장하던 — 남성 복장 도착자였고, 그는 동성애적 욕망이 아니라 젠더 스타일만을 근거로 '역전된 성별 감정'을 앓고 있다는 진단을 받았다.

그렇다면 성전도는 동성애와 같은 개념이 아니다. 동성에 대한 성적 대상 선택 혹은 동성애적 욕망이 그에 필수적인 것이 아니기 때문이다. 동성애자가 아니면서 성전도자일 수 있고, 뉴포트의 미끼들이 그러했듯이 성전도자에 부합하지 않으면서도 동성 섹스를 할 수 있다. 그러므로 킨제이가 주장했듯이 "성전도와 동성애는 별개이며 언제나 상응하지는 않는 두 가지 행동 유형이다"(Kinsey, Pomeroy, and Martin 1948, 615). 오히려, 역전된 성별 감정과 성전도는, 동성 섹스나 동성애적 욕망 자체보다 파트너 중 한쪽 혹은 둘 다에게서 발견되는 규범적 남성성의 결핍에 더 초점을 맞추는, 남성의 수동성, 사내답지 못함, 젠더 일탈에 낙인을 찍어 온 오랜 전통을 되돌아보는 듯하다.

동성애. 동성애라는 용어는, 새롭게 형성된 북독일연방의 필요에 맞게 프러시아의 형법 체계를 재정비하는 일의 감독 임무를 맡았던 프러시아의 법무장관에게 보내는 공개서한으로 라이프치히에서 출판된 두 편의 팸플릿에서 1869년에 처음 등장했다. 이 팸플릿들의 무기명 저자는 오스트리아–헝가리어의 무명 번역가이자 바이에른 태생의 문필가 카를 마리아 벤케르트라는 사람이었다. 그는 이름을 전도해 헝가리어화한 케르트베니라는 필명하에 독일어로 글을 썼고, 두 글 중 두 번째에서 자신이 성적으로 정상이라고 (다소 미덥지 않게) 주장했다. 어쨌거나 그는 많은 위대한 남성들이 동성애자였다고 주장했고, 동성애는 획득되는 것이 아니라 태생적인 것이라고, 그러므로 동성애를 범죄화하는 것은 소용없는 일이라고 주장했다. 독일제국의 새로운 법규는 그 악명 높은 174조를 통해 "자연스럽지 못한 음란함"을 범죄행위로 규정하면서 동성애를 범죄화하려 했지만(174조는 1969년 서독에서 수정되었으나 1994년 독일 통일과 더불어 비로소 폐지되었다), 그는 그것이 소용없는 일이라고 주장했다. 여하튼 '동성애'라는 말은 게이를 찬성하는 정치적 활동의 신조어로 탄생했다.

그런 특성이 오래 유지되진 않았다. 케르트베니의 친구였던 동물학자 구스타프 예거가 1880년에 케르트베니에게 그의 책『영혼의 발견』제2판의 한 장을 대필하게 하지 않았더라면 그 단어 자체는 잊혔을 수도 있었다. 새로 만들어진 그 단어는 그 책에서, 유명한 법의학 성과학자 리하르트 폰 크라프트–에빙의 주목을 끌었다. 크라프트–에빙은 1887년에 예거에게서 그 단어를 차용해 성적 일탈에 대한 자신의 방대한 백과전서『성의 정신병리학』의 제2판에서 사용했고, 큰 영향력을 행사한 그 저작의 이후 여러 재판본들에서 그 용어를 점점 더 많이, 마음껏 사용했다. 바로 그래서 그 단어가 게이 우호적인 긍정의 의미에서 임상적 지시어로 변화하면서 의료적·법의학적 함의들을 갖게 된 것이다. (킨제이가 동성애를 유사 영구적인 성적 지향, 심리적 상태, 또는 존재의 범주라기보다는 빈도가 높을 수도 낮을 수도 있는 일종의 행동으로 취급했다는 점을 강조할 필요가 있긴 하지만) 동성애와 이성애라는 말이 지니는 현대적 의미의 대중화가 충분히 이루어진 것은 1948년 첫 번째 킨제이 보고서의 출간 이후이다.

사실 성적 분류로서 '동성애'라는 현대적 범주를 차별화하는 것은, 상이한 그리고 이전까지는 상관관계가 없던 최소 세 가지 항목의 전례 없는 조합이다. ① 베스트팔과 그의 19세기 의과학계의 동료들이 고안해 낸, 도착적 또는 병리적 치향이라는 정신의학적 개념으로서, 이는 개인의 내면생활에 적용되며 동성 간 섹스라는 행동을 반드시 전제하지 않는다. ② 프로이트와 그의 계승자들에게서 나온 동성 간 성척 대상 선택 또는 욕망이라는 정신분석적 개념으로서, 이는 에로틱한 의도성의 범주이며 일탈적이거나 병리적 성적 지향은 물론이고 반드시 영구적인 성적 지향을 암시하는 것은 아니다(프로이트에 따르면, 대부분의 정상인들이 환상의 영역에서 어떤 시점에건 무의식적으로 동성애적 대상 선택을 하기 때문이다). ③ 19, 20세기 법의학 연구에서 유래한 성척 일탈 행동이라는 사회학적 개념으로, 이는 비표준적 성의 실천에 초점을 두며 반드시 에로틱한 심리나 성적 지향을 가리키지는 않는다(동성 간의 성적 행동은 킨제이가 보여 주었듯이 동성애적 성적 지향을 가진 사람들만의 고유한 속성이 아니고, 인구 전반에 널리 분포되어 있으므로 반드시 병리적인 것도 아니기 때문이다). 그러므로 지향의 개념이나 대상 선택의 개념, 행동의 개념 가운데 한 가지만으로는 현대적 정의의 '동성애'를 만들어 내기에 충분치 않다. 오히려, 동성애 개념은 그 세 가지의 불안정한 결합에 의존하는 것이다. '동성애'는 심리적 상태인 동시에 에로틱한 욕망이고 성적 실천이다(이 세 가지는 다 다르다).

그런 사실 외에도, 동성애는 — 개념으로서 그리고 사회적 실천으로서 — 동성 간의 에로틱한 관계들을 정식화하는 방법들을 의미심장하게 재배열하고 재해석하며, 그 자체로 여러 가지 중요한 실질적 결과들을 자아낸다(아래 전개되는 내용에 관해서는 Adam 1996, 111-116 참조). 첫째, 성행위와 성행위자를 범주화하는 작업에서 젠더와 젠더 역할의 의미가 그 중요성에서 퇴색한다. 이는 젠더 일탈이 일탈적 섹슈얼리티의 지표로 계속 기능한다는 점이나 동성애자가 남성성, 여성성의 부적절한 과잉과 결핍에 의해 규정되는 것으로 여겨진다는 점을 부인하는 것은 아니다. 그렇더라도, '동성애' 개념의 한 가지 효과는 성적 대상 선택을 젠더 정체성과의 어떤 필연적 연관성으로부터 분리해, '동성애'를 젠더 스타일과 외모, 태도가 완벽히 규범적인 남녀에게 적용할 수 있게 되는 것이다. 그것은 또, 파트너 가운데 한 명이 젠더 역전이 되어 있고, 다른 한 명이 젠더 측면에서 완전히 정상이며, 각자가 자기 성별에 적절하다고 여겨지는 방식에 맞게 삽입적 또는 수용적 성 역할을 하는 경우에도, 동성 간의 성적 접촉은 그것이 어떤 것이든 동성애적이라고 분류될 수 있다는 것을 의미한다. 즉, 뉴포트의 미끼들이 알게 되었듯이, 일단 동성과 성관계를 기꺼이 하게 되면, 그 동성의 파트너가 [사람이 아니라] '요정'이라 해도, 관습적으로 남성적인 젠더 스타일은 그 사람[동성과 성관계를 한 사람]이 받을 비정상이나 일탈의 오명을 막아 주지 않는다.

성관계를 이처럼 탈젠더화한 것의 또 다른 결과는 동성애자 여자와 남자를 동성애자로서 같은 범주로 묶는 것이며, 그들을 이성애자라는 별개의 범주 안으로 분류된 이성애적 남녀와 차별화하는 것이다. 여기서 함의는, '섹슈얼리티'의 차원에서 레즈비언이 그저 '성별'을 공유할 뿐인 이성애 여자보다 게이 남자와 더 공통점이 많다는 것이다. 우리가 살펴보았듯, 바로 섹슈얼리티 개념에 의해 생성되는 균질화 효과, 이성애를 규범화하는 효과는 담론뿐만 아니라 정치의 영역으로도 확산된다. 그 효과들은 레즈비언들과 게이 남성들을 '섹슈얼리티'나 '동성애'의 해방을 위한 단일한 사회운동으로 연합하게 한다. 레즈비언들과 게이 남성들의 성적·정치적 문화 간 차이들 때문에 그들의 공조가 그저 헛일은 아니더라도 애매모호해지는데도 말이다. 그래서 초래되는 레즈비언들과 게이 남성들 사이의 긴장과 오해는, 심지어 현대의 성적 범주들에 대해 가장 신랄하게 비판적인 사람들마저도 남자와 여자를 함께 포괄하는 분류로서 (호모)섹슈얼리티에 대한 믿음을 매우 굳게 공유한다는 것을 암시한다.

소도미든 성전도든, 앞의 논의들은 성적 파트너들 가운데 한쪽만을 — 소도미의 경우 '능동적인' 파트너를, 성전도의 경우 사내답지 못한 남자 또는 남자 같은 여자를 — 가리키는 것이었다. 다른 파트너 — 전자의 경우 성적 욕망으로 동기화되지 않은 파트너, 후자의 경우 젠더 일탈적이지 않은 파트너 — 는 이 범주에 부합하지 않았다. '동성애'는 능동적이든 수동적이든, 규범적으로 젠더화되었든 일탈적으로 젠더화되었든, 두 파트너 양쪽 모두에게 적용된다. 사실 동성애의 최고 특성은 동성의 성적 파트너들 사이에 차별을 두지 않는다는 점 혹은 한쪽을 다른 한쪽보다 더 (혹은 덜) 동성애적이라고 취급하지 않는다는 점이다.

데이비드 M. 핼퍼린

동성애는 그래서 동성의 성관계를 동일성과 상호성의 기록부로 번역해 낸다. 이성애적 로맨스, 그리고 남성의 우정이라는 이전의 전통과 마찬가지로, 동성애 개념은 성적 파트너들이 차이가 아닌 같음, 욕망과 지향과 섹슈얼리티의 동일성을 근거로 유대를 형성할 수 있음을 암시한다. 동성애적 관계는 이제 역할의 양극화(능동적/수동적, 삽입적/수용적, 남성적/여성적, 성인 남자/소년)를 요하지 않는다. 배타적이고 평생 계속되며 우애적이고 로맨틱하고 상호적인 동성애적 사랑이 양쪽 파트너 모두에게 가능해진다.

동성애는 그 나름의 정체성과 사회성의 형식들을 생성한다. 동성애적 관계는 단순히 친족 체계, 연령대 또는 성년 의례로써 결정되거나 주어지지 않는다. 도리어 그것은 독립적이고 자주적인 사회적 관계망을 만들어 낸다. 이제 동성애는 이성애와 대립적인 관계에 놓이고, 동성애적 대상 선택은 그 자체로 이성애적 대상 선택과 차별화되는 것으로 여겨진다. 마지막으로, 성적 대상 선택이 성적 지향 개념에 밀착된다. 그래서 성적 행동이 인간 주체의 내면적·영구적 성심리적 특성을 표출한다고 여겨지며, 동성애와 이성애는 대체로 인간 주체성의 상호 배타적 형식들, 즉 상이한 총류의 섹슈얼리티가 된다. 사람들은 이 두 가지 성적 종種 가운데 이쪽 아니면 저쪽에 속하는 것으로 여겨지고, 이성애적 욕망의 감정이나 표현은 어떤 것이든 그 사람에게서 동성애적 욕망의 감정이나 표현의 가능성 자체를 배제하는 것으로 여겨진다.

요약하자면, 동성애는 동성의 성적 대상 선택이나 심지어 동성에 대한 의식적으로 에로틱한 선호 그 이상이다(이것은 결국 새로울 것 없는 이야기다). 동성애는 성적이고 사회적인 차별성의 최우선적 원칙으로서 동성의 성적 대상 선택 그 자체의 구체화를 말한다. 동성애는 개인에게 하나의 성적 지향과 하나의 성적 정체성을 부과하는 섹슈얼리티라는 새로운 체계의 일부이다. 그런 개념으로서 섹슈얼리티는 사회조직에, 인간의 차이의 사회적 표현에, 욕망의 사회적 생산에, 그리고 궁극적으로 자아의 사회적 구성에, 새로운 요소를 개입시킨다.

이 모든 논의의 궁극적 아이러니는, '자르다' 혹은 '나누다'라는 뜻의 라틴어 세카레secare에서 유래한 섹스라는 그 말, 원래 남자와 여자라는 자연적 범주 사이의 날카롭고 명료한 분리를 의미했던 그 말이 역사적 변천들, 개념적 혼란들, 성생활 형식의 재배치들을 거치면서 그 명징하던 의미의 예리한 모서리가 너무나 철저히 닳아 뭉툭해졌고, 그래서 섹스라는 말이 이제는 명확한 범주화, 차별화, 분류가 너무나 어려운 개념을 대표한다는 사실이다.

데이비드 M. 핼퍼린

참고 문헌

Adam, Barry D. 1996. "Structural Foundations of the Gay World." In *Queer Theory/Sociology*, ed. Steven Seidman. Oxford: Blackwell.

Bérubé, Allan. 1990. *Coming Out under Fire: The History of Gay Men and Women in World War Two*. New York: Free Press.

Bray, Alan. 2003. *The Friend*. Chicago: University of Chicago Press.

Brooten, Bernadette J. 1996. *Love between Women: Early Christian Responses to Female Homoeroticism*. Chicago: University of Chicago Press.

Butler, Judith. 1993. *Bodies That Matter: On the Discursive Limits of Sex*. New York: Routledge [주디스 버틀러, 『의미를 체현하는 육체』, 김윤상 옮김, 인간사랑, 2003].

Chauncey, George, Jr. 1989a. "Christian Brotherhood or Sexual Perversion? Homosexual Identities and the Construction of Sexual Boundaries in the World War One Era." In *Hidden from History: Reclaiming the Gay and Lesbian Past*, ed. Martin Bauml Duberman, Martha Vicinus, and George Chauncey Jr. New York: New American Library.

_____. 1989b. "From Sexual Inversion to Homosexuality: Medicine and the Changing Conceptualization of Female Deviance." In *Passion and Power: Sexuality in History*, ed. Kathy Peiss and Christina Simmons. Philadelphia: Temple University Press.

Daniell, Rosemary. 1984. *Sleeping with Soldiers: In Search of the Macho Man*. New York: Holt, Reinhart and Winston.

Davidson, Arnold I. 1990. "Closing Up the Corpses: Diseases of Sexuality and the Emergence of the Psychiatric Style of Reasoning." In *Meaning and Method: Essays in Honour of Hilary Putnam*, ed. George Boolos. Cambridge: Cambridge University Press.

D'Emilio, John. 1993. "Capitalism and Gay Identity." In *The Lesbian and Gay Studies Reader*, ed. Henry Abelove, Michele Aina Barale, and David M. Halperin. New York: Routledge.

Donoghue, Emma. 1995. *Passions between Women: British Lesbian Culture, 1668-1801*. New York: HarperCollins.

Edelman, Lee. 1994. *Homographesis: Essays in Gay Literary and Cultural Theory*. New York: Routledge.

Fausto-Sterling, Anne. 1993. "The Five Sexes: Why Male and Female Are Not Enough." *Sciences* 33(2) (March/April).

Foucault, Michel. 1978. *The History of Sexuality*. Vol. 1, *An Introduction*. Trans. Robert Hurley. New York: Random House [미셸 푸코, 『성의 역사 1: 지식의 의지』, 이규현 옮김, 나남, 2004].

Freud, Sigmund. 1953-1974. *The Standard Edition of the Complete Psychological Works of Sigmund Freud*. 24 vols. Ed. James Strachey. London: Hogarth [지그문트 프로이트, 「여성성」, 『새로운 정신분석 강의』(프로이트 전집 2), 임홍빈·홍혜경 옮김, 열린책들, 2020].

Gleason, Maud. 1995. *Making Men: Sophists and Self-Presentation in Ancient Rome*. Princeton, NJ: Princeton University Press.

Haggerty, George. 1999. *Men in Love*. New York: Columbia University Press.

Halperin, David M. 1990. *One Hundred Years of Homosexuality and Other Essays on Greek Love*. New York: Routledge.

_____. 2002. *How to Do the History of Homosexuality*. Chicago: University of Chicago Press.

Irigaray, Luce. 1985. *Speculum of the Other Woman*. Trans. Gillian C. Gill. Ithaca, NY: Cornell University Press.

Katz, Jonathan Ned. 1995. *The Invention of Heterosexuality*. New York: Dutton.

Kinsey, Alfred C., Wardell B. Pomeroy, and Clyde E. Martin. 1948. *Sexual Behavior in the Human Male*. Philadelphia: W. B. Saunders.

Kunzel, Regina. 2008. *Criminal Intimacy: Prison and the Uneven History of Modern American Sexuality*. Chicago: University of Chicago Press.

Laqueur, Thomas. 1990. *Making Sex: Body and Gender from the Greeks to Freud*. Cambridge, MA: Harvard University Press.

Loraux, Nicole. 1990. "Herakles: The Super-Male and the Feminine." In *Before Sexuality: The Construction of Erotic Experience in the Ancient Greek World*, ed. David M. Halperin, John J. Winkler, and Froma I. Zeitlin. Princeton, NJ: Princeton University Press.

Manuli, Paola. 1983. "Donne mascoline, femmine sterili, vergini perpetue: La ginecologia greca tra Ippocrate e Sorano." In *Madre materia. Sociologia e biologia della donna greca*, ed. Silvia Campese, Paola Manuli, and Giulia Sissa. Turin: Bollati Boringhieri.

Murphy, Lawrence R. 1988. *Perverts by Official Order: The Campaign against Homosexuals by the United States Navy*. New York: Harrington Park Press.

Orgel, Stephen. 1996. *Impersonations: The Performance of Gender in Shakespeare's England*. Cambridge: Cambridge University Press.

Posner, Richard A. 1992. *Sex and Reason*. Cambridge, MA: Harvard University Press [리처드 포스너, 『성과 이성: 섹슈얼리티의 역사와 이론』, 이민아·이은지 옮김, 말글빛냄, 2007].

Rocke, Michael. 1996. *Forbidden Friendships: Homosexuality and Male Culture in Renaissance Florence*. New York: Oxford University Press.

Rosario, Vernon A., II. 1997. *The Erotic Imagination: French Histories of Perversity*. New York: Oxford University Press.

Rubin, Gayle S. 1975. "The Traffic in Women: On the 'Political Economy' of Sex." In *Toward an Anthropology of Women*, ed. Rayna R. Reiter. New York: Monthly Review Press [게일 루빈, 「여성 거래: 성의 '정치경제'에 관한 노트」, 『일탈: 게일 루빈 선집』, 신혜수·임옥희·조혜영 옮김, 현실문화, 2015].

Sedgwick, Eve Kosofsky. 1990. *Epistemology of the Closet*. Berkeley: University of California Press.

Tamassia, Arrigo. 1878. "Sull'inversione dell'istinto sessuale." *Rivista sperimentale di freniatria e di medicina legale* 4.

Traub, Valerie. 2002. *The Renaissance of Lesbianism in Early Modern England*. Cambridge: Cambridge University Press.

Wahl, Elizabeth. 2000. *Invisible Relations*. Palo Alto, CA: Stanford University Press.

Westphal, Karl Friedrich Otto. 1870. "Die conträre Sexualempfindung, Symptom eines neuropathischen(psychopathischen) Zustandes." *Archiv für Psychiatrie und Nervenkrankheiten* 2.

Winkler, John J. 1990. *The Constraints of Desire: The Anthropology of Sex and Gender in Ancient Greece*. New York: Routledge.

Zeitlin, Froma I. 1996. *Playing the Other: Gender and Society in Classical Greek Literature*. Chicago: University of Chicago Press.

21짱

유토피아

Utopia

지은이
샐리 L. 키치 Sally L. Kitch

옮긴이
이경란
이화여자대학교 이화인문과학원 객원연구원, 의료인문학연구소 공감클리닉 연구위
원장. 역서로 사라 아메드의『행복의 약속: 불행한 자들을 위한 문화비평』(공역),『이
야기로 푸는 의학: 공감과 소통으로 가는 여정』(공역)이 있다.

세상의 모든 고통과 불평등을 떠올려 보자. 당신이 살고 있는 동네, 도시, 또는 전 세계의 가난과 절망의 고통을 느껴 보자. 관대함, 정직, 평등을 기대했던 곳에서 목도하게 되는 탐욕, 부패, 부당함에 대해 모두 기록해 보자. 그리고 이제 무엇을 해야 할지 생각해 보자. 그 첫 번째 반응으로, 만약 당신이 "저 먼 곳에 있는 행복한 섬, 완벽한 사회적 관계가 지배하고 나무랄 데 없는 헌법과 완전무결한 정부 아래에서 사람들이, 현실의 모든 근심 걱정에서 …… 벗어나, 단순하고 행복한 삶을 즐기고 있는" 모습을 상상한다면, 당신은 고전적인 유토피아주의자 — 혹은 적어도 그렇게 생각하는 사람 — 일 수 있다(Kaufmann 1879, 1). 여성들이 책임을 맡고 있는 세상이라면, 여성과 남성의 역할이 같거나 적어도 같은 가치를 지니고 있다면, 혹은 성적 구별이 완전히 사라진다면 세상은 더 나아지리라는 생각이 스쳐 지나간다면, 당신은 고전적인 '젠더 유토피아주의자'이거나 그런 식으로 생각하는 사람일 것이다. 즉, 당신은 젠더 관계와 젠더 정체성의 변화나 평등한 성적 실천이 사회 변화를 위해 필요한 핵심적인 사안이라고 믿는다. 당신이 '젠더 유토피아주의자'처럼 사유한다면 당신처럼 생각했던 사람들은 많았다. 성과 젠더가 적어도 15세기 이래로 서구의 유토피아적 비전들 — 문학적 전망과 역사적 전망 모두 — 을 조직하는 원리였기 때문이다. 젠더 정체성과 젠더 관계가 많은 디스토피아적 비전의 조직 원리였음도 우연이 아니다.

역사적으로 젠더 유토피아주의는 고전적인 유토피아적 사유에서 나타나는 일반적인 특징을 공유한다. 한 가지 공통적인 주제는 인간은 완벽한 상태에서 살도록 의도되었지만 그 상태를 상실했거나, 아직 도래하지 않았다는 생각이다(Berlin 1990, 23, 24). 대부분의 유토피아주의자들은 인간의 본성이 지배적인 사회적 조건들의 원인이 아니라 산물이라고 보고, 그렇기 때문에 좋은(공정한, 평등한, 효율적인) 사회들 또는 사회제도들은 보편적으로 좋은(공정한, 평등한, 효율적인) 사람들을 생산할 것이라고 믿는다. 나아가 고전적 유토피아주의자들은 가치관들의 충돌이나 인류를 괴롭히는 질병들과 어리석은 행동들은 장차 종식될 것이며, 모든 사람이 "영원히 …… 덕스럽고 행복하고 현명하고 선하고 자유로울 수" 있다고 믿는 경향이 있다(Berlin 1990, 47). 유토피아주의자들은 사회제도의 가치와 결과를, 그것이 작동하기 이전에, 정식화할 수 있다고 생각(혹은 희망)한다. 그래서 그들은 흔히 현재의 조건을 분석해 사회조직과 인간 행동을 향상(심지어 완전하게)할 수 있는 미래의 조건을 제시한다.

인간의 조건과 사회적 가능성에 대한 이 같은 관점은 매력적일 수 있지만, 흔히 위험으로 가득 차있다. 바로 여기에 유토피아의 역설이 있다. 예를 들어, 유토피아적 사유는 미래에 초점을 맞추고 있음에도, "현재의 역사들"에 불가피하게 기반하고 있으며, "유토피아적 비전을 [현재와 같은 특정한] 시·공간 속에 고정하는 개념적 닻들로 가득 차있어서" 부지불식간에 현재의 문화 구성체를 재강화한다(Gordin, Tiley, and Prakash 2010, 1, 4). 유토피아와 정반대라고 간주되는 디스토피아가 흔히 스스로의 한계를 인식하지 못했거나 의도하지 않은 결과를 계산하지 못한 유토피아 계획의 내부에서 출현한다는 점도 똑같이 역설적이다. 특히 관심을 가질 만한 것은 과거에 미래가 어떻게 될 것인지 예언하고 상상하려 했던 사람들의 실패와 성공에 대한 기록들이다. 초기 미래주의자들이 제시한 수많은 기술적 전망들, 예를 들어 출퇴근 시간대의 교통 체증을 피하기 위한 개인용 분사 추진기 같은 것은 실현되지 않았고, 사람들이 일하고 상호작용하는 방식을 완전히 변모시킨 개인 컴퓨터와 스마트폰 같은 것들은 예상하지도 못한 것들이다. 자신들의 전망이 실현되지 않을 가능성(즉, 유토피아적 비전에 내재한 경향성을 벗어날 가능성)보다 유토피아 사상가들을 더 괴롭히는 것은 유토피아 비전을 실현하는 데 수반하는 어려움들이다. 정말로, 충족된 욕망이, 산산조각이 난 희망만큼이나 문제적일 수 있다. 앞으로 보겠지만, 특히 젠더 역할과 성에 대한 변혁적 전망은 이런 운명에 취약하다.

고전적인 유토피아적 사유(즉, 유토피아주의)는 새로운 사회를 설계하기 위한 명시적인 계획에 관한 것인 만큼이나, 광범위한 심지어 모든 것을 포괄하기까지 하는 세계관이다. 그렇기 때문에, 유토피아적 사유는 문화와 정치, 나아가 소비재에 대한 주류적 관념들에도 스며들어 있다. 특히 미국에서 유토피아는 광고에서 에이즈에 이르기까지, 건축에서 인공수정까지, 산아제한에서 방송 산업까지, 캘리포니아("아메리카의 에덴")에서 독신 생활까지, 공장에서 자유연애 등에 이르기까지 어떤 변화나 도전의 긍정적 측면을 강조하기 위해 종종 환기되곤 한다. 최근에 후르토피아라는 음료가 이 같은 유토피아 유행에 편승했고, 조지 루카스교육재단은 K-12[초등학교에서 12학년까지] 교육과 관련해, 자신들이 추진 하고 있는 주요 기획을 에듀토피아라고 명명함으로써 그것의 이상주의를 표현 했다.[1] 이런 용법들을 보면, 유토피아는 혁신이 그 자체로 좋은 것, 또는 감탄스 럽거나 만족스러운 성과임을 함의한다. 물론, 변화에 대한 이 같은 관점들에는 유토피아적 역설이 존재한다.

젠더와 유토피아/디스토피아에 대한 이 글의 분석은 서구 문화, 특히 미국 에서 유토피아주의의 실제적·서사적·이론적 자원들을 살펴본다. 이 글은 실험 적 공동체, 시사평론, 그리고 허구적 텍스트 등에 초점을 맞춘다. 이 글은 드라 마, 영화, 시각예술 등에 나타난 유토피아적·디스토피아적 비전을 다루지는 않 는다. 또한 낭만주의, 나치즘, 공산주의, 신자유주의적 자본주의와 같은 사회운 동들 속에서 나타나는 유토피아적·디스토피아적 비전 역시 다루지 않는다. 오 늘날 학자들은 이런 운동들이 "급진적인 변화에 직접적으로 참여"한다는 점에 서 유토피아적이라고 간주한다(Gordin, Tiley, and Prakash 2010, 2). 그럼에도 이 글에 서 제시되는 논의의 일반적 원리들은 사회운동이나 변화와 관련된 모든 종류의 유토피아적·디스토피아적 접근법과 관점에 적용된다.

유토피아적 과거

사람들은 오랫동안 유토피아라는 생각을 즐겼다. 유토피아는 이론적·철학적·문 학적 저술에 등장했고 사회적 실험에 영감을 불어넣었다. 이런 사회적 실험 가 운데 몇몇은 종교 텍스트를 비롯한 유토피아적 텍스트들에서 진화한 것이었다.

---

1 에듀토피아Edutopia 프로젝트는 교사와 교육구가 "교육을 더 낫게 변화시키는 데" 도움이 될 매체-기반 자료들을 생산한다. 그곳은 "혁신이 예외가 아니라 규범인 곳, 학생이 평생의 학습자이고 21세기 기술을 개 발하는 장소"이다(http://www.edutopia.org/mission-vision).

서구의 문학과 철학에서 유토피아적 사유는 적어도 기원전 9세기에 쓰인 호메로스의 『오디세이아』(특히 파이아케스 사람들의 땅)와 기원전 4세기에 쓰인 플라톤의 『국가』로까지 거슬러 올라간다. 서구 유토피아들의 기원을 히브리 성서의 에덴동산에 두거나, 세상의 종말에 사람들은 칼로 쟁기를 만들고 민족들은 더는 전쟁을 하지 않으리라는 예언자 이사야의 예언에 두는 사람들도 있다(Berlin 1990, 21). 완전한 에덴동산을 지상에 회복하고 사후에 천국을 완성하는 그리스도교의 후기 목표들 역시 그리스도교 신학을 유토피아적 사유의 원천이 되도록 만들어 준다. 기원후 5세기에 쓰인 성 아우구스티누스의 『신국론』은 그리스도교 최초의 유토피아 텍스트라고 할 만하다. 이 책에서 아우구스티누스는 자신이 묘사한 이상적 도시를 쾌락주의적이며 '이교도들'의 나라인 로마제국에 대한 성스러운 대안으로 설정했다. 수 세기 후에 그리스도교 십자군들은 '이교도'인 무슬림과 싸우면서 유토피아적 비전을 추구했는데, 무슬림들 역시 사후에 낙원이 완성되길 갈망했다. 이처럼 서구의 사유 전통에서 유토피아는 일찍부터 종교와 연결되어 있었다.[2]

유토피아 문학이 르네상스 시기에 꽃피웠다는 사실은 철학적으로 중요하다. 왜냐하면 유토피아적 사유는 사회 체계의 성공이, 그것이 신으로부터 영감을 받은 것이라 할지라도, 인간의 노력 때문에 가능하다고 보기 때문이다. 르네상스 시기 유럽에서는 젠더에 초점을 맞춘 최초의 유토피아 문학작품이 나오기도 했는데, 바로 크리스틴 드 피상의 『귀부인들의 도시에 관한 책』이다. 이 책은 1404,

---

2 상당수의 역사가들이 유토피아적 비전은 서구 특유의 것으로 보는데, 특히 인간 본성의 완전성에 대한 르네상스 시기의 인문주의적 믿음에 의존하고 있다고 주장한다. 이 같은 믿음은 원죄에 대한 중세의 아우구스티누스적인 생각과는 상반되는 것이다. 이 같은 유토피아주의가 가나의 은크루마주의Nkrumaism을 비롯해 비서구 사회에 영향을 미쳤다는 것이다. 하지만 장롱시는 여기 그리고 지금에 대한 세속적 관심과 유토피아적 비전 사이의 상관관계 및 인간의 완전성에 대한 믿음이 중국의 유교에도 분명하게 존재했다고 말한다. 공자(기원전 551~기원전 479) 자신이 문왕(기원전 1152~기원전 1050)이 지배한 고대 주나라를 인류가 윤리적으로나 정치적으로 모방해야 할 이상 사회로 봤다. 고대의 제의에 대한 유교적 존중은 공자의 세속주의와 모순되지 않는다. 왜냐하면 공자는 제의를 "개인의 윤리와 사회적 윤리를 완벽하게 하기 위해" 고안된 외적 형태로 간주했기 때문이다. 장롱시는 또한 중국에서 2세기 무렵에 등장한 유토피아적 문학 전통에 대해서도 묘사하는데, 이 같은 전통에는 페미니즘 소설인 이여진李汝珍(1768~1828)의 『경화연』鏡花緣이 포함되어 있다(Zhang 2002, 6-8, 12-17).

05년에 (성 아우구스티누스에게 경의를 표하는 의미에서) 프랑스어로 쓰였다. 여성들의 지성을 옹호한 것으로 유명해진 크리스틴의 이 책은 사회정의에 대한 여성들의 바람이 유토피아적 관념의 좋은 동반자였음을 일찍이 보여 주었다.

유토피아라는 단어도 르네상스 시기에 처음 등장했다. 이 단어는 1516년에 출간된 영국인 토머스 모어 경의 유명한 텍스트 『유토피아』의 제목으로 등장했다. 토머스 모어는 이 용어를 두 개의 그리스 단어 — 좋은 장소를 의미하는 이유토피아eutopia와 장소가 없음을 의미하는 아우토피아outopia — 를 조합해 만들었다. 이 점에서 유토피아라는 단어의 어원 자체가 완벽한 사회에 도달할 수는 없음을(비록 그것을 상상할 수는 있지만) 암시한다(Sullivan 1983, 32). 모어의 『유토피아』에 뒤이어 영국에서는 유토피아적 비전을 담은 작품들(그와 같은 유토피아가 실현될 개연성은 매우 낮았다)이 계속 등장했는데, 필립 시드니 경의 『아르카디아』, 에드먼드 스펜서의 『요정 여왕』을 비롯해, 셰익스피어의 『뜻대로 하세요』에 나오는 아든 숲, 프랜시스 베이컨의 『뉴 아틀란티스』에 나오는 플라톤의 전설, 존 번연의 『천로역정』에 나오는 뉴 예루살렘, 그리고 존 밀턴의 『실낙원』과 『복낙원』에 나오는 그리스도교의 고전적 비전 등이 이에 속한다(Johnson 1968, 131-134).

유토피아에 대한 정의가 문학적 형태로 유럽의 세속적 상상력 속에 들어왔다는 사실은 초기부터 유토피아가 실제로 구현될 수 있는 현실이라기보다는 환상, 이론, 아이러니와 동일시되었음을 의미한다. 이런 상황은 18세기에 이르러 바뀌기 시작했는데, 당시 유럽과 미국의 이론가들은 사회조직화에 대한 자신들의 아이디어를 현실에서 실험하기 시작했다. 미국혁명과 프랑스혁명에 영감을 준 계몽주의의 자극을 받은 18세기 유럽 사상가들은 자유, 평등, '형제애'라는 새로운 가치에 입각해 사회주의 혹은 공산주의를 지향하는 공동체를 수립할 계획을 세웠다. 그들 가운데 일부는, 상당수 문학적 선구자들이 그랬듯이, 종교적 신념으로부터 영감을 받은 것이었다. 많은 사람들은 신세계라 불린 북아메리카를 자신들의 비정통적인 신앙을 방해받지 않고 실천할 수 있는 완벽한 장소로 바라봤다. 그들에게 신세계는 인류를 재창조할 기회, 실낙원을 회복하라는 그리스도교 성서에 예비된 운명 —「창세기」에 암시되어 있는 — 을 실현할 기회의 땅이었다.

유토피아에 대한 영감을 주는 것으로서 북아메리카의 역할은 19세기에 절정에 이른다. 새로운 삶에 대한 희망을 품은 이민자들뿐만 아니라, 다른 지역에서 건너왔거나 자생적으로 생겨난 수많은 종교적·세속적 유토피아 공동체들이 북아메리카에 대거 등장해 [자신들의 이상을] 실험했다. 그런 집단 가운데 몇몇 이름 — 오네이다, 셰이커 교도, 아마나, 뉴하모니[3] — 은 오늘날에도 익숙한 것으로 남아 있는데, 이들이 남긴 유산은 놀랄 정도로 오래 지속되고 있다. 예를 들어, 많은 미국인이 오늘날에도 셰이커 스타일의 흔들의자와 나무상자를 알아본다. 아마나라는 이름은 냉장고와 전자레인지를 만드는 기업의 이름으로 남아 있다. 오네이다는 은식기 제조 회사의 이름에서 알아볼 수 있으며, 인디애나주의 뉴하모니는 매력적인 컨벤션 장소가 되었다. 이보다 약한 흔적을 남긴 실험 공동체들은 더 많다. 에프라타Ephrata, 우먼스 코먼웰스the Woman's Commonwealth, 코레샨 유니티Koreshan Unity, 나쇼바Nashoba, 부룩팜Brook Farm, 킹덤The Kingdom, 프루트랜즈Fruitlands, 조어Zoar, 오로라Aurora, 이카리아Icaria 등[4]이 그러하다(우먼스 코먼웰스에 대한 분석은 Kitch 1993 참조).

의미심장하게도, 19세기와 20세기에 걸쳐 미국에 건설된 유토피아 공동체들은 대부분 백인들로 구성되었다. 몇 안 되는 아프리카계 미국인 유토피아주

3　[옮긴이] 오네이다 공동체는 존 험프리 노이스(1811~86)가 1848년에 설립한 공동체로, 1869~79년 사이에 지적·육체적·정신적·영적으로 우수하다고 판단한 남녀를 선택해 이른바 우량종 육성 실험을 했다. 공동체는 1880년 1월 1일 해체했지만, 은식기류를 공동 제조해 판매했던 회사는 여전히 남아 있다. 셰이커 교도는 프로테스탄티즘의 한 종파로 지복천년설을 믿으며 공유제적 종교 공동체를 이루어 살아간다. 현재 공동체는 대부분 쇠퇴했지만, 이들이 제작한 공예품과 가구 등이 미국 미술사와 생활사에 커다란 영향을 미쳤다. 아마나 콜로니스Amana Colonies는 가난과 종교적 박해를 피해 아메리카로 건너온 독일 이민자들이 1855년 무렵 아이오와주에 건설한 자급자족형 종교 공동체다. 이들은 대공황 시기에 '아마나 소사이어티'라는 영리 법인을 설립했는데, 여기서 '아마나 코퍼레이션'이라는 미국 가전제품 기업이 탄생했다. 뉴하모니New Harmony는 로버트 오언이 아메리카로 건너와 (오늘날 인디애나주 하모니 지역에) 건설한 공동체로, 오언은 이곳에 농업과 공업이 골고루 발전하고, 빈부 격차는 물론 사회적 차별이 존재하지 않는 이상적 공동체를 건설하려 했다.

4　[옮긴이] 우먼스 코먼웰스는 1870년대 후반부터 1880년대 초반 사이에 텍사스주 벨턴Belton에 설립된 여성 공동체였다. 코레샨 유니티는 1800년대 후반에 형성된 사교 집단으로, 이들은 독신, 공동체, 평등을 실천하면 영생을 누릴 수 있다고 믿었다. 브룩팜은 1840년대에 건설된 농촌 공동 생활체로, 유니테리언주의 목사였던 조지 리플리George Ripley와 그의 아내 소피아 리플리Sophia Ripley가 건설했다. 킹덤은 로버트 매슈스Robert Matthews가 뉴욕에 건설한 사교 집단으로 '맷디아의 왕국'the Kingdom of Mathias으로도 불린다.

의자 가운데 레베카 잭슨이 있다. 필라델피아에서 재봉사로 일하던 그녀는 1847년에 워터블리트의 셰이커 공동체로 이주하지만, 이 공동체가 도시의 흑인들과 함께 일하는 데 아무런 관심이 없다는 점에 낙심한다. 소저너 트루스로 역사에 알려진 이저벨라 밴 왜그너 역시 킹덤, 노샘프턴교육산업협회(메사추세츠에 소재한 오언-푸리에주의자 공동체), 하모니아(미시간주 배틀크리크 인근에 위치한 영성주의 퀘이커 신학대학과 공동체) 등 여러 유토피아 공동체를 전전하며 시간을 보냈다. 그렇지만 흑인과 백인이 섞여 있는 다인종 공동체에서 그녀가 겪은 경험들은 대체로 부정적이었다. 1850년대 이후 트루스는 너무나 많은 연설 여행을 다녀야 해서 어느 하나의 공동체에 다시 정착하지는 않았지만, 1863년의 노예해방 선언 이후 남부 여러 주에서 도망친 노예들을 위해 버지니아주 알링턴 카운티에 '자유민의 마을'을 세우는 데 중요한 역할을 했다. 그녀는 서부의 공유지에 흑인 국가를 세우자는 주장도 했다(소저너 트루스와 유토피아 사이의 관계는 Chmielewski 1993 참조. 재건 시기 이후 아프리카계 미국인들의 소집단이 1877년 흑인들만의 소도시 니코디머스를 캔자스주 그레이엄 카운티에 세웠다. 아마도 트루스의 비전에서 영감을 받았을 것이다).

신세계를 유토피아와 동일시하던 초기의 경향은 미국에서 유토피아 문학의 유산을 통해 그리고 유토피아가 사회사상에 지속적으로 존재(앞에서 말한 에듀토피아처럼)함으로써 유지되고 있다. 여성 작가들을 비롯해 미국 작가들은 수많은 유토피아 소설과 이야기를 만들어 냈는데, 20세기 전환기만 해도 수백 편의 작품이 등장했다. 20세기 말에 여성들은 다시 한번 미국에서 유토피아 문학 장르를 지배한다. 21세기에 미국은 여전히 많은 사람들에게 유토피아의 터전 ─ 기회의 땅 ─으로 남아 있지만, 미국의 작가들과 사상가들은 고전적인 유토피아적 비전에서 빠져 나와 포스트모던 가능성의 매혹에 더 사로잡힌다.

미국의 젠더 유토피아주의

젠더는 대부분의 민족적 상상계에서 토대가 되는 개념이며, 그 안에서 남자들은 주로 민족 정체성과 민족 프로젝트의 행위 주체로 간주되고 여성들은 민족적 가치의 보유자이자 미래 시민의 재생산자로 간주된다(Williams 1996, 6-10). 미국도 예외는 아니다. 젠더의 이 토대적 위상은 미국의 유토피아적 상상에 모순적인 영향을 미쳤다. 한편으로는, 전통적인 역할, 이성애적 실천과 남성 지배가 너무 압도적으로 일반적이어서 이것들이 일부 유토피아 사상가들에게는 해결해야 할 필요가 있는 문제로 간주되지도 않았다. 다른 한편으로는, 이런 압도적 일반성은 많은 유토피아 사상가들로 하여금 젠더 역할과 성적 규범을 자신들의 비전에서 핵심적인 항목으로 삼게 만들기도 했다.

당연히 미국 여성들이 쓴 대부분의 19세기 유토피아 소설들은 성과 젠더를, 사회적으로나 상징적으로 미국에서 변화가 절실히 필요한 핵심적인 특징으로 묘사했다. 이런 초점은 20세기에 여성들(때로는 일부 남성들)이 쓴 유토피아 소설들에서뿐만 아니라 분리주의적(때로는 레즈비언적)이며, 평등주의적인 공동체 계획들(허구적 계획과 현실적 계획 모두)에서도 더욱 두드러지게 표현되었다. 특히 젠더는 재생산과 가사 노동을 변화시킬 기술적 진보를 장려했던 텍스트들에서 핵심적이었다. 예를 들어,『유토피아의 모성』에서 로버트 프랑코어는 재생산 기술이 선택지와 가능성을 증가시켰으며, [이에 따라] 한때 성 정체성을 정의하는 계기였던 재생산이 성적 경험과 완전히 분리될 수 있는 세계에서는 "남성 혹은 여성이라는 것이 무엇을 의미할지 우리는 아직 알지 못한다"고 주장했다(Francoeur 1970, vii).

20세기 말과 21세기에 트랜스휴머니즘을 다룬 학술 논문들 역시 이와 유사한 메시지를 담고 있다. 자연을 초월함으로써, 합성 신체 혹은 모조 신체 속에 생물학과 기술을 혼합한 사이보그들은 인간의 정체성, 심리, 재생산, 사회적 상호작용, 심지어 죽음의 측면에서 자연의 한계에 대한 기술적이고 유토피아적인 대안을 제공한다고 트랜스휴머니스트들은 주장한다. 예를 들어, 조앤 고든은 사이버 펑크가 향수를 불러일으키는 목가적인 유토피아적 비전보다 훨씬 더 우월한 "탈유기체적" 유토피아라고 찬양했다(Cherniavsky 1993, 특히 33).

20세기 말의 몇몇 페미니즘 이론가들은 젠더화된 사변적이고 허구적인 저작을 페미니즘 사유의 선봉으로 규정했다. 심지어 그들은 페미니즘의 목적 자체가 본래 유토피아적이라고 제안했다. 예를 들어, 1980년대에 마를린 바와 니컬러스 스미스는 "인간의 문화를 재구축하는" 유토피아의 관점들이야말로 정확하게 페미니즘이 촉진해야 하는 것이라고 주장했다(Barr and Smith 1983, 1). 1980년대 말 즈음 프랜시스 바트카우스키는 페미니즘 이론이 필연적으로 유토피아적인 이유는 페미니즘 이론이 "아직-아닌 것을, 그것이 텍스트적인 것이든 정치적인 것이든 아니든, 페미니즘적 실천의 토대로" 특권화하기 때문이라고 선언했다(Bartkowski 1989, 12). 1990년대 초에 드루실라 코넬은 "페미니즘에 유토피아적 사유가 없다면 페미니즘은 여성적인 것의 가치를 폄하하는 젠더 정체성 체계의 덫에 걸릴 수밖에 없다"고 주장했다(Cornell 1991, 169). 몇 년 후, 루시 사지슨(Sargisson 1996)은 상상력이 뛰어난 페미니즘적 유토피아 소설들이 성차별적 사회질서에 가장 효과적으로 도전한다고 단언했다.

유토피아 비판들: 디스토피아들과 유토피아 역설

유토피아적 사유가 일반적으로, 그리고 젠더 이론과 페미니즘 이론 모두에서 폭넓은 인기를 얻었지만, 유토피아 개념을 비판하는 이들 역시 많았다. 몇몇 비판가들은 아직-아닌 것the not-yet이 너무 쉽게 절대-아닌 것the never-should으로 미끄러진다고 주장한다. 이것이 유토피아적 역설의 핵심이다. 이런 비판가들에게 유토피아란 비현실적인 꿈이며, 실제의 물질적 조건과 현실에 대한 부정을 의미한다. 이 같은 부정은 유토피아에 대한 글쓰기와 생각하기를 시간과 에너지 낭비로 만들어 버린다. 훨씬 더 회의적인 비판가들은 얼마나 많은 유토피아 실험들이 실패했는지 보라고 말한다. 20세기 말에 너무나 많은 실패 사례들이 있었다. 그중 유명한 사례로 1978년 가이아나의 존스타운에서 짐 존스의 '인민의 사원' 추종자 913명이 집단 자살을 한 일과 1993년 텍사스주 웨이코Waco에서 데이비드 코레시를 추종하는 다윗파 신도 78명이 방화로 사망한 일이 있다.

　다윗파의 비극은 미국연방수사국FBI과 몇 주 동안 대치한 후에 발생했는데, FBI는 코레시가 미성년자들에 대한 성적 학대를 비롯해 다양한 범죄를 저질렀다고 판단했다. 짐 존스는 자신의 공동체에 정부가 개입하려 한다는 피해망상적 편집증 때문에 추종자들을 자살로 이끌었다(이런 공동체에 대해 더 알려면 Kitch 2000, 43-46 참조). 21세기에도 지하드 극단주의자들로 이루어진 소규모 집단이 목숨을 바쳐서라도 이른바 이슬람의 황금시대를 회복하려고 시도하는 일들이 일어났다. 낙원을 성취하기 위한 방법으로 이들은 개인적 순교와 대량 살상을 사용한다.

이런 끔찍한 비극들과 경향들은 유토피아적 비전이 억압과 폭력을 두둔하는 구실로 변질된다는, 나아가 이런 억압과 폭력이 추종자들과 심지어 목격자들을 비켜 가지 않는다는 사실을 분명하게 보여 준다. 이런 사례들에서, 쇠락과 패배는 유토피아적 비전과 실험에 영감을 준 바로 그 원칙들과 힘들 가운데 일부 ― 평범한 것을 초월하고, 정의를 확립하며, 마음 깊숙이 간직한 신념에 따라 살려는 욕망, 또는 카리스마가 있는 지도자를 따르려는 욕망 ― 로부터 야기된다. 이 같은 비극들은 유토피아적 충동에는 그 자체의 대립물 ― [유토피아적] 이상이 그 자체로 파괴적 패러디가 되거나, 아니면 그것을 추종하는 사람들 가운데 대체로 소수, 엘리트들에게만 궁극적으로 이바지하는 디스토피아를 ― 을 만들어 내는 잠재력이 있음을 시사한다.

20세기에 쓰인 디스토피아적 텍스트들 다수가 이 같은 영향의 목록을 보여 준다. 예를 들어, 올더스 헉슬리의 『멋진 신세계』(1932)는 사회주의적 이상들이 얄궂게도 억압과 엄격한 통제의 메커니즘으로 변질되는 과정을 상술한다. 1948년에 영국에서 출판된 조지 오웰의 『1984』는 평등한 사회라고 단정되지만 전체주의적 지배로 추락한 오세아니아를 묘사한다. 소수에게만 혜택을 주는 이 전체주의 사회는 절대적 지배자들의 감시 아래에서 많은 이들이 이 같은 지배에 순응하도록 만든다. 조지 오웰은 사회가 그 안에 사는 사람들의 생각과 행동 방식을 형성할 수 있다는 기본적인 유토피아적 전제를 인정했지만, 인간의 욕망을 철저히 감시하는 체제, 모든 사람을 이른바 집단(이는 흔히 강자들을 의미했다)의 필요에 맞추도록 세뇌하는 체제는 의심했다. 소설을 통해 오웰은 공동의 선이 정말로 무엇인지, 그것을 어떻게 추구해야 하는지를 결정하는 일이 얼마나 어려운 일인지 면밀히 탐구했다. 21세기에 나타난 디스토피아적 비전들은 오웰의 이 같은 우려에 공명하면서, 종교적 이상들이 폭력적인 무정부 상태로 역설적으로 변질되고 있음을 기록한다.

샐리 L. 키치
692

디스토피아적 비전들은 성적 행위와 젠더 정체성의 조종을 종종 집중적으로 조명하는데, 이런 조종에서 제시되는 젠더 해방의 약속은 순진한 신봉자들을 배반한다. 이런 젠더 정체성의 조종은 유토피아 텍스트에서 진보를 상징하는 것만큼이나 디스토피아적 사회 통제를 상징하는 것일 수 있다. 유토피아의 유명한 특징인 성적 자유는 남성들이 쓴 많은 20세기 디스토피아 소설에서 지옥을 전형적으로 보여 준다. 예를 들어, 대체로 현대 디스토피아 소설의 효시로 간주되는 예브게니 자미아틴의 『우리들』(Zamyatin 1921)에서 단일 제국One State — 천년 후 미래에 투사된 소비에트 복제국 — 의 시민들은 자신들에게 성적 자유가 있다고 믿는다. 심지어 모든 성적 만남이 국가의 승인을 받아야 함에도, 그리고 결혼을 비롯한 가족 구성은 개인적 가치라는 비집단적 생각을 하게 만든다는 이유로 금지되어 있음에도 그렇게 믿는다. 성에 관한 자미아틴의 디스토피아적 비전은 성적 체제가 남성과 여성에게 미치는 영향이 다르다는 점을 인정한다. (불법적 임신과 같은) 여성의 성적 위반 행위들은 남성보다 더 엄격한 제재를 받기 때문이다. 그러나 자미아틴은 여성에 대한 자신의 생각들을 면밀히 검토하지 않았기 때문에 유토피아적 현재주의의 함정에 빠진다. 그의 소설은 여성의 사회적 힘이 여성의 성적 매력에서 나오는 것으로 그리며 모성을 낭만화한다 (Booker 1994a, 25, 34, 35).

섹슈얼리티는 또한 조르주 페렉의 『W 또는 유년의 기억』(Perec [1975]1988)에 나오는 디스토피아적 젠더 정체성들에 핵심적이다. 섬 사회인 W에서는 경쟁이 매우 치열한데, 특히 운동경기에서 그러하다. 그러나 여성들은 운동선수가 될 수 없고 가정주부의 역할과 육아만 할 수 있다. 임신은 국가에 의해 세심하게 조절되는데, 경주로를 따라 벌거벗은 여자들을 쫓아가는 남성 운동선수들에게 국가는 공개적인 강간을 명령한다(Booker 1994b, 214). 이 같은 성적 공격은 가장 뛰어난 운동선수가 가장 많이 번식에 성공할 것이라는 '적자생존'의 사고 방식을 패러디하는 것이다.

토머스 버거의 『여성들의 연대』(Berger 1973)는 21세기 뉴욕에서 변모된 젠더 관계에 대한 전망 속에 여성들의 사회적 권력이 증가했음을 담아냄으로써 어느 정도는 디스토피아적 규범을 거부한다. 이 소설은 또한 생물학적 여성과 여성성의 덫을 구분하고 생물학적인 남성과 남성성의 수행을 구분한다. 전통적인 여성적 직업, 의복, 헤어스타일, 신체 부위는 여전히 사회적 종속을 의미하지만, 이런 전통적인 것들을 선택해 수행하는 것은 여성들이 아니라 긴 머리, 화장, 실리콘 가슴, 여성 옷을 입은 남성들이다. 동시에, 버거의 소설 속 사회에서 여성들은 남성들에게 전형적으로 부여되었던 모든 사회적 권력을 누릴 수 있지만, 자신들의 가슴을 묶고 전통적으로 남성적인 방식으로 옷을 입고 행동하는 한에서만 그러하다. 여성들이 남성 의상을 입음으로써 얻는 권력은 절대적이고 독재적이다. 이 점은 그 사회에 널리 퍼진 섹스 형태 — 여성-남자들female-men은 인공 남근을 부착하고 남성-여자들male-women을 강간한다 — 에서 잘 드러난다. 그 외에는, 성기 접촉을 통한 이성애적 성관계는 인큐베이터 재생산으로 대체되었다.

버거의 이 같은 디스토피아적 비전에 담긴 젠더 함의가 무엇인지는 여전히 모호하다. 남성-여자들과 여성-남자들에 대한 그의 묘사는 페미니즘을 조롱하는 것인가? 아니면 (『미즈』에 실린 어떤 비평가의 의견처럼) 독재가 여전히 남성 옷을 입고 있다는 점에서 남성성과 전통적인 남성의 행동을 고발하는 것인가?(Landon 1983, 특히 22, 23). 어느 것이 더 나은 해석이든, 버거의 소설은 섹슈얼리티 및 재생산과는 별도로, 젠더를 사회적·정치적 권력의 한 요소로 간주하기 때문에 남성들이 쓴 디스토피아 텍스트들 사이에서 두드러지게 돋보이는 작품이다.

20세기 말과 21세기 초 여성들이 쓴 디스토피아 소설에서는 일반적으로 젠더의 역할이 훨씬 더 커지고 있다. 예를 들어, 마거릿 애트우드의 『시녀 이야기』(Atwood 1985)에서 디스토피아적 군국주의 경찰국가의 원인은 과도한 남성 권력인데, 이는 애트우드가 자신의 시대에 목격한 극단적 그리스도교 근본주의의 논리적 확장판이다. 길리어드 [정권] — 너무 멀지않은 미래에 나타날 법한 미국 사회의 한 유형 — 에서 여성들은 단지 남성들과 맺는 성적 관계와 재생산 역할에 의해서만 규정된다. 즉, 아내들, 하인들(마사스), 아기 번식자들(시녀), 하녀 훈육자들(아주머니), 혹은 정부 관료의 매춘부들(제제벨)이다. 이런 역할을 하지 못하거나 거부하는 여성들은 비여성이 되며 치명적인 유독성 폐기물 처리장을 청소하도록 처리된다.

애트우드는 나중에 『오릭스와 크레이크』(Atwood 2003)에서 (약을 이용한) 재생산 기술과 유전공학의 디스토피아적 함의를 탐색한다. 특정한 유전적 특징들에 기반해 인간의 성적 매력과 재생산 주기를 조절하고 주문에 따라 인간들을 만들어 내려는 글렌 크레이크의 계획은 분명 방향이 잘못된 유토피아 계획이다. 이 소설은 제어되지 않은 기술 ─ 특히 인터넷 ─ 을 포르노그래피, 방만한 섹슈얼리티 및 폭력과 연결하고, 유토피아적 상상력과 과대망상적 범죄 상상력을 구별하는 선이 아주 미세하다는 것을 보여 준다. 이 소설은 또한 사이보그적 꿈의 아이러니들을 탐색하면서, 예술과 창조성, 심지어 천재성은 유전자조작을 거친 인간 게놈의 산물이기보다는, 자연적 재생산의 산물일 가능성이 더 클 것이라고 보는 매우 비유토피아적인 관념을 퍼뜨린다.

유토피아적 역설: 개요

앞서 언급한 디스토피아적 비전들이 잘 보여 주듯이, 유토피아적 역설은 인간이 영위하는 삶과 관계들에서 나타나는 결과들, 복잡성, 우발성, 미묘한 차이들을 충분히 고려하지 못하기 때문에, 또한 사회적 완전성에 대한 특정 개인이나 집단의 비전을 보편적 이상으로 오인하기 때문에, 계속 변화하며 서로 경합하는 다양한 사회적 선에 관심을 기울이기보다 완전성이 제시하는 약속을 믿기 때문에 발생한다. 유토피아적 구성물은 ─ 현실과 허구 둘 다에서 ─ 또한 개인들과 생각들을 나누고 범주화하면서 그것들 사이의 중요한 연관성들을 무시하고(혹은 반대로 인정하고), 이견이 제시되고 권력을 민주적으로 이양할 수 있는 메커니즘을 배제하며, 미래가 유한하다거나 미래에 대해 우리가 완벽하게 알 수 있다고 잘못 가정한다. 이 같은 난점에 비추어 볼 때, 우리는 매력적으로만 보이는 유토피아에 대해, "조심해, 소원을 빌면 이루어질 수도 있어"라는 익숙한 경구를 반면교사로 삼아 다시 한번 생각해 볼 필요가 있다.

유토피아적 역설의 씨앗은 토머스 모어의 『유토피아』에서 이미 싹트고 있었다. 이 소설이 그리고 있는 '이상' 사회는 모어가 확고하게 믿고 있는 신의 법이 아니라 자연적 이성에 토대를 두고 있기 때문이다. 모어는 쾌락을 자연스럽게 추구하는 가운데, 안락사를 장려하고, 이혼을 허용하며, 종교적 다양성을 포용하는 유토피아가, 의도된 결과인지 아닌지 여부에 대해 독자들이 판단하도록 남겨 두었다(Ackroyd 1998, 268, 269).

이 역설의 오랜 증거는 모어, 오웰, 버거, 애트우드 등의 문학작품들 외에도, 일단의 집단이나 개인이 자신들의 견해에 따라 현실에 지상의 천국을 세우려 하지만, 결과적으로 다른 사람들에게 지상의 지옥을 선사한 사례들에서도 분명하게 나타난다. 유토피아적 역설의 실제 사례는 17세기에 '신세계'를 자신들에게 약속된 유토피아로 정의하며 북아메리카에 정착 ― 누군가는 이를 침략이라고 부를 것이다 ― 했던 유럽인들을 통해 잘 알려져 있다. 새로운 개척지로 여긴 그 땅에 이미 오래전부터 사람이 살고 있었다는 사실을 간과했던 그들은 자신들이 마주할 아메리카 선주민들의 저항을 과소평가했다. 아메리카 선주민들은 그들을 자신들의 에덴동산(이 에덴동산은 아메리카 선주민들의 신이 만든 것으로, 그 어떤 외부인의 도움도 필요치 않은 곳이다)에 침입한 자들로 간주했다. 유토피아에 대한 유럽인들의 욕망은 또한 결과적으로 아프리카 출신의 노예들에게 디스토피아를 안겨 주었다. 아프리카 노예들은 백인 주인들이 만들어 낸 가부장적인 경제에서 비인간화되고 위험한 역할을 담당하도록 강요되었다. 아메리카 선주민들, 노예들, 자유 흑인들에게 자유와 자기 결정권이라는 아메리카의 유토피아적 약속들은 속 빈 강정에 불과했다. 미국이 만든 쇠사슬에 묶인 사람들은 미국 남부로부터 탈출하기를 꿈꾸고 계획하면서 자신들만의 유토피아인 가나안 땅 ― 그들에게 그곳은 캐나다를 뜻했다 ― 을 만들어 냈다. 이런 역설은 왜 유토피아가 변화의 청사진보다 사회 비판으로서 훨씬 더 가치가 있는지를 잘 보여 준다.

유토피아적이지 않은 전략을 통해 사회 변화를 추구하는 것은 사전에 정해진 문제에 대한 해결책을 고안하는 대신 다양한 진리들을 검토하고, 점진적인 결과들을 모색해 가는 것인 만큼, 이 같은 역설을 피할 가능성이 있다. 그런 전략들은 모호성과 우발성을 인정하고, 범주들과 이름표에 의문을 제기하며, 미래 사회에 대한 현재의 이해에 한계가 있음을 인정하고, 반론과 이견을 존중하며 시간의 흐름에 따라 자신들의 핵심 전제들을 재검토한다. 이 같은 전략은 예측 불가능한 변화의 불가피성을 자신들의 접근법 속에 통합하기 위해 노력한다.

유토피아의 젠더 역설

젠더는 [유토피아에 대한] 서사 구조 및 [그것이] 실험하고자 하는 사회구조에서 중심적인 역할을 하기에 유토피아적 역설을 확대해 보여 주는 렌즈 역할을 한다. 실제로, 다양한 측면에서, 젠더는 유토피아적 역설에서 핵심적인데, 이는 성, 여성의 지위, 젠더 역할, 가족, 결혼과 모성에 대한 태도가 사회에 깊이 뿌리박혀 있고, 사회제도를 재개념화하려는 사람들의 시야에서도 잘 보이지 않는 부분들이기 때문이다. 젠더 혁신이 유토피아적 사유가 빠지기 쉬운 함정들 — 여러 특징들 가운데 무엇보다도, 현재를 중시하는 경향, 시간의 경과에 맞춰 핵심 원리들을 재검토하지 못하는 문제, 한 명의 지도자에게 권력이 집중되는 경향, 이견을 받아들이지 못하는 것 등 — 에 취약하다는 점은 흔히 성적 실천과 젠더 역할을 혁신하려는 대담하고 혁명적인 계획들을 탈선시키고 역효과를 내게 한다(유토피아 사유의 위험에 대해 더 많이 알려면 Kitch 2000, 21-116 참조). 유토피아적 역설을 이해하는 사람들조차 흔히 젠더라는 함정을 종종 놓치곤 한다. 예를 들어, 젠더 규범, 풍습, 품행에 대한 자미아틴의 생각이 일정한 범위 내에 한정되어 있다는 점을 상기해 보자. 젠더 문제에 관한 한, 자미아틴이 생각할 수 있는 최선은 이성애적 유혹 그리고 이상화된 어머니들과 그들의 이상화된 아기들 사이의 유대라는 그 자신의 통상적인 이해를 끈질기게 반복하는 것이었다.

정말로, 유토피아적 변화를 일구려는 주체들이 젠더 관습과 혁신에 대한 관점에서 나타나는 불가피한 한계는 그들이 변화시키려던 젠더 환경을 그들이 무의식적으로 복제하게 만들기도 한다. 예를 들어, 19세기 유토피아 공동체 가운데 그 시대 저변에 깔려 있던, 젠더에 대한 태도들을 의도적으로 재강화하려 했던 공동체는 거의 없었지만, 캐럴 콜머튼은 미국에서 실험되었던 유토피아 공동체들을 여러 해 연구한 후 다음과 같이 결론을 내린다. 즉, "유토피아적 비전들은 아주 드문 예외를 제외하고는 언제나 가부장적 권력에 견고한 토대를 두고 있었고", 그 권력은 "[우리-인용자] 문화의 모든 제도에 스며들어 있는 것이었다"(Kolmerten 1990, 2). [젠더와 관련된] 비가시적인 선입견이 유토피아 사상가들이 상상할 수 있는 해법의 범위를 제한했으며, 그들이 구상했던 미래에 반드시 다루어야만 하는 핵심적인 문제가 무엇인지 파악하지 못하게 했다.

　여성 유토피아 사상가들이나 페미니즘적 유토피아 사상가들도 젠더와 관련해 이 같은 현재주의의 덫에 빠질 수 있다. 예를 들어, 19세기 유토피아 소설가인 메리 그리피스는 가난한 여성들에게 바느질하는 직업을 보장해 줌으로써 여성들이 가난에서 벗어날 수 있는 유토피아 사회를 구상했다. 소득을 통해 남성에 대한 여성의 경제적 의존을 해결하려는 방식은 1836년의 그리피스에게는 급진적이었겠지만, 오늘날의 시각으로 보면 터무니없어 보인다. 우리 시대의 유토피아적 비전들 역시 그것을 고안해 낸 사람들이 생각하는 것보다 더 빠른 시간에 낡은 것이 될 수 있다.

젠더 역설의 사례들

플라톤의 『국가』는 유토피아 비전에서 나타나는 젠더 역설의 초기 사례를 보여 준다. 이 텍스트에는 남성과 여성의 잠재적 지도력에 대한 혁명적인 주장과 젠더 위계에 대한 기존의 [관행에서 벗어나지 않는] 처방이 동시에 제시되어 있다. 예를 들어, 5권은 여성의 본성에 내재한 어떤 것도 여성이 이상적인 국가를 다스리는 데 방해가 되지 않는다고 주장한다. 완벽한 폴리스에 대한 플라톤의 구상에서 여성 철학자-수호자는 이론적으로 남성들과 똑같은 훈련을 받아 왔다면 철학자-여왕이 될 수 있다. 하지만 플라톤은 그 시대의 사회적 위계와 계층화된 계급을 받아들임으로써, 여성들과 아이들에 대한 남성의 통제를 줄일 수 있는 사회적 개혁안을 일반 시민들에게 제시하지 못했다(Halliwell 1993, 53[국역본, 277, 278쪽]). 『국가』는 또한 끈질기게 남성들과 여성들의 능력(본성과 대비되는)을 구별한다. 플라톤은 여성들이 적절한 훈련을 받아 남성과 똑같은 임무를 수행할 수 있다 하더라도, 여전히 남성들이 여성들보다 남성 젠더에 관련된 과업들을 더 잘 수행할 것이라고 주장한다(Bluestone 1987, 117; Nielsen 1984, 특히 153).

　모어의『유토피아』는 유토피아 비전에서 나타나는 젠더 역설의 또 다른 역사적 사례를 보여 준다. 이 텍스트는 16세기에 다시 쓴 [플라톤의]『국가』라고 할 수 있지만, 그사이에 여러 세기가 지났음에도, 또한 모어 자신의 경험(특히 카르투시오 수도원에서 지낸 여러 해들)에도 불구하고,『유토피아』는 젠더 역설로부터 자유롭지 않았다. 물론, 여성의 사회적 역할과 관련해, 모어는 플라톤보다 훨씬 더 제한적인 역할을 구상했다. 그럼에도 젠더 관계의 혁신과 관련해『유토피아』에서 제시되어 있는 몇 안 되는 시도들은 유토피아 장르의 현재주의적 한계들과 개혁의 역설 둘 다를 잘 보여 준다. 예를 들어, 모어가『유토피아』에서 제시한 여성의 사회적 기능은 공동 식당에서 "요리를 책임지고 담당하는 것"과 아이들을 돌보는 일뿐이다. 공동 식당은 개별 여성이 음식을 준비해야 하는 부담을 덜어 준다는 점에서는 혁신적이다. 하지만 이 소설은 이 같은 혁신과 모순되게도, 여성들에게 "다른 사람[남자들을?-인용자]을 방해하지 않고 일어나 육아실로 갈 수 있도록" 식당에서 통로 쪽에 놓인 의자에 앉아 식사를 하라고 강권한다(More [1516]1963, 84[국역본, 105쪽]). 게다가 이 소설은 유토피아에서 신랑 신부가 결혼하기 전에 벗은 몸을 서로에게 보여 주도록 함으로써 중매결혼의 관습을 비판한다 ― 이때 신부의 편에서는 "책임감 있고 존경할 만한 나이 지긋한 여인"이 입회하고, "구애자"인 신랑 편에서는 "[마찬가지로] 존경할 만한 나이 지긋한 남성"(116[국역본, 143쪽])이 입회한다.『유토피아』에 나오는 개념들과 모어의 복잡한 관계를 생각하면, 이런 문제들(왜 부인이 현명하기보다 슬퍼야 하는지 등을 포함해)과 관련해, 그의 개인적 견해가 어떤 것인지 단정하기는 어렵다. 하지만 그의 소설이 중매결혼의 좀 더 뿌리 깊은 문제점들보다 그것의 부수적 현상[평생을 함께할 배우자를 자신이 직접 꼼꼼하게 살펴보고 고를 수 없다는 점]에 더 관심을 가진다는 사실은『유토피아』가 진정한 혁신보다는 그가 살던 시대의 관습에 대한 온건한 ― 그리고 아마도 아이러니한 ― 수정임을 보여 준다. 16세기의 수렁에 빠져 있는『유토피아』의 젠더 의제는 여성들을 미래의 철학자-여왕으로 본 플라톤의 전망에 비하면 턱없이 볼품없어 보인다. 비록 두 텍스트 모두 젠더 역설에 시달리기는 하지만 말이다(Ackroyd 1998, 114).

19세기와 20세기에 등장한 유토피아 소설과 유토피아적 공동체 실험들은 젠더 문제를 다루거나 여성의 권리를 증진하려고 시도할 때마다 상상력의 한계에 봉착한다. 에드워드 벨러미의 엄청나게 유명한 『뒤를 돌아보며, 2000~1887』은 이에 대한 문학적 사례를 보여 준다. 벨러미는 여성들이 "생계를 위해 남성들에게 자신을 팔아야 했던" 것이 역사적으로 여성이 불리해진 뿌리였다고 한때 선언하면서 명시적으로 성평등을 옹호한다. 많은 동시대인들은 기술이 부족하다며 여성들을 비난했지만 벨러미는 여성이 처한 조건에 대한 책임은 남성들에게 있다고 인정한다. "남성들은 온 세상 생산물을 자기들이 전부 움켜쥐고 여성들이 그것을 얻기 위해 남성들에게 굽신거리게 했다"(Bellamy [1888]1982, 192, 193[국역본, 244쪽]). 하지만 벨러미가 여성들을 남성에게 종속시킨 뿌리 하나를 이해했다 해서 그가 다른 뿌리들도 이해한 것은 아니었다. 벨러미는 남성의 본성과 여성의 본성이 다를 뿐만 아니라 불평등하다는 믿음을 유지했다. 그래서 그의 텍스트는 유토피아적 젠더 역설에 빠진다. 벨러미의 유토피아에서 가정 밖의 여성의 일은 단지 "여성의 힘에 맞게 조절한 노동"(Bellamy [1888]1982, 188[국역본, 238쪽])에만 제한되는데, 이 소설은 여성의 힘이 남성보다 열등하고 견디는 힘도 약하다고 가정한다.

젠더 역할과 섹슈얼리티에 관한 관습을 확대해석하려 하거나, 심지어 아예 그 관습을 타파하자고 주장했던 19세기 실험 공동체들도 젠더 역설의 조짐을 보여 준다. 예를 들어, [흔히 공상적사회주의자로 알려진] 로버트 오언의 '뉴하모니'는 1825년 인디애나주에 건설되었고, 여성들의 독립과 교육, 평등한 결혼, 이혼 절차의 간소화를 위해 노력했다. 오언은 자신이 비이성적 종교라고 간주한 것도 피했는데, 그것이 여성의 종속을 영속화하는 데 기여했기 때문이다(Kolmerten 1990, 71-76). 하지만 뉴하모니에서 살았던 여성들에게서 나온 실제 증거들은 공동체의 젠더 역설을 드러낸다. 여성들의 교육이 공동체의 중심 목표 가운데 하나로 주장되었지만, 여성들은 매일 오는 신문을 읽는 것이 금지되었다. 나아가 모든 뉴하모니 여성들은 가사 노동을 해야 했다. 자신의 교육적 이상을 실현하고자 파리에서 뉴하모니로 왔던 고도로 훈련된 한 여성 교사 역시 여덟 시간 수업을 한 후 하루에 일곱 시간 이상 가사 노동을 해야만 했다(Kesten 1993, 104).

1850년에서 1880년까지 번성했던 '오네이다' 공동체 역시 유토피아적 젠더 역설을 특징적으로 보여 준다. 존 험프리 노이스는 오네이다를 건설하면서 특히 전통적인 성적 관행과 젠더 역할 역시 정비하고자 했다. 몇몇 역사가들은 오네이다에서 실험되었던 관행은 "아메리카에서 양성 간의 관계를 변화시키고 여성들의 지위를 향상하는 가장 급진적인 제도적 노력 가운데 하나"로 간주했다. 오네이다의 "완전주의자들"Perfectionists은 남성의 성욕 억제를, 즉 피임을 위한 남성의 질외 사정을 실천했는데, 이러한 실천은 남자들에게 산아제한의 책임을 지우고 여성들이 임신의 두려움 없이 성을 즐기도록 장려했다. 이 공동체는 공동체적 자녀 양육 방식을 확립했고, 일부일처제 결혼을 제거하고 모든 공동체 일원이 자신을 다른 성의 모든 일원과 결혼한 것으로 간주하는 "복합적", 즉 집단적 결혼을 선호했다. 재생산은 공동체 필요에 맞추도록 규제되었다. 복합적 결혼의 공인된 목적은 성의 이중 기준을 제거하고 여성의 성적 표현을 촉진하는 것이었다(Foster 1991, 91, 92).

　　하지만 이런 해방적 의도에도 불구하고 오네이다는 그곳에 사는 많은 여성들과 여자아이들에게 성적으로 억압적인 디스토피아가 되었다. 일부일처가 아닌 복합적 결혼은 아내와 어머니라는 여성의 역할을 극적으로 변화시켰고 이론적으로는 여성이 다양한 공동체 활동을 하도록 해방하는 것이었다. 하지만 오네이다의 여성들은 여전히 남성들의 의견에 따르고 공동체에 있는 모든 남성의 내조자로 봉사하기를 요구받았다. 복합적 결혼도 여성에 대한 성적 착취를 야기했다. 노이스는 첫 월경을 한 모든 처녀의 첫 성적 경험을 자신이 하겠다고 주장했고, 다른 나이 든 남자들은 매일 12세에서 25세의 어린 여성들을 선택해 성적으로 접근했다(Klee-Hartzell 1993). 공동체의 남성 노인들은 어떤 커플이 재생산을 할지도 결정했는데, 여성들은 성적 파트너를 거절할 수는 있지만 적극적으로 선택할 수는 없었다(Kern 1981, 245). 결혼과 과도한 출산 모두로부터 여성을 해방하겠다는 시도는 여성이 다수의 파트너에게 조직적으로 종속되는 상황과 강제적인 성행위를 수반했다.

　　그 결과 이 공동체가 처음에 해결하고자 했던 바로 그 문제들이 악몽처럼 디스토피아로 복제되었고, 여기에 다른 문제들도 더해졌다. 당시 여성들이 썼던 편지와 일기에 따르면, 오네이다의 이 같은 관행은 여자아이를 과도하게 성애화함으로써 이들에게 정서적인 상처를 입혔다. 상처에 모욕을 더한 것은 오네이다에서는 여자아이들의 교육을 정책적으로 제한함으로써 그들을 더욱더 성애화했다는 점이다. 오네이다의 어떤 여자아이도 대학에 다니거나 12세 이후의 공적 교육이 허락되지 않았다. 그런 제약은 오네이다 여자아이들이 가정적이고 성적이고 재생산적인 정체성과 역할만 발전시키게 했다(Klee-Hartzell 1993, 198).

19세기의 몇몇 공동체에서는 금욕적 독신 생활이 그들의 유토피아에서 젠더 역설이 나타나지 않도록 예방하는 메커니즘을 상당한 정도로 마련해 주었다. 독신 생활은 재생산에서 나타나는 불평등한 차이를 없애고, 섹스가 남녀관계를 교란할 가능성을 제거함으로써 여성과 남성을 효과적으로 평등하게 만들었다. 이렇게 독신 생활은 여성들의 문화적 지위가 높아질 수 있는 물질적 기반으로 기능했다. 게다가 독신 생활은 여성을 남성의 보호가 필요한 존재로 만들었던 가치 ― 성적 순결 ― 를, 공동체의 힘을 길러 주는 긍정적인 가치로 변모시켰다(19세기 공동체들에서 젠더 역할을 변모시키는 독신 생활의 역할에 대해 더 보려면 Kitch 1989 참조).

예를 들어, 셰이커 교도들이 18세기에 공동체를 설립할 때부터 고수했던 독신 생활은(이는 자신이 모계상의 재림 그리스도라고 주장한 설립자 앤 리의 신적 계시에서 비롯되었다) 다른 곳에서는 찾아보기 어려울 정도의 힘과 권한을 여성들에게 부여했다. 이렇게 리드는 평생에 걸쳐 독신 생활을 주장하며 신적인 권위를 가졌다. 비록 그녀는 여덟 번 임신을 했음에도 말이다(리는 자신의 아이들이 모두 유산하거나 아주 어릴 때 죽었다는 사실에 근거해 이런 주장을 했다). 리의 계시[5]는 또한 [그녀가 사망한 이후] 그 집단의 공식적 이름 ― '그리스도 재림 신자 연합회'United Society of Believers in Christ's Second Appearing ― 에도 영향을 주었다. 더 나아가 셰이커교 신앙에서 이중 그리스도dual Christhead는 이중 신성dual Godhead ― 즉, 어머니와 아버지 신 ― 을 나타낸다. 하늘을 모범으로 삼아 교도들은 모든 차원에서 양성 ― 형제,

---

5 [옮긴이] 앤 리는 미국으로 이주하기 이전인 1770년 영국에서 수감 중일 때 신의 계시를 보게 되는데, 여기서 앤은 아담과 이브가 성관계를 맺어 하나님과 분리되었음을 목격하고, 자신이 재림하신 예수의 성육신임을 깨닫게 되었다고 한다. 저자는 위 본문에서 앤 리가 여덟 번 임신했다고 썼는데, 『브리태니커 백과사전』 등에는 네 번으로 나온다.

누이, 어머니, 아버지 — 이 대표되는 두 개의 성이 공동체를 통치하는 구조를 수립했다. 독신 생활과 젠더 분리는 교도들이 주류 사회에서 맺어지는 성·결혼 관계 및 부모 자식 관계에 내재되어 있는 불평등을 강화하지 않으면서 그들의 젠더-균형을 유지할 수 있게 허용했다. 하지만 셰이커 교도들은 여성보다 남성을 모집하는 데 더 어려움을 겪었기 때문에 결국 양성 지도자 구조를 유지하지 못하게 된다. 바로 이 같은 어려움으로 말미암아(많은 사람들이 믿고 있는 것처럼, 독신 생활에 대한 집단의 헌신 때문이 아니다), 1920년 셰이커 교도들은 앞으로 구성원들을 받아들이지 않기로 결정했다(Kitch 1989, 202).

독신 생활은 또한 셰이커 남성보다 여성에게 더 큰 영적 힘을 부여했다. 교도들은 성적 문제에 관한 한 역사적으로 남성이 여성보다 더 많은 죄를 지었다고 인식했다 — 이는 주류 그리스도교가 여성이 먼저 죄를 지었다고 보는 생각과는 반대되는 견해였다. 따라서 심지어 금욕적인 남성들도 그들의 성(과 혹은 그들 자신)과 관련된 이 같은 부끄러운 역사를 속죄하기 위해 여성의 지도를 받을 필요가 있었다. 처음부터 성적으로 순결한 금욕적인 여성은, 셰이커 교도인 알론조 홀리스터에 따르면, "[남자가-인용자] 길을 잃고 속박된 상태에 있다는 사실과, 자신이 왜 이렇게 되었는지에 대한 원인들을 이해하고, 그 상태에서 벗어날 수 있는 지혜와 지식으로 그를 인도"할 수 있다(Kitch 1989, 90, 91에서 재인용). 이런 식으로 금욕적 독신 생활은 셰이커 교도 전체를 '여성화'했고 여성의 성적 순결이라는 주류 가치를 여성의 사회적 권력을 증진하는 방식으로 재해석했다.

그러나 금욕적 독신 생활이 셰이커 공동체에서 전통적인 성별 분업을 제거한 것은 아니다. 이는 성적 개혁만으로 모든 젠더 관습을 개혁할 수 없음을 확인해 준다. 여성들은 여전히 음식을 요리하고 남자들의 옷을 수선해야 했다. 셰이커가 운영하는 사업장들에서도 젠더에 따라 직업이 특화되었다. 비록 남성 일과 여성 일이 상호보완적이라는 셰이커들의 믿음이 이런 젠더 관습에 내포된 불공평을 적어도 어느 정도는 완화했지만 말이다. 이 점에서 남성과 여성은 모두 셰이커 공동체의 경제적 성공에 기여한 공을 인정받을 수 있었다(Kitch 1989, 126-141).

금욕적 독신 생활은 또 하나의 덜 알려진 19세기 공동체인, 1870년대에 텍사스주 벨턴에 건설된 '우먼스 코먼웰스'에서도 유토피아적 젠더 역설을 완화시켰다. 이 코먼웰스의 설립자 역시 여성인데 그는 (12명의 아이를 출산한 후) 독신 주의자가 되라는 신적 영감을 받은 마사 맥휘터였다. 맥휘터를 따르는 대부분의 여성 신자들 역시 금욕적인 독신 생활을 했는데, 이들은 불만족스러운 결혼 생활을 끝내고, 자신들을 법적으로 '독신 여성'으로 재범주화했다. 이런 변화는 여성들이 남성의 동의나 개입 없이 재산을 소유하고 사업을 할 수 있게 했는데, 이런 권리들은 1913년 기혼 여성 재산법(미국에서 이 법은 텍사스에서 가장 늦게 통과되었다)이 통과되기 이전까지만 해도 기혼 여성들에게는 없던 권리들이었다. 성화주의자들Sanctificationists이라고도 알려진 코먼웰스 구성원들은 이렇게 독신 생활을 통해 획득한 힘을 사업의 세계로 확장했다(우먼스 코먼웰스의 역사 전체와 분석을 보려면 Kitch 1993 참조).

이런 독신주의적 공동체는 다른 유토피아적 실험에 비해 유토피아적 젠더 역설에 덜 연루되기는 했지만, 그렇다고 완전히 그것을 피할 수 있었던 것은 아니다. 독신 생활을 고수함으로써 획득한 여성들의 힘과 행위 주체성은 여성이라는 성 정체성과 재생산에서 그들이 수행하는 역할이 여성들의 완전한 인간성, 자유, 사회적 권력을 가로막는 방해물이라는 개념을 강화했기 때문이다. 더욱이, 독신 생활은 여성들이 누리는 평등을 위해 커다란 대가를 치르게 했는데, 그것은 여성들이 자신의 인격을 인정받기 위해 많은 사람들이 디스토피아적 희생이라고 간주할 만한 (실제로도 그러한) 것이었다.

1960년대에서 1980년대까지의 레즈비언 분리주의 단체들, 즉 '아도브랜드', '실버 서클', '와일드파이어', '그린 호프 팜', '라 루즈', '거터 다이크 공동체'와 '라벤더 공동체' 같은 집단들은 여성들의 힘을 증진하는 데 헌신하며 이성애 규범을 거부했지만, 그럼에도 유토피아적 젠더 역설과 관련된 유형의 문제를 겪었다. 즉, 성적 특징을 회원 자격의 가장 기본적 — 배타적이지는 않았어도 — 인 기준으로 만들었기 때문에, 종종 레즈비언 공동체들(지난 세기의 금욕적 독신 생활 집단들 같은)은 흔히 동일한 성을 기반으로 정의되는 토대 위에 불안정하게 세워진 공동체이기도 했다.

레즈비언 공동체들은 남녀가 분리된 생활 방식이야말로 남성이 정의한 것들 너머로 여성들의 정체성을 발전시킬 수 있는 열쇠라고 간주했다. 앨릭스 돕킨은 남성들이 있으면 나 자신에 대한 감정을 방해받지만 "역으로 여성들하고만 있으면 안전하다고 느끼고 '나를 연다'"라고 말하면서 분리주의 개념을 설명한다(Dobkin 1988, 287). 레즈비언 공동체와 집단의 목적이 다양할지라도, 레즈비언 공동체 대부분은 "가부장의 살인적인 억압이 발생하지 않는" 장소를 창조하고자 했다(Moontree 1988, 248).

하지만 실제로 많은 레즈비언 공동체들은 젠더와 성에 관한 목표를 달성한다 해도 반드시 조화로운 권력 분배나 완전한 평등이 따라오는 것은 아니라는 점을 깨닫게 된다. 두 가지 흔한 핵심적 논쟁은 돈과 아이 양육을 둘러싼 문제다. 이미 1973년에 거터 다이크 공동체의 한 일원은 "불타듯 따가운 가부장 세상에서 레즈비언으로서 우리가 공유하고 있는 억압만으로는 우리가 함께 연대하기에 충분치 않았다"고 결론 내린다(Shugar 1995, 52에서 재인용). 성적 실천을 통해 사회를 바꾼다는 레즈비언 [공동체의] 가정은 흔히, 독신 생활이나 복합 결혼처럼, 공동체 조직의 토대로서 제한적이고 역설적임이 드러나곤 했다.

페미니스트 유토피아 소설과 유토피아 역설

미국 역사에서 페미니즘적 성향의 실험 공동체들은, 성공은 고사하고, 수 자체가 너무 적었다. 그래서 페미니즘적 유토피아에 대한 반추와 실험의 주된 원천은 텍스트였고, 그 가운데 상당수가 허구적 텍스트였다. 그런 텍스트들에서 페미니스트라는 말은 주로 여성들의 정체성, 역할과 선택에 있어서 여성들 자신의 힘을 증가시키고 사회 시스템에서 여성들의 지도력을 증진하고자 하는 소망을 의미했다. 『홀드패스트』 시리즈[모두 네 권짜리 SF 소설이다]를 쓴 수지 매키 차너스 같은 작가들에게, 이 단어는 양성 간의 "동등함"을 의미하며, 모든 이원론의 제거를 뜻했다(Mohr 2005, 145). 다른 작가들에게 이 단어는 젠더 각본을 다시 쓰고 평등화하거나, 심지어는 제거하기 위해 밑바닥부터, 다시 말해 가정에서부터 국가에 이르기까지 기본적인 사회제도를 재개념화하고 재건설하는 것을 뜻했다. 대부분의 사람들에게 페미니즘은 적어도 여성이 온전한 인간임을 인정하는 것을 의미했다.

　서구 페미니즘 유토피아 문학의 역사는 기술적으로 300년이라고 할 수 있지만, 미국에서 페미니즘 유토피아 텍스트들은 19세기와 20세기에 쓰였다. 고전적 유토피아 사유에 들어 있는 함정과 마찬가지로, 이 시기에 생산된 많은 페미니스트 텍스트들 역시 유토피아적 젠더 역설에 시달리고 있었다. 이와 같은 역설은 성적 실천과 젠더 규범을 변화시키고자 하는 처방에 무심코 들어 있는 현재주의, 해결책과 이상의 보편성에 대한 순진한 믿음, 카리스마 있는 비민주적 지도자, 이견에 대한 불관용, 나아가 젠더뿐만 아니라 인종과 계급에 대한 맹점들과 더불어 나타났다. 21세기가 다가오면서 페미니스트 작가들은 자신들이 유토피아적 젠더 역설에 연루되어 있음을 인식하기 시작했고, 사회 변화를 위한 페미니즘의 개념들에도 디스토피아적 이면이 있음을 인정하고 탄식하기 시작했다. 페미니즘 유토피아 소설들로 인정되는 다양한 텍스트들을 살펴보면 이같은 인식이 어떻게 발전되었는지 설명하는 데 도움이 된다.

1405년에서 1920년까지
: 분리주의적·모성적·개혁주의적 유토피아

앞에서 언급했듯이, 서구 문학에서 유토피아적 비전과 관련해 페미니즘적 입장에서 최초로 쓰인 텍스트는 크리스틴 드 피상이 15세기에 쓴 『귀부인들의 도시에 관한 책』이라 할 수 있다. 그녀의 주요 목적은 여성 혐오적 공격, 특히 가톨릭 지도자들의 공격으로부터 여성들의 미덕을 지켜 내고 여성의 가치에 기반한 세상을 수립하는 것이었다. 17세기에 나온 프랑스의 프뢰시외précieux[17세기 프랑스 문학 스타일이자 문학 운동을 가리킨다] 작품들 가운데 마리-카트린 도누아의 『행복의 섬』(1690)이 있는데, 이 텍스트가 안식처로 묘사하는 유토피아에서는 부유하고 교육받은 여성들이 남성의 간섭 없이 지적이고 미학적이고 감각적인 삶의 행복을 누릴 수 있다(Capasso 1994, 44-47). 비록 남성의 프뢰시외도 있었지만 이 문학 운동은 주로 여성들에게 호소력을 가졌다. 이 운동의 목적은 미학적·도덕적 개혁, 특히 언어와 풍습을 정화하고 예술을 올바로 감상하는 것이었다(Capa-sso 1994, 특히 35, 36).

70여 년쯤 후 영국의 작가 세라 로빈슨 스콧의 『밀레니엄 홀』(1762)은 분리주의 페미니즘의 유토피아 공동체를 그린다. 그곳은 남성들의 권력과 폭력의 위협에서 자유로운 곳, 여성들이 자신의 영적이고 지적인 관심사를 마음껏 추구할 수 있는 곳이다. 이 소설에서 여성들 사이에 형성된 우정의 모델은 이상화된 모녀 관계인데, 이 관계는 잘 기능하는 가정은 물론이고, 더 나아가 성공적인 공동체의 토대를 형성한다(Dunne 1994, 특히 65-71). 이런 저작들은 저자들이 속한 계급과 관련된 비전에 분명하게 뿌리를 내리고 있기 때문에, 유토피아적 젠더 역설을 야기할 씨를 심게 된다.

미국 페미니스트 작가들은 1840년에서 1920년 사이에 [15세기부터 보이는] 유토피아[를 상상하는 문학적] 행렬에 참여한다. 당시는 참정권 운동이 주류 사회에서 젠더 평등에 대한 희망(그러나 실제 계획은 아닌)을 키우던 시기였다. 이 시기 몇몇 소설은 여성해방을 위한 메커니즘으로 여성들로만 이루어진 사회를 받아들였다. 예를 들어, 메리 E. 브래들리 레인의 『미조라: 예언』은 남자들이 너무 오랫동안 — 2000년 이상 — 부재했기 때문에 여성들이 남자가 무엇인지 망각해 버린 나라를 그린다. 여성들로만 이루어진 그들의 문명은 전쟁처럼 남성들이 관심 둘 만한 모든 것을 제거했기 때문에 남성들은 점점 그 사회에 불필요해졌고 결국 사라져 버렸다. 남성의 지배가 없는 상태에서 미조라 여성들은 어머니가 "모든 삶에서 유일하게 중요한 부분"임을, 무성생식이 가능할 뿐만 아니라 일반 생식보다 인간 종을 개선하는 데 더 좋다는 것을 발견한다(Lane [1880-81]1984, 124-135).

샬럿 퍼킨스 길먼의 『허랜드』(Gilman [1915]1979) 역시 남자들 없이 남겨진 채 2000년이 지난 여성 사회를 그린다. 그들의 경우 전쟁과 그 이후 자연재해가 남성들을 그들의 고립된 땅에서 제거했다. 일부 곤충이 수컷이 없을 때 그러하듯, 여성들은 단성생식을 통해 재생산하는 능력을 발전시켰다. 각각의 여성들은 많아야 한 명의 아이인 딸을 생산했고, 아이를 낳으려는 충동은 감정적으로 성숙했을 때만 온다. 미조라처럼 허랜드의 조직 원리는 모성인데, 여기서 모성은 본능이라기보다 예술과 과학으로, 가장 재능 있는 허랜드 여성만이 직접 아이들을 돌보고 교육시킬 수 있다. 다른 허랜드인들은 식량을 생산하거나, 숲을 가꾸고, 집을 짓는 등 간접적으로 아이들을 성장시키고 안녕을 촉진하는 일을 한다.

앨리스 일건프리츠 존스의 『평행의 베일을 벗기기: 로망스』(Jones 1893), 로이스 웨이스브루커의 『성 혁명』(Waisbrooker 1894) 같은 다른 사례들처럼, 모성에 기반한 유토피아적 비전은 여성들의 독특한 속성과 능력이라고 단정된 것을 강조함으로써 여성의 권리를 촉진하는, 오늘날 '젠더 페미니즘'이라고 불리는 것을 반영한다. 하지만 이런 소설들에서 일에서의 역할과 어머니들을 위한 사회적 활동의 확장 등 페미니즘의 특성들이 분명히 있음에도 그 표면 바로 아래에 페미니즘 유토피아 역설이 잠재한다. 모성에 기반한 유형의 유토피아는 금욕적 독신 생활[을 하는 여성들의 유토피아 공동체들]처럼 암암리에 재생산을 여성의 기본적인 정체성과 역할로 인정한다. 모성 유토피아 소설들은 아이를 낳고 키우는 여성 특유의 능력을 제거하기보다 그것을 상찬하면서 전통적 가치를 촉진할 뿐만 아니라 사실상 여성과 어머니를 동일시한다. 동시에, 모성 유토피아는 모성과 성적 활동을 분리함으로써 인간으로서 여성이 가진 중요한 부분을 억제하고, 그렇게 함으로써 여성들의 행위 목록을 확장할 때조차도 역설적으로 여성들의 정체성을 축소한다. 더 나아가, 이런 모성적 전망은 흔히 작가 자신(전형적으로 백인인)의 인종과 계급을 나타내며, 그렇게 함으로써 페미니즘을 이상적 미래에 대한 유사 우생학적 접근과 연동시킨다. 특히 길먼은 그녀의 사유에서 나타나는 바로 그런 측면 때문에 가혹한 비판을 받아 왔다.

그러나 19세기와 20세기 초반 페미니즘 계열의 유토피아 소설 대부분은 모성 분리주의를 조장하고, 처음부터 새로운 사회를 발명하거나, 남성들을 제거하지 않았다. 오히려 이들 대부분은 개혁주의적인 성향을 띠었다. 실제로 그들은 대체로 계몽적인 사회 프로그램을 제시했다. 그들은 이 같은 프로그램을 통해 결혼과 전통적인 가정생활에서 불평등을 없애고, 성적으로 통합된 사회에서 여성의 능력에 대한 [기존의] 가정을 바로잡을 수 있을 것이라 기대했다(Lewes 1995, 44).

그러나 이들의 비전이 개혁주의적 성격을 지녔다고 해서 페미니즘적 유토피아의 역설이 사라진 것은 아니었다. 예를 들어, 메리 그리피스의 『300년 후』

(1836)는 전쟁을 없애고, 종교의 중요성을 고양하며, 보험 산업을 개혁하고, 건축 법규를 수정하는 데 초점을 맞추고 있다. 소설에서 1836년 어느 날 이후 정치적 권력을 획득한 2136년의 여성들은 전반적 개혁을 도입하고, 아내들에게 상속권을 부여하고, 가난한 여성들을 위해 (단기적으로) 재봉업 일자리를 제공하고 직업 훈련을 시키는 등 전반적인 개혁을 통해 여성들의 삶을 변화시킨다(Griffith [1836]1984, 42-45). 제인 소피아 애플턴의 「'20세기 뱅고어의 전망' 후속편」(Appleton 1848)과 마리 스티븐스 케이스 하울랜드의 『아빠의 딸: 소설』(Howland 1874)에서도 개혁주의 페미니즘 유토피아에서 나타나는 역설적 사례들을 추가적으로 찾아볼 수 있다.

「여성의 유토피아」(Gilman 1907)와 그 개정판인 『산 움직이기』(Gilman [1910] 1980)를 비롯해 길먼의 20세기 초기 텍스트 가운데 상당수 작품들도 개혁주의적이다. 하지만 그녀의 작품들은 다른 작품들보다 훨씬 더 분명하게 여성의 경제적 역할의 변화에 초점을 맞춘다(길먼은 1898년 자신의 획기적인 책 『경제학에서의 여성들: 사회 진화의 한 요소로서 남녀의 경제적 관계에 대한 연구』에서 여성의 경제적 의존을 분석했다). 길먼의 개혁주의적인 유토피아 계획들은 개인 가정을 공공 탁아소, 공동 부엌, 여성 중심의 아파트형 주택으로 대체했고, 개별 여성의 힘들고 고된 가사를 전문화된 가정 서비스로 대체했다. 길먼의 작품들은 또한 여성들에게 유의미한 유급 직업을 상상했고 남성들의 특권을 감소했다(Kolmerten 1990, 110, 111). 그런 전망들은 『산 움직이기』에 다시 나타난다. 여기서 1940년의 미래 세계를 방문한 사람은 여성들이 가사 기술을 상업화해 축적한 부에 관한 이야기를 듣는다. "[예전에는 집집마다 가정부를 고용했으니] 범죄나 다름없는 낭비였죠. 거기에 익숙해진 나머지 우리는 이 사업으로 얼마나 이익을 낼 수 있는지 계산할 생각조차 못 했어요"(Gilman [1910]1980, 185[국역본, 75쪽]).

남녀가 함께 살아가는 사회에서 여성의 다양한 역할에 초점을 맞추고 있는 이 소설들은 기존의, 하지만 장차 개선될, 사회체제 안에서 권력과 특권을 재분배하려는 개혁주의적 페미니즘 의제들을 반영한다. 이것은 충분히 합리적으로 들린다. 하지만 젠더 불평등의 가장 깊은 원인들을 간과하거나, 과도하게 단순화하는 특정한 사회적 의제를 여성의 진보로 연상함으로써 그 자체의 페미니즘 유토피아 역설을 생산한다. 한 세기가 지난 이후의 시대에 살고 있는 우리는 이 역설이 어떻게 작동하는지 볼 수 있다. 즉, 공중 보건, 안전, 전문화된 가사 서비스의 '개선'은 한 가지 관점에서 보면 사회적으로 진보이지만, 그것들이 모든 젠더 관계를 변화시킬 수 없으며, 모든 여성들의 경제적 안녕을 확보할 수도 없다. 가장 얼토당토않은 점은, 개혁주의 성향의 페미니즘 유토피아가 제시하는 의제가 흔히 다른 계급 여성들이 수행하는 서비스를 통해 한 계급 여성들의 해방을 확보하고 그렇게 함으로써 노동계급의 디스토피아(혹은 현상유지-유토피아status-quopia!)를 토대로 중산층 백인의 유토피아를 세운다는 점이다. 길먼의 비전은 다른 비전들에 비해 이런 역설을 덜 겪는다고 할 수 있다. 부분적으로는 집단적 노력을 통해 모든 여성이 가사 기술을 이용한 기업가가 되리라 상상하기 때문이다. 그럼에도 길먼의 개혁주의적 작품들은 암묵적인 계급 불평등들에 내포된 인종적 함의에 대해 아무런 관심도 기울이지 않는다.

여성들에게 비전통적 직업을 부여하는 개혁주의 성향의 소설들은 특히 페미니즘 유토피아 역설에 취약했다. 여기에는 애나 아돌프의 『아크티크』(Adolph 1899)와 M. 루이즈 무어의 『알 모다드』(Moore 1892)처럼 여성이 비행기를 운전하는 소설, 엘로이즈 O. 리치버그의 『라인스턴』(Richberg 1900)처럼 농부 일을 하고 마사 벤슬리 브뤼에르의 『밀드레드 카버, USA』(Bruère 1919)처럼 육체노동을 수행하는 작품들이 포함된다. 다른 개혁주의 작품들보다 이런 소설들은 훨씬 더 하나의 사회적 변화 ─ 전형적으로 여성들이 더 많은 직업에 진출할 수 있다 ─ 가 그 자체로 젠더 관계를 개선하고 사회 전반에서 발견되는 젠더 위계를 제거하리라 가정한다. 하지만 이런 개혁들은 여성 억압의 다양한 측면과 원인을 간과한다. 예를 들어, 헬렌 윈즐로의 『여성 시장』(Winslow 1909)의 주인공 거트루드는 정치적으로 적극적이어서 시장에 출마한다. 하지만 그녀의 약혼자가 경쟁에 참여하자 [누군가를] "사랑하는 여성의 심장은 남성의 강한 욕망 옆에 나란히 서는 것"이라고 굳게 믿으면서 그와 평생 행복하게 살기 위해 후보직에서 사퇴한다(Kolmerten 1990, 118에서 재인용). 시장에 당선될 기회가 그녀에게 깊이 각인되어 있는 현재주의적 젠더 정체성이나 관계의 가치를 흔들지는 못한다. 물론, 그녀가 정계에 입문해 그 길을 따라갔다 해도 사회 전체를 변화시켰을 것으로 보이지는 않는다. 지난 세기가 너무나 잘 보여 주었듯, 여성들이 정치적 지도자가 되어도 그것이 반드시 정치나 젠더 위계, 행위, 가치를 변모시키는 것은 아니다(세라 페일린[6]을 생각해 보라).

1960년 이후: 공동체주의 가치와 분리주의

페미니즘 유토피아 소설은 여성 권리를 위한 명시적인 정치적 행동의 소강상태를 반영하듯 40여 년 동안 출간이 거의 중단되었다가, 1960년대 중반 이후 다시 한번 거세게 끓어올라 1970, 80년대에 페미니즘 운동과 더불어 정점에 이른다. 이 시기에 나온 유명 작품으로는 어슐러 르 귄의 『어둠의 왼손』(Le Guin 1969)과 『빼앗긴 자들』(Le Guin 1974), 마지 피어시의 『시간의 경계에 선 여자』(Piercy 1976), 메리 스테이턴의 『비엘의 전설』(Staton 1975), 수지 매키 차너스의 『모계』(Charnas 1978), 도리스 레싱의 『아르고스의 카노푸스』 시리즈(Lessing 1979-83), 수젯 엘진의 『모국어』 시리즈(Elgin 1984-94), 캐서린 V. 포레스트의 『산호색 새벽의 딸들』(Forrest 1984), 조앤 슬론체프스키의 『바다로의 문』(Slonczewski 1986), 패멀라 사전트의 『여성들의 해변』(Sargent 1986) 등이 있다. 이런 작품들에 페미니즘 유토피아의 역설이 나타난다는 사실에는 특별한 의미가 있다. 그 시기의 너무 많은 페미니스트 이론가들이 프랜시스 바트카우스키와 더불어 "페미니즘에 유토피아적 사유가 아주 중요하다"(Bartkowski 1989, 12)고 믿었기 때문이다(20세기 말 미국 페미니즘 사유의 특징으로서 유토피아주의에 대해 더 보려면 Kitch 2000, 97-160 참조).

20세기 말의 페미니즘 유토피아 작품들에서 모성은 초기 소설에서보다 여성의 정체성에 덜 중심적인 것으로 다루어지지만, 어머니와 딸의 관계는 흔히

---

6 [옮긴이] 세라 루이즈 페일린(1964~)은 미국의 정치인이다. 공화당 소속으로 알래스카 주지사로 재직하던 중, 2008년 대통령 선거에서 존 매케인John McCain 대통령 후보의 부통령 러닝메이트로 지명되었으나 낙선했다. 임신 중지에 반대하고 정부의 재정지출 축소를 선호하는 등 보수적인 입장을 유지했지만 젊은 여성이라는 점이 고령이었던 매케인의 약점을 보완하며 젊은 층과 여성층의 표심을 잡을 수 있으리라 기대되었다.

여성들이 서로에게 가지는 관계와 사회 전체를 위한 모델로 여전히 남아 있다. 이는 이 소설들이 합의에 기반한 정치적 의사 결정을 선호한다는 점에서도 잘 나타난다. 이에 더해, 거의 부족적인 공동체주의적 가치들이 이 텍스트들을 지배한다(Kessler 1984, 17, 18; Kelso 2008, 3-19). 도로시 브라이언트의 『아타의 친족이 당신을 기다립니다』(Bryant 1976)와 샐리 기어하트의 『방랑 지대』(Gearhart 1979) 같은 이 시기 여러 유토피아 작품들은 자연과 여성을 연결하는 전통을 높이 평가했고, 이와 같은 연결을 사회적 삶의 원천이면서 동시에 기존의 관습적이고, 남성 중심적인 종교를 대체할 여성적 영성의 원천으로 묘사했다(Kiser and Baker 1984, 특히 33; Kessler 1984).

이런 특징의 많은 부분이 마지 피어시의 『시간의 경계에 선 여자』(Piercy 1976)에 나타난다. 피어시의 텍스트는 20세기 미국의 잔혹함, 개인주의, 물질주의, 계급주의, 인종주의, 성차별주의와 경쟁 만능주의를 미래의 시간과 대조한다. 미래의 시간에서는 협력적이고 탈중심화된 지역 행정부들과 탈규제화된 가족 관계 모델에 기반한 작고 생태학적으로 섬세한 평등주의적 공동체들이 번성하고 있다. 이 소설은 이런 특질을 통해 여성들을 억압하는 도구인 가부장제와 자본주의를 비판하는데, 이런 방식은 이 시기에 등장한 페미니즘 성향의 유토피아 작품들에서 다수 발견된다.

이 소설의 미래 사회인 메타포이셋은 피어시가 살고 있는 현재와 아주 다른 장소인 것으로 보인다. 이 사회는 제한적인 성 역할이나 고정된 젠더 정체성을 전혀 부과하지 않는다. 인습적인 남성다움은 정말로 사라졌고, 보편적인 여성다움이 지배한다. 모성은 중요하지만 이제는 여성만의 가치나 경험이 아니다. 인공 자궁에서 난자가 수태되고 태아가 잉태되며 남성들은 호르몬의 도움으로 아기에게 젖을 줄 수 있고 이후에는 양육을 돕는다. 각각의 아이에게는 남성과 여성, 남성 혹은 여성으로 이루어진 세 명의 '어머니들'이 있다. 젠더 역할을 흐리고 젠더 위계를 제거하기 위해 피어스는 그him 혹은 그녀her 대신, 예를 들면 퍼per('사람'person을 나타내는)와 같은 성차별적이지 않은 대명사를 도입한다. 억압적인 젠더 관계를 유지하거나 제거하는 데 언어가 수행하는 역할에 대한 피어시의 관심은, 새로운 언어에 대한 다른 유토피아 작가들의 실험과 더불어, 많은

샐리 L. 키치

페미니스트들이 똑같은 문제에 몰두하고 있었음을 보여 준다.[7]

　　피어시의 작품은 페미니즘의 모델로 엄청난 영향력을 발휘했다. 그렇다고 그 작품이 역설(이나 비판)에서 자유로운 것은 아니다. 그런 유형의 다른 작품에서처럼 이 소설은 현재의 상황에 대한 반작용으로 이상적인 미래를 상정하지만 그 시대에 깊이 뿌리박힌 보편주의적 페미니즘 대본을 따라간다. 예를 들어, 후대의 독자들은 젠더가 사라진 후에도 여성다운 특질이 어떻게 여전히 규정될 수 있는지 의아할 법하다. 그리고 신체 형태학이 인간의 정체성에 점점 더 중요해지는 시대인 오늘날의 독자는 그 둘을 완벽하게 분리하고자 하는 피어시의 욕망이 어떤 효과를 내는지 궁금할 수 있다. 피어시는 또한 부모와의 긴밀한 유대라는 개념을 잘못 이해했다고, 그리고 전반적으로 아기의 섹슈얼리티를 아기 목욕물과 함께 버렸다고 비판받을 수 있다. 이 소설은 또한 여성들의 이상을 [여성들 사이의 차이를 전혀 고려하지 않고] 맹목적으로 가정하는 가운데 인종적 차이를 무시한다(유토피아에서 나타나는 이 같은 경향으로 말미암아 미국의 유색인 여성 작가들은 대부분 유토피아 소설을 쓰지 않았다).[8]

　　다른 곳에서와 마찬가지로 피어시의 작품에서도 여성성의 '문제'에 대한 유토피아적 '해결책'은 여성들의 다양한 정체성과 욕망을 수용할 수 없는 듯하다. 보편적인 여성다움이나 페미니즘적 가치들에 대한 소설의 가정들 역시 그런 가치들에 대한 철저한 검토를 막고 이상화를 촉진한다. 예를 들면, 여성들이 관계 맺기에 전문가라는 신화는 왜 영속되는가? 그런 주장의 타당성을 심문하는 소설은 거의 없으며, 몇몇 소설은 그것을 사회 전체 체제를 위한 전제로 삼기도 한

7　예를 들어, 모니크 위티그가 『게릴라들』(Wittig [1969]1973)에서 "여성들"the women이라는 용어를 사용한 것, 샐리 기어하트가 『방랑 지대』(Gearhart 1979)에서 남성들의 범주로 "강간범"rapists과 "신사"gentles를 발명한 것, 그리고 어슐러 르 귄이 『늘 귀향하는』(Le Guin 1985)에서 케시 사회Kesh society를 위해 언어 전체를 발명한 것 등을 보라. 21세기 페미니스트 디스토피아 텍스트들의 언어에 대한 논의는 일드니 카발칸티(Cavalcanti 2000, 152-180) 참조.

8　아프리카계 미국 여성이 쓴 19세기 유토피아 소설은 아주 드물다. 그중 하나가 릴리언 B. 존슨의 『지금부터 다섯 세대 이후』(Jones 1916)이다. 21세기 아프리카계 미국인 유토피아 소설가에는 주얼 고메즈와 옥타비아 버틀러가 있다. 페미니스트 소설로 볼 수 있는 버틀러 작품에는 『킨』(Butler 1979), 『씨앗을 뿌리는 사람의 우화』(1993), 『은총을 받은 사람들의 우화』(1998) 등이 있다. 고메즈는 2004년에 사망했다.

다. 또한 인습적으로 남성적인 특질들은 왜 꼭 나쁘다고 가정되는가? 그 시기 많은 유토피아 텍스트들은 자립self-reliance, 야망, 반대 의견 같은 오염된 개념들이 이 사회와 여성들에게 줄 수 있는 이득은 간과한다.

　이 시기 레즈비언 페미니즘 유토피아 소설들은 페미니즘 유토피아 역설의 흥미로운 변이를 보여 준다. 가장 잘 알려진 작품에는 모니크 위티그의 『게릴라들』(Wittig [1969]1973), 샐리 기어하트의 『방랑 지대』(Gearhart 1979), 캐서린 V. 포레스트의 『산호색 새벽의 딸들』(Forrest 1984)과 주얼 고메즈의 『길다 이야기』(Gomez 1991) 등이 있다. 이런 소설들의 주제에는 전사들(위티그)에서 뱀파이어(고메즈)에 이르는 핵심적 은유를 가진 다양한 공동체적 사회체제가 포함되어 있다. 레즈비언 소설들은 또한 섹슈얼리티와 성적 실천을 재개념화함으로써 여성에게 자기-정의와 자기-결정권을 주고, 여성을 경멸하는 인습적 원천을 여성들이 자신들의 힘의 원천으로 변모시키게 해준다는 점에서 19세기의 모성적이고 금욕적인 유토피아 디자인들과 유사하다. 하지만 이 시기의 레즈비언 유토피아 텍스트들도 역설적이다. 예를 들어, 보편주의적인 레즈비언 비전은 레즈비언 여성성의 특정한 규정에 맞출 수 없거나 맞추기를 원하지 않는 여성들은 배제하고 거기에 잘 맞는 여성들은 이상화함으로써 내적 다양성을 무시하고 이견을 억압한다.

유토피아로부터 페미니즘의 철수

모성적·공동체적·개혁주의적·분리주의적·레즈비언적 그리고 다른 고전적 페미니즘 성향의 유토피아 비전에 나타난 역설과 모순은 20세기가 끝나 가면서 더욱 분명하게 나타난다. 유토피아적(혹은 공상적) 페미니즘 소설가들의 경우에도 다르지 않다. 몇몇 작가들은 페미니즘의 문제와 젠더 관계의 미래에 대해 계속 고민하면서도 유토피아 장르 자체는 거부한다. 톰 모일런이 1986년에 내린 결론처럼, 페미니즘 텍스트들은 "유토피아를 꿈으로는 보존하지만 청사진으로서는 거부"(Teslenko 2003, 164에서 재인용)하기 시작하고 있었다.

샐리 L. 키치

허구 텍스트에서 유토피아적 페미니즘이 후퇴하는 예들은 1980년대 중반에 증가한다. 이는 페미니즘 자체에 대한 정치적 역풍(1991년 수전 팔루디의 『백래시: 누가 페미니즘을 두려워하는가?』[Faludi 1991]에 의해 기억되는)과 때를 같이한다. 하지만 후퇴는 그 이전의 작품들, 예를 들어 1975년에 출간된 조안나 러스의 『여성 남자』(Russ 1975)와 어슐러 르 귄의 1974년 출간 소설인 『빼앗긴 자들』(Le Guin 1974) 같은 작품에서도 이미 나타나고 있었다. 르 귄의 이 소설에는 "모호한 유토피아"라는 부제가 붙어 있는데, 이는 유토피아 페미니즘의 기대들에 대해 이 소설에 담겨 있는 의도적인 복잡성을 나타낸다. 즉, 유토피아 행성인 게덴은 젠더 역할과 성적 정체성이 해방되고 강간과 전쟁이 전혀 존재하지 않음에도 여전히 문제적인 장소이다(Peel 1990, 특히 39–41). 수지 매키 차너스의 『모계』는 질투하고 논쟁하는 여성 '부족들'을 묘사해 자매애라는 유토피아적 페미니즘 개념을 공격한다. 이 소설의 주인공 앨드라는 "여성들이 완전하기를 원했지만 그렇지 않았기" 때문에 그런 독설들에 실망한다(Barr 1983, 62).

이 시기에 페미니즘 유토피아로부터 철수한 다른 작품들로는 도리스 레싱의 『삼, 사, 오 영역의 결혼』(Lessing 1980), 어슐러 르 귄의 『늘 귀향하는』(Le Guin 1985), 셰리 테퍼의 『뷰티』(Tepper 1991) 등이 있다.[9] 레싱이 묘사한 페미니즘적 유토피아(삼 영역)는 다른 영역들과 단절되어 있고, 자기 충족적이며, 만족스러운 사회로서 표면적으로는 이상적인 것처럼 보이지만(White 1983, 특히 138; Peel 2002, 92), 상상력 결핍으로 말미암아 여성들 자신도 깨닫지 못하는 사이에 그들의 억압에 기여한다(Peel 2002, 36–38). 이 소설은 유토피아로 시작하고는 독자에게 "편협한 지역주의를 떨쳐 버리는 어려운 과정의 가치를 올바로 평가해" 보라고 부추기며, 유토피아를 "정적인 장소가 아니라 그 어떤 개별 장소에 대해서도 문제를 제기하는 화용론적 과정"으로 재정의한다(Peel 2002, 108). 르 귄의 『늘 귀향하는』은 더 나아가 유토피아적 사유 전반에 대한 경멸을 표현한다. 이 소설에서

---

9 비평가 엘런 필은 말하기를, 레싱의 『삼, 사, 오 영역의 결혼』과 르 귄의 『어둠의 왼손』처럼 유토피아로부터 철수하는 듯한 소설들은 단지 정적이고 단차원적인 유토피아 버전을 넘어 좀 더 실용적이고 과정 중심적인 방식으로 페미니즘적 신조에 접근하고 있다고 말한다. 그럼에도 필은 이런 움직임이 유토피아 자체에 대한 비판을 수반하며, 이는 유토피아로부터의 철수에 해당할 수도 있다고 인정한다(Peel 2002, 173, 174).

르 귄의 목소리인 판도라는 "나는 우쭐거리는 유토피아주의자를 결코 좋아한 적이 없어요. 그들은 나와 내 가족과 친구들보다 언제나 더 건강하고, 더 분별 있고, 더 적합하고, 더 친절하고, 더 강건하고, 더 현명하고, 더 옳아요. 답을 가지고 있는 사람들은 지루하고, 착해요. 정말로. 지루해, 지루해, 지루해"(Le Guin 1985, 335)라고 말한다.

셰리 테퍼의 용감한 시간-여행자 뷰티는 자신이 귀족으로 살았던 14세기를 비롯해 모든 시대에 성차별적 해악이 있음을 인정한다. 그녀는 자신과 비슷하게 생긴 배다른 누이가 성에서 자신의 역할을 대신 해준 덕분에, 자신은 소년으로 가장해 아버지의 마구간에서 일하며 대부분의 어린 시절을 보낸다. 그 결과 뷰티는 (테퍼가 다시 쓰는 동화에서처럼) 태어날 때부터 자신에게 내린 저주를 간신히 피한다. 저주에서 예언된 대로 뷰티가 사랑하는 성이 100년의 잠과 장미 가시 덩굴로 뒤덮일 때, 뷰티는 이를 피해 미래 — 21세기 말 — 로 달아나지만 그곳에서 뷰티는 상황은 더 나빠질 뿐임을 알게 된다. 미래는 의도하지 않았던 결과들로 가득하고 좋은 의도들은 나쁘게 엇나간 상태다. 예를 들어, 가난한 사람들을 먹인다는 미명하에 지도자들을 제외한 거의 모든 사람이 굶고 있다. 지구는 너무나 고갈되어 "모든 사람은 거대하게 높지만, 반은 땅에 묻힌 탑들 안에 감금되어 있어야 한다." 사람들은 [이 탑들의 땅에 묻힌 부분인] 창문 없는 벙커에서 살면서 보이지 않는 지도자들의 뜻대로 처분된다(Tepper 1991, loc. 1539). 특히, 젠더 구별의 상실이 억압의 도구가 되고 있다. 뷰티는 사회를 계획하는 사람들이 과연 자신의 탐욕을 넘어설 수 있는지 궁금해한다.

이런 반유토피아적 사변 소설들은 인간이 세운 비전과 계획의 결과로 나타나는 유토피아와 디스토피아가 서로 미끄러지는 관계에 있음을 암시하면서, 욕망과 재앙 사이의 연속성을 전면에 드러낸다. 이 소설들은 또한 다양한 형태의 여성 주체성이 필요하고, 가부장적 사회질서에 대한 다양하면서도 세심한 대안들이 필요하다고 강조한다(Teslenko 2003, 173). 이런 방식으로 이 작품들은 유토피아 역설을 폭로하고, 특히 그 역설의 젠더화되고 페미니즘적인 형태들을 폭로한다.

마거릿 애트우드의 『시녀 이야기』는 이런 폭로를 보여 주는 중요한 사례다.

이 소설은 어떤 면에서는 페미니즘의 꿈을 실현한 것이지만 그 결과는 서늘하게 끔찍한 디스토피아의 세계를 그린다. 이 소설의 화자인 시녀 오프레드는 1960년대 급진적 페미니스트의 딸인데, 급진적 페미니즘의 의제는 어린아이인 그녀를 소외시켰었다. 오프레드는 여성들의 권력, 자매애, 국가가 후원하는 모성에 대한 페미니즘적 욕망이 어떻게 사회 변화의 초인적 힘들에 의해 왜곡되는지를 목격한다. 그녀는 새 정부가 공동체적 사건으로 만든 출산이 (다른 모욕들 중에서도) 모성에 기반한 페미니즘의 왜곡된 판본이라고 비꼬듯 생각한다. 이처럼 공동체를 위해 출산을 강요받는 사회에서 모든 시녀들은 사령관들과 그들의 불임 아내들을 위해 강제로 가지게 된 아기를 출산하기 위해 모인다. '엄마, 당신이 어디 있는지는 모르지만, 내 말이 들리나요? 당신은 여성들의 문화를 꿈꿨지요. 자, 이제 여기 이렇게 있어요'(Atwood 1985, 164[국역본, 188쪽])라고 오프레드는 생각한다.

20세기 말에 페미니즘이 이런 고전적 유토피아 비전들로부터 철수한다는 사실은 페미니즘이 기대했던 사회 변화의 모델로서 이 같은 유토피아적 비전들이 결국 실패했음을 나타낸다. 만약 유토피아적 비전들이 정체성이나 사회조직화에 대한 고정된 또는 보편주의적 이상을 투사한다면, 또한 성공적인 사회나 인간의 행복을 구성하는 모든 복잡성을 자신들이 충분히 파악하고 있는 척한다면, 그리고 모든 긍정적 가치들이 서로 양립할 수 있다고 가정한다면, 그것은 "억압, 잔인함, [그리고-인용자] 억제"를 가할 위험이 있을 뿐만 아니라, "(단지 실천적 불가능성만이 아니라) 개념적으로 불가능한 것"을 장려하는 셈이 된다(Berlin 1990, 47). 페미니즘의 가치들은 그 자체로 다양하고 이질적이다. 좋음과 나쁨은 연속선상에 존재할 수 있다. 여성들과 남성들은 복잡하게 얽힌 범주들이다. 그것을 사이에서 또 그것들 내에서 나타날 수 있는 분명한 차이들[변수들]인 인종, 민족성, 계급, 나이와 신체적 능력의 차이 등은 쉽게 다뤄질 수 없으며, 일반적인 해결책을 제시할 수 없음도 분명하다. 그 밖의, 더욱 개념적인 차이들과 가치들은 타협이 불가능할 수도 있다. 그런 복잡성들로 말미암아 여성들이라는 용어 자체가 다소 유토피아적인 용어가 되는데, 이는 그 용어가 모든 유토피아적 비전들의 특징인 일관된 정체성들, 분명한 젠더 경계들, 이견이 없는 연합에 대한 꿈 등을 부과하는 한에서 그러하다. 21세기 정치는 여성들이 보편적으로 공유하는 사회적이고 개인적인 가치들과 목표들이라는 개념을 잔인한 농담거리로 만들고 있다.

　21세기가 되자 페미니스트 이론가들은 획일적인 유토피아적 비전에서 나타나는 특정한 페미니즘 관점을 특권화하기보다 다양한 맥락들과 정치적 계기들에 존재하는 젠더와 권력의 문제에 다양한 페미니즘 이론으로 접근하는 것이 중요하다는 점을 인정하기 시작했다. 이들은 여성들의 다양한 삶의 방식과 가치들에 대한 존중 속에서, 또한 건전한 의견 불일치와 내부 갈등들 속에서 페미니즘의 미래를 봤다. 그들은 고전적인 유토피아적 해법을 거부하면서, 분석적이고 정치적인 도구로서 페미니즘의 생명력을 유지할 수 있는 다른 방법을 모색했다(사회 변화에 대한 페미니즘의 논의에서 유토피아적 사유의 함정을 좀 더 보려면 Kitch 2000 참조).

재생산 기술: 페미니즘 유토피아를 시험하는 사례

재생산 기술은 수많은 페미니즘 성향의 유토피아적 비전들에서 두드러지게 나타나기 때문에, 현실 세계에서 일어나는 재생산 기술의 진화는 페미니즘의 유토피아적 역설을 구체적인 실천 속에서 탐색할 기회를 제공한다. 무성생식, 체외 수정, 자궁 외 임신에 대한 고전적 유토피아의 공상이 점점 더 현실이 되어 가고 있기에, 이 같은 탐색은 특히 적절하다.

　1970년에 페미니스트 이론가인 슐라미스 파이어스톤은 재생산 기술을 옹호하는 강력한 목소리를 낸다. 재생산 기술을 통해 가능해질 모성의 유토피아적 가능성에 대한 로버트 프랑코어의 낙관주의와 함께, 파이어스톤의『성의 변증법』은 여성들에게 재생산 — 그녀는 재생산을 여성들이 사회적으로 종속되는 원인으로 봤다 — 을 포기하는 것이 성적 평등으로 가는 최선의 노선이라고 주장했다(금욕적 독신 생활을 강조한 유토피아 이상주의자들과 달리 파이어스톤은 섹스를 포기하라고 권하지는 않았다). 파이어스톤은 생물학적 재생산이 없다면 "인간 존재 사이에 생식기의 차이는 더는 문화적으로 중요하지 않을 것"이라고 주장했다(Firestone 1970, 11[국역본, 25쪽]). 이런 방식으로 그녀는 프로이트의 이론에 도전했고, 이전의 많은 페미니즘 유토피아주의자들의 의견에 공명했다.

파이어스톤은 초기의 재생산 기술이 가능해지자마자 기술적 시류에 성큼 올라탔다. 시몬 드 보부아르를 비롯한 그 시대의 다른 페미니스트들과 그녀는 새로운 기술이 정자 제공이나 난자 이식을 통해 재생산의 유연성을 확대하고, 여성 몸에 국한된 재생산의 한계를 확장함으로써 여성들의 삶을 개선할 수 있다고 믿었다. 파이어스톤의 작업은 마지 피어시의 『시간의 경계에 선 여자』에 나오는 체외수정에 대한 묘사에 영감을 주었다. 다른 페미니스트들 역시 미숙아로 태어난 태아의 호흡기능상실에 사용되는 산소 공급 장치인 에크모ECMO — 일종의 심장-허파 기계 — 가 결국은 태반의 기능을 대체하고 자궁을 기술적으로 시대가 지난 것으로 만들 그 날을 희망했다(Donchin 1986).

현실에서, 이런 사상가들이 상상했던 재생산 기술들은 나중에 페미니스트들에게 지지도 받고 비판도 받았다. 기술적 진보는 레즈비언을 포함한 더 많은 여성들에게 모성을 가능하게 했고, 적어도 기증된 정자의 경우 부성을 익명화함으로써 재생산에서 남성이 수행하는 역할을 감소했다고 지지자들은 지적했다. 그런 변화는 부계라는 사회적 관습과 여성들의 재생산에 대한 남성의 통제에 도전했으며, 나아가 아이들을 원하는 어머니에게 태어난 아이들이 그렇지 않은 아이들보다 더 돌봄을 잘 받으리라는 생각을 지지했다.

하지만 도나 해러웨이 같은 비판가들의 대답은 다르다. 그들은 대부분의 재생산 기술이 "여성 혐오의 역사, 여성 몸에 대한 통제와 의료화의 역사에 깊이 뿌리내리고" 있다고 대답한다(Handlarski 2010, 97). 셸리 트레마인은 모욕적이고 침습적인 태아 장애 진단과 유전 상담을 "18세기 말에 출현하기 시작했던 권력 형태"에 연결한다(Tremain 2006, 35). 다른 이론가들은 재생산 기술이 젠더 관계 및 젠더 위계와 관련해 어떤 결과를 초래할지는 예측할 수 없다고 봤다.

비평가들은 또한 사실상 인공수정이 여전히 부유한 사람들 외에 모든 사람에게 가능한 것이 아니어서 인종 및 계급 위계들을 강화해 왔으며, 몇몇 상황에서는 아이러니하게도 아버지의 권위를 증가시켰다고 주장한다. 예를 들어, 대리 모성이 가능해지면서 인공수정과 난자 이식은 태아의 모계보다 부계가 누구인지 더 분명하게 만들었다. 이제 생물학적 어머니와 사회적 어머니, 아이를 수정한 어머니와 아이를 잉태한 어머니가 아이에 대한 권리와 관계를 두고 싸우게 되는 반면, 아버지들은 부성의 확실성을 향유한다(Stolcke 1988, 14). 이런 방식으로, 재생산 기술은 한때는 인간의 기본적인 생물학적 연결 고리이자 여성 권력의 원천이라고 간주되었던 것 — 모성의 생물학적 확실성 — 을 약화할 수 있다.

비평가들은 더 나아가 재생산 기술이 다시 한번 역설적으로 출산을 여성의 젠더 정체성에 훨씬 더 핵심적인 것으로 만든다고 지적한다. 불임이 신의 뜻 혹은 운수소관으로 받아들일 필요가 없어지면서 여성들이 출산을 자신의 생물학적 운명으로 간주할 가능성이, 나아가 불임을 기술적 문제를 해결하지 못한 자신들의 실패로 받아들일 가능성이 더 커질 수 있다. 비평가들의 주장에 따르면, 초기 페미니스트들은 무제한적 출산에 반대해 목소리를 냈다. 하지만 시간을 속일 수[시간을 늦출 수] 있는 재생산 기술은 경력 지향적인 여성들조차 30대 후반이나 40대에 이르러서는 한 명의 완벽한 자녀를 갖기 위해 노력하도록 변모시켰다. 한때는 "선택"이었던 것이 "뒤로 미뤄진 선택"creeping non-choice으로 형태가 변화되었다(Stolba 2003, 34).

게다가, 불임 치료는 간단하거나 보편적으로 성공하는 것도 아니다. 기술화된 환경에서 이 같은 사실은 여성들(과 남성들)이 그들 '자신의' 아이를 생산하고자 하는 욕구로 자신들을, 나아가 저축한 돈을 계속 소진하는 것을 그만두게 하지 못한다. 미국 사회가 인종차별과 계급 차별을 부추기고 출산을 장려하는 반면 임신 중지권에 우호적이지 않은 분위기를 만드는 데 재생산 기술이 일조했다고 볼 수도 있다. 그런 기술들은 또한 불임 여성을 사회적으로 받아들일 수 없는 존재로 만든다(Donchin 1996, 477; Lublin 1998, 98, 104). 나아가, 결국에 여성의 자궁이 재생산 과정에 전혀 필요 없게 되면, 그런 역학이 [여성과 재생산에 대한] 사회적 태도와 구조에 어떤 영향을 미칠지 누가 알겠는가?**10** 일본과 미국에서 제2

---

10 크리스틴 스톨바에 따르면, "가까운 미래에 자궁 이식과 인공 자궁이 가능해질 것이다. 코넬 대학교 과학자들은 전자를 완성시키려 하며, 도쿄의 준텐도 대학順天堂大学 연구자들은 염소 태아를 인공 자궁에서 살아 있게 하는 데 성공했으며 …… 인간을 위해 완전하게 기능하는 인공 자궁이 만들어질 것이라고 예언했다." 2010년이면 가능할 것이라는 그들의 예언은 실현되지 않았다. 복제는 1세기 이상 동안 페미니스

세대 재생산 기술들이 이런 상황을 가능하게 만들려고 작업 중이듯이 말이다. 피어시가 상상한 것처럼 여성이 남성과 동등한 양육 파트너가 아니라 한물간 쓸모없는 존재가 되지는 않을까? 비판가들은 재생산 기술이 이미 여성들을 한물간 존재로 만들고 있는 것은 아닌지 묻는다. 예를 들면, 2011년 현재 인도에서 0세에서 6세 사이 소녀들의 수는 소년들보다 710만 명이 더 적다. 그 차이는 2001년 이래 더욱 증가하고 있다. 2001년에 소년들과 소녀들의 차이는 600만 명이었다.[11]

지난 반세기 동안 페미니스트들은 부담-없는-출산이라는 유토피아적 비전들이 잠재적으로 디스토피아적인 악몽으로 변모되는 것을 지켜보면서, 이 같은 [기술적] 발전들에 대해, 또 그것의 함의에 대해 토론해 왔다. 몇십 년 전에 페미니스트 소설가인 안젤라 카터[『영웅과 악당』(1969), 『신 이브의 열정』(1977)-지은이]는 계속해서 가부장제 언어와 개념에 기대고 있는 재생산 기술이 여성들의 재생산적 정체성을 강화하고 여성들을 더욱 억압할 것이라고 우려했다(Jennings 2008, 66). 좀 더 최근에 도나 해러웨이는 여성들을 출산의 부담에서 해방하고 젠더 없는 사회 ── 그녀가 생각하는 유토피아 ── 를 창조하기 위해 기존의 통상적인 재생산 기술보다 사이보그적 재생regeneration이 가진 장점을 널리 홍보하고 있다(Handlarski 2010, 75, 76, 92)(해러웨이는 도롱뇽이 다리를 재생하는 방식이 궁극적으로는 인간-기계 사이보그에도 확대 적용이 될 수 있기를 희망한다). 여성 없는 세상에 대한 전망, 즉 여성들의 가치가 아기들의 가치에 그리고 정치인들과 의사들의 결정에 점점 더 종속되는 그런 세계가 올 수도 있다는 전망은 재생산 기술에 대해 우리 시대의 페미니스트들이 우려하는 것들 중 하나다. 또한 안전성, 신뢰성, 페미니즘의 원칙들보다는 수요에 의해 더 많이 추동되는 경쟁적인 불임 치료 서비스 제공자들로 인한 여성의 상품화도 우리 시대 페미니스트들이 우려하는 사항이

트들이 과장해 선전한 단성생식(무수정 생식)도 가능하게 할 수 있다(Stolba 2003, 32). 더 최근의 자료들은 인간의 인공 자궁이 2050년까지는 개발되지 않을 것이라고 말한다(Bulletti et al. 2011, 124-128).

11 여성 태아에 대한 선택적 유산과 다른 절차들을 이끌어 낸 재생산 기술이 이 틈새에 전적인 책임이 있는 것은 아니다. 그 외 다른 요인으로 여성 유아 살해, 여아의 방관, 남아의 건강을 더 잘 돌보는 것 등이 있다("Technology" 2000, 6; Jha et al. 2011, 1921-1928).

다(Lublin 1998, 98).

단일한 페미니즘적 해결책들은 분명하지 않다. 모든 재생산 기술을 억제한다면 비자발적인 불임 여성이 모성을 경험할 가능성 — 이런 상황이 전적으로 성차별적 사회화 때문이라고 말할 수는 없다 — 을 빼앗는 것이 될 것이다. 나아가, 가족을 만드는 능력은 전 세계 많은 여성에게 사회적 권력의 유일한 형태다. 그렇다고 기술 확산을 둘러싸고 아무 행동도 하지 않는다면 그것은 취약한 여성들이 계속 착취받도록 방치하고, 주변화된 집단들이 기술의 혜택을 누리지 못하도록 하며, 동시에 사회 전체가 여성들의 재생산적인 성적 정체성과 역할에 더욱더 초점을 맞추도록 허용하는 것을 의미한다(Donchin 1996, 482).

재생산 기술에 대해 찬성하거나 반대하는 페미니스트들의 입장들은 둘 다 사회문제에 대한 유토피아적 접근이 가진 난점을 보여 준다. 한편으로, 자연적인 재생산 과정에 대한 기술적 대안을 전적으로 믿는 것은 특정한 사회적 변화가 모든 사람에게 긍정적인 결과만 가져오리라는 유토피아적 가정을 반영하는 것이다. 다른 한편, 모든 기술을 부정하는 것은 '자연'을 유토피아로 이상화하고 있거나 혹은 모든 임신과 출산이 문제적이지 않고 권력관계로부터도 자유롭다고 가정되는 황금시대를 환기한다. 힐러리 로즈는 그런 희망을 "페미니즘 근본주의"로 보고, 다른 이들은 그것을 에코 페미니즘 유토피아주의로 본다(Donchin 1996, 483; Lublin 1998, 52-54). 같은 이유로, 어머니-아이 관계를 자연스러운 사랑하는 인간관계의 완벽한 본보기로 낭만화하고, 임신이나 출산에의 모든 '인위적' 개입을 악마화하고, 모든 임신·출산 전문가를 사기꾼이나 권력투쟁자로 보는 것 혹은 역으로 구원자로 보는 것 역시 유토피아적 관점이며, 보수적 함의를 가지고 있다(Briggs and Kelber-Kaye 2000).[12] 많은 유토피아 분석들이 그러하듯이 그것들은 양극화된 대안들과 절대주의적 해결책들만을 제시한다.

재생산 기술에 대한 최근의 페미니즘적 접근들은 고전적 유토피아주의와 디스토피아주의를 피하기 위해 여성들이 단일한 범주가 아니라는 전제, 여성들

---

12 유전자조작이 '비자연적'이라는 믿음과 '자연적' 모성의 낭만화는 번식을 '여성들의 일'로 규정하고, 유전자 기술을 '올바른 종류'의 재생산에 대비하는 매우 비페미니즘적 입장일 수 있다.

이 어떤 문제에 대해 하나의 정책적 입지나 이론적 관점을 둘러싸고 통일된 입장을 견지하지 않으리라는 전제에서 시작한다. 그래서 몇몇 페미니스트들은 어떤 단일한 해답을 찾는 대신, 큰 토픽을 작은 질문들로 나누고 그것들 각각을 해결하기 위해 융통성 있게 접근한다. 예를 들어, 앤 돈친은 재생산 기술에 대한 페미니즘적 접근은 미국과 해외의 불임 서비스 전달 체계를 평가하는 일부터 시작해야 한다고 말한다. 기술 사용에 대한 열린 의사 결정 과정이 전달 체계를 적절하게 감시하고 관리·감독하면, 여성들의 다양한 관점들에도 불구하고, 모든 여성에게 도움이 될 것이다. 돈친은 또한 불임 서비스에 대한 주된 대안 — 입양 — 이 더 쉬워져야 한다고 말한다. 불임 서비스를 찾는 많은 부부와 개인들은 이미 입양 기관에 의해 거부되었던 경험이 있다. 마지막으로, 돈친은 의학적 개입의 필요성을 줄이기 위해 불임의 원인에 대해 더 많은 연구를 해야 한다고 요청한다(Donchin 1996, 492-494). 낸시 루블린은 재생산 기술에 대한 "실천적 페미니즘적 평가"는 모든 기술에 대한 포괄적인 판단이 아니라 "특정 기술들을 평가할 수 있는 일련의 기준들"이 필요하다고 주장한다(Lublin 1998, 55). 이런 합리적이고 점진적인 페미니즘적 접근법은 재생산 기술에 대한 유토피아적 견해와 디스토피아적 견해 둘 다에 대항한다.

포스트디스토피아 젠더 유토피아들

1980년대와 1990년대에 고전적 페미니즘/젠더 유토피아는 쇠퇴한 상태에 있었지만, 그럼에도 페미니스트 사상가들과 작가들이 유토피아 관점을 완전히 버린 것은 아니었다. 젠더, 페미니즘, 유토피아는 새로운 세기에 여전히 회복력 있는 조합으로 남아 있다 — 하지만 방향을 튼 채로 말이다. 이 포스트디스토피아 시대에는 더 많은 작가들과 사상가들이 유토피아를 포스트모던적 렌즈로 재해석함에 따라 유토피아의 불가능성과 모순을 받아들인다. 즉, 전체보다는 부분들에 관심을 갖고, 정치학과 더불어 욕망, 이질성, 모순, 다양성, 그리고 유희적인 병치에 관심을 가진다(Siebers 1994, 7). "완벽한 사회적 관계들이 지배하고 인간들이 …… 단순하고 행복한 삶을 누리는 저 먼 곳에 있는 행복한 섬"은 사라졌을 수 있지만, 페미니즘적 비판과 숙고의 도구로서의 유토피아라는 개념은 사변 소설과 과학소설, 정치적 사유와 사회적 분석 속에 여전히 존재한다.[13]

문학 비평가 제니퍼 와그너-롤러에 따르면, 20세기 말과 21세기 초에는 허구의 "헤테로토피아"heterotopian(토빈 시버스의 용어) 세계, 불안정성, 그리고 파편화가 유토피아적 사유의 핵심적 특징인 안정성과 통일성을 대체했다. 와그너-롤러가 분석하는 허구적 텍스트들은 문학적 인습은 물론이고 사회적 인습을 지속적으로 교란하고 재구축하면서 실재와 판타지를 서로 엮는다. 사변speculation이 젠더화된 연구의 관점이 되지만, 그럼에도 페미니즘의 도그마는 덜 명시적으로 주장(되고, 더 많이 패러디)된다. 텍스트들은 역사를 미래의 관점에서 다시 쓰고, 역사적 미덕들과 가치들을 통해 미래를 판단한다. 예술과 상상력이 사실보다 더 큰 진리의 새로운 원천이 된다. 유토피아는, 특정한 장소의 사회조직이 아니라, 가능성들의 불연속적인 순간들 — 유토피아의 그리스 어원인 "어디에도 없는 곳" — 에 끈질기게 존재한다(Wagner-Lawlor 2012). 아이러니 역시 유토피아적 사유를 규정하는 특징으로 재등장함으로써, 유토피아주의를 그것의 원래 기원과 다시 연결한다.

유토피아는 재젠더화된 가능성들이 존재하는 미결의, 열린-결말의 세계이며 예술과 상상력이 역사에 개입한다는 포스트모던적인 사변적 네오페미니즘의 관점을 받아들이는 소설들로는 토니 모리슨의 『파라다이스』(Morrison 1998), 옥타비아 버틀러의 『우화』 시리즈(Butler 1993, 1998), 수전 손택의 『아메리카에서』(Sontag 2000), 어슐러 르 귄의 『말하기』(Le Guin 2000), 도리스 레싱의 『틈새』, 지넷 윈터슨의 『석상』(Winterson 2009)과 마거릿 애트우드의 『홍수의 해』(Atwood 2009) 등이 있다.

모리슨의 『파라다이스』는 헤테로토피아 장르의 대표적 사례다. 이 소설은 흑인만의 인종적 유토피아인 루비를 그곳의 여성들에게는 남성들이 통제하는

---

13 피터 피팅은 유토피아 소설과 과학소설 사이의 거리가 멀어졌고, 과학소설이 더 인기 있음이 증명되고 있다고 말한다. "1960년대와 1970년대 유토피아의 시대는 지나갔다"(Fitting 2010, 150). 유토피아 소설은 이제 과학소설의 하부 장르다.

거의 감옥 같은 곳(이 유토피아의 이름이 루비라는 이상화된 여성상이라는 점에서 이곳이 여성들에게 유토피아가 아니라는 아이러니를 드러내는 곳)으로 그려 냄으로써 고전적 유토피아에서 제시되었던 해결책을 분명하게 거부한다. 이 도시의 고립성은 거주자들의 유전자적 구성을 너무나 약화했고 그래서 상당수의 아이들이 질병에 시달린다. 남성들의 과도한 권력이 그들을 타락시켰고, 여성들을 침묵시켰으며, 그곳을 폭력의 온상으로 만들었다. 소설은 이 "남성들이 지배하는 후미지고 변변찮은 마을noplace"(Morrison 1998, 306[국역본, 487쪽])를 여성들이 거주하는 비결정적인 유토피아 세계와 병치시킨다. 루비의 경계선에서 15마일[약 24킬로미터] 떨어진 곳에 위치한 수녀원Convent은 여기에 들어오는 모든 사람 — 피부색과 무관하게 — 을 환영하고 그들이 필요로 하는 것을 모두 제공한다. 수녀원과 그곳의 여성 원로인 코니에게 끌려 이곳에 온, 버림받은, 불만 있는, 심지어 범죄를 저지른 다양한 여성들 — 루비에서 오는 사람들도 있다 — 은 아주 다른 공동체를 창조하는 법을 배운다. 서로에 대한 깊은 이해와 공감에 기반한 공동체, 참여와 탈퇴를 마음대로 결정하는 절대적인 자유에 기반한 공동체를 창조하는 법을 배운다.

수녀원의 느슨하고 자기 주도적인 여성 공간이 루비에서 생겨난 유토피아 역설에 얽히게 되는 것은 아마도 불가피한 일이었을 것이다. 어느 날 아침 수녀원 여성들은 루비에서 온 남성들에게 공격을 받고 살해당한다. 여성의 힘에 대한 루비 남성들의 두려움이 폭력의 성애적인 폭발로 분출한다. 하지만 그것이 모리슨의 이야기의 끝이 아니다. 여성들의 죽은 시체들이 홀연히 사라진 후, 그들의 자녀들과 친구들은 그들을 다시 보기 시작한다. 이런 유령적 만남의 목표는 화해이다. 변화, 자신에 대한 지식, 진정한 관계에 자신을 개방한 여성들이 다른 사람을 위해 그리고 다른 사람들과 더불어 새로운 기회를 마련하기 때문이다. 대량 학살이 벌어진 수녀원 주변 하늘에 구멍이 있다는 지나가는 듯한 암시가 그 지역에 사는 마음씨 넓은 목사 미즈너와 도서관장 애나에게 새로운 기회의 전망을 가시화한다. "아무것도 보이지 않았다. '문인가요?' 그녀[애나]는 나중에 말했다. '아니, 창문이에요.' 그[미즈너]가 웃음을 떠뜨리며 말했다. …… 열어야 할 문이든 벌써 활짝 열려 손짓하는 창문이든, 그 속으로 들어가면 무슨 일이 일어날까?"(Morrison 1998, 305[국역본, 482, 483쪽]). 정말로, 무슨 일이?

　다른 헤테로토피아 소설들도 사이버스페이스, 극장과 역사에 대해 비슷한 질문을 한다고 와그너-롤러는 말한다. 그것들은 권력과 가정의 관습들을 교란한다. 젠더는 그 비전의 일부이지만 전부는 아닐 수 있다. 페미니즘은 고정된 이데올로기가 아니라 일련의 가능성들이다. 르 귄, 윈터슨, 손택, 애트우드 등의 20세기 소설들에서 유토피아란 "항해의 지평선에 있는" 잠재성을 추구하는 것으로, 이 소설들은 시간, 공간, 장소를 파편화하면서 다양한 관점을 받아들인다(Marin 1993, 413). 이 소설들은 옛것을 보는 새로운 방법과 새것을 보는 오래된 방법들을 발명한다. 이 소설들은 경계선을 잡아 늘리고 이분법에 도전하면서 사변을 찬양한다. 이 소설들은 예술, 사랑, 언어가 가진 변혁적 힘을 체현한다(Wagner-Lawlor 2012). 프레드릭 제임슨의 용어로 이런 유토피아들은 "그 자체로 실현할 수 없는 것, 불가능한 것에 대한 명상"을 강요한다(Jameson 2005, 232).

　유토피아가 일관된 비전이 아니라, 가능성과 비판의 도구로서 페미니즘 내에서 계속 유지되는 것은 캐스 브라운(Browne 2011), 로지 하딩(Harding 2010), 루시 니컬러스(Nicholas 2009) 같은 최근의 레즈비언 페미니스트 이론가들에게도 분명하게 나타난다. 나아가 머리사 페레이라의 에세이 같은 페미니즘 생태 비평 텍스트들은 유토피아 세계들이 아니라 유토피아적 가능성들에 더 주목하는 특징을 보인다. 페레이라는 페미니즘 유토피아 소설을 이용해 니카라과 작가인 지오콘다 벨리의 생태 비평 유토피아 소설 『바살라』를 해석한다(Pereyra 2010, 136-153). 이런 접근들은 유토피아주의가 "생태적 제약 안에서 살아가는 데 필요한 것이 무엇인가에 대한 질문들을 제기"하기 위해 "현재로부터 근본적인 단절의 가능성을 허용한다"고 본 루스 레비타스의 주장을 재강화한다(Levitas 2008, 8). 젠더에 대한 관심 자체가 인류가 자연과 맺는 관계를 재정의하고 인간이 완전히 이해하지 못하는 복잡한 생태계에 대한 존중과 돌봄 위에 세워진 세계를 재구상하기 위해 그런 "근본적 단절"을 구성할 수 있다.

　몇몇 이론적 텍스트들은 이 같은 페미니즘의 방식, 즉 가능성을 탐색하는 도구로서 유토피아를 활용하는 방식을 더 잘 보여 준다. 예를 들어, 발레리 브라이슨의 『젠더와 시간의 정치학』은 시간성을 이론화하는 페미니즘의 이론을 변화시키는 데 유토피아적 사유가 담당한 역할을 검토하면서 유토피아적 사유를 정치적 논쟁을 이해하는 한 방법이라고 논의한다. 브라이슨은 고전적 유토피아들의 현재주의적 경향성에는 비판적이지만, 유토피아주의가 "여성의 장기적인 전략적 이득과 단기적인 실용적 이득" 사이의 균형을 잡는 "전략적 사유의 한 요소"를 제공한다고 믿는다(Bryson 2007, 102, 103).

카린 쇤플루크의 『페미니즘, 경제학, 유토피아: 패러다임들을 통과하는 시간 여행』은 유사하게 유토피아적 갈망에 재갈을 물리는데, 그녀의 경우는 페미니즘 경제 이론을 위한 틀로서 유토피아에 대한 열망을 활용한다. '여성주의 경제학자'Femeconomist인 쇤플루크는 모든 사회제도들을 전면적이고 유토피아적으로 변혁해야 한다고 구상하지 않는다. 그 대신 경제를 위해 앞으로 나아갈 길을 밝힐 수 있는 "유토피아적 순간들"을 찾는다(Schönpflug 2008, 135). 그녀가 정의하는 유토피아는 "대안적인 구조를 창조하기 위한 행동"을 검토하거나, 그와 같은 행동을 취하는 것, 나아가 "상상할 수 없는 것을 생각할 필요성"을 포용하는 것이다(Schönpflug 2008, 137, 138). 쇤플루크는 유토피아적 비전들(특히 생시몽주의자들의)의 역사적 함정들 — 특히 젠더 역설들 — 을 인정한다. 하지만 페미니즘 경제 이론이 애덤 스미스의 남성 중심적 가정에서 해방되려면 유토피아적 영감이 필요하다고 믿는다. 영감을 받기 위해 쇤플루크와 그녀가 인용하는 다른 여성주의 경제학자들은 샬럿 퍼킨스 길먼의 『경제학에서의 여성들』(1898)을 핵심적 참고 문헌으로 사용한다. 쇤플루크는 또한 마지 피어시와 셰리 테퍼 같은 소설 작가들의 작품 속에서 대안적인 경제 이론을 찾아낸 여성주의 경제학자 낸시 폴브레를 상찬한다(Schönpflug 2008, 150, 154).

여성 독자(10대와 그들의 어머니 양쪽 모두)를 대상으로 하는 청소년 소설 역시 젠더를 포스트디스토피아적으로 사색하는 또 하나의 영역이다. 아마도 '제2의 삶'Second Life 같은 사이버스페이스의 대안적 세계 개념에서 영감을 받은 이런 작품들은 인터넷의 판타지와 전사 정신을 흡수하고 헤테로토피아의 사변적 입장을 포용한다. 예를 들어, 인쇄물과 전자책 시리즈(2008~10)로 출간되고, 영상물(첫 필름은 2012년에 방영됨)로도 제작된 『헝거 게임』은 (북아메리카가 있던 파넴이라는 나라의) 잔인하고 디스토피아적인 포스트 아포칼립스 세계를 묘사한다. 하지만『헝거 게임』은 디스토피아와 희망 사이에서 미묘한 상호 유희를 제시한다고 세라 셀처는 말한다. 소설의 여주인공인 캣니스는 거의 굶어 죽을 것 같은 상황에서 살면서 말 그대로 목숨을 걸고 싸우며, 폐허가 된 세계의 추악한 모습과 지속적으로 대면해야 한다(Seltzer 2011). 소설 속에서 캣니스는 성적 매력뿐만 아니라 행위 주체성도 가지고 있다. 하지만 유토피아적 만병통치약인 이런 특성에 대한 이 같은 시각은 "가난, 사랑하는 사람들에 대한 의무, 그리고" 자신이 이끄는 혁명에 "자신의 몸이 상징으로 전유된 것"이 서로 맞물리면서 작동하는 억압의 제약을 받는다. 소설은 여주인공이 "어려운 도덕적이고 철학적인 문제들"에 참여하는 것에 더 큰 희망을 두는데, 이런 문제들은 독자들이 자신의 세계에서 괴로워하는 바로 그 문제들이기도 하다(Seltzer 2011, 38-42).

셀처에 따르면,『헝거 게임』은 마찬가지로 커다란 인기를 끈 고전적 유토피아 물 — 뱀파이어 시리즈『트와일라이트』— 과 뚜렷한 대조를 이룬다. 이 시리즈에서 묘사되는 유토피아는 "재기발랄한 성격의 초자연적인[뱀파이어인] 스토커 남자 친구들이 있고 금욕은 미화되며, [그리고-인용자] 대학을 때려치우고 뱀파이어의 정자로 임신하는 일"이 일어난다(Seltzer 2011, 39).『트와일라이트』의 여주인공인 벨라 스완은 자신의 판타지인 뱀파이어 유토피아 속에서 사랑, 성적 만족, 모성을 추구한다. 그곳에서 그녀는, 그녀가 다른 사람에게 일어나는 일을 걱정하지 않는 한, 순수하게 개인적인, 보호된 삶을 살 수 있다. 유토피아의 역사는 이런 고전적 비전이 가슴 아픈 역설을 만들어 낼 수밖에 없음을 시사한다.

결론

유토피아는 수 세기 동안 사회 개혁가들과 혁명가들에게 영감을 주었다. 고전적 형태의 유토피아는 부패한 인간의 본성이 일탈이라고, 인류는 잃어버린 이상적 상태를 성취하려는 스스로의 노력에 의해 향상될 수 있다는 희망을 제시한다. 하지만 사회 변화에 대한 이런 고전적인 유토피아적 접근법은 복잡성을 놓치고, 인간의 관계, 가치관, 사회 형태의 다양성이 가진 가치를 간과한다. 고

전적 유토피아들은 흔히 시간에 따라 변경될 수 있는 점증적이고 조건적이고 맥락에 예민한 해결들은 회피하곤 한다. 그래서 전형적으로 역설 — 전혀 변화 없는 변화, 지옥을 담고 있는 천국, 잘못된 문제에 대한 한정된 해결책 — 을 생산한다.

젠더 문제는 역설을 만들어 내는 고전적인 유토피아적 경향을 확대할 뿐이다. 현재주의적으로 젠더 문제에 눈감은 사람들은 남성들의 유토피아 계획에서 여성들을 배신하고 여성들을 부당하게 대우했다. 가족, 섹슈얼리티, 재생산처럼 긴장이 팽팽한 문화적 영역을 변화시키는 일은 현재의 현실이 지속될 수 있다는 점을 과소평가하는 위험부담을 지며, 지속적인 수정의 필요성, 여러 관점이 경합 중이라는 점, 그리고 본질적으로 예측 불가능한 미래에 대한 유연성을 무시하는 위험부담을 진다.

페미니즘은 역사적으로 남성들의 가치와 세계관을 보편적인 것으로 간주하는 함정을 폭로하는 데 헌신해 왔기 때문에 페미니스트들에게 유토피아적 젠더 역설은 특히나 나쁜 것이었다. 페미니스트들은 또한 여성 혐오, 가부장제, 성차별주의의 원인들 그리고 그에 대한 적절한 반응들에 대한 다양한 관점들과 여성들의 문화적·인종적·지역적 다양성을 포용하려고 노력해 왔다. 이런 복수성과 다양성이라는 목적들을 고려해 볼 때, 고전적인 유토피아적 도그마는 논리적 모순을 낳았고 이는 많은 페미니스트들을 다른 방향으로 나아가게 만들기도 했다.

하지만 페미니즘의 유토피아적 충동은 사라지지 않았다. 그 대신 최근 몇십 년 동안 페미니스트 이론가들과 작가들은 많은 비평가들이 유토피아에 대한 좀 더 적절한 관점이라고 간주한 것 — '헤테로토피아', 즉 통일된 전망들보다는 파편화와 가능성들의 유토피아, 확정적 해결보다는 열린 결말, [명확한] 목적지들보다 지속적으로 나아가는 지평들, 그리고 상상력을 강화해 역사에 개입하려는 모든 사람들의 성찰성 등 — 을 채택하고 있다. 21세기에 유토피아는 젠더화된 사회적 변화를 위한 건축가이기보다는 더 나은 뮤즈가 된다.

참고 문헌

Ackroyd, Peter. 1998. *The Life of Thomas More*. New York: Nan A. Talese.

Adolph, Anna. 1899. *Arqtiq: A Study of Marvels at the North Pole*. Hanford, CA: Author.

Appleton, Jane Sophia. [1848]1971. "Sequel to The 'Vision of Bangor in the Twentieth Century'." In *American Utopias: Selected Short Fiction*, ed. Arthur O. Lewis. New York: Arno.

Atwood, Margaret. 1985. *The Handmaid's Tale*. New York: Fawcett [마거릿 애트우드, 『시녀 이야기』, 김선형 옮김, 황금가지, 2002].

_____. 2003. *Oryx and Crake*. New York: Anchor [마거릿 애트우드, 『인간 종말 리포트 1, 2』, 차은정 옮김, 민음사, 2008].

_____. 2009. *The Year of the Flood*. New York: Doubleday [마거릿 애트우드, 『홍수』, 이소영 옮김, 민음사, 2012].

Barr, Marleen. 1983. "Utopia at the End of a Male Chauvinist Dystopian World: Suzy McKee Charnas's Feminist Science Fiction." In *Women and Utopia: Critical Interpretations*, ed. Marleen Barr and Nicholas D. Smith. Lanham, MD: University Press of America.

Barr, Marleen, and Nicholas D. Smith, eds. 1983. *Women and Utopia: Critical Interpretations*. Lanham, MD: University Press of America.

Bartkowski, Frances. 1989. *Feminist Utopias*. Lincoln: University of Nebraska Press.

Bellamy, Edward. [1888]1982. *Looking Backward, 2000-1887*. New York: Random [에드워드 벨라미, 『뒤돌아보며: 2000년에 1887년을』, 김혜진 옮김, 아고라, 2014].

Berger, Thomas. 1973. *Regiment of Women*. New York: Simon & Schuster.

Berlin, Isaiah. 1990. *The Crooked Timber of Humanity*. Princeton, NJ: Princeton University Press.

Bluestone, Natalie Harris. 1987. *Women and the Ideal Society: Plato's Republic and Modern Myths of Gender*. Amherst: University of Massachusetts Press.

Booker, M. Keith. 1994a. *The Dystopian Impulse in Modern Literature: Fiction as Social Criticism*. Westport, CT: Greenwood.

_____. 1994b. *Dystopian Literature: A Theory and Research Guide*. Westport, CT: Greenwood.

Briggs, Laura, and Jodi I. Kelber-Kaye. 2000. "'There is No Unauthorized Breeding in Jurassic Park': Gender and the Uses of Genetics." *NWSA Journal* 12(3) (Fall): 92-113.

Browne, Kath. 2011. "Beyond Rural Idylls: Imperfect Lesbian Utopias at Michigan Womyn's Music Festival." *Journal of Rural Studies* 27.

Bruère, Martha Bensley. 1919. *Mildred Carver, USA*. New York: Macmillan.

Bryant, Dorothy. 1976. *The Kin of Ata Are Waiting for You*. New York: Moon Books.

Bryson, Valerie. 2007. *Gender and the Politics of Time: Feminist Theory and Contemporary Debates*. Bristol: Policy Press.

Bulletti, Carlo, Antonio Palagiano, Caterina Pace, Angelica Cerni, Andrea Borini, and Dominique de Ziegler. 2011. "The Artificial Womb." *Annals of the New York Academy of Sciences: Reproductive Science Issue*, 1221(March): 124-128.

Butler, Octavia. 1979. *Kindred*. New York: Doubleday [옥타비아 버틀러, 『킨』, 이수현 옮김, 비채, 2016].

_____. 1993. *Parable of the Sower*. New York: Aspect [옥타비아 버틀러, 『씨앗을 뿌리는 사람의 우화』,

장성주 옮김, 비채, 2022].

_____. 1998. *Parable of the Talents*. New York: Seven Stories Press [옥타비아 버틀러, 『은총을 받은 사람의 우화』, 장성주 옮김, 비채, 2023].

Capasso, Ruth Carver. 1994. "Islands of Felicity: Women Seeking Utopia in Seventeenth-Century France." In *Utopian and Science Fiction by Women*, ed. Jane L. Donawerth and Carol A. Kolmerten, 35-53. Syracuse: Syracuse University Press.

Cavalcanti, Ildney. 2000. "Utopias of/f Language in Contemporary Feminist Literary Dystopias." *Utopian Studies* 11(2): 152-180.

Charnas, Suzy McKee. 1978. *Motherlines*. New York: Berkley.

Cherniavsky, Eva. 1993. "(En)Gendering Cyberspace in Neuromancer: Postmodern Subjectivity and Virtual Motherhood." *Genders* 18(Winter): 33-46.

Chmielewski, Wendy. 1993. "Sojourner Truth: Utopian Vision and Search for Community, 1797-1883." In Chmielewski, Kern, and Klee-Hartzell 1993, 133-149.

Chmielewski, Wendy, Louis J. Kern, and Marlyn Klee-Hartzell, eds. 1993. *Women in Spiritual and Communitarian Societies in the United States*. Syracuse: Syracuse University Press.

Cornell, Drucilla. 1991. *Beyond Accommodation: Ethical Feminism, Deconstruction, and the Law*. London: Routledge.

Dobkin, Alix. 1988. "Why Be Separatist? Exploring Women-Only Energy," 286-290. In *For Lesbians Only: A Separatist Anthology*, ed. Sarah Lucia Hoagland and Julia Penelope. London: Onlywomen.

Donchin, Anne. 1986. "The Future of Mothering: Reproductive Technology and Feminist Theory." *Hypatia* 1(Fall): 121-138.

_____. 1996. "Feminist Critiques of New Fertility Technologies: Implications for Social Policy." *Journal of Medicine and Philosophy* 21(October): 475-498.

Dunne, Linda. 1994. "Mothers and Monsters in Sarah Robinson Scott's *Millennium Hall*." In *Utopian and Science Fiction by Women*, ed. Jane L. Donawerth and Carol A. Kolmerten, 54-72. Syracuse: Syracuse University Press.

Elgin, Suzette. 1984. *Native Tongue*. New York: DAW.

_____. 1987. *Native Tongue II: The Judas Rose*. New York: DAW.

_____. 1994. *Native Tongue III: Earthsong*. New York: DAW.

Faludi, Susan. 1991. *Backlash: The Undeclared War against American Women*. New York: Double day [수전 팔루디, 『백래시: 누가 페미니즘을 두려워하는가?』, 황성원 옮김, 아르테, 2017].

Firestone, Shulamith. 1970. *The Dialectic of Sex: The Case for Feminist Revolution*. New York: William Morrow [슐라미스 파이어스톤, 『성의 변증법: 페미니스트 혁명을 위하여』, 김민예숙·유숙열 옮김, 꾸리에, 2016].

Fitting, Peter. 2010. "Utopia, Dystopia and Science Fiction." In *The Cambridge Companion to Utopian Literature*, ed. Gregory Claeys, 135-154. Cambridge: Cambridge University Press.

Forrest, Katherine V. 1984. *Daughters of a Coral Dawn*. Tallahassee, FL: Naiad.

Foster, Lawrence. 1991. *Women, Family, and Utopia: Communal Experiments of the Shakers, the Oneida Community, and the Mormons*. Syracuse: Syracuse University Press.

Francoeur, Robert. 1970. *Utopian Motherhood: New Trends in Human Reproduction*. Garden City: Doubleday.

Gearhart, Sally. 1979. *The Wanderground*. Watertown, MA: Persephone.

Gilman, Charlotte Perkins. 1907. "A Woman's Utopia." Chaps. 1-4 in *The Times Magazine* 1(January-March): 215-220, 369-376, 498-504.

_____. [1910]1980. *Moving the Mountain*. In *The Charlotte Perkins Gilman Reader: The Yellow Wallpaper and Other Fiction*. Ed. Ann J. Lane. New York: Pantheon [샬럿 퍼킨스 길먼, 『내가 깨어났을 때』, 임현정 옮김, 궁리, 2020].

_____. [1915]1979. *Herland*. New York: Pantheon [샬럿 퍼킨스 길먼, 『허랜드』, 임현정 옮김, 궁리, 2022].

Gomez, Jewelle. 1991. *The Gilda Stories: A Novel*. Ithaca, NY: Firebrand Books.

Gordin, Michael D., Helen Tiley, and Gyan Prakash. 2010. *Utopia/Dystopia: Conditions of Historical Possibility*. Princeton, NJ: Princeton University Press.

Griffith, Mary. [1836]1984. *Three Hundred Years Hence*. In *Daring to Dream: Utopian Fiction by United States Women, 1836~1919*, ed. Carol Farley Kessler. Boston: Pandora Press.

Halliwell, S., trans. 1993. *Republic V* by Plato. Warminster: Aris and Phillips [플라톤, 『국가』, 천병희 옮김, 숲, 2013].

Handlarski, Denise. 2010. "Co-Creation: Haraway's 'Regeneration' and the Postcolonial Cyborg Body." *Women's Studies* 39(2) (March): 73-99.

Harding, Rosie. 2010. "Imagining a Different World: Reconsidering the Regulation of Family Lives." *Law and Literature* 22(3).

Hollister, Alonzo Giles. 1887. *Divine Motherhood*. Mt. Lebanon, NY: n.p.

Howland, Marie Stevens Case. 1874. *Papa's Own Girl: A Novel*. New York: John P. Jewett.

Huxley, Aldous. 1932. *Brave New World*. New York: HarperCollins [올더스 헉슬리, 『멋진 신세계』, 안정효 옮김, 소담출판사, 2015].

Jameson, Fredric. 2005. *Archaeologies of the Future: The Desire Called Utopia and Other Science Fictions*. London: Verso.

Jennings, Hope. 2008. "Dystopian Matriarchies: Deconstructing the Womb in Angela Carter's *Heroes and Villains* and *The Passion of New Eve*." *Michigan Feminist Studies* 21: 63-84.

Jha, Prabhat, Maya A. Kesler, Rajesh Kumar, Faujdar Ram, Usha Ram, Lukasz Aleksandrowicz, Diego G. Bassani, Shailaja Chandra, and Jayant K. Banthia. 2011. "Trends in Selective Abortions of Girls in India: Analysis of Nationally Representative Birth Histories from 1990 to 2005 and Census Data from 1991 to 2011." *Lancet* 377.

Johnson, J. W., ed. 1968. *Utopian Literature*. New York: Modern Library.

Jones, Alice Ilgenfritz. 1893. *Unveiling a Parallel: A Romance*. Boston: Arena.

Jones, Lillian B. 1916. *Five Generations Hence*. Fort Worth, TX: Dotson Jones.

Kaufmann, Rev. M. 1879. *Utopias; or, Schemes of Social Improvement from Sir Thomas More to Karl Marx*. London: Kegan Paul.

Kelso, Sylvia. 2008. "'Failing That, Invent': Writing a Feminist Utopia in the 21st Century." *Femspec* 9(1): 3-19.

Kern, Louis. 1981. *An Ordered Love: Sex Roles and Sexuality in Victorian Utopias: The Shakers, the Mormons, and the Oneida Community*. Chapel Hill: University of North Carolina Press.

Kessler, Carol Farley, ed. 1984. *Daring to Dream: Utopian Fiction by United States Women, 1836-1919*. Boston: Pandora Press.

샐리 L. 키치

Kesten, Seymour. 1993. *Utopian Episodes: Daily Life in Experimental Colonies Dedicated to Changing the World*. Syracuse: Syracuse University Press.

Kiser, Edgar V., and Kathryn A. Baker. 1984. "Feminist Ideology and Utopian Literature." *Quarterly Journal of Ideology* (October), 29-36.

Kitch, Sally L. 1989. *Chaste Liberation: Celibacy and Female Cultural Status*. Champaign-Urbana: University of Illinois Press.

_____. 1993. *This Strange Society of Women: Reading the Letters and Lives of the Women's Commonwealth*. Columbus: Ohio State University Press.

_____. 2000. *Higher Ground: From Utopianism to Realism in Feminist Thought and Theory*. Chicago: University of Chicago Press.

Klee-Hartzell, Marlyn. 1993. "Family Love, True Womanliness, Motherhood, and the Socialization of Girls in the Oneida Community, 1848-1880." In Chmielewski, Kern, and Klee-Hartzell 1993, 187-197.

Kolmerten, Carol A. 1990. *Women in Utopia: The Ideology of Gender in the American Owenite Communities*. Bloomington: Indiana University Press.

Landon, Brooks. 1983. "Language and the Subversion of Good Order in Thomas Berger's *Regiment of Women*." *Philological Quarterly* 62(1) (Winter): 21-30.

Lane, Mary E. Bradley. [1880-81]1984. "Mizora: A Prophecy." In *Daring to Dream: Utopian Fiction by United States Women, 1836-1919*, ed. Carol Farley Kessler. Boston: Pandora Press.

Le Guin, Ursula. 1969. *The Left Hand of Darkness*. New York: Walker [어슐러 르 귄, 『어둠의 왼손』, 최용준 옮김, 시공사, 2014].

_____. 1974. *The Dispossessed: An Ambiguous Utopia*. New York: Harper & Row [어슐러 르 귄, 『빼앗긴 자들』, 이수현 옮김, 황금가지, 2002].

_____. 1985. *Always Coming Home*. Toronto: Bantam.

_____. 2000. *The Telling*. Orlando, FL: ACE.

Lessing, Doris. 1980. *The Marriages between Zones Three, Four, and Five*. Book 2 of *Canopus in Argos*. New York: Knopf.

_____. 1981a. *Shikasta: re, colonised planet 5: personal, psychological, historical documents relating to visit by Johor (George Sherban) emissary (grade 9) 87th of the period of the last days*. Book 1 of *Canopus in Argos*. New York: Vintage.

_____. 1981b. *The Sirian Experiments: The Report by Ambien II, of the Five*. Book 3 of *Canopus in Argos*. New York: Knopf.

_____. 1982. *The Making of the Representative for Planet 8*. Book 4 of *Canopus in Argos*. New York: Knopf.

_____. 1983. *Documents Relating to the Sentimental Agents in the Volyen Empire*. Book 5 of *Canopus in Argos*. London: J. Cape.

Levitas, Ruth. 2008. "Be Realistic: Demand the Impossible." *New Formations* 65, Autumn: 78-93.

Lewes, Darby. 1995. *Dream Revisionaries: Gender and Genre in Women's Utopian Fiction,1870-1920*. Tuscaloosa: University of Alabama Press.

Lublin, Nancy. 1998. *Pandora's Box: Feminist Confronts Reproductive Technology*. Lanhan, MD: Rowman & Littlefield.

Marin, Louis. 1993. "Frontiers of Utopia: Past and Present." *Critical Inquiry* 19(3).

Mohr, Dunja. 2005. *Worlds Apart: Dualism and Transgression in Contemporary Female Dystopias*. Jefferson, NC: McFarland and Company.

Moontree, Iandris. 1988. "An Interview with a Separatist, January 23, 1983." In *For Lesbians Only: A Separatist Anthology*, ed. Sarah Lucia Hoagland and Julia Penelope. London: Onlywomen.

Moore, M. Louise. 1892. *Al Modad; or, Life Scenes beyond the Polar Circumflex. A Religio-Scientific Solution of the Problems of Present and Future Life*. Shell Bank, LA: Moore and Beauchamp.

More, Thomas. [1516]1963. *Utopia*. Norwalk, CT: Easton Press [토머스 모어, 『유토피아』, 전경자 옮김, 열린책들, 2012].

Morrison, Toni. 1998. *Paradise*. New York: Knopf [토니 모리슨, 『파라다이스』, 김선형 옮김, 들녘, 2003].

Nicholas, Lucy. 2009. "A Radical Queer Utopian Future: A Reciprocal Relation beyond Sexual Difference." *Thirdspace: A Journal of Feminist Theory and Culture* 8(2).

Nielsen, Joyce McCarl. 1984. "Women in Dystopia/Utopia: 1984 and Beyond." *International Journal of Women's Studies* 7(2) (March/April): 144-154.

Orwell, George. 1949. *1984*. New York: Milestone Editions [조지 오웰, 『1984』, 이종인 옮김, 연암서가, 2019].

Peel, Ellen. 1990. "Utopian Feminism, Skeptical Feminism, and Narrative Energy." In *Feminism, Utopia, and Narrative*, ed. Libby Falk and Sarah Webster Goodwin, 34-49. Knoxville: University of Tennessee Press.

_____. 2002. *Politics, Persuasion, and Pragmatism: A Rhetoric of Feminist Utopian Fiction*. Columbus: Ohio State University Press.

Perec, Georges. [1975]1988. *W, or the Memory of a Childhood*, trans. David Bellos. Boston: Godine [조르주 페렉, 『W 또는 유년의 기억』, 이재룡 옮김, 웅진, 2011].

Pereyra, Marsia. 2010. "Paradise Lost: A Reading of *Wasala* from the Perspectives of Feminist Utopianism and Ecofeminism." Trans. Diane J. Forbes. In *The Natural World in Latin American Literatures: Ecocritical Essays on Twentieth-Century Writings*, ed. Adrian Taylor Kane. Jefferson, NC: McFarland and Company.

Piercy, Marge. 1976. *Woman on the Edge of Time*. New York: Knopf [마지 피어시, 『시간의 경계에 선 여자 1, 2』, 변용란 옮김, 민음사, 2010].

Plato. 1993. *Republic*. Trans. Robin Waterfield. New York: Oxford University Press [플라톤, 『국가』, 천병희 옮김, 숲, 2013].

Richberg, Eloise O. 1900. *Reinstern*. Cincinnati: Editor Publishing.

Russ, Joanna. 1975. *The Female Man*. Boston: Beacon.

Sargent, Pamela. 1986. *The Shore of Women*. New York: Crown.

Sargisson, Lucy. 1996. *Contemporary Feminist Utopianism*. New York: Routledge.

Schönpflug, Karin. 2008. *Feminism, Economics and Utopia: Time Travelling through Paradigms*. New York: Routledge.

Seltzer, Sarah. 2011. "Hunger Pangs." *Bitch Magazine* 51: 38-42.

Shugar, Dana R. 1995. *Sep-a-ra-tism and Women's Community*. Lincoln: University of Nebraska Press.

Siebers, Tobin. 1994. "Introduction: What Does Postmodernism Want? Utopia." In *Heterotopia: Postmodern Utopia and the Body Politic*, ed. Tobin Siebers, 1-38. Ann Arbor: University of Michigan Press.

Slonczewski, Joan. 1986. *A Door into Ocean*. New York: Avon.

Smith, Curtis. 1991. "Nkrumaism as Utopianism." *Utopian Studies* 3.

Sontag, Susan. 2000. *In America: A Novel*. New York: Picador [수전 손택, 『인 아메리카』, 임옥희 옮김, 이후, 2008].

Staton, Mary. 1975. *From the Legend of Biel*. New York: Ace.

Stolba, Christine. 2003. "Overcoming Motherhood: Pushing the Limits of Reproductive Choice." *Policy Review* (December 2002-January 2003), 31-41.

Stolcke, Verena. 1988. "New Reproductive Technologies: The Old Quest for Fatherhood." *Reproductive and Genetic Engineering* 1(1): 5-19.

Sullivan, E. D. S., ed. 1983. *The Utopian Vision: Seven Essays on the Quincentennial of Sir Thomas More*. San Diego: San Diego State University Press.

"Technology Causing Drop in Proportion of Females." 2000. *Women in Action* 3(3).

Tepper, Sheri S. 1991. *Beauty: A Novel*. New York: Doubleday (Spectra Special Editions; Kindle Edition).

Teslenko, Tatiana. 2003. *Feminist Utopian Novels of the 1970s: Joanna Russ and Dorothy Bryant*. New York: Routledge.

Tremain, Shelley. 2006. "Reproductive Freedom, Self-Regulation, and the Government of Impairment in Utero." *Hypatia* 21(1): 35-53.

Wagner-Lawlor, Jennifer A. 2012. "Ways of Being Nowhere: Forms of Speculation in Twentieth-First-Century Feminist Fiction." Unpublished manuscript.

Waisbrooker, Lois. 1894. *A Sex Revolution*. Topeka, KS: Independent.

White, Thomas I. 1983. "Opposing Necessity and Truth: The Argument against Politics in Doris Lessing's Utopian Vision." In *Women and Utopia: Critical Interpretations*, ed. Marleen Barr and Nicholas D. Smith, 134-147. Lanham, MD: University Press of America.

Williams, Brackette F. 1996. "Introduction: Mannish Women and Gender after the Act." In *Women Out of Place: The Gender of Agency and the Race of Nationality*, ed. Brackette F. Williams. New York: Routledge.

Winslow, Helen. 1909. *A Woman for Mayor: A Novel of Today*. Chicago: Reilly and Britton.

Winterson, Jeanette. 2009. *The Stone Gods*. Orlando, FL: Houghton Mifflin Harcourt.

Wittig, Monique. [1969]1973. *Les guérillères*. Trans. David Le Vay. New York: Avon.

Zamyatin, Yevgeny. [1921]1972. *We*. Trans. Mirra Ginsburg. New York: Avon [예브게니 이바노비치 자먀찐, 『우리들』, 석영중 옮김, 열린책들, 2009].

Zhang Longxi. 2002. "The Utopian Vision, East and West." *Utopian Studies* 13(1).

찾아보기

ㄱ

가버, 마저리Marjorie Garber　17, 404

가부장제　51, 54, 120, 125, 132, 133,
　209, 210, 298, 388~391, 396, 475,
　476, 483, 485~489, 494, 495, 516,
　523, 618, 712, 721, 729

『가장 푸른 눈』The Bluest Eye　132

『가족, 사유재산, 국가의 기원』Origin of the
　Family, Private Property and the State　298,
　389

간디, 모한다스 K.Mohandas K. Gandhi
　227, 228

갈, 수잔Susan Gal　346

갈라자, 에르네스토Ernesto Galarza　156

갈레노스Galenos　640

갈색 베레모Brown Berets　157

개리슨, 윌리엄 로이드William Lloyd
　Garrison　271

『거짓말, 비밀, 침묵에 대하여』On Lies,
　Secrets, and Silence　543

거터 다이크 공동체Gutter Dyke Collective
　704, 705

〈걸즈〉Girls　353

『검은 피부 하얀 가면』Black Skin, White
　Masks　238

『게릴라들』Les guérillères　713, 714

게이/레즈비언　24, 27~29, 40, 87, 91,
　108, 111, 121~123, 125, 205, 216,
　234, 238, 239, 242, 244, 247, 249, 255,
　256, 262, 263, 271, 272, 334, 338, 339,
　365~370, 377, 407, 483, 508, 527,

536, 541, 542, 581, 600, 646~649,
　651, 674, 676, 690, 704, 705, 714, 719,
　726

게이 해방운동　232~234

겔너, 어네스트Ernest Gellner　387

『경계 지대/국경』Bolderlands/La Frontera
　159

『경로』Routes　75

『경제학에서의 여성들: 사회 진화의 한
　요소로서 남녀의 경제적 관계에 대한
　연구』Women in Economics: A Study of the
　Economic Relation between Men and Women
　as a Factor in Social Evolution　709, 727

계급　15, 17, 23, 25, 26, 37, 39, 44, 51,
　52, 54, 55, 73, 74, 76~80, 82, 85, 111,
　123, 132, 133, 143~146, 150, 155,
　158, 160, 161, 173, 180, 181,
　189~192, 210, 226, 227, 231, 232,
　236, 244~246, 262, 265, 266, 271,
　273~276, 279, 282~284, 293, 304,
　307, 308, 339, 340, 343, 423, 427, 428,
　431, 432, 438, 466, 475, 476, 483, 486,
　487, 519, 521, 560, 562, 563, 566, 571,
　572, 643, 645, 651, 652, 658, 667, 698,
　706~708, 710, 717, 719, 720

「계몽이란 무엇인가?」What Is
　Enlightenment?　528, 532, 540

『고대사회: 야만으로부터 미개를 거쳐
　문명으로 인류가 진화한 과정에 대한
　연구』Ancient Society: Researches in the
　Lines of Human Progress from Savegery

through Barbarism to Civilization 296, 298

고든, 조앤Joan Gordon 690

고메즈, 주얼Jewelle Gomez 713, 714

『고백록』Confessions 509

곤잘레스, 로돌포 코키Rodolfo "Corky" Gonzalez 156

골드만, 엠마Emma Goldman 427

골드버그, 데이비드 테오David Theo Goldberg 565

『공론장의 구조 변동』The Structural Transformation of the Public Sphere 531, 535, 540

공적 영역과 사적 영역 29, 31, 209, 262~264, 342, 510, 516, 521, 523, 572

과학 42, 44, 125, 126, 225, 226, 296, 319, 361, 376, 391, 419, 421, 422, 424~430, 432, 433, 440, 441, 443, 457, 458, 480, 487, 490, 556, 557, 589, 607, 609, 672, 707

괴테, 요한 볼프강 폰Johann Wolfgang von Goethe 92

구디, 잭Jack Goody 308

구성주의자constructivists 24, 319, 566

『국가』Republic 225, 381, 382, 686, 698, 699

『국제 사회과학 백과사전』International Encyclopedia of the Social Sciences 20

권력 15, 19, 25, 27, 31, 37~39, 42~47, 49~54, 67, 68, 73, 75, 85~88, 107, 119, 126, 132, 134, 135, 158, 170, 209, 211, 212, 221, 229, 233, 255, 256, 260~263, 266, 267, 269, 272, 276, 277, 282, 283, 340, 356, 359, 360, 367, 375, 386, 395, 396, 403, 473~488, 490~495, 497~499, 521, 524, 525, 529, 531, 534, 538, 540, 541, 545, 568, 572, 576, 581~584, 591~593, 596,

597, 600, 605, 659, 663, 664, 667, 693~695, 697, 698, 703~705, 707, 709, 717~720, 722, 725, 726

『귀부인들의 도시에 관한 책』The Book of the City of Ladies 686, 706

규범norm 21~24, 27, 58, 102, 107, 108, 110, 126, 127, 130, 133, 145, 154, 161, 172, 181, 188, 192, 216~218, 221, 240, 258, 264, 268, 276, 280, 297, 307, 328, 336, 340~342, 351, 353, 361, 368~370, 403, 441, 453~455, 466, 481~483, 485, 487, 488, 507, 508, 515, 517, 522~524, 528, 541~543, 548, 581~583, 585, 587~589, 591~598, 600, 601, 606, 609, 610, 615, 618, 621, 625, 637, 644, 650, 655, 656, 667, 669, 673, 685, 690, 693, 697, 704, 706

「규범의 자연사를 향하여」Towards a Natural History of Norms 595

규범화/정상화normalization 125, 154, 218, 369, 481, 582, 583, 592, 593, 595, 597, 600, 676

「그 남자를 만나러 가는 길」Going to Meet the Man 40

『그라마톨로지』Of Grammatology 243

그라츠 대 볼린저Gratz v. Bollinger 567, 573, 574

그라츠, 제니퍼Jennifer Gratz 567, 573, 574

그람시, 안토니오Antonio Gramsci 71, 75~78, 80, 82, 85~87, 89, 90, 95, 96

『그람시·문화·인류학』Gramsci, Culture and Anthropology 76

그레이브스, 로버트Robert Graves 390

그레이엄, 로라Laura Graham 509

그로스, 엘리자베스Elizabeth Grosz 134,

440, 441, 497, 498

그루터 대 볼린저Grutter v. Bollinger   567, 573, 574

그루터, 바버라Barbara Grutter   567, 573, 575

그리스도교Christianity   18, 213, 226, 237, 238, 246, 268, 384, 395, 402, 512, 522, 544, 546, 607, 608, 610~613, 615, 616, 620, 623, 624, 627, 647, 686, 687, 694, 703

그리스월드 대 코네티컷주Griswold v. State of Connecticut   513, 518

그리피스, 메리Mary Griffith   698, 708

그린 호프 팜Green Hope Farm   704

그림케, 사라Sarah Grimké   525, 526

그림케, 안젤리나Angelina Grimké   526

『근대 페미니즘의 기초 다지기』Grounding of Modern Feminism   563

글레이저, 네이선Nathan Glazer   147

글로버, 대니Danny Glover   665

『글로벌 섹스』Global Sex   249

『기녀들의 대화』Dialogues of the Courtesans   647

기어츠, 클리퍼드Clifford Geertz   69, 73, 609

기어하트, 샐리Sally Gearhart   712~714

『기원전 7000~기원전 3000년 고대 유럽의 여신과 남신: 신화, 전설, 숭배』The Goddesses and Gods of Old Europe 7000-3000 BC: Myths, Legends and Cults   389, 390

『기호들: 문화와 사회 속의 여성들』Sign: Journal of Women in Culture and Society   27

『길가메시 서사시』Gilgamesh Epic   663

『길다 이야기』The Gilda Stories   714

길리건, 캐럴Carol Gilligan   26, 277~280

길먼, 샬럿 퍼킨스Charlotte Perkins Gilman 707~710, 727

김부타스, 마리야Marija Gimbutas   389~392

깁슨, 멜Mel Gibson   665

깁슨, 윌리엄William Gibson   451, 452, 469

『꿀벌의 우화』Fable of the Bee   524

『끝까지 가기』Going All the Way   132

ㄴ

나가르, 리차Richa Nagar   244

『나는 여자가 아닙니까: 흑인 여성과 페미니즘』Ain't I a Woman: Black Women and Feminism   160

나르키소스Narcissus   406, 407

나사렛의 베아트리체Beatrijs of Nazareth   628

『나의 등이라 불리는 이 다리: 급진적 유색인종 여성들의 글쓰기』This Bridge Called My Back: Writings by Radical Women of Color   159

남반구global South   37, 68, 74, 243

남성성masculinity   13, 14, 17, 22, 26, 91, 115~117, 121, 129~132, 172, 181, 188, 190, 193, 194, 228, 235, 237, 244, 245, 248, 276, 278, 329, 339, 340, 347, 364, 420, 421, 426, 440, 473, 488, 491~494, 508, 536, 555, 558, 583, 584, 588, 589, 605, 636, 637, 651, 652, 655~657, 660, 663, 664, 666~671, 673, 675, 694

『남자가 언어를 만들었다』Man Made Language   330

남자들의 우정male friendship   663~665, 667, 677

『네 가지 원형』Four Archetypes   390

노르위치의 줄리안Julian of Norwich   614, 618

노블, 비키Vicki Noble 393

노샘프턴교육산업협회Northampton Association of Education and Industry 689

『노예 소녀의 삶에 벌어진 일들』Incidents in the Life of a Slave Girl 50

노예제 폐지 운동 210, 515, 526

노예제도slavery 17, 47, 50, 53, 55~57, 146, 181, 219, 234, 264, 271, 272, 505, 506, 522, 555, 561, 568

노이만, 에리히Erich Neumann 390

노이스, 존 험프리John Humphrey Noyes 688, 701

노직, 로버트Robert Nozick 265, 266

농업혁명Agricultural Revolution 19

『뉴 아틀란티스』New Atlantis 687

『뉴욕 타임스』New York Times 329, 330, 334

『늘 귀향하는』Always Coming Home 713, 715

니코디머스Nicodemus 689

『니코마코스 윤리학』Nicomachean Ethics 257, 664

니컬러스, 루시Lucy Nicholas 726

닐손, 아르네Arne Nilsson 246

ㄷ

다노, 폴Paul Dano 371

『다른 목소리로』In a Different Voice 26

다미안, 피터(베드로 다미아노)Peter Damian 627, 661

다신교polytheism 395~397, 620

「다음에는 불을」The Fire Next Time 562

『단층선들』Fault Lines 14

『당신은 이해하지 못하고 있을 뿐이다』You Just Don't Understand 341

대니얼스, 신시아Cynthia Daniels 432

대문자 법Law 588

대중문화 101, 109, 150, 231, 351, 352, 362, 368, 370, 371, 373~376, 534, 535, 547, 640, 643

『대지의 저주받은 자들』The Wretched of the Earth 238

더글러스, 메리Mary Douglas 38, 39, 42, 45, 384

더글러스, 프레더릭Frederick Douglass 271

데리다, 자크Jacques Derrida 31, 243, 477

데이비스, 엘리자베스 굴드Elizabeth Gould Davis 389

데이튼, 조너선Jonathan Dayton 371

데일리, 메리Mary Daly 390, 615

데카르트, 르네René Descartes 212, 462, 465, 468

도누아, 마리-카트린Marie-Catherine D'Aulnoy 706

『도덕 개혁과 가족 수호의 옹호자』(『옹호자』)The Advocate of Moral Reform and Family Guardian 49~52

독신/금욕celibacy 384, 625, 685, 688, 702~705, 708, 714, 718, 728

『돈 후안』Don Juan 226

돈친, 앤Anne Donchin 723

돕킨, 앨릭스Alix Dobkin 704

『동물 발생론』Generation of Animals 639

동성애homosexuality 22, 23, 48, 111, 114, 115, 135, 176, 228, 232, 238, 240~243, 246, 247, 249, 284, 317, 319, 383, 384, 398, 401, 403, 408, 527, 626~628, 635, 640, 646~655, 657~660, 662~664, 666, 669, 671~677

동화assimilation 144, 145, 147, 148, 152, 153, 155, 157, 369, 645

두지나스, 코스타스Costas Douzinas   213
뒤르켐, 에밀Emile Durkheim   609
『뒤를 돌아보며, 2000~1887』Looking
  Backward, 2000-1887   700
뒤비, 조르주Georges Duby   524
듀이, 존John Dewey   264
드라우파디Draupadi   403, 406
드라이든, 존John Dryden   666
『드라큘라』Dracula   132
들뢰즈, 질Gilles Deleuze   108, 134, 477
디너스타인, 도로시Dorothy Dinnerstein
  277, 278, 494
디스토피아   331, 429, 433, 461,
  683~685, 692~696, 701, 704, 706,
  710, 713, 716, 717, 721, 723, 727, 728
디에츠, 메리Mary Dietz   544
『뜻대로 하세요』As You Like It   687

ㄹ
라 로슈, 조피 폰Sophie von La Roche
  91~93, 95
라 루즈La Luz   704
라다Radha   405
라마누잔, A. K.A. K. Ramanujan   405
『라마야나』Ramayana   401, 406
라벤더 공동체Lavender Collective   704
라오, 벨체루 나라야나Velcheru Narayana
  Rao   401
라이트, 프랜시스(패니)Frances(Fanny)
  Wright   505, 506, 508, 513, 517, 521,
  526
라이히, 빌헬름Wilhelm Reich   126
『라인스턴』Reinstern   710
라캉, 자크Jacques Lacan   110, 127~133,
  135, 325, 326, 352, 373, 486,
  490~492, 494, 496, 497, 584~590, 595
라투르, 브뤼노Bruno Latour   458

라틴아메리카계 미국 시민 연합League of
  United Latin American Citizens   153
라플랑슈, 장Jean Laplanche   113, 352,
  354, 372, 491, 496, 589, 590
라피토, 조제프-프랑수아Joseph-François
  Lafitau   426
래드클리프-브라운, 알프레드 R.Alfred R.
  Radcliffe-Brown   294, 299, 302, 609
랩, 레이나Rayna Rapp   73, 430, 431
랭, 로널드 데이비드Ronald David Laing
  126
랭카스터, 제인Jane Lancaster   437, 438
러스, 조안나Joanna Russ   715
러츠, 캐서린Catherine Lutz   173
레비스트로스, 클로드Claude Lévi-Strauss
  294, 302~305, 382, 585~587,
  589~591
레비타스, 루스Ruth Levitas   726
레스보스Lesbos   646~648
레싱, 도리스Doris Lessing   711, 715, 724
레이건, 로널드Ronald Reagan   575
레이리오페Leiriope   406
레이코프, 로빈Robin Lakoff   336, 337,
  340
레인, 메리 E. 브래들리Mary E. Bradley
  Lane   707
레프코위츠, 메리Mary Lefkowitz   394, 396
렌퀴스트, 윌리엄William Rehnquist   574,
  575
로 대 웨이드Roe v. Wade   517, 518
로레티스, 테레사 드Teresa de Lauretis
  121, 122, 563
로마노, 옥타비오Octavio Romano   156
『로미오와 줄리엣』Romeo and Juliet   107,
  656
로버츠, 도로시Dorothy Roberts   432, 433
로빈슨, 폴Paul Robinson   23

로사리오, 버넌 A.Vernon A. Rosario　24

로절도, 미셸 짐벌리스트Michelle Zimbalist Rosaldo　516

로즈, 재클린Jacqueline Rose　121, 498

로즈, 힐러리Hilary Rose　722

로크, 존John Locke　55, 61, 211, 225, 463, 523, 530

롤스, 존John Rawls　263~266, 525, 528

루블린, 낸시Nancy Lublin　723

〈루비 스파크스〉Ruby Sparks　371, 373

루빈, 게일Gayle Rubin　26, 27, 135, 586, 598, 636, 638

루서, 로즈메리 래드퍼드Rosemary Radford Ruether　614, 616

루소, 장-자크Jean-Jacques Rousseau　211, 509, 611

루슈디, 아마드 살만Ahmad Salman Rushdie　382

루키아노스Lucianos　647

르 귄, 어슐러Ursula Le Guin　711, 713, 715, 724, 726

리, 앤Ann Lee　702

리보의 엘레드Aelred of Rievaulx　618

리스먼, 바버라Barbara Risman　248

〈리썰 웨폰〉Lethal Weapon　665

리처즈, 오드리Audrey Richards　71

리치, 에이드리언Adrienne Rich　390, 543

리치버그, 엘로이즈 O.Eloise O. Richberg　710

린네, 칼 폰Carl von Linné　426

링컨, 브루스Bruce Lincoln　385

링컨, 에이브러햄Abraham Lincoln　271

링클레이터, 리처드Richard Linklater　353

◼

『마녀 철퇴』Malleus Maleficarum　407

〈마니〉Marnie　358, 360, 373

『마담 보바리』Madame Bovary　132

『마더피스: 신화, 예술, 타로를 통해 여신에게 이르는 길』Motherpeace: A Way to the Goddess through Myth, Art, and Tarot　393

마돈나Madonna　91, 431

마르크스, 카를Karl Marx　226, 273, 274, 296, 298, 308, 375, 475, 479, 480, 484, 533

마블, 앤드루Andrew Marvell　636

마슈레, 피에르Pierre Macheray　595, 596

마이나르, 프랑수아 드François de Maynard　648

마키아벨리, 니콜로Niccolò Machiavelli　528

마타이, 왕가리Wangari Maathai　424

마틴, 비디Biddy Martin　599

마하가차야나Mahakaccayana　406

『마하바라타』Mahabharata　398, 402, 403, 406

만, 찰스Charles Mann　418

『말괄량이 길들이기』The Taming of the Shrew　233

말로, 크리스토퍼Christopher Marlowe　667

말리노프스키, 브로니슬라브 카스퍼Bronislaw Kasper Malinowski　71, 294, 299, 301, 302, 311

『말하기』The Telling　724

「매 맞는 아이」A Child Is Being Beaten　356

매든슨, 윌리엄William Madsen　150

『매디슨 카운티의 다리』The Bridges of Madison County　363~365, 370

매키넌, 캐서린Catharine MacKinnon　281, 475, 476, 517, 519, 521, 528, 597~599

매킨토시, 모린Maureen Mackintosh　78~85

맥렐런, 존 퍼거슨John Ferguson McLellan

296

맥휘터, 마사Martha McWhirter 704

맨더빌, 버나드Bernard Mandeville 524

머니, 존John Money 13

머독, 조지 피터George Peter Murdock 294, 299

머레이, 주디스 사전트Judith Sargent Murray 525

머천트, 캐럴린Carolyn Merchant 419~422

머크, 맨디Mandy Merck 498

먼비, 아서Arthur Munby 37

멀비, 로라Laura Mulvey 124

『멋진 신세계』Brave New World 692

「메두사의 머리: 정치적 압력하에서의 남성 히스테리아」(닐 허츠)Medusa's Head: Male Hysteria under Political Pressure 493

「메두사의 머리」(지그문트 프로이트)Medusa's Head 117

메러디스, 제임스James Meredith 562

메리안, 마리아 시빌라Maria Sybylla Merian 426

『메스티자 이성』La Razón Mestiza 158

메이어, 루시Lucy Mair 71

메인, 헨리Sir Henry Maine 296

메타포이셋Mattapoisett 712

『멕시카나 여성위원회 뉴스레터』Comisíon Feminil Mexicana Newsletter 158

멕시코계 미국인 143~146, 150~157, 162, 569

멕시코계 미국인 운동연합Mexican-American Movement Incorporated 153

멕시코계 미국인 학생연합Union of Mexican American Students, UMAS 157

멕시코인의 목소리Mexican Voice 153

모건, 루이스 헨리Lewis Henry Morgan 296~299, 308

모건, 제니퍼Jennifer Morgan 54

『모계』Motherlines 711, 715

『모국어』Native Tongue 시리즈 711

『모든 여자는 백인이다, 모든 흑인은 남자다, 그러나 우리 중 몇몇은 용감하다』All the Women Are White, All the Blacks Are Men, but Some of Us Are Brave 160

모라가, 체리Cherríe Moraga 159

모리스, 잰Jan Morris 17

모리슨, 토니Toni Morrison 365, 724, 725

〈모사품 인생〉Imitation of Life 103, 105, 106

모스, 마르셀Marcel Mauss 303

모어, 토머스Sir Thomas More 568, 687, 695, 696, 699

모이, 토릴Toril Moi 559

모일런, 톰Tom Moylan 714

몬테시노, 소냐Sonia Montecino 235, 236

몸/신체 15, 17, 20, 28, 30, 31, 37~48, 53~58, 60, 61, 86, 105, 107, 113, 117, 121~123, 125, 130, 132~135, 175, 176, 181, 191, 192, 227, 310, 313, 314, 318, 331, 358, 359, 365, 367, 386, 398~400, 403, 405, 407, 408, 418, 420, 428, 429, 431, 434~437, 439~443, 451~453, 455~469, 476, 478, 482, 485, 487, 488, 495~499, 507~509, 517, 526, 535, 556, 559~561, 597, 599, 600, 616~618, 624~626, 636~639, 653, 655, 665, 668, 669, 690, 694, 699, 713, 717, 719, 728

몽테뉴, 미셸 드Michel de Montaigne 665~667

무어, M. 루이즈M. Louise Moore 710

『문명과 그 불만』Civilization and Its

Discontents 480

문화 10~18, 20, 22, 24~26, 28~31, 37,
　　39, 46, 55, 57, 59~61, 67~82, 84, 85,
　　87, 89~96, 103, 107, 108, 110, 111,
　　124, 128, 129, 132, 135, 143~157,
　　159, 161, 169, 171~174, 177,
　　179~181, 183, 186, 187, 189, 190,
　　192, 194, 195, 204~207, 209, 212,
　　214~217, 220, 221, 225~228, 231,
　　233~238, 241~243, 245, 246, 249,
　　250, 255, 256, 259, 262, 266, 268,
　　270~273, 277, 279, 280, 283~285,
　　296, 297, 299, 304, 306, 307,
　　309~311, 316, 319, 325, 329, 330,
　　336~338, 340~343, 345, 346, 351,
　　354, 363, 368, 369, 372, 375, 384,
　　388~392, 394~397, 403, 409,
　　421~423, 425, 429, 431~434,
　　439~441, 443, 453, 455, 458, 464,
　　476, 477, 487, 489, 491, 498,
　　508~510, 512, 515, 516, 520, 523,
　　524, 527, 531, 536, 539, 541, 542, 544,
　　545, 548, 556~560, 563, 582,
　　585~587, 590, 593, 597, 605, 606,
　　609, 612, 613, 617, 623, 628,
　　636~638, 642, 643, 652, 654, 655,
　　660, 667, 672, 673, 676, 684, 685, 691,
　　698, 702, 717, 729
문화 다원주의cultural pluralism　148~150
문화(적) 민족주의　143, 155~157
문화기술지ethnography　170, 172, 173,
　　178, 194, 241, 294, 295, 311, 315, 316,
　　319, 343, 432, 611, 657
『문화의 곤경』The Predicament of Culture　75
문화적 이데올로기　13
뮈르달, 군나르Gunnar Myrdal　147
뮐러, 프리드리히 막스Friedrich Max Müler

386

미국　10, 13~15, 17, 19~24, 29, 40, 45,
　　47~49, 52, 54, 56, 58, 68, 71, 78,
　　85~87, 89, 91, 105, 107, 123, 124,
　　126, 132, 143, 144, 146~150,
　　152~162, 178, 184, 185, 206, 207,
　　210, 212, 215, 221, 227, 231~234,
　　237, 241, 242, 244, 245, 248~250,
　　255, 259, 260, 263, 264, 271,
　　275~277, 279~281, 306, 307, 317,
　　330, 332, 344, 353, 361, 365, 368, 381,
　　415, 416, 424, 427, 428, 431, 432, 435,
　　438, 481, 505, 509, 516, 518, 520, 522,
　　537, 538, 542, 546, 555, 561, 562,
　　567~572, 574, 575, 600, 643, 649,
　　650, 656, 657, 660, 673, 684, 685,
　　687~690, 694, 696, 697, 702,
　　704~707, 711~713, 720, 723
미국 독립혁명　271
미국여성협회National Organization for
　　Women, NOW　562
미국정신의학협회American Psychiatric
　　Association　240
미국화 운동Americanization movement
　　152
미드, 마거릿Margaret Mead　24, 71
『미조라: 예언』Mizora: A Prophecy　707
『미즈』Ms.　694
미첼, 마거릿Margaret Mitchell　352
미첼, 줄리엣Juliet Mitchell　486, 586
민권운동　143, 145, 149, 156, 159, 160,
　　162, 212, 232, 262, 264, 562
민족성ethnicity　70, 143~148, 151,
　　154~156, 160~162, 244, 307, 342,
　　431, 717
민족성 연구　143
민족성 이론　144~146, 149, 150, 155,

161, 162

민족주의nationalism 69, 70, 73, 76, 143, 155, 159, 162, 233, 245, 306, 492, 522

밀, 존 스튜어트John Stuart Mill 480, 481, 533

『밀드레드 카버, USA』Mildred Carver, USA 710

『밀레니엄 홀』Millennium Hall 707

밀턴, 존John Milton 687

ㅂ

바, 마를린Marleen Barr 690

『바다로의 문』A Door into Ocean 711

『바람과 함께 사라지다』Gone with the Wind 107, 352, 353

『바살라』Wasala 726

바워스 대 하드윅Bowers v. Hardwick 513, 514

바이넘, 캐럴라인Caroline Bynum 616, 619

바키, 앨런Allen Bakke 567, 569

바텀리, 길리안Gillian Bottomley 244, 245

바트카우스키, 프랜시스Frances Bartkowski 691, 711

바흐오펜, 요한 야코프Johann Jakob Bachofen 300, 389

반가슈바나Bhangashvana 404, 406

반식민주의 143, 307

반연방파Anti-Federalists 271

발화/연설/말하기speech 41, 105, 106, 128, 210, 221, 326, 327, 332, 333, 335, 338, 340~347, 442, 451, 453, 455~465, 467~469, 482, 484, 509, 529, 536, 544, 547, 555, 557, 588, 600, 601, 689, 715

『방랑 지대』The Wanderground 712~714

배리, 캐슬린Kathleen Barry 487

『백래시: 누가 페미니즘을 두려워하는가?』Backlash: The Hidden War against Women 715

버거, 존John Berger 354

버거, 토머스Thomas Berger 693, 694, 696

버드 앤틀(버드)Bud Antle 78~84, 95

버드, 필리스Phyllis Bird 622, 623

버크, 에드먼드Edmund Burke 493

버틀러, 옥타비아Octavia Butler 713, 724

버틀러, 주디스Judith Butler 30, 31, 58, 132, 133, 216, 217, 338, 464, 482, 495, 498, 606, 637, 638

버풋, 아네트Annette Burfoot 460

번연, 존John Bunyan 687

번치, 샬럿Charlotte Bunch 204, 221

벌랜트, 로런Lauren Berlant 548

벌린, 이사야Isaiah Berlin 258, 259

범주 위기category crisis 17

『법률』Laws 257, 381

베네딕트, 루스Ruth Benedict 71

베리, 메리 프랜시스Mary Frances Berry 54

베스트팔, 카를 프리드리히 오토Karl Friedrich Otto Westphal 672, 673, 675

베스푸치, 아메리고Amerigo Vespucci 418

베이컨, 로이드Lloyd Bacon 362

베이컨, 프랜시스Francis Bacon 687

베토벤, 루트비히 판Ludwig van Beethoven 91

벤, 스탠리 L.Stanley L. Benn 258

벤저민, 제시카Jessica Benjamin 120, 494, 498

벤케르트, 카를 마리아Karl Maria Benkert(케르트베니) 674

벨러미, 에드워드Edward Bellamy 700

벨리, 지오콘다Gioconda Belli 726

『벽장의 인식론』Epistemology of the Closet

598

『병리적 성애』Psychopathia Sexualis 241

보가더스, 에머리Emory Bogardus 150

보부아르, 시몬 드Simone de Beauvoir 15, 72, 474, 488, 559~562, 719

보스웰, 존John Boswell 627

보아스, 프란츠Franz Boas 71

보위, 맬컴Malcolm Bowie 590

『보이지 않는 인간』Invisible Man 561

『복낙원』Paradise Regained 687

본질주의자들essentialists 24

볼드윈, 제임스James Baldwin 40, 555, 562

부르디외, 피에르Pierre Bourdieu 308

부버, 마르틴Martin Buber 383

부시, 조지 H. W.George H. W. Bush 332, 333

북미인터섹스협회Intersex Society of North America(어코드 얼라이언스) 16, 441

북반구global North 37, 59, 68, 72, 74, 231, 236, 244

『뷰티: 소설』Beauty: A Novel 715

브라운, 웬디Wendy Brown 498

브라운, 캐스Kath Browne 726

브라이도티, 로시Rosi Braidotti 41

브라이슨, 발레리Valerie Bryson 726, 727

브라이언트, 도로시Dorothy Bryant 712

브래드퍼드, 윌리엄William Bradford 418

〈브랜든 티나 이야기〉The Brandon Teena Story 21

브뤼에르, 마사 벤슬리Martha Bensley Bruère 710

『브리태니커 백과사전』Encyclopaedia Britannica 611, 702

블랙번, 로빈Robin Blackburn 56

〈블레이드 러너〉Blade Runner 132

『비교 신화학』Comparative Mythology 386

비마Bhima 403

『비명』El Grito 156

비슈마Bhishma 402

『비엘의 전설』From the Legend of Biel 711

비오 10세Pius X 613

비처, 캐서린Catharine Beecher 505~508, 510, 511, 513, 521, 522

비트루비우스Vitruvius 593

비판 이론 178, 326

〈비포 미드나잇〉Before Midnight 353

〈비포 선라이즈〉Before Sunrise 353

〈비포 선셋〉Before Sunset 353

빌란트, 크리스토퍼 마르틴Christopher Martin Wieland 92~94

빙엔의 힐데가르트Hildegard of Bingen 614

『빼앗긴 자들: 모호한 유토피아』The Dispossessed: An Ambiguous Utopia 711, 715

ㅅ

사랑 21, 31, 49, 59, 60, 101~106, 108, 109, 112~115, 118, 121~123, 127, 130, 178, 179, 211, 261, 272, 345, 351~353, 357, 359~377, 384, 401, 403, 404, 406, 407, 492, 496, 544, 614, 619, 626, 628, 629, 644, 646, 648, 655, 656, 659, 662, 663, 665~667, 669, 670, 677, 726, 728

『사랑 때문에』All for Love 666

『사랑의 일곱 가지 방식』There Are Seven Manners of Loving 628

사르트르, 장-폴Jean-Paul Sarte 248

사생활privacy 370, 505, 510~515, 518, 520~522, 524, 537~539, 543, 545, 547, 548, 644, 645

사센, 사스키아Saskia Sassen 178

『사실상 평범한』Virtually Normal 527

사이버 펑크 690

사이버스페이스 451, 452, 468, 726, 727

사이보그 441, 453~455, 468, 469, 690, 695, 721

「사이보그 선언문」Cyborg Manifesto 453

『사이코패스 범법자와 범죄자』The Psychopathic Delinquent and Criminal 360

사전트, 패멀라Pamela Sargent 711

사지슨, 루시Lucy Sargisson 691

사춘기adolescence 48, 507, 660

사포Sappho 646~648

사피어, 에드워드Edward Sapir 330

『사회적 신체 만들기』Making a Social Body 594

『산 움직이기』Moving the Mountain 709

산체스, 조지 J.George J. Sanchez 152, 154

『산호색 새벽의 딸들』Daughters of a Coral Dawn 711, 714

살린스, 마셜Marshall Sahlins 319

『삼, 사, 오 영역의 결혼』Marriages between Zones Three, Four, and Five 715

상징계symbolic 128~131, 133, 539, 585~591, 595

새로운 재생산 기술에 관한 페미니스트 국제 네트워크Feminist International Network on the New Reproductive Technologies 430

샌도벌, 첼라Chela Sandoval 160

샐린저, 제롬 데이비드Jerome David Salinger 371

생물학적 결정론biological determinism 146~148, 150, 155, 156, 162, 486, 487

생어, 마거릿Margaret Sanger 427

생티에리의 기욤Guillaume de St-Thierry 618

샤르댕, 테이야르 드Teilhard de Chardin 397

서러, 섀리 L.Shari L. Thurer 395

서큐버스succubus 407

『석상』The Stone Gods 724

설리번, 앤드루Andrew Sullivan 527

성/성별/섹스 9, 12, 15, 16, 18, 19, 22~24, 28, 29, 45, 47, 50~53, 82, 101, 109, 112, 129, 133, 135, 145, 147, 160~162, 178, 192, 206, 212, 216~218, 220, 233, 237, 240~244, 246, 249, 274, 282, 293, 294, 296, 297, 299, 307, 310, 328, 335, 338, 340, 341, 359, 361, 365, 367~369, 371, 375, 387, 398~400, 404, 405, 408, 415, 423, 429, 435, 436, 438~441, 487, 489, 494, 496, 497, 499, 506, 508, 516, 519, 525, 533, 536, 538, 542, 547, 558, 571, 584, 589, 591, 598, 613, 623, 626, 635~642, 645, 648~654, 657, 659~661, 663, 667~669, 671~673, 675~678, 683, 684, 690, 693, 694, 697, 701~705, 708, 718, 728

『성 평등과 여성의 지위에 대한 서한 모음』Letters on the Equality of the Sexes and the Condition of Woman 525

『성 혁명』A Sex Revolution 708

『성과 젠더』Sex and Gender 15

『성배와 칼』The Chalice and the Blade 390

「성을 사유하기: 섹슈얼리티 정치의 급진적 이론화를 위한 노트」Thinking Sex: Notes for a Radical Theory of the Politics of Sexuality 27, 598

『성의 변증법: 페미니스트 혁명을 위하여』The Dialectic of Sex: The Case for the Feminist Revolution 428, 718

『성의 역사』History of Sexuality 480, 592

『성의 정신병리학』Psychopathia Sexualis 674

성차sexual difference　10, 11, 13, 14, 17,
　　20, 24, 116, 120, 121, 126, 127, 129,
　　130, 133, 329, 355, 363, 376, 488, 489,
　　525, 557, 589, 636~640
세넷, 리처드Rechard Sennett　520
세다리스, 데이비드David Sedaris　369
세지윅, 이브 코소프스키Eve Kosofsky
　　Sedgwick　28, 123, 374, 536, 598
섹슈얼리티　11, 16, 18, 22, 23, 26~28,
　　39, 40, 42, 44~46, 50, 52~54, 56, 101,
　　103, 106~108, 110~113, 117, 121,
　　123~125, 129, 132, 134, 135, 177,
　　205, 216, 230, 241, 244, 247, 256, 361,
　　362, 367, 383~385, 394, 396, 404,
　　407, 419, 432, 475, 476, 482~484,
　　486~488, 497, 505, 507, 508, 515,
　　516, 518, 519, 525, 528, 535,
　　539~543, 546~548, 571, 585, 586,
　　591, 595, 598~600, 605, 625, 635,
　　640~646, 650~654, 658, 660, 663,
　　669, 673, 675~677, 693~695, 700,
　　713, 714, 729
셀처, 세라Sarah Seltzer　728
셰이커 교도the Shakers　688, 702, 703
셰익스피어, 윌리엄William Shakespeare
　　12, 59, 91, 233, 656, 687
셰퍼드슨, 찰스Charles Shepherdson　497
〈소년, 소녀를 만나다〉Boy Meets Girl　362
〈소년은 울지 않는다〉Boys Don't Cry
　　20~22, 132
소레야Soreyya　406
소쉬르, 페르디낭 드Ferdinand de Saussure
　　325, 457, 589
손더스, 라일Lyle Saunders　150
손택, 수전Susan Sontag　724, 726
쇤플루크, 카린Karin Schönpflug　727
쇼어, 나오미Naomi Schor　121

『수상록』Essays　666
『술라』Sula　365, 366
슈나이더, 데이비드David Schneider　306,
　　307, 311, 315~319
『슈테른하임 아씨 이야기』The Story of
　　Fraulein Sternheim　92~94
〈슈퍼맨〉Superman　132
슐라이어마허, 프리드리히Friedrich
　　Schleiermacher　611
스머츠, 바버라Barbara Smuts　438, 439
스미스, 니컬러스Nicholas Smith　690
스미스, 멀랜크턴Melancton Smith　271
스미스, 발레리Valerie Smith　26
스미스, 애나 디비어Anna Deavere Smith
　　14
스미스, 애덤Adam Smith　524, 727
스미스, 조너선 Z.Jonathan Z. Smith　610
스미스, 조지프Joseph Smith　612
스워, 어맨다 록Amanda Lock Swarr　244
스캐리, 일레인Elaine Scarry　41
스콧, 세라 로빈슨Sarah Robinson Scott
　　707
스콧, 제임스 C.James C. Scott　283, 284
스콧, 조앤 W.Joan W. Scott　13, 15, 38,
　　498, 519, 563, 599
스탈, 존John Stahl　103
스탠워스, 미셸Michelle Stanworth　431
스탠턴, 엘리자베스 캐디Elizabeth Cady
　　Stanton　605
스테이턴, 메리Mary Staton　711
스테판, 낸시Nancy Stepan　55
스텔락Stelarc　451, 452, 469
스토, 해리엇 비처Harriet Beecher Stowe
　　506
스톤, 멀린Merlin Stone　390
스톨러, 로버트Robert Stoller　15, 245
스톨러, 앤 로라Ann Laura Stoler　498

스톨바, 크리스틴Christine Stolba　720

스트래선, 메릴린Marilyn Strathern　73, 319

『스트레이트 섹스』*Straight Sex*　247

스티븐슨, 로버트 루이스Robert Louis Stevenson　407

스펜더, 데일Dale Spender　330, 331

스펜서, 에드먼드Edmund Spenser　687

스피노자, 바뤼흐Baruch Spinoza　595

스피박, 가야트리 차크라보르티Gayatri Chakravorty Spivak　10, 239

슬로터, 조지프Joseph Slaughter　206

슬론체프스키, 조앤Joan Slonczewski　711

『시간의 경계에 선 여자』*Woman on the Edge of Time*　429, 711, 712, 719

시걸, 린Lynne Segal　247, 498

『시녀 이야기』*The Handmaid's Tale*　694, 716

시민사회　86, 211, 513, 529, 530, 532, 534, 535

시버스, 토빈Tobin Siebers　724

시에나의 카타리나Catharina of Siena　614

시칸디Shikhandi　402~404

시칸디니Sikhandini　402

『신 이브의 열정』*The Passion of New Eve*　721

『신국론』*City of God*　686

신화myth　16, 18, 19, 31, 45, 48, 51, 295, 303, 318, 381~392, 396~405, 407~409, 420, 474, 488, 489, 491, 612, 615, 621, 713

『신화, 종교, 그리고 모권』*Myth, Religion and Mother Right*　389

『실낙원』*Paradise Lost*　687

실버 서클Silver Circle　704

심리 치료psychotherapy　108, 229, 361, 362, 368, 371, 372

심리학　13, 31, 58, 102, 126, 225, 228, 229, 231, 319, 343, 385, 387, 393, 405, 480, 489, 609, 645, 660, 666

ㅇ

아나크레온Anacreon　647

아노, 해리엇Harriet Arnow　417

아도브랜드Adobeland　704

아돌프, 애나Anna Adolph　710

아동/아동기 발달childhood development　490

아들러, 알프레트Alfred Adler　229, 231, 487

아레타스Arethas　647

아렌트, 해나(한나)Hannah Arendt　208, 512, 520, 528, 530, 543~547

『아르고스의 카노푸스』*Canopus in Argos* 시리즈　711

『아르카디아』*Arcadia*　687

아리스토텔레스Aristoteles　257, 258, 462, 517, 639, 640, 664

아리스토파네스Aristophanes　18, 407

아리에스, 필립Philippe Ariès　524

아메드, 레일라Leila Ahmed　25, 26, 608

아메리카 선주민American Indians/Native Americans　24, 38, 47, 59, 60, 144, 159, 233, 331, 415~419, 569, 574, 696

『아메리카에서』*In America*　724

『아메리카의 친족』*American Kinship*　306, 307

『아빠의 딸: 소설』*Papa's Own Girl: A Novel*　709

아스달, 크리스틴Kristin Asdal　455

아스텔, 메리Mary Astell　525

아스틀란의 치카노 학생운동 조직El Movimiento Estudiantil Chicano de Aztlán, MEChA　157

아시아계 미국인 24, 143, 144, 156, 159

아우구스티누스, 아우렐리우스Aurelius Augustinus 627, 686, 687

아이스킬로스Aeschylus 392, 394, 395, 639

아이슬러, 리안Riane Eisler 390

『아크티크』Arqtiq 710

『아타의 친족이 당신을 기다립니다』The Kin of Ata Are Waiting for You 712

아프리카계 미국 여성 50, 104, 106, 713

아프리카계 미국인 146, 210, 232, 262, 555, 562, 568, 574, 688, 689, 713

「아프리카계 미국인 여성들의 역사와 인종의 메타언어」African-American Women's History and the Metalanguage of Race 54

안잘두아, 글로리아Gloria Anzaldúa 159

안토니우스, 마르쿠스Marcus Antonius 656

『안토니우스와 클레오파트라』Antony and Cleopatra 656

『알 모다드』Al Modad 710

알라르콘, 노마Norma Alarcón 159

알렉산더, 미나Meena Alexander 14

알렉산드리아의 클레멘트Clement of Alexandria 648

알코프, 린다 마틴Linda Martin Alcoff 146

암바Amba 402, 404

애니미즘animism 419, 420, 609

애덤스, 제인Jane Addams 520

애버리지니Aborigines 226, 233~235

애트우드, 마거릿Margaret Atwood 694~696, 716, 724, 726

애플턴, 제인 소피아Jane Sophia Appleton 709

액트업Act Up rallies 38

앤더슨, 베네딕트Benedict Anderson 57

앨런, 시어도어Thedore Allen 566, 567

앨런, 우디Woody Allen 405

앱터, 에밀리Emily Apter 121

야나기사코, 실비아 준코Sylvia Junko Yanagisako 73, 310

양성성androgyny 625, 626

양성애자/바이섹슈얼 28, 123, 249, 256, 384, 537, 542

『어둠의 왼손』The Left Hand of Darkness 711, 715

『어릿광대의 춤』Antic Hay 649

『어머니의 신화』The Myths of Motherhood 395

어코드 얼라이언스Accord Alliance → 북미인터섹스협회

언어 11, 12, 19, 20, 22, 30, 31, 38, 39, 41, 56, 57, 61, 67, 70, 77, 89, 104~107, 126, 128~131, 144, 147, 148, 159, 192, 206, 214, 226, 234, 235, 243, 244, 256, 272, 282, 298, 314, 316, 325~347, 358, 363~368, 384, 386, 409, 433, 434, 454, 456~466, 476, 482, 494, 507~509, 511, 522, 524, 525, 539, 540, 542, 547, 558, 563, 569, 584, 586, 587, 589, 590, 653, 665, 667, 707, 712, 713, 721, 726

『언어: 본성, 발전, 기원』Language: Its Nature, Development and Origin 336

언어와 사회 변화를 위해 행동하는 여성들Mujeres Activas en Letras y Cambio Social, MALCS 158, 159

『언어와 여성의 자리』Language and Woman's Place 336, 337

『언어학 강의』Lectures on the Science of Language 386

에드먼슨, 먼로Monro Edmunson 150

『에드워드 2세』Edward II 667

에디, 메리 베이커Mary Baker Eddy 613

에릭슨, 에릭Erik Erikson 229~231, 238, 245, 248

에발드, 프랑수아François Ewald 592~595

에번스-프리처드, 에드워드Edward Evans-Pritchard 294, 299, 302

에스허르(에셔), 마우리츠 코르넬리스Maurits Cornelis Escher 387

『에우메니데스』Eumenides 392, 395

에이즈 29, 38, 242, 249, 684

에카 아바시Eka-Abasi 269

에코 페미니즘 389, 421, 426, 722

엘러, 신시아Cynthia Eller 391, 392

엘리스, 헨리 해블록Henry Havelock Ellis 23

엘리슨, 랠프Ralph Ellison 561

엘리아데, 미르체아Mircea Eliade 381, 391

엘시테인, 진 베스키Jean Bethke Elshtain 516

엘진, 수젯 헤이든Suzette Haden Elgin 331, 711

엡스타인, 스티븐Steven Epstein 238

엥겔스, 프리드리히Friedrich Engels 77, 273, 274, 296, 298, 299, 302, 308, 389

「여성」The Woman 336, 343

『여성 남자』The Female Man 715

『여성 만남』Eucuentro Femenil 158

『여성 범죄자의 성적 일탈』Sexual Aberrations of the Criminal Female 360

여성 성기 절제female genital mutilation, FGM 215

『여성 시장』A Woman for Mayor 710

여성 인권 운동 203, 204, 212, 214, 221

여성 인권을 위한 책임성에 관한 국제 법정Global Tribunal on Accountability for Women's Human Right 203, 204, 221

「여성, 문화, 사회: 이론적 개관」Woman, Culture, and Society: A Theoretical Overview 516

『여성/생태학』Gyn/ecology 390

여성권 대회Women's Rights Convention 210

『여성들의 연대』Regiment of Women 693

『여성들의 해변』The Shore of Women 711

『여성성의 신비』Feminine Mystique 561, 562

여성에 대한 모든 형태의 차별 철폐에 관한 협약Convention on the Elimination of All Forms of Discrimination against Women 207

『여성에게서 태어난』Of Woman Born 390

여성외과의연합Association of Women Surgeons, AWS 90

여성운동 22, 158, 203, 210, 229, 236, 275, 277, 388, 473, 515, 516, 518, 520, 543, 545, 561, 562, 572

「여성은 자연이고 남성은 문화인가?」Is Female to Male as Nature Is to Culture? 72, 93

『여성의 불감증』Frigidity in Women 360

『여성의 성서』The Women's Bible 605

「여성의 유토피아」A Woman's Utopia 709

여성학 10, 15, 24~28, 169, 244, 561~563

『여신 문명』The Civilization of the Goddess 391

『여신의 언어』The Language of the Goddess 389, 390

「여신의 황혼」The Twilight of the Goddess 394

『여자 친구』A Girlfriend 372, 373

『역사』History 386

연합인종당La Raza Unida Party 157

『열락의 집』The House of Mirth 132

『영어 사전』Dictionary of the English Language 610

『영웅과 악당』Heroes and Villains 721

『영혼의 발견』The Discovery of the Soul/Entdeckung der Seele 674

예거, 구스타프Gustav Jaeger 674

예스페르센, 오토Otto Jespersen 336, 343

오네이다Oneida 688, 701, 702

『오디세이아』Odyssey 686

『오레스테이아』Oresteia 394, 639

『오릭스와 크레이크』Oryx and Crake 695

오바마, 버락Barack Obama 537, 555, 560

오브라이언, 메리Mary O'Brien 543

오스틴, 존 랭쇼John Langshaw Austin 338

오언, 로버트Robert Owen 688, 700

오웰, 조지George Orwell 329, 692, 696

오캥겜, 기Guy Hocquenghem 242, 247

오코너, 샌드라 데이Sandra Day O'Connor 574~576

오코너, 준June O'Connor 615

오킨, 수전 몰러Susan Moller Okin 262, 265, 266

오토, 루돌프Rudolf Otto 607

오트너, 셰리Sherry Ortner 72, 74, 93

『옥중수고』Selections from the Prison Notebooks 77, 85, 89

올트먼, 데니스Dennis Altman 249

옴팔레 여왕Queen Omphale 656

옹, 아이와Aihwa Ong 175

와그너-롤러, 제니퍼Jennifer Wagner-Lawlor 724, 726

와일드파이어Wildfire 704

왈저, 마이클Michael Walzer 261

왜그너, 이저벨라 밴Isabella Van Wagener
→ 트루스, 소저너

『외과 의사의 몸을 한 여성』The Woman in the Surgeon's Body 78, 85

『요정 여왕』The Faerie Queene 687

욕망 17, 22, 29, 31, 40~42, 44, 47, 52, 59, 60, 101~135, 175, 177, 179, 187, 189, 191, 207, 213, 216, 217, 228, 238, 247, 260, 345, 351~358, 360~371, 375~377, 401, 404, 461, 480, 489~492, 496, 497, 508, 539, 585, 586, 589, 626, 629, 641, 646, 647, 650, 652, 653, 655, 657, 659~664, 666~670, 672, 673, 675~677, 684, 692, 696, 710, 713, 716, 717, 723

우드먼시, 마사Martha Woodmansee 91~94

『우리들』We 693

우생학eugenics 146, 427, 433, 708

『우정에 대하여』On Friendship 665

『우파니샤드』Upanishad 405, 407

『우화』Parable 시리즈 724

울스턴크래프트, 메리Mary Wollstonecraft 481, 525, 526

워프, 벤저민 리Benjamin Lee Whorf 330, 331, 334

월러, 로버트 제임스Robert James Waller 363

웨스턴, 제시Jessie Weston 390

웨스트, 캔디스Candace West 344

웨이스브루커, 로이스Lois Waisbrooker 708

웩슬러, 필립Philip Wexler 250

웰드, 시어도어Theodore Weld 526

『웹스터 대학생용 사전』Webster's Collegiate Dictionary 329

위고, 빅토르Victor Hugo 493

위너, 아네트Annette Weiner 73

위니컷, 도널드Donald Winnicott 120

『위대한 어머니』The Great Mother 390

위드, 엘리자베스Elizabeth Weed   497

위티그, 모니크Monique Wittig   713, 714

윅스, 제프리Jeffrey Weeks   241

윈즐로, 헬렌Helen Winslow   710

윈터슨, 지넷Jeanette Winterson   724, 726

윌리엄스, 레이먼드Raymond Williams   67, 94

윌슨, 엘리자베스Elizabeth Wilson   441, 442

『유년기와 사회』Childhood and Society   230

유대교Judaism   270, 383, 395, 396, 607, 608, 611, 614, 615, 617, 623, 625

유색 여성women of color   22, 143, 160

유색인종 발전을 위한 전국연합National Association for the Advancement of Colored People, NAACP   234

유엔세계인권선언United Nations Universal Declaration of Human Rights, UDHR   206~210, 214

유엔여성발전기금United Nations Development Fund for Women, UNIFEM   203

유엔인권위원회United Nations Commission on Human Rights   214

유토피아   30, 31, 109, 331, 353, 367, 368, 376, 377, 433, 452, 453, 488, 547, 587, 683~693, 695~719, 721~729

『유토피아』Utopia   687, 695, 699

유토피아 젠더 역설   697~704, 706, 707, 727, 729

『유토피아의 모성』Utopian Motherhood   690

유헤메로스Euhemeros   385, 407

유헤메리즘Euhemerism   385

융, 카를 구스타프Carl Gustav Jung   390, 393, 408

『의례에서 연애소설까지』From Ritual to Romance   390

이리가레, 뤼스Luce Irigaray   331, 481, 495, 584, 635

이븐할둔Ibn Khaldûn   268

이비비오족Ibibio   269

이올레Iole 공주   656

〈이터널 선샤인〉Eternal Sunshine of the Spotless Mind   372

『인간 남성의 성적 행동』Sexual Behavior in the Human Male   23, 652

『인간 여성의 성적 행동』Sexual Behavior in the Human Female   23

『인간의 조건』The Human Condition   543~546

『인간지성론』Essay concerning Human Understanding   225

인권   29, 31, 70, 203~218, 220, 221, 232, 236

『인류의 역사철학에 대한 이념』Ideas on the Philosophy of the History of Mankind   69

인류학   69~77, 91, 94, 143, 169, 172, 293~299, 303~312, 316~318, 320, 338, 344, 387, 439, 608, 609, 621

인종   18, 25, 26, 31, 40, 45, 54, 55, 59, 74, 82, 105, 106, 111, 123, 132, 143~146, 148~150, 155, 156, 158~162, 173, 181, 191, 192, 206, 215, 226, 227, 232~234, 237, 243~245, 274~276, 282, 293, 365, 376, 377, 383, 384, 416, 418, 421, 423, 424, 426, 431~433, 436, 476, 483, 486, 493, 519, 521, 542, 555~558, 560~571, 573~577, 639, 706, 708, 710, 713, 717, 719, 724, 729

인종 및 종족 연구ethnic and racial studies   26

인큐버스incubus   407

『일과 날』Works and Days 401

『일리아드』Iliad 664

『일반 언어학 강의』The Course in General
Linguistics 589

ㅈ

자레츠키, 엘리Eli Zaretsky 527, 539, 545

자미아틴, 예브게니Yevgeny Zamyatin
693, 697

자연 11, 12, 14~16, 31, 48, 55, 69, 72,
93, 125, 206, 211, 226, 293, 304, 306,
307, 311, 319, 329, 330, 369, 384, 386,
388, 409, 415~428, 430~432,
434~437, 439~441, 443, 452, 453,
455, 458, 480, 484, 493, 497, 498, 507,
557, 576, 593, 636, 638, 640, 642, 659,
678, 690, 695, 696, 712, 722, 726

자유민의 마을Freeman's Village 689

자유주의 정치 문화 362

자유주의 페미니즘liberal feminism 421,
429

『작가, 예술, 시장: 미학사 다시 읽기』The
Author, Art, and the Market: Rereading the
History of Aesthetics 91

장롱시Zhang Longxi 686

재생산 11, 16, 17, 31, 42~44, 73, 106,
111, 118, 123, 147, 209, 210, 220, 230,
297, 303, 309, 316~318, 361, 366,
419, 422, 423, 426~433, 437~439,
453, 474, 476, 484, 511, 520, 522, 591,
613, 622, 643, 690, 694, 695, 701, 702,
704, 707, 708, 718~723, 729

재생산 보조 기술Assisted Reproductive
Technology, ART 432, 433

『재생산의 정치』The Politics of Reproduction
543

재킨, 에밀리Emily Zakin 497

잭슨, 레베카Rebecca Jackson 689

잭슨, 앤드루Andrew Jackson 47~49, 51

「잿더미」Ashes 369

적극적 시정 조치affirmative action 57,
237, 238, 519, 567

전국임신중지재생산권단체National
Abortion and Reproductive Rights Action
League, NARAL 332, 333

전국치카노학회National Association of
Chicano Studies, NACS 158

『전체주의의 기원』The Origins of
Totalitarianism 545

「절편음란증」Fetishism 117, 493

절편음란증/페티시즘/연물fetishism 117,
118, 121, 122, 131, 646

정동으로의 전환affective turn 178

정보처리informatics 171, 183~194

『정상적인 것과 병적인 것』The Normal and
the Pathological 592

『정신분석 사전』The Language of
Psycho-Analysis 589

『정신분석과 페미니즘』Psychoanalysis and
Feminism 486

정신분석학 23, 28, 103, 108, 113, 119,
179, 231, 325, 351, 407, 477, 492, 539,
559, 586, 588, 645

『정신장애 진단 및 통계 편람』Diagnostic
and Statistical Manual of Mental Disorders,
DSM 240

정의 31, 32, 54, 119, 161, 162, 233,
255~258, 260~281, 283~285, 433,
687, 692

『정의론』A Theory of Justice 264

정의를 위한 십자군Crusade for Justice
157

정체성 11, 14, 21, 22, 31, 38, 39, 42, 57,
59, 61, 75, 77, 101, 103, 105, 106, 108,

109, 112, 113, 116, 120, 125~135,
143, 145~149, 155, 157, 158,
160~162, 176, 178, 183, 186, 189,
192, 194, 212~218, 225~236,
238~250, 297, 331, 337~339, 342,
343, 351, 355, 357~360, 362, 364,
366, 367, 377, 399, 421, 441, 454, 455,
458, 469, 487~489, 492, 495, 509,
510, 519, 522, 536~538, 541, 542,
558, 560, 564, 568, 612, 627, 638, 641,
642, 648, 651, 653, 654, 661,
665~667, 677, 689, 690, 702, 704,
705, 708, 711, 713, 715, 717, 721, 722
정체성 정치 509, 510, 516, 519, 535,
537
『정체성, 청소년, 위기』Identity, Youth and
Crisis 230
『정치가』Statesman 382
정치체body politic 38, 40, 43, 44, 50,
54~59, 61, 307, 480, 530, 544
『정치학』Politics 257
『제1의 성』(엘리자베스 굴드 데이비스)The
First Sex 390
『제1의 성』(헬렌 피셔)The First Sex 19
『제2의 성』The Second Sex 15, 72, 474,
559
『제3의 여자』The Third Woman 160
제넵, 아널드 반Arnold van Gennep 609
제수데이슨, 수자타Sujatha Jesudason 433
제이컵스, 해리엇Harriet Jacobs 50, 52, 53
제임슨, 프레드릭Fredric Jameson 726
제퍼슨, 토머스Thomas Jefferson 57, 271
젠더 9~32, 39, 47, 49, 52, 54~56, 59,
61, 73~77, 79~82, 85, 86, 88, 91, 95,
101, 103, 109, 116, 121, 122, 126, 132,
133, 143, 145, 146, 151, 157~162,
169, 170, 172~174, 176~178, 180,

186, 190~195, 203~205, 212,
214~219, 221, 225~228, 230, 232,
236, 237, 239, 241, 243~245,
247~249, 256, 264, 265, 274, 276,
278~282, 293~296, 301, 309, 310,
315~318, 320, 325~327, 329~331,
335, 337~343, 345~347, 353, 361,
362, 381, 383~386, 388, 393,
397~399, 402~404, 408, 409, 416,
418, 419, 421, 424~427, 431, 432,
434, 435, 437, 439~441, 443, 451,
453, 455~457, 459, 460, 462~469,
473~477, 482~488, 492, 494, 499,
505~509, 515, 516, 518, 519,
521~523, 525, 526, 528, 534~536,
539~543, 546~548, 555~558, 560,
561, 563~567, 571, 572, 577,
581~586, 589, 591, 592, 596~600,
605~608, 610, 612, 613, 615,
617~619, 621, 623, 625~628,
636~639, 643, 645, 647, 650~652,
654, 655, 658, 660, 667~676,
683~686, 689~691, 693, 694,
697~703, 705~707, 709~719, 721,
723, 726, 727, 729
젠더 연구 10, 12, 14, 24~32, 73, 228,
241, 244, 297, 298, 310, 311, 315, 319,
325, 335, 340, 344, 451~456,
459~464, 466, 467, 558, 563, 564,
584, 585, 635~637
젠더 유토피아 723
젠더 이원론gender binarism 615, 619,
621, 622, 637, 638
젠더 전통주의자들 19, 20, 30
젠더 정체성 13, 15, 21, 28, 121, 123,
130, 132, 133, 205, 216, 217, 221, 225,
236, 240, 244~246, 248, 325, 326,

388, 397, 667~670, 673, 675, 683, 691, 693, 710, 712, 720
젠더 체계 11, 17~20, 24, 26, 32, 338, 339
『젠더, 계급 그리고 농촌의 변천: 세네갈의 기업식 농업과 식량 위기』Gender, Class and Rural Transition: Agribusiness and the Food Crisis in Senegal 77, 78
『젠더와 시간의 정치학』Gender and the Politics of Time 726
『젠더와 역사의 정치』Gender and the Politics of History 519, 563
「젠더의 안무들」Choreographies of Gender 61
젤런, 마이러Myra Jehlen 26
조던, 마크Mark Jordan 627
조던, 윈스럽Winthrop Jordan 566
존스, 앨리스 일건프리츠Alice Ilgenfritz Jones 708
존스, 짐Jim Jones 691
존슨, 릴리언 B.Lillian B. Jones(릴리언 B. 존슨 호레이스Lillian B. Jones Horace) 713
존슨, 새뮤얼Samuel Johnson 610
존슨, 하이럼Hiram Johnson 152, 153
종교 13, 19, 26, 31, 47, 101, 111, 123, 125, 143, 147, 148, 152, 205, 206, 214~216, 225, 226, 233~235, 237, 238, 241, 244, 268~272, 274, 294, 295, 299, 300, 306~308, 311, 315, 358, 361, 376, 377, 381, 383, 384, 387, 391, 392, 395, 397~399, 493, 521, 571, 590, 605~619, 621, 626, 628, 685~688, 692, 696, 700, 709, 712
「종교, 종교들, 종교적인 것」Religion, Religions, Religious 610
『종교의 난제에 대한 서한 모음』Letters on the Difficulty of Religion 505

『종교학의 핵심 용어들』Critical Terms in Religious Studies 610
주권 55, 119, 120, 143, 206, 352, 353, 373, 475, 478~481, 492, 530, 618
『주변에서 중심으로 페미니스트 이론』Feminist Theory from Margin to Center 160
『주홍 글씨』The Scarlet Letter 107
지구화 29, 31, 74, 169~175, 177~180, 183, 186, 187, 189~195
『지킬박사와 하이드』Strange Case of Dr. Jekyll and Mr. Hyde 407
〈짐 크로 법〉Jim Crow law 149
짐머만, 돈Don Zimmerman 344

ㅊ
차너스, 수지 매키Suzy McKee Charnas 705, 711, 715
차이타냐Chaitanya 405
『천로역정』Pilgrim's Progress 687
초도로, 낸시Nancy Chodorow 120, 278, 494
초우, 레이Rey Chow 498
출산 조절birth control 427, 428, 430
『치카나 서비스 액션 센터 뉴스레터』Chicana Service Action Center Newsletter 158
치카노 운동Chicano movement 155~158
친족(친족 관계)kinship 13, 31, 71, 73, 83, 119, 123, 132, 176, 177, 293~312, 314~320, 432, 492, 585~587, 589, 677
『친족 연구의 비판』Critique of the Study of Kinship 311
『친족의 기본 구조들』The Elementary Structures of Kinship 303, 304, 586, 589
침묵 50, 344~346, 359, 442, 473, 536, 605, 615, 620, 725

ㅋ

카리톤Chariton 657

『카마수트라』*Kamasutra* 398

카셀, 조안Joan Cassell 78, 85~88, 90, 93, 95

카우프만, 찰리Charlie Kaufman 372

카잔, 조이Zoe Kaza 371

카탈리나Catalina(수녀 중위La Monja Alférez) 9, 11, 17

카터, 안젤라Angela Carter 721

카플란, 코라Cora Kaplan 344

칸나, 란자나Ranjana Khanna 498

칸트, 이마누엘Immanuel Kant 212, 213, 217, 278, 279, 512, 528~530, 532, 540, 611

칼라소, 로베르토Roberto Calasso 382

캉, 막심 뒤Maxime Du Camp 493

캉길렘, 조르주Georges Canguilhem 592

캔터베리의 안셀무스Anselm of Canterbury 618

캘런, 호레이스Horace Kallen 147

캘리포니아 대학교 이사회 대 바키Regents of the University of California v. Bakke 567, 569

캘훈, 크레이그Craig Calhoun 533, 534, 540

『컴벌랜드의 파종기』*Seedtime in the Cumberland* 417

케네디, 로버트 F.Robert F. Kennedy 555

케네디, 존 F.John F. Kennedy 562

케르트베니Kertbeny → 벤케르트, 카를 마리아

케피소스Cephisus 406

켈러, 이블린 폭스Everlyn Fox Keller 421

코너리, 숀Sean Connery 359

코넬, 드루실라Drucilla Cornell 56, 57, 61, 691

코레시, 데이비드David Koresh 691

코로넬, 폴Paul Coronel 154

코언, 로널드Ronald Cohen 280

코트, 낸시 F.Nancy F. Cott 563

코펠론, 론다Rhonda Copelon 215

콜리어, 제인 피시번Jane Fishburne Collier 73, 310

콜린스, 퍼트리샤 힐Patricia Hill Collins 280

콜머튼, 캐럴Carol Kolmerten 697

콜버그, 로런스Lawrence Kohlberg 277~279

『쾌락을 탐하는 여인의 회고록』*Memoirs of a Woman of Pleasure* 671

『쿠아우테목의 딸들』*Las Hijas de Cuahtemoc* 158

쿤달리니Kundalini 405

쿨, 다이애나Diana Coole 453

쿨릭, 돈Don Kulick 346

퀴어 이론 338, 339, 507, 515, 547, 598, 599

퀴어 정치 242, 243

퀸들런, 애너Anna Quindlen 561, 562

크라프트-에빙, 리하르트 폰Richard von Krafft-Ebing 23, 241, 649, 658, 674

크렌쇼, 킴벌리Kimberle Crenshaw 563

『크로켓 연감』*Crockett Almanacs* 49

크로켓, 데이비(데이비드)Davy(David) Crockett 48, 51

크리스테바, 쥘리아Julia Kristeva 393

클라인, 멜라니Melanie Klein 494

클럭혼, 클라이드Clyde Kluckhohn 610

클럭혼, 플로렌스Florence Kluckhohn 150

클레르보의 성 베르나르Bernard of Clairvaux 618

클리랜드, 존John Cleland 671

클리퍼드, 제임스James Clifford 75, 76

『키워드』Keywords 67

키차카Kichaka 403, 404

키츠, 데브라Debra Keates 497

킨제이, 앨프리드Alfred Kinsey 23, 24, 652, 653, 673~675

킹, 마틴 루서, 2세Martin Luther King Jr. 228, 264

킹, 윌리엄William King 648

ㅌ

타마시아, 아리고Arrigo Tamassia 672

〈타이타닉〉Titanic 107

타일러, 에드워드 버넷Edward Burnett Tylor 609

탈렌시족the Tallensi 299

태넌, 데버라Deborah Tannen 341, 342

터너, 빅터Victor Turner 45, 46

턱, 루스Ruth Tuck 150, 151

테이레시아스Teiresias 403, 406

테퍼, 셰리Sheri Tepper 715, 716, 727

『토스트』The Toast 648

토크빌, 알렉시 드Alexis de Tocqueville 493, 533

『토템과 터부』Totem and Taboo 386

톰슨, 섀런Sharon Thompson 132, 367

톰슨, 캐리스Charis Thompson 432

트라우브, 발레리Valerie Traub 54

트랜스섹슈얼(트랜스섹슈얼리티) 28, 216, 245, 385, 398, 399

트랜스젠더 12, 16, 28, 111, 123, 205, 216, 243, 255, 256, 337, 338, 537~539, 547, 584, 599, 655

트레마인, 셸리Shelley Tremain 719

트로브리안드Trobriand 제도 311

트루스, 소저너Sojourner Truth(이저벨라 밴 왜그너) 210, 238, 689

「트리버드 또는 레즈비언」Tribades seu Lesbia 648

트리블, 필리스Phyllis Trible 614, 622, 623

『트리스탄과 이졸데』Tristan and Isolde 107

트린 민하Trinh Minh-ha 346

『트와일라잇』Twilight 728

『틈새』The Cleft 724

『티마이오스』Timaeus 381, 382

틸렌, 에스터Esther Thelen 435, 436

ㅍ

파농, 프란츠Frantz Fanon 238, 539, 560, 561

『파라다이스』Paradise 724

파레데스, 아메리코Americo Paredes 156

파슐리, 하워드 M.Howard M. Parshley 559

파슨스, 탤컷Talcott Parsons 306

파우사니아스Pausanias 407

파월, 루이스 F., 2세Lewis F. Powell Jr. 568~571, 575

파월스, 앤Anne Pauwels 332

『파이돈』Phaedo 382

파이어스톤, 슐라미스Shulamith Firestone 428, 429, 487, 718, 719

파크, 로버트 E.Robert E. Park 147, 148

팔루디, 수전Susan Faludi 715

『패니 힐』Fanny Hill 671

페레이라, 머리사Marisa Pereyra 726

페렉, 조르주Georges Perec 693

페르세뉴의 아담Adam of Perseigne 618

페리스, 밸러리Valerie Faris 371

페미니즘 10, 24, 25, 27, 28, 41, 42, 45, 56, 73, 79, 120, 124, 125, 131, 158~161, 169, 172, 174, 175, 178, 180, 212, 229, 232, 235, 236, 238, 239, 244, 262, 273, 275~277, 295, 297,

299, 301, 302, 306, 307, 309, 317, 319,
328, 331, 335, 336, 344, 346, 353, 393,
396, 421, 429, 442, 453~455, 460,
461, 469, 473~477, 484, 485, 488,
495, 498, 507, 515~521, 523~527,
539, 543, 546, 547, 559, 562~564,
581, 585, 605, 608, 615, 622, 628, 636,
637, 686, 690, 691, 694, 698,
705~719, 721~724, 726, 727, 729
『페미니즘, 경제학, 유토피아:
　패러다임들을 통과하는 시간
　여행』Feminism, Economics, and Utopia: Time
　Travelling through Paradigms　727
「페미니즘의 권력 개념들」Feminist
　Conceptions of Power　25
페이트먼, 캐럴Carol Pateman　55, 211,
　517, 528
페인, 토머스Thomas Paine　271
페일린, 세라 루이즈Sarah Louise Palin　711
『평행의 베일을 벗기기: 로망스』Unveiling a
　Parallel: A Romance　708
포레스트, 캐서린 V.Katherine V. Forrest
　711, 714
포메로이, 세라 B.Sarah B. Pomeroy　391,
　392, 395, 396
포스터, 수전Susan Poster　61
포스트구조주의　41, 326, 331, 343, 347,
　477, 586
포스트휴먼　31, 451~457, 459~463,
　465~469
포콕, 존 그레빌 애거드John Greville Agard
　Pocock　528
포티스, 마이어Meyer Fortes　294, 299,
　301
『포포 페메닐』El Popo Femenil　158
폴브레, 낸시Nancy Folbre　727
퐁탈리스, 장-베르트랑Jean-Bertrand

Pontalis　352, 354, 491, 589, 590
푸비, 메리Mary Poovey　594
푸코, 미셸Michel Foucault　27, 31, 42~47,
　53, 54, 61, 135, 282, 308, 351, 358,
　477~486, 488, 491, 497, 498, 505,
　528, 581, 582, 592~595, 600, 627
푸펜도르프, 사무엘 폰Samuel von
　Pufendorf　55
프라이머-켄스키, 티크바Tikva
　Frymer-Kensky　395, 396
프랑코어, 로버트Robert Francoeur　690,
　718
프랭크, 캐서린Katherine Franke　599
프레이저, 낸시Nancy Fraser　233, 513,
　520, 534, 540
프레이저, 제임스Sir James Frazer　609
프로스트, 사만타Samantha Frost　453
프로이트, 지그문트Sigmund Freud　23, 28,
　29, 31, 109, 111~122, 124, 126~129,
　132, 135, 228~230, 238, 351, 352,
　356, 357, 360, 386, 393, 477, 480,
　486~490, 493, 496~498, 539, 540,
　589, 609, 635, 637, 675, 719
프리단, 베티Betty Friedan　275, 561~563
플라톤Platon　18, 225, 381, 382, 407,
　516, 686, 687, 698, 699
플러머, 케네스Kenneth Plummer　242
피상, 크리스틴 드Christine de Pisan　686,
　706
피셔, 애비게일 노엘Abigail Noel Fisher
　573
피셔, 헬렌Helen Fisher　19
피시먼, 패멀라Pamela Fishman　344
피어시, 마지Marge Piercy　429, 711~713,
　719, 721, 727
피카소, 파블로Pablo Picasso　91
피터스, 리처드 스탠리Richard Stanley

Peters 258

피터슨, V. 스파이크V. Spike Peterson 170

피팅, 피터Peter Fitting 724

필, 엘런Ellen Peel 715

『필레보스』*Philebus* 381

필로Philo 625

ㅎ

『하느님 아버지를 넘어서』*Beyond God the Father* 390

『하느님이 여자였던 시절』*When God Was a Woman* 390

하딩, 로지Rosie Harding 726

하딩, 샌드라Sandra Harding 424, 425

하마처, 패트릭Patrick Hamacher 567

하모니아Harmonia 689

하버마스, 위르겐Jürgen Habermas 512, 515, 520, 528, 530~536, 540, 541, 547, 548

『하버마스와 공론장』*Habermas and the Public Sphere* 533

『하얀 여신』*The White Goddess* 390

하울랜드, 마리 스티븐스 케이스Marie Stevens Case Howland 709

한센, 미리암Miriam Hansen 535

해나퍼드, 아이번Ivan Hannaford 565

해러웨이, 도나Donna Haraway 441, 453~455, 719, 721

해리스, 라일 애슈턴Lyle Ashton Harris 14

『햄릿』*Hamlet* 12

『행복의 섬』*L'Isle de la Felicite* 706

행상higglers 171, 174, 180~184, 186~188, 191~194

행위 주체성agency 326, 327, 330, 335, 370, 451, 463, 464, 704, 728

『향연』*Symposium* 18, 382, 407

『허랜드』*Herland* 707

허츠, 닐Neil Hertz 493

헉슬리, 올더스Aldous Huxley 649, 692

험프리, 허버트Hubert Humphrey 428

『헝거 게임』*The Hunger Games* 727, 728

헤드런, 티피Tippi Hedren 358

헤라클레스Hercules 656

헤로도토스Herodotos 385

헤르더, 요한Johann Herder 69, 70, 92, 611

헤시오도스Hesiodos 381, 392, 401, 639

헤이저, 노엘린Noeleen Heyzer 204

헤이트-포사이스, 에린Erin Heidt-Forsythe 432

헤일스, N. 캐서린N. Katherine Hayles 459

헨리, 패트릭Patrick Henry 271

혁명의 시대Age of Revolution 55~57

〈현기증〉Vertigo 132

호닉, 보니Bonnie Honig 543, 544

호메로스Homeros 381, 664, 686

호크스워스, 메리Mary Hawkesworth 25

호크실드, 앨리 러셀Arlie Russell Hochschild 179

호크실드, 제니퍼Jennifer Hochschild 261

『호프먼 이야기』*Tales of Hoffman* 372

호프우드 대 텍사스주Hopwood v. State of Texas 567, 573

호프우드, 셰릴 J.Cheryl J. Hopwood 567, 573

홀, 스튜어트Stuart Hall 57

홀, 키라Kira Hall 337~339

홀, 킴Kim Hall 54

『홀드패스트』*Holdfast* 시리즈 705

홀리스터, 알론조Alonzo Hollister 703

홉스, 토머스Thomas Hobbes 55, 211, 480

『홍수의 해』*The Year of the Flood* 724

환상fantasy 31, 51, 101~103, 106, 109~111, 119, 122, 123, 127, 128,

133, 154, 180, 274, 351~358,
360~364, 367, 370~377, 387, 406,
489~491, 494, 497, 559, 595, 596,
609, 675, 687
「환상과 섹슈얼리티의 기원들」Fantasy and
the Origins of Sexuality   354
훅스, 벨bell hooks   160
흑인 연구black studies   24
『흑인 위에 군림하는 백인: 1550~1812년
사이 니그로에 대한 미국의 태도』White
over Black: American Attitudes toward the
Negro, 1550-1812   566
히긴보텀, 이블린 브룩스Evelyn Brooks
Higginbotham   54
히르슈펠트, 마그누스Magnus Hirschfeld

23
히치콕, 앨프리드Sir Alfred Hitchcock
358, 360, 373
히포크라테스Hippocrates   639, 640
힐라스Hylas   656

기타

『1491』   418
『1984』   329, 692
「'20세기 뱅고어의 전망' 후속편」Sequel to
the 'Vision of Bangor in the Twentieth
Century'   709
『300년 후』Three Hundred Years Hence   708
『W 또는 유년의 기억』W, or the Memory of a
Childhood   693